2010
中国报业年鉴
CHINA NEWSPAPER INDUSTRY YEARBOOK

中国政法大学传媒与文化产业研究中心　组织编纂
宋建武　主编

中华工商联合出版社

温州报业发行广告有限公司概况

温州报业发行广告有限公司（温州日报报业集团报刊发行中心）是温州日报报业集团有限公司的全资企业。公司前身是温州都市物品配送有限公司、温州报业发行有限公司。自 2004 年1月正式运营以来，公司以发行集团“四报一刊”为主，兼顾本埠和外埠其他报刊；以发行一级市场为主，兼顾零售市场；以拓展DM夹报为主，兼顾公益投递，努力打造让“党委放心，群众满意”的一流国有企业。

公司现拥有员工 1100 多人，设有 9 个部门：办公室、财务部、网络部、监察培训部、市区发行部、县市发行部、零售部、市场部、运管部。公司报刊发行业务覆盖整个温州地区，下设新城、东城、市中、南浦、南城、西城、水心、双屿、景山、梧田、三溪、状元、永中等 13 个市区发行站；瑞安、乐清、永嘉、苍南、平阳、泰顺、文成、洞头等 8 个县（市）发行站和 27 个分站；零售部全市下设 3 个零售站、16 个代理商以及 1000 多个零售网点。

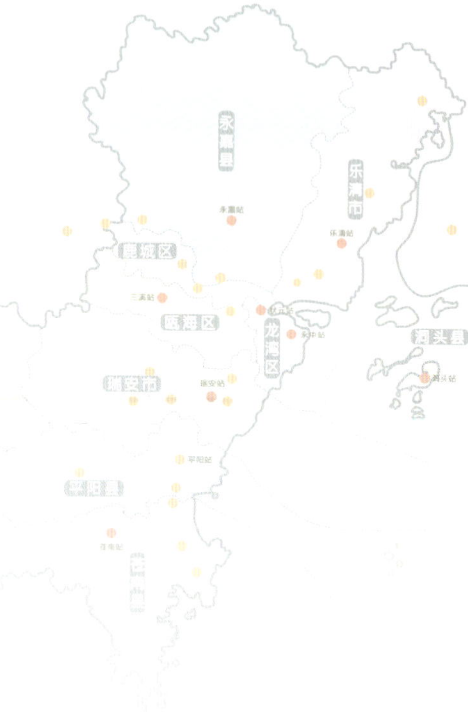

公司目前担负着《温州日报》、《温州晚报》、《温州都市报》、《温州商报》、《温州人》的发行征订和投递任务。公司始终把满足读者需求作为发行工作的重要理念，注重培养员工的服务意识和服务水平，推出各种新型服务项目。现在，客户只需拨一个电话、完成一个网络点击，便可享受上门征订的便捷服务。

多年来，公司健全的发行网络吸引了众多客户，现代理投递《浙江市场导报》、《体坛报》、《平安时报》、《交通周刊》、《温州党风廉政》、《禁毒周刊》、《体彩赢周刊》等十多种报纸及杂志；同时代理零售《环球时报》、《参考消息》、《书报文摘》、《知音》、《读者》等五十多种报刊杂志。

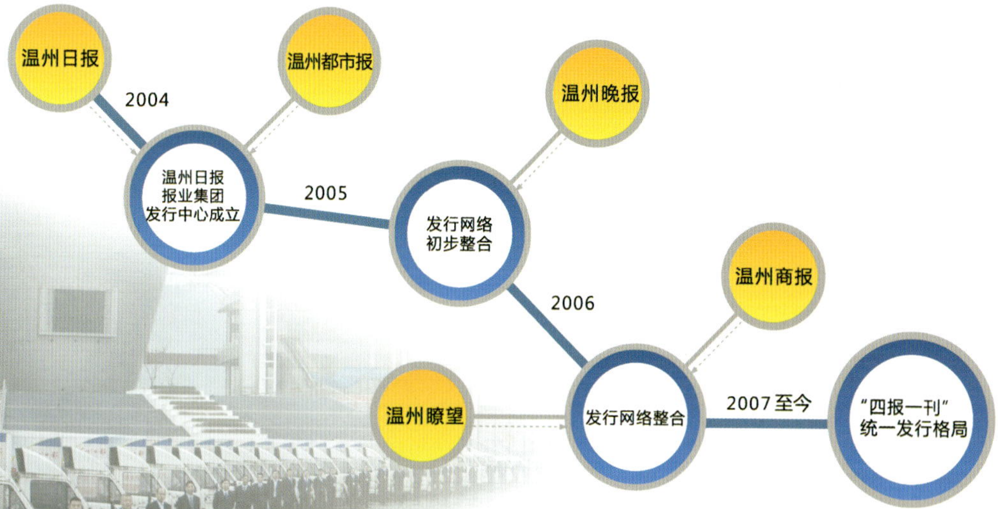

发行网络合并历程

精细化管理

人力资源管理系统

规范企业用工制度，以人为本实行精细化管理。人力资源管理软件对员工的招聘选拔、档案、培训与发展、薪酬福利、绩效、劳动关系等方面进行系统化管理。

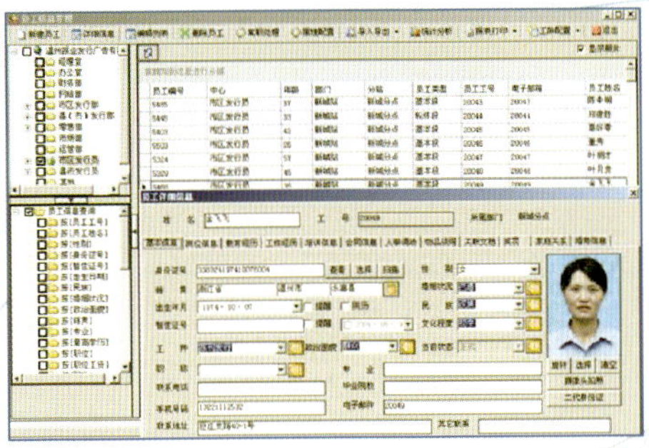

电子订报卡

订户自己网上录入订阅地址。国内首创，2007年11月获第三届“王选新闻科学技术奖”。

IP电话呼叫中心

为进一步提高服务能力，公司引进IP电话呼叫中心，不管是征订还是投诉，订户一个来电就能解决问题。

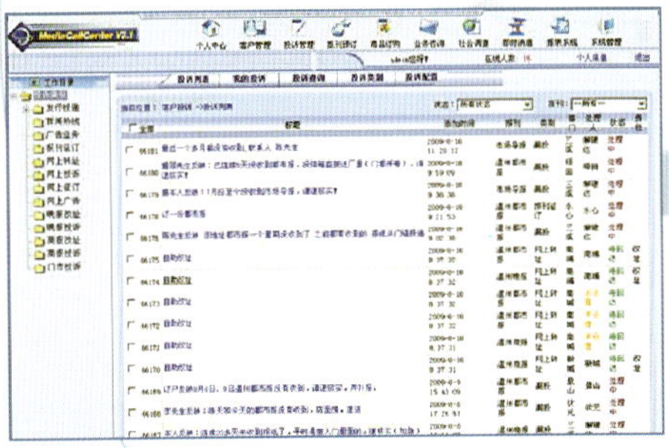

发行会员系统

订户自己网上更改投递地址，自己的报纸自己管理，报刊发行管理进入Web2.0时代，获“2008~2009年度中国报刊发行十大创新案例奖”。

OA网络办公系统

利用网络技术打造公司内部办公平台，开辟站长（员工）日志、报纸进出站时间管理等多项栏目，上下沟通方便，信息共享充分，工作效率提高迅速，被国内多家报社发行公司仿效。

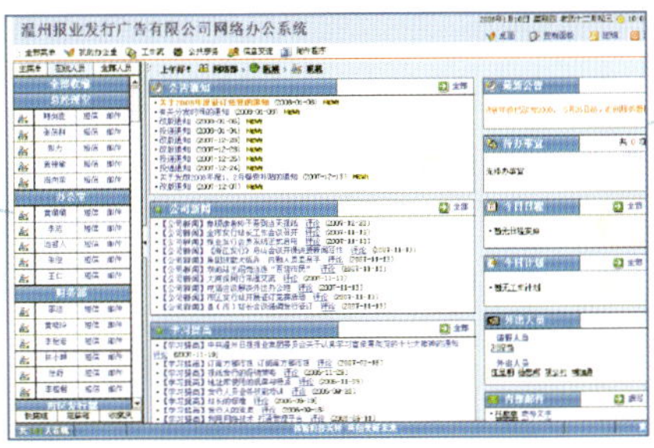

塔式报印轮转机

BEIREN75A
印刷最高速度(sph) 75000
印刷纸卷宽度(mm) 680~920
折页裁切尺寸(mm) 546×920

BEIREN45A
印刷最高速度(sph) 45000
印刷纸卷宽度(mm) 460~860
折页裁切尺寸(mm) 546×860

BEIREN40A
印刷最高速度(sph) 40000
印刷纸卷宽度(mm) 460~860
折页裁切尺寸(mm) 546×860

进入2000年后，北人报纸轮转设备进入了全新的阶段，塔式印刷机成为北人报纸印刷机的主导产品，从北人40A、45A直到达到国际水平的BEIREN75A。

高水平的设计加上高品质的国际化采购模式，使北人报纸印刷机无论在印刷质量还是设备稳定性上都领先一步。目前，北人不仅是国内行业的佼佼者，更在全球的印刷设备竞争中，占有重要地位。

今天，北人将继续承载伟大的历史使命，为中国报业发展而不断努力。

新晚报
冰雪互动 新心相融
中国都市报20强
中国最具品牌价值晚报十强
中国十大创新晚报
中国晚报十大品牌
中国创新晚报都市报20强
中国晚报十强
影响中国十大晚报
全国晚报广告投放价值20强
主办：哈尔滨日报报业集团 电话：0451-84890888 网址：www.harbindaily.com

TOYO INK
首批获得国家绿色油墨产品认证的企业
重点推荐产品:
TOW系列高速高档新闻胶印轮转油墨，适用于墨斗和泵送供墨系统的速度在4万/小时以上的高速进口及国产胶印轮转印刷机。
原装进口的MEGAPRESS3000系列润版液，适用于4°dH～20°dH的水硬度，具有优秀的防腐蚀功能。
大豆油型胶印亮光快干油墨
TK THK AFSOY 系列 TK ECON AFSOY系列
大豆油型热固胶印轮转油墨
TOH AFSOY系列 THW系列
胶印无溶剂油墨 TNV系列
胶印合成纸油墨 TSP系列
CONTAINS SOY OIL
Certificate
Green Partner
中国环境标志产品认证证书
SKYEY LION
天津東洋油墨有限公司
TIANJIN TOYO INK CO.,LTD.
地址：中国天津市西青经济开发区兴华二支路12号 邮编：300385
电话：022-23974597 传真：022-23979440 www.tjtoyoink.com.cn

精品購物指南
LIFE STYLE 时尚生活圣经
玩家旅游
数字商业时代
商业英雄的青涩年轮
FASHION WEEKLY
风尚志
明媚女公爵
世界
时尚生活导报
精品生活
杰伦+林志玲 完美碰撞
精品消费报

报·知天下　新·无止境
浙江日报报业集团拥有涵盖报纸、期刊、新媒体等25家媒体，并正在兼购出版社，打造全媒体财经系列。浙报传媒控股集团公司拥有独资、控股的子公司50多家。目前，集团总资产超过30多亿元，年营业收入超过26亿元，利税3.7亿元。媒体数量和产业规模居全国报业集团前列。
浙江日报报业集团
ZHEJIANG DAILY PRESS GROUP

《中国报业年鉴》编辑委员会

《中国报业年鉴》编辑部人员名单

主编：宋建武

编辑部主任：张森

编辑部副主任：陈乐

编辑：李晨宇　郑徐光　杨益航　张大伟　王静

美编：许良蕊

中国政法大学传媒与文化产业研究中心　组织编纂

发行部：(010)51986161、88598949

图书在版编目(CIP)数据

中国报业年鉴. 2010/宋建武主编. --北京：中华工商联合出版社，2010.7

ISBN 978-7-80249-153-3

Ⅰ.①中… Ⅱ.①宋… Ⅲ.①报纸-新闻工作-中国-2010-年鉴Ⅳ.①G219.2-54

中国版本图书馆 CIP 数据核字(2010)第 120056 号

2010 中国报业年鉴

主　　编：宋建武
责任编辑：关山美 楼燕青
封面设计：夏念波
责任审读：海鸿
责任印刷：迈致红
出版发行：中华工商联合出版社有限责任公司
印　　刷：廊坊市飞腾彩印制版有限公司
版　　次：2010 年 7 月第 1 版
印　　次：2010 年 7 月第 1 次印刷
开　　本：889mm×1194mm　1/16
字　　数：1240 千字
插　　图：32 幅
印　　张：38.75
书　　号：ISBN 978-7-80249-487-9
定　　价：198.00 元

服务热线：010-58301130
销售热线：010-58302813
地址邮编：北京市西城区西环广场 A 座 19-20 层，100044
http://www.chgslcbs.cn
E-mail：cicap1202@sina.com (营销中心)
E-mail：gslzbs@sina.com (总编室)

目录

特稿

概况

专题

细分市场

发展战略

管理创新

资本运营

特稿 TE GAO

● 2009年中国报业发展综述

● 2009年中国报业十大年度人物

● 2009年中国报业十大年度事件

● 2009年中国报业广告经营情况调查报告

2009年中国报业发展综述

● 王佳航

2009年是中国报业的深度调整年。

对于中国报业来说，2009年是一次没有硝烟的战争。整整一年，世界都在努力聆听寒潮之中的"春意"，经济开始在金融危机过后"最困难的一年"中艰难运行。各国众多报纸纷纷裁员、休刊、合并、破产保护，作为全世界报纸发行总量最大的报业市场，中国报业也经受着金融危机及新媒体冲击的双重影响。不过，年末收官，我们惊喜地看到中国报业在2009年仍然大放异彩，亮点频现。

一、报业改革深水提速

2009年9月，国务院发布《文化产业振兴规划》，这是继纺织、轻工等产业规划之后的第十一大产业振兴规划。其中明确国家将重点推进的文化产业包括：文化创意、影视制作、出版发行、印刷复制、广告、演艺娱乐、文化会展、数字内容和动漫等。该规划的提出以全球金融危机为背景，旨在提升国家软实力、文化创新能力，促进中国文化产业的发展与壮大，为"保增长、扩内需、调结构、促改革、惠民生"做出贡献。报业作为我国传媒业和文化产业的重要组成部分，也将借《文化产业振兴规划》之势，迎来新一轮发展契机。

从政策层面来看，管理部门在2009年的举措主要集中在两个方面：一是继续深化报业改革，调整报业结构，释放报业生产力；二是规范整顿报业市场。

首先，深化改革。2009年被称为中国新闻出版体制改革发展攻坚年。新闻出版署署长柳斌杰认为，一年来"各级新闻出版行政部门坚决落实中央精神，推动改革思路更加清晰，措施更加有力，新闻出版体制改革进入全面提速的新阶段"[1]。

1.完善报业退出机制

报业退出机制试点完毕，在全国范围内开始实施。2009年，新闻出版总署新闻报刊司按照"查处一批、调整一批、停办一批"的原则，对严重违规或整改不合格、不具备出版条件的报刊试行退出。2008年9月，报刊退出机制在辽宁、河北两省试点，河北省首批有《都市时讯》、《读书时报》、《快乐英语》3家报刊退出，辽宁省确定了第一批退出的12家报刊，部分报刊已停止运行。目前，两省试点工作已经结束，新闻出版署下半年在总结试点经验的基础上，在全国范围内正式实施报刊退出机制。截至2009年底，全国已有188种报刊以兼并、重组、停办等方式退出。

除了试点省份以外，2009年，还有几家以个案出现的媒体退出事件引起广泛关注。3月3日，曾被誉为中国足球新闻报道"国家队"的《中国足球报》，在走过15年的历程，出版了872期报纸后，宣布暂时休刊。这家与中国足球职业联赛同样诞生于1994年的足球专业报纸，终因网络媒体的不断冲击，加上自身的经营不善和投资方的撤资，选择了自行退出。8月，创办了16年之久，发行量曾达到10多万份的《中华新闻报》也走到了终点，这是迄今为止第一家中央级新闻报纸倒闭。这两家报纸的倒闭，在报业市场演绎了"优胜劣汰"的法则。这两起退出事件虽然还是一事一议，但是可以预见将有更多报纸逐步退出市场，而退出的规则和秩序也在逐步完善。

中国关于报刊退出机制的尝试始于1999年的《惠州晚报》。因严重亏损和管理混乱，2000年9月，国家新闻出版署发文撤销广东省《惠州晚报》刊号。2005年12月1日，《报纸出版管理规定》实施，其中明确规定了报刊被清除出市场的几种情形，但是，报纸退出在试点之前始终未进入正常程序，新闻出版总署也未公布退出机制评估指标体系和《报刊综合指标评估实施方法》。从《河北省新闻出版局关于建立报刊退出机制试点工作的报告》来看，2009年，报纸退出机制开始走向实质阶段，试点省份的报纸退出已经有了较为规范的流程：例如，试点省份河北省建立健全领导机构，成立了报刊退出机制工作小组；颁布《报刊退出机制实施办法》，确定了报刊退出实施的规范化的流程，初步形成了报刊优胜劣汰的长效管理制度。

2.转企改制加速前行

2009年，非公益性、非时政类报刊出版单位的转企改制得以继续推进。针对新闻出版总署对报刊转企改制的基本要求，主管部门在2008~2010年三年内将对报刊业改革实行分类指导。报刊业改革将首先从中央企业主管的报刊社开始，如中国石油报社、中国建设银行报社、中国城乡金融报社等，积累经验后再逐渐向行业协会、中央部委主管报社推开。自2005年至2009年，尽管经历了各种政策调整、市场剧变、大事件的影响，中国报业还是在稳步发展，只不过是发展的速度放缓。从各种因素分析，中国报业发展放缓的主要原因之一是传统观念、体制机制对报业发展尤其是报业经营的制约。2009年，转企改制提速意味着报业生产力将得到再次释放。

转企改制是2009年的重要工作，为此出台了一系列文件。2009年4月，新闻出版总署下发《关于进一步推进新闻出版体制改革的指导意见》，指出推动经营性新闻出版单位转制，重塑市场主体。制定经营性报刊转制方案，推动经营性报刊出版单位逐步实行转制，要按照《公司法》的要求，加快产权制度改革，完善法人治理结构，建立现代企业制度，尽快成为真正的市场主体。7月22日，国务院常务会议讨论并原则通过《文化产业振兴规划》，强调文化市场主体要进一步完善，按照创新体制、转换机制、面向市场、增强活力的原则，基本完成经营性文化单位转企改制，文化市场主体进一步完善，活力进一步增强。8月28日召开的中国报业协会第四次会员代表大会上，柳斌杰在讲话中进一步强调非时政类报刊出版单位要全部转制为企业，新闻网站全部转企改制，计划于2011年年底前完成非时政类报刊出版单位的转制工作，进一步明确了路线图和时间表，报业转企改制明显加速。

转企改制在2009年进入实质阶段。1986年创办的《科技日报》，已被列入新闻出版单位转企改制试点单位，转制计划在2010年进行。同时被列入试点的还有《农民日报》。两家报社已制定转企改制时间表，从2010年起逐步建立现代企业制度，自负盈亏，走向市场。各省报纸转企工作也迅速启动，上海38家图书出版社和27家音像电子出版社完成转企改制工作，621家期刊、100家报纸开展了经营性报刊出版单位转企改制试点。12月，山东老年生活报传媒有限责任公司合资协议签字仪式在济南举行，此举标志着老年生活报作为山东省首家实施整体转企改制的非时政类报纸。

其次，规范市场。继续整顿行业环境是2009年报业市场宏观调控的重头戏。12年来首次修订《中国新闻工作者职业道德准则》11月27日公布，新修订的准则指出，新闻工作者要通过合法途径、正当方式获取新闻素材，慎重使用隐蔽拍摄、录音，公开采访要出示记者证件，刊发新闻报道要署作者真实姓名；认真核实新闻信息来源，确保新闻要素及细节准确；摘转其他媒体报道要有把关意识，不刊发违反科学和生活常识、耸人听闻的事实报道；不夸大、缩小或歪曲新闻事实，不虚构或制造新闻事件，不干预或摆布采访对象；出现报道失实时要主动承担责任，及时更正致歉，消除不良影响。新准则还强调，坚决反对各种有偿新闻和有偿不闻行为，不利用职业之便谋取不正当利益，不利用新闻报道发泄私愤，不以任何名义索取、接受采访对象或利益关系人的财物，不在无隶属关系的其他新闻单位或经济组织或兼职取酬；不以新闻报道形式做变相广告或形象宣传，编辑记者不从事广告、发行、创收等经营性活动。这次修订在内容上吸收了1997年以来中央对新闻宣传和新闻工作者的新认识、新要求和新闻实践中取得的新进展、新经验。此外，《报刊记者站管理办法》2009年10月1日施行，内容从原来5章33条增加到6章42条，增加了记者站须年检并按时缴送样报样刊等很多新规定。业界及学界评价此规章既加强记者站及记者权益保障，又加强了对违法问题的监管和查处。

二、报业的舆论引导能力增强

2009年1月，在全国宣传部长会议上，中共中央政治局委员、中央书记处书记、中宣部部长刘云山在讲话中强调，"进一步深化对宣传思想文化工作的规律性认识，把解放思想与统一思想结合起来，把增强忧患意识与坚定信心结合起来，把坚持正面宣传与疏导公众情绪结合起来，把促进改革发展稳定与推动文化大发展大繁荣结合起来"[2]。回首2009年，我们可以欣喜地看到，中国报业舆论引导水平提高，对新闻宣传工作的内在规律有了更深刻的理解和把握。

1. 重大事件的舆论引导水平提高

从2009年发生的重大及突发事件来看，我国报业舆论引导能力更加成熟。

第一，迅速找准正确导向。2009年年初，在席卷全球的金融危机的阴影下，如何把脉经济现象，强化主流引导，成为报业的挑战。特别是在经济层面充满不确定因素，如何理性分析、适时引导，提振信心、既需要舆论引导能力，也需要经济专业知识。面对国际金融危机的严重冲击，党和政府确定了出手要快、出拳要重、措施要准、工作要实的总体思路，报纸宣传也以增强信心为主线，在报纸版面上关于金融危机的报道异彩纷呈，均以鼓舞人民团结一致，共同对抗为主基调。经过一年多来的努力，各项政策措施取得积极成果，经济运行中的积极因素不断增多，回升向好的趋势得到巩固，为保持经济平稳较快发展奠定了坚实基础，这与报纸舆论引导工作是分不开的。舆论引导既彰显了中国负责任大国的形象，也提振了全党和全国人民的信心。

第二，舆论引导更加具有贴近性。新疆"7·5"事件的报道方式显示出舆论引导方式有很大的创新。在以往的突发事件或危机事件报道中，报纸采用的主要信息源大多来自官方渠道，但"7·5"事件后，许多报社采访了目击者、受害者、的士司机、游人等，更为关注现场各界人士，信息源有所拓展。并且，重大事件的报道，以往更关注舆论导向，这次报道注重对普通民众视角的选择。在报道暴力分子行为残忍、政府高度重视、社会各界纷纷谴责暴力分子等方面之余，还增设了如"7·5"事件善后重视心理救援、事件最大的受害者是无辜百姓、民族互助显现人性真情等议题，这些议题大都体现出强烈的人性关怀，引起公众的强烈共鸣。

第三，重大事件报道的策划水平整体提高，这客观上有利于提高重大事件的舆论引导水平。国庆六十周年的报道，是2009年的重头戏，要成为贯穿全年的重要主题报道，分阶段、有节奏地推出，形成持续的热潮。各家报纸都使出浑身解数，努力推陈出新，吸引眼球。浙江日报编委会早在3月份就开始启动国庆60周年报道，相继推出"一户人家60年""东风第一枝""打开我的家庭相册"等多组爱国主题系列报道，还组织了形式多样的群众参与式报道活动，如"我的解放记忆"、征集"60句爱国名言"和"60句祝福祖国的话""赛歌会"等，这些报道、活动营造了浓厚的国庆60周年喜庆氛围。中央三大报则形成协同作战的格局，《人民日报》拿起政治述评的传统武器，推出系列政论，评述新中国60年巨变及其伟大历史意义；《光明日报》突出了新中国成长主题，推出系列版的新中国成长报告，以文化、科技、教育、理论为重点，系统报道新中国各条战线的辉煌成就；《经济日报》开辟《新中国百姓纪事》版面，从老百姓身边的变化看祖国发展，细致入微。事实上，国庆六十周年的报道的竞争比拼的是各家媒体的策划水平。近年来，随着报纸商业模式的调整，报纸编辑部及采编人员顺应变革，不断刷新对采编工作的理解，多数报纸编辑部进行了流程再造，新闻报道策划被前置，并且贯通在内容生产的各个环节。从2009年报纸版面来看，新闻报道策划更为常态化，重大新闻事件的新闻报道策划起步早、执行到位，内容形式浑然一体，对报纸内容质量的提升起了关键作用。

2.主流大报在多元传播格局中发挥自身优势

随着互联网的发展，网络的特殊作用正日益显现，网络舆论成为社会舆论的发源地和放大器。2009年，"钓鱼执法"、"躲猫猫"等网络舆论焦点事件一波连一波，成为社会大众关注的焦点。在复杂的社会舆论引导中，主流媒体开始调整思路，逐渐适应多种媒介、多个媒体形成的多元传播格局，并在多元传播格局中，找准定位，发出强势声音。例如，新疆"7·5"事件发生后，以往主流媒体一统传播渠道的格局发生变化，国内网民、各地方流媒体以及国外部分媒体与"疆独"分子展开了针锋相对的论战，传统主流大报在强化现场和深度报道的同时也更加重视媒介融合的重要性，转载了部分网络媒体信息，甚至包括个别网民的博客信息。再如，在上海"钓鱼执法"案中，央视"经济半小时"栏目曝光上海疑存在"职业拦车群体"，"新闻1+1"栏目制作专题调查，《人民日报》连续发表"人民时评"，推动政府有关部门认真调查、有错必纠。主流大报日益擅长在众说纷纭复杂的传播局面中做舆论引导。特别值得一提的是，从11月份起，《人民日报》"人民时评"专栏、中国青年报"法制社会"版和"冰点"专刊在天涯社区开设"主流媒体"频道，转帖主流媒体的报道和评论，这是主流大报深入网络社区传播主流意识形态声音、与网民对话的一次集体尝试，也是主流大报把握主流舆论，提升权威媒体形象的一次尝试。

3.一批都市报主动扛起了舆论引导的旗帜，并结合都市报传播实践提出都市报舆论引导的原则和方法

例如，杭州日报报业集团《都市快报》，提出都市报也应以舆论引导作为报社使命，并积极探索建设党政、媒体、市民"三位一体"以民主促民生机制，创新性地落实新闻报道"三贴近"原则。《都市快报》认为都市报应该是公共平台的建设者，沟通政府和群众关系的引导者。强调舆论引导是帮助利益各方通过协商，形成共识，从而达到解决问题的目的，缓解矛盾，形成社会良好风尚。《钱江晚报》也积极探索舆论引导、舆论监督的方法和规律。《钱江晚报》提出"舆论监督是否能够出成效，做到政府认可、百姓欢迎，究其根本"，关键在于要把握"社会稳定是压倒一切的大局，必须树立高度的政治意识、大局意识和责任意识"[3]。都市报新闻理念的变化深刻地折射出都市报经过多年发展，对媒体运作规律认识的提升，报社的最终目标仍是要经济效益和社会效益比翼齐飞。

三、市场主体加速资源整合

对不同来源、不同层次、不同结构、不同内容的资源进行识别与选择、汲取与配置、激活和有机融合，是报业做大做强的必由之路。2009年，报业市场主体——主流大报和强势报刊均加速进行资源整合、并购重组，向跨媒体、跨地区的内容供应商转型。

1.跨地域整合渐成风气

报业跨地区经营，是中国报业发展的大趋势之一。长期以来，我国报业形成了行业分割、地区分割的局面，经过自上世纪90年代以来报业的充分竞争，一些中心城市的报业竞争已近饱和，急需寻找新的增长空间。《全国报纸出版业"十一五"发展纲要(2006~2010年)》中，规划和肯定了报业跨地区发展的思路。不同形式和背景的合作、联合成为2009年各强势报媒的主题。

2009年3月2日，湖北日报传媒集团兼并《科技导报》，利用《科技导报》的刊号创办《楚天都市报·襄樊版》，这是继2008年5月12日《铁岭日报》更名为《辽沈晚报·铁岭版》之后，全国第2个具有独立刊号的报纸地方版。

辽宁日报传媒集团的跨地域整合更为大胆。2009年，该集团在辽宁中部城市群继续发力，5月1日，与《辽阳日报》、《营口日报》合作，后者的主办单位变更为辽宁日报传媒集团，加入辽宁日报传媒集团主办序列。8月1日，《本溪晚报》更名为《辽沈晚报·本溪版》，与此同时辽宁日报传媒集团也启动了和《本溪日报》、《阜新日报》的合作，辽宁中部城市7家地市级党报中的5家都已加入到了省级党报集团主办序列。

2009年5月10日，西江日报社和南方日报社达成《关于西江日报社与南方日报社深化合作的框架协议》，开展产权合作，共同开拓区域传媒市场。在此之前的2006年，西江日报社加盟南方报业传媒集团，《南方日报》帮助《西江日报》提高办报质量，分享广告增量部分的50%。但先前的加盟合作只是浅层次的合作，主要是以广告收入为合作基础，采编资源并未完全得到有效整合，缺乏机制保障，未能完全形成利益共同体。产权深化后的合作将全方位整合采编工作，双方共同出资组建西江传媒有限公司，其中西江日报社控股51%，南方报业传媒集团以现金和输出品牌等报业资源购买西江传媒有限公司49%的股份。双方还将组建"西江文化产业发展中心"，发展相关产业。建立在产权基础上的合作有助于解决对合作方南方报业传媒集团激励机制不足、合作零散不够系统的问题，使得合作有了制度保障，形成了长效机制。

此外，湖北《楚天都市报》地方版《楚天都市报·襄樊版》也经国家新闻出版总署批准于2009年3月初创刊。2009年2月，滁州市委宣传部与南京日报报业集团签约，决定从3月起联合开设《南京都市圈·滁州版》。2009年5月7日，《济南日报》平阴版——《济南日报·新平阴》正式创刊出版。9月，半岛传媒与潍坊日报签约，由半岛传媒出资3000万元，购买潍坊晚报传媒有限公司49%的股份。10月，半岛传媒派出由执行总编、总经理等6人组成的采编经营团队，与潍坊晚报原有采编经营团队整合成新的公司化的运作主体。

特别值得一提的是，黑龙江省10月公布的《省市都市报晚报战略合作实施方案》从上而下推动了报业重组。《省市都市报晚报战略合作实施方案》对全省都市类报纸的整合发展做出了部署，指出全省报刊体制改革暨都市类报纸整合座谈会指出该省都市类报刊资源配置分散、产业集中度低、结构布局不合理、效益不好、同质化倾向明显，自我积累式的线性增长方式已不适应新时期媒体的发展方向，全省报刊尤其是都市类报刊体制改革迫在眉睫。如果不加快推进改革，将面临严峻的生存危机。各报刊要增强忧患意识和危机意识，积极参与报纸跨地区的整合。要开展内容合作，实现新闻资源的共享，开展经营合作，进而组建股份制公司，争取上市融资做大做强传媒集团。全省都市类报纸在2011年底前都要完成转企改制。

2.地市级报纸冲击报业集团

1996年，广州日报报业集团挂牌成立首家报业集团。截至2002年底，我国报业集团数量达到39家(其中，2002年增加了13家)，到2008年底，报业集团的数目为49家。2003到2008年共6年的时间里报业集团仅增加10家。2009年，在报业体制机制改革深化的形势下，借县域报纸大发展的浪潮，一批地市级报纸成长为报业集团。2009年4月17日，太原日报报业集团挂牌成立，集团拥有《太原日报》、《太原晚报》、《山西商报》、太原新闻网及经营类实体太报传媒印务公司、太报传媒报刊发行公司，太报传媒广告公司、太报传媒物业公司等。8月27日，太原日报报业集团深化文化体制改革全面展开，组建太报集团和太报传媒有限公司，完成人事、薪酬、职称评聘和经费包干等四项配套制度改革。9月26日，昆明报业传媒集团正式成立。9月28日，湖北省第一家市州传媒集团——黄石日报传媒集团成立。10月30日，位于湖北宜昌的三峡日报传媒集团挂牌成立。12月6日，河南洛阳日报报业集团成立。这5家报业集团均为市级报业集团。

3.纷纷布局文化产业

2009年度，我国文化产业全线飘红，仅1月至5月，我国文化产业平均增幅达17%。其中，新闻出版业总产值增长势头良好达30%，销售增长20%。各报业集团利用业缘优势，积极拓展新方向，并购重组、开展不同层面的合作，向文化产业渗透。例如，6月1日，河南日报报业集团投资制作的《俺的铁蛋俺的娃》首映，这是中国第一部反映农民工题材的动画片，讲述了一个农民工的孩子铁蛋到大城市上学遇到的一系列故事。山东大众日报报业集团投入5亿元打造的山东文化产业职业学院也于2009年开始招生，成为国内首个挺进文化教育领域的报业集团。苏州日报报业集团从2009年下半年起重点进军文化产业，投入5亿元重点打造三大文化产业项目，分别是印刷数字化产业园、城市岸望文化创意设计广场、创意人大厦。11月18日，浙江创意产业园在温州开园运营，是温州日报报业集团与浙江工贸职业技术学院共同打造的以服务地方产业转型升级为主的首个创意文化产业项目。此外，引人关注的还有，无锡日报报业集团从2009年起连续5年每年划拨2000万元文化产业发展资金，加快进入新兴文化产业项目。湖北日报传媒集团等多家报业集团开建文化产业园平台，试图在新一轮文化产业潮流中抢占先机。

四、创新经营力求突破

市场竞争日益激烈，传统报纸面临着读者流失、无序竞争与严重的信任危机等问题，加之2009年，纸价虽有所下降但仍处在高位，全球金融危机的阴影驱之不散。各报社纷纷寻找因应之策。创新是2009年报纸经营的主旋律。

1.报纸“减肥”节流

出于减轻成本压力的目的，许多报社纷纷采取减版面、减刊期、减发行量、减少赠阅以及控制无效发行等措施减少用纸量。2009年6月1日，《广州日报》宽度从39厘米减少为37厘米。报纸减宽裁边使《广州日报》2009年节省纸张成本4000万元，加之新闻纸价回落节省的3000万元，日均发行量35万份的《广州日报》2009年仅新闻纸一项就节约成本7000万元。除了《广州日报》以外，节约成本是很多报社的重要目标。《武汉晚报》严格控制版数，提前一天根据广告情况确定第二天的版数；《辽沈晚报》对发行量进行市场化弹性控制，遇到雨雪天气时，《辽沈晚报》红马甲发行公司会视情况将零售报纸减量。《金华日报》则严格控制费用开支，比如严格控制出国和大规模异地采访活动，使办报成本费用消耗减少近700万元。

2.品牌活动增添亮色

新闻报道策划多，品牌活动多是2009年报业的一大特色。各报为扭转局面，纷纷举办各种营销活动以促进广告发行。

以报业大省浙江为例，《金华日报》2009年上半年共策划活动25个，增加收入800多万元。《衢州日报》主要针对薄弱环节加强策划活动，使报社上半年的广告收入增长了12%，多元经营收入增长了28%。过去，当地的房地产广告80%在广电，通过策划活动，今年房地产广告80%都留在了《衢州日报》。其中，报社组织的房博会不仅使房产商的销售收入达到了2.5亿元，也让报社获得了200多万元的广告收入。温州日报报业集团今年前3个月的广告经营形势非常不好，经过几个大型活动，特别是通过策划房产广告活动，在一定程度上改变了过去温州人不做房产广告的习惯，也带动了集团广告收入的大幅增长。[4]

面对房地产广告积极开展活动的还有《海南日报》。根据当地房地产广告大量外流的情况，《海南日报》果断作出决策，专门成立了房地产策划营销中心。营销中心很快搭建了两个联盟：一个是海南房地产商的联盟，一个是房产主要销地的媒体联盟。随后，营销中心先是在三亚办房展，7天时间成交量达1亿多元，随后又连续策划了北方房地产展，在哈尔滨、太原、大同等地举办。这一系列活动都收入颇丰。仅房地产一项，《海南日报》营销中心今年就会有近2000万元的收入。《海南日报》前三季度广告的增幅为10%左右。

2009年报业营销活动的另一个特点紧跟形势，既赚广告，又赚眼球。例如，针对金融危机之后扩大内需的政策一些报社大做文章。例如，凡计划"五一"前在武汉地区购房，并已订阅2009年《长江日报》、《武汉晚报》、《武汉晨报》的读者，均可于3月21日至4月5日期间，在武汉国际广场"长江日报楼市新干线"现场，领取5230元的"长江日报购房消费券"。"长江日报购房消费券"计划每日发放150张，共计2400张，总额达1200余万元。这是长江日报在创刊60周年之际，以实际行动回报社会，配合政府拉动内需而推出的一项大型公益活动。消费券领取额设定为5230元，是为了寓意长江日报创刊日——1949年5月23日。许多报纸还纷纷抓住2009年国庆60年的契机，举办各种各样的活动，使得人气和广告都大幅上升。《常州日报》的社庆60年广告收入达到1000万元；《湖南日报》社庆前后共组织了60版，社庆广告收入达到1200万元。《精品购物指南》于2009年9月24日推出的国庆60周年盛典专刊，报纸总版数达488版，由6册组成，包括《时尚精神60年》、《城市变迁60年》、《生活方式60年》、《节日手册》、《乐情报》和《时尚记事本》，总重量达1.6公斤。该专刊策划运作历时大半年，单期广告实收额达1466万，创该报单期收入历史新高，也创造了中国报业史上新的纪录，与同一周内出刊的《精品购物指南》十一专刊广告实收额累计超过2000万。这些数字在中国广告的历史上都是罕见的。

3.经营策略创新

2009年，各报还加强报社自身经营机制的创新。

一方面苦练内功，夯实发展基础。例如，宁波日报报业集团加大了结构优化的力度。开展相关的产业经营活动，做到主业多元整体推进。《绍兴日报》采取细分市场的办法，分出房产广告、汽车广告、信用市场广告等若干个广告领域，并将房产广告进一步细分为别墅、高层、写字楼、公寓等广告品种，使房产广告一下子增长了50%，汽车广告不减反增，信用市场广告额也大幅增加。再如，深圳报业集团依托集团媒体、海量信息、庞大的读者群三大优势以及整合各类资源的能力，推出"报业都市通商城"，这是深圳报业集团利用自身媒体优势着力打造的无店面商品营销平台。网络购物成为网络时代报纸经营的新模式。

另一方面，2009年，各报社也积极拓展外部资源，通过合作拓展发展空间。4月，淮海经济区城市报业联盟广告联盟在临沂成立。20家报社决定在报业联盟框架下成立淮海经济区城市报业广告联盟委员会，建立多边广告合作机制，以强化媒体广告合作平台。8月29号，在山东枣庄召开的全国广播电视报联合经营论坛上，全国广播电视报广告经营中心宣告成立，这意味着全国280多家广播电视报组成了一个联合经营体，预示着一个覆盖全国所有省份和260多个地级市的广告宣传体系，每期发行量超过1500万，覆盖2000万家庭、4000万读者的报媒超级网络诞生。全国所有的省和地级市都有广播电视，由于近年来媒体竞争的加剧，广播电视报广告经营遇到一些困难。在这种市场压力下，全国广播电视报尝试有组织的联合经营，是一种积极的应对措施。

五、广告市场：挺过危机，阴霾未散

传媒业与广告业具有高度的相互依赖性，传媒是广告的载体，广告又是传媒的主要收入来源。传媒与广告的发展依赖于相关行业的景气与否。金融危机发生以来，本就深受新兴媒体冲击的国际报刊业步履维艰。国内报业市场面对金融危机的袭扰，采取了有效措施，保持了报业经济的稳定增长，但是不可否认的是阴霾未散。

2009年报刊广告市场增速、增幅、总量都有不同程度下滑。但是我国广大报刊广告经营者克服金融危机的不利影响，从容应对新形势下面临的严峻挑战，兢兢业业、迎难而上、开拓创新，通过战略性的结构调整，报刊广告经营实现了新的突破。据央视市场研究CTR的数据显示，中国广告市场2009年增长13.7%，其中报业广告刊登额增长9.4%。

1.2009年的报刊广告市场几大亮点

(1)领跑者再创新高。

根据中国广告协会的统计，《广州日报》广告额在2009年再次登顶，连续16年位居中国报业广告第一，同时还创下《广州日报》多项第一，如2009年9月25日以超过2200万元的收入创下单日广告最高纪录，2009年12月创单月广告收入的历史新高。各地市场第一报的霸主地位也基本得到巩固。

(2)西北东北强势崛起。

据CTR的数据显示，截至2009年11月，西北地区广告增幅最高，达28%；东北地区广告增幅为10.6%，在增长幅度中排名第三。而原有的华东、华北、华南这"三巨头"之中，只有华北保持着比较好的增幅，以14.2%排名第二；华东地区广告增幅为7.4%，表现平平；华南地区仅增长了0.8%。

2.广告市场暗藏隐忧

尽管面对金融危机，中国报业交出了逆市上扬的答卷，但是阴霾未散，实际上暗藏隐忧。

(1)广告行业投放比重出现变化，广告结构向着恶化的方向发展，房地产、汽车、IT、金融等优质广告资源比重下降。

CTR的广告监测数据显示，2009年，报纸房地产广告下降1%；汽车广告在前10个月下降1.4%，但靠最后2个月的大增使全年转负为正，增长了7.6%；商业零售业仅增长8.3%。房地产、汽车都是报纸的支柱广告行业，这些行业广告下滑给行业带来不利影响。

(2)核心城市报业广告增长并不乐观。

中国广告协会报刊分会的调查显示，2009年1~10月，北京、上海、广州、重庆4个报业竞争一线城市的广告均有一定的下滑，下滑幅度约在10%左右。而对杭州、成都、南京、沈阳、武汉这些报业发展的二线城市的调查发现，其报业广告基本与去年持平，或略有升降。

(3)2009年报业市场的景气也在于报业主体积极营销，广告大打折扣。

为应对危机，不少报社甚至推出了买三赠一、买二赠一，以至买一赠一的大幅折扣。这样使得报社实际收入与刊登额有较大差距。

六、谋求突围的报业发行经营

2008年，我国报纸总印量比上一年度减少了2.45%，出现了1993年以来报纸年印量首次负增长。如何创新经营思路，促进报刊发行业持续稳健发展，是2009年摆在报刊社发行人面前的重大问题。

1.报业发行产业化进程继续加快

随着报业产业升级及结构调整，加之国家还出台了一系列扶持报刊改革的优惠政策，报刊发行中心转企改制继续加速，报业发行单位的公司化比例提高。报纸发行是一个资本密集和劳动密集的复合产业，不仅建设发行渠道和终端需要巨额的费用，维护渠道和终端的正常运行同样需要花高昂的成本。2009年，各报业发行公司积极探索渠道增值的方法，送水送奶等物流业务继续下滑，直投业务和网络购物业务升温。

2.创新发行管理

众多报业发行企业在2009年严抓管理，创新方法，力争效益上有突破。2009年，深圳报业集团发行有限公司大力抓管理，继续推行"契约制管理"、"分班制"和"员工类比管理"等绩效考核模式，充分调动了发行员工的工作积极性，低成本、高效率地完成了年度征订工作。为优化公司发行网络信息系统，公司还构建了征订、投递、旧报回收、分类广告、直递广告的业务咨询信息的集群化、一体化的报刊发行等多元业务应用管理平台，通过全方位客户服务，全面提升了报刊发行及其他增值业务的服务水平。

针对各类媒体长期存在的"广告与消费错位严重，读者难变消费者"问题，南方报业传媒集团于9月8日推出《第一消费》大型免费家庭生活双周刊，免费直投到广州全城30万户中高收入家庭，预计直接读者达100万人。再如，渤海早报社在天津出租车司机中筛选出1500名的哥的姐打造"文化的士"——凡参与活动的司机每天经销8份报纸即可得到一个为的哥的姐特设的进货价，"文化的士"可以去邮局的报亭取报，再把报纸当作零钱找给顾客。这个项目一方面在一定程度上提高了的士司机的收入，另一方面也把对城市的宣传引入了出租车厢，方便外地游客及时了解天津的当地新闻。

3.多介质发行

众多报社正在尝试把纸媒流失的读者转移到新媒体，从“网络版”“手机报”再到“多媒体互动报纸”，非纸媒的“电子报”发行新思路逐步明晰。2009年，这种转移出现了具有标志性意义的进展。2009年3月30日的《市场报》，在封面刊登题为《风雨兼程三十载市场报今日向读者道别》的文章，成为国内第一家停止出版纸报，改办市场报网络版的报纸。尽管这是市场报改办中国能源报这一决策的善后之举，被称为是“创业型安置人员”，但亦是一个有象征性意义的尝试，该网络版报纸6月正式运营，第一批广告7月到账。而《市场报》的母报《人民日报》也开始发行尝试。《人民日报》发行方式的新变化是，准备开设“电子阅报栏”，同时在一些公众场合通过卫星发射设立“电子阅报栏”，可以实时看到人民日报当天的报纸，还可以翻页、放大，目前正在试点。同时，《人民日报》电子版实行注册收费。

七、报业加快数字化转型

在新技术的发展下，“媒介融合”的洪流无法阻挡，各种新的媒介形态不断呈现，报纸、广播、电视等传统媒体与各种新媒体，在组织结构、传播手段上日益相互渗透和融合。2006年《全国报纸出版业“十一五”发展纲要》提出“大力发展数字报业”的口号。2009年，几种传统媒介中，受新媒体冲击最大的报纸，走出最初的试探，加速向数字报业转型。

1.全媒体热浪袭人

全媒体是指综合运用文、图、声、光、电等各种表现形式，来全方位地、立体地展示传播内容，同时通过文字、声像、网络、通信等传播手段来传输信息的一种新的传播形态。

在我国，全媒体战略的尝试是从烟台日报传媒集团开始的。2007年，国家新闻出版总署启动了全媒体数字采编发布系统工程建设，确定了南方报业传媒集团、中国安全生产报社、烟台日报传媒集团等，进行数字复合出版的研发和试点。顺应全媒体产品方阵的布局，2007年10月29日，烟台日报传媒集团成立“1029项目组”，启动“全媒体数字采编发布系统”的研发，通过优化原有的产品生产流程，推动集团从报纸生产商向内容供应商转型。2008年3月，该集团组建全媒体新闻中心，并于当年7月1日正式上线使用。

如果说2008年烟台日报集团的全媒体流程再造还是小试牛刀，那2009年报业的全媒体改造已经是遍地开花。2009年1月，宁波日报报业集团全媒体新闻部成立，首批15名记者每人配备高清摄像机、数码相机、录音笔和笔记本电脑，实行全天候的多媒体信息发布。5月初，宁波日报报业集团新设立基于手机报纸、手机电视的3G事业部，实现多媒体、即时和互动的移动新闻播报。2009年3月，《三湘都市报》、华声在线及户外媒体公司每天传播网整合，涵盖报纸、网络、手机报、户外新媒体，形成全媒体传播链。三湘华声管理委员会组建成立，提出2009年为全媒体元年。浙江日报报业集团也确定了“全国化全媒体”之路，整合优势资源，发展新媒体，融合各种介质；6月6日，与阿里巴巴签订合作协议，9月合作推出《淘宝天下》周刊；9月27日，与央视财经频道签署战略合作协议，将触角延伸至电视；出资绝对控股红旗出版社有限公司；组建新公司发展户外媒体，专门经营户外大屏幕LED，并与视频新闻结合起来。南方报业传媒集团董事长、管委会主任、南方日报社社长杨兴锋也表示，“媒体已经发展到了聚合的时代”。“南方报业传媒集团已经获得政府颁发的网络视频许可牌照。南方报业传媒集团对自身的角色定位非常清晰，我们不光是报纸产品的提供商，更要做全媒体内容提供商[5]”。旗下《南方都市报》2009年开始面向全国高校招聘全媒体编导一职，全媒体节目主持人也活跃在采访一线。

全媒体改造给报业带来的变化主要在以下几个层面：

第一，跨媒体产业布局。为适应转型需要，各报业集团向传媒集团迈进，报纸从纸媒转变为内容供应商，产业架构也做了相应调整，初步形成了包括纸质报、手机报、多媒体数字报、电子纸移动报、户外视屏等比较完备的全媒体产品方阵。一些报社也采取跨媒体合作的方式拓展资源，如长江商报社与湖北城市电视合作、都市快报联手广播电台成立跨媒体公司。在发展战略上，这些传媒集团以报刊出版为主业，核心业务、成长业务、新兴业务梯次配置。

第二，全媒体实践使得报业的组织结构和生产结构也因此得以重构。如洛阳日报社成立全媒体新闻中心，全媒体新闻中心记者不仅要从现场发回短信和彩信、采集文字和图片，而且还要采集视频、音频等素材。报社的内容生产除传统业务外，加快视频报道业务的培育，全媒体记者逐渐成长为一支独立的力量。

第三，全媒体流程改变了报纸内容生产的原有规律，新的传播模式引发业务探索热潮。例如，全媒体内容生产改变了传统媒体内容生产链条的两端，采集和发布两个环节都在延伸，全媒体内容生产的报道模式，内容形态成为报业业务探索的重点。

2.手机报向多媒体手持移动终端过渡

2009年，也许可以称为真正的手机报元年。各报业集团的手机报发展迅速，各种各样的应用形式呈现多元化的发展态势。手机报已经开始从简单的文字短信传播形式，向内容更丰富、表现力更强的多媒体形式过渡。

随着手机技术的发展，上网资费的逐步降低，手机报逐渐被更多用户接受。CNNIC的中国手机媒体研究报告显示，手机报、手机视频等应用形式已逐步渗透到人们的日常生活中，特别是手机报业务的普及率截至2008年底已经达到了39.6%。2009年，各媒体对手机媒体性能、传播特点的研究成为大热门，手机报开始真正向手持移动终端转变，从短信形式的手机报向多媒体手持移动终端的转变具有阶段性意义，手机作为通信终端和媒体终端的结合，其传播特征将得到充分发掘，如微博等社交网站对手机媒体的利用带来传播变革。

当然，报业数字化转型仍然在探索期，热闹背后还有很多值得深思的问题，技术、规制、传播模式等诸多课题还有待探讨。□

※作者单位：中国政法大学新闻与传播学院

※注释：

【1】庄建.《新闻出版体制改革：从攻坚到决胜》,《光明日报》2010年1月4日

【2】《全国宣传部长会议(2009年1月4日至5日)》,人民网中国共产党新闻频道,http://dangshi.people.com.cn/GB/151935/176588/176941/177524/10704610.html

【3】卢楠.《民主促民生的样本——浅谈钱江晚报如何做好舆论监督报道》,《新闻战线》2009年第3期

【4】牛春颖.《报业高管传媒学者纷说 寒冬中的报业不一样的2009》，新闻出版报2009年12月15日

【5】田霜月.《杨兴锋：媒体到了聚合时代》,《南方都市报》2009年11月9日

2009年中国报业十大人物

（按姓氏笔划排列）

●中国政法大学传媒与文化产业研究中心

中国政法大学传媒与文化产业研究中心基于对中国报业的深入了解和专业判断，甄选出2009年度对报业发展做出突出贡献的重要人物和具有深远影响的重大事件。本评选关注报业经营的各个环节，凡对报业具有突破创新和风向标意义的，都在我们的视野之内。

1.何冰，成都传媒集团党委书记、董事长

2009年，成都传媒集团作为全国省会城市中惟一横跨多种媒体的传媒集团，在何冰的带领下，坚持“做精做强传统媒体、推进战略向蓝海转型、抓好传媒资本运作、快速推进产业扩张”的发展战略。2009年，该集团确定了十大重点项目，并把媒体融合项目作为重点。特别是在全国报业普遍低迷的大趋势下，该集团旗下《成都商报》广告经营额逆势上扬；何冰坚持抓战略、抓导向，通过大项目实现大收益，在稳抓主业的基础上，引入高端战略合作伙伴发展文化产业园区，实现了舆论导向和社会效益的双赢。

2.杨兴锋，南方报业传媒集团党委书记、董事长、管委会主任

2009年，在杨兴锋的领导下，南方报业传媒集团成功实施品牌战略。目前，南方报业传媒集团已达到“十一报八刊三个网站一个出版社”的规模。2009年，南方报业传媒集团与凤凰卫视、上海文广等集团签订了跨媒体合作协议；与广州移动、广州联通等单位签订了资源整合和优势互补的合作协议；与广东省机场管理集团公司强强联手，开创了省级党报集团与大型国有航空运输企业深度合作的先例。同时，南方报业传媒集团成为世博会合作媒体，并创办了首届华南农博会等活动，成功实施多元发展战略。

3.张富汉，华商传媒集团董事长

2009年，张富汉领导的华商传媒集团，在保证经营业绩稳步增长的同时，积极构建了以“奉献最有价值的新闻和信息”为使命，以“提供全方位信息服务的一流传媒集团”为愿景，以“责任、务实、融合、创新”为核心价值观，以“客户为本、价值竞争、品牌经营”为经营理念，以“目标导向、公开规范、持续变革”为管理理念，以“德才兼备、专业精进、共同成长”为人才理念的集团价值观体系，成功打造企业文化与品牌。集团主要报纸《华商报》在2009年全国报业经营情况普遍不够理想的情况下逆市上扬，引领中国西部传媒业不断发展。

4.陈军，《西藏商报》总编辑

2009年，在陈军的领导下，《西藏商报》面对经济衰退的冲击，全面借鉴内地成功都市报的模式，结合西藏经济、人文、环境特点，根据自身报纸的发展阶段和现实能力，分阶段消化吸收，积极改进新闻内容结构、制度流程建设并不断提高营销能力，于2009年首次实现自负盈亏，成为拉萨地区第一份成功的都市报。

5.吴小钢，金华日报社社长

2009年，在吴小钢的带领下，金华日报社依托自身的机制和体制优势，多元化战略发展状况良

好，实现规模化效益。金华日报社敢于承担风险，其绝对控股的华发房地产公司投资销售收益超过报社主营业务收入。金华日报社坚持多元化发展战略，高度把握市场需求，创新用人机制，积极通过体制的转换不断激发出报社多元经营的活力。

6.郑强，烟台日报传媒集团党委书记、社长、总编辑

2009年，以郑强为核心的烟台日报传媒集团成功融资5400万元，与蓝天控股合作成立华夏传媒（集团）公司。新成立的公司通过剥离改制、股权出资使烟台日报社原有资产增值并保留了数千万资金，为今后发展打下了良好的基础。此外，烟台日报传媒集团“2009全媒体战略”进一步升级，带动集团向内容产业转型，成为内容制造商、观点供应商和信息提供商。

7.姜凤羽，辽宁日报传媒集团党委书记、社长

2009年，在姜凤羽的推动下，辽宁日报传媒集团继与铁岭日报社成功合作创办《辽沈晚报·铁岭版》之后，全面开展与辽宁中部城市群报业战略合作，并带动了辽宁省党报新一轮改版创新热潮，由此引发了业内关注的“新辽宁现象”。《辽宁日报》在辽宁省委的大力支持下，整合抚顺、本溪、辽阳、阜新、营口、盘锦等市报业资源，开展深层次战略合作。在此基础上，《辽宁日报》斥资建设辽宁中部城市群报业信息资源共享平台，实现新闻内容的一次生产、多次出版、多渠道发布、统一检索、循环使用。实施战略合作后，各市党报的办报水平、经营能力在短期内实现质的飞跃，舆论引导能力显著增强。

8.高海浩，浙江日报报业集团党委书记、社长、董事长

2009年，在高海浩的带领下，浙江日报报业集团积极向文化产业战略投资者的角色转型。2009年5月6日，浙江日报报业集团旗下的东方星空文化基金在杭州正式启动，该项目是浙江省首个国有文化产业投资基金。同时，浙江日报报业集团积极开拓全国市场。2009年9月，集团与淘宝网共同投资5000万元创办《淘宝天下》，实现了电子网络和传统报业全新概念的融合，创新了传统媒体的办报模式和经营理念。此外，集团参与求是杂志社旗下的红旗出版社转企改制工作，绝对控股红旗出版社有限公司，标志着浙报集团进入出版新领域。

9.傅健，深圳报业集团发行有限公司总经理

2009年，在傅健的领导下，深圳报业集团发行有限公司继续大力推行“契约制管理”、“分班制”和“员工类比管理”等绩效考核模式，充分调动了发行员工的工作积极性，低成本、高效率地完成年度征订工作。为优化公司发行网络信息系统，公司还构建了征订、投递、旧报回收、分类广告、直递广告的业务咨询信息的集群化、一体化的报刊发行等多元业务应用管理平台，通过全方位客户服务，在深圳地区报刊发行及其他增值业务中一枝独秀。

10.戴玉庆，广州日报报业集团党委书记、社长、董事长

2009年4月，广州日报社成功稳妥实现转制，成立广州日报报业经营有限公司和广州大洋传媒有限公司。在金融危机对广州影响较大的情况下，戴玉庆带领广州日报报业集团逆势突围，实现在广州地区平面媒体中广告份额增长3%，发行份额增长将近2%。同时，《广州日报》改为瘦版，突出重点和深度报道，并且通过此举节省了几千万的印刷和纸张成本。戴玉庆主持推出的一系列报业改革创新举措使《广州日报》影响力不断扩大，日均发行量180万份，集团总资产达61亿元。

2009年中国报业十大事件

●中国政法大学传媒与文化产业研究中心

1.《文化产业振兴规划》颁布，报业发展从中受益

2009年9月，国务院发布《文化产业振兴规划》，这是继纺织、轻工等产业规划之后的第十一大产业振兴规划。其中明确国家将重点推进的文化产业包括：文化创意、影视制作、出版发行、印刷复制、广告、演艺娱乐、文化会展、数字内容和动漫等。该规划的提出以全球金融危机为背景，旨在提升国家软实力、文化创新能力，促进中国文化产业的发展与壮大，为"保增长、扩内需、调结构、促改革、惠民生"作出贡献。报业作为我国传媒业和文化产业的重要组成部分，也将借助《文化产业振兴规划》之势，迎来新一轮发展契机。

2.报刊退出机制在全国范围内实施，首家"中央级"报纸停刊

2009年上半年，新闻出版总署逐步完善报刊退出的评估指标、退出流程及人员善后安排制度等，对不具备出版条件的报刊试行退出；下半年在总结试点经验的基础上，在全国范围内正式实施报刊退出机制。截至2009年底，全国已有188种报刊以兼并、重组、停办等方式退出。《中华新闻报》成为第一家倒闭的中央级新闻报纸。报刊退出机制的完善，将加快文化产业体制改革进程，有效推动报刊业市场结构调整和资源配置。

3.解放日报报业集团参与投资的国内首家文化产权交易所揭牌

2009年6月15日，由解放日报报业集团、上海联合产权交易所、上海精文投资公司联合投资创立的上海文化产权交易所暨上海版权交易中心正式揭牌，这是国内首家文化产权交易所。该交易所是以文化物权、债权、股权、知识产权等各类文化产权为交易对象的专业化要素平台，其主要功能包括依法开展政策咨询、信息发布、项目推介、投资引导、并购策划、项目融资、产权交易组织等活动，以推动文化原创内容的价值实现、推动各类所有制文化企业资产重组、推动各类市场主体积极投资文化领域；通过产权交易、信息披露、投融资服务等方式为市场主体提供定价服务和资本进出通道，并探索文化产业与金融服务紧密结合的新途径。

4.大众报业集团创办山东文化产业职业学院

2009年9月16日，由大众报业集团发起创办的山东文化产业职业学院在蓬莱市举行揭牌仪式和首期新生开学典礼。该学院是山东省第一所，也是国内媒体界第一个立项建设的文化产业职业学院，总投资8亿元人民币。该学院的创建是大众报业集团突破旧有产业边界，跨界发展的创新举措，也是我国文化体制改革和文化产业发展的亮点。

5.华夏传媒有限公司成立

2009年12月28日，烟台日报传媒集团与烟台蓝天投资控股有限公司合资成立华夏传媒集团有限公司。烟台日报社以所持4个公司的股权出资，蓝天控股现金出资，双方股权比例为51:49。该公司注册资本金5400万元，并拥有4家控股公司。新成立的公司发展突破地域限制，并使控股公司主营业务突出，产业领域多元，有利于进一步解放传媒生产力。该项目标志着烟台日报传媒集团的资本运作迈出了历史性的一步，成功引入了社会资

金及现代企业经营管理制度，突破地域限制，有利于烟台日报传媒集团跨地区发展文化产业。

6.地方门户网站青岛新闻网盈利显著

由青岛日报报业集团和青岛新闻网络传播有限公司主办的青岛新闻网，是近年来表现优异的地方门户网站。青岛新闻网通过在网络传媒、无线增值服务、户外媒体、平面媒体(《青岛新闻网DM专刊》）和电子商务等多元化产品领域的横向发展，自2005年起保持了年收入翻番的增长速度。2005年，该网站的年收入为274.55万；2008年，则达到2882.74万元，其中手机CP和SP增值服务收入约占20%，其余为广告收入。2009年实现收入近5000万元。

7.萧山日报社综合发展文化产业

萧山日报社全面进军文化创意产业及相关领域，近年来，相继开展了如房交会、汽车展、加装展、魅力萧山之旅、啤酒节、读者节等一系列大型活动，体现出在活动策划上的实力和创新能力。此外，该报社积极拓展相关产业链，从媒体责任和媒体专长出发，先后进入了培训、手机媒体、旅游等领域，在现代传媒业的发展道路上迈出了坚实的步伐，非报纸广告收入所占比例接近50%。

8.《精品购物指南》国庆60周年专刊创报业新纪录

《精品购物指南》于2009年9月24日推出国庆60周年盛典专刊，该期报纸总版数达488版，由6册组成，包括《时尚精神60年》、《城市变迁60年》、《生活方式60年》、《节日手册》、《乐情报》和《时尚记事本》，总重量达1.6公斤。该专刊策划运作历时大半年，单期广告实收额达1466万，创该报单期收入历史新高，也创造了中国报业史上新的纪录，与同一周内出刊的《精品购物指南》十一专刊累计广告实收额超过2000万。

9.北京日报报业集团积极调整报纸结构

2009年，北京日报报业集团积极调整旗下报纸结构。10月16日，北京日报报业集团旗下《竞报》在退出日报市场后与《北京晨报》一起运作，共用一套编委。11月18日，《北京晨报》为压缩成本改版为四开报纸，并展开促销活动。目前，北京报业市场已经形成了“三早两晚”的格局，竞争依然激烈。

10.中国报业协会换届

2009年8月28日，中国报业协会第四次会员代表大会在北京举行。大会回顾总结了第三届理事会的工作，审议通过《中国报业协会章程》，选举了新一届领导机构。人民日报社总编辑吴恒权当选第四届中国报业协会会长，新闻出版总署副署长李东东等27位同志当选为副会长，赵连宏当选为秘书长。

2009年中国报业广告经营情况调查报告

●李晨宇

前　言

中国政法大学传媒与文化产业研究中心一直关注我国报业的广告经营情况，并本着“学术中立、服务业界”的立场，就此进行了连续多年的调查研究，目的是营造报业广告市场健康的竞争氛围，提倡业界信息的真实披露和共享，以便准确客观地评价各报社的广告经营效益，帮助各报社合理确定相关财务指标，促进我国报业广告经营整体水平的提高，同时，为党和政府有关部门提供决策参考。

继2002~2008年度报业广告经营情况调查之后，为对我国报业2009年度广告经营的各项信息有更深入和准确的了解，从而，正确分析我国报业广告经营的整体形势，我们开展了“2009年度中国报业广告经营情况调查”。

在样本设计上，本次调查的调查对象整体上侧重于全国一、二线城市的报业广告经营实力排名靠前的报业单位，以及三线城市的佼佼者，共计38家。因而，本次调查结果对于衡量全国报业经济发达、较发达区域的报业广告经营形势，具有重要参考价值。本次调查中的问卷填答人均为各报社(集团)广告部门的有关负责人。

为了保护各调查对象的商业机密，本报告不直接提及各报社(集团)的具体数据指标。

本次调查的数据处理采用英文版SPSS11.0软件包。

第一部分　调查对象的基本情况

1.调查对象所在地分布

(1)调查对象的省市分布情况

表1 调查对象城市分布

省（直辖市、自治区）	城市	样本数
北京市	北京	2
天津市	天津	2
河北省	石家庄	1
辽宁省	沈阳	1
	鞍山	1
上海市	上海	1
江苏省	南京	2
浙江省	杭州	2
	宁波	1
	绍兴	1
福建省	福州	2
	厦门	1
江西省	南昌	1
山东省	济南	1
	青岛	2
河南省	郑州	1
湖北省	武汉	2
湖南省	长沙	1
广东省	深圳	1
重庆市	重庆	1
四川省	成都	1
贵州省	贵阳	2
云南省	昆明	1
陕西省	西安	1
甘肃省	兰州	3
青海省	西宁	2
宁夏回族自治区	银川	1
总　　计		38

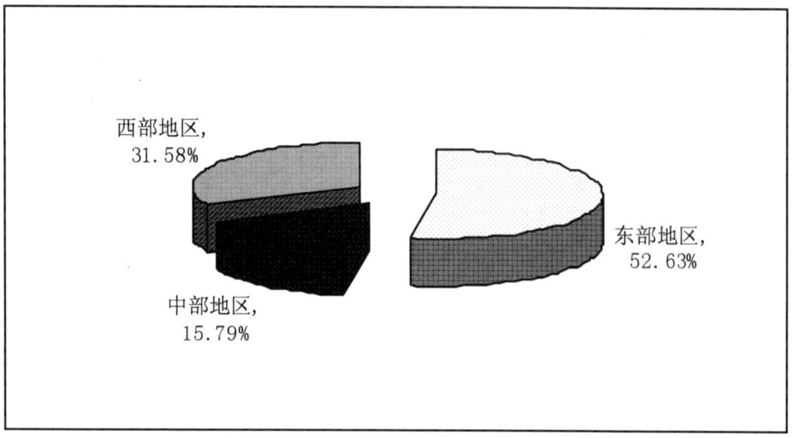

图 1 调查对象所在地区分布
(有效样本数:38;缺失样本数:0;总计样本数:38)

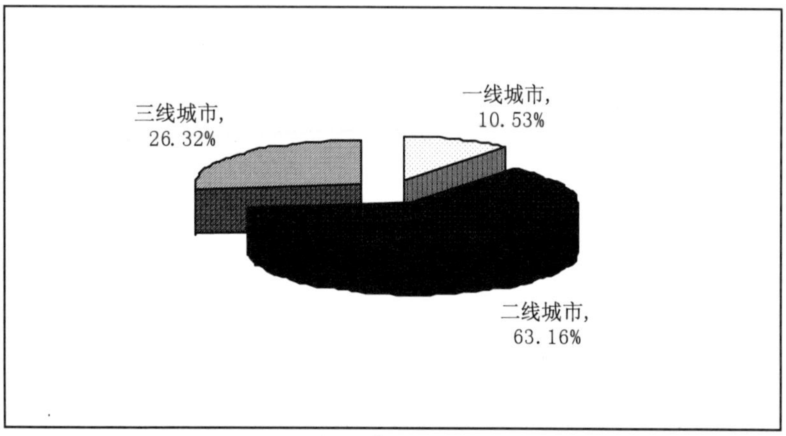

图 2 调查对象城市类别分布
(有效样本数:38;缺失样本数:0;总计样本数:38)

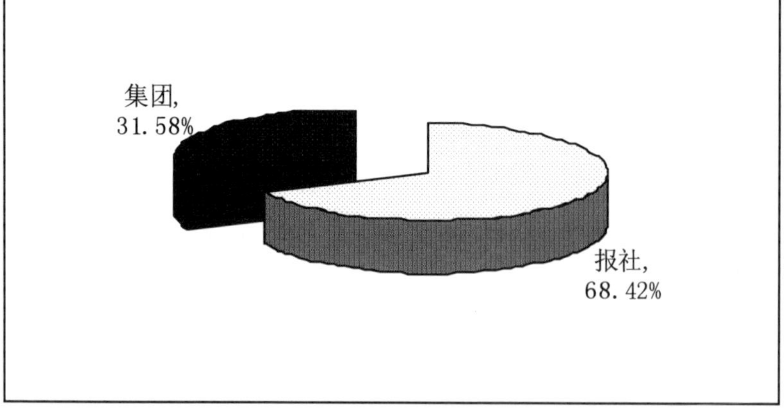

图 3 调查对象的类型分布
(有效样本数:38;缺失样本数:0;总计样本数:38)

(2)调查对象所在地区划分

本次调查的对象分布于22个省(自治区/直辖市)的27个城市。按照地区划分,东部地区的样本比例最大,占总样本量的52.63%;西部地区次之,占31.58%;中部地区占15.79%。(参见图1)

(3)调查对象所在城市类别划分

为了便于对各报社(集团)进行不同城市规模之间的比较,本报告对调查对象所在城市进行了一线、二线、三线的分类。具体方法为:把当地城市社会消费品零售总额作为影响报社(集团)广告经营额的关键因素,并从城市广告投放额和城市广告市场的开发程度两个方面来综合考量,从而,做出如下分类:

一线城市:北京、上海、广州、深圳等我国三大经济区域的中心城市。

二线城市:东部沿海发达地区的直辖市、省内综合实力排名前三位的城市,如天津、南京、大连、厦门、杭州、青岛等;以及中西部地区较发达的区域性中心城市,如西安、成都、重庆、武汉、郑州等。

三线城市:东部地区省内排名前三位以外的地级市,以及中西部地区一些欠发达省份的省会城市和一般的地级市等。

本次调查的样本中,以二线城市的样本居多,占样本总量的63.16%;三线城市次之,占26.32%;一线城市最少,占10.53%。(参见图2)

2.按调查对象的类型划分

本次调查对象的类型分布中,以单个报社居多,所占比例

表 2 按照 2008 年度广告实收额进行划分的报社(集团)规模分类表

报社(集团)规模	报社(集团)2008 年广告实收额	频数	百分比
小型报社(集团)	1亿以下(含1亿)	9	23.68%
中型报社(集团)	1亿~5亿(含5亿)	17	42.11%
大型报社(集团)	5亿以上	12	34.21%
合计	——	38	100.00%

(有效样本数:38;缺失样本数:0;总计样本数:38)

为 68.42%;集团所占比例为 31.58%。(参见图 3)

3. 按调查对象的广告经营规模划分

为了便于做进一步的统计分析,从而更加明确的了解不同规模报社(集团)在广告经营上的差异,本报告按照 2008 年度广告实收额的大小对各被调查的报社(集团)进行大、中、小型报社的分类。广告实收额的确定,以调查中各报社(集团)所提供的数据为基础,并经过本研究所多种途径验证,可以较真实地反映各报社(集团)的广告经营规模。标准如下:

小型报社(集团):2008 年广告实收额在 1 亿元以下(含 1 亿)。

中型报社(集团):2008 年广告实收额在 1 亿到 5 亿元之间(含 5 亿)。

大型报社(集团):2008 年广告实收额在 5 亿元以上。(参见表 2)

其中,广告实收额在 1 亿到 5 亿元的中型报社(集团)最多,占样本总量的 42.11%;广告实收额在 5 亿元以上的大型报社(集团)次之,占 34.21%;广告实收额在 1 亿元以下的小型报社(集团)最少,占 23.68%。(参见图 4)

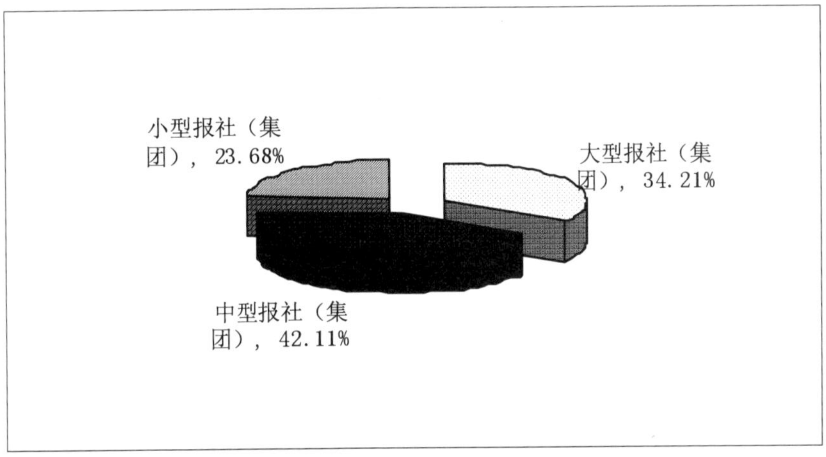

图 4 调查对象的广告实收额规模分布
(有效样本数:38;缺失样本数:0;总计样本数:38)

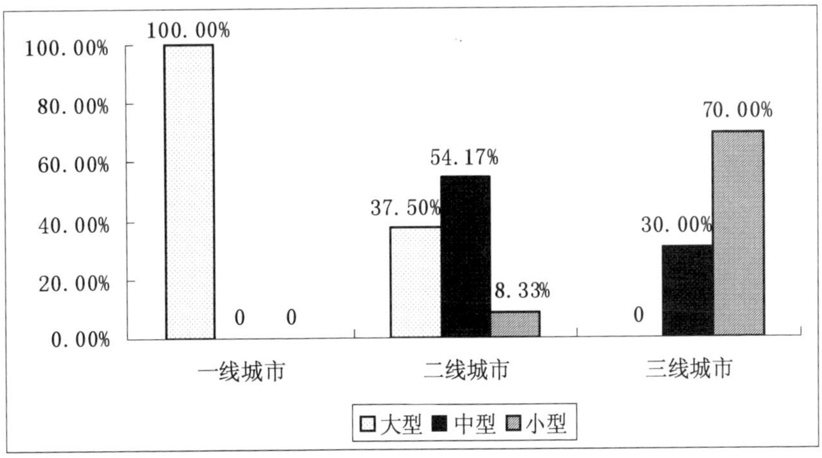

图 5 不同类型城市中各类规模的调查对象所占比例
(有效样本数:38;缺失样本数:0;总计样本数:38)

调查结果显示，调查对象在经营规模上的分布与城市类型有很强的关联性。一线城市中，全部是大型报社(集团)；二线城市中，中型报社(集团)居多，占54.17%；三线城市中，小型报社(集团)所占比例最大，占70.00%。(参见图5)

综上分析，本次调查的样本在整体上侧重于全国一、二线城市中报业广告经营实力排名靠前的报业单位，以及三线城市中的佼佼者。因而，本次调查结果对于衡量全国报业经济发达、较发达区域的报业广告经营形势，具有相当的代表性和重要参考价值。同时，本次调查首次增加了西部部分省区的广告经营数据，调查的全国普适性较往年有所加强。

第二部分 调查对象广告经营情况分析

1.2009年中国报业广告经营概况

2009年，中国报业广告实际营业额增速创近年来新低，38家被调查的报业单位2009年广告实收平均增长率仅为2.75%，与2008年10.28%的平均增长率有不小的差距，也远不及2009年我国GDP 8.7%的增长速度。

根据对38家被调查单位的广告实际营业额的统计分析，2009年38家报业单位的广告实际营业总额为197.29亿元，平均经营额为5.19亿元。从经营规模来看，13家大型报社(集团)的平均经营额是10.57亿元；16家中型报社(集团)的平均经营额是3.39亿元；9家小型报社（集团）的平均经营额是0.62亿元。

从城市类别来看，4家一线城市单位的平均营业额是16.18亿元；24家二线城市单位的平均营业额是5.19亿元；10家三线城市单位的平均营业额是0.80亿元。从地区类型来看，20家东部地区单位的平均营业额是7.20亿元；6家中部地区单位的平均营业额是4.44亿元；12家西部地区单位的平均营业额是2.22亿元。

就整个2009年而言，中国报业广告实际营业额增长速度呈现出由“负”转“正”的态势。第一、第二季度广告实际营业额的平均增长率均保持负值，这也开了近几年中国报业广告实际营业额出现负增长的先河。据中国政法大学传媒与文化产业研究中心的调查数据显示，第一季度中国报业广告实际营业额平均增幅为-11.51%，近年来广告经营额增幅首次出现负增长，第二季度有所回升，但平均增幅也仅为-6.20%。由于国家对经济刺激的一系列政策的出台和各报业单位积极调整广告经营策略，使得第三季度中国报业广告经营情况有所好转，该季度报业广告实际营业额的平均增幅在2009年首次转负为正，但却仅为0.74%。第四季度虽然延续了报业广告经营的增长态势，但由于2009年上半年经营情况十分不理想，全年报业广告实际营业额的平均增幅仅有2.75%，创近年来新低。(参见图6)

2009年，所有类型报业单位的广告营业额平均增幅均低于2008年，且除中型报社(集团)外，增幅较2008年下降幅度均超过5%。其中，小型报社(集团)的平均增长率最高，为6.40%；中型报社(集团)的平均增长率次之，为5.14%；大型报社(集团)平均增长率最低，为1.70%。(参见表3)

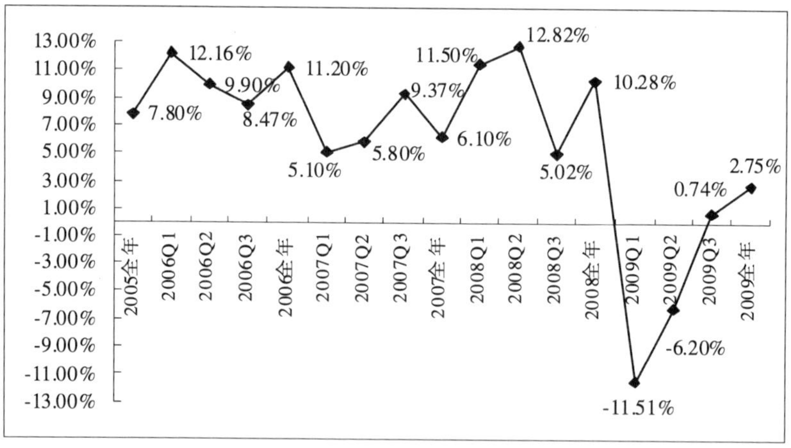

图6 2005-2009年中国报业广告实际营业额平均增长率走势图
(图中数据均来自本研究中心的相关调查)

表3 2008、2009年各类规模报业单位广告营业额平均增幅对比

经营规模	2008年	2009年
大型报社（集团）	9.80%	1.70%
中型报社（集团）	10.00%	5.14%
小型报社（集团）	12.30%	6.40%

(2008年数据部分，有效样本数：46；缺失样本数：1；总计样本数：47
2009年数据部分，有效样本数：38；缺失样本数：0；总计样本数：38)

2009年，一、二线城市报业广告经营额平均增长率较2008年均有较大幅度下降，特别是一线城市的下降幅度超过10%，二线城市的下降幅度也超过5%，2009年一线城市广告营业额平均增幅为-1.95%，二线城市为5.13%。三线城市2009年的情况略好于2008年，增幅上调超过1个百分点，三线城市的广告营业额增幅为6.46%。（参见表4）

表4 2008、2009年各类型城市报业单位广告营业额平均增幅对比

	2008年	2009年
一线城市	10.20%	-1.95%
二线城市	11.20%	5.13%
三线城市	5.50%	6.46%

（2008年数据部分，有效样本数：46；缺失样本数：1；总计样本数：47
2009年数据部分，有效样本数：38；缺失样本数：0；总计样本数：38）

2009年，各类地区的广告经营额增幅均不及2008年的情况。其中，东部地区的情况最不理想，平均增幅仅为1.39%，中西部地区增幅均超过5%，分别为6.89%和6.35%。

表5 2008、2009年各类地区报业单位广告经营额平均增幅对比

	2008年	2009年
东部地区	10.41%	1.39%
中部地区	12.36%	6.89%
西部地区	7.84%	6.35%

（2008年数据部分，有效样本数：46；缺失样本数：1；总计样本数：47
2009年数据部分，有效样本数：38；缺失样本数：0；总计样本数：38）

在2009年的38个有效样本中，增幅在0~10%之间（含10%）的样本所占比例最高，达71.05%；增幅超过10%的样本数量次之，占13.16%；持平样本所占比例为5.26%；下降的样本数量比例为10.53%。综合2008、2009年的数据可以看出：2009年出现增长的样本所占比例有所下降，2008年为91.30%，2009年为84.21%；同时，2008年增长10%以上的样本所占比重达到41.30%，而2009年则下降为13.16%；2009年仍然延续了2008年的情况，以增长0~10%样本为主，而且比重上升到71.05%；出现下降的样本比重显著上升，从2008年的2.20%上升到2009年的10.53%。（参见图7）

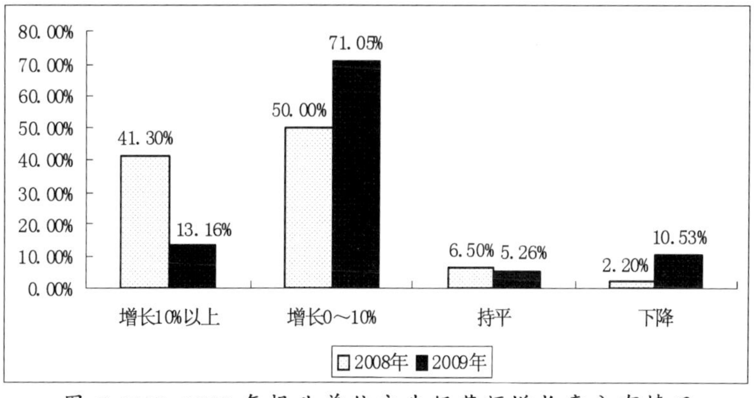

图7 2008、2009年报业单位广告经营额增长率分布情况
（2008年数据部分，有效样本数：46；缺失样本数：1；总计样本数：47
2009年数据部分，有效样本数：38；缺失样本数：0；总计样本数：38）

从被调查单位的经营规模角度分析，2009年，各类经营规模的报业单位均以出现增长0~10%的样本为主，其中，大型报社（集团）出现增长0~10%的样本占69.23%，中型报社（集团）出现增长0~10%的样本占68.75%，小型报社（集团）出现增长0~10%的样本占77.78%。各类报业单位均有

表 6 2008、2009 年不同经营规模的调查对象广告营业额增幅情况

	大型报社（集团）		中型报社（集团）		小型报社（集团）	
	2008 年	2009 年	2008 年	2009 年	2008 年	2009 年
增长 10%以上	43.80%	15.38%	39.10%	12.50%	42.90%	11.11%
增长 0～10%	56.30%	69.23%	52.20%	68.75%	28.60%	77.78%
持平	0.00%	0.00%	8.70%	12.50%	14.30%	0.00%
下降	0.00%	15.38%	0.00%	6.25%	14.30%	11.11%
总计	100.00%	100.00%	100.00%	100.00%	100.00%	100.00%

（2008 年数据部分，有效样本：46；缺失样本：1；总计样本数：47
2009 年数据部分，有效样本：38；缺失样本：0；总计样本数：38）

表 7 2008、2009 年不同类型城市调查对象广告营业额增幅情况

	一线城市		二线城市		三线城市	
	2008 年	2009 年	2008 年	2009 年	2008 年	2009 年
增长 10%以上	33.30%	25.00%	48.40%	12.50%	16.70%	10.00%
增长 0～10%	55.60%	25.00%	51.60%	70.83%	33.30%	90.00%
持平	11.10%	0.00%	0.00%	8.33%	33.30%	0.00%
下降	0.00%	50.00%	0.00%	8.33%	16.70%	0.00%
总计	100.00%	100.00%	100.00%	100.00%	100.00%	100.00%

（2008 年数据部分，有效样本：46；缺失样本：1；总计样本数：47
2009 年数据部分，有效样本：38；缺失样本：0；总计样本数：38）

出现下降的样本存在，其中，大型报社（集团）出现下降的样本占 15.38%，小型报社（集团）出现下降的样本占 11.11%，中型报社（集团）出现下降的样本所占比重最小，为 6.25%。（参见表 6）

通过表 6 对 2008 年和 2009 年的情况进行对比可以发现，大型报社（集团）和中型报社（集团）出现增长的样本（包括增长 10%以上和增长 0~10%）所占比重均有所减少，而出现下降的比重除小型报社（集团）外，均有所增加。特别是出现增长 10%以上的样本，各类经营规模的报业单位均呈现出显著减少的趋势，下降幅度均超过 20%，小型报社（集团）的下降幅度甚至超过 30%（从 2008 年的 42.90%下降到 2009 年的 11.11%）。值得一提的是，小型报社（集团）出现增长的比重有明显升高，从 2008 年的 71.50%上升到 2009 年 88.89%，上升幅度超过 10 个百分点，但其增幅普遍集中在增长 0~10%之间。

从被调查单位的城市类型角度进行分析，2009 年，二线城市和三线城市均以出现增长（包括增长 10%以上和增长 0~10%）的样本为主，并以出现 0~10%的样本占到绝对优势，三线城市还没有出现持平和下降的样本。一线城市则以出现下降的样本为主，占到 50.00%，增长 10%以上和增长 0~10%的样本比重则均为 25.00%。（参见表 7）

通过表 7 对 2008 年和 2009 年的情况进行对比，可以发现：一线城市和二线城市出现增长的样本所占比重有所减少，一线城市从 88.90%减少到 50.00%，二线城市则从 100%减少到 83.33%。同时，一线城市从 2008 年没有出现下降的样本变为 2009 年出现一半下降的样本，二线城市则出现了 8.33% 下降的样本。三线城市的情况，由于其 2008 年的经营效果不够理想，2009 年有显著改观，出现增长的样本比重从 2008 年的 50%上升到 2009 年的 100%。

从被调查单位的所在地区进行分析，各类地区均以增长 0~10%的样本为主，并且西部地区最为显著，占到 83.33%。中部地区和西部地区均未出现下降的样本，东部地区却出现了 20.00%下降的样本。值得关注的是，西部地区的所有被调查单位均有所增长。（参见表 8）

通过表 8 对 2008 年和 2009 年的情况进行对比，可以发现：东部地区和中部地区出现增长（包括增长 10%以上和增长 0~10%）的样本比重均有

表 8 2008、2009 年不同地区调查对象广告营业额增幅情况

	东部地区		中部地区		西部地区	
	2008 年	2009 年	2008 年	2009 年	2008 年	2009 年
增长 10%以上	38.71%	5.00%	57.14%	33.33%	37.50%	16.67%
增长 0～10%	51.61%	70.00%	42.86%	50.00%	50.00%	83.33%
持平	6.45%	5.00%	0.00%	16.67%	12.50%	0.00%
下降	3.23%	20.00%	0.00%	0.00%	0.00%	0.00%
总计	100.00%	100.00%	100.00%	100.00%	100.00%	100.00%

(2008 年数据部分，有效样本：46；缺失样本：1；总计样本数：47
2009 年数据部分，有效样本：38；缺失样本：0；总计样本数：38)

所下降，并且下降的主要是增长 10%以上的样本；西部地区则全部为出现增长的样本，没有持平和下降的样本出现。

总结：虽然 2009 年全国报业广告经营呈现出由“负”转“正”的特点，但是相对于 2008 年，2009 年中国报业广告的经营情况可谓是进入冬天里的“寒冬”。

总的来说，2009 年中国报业广告经营情况有以下特点：

(1)相对于 2005~2008 年，2009 年中国报业的广告经营进入低谷，走入“寒冬”；第一季度首现负增长，且达到-11.51%，第二季度有所好转，但仍然达到-6.50%；直到第三季度才由“负”转“正”，但也仅仅只有 0.74%；2009 年全年的增幅为 2.75%。

(2)无论从城市类型角度、经营规模角度，还是从报社所属地区角度，广告经营情况的不理想成为 2009 年度的关键词，普遍存在于一、二、三线城市报业单位，大、中、小型报社(集团)，以及东、中、西部地区报业单位中。除三线城市、小型报社(集团)、西部地区外，其他城市类型、经营规模和地区类型的报业单位 2009 年度报业广告经营额出现增长(包括增长 10%以上和增长 0~10%)的比重均有所下降，增长 10%以上的报业单位下降比重较大。

(3)一线城市、大型报社(集团)和东部地区的报业单位广告经营情况不理想成为 2009 年中国报业广告经营情况不够理想的重要影响因素，而三线城市、小型报社(集团)和西部地区的报业单位则受到中国报业广告经营情况不理想的大环境因素影响相对较小。除一线城市、大型报社(集团)和东部地区的报业单位广告经营额平均增幅低于全国平均值外，其他类型的报业单位都要高于平均值。一线城市报业单位的广告经营额增幅也是各种划分方式统计中唯一出现负增幅的，为-1.95%。

(4)在 2009 年中国报业广告市场中，虽然各大报社、集团均受到了金融危机冲击和新媒体挑战的影响，但仍然有部分报社(集团)的广告经营额增幅超过 10%，这些单位主要包括：《精品购物指南》、《华商报》、《潇湘晨报》、《燕赵都市报》等。2009 年，广告经营额增幅最高的报社(集团)达到 23.00%，最低的报社(集团)为-25.00%。

2.2009 年中国报业广告经营状况原因分析

2009 年对中国报业来说，虽然没有 2008 年南方雪灾、纸价上涨、汶川地震、北京奥运会等大事件的洗礼，但金融危机影响的逐渐深入和新媒体不断蚕食着中国的广告市场让 2009 年的中国报业广告并没有些许的平静。综观整个 2009 年，中国报业的广告经营可谓走出了一条在困境中涅槃、在“寒冬”里还暖的上升曲线，但这条曲线的开始点打破了近年来中国报业广告经营额增幅的最低点，而收尾点也位列近年来的最低点，中国报业广告在衰颓中能否得到真正的重生实在值得关注。但是，虽然 2009 年中国报业广告的经营状况在整体上并不理想，但毕竟经历了一个由“负”转“正”的过程，各报业单位均积极面对困难，应对金融危机和新媒体蚕食市场的双重挑战，并在激烈的竞争中积累了难得的在逆境中生存并获得增长的经验。促使中国报业广告经营在 2009 年中出现如上的走向，既与金融危机的影响分不开，也与报业单位自身的因素息息相关。

(1)金融危机的影响

2008 年 9 月，华尔街的金融飓风从大洋彼岸席卷而来，而中国这次所感受到的，已不再是蝴蝶扇动的翅膀。随着金融危机迅速扩展到全球，中国

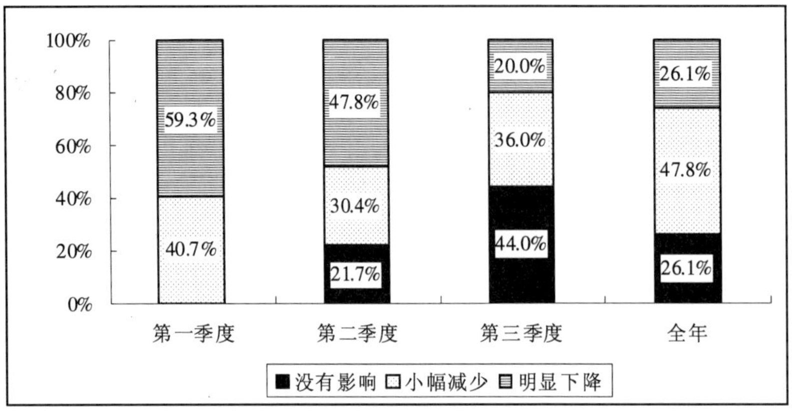

图 8 2009 年度广告经营者认定金融危机对广告经营影响情况

(图中数据均来自本研究中心的相关调查)

表 9 不同经营规模报业单位广告经营受金融危机的影响情况

	明显下降	小幅减少	没有影响
大型报社（集团）	27.27%	63.64%	9.09%
中型报社（集团）	20.00%	30.00%	50.00%
小型报社（集团）	33.33%	33.33%	33.33%

(有效样本数:24;缺失样本数 14;总样本数 38)

表 10 不同城市类型报业单位广告经营受金融危机的影响情况

	明显下降	小幅减少	没有影响
一线城市	75.00%	25.00%	0.00%
二线城市	16.67%	50.00%	33.33%
三线城市	0.00%	50.00%	50.00%

(有效样本数:24;缺失样本数 14;总样本数 38)

的经济发展也不可避免地受到了冲击，这一点在 2009 年上半年表现得尤为显著。在这样的大环境下,中国报业同样难以独善其身。本次调查继续就“对金融危机对广告经营的影响做出判断”、“金融危机对哪些广告行业影响较大”两个问题进行了调查。

从调查结果来看，各报业单位的广告经营者认为，金融危机对 2009 年中国报业广告经营情况的影响逐渐减弱。第一季度中,100%的报业单位认为金融危机对广告经营产生了影响，而第二季度这个比例则下降为 78.2%,第三季度进一步下降到 56.0%,同时,认为有显著影响的比重从第一季度的 59.3%下降到第二季度的 47.8%,第三季度则仅为五分之一;相反,认为没有影响的报业单位从第一季度的没有,上升到第二季度的 21.7%,第三季度更是向半数逼近。这充分显示出金融危机对报业广告经营的影响正逐渐减弱,广告经营者的信心也更加坚定。从 2009 年全年的整体情况来分析，随着各报业单位广告经营情况的逐渐改观,金融危机对报业单位广告经营情况的影响已经没有 2008 年末其刚刚爆发时的影响那么大,有 26.1%的报业单位认为金融危机对其广告经营情况有明显影响，而也同样有 26.1%的报业单位认为没有影响,另外有 47.8%的报业单位认为有小幅影响。(参见图 8)

按照经营规模进行划分,金融危机对大型报社(集团)的影响最大,超过 90%的大型报社(集团)均认为其广告经营受到了金融危机的影响;而有一半的中型报社(集团）认为金融危机对其广告经营没有影响;小型报社(集团）的情况则是受金融危机影响显著、影响轻微和没有影响的各占三分之一。(参见表 9)

按照城市类型进行划分，所有的一线城市报业单位均认为其广告经营情况受到了金融危机的影响，且有 75.00%的报业单位认为其受金融危机的影响非常大；二线城市中则有 66.67%的报业单位经营情况受到了金融危机或大或小的影响；三线城市中受到轻微影响和没有受到影响的单位各占一半，没有单位受到较大影响。(参见表 10)

按照不同地区进行划分，东部地区有 75.00%的报业单位广告经营受到了金融危机或多或少的影响,并以小幅减少的样本为主;中部地区的报业单位则以没有受到金融危机影响的样本为主,比重达到 75.00%;西部地区的报业单位,则普遍受到了金融危机的轻微影响。(参见表 11)

在 2009 年各报业单位受金融危机影响广告经营普遍不理想的情况下，聚焦效应体现在区域类

表 11 不同地区类型报业单位广告经营受金融危机的影响情况

	明显下降	小幅减少	没有影响
东部地区	31.25%	43.75%	25.00%
中部地区	25.00%	0.00%	75.00%
西部地区	0.00%	100.00%	0.00%

(有效样本数:25;缺失样本数 13;总样本数 38)

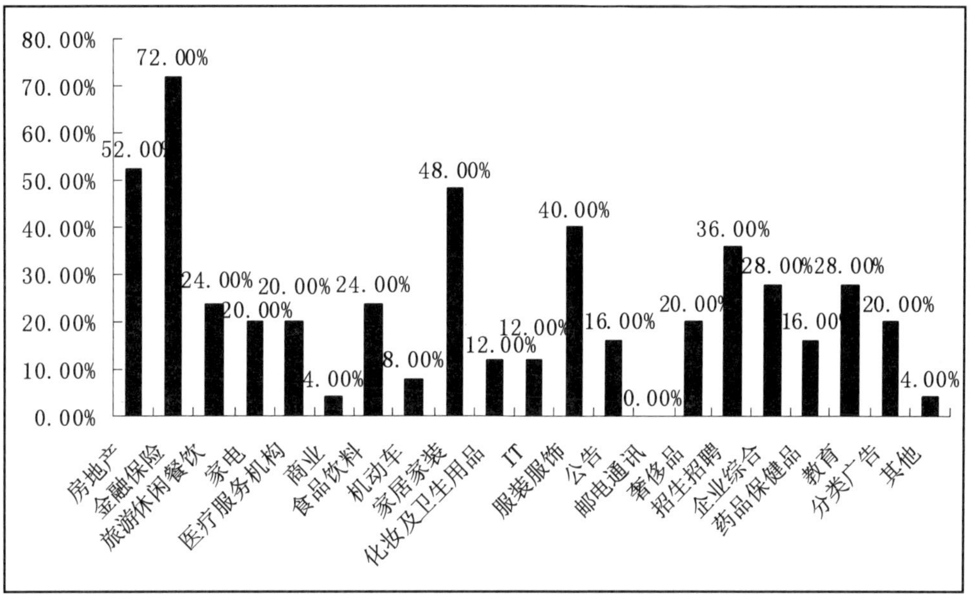

图 9 金融危机对广告行业影响情况
(有效样本数:25;缺失样本数 13;总样本数 38)

强势媒体或依然逆市强劲增长或依然保持较大规模的忠实合作伙伴上。一些广告商和 4A 广告公司在区域性报纸的选择上,已经改变了策略,最多只选择影响力处于前两位的报纸。在这种情况下,广告投放也产生了聚焦趋势,弱势媒体的生存将变得越来越困难。

通过本次调查,还可以看出:报业同仁认为金融危机对金融保险(72.00%)、房地产(52.00%)、家居家装(48.00%)和服装服饰(40.00%)等类别的广告影响较大;对商业(4.00%)、机动车(8.00%)、化妆及卫生用品 (12.00%)、IT (12.00%)、公告(16.00%)和药品保健品(16.00%)的影响较小;而对邮电通讯行业的广告没有影响。(参见图 9)这一方面与中国目前的报业广告市场结构有关,另一方面则与各报社的广告结构密切联系,但可以肯定的是,作为报业广告支柱行业的房地产、金融保险、家居家装等行业受金融危机影响普遍较为明显,这也是各报业单位 2009 年广告经营普遍比较困难的重要原因。

(2)报业单位自身因素

除了金融危机的影响,各报业单位还通过深化经营制度改革、加强经营措施、拓展经营面等方式提高广告经营额。

第一,针对金融危机,采取应对策略。各报业单位都关注金融危机对报业广告经营产生的影响,虽然今年纸价大部分时间保持在较低价位,缓解了报业广告经营的困难,但各单位都积极针对金融危机,制定了适合自身的广告经营方案。

第二,通过版式设置、版面内容不断推陈出新,提升报纸内容质量来吸取更多受众,使得品牌知名度和影响力不断扩大,广告经营结构进一步优化,核心竞争力显著增强。

第三,广告价格调整。不同地区、不同经营规模、不同城市类型的报业单位,根据自身的不同情

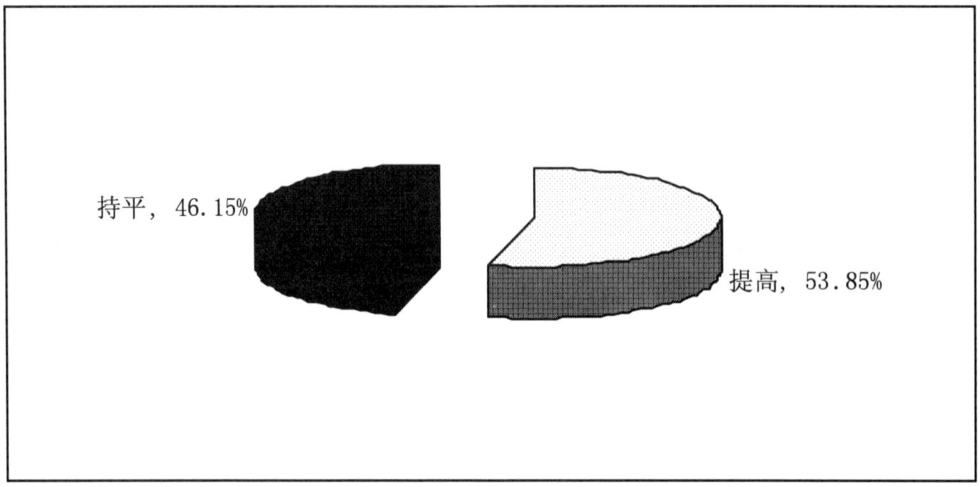

图 10 2009 年广告刊例价格较 2008 年变动情况
(有效样本数:26;缺失样本数:12;总样本数:38)

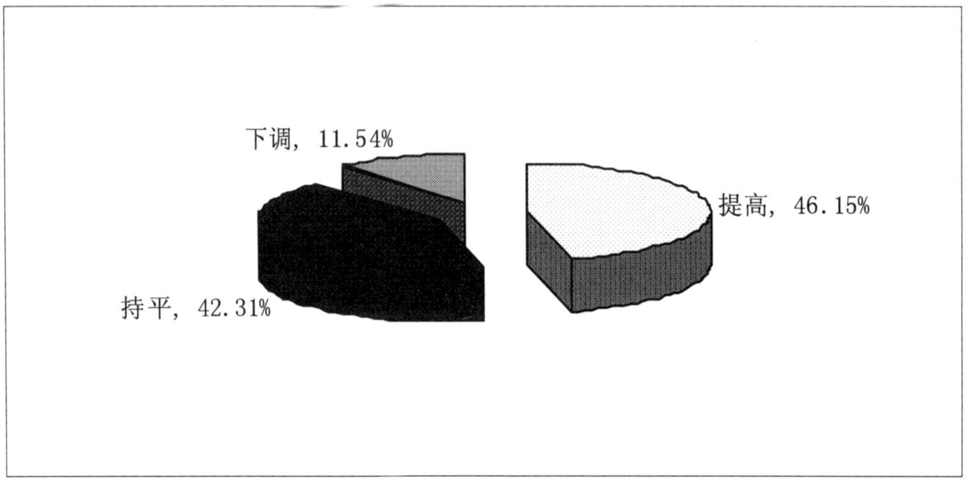

图 11 2009 年广告实际价格较 2008 年变动情况
(有效样本数:26;缺失样本数:12;总样本数:38)

况,根据报社(集团)广告经营的需要,或提升广告价格,或降低广告价格,以争取更大的市场份额。

第四,加大策划力度,积极开展活动营销。许多报业单位借助国家出台的家电下乡、刺激经济等政策,大力开展活动营销,取得了较为理想的效果。

第五,压缩低品质、低成本广告,有效提高广告的含金量,注重对房地产、机动车等高版值行业广告的经营与策划。

第六,变革广告经营机制,提升广告经营活力;完善管理体制,使管理更加精细化和高效率;实行有效的激励机制,充分调动员工积极性。

第七,积极开拓本地和外埠市场,加强小行业广告经营,拓展广告经营领域。

第八,注重广告经营的“报网互动”。新媒体的发展,让作为传统媒体的报业不得不注重这个新兴崛起的广告市场,也要从中分得属于自己的一杯羹,报业广告经营注重与报社(集团)网站、移动终端等的互动或将成为报业广告未来可持续发展的重要方向之一。

3.2009 年中国报业广告经营相关特征分析

(1)广告价格

2009年的广告刊例价格比2008年平均增长了4.81%，有53.85%被调查单位的广告刊例价格较2008年有所增长，而46.15%被调查单位的刊例价格则与2008年持平。(参见图10)

2009年的广告实际价格比2008年平均增长了4.19%，有46.15%被调查单位的广告实际价格较2008年增长，有42.31%被调查单位的广告实际价格与2008年持平，有11.54%被调查单位的广告实际价格下调。(参见图11)

将广告刊例价格变化情况和广告实际价格变化情况前后对比可以发现，实际价格比刊例价格平均增幅低，刊例价提高的单位所占比例高于实际价格增长单位所占的比例，刊例价没有出现下调的单位，实际价格却有超过10%的单位下调。这说明在2009年，特别是在金融危机的影响和新媒体的冲击下，报业广告在打折优惠、结构调整等方面有较大动作。

(2)广告投放行业情况

①2009年报业广告投放十大行业

排名方法：根据被调查单位填答的"本报最主要的五个广告行业及其占经营额的比例"数据，结合各报广告实际经营额数据，"乘加"后得到每个行业的经营总额，然后排序确定名次。

从2009年和2008年中国报业广告投放十大行业的对比，可以看出：优势行业的营业额所占比例进一步上升，有集中之趋势。2009年，排位在第一、第二位的广告行业营业额占比均超过20%，二者之和超过55%，这反映出在金融危机到来之时，各报业单位更加重视对重点行业展开广告营销策划，以重点行业的广告经营带动整个报业单位的广告经营。2009年，排位在5到10位的行业营业额占比均不足5%，这也反映出各报业单位除了对处于支柱地位的房地产、机动车等行业展开积极营销外，均根据自身特点对不同行业广告展开营销与策划，这一点与2008年的情况有很大不同。但我们也应该注意到的是，由于报业广告在支柱行业上的营业额占比过于集中，报业广告经营的风险也大大增加，因此，各报业单位必须要注意积极调整自身的广告经营结构，更加从容的面对来自各方的挑战与冲击。

在2009年中，金融危机对房地产、机动车等行业的冲击是比较严重的，但作为支撑报业广告经营的重要行业，各报业单位均不愿轻易放弃这两个热门市场，于是纷纷展开营销与策划，使得这两个行业在2009年度中的经营额占比非但没有下降，反而有了显著的提升，成为各报业单位2009年最终能够保持有所增长的重要支柱行业。因此，房地产、机动车在金融危机肆虐的2009年没有像人们预想的那样会减少广告支出，反而成为报业广告经营额占比增幅最明显的两个行业，这不得不说是与各报业单位对这两个行业成功展开营销紧密关联的。

商业零售业的排名从2008年的第6位上升到2009年的第3位，位次上升十分明显。这主要是由于在金融危机的大背景下，国家刺激消费、刺激内需，使得商业零售业在2009年的表现十分繁荣，进而争相抢占广告市场，以争取消费者，可以说是国家政策使然。另一方面，人们的生活水平也不断提升，有更多的剩余资金可以投入到商业零售业之中，这也是商家在广告上增大投放力度的重要缘由。

家电和家居家装两个行业的名次上升也较为显著，前者从2008年的第7位上升3位，来到2009年的第4位，后者从2008年的第10位上升4位，来到2009年的第6位。这主要是由于2009年度房屋成交量(包括新房和二手房)的大幅度上升，带动了家居家装和家电市场的繁荣，使得家居家装和家电经营者大量投放广告，以争夺处于选择中的顾客，进而在广告经营额占比中的位次上升明显。

医疗服务机构和药品保健品在2009年的经营额占比排名均有所下滑，前者从2008年的第3位下降到2009年的第7位，后者从2008年的第4位下降到2009年的第10位。这主要是由于国家对于医疗服务机构广告和药品保健品广告的限制与规范所决定的，国家对医药行业广告的严格要求与审查，使其在广告投入上不得不有所减少，进而反映在广告经营额投入占比呈现出明显的下滑趋势。医药行业的广告受政策的影响一向较为明显，这也是其近几年广告经营额占比波动较大的重要原因。

金融保险业由于受到金融危机的强烈影响，继从2007年的第3名跌至2008年的第7名后，2009年进一步跌至第9名。通信行业由于宏观经济环境使其自身经营产生不确定性，缩减广告预算；运营商更多地通过自身平台对客户进行精准营销；而通信运营商的整合和重组也使广告投放量在一定时期内有所减少；种种因素使其继2008年跌出前十之列后，在2009年其经营额占比仍没有排在前十的位置上。分类广告由2008年的第5

表 12 2009 年报业广告投放十大行业

名次	广告投放行业	营业额所占百分比
1	房地产	33.57%
2	机动车	23.66%
3	商业零售业	8.89%
4	家电	6.30%
5	公告	4.81%
6	家居家装	4.75%
7	医疗服务机构	4.06%
8	分类广告	2.69%
9	金融保险	2.52%
10	药品保健品	2.28%

（有效样本数：26；缺失样本数：12；样本总数：38）

表 13 2008 年报业广告投放十大行业

名次	广告投放行业	营业额所占百分比
1	房地产	22.90%
2	机动车	14.80%
3	医疗服务机构	11.20%
4	药品保健品	10.80%
5	分类广告	9.80%
6	商业零售业	9.60%
7	家电	8.50%
8	金融保险	7.10%
9	教育	6.12%
10	家居家装	6.11%

（有效样本数：33；缺失样本数：14；样本总数：47）

名跌至 2009 年的第 8 名，教育行业广告重新跌出前十，公告广告一举跻身前 5，这些也都值得大家广泛关注。（参见表 12、表 13）

②2009 年报业广告投放增长最快的十大行业

排名方法：本次调查要求被调查单位填写投放增加最快的 5 个广告行业时，并没有要求给出每个行业的具体经营额等具体数值。所以，根据调查对象的规模和广告行业排名的先后顺序两个因素，我们对问卷中涉及的行业进行赋值加权，计算出问卷中出现行业的得分，从而得出报业广告投放量发展最快的十大行业排名。

2009 年的报业广告增长最快行业有六个方面引人关注：

第一，家居家装和家电两个行业广告增长最快，分列 2009 年度的前两位，而其 2008 年均在 10 名左右徘徊，这主要得益于 2009 年度房屋成交量（包括新房和二手房）的大幅度上升，带动了家居家装和家电市场的繁荣，使得家居家装和家电经营者大量投放广告。

第二，金融保险行业由于 2009 年肆虐全年的金融危机，从 2008 年的第一位到 2009 年跌出前十名的行列。

第三，房地产业也是一样，一方面受金融危机影响较大，另一方面由于 2009 年度房产较为热销，各房地产商在广告投入上的增量并不明显，所以在广告增长方面由 2008 年的第 4 名到 2009 年跌出前十名的行列。

第四，医疗服务机构和药品保健品两个行业的广告从 2008 年的分列第 2、7 名，下降到 2009 年的 7、8 名，这主要是由于国家对于医疗服务机构广告和药品保健品广告的限制与规范所决定的，国家对医药行业广告的严格要求与审查，使其在广告投入上不得不有所减少。

第五，食品饮料、旅游餐饮休闲、商业零售业、化妆及卫生用品等四个行业排名第 3 到 6 名，这些行业主要涉及必需品、消费品，起增长速度较快，主要是由于 2009 年金融危机大背景下国家刺激内需、刺激消费的政策所影响的，当然，也与人民生活水平的不断提高紧密相关。

第六，邮电通信业重新回到前十，位列第 9 名，这与 3G 相关政策的引领有一定关联；机动车行业下降一名，位居第 10，这与机动车 2008 年来的销售情况不理想有一定关系；教育行业重新跌出前十；这些变动也都十分值得关注。（参见表 14、表 15）

（3）特别关注之一——房地产行业广告

26 家报业单位 2009 年房地产业广告收入占总收入的比例，较 2008 年平均增长了十余个百分点，成为 2009 年度各报业单位广告经营的重要砝码。

2009 年，房地产广告出现增长的样本和持平的样本均较 2008 年度有所下降，分别从 57.60%下降到 46.15%和从 12.10%下降到 7.69%；出现减少的比重则有所上升，从 30.30%上升到 46.15%，可见，房地产广告虽然在广告经营额占比方面有显著增长，但其经营状况并不算理想。（参见图 12）

按报业单位城市类型进行划分，2009 年，一线城市报业单位房地产广告经营额较 2008 年相比有所增长的样本比例略有上升，持平的样本比例有所下降，减少的样本比例则有所上升；二线城市中以出现减少的样本为主，出现增长的样本较 2008 年下滑超过 20 个百分点；三线城市在 2009 年则全部是出现增长的样本。由此，房地产广告 2009 年在三线城市的经营情况最为理想，在一线城市的经营情况最不理想。（参见表 16）

按报业单位经营规模进行划分，2009年，中、小型报社（集团）以出现增长的样本为主，大型报社（集团）则以出现减少的样本为主。与2008年相比，大、中型报社（集团）出现增长的样本均略有下滑，而小型报社（集团）也仅仅与2008年的情况持平；另一方面，大、中型报社（集团）出现减少的样本比重均有所增长。可见，大、中型报社（集团）房地产广告2009年经营情况不及2008年，而小型报社（集团）则与2008年的情况相类似。（参见表17）

按报业单位所处地区进行划分，2009年，东部地区的报业单位房地产广告经营以出现减少的样本为主，中、西部地区则以出现增长的样本为主。与2008年的情况相比，东、西部地区的情况不及2008年，出现增长的样本下降，出现减少的样本增多；中部地区的情况则要好于2008年，出现增长的样本增多，出现减少的样本下降。由此，中部地区的房地产广告经营在2009年是一个亮点（参见表18）

综上所述，2009年房地产行业广告经营情况较2008年相比并不算理想，但由于其在报业广告经营中占据的重要地位，并且又恰逢金融危机的到来，各报业单位在2009年均在房地产广告营销中加大力量，并取得一定的成效。综观2009年全年，三线城市、小型报社（今天）、中部地区的报业单位房地产广告的经营情况较为理想，其他城市类型的报业单位较2008年相比波动不是很大，在数据上略有下调。

美国金融危机源于次级房贷，对我国房地产市场影响巨大，使得房地产存量增加，销量下滑，导致房地产企业资金回收困难，从而影响广告预算的增长。但房地产是对报纸广告依赖较高行业，房地产开发商在

表14 2009年报业广告发展最快的十大行业

名次	广告投放行业
1	家居家装
2	家电
3	食品饮料
4	旅游餐饮休闲
5	商业零售业
6	化妆及卫生用品
7	医疗服务
8	药品保健品
9	邮电通讯
10	机动车

（有效样本数：26；缺失样本数：12；样本总数：38）

表15 2008年报业广告发展最快的十大行业

名次	广告投放行业
1	金融保险
2	医疗服务机构
3	商业零售业
4	房地产
5	食品饮料
6	旅游餐饮休闲
7	药品保健品
8	教育
9	机动车
10	家居家装

（有效样本数：33；缺失样本数：14；样本总数：47）

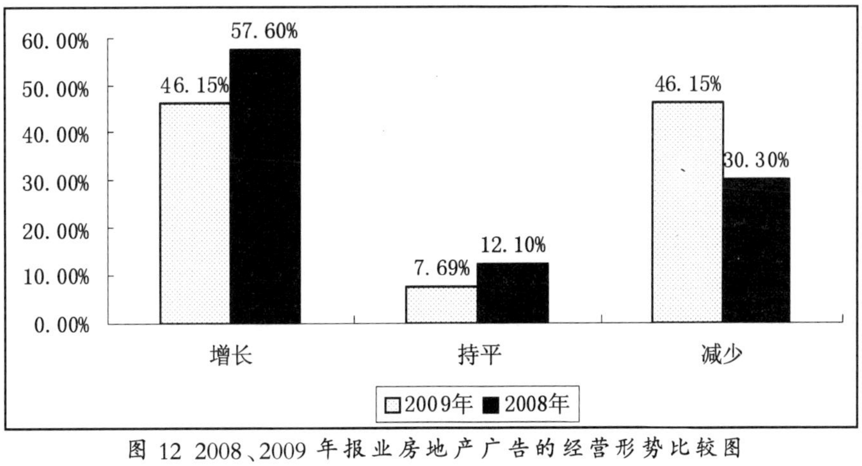

图12 2008、2009年报业房地产广告的经营形势比较图
（2008年数据部分，有效样本：33，缺失样本：14；总计样本数：47
2009年数据部分，有效样本：26；缺失样本：12；总计样本数：38）

表 16 2008 年、2009 年不同城市类型报业单位房地产广告经营情况对比

	一线城市		二线城市		三线城市	
	2008 年	2009 年	2008 年	2009 年	2008 年	2009 年
增长	16.67%	25.00%	65.22%	45.00%	75.00%	100.00%
持平	50.00%	25.00%	4.35%	5.00%	0.00%	0.00%
减少	33.33%	50.00%	30.43%	50.00%	25.00%	0.00%
总计	100.00%	100.00%	100.00%	100.00%	100.00%	100.00%

(2008 年数据部分，有效样本:33，缺失样本:14;总计样本数:47
2009 年数据部分，有效样本:26;缺失样本:12;总计样本数:38)

表 17 2008 年、2009 年不同经营规模报业单位房地产广告经营情况对比

	大型报社（集团）		中型报社（集团）		小型报社（集团）	
	2008 年	2009 年	2008 年	2009 年	2008 年	2009 年
增长	50.00%	33.33%	61.11%	54.55%	66.67%	66.67%
持平	33.33%	16.67%	0.00%	0.00%	0.00%	0.00%
减少	16.67%	50.00%	38.89%	45.45%	33.33%	33.33%
总计	100.00%	100.00%	100.00%	100.00%	100.00%	100.00%

(2008 年数据部分，有效样本:33，缺失样本:14;总计样本数:47
2009 年数据部分，有效样本:26;缺失样本:12;总计样本数:38)

表 18 2008 年、2009 年不同地区报业单位房地产广告经营情况对比

	东部地区		中部地区		西部地区	
	2008 年	2009 年	2008 年	2009 年	2008 年	2009 年
增长	54.55%	33.33%	40.00%	75.00%	83.33%	75.00%
持平	13.64%	11.11%	0.00%	0.00%	16.67%	0.00%
减少	31.82%	55.56%	60.00%	25.00%	0.00%	25.00%
总计	100.00%	100.00%	100.00%	100.00%	100.00%	100.00%

(2008 年数据部分，有效样本:33，缺失样本:14;总计样本数:47
2009 年数据部分，有效样本:26;缺失样本:12;总计样本数:38)

销售不佳时反而会投放更多广告，以增加客户信心，目前只是房地产广告增量变缓。另一方面，由于房地产商在广告投放策略上倾向于选择能够聚焦受众的媒体集中投放，因此在广告预算减少的情况下，品牌力、影响力、传播力和渗透力强的媒体更有优势，并由此全面提升其广告效果，结果是一个强势媒体的广告额往往超过几个弱势媒体之和。总而言之，由于房地产广告在报业广告经营中的重要地位，各报业单位在 2010 年的广告经营中必须要抓住这个重点行业，展开攻坚，力争取得优良的效果。

(4)特别关注之二——金融保险广告

金融保险业广告从 2008 年的中国报业广告经营中增长最快行业的冠军，到 2009 年的跌出前十，成为值得各报业单位关注的焦点。与 2008 年相比，2009 年各报业单位金融保险广告经营出现增长的样本明显下滑，从 63.60%下降到 23.08%，下降幅度超过 40 个百分点；与此形成鲜明对比的是，出现减少的样本从 33.30%上升到 73.08%，上升近 40 个百分点。这足以说明肆虐整个 2009 年的金融危机对中国报业金融保险广告经营带来的巨大冲击。(参见图 13)

按城市类型进行划分，2009 年，金融保险广告经营在各类城市中均不够理想。一、三线城市均没有出现增长的样本，二线城市也仅有 30.00%的报业单位出现增长。与 2008 年的情况相比，一线城市出现增长的样本下降幅度超过 60%，二、三线城市出现增长的样本下降幅度也超过 25%。可见，金融保险广告在 2009 年的经营情况在各类城市中均不够理想。(参见表 19)

按经营规模进行划分，2009 年，大、中型报社(集团)的金融保险广告经营均已出现减少的样本为主，小型报社(集团)则是出现增长、持平、减少的样本三分天下。与 2008 年的情况相比，各种经营规模的报业单位出现增长的样本均有不同程度的下降，这也奠定了 2009 年金融保险广告经营情况的惨淡结局。(参见表 20)

按不同地区进行划分，2009 年，东、西部地区的金融保险广告经营均以出现减少的样本为主，中部地区则是出现增长和减少的样本平分秋色。与 2008 年的情况相比较，东部地区出现增长的样本下降幅度超过 50%，出现减少的样本上升幅度却超过 50%；西部地区也是此消彼长，出现减少的

样本大幅度增加。因此,除中部地区的金融保险广告经营在2009年度好于2008年度外,其他地区的情况均不够理想。(参见表21)

综上所述,综观2009年,金融保险广告的经营情况不堪回首,按照城市类型、经营规模和不同地区进行划分,只有中部地区报业单位金融保险广告的经营情况好于2008年,其他类型的报业单位经营情况均出现较大幅度的下滑。因此,在金融危机横行的2009年,中国报业的金融保险广告收到了前所未有的剧烈冲击,这也让各报业单位承受了艰辛的经营历程,相信随着金融危机的逐渐减弱,在2010年各报业单位定会在该类广告的经营上有所起色。

4. 广告营销手法创新对广告经营影响最大

在本次调查中,问卷中列出了五个影响广告经营收入增长的直接因素:①整合开发报纸内部的广告资源;②增加有效发行量;③报纸内容的准确定位;④广告营销手法的创新;⑤满足广告主"精确传播"的需要。

调查结果显示,"广告营销手法创新"的选中率最高,占76.00%,较2007年的75.90%和2008年的74.20%均略有提高,这说明广告营销手法创新的选中率一直稳定在较高水平,这充分证明报业在广告经营中连续普遍关注广告营销手法的创新。2009年,中国报业广告经营一方面面临着金融危机的冲击,另一方面面临

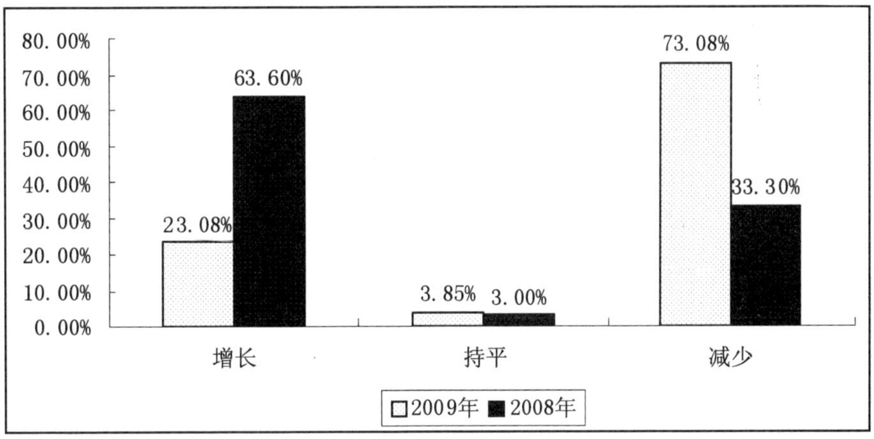

图13 2008年报业金融保险广告的经营形势图

(2008年数据部分,有效样本:31;缺失样本:16;总计样本数:47
2009年数据部分,有效样本:26;缺失样本:12;总计样本数:38)

表19 2008年、2009年不同城市类型报业单位金融保险广告经营情况对比

	一线城市		二线城市		三线城市	
	2008年	2009年	2008年	2009年	2008年	2009年
增长	66.67%	0.00%	69.57%	30.00%	25.00%	0.00%
持平	0.00%	0.00%	4.35%	0.00%	0.00%	50.00%
减少	33.33%	100.00%	26.09%	70.00%	75.00%	50.00%
总计	100.00%	100.00%	100.00%	100.00%	100.00%	100.00%

(2008年数据部分,有效样本:31;缺失样本:16;总计样本数:47
2009年数据部分,有效样本:26;缺失样本:12;总计样本数:38)

表20 2008年、2009年不同经营规模报业单位金融保险广告经营情况对比

	大型报社(集团)		中型报社(集团)		小型报社(集团)	
	2008年	2009年	2008年	2009年	2008年	2009年
增长	66.67%	25.00%	61.11%	18.18%	66.67%	33.33%
持平	0.00%	0.00%	5.56%	0.00%	0.00%	33.33%
减少	33.33%	75.00%	33.33%	81.82%	33.33%	33.33%
总计	100.00%	100.00%	100.00%	100.00%	100.00%	100.00%

(2008年数据部分,有效样本:31;缺失样本:16;总计样本数:47
2009年数据部分,有效样本:26;缺失样本:12;总计样本数:38)

表 21 2008 年、2009 年不同地区报业单位金融保险广告经营情况对比

	东部地区		中部地区		西部地区	
	2008 年	2009 年	2008 年	2009 年	2008 年	2009 年
增长	72.73%	16.67%	40.00%	50.00%	50.00%	25.00%
持平	4.55%	5.56%	0.00%	0.00%	0.00%	0.00%
减少	22.73%	77.78%	60.00%	50.00%	50.00%	75.00%
总计	100.00%	100.00%	100.00%	100.00%	100.00%	100.00%

(2008 年数据部分,有效样本:31;缺失样本:16;总计样本数:47
2009 年数据部分,有效样本:26;缺失样本:12;总计样本数:38)

着互联网等新媒体的挑战，各报业单位纷纷展开广告营销创新,以保持广告经营额的稳健提升。

“报纸内容准确定位”的选中率也高达60.00%,这与 2008 年的 41.90%有较大提升。这说明各报业单位已经进入广告经营的深耕层面,充分注重报纸内容与广告经营之间的密切联系。报业单位关注报纸内容定位的准确，是由受众需求的不断细分和广告市场的不断细分所决定的,报业广告经营者已经不仅仅停留在为做广告而做广告的经营层面上，而更加注重报纸内容定位的准确性与广告主投放广告之间的关系，进入广告经营的深耕层面。

“满足广告主‘精准传播’的需要”选中率相比2008 年有所下降,从 67.70%下降到 56.00%,但这并不说明精准传播不再重要，而是各报业单位已经将这种理念融入到广告经营整个过程的始终。特别是在金融危机的影响下，企业主追加广告预算的能力降低,因此,在预算有限的情况下,广告主自然会精打细算,倾向于精准投放,以低成本投入带来高效回报，这也就要求作为广告经营者的各家报纸必须要重视广告主的“精准传播”需求。

“整合开发报纸内部的广告资源”的选中率也有所提升，其选中率从 2008 年的 51.60%提高到56.00%,已经连续多年出现强劲增长势头。这一方面表明各报业单位已经开始重视向内部资源整合要效益；另一方面则表明各报业单位由于多年来积累的广告资源已建成体系，利用这部分资源以提升广告经营能力的时机已渐成熟。

此外,在 2008 年选中率明显下降的“增加有效发行”,2009 年选中率重新上升，虽然依旧在 5 个备选答案中选中率最低,但可以看出,各报业单位还是普遍重视有效发行量的增加的。因为,只有确保了发行的有效和高效，才能真正保持报纸的影响力和自身形象塑造，也才能够真正保证广告主投放广告的有效。因此,如何协调有效发行和广告经营的关系是目前和未来一段时间里仍旧值得重点探究的问题之一。(参见图 14)

另外，还有部分报业单位特别提出新媒体的融合对报业的广告经营影响加大，随着报纸内容与新媒体融合的循序渐进，报纸广告经营与新媒体的融合也将纳入到各报业单位的日程上来。

5.宏观经济环境对报业广告经营影响最大

报业广告经营活动与宏观经济状况密切相关,2009 年宏观经济不及往年景气的大背景也使得中国报业广告经营面临着前所未有的困境。所以，宏观经济环境成为 2009 年影响报纸广告经营的市场环境因素中最值得重视的因素。

在本次调查中,“宏观经济环境”以 72.00%的选中率在 2009 年影响报纸广告经营的市场环境因素的调查中占据绝对优势地位，虽然不及 2008 年93.30%的选中率，但也明显高于其他要素，这说明,在金融危机强烈冲击世界经济的大背景下,各报业单位对宏观经济环境的变化情况自然要更加关注,事实证明,宏观经济环境对 2009 年度报业广告经营的影响也是十分显著的，各报业单位受金融危机冲击广告经营情况普遍并不够理想。

“报业对手的竞争”成为 2009 年影响报纸广告经营的重要市场环境要素，其选中率从 2008 年的30.00%上升到 2009 年的 52.00%,这主要是由于各地报业市场普遍已经到达成熟稳定状态，并有出现萎缩的趋向,因此,各报业单位在有限甚至趋于萎缩的报业市场竞争中,广告经营举步维艰,使得报业对手的竞争成为广告经营的重要影响要素。

“广告市场政策”的选中率继 2008 年大幅下降

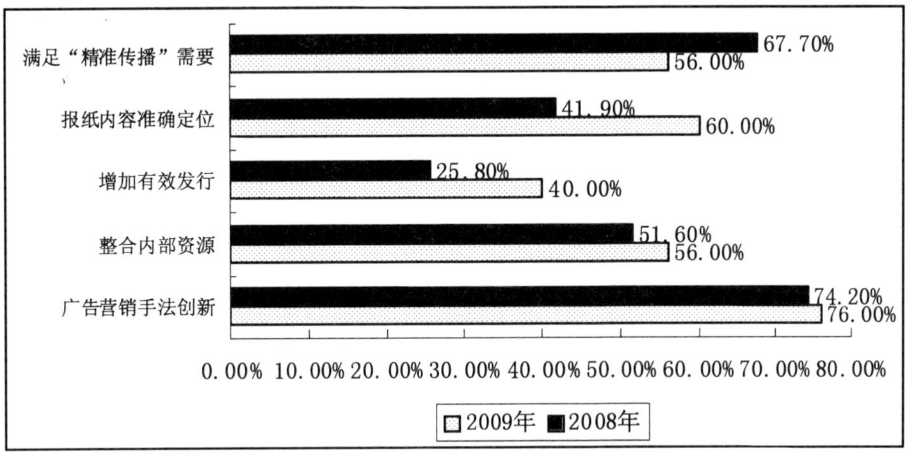

图 14 需要重点解决影响报纸广告经营的直接因素选中情况
(2008 年有效样本数:31;缺失样本数:16;总计样本数:47
2007 年有效样本数:25;缺失样本数:13;总计样本数:38)

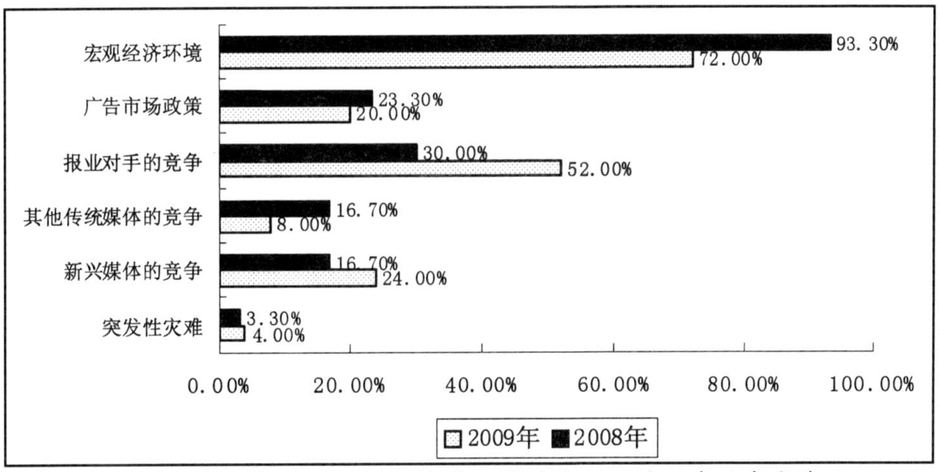

图 15 调查对象对影响报纸广告经营的市场环境因素的考虑情况
(2008 年有效样本数:30;缺失样本数:17;总计样本数:47
2009 年有效样本数:25;缺失样本数:13;总计样本数:38)
注:由于 2008 年问卷中“其他传统媒体的竞争”和“新兴媒体的竞争”归在一个选项“电视、网络等其他媒体的竞争”之下,因此,在进行对比时,2008 年二者数据相同。

后,2009 年进一步下降为 20.00%,其原因主要是由于金融危机等宏观因素对广告经营的影响在 2009 年显示出非同寻常的重要性,广告市场自身的政策限制出现了较大弹性,国家也没有出台过多对广告经营有重要影响的政策,使其关注度进一步下滑。

对报业广告经营的影响要素还表现在,广播电视、期刊杂志等其他传统媒体和互联网、手机、楼宇等新兴媒体对广告市场的蚕食,“其他传统媒体的竞争”的选中率为 8.00%,“新兴媒体的竞争”的选中率为 24.00%,可见,由于新兴媒体的广告经营更有进准性和分众性,其对作为传统媒体的报业广告市场影响更为显著。

此外,“突发性灾难”的选中率仍然维持在较低水平,只有一家报业单位将其选中,这说明历经了“非典”、汶川地震等一系列突发性事件后的中国报业,在面对突发性灾难时显得更加从容与镇定。(参见图 15)

另外,也有部分报业单位认为,行业市场发展形态及竞争状况,以及客户营销模式的变化对报

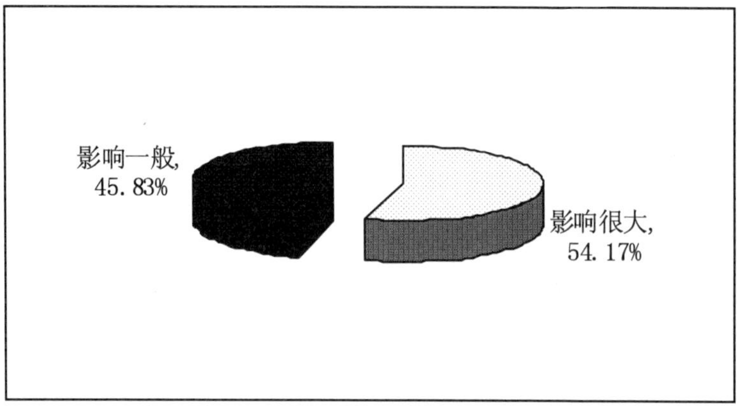

图 16 调查对象对国家宏观调控影响的判断
(有效样本数:24;缺失样本数:14;总计样本数:38)

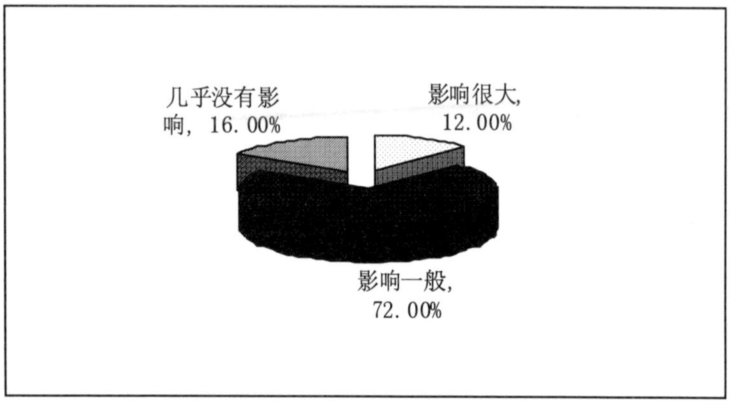

图 17 调查对象对新兴广告媒体影响的判断
(有效样本数:25;缺失样本数:13;总计样本数:38)

业广告经营的影响也较为显著。

2009 年“宏观经济环境”对中国报业广告经营情况影响重大,那么国家的宏观调控在广告经营中的地位也就更加显得重要。本次调查特别设置了一项关于国家宏观调控对报业广告经营情况的影响的问题。结果显示,全部接受调查的报业单位均认为 2009 年国家的宏观调控对其广告经营情况产生了影响,这其中有 54.17%的报业单位认为国家宏观调控对其广告经营影响很大,其余 45.83%则认为对其广告经营情况影响一般。(参见图 16)

2009 年,国家对房地产、机动车、医疗药品、医疗卫生机构、食品饮料等行业的政策调控使得这些行业的经营受到不同程度、不同状况的影响。同时,面对金融危机,国家推出一系列扩大内需、刺激消费的经济方针,如家电、汽车下乡等都使得这些行业广告颇受影响。

6. 报业广告经营急需探索有效的广告经营管理体制和方法,新兴媒体潜力巨大

在“如何判断网络、楼宇电视等新兴广告媒体对报社广告经营的影响”的调查中,72.00%的被调查者认为“影响一般”,但这里的“影响一般”是指在目前的发展阶段,随着网络、楼宇电视等新兴媒体的进一步发展,其前景和影响都是被业界很多领军人物看好的。此外,有 16.00%的被调查者认为新兴媒体对我国报业广告经营“几乎没有影响”,另外还有 12.00%的被调查者认为“影响很大”。由此可见,报业广告经营者对“新兴广告媒体对报纸广告经营的影响”有一定程度上的重视,同时,我们也应该意识到,互联网、楼宇电视等新兴广告媒体的出现改变了受众群体(特别是青少年受众群体)接触媒介的习惯,影响了受众的媒介需求,这对我国报业广告经营来说,既存在着机遇(整合新兴广告媒体,使其与自身报业广告经营相结合),也面临着严峻的考验(独立的新兴广告媒体对报业广告经营的冲击有目共睹)。(参见图 17)

此外,本次调查结果显示,有 56.00%的报业单位认为中国报业广告平台期最急需解决的问题是“如何对报社广告经营管理体制、方法再改革,调动潜能释放组织活力”;其次需要解决的问题是“顺应精准传播的趋势,提升广告传播效果,降低广告主的成本”,选中率为 20.00%;而“调整广告收入的行业机构,降低经营风险”与“应对网络、手机等新兴媒体的竞争”的选中率则均为 12.00%。与 2008 年的情况相比较,改革管理体制和方法的选中率上升幅度达 20 个百分点,这就说明,目前各报业单位广告经营管理体制与方法有待改善,在中国报业广告平台期,各报业单位广告经营的组织活力有待进一步发掘。(参见图 18)

需要特别指出的是,虽然“应对网络、手机等新兴媒体的竞争”一项的选中率仅仅只有 12%,仅仅与 2008 年的选中率相同,但随着我国报业广告平台期向着成熟、多元化的方向发展,新兴媒体的价值将愈发为作为传统媒体的报业所认可。

7.活动营销促进报业广告增长,房地产成活动营销最热门行业

活动营销作为广告经营的重要手段，近年来对报业广告经营收入有较大拉动作用。特别是在金融危机对报业广告经营影响巨大的 2009 年,活动营销成为拉动广告经营的重要手段。从 2009 年全年的情况来看,18 家报业单位活动营销所占广告经营额比重为 12.72%，这体现出活动营销在广告经营中的重要地位。

本次调查中，还特别设置了各报业单位针对不同行业展开活动营销情况的调查,结果显示,各报业单位在房地产(87.96%)、家居家装(73.91%)、化妆及卫生用品(69.57%)和家电(52.17%)等行业积极展开活动营销；在邮电通讯(0.00%)、旅游休闲餐饮(4.35%)、商业(4.35%)、IT(8.70%)、药品保健品(8.70%)和教育(8.70%)展开活动营销的比重则非常小。(参见图 19)这主要是由于各行业的不同性质所决定的，例如房地产行业作为报业广告经营的支柱行业，各报业单位自然不能放任自流，普遍对其展开了活动营销；而家居家装、家电等行业则在 2009 年大放异彩，广告经营情况非常理想，这也是与各报业单位针对 2009 年房地产销量稳健攀升而展开家居家装、家电等相关行业的活动营销所分不开的;此外,由于 2009 年金融危机的到来，各报业单位力求保持广告经营稳步提升，也均在活动营销上做足功课。

8. 通过报网联动开展广告经营受到重视

随着报网融合在报业经营中发挥的作用越来越大，各报业单位开始逐渐关注广告经营中的报网互动。在本次调查中，问卷中设计了关于报业单位下属网站广告经营情况的调查。调查结果显示,12 家报业单位下属网站广告经营总额为 10559.04 万元，其平均广告营业额为 879.92 万元，广告营业额占网站经营总收入的 65.04%。接受调查的报业单位中,下属网站广告营业额占网站经营总收入比重最高的达到 95%，最低的占到 25%。上述数据说明目前各报业单位下属网站的主要盈利手段是广告经营，但不同网站根据自身特点的不同，广告营业额占网站经营收入的比重差距较为悬殊，这也说明其网站盈利

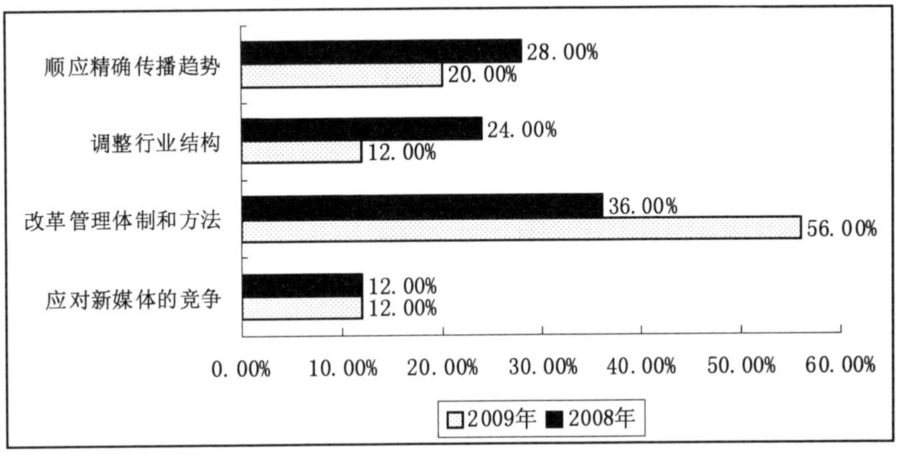

图 18 报业广告平台期最急需解决问题的选中情况

(2008 年有效样本数:25;缺失样本数:22;总计样本数:47

2009 年有效样本数:25;缺失样本数:13;总计样本数:38)

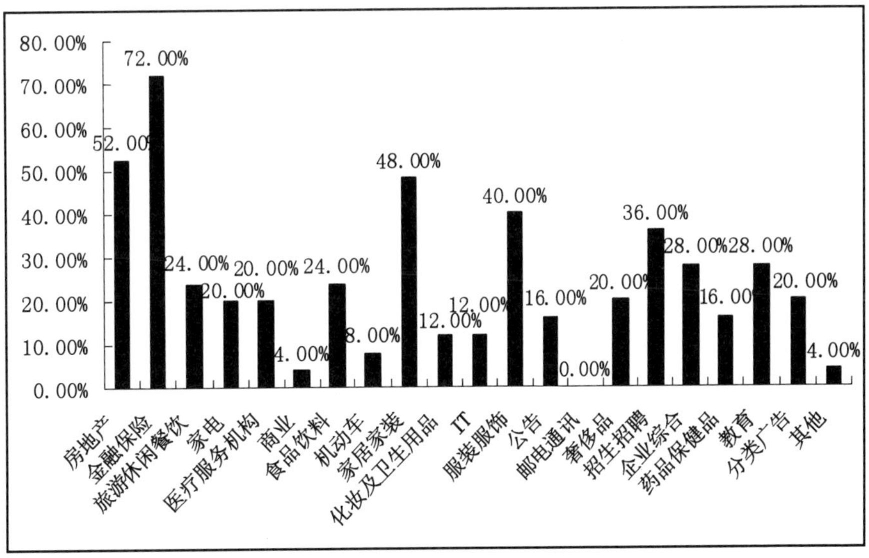

图 19 报业广告活动营销在不同行业的展开情况

(有效样本:23;缺失样本数:15;总计样本数:38)

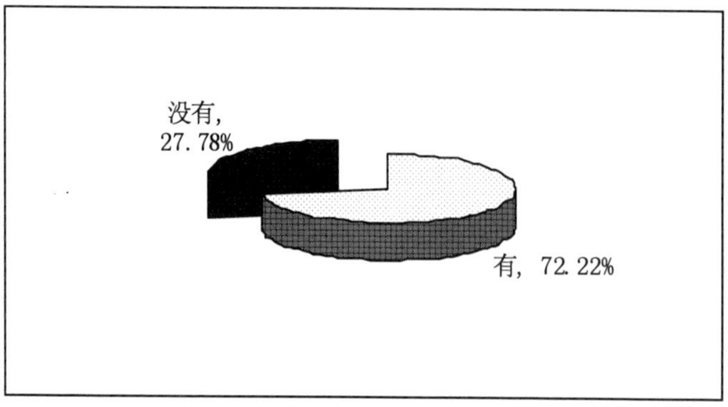

图 20 广告经营的报网联动情况

（有效样本数：18；缺失样本数：20；总计样本数：38）

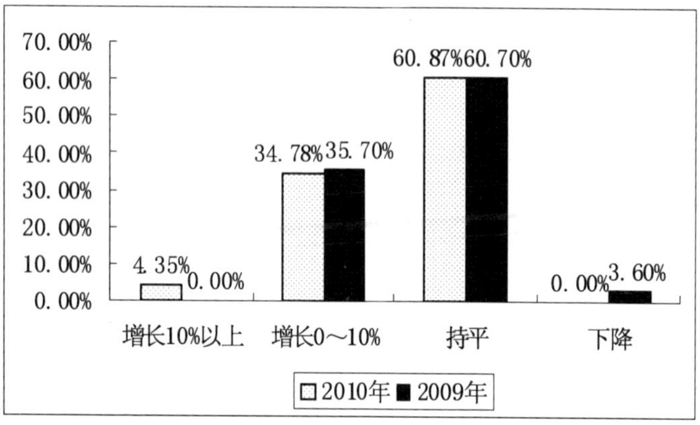

图 21 报业单位预计 2009 年、2010 年广告刊例价格变化对比图

（2008 年有效样本数：28；缺失样本数：19；总计样本数：47
2009 年有效样本数：23；缺失样本数：15；总计样本数：38）

模式与手段多样的同时，很可能尚未找到最为有力的报网经营融合的契合点。

另外，18 家接受调查的报业单位中，72.22%有报纸和网站联动的广告营销方案，这表明各报业单位充分重视报网广告互动的营销模式。（参见图 20）

目前，中国报网广告联动的具体做法，主要体现在以下几个方面：

第一，部分大型报业集团建立了一报一网的广告互动运营模式，联合举办活动，并重视广告价格的联动，还推出一些“价格套餐”。

第二，对重点行业展开报网之间的广告联动。部分报业单位在汽车、餐娱、地产、化妆品及奢侈品等行业推出报网互动营销方案。

第三，成立新的广告部门，促进报网广告经营联动。例如，《东南商报》与宁波网合作，成立了商报宁网广告部，共同开发广告市场。

第四，借助专刊展开报网广告经营联动。例如，2009 年下半年，春城晚报的《旅游特快》专刊与云南网实行报网联动。

第五，以具体活动带动报网广告经营联动。例如，2009 年 10 月初至 2009 年 12 月底，《金陵晚报》与龙虎网合作开展购精灵活动，从选手报名录入工作，到购精灵官网设计建站，再到开设网络投票通道，并设置购精灵直播小组，对每一站比赛报均进行网均互动式的宣传和推广。

第六，以报网联动为形式，展开广告促销。例如，《辽沈晚报》的某些广告与辽沈北国网经常在广告和促销活动中相互配合；《燕赵都市报》则在报纸版面刊登广告，在网站给予免费活动介绍。

此外，还有部分报业单位通过读者节、广告招商联合、采编互动、活动互动等方式展开报网广告经营的联动。

9. 各被调查单位对 2010 年广告市场预期较差

广告刊例价格的变动是衡量广告经营者对未来预期的标识。本次调查中，23 个有效样本的刊例价格平均增长 3.57%，持平的单位所占比例最高达到 60.87%，没有预期下降的样本出现。与 2008 年调查相比，2009 年预期来年广告刊例价增长 10%以上的样本略有增加，预期增长 0~10%和持平的样本基本没有变化。这表明，各报业单位 2010 年报业广告刊例价变化较 2009 年时并没有明显波动，趋于稳定状态。（参见图 21）

在对 2010 年广告经营形势的预期方面，22 个有效样本中，预计 2010 年广告营业额会比 2009 年平均增长 8.18%，明显高于广告刊例价格增长幅度。其中，13.64%的报业单位预期 2010 年较 2009 年广告收入将增长 10%以上；77.27%的报业单位预计增长将在 0~10%之间，所占比例最高；持平的样本比例占 9.09%；没有报业单位预计 2010 年广告经营额将下降。相对于 2008 年调查对 2009 年广告经营情况的预期来看，各报业单位对 2010 年的预期要明显好于当时对 2009 年的预期，预期增长的样本（包括预期增长 10%以上和预期增长 0~

10%)显著增加,超过90%,而预期持平和下降的样本则大幅度减少。(参见图22)

这一调查结果与2009年第三、四季度广告经营额增速回暖有关。金融危机对报业广告经营情况的影响正逐渐减轻，各报业单位对2010年的广告经营充满信心。同时，由于2009年的广告经营额增幅已经创下近年来的最低值,基数不高，这也是各报业单位普遍对2010年广告经营预期增长的重要原因。

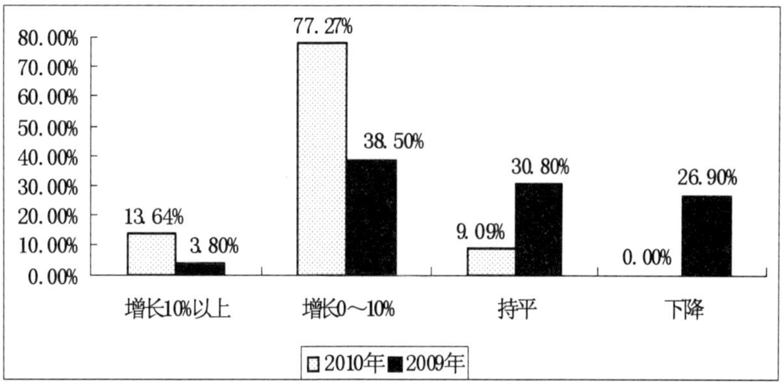

图22 报业单位预期2009年、2010年广告经营额变化对比图

(2008年有效样本数:26;缺失样本数:21;总计样本数:47
2009年有效样本数:22;缺失样本数:16;总计样本数:38)

10.2010年报业广告经营策略将进行调整

面对金融危机的逐渐减弱,各报业单位普遍对2010年广告经营充满憧憬。与此同时,各报业单位积极修炼内功,加强广告经营部门的管理水平，不断创新经营思维与营销理念，力求在2010年取得良好的经营业绩。

在2010年广告经营策略的调整上，各报业单位在每个环节中均有所着力。

第一,广告部门组织结构调整。主要涉及加强与代理公司之间的合作，推广更多版面实行广告代理制,加强对代理公司的监管力度,同时深度挖掘有潜力的行业,成立工作室等。例如,今晚传媒集团将成立以地产、汽车、金融为龙头的事业部,强化服务运作和营销策划。

第二,广告客户服务管理。加强经营团队的建设,同时鼓励创新,深入挖掘潜力和广告资源,提供增值服务;加大对客户的专业营销服务;建立大客户服务中心,完善策划机制,带动广告业务技术含量升级。

第三,广告营销策划。几乎所有接受调查的报业单位都将增加活动营销策划提上日程。有些单位打算依靠策划活动来拉动广告增量，并严守广告价格体系；也有单位提出要不断创新活动营销的方式与方法,适当与采编部门联动,利用多种渠道展开营销活动。

第四,广告价格。控制成本仍是工作重点;一些单位拟定提高广告价格；还有单位拟继续提高广告版值,做精做细行业广告。

第五,广告资源整合。调整广告结构,整合各子单位资源,统一经营,减少内耗。例如,《每日新报》将整合集团资源,强调集团利益最大化,提升整体广告含金量，与更多品牌客户加强全方位战略合作。

第六,管理体制创新。这既包括对广告经营部门的管理体制创新，也包括对广告经营人力资源的管理体制创新等多个方面。例如,《潇湘晨报》将完善职业技术阶梯体系,加强职业培训,继续引进人才,调整人力资源结构,从"量"和"质"两个向度提升人力资源水平,助推广告经营。

此外,加强与新媒体的广告经营互动、优化广告代理方式、进行广告区域拓展等也都成为部分报业单位在2010年广告经营中发力的重点。

第三部分 调查对象广告业务运营管理情况分析

1. 各报纸平均每期57.83版，广告占版率为38.95%

调查数据显示,2009年,21家报业单位平均每期出版报纸57.83版，较2008年的52版相比,有所增加,这与2010年相对2009年新闻纸价格的回落有关。

广告占版率方面,2009年,21家报业单位平均广告占版率为38.95%，较2008年的39.8%略有减少,但减少幅度不大,基本稳定。

2. 报业单位广告经营部门人员以本科学历者为主

调查结果显示,17家接受调查的报业单位,共

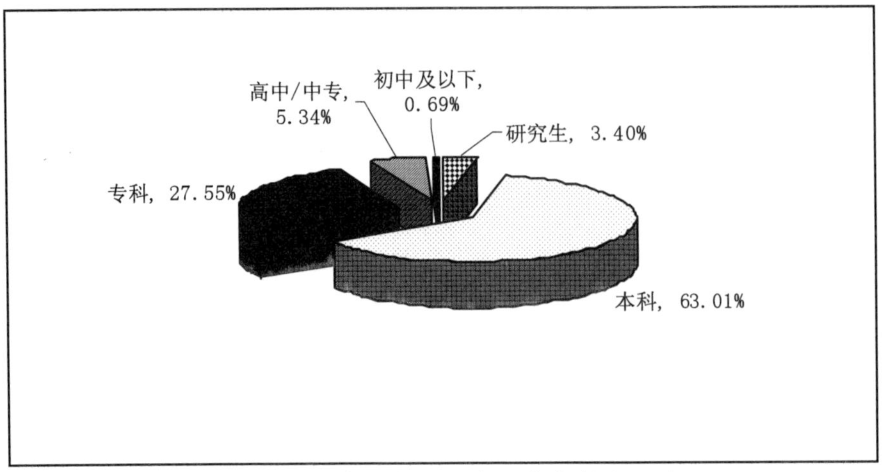

图 23 报业单位广告经营人员受教育程度

（有效样本数：17；缺失样本数：21；总计样本数：38）

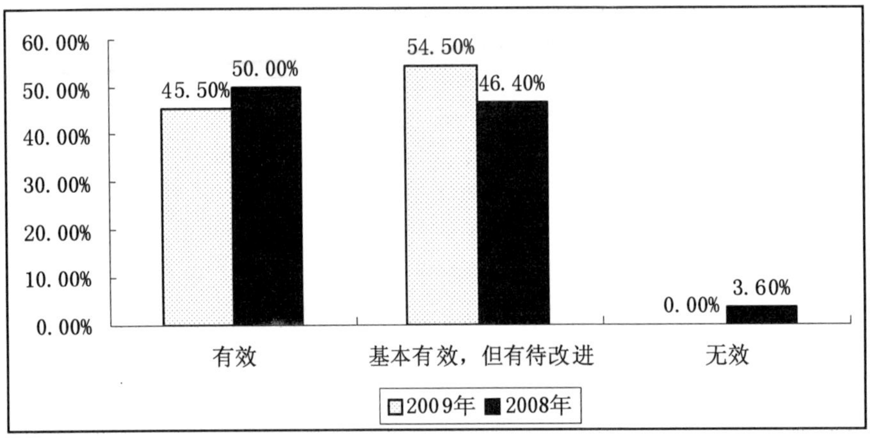

图 24 报业单位广告经营管理人员的激励机制效果对比图

（2008 年有效样本数：28；缺失样本数：19；总计样本数：47

2009 年有效样本数：22；缺失样本数：16；总计样本数：38）

有广告经营人员 1441 人，其中研究生学历者（含硕士和博士）有 49 人，大学本科学历者有 908 人，专科学历者有 397 人，高中中专学历者有 77 人，初中及以下学历者有 10 人。其中，本科所占比重最大，达到 63.01%；其次是所占比重较大的专科，达到 27.55%；此外，高中/中专学历者占 5.34%，研究生学历者占 3.40%，初中及以下学历者占 0.69%。（参见图 23）

由此可见，本科学历者是中国报业广告经营部门人员构成的主力军，专科学历者占据一定比重，高学历者所占比重较小。随着报业广告经营地位的逐步提升，经营人员的学历构成结构已发生明显改善，中、高学历者所占比重越来越大，这对报业广告经营来说是一个利好消息。

3.广告经营管理人员的激励机制仍需不断改进

调查显示，大多数报业单位都采取了业绩导向的激励机制，即报业广告的经营管理人员收入与广告销售业绩直接挂钩，同时结合“目标责任制”、“企业文化激励”及“物质奖励”等方式提升广告经营人员的工作热情与实际业绩。与 2008 年的同题调查数据相比，2009 年各报业单位认为目前的激励机制“有效”的选择率略有下降，从 50.00% 下降为 45.50%；认为“基本有效，但有待改进”的选择率由 46.40%上升为 54.50%；而并没有报业单位认为目前采用的激励机制无效。（参见图 24）

由此可见，各报业单位仍需要在激励办法上不断改进，向管理要效益，激发广告经营管理人员更大的积极性，良好的激励机制不仅可以形成富于活力的工作氛围，对报业单位从内部选拔出广告经营管理人才、进行体制机制的创新等同样具有重要的意义。在这里需要特别指出的是，有一家报纸提出了激烈广告经营管理人员的方式为“培训”，这值得提倡，因为这有利于增强广告经营管理人员的综合素质，以形成良性循环，激活并创新广告经营管理人才培养的模式。

4. 广告部门与采编部门的联动合作方式趋于合理化

调查结果显示，就广告与采编部门的联动关系来讲，有 20.83%的调查对象“就个别项目进行临时性的沟通合作”；62.50%的调查对象其广告与采编部门“成立了固定的联动合作方式”；有 16.67% 的调查对象实现了“采编广告一体化”。与此同时，没有出现广告与采编部门彼此独立的报业单位出现。（参见图 25）

与 2007 和 2008 年的同题数据相比较，2009 年选择“彼此独立”的被调查对象所占比例自 2007 年的 5.00%下降为 2008 年的 0 后，2009 年继续为 0；选择“就单项进行临时性沟通”的调查对象所占比例继 2007 年的 70.00%下降为 2008 年的 40.00%后，2009 年进一步下降为 20.83%；选择“有固定的联动方式”的调查对象所占比例由 2007 年的 21.00%上升为 2008 年的 50.00%后，2009 年进一步上升为 62.50%；选择“采编广告一体化”的调查对象所占比例由 2008 年的 6.70%上升为 2009 年的 16.67%。由此可见，各报业单位广告部门与采编部门的联动趋于合理化，近年来，有固定联动方式和采编广告一体化的报业单位所占比重逐年上升，到 2009 年，其所占比重已经上升到将近 80%。

随着报纸受众的不断细分，报纸内容也不断细分，只有将报纸的广告部门和采编部门之间有机互动起来，各报业单位的广告经营才能更富有活力，特别是一些重大事件报道和活动报道中的广告营销，更需要与采编部门的有机联动，以保证二者间的相互促进，达成共赢。

5.“双轨制”被认为是目前主要而且最优的报业广告经营模式

就广告经营模式而言，统计数据显示，75.00%的报业单位选择了“自营与代理结合的双轨制”，这一比例较 2008 年的 65.50%有近十个百分点的上升，并依旧是各报业单位目前采用最多的广告经营模式；选择“全部外包给多家代理公司”和“广告部自营”的调查对象比例均为 12.50%；选择“报业单位下设广告公司统一经营”的比重从 2008 年的 6.90%下降到 0；另外，继 2008 年没有接受调查的报业单位选择“全部外包给一家代理公司”后，2009 年仍然没有报业单位选择如此经营广告。（参见图 26）

调查数据还显示，有 66.67%的报业单位认为“自营与代理相结合的双轨制”是目前报业广告经营的最优模式，有 22.22%的报业单位认为“全部外包给多家代理公司”是目前报业广告经营的最优模式，另外还有 11.11%的报业单位则认为“报业单

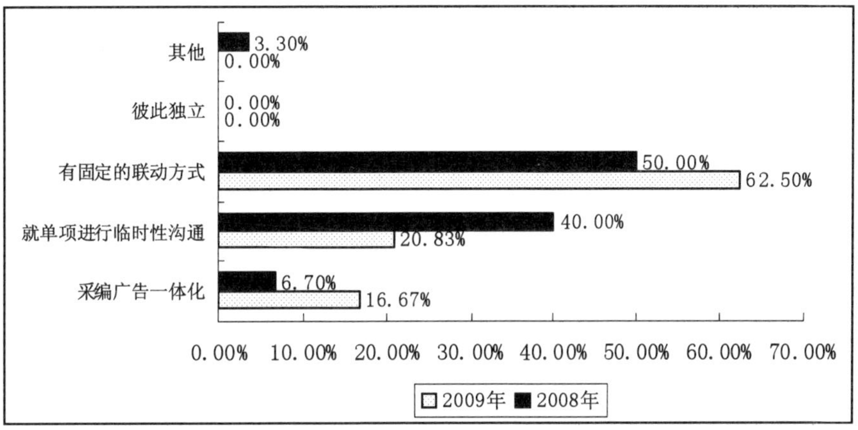

图 25 报业单位广告部门与采编部门的联动关系

（2008 年有效样本数：37；缺失样本数：10；总计样本数：47
2009 年有效样本数：24；缺失样本数：14；总计样本数：38）

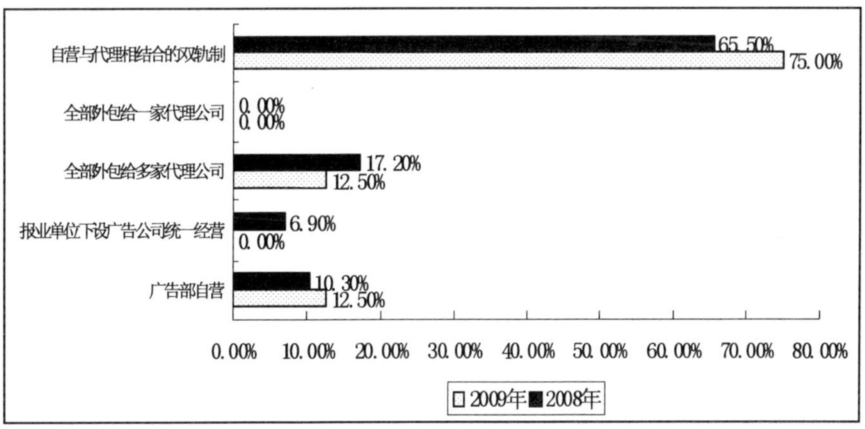

图 26 报业单位广告经营模式类别对比图

（2008 年有效样本数：29；缺失样本数：18；总计样本数：47
2009 年有效样本数：24；缺失样本数：14；总计样本数：38）

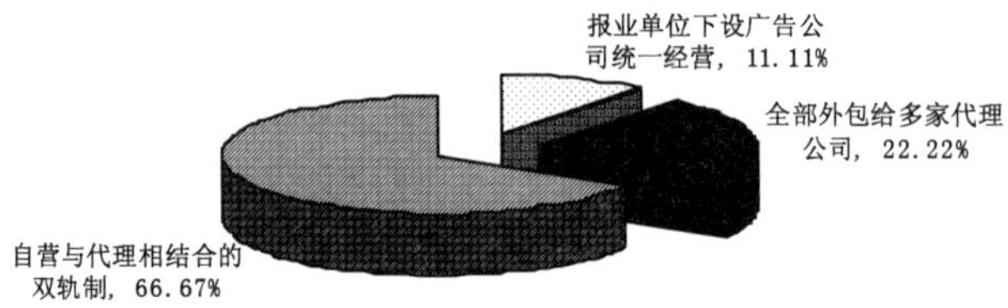

图 27 报业单位认定的广告经营最优模式

（有效样本数：24；缺失样本数：14；总计样本数：38）

表 22 调查对象广告业务模式稳定性表

	稳定性	变动性	有意变动的方向	
			变动模式类别	变动模式所占比重
广告部自营	33.33%	66.67%	自营与代理相结合的双轨制	66.67%
全部外包给多家代理	100.00%	0.00%	无	
自营与代理相结合的双轨制	83.33%	16.67%	报业单位下设广告公司统一经营	11.11%
			全部外包给多家代理	5.56%

（有效样本数：24；缺失样本数：14；总计样本数：38）

位下设广告公司统一经营”应该是最优的广告经营模式。（参见图 27）

为了判断各报业单位对自身采用广告经营模式的认可度，这里，我们将通过其采用的广告经营模式的“稳定性”和“变动性”来断定。我们把广告经营模式的稳定性指标定义为：在选择该模式的调查对象中，仍然认为其自身正采取的广告经营模式是最优广告经营模式的比例；变动性指标定义为：认为现有模式之外的其它模式为最优广告经营模式的比例。

通过引用“稳定性”和“变动性”进行分析，我们可以得到如下结论：目前采用“广告部自营”的报业单位中，有 66.67%认为双轨制是最优模式，而仅仅只有 33.33%认为目前正在使用的“广告部自营”是最优模式；目前采用“全部外包给多家代理”的报业单位全部认为自己目前使用的广告经营模式是最适合自己的，因此也是最优的；目前采用“自营与代理相结合的双轨制”模式的报业单位中，有 83.33%认为目前正在使用的“自营与代理相结合的双轨制”是最优模式，有 11.11%认为“报业单位下设广告公司统一经营”是最优模式，有 5.56%认为“全部外包给多家代理”是最优模式。由此可见，在调查对象的既定选择中，采用“自营与代理相结合的双轨制”和“全部外包给多家代理公司”模式进行广告经营的报业单位稳定性都比较强，而采用“广告部自营”模式进行广告经营的报业单位则非常不稳定，变动性最大，且更希望变动为“自营与代理相结合的双轨制”广告经营模式。（参见表 22）

为了更直观地反映调查对象目前采用的广告业务模式分布情况及其认定的最优广告经营模式分布情况，这里将以有效样本量为基数，绘制一张百分比分布表。（参见图 28）

综上所述，“自营与代理相结合的双轨制”既是目前中国报业广告采用最多的经营模式，也是各报业单位普遍认为最优的广告经营模式；同时，“全部外包给多家代理公司”的广告经营模式也得到多家报业单位的认同。

6.对广告代理公司的优惠政策以“根据业务量返点或奖励版面”为主

调查结果显示，71.43%的报业单位在广告经营中对广告代理公司实行的优惠政策是“根据业

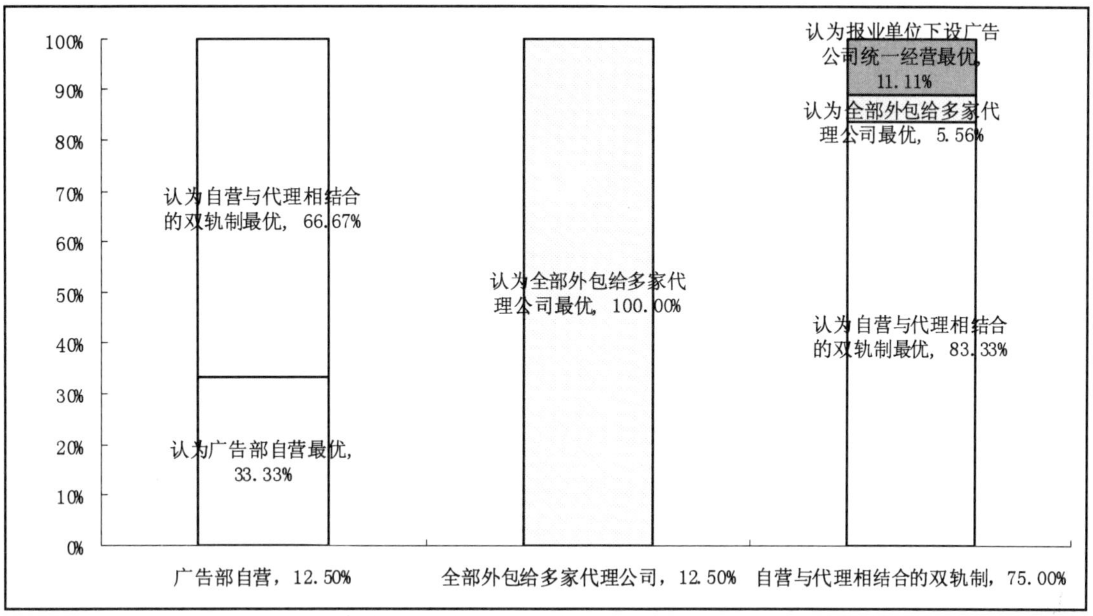

图 28 报业单位目前采用的及其认定最优的广告经营模式

（有效样本数：24；缺失样本数：14；总计样本数：38）

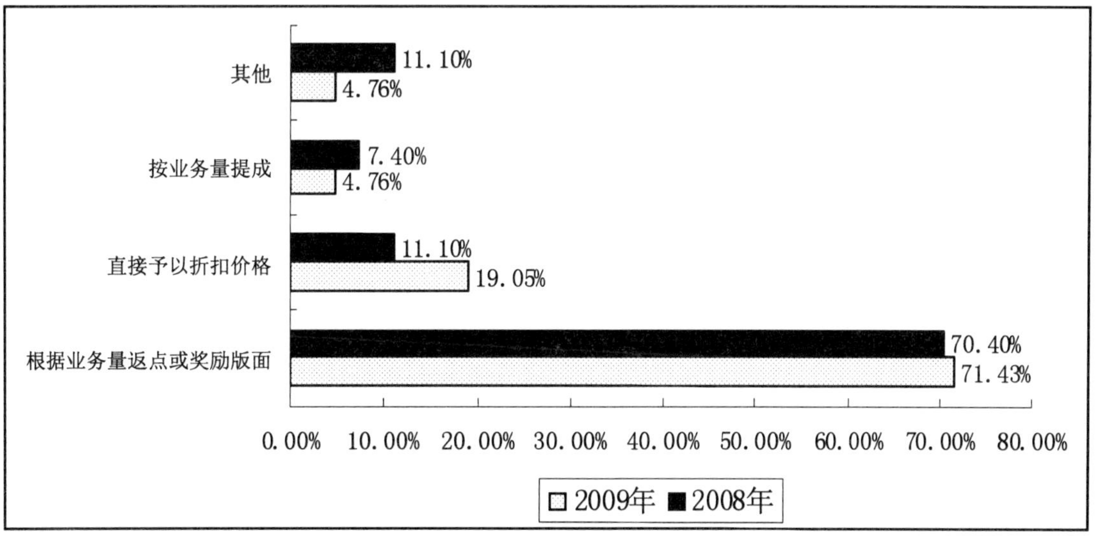

图 29 报业单位 2008 年和 2009 年对广告代理公司的优惠政策对比

（2008 年有效样本数：29；缺失样本数：18；总计样本数：47

2009 年有效样本数：24；缺失样本数：14；总计样本数：38）

务量返点或奖励版面”；以“直接予以折扣价格”作为优惠政策的报业单位占 19.05%；仅有 4.76%的报业单位采用“按业务量提成”的优惠政策，此外，还有部分报业单位采用了“按市场份额返利”、“根据代理的综合情况给予奖励”等灵活多变的优惠政策，综合使用多种优惠政策。与 2008 年的情况进行比较分析，“根据业务量返点或奖励版面”仍然占据主流位置，并连同较 2008 年上升近 8 个百分点的“直接予以折扣价格”一同成为报业单位最主要的对广告代理公司予以优惠的政策。（参见图 29）

7.“报网联动”被普遍重视，成效有待提升

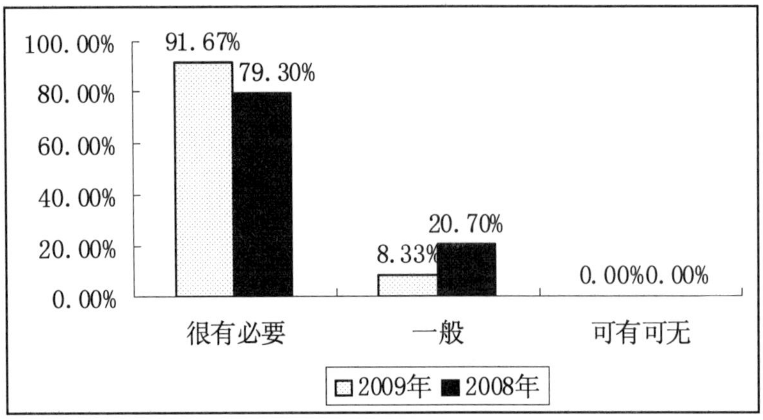

图 30 报业单位对“报网联动”必要性的认识情况

（2008 年有效样本数：29；缺失样本数：18；总计样本数：47
2009 年有效样本数：24；缺失样本数：14；总计样本数：38）

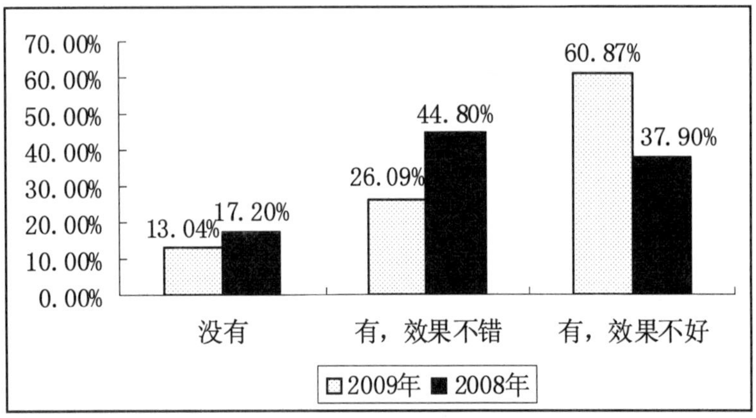

图 31 报业单位实施“报网联动”举措的效果

（2008 年有效样本数：29；缺失样本数：18；总计样本数：47
2009 年有效样本数：23；缺失样本数：15；总计样本数：38）

调查结果显示，各报业单位普遍重视广告经营中的“报网联动”举措，有 91.67%的调查对象认为广告经营中很有必要实行“报网联动”的举措，这一比例与 2008 年相比有较大幅度提高，但在付诸行动过程中取得较好效果的仅占 26.09%，而效果欠佳的却高达 60.87%。与 2008 年同题调查结果相比，各报业单位认为“报网联动”更加必要（“很有必要”的选中率从 2008 年的 79.30%上升到 2009 年的 91.67%），但“报网联动”的实际举措效果不佳（报网联动举措“效果不好”的选中率从 2008 年的 37.90%上升到 2009 年的 60.87%，“效果不错”的选中率从 2008 年的 44.80%下降到 2009 年的 26.09%）。（参见图 30、图 31）

“报网联动”是报业数字化战略的重要一步，在广告经营中实行“报网联动”，打通了报业价值链的上下游，使广告传播不仅可以准确到达报纸读者，而且可以最大程度地拓展到互联网读者，扩大传播范围。本次调查结果显示，近 90%的报业单位已经开始实施“报网联动”，但真正能挖掘出媒体融合的本质及运行规律，并为报业所用的单位仍然不多，而且其采取的“报网联动”举措效果并不理想。因此，“报网联动”作为报业广告经营创新的一个关键突破点，甚至是未来报业广告经营的重要潜力点，有待进一步探索与加强。

8．广告营销更加注重专业服务，对客户的服务意识成为增值服务的主要内容

调查结果显示，在广告营销的几种战术中，“为客户增加专业服务”一项的选中率达到 95.83%，遥遥领先于其他广告营销战术的选中率。而“会展、评选等活动营销”与“加大自身的广告宣传推介”的选中率也分别达到 66.67%和 54.17%。（参见图 32）

与 2008 年同题调查的结果相比较，“为客户增加专业服务”的选中率从 83.30%上升到 95.83%，可见为客户打造量身定做的专业化服务已经愈发成为中国报业广告营销的重要战术；“会展、评选等活动营销”的选中率从 60.00%上升到 66.67%，也成为报业广告营销的有效战术之一；“加大自身的广告宣传推介”和“与兄弟报纸结成广告联盟，扩展外部资源”的选中率略有下降，但基本保持稳定；“直接或间接降价”的选中率一直不高，从 6.70%上升到 12.50%。在当今报业受众和广告主日益多元化的现实情况下，如何为其提供更具个性化和专业化的服务是其需要不断创新和实践的关键所在；与此同时，加强推介宣传和开展活动营销是近三年来各报业单位选择率较高的两种广告营销战术。

而在针对各报业单位是否参与过同行间的广告营销联盟活动的调查中，数据显示，恰好有一半的调查对象“参加过广告联盟”，低于 2008 年

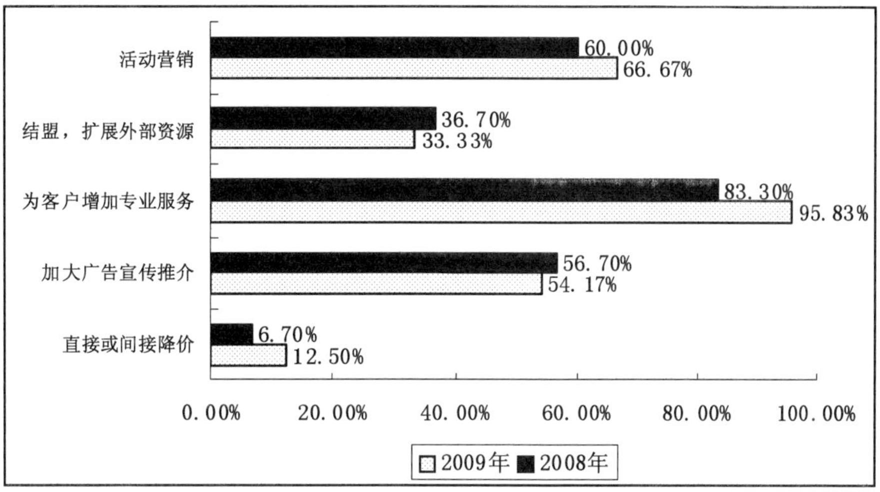

图 32 报业单位广告营销战术有效性的选中情况

(2008 年有效样本数:30;缺失样本数:17;总计样本数:47

2009 年有效样本数:24;缺失样本数:14;总计样本数:38)

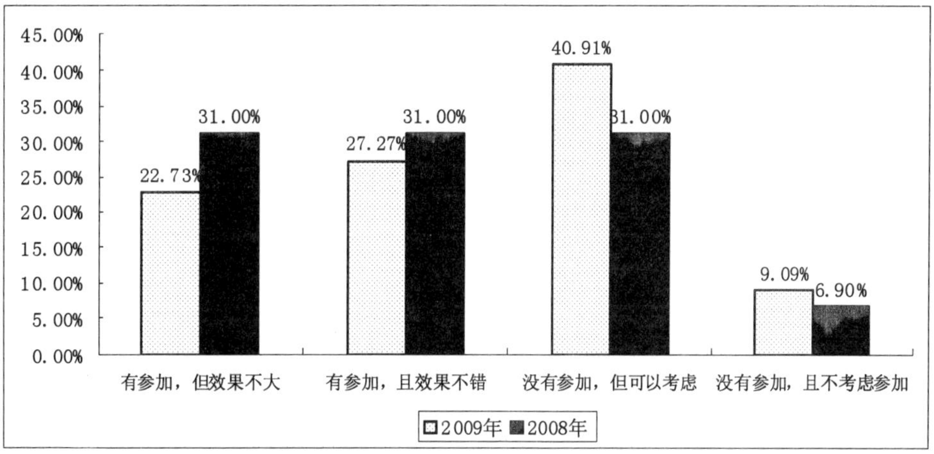

图 33 报业单位参加同行间广告联盟营销活动的情况

(2008 年有效样本数:29;缺失样本数:18;总计样本数:47

2009 年有效样本数:22;缺失样本数:16;总计样本数:38)

62.00%的比例，更低于 2007 年的 72.00%；其中 22.73%的调查对象认为“效果不大”,27.27%的调查对象认为“效果不错”;调查对象中有一半没有“参加过同行之间的广告联盟营销活动”，高于 2008 年和 2007 年的比例,其中“考虑参加联盟”与“不考虑参加”的比率分别为 40.91%和 9.09%。

与 2008 年的同题调查相比,选择“参加过广告联盟且效果不错”的样本比例由 31.00%下降至 27.27%,而认为“参加过广告联盟但效果不好”的样本比例由 31.00%下降至 22.73%;同时,“考虑参加广告联盟”的样本比例从 31.00%上升至 40.91%。(参见图 33)

“参加过广告联盟且效果不错”的报业单位，主要有以下几点经验：注重各报业单位间资源的分享和自身影响力的提升；要找准需要解决的问题，并在实践中全力以赴；增进对客户的有效把握;增强各报业单位之间的优势互补等。“参加过广告联盟但效果不好”的报业单位,需要解决的问题包括以下几个方面:各联盟单位存在地域差异,及各自利益不平衡;切入点比较敏感;联盟单位之

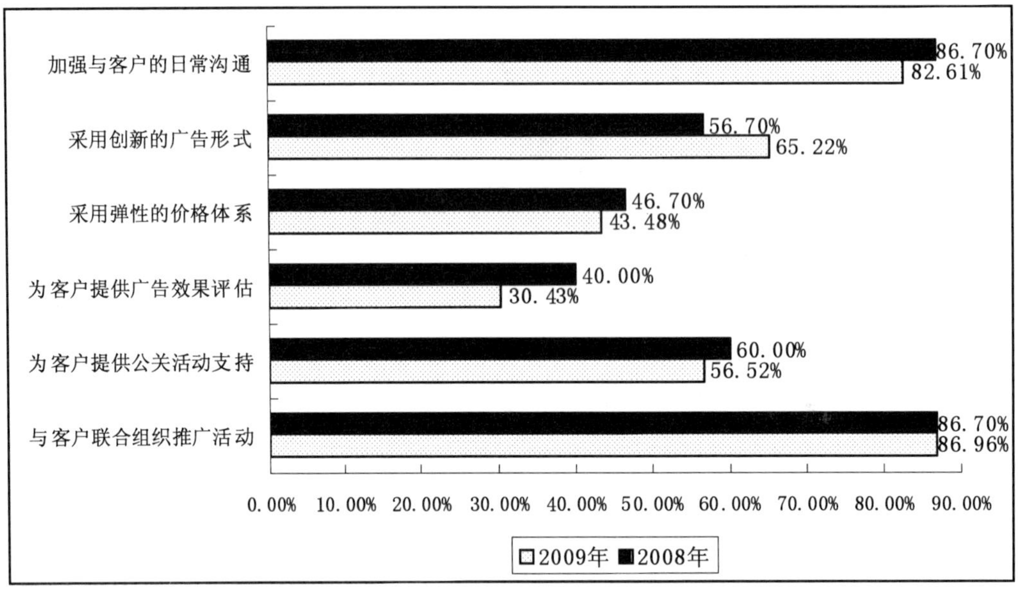

图 34 报业单位提供给广告客户的增值服务
(2008 年有效样本数:37;缺失样本数:10;总计样本数:47
2009 年有效样本数:23;缺失样本数:15;总计样本数:38)

间地理距离太远等。

可见,在报业单位广告经营情况不够理想、广告营销活动开发日益雷同的现实状况下,对于营销联盟实践的重要性已经被许多报业单位意识到,但是在具体实践中,仍然存在诸如联盟只是流于形式且难以有大的作为、联盟各方所处社会环境和政策差别大且本身的需求及发展程度不尽相同、资源整合有待改进等各种现实问题。

针对报业单位给广告客户提供的增值服务情况,本次调查结果显示:有 86.96%的调查对象会“与客户联合组织推广活动”;有 82.61%的调查对象会“加强与客户的日常沟通”;有 65.22%的调查对象会“采用创新的广告形式”;有 56.52%的调查对象会“为客户提供公关支持服务”;另外,分别有 43.48%和 30.43%的调查对象“采用弹性的价格体系”和“为客户提供广告效果评估”。(参见图 34)

与 2008 年的同题调查结果相比,“与客户联合组织推广活动”和“加强与客户的日常沟通”的选中率一直保持在较高比重;“采用创新的广告形式”的选中率超过“为客户提供公关支持服务”的选中率;“采用弹性的价格体系”的选中率略有下降;“为客户提供广告效果评估”的选中率则下降近 10 个百分点。这说明,“与客户联合组织推广活动”和“加强与客户的日常沟通”是报业单位为广告客户提供的最主要的增值服务。

总体而言,各报业单位的广告营销越来越强调对于客户的服务意识,从数据可以看出,日常沟通和联合推广活动是目前很多报业单位的首选。为适应不同广告主日益多样化的需求,报社应苦练内功,不断提高服务的针对性和质量,创新广告形式,只有对广告主的广告投资负责,真心实意为广告客户提供贴心的服务,才能够真正赢得客户的青睐。

9. 广告经营数据库系统的应用日益多样化和个性化

针对各报业单位引进广告经营数据库系统的情况,调查结果显示,2009 年,有 91.67%的报业单位都引进了相关系统。(参见图 35)

从填答情况来看,各报业单位采用的广告经营数据库以“方正经略广告经营分析系统”所占比例最大,此外还有 IMS 系统、CNARS 系统及博众广告管理软件等也被采纳使用,有些报业单位基于自身广告经营的特点,自主研发了数据库系统,个性化明显。此外,还有部分报业单位的广告经营数据库系统与采编、管理等系统有机结合在一起。但与此同时,仍有 8.33%的报业单位没有数据库系统的支持,在广告经营上仍然处于比较粗放的状态。

10.广告尚未成为手机报业务的主要盈利模式

本次调查中,针对各报业单位手机报的主要

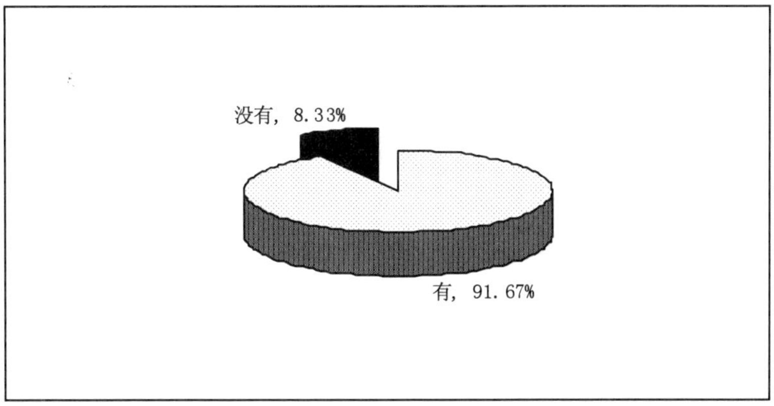

图 35 报业单位广告经营数据库系统的应用情况

（有效样本数：24；缺失样本数：14；总计样本数：38）

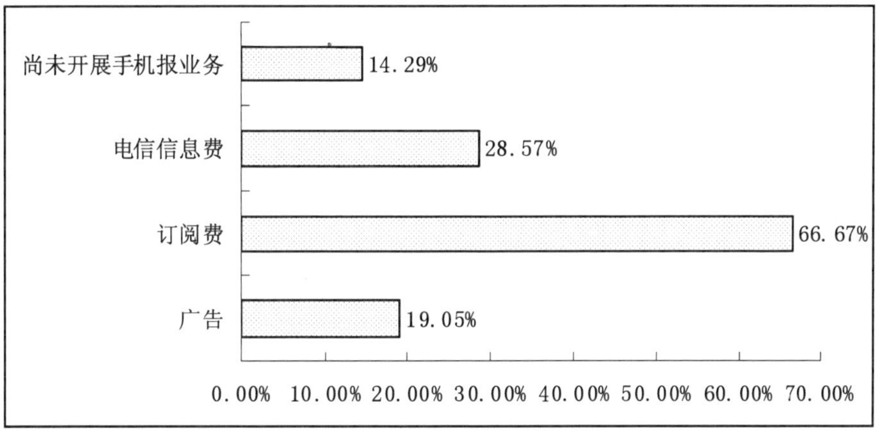

图 36 报业单位手机报业务的主要盈利模式

（有效样本数：21；缺失样本数：17；总计样本数：38）

盈利模式展开了调查。调查结果显示，目前手机报的主要盈利模式是“订阅费”(66.67%)，“电信信息费”的选中率为28.57%，“广告”的选中率仅为19.05%，还有14.29%的调查对象尚未开展此项业务。（参见图36）因此，广告尚未成为各报业单位手机报业务的主要盈利模式。□

※作者单位：中国政法大学传媒与文化产业研究中心

概况 GAI KUANG

北京　天津　河北　山西　辽宁
吉林　黑龙江　上海　江苏　浙江
安徽　福建　江西　山东　河南
湖北　湖南　广东　广西　海南
重庆　四川　贵州　云南　西藏
陕西　甘肃　青海　宁夏　香港
澳门　台湾

2009年北京市报业发展综述

●陈乐

一、北京市报业市场发展概况

2009年，受到新媒体的冲击、金融危机等影响，北京报业市场也处于变动发展之中。在经济放缓的形势下，2009年国内报业发展受到了一定影响。国家出台一系列刺激经济发展的措施，其效果从2009年的第二季度开始显现，下半年体现的更加明显。

总体来说，2009年北京报业市场处于重新洗牌的过程中，报纸纸价大幅跌落对报纸控制成本是利好因素。通过控制纸张成本，一定程度上缓解了广告收入减少带来的损失。同时，报业积极开拓整合营销市场、探索进入文化创意、体育等产业，通过多元发展扩大报纸品牌影响力的同时，寻找创收的新途径。整体来看，在市场环境变动的时期，实力较强的报社彰显出其适应能力并实现了稳定的发展。

1. 2009年北京报业广告经营状况

根据慧聪邓白氏研究数据，2009年，《京华时报》、《北京青年报》、《新京报》、《精品购物指南》和《北京晚报》交替占据北京报业市场份额的前三位。(参见表1~表4)

2. 2009年北京报业发行状况

近几年来，在北京报业市场激烈的竞争中，《北京娱乐信报》、《竞报》、《华夏时报》等纷纷另寻出路或者淡出市场，目前北京报业发行市场份额仍由《北京晚报》、《京华时报》等占据。

根据世纪华文统计数据显示，北京都市报

表1 2009年1月北京市报纸广告状况前10强

排名	媒体名称	市场份额	竞争指数
1	京华时报	20.38%	1.19
2	精品购物指南	17.18%	1.03
3	北京青年报	16.65%	1.08
4	北京晚报	15.34%	1.67
5	新京报	9.16%	1.15
6	法制晚报	8.00%	1.52
7	北京晨报	5.26%	1.58
8	竞报	3.32%	1.65
9	北京日报	2.02%	1.43
10	北京商报	1.41%	2.17

表2 2009年4月北京市报纸广告状况前10强

排名	媒体名称	市场份额	竞争指数
1	北京青年报	19.04%	1.07
2	京华时报	17.77%	1.19
3	精品购物指南	14.99%	1.21
4	北京晚报	12.36%	1.2
5	新京报	10.33%	1.09
6	法制晚报	9.52%	1.65
7	北京娱乐信报	5.76%	1.39
8	北京晨报	4.15%	2.26
9	竞报	1.83%	1.13
10	北京日报	1.62%	1.57

零售量自2007年以来呈逐级下跌的态势。

2008年下半年，因新闻纸价格上涨，北京市场除《新京报》外，几乎所有的报纸均集体提价，这一举措致使报纸零售总量集体下降。根据世纪华文的统计数据，一些报纸的销量降幅超过50%。其中《新京报》因维持原价，在市场变动中趁势扩张，在竞争中取得了一定的优势。2009年，报纸零售量呈回暖的迹象。

从表5、表6可以看出，《北京晚报》、《京华时报》和《新京报》稳居北京报业市场前三位，三家报纸共占据超过70%的市场份额。《法制日报》的销量占据市场份额的15%~17%，其余5%的份额由《北京青年报》、《北京晨报》、《北京娱乐信报》和《竞报》(已于2009年年底退出北京都市报市场)瓜分。

二、北京市主要报业单位经营关键词

截至2009年年底，北京报业市场包括北京日报报业集团、北京青年报社、新京报社、京华时报社、精品购物指南报社等。

1.北京日报报业集团

(1)集团概况

北京日报报业集团于2000年3月28日正式组建。目前拥有九报：即《北京日报》、《北京晚报》、《北京晨报》、《北京娱乐信报》、《京郊日报》、《北京商报》、《首都建设报》、《北京社会报》和《竞报》，三刊即《新闻与写作》、《大学生》和《支部生活》)，一社即同心出版社，一网即京报网，集团资产总额达到30多亿元。该集团主要报纸的日发行量超过200万份，占北京地区报纸发行总量的60%以上。京报集团在法国巴黎、美国华盛顿、日本东京和俄罗斯莫斯科设有驻外记者站，在上海设有办事处，并在美国《侨报》、《国际日报》、澳大利亚《澳华时报》、加拿大《今日中国》和法国《欧洲时报》开辟有北京新闻版。

其中，《北京日报》创刊于1952年10月1日，为中共北京市委机关报，日发行量40万份。

《北京晚报》创刊于1958年3月15日，晚报日发行版数超过60版。2005年初，晚报周末版创刊，每周六刊出彩色铜版印刷16版。该报日发行量100万份，最高达到120万份。

《北京晨报》为早报、都市报，于1998年7

表3 2009年7月北京市报纸广告状况前10强

排名	媒体名称	市场份额	竞争指数
1	北京青年报	20.17%	1.16
2	京华时报	17.42%	1.22
3	精品购物指南	14.31%	1.14
4	新京报	12.54%	1.05
5	北京晚报	11.95%	1.32
6	法制晚报	9.02%	1.69
7	北京娱乐信报	5.34%	1.28
8	北京晨报	4.16%	2.68
9	北京日报	1.55%	1.36
10	为您服务报-手递手	1.14%	1.49

表4 2009年10月北京市报纸广告状况前10强

排名	媒体名称	市场份额	竞争指数
1	北京青年报	20.70%	1.094
2	京华时报	18.92%	1.3806
3	新京报	13.71%	1.1118
4	精品购物指南	12.33%	1.0181
5	北京晚报	12.11%	1.4477
6	法制晚报	8.36%	1.5929
7	北京晨报	5.25%	1.4344
8	北京娱乐信报	3.66%	2.7265
9	北京日报	1.34%	1.4797
10	为您服务报-手递手	0.91%	1.1653

表5 2009年上半年北京都市报销量排名

报纸名称	销量排名	市场份额
北京晚报	1	37.18%
京华时报	2	21.82%
新京报	3	20.44%
法制晚报	4	15.44%
北京青年报	5	1.43%
北京晨报	6	1.43%
竞报	7	1.24%
北京娱乐信报	8	1.03%

表 6 2009 年下半年北京都市报销量排名

媒体名称	销量排名	市场份额
北京晚报	1	33.92%
京华时报	2	22.63%
新京报	3	21.47%
法制晚报	4	16.39%
北京青年报	5	2.65%
北京晨报	6	1.91%
北京娱乐信报	7	1.04%

数据来源:北京世纪华文国际传媒咨询有限公司[1]

月 20 日正式创刊,日发行量超过 40 万份。

《北京娱乐信报》与 2007 年 11 月 27 日转型为北京首家地铁报,每周一至周五出版,节假日休刊,每日 16 至 32 版,日发行量超过 80 万份。

《北京商报》是该集团主办的一份财经商务日报。全方位发行和精确发行并举,推行 VIP 客户发行模式,在覆盖大范围目标读者群的同时开辟有独特的发行渠道。

《竞报》于 2004 年 12 月 28 日创刊,原来为都市早报,2009 年改为周报。

(2)旗下媒体变动

2009 年,北京日报社的总体发展设想是"做大晚报,做强日报"。即继续做大《北京晚报》,进一步提高发行量,在 2009 年征订没有受到影响的基础上做好零售,扩大其市场占有率和覆盖率,保持北京发行量第一大报纸的市场地位;《北京日报》作为党报,从深度报道、内容、政策解读方面进一步做强,进一步增加其权威性和可读性;《北京晨报》要稳固在北京早报市场上的位置;《北京娱乐信报》作为地铁报,要形成全新管理模式,尽早地打造成全国最大的地铁报,同时要发展网站,进一步加大对京报网的改造和升级。

2009 年 10 月,北京晨报社宣布,为压缩成本,《竞报》在退出日报市场后与晨报社在一起运作,共用一套编委,并对其中部分人员进行整合,《竞报》社长刘顺发被调到《北京晨报》兼任社长,《竞报》总编辑谢星文兼任《北京晨报》总编辑。《北京晨报》由原来的对开报纸改为四开报纸。同时,北京第一张都市午报《劳动午报》也不抵亏损,宣布退出都市报市场,重回北京市总工会机关报。至此,北京都市报市场已经形成了"三早报两晚报"的格局。

(3)跨媒体合作

2009 年 3 月 9 日,《北京晚报》体育部和北京人民广播电台体育广播共同打造的全新体育新闻报道平台——《北京晚报体育时间》在下班高峰期间播出。双方将充分利用各自传播平台,给予体育新闻全新解读。从当天起,《北京晚报》体育新闻版面上设立固定专栏《北京体育广播——1025 动听地带》,主要对广播电台的重点节目、重要赛事直播进行预告,并推出《体坛那些事——哪说哪了》的文字浓缩版。此次合作将整合报纸和广播电台的内容优势,实现资源互补。

(4)《北京娱乐信报》"百万发行日活动"

2009 年,4 月 29 日,地铁报《北京娱乐信报》在北京全面启动了"信报百万发行日"活动,在全城 123 个地铁站中的近 90 个站点同时发报,发行量从日常 30 万份增至 100 万份,发行地点也从地铁站覆盖到地面重要商业区,创造了国内同类型报纸发行量的纪录。

2.北京青年报社

(1)报社概况

北京青年报社目前拥有"十报五刊两网六公司",包括《北京青年报》、《信息产业报》、《法制晚报》、《北京科技报》、《BEIJING TODAY》(《今日北京》英文周报)、《中学时事报》、《中学生科学报》、《北京少年报》、《第一财经日报》、《竞报》和《北京青年周刊》《休闲时尚》杂志、《时事魔镜》、《39.2°》及北青网 (YNET.COM) 和千龙网(QIANLONG.COM)。

此外,北京青年报社还拥有北青传媒股份有限公司、小红帽发行股份有限公司、北京青年报现代物流有限公司、北京儿童艺术剧院股份有限公司、北京中国网球公开赛体育推广有限公司、北京今日阳光广告有限责任公司等多家企业,形成了自身完善的报刊发行和物流配送网络以及新型的报业产业链条。

《北京青年报》是共青团北京市委机关报,创刊于 1949 年 3 月。

2003 年底,《北京法制报》划归北京青年报社,并更名为《法制晚报》,定位为有法制特色的综合性都市晚报。2004 年 5 月 18 日,《法制晚报》正式创刊。

《第一财经日报》于 2004 年 11 月 15 日创刊,由中国三大传媒集团北京青年报社、上海文广新闻传媒集团、广州日报报业集团联合主办。覆盖长三角、珠三角、京津唐、西南、香港等中国重要都市商圈,下属 230 名记者覆盖包括纽约、伦敦等地在内的国际国内市场。2009年利润突破2000万元。

在2008年的报业“寒冬”中,《北京青年报》的广告收入反而增长了20%~30%。北京青年报社社长张延平认为,2009年是竞争比较充分的阶段,报业单位要通过有效的经营管理实现效益。

(1)互动活动营销模式

房产、汽车等广告在《北京青年报》广告版面中占有重要地位,其中房地产在《北京青年报》的广告收入中占很大比例,2007年平面媒体中只选择北青投放的房地产楼盘仅占30%,2008年上升到70%以上。2008年下半年开始的金融危机中,中国在全球范围内扮演了积极的角色。国家出台4万亿扩大内需,拉动国内消费,带动相关产业,这对以房地产、汽车、金融以及其他中高档消费品广告为主的媒体相当有利。

2009年,《北京青年报》汽车互动平台开展各种与读者互动的新尝试,包括活动、服务、车型评价以及和读者及编辑之间的互动活动,极大地丰富“汽车时代”互动活动内容。该报汽车互动活动从2004年开办以来,树立了为在读者当中的影响力。从2009年开始,该报逐步把看车团活动升级为训练营活动,通过和经销商的合作,为读者提供开车、养车和汽车服务等多项专场活动平台,让读者通过活动真正受益,实现买车用车一条龙服务。

(2)跨地区、跨行业拓展发行业务

2009年5月26日,辽沈晚报红马甲报刊发行有限公司、小红帽发行股份有限公司和德国邮政DHL三方代表在沈阳签署三方战略合作协议,沈阳地区的宜家广告直投业务开始启动,由辽沈晚报红马甲发行公司负责完成具体的投递工作。小红帽作为大陆首家受DHL委托完成宜家广告直投业务的发行公司,在此次合作中承担着对沈阳业务进行规范指导、质量监控等功能。

截至2009年,小红帽公司已投递过5次累计854万份《宜家产品手册》,据AC尼尔森评价结果显示,该项业务的投递质量位居全国之首。小红帽公司已经形成以三种主要产品为主体的直复营销业务格局,即社区数据库投递业务、有名址不签收投递业务和有名址签收投递业务。该公司自2005年开展直复营销业务以来,业务量增长为最初的4倍,业务流转额增长超过9倍,单件投递品的附加值大大提升。

(3)跨界进入体育产业

2004年9月,中国网球公开赛由北青传媒旗下的北京中国网球公开赛体育推广有限公司开始运作,标志着北青开始进入体育产业,也是北京体育产业化进程的里程碑。

中网的运营体系是以顶级赛事业务为核心,以贯穿全年的赛事推广活动为辐射,打造完整的产业链。赛事收入方面,商业赞助收入占总收入的80%,电视转播收入占6%,票务收入占11%,其他收入占3%。相比2006年北青接手中网时,三年来收入增长率分别为28%、24%和12%,达到目前6000万元的年收入水平。

北京青年报社总编辑张雅宾表示,体育产业具有良好的发展潜力和上升势头,进军体育产业已经成为媒体重要的战略投资热点。强大的报道资源是传媒企业经营体育产业最显见的优势,但做好体育产业的重点在于充分挖掘赛事活动与传播活动的互补、互动,形成赛事的“活动营销”与传媒的“广告营销”的协同效应。同时,要尽快引进高素质的专业体育经营管理人才,形成符合行业规律的商业运营和企业管理模式。

(4)进军广州市场

2009年10月23日,遍布广州地铁沿线各站的“日阅堂”潮流资讯站正式开业,《北京青年报》全面进入其销售网络。

“日阅堂”由广州市金榜图书销售有限公司运营,是一家以文化产品消费和服务为主打的地铁站内零售连锁店,《北京青年报》也是目前惟一一份在“日阅堂”销售的外地报纸。广州所在的珠三角报业市场竞争一直很激烈,该区域市场的报业竞争主要在《南方日报》、《南方都市报》、《广州日报》、《信息时报》、《羊城晚报》与《新快报》等6份报纸中展开。《北京青年报》的进入或将加剧该市场的竞争。

3.京华时报社

(1)报社概况

《京华时报》是由人民日报社主管主办的新闻类综合性都市日报,创刊于2001年5月28日。每日56版~108版。周一周二56版,周三至周五68版~108版,每周出版四个周刊,周三为《京华健康》,周四为《京华汽车》,周五为《京华地产》及《京华家居》。央视市场研究股份有限公司的调查数据显示,2007年《京华时报》平均每期的读者规模超过160万人,主动读者占85%,忠诚读者占86%。

(2)2009年广告经营额超16亿元

京华时报社社长吴海民表示,2009年报业的冬天已然来临,中国报业萎缩体现在报纸发行总量的急剧萎缩、版面萎缩、广告市场和品牌活动的萎缩。2008年下半年发行量下降趋势已经显现，一般报纸发行量缩减20%~30%。报业经营成本居高不下，版面控制更为谨慎。在危机形势下，报纸发行市场将重新洗牌，读者重新选择适合的报纸，一个整合市场、扩大市场份额、赢家通吃、最后形成一家独大格局的机会来临。随着广告投放总量的缩小，弱势媒体淘汰出局，强势媒体通过扩大自身市场份额，收入增加。

2009年，《京华时报》广告经营额达到16.66亿，较2008年下跌8%，广告刊例价格上涨5%。具体到各个行业，食品饮料广告额上涨165%，家居家装、奢侈品、化妆品等广告额均有上涨，而房产、金融、IT、家电均有一定幅度的下跌。营销活动收入占到整体广告收入的6%，主要针对房产、家居、商业及机动车等行业。在金融危机的形势下，《京华时报》将重点解决顺应精确传播的趋势，提升广告传播效果，降低广告主的成本问题。

(3)跨地区合作

2009年5月，《京华时报》与天津日报报业集团旗下的《每日新报》就战略合作关系达成共识，此次合作是京津两地强势平面媒体的一次强强联合。出于加速两地接轨目的，双方尝试探索以媒体接轨的方式，拉动两地的信息化接轨，并将利用各自媒体优势和资源优势，为京津两地的百姓提供更多的资讯，通过在消费、服务等多个领域合作，搭建起京津互通的立体平台。此次合作也是在创新体制机制上所进行的一次探索，形成了媒体之间合作的新模式，对业内的进一步合作和发展起到了指导性作用。

4.新京报社

(1)报社概况

《新京报》是光明日报主管、光明日报和南方日报两大报业集团联合主办的综合类大型城市日报，于2003年11月11日正式创刊，是中国首家获正式批准的跨地区联合办报试点，也是中国首家股份制结构的时政类报纸。《新京报》日均出版80版，日均发行量72.5万份。《新京报》自办发行，以征订和零售为主要发行渠道。

(2)网站改版、手机报上线

2009年8月26日，新京报网改版后正式上线，新京报社派博公司旗下的内容增值服务和网络服务产品——掌上新京报和京探网同时发布。同时，新京报社还宣布与百度达成战略合作关系，联手运营百度北京吧。

改版后的新京报网力图突出新京报原创新闻和评论两大传统优势，为读者提供多平台在线阅读方式。掌上新京报是新京报内容增值服务的延伸，初期包括新京报网手机网站和《新闻早晚报》、《言论天下》两种手机报。京探网则力图作网友的生活消费决策顾问，提高商家品牌的传播效率。

新京报社社长、总编辑戴自更表示，传统媒体与互联网的深度融合、渗透是大势所趋，新京报社将在传统媒体与互联网的合作共赢发展及新商业模式方面进行积极探索。

(3)面对网站非法转载积极维权

2009年3月，新京报社起诉浙江在线网络传媒有限责任公司擅自转载《新京报》文章、侵犯该报著作权一案已进入质证阶段，并将在杭州市第一中级人民法院开庭审理。自2003年底至2007年7月间，浙江在线网站在未获得新京报社任何授权的情况下，转载原告作品数量经公证高达7706篇。在函告、协商无效的情况下，新京报社依法将浙江在线诉至法院，要求判令被告停止擅自转载原告作品的行为，通过新闻媒体公开赔礼道歉，并支付稿酬及赔偿损失200万元。本案是新京报社2006年赢得Tom网侵犯著作权官司后的又一次维权行动。

5.精品购物指南报社

(1)报社概况

《精品购物指南》于1993年1月8日创刊，每周一、周四出版，平均每期超百版，完全自主发行，是我国第一份彩色印刷的时尚生活服务类报纸。自2006年以来，《精品购物指南》报社迈向了集团化发展的道路，创办了多份子报刊，形成了以周刊纸媒为基础的期刊系列。目前，该报社成功实现跨地区合作发展，目前拥有“四报五刊一网”的传媒格局，包括北京《精品购物指南》、沈阳《时尚生活导报》、广州《精品生活》、昆明《精品消费报》，以及《风尚志》周刊、《优品》月刊、《世界》月刊、《数字商业时代》月刊、《玩家旅游》月刊，以及时尚生活资讯网站“精品网”，逐步走向精品传媒集团的大媒体格局。

(2)细分市场战略

2009年1月8日，《精品购物指南》在原有周一、周四两刊的基础上进行了改版，根据男性和女性的不同阅读需求重新定位细分市场，周一定位为“城市精英读本”，针对男性读者；周四定位“时尚生活圣经”，针对女性读者，两刊在出版形态上更加杂志化。

(3)整合营销策略

近年来,《精品购物指南》积极探索整合营销策略,并将其作为该报的重要经营举措。2009年,活动营销收入在该报的广告经营收入中所占比重为30%,主要集中在房产、家居、奢侈品和化妆品等行业。该报通过出版专刊别册带动了广告经营,通过封套异型广告吸引了受众、满足广告商需求,以品牌活动提升了报纸发展空间,并开展数据库营销拓展电子商务。

在广告营销方面,《精品购物指南》倡导要为广告客户量身定做广告发布方案,将选题报道与广告发布完美结合,并尽可能创造广告效果的不可替代性;在活动组织方面,要影响有影响力的行业,影响有影响力的人;在网络利用方面,议题的设置与引导要有力度,同时要尊重网络传播互动性、草根性的特色;在数据库建设方面,在数据库的汇总和维护更加科学化、规范化的同时,也要注重对数据库的分析、价值挖掘和营销。

(3)60周年专刊创报业新纪录

《精品购物指南》于2009年9月24日推出国庆60周年盛典专刊,该期报纸总版数达488版,由6册组成,包括《时尚精神60年》、《城市变迁60年》、《生活方式60年》、《节日手册》、《乐情报》和《时尚记事本》,总重量达1.6公斤。《精品》60周年专刊策划运作历时大半年,单期广告实收额达1466万,创精品单期收入历史新高,也刷新了中国报业史上新的纪录,与同一周内出刊的《精品购物指南》十一专刊累计广告实收额超过2000万。

(4)广告经营逆市上扬、集团化发展

2009年,《精品购物指南》广告经营额达到6.8亿元,比2008年增长23%。较上年相比,广告刊例价格上涨26%,实际价格上涨23%。通讯、保健、食品饮料等行业的广告额均出现超过100%的增长幅度。2010年的广告经营策略较2009年将进行一些调整,具体包括加强集团内部资源的整合营销、关注新技术、新媒体的发展以及完善异地项目的建设。

在《精品购物指南》经营逆市上扬的基础上,精品传媒其他刊物广告经营额同样呈现强劲上涨趋势。其中,《风尚志》广告经营额达到6600万元,《优品》4400万元,《世界》和《数字商业时代》均实现广告经营额2000余万。

三、北京报业发展战略

纵观北京市各大报纸发展轨迹和未来发展战略,能够从一定程度上反映出目前报业的战略发展走向。主要包括以下几大方面:

1. 坚持主流深度内容

报纸作为传统媒体,在资讯传播的时效性上固然有着先天的不足,为了与日新月异的新媒体竞争,报业坚持自身主流信息传播主体的地位,保持传统媒体的严肃性和责任感,对新闻信息进行深度的整合、提供意见、评论和解读,同时与各自的网站内容高度配合,一前一后,一快一慢,为读者提供全方位的深度资讯。

2. 着重进行品牌建设

为了扩大在读者市场和广告市场的影响力,北京各大报纸也通过整合营销传播的手段,结合商业宣传活动、社会公益活动等渠道,积极进行品牌的建设,以充分发挥媒体"地位赋予"的能力,确定在房产、汽车、化妆品、家居等主要广告投放行业中的权威话语权。

3. 进入多元发展领域

北京市文化创意产业已经逐步成为新兴的低碳型高效产业,报业借助在文化宣传领域常年积累的经验和资源,积极进入体育、娱乐、文化等产业领域,一方面扩大了报纸内容来源、读者市场,另一方面也通过资本、人力、市场等资源的整合,拓展新的盈利渠道。

4. 探索多媒体融合发展渠道

北京市各大报纸均投入巨大精力发展网站、手机报等新兴媒体形式,在报纸市场整体衰退的时期找到新的出口,扩大年轻读者群体和广告市场。这是整个传统媒体发展的大势所趋,实现资源的一次开发、多次传播的高效模式。随着户外媒体、车载媒体、手持移动媒体的快速发展,报业必将寻找到更多更新的渠道,实现媒体融合时代的成功转型。□

※作者单位:中国政法大学传媒与文化产业研究中心,本文根据中国政法大学传媒与文化产业研究中心相关刊物及报告资料整理而成。

※注释:

【1】本排名是广告收入(刊例价)排名,竞争指数计算方法:en1的竞争指数=en1的市场份额/en2的市场份额

2009年天津市报业发展综述

● 刘运峰 宋娜

一、天津市报业发展总体概况

2009年，天津市报业市场仍然是天津日报报业集团和今晚传媒集团两强对垒的格局。1984年7月1日，《今晚报》在《天津日报》旗下创刊。1988年7月31日，两报分离，同年12月1日，《今晚报》正式从《天津日报》迁出，这次分离奠定了天津报业市场在随后20多年的基本格局。

2009年对于两者都至关重要，在全面落实中央及天津市委的各项部署之外，积极应对世界金融危机对报业的冲击，在报道新中国成立60周年、《天津日报》《天津晚报—今晚报》创刊60周年、应对金融危机、滨海新区的开发开放、社会经济总体保持平稳较快增长势头、社会大局保持稳定、构建和谐社会等方面均有出色表现。

2009年，天津市报业市场共出版报纸48种，其中党报1种，晚报1种，都市报3种，行业报和专业报8种，生活服务类报纸3种，高校校报18种，其他报纸14种，数量与2008年持平。

二、两大报业集团经营概况

1.天津日报报业集团

天津日报报业集团2002年8月21日挂牌成立，成为天津首家报业集团。现形成了《天津日报》、《每日新报》、《城市快报》三张日报齐头并举，《假日100天》、《采风报》、《球迷》、《车天下》四份

表1 天津市报纸规模调查表

指标	数据	去年同期指标	数据截止时间
全市目前的报纸种数	48种	48种	2009年12月
其中：党报	1种	1种	2009年12月
晚报	1种	1种	2009年12月
都市报（不含晚报）	3种	3种	2009年12月
行业报和专业报	8种	8种	2009年12月
生活服务类报纸	3种	3种	2009年12月
高校报刊	18种	18种	2009年12月
其他类别报纸	14种	14种	2009年12月

周报,《北方经济时报》、《新财讯报》、《天津政法报》三份报纸,以及《蓝盾》法制月刊、《新广角》生活财经月刊、"天津网"的"十报两刊一网"的报刊体系,使日报、早报、周报、期刊各自独立而又彼此呼应,实现了时间、定位、读者年龄的多次覆盖,日总发行量最高达170多万份。

(1)《天津日报》

2009年1月17日,富有"雅正大报"之称的《天津日报》创刊60周年。60载风雨征程,《天津日报》无论是报纸内容、数量结构、人才结构,还是经营方式、管理体制、技术进步,都走在全国报业的前列。

如今,《天津日报》从一张报纸发展成为今天的十报两刊一网五个股份制公司的大型报业集团,从内部严重亏损、外有高额债务到每年八九亿元的总收入,从单纯办报到多元化经营,在旅游、保险代理、教育、房地产等多领域渗透,从一张对开4版的报纸发展到如今年出版总量15亿对开张,用纸3.5万吨的报纸出版规模,从一个影响有限的地方媒体到成为在全国具有影响力和竞争力的强势媒体品牌,60年塑造了《天津日报》权威、刚正的核心价值,确立了主流媒体,大报风格。

(2)《每日新报》

《每日新报》创刊于2000年1月1日,是天津第一份综合都市类日报,定位于主流媒体、大众新闻,全力追求"出报最早、新闻最快、信息最全"的目标,"新闻做碎,报纸做厚,广告做精,发行做大"。创刊两个月发行量突破20万,当年发行量35万份,第二年50万份,第三年100万份,2009年平均日发行量超过70万份,最高达128万份,报纸的传阅率达到4.1人/份,创刊当年实现广告收入4000万元,第二年突破亿元大关,2002年广告收入再增长52.71%,此后8年持续保持天津报业第一并跻身"中国报业广告十强",创造了中国都市报发展史上的一个奇迹,曾被誉为"中国成长最快的报纸"。《每日新报》开发了天津的早报市场,成为天津首屈一指的强势传媒品牌和利润大户,给报业竞争注入了新的血液。

(3)《城市快报》

《城市快报》创刊于2004年3月1日,是津报集团旗下的一份都市类综合性日报,以"高品质、城市化、全新闻"为办报诉求,以城市化媒体为自身定位,植根天津文化,立足天津市场,记录天津城市全面快速发展的进程,描摹天津市民的生活,倡导天津的城市精神。

为了与《每日新报》区分读者群,本着精准定位的市场理念,2008年8月29日《城市快报》全新改版,定位于"影响有影响力的人",以社会主流人群和中青年知识分子为主要目标读者群,错开与《每日新报》"主流媒体,大众新闻"的定位,避免了内部消耗,形成了更为科学丰富的集团产品结构。全新改版的《城市快报》分为时政要闻、国际国内时事新闻、民生新闻、经济新闻、文体新闻、副刊、经济专刊七大板块。

至此,《天津日报》、《每日新报》、《城市快报》三张日报,从不同的角度,以不同的表现形式,将新闻素材吃干榨尽,形成合围之势。

(4)《假日100天》

《假日100天》是天津第一份时尚消费类周报,创刊于2001年8月8日。以"锁定目标读者、精确发行"为思路,一年时间发行量达到17万份,一举控制了天津的周报市场。创刊以来,《假日100天》平均期发行量35万份,最高销售量45万份,并通过股份制公司化运作取得盈利。《假日100天》始终以"关注精神变化,追踪物质感觉,放大生活细节"为办报宗旨,进行内容创新、经营创新,成为天津第一份以时尚生活为主导内容的周报,天津第一份采用橙色环保型新闻印刷的报纸,橙色风暴席卷天津,天津第一家采用印刷添加技术的报纸,天津第一份全彩印刷的报纸。

(5)《采风报》

《采风报》创刊于1983年11月18日。作为全国最早创刊的几家文摘类报刊之一,从最初的4版、8版,到现在的24版,成为全国单期版面最多的文摘类报纸,并跻身期发行量全国前列的阵营。

《采风报》用8块整版篇幅在全国独家推出《证券博览》专版,并将其定位在"精选全国证券报刊精华,一报在手俯视股市全景"的服务理念,突出报纸的功能性特征。

(6)《球迷》

《球迷》报创刊于1985年7月,是天津惟一一张体育报纸。1990年6月,《球迷》报实现激光照排;1994年1月,《球迷》报由小张对开4版扩为8版;1998年6月,《球迷》报扩为小张对开16版,并实现彩色印刷;2001年6月,《球迷》报扩为周双刊;2003年,《球迷》报发展到小张对开32版,每周双刊。

《球迷》报因其报道客观、内容真实丰富、贴近球迷,在国内有着非常广泛的影响力,在读者中有着很好的声誉。

此外，天津日报报业集团旗下的《车天下》、《北方经济时报》、《天津政法报》、《新财讯报》等报也在不断求新，从内容到版式都做出了有益的尝试，报系结构布局合理，新闻资源得以充分利用，不仅抢占份额，抬高了天津报业的准入门槛，更为集团的持续发展奠定了坚实的基础和后劲。

2009年，《天津日报》结合自身的经营的状况、特点，决定在广告经营方面采取代理和自营双轨并行的模式，近20家广告公司的代理份额占到了80%，虽然日报的自营广告额只占20%，但却包括了中国移动、新联通、中国电信、招商银行、渤海银行、中新药业等大客户。截至2009年10月，日报广告收费实刊额同比增长了24.7%，平均版值增长了42.7%。

2.今晚传媒集团

2005年9月6日，今晚传媒集团正式成立。今晚传媒集团以新闻宣传为主业，形成了《今晚报》、《今晚经济周报》、《渤海早报》《天津老年时报》《中国技术市场报》，《今日天津》画刊、《家庭育儿》和《智力》杂志，今晚网以及“今晚报海外系列版”——《今晚报》美国东部版（2002年3月）、《今晚报》欧洲版（2004年3月）、《今晚报》南美版（2005年6月）、《今晚报》澳洲版（2006年4月）、《今晚报》加拿大东部版（2006年9月）、《今晚报》加拿大西部版（2007年2月）、《今晚报》西非版（2007年3月）、《今晚报》美国西部版（2007年3月）、《今晚报》墨尔本版（2007年3月）、《今晚报》日本版（2007年3月）、《今晚报》韩国版（2009年7月）、《今晚报》匈牙利版（2009年7月），基本形成了“五报三刊一网十二块海外版”的多媒体发展格局，基本形成了分工明确、格局合理、立足天津、辐射国内外的强势新闻宣传体系。

（1）《今晚报》

1949年3月，天津在全国率先出版了新中国最早的晚报——《新生晚报》，由《新生晚报》到《天津晚报》，再到邓小平同志亲笔题写报头的《今晚报》，薪火相传。《今晚报》秉承“一报在手，应有尽有”的办报总思路，力争使报纸做到“兼有”，即要有机关报的重要性，但要摒弃枯燥无味的“硬邦邦”；要有都市报的社会性和服务性，但要摒弃缺乏精神内涵的“轻飘飘”。同时，以“规模经营，技术经营”的理念做精报纸产品。所谓“规模经营”，就是使报纸成为适度的“厚报”和“信息超市”，达到覆盖城市主流人群，满足信息需求的目的；之后，实施“技术经营”，即对各版内容精耕细作，让读者各取所需，得到最权威、最好看的新闻资讯。

现在的《今晚报》为对开大报，双面全彩色印刷，平均日出版28版，日均发行量达76万份，最高日发行量达108万份，发行范围遍及全国30个省、市、自治区并行销海外，是天津市目前极具社会传播力、公信力和影响力的报纸。

为加强天津的对外宣传，《今晚报》创办12块海外版，是我国北方拥有海外版最多的报纸，发行总量每周突破40万份，覆盖欧洲、北美、南美、澳洲、非洲和亚洲一些国家，许多特色栏目“海河边的故事”、“今日滨海”、“津门新视点”、“今晚特稿”、“话说天津卫”等广受海外读者好评，为在全世界范围内提升天津形象做出贡献。2009年9月，今晚传媒集团组织海外华文主流媒体成立了今晚海外华文传媒交流中心，又有6家海外华文媒体与今晚传媒集团签订了合作创办新的《今晚报》海外版的意向书。截至2009年底，《今晚报》海外版总数达到16个，周发行总量将达50万份，搭建起向海外读者介绍中国和天津的新平台。

据中国报业协会统计，今晚报社广告收入连续10年位居全国报纸广告经营前10位，居天津媒体首位，连续六年荣膺中国报业竞争力年会公布的“全国晚报都市报综合竞争力20强”；自2003年起，《今晚报》连续六年被世界报业协会评为“世界报业发行百强”。2009年，面对金融危机的冲击，今晚传媒广告及时推出了“1351”广告经营工程，广告经营没有出现大的滑坡，并实现了广告利润有所增长。2009年8月，中国广告协会报刊分会、央视市场研究及清华大学新闻与传播学院联合发布“2008~2009中国报刊晚报广告投放价值排行榜”，《今晚报》名列全国第二名。2008年央视市场调研公司报告显示，《今晚报》在天津市450万人口中，平均每期阅读率为33.1%。2009年1月至6月市场优势继续扩大，读者占有率达32.5%，读者的忠诚度高达89%。根据最新统计资料，2009年，《今晚报》的广告总额较上年略有下降，但利润出现上升势头，大致增加1500万到2000万。其主要原因在于减少了低价广告版面，提高单版价值含量，同时，通过一系列活动，扩大广告源，提升广告品位。

2009年，受纸张价格下调的影响，《今晚报》的印刷成本略有下降。

（2）《渤海早报》

《渤海早报》于2008年9月1日创刊，是天津滨海新区纳入国家整体发展战略后应运而生的具有区域性特点的综合类日报，是立足天津、面向环渤海区域的报纸，正在向环渤海区域的主流媒体目标迈进，三个子刊也将实行公司化运作，发展前景良好。

该报以"主流雅正，大雅大俗，丰富多彩，特色鲜明"为办报总思路，周七刊，四开四十八版全彩印，创刊之初发行量就达到了24.3万份，且一直保持良好势头。如今，《渤海早报》已经成为天津市报业市场的主要媒体，其发行量一直保持在20万份以上。至此，今晚传媒集团已经形成了一套完整的有实力的办报体系，为今晚传媒集团品牌的发展提供了坚实可靠的基础，对进一步加快滨海新区开发开放，促进环渤海区域经济发展也起到重要作用。

(3)《中国技术市场报》

《中国技术市场报》是一张全国性科技经济类报纸，在全国科技类媒体中具有鲜明的办报特色，以发布最新科技经济动态，交流科技信息为宗旨，密切关注经济发展和技术市场等要素市场趋势，深度解读经济科技热点、难点问题，深入剖析营销案例，构建企业互动平台，传递专利信息，保护知识产权。

2008年被天津市委宣传部、市新闻出版局评为一级报纸，并在北京设立编辑部，2009年5月18日，中国技术市场网建立，日点击量在2000次以上，成为我国惟一技术B2B官方网站。目前，该网等级已升至6级。

(4)《天津老年时报》

《天津老年时报》创于1992年7月1日，是中共天津市委宣传部主管、今晚报社主办的一张主要面向中老年人群的综合性报纸。对开8版，每周一、三、五出版，开辟有要闻、生活服务、国内焦点、颐寿、副刊、春秋、健康、收藏玩趣、书画之窗等版面。《天津老年时报》立足天津，面向全国，进入家庭，是中老年人的益友，办报宗旨以老年社会进展为中心，服务老年人，宣传党的老龄方针政策，以及各级老龄部门的老龄信息。

2009年，《天津老年时报》举办了中老年读书节、百岁寿星排行榜、征集老照片重拍新照片等活动，从百姓视角反映新中国成立60年的历史变迁。

(5)《今晚经济周报》

《今晚经济周报》于2001年12月28日创刊，经过2006年3月17日、2008年10月21日两次改版，确立了以"蓝刊·粉刊"为特色的中国第一份有"性别"的报纸。以"新锐、新知、新视角"立报，每周二出版蓝刊，周五出版粉刊，全彩色铜版纸，印刷精美，报相时尚大气，是天津传媒业唯一定位精英阶层的经济与时尚类报媒，拥有得天独厚的市场定位和高端读者垄断的资源优势。2009年订阅《今晚经济周报》的高端读者人数达10万余人，零售市场预计日发行量为10万人，总共日常均发行量为20余万份。

此外，国内惟一一份以智力训练为主的《智力》杂志，天津惟一针对孕妇和宝贝父母的时尚育儿杂志《家庭育儿》以及全新改版后的《今日天津》等，都结合自身优势，在创新中求发展。

3.《大众生活报》

作为国内第一个定位于京、津两地的高端品牌消费和高品质时尚生活的《大众生活报》隶属于华商传媒集团，运行两年来影响了数以百万的中产家庭，成为时尚生活周报的领先者。

2009年11月18日，报纸再次改版，定位为"京津中产家庭生活指导报"，是一份立足天津，辐射北京、天津两地高端时尚的生活类周报，以其高雅的品位、独特的风格、风趣的文字、新颖的版式引导着中国时尚潮流。

《大众生活报》采用"《三联生活周刊》+《Time-out》"的模式，在服务城市生活的同时融入人文气息，打造京津的"品质生活、财富意识、公民社会"。每周三出版，基础页码为96p。铜版纸封面，全彩印刷，整版面积为27.3cm×38.25cm，内容上分叠设置：风尚、城市（含餐饮、旅游、教育）、房·车、钱经、食品健康。另有滨海新区特刊定向发行，涵盖了主流消费群体及特定读者群。

《大众生活报》期均发行量20万份，10万份大客户订阅及10万份零售市场投放，期均影响人群50万。

2009年，该报围绕高端人群进行内容调整，提升报纸品质，并有效扩大影响力。继续在深度报道和独家报道方面寻求突破，推出颇具影响力的主题文章《这就是大邱庄》，在新中国成立六十周年之际，对大邱庄30年变迁进行了全景展示，在同城媒体中独树一帜，被新浪网选取为建国六十年特别报道，并置于首页进行重点展示；此外，《大众生活报》是"2009快乐女生"天津地区惟一指定合作媒体；还不断举办"大众生活报自驾游"、"教育留学展览会"、"万圣节狂欢计划"、"单身情歌对对唱"等主题活动，扩大了报纸的影响力。

三、2009年天津报业发展关键词

1.国庆60周年系列报道

(1)前期筹备

两大报业集团在2009年年初即开始了对国庆60年报道的准备工作。

《天津日报》在前半年开展"新中国巨变60年"征文活动,并陆续刊登获奖文章,《那冬,那春,那条起跑线》、《父亲的花园》、《开国大典前后在天津》、《难忘家乡"代销点"》等文章追忆了60年来新中国的变迁,受到了广大读者好评。

7月底,《天津日报》精心打造"60年故事会",8月19日正式推出新中国成立六十周年纪念专刊,到9月30日最后5版出版,历时近两个月,共20余期,专版22版、广告版27版,取得了宣传效果、社会反响、经济效益的丰收。比如,8月19日的《我参加了开国大典》、《天津解放前我的潜伏生涯》等,策划新颖、采访生动,不失为优秀的新闻作品。此外,9月28日特出版专刊"卓越百年·更上层楼 峥嵘60年见证",迎接国庆到来。

除了母报不断推陈出新,子报也不断探索新的报道方式,为国庆献礼。《每日新报》在此次国庆报道中不断得到好评。7月,《每日新报》"副刊·生活广记"版推出"我们家这60年"主题征文,"专刊·艺术"版推出"60首中国原创歌曲点评"和"新中国成立60周年电影回顾"等活动。

今晚传媒集团积极策划各类国庆纪念活动,征文、摄影比赛等层出不穷,掀起数轮高潮。

2月9日,《今晚报》联合全国31家主流报网媒体,策划采写大型系列报道——"中国红1949:我的解放时刻";5月15日,推出"新中国甲子记忆"有奖征文;6月8日起,评选"60位感动天津人物——海河骄子",到8月6日活动结束,有290万读者踊跃投票,并在8月份陆续刊登;7月20日,《今晚报》首辟24版(9-32版)刊发"100位为新中国成立作出突出贡献的英雄模范人物和100位新中国成立以来感动中国人物"候选人事迹;与新华社《瞭望东方周刊》联合启动"辉煌60年——天津民生贡献60大调查推选活动";陆续开展"新中国建国60周年八仙山杯新农村摄影大赛""新中国建国60周年美好家园摄影大赛""美在津城国庆摄影大赛"等群众喜闻乐见的活动。

8月1日,《今晚报》特别推出"辉煌60年"专栏。专栏分为两部分,一是"辉煌60年 精彩天津",《天津,向北方经济疾进》、《由"天津制造"走向"天津创造"》、《60年,天津城市建设空前发展》等报道,都以生动的事实、丰富的史料、翔实的数据记录新中国成立60年来特别是改革开放30年来,天津政治稳定、经济发展、文化繁荣、社会和谐的城市轨迹;二是"辉煌60年 我的亲历",《百岁老人的新旧时代》、《从乞丐到劳动模范》、《八旬翁的快乐"网"事》和《他把亲历做成书收藏》等报道通过普通老百姓的亲身经历,以独特的视角,生动的故事,感人的细节,再现新中国成立60年这个城市的成长脉络。

9月1日,《今晚报》社会新闻版开辟了"我的共和国记忆"专栏,向读者征集属于普通百姓的"共和国记忆"。《两只木箱封存的记忆》、《"打工妹"成为工程师》、《家庭档案,见证新中国脚步》、《小地图里的城市记忆》、《三代人的婚姻 六十年的记忆》以及《国庆钻石婚 耄耋话感慨》(10月8日)等报道侧重在普通物品、普通人物的普通故事里,寻觅不普通的感情,见证记录属于天津人自己的共和国故事。经济新闻版也特别推出"60华诞非常黄金周 双节市场大放送"专栏,《16家大商场销售增八成》、《在家过节的"趴网族"》等报道介绍了国庆黄金周的市场动向。

此外,由《今晚报》发起,全国32家报网主流媒体联合评选的"大国记忆:1949~2009中国60大地标"于9月29日揭晓,"天津之眼"上榜。子报《天津老年时报》举办"征集老照片 重拍新照片"等活动。

(2)国庆阅兵报道

10月1日的阅兵盛事引起了媒体的特别关注。电视直播直观且富有感染力,网络跟踪报道快速,天津报业作为纸质媒体便秉承值得珍藏的诉求,对国庆阅兵进行了全面翔实的报道。

津报集团巧妙运用日报快速的特征,大打时间仗。10月1日,《天津日报》增出"号外",从印刷信息的通传、运输车辆的组织到发放地点的布局,各个环节紧密相扣,保证在第一时间报道阅兵盛况。在阅兵结束不到两个小时,抢在第一时间编辑、印刷、运输到位的号外,在天津滨江道、天津之眼、津湾广场、鼓楼、水上公园等15处分发点与读者见面,5万份对开4张、铜版纸彩色印刷的盛典珍藏版号外被争抢一空。

《城市快报》出版阅兵特刊,共分为"盛世"、"盛典"、"亮剑"、"亲历"、"见证"、"记忆"6大主题,共28版。其中"盛世"、"盛典"主打阅兵游行现场盛况，“亮剑”介绍参阅方阵以及首次亮相的武器装备，“亲历”主打阅兵游行中与天津有关的人物和事件，“见证”是将新中国历次阅兵的人物事件包装，旧闻新做，“记忆”重现60年前的解放盛况和开国大典的历史时刻。

10月1日，《每日新报》的封面是一面占用两个版面的五星红旗，相当抢眼。10月2日出版60版特刊，其中“海河潮起”20版，分别从市政、工业、经济、科技、教育、文化、滨海新区等方面介绍60年来天津发展变迁，其余40版是动态消息、阅兵及武器装备、本市群众欢度国庆。

今晚传媒集团在深度和广度上做文章。《今晚报》10月1日开辟9块国庆特刊，“举世中国 举国同庆”、“国庆阅兵 扬我军威”、“群众游行 祝福祖国”、“甲子记忆”、“国庆来鸿 祝福中国”等版面图片与编排都堪称一流；10月2日，继续推出8版国庆特刊，对阅兵、联欢进行全方位报道，对庆典中的总策划等幕后人员深度访谈以及解密精彩瞬间等，使读者更加客观的体验盛典。

《渤海早报》10月1日推出了5版“红色影视特刊”，盘点主旋律影视《解放》、《风声》、《建国大业》、《秋喜》等，献礼新中国成立60周年。10月2日，以国庆阅兵的宏伟图片作为封面，开辟“盛世盛典”共12版，分为盛典、阅兵、游行、晚会等主题，介绍了国庆盛典的方方面面。

（3）后续报道

10月2日，《天津日报》出版国庆60周年纪念版，共24个版面，称为“新中国甲子盛典”。纪念版编排方式以图片为主，把精彩瞬间定格，增强版面冲击力。“升旗时刻”、“钢铁长城”、“长剑在手”、“彩练凌空”等版面，图片精美、编排精心；“共和国集体记忆”（共12版）回顾了新中国60年历史，唤起对新中国60周年的共同回忆；“历史同期声”、“时代反光镜”、“岁月刻度”等版面主题鲜明，配以老照片，增强了60年历史的能动性和珍藏性；“神州秋点兵”版盘点了新中国13次国庆阅兵，见证了中国军人容姿和军事装备的变迁；“海河影像志”版编辑了毛泽东、邓小平、江泽民、胡锦涛四代领导人对天津发展的亲切关怀。

10月2日的国庆纪念版形式创新，头版版式，报头居中，这在《天津日报》尚属首次，左边一面五星红旗，右边是国庆60周年标志，整个版面追求封面效果；在“共和国集体记忆”章节中，运用了大门的立体轮廓，中间配发开国大典图片，既贯穿“打开记忆之门”的总体构想，又使版面呈现立体效果。

为做好国庆报道后续工作，进一步拓展和深化国庆系列宣传报道成果，《天津日报》集纳“60年故事会”、国庆号外、10月2日纪念版，共60版及光盘，制成“《天津日报》庆祝新中国成立六十周年珍藏版”，永久珍藏，延续影响。

2.《天津日报》、《今晚报》创刊60周年

2009年1月17日，《天津日报》创刊60周年。60年来《天津日报》与天津共同成长，与新中国共同成长，成为历史的见证者和记录者。

为纪念《天津日报》创刊60周年，1月13日起陆续刊发系列文章“深情回忆”，《贺<天津日报>六十华诞》、《<毛主席语录>与本报资料室》、《最初的岁月——天津日报创刊前后》等文章深情回望了天津日报的成长步伐。

1月6日到1月17日特别推出“天津日报创刊60周年纪念特刊”，共46版。分为“创刊·解放——风云初记”、“50、60年代——激情岁月”、“70年代——变奏先声”、“80年代——弄潮时代”、“90年代——砥砺前行”、“新世纪——百川入海”、“2008——我们行动”等，回顾了1949~2009年《天津日报》走过的历程，以及在新世纪新形势下取得的辉煌成就。

此外，《天津日报》还推出了“津报史迹”纪念特刊、恢复工商广告30年纪念刊、见证历史也被历史见证——天津日报60年新闻摄影展作品选登等。

2009年6月，《天津晚报—今晚报》创刊60周年。为此，《今晚报》举行了一系列庆祝活动。6月15~19日向读者征集剪报，集团从583位读者提供的两万余册剪报中选取1800件作品展出，这些作品全面记述了《今晚报》走过的不平凡历程，从不同侧面展现了天津蓬勃发展的足迹。

6月17日，“天津晚报—晚报60年纪念座谈会”举行，不同时期的历史见证人、专家学者汇聚一堂，重温天津的晚报发展脉络，将《今晚报》与《新生晚报》、《新晚报》、《天津晚报》进行历史续接，是对中国晚报历史和天津城市文化的贡献。

6月18日，《今晚报》举办“我与晚报的故事”征文活动。到8月31日，共收到征文来稿1000余篇，选登稿件80余篇，《晚报是我的媒人》、《晚报是我的娘家》、《是晚报帮我找到了工作》等稿件是晚报历史的回顾和考证，读者、作者与晚报的真情故事。

6月23日，副刊启动“留住历史记忆 天津晚报—今晚报60年文物征集"活动。7月5日,举办"今晚室内乐 走进百姓家"回报读者活动。7月6日,"同在一方热土 共建美好家园——今晚报记者读者见证建设新天津精彩摄影展"向公众开放。8月21日,推出"我与晚报60年"专栏。

此外,今晚传媒集团特别出版了"天津晚报—今晚报60年纪念画册"。

3.纪念改革开放30年

2009年,天津报业的另一个报道重点在于改革开放成果报道,体现改革开放以来的生活变迁。

《今晚报》在要闻版推出了"纪念改革开放30年 俯瞰津城"大型航拍图片系列报道。以崭新的视角,撷取天津中心城区、滨海新区和天津港主要建设成就,是天津城市风貌在全新视角下的集中展现。1月23日,推出"改革开放三十年 镜头里面看变化"专栏,比较30年前后的生活细节。

社会新闻版推出了"见证30年变迁 讲述家庭故事"专栏,《公休,告别"战斗的星期天"》、《三代人:不一样的大学生活》、《"产房内外" 看生活变迁》等报道从不同角度讲述自己的家庭故事,展现30年的生活变迁。此外,《今晚报》与天津道路桥梁管理处举办"道桥上看天津"专题活动,邀读者讲述城市故事,《路桥寄深情 往事皆文章》、《百年老街历史现代同行》、《邵公庄桥:见证运河巨变》、《北安桥边看变迁》等报道从道桥的变化影射整个城市的发展轨迹。

《天津日报》副刊"满庭芳"栏目在2009年启动了"纪念改革开放30年联手写作征文",并陆续刊发了《编书三十年》、《圆了文学梦》、《衣前衣后30年》、《书房梦》等文章。

4.南开大学90周年校庆

2009年10月17日,坐落在天津的南开大学迎来了她90岁生日,天津各大报纸都对此进行了报道。

从2009年8月2日开始,《天津日报》推出"南开大学建校90年系列报道",《迈向国际一流脚步坚实》、《打造自主创新策源地》、《"南开制造"彰显南开形象》、《创新特色实现国际化》等长篇通讯,全面系统介绍了南开大学取得的成绩,以及南开大学作为一所百年名校走向国际化的奋斗历程;10月18日,《天津日报》头版刊发《南开大学喜庆九十华诞》、《每日新报》整版(3版)刊发《九秩南开正年青》、《城市快报》(3版)刊发《九十载南开"永远年青"》。

《今晚报》也及时报道了南开大学校庆的新闻。8月24日,头版头条刊发长篇通讯《全方位提供人才智力服务滨海新区开发建设——南开大学助推滨海腾飞》;10月17日,第一时间刊发《南开大学今庆建校90年》的消息;18日刊发《向世界知名高水平大学迈进》的报道等;此外,今晚传媒集团和南开大学联合策划并推出了"南开大学90周年特刊——辉煌南开",10月16日与读者见面,特刊共计36版,分为"初创奠基"、"开国既兴"、"改革奋斗"、"新纪腾骧"、"亲切关怀"五大板块,全景展示了南开大学90年的不凡岁月,是学府成长的传奇缩影。特刊定向发行。

5.滨海新区建设

经党中央、国务院批准,天津滨海新区正式纳入国家发展战略,被确定为国家综合配套改革的试验区,是天津的动力之源和希望所在,滨海新区的每一个动作都关系天津的经济发展大计,因此,无论是津报集团还是今晚传媒集团都密切关注滨海新区,将之作为报道的重中之重,据不完全统计,2009年《天津日报》与《今晚报》的头版头条中涉及滨海新区新闻的达50%左右。

《天津日报》在3月18日推出特别报道《打造新滨海 建设新天津 实现新跨越》,9月10日9~12版推出专刊"滨海新区十大战役解读",一系列的特别报道使滨海新区成为关注热点。此外,《"三个一批" 产业格局初成》、《滨海新区锁定目标大提速》、《滨海新区凸显"引擎"效应》、《滨海新区加快建设北方国际航运中心》、《滨海新区前三季平稳快速增长》、《滨海新区加快金融创新》等文章,全方位且立体即时的报道滨海新区开放开发的步伐以及取得的各项成绩。

《今晚报》在要闻版推出"打造新滨海 建设新天津 实现新跨越 深入开展学习实践科学发展观"专栏,发表了《滨海新区基础设施建设大提速》、《滨海中心商务区,创造奇迹》等报道。此外,在头版显著位置刊发了《滨海新区 直升机产业链中心》、《滨海新区基础设施建设全面提速》、《两大"龙头"带动滨海腾飞》、《推进滨海管理体制改革》等报道,关注滨海新动向。11月10日,《人民日报》视点版头条"热点解读"栏目刊发长篇通讯《天津滨海换装新"引擎"》,全面分析进行管理体制改革的根本原因,以及新区建立统一行政架构、构建精简高效管理体制将带来的积极影响。新华社在11月9日也播发了报道《滨海新区体制改革全景式解析》,《今晚报》全文转发了这两篇报道。

6.应对金融危机

面对席卷全球的金融经济危机，报业经济发展也同样面临前所未有的风险。天津报业提早着手谋划，狠抓开源节流、降低成本，准备“过冬”，确保经济效益指标保持良好的增长势头。2009年度，“回归”成了天津报业的一个关键词，具体而言，就是新闻回归到内容上来，管理回归到成本上来，经营回归到发行上来，广告回归到价值上来，改革回归到发展上来。

中共天津市委九届五次全会，深刻分析了当前国际国内经济形势，提出开展“保增长，渡难关，上水平”的活动，全力应对严峻的经济形势。天津报业围绕中心服务大局，《天津日报》于1月4日，开辟了“保增长 渡难关 上水平”专栏；4月15日，为了配合“保增长，渡难关，上水平”活动，深入开展学习实践科学发展观，《天津日报》开辟“津报调查”专栏，《海关排忧解难 企业逆势昂扬》、《生产性服务业拓宽天钢路》、《体味“天津速度”》、《打造中心城区商务高地》等40余篇报道，是记者深入项目工地、工厂车间、田间地头、科研院所等一线，用深入全面的视角，宣传报道各系统各地区各单位应对严峻经济形势的创新实践。

1月4日，《今晚报》同样开辟了“保增长 渡难关 上水平”专栏，《响锣湾，吹响建设冲锋号》、《切实增强责任感使命感 促进经济平稳较快发展》、《海水淡化 咱要当“巨无霸”》、《泰达集团特投资百亿元 助滨海新区“十大战役”》等报道体现了全市上下积极深入开展“保增长，渡难关，上水平”活动，应对经济危机的热烈场面。1月20日，中宣部《新闻评阅》(第28期)表扬《今晚报》“保增长 渡难关 上水平”专栏，有特色，引人注目，令人振奋。2月16日《中国新闻出版报》头版对此进行了突出报道。

此外，《今晚报》经济新闻版适时推出不同专栏，分析市场动向、指导读者消费。“告诉你一个真实的市场”专栏的《出境游，何时走出潜规则》、《旅游，最好带上意外险这把伞》、《“山寨酒”大打擦边球》、《婴儿爽身粉让人不爽》等新闻报道正确分析了市场形势。“消费前沿”专栏的《上海车展渐成车市竞技风向标》《城市SUV成了抢手车》等报道为读者的消费行为进行指导。6月1日推出的“关注食品安全 携手健康生活”专栏，宣传了《中华人民共和国食品安全法》这部新法律，“理财私房菜”“支票走进百姓生活”等也独具特色，赢得广泛好评。3月15日，经济新闻版特别推出“信心·消费·发展”系列报道，分为“解密潜规则”、“征集药品监督员”、“消费者体检”、“权威部门互动”四大板块。

为了更好的推介本地品牌，经济新闻版5月24日起推出“典藏品牌”专栏，《津酒，品牌背后有“真功夫”》(5月30日)、《“桂”香悠悠 八十五载》(5月31日)等专题报道以独特的视角透析天津本地品牌背后的故事，彰显品牌魅力，为广大读者呈现一个真实生动的品牌世界，从历史、现状、发展蓝图等多角度、全方位、深入了解天津本地品牌鲜为人知的精彩瞬间和经典故事。

7.开展报道大赛 提高采写质量

《今晚报》在2009年注重报道质量，举办了贯穿全年的各类报道大赛。

第一要闻版的“新闻标题大赛”，如3月27日的《空客加速“起飞”》)；“今晚独家报道大赛”，如1月30日的《到灾区，我们一起过大年》，4月21日《津城有一群公益“拍客”》等；综合新闻版的“今晚关注报道大赛”，如1月8日的《促进就业又有新规》，2月14日的《明确中心城区定位 发展繁荣都市经济》，4月6日的《高铁让我们的生活更多彩》，6月13日的《外堵内防 严控甲型H1N1》，12月16日的《全国推广“天津模式”》等；经济新闻版的“经济新闻头条大赛”，如1月4日的《中低端房源今年仍是主力》，10月8日的《儿童摄影，这钱怎么花》，11月3日的《金融巨头看好滨海新区》，12月5日《经济型轿车引领车市消费》，12月27日《婚庆何时让人放心消费》等；社会新闻版的“头条新闻大赛”，如1月2日《打假团队“卧底”烟酒市场》，10月30日的《“隐婚族”，当心身边的隐患》，12月1日的《快速天天堵 豁口是祸首》以及津沽大地版的“津沽头条新闻大赛”等，在编辑记者中引起业务技能的比拼，有利于稿件质量的提高。

8.大型活动报道

作为天津的地方报纸，它们始终密切关注天津的地方新闻，对发生在天津的重大政治、经济、文化事件等，进行全方位报道。尤其是对2009年两会、津洽会、第八届中欧工商论坛、中国旅游产业节、夏季达沃斯年会、第六届PECC国际贸易投资暨国际生态城市建设博览会、甲型H1N1流感追踪等各项大型事件报道中，表现出色。为更好报道各项在天津举行的大型会议、活动，两大报业集团不断创新报道形式，推出专刊、特刊、特别报道等。

两会期间，《天津日报》刊发特别报道“聚焦2009全国两会”，从3月7日到3月13日共13个版面；《今晚报》也推出了“来自两会消息”、“代表委员声音"等专栏。

9.年终专题

《天津日报》在12月7日推出"决战2009年终专题报道",《决战进行时——"保增长 渡难关 上水平"活动取得扎实成效》、《春风化甘霖——学习实践科学发展观活动结硕果》、《温暖中前行——本市扎实推进二十项民心工程让群众分享成果得实惠》、《文化铸城魂——文化建设为天津发展注入强大精神动力》等13篇文章创新报道形式、精心选择角度、坚持点面结合、突出述评互动,全面客观的记录天津现代化建设新进程。12月31日的特别报道"2009年天津市十大新闻",盘点了过去的一年重大的新闻事件。

《今晚报》12月17日推出"2009年终特别报道",《津城日新月异 百姓实惠多多》总结了天津市今年确定的20项民心工程全面收尾,《滨海新区——天津经济主引擎》记录滨海新区以实施"十大战役"为主线,基本能实现全年GDP4000亿元,占全市50%以上。

10.荣获奖项

1月5日,"中国报刊广告30年纪念大会暨中国报刊广告投放价值排行榜发布会"在天津召开,天津日报报业集团旗下《天津日报》、《每日新报》荣获中国报刊广告30年"改革创新卓越贡献媒体奖",《天津日报》荣膺"全国日报10强",《每日新报》荣获"全国都市报30强";今晚传媒集团《今晚报》荣获中国报刊广告30年"改革创新卓越贡献媒体"称号,在全国晚报20强中位列三强。

1月10日,中国传媒大会·2008年会召开,今晚传媒集团获"2008中国晚报十强",今晚传媒集团社长兼总编辑贾长华荣获"改革开放30年中国传媒风云人物",《今晚报》创始人李夫获"改革开放30年中国传媒突出贡献奖",今晚传媒广告有限公司总经理王克获"2008中国十大传媒经营人物"。

6月16日,2009年(第六届)世界品牌大会暨中国500最具价值品牌排行榜发布会在北京举行,《今晚报》以34.53亿元的品牌价值,再次成为中国最具价值品牌,这是《今晚报》第六次入选,也是天津市惟一获此殊荣的媒体。

8月23日,首届中国阳光传媒颁奖典礼在北京举行,今晚传媒集团社长兼总编辑贾长华荣登10名"中国阳光传媒领导者"榜单,《今晚报》体育部王耀铭获"中国阳光记者"称号。

11月17日,中国报纸副刊研究会2009年年会召开,天津日报的文艺副刊被授予"优秀会员单位"的光荣称号,为天津惟一受表彰的平面媒体。

12月3日,"2009中国广告精确投放奖"颁布,天津日报报业集团作为天津惟一获奖媒体,旗下三张报纸分获三大奖项。《天津日报》荣获"2009最受广告主广告商青睐的日报",《每日新报》和《假日100天》分别荣膺"2009最受广告主广告商青睐的都市报"和"2009最受广告主广告商青睐的生活报"。值得一提的是,《每日新报》和《假日100天》都是连续两届获奖,这不仅说明津报集团具有较为合理的报纸结构和经营定位,也证明其整体广告价值对广告主具有很强吸引力。

12月6日,"中国传媒大会·金长城奖"揭晓,今晚传媒集团获得了"2009最具创新都市报",今晚传媒集团社长兼总编辑贾长华荣获"共和国60年传媒影响力年度人物"奖,今晚传媒集团副总编辑鲍国之荣获"2009中国传媒影响力年度人物"奖,今晚传媒集团广告有限公司总经理王克"2009中国传媒影响力创新年度人物"奖;天津日报报业集团再度捧得两大重量级奖项:"中国十大传媒集团"称号,每日新报获得"中国十大创新都市报"殊荣,充分展示了津报集团的综合实力和品牌影响力。

11.特刊、专刊、纪念刊

《天津日报》6月1日起推出了"招考专刊",《志愿填报指南》等报道为考生复习、考试、报考等提供了便利;《天津空间发展战略规划》、《天津市文化中心规划设计方案》(征求意见稿)公示之后,专门开辟"规划特刊";此外,5月的"春季房交会特刊"、9月的"秋交会·2010天津城市地标特辑"以及《天津日报》的特色版面,如"都市风情"、"每周活页"、"北方周末·人物"等特色鲜明,颇具新意。

《今晚报》也积极开辟专刊、特刊,4月17日推出"津洽会特刊",集中报道津洽会盛况;6月4日,推出"规划特刊",免费赠送读者;6月10日推出"健康天津"专版,纪念毛泽东"发展体育运动,增强人民体质"题词发表57周年,每周一期,分为"名人名家健身秘笈"、"百姓健身百招"、"您练我学"、"健康大Party"、"户外乐无穷"、"健身小超市"等栏目,与读者共商健身要诀,共享健康快乐;9月17日,《今晚经济周报》蓝刊、粉刊成功创刊一周年,9月25日、9月29日分别推出粉刊、蓝刊百版纪念特刊,同时启动全新视觉识别系统,特刊在原有40版的前提下,增加"她世界"、"他世界"各

60版，内容涉及都市男女生活、理财、消费、情感、餐饮、休闲等；此外，"国庆特刊"、"南开大学90周年特刊"、"全运特刊"等都赢得了读者赞誉。

12.副刊

60年来，天津报纸副刊伴随着天津前进的步伐，风雨兼程，与人民同忧乐，为时代而放歌。在长期的办报实践中，以强烈的社会责任感，高度的敬业精神，出色的专业素养，《天津日报》的文艺副刊打造了特色鲜明的副刊品牌，得到了广大读者的喜爱。

1949年1月17日，《天津日报》创刊号推出了文艺副刊《文艺周刊》，创办者为郭小川、方纪和孙犁等著名作家，曾经培养出了大吕、阿凤、滕鸿涛、万国儒等著名工人作家，还有以学生身份出现的刘绍棠、从维熙、房树民、韩映山等文学新人，为新中国文学史增添了一道光彩；60年来从"文化广场"到"文化园地"，再到今天已出刊3000期的"满庭芳"，始终遵循精编副刊，办出高品位雅正大报副刊的宗旨，使党报文艺副刊有了蕴含丰富的文化含量，成为天津媒体上一座高雅的精神家园，得到业内人士及读者的认可和喜爱。

2009年，天津日报"满庭芳"陆续推出了"纪念改革开放30年联手写作征文"、"扉页的故事"(10篇)、"走进非洲"(10篇)、"夜读小札"(10篇)、"以色列行记"(4篇)、"电影圈里的那些事"(9篇)、"六位同龄大师的童年"(6篇)、"《红楼梦》关键词"、"天津解放——书中的故事"等优秀专栏。为纪念"满庭芳"出刊3000期，特以《我与"满庭芳"》为题，向读者广泛征稿，并在"沽上丛话"专栏择优刊登。读者与"满庭芳"之间的稿件往来、文字之交，或是编读之情、版面联谊的点点滴滴，都跃然纸上。

《今晚报·副刊》的"日知录"、"肝胆篇""人物天津"等栏目也独具特色，蕴藏着浓厚的文化气息，此外，《今晚报》文化新闻版的"艺文谈"、"文化追光"等专栏也对传承文化有很大贡献。

13.科考活动

11月26日~12月15日，《今晚报》独家报道了"泪公河国际科学考察"活动。十年前，中科院与今晚报共同组织的澜沧江源头科学考察，找到并确认澜沧江——泪公河源头。2009年，为纪念澜沧江探源确认10周年，并对十年前考察继续和深入，中科院国际学术交流中心、今晚传媒集团又联合开展了2009泪公河国际科学考察活动，《今晚报》特派记者随队全程采访报道。其中，长篇通讯《泪公河，我们来了》、《科考数据即时直传中科院》、《"黄金水道"成合作纽带》、《泪公河，在这里汇入大海》、《泪公河国际科考队凯旋》等报道即时追踪了科考进程，对山地生态学、环境科学、生态水温等学科意义非凡。

14.征文及读者回馈活动

为庆祝新中国成立60周年和《天津日报·文艺周刊》创刊60周年，《天津日报·文艺周刊》从今年6月底开始相继开展了"新中国巨变60年"有奖征文大赛和"庆祝新中国成立60周年"诗歌散文征文活动。这两项以庆祝国庆60周年为主题的征文活动，以新中国成立60年来发生的翻天覆地的变化、社会主义事业取得的辉煌成就以及各条战线的模范英雄人物的先进事迹为主要内容。

7月1日，在"庆祝新中国成立60周年"诗歌散文征文中还专门推出了纪念中国共产党诞生88周年专辑，发表了诗歌《南湖船歌》《七一，想起草鞋》和《唱给延安的歌》等歌颂中国共产党光辉历程的文艺作品。

此外，"纪念改革开放30年联手写作征文"、"百姓故事征文选登"、"天一绿海"杯征文、"华明新市镇杯"诗歌散文、第二届天津市区县文学擂台赛、"我与《满庭芳》"等征文活动渐次展开。

《今晚报》陆续开展了"新中国甲子记忆"有奖征文、"感动天津60人物——海河骄子"、"我与晚报的故事"征文、天津晚报——今晚报60年文物征集、"辉煌60年——天津民生贡献60大调查推选"、"咱给'水上'新景起个名"征名活动、"我与商标的故事"等征文征名活动。此外，《今晚报》还开展了春联大赛、十佳公安青年卫士评选、青年创业新星奖评选、《老年时报》中老年书画艺术节、《渤海早报》"科学教子活动"、读者有奖评报等读者互动活动。

为回馈读者，今晚传媒集团今晚发行快递股份有限公司主办"今晚读书节"，作为开篇活动本报邀请500位读者代表畅游滨海新区，感受滨海新区开发开放的生机。

15.改版与扩张

2009年，天津报业不断改版、扩大规模，并加强同业经验交流。1月初，《今日天津》、《家庭·育儿》、《智力》(新幼学版、小学生版、中学生版)全面改版与调价；4月初，老年时报调整版面；今晚网——今晚数字报全新改版；5月18日，中国技术市场网开通；6月3日，今晚传媒集团北京办事处成立；7月1日，《今晚报》再出两块海外版；6月11

日，“天津地产专刊”全新改版，每周一期，以8个版的规模，高端视角深度剖析，独家观点等刷新了天津地产媒体的新高度，首期聚焦“天津机会”，从城市规划、投资置业等层面剖析在天津经济快速发展的背景下掘金天津地产的机会在哪里。

6月11日，今晚报应邀参加海峡两岸及港澳新闻研讨会；6月25日，“全国晚报总编辑看天津”，来自全国30多个省市晚报的总编辑齐聚津门，各大晚报分辟专版专栏，“天津、滨海”成为热词，发稿达200余篇等；11月9日，2009全国网络媒体滨海年会召开，12月22日，34家都市报老总齐聚津城，感受滨海城市发展脉动。□

※作者单位：南开大学文学院传播学系

2009年河北省报业发展综述

● 王泽华　王全领

一、河北省报业发展总体状况

河北省报业在2009年保持恒量发展的格局。以党报为龙头，都市报和晚报为主打品牌，各类报纸共同发展。现拥有报业集团1家即河北日报报业集团，拥有党报12家，其中省级党报为《河北日报》一家，地市级党报11家，分别是《邯郸日报》、《邢台日报》、《石家庄日报》、《保定日报》、《张家口日报》、《承德日报》、《秦皇岛日报》、《唐山劳动报》、《廊坊日报》、《沧州日报》、《衡水日报》；晚报都市类报纸11家，包括《燕赵都市报》、《燕赵晚报》、《邯郸晚报》、《牛城晚报》、《保定晚报》、《张家口晚报》、《承德晚报》、《秦皇岛晚报》、《唐山晚报》、《沧州晚报》、《衡水晚报》；生活文化类报纸23家，包括《河北广播电视报》、《声屏之友》(石家庄广播电视报)《邯郸广播电视报》、《邢台广播电视报》、《保定广播电视报》、《衡水广播电视报》、《沧州广播电视报》、《唐山广播电视报》、《视听之友》(秦皇岛广播电视报)《承德广播电视报》、《张家口广播电视报》、《杂文报》、《家庭百科报》、《书刊报》、《精品导报》、《读书时报》、《中原商报》、《河北青年报》、《旧书信息报》、《体育生活报》、《大众阅读报》、《人物周报》；行业，企业，专业报纸19家，分别是《河北经济日报》、《河北农民报》、《河北法制报》、《现代护理报》、《河北工人报》、《河北科技报》、《物资信息报》、《河北电力报》、《北方流通报》、《今日科技报道》、《开滦矿工报》、《峰峰矿工报》、《中煤地质报》、《石油管道报》、《华北石油报》、《初中生周报》、《语文周报》、《少年智力开发报》、《少年素质教育报》。另有县级党报1家《定州日报》，此外还有33家大学学报。

2009年以来，面对金融危机的影响和实体经济滞涨，各报坚持正确的舆论导向，遵循“三贴近”原则，努力适应社会发展需要和读者市场需求。在办报理念、报纸内容、报道方式、表现形式等方面不断改革创新，提高了报纸的社会影响力和市场占有率，体制、机制改革稳步推进。广告经营收入随着国内外、省内外的经济形势变化也经历着触底、复苏、回升的发展过程。作为一种典型的依附性经济，全省报业经营情况尤其是报业经营中站绝对比重很大的广告营收主要受到实体经济发展的左右，房地产、汽车、金融、通讯和医药从低谷到上升对全省报业发展带来了有益的影响。在此过程中河北省各报业单位积极应对，推出了一系列措施，取得了较好成效。通过狠抓成本核算，开源节流、加强管理、堵塞漏洞，各项成本开支大大降低。通过下大力气抓创收增效，积极开拓市场。各报业单位以内容为基础，以活动为载体，加强广告策划，扩大广告收入。积极调整结构，拓展多业经营，延伸报业产业链。积极争取财政等外部资金支持和对外合作，也在很大程度上缓解了资金压力。各报业单位的共同努力规范了发行市场秩序，降低了发行成本。仅通过规范发行秩序全省就节省发行成本3500余万元。同时，各级党报和部分专业报根据成本情况，适时调整报纸定价，增加了发行收入。

通过以上种种努力，报纸期发行总量保持在1100万份左右，总收入在15亿元左右。从收入结构来讲，广告收入仍然是全省报业经济最主要的来源，预计全年能够突破9亿元，广告收入除了第一梯队河北日报报业集团、石家庄日报社两个亿元大户之外，保定日报社、唐山广播电视报社、唐山劳动报社、邯郸日报社、秦皇岛日报社、沧州日报社在3000万至6000万，张家口日报社、承德日报社、邢台日报社、衡水日报社、廊坊日报社、河北青年报社、河北工人报社、秦皇岛视听之友报业纷纷超过千万。作为报业第二收入来源的是发行收入4.8亿元,还有印刷收入2.5亿元。其他收入对全省报业经济的贡献度虽然一直不太显著,但发展势头不错,有的报社多种经营收入已经接近甚至超过广告经营收入,比如沧州日报社积极发展房屋租赁、对外制版、电脑学校、夹报广告等多种经营业务,其中,仅租赁收入就达到了3000万元以上。这也充分昭示了多种经营作为报业经营创新一个不可忽视的增长点所具有的巨大潜力。

二、河北省报业发展状况之总体特点

1.2009年报业发展形势

总的来看,2009年,河北报业产业随着国内外经济金融形势的好转正整体回暖上升趋势,但也有一些不尽人意之处,主要表现为河北报业在全省文化产业乃至全省GDP中,发展比例偏小,产业长期基本呈广告"金鸡独立"式,明显不合理,优化结构调整、促进产业升级工程尚未完成甚至未自觉去做。并且囿于传统的"小作坊"方式经营,缺乏上升到资本运营的理念、魄力与准备。虽然省内也有些已有相当规模经济实力的传媒实体,迄今却没有一家上市运作的大胆利用海内外社会融资做自己产业的传媒实体。河北省新闻产业虽保持一定增速,但增幅明显回落。特别是近一年多来暴露出河北省新闻产业在国内外金融危机侵袭下经营机制不活,管理模式僵化,抗市场风险弱的弊病。近两年河北省新闻产业有增速放缓现象。河北报业虽取得了不少成绩,但也应冷静分析认识到:与快速增长的一些省份相比,以及与人口与自然条件接近的省份相比,都存在着这样那样的差距。

表1 2009年河北省报业发展总体概况

报纸规模			
指标	数据	去年同期指标	数据截止时间
全省(市、区)目前的报纸种数	99种	99种	2009.12.20
党报	12种	12种	2009.12.20
行业专业报	19种	19种	2009.12.20
晚报都市报	11种	11种	2009.12.20
生活服务类报纸	23种	23种	2009.12.20
其他类别报纸	34种	34种	2009.12.20
报业经营情况			
一、总体情况			
全省(市、区)报业总收入	157900万元	153000万元	2009.12.20
报业集团/报社的经营规模排名		1. 河北日报报业集团	
		2. 石家庄日报社	
二、广告经营情况			
全省(市、区)报业广告经营额	87900万元	83700万元	2009.12.20
三、发行经营情况			
全省(市、区)报业发行总流转额	48000万元	46500万元	2009.12.20
期发报纸总份数	1178份	1116.3份	2009.12.20
其他经营情况			
报业印刷总收入(万元)	24300万元		2009.12.20
报业其他业务总收入(万元)	6000万元		2009.12.20

金融危机的影响和科技进步带来的获取资讯方式与习惯的改变都推动报业发展逐步走向收缩——发行总量下降,报纸版面减少,广告市场萎缩。而各报社在应对危机与变化的过程中不断采取各种创新手段,延缓纸媒的萎缩甚至在一定时期还扩大发行量和增加广告收入,同时拓展新的传播途径和采用新的传播手段。作为偶然性因素,金融危机的爆发使得这两种力量对峙出现了一段短暂的不平衡时期,其暴露出国内外经济发展的一系列深层次问题,国内实体经济也受到了不同程度的影响。作为依附于实体经济的媒体发展也势必在很大程度上受到冲击,而影响最大的当属报业的广告经营这一在整个报业经营体系中的最重要支柱。由于出口减少,经济下滑所导致的广告总量减少的现象已经出现根据中国广告协会报刊分会对全国30家重点报刊的统计,前两个月全国报纸广告经营多数下降,有的与去年同期相比甚至下降25%左右,由于我国媒体广告收入占总体收入比重很大,跌幅为有史以来最大。而其中的房地产、汽车、金融、通讯和医药等行业的广告又是重要支撑这些行业受到经济波动影响深刻,所以必然导致到广告收入产生很大影响。同时,新闻从业人员劳动人力成本普遍提高是一个必然的发展趋势。除国家政策性工资福利调整增大人力成本外,一个十分重要的新的财务增加是,自2008年国家执行新硬性《劳动合同法》,其中,关于几类必缴的保险,就为全省报业增加千万的人力成本。

从另一个方面来讲,我国经济包括河北经济发展从中长期看仍将保持持续稳定的快速增长,国家实行积极的财政政策和适度宽松的货币政策,为报业经营发展提供了比较好的外部环境。鉴于我国经济发展模式的转型,河北省委省政府提出"保增长、扩内需、调结构、惠民生"的工作主线。同以前以出口、投资性的经济增长模式,因为消费是拉动广告增长的最直接因素,所以,扩大内需的消费型增长模式给广告经营带来了更大的增长空间。随着河北省"三年大变样"工作的推进,全省城市化进程正在加快,也为媒体提供了更大的消费空间。国家刺激农村消费的一系列政策也拓展了农民消费需求这一巨大的内需空间,使得报业在对农民消费需求的挖掘中受益。同时值得欣喜的是在去年河北领导层管理研究层在盘活做大做强河北报业产业上的理念也发生可喜的变化,如省委书记和其他省领导多次把河北省社会科学院新闻所及其他有关研究成果批转到报社作为改革依据。中央和省委深化文化体制改革、发展文化产业的一系列政策出台,为进一步加快报业发展提供了良好的政策支持和制度保障。同时,新闻纸的价格回落也在一定程度上减缓了报业的成本压力。

随着国内经济的稳定复苏和各项制度措施的初见成效,河北报业面对各种压力,克服了重重困难,保持了上升态势。办报质量得到提高,品牌影响力不断延伸;报纸提价后发行量保持了稳中有升;通过深化改革、严格管理,全省报业体制机制和各种关系进一步理顺,经营状况不断好转。同时,经过危机的考验和锻炼,报业队伍的凝聚力、向心力进一步增强,从而为全省报业发展打下一个良好的基础。虽形势不利,但全省报纸发行还逆势而上。党报类稳中有升,晚报类基本持平,文化普教类报纸则明显上升。如《中学生报》已上涨到130多万份,《语文周报》上涨到300多万份,《少年智力开发报》上涨到64万份。

2.市场格局

新媒体改变了许多人的生活方式。目前,全国互联网用户超过2亿多人,河北省互联网用户已逾500万户,手机用户更是以几何基数扩张裂变。网络、手机等新媒体的快速、海量、跨时空的跨区域的新的传播方式,分流了许多传统的新闻受众与广告份额。现在许多人尤其是广大青少年比较喜欢从网上搜集捕获各类新的资讯,更容易接受网上支付与网上购物的消费方式,这对报刊、电台、电视台的宣传及广告业务产生的分流效应是不可低估的。

仅就报业来讲,由于没有外来强势报纸参与省内竞争,全省报业市场主要是河北日报报业集团和各地市党报社所属报纸共同分享。河北日报报业集团作为河北报业的龙头老大,已经发展成为拥有《燕赵都市报》、《河北经济日报》、《河北农民报》等十一报三刊一网站一手机报的传媒方阵。《燕赵都市报》发行量雄踞世界日报第39位、中国第9位,连续三届位列中国媒体竞争力20强,并蝉联世界品牌实验室评选的中国500最具价值品牌。通过不断进行调整,河北日报报业集团报刊结构进一步优化,资源配置日趋合理,经济实力逐步壮大,发展成为总资产达到5.1亿元以上、报刊期发总量突破180万份的现代传媒集团,形成了报业为主,多业并举的新格局。针对河北报业所处的环境特点,河北日报报业集团以《燕赵都市报》为主力,采取扩张手段抢占各个战略要地,在全省范围来讲呈现出《燕赵都市报》一枝独秀,在各地市形成《燕赵都市报》和当地晚报竞争相持的格局。地市报在这种咄咄逼人的强势竞争者面前，也在经营与竞争发展过程注重发挥各自优势，针对市场发育程度选择策略，但竞争手段从以前的盲目与白热化状态逐步走向理性成熟的方式。

由于2008年全省报业签署的《河北省报业发行市场有序竞争公约》得到比较有力的执行。全省报业市场的竞争逐渐淡化了发行手段的竞争。《公约》规定：对认定的违约行为，由省局依据《报纸出版管理规定》给予业内警告、通报批评、取消评选先进报社资格等处分。对屡纠屡犯态度恶劣、影响较大的给予停业整顿等处罚。《公约》要求，报纸主管、主办单位作为第一责任人，要切实履行职责，采取积极措施，杜绝无序竞争行为。为了确保《公约》的落实，省局专门成立了规范发行秩序领导小组，定期分析形势；公布举报电话，接受社会和报界监督；通过诫勉谈话、书面警示、会议讲评等形式，对违约行为进行批评。《公约》签署后，在报纸征订期，河北省局先后对3家报社进行约谈警示，对两家报社进行督导，对7家报社进行通报批评。这些措施有力地纠正了报纸发行中的无序、恶意竞争现象，收到了明显成效，促使各报把竞争的努力方向转移到提高办报质量，增强报业核心竞争力上来。

3.发展战略

河北报业面临的最大问题还是发展不够快，质量不够好，效益不够高。为战胜危机，实现可持续发展，河北报业努力坚持以科学发展观为统领，把粗放型、数量型、扩张性的增长方式向效益型、质量型、科技型增长方式转变，通过对内容产品、报纸品牌以及渠道、技术、服务等各种资源和体制机制的优化整合，经营模式创新，最大限度提升报纸的品牌影响力，进而实现报纸社会效益和经济效益的高度统一。

(1)把创新产品作为报业发展的基础

报纸是报业的核心产品，当今社会结构层次的复杂化使个性化信息需求突出，受众在接受信息过程中的主动性、参与性、互动性以及个人偏好变得越来越强，而报纸产品的大规模泛众化传播方式与受众碎片化的趋势还不相适应，传统的单向传播与互联网数字媒体的全向型传播、互动性沟通也不相适应。作为纸质介质的报业，就要不断探寻新的产品形态和传播途径，努力做到四个转变：由过去总结提炼概括为主向超前策、突出主题、逻辑链接、亮点聚合转变；由过去的自上而下、单向传播过程为主向多元互动、全过程展现转变；由过去说教式、灌输式为主向渗透式、感召式、以理服人转变；由落后的文化生产方式、产品结构、组织结构向新的媒体生产方式、供给和消费模式及多元产业、先进产品、高新技术等现代经营方式转变。不断创新报纸内容、表现形式和采编机制，加强新闻的真实性和公信力，提升报纸的权威性，做深做透主流新闻和评论分析，加强报纸的思想深度，丰富内容的多样性和信息量，拓展报纸的信息广度，加强报纸内容的贴近性，提升报纸的亲和力。以更加精准的产品内容，发挥出报业的优势和特色，提高品牌影响力。以此推动河北报界在思想观念、传播理念、工作流程、组织结构上的不断创新。

(2)通过深化改革加强报业发展的制度保障

渡过报业发展的困难时期，身处危机而化危为机，关键的问题是深化体制改革。如果说体制是媒体的制度框架的话，那么创新则是媒体的内在生命力。河北报业体制改革的重点，主要是在创新体制、机制上下功夫，包括灵活的用人机制，高效的采编机制，科学的分配激励机制，市场化的经营机制等。通过进一步深化改革，切实破除阻碍报业发展的公益性事业和经营性产业长期不分、事业单位企业化管理、主体地位缺失、功能定位不明确的体制弊端。通过探索好的体制来解放文化生产力，通过探索好的体制来培育报业发展的核心竞争力。按照新闻出版总署《关于进一步推进新闻出版体制改革的指导意见》和省委宣传部及省新闻出版局的统一部署，扎实推进新闻出版体制改革，围绕发展来深化改革，围绕主业来深化改革，围绕提高增量来深化改革，围绕做大做强来深化改革。通过先易后难、先机制后体制，不断深化内部人力资源、收入分配、财务管理等配套制度的改革，逐步建立和完善适应社会主义市场经济、适应报业产业化发展的新的运行机制。

(3)通过优化调整结构实现更好更快发展

每一次大的经济波动都会导致各产业之间重新洗牌，在这个过程中如何通过深化改革实现产业结构升级，如何通过技术进步促进传统报业转型都成为河北报业高度关注的问题。为此，河北报界把加快数字媒体建设放在十分重要的地位。由于国内外数字媒体迅猛发展的局面，尤其在引起全国范围甚至世界范围内人们广泛深切关注的一系列重大事件报道中，网络、手机等新媒体的即时性、互动性以及表现手段丰富等特点显示出传统媒体无法比拟的巨大优势。河北报业按照“数字化引领，结构化升级”的工作主线，加快了综合数字多媒体平台建设。就纸质媒介来讲，优化调整报刊结构，整合资源、发挥效益；优化调整报纸广告结构，加强对新兴行业广告的开发力度，降低广告结构单一、广告产品单一的风险；优化报纸发行结构，加强报纸对重点区域和主流人群的覆盖，进一步提高有效发行，降低发行成本。另外，把延伸产业链作为调整产业结构的重要工作内容之一。鉴于中国传媒业的规模发展已经进入到一个平台区，继续沿着规模化的方向简单发展不但不会产生正面效益，反而会带来更多的负效应。未来传媒业的发展，不是靠追求规模经济，而是要转为对范围经济的开拓和盈利模式的创新。这一切都要求传媒业的价值链条、服务链条延伸到社会发展中人们的工作连、生活链，成为汇聚各种资讯资源的节点与平台。沿着这个方向，河北报业不断壮大发行、广告、印刷等主业的同时，进一步拓展多元经营，依托品牌优势和现有资源延伸报业产业链条，以此优化报业的产业结构、收入结构和利润结构。

(4)精细化管理出效益

各媒体进一步搞好企事业内部精细化管理，向节约成本，精打细算，合理计价，内部挖潜要效益，积极打造“节约型”新闻单位。通过《河北省报业发行市场有序竞争公约》纠正报纸发行中的无序、恶意竞争，节约发行成本。同时迫于新闻纸连续提价成本上涨压力，河北省多家报社参照全国的一些同类报刊进行适当调价。2009年，报纸定阅价适度提高，其中党报调整幅度较大，都市报、晚报基本不调或微调，部分专业报小幅调整。2009年，经省报协等部门等共同努力工作，全省部分报纸也进行适度调价，如据初步了解，《河北日报》、《张家口日报》、《衡水日报》、《邯郸日报》、《邢台日报》、《承德日报》、《保定日报》、《廊坊日报》、《秦皇岛日报》、《唐山劳动日报》、《沧州日报》、《河北经济日报》、《河北工人报》、《河北农民报》、《河北科技报》等均做了报纸计价调整，调幅有10%—20%之间不等。目前全省晚报订阅价在150元以上的还有《燕赵晚报》、《沧州日报》、《张家口晚报》、《衡水晚报》、《保定晚报》。仅这一项全省报纸销售额就多增收6000多万，实效卓然。

(5)让高素质队伍成为报业发展不竭的动力

河北报界充分认识到，现代报业是知识密集型产业，经营好一流的报纸需要一流的新闻人才，一流的管理人才和一流的经营、营销、技术人才。因此，把加快人才队伍的系统性构建作为一项重要的战略任务。坚持以科学的人才观为指导，破除重学历轻能力、论资排辈和求全责备的传统观念。通过工作和绩效评价人才，真正把那些德才兼备、会办报、懂经营、作风好的干部选拔到重要岗位。把完善机制作为提高队伍素质、抓好人才队伍建设的根本，让优秀人才在优秀机制下发挥出最大效用。从深化人事和分配制度改革入手，打破资历和身份界限，用利益机制激发人的积极性和创造性，形成“想干事的人有机会，能干事的人有舞台，干成事的人有地位”的机制和环境，真正做到“人尽其才，才尽其用”。结合今年事业转制的统一时间表要求，进一步明确各级岗位的责、权、利，目标清晰分层落实，应采取“走出去、请进来”的做法，积极学习外省先进经验，采取特殊政策，大胆起用内部人才与积极吸收外地优秀人才，克服“说起来重要、干起来次要、实际上不要”的现象，既盘活原有固定资产，又要推出开发新项目，尽快形成全省性新闻产业的新一轮开发热潮。

(6)尝试探索建立符合河北报业发展的现代企业制度

有关领导管理部门制订了《河北省关于加快文化事业和文化产业发展若干政策》、《关于非公有制资本进入文化产业的实施意见》等重要文件，积极鼓励与政策扶植省内规模较大并有雄厚经济实力的强势传媒，主动创造有利条件，早日上市投入现代资本运营。同时，倡导与保护在国家政策法规允许的范围内积极吸纳各种资本参与进来，以壮大本土行业综合实力。鼓励全省报业善于吸纳与利用海内外合法社会民间资本，做大做强新闻产业。全省报业改革也有了一个总体时间表：第一步，在2008年底前，将国有企业主办的报纸全部从企业中剥离出来，并使其成为具有独立企业法人性质的市场主体；第二步，行业协会、社团组织主办的报纸的转企改制工作在2009年底前完成；第三步，党政机关、事业单位主办的报纸的转企改制工作在2010年底前完成。

在这种有利形势下，河北省报业组建了一些新的经济实体与联合体，成立了文化产业公司。2009年4月28日，河北报业传媒有限公司、河北出版传媒集团有限责任公司、河北长城传媒有限公司、河北地缘吴桥杂技演艺有限责任公司、河北燕赵演出有限公司、河北冀广天润电视节目制作有限公司、河北广电无线传媒有限公司及河北行知传媒有限责任公司在省博物馆举行了集中揭牌仪式。这标志着河北省文化体制改革和文化产业发展工作进入了一个新的阶段。报业方面河北日报报业集团推进采编与经营业务两分开改革，分离发行、广告、印务等经营业务，组建了河北报业传媒有限公司，河北师范大学整合《语文周报》、《思维与智慧》、《学周刊》，组建报刊集团并转制成立了河北行知文化传媒有限责任公司。

三、2009年河北省报业经营关键词

1.《燕赵都市报》：报网一体

《燕赵都市报》遵循着关注社会热点、注重舆论监督、参与经济生活、服务市民大众的办报指针，赢得了广大读者的认同。目前，《燕赵都市报》全省通行版设有要闻、时评、燕赵新闻、体育新闻、中国新闻、世界新闻、经济新闻、文化娱乐、财经、证券、社会扫描、新闻调查、商贸专刊系列、文化专刊系列版面，省会地方版《都市时讯》设有省会要闻、社区新闻、热点新闻、新闻解析、直击以及校园、影视、连载等内容，顺应了现代都市生活广泛的阅读需要和信息需求。都市报上的新闻成为了百姓的街谈巷议，百姓的街谈巷议也成为都市报关注的话题。《燕赵都市报》为读者所做的一切赢得了极高的美誉度与公信力。

在全省编织了细密的发行网络，形成了近3000人的发行队伍，并在各地级市设立分印点。目前，《燕赵都市报》+《都市时讯》+《冀东版》的日发行量已达到100万份。《燕赵都市报》正是通过在全省的有效发行，拥有燕赵地区最广泛的城市读者群，在全省形成了发行量的绝对优势，在各中心城市区形成了发行量的相对优势。当一个兼顾各地、掌握全局的报业大拇指出现在燕赵大地上，《燕赵都市报》犹如一枚时针，在市场的表盘上可以指向省会以外包括京津在内的燕赵十二个城市刻度，广告客户在一张报纸一投入，可获得十三个城市的回报，由于发行、办报和广告三位一体的运作，《燕赵都市报》成为全国都市报现象中成功的范例，成为新闻界同行所称道的“都市报四小龙”之一。目前，《燕赵都市报》已成为“华北第一都市报”，进入全国报业50家强势媒体。由世界品牌实验室发布的第五届《中国500最具价值品牌排行榜》中，《燕赵都市报》以价值评估9.01亿元名列榜单，是河北省文化产业惟一进入该品牌榜的单位。在第四届中国传媒创新年会暨中国传媒改革30年论坛上，荣膺“十大都市报品牌”。

燕赵都市网是由河北日报报业集团《燕赵都市报》主办主管的大型地方商业门户网站，2009年全面改版升级。改版后的燕赵都市网注重打造本地新闻，依托《燕赵都市报》的采访力量，覆盖城乡，全方位、多角度、及时深入地报道河北各地、各行业的新闻。兼顾天下新闻，务求全面呈现国内国际各方面的新闻动态。同时，以“报网互动、报网一体”的运作理念，增强服务功能，加大本地商业信息，全力打造河北人网上生活平台。燕赵都市网目前设有近20个主频道近百个大小栏目，涵盖新闻、论坛、汽车、商贸、房产、生活等资讯内容。

2.《石家庄日报》：从纸媒到全传媒

石家庄日报社把2009年作为全媒体战略转型年。通过对新闻采编流程的再造，打造一个全新的新闻产品生产制作和传播平台。该平台承担的最具体任务就是新闻产品的数字化生产制作，即把采集到的新闻制作成不同形式的新闻产品，向不同媒体和受众发送，提高新闻产品的时效性，实现多次开发利用。现在主要任务是把报社以前的相关资料、数据进行整理，建立信息数据库。利用移动平台在全覆盖中担负重任，如短信、彩信、语音、WAP、手机报等业务都是从这个平台发布出去的。采用现代电子显示技术，在出租车、公交车等移动载体上利用GPS系统和LED技术，滚动刊发新闻、信息和广告；在主要路口利用LED技术安装大型电子显示屏，即时滚动发布新闻信息和广告资讯。通过现代呼叫中心96399呼叫热线，市民能获得更多生活资讯。建立商务平台的目标是向网上购物这一巨大市场延伸，利用报社资源，联络石家庄市大的商家，开展网上购物和物流配送等业务，并建立客户数据库。石家庄日报社旨在发展全媒体的“四二一计划”被中国数字报业实验室确定为第二批中国数字报业创新项目，基于该计划的制定和实施，石家庄日报社也已被新闻出版总署吸纳为中国数字报业实验室成员单位。

在新媒体建设过程中，石家庄日报社采用适应现代化产业发展的公司化运作的模式，使得移动平台的布局已初见战果。移动平台由3部分组成：手机报、LED户外视屏传媒、出租车GPS/LED移动视屏传媒。手机报由报社控股的河北日新传媒科技有限责任公司负责运营。LED户外视屏传媒由报社吸纳社会资金组建的河北一鸣视屏文化传播有限公司负责建设和运营。出租车GPS/LED移动视屏传媒投资最多——总投资近3000万元，报社以股份制形式成立了赛克文化传播有限公

司，负责该项目运营。

目前，燕赵手机报拥有220万体验用户和20多个栏目，订阅人群覆盖全省11个地市。在LED户外视屏传媒方面，在石家庄的主要街道看到，户外显示屏设立了省会新闻、燕赵新闻、国际国内新闻、出行参考、天气预报、生活小常识等新闻与生活资讯类栏目。出租车GPS/LED移动视屏传媒这一项目已经为市内3000多辆出租车安装了终端接收系统。新媒体的建设以新的思维、新的模式、新的机制，组建新的团队去从事这项事业。在新媒体运营与管理上，石家庄日报社还采取人员社会化，不占用原有编制，全部实行聘任制；资金多元化，报社相对控股并动员员工入股，以增加财产性收入，通过报社和员工入股达到掌握公司的主动权，同时吸收社会资金参股；管理扁平化，实行总监制，以业务管理为主，去除官员化。新媒体更为精准地区分市场，用党报和晚报的思维模式来经营新媒体是不行的。面对市场的细分，新媒体要满足不同阶层、不同人群、不同年龄、不同职业受众的信息需求。新媒体的定位只有依时、依地、依人而有所区别，才能做到精准投放，实现利益最大化。虽然目前全传媒还没有明显的赢利点，但只要实现最大程度的占领市场这一目标，利润来源就有了多样化的基础。

3.《邯郸日报》：导师制

邯郸日报社始终把培养人才作为一个长期的系统工程来抓，先后实施了"基础知识系列讲座"、邀请知名专家学者讲学、选派业务骨干赴外学习考察、举办青年编辑记者业务沙龙等一系列活动。为进一步加强队伍建设，邯郸日报社借鉴高校培养研究生的办法，在所属《邯郸日报》、《邯郸晚报》和《中原商报》全面实施导师制，利用报社的人才优势对年轻编辑记者实行"一对一"、"点对点"的培养。首次被聘任的17位导师均为高级职称，既有各报总编辑、副总编辑，也有多年基层采编经历和较高理论水平、在新闻学术上有较高造诣的编辑记者。为加强管理，报社专门成立了以社长、党组书记为主任的"导师工作管理委员会"，并出台了《邯郸日报社导师制实施办法》，对导师及学员所要完成的年度任务目标作了明确规定。

他们注意结合工作实际，统筹兼顾，做到教学辅导与工作两不误两促进。一是除日常工作中点对点、面对面言传身教之外，还利用工作之余，每半个月保证半天的具体辅导。学员备有专门的笔记本，导师委员会不定期抽查。导师根据每个学员的水平、特点，因材施教，量身定做教程和课题，全面系统地进行辅导。二是以三报编辑部为单位，每周举行一次业务研讨活动。《邯郸日报》、《邯郸晚报》和《中原商报》分别以业务例会、青年记者编辑沙龙、业务交流会为载体，进行新闻业务学术交流。实行目标管理，责任到人。三是导师委员会每季度组织全体学员进行一次业务研讨，题目事先发布，研讨文章择优在市学术内刊《新闻丛林》刊发。

为了保证教学效果，他们还制定了具体的考核标准和管理办法。要求导师一年要带学员到基层采访两次以上；每名学员要获市级新闻奖(含市级)以上奖项一篇(含编辑奖)；鼓励学员在市级以上新闻业务刊物上发表论文，每名学员至少要完成两篇业务论文；每名学员在导师指导下至少有一次具有较大社会影响力的新闻策划。在年度考核中学员成绩名列前茅者，给予嘉奖。办法规定：一年为一个教学周期，期满由导师委员会统一出题进行考核，考核成绩记入学员档案，作为考核导师和学员的基础数据。经导师委员会认定合格者颁发培训证书。学员成绩作为安排使用的重要依据之一。□

※作者单位：河北省社科院新闻与传播学所
王泽华是河北省社科院新闻与传播学所所长

※注：

1.由于动态变化及复杂不稳定因素，文中数据均为近期概算，为不完全统计。

2.上述数据来源主要有以下几部分组成：前期一些研究报告，业内统计报表，各报网络，领导讲话，实际调查了解。

3. 文中涉及到报业发展战略情况主要参考大报主要领导的有关思路。

2009年山西省报业发展综述

● 潘丽娜

一、2009年山西省报业发展基本情况

山西省位于我国中部地区，全省面积15.6万平方公里，人口三千多万。山西省是我国的能源重化工基地，煤、焦产量居全国首位，但经济发展水平在全国处于中下游地位。山西省的产业结构的特点为：原材料工业，如煤炭、炼焦、氧化铝、发电、金属镁、钢铁、化肥、化工原料工业等都比较发达，各类消费品工业都比较落后，汽车工业基本没有，家电行业几乎为零，白酒业曾经是山西的强项，但如今比起四川、安徽、河南、贵州等省都有很大差距。目前，汾酒在全国排名仅为第五。但全国不少名酒，如北京牛栏山二锅头就是使用山西的原酒勾兑而成。山西的食品行业总产值还不及杭州娃哈哈集团的二分之一。山西的品牌建设也比较落后，除汾酒外，还没有在本行业据全国前几名的品牌。由于山西工业特点的原因，山西的报业发展也相对比较落后，无论是报纸发行量还是广告营业额，比起经济发达地区都有较大差距。2009年是中国经济受世界金融危机影响较大的一年，山西省所受影响更为显著，由于2009年山西进行煤炭资源整合，大部分中小煤矿停产整顿，使得2009年山西省GDP增长速度为全国倒数第一。2009年迎来了新中国成立60周年，山西省的一些报纸也迎来了创刊60周年纪念日，并举行了创刊60周年的纪念活动。

下面分类介绍报业基本情况：

1.党报系列

山西省的党报系列包括中共山西省委机关报《山西日报》和11个地级市的市委机关报《太原日报》、《大同日报》、《朔州日报》、《忻州日报》、《晋中日报》、《阳泉日报》、《长治日报》、《太行日报》、《临汾日报》、《运城日报》，还有前几年刚刚划入党报系列的《山西农民报》，共计13种。

《山西日报》2009年日均发行量16万多份，《山西农民报》期均发行量4万多份。其他市级党报发行量最大的3万份左右，少的1万多份。各党报的发行量与上年相比基本持平，没有大的变化。

《山西日报》2009年广告收入约3600万元，其中50%以上为形象广告。广告收入与2008年基本持平。虽然正版广告增长200多万元，但“经济时讯”欠收200多万元，使得总收入未实现明显增长。

《山西农民报》以涉农行业广告为主，2009年广告收入达100多万元。

其他市级党报，中心城市如《太原日报》，广告收入能达到1000万元左右，其他市级党报广告收入少则不到100万元，多则几百万元。

由于党报主要在党政机关，企事业单位发行，主要是公款订阅，阅读率不是太高，广告收入已经远远赶不上都市类报纸。

2009年4月26日，是《山西日报》创刊60周年纪念日，同时，又是山西日报报业集团挂牌成立5周年纪念日，为此，山西日报报业集团举行了隆重的庆祝活动。省委常委、宣传部长胡苏平，中华全国新闻工作者协会党组成员、书记处书记顾勇华，省委副书记，省政协主席薛延忠等领导人出席庆

祝活动并讲话。山西省委常委、太原市委书记申维辰，太原省委副书记、市长张兵生发来贺电，全国各新闻媒体，相关单位也发来贺电。

除了《山西日报》之外，山西省党报系列中还有《大同日报》创刊于1949年5月5日，《山西农民报》创刊于1949年10月20日，今年都过了它们60岁的生日。《山西农民报》为纪念创刊60周年，举行了一次图片展，回顾了《山西农民报》60年的发展历程。山西省的党报中还有《长治日报》和《阳泉日报》，其前身分别创刊于1947年4月及1947年12月6日，均为我国创刊最早的一批市级党报。

2.晚报、都市类报纸

山西省晚报和都市类报纸主要有《山西晚报》、《三晋都市报》、《生活晨报》、《山西青年报》，其中《山西青年报》是共青团山西省委机关报，但11年来，从报纸风格、广告发行各方面看，都已属于都市类报纸的范畴。

还有在地级市范围内发行的都市类报纸。主要有《太原晚报》、《大同晚报》、《临汾晚报》、《上党晚报》、《太行日报·晚报版》等。

《山西晚报》发行量20多万份，2009年广告收入超过1亿元，有所增长。2009年12月15日，《山西晚报》广告收入突破亿元，而15日到31日的17天中广告收入应在700万元以上，也就是说2009年《山西晚报》的广告收入能够达到1.07亿元以上。毫无疑问，《山西晚报》是山西省全省影响力最大、发行量最大，广告收入最多的都市类报纸。

《山西晚报》多年来一直以"新闻新闻还是新闻"为办报宗旨，以新闻的及时、全面、角度新、内容深刻得到了读者的青睐。

《山西晚报》在全省范围内自办发行，由山西日报报业集团的"晋万家报刊发行有限公司"负责其发行业务。晋万家遍布全省11个地级市及100多个县(区)的发行站负责《山西晚报》的征订、发行工作。穿梭于太原市大街小巷的50辆售报汽车和遍布市区的100多辆售报手推车担负着《山西晚报》零售工作。

《山西晚报》创刊于1999年12月1日，2009年是《山西晚报》创刊十周年，《山西晚报》举行了隆重而又别开生面的纪念活动。他们举行了隆重的庆典仪式，山西日报报业集团党委书记、社长袁升德出席并发表了热情洋溢的讲话。他们还举行全国体育舞蹈公开赛、真情助孤老慈善集体婚礼、读者电影节、读者购物节、热心读者评选、读者手机摄影展等一系列活动。

在广告发布方面，《山西晚报》2009年的特点一是二、三版常常是整版广告，头版广告也较多。二是大量刊发房地产广告，山西省前几年房地产广告一直不多，而且主要刊发在市级报纸上。随着近两年山西房价走高，有些房地产公司选择《山西晚报》这一全省龙头平面传媒大作广告，而且一做就是整版、联版。房地产广告的大量发布，促进了《山西晚报》2009年广告收入的攀升。2009年，《山西晚报》的医疗服务类和药品类广告有所下降，比起2007、2008年高峰时期减收1000万元左右。医疗服务类和药品类广告的减少，对净化报纸版面和扩大报纸发行有利。

《三晋都市报》创刊于2000年5月，十年来经营一波三折。近几年来一直是发行量仅次于《山西晚报》的主流媒体，但广告收入与《山西晚报》相比差距很大。

由于医疗和药品广告是对广告性价比最敏感的行业，这些行业的广告主往往首选《三晋都市报》，多年来该报医疗和药品广告发布量很大。2009年在大环境的影响下，《三晋都市报》的房地产广告也有一定起色。由于《三晋都市报》礼品广告的代理公司启诚广告商务有限公司的运营比较成功，《三晋都市报》的礼品广告发布量较大，而且常常是用头版发布大面积广告，这也是《三晋都市报》2009年广告的一大特色。

《三晋都市报》在太原市的印刷发行量多年来一直是8万多份，这个数字接近《山西晚报》在太原市的发行量，接近《太原晚报》的总印刷量，但在省城广告效果却不好。2009年，《三晋都市报》提高价格降低邮发费率后，在太原市的印刷发行量即降到4万多份，但广告效果并没有明显变化。实际上所减的每日5万多份报纸大多都属于无效发行，其中一部分直接被送到了废品收购站。这样，《三晋都市报》的有效发行实际上并没有下降，但一年印刷成本可降低将近800万元，报纸的经营状况明显改善。

《三晋都市报》的发行也有其特点，就是覆盖面广。由于邮政报刊发行局和晋万家报刊发行有限公司全都发行《三晋都市报》，因此，全省没有《三晋都市报》的空白乡镇，甚至深入到村庄，山西省100多个县的县城订阅量也比较大。该报是山西省在农村和县域影响力最大的都市类报纸。

《三晋都市报》在办报方面最显著的特点是其每日二版的特稿和内版的新闻故事连载，许多读者都是因此而多年订阅《三晋都市报》。

《山西青年报》创刊已经60年了。1998年报纸走向市场，成为了一份都市类报纸，曾经有过辉煌，历史上最高发行量曾经达到过13万份，但近年来跌入低谷。2008年杨志武重返《山西青年报》后，2009年报纸稍有起色。穆新伟出任广告部主任，广告收入也有所提高。山西青年报社在重塑自身形象方面也做了不少工作，虽然报纸发行量并未得到明显提高，今年期发行量不过两万份，但大众形象有所改善，发行价大幅度提高也使经济状况稍有改善。

《山西青年报》以读山西青年报，学“弟子规”为口号将清代秀才李毓秀所作的一本类似《三字经》的通俗读物《弟子规》大力宣传，并组成讲师团，去许多学校宣讲《弟子规》，以《弟子规》为旗帜，开辟《弟子规》版面，使报纸得到了相当一批读者群的认可。

《生活晨报》在2009年发生了巨大变革。首先，《生活晨报》又一次改版，从异型四开版改成了正常对开大报；其次，发生重大人事变更，执行社长梅明之辞职离开；第三，发生了震惊全国新闻界的2000余万份报纸直接拉到了废品收购站事件，《生活晨报》整版刊登并在网络上披露了邮局每日将4万份报纸卖了废纸的详细经过，此举直接导致太原市邮政报刊发行局长被解职。

通过这些变革，《生活晨报》2009年的经营状况并无明显改善，其发行量挤干水份后，还有2万多份，广告发布量也很少。

《太原晚报》是一份在太原市范围内自办发行的都市类报纸。在广告收入方面，在山西省平面媒体中仅次于《山西晚报》。

3.经济类报纸

山西省经济类报纸没有强势媒体，主要有《山西经济日报》、《山西商报》、《发展导报》、《市场导报》等几种，这几种报纸发行量都不大，广告收入也都不高，专版类广告是这几种报纸的主要广告源。

其中，《山西经济日报》和《发展导报》、《市场导报》，隶属于山西日报报业集团，《山西商报》隶属于太原日报报业集团。

几个报纸的办报特点各不相同。《山西经济日报》创刊于1985年7月15日，过去是山西省政府机关报，主打“有社会影响力的经济事件和经济人物、有深度的经济观察、有见解的经济评论、有关注度的经济话题、有价值的经济资讯”这六类新闻产品。在其价值上体现“可鉴性”，在其形式上体现“可读性”，更侧重于对企业生产经营的报道和指导，其目标读者群主要为经济决策者、企业管理者、市场营销者和经济研究者。《发展导报》曾经是山西省计划委员会(现在的发展与改革委员会)主办的报纸，以“紧扣发展主题、服务精英人群、提高大众品味、尽享财富人生”为办报理念，致力于将《发展导报》办成一份决策层报纸。而《市场导报》曾经由山西省工商局和山西省消费者协会联合主办，在维护消费者合法权益方面较为成功。直至现在，全省工商系统从省工商局、各市工商局、各县工商局到乡镇工商所还普遍订阅《市场导报》。《市场导报》分别与山西省信用社和山西省旅游局合作，创办了《信合周刊》和《旅游周刊》。通过横向合作，扩大了报纸发行，提高了报社的经济效益。

《山西商报》自去年安海鸿任社长以来，在办报方针、宗旨方面都做了较大调整。其办报宗旨为“坚持正确的舆论导向，以正面宣传为主，遵守新闻纪律，遵循新闻规律，立足城市经济，注重新闻性、经济性、服务性和参与性”。《山西商报》曾从经济类报纸改变成为都市类报纸，报纸由对开变成四开，2009年，又调整为侧重经济、文化报道的综合性新闻日报，报纸版面由四开报纸改为对开大报。报纸的经济效益尚未见明显起色。

4.文摘类报纸

山西省的文摘类报纸主要有《良友周报》和《生活文摘报》两种。

《良友周报》是一份山西日报报业集团主办的，立足民间，面向大众，以知识性、趣味性、娱乐性为特征的文摘类报纸，2009年仍然保持原有的发行量和经济效益。仅有的变化是2008年《良友周报》扩为周二刊，称为《良友周报星期二》和《良友周报星期五》，可分别订阅，2009年1月，统一称为《良友周报》，合并订阅。2009年，其广告发布量有小幅增长，过去《良友周报》基本不刊发广告，后有少量刊发，2009年虽有少量增长，但幅度很小，对《良友周报》的发行未产生明显不良影响。2009年，“良友周报”四个字的商标注册成功，经过几年努力，8月13日，商标初审通过，经过公告，三个月没有异议，终于注册成功。

《生活文摘报》是山西日报报业集团主管的一张面向基层，立足于山西，面向全国的娱乐性文摘类报纸。该报以“关注社会热点，荟萃资讯精华”为口号，以“贴近生活，进入家庭，服务读者”为办报宗旨。以“展示社会前卫理念，抨击社会丑恶现象，内容丰富，信息量大”为办报风格，具有集可读性、知识性、实用性、资料性于一体的特点。

《生活文摘报》新任社长兼总编庞彪上任后，更换了已延续多年的广告代理公司，并做了不少积极探索。例如，给报纸加上条形码，为将来进超市销售创造条件；致力于改善广告结构，过去《生活文摘报》的广告基本都是医药类，对报纸形象不利，庞彪社长希望通过努力，在2010年通过价格调控，使这一状况得到根本改变。

5.教辅类报纸

山西的教辅类报纸多年来都在全国有较大的影响力，其中比较有代表性的为《英语周报》、《语文报》、《数理报》和《小学生拼音报》。

《英语周报》以教学育人为己任，服务教育为根本，坚持"紧扣课标，同步辅导"的办报方针，和"求高、求准、求实、求精"的办报理念，编辑出版了从小学到大学适合不同年级师生阅读的高品位、高质量的文化精品。《英语周报》总部设在太原，另在北京、上海、武汉、广州设有编辑部，在太原、郑州、武汉设有发行分部，并在全国建立了400多个发行工作站。

《英语周报》是目前全国外语教辅传媒中惟一被认定的"中国驰名商标"，获得"中国十大创新传媒"称号，并连续几年被评为中国"十大创新行业报"、"专业报十强"、"中国十大领军报业"、"中国十大周报品牌"、"中国行业媒体十强"、"中国十大文化品牌"，被誉为"中国英语学习第一报"和"中国教辅报纸第一品牌"。

语文报社旗下有两大系列16个品种，第一个系列包括"语文报低幼版"、"语文报小学版"、"语文报初中版"、"语文报中考版"、"语文报高中版"、"语文报高考版"、"语文报书法版"、"语文报青春阅读版"和"语文报大学人文版"等。第二个系列包括"语文教学通讯小学刊"、"语文教学通讯初中刊"、"语文教学通讯高中刊"。

《语文报》以"大语文"为编辑理念，以"传播语文知识，促进语文教改，弘扬祖国优秀文化，提高全民族文化素质"为编辑宗旨，以"高质量、高品位，实用性加可读性"为编辑方针，培养了一代又一代青少年和青年教师。

在建国60周年之际，语文报社还隆重推出"纪念新中国成立60周年，全国百所名校语文教育成就展"。来自全国100多所在语文教育方面取得突出成就的中小学名校参加了展览。2009年，还在西安与全国中语会联合举办了第七届"语文报杯"全国中青年教师课堂教学大赛。

《数理报》是全国惟一一家针对中小学理科教育的正规教辅周刊，由山西师范大学主办。《数理报》深受广大中小学师生的厚爱，成为学生学习理科知识的得力助手，发行量逐年攀升。《数理报》包括数学、物理、化学和生物四门学科的初中版、高中版、中考版、高考版等不同版本。

《小学生拼音报》也是一份发行量百万以上的教辅类报纸，是全国惟一一份拼音报。其办报宗旨是：做足做好拼音特色，全面扫除儿童阅读障碍，创造儿童主动学习新起点。其主要功能为帮助儿童识字、正音、提前读写、学习普通话、开发智力。服务对象为学龄前儿童和1~3年级小学生。

二、2009年山西报业关键词

1.太原日报报业集团成立

2009年4月17日，太原日报报业集团正式成立，并举行揭牌仪式，省委常委、市委书记申维辰出席仪式并讲话。太原日报报业集团实行办报和经营分离，按照结构多元化、经营主体化、组织集团化的方向发展。太原日报报业集团包括的新闻类实体有：《太原日报》、《太原晚报》、《山西商报》、太原新闻网。经营类实体有太报传媒印务公司、太报传媒报刊发行公司、太报传媒广告公司、太报传媒物业公司等。

2.人事变动

太原日报社广告管理中心主任黄京生病逝，张伟武接任。

生活晨报社执行社长梅明之辞职，由明坤集团董事长梁俊明亲自兼任执行社长。

山西经济日报社社长兼总编尚晋生因年龄原因退居二线，郭兆平接任。

生活文摘报社社长兼总编冯强因年龄原因退居二线，庞彪接任。

3.三报联动

山西日报报业集团所辖《山西日报》、《山西晚报》、《三晋都市报》三报的广告营业额占全省平面媒体广告营业额的50%以上，三报均由山西日报报业集团广告总公司统一经营。2009年12月，该公司宣布2010年实行广告三报联动，多数情况下，每一个行业广告代理公司同时代理三报的广告业务。三报的发行量占据了山西报纸发行量的前三位（不含教辅类和文摘类报纸），同时，三报发行各有侧重，《山西日报》主要在党政机关和企事业单位发行，《山西晚报》在太原市等大中城市占据优势,《三晋都市报》在县城和乡镇占据优势。三报互补,广告效果更好。预计三报联动后,三报的广告营业额有可能会产生一个新的增长。由于《山西日报》的广告主群体不同,在部分广告行业仅实行《山西晚报》和《三晋都市报》两报联动。

4.一枝独秀

截至2009年底,2010年各报的订阅数量多数与2009年持平,部分报纸有所下降。只有《生活文摘报》一枝独秀,呈显著增长态势。《生活文摘报》是一份全国发行的文摘类报纸,零售比例大,省外发行量大,省内发行量并不太大。今年庞彪社长上任后,加大本省发行力度,省内订阅量增幅达40%以上。由于文摘类报纸为正发行,发行量的增长会使发行收入大幅上升,对广告收入的增加也十分有利。

5.媒体分账

九樱天下(北京)信息技术有限公司创造的媒体分账系统是一个具有颠覆意义的媒体和企业合作平台,这一平台能够充分保障媒体和企业的利益,既减少了广告主投放广告的风险,又能使媒体的版面或时间得到更充分的利用。2009年,山西部分报纸采用这一系统与企业合作,取得良好效果。如《山西日报》、《山西晚报》、《生活文摘报》都采用媒体分账系统与客户合作,特别是《生活文摘报》采用这一系统发布的广告,收益远大于收费广告。山西的一位酒类经销商创办了酒类电子商务网站酒仙网,最近与多家报纸合作,进行了一个全新的尝试。这种方式具有公平性原则,媒体收益与广告效果直接相关,强势媒体更愿意接受,而且更适合报纸采用。预计这一新生事物的出现会对报纸广告的发展起到巨大的推动作用。

6.汽车售报

汽车售报在山西已开展10年,最早由《山西晚报》开始,之后,《太原晚报》、《山西青年报》、《三晋都市报》、《生活晨报》等报纸都建立了售报车队,汽车售报对提高阅读率、改善广告效果十分有利,但成本高。目前,多数售报车队已经解散,只剩下《山西晚报》和《生活晨报》两个车队还在运营。《山西晚报》的车队同时销售《山西日报》、《三晋都市报》、《良友周报》、《生活文摘报》等山西日报报业集团所辖的报纸。《生活晨报》选用的卖报车是一种带有可发布广告的大型灯箱车型,用发布灯箱广告的收入弥补卖报的亏损,因此得以维持。□

※作者单位:山西广播电视大学

2009年辽宁省报业发展综述

●生奇志

2009年辽宁的报业改革让人记忆犹新，严肃、厚重的《辽宁日报》"瘦身"进报亭，揭开了党报进市场的序幕；省市两级党报合作的发轫者，辽宁日报传媒集团又有新的动作——全面实施辽宁中部城市群报业战略合作，继2009年5月1日，与辽阳日报社、营口日报社达成战略合作后，7月30日与本溪日报社正式在沈阳签署全面战略合作协议，为我国报业资源整合提供了正在进行的新样本；辽宁日报传媒集团所属的北国网是中国主要门户网站各类新闻、专题、评论的信息发源地之一，创立了东北第一家手机报纸《辽宁手机报》，努力发挥网络传播的特点和优势，采取多种表现形式服务广大网络读者。

2009年，辽宁报业经历了一次党报创新的思想解放运动，进行了辽宁报业宽众化探索的尝试，积累了城市群媒体联合的经验，也借助于报网互动拓宽了读者市场。据辽宁省统计局数据显示，2009年，辽宁省全年出版报纸种数和出版量较2008年相比均有所下降，其中，出版报纸种数从123种下降到115种，减少6.50%，出版量从19.1亿份下降到17.7亿份，减少7.33%。本文将侧重以辽宁日报传媒集团的发展作为轨迹，展现2009年辽宁省报业发展的整体情况，并简要介绍沈阳日报报业集团、华商晨报社、大连报业集团、鞍山报业集团和锦州日报报业集团的发展情况。

一、辽宁日报传媒集团

1.集团概况

辽宁日报传媒集团组建于1999年12月，形成了以《辽宁日报》为旗舰"十二报五刊两个网站一个出版社一个印刷集团"的发展格局。其中，《辽沈晚报》荣获全国最具成长性创新媒体，并与《半岛晨报》进入全国都市报20强行列，印刷集团进入全国印刷行业百强企业。经辽宁省文化体制改革领导小组批准，从2006年7月份起，辽宁日报报业集团更名为辽宁日报传媒集团。

辽宁日报传媒集团拥有《辽宁日报》、《辽沈晚报》、《时代商报》、《半岛晨报》、《北方晨报》、《时尚生活导报》、《辽宁农民报》、《球报》、《辽宁朝鲜文报》、《辽宁日报海外版》等报纸；《记者摇篮》、《家庭科学》、《市场与消费》、《独生子女健康》、《老同志之友》等杂志；"北国网"是辽宁日报报业集团主办的，以新闻为主要内容，兼有经济、社会等多种信息及各种服务信息的综合性网站。辽报集团北国网站是该集团所属报系的网络媒体，是获得国务院新闻办授权"关于在互联网登载新闻内容"的重点新闻网站之一，是辽宁省最具权威的新闻网站。"海力网"隶属于《半岛晨报》编辑部，主要是为大连及辽宁地区网民服务的综合网站，挖掘以新闻为核心的框架资源，通过多种媒介互动，为网民提供城市生活互动服务。2007年10月19日，经国家新闻出版总署批准，辽报集团成立了音像电子网络出版社。

目前，辽宁日报传媒集团逐步向跨地区、跨媒体、跨行业的目标发展，在报业整体战略规划、传播渠道里开发建设，业务流程再造、商业模式创新改革等方面推进集团由原来的报纸出版商向传媒内容的提供商转型。

近几年，辽宁日报传媒集团进行了三方面探

索：

一是以媒体融合作为党报集团转型阶段的必由之路。积极加入出版总署数字报业实验室计划，经过三年多的实践，成效显著。辽报集团全面升级改版了互联网网站，改版后辽沈北国网采用辽沈晚报强大采编优势，形成本地区最具强势的新闻资讯门户、互动式区域门户和消费区域门户。全面满足本地区受众的新闻咨询需求，消费服务需求，以及广告投放需求。

二是通过数字化采访方式的新闻改革构建起全天候、全媒体滚动式新闻播报机制。报业集团不仅通过报纸，而且通过网络、手机和其他新载体等各种媒体渠道即时发布出来，将会达到一个全新的价值链，并使报业集团实现跨媒体融合，并且转型为传媒集团。

三是积极深化体制创新和机制创新，促进党报集团事业繁荣。辽宁报业传媒集团在省委大力支持下，按照采编经营两分开的原则，将集团经营性的资产和业务剥裂出来，组建了辽宁日报传媒有限公司，赋予其企业法人身份，完全工商登记。公司运转良好，以运营与管理为纽带，一系列的报刊网站组建媒体公司，辽宁新闻印刷公司等形成了母子公司的架构。

2.党报“瘦身”做“卖点”

自 2009 年 4 月 1 日起，《辽宁日报》的报型由 780 毫米(横向幅宽)变为 720 毫米，改版后的《辽宁日报》令人耳目一新，不仅仅是报型变瘦了，更重要的变化是报纸在内容上增强了吸引力、感染力、可读性、耐读性。辽宁省委宣传部部长张江评价，改版是辽宁日报发展的一个新的历史起点，具有里程碑意义。“瘦身”后的《辽宁日报》已经没有了衍化为都市报的空间，有限的版面里，没有更多的刊登社会新闻和娱乐新闻的空间，全心全意办好地方党报是“瘦身”后《辽宁日报》的惟一定位。

报纸的卖点就是一张报纸能够卖出去的各种因素。《辽宁日报》作为党报，其卖点集中在五个方面：内容宽众化、文风通俗化、新闻独家化、报相简洁化和销售市场化。

一直在报刊零售市场上难见踪迹的《辽宁日报》，在 2009 年下半年，大举闯进沈阳市内 1000 多家报亭、报摊。时尚的版式，全新的面孔，让广大读者眼前一亮。日零售量节节攀升，在不到两个月的时间里，从不足千份，跃至万份以上，目前稳定在 1.4 万份左右，创造了省级党报直接面向市场零售发行的奇迹。

号称主流大报的《辽宁日报》在改革以前，和大多数省级党报一样，主要靠行政经费和行政手段组织发行，发行量虽然接近 20 万份，可实际的阅读人群非常有限，庞大的发行数字变成了“数字泡沫”。辽宁报业传媒集团社长姜凤羽认为，发行“数字泡沫”意味着党报被边缘化，空守着庞大的骨架，却有丧失舆论主阵地的危险。

经过两次改版，读者惊喜地发现，《辽宁日报》变瘦了、变靓了。过去连篇累牍的会议新闻、领导活动报道大大压缩。辽宁省委专门下发文件，规定省委、省政府重要会议报道控制在 1500 字以内，省委、省政府主要领导重要活动报道控制在 1200 字以内。报纸的信息量却大大增加了，头版稿件总数从 8 条左右增至 15 条左右，并且主推政经新闻、热点新闻、发现新闻、服务新闻、评论新闻等五大新闻体系，增强权威性、指导性与可读性、服务性。

改版创新后的《辽宁日报》开始向报刊零售市场挺进，让党报走进市场、走进家庭、走进人心。2009 年 7 月 1 日，进入零售市场的当天就在沈阳报摊卖出 2126 份，一周后上升至 3530 份，到 8 月份突破一万份，无论是报亭、报摊，还是宾馆客房、机场航班、超市货架等均有《辽宁日报》零售、展阅，打破了都市类媒体独霸报刊零售市场的局面。

辽宁报业传媒集团总编辑孙刚表示，集团提出创办“新闻党报”的理念，核心是力求宣传规律和新闻规律并重，拉近党报与普通群众的距离，真正发挥主流媒体的作用，占领舆论引导的“大市场”。他对办报工作提出新要求：

一是多提供高质量的新闻稿件。报纸改版改的主要是内容，内容是第一位的，形式要为内容服务，所以各位记者写稿，编辑和组版主任编稿时首先要把住稿件的质量关。重要稿件的标志就是写的经验要新，角度要新，一定要准确、清晰、有特点。

二是从记者、编辑、主任到报社领导，一定要在标题上下功夫。稿件有独特之处，标题要强调动词、白话、实题，切忌空洞的、宏观的、笼统的、放在哪里都适用的标题。

三是要把稿件写软。别说大话、别说套话、别说空话，要从小事入手，局部入手，反映大主题，要写得亲切、自然，一定把工作中的话语系统改成群众生活中的话语系统，切忌高高在上，板着面孔训人。

四是要求写短稿。把稿件写短、写精、写出分量是一个非常高的要求。写短稿要形成习惯，要成为一种本领，同时要求记者要和采访对象说清楚，就会形成在《辽宁日报》发一个600字的稿件将是一件非常重要的事，而不是发3000字的稿件才是重要的事。

五是要注意图片的运用。读图时代的报纸就是要有高质量的图片，有图才能看文，组版编辑要大胆地运用图片，要舍得砍掉多余的文字。

六是要求各部门内部、各记者站内部，各记者站和各部门之间都要有交流的机制。营造一个集体的氛围，要给记者一个工作之家的感觉。

七是各组版编辑、各部主任值班领导要严格执行现在制定的一套版式标准。这个标准是刚性的，标准面前人人平等、人人遵守。

八是记者编辑要坚持创新。《辽宁日报》将拿出两个专栏，这个专栏版次不定、名称不定、内容不定，请全体编采人员包括记者站的记者，都来参与这两个专栏的竞争，只要设想好，编委会讨论通过，这个专栏就将以个人名字命名，并提高稿酬。

九是改版工作仅仅是开始，它还有一个不断完善、不断改进、不断创新的过程。

在《辽宁日报》进入零售市场的当天，恰逢国务院常务会议通过将辽宁沿海经济带开发纳入国家战略。第二天，《辽宁日报》推出"辽宁沿海经济带纳入国家战略"大型战役性报道：头版以通栏形式刊发消息，大幅压题照片宏阔大气，另配发成就报道、导读和大型评论文章，运用多种新闻体裁，权威、深入、生动，特别是报道了这一战略的实施与全省群众切身利益的密切关系，在全省上下引起强烈反响。

通过进报亭进家庭工作，更多的读者特别是百姓开始关注省委的中心工作，更加理解省委的决策部署，更加关心自己的民生权益。而社会民生新闻的策划，也引起了公众的共鸣，热线电话不断。发行量的提高，直接增强了广告吸引力，改版以来，《辽宁日报》广告收入逐月保持两位数的增长率。

在市场上发展壮大的《辽宁日报》，又产生了新的改革动能。面对各地市党报资源分散、内容同质、过度竞争的局面，逐步开展同市级党报的战略合作，开始了省级党报主办市级党报的全新探索。

3.辽宁中部城市群媒体战略

按照辽宁省委宣传部的统一部署，辽宁日报传媒集团经过深入调研论证，运用市场机制，先后整合了铁岭、营口、辽阳、本溪、阜新、抚顺、鞍山等辽宁中部七城市报业资源，由省级党报负责七城市市级党报的办报业务指导和运营。同时，组建辽宁中部城市群报业信息资源共享平台，实现新闻内容的一次生产、多次出版、多渠道发布。有效整合广告和发行资源，由辽宁报业传媒集团统一经营，确保其广告收入每年按一定比例递增，避免了省市党报之间的不良竞争。实施战略合作后，各市党报的办报水平、经营能力在短期内实现质的飞跃，舆论引导能力显著增强。

近年来，辽宁日报传媒集团按照党委引导与市场运作相结合的原则，以品牌输出、管理输出、资源输出等多种形式与辽宁省内部分地市级报社实施了战略合作。2008年3月21日，辽宁日报传媒集团与铁岭日报社签署战略合作协议，将《铁岭晚报》更名为《辽沈晚报·铁岭版》。同年12月29日，又对双方的党报资源进行了整合，合作出版经营《铁岭日报》。

辽宁日报传媒集团与铁岭日报社合作出版经营《铁岭日报》与《辽沈晚报·铁岭版》，拉开了我国区域报业市场资源整合的大幕，为我国省级报业集团牵头整合地市级报业资源，推动我国传统报业由分散粗放型的发展格局，向规模集约型发展格局的转变进行了有益的探索与实践，被誉为我国区域报业资源整合的"铁岭现象"。合作一年多来，铁岭日报社无论是在报纸内容，还是在运营效率和效益上都得到了非常明显的改善，发行、广告呈现出快速增长的喜人局面。《辽沈晚报·铁岭版》的发行量比《辽沈晚报》与《铁岭晚报》两份报纸整合前的总量增长了20%以上。辽宁日报传媒集团与铁岭日报社合作后，铁岭日报社再不必为报业市场的起落而担心，辽宁日报传媒集团承诺的广告收入每月都足额、按时打入铁岭日报社的账户，保证铁岭方面拥有了稳定的收入来源。而合作后，辽宁日报传媒集团也盘活了自身资源，实现了在中心城市以外地市级城市的低成本扩张，铁岭地区的运营成本平均下降30%左右。同时，还有机会通过自身在当地广告市场的成功运作获得分享铁岭报业市场快速成长的机会。《辽沈晚报·铁岭版》的成功运营对省市两级报业通过整合资源，实现合作共赢、协同发展做出了最好的诠释。

随着辽宁中部城市群社会经济文化的快速发展，提高辽宁中部城市地市报的舆论引导能力，优化产业资源配置，为辽宁中部城市一体化建设营造良好的文化氛围和舆论环境，成为了省市两级报业发展面对的共同问题。而实施辽宁日报传媒集团与辽宁中部城市群报业优势资源整合，实现省市两级报业整体战略合作，将从根本上解决这一问题。对于辽宁中部城市群报业的未来发展趋势，辽宁省委宣传部认为，辽宁中部城市各级报业应站在进一步深化全省文化体制改革、巩固主流媒体宣传阵地、优化全省报业资源配置、提升全省报纸产业规模与效益，推动全省文化大发展、大繁荣、促进辽宁中部城市群发展的战略高度，在认真总结铁岭模式成功经验的同时，在辽宁中部城市群范围内进一步深化省市两级报业的战略合作，要尽快实现辽宁中部城市群省市两级报业资源共享、优势互补、协同发展的一体化发展新格局。

与此同时，省市两级报业在市场层面也有着强烈的通过战略合作，实现省市两级报业协同发展的内在需要。一方面，近年来省级报业市场的发展环境发生了重大的变化，突出表现为区域性中心城市报业市场竞争日趋激烈与饱和，地市级报业市场发展空间亟待挖掘。长期以来行政性配置报业资源造成了大量市场定位相同、内容相同、经营模式相同的报纸纷纷涌入市场，参与竞争，市场面临着过度饱和压力。而晚报都市报由于相对较高的市场化，其受中心城市报业市场过度竞争的冲击则相对更大。而随着辽宁老工业基地振兴规划的全面实施，辽宁中部城市群经济发展突飞猛进，城市经济总量不断扩大，消费水平不断提高，辽宁中部城市报业市场也蕴藏了较大的发展潜力和发展空间。走出中心城市沈阳，向沈阳周边的地市报市场寻求新的发展动力，不仅有利于发挥省级报业集团的资源优势，带动地市级报纸共同发展，而且也定将为省市两级报业的进一步发展提供新的增长动力。另一方面，作为辽宁中部城市群当地市委主管主办的《抚顺日报》、《本溪日报》、《辽阳日报》、《阜新日报》、《营口日报》、《铁岭日报》，近年来无论是在新闻宣传，还是在事业发展方面，都取得了一定的成就，但受思想观念、创新意识、体制机制、传媒资源等主客观因素的影响，这些地市报的办报水平与运营能力在进一步满足当地市场日益增长的文化需求方面普遍存在着不足。而越来越多的强势晚报都市报跨区域进入地市报市场，也对地市报的发展提出了严峻挑战。无论是在抚顺、本溪，还是在辽宁中部城市群的其他城市，除了当地主办的地市级报纸外，至少都还有2~3份当地以外的晚报都市报参与市场竞争。为维护和扩大各自的市场份额，参与地市报市场竞争的所有晚报都市报除了在办报内容、广告价格上进行竞争外，在发行营销方面也都投入了大量的人力、物力和财力，给相关报社的经营增加了非常大的成本压力。而资源整合后，辽宁日报传媒集团与辽宁中部城市报社则由竞争走向了竞合，由对手变成了伙伴，工作重心也从各自拼市场投入转向了共同拼报纸质量，不但节省了营销费用，而且建立起了良性的市场秩序，树立了媒体的良好形象。辽宁日报传媒集团的发展需要向外扩张、需要通过整合所产生的规模效应与协同效应，实现自身规模与实力的进一步提升；辽宁中部城市报社需要借助辽宁日报传媒集团的资源优势、管理优势，实现自身在办报水平、经营水平方面的全面提升。结束辽宁日报传媒集团与辽宁中部城市地市级报纸在地市级市场上的直接竞争，走向资源共享、协同发展的合作之路可谓是水到渠成。而辽宁日报传媒集团与铁岭日报社的成功战略合作，则为地市级报社通过与省级报业集团合作，实现自身又好又快发展描绘了美好的蓝图，提供了充足的信心。

2009年5月1日，由辽宁日报传媒集团主办，全新改版的《辽阳日报》与《营口日报》正式推向了市场，并凭借着视野更宽、功能更强、信息更大、版面更活，迅速赢得了当地政府的高度肯定和市民的欢迎。与本溪日报社和阜新日报社的战略合作也在近期取得重要成果。7月30日，辽宁日报传媒集团与《本溪日报》正式在沈阳签署战略合作协议。《本溪日报》从8月1日起，按照“瘦报”、彩版，报头下方署“辽宁日报传媒集团主办”等统一要求进行改版，《本溪晚报》更名为《辽沈晚报·本溪版》。《阜新日报》的改版工作也自8月1日起正式实施。至此，包括《本溪日报》、《辽阳日报》、《阜新日报》、《营口日报》、《铁岭日报》在内辽宁中部城市七家地市级党报中的五家都已加入到了省级党报集团主办的序列，辽宁中部城市报业一体化的发展格局初步显现。与此同时，与抚顺日报社、鞍山日报社的战略合作也在积极地沟通与协商中。

4.报网互动

《辽宁日报》还加强报网互动，扩大省级党报引导舆论的覆盖率和影响力。针对互联网已成为思想文化信息的集散地和社会舆论的放大器，在全国平面媒体中率先创办集纳网络信息的专版，搭建舆论引导的新平台。鉴于近一个时期引起广泛关注的热点新闻都发端于网络论坛的新动向，《辽宁日报》在新闻采编和排版上与集团内的北国网和海力网形成积极互动，推动辽报的言论在网络上引起反响。

北国网（www.lnd.com.cn）是辽宁日报传媒集团旗下的官方综合性新闻网站及增值资讯服务提供者，是辽宁日报传媒集团所属的惟一网络媒体，是获得国务院新闻办授权“关于在互联网登载新闻内容”的重点新闻网站之一，是辽宁省最具权威性的以新闻为主体的综合性网站。

北国网目前已成为拥有16个频道100多个栏目，同时拥有12报5刊电子版的综合性新闻网站，在中国众多传媒网站中具有鲜明的特点和广泛的影响力。

北国网是中国主要门户网站各类新闻、专题、评论的信息发源地之一。通过网站，辽宁各地的各种新闻和信息迅速传播到世界各地，并已经成为GOOGLE、百度、新浪等著名搜索网站为网民提供服务的主要信息来源之一。

北国网无线增值业务是辽宁省接入业务排名第一的信息服务提供商，创立了东北第一家手机报纸《辽宁手机报》，通过web、SMS、WAP、IVR等各个平台为辽宁移动800万用户、辽宁联通500万用户提供全面、完善、个性化、人性化的无线增值业务信息服务。

作为辽宁日报传媒集团的一个重要组成部分，北国网一直遵循“立足辽宁，辐射东北，面向全国，服务世界”的建网方针，努力发挥网络传播的特点和优势，采取多种表现形式服务广大网络读者。北国网近年来访问量持续增长，最高日访问量已达100万人次，平均日访量达70万人次。在浏览人群中，国家公职人员占的比重最大，达到34.8%，其次是公司职员，占27.6%。在多项权威调查评比中，北国网均被称为最有价值的品牌，最受欢迎的网站。

同时，北国网创办《网事》专版，用党报的立场整合网友多元观点，潜移默化地对网民进行舆论引导。这在全国平面媒体中还很鲜见，在党报中更是创新。网事版紧跟网络热点新闻，整合网友精彩观点，看似生动幽默的网络意见，背后其实是代表党报的价值取向。这种潜移默化、和风细雨的舆论导向，效果比板着面孔说教更好。目前，读者对《网事》版评价很高，通过编辑的梳理整合，呈现了中国网民的思想和情怀。

5.发展趋势

辽宁日报传媒集团姜凤羽社长认为，报业未来的趋势是以数字传播为主要载体，纸质媒体与之并存。作为领头人，他对集团未来的发展规划，已然成竹在胸。他认为：

第一，通过跨地区、跨媒体联合重组，实现集团化和集约化。集团化和集约化是现代企业的象征，中国传媒单位组织形式的集团化和经营形式的集约化，既能节约大量的成本，又能整合资源横向发展，实现资源的优化配置和产业结构调整。

第二，通过与国情结合，不断深入体制和机制创新。中国传媒的改革发展，必须适应中国特色社会主义道路，不能套用西方的模式。在体制和机制创新方面，辽宁日报传媒集团的目标是是在坚守舆论阵地的同时，履行媒体的责任，并尊重市场规律，适应受众需求。因此，改革必须从实际出发，综合评估阅读需求和阅读市场，让同城媒体尽可能少的同质化，减少重复化建设，培养读者健康向上的阅读习惯。据了解，辽宁日报传媒集团已经将集团的业务经营部分剥离出来，由事业单位转为企业，拥有一些独立法人。

第三，通过打造传媒品牌，掌握对外宣传主动权。传媒品牌涉及到公信力、权威性、美誉度和知名度等四大方面，只有做好这几大方面，才能成为读者喜闻乐见的媒体品牌，才能完成党交给的任务。因此，适应传媒规律，打造传媒品牌是传媒人的责任。

第四，通过建设传媒集团的企业文化，落实科学发展观。企业文化是辽宁日报传媒集团的“企业魂”，给企业员工的生命和工作注入活力。让姜凤羽十分自豪的是，目前辽宁日报传媒集团“精气神”十足，从党委班子到全体职工拥有一股蓬勃向上的气势与和谐的环境。“企业文化的打造需要对新事物的吸收、善于捕捉前沿信息，并实事求是地加以努力。我们将注重企业文化建设，将辽宁日报传媒集团打造、历练成综合品质高的一流企业，保证集团健康、持续发展。”

最后，建设一支优秀的编采和经营管理队伍，打造一支优秀的传媒团队。制胜之法，一切靠人。目前，辽宁日报传媒集团高层、中层和编采人员素质比较高，但仍然缺乏人才，尤其是在“做强做优主导产业，着力发展相关产业，积极介入多元产业”之机，需要大量的人才。辽宁日报传媒集团以良好的分配政策，保证在编和聘用员工的收入平衡外，还将采用一系列措施，解决人才短缺的问题。

二、沈阳日报报业集团

沈阳日报报业集团经中宣部同意、国家新闻出版总署批准，于1999年12月15日正式成立。集团拥有《沈阳日报》、《沈阳晚报》、《沈阳今报》、《晚晴报》、《卫生与生活报》、《青年科学》杂志、《人生十六七》杂志和沈阳网等六报两刊一网，还设有集团印务中心、发行公司、欣闻实业股份公司等经营单位。

《沈阳日报》是中共沈阳市委机关报，以“责任媒体服务民生”为办报宗旨，是在全国较有影响力的党报。其前身《工人报》创刊于1948年12月，1949年12月20日更名为《沈阳日报》，目前为对开二十四版。2008年，该报日均发行量达28万份，其中整订18万份，零售8万份，中高档写字间等派送和赠阅2万份，是东北地区党报中版面最多、发行量最大的报纸。发行范围立足沈阳，辐射东北地区，集中覆盖沈阳市及周边地区，是辽沈地区的主流媒体之一。

《沈阳晚报》创刊于1985年7月1日，是地方老牌报纸，新闻报道中规中距，是沈阳市创刊最早的晚报类报纸，日发行量45万余份。该报是沈阳市内影响力较大的报刊，在政府机关，企事业等单位的订阅上具有一定优势，针对中年以上读者的广告效果上佳。目前，该报为国际流行的瘦身报，画版更为清新、新闻容量更大，使得订阅读者稳定提升，新闻内容对引导沈阳市民的消费和生活产生巨大影响，在百姓心中有较高的美誉度。

《沈阳今报》是沈阳日报报业集团打造的沈阳全新都市报，2003年3月19日创刊。报纸为国际流行的对开瘦长报，每期16-24版，在版面风格及报道角度、深度、广度、手法和灵活性上都别具一格，折射出全新的办报理念、时尚风采、清新大气、便捷可读、富有冲击力等显著特点，给人常看常新、可亲可爱的视觉享受。“用今天精彩的新闻创造明天壮丽的辉煌；用今天优质的服务点亮明天‘金’彩生活”是贯穿该报的内在含义。

2009年3月29日，沈阳日报书画院成立，该画院的成立将为更多的艺术家搭建一个文化平台，让其拥有一个切磋技艺、相互学习、展示自我的空间，并将为辽沈地区开辟出一块新的文化阵地，也将成为沈阳日报报业集团提升形象的重要砝码。

2009年10月，为了庆祝新中国成立60周年，展示沈阳市的城市建设、环境绿化取得的成就，沈阳市城市建设管理局、沈阳市摄影家协会、《沈阳晚报》联合举办沈阳市城市建设成就摄影大赛，展现城市风光、园林建设、道路、街心广场绿化、城市亮化、桥梁、浑河两岸风光等建设成就以及城市管理工作者辛劳工作的风采，这一方面展现了《沈阳晚报》的责任意识，另一方面也提升了集团在读者心目中的地位。

此外，集团的新媒体平台建设继续深入，《沈阳日报》、《沈阳晚报》和《沈阳今报》电子版的运营愈发成熟；随着2010年下半年沈阳地铁将正式运营，地铁报将成为沈阳日报报业集团经营的新亮点。

三、华商晨报社

华商晨报社旗下拥有一报、一网、一本DM杂志。《华商晨报》是辽沈地区发行量最大的主流都市大报；辽一网是华商晨报的官方网站，日访问量达500万，是辽沈地区最大网上社区综合门户网站；《华商直讯》是以楼市为主的高档消费性DM杂志。

《华商晨报》是一张重点覆盖沈阳并辐射辽宁全省的综合类城市生活报，报纸为对开28版日报，日均发行50余万份，是沈阳乃至辽宁地区发行量最大的报纸。本着“奉献最有价值的新闻和信息”的办报理念，《华商晨报》以其新闻犀利、信息全面和突出市民化、都市化的风格，成为辽沈地区一张主流报纸。2008年，经过中国报业网等单位的评选，该报获得了最具成长性都市报10强荣誉；在中国传媒论坛学术委员会和史坦国际主办的“第五届中国最有投资价值媒体评选”中，获得“中国最具投资价值媒体”奖项。《华商晨报》“黄马甲”发行网络在辽宁省共建有近百个发行站，有着完善的配送网络。

2009年，《华商晨报》组织策划《中国画卷》，以庆祝中华人民共和国建国六十周年为主题，用60天的时间，每天绘制一幅插画，并且这60幅画正好拼接成具有中国文化底蕴的中国画卷。该作品还在由“国际新闻设计协会(简称SND)”主办的第31届“全球最佳报纸设计比赛”中一举夺得金奖，这是迄今为止中文报纸在此项大赛中获得的最高奖项，也是全球中文报纸在SND三十一年的历史中第一次获得金奖。

四、大连报业集团

大连报业集团成立于2004年4月，旗下拥有报纸《大连日报》、《大连晚报》、《新商报》、《大连法制报》、《北方体育报》，期刊《海燕》、《东北之窗》、《中外服装》，以及大连出版社和网站大连新闻网。

《大连日报》是1945年11月1日创刊的大连市委机关报，是以社会政治经济报道为主的大型综合性日报，日均发行量20万份，1份《大连日报》约有7~9人在传阅，每天的直接和间接受众高达140万~180万人次，覆盖大连市各县市区、省内及全国主要城市。

1988年7月1日创刊的《大连晚报》是大连市委主办的一张综合性报纸，《大连晚报》坚持"传递信息，传播政策，引导生活，服务读者，弘扬文明，鞭挞丑恶"的办报宗旨，以新、短、快、活为特色，注重新闻性、知识性、趣味性、服务性，报纸质量和报业经营协调发展，日发行量已达30多万份。该报为日报类四开40版彩色报纸，每天早晨出版发行，十大版组倾情奉献，在第一时间为读者提供丰富的新闻、时政、财经、文体、教育等各方面资讯，全方位满足人们物质和文化生活的需求。

此外，2000年始创立的《新商报》在近年的发展中有着较为抢眼的表现。《新商报》坚持每年一改版，而且每年改版都有新意，发展目标与发展方向十分明确。2001年，《新商报》提出"读到的魅力"，强调内容和服务的品位、品质；2002年，提出"与市场的零距离对接"，以快速扩张新商报在大连市场的占有率和影响力；2003年，提出了"深度影响市场"，旨在强化新商报作为品牌纸媒，在城市、广大客户和读者中间的影响力，推动经营市场的开拓；2004年是"驱动市场"，要做市场的领跑者；2005年，"大众新闻，分众服务"使"读到的魅力"再度升华；2006年，"向上的力量"，使《新商报》逆势而上；2007年，《新商报》继续放大财经特色和文化品质，对新闻信息进行了更符合读者阅读需求得筛选，进行了更具纸媒气质的观点与背景纵深；2008年，"引领财富生活"指引《新商报》向深受中产阶级喜爱的标杆性报纸迈进；2009年，《新商报》的改版理念则为"一份表达商业社会中人的生活需求和状态的报纸"。

五、鞍山报业集团

1998年3月，经鞍山市政府批准，鞍山市工商局注册，鞍山报业集团成立。目前，该集团旗下包括《鞍山日报》、《千山晚报》和千华网等主要媒体。

《鞍山日报》是中共辽宁省鞍山市委机关报纸，是一张融入了时代和生活特色的综合性报纸，创刊于1949年2月7日。该报确立了以"权威性定位、实用性切入"的办报方针，并以新闻性、权威性、实用性的鲜明特点，与群众性、服务性、可读性相结合，富有辽南地方特色，得到企事业单位人员认可和肯定，在省内外具有广泛影响。该报为周六刊彩色印刷，根据市场需求，形成"周一、周五——8版；周二、周三、周四——12版；周六——4版"的出版格局，并在黄金出版日推出"楼市风云"、"健康专刊"、"经济专刊"等形式活泼、阅读率高的专版，不仅丰富了报纸的内容，而且受到广告客户和读者的欢迎。

《千山晚报》创刊于1993年2月19日，是由鞍山报业集团自办发行的一张报纸，它以"进家庭、近生活"为鲜明特色，以日发行量18.5万份稳居鞍山地区报纸发行量第一名，被誉为"鞍山最具影响力的报纸"，受到读者的广泛喜爱，每周六期，版面由16~60版不等。该报主要辐射鞍山以及辽阳、营口、盘锦等周边城市。《千山晚报》为周六刊彩色印刷，不仅深入到关乎民生、经济、文体等各个角落和领域进行报道，更以专题策划、深入剖析、编读联动吸引了大批忠实读者。《千山晚报》奉行"天天有专版"的原则，设置了"健康"、"旅游"、"美容"、"汽车"、"美食"、"楼市"、"家电"等多个行业专版，为广告客户提供了更高效、更便捷的广告发布渠道，取得了良好的市场反馈。

千华网开通于2002年，是由鞍山报业集团主办的以新闻和信息服务为主的综合性门户网站，整合了集团所属报刊以及全国各大党报、网络媒体的信息资源，担负着正确引导网络新闻导向重任，旨在及时、全面展示鞍山社会经济发展日新月异的风貌，为促进鞍山两个文明建设和社会信息化服务。2008年，《鞍山日报》电子数字报改版升级，成为鞍山人了解国内外情况的主要渠道之一。

六、锦州日报报业集团

2004年10月28日，锦州日报报业集团成立，其旗下拥有《锦州日报》、《锦州晚报》、《辽西商报》、锦州新闻网、广告中心、发行中心、影像中心等。

《锦州日报》创刊于1948年，是国内最早创刊的地级党报之一，是中共锦州市委机关报，对开八版，彩色印刷，发行量达八万份，覆盖全区，也是锦州地区覆盖面最广的报纸。

《锦州晚报》于1995年1月开始试刊，同年4月6日正式创刊，现为四开16版。该报信息量大，可读性强，报道全面深入，角度新奇，独具特色，关注百姓生活，实用信息量大，强化社会新闻，辅之休闲娱乐，且有很强的服务性与可读性，适合于各层次读者的需求，深受广大读者喜爱。

《辽西商报》创刊于1998年11月28日，主要读者分布于辽宁省西部的锦州、朝阳、阜新、葫芦岛四个城市。该报围绕经济主体，积极发挥区域媒体作用。办在锦州，重在辽西，是报纸发展的基础；立足商字，服务经济，是报纸发展的关键；与时俱进，勇于创新，是报纸发展的前提；各市支持，同心协力是报纸发展的保证。《辽西商报》将发展成为辽西地区和辽西人喜爱的报纸，打造成具有更大吸引力和影响力的品牌区域性媒体。□

※作者是东北大学文法学院新闻学系副主任、副教授

2009年吉林省报业发展综述

● 严俊　李彧

2009年，吉林省广大报业从业人员在省委、省政府以及各市（州）委、市政府的正确领导下，坚持以邓小平理论、"三个代表"重要思想为指导，贯彻落实科学发展观，结合实际开展宣传报道工作，坚持正确舆论导向，深化新闻出版体制改革，加强报社内部管理，锐意创新，无论是在新闻采编还是在广告、发行等各方面都取得了可喜的成绩。

一、吉林省报业发展的外部环境

吉林省地处中国东北地区中部，面积18.74万平方公里。2008年末，全省常住人口为2734.21万人，其中，城镇人口为1454.87万人，占全省常住人口的53.21%。目前吉林省人均受教育年限达到9年，高于全国平均水平，高等教育入学率达到31.6%，每万人口拥有在校大学生265.9人，居全国第7位。

2009年，吉林省经济保持较快发展。预计全省地区生产总值完成7200亿元，比2008年增长13.5%。地方级财政收入达到487亿元，增长15.2%。2009年，全省民生进一步改善。预计全省城镇居民人均可支配收入14006元，农民人均纯收入5450元，分别增长9.2%和10%。

吉林省省会为长春市，全省共有8个地级市、1个自治州。2008年末，长春市户籍总人口为752.5万人。其中，市区人口360.9万人，四县（市）人口391.6万人。预计长春市2009年地区生产总值完成2919亿元，同比增长15%；全口径财政收入完成450亿元，增长21%，主要经济指标增速继续在全国15个副省级城市中位居前列。吉林市是吉林省第二大城市，总人口达400多万。

二、吉林省报业发展状况总体概况

吉林省千人日报拥有量为73.52份。截至2009年12月底，吉林省共有80家报纸，报业从业人员1.01万人。报纸的类型包括党报、行业专业报、晚报都市类报纸、生活服务类报纸、高校校报和其他类报纸。吉林省的报业市场，吉林日报报业集团、长春日报报业集团以及新文化报社、东亚经贸新闻报社所办报刊占有的市场份额相对较大。同时，省会长春的报纸最多，一些报纸的定位及读者对象，相同或相近，报业竞争激烈。

1.报纸类型分析

吉林省的报业结构中，高校校报的数量在省内报纸中占有的比重最大。这与吉林省高校数量众多有关，2007年吉林省共有59所普通高等学校（包括独立学院），在校本专科生约47万。

所谓"其他类报纸"主要包括一些教辅类报纸。这类报纸在吉林省报业的整体结构中占比重

表1 报纸类型分析（截止日期2009年12月）

类别	党报	行业专业报	晚报都市报	生活服务类报纸	高校校报	其他类报纸
数量（个）	11	9	8	8	28	16
所占比例（%）	13.75	11.25	10	10	35	20

数据来源：吉林省新闻出版局

较大，报纸面向全国，发行面广，发行量大，如在全国中小学生中享有盛誉的《英语辅导报》、《作文评点报》、《小学生阅读报》等报纸。

吉林省地市级的大多数报纸都属于党报，因此，吉林省报业市场中党报的比例相对比较高。而且，许多都市类晚报类报纸和生活服务类报纸都是依托党报创办起来的，如当年吉林日报社创办《城市晚报》(起初为《城市时报》)、《今日财富报》，长春日报社创办《长春晚报》，江城日报社创办《家庭主妇报》等。(参见表1)

2.吉林省主要媒体简介

(1)吉林日报报业集团

《吉林日报》是由中共吉林省委特别支部在1945年10月10日创办于吉林市的一家报纸，1954年随中共吉林省委迁至长春市，此后50多年来，吉林日报社的发展规模不断扩大，2009年《吉林日报》周一至周五日出版数对开8~12版，周六周日日出版数对开4~8版。吉林日报报业集团是经国家新闻出版总署批准，于2001年9月20日正式投入运行营的吉林省第一家报业集团，现有11报3刊1网站。吉林日报报业集团现在已形成了以《吉林日报》为龙头，以《城市晚报》、《吉林农村报》、《今日财富》、《东亚经贸新闻》、《时尚女报》、《房地产报》、《吉林朝鲜文报》、《文摘旬刊》、《东西南北》杂志、《北方法制报》、《生活快报》、《市场调查信息》杂志、《长白山》杂志和中国吉林网共同发展的报业团队。

(2)《城市晚报》

创刊于1983年(当时为《城市时报》)，由吉林日报报业集团主办，是吉林省惟一一份省级晚报，也是创刊最早的晚报，2009年周一至周五日出版数为4开24~48版，周六周日日出版数为4开16~28版。办有城市晚报网。

(3)《东亚经贸新闻》

创刊于1993年，是由吉林日报报业集团主办的一份综合性日报。2009年周一至周五日出版数为对开24~36版，周六周日日出版数为对开8~16版。目前东亚经贸新闻报社旗下媒体有《东亚经贸新闻》(日报)、《房周刊》(周刊)、《财界》杂志（月刊)、彩信手机报、东亚网，全媒体格局初步形成。

(4)《吉林朝鲜文报》

1985年4月1日创办，是立足吉林、面向全国的综合性朝鲜文省级党报。社址设于长春，延边设有分社。1999年起增加副刊版《东北指南》，主要向来华投资经商的韩国人提供吉林省的经济文化信息。

(5)长春日报报业集团

《长春日报》是长春市委的机关报，创刊于1945年。1999年12月16日，在《长春日报》的基础上，成立了长春日报报业集团。2009年《长春日报》周一至周五日出版数对开8~12版，周六周日日出版数为对开4版。《长春日报》作为集团的龙头报纸，与《长春晚报》、《长春商报》、《影视图书周报》、主流网、手机报等共同形成了风格各异、特色鲜明的报业团队。

(6)《长春晚报》

《长春晚报》隶属于长春日报报业集团，创刊于1989年9月。发行范围为吉林省各大城市及长春市所辖的各市县，以长春市内发行为主。2009年周一至周五日出版数对开24~36版，周六、周日日出版数为12~20版。

(7)《新文化报》

《新文化报》是一份由吉林出版集团主管、主办的综合类都市生活日报，1988年创刊，1999年3月12日由陕西《华商报》注资改版后形成了新闻性、权威性、信息性、服务性并重和风格犀利的特点。2009年周一至周五，日出版数为对开24~36版，周六、周日日出版版数为10~16版。报社主办有《家周刊》、新文化网、手机报等媒体。

(8)江城日报社

《江城日报》是中共吉林市委机关报，创办于1956年，现为彩色印刷，周7刊综合性报纸，2009年周一至周五日出版数对开8~12版，周六、周日日出版数对开4版。

《江城晚报》创办于1992年6月，是《江城日报》的子报，是吉林市惟一份市民生活类报纸、日刊，2009年4开32版彩色印刷。

《江城日报》的另两份子报是《家庭主妇报》、《都市新报》。

三、吉林省报业发展的总体特点

1.新闻采编特点：改版、报道理念创新及有影响力的报道

吉林省报业更加注重自身企业形象识别系统的设计与包装，《长春日报》、《长春晚报》、《东亚经贸新闻》等报纸相继面向社会征集报徽等形象识别系统，并根据读者需求，纷纷改版变脸，创新新闻观念、内容和报道方式；对两会、建国60周年、长吉图战略等重大新闻，提前策划，深入报道；贴近百姓，关注民生，加大舆论监督力度，推出了一系列有广泛社会影响力的报道。

(1)长春日报报业集团

2009年，长春日报报业集团开展大规模新闻改革。

①《长春日报》改版

《长春日报》于5月5日全新改版，并启用面向社会征集中选的新报徽。改版后的《长春日报》首次突出导读，方便阅读；大比例调整新闻格局，使政经新闻占到新闻总量的80%，突出政经大报特色；首次突破地域区划，设立吉林城市群版面，关注省内新闻，构建跨地区交流互动平台；将编辑工作细化，将责任编辑和版式编辑分开。对版式从报头、报眉、字体、字号到口号、报纸标识都进行了全新包装，首次实现全彩印刷，全面提高党报质量。

②《长春晚报》改版

《长春晚报》从同城四张都市类报纸的龙头滑落到末位，有多方面原因，而内容不适应读者不断变化的需求，同质化现象严重是主因，要改变这种状况，必须全面改版。

《长春晚报》8月5日正式改版，对报头、版式、报纸的标志等都进行了全新的包装，重新更换报头，重新将报纸定位为“为人民服务”，并将其做成报纸的标志放在报头旁。强调关注民生，强化服务功能，全力打造“新闻纸、民生薄、服务册”，正常24块版中，用1/3的版面即8块版来刊登服务性内容，经济专刊完全以新面孔出现，整个专刊命名为《天天服务》，更好地坚持了“三贴近”原则。

③《长春晚报》报道理念创新及有影响力的报道

贴近百姓，关注民生。春季，《长春晚报》开辟“全民行动——防控甲型H1N1流感”栏目，让市民掌握防控知识。入冬，开辟“关注——今冬供暖”栏目，督促有关部门解决部分市民暖气不热的问题。策划推出“治理长毛房大型民生工程”，邀请6位专家为长毛房屋进行“义诊”，这次活动与此前治理漏雨房活动共为1000多户贫困户解决了问题，受到市长公开电话的高度评价。

对重大突发事件报道进行有益探索。“9·29”邮政储蓄劫案发生后，从寻找英雄群体的角度精准切入进行报道，受到崔杰市长表扬。

(2)《东亚经贸新闻》

①《东亚经贸新闻》改版

2月10日正式全面改版，主要变化如下：

每周增加了5块《健康》版。旨在为大众提供健康服务，开设了“新闻动态”、“专家号”、“听诊器”、“隐秘频道”、“食疗工坊”等特色栏目，还开设健康QQ群，与读者互动探讨；定期邀请相关专家，为大家答疑解惑。组织了2届“东亚名医汇”暨大型专家义诊活动。实现了“以内容为王带动影响力效应，以影响力效应带动全面整合营销”的初衷。

增加了《理财》版。为读者量身定做个人或家庭理财方案，成为读者理财的好帮手。成立东亚私人理财俱乐部QQ群，设立保险、证券投诉咨询台。

对编辑流程进行了进一步优化。编前会与定稿会，应用了新的现代化设备，在内容与形式上有了较大创新。

“东亚报系·全媒体平台”整合CI设计。6月5日，启用面向社会征集中选的新标志(LOGO)，该标志为鲜明的印章式设计，主元素+副元素的设计风格在全国报业系统中尚属首次。

②《东亚经贸新闻》报道理念创新及有影响力的报道

重大节点不缺位、不失语，势大力沉，特色纷呈。先后完成了市、省、全国三级“两会”以及东北亚投资贸易博览会、长春农博会、文博会、四市市长峰会等一大批重要策划报道。在汶川地震一周年报道上，取得了非常圆满的效果。在情人节、光棍节、清明节、教师节、记者节、东亚热线宝贝听听生日、圣诞节等诸多节日节点上，都推出了精心准备的策划活动和报道，均取得了不错的效果。

加大深度报道力度。推出长春沙霸调查、长春黑养老院调查、吉安私彩泛滥调查、维和片警日记、长吉图先导区系列访谈、第三届中日经济论坛等一大批重点策划报道。

精心策划对报纸品牌增益起到突出作用的大型活动。东亚相亲节、东亚白领沙龙、红娘工作室已在读者心目中形成金字招牌。先后推出东亚冰雪运动会等数十项精彩活动，“浪漫七夕南湖之约”活动更是吸引了十万人蜂拥南湖。除此之外，先后主办或者承办了“长白之春小沈阳晚会”、“快女十强全国巡演长春站”、“加油东方天使”、“世界旅游小姐大赛”、“非常6+1吉林选手选拔”、“爱你久久东亚圣诞歌会”、“东亚平安许愿会”、“感动吉林人物评选”等一系列活动，这些活动极大地提升了东亚的影响力，而且还在很大程度上配合广告经营工作，为报社带来了数十万的经营收入。

(3)《城市晚报》

①《城市晚报》改版

版面结构设置上，将精品版面"新闻时评"的位置后移，形成相对固定的版面框架。

②《城市晚报》报道理念创新及有影响力的报道

精心策划重大新闻报道。无论是国家、省、长春市"两会"报道，从民生话题切入国家大政方针，还是对"长吉图开发开放先导区"的系列解读，都体现了一个成熟、权威媒体的有力声音；当甲流肆虐时，推出了《防治甲流手册》，为市民日常防护提供指导；与省市两级人力资源部门合作成功举办了大型就业招聘会；长春汽博会、农博会、东北亚投资贸易博览会等重要展会报道，佳作纷呈。文娱部推出了40个大型文艺策划，联办了中国移动吉林分公司十周年庆典群星演唱会等多场大型演出。

加大经济新闻的报道力度。以贴近民生为出发点，体现较多的思考，使得新闻更具厚度，如《家电以旧换新存猫腻》、《吉买盛超市撤出长春系列报道》、对肉价、油价、房价等与百姓生活密切相关的系列稿件，切中了百姓脉搏，渐入佳境。

社会新闻策划突出主旋律。推出了"重回九台会知青"大型社会公益活动，体现了《城晚》和九台市人民解放思想、追求和谐的创新理念；以全球首次公祭孝圣曾子为策划思路推出的在人间怀念金版以及"清明大型公祭活动"都取得了圆满成功。

加大民生新闻和舆论监督力度。从百姓最关注、最贴心的新闻切入，推出了"寻找最冷公交"系列报道，在社会筹集到1万多个暖心垫上公交，缓解市民乘公交遇冷的难题；加大舆论监督力度，推出了《金钥匙开锁公司傍上多城区"警民联系榜"》、《敬老院还是惊老院》、《社区活动室出租》、《120救命线干打不通》、《黑窝羊大批流入长春》等多个社会反响强烈的报道，其中得到省市领导批示、推动有关部门改善工作的稿件20余个。

市州新闻报道反应迅速。推出了如《太平川金店大劫案》、《失踪的新娘》、《单位女领导说能办社保210万进了她腰包》、《最"休闲"的街道办》、《通化打黑系列报道》、《梅河监狱一犯人脑出血死亡、身上多处外伤》、《长白山黑风口东师女生失踪》等产生广泛社会影响的新闻报道。

新闻评论进一步加强。站在时代前沿关注社会，关注民生，鲜明地表达出媒体的立场和声音；彰显独特的价值理念，专注于百姓身边事和本地新闻，发表评论，一些策划性的评论更彰显了《城晚》的知名度和影响力。

开展与其他媒体的合作。与长春电视台《城晚速递》栏目组合作，分享新闻线索，联动出击，组建的士线索车队；与吉林卫视协办《超级乐八点》，协办多场演唱会；与江苏卫视《绝对唱响》栏目、安徽卫视《星光模范生》栏目、东方卫视《东方天使》栏目、贵州卫视、天津卫视、福建东南卫视等都有密切合作，提升了《城晚》影响力。

(4)《吉林朝鲜文报》

《吉林朝鲜文报》报道理念创新及有影响力的报道

组织"新世纪朝鲜族社会新现象"和"赴韩国朝鲜族劳务人员现状"系列报道。其中"赴韩国朝鲜族劳务人员现状"荣获全国少数民族新闻奖二等奖。在"韩国就业访问制"的报道中，组织记者采写稿件，推出出入境专版。延边分社还给上千名的乡村群众免费宣讲有关政策和法规，提供具体服务。目前，该报劳务输出报道已成为新闻品牌。"新时期新现象"系列报道获得省委、省政府"宣传吉林好新闻奖"。

组织"土地经营权流转和朝鲜族农民的选择"报道。连续编发5期稿件，同时组织农村干部和各界专家学者座谈会，就朝鲜族农民如何处理好土地问题进行研讨。

发挥对外宣传的窗口作用。2009年东北亚贸易投资博览会期间，《吉林朝鲜文报》及中国吉林网朝鲜文频道都发挥了对外宣传的关键和核心功能，刊发的大量信息，被国内外朝(韩)文新闻媒体加以转载引用。

(5)《新文化报》

①《新文化报》改版

1月，创办《今天到你家》栏目。这是该报与长春市"12345"市长公开电话办公室、长春经济广播电台·民生广播联合推出的大型关注民生栏目。报社记者会同有关部门帮助读者解决生活中遇到的难题。

增加了一块版财经版。《新文化报》将原来经济生活部改为财经部，包括证券版在内的财经版达到每天3块版，拓宽报道领域，由过去单纯关注消费类问题，拓展到大的财经事件的报道，如娃哈哈事件。

5月11日，开设《群新闻》栏目。关注在城市中因为相同的兴趣爱好而形成的一个个群体，如暴走族、驴友、穿汉服的"同袍"等。

②报道理念创新及有影响力的报道

出台“采编八条军规”。《新文化报》通过梳理新闻价值观和操作理念，总结出了新闻操作的“八条军规”。第一条：核实、核实、再核实；第二条：客观而审慎的面对新闻事件；第三条：善良、富有同情心；第四条：永远的质疑精神；第五条：独立、自信；第六条：保持恰当的品味；第七条：深度、深度；第八条：必要的节制是长远事业的前提。通过这八条军规来打造记者和编辑的新闻职业精神。

努力打造公共新闻。通过《新文化报》搭建平台，更多关注公共问题，共同寻找公共问题的解决途径，努力实现政府、公众、媒体“三赢”。以前报纸对一些民生新闻客观报道的多，而主动介入问题解决的少，而现在《新文化报》变单纯的“问题监督者”为“解决问题的协作者”，新闻热线与市长公开电话联动，及时将读者反映的问题反馈到有关部门，同时针对典型问题，记者要到现场“帮办”，促成问题的解决，化解矛盾，对突发性事件，多从建设性的角度去思考应对问题，这样就使问题相关者（政府、公众、媒体）的关系更加和谐。2009年8月13日至8月24日陆续推出《问碘》系列报道30多篇文章，探讨了究竟该吃多少碘，现在的补碘是否过量，“补碘”政策制定是否科学等一系列事关公众健康的问题。针对八九月份，大货车造成多起严重伤亡事故，《新文化报》进行系列报道的同时，配发7篇时评，探讨事故多发的原因及对策。

对时事政策进行通俗细致的解读。针对《长吉图开发开放先导区规划》，《新文化报》开设“长吉图 国家战略 吉林机遇”专栏，并派记者赴北京、长春、吉林、延边，采访了相关官员、专家学者，对规划的意义、背景等进行了深入的解读。在时政新闻报道方面，以普通读者的视角去把握党政官员普通、亲民的一面，使时政新闻更加贴近读者。

汶川地震一周年报道视角独特。汶川地震一周年之际，派出6名记者奔赴灾区发回连续报道，《北川法院重建最艰难时刻还没过去》、《北川涉灾案激增该怎么判？该怎么办？》、《北川县委政法委书记张周凯：多做事，就会忘了伤疤的痛》、《草根NGO面临的问题 说到底就是生存与发展的问题 现在都裸露在了沙滩上》、《灾区心理援助覆盖率仅10%》、《北川县县长经大忠：“建设家园，再大的压力都是动力”但说不清自己“是麻木还是坚强”》，5月12日推出《灾难改变中国》20版特刊。

媒体联动，扩大影响。2009年11月跟央视、吉林年鉴举办第7届“感动吉林”年度十大人物评选活动，将感动人物推荐给央视《感动中国》，共收到449万余张选票。与吉林人民广播电台乡村广播、长春经济广播电台·民生广播联合采写新闻，电台邀请报社记者到电台讲新闻背后故事，扩大了报社的影响。

（6）《江城日报》

①《江城日报》改版

2009年《江城日报》成功改版为瘦报，并改变党报版式风格，使之更时尚更现代。

②《江城日报》报道理念创新及有影响力的报道

围绕市委市政府中心工作，组织一系列主题性报道和战役性报道。在宣传经济建设、民生民利、科学发展观、精神文明建设等方面下了很大力气。如针对项目建设、招商引资、固定资产投资、非公经济、城市管理、新农村建设等全市重点工作，开设了“项目建设潮涌江城”、“百日会战”、“城管之窗”、“建设新农村”等拳头栏目，相继刊发消息、特写、言论800多篇。

发挥舆论引导作用，强化主题宣传。采取多种报道手段，对全市“两会”、雾凇冰雪节、雪花啤酒节、东博会、建国60周年、学习长春经验等活动进行了强势报道，营造了声势。

贯彻“三贴近”原则，把民生民利作为关注点和落脚点。在贴近市民的政策服务、法律服务、教育服务、就业服务等方面，努力拉近与普通读者的距离。2009年年初，报社组织精干力量，对百姓关心的政府今年要办的十件实事，刊发了细致翔实的答疑解惑报道。派出33名编辑记者，到基层一线，以普通劳动者的角色，边工作、边采访、边体验，开展了“走近群众、体验艰辛”主题采访活动，刊发体验式报道34篇。民生服务版开设了“有话帮你说”、“有事帮您办”等栏目，与市纪检委合办了“监督热线”，高度关注群众的安危冷暖和喜怒哀乐。国内国际新闻版面紧跟时事动态，其他专刊副刊版面注重特色。

2.吉林省报业发行特点

2009年，国家对劳动用工进一步规范，企业用工成本随之加大，加上金融危机的影响，2009年吉林省的一些报社出现了一线投递人员流失、短缺的局面。同时，由于新媒体冲击，纸张和燃油的涨跌以及城市管理力度进一步加大，一些流动报贩和不规范的报摊被取缔，这些都对报纸发行造成一定不利影响。吉林省报业采取措施积极应对。

2009年的吉林省报业市场，日报类报纸发行量最大的是《新文化报》,日均达 38 万份。近四五年来,《新文化报》销量在吉林省第一的位置相对稳固,《城市晚报》的销量曾位居第二,但后来被《东亚经贸新闻》赶超,《东亚》和《城晚》的 2009 年日均销量约 30 万份,《长春晚报》则一直位居第四,销量约为 20 万份。(参见表 2)

周报类发行量《英语辅导报》居第一位,最高发行量达 1300 多万份,该报的发行经营收入也位列吉林省第一,这是因为目前都市报晚报的销量虽然大,但定价一般都是低于成本价,《英语辅导报》定价相对较高。

(1)省市党报党刊发行体制改革

表 2 2009 年下半年长春都市报销量排名

媒体名称	销量排名	市场份额
新文化报	1	47.15%
东亚经贸新闻	2	18.97%
城市晚报	3	18.34%
长春晚报	4	15.54%

(数据来源:北京世纪华文国际传媒咨询有限公司 CCMC)

2007 年,吉林省委决定,2008 年的《人民日报》及《吉林日报》的发行通过省财政直接列支征订费用方式进行征订(征订经费采取分级负担的办法解决),《求是》杂志可使用各级党委留成党费征订。各级党委宣传部门负责提供基础数据,并按规定范围确定三种党报党刊的发放明细,由各级邮政部门按党委宣传部门提供的明细做好投递分发工作。

从 2008 年起,长春市委、市政府对《长春日报》实施市财政列支征订计划,并对印务中心技改项目贷款予以大力支持,从而在一定程度上为长春日报报业集团发展解决了难题。

吉林省的党报党刊发行体制改革,得到中宣部肯定,在中宣部 2009 年度党报党刊发行工作电视电话会议上介绍经验。

(2)长春日报报业集团发行改革

2009 年发行中心运输部率先改制为民企,组建了物流快递公司。

(3)《新文化报》发行

自办发行与邮发相结合,但自办发行所占比重大。2009 年发行量日均达 38 万份,比 2008 年略有上升。

①补充人员。新文化报社 2009 年新招聘并培训了 469 名发行人员。

②报纸零售进商场。新文化报社积极开拓利用大型商场这一销售渠道,2009 年 6 月起,《新文化报》摆进恒客隆、新天地、华联等大型商场出售。这对扩大报纸销量,提升报纸品牌,具有深远意义。

③开展网络订报。采取网上订阅的办法来吸引年轻读者,通过 96128 购物网(changchun.96128.com),订阅《新文化报》,网上订阅,占到了总订量的 10%。

④对偏远地区发行交邮局。地处相对偏远的白山、延吉、白城发行站,由于发行费率高,管理难度大,新文化报社 2009 年撤消了这些发行站,将这些地区的发行工作交给邮局。

⑤调整订价。2008 年底至 2009 年,纸张价格是先涨后跌,《新文化报》2009 年零售价格与 2008 年相比没有变化,每份为 0.80 元,而征订部分,外埠则全年订价由 150 元上涨到 168 元,长春市本地则恢复到了 2008 年涨价之前的全年订价 150 元的价格。

⑥搞好物流配送经营。利用现有网络资源,搞好物流配送。投递员除了投递报纸外,还提供送米面油、洗涤用品和图书的服务,经营性收入占到了员工收入的 20%。

(4)《城市晚报》发行

①优化发行读者结构。将中高端收入人群作为主体发行对象,是《城晚》发行工作的核心战略,把高档封闭小区、写字楼、主要商业区等作为目标读者进行主攻,采取灵活的订阅政策,提升了订单数量和零售量;报社陆续投入几百万元,为在发行工作三年以上、业绩优秀的员工办理了社保,增强了员工的归属感,为大征订工作的开展打下了较好基础。

②不断提升服务质量。将投递时效作为发行工作的生命线,推出了时效预警制,投递时间晚于规定时间将进行严格处罚;为降低、缓解发行投诉并进行有效处理,推出了发行站内勤回访服务,从根源上杜绝漏投现象发生;改版、升级了发行服务热线,使得读者与报社、发行员之间相互沟通无障碍,让过去的监督变成一种开放式服务。

3.吉林省报业广告经营特点

吉林省报业也受到金融危机影响,首先是合资型广告主压缩包括广告费用在内的费用支出;其次是人力成本和运营成本持续增加,严重削弱传媒产业的盈利能力;其三国家消费拉动政策形成反向作用,本地房地产、家电和汽车类广告主的投放潜力未能得到释放;再加上新媒体的冲击,

2009年吉林省报业广告收入同比下降约6%，据吉林省工商局提供的数据，2008年吉林省报业广告收入达4.309亿元，2009年为4.063亿元，同比减少了2500万元。

2009年，各报社加大了活动策划的力度，对广告客户和消费者需求进行细分，精心策划方案，加大了品牌营销的力度，深化客户维护和开发工作，新闻报道与广告营销之间结合更为紧密，广告活动之间互补效应与聚合效应更为突出，报社之间的广告收入差距也在进一步拉大。

吉林省报纸2009年广告经营额第一名是《新文化报》，接近2亿元[1]，较2008年有所上升，其后是《东亚经贸新闻》5100万元，《城市晚报》约为4000多万元，《长春晚报》3700万元，《长春日报》2359万元。(参见表3)

(1)《吉林日报》改革经营管理体制

2008年，吉林日报报业集团对内部经营管理体制进行改革，将《吉林日报》的编务工作与经营创收分开，设立经营管理工作委员会和编务工作委员会。

表3 2009年7月长春市报纸广告状况前6强

排名	媒体名称	市场份额	竞争指数
1	新文化报	32.65%	1.47
2	东亚经贸新闻	22.22%	1.07
3	城市晚报	20.83%	1.35
4	长春晚报	15.40%	3.08
5	长春日报	4.99%	1.28
6	吉林日报	3.89%	0.04

注：1.本数据来源：慧聪邓白氏研究2009年7月《中国报刊广告市场(月度)研究报告》

2.本排名是广告收入(刊例价)排名

3.本排名数据包含媒体本身投放的广告量

(2)《新文化报》广告经营

根据2009年1月公布的《2007~2008中国报刊广告投放价值百强排行榜》，《新文化报》全国都市报30强，也是吉林省惟一闯入百强的报纸。《新文化报》2009年在广告、营销方面，坚持“客户为本、价值竞争、品牌经营”的理念，应用、开发出“节点营销”、“跨界营销”、“品牌营销”，以及“脉冲式营销”、“定点爆破式营销”等多种方式方法。

①“节点营销”：就是不放弃每一个有主题、有故事、有内涵的时间节点(其中也包括与广告客户策划制造的时间节点)，进行系统策划、包装，制造广告创收机会，形成了产生广泛影响的“元旦特刊”、“年货大集”、“情人节专题”、“社庆特刊”等大规模的广告营销平台，对广告营销业务实现系统覆盖。

②“跨界营销”：针对不同行业和不同客户的互补需求，以及报社不同广告品类营销的需求而采取的方法，比如在“汽博会”上开展房地产行业的“好梦一日游”，在“房交会”推出精品车展，都是跨界的新尝试。

③“品牌营销”：是对报社各行业多年来形成的引领性优势活动进行分拆操作，整合包装，这在2009年度达到一个成熟的新高度，“汽车总评榜”、“楼市总评榜”、“金融总评榜”、“3C英雄榜”、“家居口碑榜”……榜榜精彩实用，在消费者和销售者之间搭建起优质的沟通互动平台，在国内和省内引发强烈反响，客户跟进度和覆盖度高，已成为一大经营特色。

④“脉冲式营销”：主要体现在单体的重点行业市场策动上，比如，在2009年推出了年度系列车展，每周、每月都有特定主题、都有定制互动，全年营销活动一波接着一波，一浪推着一浪，基本锁定了目标客户。

⑤“定点爆破式营销”：针对特殊的或有着特殊需求的客户，予以定向策划、定向服务。

⑥成立市场管理部。于2009年初成立，主要负责数据监控分析和客户维护，9月29日，市场管理部还组织了新文化报社VIP客户俱乐部，该俱乐部由近百位知名企业高管组成，定期开展活动，为企业界搭建了一个高层次、高品位的资源交流、整合的平台。

另外，2009年底新成立华晟文化演艺公司。

(3)《城市晚报》广告经营

城市晚报社以通过向策划要效益、向大客户要效益为手段，经营与管理并重，实现了预期的工作目标。

①通过策划活动增加效益。开展“住交会”三名(名人、名企、名盘)评选、汽车星光榜、金融大典等业内盛事，取得了良好的口碑与反响，直接拉动了广告投入；地产部开展的多次区域性房展、看房直通车活动，教育部开展的民办教育机构评选、走进职教校活动，汽车部在高档楼盘、闹市区及长春市周边城市举办的多次车展，都是突破原有经营模式，以活动拉动创收的成功策划；医疗医药部在护士节期间与省卫生厅合作开展的种植护士林活动，与省卫生厅、长春市卫生局联合开展的十大民营医疗机构评选、开展客户联谊会等活动，拉近了

与客户、行业主管部门的关系，提升了媒体的市场影响力，增强了客户对媒体的信心。

②维护好重点龙头客户。对于重点行业客户，采取重点维护的对策，实现了创收。2009年年初，广告中心与规模投放行业前几名的大客户建立了战略合作关系，适当调整广告价格，派专人为客户进行了一对一的活动策划、对客户自身的活动给予新闻支持，这一做法成效显著：2009年，苏宁电器的投放比2008年增加200%，市场份额居同城媒体第一位。

③广告六大专刊各具特色。以独具创意的广告专刊、节庆特刊拉动广告创收，有力地协助行业总监维护了客户。

通讯、医疗医药、商业、金融保险、汽车、教育等行业或超额完成全年任务，或打了一个漂亮的翻身仗，或在与同城对手的竞争中稳居市场份额第一。一些小客户、死角客户实现了增长或突破，与历年相比，家居建材广告实现了新的突破和增长，包括中东瑞家、金海马家居等在《城晚》广告投放量比较大。报社全年严格执行广告公司代理制，回款较好。

(4)《长春日报》广告经营

开发形象广告。利用党报行政资源优势，以机关、行业为目标对象，开发形象广告，有效弥补了硬广损失。同时在广告代理基础上，成立广告工作室，进行广告包装、策划和研究。

(5)《长春晚报》广告经营

长春晚报对广告部进行改革，将广告部与经济专刊部合并，成立地产、商贸、健康、IT通讯、汽车、品牌推广部等10个事业部，事业部主任及采编、业务员面向社会公开招聘。

2009年8月，被中国广告协会报刊分会授予"2008~2009年中国报刊广告投放价值排行榜'最具成长价值报纸十强'"称号。

4.吉林省报业新媒体发展特点

吉林省各家报社积极迎接新媒体的挑战，兴办网站和手机报，努力实现传统媒体与新媒体之间互动、融合，力求资源共享，朝着跨媒体、多渠道传播的方向发展，并发挥了一定的舆论引导作用，但目前多数报社对新媒体的投入还不大，采编流程还没有再造，各报社间新媒体发展还不平衡，新媒体影响力相对传统媒体还较小，还没有成为一些报社的新的经济增长点。

(1)吉林日报报业集团

中国吉林网(www.chinajilin.com.cn)是中共吉林省委主办的省级重点新闻网站，于2001年9月开通。2005年底省委决定，将中国吉林网升级为副厅级建制的公益性事业单位。中国吉林网下设五个机构、40余人。中国吉林网已经成为吉林省最大的网上新闻发布平台，每天整合省内外媒体的各类新闻上千条、吉林省原创新闻500余条，网站的日访问量已经超过百万人次。

中国吉林网的主要做法是：

①整合集团所属报刊及各市州党报新闻资源。吉林日报报业集团以中国吉林网为依托，对集团旗下的11报3刊丰富的新闻资源进行整合，同时中国吉林网是全国首家将省委党报与各市州党报整合在同一网络平台上的网站，将省内的《长春日报》等其他九市州党报电子版链接进了网络中，扩大了市州党报的覆盖面，让它们拥有更多的受众；另一方面，也为这些市州党报搭建了一个很好信息共享的平台，有利于彼此间互相学习和借鉴。

②打造知名网评栏目引导社会舆论。为做好网络舆论的引导工作，组建了由多方人士组成的上百人的网评人队伍，打造出了以《长白时评》为首的几档知名网评栏目。网站针对突发事件，积极组织网评员撰写网评文章，积极跟帖，帮助网友认清是非。2009年6月，网评人在松原高考舞弊事件披露的第二天就发表了题为《高考舞弊成风，必须深挖根源》的评论；2009年7月吉林省"通钢事件"发生后，中国吉林网首先在《长白时评》转载了《人民日报》的评论《打击暴力与倾听民意》，这些评论以理性客观的态度，探究了问题的本质及其解决路径。《长白时评》2009年发布各类评论稿件一万余篇，其中发布本地评论员原创稿件3000余篇。

③加强报网互动。中国吉林网为每家报社设置留言版块，方便网友与报社互动，促进各家报社不断提高自身的办报水平。中国吉林网还把网上的一些热议帖放在《吉林日报》上发表，"两会"期间，《吉林日报》在头版位置开设"网民热议两会"栏目，产生了报网之间良好的互动效果。

④利用多媒体手段宣传推介吉林。从2003年开始，中国吉林网和《吉林日报》每年都联合举办"全国网络吉林行"，邀请其他省份的记者来吉林省参观、访问，宣传吉林新形象。在每年召开的东北亚投资贸易博览会上，中国吉林网通过网络对博览会进行全程直播。

中国吉林网2009年2月18日推出《吉林手机报》。

(2)《城市晚报》

《城市晚报》与城市晚报网(www.cswb.cn)是报网互动关系。2009年,城市晚报网与新闻部门合作了《吉林形象宣传推广语征集》、《畅游新城市 巡礼新农村》等多个网络专题,有效提升了网站日访问量,全年日平均访客为2554人次,访问量较2008年增长近一倍。年度省内总访问量达78万人次,境外访问人数40万次,对《城晚》的品牌推广起到了一定的促进作用。

(3)《东亚经贸新闻》

东亚网(www.dyxw.com)于2002年正式开通。2009年7月,东亚网第三次改版,打造全媒体平台,不断加强着在不同媒体类型之间的互联、互通与互补作用。东亚网延伸了报纸的服务功能,扩大了报道面,如一些招生考试的录取名单,由报纸版面有限,过去无法全文刊载,现在可以通过网站来刊登。目前东亚网站日访问量近万次。

《东亚经贸新闻手机报》于2005年11月开通,手机报早晚各一次,重大突发事件实现即时播报。

(4)《吉林朝鲜文报》

2000年1月1日开通了《吉林朝鲜文报》试验网络版,2005年9月1日正式开通了中国吉林网朝鲜文频道(kr.chinajilin.com.cn)。主要面向来华韩国人以及韩国本土的韩国人提供新闻资讯,已成为韩国人了解中国的最重要的媒体之一。

中国吉林网朝鲜文频道以吉林新闻和新华社消息为主要内容,日均流量达10至15万。主要访问者构成:韩国20.13%,欧洲16.38%,吉林14%,北京4.46%,美国1.31%,辽宁1.13%,日本1.01%。

吉林朝鲜文报社2009年11月与中国移动吉林省公司合作开通国内第一家《朝文手机报》。

(5)《新文化报》

新文化报社于2009年1月投资成立了全资子公司吉林盈通网络传媒有限公司,主要经营新文化网、《新文化手机报》。2009年,新文化报社对新媒体的投入达260万元。在长春市的各家报社中,新文化报社新媒体的商业运作是最成功的,目前已成为报社经济的新的增长点,2009年网站与手机报收入达170万元。

新文化网(www.xwhb.com)是《新文化报》的官方网站,2000年初建立,致力于打造吉林省内领先的在线新闻资讯和娱乐互动服务平台。2009年12月第五次改版,扩大了首页资讯展示区,首页的信息量增加了。现有15个频道,播客频道是吉林省目前人气最旺的播客频道。网站日均IP量达5万~8万之间。网站的主要做法是:

①开展大型直播活动,汇聚网民人气。2009年,新文化网进行了多次大型网络直播,其中2月20日至3月11日"信心09 唱响长春"和8月9日"新文化报经典老歌演唱会"两次直播影响较大。

"信心09 唱响长春"活动从2009年2月20日10时10分开始,到同年3月11日10时12分结束,连续19个昼夜,市民连续欢唱456小时2分,成功创造了吉尼斯超级麦霸新的世界纪录。网络直播吸引网民在直播留言板上留下了20万留言。活动还吸引了一批演艺明星登台献艺。本次活动提振了金融危机背景下春城人的信心,扩大了报社及其网站的影响力。

2009年,新文化网还主办了30场长春亚泰球员做客新文化网视频直播活动,吸引了一大批固定网友。

②沟通社情民意,反映市井万象。在论坛里定期设置一些议题,组织网民讨论,如对供暖问题的讨论,网站将网民意见整理,经报社编前会研究后在报纸上加以刊登。网民也将自己生活中的有趣事记录下来,发在论坛里。根据网监登记,新文化网论坛频道是省内最大论坛,一天实时在线千人左右,平时日均发帖量3000至5000个。网站组织活动时,网民发帖踊跃,每天超过2万人发帖,最多超过20万发帖。

③加强报网互动,充分利用新闻资源。新媒体负责人参与早晨的选题会和晚上的编前会,会议确定哪些选题适合新媒体介入报道,要对相关新闻线索及时处理,有时重大的本地新闻,先通过手机报晚报进行发布。

《新文化手机报》已经营了4年,是吉林省第一家彩信报,三大电信运营商中国移动、中国电信、中国联通都参与手机报的运营,目前已有15万订户。

(6)长春日报报业集团

2009年长春日报报业集团全媒体平台初步建成。集团首次组建新媒体部,并确定了一报一网(《长春日报》、主流网)的长期发展战略。9月15日,集团投资20多万元启动资金,成功开通了集团官方网站"主流网"(www.1news.cc),结束了集团多年来没有自己网站的历史。主流网与集团旗下的《长春日报》、《长春晚报》等子报进行报网互动,使集团由单一平面媒体转变为多元立体媒体,成功迈出了媒体转型的第一步。"主流网"日点击率突破6000人次。

5月15日,由长春日报报业集团与中国移动吉林分公司联手打造的彩信《长春手机报》正式开通。8 月，报业集团又与吉林电信合作，推出《主流手机报》，共有两种形式，短信形式和彩信形式。目前《手机报》用户已突破 3 万户。

(7)《江城日报》

吉林市的《江城手机报》由江城日报社和吉林市移动公司于 2008 年 2 月 21 日创办，是吉林市的第一家手机报，现有近 20 个栏目，汇集《江城日报》、《江城晚报》、《家庭主妇报》、《都市新报》四张报纸的精彩内容，以及互联网上的新闻和实用的生活资讯。每天早晚两期，以彩信的形式向移动用户发送。

5.吉林省报业内部管理特点

吉林省大约有 50%的报社属于事业法人，采用事业单位的方式进行管理，如《吉林日报》以及其它地市级的党报；大约有 3%到 4%的单位属于企事业法人，采用事业单位企业化经营的方式进行运作，如《长春商报》、《作文评点报》等报纸；其余的报社，则属于非法人，它不是独立的法人，不具有独立的法人资格。比如说各高校的校报就属于此类。

2009 年新年伊始，各家报社就根据实际制定了自己的发展规划，强化内部管理，控制成本支出，提高办报质量。特别是一些体制相对陈旧的报社，如长春日报报业集团，加大了人事、劳动、分配制度改革的力度；各家报社更加注重以工作能力和实际贡献来评价确定个人收入；员工培训工作制度化。

(1)《城市晚报》

城市晚报社已经于 2005 年成功转制为吉林报业城市晚报有限责任公司。2009 年继续执行绩效考核、岗位聘任制，因岗设人。

2009 年 12 月，《城市晚报》获“金长城传媒奖·2009 中国最具创新城市晚报”荣誉。

(2)长春日报报业集团

①全员聘任，双向选择。长春日报社从 2008 年初就着手人事、劳动、分配制度改革，员工打破身份界限，竞聘择优上岗；中层干部有 61 位处级干部、17 位科级干部通过上台演讲，民主评议走上了工作岗位。2009 年，长春晚报社经过层层聘任，共有 10 人落聘待岗。

②变身份管理为岗位管理。以岗定薪、岗变薪变。机关、行政人员实行岗位薪酬制，采编、审读人员实行绩效工资制。新的分配制度在《长春晚报》试行后，学历、资历身份不再决定个人的实际收入，而是靠实力、岗位，人员工资最大升幅是原来的 5 倍，最大降幅减少了 1000 多元，真正解决了干多干少、干好干坏、干与不干一个样的问题。

③推出专业人才“双通道”成才激励机制。在报社内公开评聘首席记者、首席编辑、首席策划，当选人员参照部门副职享受待遇，大大激发了年青人的工作热情，全面提高了队伍素质。

④管理机制日益完善。首次实行全员目标责任制管理，通过“一岗三责”(党风廉政建设责任制、安全“四防”责任制、工作目标责任制)把职工和工作紧密联系起来。通过考勤、考核、考评，将工作实绩与绩效工资挂钩、与年终奖金挂钩、与奖惩升迁挂钩，充分体现多劳多得，有为才能有位的竞争机制。

⑤全面推行预算管理。控制成本，总支出同比下降 20%，其中主营业务成本同比下降 27%，管理费用同比下降 6%，营业费用同比下降 23%，财务费用同比下降 15%。

⑥提出“在报爱报、在报信报、在报忧报、在报为报”的“四在”理念。将其上升到文化管理层面，在集团内全面推开，同时，引入廉政、效能风险管理机制，形成了健康有序、和谐向上的良好发展氛围。

(3)《新文化报》

①制定《三年战略规划》。2009 年年初报社制定了《三年战略规划》，报社要实现每年 5000 万的经济规模增长，由传统媒体向全媒体转变，成为区域一流媒体和全国有影响媒体。

②改革薪酬绩效体系。报社把原来以行政级别确定薪酬改变为岗位价值评价薪酬，主要依据岗位贡献、绩效情况和目标责任进行全员考核，在总体薪酬略涨的情况下，员工之间的收入差距进一步拉大，薪酬向采编一线倾斜。另外，报社还提高了员工“五险一金”的上缴比例。

③实行全面预算管理。建立成本控制体系，努力使相同的投入，产生更大的效益。

④加大员工培训力度。每年投入几十万元培训员工，采取“走出去，请进来”的办法。组织员工到国内知名媒体去考察学习，到《南方都市报》、《都市快报》、阿里巴巴网站去学习，邀请中国人民大学高钢、新华社陆小华、朱玉以及《中国青年报》刘畅等知名学者、业内知名人士来报社讲学，传授经验。

12 月，《新文化报》获得“金长城传媒奖·2009 中国十大创新都市报”荣誉。

2009年度中国报协报纸印刷质量评比中,《新文化报》印刷质量连续两年进入全国15强,被评为精品级报纸,是吉林省惟一一家获此殊荣的报纸。

(4)《东亚经贸新闻》

①制定实施《2009年东亚采编质量实施纲要》。分析了报社亟待解决的问题,并以细致到个人和部门的量化标准,以及相应的考核评价体系的修正,对采编部门的工作提出了明确而具体的指标要求,使新闻评判与新闻基本质量有了较大程度的提升,考核价值杠杆作用更加明显。

②加大员工培训力度。采编中层以上干部,每月要组织一次读书报告会。邀请吉林省统计局局长姜国钧讲《国际金融危机与我省的经济增长》,邀请律师讲解新闻单位如何规避新闻风险。

做好新员工上岗前一周培训,分批次组织全体员工到双阳进行拓展训练。

报社建立互助基金,对困难职工进行帮扶。

四、吉林省报业发展关键词

1.吉林省新闻出版体制改革

为深入贯彻落实党中央和吉林省委、省政府关于深化文化体制改革的决策部署,进一步推动吉林省文化体制改革工作取得实质性进展,结合吉林省文化单位实际,2009年9月吉林省制定出台了《吉林省深化文化体制改革总体方案》,该方案要求新闻出版系统2009年年底前完成9家报社转企改制:延边晨报社、就业时报社、影视图书周报社、长春商报社、作文评点报社、英语测试报社、语文学习报社、英语辅导报社、医师报社。争取2010年前基本完成全省报刊社转企改制的非时政类报社有12家:今日财富报社、时尚女报社、文摘旬刊社、视听导报社、生活快报社、房地产报社、延边广电报社、吉林科技报社、第一汽车集团报社、吉林石油报社、吉化报社、家庭主妇报社等。该方案还规定,符合转企改制条件的其他报刊社也要积极进行转企改制;深化英语辅导报社改革,进行股份制改造,力争在创业版上市。

2.新中国成立60周年国庆报道

为迎接建国60周年,吉林省各报社纷纷推出了自己精心策划的重点报道。

(1)《吉林日报》

①开设专栏、专版,浓墨重彩地反映辉煌成就。8月27日至10月6日在一版开设《辉煌吉林》专栏,发稿26篇。从8月29日至10月6日开辟"向祖国汇报"国庆专刊、"激荡60载"——纪念新中国成立60周年特刊"、国庆阅兵特刊,共出版约70多块专版。图文并茂、系统全面地反映了新中国成立以来吉林省各条战线取得的辉煌成就。

②精心策划组织活动,搞好重点报道。9月9日吉林日报报业集团决定组织开展"畅游新城市、巡礼新农村"大型主题活动。本次活动由城市晚报社、东亚经贸新闻报社承办,集团旗下系列报刊、中国吉林网、吉林手机报等全面参与、全程支持。主办方邀请60名读者亲身体验和直观感受家乡的变化,共同见证吉林省发展振兴,感受60年沧桑巨变。同时开展征文活动,以读者"一路走,一路看,一路感受",作为主要形式,分批选择优秀稿件在《吉林日报》、《城市晚报》、《东亚经贸新闻》专题副刊上发表。9月16日,30名读者参观长春市代表性的企业、重点工程、新城区等;30名读者参观九台市社会主义新农村建设示范点。9月22日,"畅游新城市,巡礼新农村"活动读者见面会在吉林日报报业大厦举行,20名读者代表汇聚一堂,畅谈感受。

(2)《城市晚报》

策划推出系列活动:推出"我为祖国送祝福"大型社会公益活动;征集表达祝福的书法、绘画作品或是手工艺品;征集反映60年中国、吉林、长春变迁的老照片;邀请读者讲述发生在新中国的故事。

(3)《东亚经贸新闻》

建国60周年大庆,东亚推出了8项大型策划选题和活动,主要有:"吉林创造的60个新中国第一"大型策划报道;东亚志愿者联盟和长春市妇女儿童活动中心联合策划推出"红色六十年六十场公益活动"大型主题活动;和长春电视台、吉林音乐广播FM92.7联合举办的"歌颂祖国 唱响春城"大型群众主题歌会活动;"60年后再聚首 5年诺言盼甲子"大型策划,组织由6位老人组成的开国大典见证团,游览北京;联合长春市文明办开展"展现爱国情怀,向祖国母亲献礼"国旗免费发放活动;"我叫建国你叫国庆"系列活动,在全省范围内寻找名叫"建国"和"国庆"的人,畅谈个人和祖国60年的伟大变化。

(4)《吉林朝鲜文报》

先后与人民网"中国共产党新闻朝文版"共同策划组织"两会朝鲜族代表系列报道"、举办《建国60周年朝鲜族人物60名》系列报道活动。

(5)《新文化报》

和省政府法制办公室、长春市委宣传部、长春市文明办联合推出“国旗飞扬 全城飘红”大型公益活动,全市参与人数达到 20 万人。新文化网对这次活动进行了全场直播,并推出“万人视频祝福祖国”活动,用镜头记录下读者对祖国的感恩与祝福,最后选取了其中 60 人的视频上传到新文化网上。9 月 30 日,在文化广场举行了升旗仪式,省市有关部门领导以及 3000 多名群众自发前来参加了升旗仪式。

从 2009 年 7 月 14 日到 9 月下旬推出“家国 60 年”系列报道:包括国庆记忆(寻找国庆亲历者)、家·国纪事(寻找“样本家庭”,一家几代人的经历,能够反映与国家命运紧紧关联或曾经历过有深刻影响的历史事件)、征集天安门前老照片、晒晒你的老物件(诸如旧画报、老账本、老粮票等)等策划性和读者参与性的报道。

9 月 30 日出版了 15 版《阅兵观礼手册》,10 月 1 日,《新文化报》出版 4 开 14 版的《自信的中国》阅兵号外,这是长春市报业市场惟一的一份国庆号外,在报业市场掀起了波澜。

《新文化手机报》10 月 1 日出版了《国庆阅兵特刊》。

(6)《长春日报》

9 月在一版开设“喜迎新中国 60 华诞”、“我和我的祖国”专栏;和长春市地方志编纂委员会从 9 月 21 日起共同推出《长春的新中国之最》系列报道;从 9 月 23 日开始在 2 版推出迎国庆专版——《盛世 60 年,长春与祖国同骄傲》。10 月 1 日,推出 10 个版的《‘盛世 60 年’国庆金版》,10 月 2 日,推出 8 块版的国庆 60 盛典特刊。

(7)《长春晚报》

在同城媒体中率先推出大型系列活动《纪念建国 60 周年大型报道——人生细节》,回顾曾经发生的重大事件及不为人知的事件背后的故事;与市委宣传部、市文明办联合向市民免费发放国旗活动;与长春市民族事务委员会联合推出大型“56 个民族全家福”活动,邀请 100 多位各民族代表为祖国庆祝生日,并为与会的各民族代表拍摄吉林省首张“爱我中华全家福”。10 月 2 日推出 16 块版的国庆盛典特刊。

(8)《江城晚报》

9 月 26 日,吉林市 1400 多名 1949 年出生的花甲老人在吉林一中参加大合影,喜迎祖国 60 年华诞。这张具有特殊意义的大合影刊登在 10 月 1 日的《江城晚报》上。

3.新文化报读者小学落成

2009 年 9 月 9 日,新文化报读者小学在四川省平武县落成。“5·12”大地震发生后,《新文化报》发出倡议为灾区捐款,读者和企业捐款共 270 余万,加上国家专项拨款,新文化报读者小学耗资 600 多万元。

4.《新文化报》、《长春晚报》报庆

3 月 12 日是《新文化报》改版 10 周年,省委书记王珉、省长韩长赋发来贺信,国家新闻出版总署党组成员、副署长孙寿山为改版 10 周年题词。报社当日出版 44 版《十全久美》报庆特刊,并举行答谢酒会,省委常委、宣传部长荀凤栖等领导出席酒会。

9 月 1 日《长春晚报》创刊 20 周年之际,出版 48 版报庆特刊,在文化广场举办创刊 20 周年文艺晚会。市委书记高广滨、市长崔杰,市委常委、宣传部长王振华发来贺信。□

※作者严俊是吉林大学文学院新闻系副教授、中国传媒大学电视与新闻学院博士生,作者李彧单位:吉林大学文学院新闻系

※注释:

【1】根据华闻传媒投资集团股份有限公司二〇〇九年半年度财务报告披露:华闻传媒子公司吉林华商传媒与新文化报社 2007 年签订包括广告、发行、印刷与纸张采购在内的全部经营性业务的独家经营权,吉林华商传媒需每季度按《新文化报》广告营业总额的 20%向新文化报社支付广告分成款,协议期限为 30 年。吉林华商传媒 2009 年上半年实际支付《新文化报》广告版面费用为 2062 万元,由此推断,《新文化报》的全年广告经营额约为 2062×2÷20%=20620 万元,即 2 亿元左右。

2009年黑龙江省报业发展综述

●弋红丽 洪永进 李慧 侯月桐

一、黑龙江省报业发展总体概况

随着报业“事业单位，企业化管理”的改革，黑龙江各个报业纷纷组成报业集团取长补短，降低成本、提高媒体利用率、增加竞争优势。

2009年，今年黑龙江报业发展比较平稳，报纸总量、会员单位数量没有减少；发行没有大起大落；广告收入没有大增大减；同时，报业经营总额与队伍相对稳定。

1965年全省有报纸20种，文化大革命期间全省仅存3种，1980年恢复到9种。黑龙江省委、省政府于2006年6月做出了决定，要建设边疆文化大省，进行文化体制改革。以后发展迅速，2009年共有59家报业单位，15家省、市、地级党报，各类晚报都市报23家，专业报纸25家，报业呈现空前繁荣的大好局面。从报纸的种类和报业单位的数量看报业总体上处于平稳发展阶段与上年相比在数量上无变化。

二、黑龙江省主要报业集团概况

1.黑龙江日报报业集团

《黑龙江日报》是黑龙江省委机关报，创刊于1945年12月1日，是国内创立最早的省级党报之一。建国初期，在国家行政区划调整过程中，黑龙江省先后由原来的黑龙江、松江、合江、嫩江、牡丹江、哈尔滨等省市合并而成，《黑龙江日报》也随之合刊改刊不断演变发展壮大。

黑龙江日报报业集团经过多年的发展，黑龙江日报报业集团目前已主办、主管了《黑龙江日报》、《生活报》、《老年日报》、《农村报》、《新都市报》、《读者新报》、《家庭保健报》、《黑龙江经济报》、《今天消费报》、《大众家事报》和《新闻传播》《活力》杂志，以及黑龙江日报报业集团网站，成为拥有十报两刊一网站的集团化大型报业媒体。

几十年来，在省委的正确领导下，黑龙江日报发挥了党报主导作用，较好地宣传了党的路线方针政策，记录了黑龙江翻天覆地的变化，在广大读者中赢得了很高的声誉，受到了省委的充分肯定。2002年，经中宣部，国家新闻出版总署批准，以黑龙江省委机关报——《黑龙江日报》为龙头成立黑龙江日报报业集团正式成立。

继2008年改革以来，2009年黑龙江集团继续在采编部门实行全面改革，实行“岗位竞聘制”。所有的编辑和记者只有在考核考试合格后才可是升级上岗或者是保留在原岗位，对于不合格的人员则实行解聘或者开除对于冗员则一律裁掉。

黑龙江报业集团认为如果要在文化体制改革中发展壮大，一定要深刻理解媒体的双重属性：“事业性质，企业管理”。这意味着，新闻事业的性质决定它不能像一般企业那样可以自由出入市场，可以作为“无主管企业”，可以自定方针而是必须服从党和政府领导。但是，在管理上可以采取企业方法。新闻媒体是独立法人，在经济上必须自主经营、自负盈亏、依法纳税。新闻媒体在政治上必须恪守党性原则，经济上则按照社会主义市场经济的规则运行。新闻事业的上层建筑属性，决定了报纸是党、政府和人民的耳目喉舌，为党、政府和人民服务。要明确要“实现好、维护好、发展好人民群众基本文化权益”的重要性。党报的价值首先体现在社会效益，做好主流新闻，在事关国计民生的主流新闻上，通过强有力的发声，无形中对其他报纸、其他媒体，甚至境外媒体起到重要导向作用。

作为都市服务类报纸在各个领域要为读者提供多种资讯，充分满足受众的多层次的信息需求，可以根据受众需求和市场导向决定自身的发展，选择报纸的办报方针、内容取舍、受众定位等。可通过股票上市、债券发行等方式吸收业外资本或境外资本，还可通过手机等跨媒体平台扩张方式做大做强。

2.哈尔滨日报报业集团

《哈尔滨日报》是中共哈尔滨市委机关报，是这个城市的主要舆论工具。近年来，她以“民主化决策、科学化管理、法制化运行、人本化发展”为治社方针；以“政治办报，企业化管理、市场化经营、社会化服务”为产业纲领；以“读者为友、请读者参与、为读者服务、给读者实惠”为 经营宗旨；以“权威性定位，实用性切入”为方向，使报纸更加贴近生活，贴近百姓，并以栏目众多，内容丰富，版面新颖活泼而深受广大读者喜爱。

哈报集团主办有《哈尔滨日》、《新晚报》、《家报》、《都市资讯报》等报刊。《哈尔滨日报》是坚持正确舆论导向的主力军；《新晚报》除坚持正确导向外，还要为市民提供健康、实用的信息；《哈尔滨日报——城乡版》定向为农村乡镇干部居民服务；《家报》面向全国家庭，侧重满足读者的心理需求；《都市资讯报》分阶层办给都市消费者，出版“学生导刊”、“消费导刊”等专刊。《家报》在北京、西安、沈阳等地开办了代印点，发行覆盖了三十多个城市。

哈尔滨日报社领导层认为靠无形资产使党报产业增值，是新一代报人的历史责任，是“正业”。反之，那种只讲办报不讲运营是对党报无形资产的浪费。于是，他们充分运用党报的这种“无形资产”，以尽量少的报业投入，支配尽可能多的资本，使党报的实力实现了无成本扩张、低成本扩张和爆炸式增值。他们以“报达企业集团”为依托，进行了一系列无资产运营。他们创造出了“POTA”这个名牌，作为”报达“企业集团的形象识别标志，花费万元在国家工商总局注册了个领域的商标。于是，“POTA”这个图标便高频率地出现在哈尔滨的大街小巷千家万户，“POTA”牌电度表、“POTA”牌家用电脑、“POTA”牌指纹识别系统、闪着“POTA”顶灯的出租车、报达印务股份有限公司、报达摄影器材公司、报达便民连锁店、报达电子系统集成公司、报达明扬电子公司、报达电脑平面设计公司……一共由26家公司构成了声名显赫的报达企业集团。只有报达电度表公司是由报社投资万元，其余公司或是由报社以无形资产参股，或是由报社独资的企业参股控股，或是由报社职工集资入股。结果是，报社仅仅动用了一千多万元就构造了年产值一亿多元、年利税六百多万元的报达企业集团。

2009年哈尔滨日报报业集团获得的奖项有：金长城传媒奖·中国晚报十强、全国晚报广告投放价值20强、中国晚报经营管理十强、品牌贡献奖·影响中国十大晚报、中国最具品牌传播力强势媒体·中国十大品牌传播力晚报、中国报业创新奖、金长城传媒奖·中国十大晚报。

3.牡丹江新闻传播集团公司

1999年9月，牡丹江广播电视系统在市场竞争中重塑形象，在全国第一家进行公司化改革，组建了国有独资的牡丹江广播电视集团公司，从而将广播电视事业驶入市场经济的快车道，把广播电视事业的发展架构在一个新的更高层次，并为全省乃至全国广播电视系统改革探索出一条成功的新路。

2004年5月，牡丹江报业集团和牡丹江广播电视集团公司正式合并，成立了牡丹江新闻传播集团公司，这是在全国为数较少的将报业与广播电视进行合并，实现两种传媒资源的整合。集团中除了新闻总社和广播电视台之外，其他14家单位全部实现了市场化运作，重点突出，资源利用率高。牡丹江新闻传播集团组建之后，《牡丹江日报》改为瘦报，《牡丹江晨报》扩为32版，并在办报总之、定位、风格上做出了重大的调整，报纸质量明显提高，发行量有很大提高。《牡丹江晨报》覆盖牡丹江地区所辖六县(市)，拥有快捷通畅的发行渠道及准确的市场定位和雅俗共赏的精彩内容，信息丰富，时效性强，广告形式及媒体价格选择空间大，市场受众广。

三、黑龙江省报业的发展策略

1.内容为王，满足读者的切实需要

报纸内容要向深度化与思想化、知识化和娱乐化三个方向发展。黑龙江省报纸要注重深度报道、经常提出创新思想，指导人们正确认识社会和现实事件。一张严肃的报纸敢于触及社会的本质问题，推论深刻，反映人民的内心愿望。

报纸一旦知识性强，就会对读者产生吸引力。以“娱乐化”抓住最后一批读者，也是个办法。在娱乐化的潮流中，有些报纸针对人们的娱乐和休闲生活，办出特色，自然会有市场。但报纸娱乐内容不应过度，提倡健康向上的娱乐，防止低俗化。

2.产业力求多元化

由于黑龙江地处地理位置的局限，黑龙江报业拥有着自身的优势没有发挥不出来，相对于发达地区的报业，黑龙江的报业发展模式单一。黑龙江省报业应该围绕主业进行多元化发展。这是指报社办了报纸办杂志、办了杂志办出版社、办了出版社办网站等。从多元化经营的理论上讲，叫作“同心多元化”，即报社利用现有的技术、特长、经验及其资源等发展新产品，增加产品品种，扩展新业务，围绕大众传播这同一圆心向外扩展业务经营范围。报业本身是文化产业的一部分，在文化领域拓展、延伸，相关的知识和经验更丰富，与相关的产业经营所需要的战略资产也更齐备，所以很多报社都是朝着文化产业领域推进多元化经营。围绕文化产业开展的多元化经营属于“水平多元化”经营，也称横向多元化，即报社利用原有市场，针对原有顾客的其他需要，发展新产品，增加产品品种来满足市场需要。

由于印刷业，包括纸业均处在报纸生产的准备阶段，按报纸生产流程的方向，理论上把沿着印刷业和纸业开展的多元化叫做“后向多元化”。与之相对，报纸发行处在报纸生产的末端，理论上把沿着发行业开展的多元化经营叫做“前向多元化”。而广告业、物业管理、物流业由于是与报纸生产并行的辅业，则可以叫“并行多元化”。

多元化经营还有一个重要条件就是，要拥有进入新领域所必须的全部战略资产，而不是部分战略资产。相对于主业来说，有的报社在沿着辅业延伸的多元化经营方面，可能在相关战略资产上或多或少会存在某种缺失，如业务网络、行销能力等经营战线将向文化产业领域以至大众传播领域。

3.黑龙江省报业真正实现报网融合

黑龙江省各报社要以互联网为目标建设新闻网站，力争办成有影响的网络媒体。报社网站通过内容收费和广告收费实现盈利的潜力巨大，如果网站的内容有良好的口碑，经常提供独家新闻，又能为用户提供赚钱的财经资讯，赢利空间巨大。在报纸品牌效应良好时期，报社把自己的网站办成品牌产品，访问量就会大增，读者群会更广。□

※作者单位：黑龙江大学新闻传播学院

2009年上海市报业发展综述

● 庄洁

一、上海市报业发展总体数据

2008年，上海出版报纸100种，平均期印数7871万份，总印数172416万份，总印张882924千印张。具体数据参见表1。1978年到2008年上海报纸出版数量参见表2。

二、上海市报业发展总体特点

1.数字化营运程度加深

在新的媒体环境下，传统媒体、互联网以及移动终端等媒体间的融合将是未来的发展方向。传统媒体或是通过与新媒体协作以寻求技术开发、或是增强数字化部分内容经营以促进市场推广、或是将数字化武装到全身，从印刷系统到发行流程以提升销售运营效率。

(1)解放日报报业集团

①与网易签署战略合作协议

12月12日，解放日报报业集团与网易在上海举行了战略合作协议签约仪式。根据合作协议，双方将在重大事件的协同报道，共享采访报道资源，以及充分发挥报网互动优势等内容层面加强合作。在市场推广层面，双方均同意充分借助自身的宣传平台和业务渠道，开展多渠道、多角度、多层次的宣传合作，对彼此的战略举措和大型活动等进行报道，实现品牌效应最大化。双方还将共同积极发起各种主题的论坛、评选等大型活动，对于双方各自所举办的市场活动，均优先考虑将对方作为媒体合作伙伴。

②解放日报报业集团多通道数字出版系统通过验收

4月29日，由解放日报报业集团和上海阿耳法信息技术有限公司共同研发的报业全媒体多通道数字出版系统，通过了新闻出版总署科技与数字出版司组织的项目验收。该系统通过流程再造融合新旧媒体，实现协同解放日报报业集团数字传播中心、新媒体部和资料中心等多个部门共享资源完成采、编、发工作，以及传统纸媒体与新媒体(网媒、移动媒体)的同步出版，为报业出版数字化、管理信息化、传播网络化，开辟了一条崭新的途径，也成为解放日报报业集团结合报业数字化出版需求，扩展该系统的音视频处理和服务能力的第一步。

③i-news手机报改版，增强互动性

5月下旬起，解放日报集团i-news手机报对其内容产品进行了深度改版，在保证现有新闻、副刊、《午后》专刊三类产品质量的基础上，打造与读者全方位互动的平台。这是i-news手机报内容团队正式成立以来的第一次改版，带动了读者订阅数和反馈率的提升。它打破静止单向的播报形式，号召读者参与手机传播。新辟“超级动动动”，所有栏目都由读者自创、自编、自传；《有话要说》是手机版BBS；《我爱问小编》令读编互动，也令读者之间互通信息；《请你支招》鼓励集思广益的沟通模式。倡导3G时代的“雷锋精神”；《酷图天下》、《我漫故我在》鼓励读者上传图片，或手绘漫画笑侃新闻热点。最后，i-news手机报首创读者会员积分制，读者只要互动，就可以得到相应计分，并积累计分，兑换相应礼品。

表 1 上海报纸出版数量(2008)

类 别	种 数（种）	期 数（期）	每期平均印数（万份）	总印数（万份）	总印张数（万印张）
总 计	100	11034	787	172416	882924
综合报	12	3487	290	104095	643217
专业报	88	7547	497	68321	239708

数据来源：上海市新闻出版局提供

表 2 上海报纸出版数量(1978~2008)

年 份	种 数（种）	每期平均印数（万份）	总印数（亿册）	总印张数（亿印张）
1978	5	257	6.41	6.20
1979	8	349	7.32	7.08
1980	12	464	8.55	8.20
1981	15	640	10.28	9.77
1982	31	936	14.93	13.13
1983	34	1185	18.13	15.49
1984	41	1429	19.63	16.57
1985	89	1656	19.54	17.07
1986	93	1750	19.94	18.37
1987	90	2003	22.45	20.49
1988	83	1958	21.38	22.07
1989	81	1477	15.85	16.25
1990	81	1510	16.16	16.76
1991	75	1506	18.48	19.16
1992	77	1506	24.76	24.76
1993	81	1506	32.27	32.27
1994	87	1369	30.43	30.43
1995	86	1358	19.04	34.00
1996	87	1357	18.93	36.96
1997	87	1397	19.34	43.19
1998	80	1441	19.73	49.84
1999	75	1311	18.42	46.26
2000	103	1135	16.77	44.57
2001	101	1060	16.98	47.67
2002	101	983	16.46	51.42
2003	101	886	17.05	66.13
2004	103	939	19.71	83.66
2005	102	903	19.06	89.94
2006	101	850	17.89	87.33
2007	101	815	17.04	86.75
2008	100	787	17.24	88.29

数据来源：上海市新闻出版局

(2)文汇新民联合报业集团

①文新数字文化产品贸易中心揭牌

9月7日,文汇新民联合报业集团外高桥数字文化产品贸易中心在外高桥保税区成立。该平台借助国家文化体制改革政策利好及外高桥保税区政策优势,对集团的数字媒体、印刷及文化类的涉外资源进行了有效整合,是集团数字文化产品进出口贸易基地,先进制造业和现代服务业展示基地,及国际文化服务贸易的宣传阵地。外高桥数字文化贸易平台将重点建设数字印刷等文化产品国际商贸服务板块、综合性客户呼叫服务板块和国际文化产品展示和拍卖业务板块。根据这一定位,贸易平台实"一中心+多公司"的模式。"一中心"即文汇新民联合报业集团在外高桥设立的数字文化产品贸易中心;"多公司"指进入外高桥的文汇新民联合报业集团旗下的各项目公司,除昨天已率先揭牌的两家公司外,集团其它涉外数字文化产品业务也将培育成熟后择机陆续注入平台。

②推出电子报栏 P-News365,与上海图书馆协作

5月25日,P-News365电子报栏在上海图书馆亮相,为上海图书馆提供一种崭新的读报方式,即,读者只需在高清触摸屏上轻触,即可按种类与日期随心选择想要阅读的数字报纸及各类多媒体内容信息,还可以翻页浏览。

P-News365由文新集团与上海狂龙数码科技有限公司联合开发与推广,旨在打造一个开放式、数字化公共互动平台。文新集团并借机与上海图书馆、上海科学技术情报研究所达成共识,文新集团将积极协助上海图书馆,在城市各中心图书馆等推进电子报栏服务;而上海图书馆也将协助文新集团通过电子报栏平台,推送图书馆免费电子资源进社区、企业等各个区域。

(3)第一财经进军数字媒体

2009年下半年,第一财经宣布,推出旗下全新数字媒体服务品牌"ONE.",以顺应数字化浪潮。"ONE."品牌是集手机、个人电脑和手持移动终端于一体的数字化全媒体。数字媒体通过订制服务向客户收费,基于数字传播技术,以内容为中心,依靠渠道推广的用户收费模式具有极大的想象空间。成立于2003年7月的第一财经,目前已逐步形成集广播、电视、日报、网站、研究员、周刊、论坛于一体的跨媒体产业链。

2.创新发行流程,抢占市场

(1)解放日报报业集团

《解放日报》的发行量稳定在37.1万份左右,与去年同期持平,该报在稳定存量的同时,积极拓宽在两新组织、现代服务业等新领域的发行渠道,做大增量;并积极发挥"发行采编联动机制"的作用,使发行结构更趋合理。《新闻晨报》、《新闻晚报》由于对市场进行了充分的调研和分析,提价后发行量保持平稳;并利用"《新闻晨报》会员俱乐部"这一新平台,对6万余条老订户数据进行筛选,以跨年订阅的形式发出订报邀请信,在市场中抢占先机。2009年2月底《新闻晨报》日均发行量达到80万份,《新闻晚报》发行近60万份。

(2)文汇新民联合报业集团

《文汇报》在注重服务读者的前提下,在发行方式上实行转移,使征订工作由被动变为主动。《新民晚报》制订了严格的目标责任书,责任到人;发行人员在依托邮局的同时,积极做好集订分送单工作;对外地的发行,采取灵活多变的营销手段,制订了立足长三角经济圈、面向印点城市的策略。《东方早报》则以抓好独家新闻、做响品牌、使报纸更为读者喜爱来推动报纸的发行。

(3)网上报刊订阅平台鼎鼎网上线运营

2008年10月8日,网上报刊订阅平台鼎鼎网上线运营。鼎鼎网的前身鼎鼎报局是上海虹桥国际机场的花之书社和上海浦东国际机场的鼎鼎书店于2004年合并而成,专职服务于上海两大机场驻场单位、候机楼贵宾室,以及中外航班的报刊订阅、发行与配送。2007年,鼎鼎报局正式注册成立了上海鼎鼎报刊发行有限公司。网上报刊订阅平台实现了先进网络技术与传统投递配送体系的有机结合。系统囊括境内外、邮发、非邮发的所有报刊目录大全,并建立了上海虹桥、浦东两大机场和市区核心区域的配送站点。用户登录网络平台完成订阅后,鼎鼎网以"限时配送、全程护送"的方式,配发报刊。与传统订阅方式不同的是,鼎鼎网在订阅系统中设置了积分晋级制度,用户可用订阅报刊获得的积分抵订报刊、兑换礼品或申请个性化礼品,以及参与积分游戏和活动。

2009年9月上海市报纸广告状况前10名参见表3。

三、上海市各主要报业集团及报社经营

1.解放日报报业集团子报掠影

12月20日,第四届中国传媒创新年会评出十大传媒领军人物解放日报报业集团社长尹明华榜

表3 2009年9月上海市报纸广告状况前10名

排名	媒体名称	市场份额	竞争指数
1	新闻晨报	29.67%	1.39
2	新民晚报	21.38%	1.64
3	东方早报	13.06%	1.02
4	新闻晚报	12.84%	2.98
5	解放日报	4.31%	1.13
6	申江服务导报	3.81%	1.52
7	上海证券报	2.50%	1.06
8	天天新报	2.37%	1.15
9	青年报	2.06%	1.07
10	外滩画报	1.94%	1.28

数据来源:慧聪邓白氏研究

注:1.本数据摘自2009年9月《中国报刊广告市场(月度)研究报告》

2.本排名是广告收入(刊例价)排名

3.本排名数据包含媒体本身投放的广告量。

上有名。

12月4日至6日,“中国传媒大会2009年会揭晓“金长城传媒奖”,解放日报报业集团等10家报业集团荣获“金长城传媒奖·2009中国十大传媒集团”荣誉称号。

6月15日,解放日报报业集团联合上海联合产权交易所、上海精文投资公司投资创立上海文化产权交易所(上海版权交易中心),这是中国率先建立的以文化物权、债权、股权、知识产权等为交易对象的专业化市场平台,将促进文化产业与金融资本的对接。上海文化产权交易所(上海版权交易中心)的业务范围包括:根据国家和上海相关法律法规和政策,开展各类版权、文化专有权益、公共文化服务政府采购以及其他文化产权的交易;为文化产业投资提供咨询、策划等服务。同时,还将向名人经纪权、各类冠名权等衍生、创新的文化产权交易领域拓展。这一文化产权交易所投入运行后,首批有500多个国内外项目进入平台交易,其中来自日、韩等国家和地区的境外项目有50个左右。交易所发展势头良好,截止至?12月,已有2900多个项目挂牌,其中包括500个版权项目,涉及全国25个省市区。

10月9日,解放日报报业集团第28届文化讲坛在美国哥伦比亚大学举办,共同探讨“新媒体与全球变革”。第二天又应邀走进哈佛大学,进行了两个多小时的“解放——哈佛专题交流与对话”活动,并现场播放了介绍2010年上海世博会的短片。3名优秀哈佛大学学生将应邀作为实习记者在《解放日报》采写世博相关报道。

11月,解放日报报业集团,南方报业传媒集团签署战略合作框架性协议。通过本次签约合作,双方将共同致力于宣传合作、媒体衍生业务经营、广告经营、媒体经营、资本运营等多方面业务的合作,做到“强强联合,共赢无限”,形成“跨区传媒联盟、携手共赢”的新格局。通过战略合作,可促进两大集团品牌影响力和核心竞争力的进一步提升。

(1)《解放日报》

5月25日,为纪念创刊60周年,《解放日报》推出《生于解放》四联版报庆特刊。

(2)《新闻晨报》

2009年上海都市报受金融危机、报纸涨价等不利因素影响,平均总量有所下滑。《新闻晨报》在经历了2008年销量下挫阶段后,在集团一系列发行和新媒体举措带动下,重新回到了和《新民晚报》平分天下的日报地位。

(3)《新闻晚报》

《新闻晚报》与网易就共同承办世博报道联盟达成合作,并于12月11日成功合作举办了覆盖全国31个省、自治区、直辖市,50多家主流媒体共同发起的世博报道联盟启动盛典。

2.文汇新民联合报业集团子报掠影

6月26日,经国家新闻出版总署批准,上海文汇出版社有限公司揭牌,这是推进文化体制改革进程中,第二批转制单位首家挂牌的上海社会出版单位。文汇出版社于1985年5月由文汇报创办,1998年转由文汇新民联合报业集团主管主办。2009年初,经中共上海市委宣传部同意、国家新闻出版总署批准,文汇出版社转制成为国有独资有限公司。转制后的文汇出版社有限公司将探索社会主义现代出版企业的发展道路,做大做强文汇图书品牌,同时发展“跨媒体”“跨地域”两翼,努力成为数字传播时代国内最富个性、最有影响力、最具竞争力的一流媒体出版社。

2009年7月,“新民晚报新民网卫星直播车”启动。这是中国报业第一辆卫星直播车,将利用最先进的宽带卫星技术和数字微波技术,确保新民报系各媒体在重大新闻发生时能第一时间赶赴现场、部署全媒体作业环境、快速采集发布新闻,让广大市民和网友“直通现场”。

(1)《新民晚报》

9月9日,《新民晚报》创刊80周年。《新民晚报》的前身是1929年9月在南京创办的《新民报》。80年来,《新民晚报》在几代报人的精心培育

表 4 2007~2009 年上海都市报平均总量走势

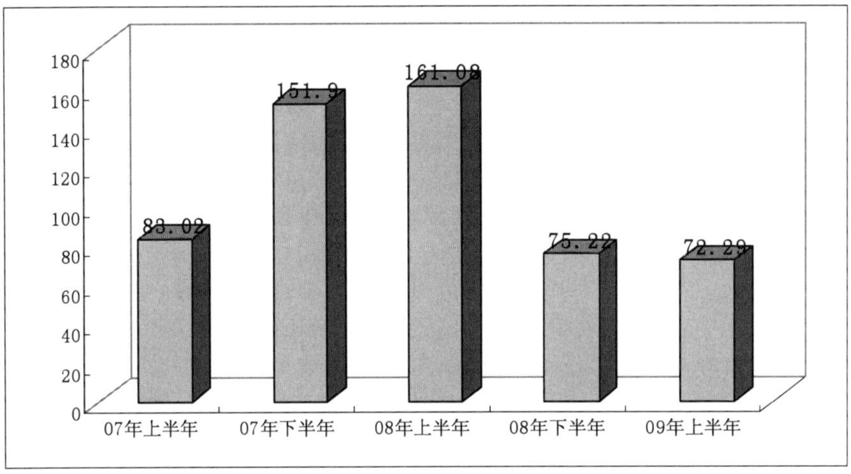

表 5 2007~2009 年上海都市报市场地位变化

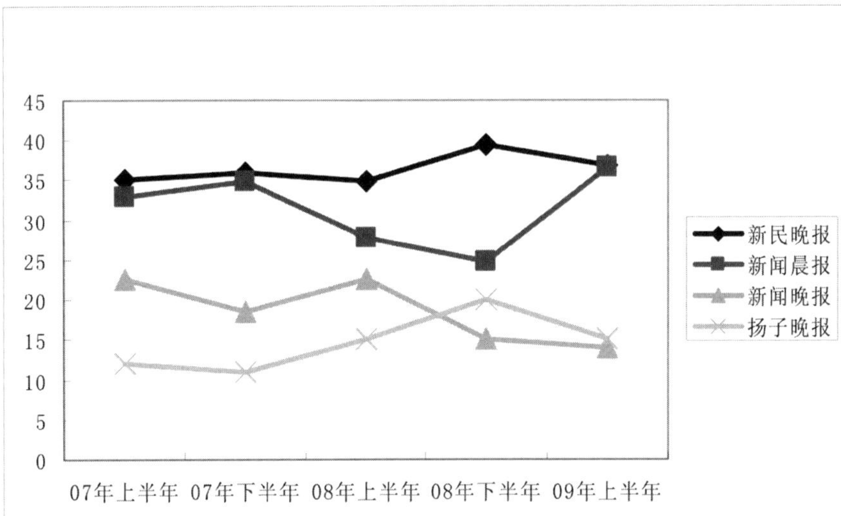

图表来源：华文报刊网

下，形成了理趣不凡、雅俗共赏的风格，赢得了几代读者的喜爱。

(2)《文汇报》

《文汇报》从年初开始启动发行结构与印点城市战略调研项目，该项目旨在通过对该报在本市和外地印点城市发行结构的深入调研，了解该报的发行路径、终端和读者结构；通过对读者进行深度访谈和问卷调查，了解读者对该报品牌的认知度；通过对广告主和广告公司的调研，了解该报的广告吸附力和广告特色，并同时探索研究新的经营战略。

四、上海市报业发展其他现状

1.《上海星期三》停刊

7 月 27 日，《上海星期三》出版了最后一期，并自此因转企改制、业务转型等原因停刊，有可能转型为地铁报。

2.《青年报》创刊 60 周年

6 月 10 日，《青年报》创刊 60 周年。《青年报》是新中国成立后第一张公开出版的

表 6 2009 年上下半年上海都市报销量比较

2009 年上半年上海都市报销量排名			2009 年下半年上海都市报销量排名		
报纸名称	销量排名	市场份额	报纸名称	销量排名	市场份额
新民晚报	1	32.99%	新民晚报	1	31.05%
新闻晨报	2	31.08%	新闻晨报	2	27.87%
扬子晚报	3	14.63%	扬子晚报	3	13.42%
新闻晚报	4	12.76%	新闻晚报	4	12.79%
天天新报	5	8.55%	天天新报	5	8.22%
			上海青年报	6	6.65%

数据来源：北京世纪华文国际传媒咨询有限公司

青年报纸，由邓小平同志亲自批准出版。毛泽东同志1950年为《青年报》题词，1964年题写报名。1984年和1989年，邓小平、江泽民同志分别为《青年报》题写报名和题词。《青年报》1995年起进入日报系列。

3.《理财一周报》新版上市，进军全国零售市场

10月17日，由东方早报精锐团队打造的“新一代财经周报”《理财一周报》新版上市，开始在上海、杭州、苏州、南京、无锡、北京、广州、深圳报刊亭零售。《理财一周报》创刊于2008年3月29日，倡导“生活的经济学”，逢周六出版，每期80个版，促销价2元。80个版面中，有32版证券信息，相关政策，股评热点，并包括6个版面的自行研究统计数据与实战策略；有32版理财资讯，包括8个基金版，10个“投资品”版，8个“楼市版”；有16版杂文读品，由100名海内外著名学者为读者写作上海社会文化生活的林林总总。

4.《上海老年报》发行量连续三年增长率超过10%

《上海老年报》采取积极措施自行消化不利因素，做出2009年报纸不涨价的决策，深受读者欢迎，并得到了市场的认可，发行量连续三年增长率超过10%，目前发行量达14.3万份。该报紧抓版面质量，强化“质量为上”的办报理念，精心策划贴近老年人生活的选题，反映老年人的呼声和建议，使报纸的新闻性、可读性不断增强。此外，不断拓展发行渠道，坚持“发行为先”，积极开展宣传推广活动。报纸征订期间，在筹划做好两场大型读者咨询服务活动的同时，有针对性地在电台、其他报纸等媒体密集投放广告，打造品牌，提高了报纸的知名度和影响力。

五、上海市报业发展关键词

1.世博会

7月21日，上海三大媒体集团：解放日报报业集团、文汇新民联合报业集团、上海文广新闻传媒集团签约成为中国2010年上海世博会合作媒体。按照合作协议，三大媒体集团将抽调精干力量组建世博报道团队，做好上海世博会的新闻宣传工作，在海内外广泛开展世博特色推广活动，并积极利用新媒体平台宣传推广世博会。

12月11日，世博报道联盟在上海启动。世博报道联盟由新华社长三角新闻采编中心、《新闻晚报》、《中国青年报》、《南方都市报》等全国50多家主流媒体共同发起，覆盖了31个省份，联盟将充分发挥成员媒体的传播优势，在近一年的时间里，持续关注世博会，增强世博报道的力度，使受众能在第一时间了解上海世博会的信息，为成功举办上海世博会营造良好的舆论氛围。

2.改制

5月24日，拥有20多年历史的上海商报社正式改制成为上海商报传媒有限公司，这是经国家新闻出版总署正式批准的全国第一张改制成为企业的日报。上海商报社的转企改制是上海世纪出版集团转制和股份化改造的一个组成部分。上海世纪出版集团是全国文化体制改革试点之一，于2005年11月20日发起成立了全国出版领域第一家股份有限公司——上海世纪出版股份有限公司。

3.出让股权

2月19日，上海交大昂立股份有限公司在上海联合产权交易所以1100万元的价格挂牌转让上海新闻晚报经营有限公司19%股权。据悉，2004年8月，上海交大昂立曾以950万元投资获得上述股权。上海新闻晚报经营有限公司主要从事图书报刊批发、零售，设计、制作、代理、发布各类广告等业务，注册资本5000万元。其中上海解放传媒投资有限公司控股51%，上海嘉美盛海文化传播有限公司和上海交大昂立股份有限公司分别持股30%和19%。挂牌信息显示，标的公司前一年度营业收入为11736.07万元，主营收入为11691.15万元，净利润亏损422.67万元。

4.停止合并纳税

从2009年1月1日起，根据财政部和国家税务总局发布的《关于试点企业集团缴纳企业所得税有关问题的通知》，对106家实施合并纳税的企业一律停止执行合并纳税。这106家企业中包括上海的7家试点企业，涉及新闻、出版、发行、印刷等行业，分别是上海新华发行集团、解放日报报业集团、文汇新民联合报业集团、上海世纪出版集团、上海文艺出版总社、上海文化广播影视集团和上海印刷(集团)有限公司。

5.中国出版荣誉纪念章

1月12日，新闻出版总署在京召开表彰大会。上海出版界有4人获中国出版荣誉纪念章，分别是：《辞海》编辑委员会常务副主任巢峰、上海世纪出版股份有限公司总裁陈昕、上海界龙实业集团股份有限公司董事长费钧德、上海文艺出版总社总编辑何承伟。10家单位获新闻出版行业抗震救灾先进集体称号，分别是：上海市新闻出版局、上海盛大网络发展有限公司、解放日报报业集团、文汇新民联合报业集团、上海世纪出版集团、上海新华传媒股份有限公司、上海文艺出版总社、上海第九城市信息技术有限公司、上海巨人网络科技有限公司、上海界龙发展有限公司。上海盛大网络发展有限公司首席执行官陈天桥获新闻出版行业抗震救灾先进个人称号。

6.质量

4月21日，上海新闻出版局首次公布了对上海市607种期刊和97种报纸展开的编校质量检查结果。此次调查显示，上海优秀报纸的比例仅为27%，“差等报纸”的比例却达到了33%。其中“错别字”发生频率最高，约占差错总量的26%。

6月11日，上海市新闻出版局联合上海市工商行政管理局广告处对包括《解放日报》《文汇报》《新民晚报》在内的本市69种公开出版的报纸广告进行了专项检查，此项行动同时也是上海市新闻出版局“迎世博600天行动计划”内容之一。主要集中检查报纸刊载的广告是否违反相关法律法规规定，发布欺骗、误导消费者、严重侵犯消费者合法权益的广告；特别关注被检查媒体广告中涉及上海世博会名称、会徽、吉祥物、主题词和口号等世博会标志的使用是否违反相关的规定；是否存在低俗、炫富等不良文化的内容和损害妇女、未成年人合法权益等内容。□

※作者是华东师范大学传播学院2009级博士生

※参考文献：

《中国出版年鉴2008》.中国出版年鉴社.2008年9月

2008～2009年江苏省报业发展综述

● 冯莉

一、2008年江苏省报业发展状况总体分析

2008年，江苏报业在出版规模、经营收入、人员管理等方面均能积极发展、寻求突破，报业整体实力进一步加强。这也是在《全国报业出版业“十一五”发展纲要(2006~2010年)》的方向指导下不断探索取得的阶段性成果。但是，江苏报业发展中也出现了一些不容回避的问题。

1.江苏省报业概况

2008年，在江苏省注册登记的报纸142种，其中中央级报纸2种，占总数的1.4%；省级报纸22种，占15.5%；地市级报纸55种，占38.7%；县级报纸12种，占8.5%；高校校报51种，占35.9%。2008年与2007年的报纸总数相比减少了1种，原因是徐州教育学院并入徐州工程学院，两校校报合并为《徐州工程学院校报》。地市级报纸数量占有份额最大，此外高校校报数量众多，占的份额仅次于地市级报纸。(参见表1)

2008年，在江苏省公开发行的91种报纸中(由于高校校报仅限于在高校内部出版发行，不在本文讨论范围)，党报14种，县报12种，都市文化生活类报32种，广电报14种，专业、行业报13种，教育报6种。都市文化生活类报纸占总数的比例最大，为35.1%，这与江苏城市化水平较高、拥有数量众多的都市受众有密切的关系。其次是党报和广电报，分别占总数的15.4%，这与2007年相比也没有变化。(参见表2)

2008年，全省共有日报(周四刊以上报纸)64种，在64种日报中，党报14种，县报12种，都市文化生活类报30种，行业、专业报5种，教育报3

表1 2008年江苏省报纸出版数量

类别	总数	中央级报纸	省级报纸	地市级报纸	县级报纸	高校校报
数量	142	2	22	55	12	51
所占比%	100	1.4	15.5	38.7	8.5	35.9

表2 2008年江苏省报纸总量结构分析

类别	总数	党报	县报	都市报	广电报	行业、专业报	教育报
数量	91	14	12	32	14	13	6
所占比%	100	15.4	13.2	35.1	15.4	14.3	6.6

表 3 2008 年江苏省日报结构分析

类别	总数	党报	县报	都市报	行业、专业报	教育报
数量	64	14	12	30	5	3
所占比%	100	21.9	18.8	46.9	7.8	4.6

表 4 2008 年江苏省周报结构分析

类　别	总数	广电报	都市报	行业、专业报	教育报
数　量	27	14	2	8	3
所占比%	100	50	3.57	14.29	17.86

表 5 2007-2008 年江苏省报纸利税分析

项　目	2008 年度	2007 年度	增幅(%)
利税总额（万元）	76949.2	66251.77	16.1%

种。与 2007 年的日报数据 61 种相比，2008 年的日报数量增加了 3 种，即教育报 3 种。日报中都市文化生活类报纸所占比例最大，为总数的 46.9%，其次是党报和县报，分别占总数的 21.9%和 18.8%。(参见表 3)

2008 年，全省共有周报(周三刊以下)27 种，从周报出版的绝对数量来看，我省是全国周报出版规模较大的省份，但从周报占省内报纸的总量看，周报出版规模在比例上显得相对较小，周报出版明显弱于日报。其主要构成是广播电视、行业专业和教育教辅类报纸。(参见表 4)

2.总体经营情况

2008 年，全省报纸利税总额为 76949.2 万元，比 2007 年增长了 16.1%，其中利润总额为 34700.3 万元，纳税总额为 42248.85 万元，有 11 种报纸利润超过 1000 万，《扬子晚报》以 7801 万元蝉联利润排行第一名。利润排名靠前的报纸，纳税额也相对靠前。(报纸利税情况及其排名参见表 5 至表 7)

2008 年，江苏省报纸经营的全年总收入为 433692.3 万元，其中发行收入 92675.64 万元，广告收入 313411.29 万元，其他收入 27605.39 万元。与 2007 年相比全年总收入有较大增长，增幅达到了 15.5%，广告收入与其他收入增长较快，尤其是其他收入的增幅达到 142.2%，发行收入有所下降。虽然广告收入仍然占有绝对比重，但今年数据中的增长变化反映出江苏报业收入结构的调整取得了积极的进展。(参见表 8)

2008 年，江苏省报纸总收入前三名是《扬子晚报》、《现代快报》、《金陵晚报》，与 2007 年的排名相同。排名第 4 位到第 6 位是《苏州日报》、《江南

表 6 2008 年江苏省利润总额排名(前十名)

序号	报纸名称	类别	利润总额（万元）
1	扬子晚报	都市报	7801
2	现代快报	都市报	3812
3	江南晚报	都市报	3495
4	金陵晚报	都市报	3041
5	苏州日报	党　报	2255
6	南京日报	党　报	1374
7	新华日报	党　报	1288
8	江海晚报	都市报	1190
9	常州日报	党　报	1175
10	江苏法制报	行业、专业报	1168
合计			26600

表 7 2008 年江苏省纳税总额排名(前十名)

序号	报纸名称	类别	纳税总额（万元）
1	常州日报	党　报	12135
2	常州晚报	都市报	6541
3	扬子晚报	都市报	4294
4	苏州日报	党报	1914
5	江苏法制报	行业、专业报	1144
6	现代快报	都市报	985
7	都市晨报	都市报	907
8	江海晚报	都市报	778
9	盐阜大众报	都市报	765
10	南京日报	党　报	723
合计			30187

表 8 008 年度江苏省报纸经营收入

	全年总收入（万元）	发行收入（万元）	广告收入（万元）	其他收入（万元）
2007 年度	375605.1	95915.22	268290.29	11399.59
占总收入（%）		25.54	71.43	3.03
2008 年度	433692.3	92675.64	313411.29	27605.39
占总收入（%）		21.37	72.27	6.37
增幅(%)	15.5	-3.4	16.8	142.2

晚报》、《新华日报》。特别是《苏州日报》在全省党报中总收入排名最高，与 2007 年排名一样。《新华日报》下降 1 位，由去年的第 5 位降为第 6 位，《江南晚报》则由 2007 年的第 6 位升为第 5 位。《南京日报》仍旧维持在第 7 位。《无锡日报》2007 年未能进入前 10 位，2008 年升入第 8 位，《常州日报》从第 8 位下降至第 9 位，《江海晚报》由第 9 位下降至第 10 位。《南京晨报》2008 年没有进入前 10 名。

从总体上看，与 2007 年党报与都市报在江苏省报纸收入前十名排行榜上出现的 4 席对 6 席的劣势相比，2008 年两者的比例出现了变化，《无锡日报》的加入与《南京晨报》的出局使得党报与都市报进榜数量出现了不相上下之势。与 2007 年相比，报纸总收入排名下降速度最快的是《南京晨报》，排名增长较为明显的是《江南晚报》。(参见表 9)

3.广告经营情况

2008 年，江苏省报业广告总收入为 313411.29 万元，相对于 2007 年增长了 16.8 %。全省报业广告收入前十强的广告收入占全省报业广告收入的 58.1%，与 2007 年(54.4%)相比有一定的增长。

报纸广告收入的前三名依然被《扬子晚报》、《现代快报》、《金陵晚报》占据。这三家报纸与 2007 年广告收入相比，《扬子晚报》增长了 11.1%，《现代快报》增加了 10.7%，《金陵晚报》下降了 4.7%。《苏州日报》和《江南晚报》与 2007 年排名不变，与 2007 年广告收入相比分别增长了 9.8%和 26.3%。

在广告收入十强中，都市报占六席，党报占四席。与 2007 年数据相比，都市报的广告收入依然多于党报。进入十强的党报分别是《苏州日报》《常州日报》、《南京日报》和《无锡日报》，其中这与2006 年进入前 10 强的党报相同，与 2007 年数据相比，《常州日报》、《南京日报》和《无锡日报》取代了《新华日报》、《连云港日报》和《徐州日报》。除了《扬子晚报》、《现代快报》、《金陵晚报》、《江南晚报》之外，2008 年进入十强的都市报是《都市晨报》、《江海晚报》，而 2007 年进榜的《苍梧晚报》、《城市商报》则被挤出十强。可见，党报和都市报广告市场的经营并不稳定。(参见表 10)

4.发行经营情况

2008 年，江苏报业在调整中平稳发展，形成了以省市两级党报为龙头，晚报、都市报蓬勃发展，行业报、专业报及县域报纸作为有益补充的报业格局。

(1)报纸发行规模情况

2008 年，全省面向社会公开发行的 91 种报纸(由于高校校报仅限于在高校内部出版发行，不在本报告讨论范围之内)总发行量为 26.32 亿份，比 2007 年下降了 3.3%，平均期发量为 1213.7 万份，比 2007 年增长了 2.2 %，总印张为 10763357 千印张，比 2007 年下降了 19.4 %，年用纸量为16.68 万吨，比 2007 年下降了 40 %。(参见表11)

就发行规模(以总发行量排序)而言，在党报中,《新华日报》以总发行量12041万份、平均期发量33万份,稳住第一的位置。其后是《苏州日报》与《南京日报》。相比之下,《新华日报》是江苏省委机关报,能获得更多地资源优势,在总发行量上,远远超过地市级党报。(参见表12)

在县报中,《常熟日报》、《武进日报》、《张家港日报》的总发行量都在一千万份以上,位居前三,《常熟日报》居第1位,《江阴日报》从上年的第2位下降至第5位,《张家港日报》与上年的位置一样,保持第3名的位置。(参见表13)

在都市报中,《扬子晚报》以总发行量63510万份和平均期发行量173.8万份,稳坐第一宝座,不过与去年相比略有下降,2007年总发行量65156万份和平均期发量179万份,《现代快报》、《金陵晚报》分列第二、第三位,这与2007年、2006年的排名情况相同。《南京晨报》由2007年的第4位下降至第7位。《姑苏晚报》从2007年的第5位上升至第4位。从发行规模的几项指标来看,由于《扬子晚报》形成了较好的品牌忠诚度,在省内的报纸中一直处于比较明显的优势地位。从总发行量上看,全省都市报中的前三位都是南京地区的报纸,它们隶属三个不同的报业单位,它们在内容上的差异性并不明显,由此可见南京报业市场竞争的激烈程度。(参见表

表9 2008年度江苏省报纸总收入排名(前十名)

排序	报纸名称	类别	总收入(万元)
1	扬子晚报	都市报	62748
2	现代快报	都市报	51518
3	金陵晚报	都市报	28315
4	苏州日报	党　报	21152
5	江南晚报	都市报	14657
6	新华日报	党　报	14386
7	南京日报	党　报	11100
8	无锡日报	党　报	10822
9	常州日报	党　报	9109
10	江海晚报	都市报	7645
合计			231454

表10 2008年度江苏省报纸广告收入排名(前十名)

排序	报纸名称	类别	广告收入(万元)
1	扬子晚报	都市报	50101
2	现代快报	都市报	37922
3	金陵晚报	都市报	23830
4	苏州日报	党　报	16079
5	江南晚报	都市报	12873
6	常州日报	党　报	9104
7	南京日报	党　报	9094
8	都市晨报	都市报	8086
9	无锡日报	党报	7768
10	江海晚报	都市报	7190
合计			182048

表11 报纸出版总量

	报纸种数	总发行量(亿份)	平均期发量(万份)	总印张数(千印张)	年用纸量(万吨)
2007	91	27.22	1187.31	13349375.19	27.82
2008	91	26.32	1213.7	10763357	16. 68
增幅%	0	-3.3	2.2	-19.4	-40

14）

（2）报纸发行收入情况

2008年，全省的报纸发行收入为92675.64万元。前十家报纸的发行总收入占全省报纸发行总收入的52.3%，与2007年的55.91%相比有所下降。

2008年，全省报纸发行收入前三名是《扬子晚报》、《新华日报》、《亮报》，《金陵晚报》由2007年的第3名降至第5名，《新华日报》由2007年的第3名上升到第2名。《亮报》作为行业、专业报第一次进入发行收入前十名排行榜，而且位居第3名。《小学生数学报》作为教育教辅报，今年重新回到发行收入前十名排行榜中，位居第9名。2007年进榜的《城市商报》、《苍梧晚报》、《连云港日报》、《徐州日报》被挤出排行榜，除了前面提到的《亮报》和《小学生数学报》之外，还有《南京日报》和《无锡日报》进入前十名。（参见表15）

5.其他经营情况

2008年，江苏省报纸的其他经营收入为27605.39万元，比2007年增长了142.2%，可见，2008年江苏报业的其他收入经营取得了较为不错的成绩，而且排名前十位的报纸其他收入占其他总收入的90.2%。《现代快报》依然位居第1名，《泰州日报》和《泰州晚报》2007年的榜上无名，2008年以并列第2名的成绩迅速跨入榜中。《无锡日报》、《东方卫报》也是从榜外分别进入到第4名和第9名。《徐州日报》、《今日商报》、《盐阜大众报》则被挤出榜单。其他几家报纸虽然都是2007年进榜报纸，但是在排名上都有下降。总的来说，在前10名的报纸中，党报占了5席，都市报占了5席，县报占了1席，与2007年的情况相比可以看出，发行量和广告收入均不错的报纸在其他经营收入方面提升也较快，2008年特别是各地党报在竞争中加强了其他收入的力量，取得了较好的成绩。（参见表16）

6.出版周期与开版

2008年，全省出版日刊41种，周一刊19种，周六刊15种，周二刊5种，周五刊5种，周四刊3种，周三刊3种。（参见表17）

报纸版面以4开居多，共有66种，占总数的72.5%；对开25种，占总数的27.5%。党报一般多为对开大报，而都市报又多为四开报纸，由于我省党报数量少于都市报数量，所以对开报纸比四开报纸的数量要少。（参见表18）

7.新闻从业者情况

2008年，全省报纸从业人员9004人，与2007年相比增长了3%。其中在编人员5999人，聘用人员3005人，与2007年相比在编人员增长了2.6%，聘用人员增长了3.9%；采编人员4852人，与2007年相比增长了0.3%，经营管理人员4512人，与2007年相比增长了6.4%。（详见表19）

二、2008~2009年江苏省报业发展状况之关键词

1.转变经营模式，增强创新能力

《全国报纸出版业"十一五"发展纲要》中提到，报业经营模式要实现由一元化报纸经营向多

表12 2008年江苏省党报出版规模（以总发行量排序）

报纸名称	总发行量（万份）	平均期发量（万份）	总印张数（千印张）	年用纸量（吨）
新华日报	12041	33	361888	8200
苏州日报	4235.4	11.7	195027.62	4309.865
南京日报	3822	10.5	150969	3250
无锡日报	3646.8	10.13	182350	3232
南通日报	3386.89	9.49	84672	1882
徐州日报	3238.4	9.2	97428	2143
盐阜大众报	2868	8	86048.88	1886
常州日报	2588.5	7.13	77655	2200
扬州日报	1985.5	5.5	56330.7	2000
宿迁日报	1800	5	54000	1200
连云港日报	1678.73	4.7	34257.3	1200
淮安日报	1637	4.6	32752	754
泰州日报	1427.1	4.1	42813	825
镇江日报	1335	3.7	40052	800

元化内容产品经营和信息增值服务的转变，在巩固报纸传统核心业务同时，加快发展新媒体业务。加快推进报业技术创新，积极运用数字、网络、多媒体等高新科技促进报纸出版业的产业升级。

2008~2009年江苏报业依据《全国报纸出版业"十一五"发展纲要》要求，在转变经营模式，增强创新能力方面取得了积极的成绩，这主要体现在：

表13 县报出版规模（以总发行量排序）

报纸名称	总发行量（万份）	平均期发量（万份）	总印张数（千印张）	年用纸量（吨）
常熟日报	1450	5	195027.62	4309.7
武进日报	1087.3	3.6	21747	400
张家港日报	1085.8	3.57	57233	600
丹阳日报	995	3.2	19854	447
江阴日报	980	3.4	9800	590
宜兴日报	979	3.2	24480	600
吴江日报	915	3	25160	600
东台日报	824	2.7	17202	202
靖江日报	740	2.48	13500	360
海门日报	708.4	2.3	14168	380
昆山日报	596.9	1.97	11938	395
太仓日报	451.5	1.5	9030	215

（1）多元化的经营模式发展势头迅猛

伴随着金融危机对报业的影响不断加剧，中国报业正面临着经营困境。而2008年江苏省报纸经营的全年总收入与2007年的数据相比有较大增长，增幅达到了15.5%，其中广告收入与其他收入增长较快，尽管广告收入在江苏报业总收入中的比重还是很大，但是2009年其他收入的增幅达到142.2%，这是个相当大的突破。多元化的经营模式使得江苏报业能够在面对金融危机引发的广告收入减少困境时依然保持积极的发展势头，例如新华日报报业集团就是力争建立起面向市场独立运作的经营实体和发展平台，"大力拓展对外承印报业业务市场，报纸印刷业务中对外业务占比由原先不到10%上升到2008年的32.2%"。[1]此外还成立了图书编辑出版中心，江苏未来影视文化创意产业园，参股江苏省政府组建的江苏资金财产保险公司等。"2009年，南京日报报业集团有限责任公司和南京市交通建设投资控股(集团)有限公司共同签署了战略合作协议，共同注资投入到报业集团旗下的南京时代传媒股份有限公司，按照上市公司的要求，将该公司培育为资产优良、运行规范、多媒体、跨地区的新型传媒企业"。[2]

泰州日报社对印刷厂等经营性文化事业单位进行改制，设立泰州日报社印务有限责任公司、泰州报业传媒文化发展有限公司、泰州日报社新媒体发展有限公司、泰州名城商贸发展有限公司，创办泰州新闻网及泰州手机报，形成三报、一网、四公司的格局，多元化经营模式的运作取得了良好的效果。《泰州日报》和《泰州晚报》从2007年的榜上无名到2008年以并列第2名的成绩迅速跨入其他收入前十名排行榜便是较好的证明。

（2）技术创新促进报业数字化发展

技术的变革与传播理念的提升使得以信息技术、编码技术、网络技术、通讯技术、视像技术等数字技术的应用为标志的新兴报业[3]取得了进一步的发展。"苏州日报报业集团已经基本完成了报业所有生产流程和产品形式的数字化实践，以新闻、资讯、娱乐信息和服务为重点，以互联网技术为平台，做具有苏州报业特色的多媒体互联网站、手机媒体和户外流媒体。此外，苏州日报报业集团还率先在全国地市报中推出移动数字平台，将报业集团所有平面媒体内容整合于此，用户只要使用移动式阅读器就可以看到这些内容，而不需要登陆网站。"[4]

"2009年12月18日，国内省级报业集团中首个面向全球发行的多媒体手机门户——'中国江苏·3G'研制成功，并将于近日正式上线。新华日报报业集团与三大运营商合作创办的《江苏手机报》收费总用户数同时突破200万，成为该集团第二个超200万读者用户的媒体，也是目前全国省级报业集团中读者用户最多的手机新媒体。2009年6月，《江苏手机报》作为江苏惟一的手机新媒体获

表 14 2008 年江苏省主要都市报出版规模(以总发行量排序)

报纸名称	总发行量（万份）	平均期发量（万份）	总印张数（千印张）	年用纸量（吨）
扬子晚报	63510	173.8	3040365	66623
现代快报	28634	78.9	1872663.6	45000
金陵晚报	13428.35	36.79	1127981.4	26300
姑苏晚报	5466.2	15.1	230959.4	5073
江南晚报	5400	15	271800	5431
城市商报	4699.8	12.9	163915.92	3568
南京晨报	4928.18	13.58	304660	6690
扬州晚报	3220	9	161450	3800
东方卫报	3000	10	100884	2193
都市晨报	2920	8	116800	2600
江海晚报	2808.7	7.8	112066	2490
彭城晚报	2520	7	80640	2100
盐城晚报	2484	6.9	100080	1400
常州晚报	2276	6.3	79673	1800
京江晚报	2140	5.9	64222	1500
苍梧晚报	1766	4.9	54093	1200
泰州晚报	1683	4.6	67304	1250
江南时报	1548	4.3	15480	1022
宿迁晚报	1152	3.2	23760	265
淮海晚报	1113.6	4.76	41472	1260
扬州时报	803.4	2.6	24102	592

得‘全国十强’称号。目前,《江苏手机报》新媒体系列业务涵盖短信、彩信、WAP 和 3G 多媒体等各种形式,产品既有以《江苏手机报——综合版》《江苏手机报——扬子晚报》为代表的新闻综合类产品,又有《江苏手机报》的财经、健康、体彩、福彩、娱乐、体育、校园等专业版,丰富多样的版面和品种满足了不同用户的个性化新闻信息需求。”[5]

党报特别是县报在新媒体收入方面都有一定的体现,如《常州日报》、《宿迁日报》、《海门日报》、《镇江日报》、《吴江日报》、《靖江日报》等。《海门日报》于 2007 年在江苏的县市区域报中率先推出与纸质报纸版式相同的多媒体报纸，并首先把多媒体报纸推向收费发行的前沿。经过一年的发展，除了数字化阅读之外,“搜索查询、编读互动、网上影院、光影海门等增值服务也吸引了本地受众的眼球”。[6]这反映出江苏报业在新媒体技术发展大趋势之下能够紧跟时代步伐，积极打造提升核心竞争力的数字报业模式。

2.强化媒介融合,实施媒体联动

2003 年，美国西北大学教授李奇·高登 (Rich Gordon)归纳了美国当时存在的五种“融合新闻”的类型。一是所有权融合（Ownership convergence）:大型传媒集团拥有不同类型的媒介,以实施这些媒介之间的内容相互推销和资源共享；二是策略性融合 (Tactical convergence）:所有权不同的媒介之间在内容上共享；三是结构性融合 (Structural convergence):与新闻采集与分配方式相关,如报纸新闻加工打包后出售给电视台；四是信息采集融

表 15 2008 年度江苏省报纸发行收入排名(前十名)

排序	报纸名称	类别	发行收入（万元）
1	扬子晚报	都市报	12495
2	新华日报	党 报	8806
3	亮报	行业、专业报	5069
4	现代快报	都市报	6065
5	金陵晚报	都市报	4485.3
6	苏州日报	党 报	3704
7	南京日报	党报	2267.4
8	无锡日报	党报	1940
9	小学生数学报	教育报	1894.8
10	江南晚报	都市报	1784
合计			48510.5

表 16 2008 年度江苏省报纸其他收入排名(前十名)

排序	报纸名称	类别	其他收入（万元）
1	现代快报	都市报	6831
2	泰州日报	党报	6654.94
2	泰州晚报	都市报	6654.94
3	苏州日报	党 报	1355
4	无锡日报	党报	1114
5	常州日报	党 报	500
6	宿迁日报	党 报	460
7	常熟日报	县报	449
8	姑苏晚报	都市报	353
9	东方卫报	都市报	278
10	城市商报	都市报	255
合计			24904.9

表 17 2008 年江苏省报纸刊期情况

	日刊	周一刊	周六刊	周二刊	周五刊	周四刊	周三刊
刊期	41	19	15	5	5	3	3
	45.1%	20.8%	16.5%	5.5%	5.5%	3.3%	3.3%

表 18 2008 年江苏省报纸开版情况

开版	4 开	对开
数量	66	25
比例	72.5%	27.5%

表 19 2008 年度江苏省报社人员情况

年　度	总人数（人）	在编（人）	聘用（人）	采编（人）	经营管理（人）
2007 年报社人员情况	8738	5847	2891	4836	3902
2008 年报社人员情况	9004	5999	3005	4852	4152
增长比例%	3	2.6	3.9	0.3	6.4

合 (Information-gathering convergence)：新闻报道层面上一部分新闻从业者需要以多媒体融合的新闻技能完成新闻信息采集；五是新闻表达融合 (Storytelling or presentation convergence)：记者和编辑需要综合运用多媒体的、与公众互动的工具与技能来完成对新闻事实的表达。《全国报纸出版业“十一五”发展纲要》中也重点提到“形成以跨地区、跨行业、跨媒体经营的大型国有报业（传媒）集团为龙头，地方性、行业性或专业特色鲜明的中小报社共同发展的报业市场主体发展格局”的目标。2004 年 5 月牡丹江新闻传媒集团公司成立、2005 年佛山传媒集团成立和 2006 年 11 月成都传媒集团的成立标志着我国国内传媒业开始了综合性媒体集团运作的新探索。以成都传媒集团为例，包括报纸、广播、电视、期刊杂志、出版社、网站六大媒体形态，还有印务、物流配送、物业管理、文化地产、网络游戏等多种业态。

目前，我国报业格局正在进行积极的调整，除了进行报业的数字化改革和实行报网互动之外，各地报纸媒体也在积极的寻求合作，即开展“所有权不同的媒介之间在内容上共享”以实现共赢的效果。2009 年 2 月，滁州市委宣传部与南京日报报业集团签约，决定从 3 月起联合开设每周一期的《南京都市圈·滁州版》，以此加强两地经济文化和媒体交流。“为做好改革开放三十周年专题报道，2008 年 3 月初，《扬子晚报》联合《北京晚报》《羊城晚报》等 14 家全国主流媒体在南京召开专题策划会，准备启动‘改革开放 30 年：那些人那些事’专题报道，同时还邀请了搜狐网进行联动报道。这样的大规模媒体联动在国内尚属少见，也是一种新的尝试。”[7]从《扬子晚报》上关于胡福明的《真理就在那，我只是写了出来》开始，同一主题的多篇文章同时见报并在网络上发布，使这种跨地区的媒体联动取得了很好的传播效果。此外，《扬子晚报》还和南京市委宣传部联合多家网站举办《晒晒我家的老物件》活动，联合江苏人民出版社和新浪网举办“我家 30 年”有奖主题征文活动，联合国内 10 多家主流媒体推出改革开放 30 年 10 大流行语评选活动等。这种联动合作既有效地整合利用了广泛的新闻资源，又在联合的基础上形成了更大更强的影响力。

目前，我国的媒体融合正在逐步发展起来，特别是在重大事件的报道策划过程中，跨地区、跨行业和跨媒体的合作正在积极地进行尝试与探索。

多元化的合作可以使各类媒介的优势资源得到有效利用，并且能够在联动所形成的社会影响力下增强自身的竞争力。

3.报业竞争激烈，建立品牌效应

江苏报业市场的竞争较为激烈，2008 年，江苏省报纸总收入前三名是《扬子晚报》、《现代快报》、《金陵晚报》，与 2007 年的排名相同。《苏州日报》第四名名次不变，《新华日报》由 2007 年的第 5 位降为第 6 位，《江南晚报》则由 2007 年的第 6 位升为第 5 位。《南京日报》仍旧维持在第 7 位。《无锡日报》2007 年未能进入前 10 位，2008 年升入第 8 位，《常州日报》从第 8 位下降至第 9 位，《江海晚报》由第 9 位下降至第 10 位。《南京晨报》2008 年没有进入前 10 名。在省会南京的报业市场中，分属于新华日报报业集团、南京日报报业集团、新华社和人民日报社 4 家大型传媒机构的《扬子晚报》、《金陵晚报》、《现代快报》、《江南时报》等 70 余家各类媒体同时参加早晚报市场竞争，报业大战硝烟弥漫。从 2009 年上半年南京都市报销量排行情况来看，《金陵晚报》、《现代快报》、《扬子晚报》这三家媒体的竞争异常激烈，特别是前两者之间。然而，这种竞争在很大程度上是一种报纸内容和受众群体的同质化竞争。如何在竞争中脱颖而出、稳胜于前，这是困扰报业发展的难题。

品牌是报纸综合实力的体现，这又可以细分为知名度、忠诚度和其他相关的品牌资产组成。所以，要想实现品牌效应不仅仅是提高报纸的知名度就能够实现的，还应综合考虑相关因素的合力作用。报业要构建鲜明的品牌体系，建立影响力，并同时在时政、财经、评论等领域分层次打造名牌版面和栏目，有效建立起“名记者+名编辑+名版面”的整合优势。比如，《金陵晚报》力求让“阅读成为享受”，以版面内容分类结合成立固定记者工作室的方法，进行反映都市社会生活的全面信息型内容生产与深度报道社会生活积极开展议程设置的深入观察型内容生产，在同类型都市报中树立了一定的风格特色。同时，统计数据可以看出，《金陵晚报》2008 年的社会公益捐赠额为 420 万元，位居江苏报业首位，遥遥领先于南京本地其他都市报。此外，他们还坚持以报纸为公益活动的平台，举办法律援助热线，组织环保活动“虎凤蝶行动”，刊登公益广告，在受众心目中树立起良好的社会责任形象。《江海晚报》、《无锡日报》、《常州日报》、《靖江日报》、《盐阜大众报》、《苏州日报》、《徐州日报》等报纸也在 2008 年社会公益捐赠榜单上位居前列。热心社会公益的指标无疑是当下社会公众对都市媒体寄予厚望的体现，更是塑造品牌影响力、增强核心竞争力的重要方式。

此外，品牌效应的建立与加强还依靠于“广告+活动+促销”的传播战略。目前，江苏报业也在积极地尝试这种方式并取得了一定的成效。“‘广告+活动+促销’指的是，首先，报纸借助各种媒介以形象广告的方式将报纸品牌理念表达出来，促进读者认同品牌；其次，密切关注社会热点，通过策划各种公益、文艺、体育、展销和论坛等活动来宣传自己的品牌，增强目标客户对品牌的忠诚度；最后，针对报纸订阅发行的短期性和及时性的特点，运用馈赠礼品、抽奖发行等活动来提高发行量。”[8] 在借用活动增强媒体品牌忠诚度方面，2009 年 7 月，“2009 南京首届青年相亲交友节”在《东方卫报》等媒体发起组织之下顺利开展起来，为年轻白领搭建起交友平台。交友节期间举办的具体活动有广场交友、旅游交友、书为媒以书交友、短信情书互动交友、手机摄影大赛、大型公园交友、集体婚礼等，良好的活动效果也在受众心中树立起较好的媒体品牌形象。

4.做好地方新闻、加强本地认同

同城都市报纸竞争日益激烈，这不仅反映在省会等大城市之中，目前，地市级报纸面临的竞争态势也空前严峻，因为它们既面临着省会城市晚报、都市报的大兵压境，如《扬子晚报》与《现代快报》的受众群体都不局限于南京市区，而是覆盖江苏省及周边地区，又面临着本地媒体间的竞争压力。地市级报纸以及县域报纸如何面对竞争现状，这个问题也越来越受到人们的重视。

从 2008 年的统计数据来看，《宿迁日报》、《海

表 20 2009 年上半年南京都市报销量排行

报刊名称	排名	市场份额
金陵晚报	1	32.51%
现代快报	2	30.91%
扬子晚报	3	22.11%
南京晨报	4	13.95%
今日商报	5	0.52%

数据来源：北京世纪华文国际传媒咨询有限公司

门日报》、《镇江日报》、《吴江日报》、《靖江日报》等地市级、县级报纸在全年总收入上都有一定程度的增长，特别体现在新媒体收入这部分的增加。除了积极利用数字技术，发展报网融合之外，他们在报业市场中的竞争力增强还依靠于立足本地新闻，增加本地受众的认同度上。

以《淮海晚报》为例，《淮海晚报》能够立足于淮安这座历史文化名城的地域文化特色，积极发挥本地新闻报道的接近性特征，做足做深本地新闻，每天本地新闻的数量都在新闻总数的一半以上，力求尽可能为本地读者提供更多的信息和服务，成为淮安老百姓生活的重要组成部分。《淮海晚报》每年都要进行大规模的读者调查，争取让不同的读者都能在《淮海晚报》上找到自己可阅读的内容。《海门日报》作为一家县级报纸，力求做强本地原创新闻，以接近性为特色吸引本地受众。今年在4个本地新闻版面基础上又增加了社区新闻、企业新闻版面，使本地新闻占报纸新闻总数的80%。此外，《海门日报》还积极联合海门新闻网开展各种社会活动，如暑假期间的小学生暑假趣味数学竞赛，"唱响海门"网络歌手大赛等，通过活动使得报纸在本地受众中的影响力不断增强。值得一提的是，他们还能够把读者评报活动开展的有声有色，请读者对报纸版面提出意见建议，同时邀请专家对报纸进行考评。

2008年10月28日，《徐州日报》进行了重大改版。外在形式上，《徐州日报》所有版面版型瘦身，采用国际流行的"720黄金版型"，版面全部彩版。"《徐州日报》最大胆的变革，是一版彻底封面化，通过导读功能强化与各版的联系，做到主要新闻一目了然；原有唱主角的时政新闻全部转到内版，增强了报纸的亲民性和亲和力。内容设置上，重新整合新闻资源，集中做强时政、经济、民生、文化、评论等新闻版块，突出新闻的主流性、权威性，边缘化新闻坚决舍弃。其中经济版、时评版的设置，在徐州媒体还是首次。在具体新闻写作上，要求全面贯彻贴近原则，一定要站在读者的视角说话：时政新闻突出解读性，提炼出指导性信息，杜绝打官腔、空洞乏味；经济新闻突出实用性；民生新闻突出服务性；文化新闻突出本土性，以提升城市文化软实力为宗旨，全面整合徐州的文化资源；新闻时评突出引导性，传达主流声音，提升报纸的舆论引导力。"[9]这些做法的积极意义在于地市报纸、县报能够清醒的面对当前报业竞争的态势，从实际出发找到应对难题的思路并不断尝试创新。

5.发行成本增加、广告经营突破

2008年，中国报业突出的现象之一便是报纸纸价上涨。"进入2008年以来，新闻纸经历了3次提价风潮，从年初的4900元/吨上涨至前不久的6300元/吨，为近10年来最高点。新闻纸价格的急速上涨开始考量中国报业全行业的承受能力。经验表明，在报纸的生产成本中，纸张成本约占60%~70%，而每张报纸的纸张和印刷成本约为0.2元左右。以一份4开56版、日发行量50万份的都市类报纸为例，印刷、发行成本约为2元，而售价通常在0.5至1元之间，以每份亏损1元计算，一年就可产生1.8亿元左右的巨额亏损。"[10]江苏报业特别是南京市场对纸价上涨的反应较为敏感。2008年3月10日，在成本的巨大压力下《现代快报》《扬子晚报》《金陵晚报》和《南京晨报》4家都市报，统一将零售价从0.5元/份调整为0.7元/份，同时订阅价格也从每年180元提至每年252元，南京由此成为国内首个报纸集体提价的地区。从2008年4月10日起，《无锡日报》全年订阅价调整为252元/份，零售价调整为0.7元/份；《江南晚报》全年订阅价调整为252元/份，零售价调整为0.7元/份；《无锡商报》全年订阅价调整为198元/份，零售价调整为0.6元/份。

随之而来的报纸涨价事件，给江苏报业的发展带来了不小的震动。从2008年的统计数据来看，2008年全省面向社会公开发行的91种报纸（由于高校校报仅限于在高校内部出版发行，不在本报告讨论范围之内）总发行量为26.32亿份，比2007年下降了3.3%，总印张为10763357千印张，比2007年下降了19.4%，年用纸量为16.68万吨，比2007年下降了40%。《亮报》作为行业、专业报第一次进入发行收入前十名排行榜，而且位居第3名。《小学生数学报》作为教育教辅报，今年重新回到发行收入前十名排行榜中，位居第9名，去年进榜的《城市商报》、《苍梧晚报》、《连云港日报》、《徐州日报》被挤出排行榜。从发行总量的减少和多家党报都市报被挤出发行前十名以及行业、专业报和教育报发行量的增加，都不难发现纸价上涨对江苏报业的发展起到了很大的冲击作用。

通过2008年江苏报业广告经营收入、其他经营收入和新媒体收入等数据的变化我们看到，面对困境，江苏报业也能够积极利用互动多媒体报纸、电子纸报、手机报等数字报纸形式更理性地发展多元化经营，利用新技术规避"纸媒"在发展中受到的限制，延伸产业链以弥补发行经营的不足。

此外，2008年江苏报业广告经营收入的增加也说明了面对纸价上涨带来的压力，报纸媒体也纷纷在广告经营上努力寻求新的增长点。

首先，在同一集团或报社内部，在不同类报纸之间实行整合营销，这类整合营销的好处在于累加了不同媒体的广告优势，因而强化了广告的开发功能。"2008年，新华日报报业集团把党报《新华日报》和都市类报纸《南京晨报》进行整合营销，把党报的权威性和都市报的市场性有机结合，《新华日报》全年广告收人比预定目标增长16%，《南京晨报》增长10%。其次，报业广告要克服固有的思维定势，延伸广告产业链，在广告创意、广告制作、广告发布等方面实施纵向一体化整合营销。"[11]再次，强化广告版面以客户为中心的理念。广告版面要根据客户的需求进行制作，"并向客户提供具有前瞻性的广告合作平台，满足客户多维度的潜在需求。通过提升报纸内涵质量，加强媒体自身宣传及刊后信息反馈，为客户提供再次决策的准确依据，增强报纸的公信力和吸引力。"[12]

2009年8月9日，"2008~2009年度中国报刊广告投放价值百强排行榜"在青岛揭晓。《南京日报》荣膺全国日报十强，城市日报第三。"《南京日报》广告经营为目标客户量身定做、提供全方位服务，赢得与主流大报地位相衬的市场份额和经济效益，有效实现了党报的资源优势、品牌优势向竞争优势、市场优势的转化，走出党报经营工作的新路子。面对艰难环境和诸多不利因素，南京日报仍然保持了整体经营的逆势上扬，2008~2009年度广告收入与上一轮相比增长32.66%。"[13]

6.创新管理体制、深化人事改革

《全国报纸出版业"十一五"发展纲要》中提到，报业发展要加快建立新型报纸出版宏观管理体制。制定和完善文化产业政策，尊重市场在资源配置中的基础性作用，尊重报纸出版企事业单位自主经营、自负盈亏、自我约束、自我发展的市场主体地位。建立报纸出版"准入机制"和"退出机制"相结合的报纸出版调控机制，扶持社会效益和经济效益统一的优质报纸，淘汰劣质报纸，促使报纸出版市场有进有退，实现动态平衡。进一步完善报纸出版评估论证制度，修订"报纸出版可行性论证指标体系"，组建报纸出版可行性评估专家委员会，实施报纸出版可行性评估制度。研究制定"报纸出版质量综合评估指标体系"，建立报纸出版质量综合评估制度，对报纸出版单位的出版活动进行全面评估，不符合评估标准的报纸不得继续出版。

江苏报业的总体数量特别是公开发行的报纸数量一直以来都没有出现大的变化。报业结构中都市文化生活类报纸的数量、广告经营收入等指标均占总体指标的比例过大，同质化竞争依然激烈等问题都说明尊重报纸出版企事业单位自主经营、自负盈亏、自我约束、自我发展的市场主体地位，建立报纸出版"准入机制"和"退出机制"的迫切性与必要性。行业类、产业类报纸以及专业类报纸、三农类报纸的发展更需要政策制度的支持。

为了实现上述报业管理体制和运行机制上的突破，继续深化报纸出版单位人事制度改革，着力建立和完善人才评价机制、人才选任机制、人才流动机制、分配和激励机制、人才保障机制和人才管理机制，营造战略目标与核心价值高度契合的文化氛围，培育团结、进取、创新、合作的团队精神"也是非常重要的举措之一。2008年，江苏省报纸从业人员9004人，与2007年相比增长了3%。其中在编人员5999人，聘用人员3005人，与上年相比在编人员增长了2.6%，聘用人员增长了3.9%；采编人员4852人，与上年相比增长了0.3%，经营管理人员4512人，与上年相比增长了6.4%。新闻从业人员的数量在不断增加，经营管理人员与采编人员数量的差异正在逐渐缩小，但在学历构成以及年龄构成等方面还存在一些问题需要进一步解决。

此外，对于报业运营和竞争中出现的问题，特别是违反职业道德和职业精神的行为要加强监管监督。除了运用法律法规、行政管理条例以及报业自律和群众监督这些手段之外，还应该增加民间权威媒介批评组织的监督力量，通过他们对报业行为和效果进行分析与研究，在行业内部产生约束力和影响力。

2008年，江苏报业在积极发展中创造了可喜的成绩，但也存在一些急需解决的问题。随着国家相关管理指导政策的进一步落实和报业市场的改革，江苏的报业发展必然会迎来新的生机与活力。□

※此稿经南京大学新闻研究所所长丁柏铨教授审阅；作者为南京大学社会学院博士生，南京晓庄学院新闻传播学院讲师

※注释：

【1】许洪祥. 立足自身实际 走改革发展之

路——新华日报报业集团改革发展的探索与思考.传媒观察.2009年第7期

【2】吕道宁.2009年地市报业十大亮点回放 http://media.people.com.cn/GB/40628/10657494.html

【3】刘文洪 高岩."全媒体时代"的报业转型之路.传媒观察.2009年第1期

【4】同上

【5】新华报业集团江苏手机报用户率先突破两百万 http://media.sohu.com/20091224/n269176741.shtml

【6】戴建平.数字报业:中国报业的必由之路.传媒观察.2008年第2期

【7】吴俊.《从多方联动看<扬子晚报>的媒介融合策略》.传媒观察.2009年第2期

【8】王海燕.《我国都市类报纸品牌战略研究.中国报业》.2008年第2期

【9】王斌.《<徐州日报>改版探索地市党报创新之路》.《传媒观察》.2009年第5期

【10】周志懿.《2008中国报业:重压之下积极转型》.《传媒》.2008年第12期

【11】刘文平.《报业媒体广告可持续发展战略浅析》.《中国报业》.2009年第6期

【12】汪家驷.《新闻纸涨价形势与对策》.《新闻世界》.2008年第10期

【13】南京日报荣膺全国日报十强、城市日报第三为"中国报刊广告投放价值排行榜"发布

2009 年浙江省报业发展综述

●孙鹤

对于中国报业，2009 年是困难的一年，金融危机的影响尚未消除，对传媒业的经营造成重大影响；受新媒体的冲击，中国报业的"受众危机"愈发显现，而体制改革、盈利模式以及经营方式等方面的困惑也让报业面临严峻挑战。2009 年又是孕育希望的一年，国家出台了若干项有利于传媒业可持续发展的政策规定，一些报社在新中国 60 周年时迎来了自己的 60 岁生日。2009 年浙江省报业，是报业的前锋力量，在金融危机中呈现的强势的竞争力。浙江报业以应对数字化浪潮为抓手，以文化产业为突破口，以县域报发展为亮点，取得了一系列积极成果。

一、报业规模

1.总体情况

2009 年，浙江省报业经营在连续多年持续增长和高位运行的情况下，仍实现逆势上扬、持续增长。根据浙江省各报社（集团）自报数统计，全省 2010 年初报纸期发数为 1241.88 万份，比 2009 年同期增加 1350.4 万份，增幅达 12.24%，2009 年，全省报业全年总体经营额达到 772819.41 万元以上，同比增加 48018.8 万元，增幅为 6.63%。其中广告经营额达到 405195.56 万元，同比增加 11617.74 万元，增幅 2.95%；多元化经营在基数特高的情况下虽有所下降，但绝大多数报社（集团）仍实现持续快速发展，有多家报社（集团）增幅在 50%以上，有的甚至成倍数增长。

其中八家市级报社（集团）2009 年度总体经营额增幅高达 27.04%，金华日报社、绍兴报业传媒集团、嘉兴日报报业传媒集团、湖州日报报业集团的经营总额都在亿元以上。特别是金华日报社经营总额突破 4 亿元大关，达到 41717.8 万元，增幅高达 96.59%。全省 26 家专业报社 2009 年总体经营额同比增幅 2.71%。2009 年，全省 17 家县市区域报的报业经营总额同比增长 7.78%，其中萧山日报社首次突破 1 亿元，达到 10690 万元，增长 10.89%，总体经营额超过 3000 万元的报社，由 2008 年的 6 家，增加到了 7 家，依次是：萧山日报社（10690 万）、义乌商报社（8324 万）、鄞州日报日报社（4216 万）、城乡到报社 （4180 万）、余姚日报社（3764 万）、富阳日报社（3047 万）。

2009 年 9 月 10 日，浙江日报报业集团与电子商务企业阿里巴巴集团合作的全新生活时尚周刊《淘宝天下》创刊。到 11 月，单期发行量已经达到 28.3 万册，跻身国内一线周刊行列。《淘宝天下》将电子商务、实体门店、媒体传播等差异化的整合营销手段和立体化的传播方式为一体，打造电子商务领域里难以复制的商业模式。

2009 年 10 月 13 日，温州网旗下的《财富温商》手机报正式发行。《财富温商》作为为温商提供信息交流服务的掌上实时平台，以独立媒体的身份，通过手机平台对"第七届全国各地温州商会年会"进行全方位的报道。手机报从推向市场至今的 2 个多月时间里，已引起温商圈的广泛关注。此外，温州网还与全国各地温州商会通联，至今已和 50 多家商会建立紧密联系。

2.发行情况

刚刚经历了 2008 年的金融危机、纸价上涨、广告与发行冰期，浙江省报业发行市场呈现出激烈的竞争。在全国许多报纸阅读率下降的同时，据央视 CTR 对杭州六家报纸的调查，杭报集团所属的《杭州日报》、《都市快报》、《每日商报》阅读率继续稳步上升，而且年轻读者、高学历读者比例增加。

(1)基本情况

据浙江省报刊发行局统计汇总，2009年，报业发行平均期发数同比增长了18.82%，《浙江日报》2009年期发行量达到425102份，发行绝对数已连续13年位居全国省委机关报第二位；《钱江晚报》订阅量31.77万份，同比净增9.49万份，增长35.80%。宁波、温州、嘉兴、湖州、绍兴5个城市《钱江晚报》的征订总量更是较2008年增长148.89%。

2009年《杭州日报》期发行量35万份，在杭州八城区及五县市占有绝对优势，并强力辐射杭州湾地区，在湖州市的市区、德清、安吉、长兴，绍兴市的市区、诸暨、上虞、新昌、嵊州，嘉兴市的市区、海宁、桐乡、平湖、海盐、嘉善，宁波市的市区、慈溪、余姚以及在金华、义乌、舟山、台州、温州等区域的政府部门、精英人群中具有较强影响力。另在上海、北京精准发行，进入复星集团、中融集团、华冶集团等所有驻沪杭商企业、浙江省各地驻京驻沪办事处及部分大使馆。2009年，《宁波日报》发行量比2008年增幅超20%，增幅为历年之最，其中个人订户增长幅度较大，家庭入户率达到60%，市六区征订量逾70%。

由于改扩版，强化区域性报纸功能，2010年，浙报集团所属17报3刊发行量普遍大幅度增长。《浙江日报》2010年总发行量创新高，达到42万份；《钱江晚报》实现增长224722份。其中，《瑞安日报》、《绍兴县报》和《海宁日报》的增幅最为明显。创刊才数月的《淘宝天下》发行量达到28万份；《共产党员》杂志总发行量达到43万份，同比增长12万份。

此外，据世纪华文调查，在杭州都市报市场上，主要参与竞争的有《都市快报》、《钱江晚报》、《今日早报》、《青年时报》和《每日商报》5家报纸，其中，《都市快报》一直保持着销量领先的地位。2009年上半年杭州都市报销量呈现上升现象，下半年略有回落，全年基本保持了原有的竞争格局。《都市快报》和《钱江晚报》主导市场竞争，2份报纸累计市场份额占到85%以上。数据显示，两者之间的竞争差距下半年较上半年又有所拉大，《都市快报》的优势地位进一步显现。《今日早报》、《青年时报》和《每日商报》的实力相对较弱，3份报纸累计市场份额不到15%，在零售市场竞争中处于弱势地位。

(2)发行管理亮点

①回归邮发 显现优势

隶属浙江日报报业集团的《钱江晚报》决定，省内各地自办发行站(除杭州市外)转变收订、投递功能，统一交邮政发行渠道，各地发行站将客户资料完整移交给邮政局。至此，浙报集团本部所办的6种报刊，除《城市假日》交杭州邮政局代收代投外，其余5种全交邮发。这标志着浙江报刊发行模式开始由脱离邮发向回归邮发转变。

在报刊投递上，浙江省城市普遍采取信报分投，重点党报和畅销报刊重点城市已经做到早报早投，90%以上的县(市)城区实现当日见报。在与报刊社的合作中，浙江邮政的收投服务优势得到了充分体现，已经形成了投递网、营业网、运输、信息网和名址库，充分提升了邮政的核心竞争能力。它集全省邮政网络资源，以信息流、实物流、资金流三流合一的独特优势，在实物传递、金融服务、信息服务和电子商务等领域进行了有益的探索和尝试，受到了社会的普遍认同。

②党报获得大力支持

2009年度，全省继续全面推广“财政划拨、集订分送”和“私订公助”等行之有效的新办法，进一步加强了党报党刊发行机制建设。杭州市区征订数量明显增多，主城区6个区在全省率先全面完成党报党刊征订任务。衢州市在新年度征订中早部署、早发动、早征订，全地区在全省率先完成任务。舟山市委专门成立了市党报党刊发行工作领导小组，实行“一把手”负责制，全地区提前完成年度收订任务，超额幅度居全省第一。

③精准营销

在广告主广告策略对“精准”有了更高要求的情况下，《都市快报》进一步优化发行结构。以杭州为发行基点致力于无缝发行，实现通讯、银行、医院、党政机关、企事业单位和商超VIP客户等消费能力较高人群的全覆盖。在浙江省内以经济发达的市(县、区)、乡镇为重点，向高端人群密集发行。

2009年8月1日，钱江报系成立八个读者服务中心，充分运用《钱江晚报》发达的发行网络，为百万读者提供准确投递、征订上门、物流配送、分类广告、废报回收等多种读者服务。此外，钱江报系读者服务中心还将充分发挥《钱江晚报》强大的品牌影响力，聚合各种社会资源，通过俱乐部的形式，为万千读者提供读书、讲座、出游、教育、乐购、看房、美食等机会。

④精细化管理

精细化管理是温报发行一项长期的重要工作。通过网络精细化管理，变”被动订报“为”主动订报“。随着发行人力资源管理系统和DM管理软件进入正式使用，以及财务方面报款认领平台与自动化征订结算平台和网上征订发票管理系统的应用，发行管理更加精细。2009年5月，温报发行实施了全面的指纹考勤制度，而且将此制度延伸到各个发行站与基层发行员。

3.经营情况

（1）广告收入

据中国广告协会报刊分会的调查，杭州报业整体广告经营水平基本与2008年持平，个别报纸或略有升降。据不完全统计，2009年一季度，浙江省广告经营收入比上年同期有所下滑。据财务统计的最新数据显示，2009年1~5月浙报广告营业额首次超过去年同期，增长近5%；其中5月份，创当月广告历史新高。

浙江日报报业集团2009年利润已达2亿多元，2010年将通过全面预算管理和绩效考核，实现跨越式发展的目标。此外，在发行迅猛增长的同时，《共产党员》杂志创造了较好的效益，实现人均创利30万元。作为浙江省发行量第一的报纸，《都市快报》渗透了杭州市和全省的重要经济城市。《都市快报》广告刊例等媒体的2009年广告刊例价格并没有像往年进行广告刊例10%~20%的逐年递增。但2009年一季度，《都市快报》广告份额上升为43.7%，是当地市场中惟一超过30%份额的媒体。

今年严峻的经济形势严重影响了广告市场，支撑浙报广告发展的占了三分之一总量的土地、汽车、金融、楼市四大重点行业广告均出现了大幅度的下滑，平均下滑30%，其中第一行业重点土地公告降幅为51%。浙报广告在持续4个月下滑的情况下，到了5月份一举扭转下行局面，当月广告增长12%。旅游资讯和地方政府形象资讯、以及电力、能源、信息等企业广告成了浙报广告新的增长点。

（2）广告经营“百家争鸣”

回顾总结2009年5个月浙报广告经营情况，主要体现以下几个方面特点。

提早谋划，科学应对危机。早在2008年10月份，报社领导就召集广告中心班子召开广告形势分析会，准确预见和判断了2009年严峻的大环境对浙报广告带来的影响，提出了抓服务、抓策划、抓大客户、抓增量等7条应对举措；

用心用力，抓住每一次商机。广告中心把浙报创刊60周年策划作为一项重大商机来抓，设定了1300万元报庆广告目标额，针对不同行业，设计了15个报庆系列策划，进行精细化开发。到5月31日，报庆广告营业额达1318.92万元，报庆广告的成功为浙报广告逆势增长奠定了决定性的基础。

此外，各地举办的活动也成为一些报纸今年以来一个重要的收入来源。经济危机首当其冲的房地产广告市场，《衢州日报》广告中心房产部和房地产企业一起组织救世活动，尤其是在2009年5月22日至24日由衢州日报社主办的衢州房博会上，实现销售532套。而《衢州日报》的房产广告1~5月增幅达79%。2009年1至5月，衢州日报社广告经营实现双位数增长，发布额和到款额同比分别增长17.32%和12.62%，实现逆势上扬。

《绍兴日报》采取细分市场的办法，分出房产广告、汽车广告、信用市场广告等若干个广告领域，并将房产广告进一步细分为别墅、高层、写字楼、公寓等广告品种，使房产广告一下子增长了50%，汽车广告不减反增，信用市场广告额也大幅增加。

根据2009年度保增长、扩份额、优结构、提效益的任务，《都市快报》广告经营部门推出一系列营销活动：浙江都市快报传媒有限公司甫一成立，就推出首个活动——“浙江信心之旅·快报全省送礼”活动。与此同时，推出“温暖2009都市快报春季大型房产主题活动”，在活动的头八周，已有53个楼盘、5家中介公司参与，前后有3万多读者参与讲座、展会和看房等互动，近300位读者买到房子，近600位达成购房意向。《都市快报》房产广告营业额逾三千万，占了杭州平面媒体房地产广告市场份额的73%。

台州日报社旗下共有3家报纸，原来各报社的广告全都采用对外承包的形式，留下了很多后遗症。2009年，《台州晚报》和《台州商报》的广告均改由报社经营，经过半年的运作，两报广告增长明显。过去，《嘉兴日报》广告营销人员的理念陈旧、传统，额度小的广告都不愿意跑，但由于经济形势比较好，报社发展还算良好。受此次国际金融危机影响，《嘉兴日报》2009年上半年的广告出现了下滑。因此，该报应对金融危机及时转变广告经营人员的理念，调整广告人员队伍，改革广告的固有结构，使其尽快适应新的要求。

（3）多元化经营

浙江省报业总体经营收入与2008年同期相比，仍有两位数的增长（+11.69%）。报业收入增长的原因，关键在于多元化经营的强势增长。全省2009年一季度多元经营收入与2008年同期相比，增幅达到126.35%。浙报集团在资本运作方面很有

表1 2009年3月杭州市报纸广告状况前8名广告

排名	媒体名称	市场份额	竞争指数
1	都市快报	32.07%	1.51
2	钱江晚报	21.31%	1.53
3	青年时报	13.90%	1.31
4	杭州日报	10.63%	1.10
5	今日早报	9.64%	1.20
6	每日商报	8.06%	2.29
7	浙江日报	3.51%	4.05
8	都市周报	0.87%	0.01

表2 2009年6月杭州市报纸广告状况前8名广告

排名	媒体名称	市场份额	竞争指数
1	都市快报	31.26%	1.23
2	钱江晚报	25.37%	1.81
3	青年时报	14.05%	1.45
4	今日早报	9.68%	1.39
5	每日商报	6.96%	1.02
6	杭州日报	6.82%	1.49
7	浙江日报	4.59%	3.62
8	都市周报	1.27%	0.01

表3 2009年9月杭州市报纸广告状况前8名广告

排名	媒体名称	市场份额	竞争指数
1	都市快报	28.07%	1.21
2	钱江晚报	23.27%	1.42
3	青年时报	16.43%	1.39
4	今日早报	11.83%	1.37
5	每日商报	8.61%	1.06
6	杭州日报	8.10%	3.07
7	浙江日报	2.64%	2.50
8	都市周报	1.06%	0.01

数据来源：慧聪邓白氏研究2009年《中国报刊广告市场(月度)研究报告》[1]

成效；杭报集团在努力拓展，全面介入数字产业；宁报集团2009年也加大了结构优化的力度，开展相关的产业经营活动，做到主业多元整体推进，全面拓展文化产业。浙、杭、宁、温四大报业集团近两年来多元经营收入都在亿元以上；2008年，四大报业集团的多元经营收入更是达到了创纪录的22.7亿元，比上年同期增加115.48%，多元经营收入在总体经营收入中所占的比例平均达到37.1%。

绍兴日报社的多元化经营收入也达到1074.25万元，比上年同期增长了近5倍(+491.78%)。都市快报社的多元化经营收入比上年同期增长了55.4%。连年来，多元经营呈现出持续高速增长的突破性进展。

湖州日报报业集团面对2009年初全球金融危机带来的不利影响，通过做大城市电视项目、开发商业区的墙体广告、引进多画面滚动灯箱广告车使报社在户外广告市场中占有了较大的阵地优势，同时，促使报社的产业结构开始向跨媒体、多媒体、全媒体的方向发展，经营结构从过去单一的平面广告经营向户外广告经营、影视广告经营转变，经营模式从过去单一的报纸版面表达发展为概念性广告、直观性广告、形象性广告的交替互动。

金华日报社依托自身的机制和体制优势，创新用人机制，把握市场需求，多元化战略成功实施，实现了规模效益。报社的多元经营收入达到7848万元，比2008年同期增长176.44%；多元经营收入在报社总体经营收入中，所占比例高达66.9%，创造了地市级党报集团多元化发展的“金华日报现象”。

多元化经营在浙江省报业经营中所占的地位越来越举足轻重，它不仅打破了传统报业单一的经营范围，而且跨地域，跨行业，成为浙江省报业经济新的成长点。多元化经营必将为浙江省报业实现转型升级，进而开辟报业经济新局面发挥不可估量的作用。

二、浙江省主要报业集团

1.浙江日报报业集团

(1)概况

浙江日报报业集团成立于2000年6月25日，集团目前拥有17报3刊1网站共21家媒体。另外，还拥有有全资、控股一、二级子公司51家，经营业务涉及传媒、印务、发行、广告、物业、高新技术、资本运营、房地产等领域，产业规模在全国报业集团中名列前茅。

《浙江日报》已与日本、美国、法国、加拿大等国家和我国香港特别行政区的新闻媒体建立了友好关系，与日本《静冈新闻》建立了定期稿件交流制度，在美国《侨报》、加拿大《今日中国》、法国《欧洲时报》、香港《文汇报》上开辟了有关浙江的新闻专版。

《钱江晚报》是全国都市报竞争力第二名；连续五年入榜世界品牌实验室中国百强行列，为浙江惟一入选的传媒,并连续多年入选世界报业100强、亚洲品牌500强;《钱江晚报》是浙江省惟一的省级晚报,拥有全省最多的印点,已开辟杭州(2个)、宁波、温州、金华、台州、嘉兴、衢州、绍兴等9个印刷基地,确保杭嘉湖平原、宁绍平原、温州、台州、金华等国内最发达地区的主要城镇当日投递、当日阅读。《钱江晚报》拥有全省最大的出版规模和信息量,以具有稳定职业、稳定收入和固定住所的城市主流读者为主要读者群,不断发展高端读者和年轻读者,读者构成持续年轻化。

钱江报系以《钱江晚报》品牌为纽带,实行强强联合。重组后的钱江报系,是国内规模最大、实力和竞争力很强的都市报方阵。三家都市报将实行全新的运作模式,整合资源,优化配置,强化报道与经营优势,形成竞争合力,激发竞争活力,提高竞争实力。

在2009年6月的第六届世界品牌大会上,浙报集团有两个品牌同时进入"中国品牌国家队阵容",《浙江日报》首次进入"中国500最具价值品牌",就以16.22亿元位居第383名;《钱江晚报》连续6年入选,列332名,比上一年上升了37名,并且位列浙江媒体品牌第一。8月8日,"2009中国报刊广告投放价值排行榜"发布,《浙江日报》首次荣登榜首;同时,浙报集团有四人荣获"2009中国报刊品牌建设推动力人物奖"。

继9月27日央视财经频道与浙江日报报业集团签署了战略合作协议后,双方将在联合采访、联合报道方面实现"人员共享、选题共享、设备共享"的合作新模式。

2009年11月4日,浙江日报报业集团信息技术处与浙江电信签署了"协同通信ECP"业务合作,是媒体与电信企业战略合作的深化。

(2)专设品牌机构　提升媒体影响力

《浙江日报》将2009年作为集团品牌建设年,新成立了市场与品牌部,其主要职能是在集团整体发展战略的指导下,制定集团的品牌战略,负责对集团、媒体产品品牌的规划与管理进行了提升;负责对集体媒体发行、广告市场的规划、管理、研究和定位分析;负责全集团媒体采购和价格体现建设;负责集团重大品牌活动的策划与组织协调;负责集团读者资源的研究与开放利用。按照这样的职能要求,该部从品牌与市场两个单位进行岗位设置。市场与品牌部目前对内管理职能部门,对外是经营部门。为了提升品牌影响力,2009年初,集团通过发布全球征集令一是招聘事业发展部副总监;二是招标咨询公司,规划集团发展战略;三是征集集团广告宣传语。并在集团60周年社庆之际,将读者节作为品牌活动来推广,改变了以往部门分散搞、形不成声势的做法。《浙江日报》接受咨询公司的建议,读者节上策划了"传媒文化周·读者嘉年华"活动,把各个部门的活动整合到一起,形成一个明确集中的主题—"推动进步的力量"。进而把所有的活动进一步梳理,植入与主题相呼应、结合的核心元素。

(3)报道与活动结合

2009年以来,《钱江晚报》组织开展了80余项大大小小的活动,并把报道与活动结合起来,以活动促报道,以报道提升活动。如在新中国成立60周年这一重大主题报道中,《钱江晚报》推出了"60年,走在建国路上"以及"用民谣唱响'我和我的祖国'"两大系列活动。《钱江晚报》还发起倡议,在美国为冯如塑像。参与杭州的一些有影响力的社会活动,如曼联杭州行。经过多方努力,《钱江晚报》成为这次活动的独家平面合作媒体,获得宝贵的新闻资源。

(4)抓住机遇　加快发展

浙报集团2009年上半年有两项大的动作。一是在不改变"一媒体一公司"基本格局前提下,依靠一个报系架构进行优化组合。2009年1月21日,浙江日报报业集团钱江报系成立,由浙报集团下属三家都市报《钱江晚报》、《今日早报》和《新民生·城市假日》组成。钱江报系控股组建了竞合传媒公司,专门经营户外大屏幕LED,并与视频新闻结合起来。新干线传媒投资公司根据集团发展战略,已将投资重点转移到文化产业上来。一是牵头组建了注册资本2.5亿的东方星空文化产业投资公司。二是已分别投资了宋城演艺上市股权项目和全球领先的阜博通影视基因技术。三是已经和将陆续投资一批影视大片,以及院线、会展、新媒体等项目。

浙报集团还与北大方正成功推出"数字报刊与跨媒体出版系统",实现传统报纸、数字报纸、光盘出版以及全文数据库产品的一体化生产和多元化出版。2009年2月20日,浙报集团与浙江在线新闻网站正式推出全国首家数字报纸。读者登录浙江在线,便可一睹浙报集团所属《浙江日报》、《钱江晚报》、《今日早报》、《美术报》、《浙江老年报》等数字报纸。

此外,浙报集团开始调整投资布局,集中围绕文化产业,推进文化与资本的融合,实现文化产业投资战略转型。集团已经成功地兼并收购并三年收回投资的9家县(市)报,也正在努力成为当地文化产业发展的平台。集团分别与浙江省广电集团、绿城集团、工商银行浙江省分行、中国移动浙江公司、杭州市下城区政府、阿里巴巴集团、中央电视台经济频道、实力传媒公司等10多家单位签订战略合作协议。

2009年6月,经国家工商行政管理总局批准,浙江日报报业集团有限公司正式更名为浙报传媒控股集团有限公司。此外,集团参与求是杂志社旗下的红旗出版社转企改制工作,绝对控股红旗出版社有限公司,标志着浙报集团进入出版新领域。

2.杭州日报报业集团

(1)概况

杭报集团成立于2001年11月,是长三角地区影响力最大、综合实力最强的传媒集团之一。目前,杭报集团拥有7张报纸、3本杂志以及系列网站、手机报等跨内容产品,报纸有《杭州日报》、《都市快报》、《每日商报》、《萧山日报》、《富阳日报》、《城乡导报》、《都市周报》,期刊有《休闲》杂志、《风景名胜》杂志、《杭州通讯》杂志,网站有杭州网、19楼空间、杭州日报网、18创富网、萧山网等。杭州集团先后组建了28家独资或控股公司,成为以报刊业为主,兼具广播电视、网络媒体、数字出版、户外媒体、文化会展、商务印刷、电子商务、旅游休闲及物流配送上等业务的综合性传媒集团。

由杭州日报报业集团集团总编办收集、整理、编印的集团各媒体记者下基层第三本文集《走进基层》,在2010年春节前印制完成并下发至全体采编人员。2007、2008年,杭报集团总编办已先后编印了记者下基层文集《新闻背后的感悟》和《基层零距离》,其中《基层零距离》由浙江人民出版社出版。

2009年6月16日,杭州日报报业集团与旺旺中时媒体集团建立新闻交流与合作关系签约仪式。重点是开展新闻业务交流与合作,加强双方所属新闻从业人员的互访,进行新闻业务交流,对双方赴对方所在地进行新闻采访予以支持协助;开展传媒产业交流与合作,加强双方产业经营人员的交流和互访,进行经营、业务交流,在互惠互利、共同发展的原则下,开展双方产业方面的实质性合作;发挥媒介的桥梁作用,推动双方所在地之间在经济、文化、旅游等领域以及各界人士的交流与合作。

(2)《都市快报》领跑浙江报业

《都市快报》自创刊就以全新的办报理念,成为世界报业发行百强、浙江省发行量最大的报纸,"全国晚报都市类报纸竞争力二十强"、"中国十大最具成长性创新传媒"、"中国500最具价值品牌",品牌价值11.2亿元,于2009年荣获国家新闻出版总署新出版物发行数据调查中心主办的"2008最受广告商广告主青睐的都市报"和"发行量认证奖"两项特别大奖。《都市快报》创造和实现了浙江平面媒体的四个"率先":率先引入国际先进版式理念,开创中国报业异型加长报纸第一例;率先接轨国际传媒的运作模式,实现全新编辑部内部设置;率先打造"我要五个灵"新闻热线,并使之成为浙江媒体第一热线品牌;率先进入浙江厚报时代,日最高版面多达80版。《都市快报》精准细致的服务得到了更多广告客户对版面的认可,提升了报纸广告的附加值,具有不错的广告投放价值,另有报纸广告优势折扣。

2009年10月20日,《都市快报》"快报宽屏"正式上线公测,当日点击量就达3万人次。报网互动和融合使报纸增添了新的活力。

2009年3月5日,浙江都市快报传媒有限公司正式成立,公司主要负责《都市快报》的经营工作,包括广告、发行以及产业拓展,发挥《都市快报》的内容优势及品牌优势,使《都市快报》经营工作真正走向企业化管理、产业化发展的道路,保持在浙江报界的领先优势和在全国都市报阵营的领军地位。

3.宁波日报报业集团

宁波日报报业集团基本完成了集采编业务、经营管理和客户服务为一体的集团数字平台的构建,集团正在向文化产业拓展,目标是建设现代化传媒集团和文化集团。

2009年1月,宁波日报报业集团全媒体新闻部成立,这是全国首支视频全媒体记者队伍。全媒体新闻部以数字技术平台为依托,以视频多媒体为主要报道方式,在集团新媒体平台和中国宁波网上进行滚动发布。目前,宁波日报报业集团的数字技术平台的开发已经委托给其他的技术公司在做,但集团拥有自主产权。

《宁波播报》以在线阅读方式呈现为主,具有4大功能特点:可看、可查、可议、可听。该报凭借着集团平面媒体强大的新闻资讯内容,整合了《宁波日报》、《宁波晚报》、《东南商报》等的新闻和资讯。发展到现在,宁波手机报的用户已经突破了10万,每月的退订率都在下降,两会期间还出现了订阅热潮。相应的广告模式也在逐步的探索中，现有的广告模式主要为栏目冠名广告。

目前宁报集团已经设置了100台户外电子显示屏，投入3000万。宁波日报报业集团选择在各个社区安置户外电子显示屏，这些对提升集团的整体品牌形象将起到很好的作用。

4.温州日报报业集团

温州日报报业集团是根据中央文化体制改革精神，经省委宣传部和省新闻出版局批准组建的。它是以《温州日报》为龙头和核心，以《温州晚报》、《温州都市报》、《温州商报》、温州新闻网、《温州瞭望》杂志为支撑的现代化媒体集团。《温州日报》是集团的核心报纸，作为机关党报它紧紧围绕市委中心工作，当好喉舌，引导舆论，服务人民；《温州晚报》以当天新闻为特色，是"可读、可用、可亲"的家庭报纸；《温州都市报》是贴近百姓、面向市场的现代都市综合类市民生活报；《温州商报》以经济服务，言商、谈商、论商，商味十足的综合财经类报纸。

2009年10月13日，温州网旗下的《财富温商》手机报正式发行。《财富温商》作为在外温商提供信息交流服务的掌上实时平台，以独立媒体的身份，通过手机平台对"第七届全国各地温州商会年会"进行全方位的报道。手机报从推向市场至今的2个多月时间里，已引起温商圈的广泛关注。此外，温州网还与全国各地温州商会通联，至今已和50多家商会建立紧密联系。

三、2009年浙江省报业发展关键词

1.大力发展文化产业

2009年，浙江制定了《关于支持文化体制改革和文化企业发展的意见》，在财政、税收、投融资等方面出台新的扶持政策。

2010年1月18日，浙江社科院发布《2010年浙江蓝皮书文化卷》。蓝皮书指出，影视、网游、会展业等文化产业领域逆势上升，对经济增长贡献比较明显，文化产业在助推经济转 型升级中的作用突出，成为浙江省经济发展的新亮点。

浙报集团将通过延伸产品线，拓展新市场，推出新媒体，融合运用新媒体和新技术为传统媒体助力，将主业经营在新媒体的推动下再上层楼。2009年7月，浙报传媒控股集团有限公司将出资绝对控股红旗出版社有限公司，标志着浙报集团进入出版新领域。钱江报系和集团下属子公司竞合传媒联合推出大型户外数字资讯媒体网络"钱江视屏新闻网"，标志着钱江报系在杭州乃至全省媒体中率先进入"第五媒体时代"。2009年6月，浙报集团参与投资的杭州阜博通影音传播科技有限公司落户浙报传媒文化创意产业园。通过园区规划，浙报集团成为发展文化产业的组织者和推进者，这对提升浙报集团的影响力和美誉度，提升集团形象，以及促进集团品牌建设具有重要意义。

杭报集团以重点项目带动集团文化产业战略投资，积极把握机遇，加强资源整合，加快发展数字印刷、发行物流、电子商务、旅游会展、体育演艺、地铁文化，实现从传媒集团向文化产业集团的转变。主要举措有：在报业印刷基础上，发展商务印刷、数码印刷，推出个性化数码印刷旗舰店并发展连锁经营，目前商务印刷产值已近2个亿；利用自办发行网络，发展电子商务及物流配送，打造杭城面向市民2小时日用生活消费品配送网络，推出当年销售额达1300万元，2009年该业务以超过30%的速度增长；与体育集团、文广集团共同组建体育文化会展公司、杭州演出公司，竞标取得萧山大剧院5年经营权，发展文化会展演出业，投资大型史诗电视连续剧《东方》，开始进军影视产业；与地铁集团战略合作，共同发展地铁报、地铁广告、地铁报刊零售系统。 截至2009年8月，杭报集团新布局的产业收入占集团总收入的30%，且成长势头良好。

温州日报报业集团合作打造浙江创意产业园。这是温州日报报业集团与浙江工贸职业技术学院合作共同打造的以服务地方产业转型升级为主的首个创意文化产业项目，该项目被评定为浙江省文化创意产业重点项目。

2.发展战略

绍兴日报社对财务、广告、发行体制进行了一系列的创新，将坚定不移地推进和实施"一二三四五"的发展目标。"一"是建立一张全国有影响的绍兴网；"二"是建议采编、经营两幢大楼，总面积达6.3万平万米，并创新文化创意产业园；"三"是采编、经营、管理三支队伍的整体提高；"四"是通过努力，使国有净资产突破4亿；"五"是经过五年努力，争取绍兴日报报业传媒集团有限公司上市。如今，绍兴日报社正在朝这些目标而努力迈进。

2009年，嘉兴日报社陆续实施了"5+1"品牌工程，率先在地市党报中改为瘦版，并成立视觉中心，使图片和版面质量大幅提升。报社还与中国记协网合作，推出旨在实现资源利用最大化的国内

媒体图片合作平台——城市新图网。版式深度改革的目标是推动《嘉兴日报》从行政型媒体向市场型、社会型媒体转变。

3.内容导向

(1)《都市快报》时刻关注金融危机的最新动向

《都市快报》编委会进一步倡导和确立自身的内容优势,及时推出"金融海啸,全球救市"、"金融海啸,你安全吗"等栏目和版面,专家点评理性释疑,倾听读者疏导情绪,统一思想树立信心,报道得到中宣部新闻局《新闻阅评》的高度评价。此后,又推出"金融海啸,携手共渡"栏目,策划"双对接"活动;推出《中国见底?!》系列报道,用一个个读者身边的鲜活的故事和细节,来印证经济已经开始回暖的迹象和趋势。报道还运用来自国家统计局、央行、中国银联等权威机构的数据进行分析,包括采购经理指数、企业家信心指数、企业景气指数、工业景气指数、PMI指数、中国银行卡消费信心指数、发电量等与经济复苏密切相关的数据,反映浙江区域经济的好转。在推出《中国见底?!》报道的同时,都市快报还在19楼网站开设专题博客请读者参与讨论投票。

(2)《杭州日报》坚持党报的责任与价值取向

《杭州日报》作为地方党报,在应对金融危机的影响中,努力提高经济报道的正面引导和整体驾驭能力,实现宏观视野与微观视点,权威引导和贴近报道的有机结合,增强对地方经济的参与性,对百姓群众的服务性。其特点可归纳为:

一是一条主线:正面报道为主帮忙不添乱,始终是经济报道应当遵循的原则和主线。杭报作为负责任的党报媒体,没有简单地就现象报现象,而是将着力点放在政府的应对措施与决策报道与解读上,放在应对寒冬企业的招数上。

二是四化并举:"全球化视野,地方化思考,权威化引导,贴近化报道",提升层次拓宽领域。

三是五个着力:贴近化报道、中心工作和拓展报纸品牌双赢、"着力关注民生,对解决群众疾苦有帮助有促进"、"着力服务百姓,对群众理财有借鉴有指导"。

(3)《宁波日报》应对金融危机:紧紧围绕"信心"做文章

在《宁波日报》以金融危机为主题的众多报道中,"转型升级——宁波外贸破难解困之道"的系列报道,见事早,反应快,不仅提供样本,还提出远期发展思路,对于提振宁波外贸企业的信心,得到了中央、省、市领导的重视和中央媒体的高度关注,系列报道的材料被人民日报、新华社、中央人广播电台、中央电视台等媒体广泛采用。

这组系列报道共发评论4篇,包括《领先一步,别样收获》、《困难,也许是一次机会》、《转型升级正当时》、《抓住"微笑曲线"的两端》。

4.国庆报道

(1)42家网络媒体聚焦浙江"辉煌60年"发展

在新中国60周年华诞之际,中国约有近百家日报迎来了自己的60岁生日。由浙江省政府新闻办和浙江在线新闻网站主办"辉煌60年全国网络媒体浙江行",42家来自全国各地的知名网络媒体派记者参加了为期一周的采访活动,依托网络平台宣传新中国成立60周年特别是改革开放以来浙江取得的辉煌成就和发生的历史变化,充分展示浙江深入贯彻落实科学发展观,全面实施"创业富民创新强省"总战略,积极应对国际金融危机,推进"保增长、抓转型、重民生、促稳定"的生动实践成果。

(2)浙报16家媒体共推群众参与的报道活动

在新中国甲子生日之际,浙报集团旗下的《浙江日报》、《钱江晚报》、《今日早报》、《浙江在线》、《浙江手机报》等16家传统媒体与新媒体,6月6日起共同启动"祝福我的祖国"群众参与式大型报道活动。集团还将推出"祝福我的祖国"赛歌会、"报人与群众共祝祖国好"等一系列活动。旗下的15家报纸和浙江在线网站将开辟专栏全程进行报道。据了解,为纪念新中国成立60周年,浙报集团21家媒体今年年初开始已经陆续推出了多系列、多形式的报道活动。

5.进军全媒体

2009年10月16日,2009年传媒产业高峰论坛暨浙江地市级报纸"社长论坛"在杭州举行。数字化引领变革,这对传统传媒既是机遇也是挑战,特别是以报业、电视、广播为代表的传统媒体,已经进军数字出版领域。传统媒体数字化转型已经成为一种必然趋势。

"浙江省报业协会信息技术专业委员会年度工作会议"于9月25日至26日在绍兴召开。会议就如何借助信息技术,实现传统报业向全媒体的转变,进行了探讨、交流,并确定了信息技术委员会以注重传递最新"技术",做好人才培训,提供科技手段等项服务工作,推动、创新我省报业信息化建设。

2009年3月7日,筹备了近半年的杭州日报网正式上线,这标志着有着54年历史的《杭州日报》结束了单一纸媒的历史，一个报网合一的新型媒体随之诞生。杭州日报网的最大创新之处，即与其他报纸网站的最本质的区别在于：杭州日报网与《杭州日报》的关系是融为一体的。就要 实现整个采编队伍的颠覆性转型，制定两套相对独立、并行不悖的采编流程和考核制度，推出大量的报网互动活动。上线以来，我们已经连续推出了“长三角读者大春游”、“发现最美·杭州女孩”、“大学生创业快车”、“中小学记者团评选”、“草根荐股与基金试比高”、“骑行杭州万人车王争霸赛”、“西湖赛诗大会”、“社区晒宝”、“我是动漫王”等30多个涉及社会各界的报网互动活动，极大地提升了杭州日报网的人气，效促进了网络流量的飞速增长。短短半年间，杭州日报网就已经取得了70多万元的广告收入。

2009年，中国宁波网实现了增值业务、手机报业务、频道业务和广告业务并行发展的良好局面。在不利外因的催促下，进军全媒体成为宁报集团这一年的主攻方向。6月，宁波日报报业集团数字报业技术平台项目通过新闻出版总署验收。集团的数字报业技术平台采用了“核心+插件”的方式。目前宁报集团媒体结构主要分三个层面：第一个层面就是平面媒体，也就是8家纸质平面媒体；第二层面是网络媒体；第三个层面是他们探索的叫“新媒体为重点的，或者以新媒体为载体的新型媒体”，包括手机报、互动多媒体报、电子纸报、户外显示屏报，这样的四种媒体组成了宁报集团的第三个层面的媒体。为了推进全媒体实践，他们狠抓队伍建设，加大硬件投入，并实行了整个流程的再造。

温州日报报业集团推出手机报，并与中国移动、中国联通合作开发移动终端产品；《嘉兴日报》加大3个网站的建设力度，积极筹备数字出版业务；《衢州日报》新闻网与户外传媒连接，建设发布终端；《舟山日报》第一步是解决报网互动，第二步是打造全媒体；《台州日报》已对网站进行全面改造，并与电信部门签订战略合作协议，拟对网络进行二次开发。

玉溪日报社利用网络创造价值，实施玉溪新闻网的整体营销。玉溪新闻网已成为玉溪最大的新闻门户网站，成为玉溪继《玉溪日报》、玉溪电视台、玉溪人民广播电台之后拥有采访权、新闻发布权的四媒体，成为外界了解玉溪的一个重要窗口。日均点击率逾万次。仅2009年网络营销实现收入近70万元、玉溪手机报实现收入100多万元。□

※作者单位：中国政法大学新闻与传播学院

※注释：

【1】本排名是广告收入（刊例价）排名本排名。数据包含媒体本身投放的广告量。竞争指数计算方法：en1的竞争指数=en1的市场份额/en2的市场份额

2009年安徽省报业发展综述

● 姜红 胡睿

一、2009年安徽省报业发展状况总体数据

安徽省现有报纸98家，包括党报18家、都市报11家，校报31家，广电报17家，专业行业类报纸16家，企业报5家。其中《当代财富报》更名《合肥日报》，刊号不变，主管单位由省供销社转为合肥晚报社。由新闻出版局主管的63家报纸出版单位中，属于事业法人的出版单位有56家，占报纸出版单位总量的88.9%；属于企业法人的报纸出版单位1家，为《淮北广播电视报》，占报纸出版单位总量1.6%；非独立法人出版单位（编辑部）6家，占总量的9.5%。

截至2008年底，全省报业资产总额185129.86万元，净资产总额104707.65万元，利税总额13605.87万元。其中安徽日报报业集团旗下报纸（不含刊）资产总额达到102140.53万元，占全省报纸资产总额的55.17%；净资产总额58002.97万元，占全省报业净资产总额的55.39%；利税总额9693.34万元，占全省报业利税总额的71.24%。安徽日报报业集团无论报纸资产、净资产及利税总额均占据全省报业的半壁江山以上，是当之无愧的安徽报业龙头。

2009年底，安徽省已成立报业集团2家，分别为安徽日报报业集团和芜湖日报报业集团，正在筹办中的报业集团1家，为合肥报业传媒集团。

二、2009年安徽省报业发展总体特点

在经历了2008年的抗雪、抗震、奥运及金融危机等大事的报道之后，2009年的安徽报业整体上呈现平稳发展的态势。恰逢建国60周年，安徽报业的舆论引导力进一步提升，体制改革更加深化，区域协作更趋紧密，媒介融合的态势不断加强。与此同时，重点地区如合肥市，报业竞争愈发激烈，各家媒体纷纷通过改版、扩版、招兵买马、重新定位等各种手段提高市场竞争力，分割省城报业市场蛋糕。

1. 体制改革进一步深化

作为安徽省报业旗舰的安徽日报报业集团，继2008年在全国党报集团中率先成立中外合作项目，与南非MIH传媒集团合作组建新安传媒有限责任公司之后，2009年继续探索党报体制改革的新路径和新模式。党报发行体制改革，是党报体制改革的突破口。2009年8月以来，安徽日报报业集团选择阜阳、亳州、淮南、六安四市为《安徽日报》自办发行的试点城市。目前，试点市的2010年安徽日报征订任务已超额完成。2009年底，《安徽日报》自办发行投递及物流配送正式启动。

机构人事改革方面，新成立的《合肥日报》在筹办之初就突破党报长期以来的事业编制框架，把事业编制人员的工资放入档案，以岗定薪，激活用人体制，同时民生新闻部、摄影部、校对室等以年轻人为主的部门，推行"轮流负责制"，让每个年轻人都有机会担任为时3个月的部门负责人，通过实践锻炼后再择优选拔部门领导。在激烈的竞争下，合肥晚报社旗下《合肥晚报》和《江淮晨报》相继重金聘请专家型的新掌门。皖西日报社成立人力资源部，按现代传媒企业模式进行人事改革，并将采编、经营和发行部门剥离开来。阜阳日报社打破编制、职务、职称、学历界限，启用大批年轻部门负责人，中层干部平均年龄下降了超过10岁。

在广告经营机制方面，越来越多的报社开始通过招投标形式实行广告、发行的代理制。

2. 区域协作更加密切

2009年9月17日，安徽省十七城市报联盟在安庆成立。全省17个地级市的报社共同签署了《联盟合作条约》，联盟成员共同发布宣言，将按照“相互尊重、彼此信任、资源共享、共同发展、恪守条约”的要求，联手铸造安徽省最具传播价值平台。宣言提出以市委机关报为龙头的区域报业体系必须尽快从传统的管理模式向现代报业集团管理模式转换，实现体制、机制创新，形成规模效应，发展文化新报业。安徽十七城市报联盟，是各家地市报社在寻求合作与发展道路上迈出的坚实一步。联盟将定期开展十七城市经贸洽谈、产品营销推广、广告招商年会等大型商务活动；年底将共同举办“安徽十大经济风尚人物”、“安徽十大年度营销事件”评选活动，共同打造《榜样》特刊。

联盟平台的搭建，开启了安徽省报业区域协作的新时代。它不仅有助于实现各家报社新闻与广告资源的有效共享，也能促进城市媒体与城市企业的交流与合作，对于优化企业宣传效果，降低企业营销和广告成本有着重大意义。

3.媒介融合进一步加强

在网络、手机等新兴媒体日益成为主流的情况下，报纸要想继续保持竞争力，媒介融合就是必然之举。安徽报纸媒体在时代潮流下，纷纷推出多媒体战略，加强媒介融合，顺应时代发展。继省级媒体《安徽日报》几年前率先开通多媒体报刊平台之后，安徽日报报业集团正在向整体数字化方向转型。如今，报网联动、手机报的发展逐渐延伸至地市级媒体。在即将成立的合肥报业传媒集团中，将出现“新媒体事业部”，集团高度重视新媒体平台的打造。地处皖北的《阜阳日报》在办好阜阳新闻网的基础上，利用新构建的计算机网络综合信息平台，积极推进传统报业与新媒体融合，加速传统报业向数字报业转型，延伸报业可持续发展链条，培育新的经济增长点。在新一轮机构改革中，专门设立了新媒体中心，配备了网络技术专业人才，《阜阳日报》、《颍州晚报》电子报和阜阳手机报等将陆续上线，并筹建LED户外广告平台。

4.经营模式进一步拓展

报纸进入市场，既是机遇又是挑战。突破单一发展模式，推行纵横多向发展，是保证媒体立足市场，实现发展的重要举措。2009年，安徽报业积极发展多元化经营模式。《安徽日报》开始自办发行，探索中国省级党报经营方式的新途径。合肥晚报社积极发展非报产业，对SP、便民服务网进行升级改造，在对外商业印刷、代购代销新闻纸方面收入有较大增长，并谋划教育广告参与社会力量办学，汽车广告参与汽车经销，平面广告向户外广告、楼宇广告、风景区广告、高架广告以及DM杂志延伸等拓展业务，同时尝试将已经举办了8届的“中国·合肥龙虾节”扩大至省内其他城市，甚至其报社主要承担非报产业的投资公司将积极谋划上市。安庆日报社仅印刷一项收入即达到1000万元。阜阳日报社成立阜阳报业发行有限公司，扩大发行渠道。

5. 省城报业竞争日趋激烈

2009年上半年，除了芜湖日报报业集团麾下的《大江晚报》在合肥发行引来一阵浪花，合肥报业市场在金融危机冲击下总体上风平浪静，波澜不惊。到了下半年，新一轮竞争方才正式启动。

6月，合肥晚报社在《南方周末》、《南方都市报》、《中国青年报》等国内新锐报刊登载招聘启事，同时筹办《合肥日报》，并筹备成立合肥报业传媒集团。7月，多年不在本省招聘的《新安晚报》开始面向社会公开招聘，8月5日进行重大改版，有针对性地推出“合肥新闻”。9月，《合肥晚报》、《合肥日报》、《江淮晨报》均大规模进行全国招聘，10月底《江淮晨报》进行颠覆性改版。11月8日，“共和国最年轻的省会城市党报”《合肥日报》创刊，此前一直身兼党报都市报双重角色的《合肥晚报》“华丽转身”，回归纯粹意义的晚报都市报。12月，《安徽市场报》正式加盟安徽出版集团，全新扩版改版，面向全国招聘记者编辑。12月21日，以策划见长的《安徽商报》在其创刊十周年之际再次改版。这场报业竞争的帷幕才刚刚拉开，竞争的焦点集中在本地新闻、时效性新闻、服务信息、版式、办报理念、人才、机制等各方面。可以预见，2010年的省城报业市场将有一番精彩好戏上演。

三、2009年安徽省报业发展关键词

1.《安徽日报》自办发行

2009年12月29日，《安徽日报》自办发行投递暨物流配送正式启动。以自办发行为起点，安徽日报报业集团将进一步整合集团内外发行资源，逐步完善发行站点和配送网络，主动参与市场竞争，全力打造以党报党刊投递为主业、集物流配送和社会化服务为一体的物流连锁配送网络，使报业

集团发行体制改革成为我省党报经营方式改革的突破点和文化产业发展的新亮点。

2.十七城市报联盟

2009年9月17日，安徽省十七城市报联盟在安庆成立。全省17个地级市的报社共同签署了《联盟合作条约》，联盟成员共同发布宣言，将按照“相互尊重、彼此信任、资源共享、共同发展、恪守条约”的要求，联手铸造安徽省最具传播价值平台。宣言提出以市委机关报为龙头的区域报业体系，必须尽快从传统的管理模式向现代报业集团管理模式转换，实现体制、机制创新，形成规模效应，发展文化新报业。由安徽十七城市报联盟，是各家地市报社在寻求合作与发展道路上迈出的坚实一步。“联盟”将定期开展十七城市经贸洽谈、产品营销推广、广告招商年会等大型商务活动；年底将共同举办“安徽十大经济风尚人物”、“安徽十大年度营销事件”评选活动，共同打造《榜样》特刊。

3.全国省级党报总编辑会议

2009年12月13日，第十七届全国省级党报总编辑会议在安徽省召开。在题为“时代要求与党报创新”的论坛上，省级党报负责人就党报改革创新、提升舆论引导能力与传播能力建设等话题进行了深入研讨。总编辑们认为在新的历史条件下，必须始终坚持正确的政治方向，积极适应国内外形势的新变化，主动顺应人民群众的新期待，以改革创新精神做好各项工作，不断为党报发展注入新的生机与活力；必须始终坚持以人为本，把体现党的主张和反映人民心声统一起来，把坚持正确导向和通达社情民意统一起来，进一步提高党报的舆论引导能力；必须始终坚持“三贴近”，进一步增强亲和力、吸引力、感染力、凝聚力，努力办出特色、办出风格、办出水平，让人民群众喜闻乐见；必须加强传播能力建设，不断巩固和扩大主流媒体的舆论阵地，主动占领新兴媒体市场，赢得话语权、掌握主动权，牢牢占领舆论引导的制高点。

4.省城报纸改版潮

2009年8月14日，安徽日报报业集团旗下《新安晚报》改版，其改版词《你的心跳，我能听到》提出“打造全国一流都市报”的目标，“国际视野，全球眼光，全国观念，创新理念”的指导方针，“快捷、独特、深刻、厚重、周到”的操作理念，版式上追求端庄大气与简约清透并重。

10月12日，《合肥晚报》张向东总编辑亲自撰写改版词《为合肥为新闻，我们华丽转身》，提出“主流、新鲜、贴近、实用”的改版目标，预示着《合肥晚报》的重新定位，将原来党报的功能剥离，这份有着52历史的老晚报艰难转型，回归纯粹的晚报面目。

10月26日，合肥晚报社旗下《江淮晨报》改版，以“新合肥，新市民，新晨报”为口号，倡导“最丰富的合肥新闻，报道合肥大情小事；最快速的服务资讯，服务市民工作生活；最贴心的自家报纸，陪伴您的每个早晨”。改版后的版式颇具颠覆性，采用大图片，中粗黑体标题，从头版到最后一版的风格非常统一。加大了新闻的容量，本地新闻的体量是过去的3倍。

11月，安徽出版集团正式主管《安徽市场报》，高调发布招聘信息，即将全新改版扩版。

12月21日，安徽日报报业集团旗下另一份都市报《安徽商报》宣布改版。这份有着十年历史的都市报以“新锐主流，人文关怀”为其办报理念。当天的改版宣言《做最好自己，求与众不同》，再次强调“新锐主流”之理念，并提出“经济味、都市味，以及独家新闻的原创味”，是此次改版的“三味真火”。在内容方面的改变加大了省城新闻与财经新闻的报道，另增加“截稿新闻”与“时评”栏目。版式上对各版标题的字体进行了统一，图片的运用更加灵活醒目。值得一提的是，改版之日，该报推出232个版和以“道”为主题的大型策划，将商报善于策划的特长发挥出来。

5.新闻本土化与主流化

在2009年底的改版潮中，地处省城的报纸纷纷将关注重点放在本地新闻上。一方面，合肥这座城市正处于两千年建城史上最好最快的发展阶段，报纸是时代的记录纸，历史的草稿纸，合肥的媒体关注合肥的发展，当是题中应有之义。另一方面，发展变化中的合肥孕育着巨大的商机，合肥报业市场的蛋糕仍有扩大的潜力。于是，各家报纸关于合肥本土新闻的竞争趋于白热化。《新安晚报》推出“合肥新闻”版块；《江淮晨报》以“新合肥，新市民，新晨报”为口号，倡导“最丰富的合肥新闻”，重心转向合肥本土及社区；新改版的《安徽商报》增加了“省城新闻”报道；再加上生于斯长于斯，原本就擅长捕捉合肥本地风土人情的《合肥晚报》。可以看出，合肥都市类报纸对本土化的重视成为共识。

都市类报纸目前普遍处于第二次转型阶段，多数报纸不愿居于“小报”定位，寻求另一种“主流媒体”定位。《新安晚报》提出“打造全国一流都市报”的目标，希望通过改版进入“国内一流”的都市报阵营，是都市报主流化的倡导者。《合肥晚报》由党报回归晚报之后，提出“主流、新鲜、贴近、实用”的改版目标，仍然没有放弃“主流”的价值指向。《安徽商报》则在年底的改版中再次强调其“新锐”加“主流”的理念。在竞争日益激烈的报业市场上，力图脱颖而出，主流化成为各家都市类报纸的雄心彰显。新闻本土化与主流化会不会带来另一种“同质化”，还需要市场和受众的检验。

6.《合肥日报》创刊

2009年11月8日创刊，号称“共和国历史上最年轻的党报”。合肥晚报社总编辑张向东认为，创办《合肥日报》是合肥城市发展的需要。

《合肥日报》刚一上市即受到各方好评。报纸共设8个版。头版为“要闻”，二版的“政声新闻”与三版的“民生新闻”对称设置，四版是“经济新闻”，五版为“时评”与“理论”、“县区”、“热线”的轮版，其他三个版分别是“文体新闻”、“中国新闻”和“国际新闻”。

《合肥日报》采取“导读置顶”的新模式，把当天最精彩的新闻图文并茂地展现在头版的报头之上，并聘请视觉设计专家为《合肥日报》量身打造版式、栏目，设计并严格推行《合肥日报》的VI系统。

7.金长城传媒奖

由众多新闻研究机构和院系主办的中国传媒大会2009年会于12月4日~6日在北京举行。安徽省三家报社获得四项大会评选出的“金长城传媒奖”。分别是《新安晚报》(2009中国十大晚报)、《芜湖日报》(2009中国最具创新地市报)、芜湖日报报业集团(2009中国十大城市传媒集团)、《合肥晚报》(2009中国最具创新城市晚报)。

8.《大江晚报》合肥发行

2009年1月1日，芜湖日报报业集团旗下《大江晚报》开始在合肥发行，跨出“走出去”战略关键一步。《大江晚报》1996年创刊，目前是是皖江、皖南地区发行量、广告量和社会影响力最大的报纸。为了应对传媒市场化的挑战，《大江晚报》决定异地发行，实施“走出去”战略。配合在合肥发行的举措，报纸在2009年实行了最新一次的改版，以期适应芜湖、合肥两地市场的需要。

《大江晚报》异地发行，是地方报纸求生存图发展的创新之举，但如何能在内容上满足不同地域受众的需要，如何调整确定报纸新的定位，如何在新的市场上早日扎根，都是需要进一步探索的问题。□

※作者单位：安徽大学新闻传播学院

2009年福建省报业发展综述

● 殷琦

2009年，对于中国来说是意义重大的一年，在这一年新中国迎来了她的60岁生日。对于中国的报业而言，2009年同样也是非同寻常的一年，文化体制改革的继续深入、体制机制的转型、经营方式的革新、重大事件报道的锤炼都使得中国报业的发展踏上一个新的台阶。

身处改革中的福建报业，在这一年里也发生了许多深刻的变化，而且这些变化将在相当长的一段时间影响着福建报业的发展。随着报业所处的经济政治文化环境的不断变化、传播理念的日益演化、传播技术的加速革新，福建报业也在不断地探求发展过程中的新契机。

一、本省(市、区)报业发展状况总体数据

1.基本情况

至2010年全省报纸共4类43家。

(1)机关报12家

《福建日报》、《福州日报》、《厦门日报》、《泉州晚报》、《闽南日报》、《闽西日报》、《三明日报》、《闽北日报》、《闽东日报》、《湄洲日报》、《石狮日报》、《晋江经济报》

(2)晚报、都市报10家

《海峡都市报》、《海峡都市报闽南版》、《海峡导报》、《福州晚报》、《厦门晚报》、《厦门商报》、《东南早报》、《东南快报》、《莆田晚报》、《宁德晚报》

(3)生活服务报8家

《海峡教育报》、《每周文摘》、《福建广播电视报》、《厦门广播电视报》、《泉州广播电视报》、《三明广播电视报》、《文化生活报》、《海峡生活报》

(4)行业报13家

《福建侨报》、《福建科技报》、《福建老年报》、《法制今报》、《福建卫生报》、《福建煤炭报》、《环境与发展报》、《通信信息报》、《小学生周报》、《学知报》、《海峡消费报》、《海峡资源报》、《海峡人才报》

2.人才队伍

截至2009年底，全省报业从业人员8112人，相较于2003年增长29.16%

3.报纸经营

据统计，到2009年底，全省报纸发行量352万份，比2003年增加28万份；每千人日报拥有量67份，比2003年增加20份；2009年，报业总收入19.48亿元，比2003年增长134%；其中广告收入11.35亿元，比2003年增长79.02%；发行收入3.65亿元，比2003年增长370%；印刷收入3.24亿，比2003年增长232%；多元经营收入1.24亿元，比2003年增长489%。报业资产总值23.22亿元，比2003年增长58.72%。5年累计上缴税收5.89亿元，为各级财政做出了突出贡献。

二、本省(市、区)报业发展状况之总体特点

1.机遇与挑战并存

对于福建报业而言，2009年是机遇与挑战并存的一年。

(1)面临的机遇

①中国特色社会主义事业发展“五位一体”的整体布局，确立了文化建设的重要地位和作用，推动文化大发展大繁荣成为全面建设小康社会的重要内容，为新闻出版业发展奠定了坚实基础。文化体制改革的不断深入与全面展开，也为福建报业改革提供了明确的指导方向和有利的政策。

②新中国成立60年来，我国经济社会建设所取得的巨大成就与积累的宝贵经验，以及海峡西岸经济区建设保持的良好发展态势，都为报业发展奠定了良好的经济基础。2009年5月，国务院常务会议讨论并原则通过《关于支持福建省加快建设海峡西岸经济区的若干意见》，这是国务院首次出台政策明确支持海峡西岸经济区发展，更为福建经济发展和报业发展起到了极大的推动作用。

③福建省委省政府及福建各市委市政府对报业的关心与支持，为福建报业提供了较为宽松的改革发展环境。2009年福建省出台了《关于加快发展文化产业的意见》与《福建省新闻出版业2009~2012年发展规划》都对福建报业发展战略进行了规划部署。

④福建已拥有一批具有较高知名度和广泛影响力的报纸，且一些报团报社具备了比较雄厚的经济实力和资产基础，具有较强地依托报业固有功能向外扩展和延伸的实力与能力。

⑤福建不少报社报团已拥有了现代化的技术与设备，积极采用与引入高新技术与高端设备，有

表1 2009年福建省报业发展概况

报纸规模			
指标	数据	去年同期指标	数据截止时间
全省（市、区）目前的报纸种数	43种	43种	2009.12.30
其中 党报	12种	12种	2009.12.30
行业专业报	13种	13种	2009.12.30
晚报都市报	10种	10种	2009.12.30
生活服务类报纸	8种	8种	2009.12.30
其他类别报纸	种	种	2009.12.30
报业经营情况			
一、总体情况			
全省（市、区）报业总收入	194800万元	184400万元	2009.12.30
报业集团/报社的经营规模排名	1. 福建日报报业集团		
	2. 厦门日报社		
	3. 泉州晚报社		
	4. 福州日报社		
二、广告经营情况			
全省（市、区）报业广告经营额	113500万元	103200万元	2009.12.30
本地区报社（报业集团）广告经营额排名 数据截止至：2009年12月	1. 福建日报报业集团		
	2. 厦门日报社		
	3. 泉州晚报社		
三、发行经营情况			
期发报纸总份数	352万份	400.39万份	2009.12.30
人均报纸份数	每千人日报拥有量67份		2009.12.30
自发总量和邮发总量比例	4 ：6	4 ：6	2009.12.30
其他经营情况			
报业印刷总收入	32400 万元	万元	2009.12.30
报业其他业务总收入	12400万元	万元	2009.12.30

利于促进新闻出版业增长方式转变和产业升级。

(2)面临的挑战

①国内许多新闻单位积累了相当的实力和经验,广东、浙江、江苏、湖北等地的报业集团早已从早期的形式整合进入深层次的运作,进入到跨媒体、跨地域,资本化运营与多元化发展期。与他们相比,福建省报业在竞争上处于相对劣势。

②目前国际金融危机对报业发展造成的冲击还在延续,报刊广告收入、印刷业务以及融资等都受到影响。

③福建报业市场相对饱和,省内各大报社报团为争夺主要市场用尽手段,而外地报纸的不断附表1进入使得竞争更显激烈,报业发展更显艰难。

④伴随着高新技术发展和市场激烈的竞争,对信息、载体、品牌、人才等方面优质资源的争夺更加显著,尤其是在新闻人才市场并不发达的福建,人才资源成为争夺的焦点。

2.发展状况

2009年,福建省报业得益于海西经济区的开建以及各级党和政府对新闻出版业发展的重视,取得了不少成绩。福建省新闻出版行业以科学发展观为统领,认真学习宣传和贯彻《国务院关于支持福建省加快建设海峡西岸经济区的若干意见》(以下简称《若干意见》)和《新闻出版总署(国家版权局)福建省人民政府共同推进海峡西岸经济区新闻出版业建设合作协议》(以下简称《合作协议》),解放思想,先行先试,全面推进各项工作。

①产业体系建设迈出新步伐

新闻出版业作为一个初具规模的产业门类,已成为我省文化产业重要组成部分。2008年,国家新闻出版总署(国家版权局)与福建省人民政府签署《合作协议》,体现了省委、省政府和国家新闻出版总署对海峡西岸新闻出版业发展的高度重视和支持。2009年,省委办公厅、省政府办公厅《关于加快发展文化产业的意见》(闽委办发〔2009〕3号)公布了重点发展的十大文化产业,报刊服务业和出版印刷发行业成为其中两大产业。

②发行数量和质量有新发展

从2005年到2008年,报纸总印数由8.80亿份增长到10.38亿份,年均增长5.67%;总印张由325.54万千印张增长到443.57万千印张,年均增长10.86%。

③对台对外交流取得新成效

全省新闻出版业对外开放进一步扩大,对外交往日益频繁。如福建日报报业集团实现了首批大陆记者赴台驻点采访,通过建成开通《天下妈祖》网站、创办《收藏快报》及《东方收藏》杂志等定位对台交流的手段,加强了两岸文化交往。

④体制机制改革获得新进展

继续深化新闻出版企事业单位内部改革,促进各单位加强经营管理和市场开拓。福建日报报业集团继续深化改革,坚持多元化发展战略,实力和竞争力得到进一步增强,在我省新闻出版业发展中发挥了极其重要的作用。一些党报实行了编辑和经营"两分开"改革,将广告、发行、印刷等经营性业务剥离出来推向市场,理顺了机制,增强了活力。

3.市场格局

福建的报业市场主要由当地媒体构成,中央级的媒体《人民日报》、《参考消息》以及《南方周末》、《21世纪经济报道》等外地报刊在福建报业市场所占比例不足10%。

福州、厦门、泉州既是福建的三大政治、经济、文化中心城市,也是福建报业的"金三角"。福州、厦门、泉州三地的报业在发展迅猛的同时,相互之间也面临着极为激烈的竞争。厦门与泉州的报业发展得益于活跃的闽南经济,而福州得天独厚的政治资源与文化资源也为其报业发展提供了极大的便利。在福建的众多报纸中,竞争最为激烈的当属都市报。

①福州报业

福州作为省会城市,在福建省具有独特的政治地位和悠久的历史文化,因此也颇受媒体的青睐。这里既有以福建省委机关报《福建日报》为龙头的省报集团——福建日报报业集团,也有以福州市委机关报《福州日报》为主导的福州日报社。在福建日报报业集团横扫福州报业市场,并先后在厦门和泉州的报业市场中也取得不俗战绩的情形下,福州日报社的经营状况显得相对艰难。

福建日报报业集团的《海峡都市报》是福建省第一份都市类报纸,于1997年10月1日创刊,创刊当年年底,《海峡都市报》实现盈亏平衡;2002年,实现广告收入8000万;2003年,《海峡都市报》广告收入首次过亿。目前发行量60多万份,是福建省发行量最大的都市报。根据慧聪数据,2009年1~11月《海峡都市报》在福州的总体市场份额达50.2%,年度份额将首超50%大关,确保了整体市场份额的绝对领先。

福州日报社现拥有"两报一刊一网一厂两

社”，即《福州日报》、《福州晚报》、《家园》杂志、福州新闻网、福州晚报印刷厂、福州市新闻图片社、福州报业旅行社。在《海峡都市报》创刊之前，福州市委机关报《福州晚报》已经营了15年，占据着福州报业市场的大半壁江山。1998年10月1日，《福州日报》创刊，转承之前本由《福州晚报》承担的机关报职能，《福州晚报》也正式改版，逐步转型为都市类报纸，并于2001年1月13日改为早间出版。但近些年在《海峡都市报》和《东南快报》的双重挤压下，《福州晚报》的发行与经营稍显逊色。

《东南快报》由中国国际贸易促进会福建省分会主管、主办，由厦门一家民营企业投资，于2000年8月28日在福州创刊，四开40版，定位为综合性市民生活报，主要在福州和厦门发行。

②厦门报业

厦门市是福建省的惟一一个副省级城市，也是全国首批实行对外开放的五个经济特区之一，同时享有省级经济管理权限并拥有地方立法权，其在福建省的重要地位不言而喻。

厦门的报业市场主要有以下报纸：厦门日报社属的《厦门日报》、《厦门晚报》、《厦门商报》、《海峡生活报》，厦门广电局的《广播电视报》和侨办的《鹭风报》；福建日报报业集团下属的《福建日报》、《海峡导报》、《海峡都市报》；泉州晚报社主办的《东南早报》；福建省贸促会主办的《东南快报》。

尽管面临着众多报纸对厦门市场的觊觎与抢占，《厦门日报》仍然一直雄踞着厦门报业市场的霸主地位。但是，《厦门日报》的发行主要依靠征订，且与《厦门晚报》捆绑发行，在零售市场上号召力不足。

厦门作为福建日报报业集团的重要目标市场，其内也安置着省报集团的众多报纸。早在1997年，《海峡都市报》就在厦门设立了采编经营分支机构。1999年3月，福建日报社在厦门创办《海峡导报》，接管《海峡都市报》在厦门的市场份额，《海峡都市报》则逐渐淡出厦门市场，主攻福州和泉州的报业市场。《海峡导报》在厦门发行主攻零售市场。2001年，《海峡导报》实现微利，到2004年，其广告收入较上年增加2000万（同比增加60%），达到5200万的历史高位，地产等高品质广告开始出现较大幅度增加。

泉州晚报社主办的《东南早报》的主要发行市场为泉州，但为了实践其“闽南概念”的办报理念，故也在厦门发行，《东南早报》每年需为在厦门发行补贴700~800万元，而每年来自厦门广告收入约100万元左右。

③泉州报业

泉州，地处福建省东南部，是福建三大中心城市之一，经济总量连续10年名列全省第一，既是福建省经济中心，也是福建省民营经济最为活跃的地方。因此，广告市场庞大的泉州毋庸置疑地成为各大报社报团的必争之地。

泉州的报业市场主要是两大报团在进行争夺，其一是福建日报报业集团，在泉州发行三张报纸：《海峡都市报》闽南版、《石狮日报》和《晋江经济报》，其中，《石狮日报》与《晋江经济报》分别主攻石狮和晋江两大区域市场；其二是泉州晚报社，在当地主要发行两张报纸：《泉州晚报》和《东南早报》。

2001年，福建日报报业集团的《海峡都市报》开始在泉州等地发行，以扩大市场份额。特别是2004年6月30日，有独立刊号的《海峡都市报·闽南版》面世，在泉州每周出版60余版的“闽南新闻版”，配以《海峡都市报》的“全省性”共享版面在闽南发行，更是加剧了泉州地区的报业竞争。

泉州晚报社的主报《泉州晚报》是泉州市委机关报，强调做“党报”与“晚报”的结合体。为了应对《海峡都市报》的扩张，泉州晚报社于2000年8月15日推出《东南早报》，并将其打造为“立足泉州，闽南概念”的区域性都市报，并同时在泉州和厦门发行（主要发行城市为泉州），使得各报在泉州地区的竞争异常激烈。

4.发展战略

文化产业发展作为国家发展战略的重要组成部分，制定文化发展战略，大力推动文化事业和文化产业的发展就成为推动我国经济增长的重要内容。作为文化产业的核心构成部分报业的发展战略也就成为我们国家和各省市整体发展战略不可或缺的。

在2009年福建省出台的有关报刊业发展的相关文件中，《关于加快发展文化产业的意见》与《福建省新闻出版业2009~2012年发展规划》对福建报业发展战略进行了规划部署。

①《关于加快发展文化产业的意见》

2009年上半年，省委办公厅、省政府办公厅出台了《关于加快发展文化产业的意见》(闽委办发〔2009〕3号)，将使得福建文化产业在更完善的政策环境中快步前行，不断满足人民群众精神文化需求，推动经济增长，提高海峡西岸经济区综合竞争力。

在《意见》中公布的重点发展的十大文化产业中，报刊服务业成为其中之一。《意见》结合福建省实际对报刊服务业作出了中长期规划。

目标任务：到2012年，基本建立起公益性报刊与经营性报刊共同繁荣发展的格局；到2020年，全省报刊业的市场竞争力和综合实力进入全国中上水平。

发展重点：报业以福、厦、泉三市为重点区域，期刊业以省会城市为重点区域，推动重点地区形成优势明显的产业集群；以主流媒体为龙头，拓展报纸、期刊产业发展领域，建设全省综合新闻门户网站，延伸产业链，打造大型现代传媒集团；推动传统报刊向数字化出版、销售、服务转型；重点扶持一批能够突出福建省区域特色、对台特色的报刊精品，打造2~3家在全国有一定影响力的品牌报刊和一批在细分市场中领先的重点报刊。

②《福建省新闻出版业2009~2012年发展规划》

福建省人民政府于2009年9月转发了省新闻出版局制订的《福建省新闻出版业2009－2012年发展规划》，规划中提出了福建省新闻出版业发展的主要目标，即是“到2012年，基本形成党委领导、政府管理、行业自律、企事业单位依法运营的新闻出版管理体制；初步建立导向正确、精品丰富、服务优质、效益增强的公益性事业与经营性产业两大运营体系；培育一批主业突出、多元经营、竞争力强、拥有品牌的新闻出版骨干企业；逐步形成资源优化整合、结构较为合理、技术比较先进、市场富有活力的产业格局；努力发展特色鲜明、辐射周边、面向全国、对外开放的海峡西岸新闻出版产业带；全省新闻出版业主要指标接近或达到东部地区平均水平，其中增加值预期160亿元以上，年均增长16%以上，成为促进全省经济社会发展的重要产业。”

其中，对报刊出版业的预期目标为：公益性报刊和经营性报刊健康发展，形成一批在对台、对外交流方面有影响力的报刊，促进侨刊乡讯和报刊广告业发展。报纸出版预期达到17亿份、750万千印张，年均分别增长13.13%和14.03%；期刊出版预期达到0.68亿册、24万千印张，年均分别增长23.37%和16.21%。

三、福建省各主要报业集团/报社经营关键词

在福建的众多报社报团中，福建日报报业集团、厦门日报社与泉州晚报社最为引人注目。它们处于福建省政治经济的核心地带，在整个福建报业中的地位举足轻重，也代表着福建报业的发展水平与基本趋向。因此，它们的经营运作经验与改革发展取向尤为值得关注与考察。

1.福建日报报业集团

福建日报报业集团成立于2002年8月25日，是以原福建日报社为基础组建的福建省首家传媒集团。福建日报报业集团旗下有《福建日报》、《海峡都市报》、《海峡都市报·闽南版》、《海峡导报》、《每周文摘》、《海峡教育报》、《海峡消费报》、《法制今报》、《石狮日报》、《晋江经济报》、《收藏快报》等报纸，《传媒天地》、《海峡商业》、《晋江商人》、《东方收藏》等期刊，并创办《海峡资讯网》、《台海网》以及系列报刊的电子版和手机报，以及印务中心(含厦门、泉州分厂)、广告公司、物业公司、闽星公司和福建报业投资发展有限责任公司等多个经济实体。

集团经营工作克服金融危机带来的困难，在连续两年收入2位数增长、2008年利润过亿元的基础上，2009年又再度实现年度利润超亿元(参见表1)。同时，还完成《市场瞭望》划转并实现引资发展，使集团纸质媒体达到了十报十刊规模；以东南网划转、整合、改版为抓手，推进新媒体建设，正着力打造省内第一新闻门户网站。另外，今年还完

表2 福建日报报业集团2009年经营情况

指标	2009年	2008年
经营总收入	116500万元	119550万元
报纸印刷总收入	19000万元	20000万元
其他业务收入	11200万元	12300万元
注：旗下报纸包括《福建日报》、《海峡都市报》、《海峡导报》		

（续上表）

福建日报经营情况		
	2009 年	2008 年
一、广告经营情况		
广告经营额	8000 万元	7300 万元
广告额占前三位的行业	公告、文字专版、IT	
广告额增长最快的三个行业	服饰、家电、文字专版	
二、发行经营情况		
发行流转额	4500 万元	3900 万元
期总发行量	25.5 万份	25 万份
发行队伍规模	邮发	邮发
海峡都市报经营情况		
	2009 年	2008 年
一、广告经营情况		
广告经营额	39000 万元	43600 万元
广告额占前三位的行业	房地产、机动车、通信	
广告额增长最快的三个行业	保健品、日用品、装修	
二、发行经营情况		
发行流转额	7000 万元	7000 万元
期总发行量	45 万份	45 万份
发行队伍规模	2000 人	2000 人
海峡导报经营情况		
	2009 年	2008 年
一、广告经营情况		
广告经营额	17500 万元	18100 万元
广告额占前三位的行业	房产、机动车、分类	
广告额增长最快的三个行业	金融、二手房、家电	
二、发行经营情况		
发行流转额	2500 万元	2400 万元
期总发行量	26 万份	25 万份
发行队伍规模	1200 人	1000 人

成印务中心设备技改，完成厦门、晋江印刷厂基建工作；福建日报历史报纸数字化工程建设全面实施；信息技术部中心机房的升级改造。

①新闻宣传：唱响祖国颂和海西好

2009年是新中国成立60周年，也是海西建设5周年。集团牢牢抓住国庆60年红线，唱响祖国颂和海西好。组织经典中国·辉煌海西大型报道，全面展示福建60年巨变特别是海西建设巨大成就；组织历史的回响大型专版报道，回放60年重大事件和英模人物，大力弘扬时代精神；组织我与我的祖国百姓征文，用老百姓的切身感受和老百姓的自身语言凸显时代的巨大变迁，圆满完成新中国成立60年的宣传任务。

从2009年年初开始，福建日报先后以"科学发展的海西之路"、"海西5年历程回顾"和"新起点上新展望"、国务院意见和我省实施意见解读、中央媒体看海西、新时代海西精神为主题，精心策划、精心组织，掀起5次海西宣传高潮，数次得到中宣部阅评的肯定。

②广告经营：逆势创新抓增收

海峡都市报的广告经营在福建日报报业集团中的地位尤为重要，作为全省影响力最大的都市类报纸，海峡都市报的广告收入在集团广告总收入中比重很大。

2009年以来，海都报直面严峻的经营形势，想方设法抓增收，其广告经营工作呈现诸多亮点。

加强对代理公司的督导，海都报2009年度的广告代理协议，首次增加了市场份额指标考核，明确要求代理公司必须紧盯每个客户的市场份额，确保该行业的总体市场份额；同时，通过集纳小客户组成大分类广告、为大广告客户量身定制广告投放套餐、抓住新闻事件的热点推出大型专题广告特刊、通过策划活动刺激行业广告投放，这些广告营销策略都有效拉动了海都的广告增量。前三季度海都报闽南版累计实现广告量2618万元，年度总任务完成率87%，同比增长18%，预计全年实现增长。尤其在第三季度，闽南版的广告各月份同比均实现两位数的增长，其中7月份同比增长65%、8月份增29%、9月份增24%。

③印务业务：市场运营走向高端

2009年，由福建日报社和福建海峡都市报发展有限公司两方共同出资组建福建日报彩色印刷有限公司，将商业印刷业务从报纸印刷业务中剥离出来，实行完全市场化的体制机制。公司从日本引进目前在福建省最先进的秋山国际JP4P440双面八色平张纸进料式胶印机，着力拓展高端商业印刷业务。

④新媒体：重力打造东南网

2009年，福建日报报业集团发展新媒体项目取得重大突破：先是于2009年创办福建日报网，结束了省报无网历史，然后又将划转、接收的东南新闻网与原福建日报网整合，改版为省内最具影响力的综合新闻网——东南网。

自2009年9月底新版东南网上线以来，人均页面访问量、搜索率明显上升，网站访问时间变长，网站世界排名上升。据通用的世界知名第三方监测网站ALEXA的数据，10月29日东南网当天的世界排名为：14717名，周排名（最近7天）为19396名，三个月的平均排名为22680名。三个月平均排名上升了1956名。与改版前的9月28日周排名30141名相比，最新周排名上升了10745名。

⑤多元经营：围绕相关产业拓展

2009年，福建日报报业集团的多元化经营主要围绕相关产业展开。集团通过接收拥有《市场瞭望》、《海峡茶道》等6本杂志的市场瞭望杂志社，使得集团业务向期刊领域延伸，年内杂志社还成功完成了引资转制工作。

此外，集团还运用网站开展多元化经营，如968111海都购物网销售2009年前三季度业绩达340万元，同比增长185%，全年目标力争实现销售收入突破500万元；968111便民服务网业务量较上年同期实现80%的增长，并已争取到省经贸委200万元的扶持资金，预计年底前完成968111呼叫中心扩容工程，席位将达150个；海峡房网则依托自主开发的SNS社区平台，为房地产客户量身定做独特的插件，通过举办活动扩大网站影响并获取收益。目前，房网独立IP流量日均保持5000左右，日均PV流量保持3.5万以上人次，在同城同质网络中排名靠前；海都招聘网在立足于人才中介基本服务的同时，推出各项增值服务，出版职场DM"海都大职场"和"海都'职'通车"；主办的"第四届福州市IT人次交流会暨大中专毕业生供需见面会"现场求职者2万余人；网站主推的海都淘课BAR分别与"国家公务员项目"、"人力资源师培训项目"签订了合作协议，提供宣传与网络支持。

⑥与台交流：打造对台宣传新格局

2009年，福建日报报业集团围绕"五缘六求"，拓展对台宣传新格局。在上级部门的支持下，09年进一步改进集团赴台驻点采访工作，成功举办海峡媒体峰会，两岸50多家主流媒体聚集福州开展交流，福建日报报业集团与台湾媒体《中国时报》报系、《澎湖日报》签订有关合作协议。海峡导报在台湾民众日报开辟《大陆新闻》版，每周一期，主要报道海西新闻，并持续举办"七夕牵手"、"中秋博饼"等品牌活动等。海峡都市报积极展开入岛宣传，《晋江经济报》开辟菲律宾版和晋江新闻网，《石狮日报》开辟侨台版。

2.厦门日报社

《厦门日报》创刊于1949年10月22日。经过60年的发展，厦门日报社已发展成为一个现代化的企业集团。目前，报社拥有《厦门日报》、《厦门晚报》、《厦门商报》、《海峡生活报》、《双语》周刊、《台海》杂志、厦门网、厦门日报手机报"四报两刊一网站及手机报"多媒体的宣传平台，以及厦门华亿传媒有限公司、厦门报业旅行社等多个经营实体。厦门日报近几年改革幅度较大，在采编、广告、新媒体、多元运作等方面都取得了诸多成就。

①采编转型：从传统党报到现代都市型党报

经过2001至今的八次改版，《厦门日报》已基本完成由传统党报向现代都市报型党报的转型。自2008年底开始延续到2009年的新一轮改版中，《厦门日报》对头版版面进行突破，形成封面导读版，力求改变党报的面孔；重视图片的运用，采用3D制图，增强报纸直观性；还从过去彩版和黑白版并存过渡到全彩版印刷，并采用窄版的形式，与国际接轨。

②广告经营：品牌专刊创新运作理念

厦门日报社广告经营管理已经初步具备了符合国际规范和现代报业发展规律的各项制度指标。其中，厦门日报《商业导刊》更是在内容和运作机制上走在了改革前列。

《商业导刊》同时承担着研发市场、引导市场、培育广告潜力客源和直接消化资讯类广告业务的多重经营业务。在内容上，以"产业资讯平台、鹭岛商业宝典"为版面口号，每周出版房产、汽车、生活三大类新闻资讯专刊约20个版，形成"产业专刊和专题策划+资讯系列+版面延伸产品+版下活动"互动的版面运作模式。在工作机制上，《商业导刊》创造了"相对分工，通力合作"的运作机制，各工作小组内部和内部之间，新闻报道和商业资讯之间，版面内容和版面表现之间，均通过各层级策划会议实现"统筹策划、分工执行"的团队运作模式。

③新媒体：厦门网与手机报双翼齐飞

近些年来，网络与手机呈现出迅猛的发展势头与广阔的市场前景。厦门日报审时度势，迅速搭建起两大新媒体平台——厦门网与手机报。

2007年，厦门网开通，定位为"打造海峡西岸门户，构建两岸交流平台"。截止到2009年6月30日，厦门网已经建立了38个频道，每天发布2000余条资讯，每天有20万网民登录厦门网，页面访问量日均300万，最高时达970万。其人均访问量和页面点击量均稳居全省各新闻门户网站之首。据中国互联网实验室和国家统计部门相关数据显示，2009年初，市场份额在全国各新闻网站中名列35名。

目前厦门日报社拥有和厦门移动合作的《厦门日报手机报》，以及和厦门联通合作的《厦门手机报》。《厦门日报手机报》于2008年2月5日创刊，每天两期，开辟有《特别提醒》、《厦门新闻》等十多个栏目，每期字数6000~7000字，并配有图片。它凭借着接近性、民生性、服务性、简洁性、实时性、趣味性等特点赢得了众多受众的青睐。目前已拥有12000多订户，订户数在厦门市居第一。

④多元运作：跨媒体多渠道经营方略

随着社会主义经济体制改革的深入，厦门日报也开始进行一些市场化运作的项目。近几年来，厦门日报社除拥有母报《厦门日报》的重要资产外，还投资出版《厦门晚报》、《厦门商报》、《海峡生活报》、《双语周刊》、《台海》杂志四报一刊，创办厦门网，厦门鹭江广告公司、厦门日报发行公司。2004年，投资控股了厦门华亿传媒有限公司，参股了厦门信息港股份有限公司，2006年合作投资厦门报业旅行社，2008年报社创办《手机报》新媒体。这样多渠道跨媒体的经营方略，使厦门日报社综合实力在厦门区域中独占鳌头，并实现稳步发展。

3.泉州晚报社

1985年4月1日，《泉州晚报》正式创刊，经过二十余年的发展，如今报社已拥有三报一刊一网站：《泉州晚报》、《泉州晚报·海外版》、《东南早报》和《泉南文化》杂志月刊、福建省重点新闻网站"泉州网"等五大媒体。

2009年，泉州晚报社以"四个第一"为理念(即机关报职能为第一职能，以社会效益为第一效益，以队伍建设为第一建设，以品牌经营为第一经营)全面落实科学发展，并取得了多项荣誉。泉州晚报社连续四届被评为福建省文明单位，获评"2008－2009中国地市报经营管理十强"、"中国地市报十佳品牌"、"2008年度中国最具品牌传播力的强势媒体"，报社综合实力居于全国地市报同行前列。

①内容运作:凸显闽南特色

在新闻报道方面,泉州晚报社坚持“三贴近”原则,向读者和市民报道权威、全面、深度的本土新闻,注重“时政新闻民生化、社会新闻时政化”。

2008年11月18日,泉州晚报进行改版,将版式改变成当前国际流行的“瘦报体”,强化本土新闻,将本地新闻由原来的4个版增加到9个版,天天彩报印刷,加大了图片和漫画的使用,将读者引向“悦”读时代。同日,东南早报也进行改版,每周出版288个版面(初创时112版),对版面和栏目进行重新梳理,突出闽南特色,使其定位更为准确,主要版组设置包括泉州新闻、厦漳新闻、时事新闻、文体新闻、经济新闻和专刊《闽南周末》等。在保持社会新闻强势的同时,早报也注重时政新闻,鼓励深度报道,设立《东南阅读》、《东南发现》等栏目和专刊。早报还发挥驻外记者的优势,对泉州、厦门、漳州等周边城市的新闻进行有选择的报道,并与外报建立供稿关系,不断扩大报道范围。

②舆论监督:打造互动平台

在舆论监督方面,泉州晚报社提出了新时期办报的一个重要理念,认为党委机关报社不仅是一方舆论阵地,也是社会各方实现共享的沟通平台,因此要将刚性监督向柔性监督转变,将单向传播向立体互动转变。主要载体有《泉州晚报》的《行风政风直通车》(接访为主)和市民报的“一线通”(接线为主),都是报社与泉州市纠风办联合推出的纠风工作新平台,在纸质媒体中属首创。三年多来,“一车一线”已经开展活动200多场,有90多个部门借助这一平台与群众零距离沟通交流,接访群众3万多人次。“一车一线”栏目作为政府职能创新的有效手段,连续三年写入泉州市《政府工作报告》,并受到新闻界和纪检监察系统较高层面的肯定。

③全媒体策略:“报网一体”资源共享

泉州晚报社力倡“报网一体”,努力做好传统媒体与新兴媒体各方资源的共享,并着手研究融合各种传播手段的“全媒体”策略,以抢占下一个制高点。

在内容上,实现《泉州晚报》、《东南早报》、泉州网的采编力量、新闻资源的盘活、共享,形成宣传“集束效应”。作为福建省重点新闻网站的泉州网,每天对纸媒报道重新整合,滚动发布,该网平均每月被国内各大网站转载的新闻报道达400篇以上,目前每日的访问量将近20万人次,页面浏览量达80多万,月度覆盖人数更是超过200万,网站的流量和排名稳居全省前列。

泉州网与中国移动福建分公司联合打造的彩信版《泉州手机报》,是福建省内首份同时也是订户数最多的本地手机报。9月1日,手机数字报上线,用户通过手机终端就能原版阅读泉州晚报社旗下的《泉州晚报》《东南早报》等报刊。目前,《泉州手机报》发行量位居福建省17家媒体手机报之首。

此外,泉州晚报社旗下各子媒的报纸版面广告与互联网广告实现资源共享,可以根据客户的广告投放需求和市场营销计划,提供一套“报网广告互动套餐”报价——客户在泉州网投放广告时,同时可以享受报纸广告更低的优惠折扣,或者是将客户报纸广告投放的折扣,置换为泉州网网络广告,这无疑也给传统媒体与新兴媒体的广告运营提供一条新的思路。

④品牌提升:独特策划提升影响力

在做好传统媒体版面经营的同时,泉州晚报社还注重通过活动策划来提升报社的品牌影响力,带动商家的广告投放,实现多赢的结局。

2009年,为庆祝新中国成立60周年,泉州晚报社策划了由市委宣传部、市民政局等11个部门联合举办的“激情海西·和谐社区”燕京惠泉泉州首届社区系列活动。活动深入全市近60个社区,吸引各个层面的人关注参与,成为一场集娱乐、服务于一体的便民、利民活动。在活动中,报纸与读者实现了良好的互动,达到了商家、读者与报社的共赢。最近几年来,泉州晚报社策划举行的“婚庆嘉年华”、“品牌泉州公众印象奖”、“茶业贡献人物暨杰出企业举荐”等活动都很好地整合了各种资源,实现品牌和效益双丰收。

在以广告活动经营提升品牌的同时,报社还注意发展非报产业,通过多方位的经营来提增报社的影响力。如2008年以来,泉州晚报社报刊亭的建设被列为市委、市政府为民办实事项目,从泉州中心市区向周边县市延伸,在各主要县市的县城里崭新亮相。泉州晚报社与泉州实验小学联合创办的第三实验小学,更是将报社品牌经营进一步延伸。□

※作者单位:厦门大学新闻传播学院

2009年江西省报业发展综述

● 王娟 陈志强

一、江西省报业发展整体状况

2009年，漫卷全球的金融危机对实体经济的影响逐步显现，使原本就极为激烈的省级媒体竞争，更面临着来自市场的多重考验。面对危机与挑战，江西经济发展逆势上扬，前10个月，全省GDP同比增长11%，主要经济指标增幅均高于全国平均水平。在这种地区经济活跃发展的背景下，江西报业也受到激励，表现出积极的发展姿态，经营收入稳步提升。

1.报业经营情况

2009年前10个月，江西日报传媒集团经营总收入33573万元，较之2008年同期的31192万元增长7.6%；南昌日报社也根据市场调整思路，全面调整战略布局，实现了广告市场的良好发展，保持了相对平稳的市场地位。从报业经营情况看，江西省报业经营规模排名分别为：江西日报传媒集团、南昌日报社、九江日报社，在排序上与上年无异。

2.报纸数量与结构

2009年，江西省出版报纸63种，其中，面向社会公开发行的报纸有41种，高校校报22种。在公开发行的41种报纸中，按刊期分，日报25种，其他刊期报纸16种；按类别分，党报12种，都市报、晚报、行业专业报28种，各地广播电视报12种(但共用一个报刊号)，报刊总量和种类与2008年持平。

尽管数量上没有变动，但是一些报纸根据实际运作的需要，对刊名做出了一定的修改与调整。如《江西邮电报》更名为《通信信息生活》，《都市消费报》更名为《江西晨报》。尤其是后者，从新闻出版总署2009年9月29日同意更名，到12月23日正式面世，这份酝酿了近3个月的江西报业的第一份晨报，由江西省出版集团创办，填补了江西报业的结构空白。

3.行业联系加强

2009年6月16日江西省报协第二届会员代表大会选举产生了新一届江西省报业协会理事会领导机构。这是江西省报刊协会自1994年成立以来的第二届理事会选举，在加强报业交流和信息沟通、提高报业经营管理水平、推动江西省报业繁荣发展等方面都将发挥重大的作用。

4.国庆、报庆特刊精彩纷呈

2009年是建国60周年的喜庆年份，也是党报创刊60周年的特殊年份。江西报业在2009年，也以此为契机，各大报刊纷纷创办特刊，回顾历史、报道盛世，呈现出诸多精彩。如江西日报传媒集团旗下的《信息日报》，国庆期间推出《60国庆大典》，以32版的篇幅，全景呈现盛世大典的恢宏气势，同时，以江西人的视角，从阅兵现场、群众方阵、联欢晚会、阅兵飞机、本省彩车等各个层面，寻找国庆大典中的江西元素，带领读者从另一个角度领略国庆盛典。其他有《抚州日报》的《共和国六十周年之抚州记忆》特刊，《萍乡日报》“向祖国献礼，为萍乡祝福”建国60周年纪念特刊等。

而在创刊60周年的纪念中，各大党报也有精彩特刊呈现：《江西日报》创刊60周年纪念特刊《与时代同行（1949~2009）》、《赣南日报》创刊60周年纪念特刊、《上饶日报》创刊60周年珍藏版特刊、《井冈山报》创刊60周年特刊、《宜春日报》创刊60周年纪念特刊。

5.积极开展多形式、多渠道的经营创收

尽管2009年金融危机的间接影响日益显现，给江西报业各媒体广告经营带来严峻的压力，各报业集团/报社纷纷变革经营模式，在险恶的环境中采取创新举措开展经营创收，取得了一定的成绩。如江西日报传媒集团旗下的《江南都市报》利用报纸发行物流配送网络开展电子商务，创办“江南都市报网商城”；南昌日报社旗下的《南昌晚报》利用报纸发行渠道开设购物版面“读者超市”，打造读者购物平台；宜春日报社旗下的《赣西晚报》承办第三届宜春汽车展销会，销售总额达2000多万元。

二、江西省主要报业集团/报社经营关键词

1.江西日报传媒集团

作为江西报业的龙头老大，江西日报传媒集团凭借旗下五报(《江西日报》《江南都市报》《信息日报》《今日家庭报》《新法制报》)、三刊(《大江周刊》《都市家教》《报刊精粹》)、一网（大江网)，实现新闻传播的全省覆盖，并通过旗下信息产业园区、物业公司、印刷公司、彩印公司等14家子公司的经营运作，无论是在媒体集团的传播影响力打造上，还是经营收入上，都在全省报业中处于领跑地位。

2009年是《江西日报》成立60周年，60年对历史的忠实记载，60年对方向的正确把握，60年对力量的不断凝聚，甲子华诞新起点，在第二个60年发展的开局之年，江西日报传媒集团锐意进取，创新机制，改扩版面，灵活经营，多渠道发行，大刀阔斧的书写了媒体发展中不平凡的2009年。

(1)《江西日报》改扩版面，创办C叠《都市新刊》

2008年下半年，《江西日报》实现报纸扩版征订提价后，新一轮改版工作自然呼之欲出。2009年1月5日，此次改扩版重头戏——C叠《都市新刊》正式推出。

作为《江西日报》的“都市版”，《都市新刊》周一至周五出版，秉持着从后向前渐进的党报改版

表1 江西日报报业集团2009年经营情况

总体情况				
指标	数据	去年同期指标	同比增减	数据截止日期
经营总收入	33573万元	31192万元	7.6%	2009.10.31.
所属主要报纸	1.江西日报			
	2.江南都市报			
	3.信息日报			
各报纸经营情况				
一、广告经营情况				
广告经营额	18251万元	18166万元	0.5%	2009.10.31.
二、发行经营情况				
发行流转额	6996万元	5892万元	18.7%	2009.10.31.
期总发行量	90.09万份	92.77万份	-2.9%	2009.10.31.
三、旗下各报2009年经营总收入排名				
排序	名称			
1	《江南都市报》			
2	《江西日报》			
3	《信息日报》			
4	大江网			
5	《新法制报》			
报业集团/报社其他经营情况				
报纸印刷总收入	4629万元	3887万元	19.1%	2009.10.31.
集团/报社其他业务总收入	3697万元	2862万元	29.2%	2009.10.31.

思路，既肩负转型时期媒体履行的守望责任——监督公共权力、反映民生民情、表达人文关怀、促进社会和谐等，更要深度掌控资讯和社会“注意力资源”，彰显党报的亲和力与影响力，以贴近性和服务性的民生新闻提升党报市场的核心竞争力。

同时，这个“都市版”不同于一般的都市报，作为《江西日报》的C叠，《都市新刊》运行近1年来，很好的跳出了都市类报纸主题琐碎、就事论事的低浅层面，从党和政府想做的、人民群众需要做的、新闻媒体应该做的这三者交汇点上寻找选题，敢于触及社会公众议论关注的热点问题并进行及时、有效的引导，切实实现了党报都市版贴近性与理论高度、思想深度的有效糅合。《都市新刊》先后对“江西次中心城市花落谁家”、“承担我国大飞机项目的南昌航空城”、“江西的核电建设”、“南昌成为我国低碳经济先行区”、“鄱阳湖控湖工程”等许多读者十分关注的话题都作了深入报道和分析解读，读者反映十分热烈，相关报道常常被转载至网络论坛，进一步引发受众讨论，产生强大的后续媒体扩散传播实力。

(2)党报零售，是改革更是发展

以C叠为阵地，《江西日报》在2009年实现了可读性与阅读率的双向提升。然而，长期以来，党报发行主要依靠各级党政机关、企事业单位，普通读者需要阅读时在报摊上却难觅踪迹。为满足广大读者购买党报的需求，《江西日报》自2009年6月起，全面进入南昌零售报摊，读者可在南昌市内100个零售网点购买到当天的《江西日报》，这些零售网点均分布在南昌中心城区人口流动量大、交通便捷的区域，其中一部分由《江西日报》发行中心自行开辟，一部分通过报社和邮政部门合作，即通过已有的邮政报刊亭。通过此举，《江西日报》的零售量较之前有了较大增长，1万份《江西日报》已通过市场发行的办法，进入老百姓的家庭。

(3)重设机构，创新用人机制

在机构设置上，以改扩版为契机，集团对《都市新刊》建立了单独的采编中心，并打破以往记者分守不同行业部门、跑固定口子的传统，转为以重大新闻事件和报道策划选题为任务切入。同时在用人机制上大胆突破，实行“一报两制”：除了编辑中心领导层和一部分骨干记者编辑是正式在编人员外，其他人员都实行聘用制，不称职者将予以淘汰。

(4)颠覆传统，改革考评机制

从2008年下半年开始，《江西日报》就从党报的考核评价机制上着手改革，为2009年改扩版做准备。先从编校质量管理机制进行改进调整，建立和完善了一整套责任明确、操作性强的编校质量管理机制，使报纸的编校质量迈上一个新台阶。在2009年7月揭晓的“首届全国省级党报编校质量检查”中，《江西日报》编校质量在全国省级党报中名列第一。

2009年元月始，《江西日报》在改扩版的同时，对稿件编发采取购买制，实行稿件的优质优价。按时政报道、指定性任务报道稿件(图片)，进入购买程序的稿件(图片)，生产性和某个单位、某个地方纯工作性等一般性稿件(图片)，共分三类来进行考核等级和计算分值。进入购买程序的稿件，按质量分为ABCDE五个等级，并计相应的分值，对于质量不高或不符合要求的稿件则不予购买。

购买制的实施，将以往考评机制中数量的优势隐去，以稿件质量的差距体现编辑记者收入的差距，这一方面可以调动新闻工作者出好稿的积极性，同时，通过好稿的集结，提高报纸的可读性与读者的美誉度。

(5)报网互动，传播延伸，效果增强

作为江西省成立最早、新闻资讯最丰富、影响力最大的网站，大江网在9年多的发展中，一直追求着报网资源的有效融合。早在2005年，《江西日报》就推出了全国首个报网互动视频直播栏目“江报直播室”，但由于栏目时间不固定，极大的影响了传播效果。

2009年改扩版后，“江报直播室”栏目每周一期并固定了版面，采取报纸编辑、记者主持新闻话题访谈，请专家学者、政府官员和读者作为访谈嘉宾，网上实时直播，随后报纸刊发主要内容。每期直播前，都通过网站、相关栏目及大江论坛发预告消息、公布网址等宣传方式，吸引更多读者和网民积极参与，实时观看，踊跃提问。报网互动促进了报纸读者与网站网民的双向融合，党报传播的覆盖面和影响力得到了进一步的延伸和增强。

(6)贴近读者，服务读者，党报新姿态

依靠党报与政府部门联系紧密的资源优势及党报权威而准确的媒体公信力，《都市新刊》C3版《观察》突出贴近性与实用性，推出了“党报帮你问”、“党报帮你说”和“党报帮你办”等服务互动性栏目。“三帮小专栏”聆听群众诉求、解答群众疑惑、解决群众难题、传递群众声音，并力争做到事事有回音、有交代，一经推出便深受读者欢迎。

(7)新媒体稳步发展，不断拓展资本领域

江西日报传媒集团旗下新媒体大江传媒自2000年创办以来，其营业收入及利润指标都在全国同类网站中名列前茅，是少数盈利的省级媒体门户网站。2009年虽受到金融危机影响，但大江传媒经营依然一枝独秀，公司引进民间资本，不仅涉足网络媒体，还涉足移动媒体、户外报刊亭与视频媒体、连锁网吧等业务，并计划三年内进入资本市场，在创业板上市。此外，2009年，大江网在经营中策划了各类大型活动，不仅产生了良好的社会效益，还带动了广告业务、无线业务的发展，实现了较好的经济效益，预计全年的利润指标又将再创新高。

(8)创新经营模式，发行渠道对接电子商务

2009年，江西日报传媒集团变革经营思路，整合自身强大的发行物流配送网络，旗下《江南都市报》在创办"好想要纸上商城"的基础上，经过数月的良性运作，更名为"江南都市报网商城"，全力打造网络购物平台，凭借传统媒体的品牌公信力，借助《江南都市报》十多年的自办发行经验，以及庞大的投递队伍和物流能力，正式进军电子商务领域。

(9)江西日报传媒集团经营发展主要数据

从已经获取的数据看，江西日报传媒集团在2009年传媒市场竞争激烈、广告市场残酷的背景下，经营总收入依然取得了较为不易的缓慢增长，各项指标从前十个月的数据看除期发行总量稍有减少外，均比2008年有了一定的增长，尤其是集团其他业务总收入，取得了高达29.2%的长足进步与发展，为集团全面的收益飘红奠定了扎实稳固的基础。

2.南昌日报社

在年底举行的"中国传媒大会2009年会"上，南昌日报社旗下《南昌日报》荣获"金长城传媒奖·2009中国十大地市报"，旗下另一份报纸《家庭医生报》也同获"金长城传媒奖·2009中国十大行业媒体"。两家报纸同时获得来自业界及学界的高度肯定，是对他们在创新能力、盈利能力、品牌知名度等多项指标综合实力的认可。

有强势的实力报纸做支撑，才能推动媒体的整体跨越式发展。2009年，是南昌日报社发展的关键一年，12月18日，南昌市委、市政府正式批准组建南昌日报传媒集团公司。对于这家刚刚度过50华诞的报社而言，无异于半个世纪深厚积淀的最美绽放，而集团化的华丽转身之后，也必将给江西报业发展带来更多的精彩推动。

(1)强化活动策划，舆论效益双赢

2009年，南昌日报社发挥媒体的组织策划能力，不断创新传播手段，积极组织开展了一系列有影响、有深度的活动，实现了媒体舆论导向及经济效益的双赢局面。

从年初承办"全国晚报杯围棋锦标赛"，进一步提升南昌的围棋氛围，到推出"春风行动"一揽子就业援助帮扶计划，帮助返乡农民工找到出路、引导和帮助城镇失业人员再就业、指导大学生在求职时少走弯路，真正服务于民；特别是筹办"殷承宗钢琴独奏音乐会"，历时42天的重点宣传，既为报社积聚了人气，赚足了读者眼球，同时也取得了很好的社会效应，更为重要的是摸索出了一条媒体参与商业演出的成功之路；策划"国旗飘扬，红动南昌"大型公益活动，以国旗传递这种新颖的形式向新中国成立60周年献礼。

(2)狠抓多种发行，主攻重点城市

2009年，南昌日报社加强了自发与邮发的强强联合，并大力发展自办发行网络建设，保证了征订量全面飘红，零售量稳步上升。以旗下《南昌晚报》为例，该报2009年发行仍然保持着强势媒体的地位，报纸有效发行率达到100%，与此同时，邮发量也实现了新的突破，创下了历史最好水平，发行总量比上年净增35%，从而使《南昌晚报》一举成为省城邮发量最大的都市类报纸。而报社旗下另一份完全靠自费订阅的报纸《家庭医生报》，则在继2008年之后，2009年再度被中国邮政发行畅销报刊品牌推介会列为"中国邮政发行畅销报刊"并予以重点推介。

在追求发行量的同时，南昌日报社也不断优化发行结构，合理设置发行网点。《南昌晚报》的发行范围就由曾经的面向全省11个设区市铺散发行，逐步向重点城市市区集中；发行对象由广泛无特征的市民群体开始向高收入、高消费、高学历的目标读者靠拢；发行亮点开始向新建的各大楼盘挺进并对城市加油站的有车一族免费派送。2009年《南昌晚报》南昌城区发行量为发行总量的95.2%。

(3)壮大自办发行，开展多种经营

随着自办发行队伍网络不断健全和壮大，南昌日报社效仿兄弟报社的先进经验，充分挖掘发行网络的商业价值，增强发行的造血功能，运用发行网络开展多种经营。2009年4月15日《南昌晚报》推出"读者超市"，为广大读者打造一个以经营食品、日用品、玩具等为主的购物平台。在具体的

运作中，发行中心坚持以主带副、以副辅主的原则，利用发行队伍资源，开展物流配送业务，主动与优秀企业、名牌厂家强强联合，以推动发行中心由单纯发行报纸向多元经营的现代物流企业转型升级。

(4)推进硬件建设，夯实集团基础

围绕传媒集团公司的组建，南昌日报社在稳抓内容、扩大发行和多种经营的基础上，不断推进媒体硬件设施的建设工作，2009年，报业大厦和印务中心建设工作紧锣密鼓，进展顺利，为成立传媒集团奠定了坚实的硬件基础。□

※作者单位：南昌大学新闻与传播学系

2009年山东省报业发展综述

● 孔祥军 陈同云

一、2009年山东省报业最新态势

进入2009年，山东报业战线认真贯彻中央关于加快文化产业体制改革的精神，以省委推行"建设经济文化强省"的新战略举措为契机，面对金融危机带来的不利局面，逆势而上，稳步增强，报业发展在上年的基础上又跃上了一个新台阶。

截至目前，山东省共有国家正式刊号的报纸133种，报社134家，其中党报20种(《大众日报》、17家地市报、2家县级市报)、晚报都市类报纸14种、生活类报纸10种、行业报16种、广电报14种、企业报3种、大学报49种、其它报7种。

1.报业集团新格局

以大众报业为龙头、各地市报业为中坚，山东报业集团化运营在2009年呈现出龙腾虎跃、七子登科的新格局。具体为：

大众报业集团作为龙头企业，在全省稳居领先位置。该集团拥有11报5刊1网站、报刊种类齐全、新闻队伍强大、产业功能完备，总资产30亿元，2009年总收入近20亿元。

特别值得关注的是：在省内报纸实力排行中，大众报业集团旗下的《齐鲁晚报》和《半岛都市报》分属前两位，并双双进入2009年世界日报发行量前100名排行榜。其中，《齐鲁晚报》以年经营总收入7亿多元排名山东第一、世界第22名；《半岛都市报》以2008年日均发行量105万份稳居山东半岛地区第一、以年度总收入6.5亿元(其中主营收入5.5亿元)，位居山东第二、世界排名第56位，并在当年度报社所在地青岛崂山区纳税大户排名中跻身前五。

青岛日报报业集团紧随其后，在山东报业集团中规模和影响居于第二位。《青岛日报》与共和国同龄，2009年也迎来了自己的60周年华诞。目前，该集团正在由传统的报业单位向现代传媒集团迈进，已经发展成为以党报为龙头、传统媒体和新兴媒体相结合的舆论引导新格局，在会展、演艺、旅游、移动电视、图书出版等文化产业方面不断拓展。

烟台日报传媒集团稳步发展。集团总收入已经连续多年实现两位数增长。2008年，集团总收入3亿元(其中广告收入1.7亿元)的基础上，2009年继续稳步推进。目前，该集团的经济实力和技术实力达到了一个新的水平，管理水平和综合实力居全国地市级报社前列。

临沂日报报业集团继续成长壮大。自2006年11月挂牌以来，该集团始终坚持"政治家办报，企业化管理，市场化经营，集团化发展"的基本思路，以解放思想、干事创业、加快发展为主题，以深化体制改革为动力，牢牢把握正确的舆论导向，积极推进产业化进程，坚持做到以报业为主，多样化经营、专业化运作，不断改革管理体制和运行机制，用更加市场化的手段推动新闻事业的繁荣和报业产业的发展。2009年，临沂日报报业集团通过与临沂市委宣传部联合举办《影像临沂》大型图片展等活动，进一步扩大了集团的影响。目前，临沂日报报业集团总资产已经超过4亿元，年经营收入1.5亿元左右。旗下的《鲁南商报》作为鲁南地区第一张经济生活类报纸，其影响力正在稳步提升。

2009年，潍坊报业可谓"双喜临门"：一是潍坊日报社升格为潍坊报业集团，于4月17日正式挂牌。《潍坊日报》自1984年7月1日创刊以来，始终坚持正确的舆论导向，围绕中心，服务大局；坚持把社会效益放在首位，努力做到社会效益和经济效益统一；坚持改革创新，新闻强报，特色立报；坚持贴近实际、贴近生活、贴近群众，努力做到让领导满意、让社会满意、让读者满意，努力把报纸办出层次、办出品位、办出水平。《潍坊日报》、《潍坊晚报》科学策划，精心组织，报道亮点频现，精品栏目层出，报道感染力不断提高，舆论引导力不断提升，公信力日益彰显，早已跻身山东省有影响的报纸行列。二是于11月18日通过与半岛传媒“联姻”，一跃而跻身为省内强势区域媒体，真正实现了一业为主、多元发展；区域整合、跨越发展；社会效益和经济效益双丰收的改革目标。

2009年底，威海日报社积极参与文化体制改革，成功改制为威海报业集团。5年间，报业链条不断延伸，创办了威海新闻网、威海网络电视、《韩文周刊》、《华人商报》等新媒体，与日报和晚报一起，构建起特色化、差异化、目标一致、协同发展的媒体集群；经营业绩和总体实力不断提升，广告收入始终保持30%以上的增长速度，总资产增长了1倍以上，职工工资增长了3倍以上，为社会提供了300多个新的就业岗位。

至此，山东先后成立了大众报业集团、济南日报报业集团、青岛日报报业集团、烟台日报传媒集团、临沂日报报业集团、潍坊日报报业集团和威海日报集团七大报业集团。

2.体制改革大动作

在山东省委提出“建设经济文化强省”的新战略目标后，作为文化支柱产业的新闻出版业加快了发展的步伐。据统计，2008年全省新闻出版业总资产达到564.8亿元，比上年增长10.01%；总收入501.4亿元，比上年增长12.18%；实现增加值149.5亿元，比上年增长10.03%。全省新闻出版从业人员35万多人，其中出版业1万多人，印刷业19万多人，发行业15万多人。全省印刷业发展迅猛，年销售总额过亿元的印刷企业已有20余家。2008年，报纸总发行25亿份，期刊总印数1.3亿册；出版物印刷总量450万令纸。

作为对2009年报业新局面的期许，山东报业以改革促发展，改革速度明显加快、力度明显加大。最突出的表现就是在体制改革上的几个标志性大动作。

2008与2009年交接之际，大众报业集团在半岛都市报社和半岛传媒有限公司明确产权与产籍的基础上，将半岛传媒有限公司整体变更为山东大众传媒股份有限公司。采取“股权转让+整体变更”的方式，将半岛都市报社经营性资产打包装入股份公司，引入新的战略合作伙伴，实现股份公司“大众传媒”的挂牌运营。

11月18日，潍坊报业集团与半岛传媒“联姻”，双方以资本为纽带共同成立了山东潍坊晚报传媒有限公司。

12月4日，山东省老龄办、山东老龄事业发展基金会、青岛日报报业集团将合资组建老年生活报传媒有限责任公司，《老年生活报》成为全省首家实施整体转企改制的非时政类报纸。

2009年，中央宣传部、文化部、广电总局、新闻出版总署对率先完成文化体制改革任务的12个试点地区予以表彰，山东省的临沂市和潍坊市位列其中。

2009年，旨在推动文化体制改革的国办(2008)114号文件开始实行。其中包括对出版传媒业改革改制的多项政策优惠，用以减轻转制企业的税收负担。在良好宽松的环境中，山东传媒业正进入联合重组、做大做强的新时代。

总体而言，山东省新闻出版业作为文化产业的核心组成部分，产业规模不断扩大，综合实力稳步增强，整体效益持续提高，各种新兴业态快速发展，为丰富人民群众的精神文化生活所出了重大贡献。

而需要特别指出的是，山东报业战线在本年度中，振作信心，锐意进取，累积成绩，开创新局，不仅为未来自身的发展夯实了更为稳固的基础，而且已经或者正在成为山东省“建设经济文化强省”新战略的一个最牢靠的“抓手”。

二、2009年山东报业发展关键词

1.联合重组

联合重组是一种常见的企业行为，指企业间为优化资源配置、壮大经营规模，以资本为纽带，本着公平公正、互利双赢原则而进行的合作。由于行业的特殊性，我国新闻出版业对联合重组一直采取比较谨慎的态度。

山东报业经过长时间的酝酿和准备，乘借国办(2008)114号文件的东风，于2008、2009年交替之际，取得体制改革的突破性进展，山东大众传媒股份有限公司在济南应运而生。根据计划，《半岛都市报》将利用5年时间，打造以青岛为核心，全面覆盖山东半岛区域市场的区域品牌——“半岛传媒系”。以《半岛都市报》为核心，以资本为纽带，进一步实现社会资源的优化配置，同时通过报网互动及对网站设备的集中投入，将半岛网打造为以青岛为核心的山东半岛区域新闻及生活消费资讯门户网站，一个集半岛传媒骨干媒体的多媒体“集结平台”初现端倪。

2009年11月，半岛传媒有了资本联姻的大动作。2009年11月18日，大众报业集团旗下半岛传媒有限公司与潍坊报业集团正式签署战略合作协议，山东省第一例传媒业联合重组正式实现。通过协商，双方达成共识，半岛传媒以现金和输出品牌等报业资源购买潍坊晚报传媒公司49%的股份，潍坊报业集团控股51%。

目前，全省报业市场潜能没有得到充分发挥，主要障碍就是在行政体制框架内实行条块分割、区域管理的管理体制，使传媒区域性与行业分割严重，无法对资源进行有效地市场化配置。随着全省文化体制改革的深入推进，大众报业集团明确了改革的“两条路径”：一条是加快推进半岛传媒股份制改造，一条是与地市联合办报，探索整合报业资源的新途径。半岛传媒是这两项改革的主体和先锋。

在当前文化体制改革和文化产业发展中，资源整合、融合的有效模式，是资本联姻、利益联合、行政推动的模式。资本联姻模式被认为是市场经济条件下最佳的合作模式，互利共赢则使合作具有长久生命力。资本联姻模式不受地域、行业限制，可以在广阔的范围内整合资源，同时也可以避免责任和压力由一方承担，其余各方悠闲观望、坐享其成的弊端。

半岛传媒有限公司与潍坊报业集团的战略合作是通过资源整合，实现优势互补的一次积极探索和有益尝试，在资本联姻和行政推动前提下，双方实现了互利双赢和利益联合。这种资本联姻的模式，标志着山东报业资源整合迈出重要一步，是山东文化体制改革的一项新举措。

2.整体转企

按照新闻出版总署署长柳斌杰日前在中国报业协会第四次会员代表大会上透露的时间表，非时政类报刊出版单位在2011年年底前全部转制为企业。转制后，这些企业将按照公司法的要求，加强产权制度改革，完善法人治理结构，建立现代企业制度，成为真正的市场主体，参与市场竞争。

12月4日，老年生活报传媒有限责任公司正式成立。此举标志着《老年生活报》作为全省首家实施整体转企改制的非时政类报纸。山东省老龄办、山东老龄事业发展基金会、青岛日报报业集团将合力打造山东老龄传媒文化产业龙头。公司注册资金1000万元人民币，青岛报业出资51%，基金会出资34%，剩下15%由运营团队拿出。

老年生活报传媒有限责任公司将以老年生活报刊为主营项目，并将涉足老年旅游、老年会展、老年网站以及老年公寓等相关产业，逐渐形成以老龄传媒文化为主打的产业集团。

《老年生活报》是山东省唯一的老年类报纸，1993年开办，1995年取得全国刊号。十几年来，以服务全省老年人为办报宗旨，在弘扬敬老传统美德，宣传老龄工作方针政策和老年法律法规，维护老年人权益和引领老年人幸福生活等方面发挥了重要作用。目前，报纸发行已覆盖山东，成为山东省老年人中最具影响力和美誉度的媒体。

当前，山东已经进入人口老龄化快速发展期。截至2008年底，全省60岁以上老年人已达1337.28万，占总人口的14.2%，比全国高2.2个百分点，是老龄人口最多的省份。据预测，2020年全省60岁以上老年人口将增加到2200万人以上，占全省总人口的比重将达22.3%，年均增加老年人口72万余人。日益严峻的人口老龄化形势对山东省经济社会发展产生了深远影响，也对老龄事业发展提出了更高的要求。老年生活报传媒有限责任公司的组建，形成了各投资方的优化组合，是当前文化体制改革的一次有益探索和尝试。

按照新闻出版总署确定的时间表，非时政类报刊要在2011年年底前完成转制。《老年生活报》的率先突破，无疑给全省非时政类报刊改革提供了可资借鉴的经验，也发出了紧迫而又清晰的改革信号。

3.品牌经营

品牌俗称“招牌”、“字号”。作为现代营销学的一个概念，品牌经营越来越受到企业界的重视。2009年，《半岛都市报》坚持“精彩源自创新”的新闻理念，贯彻执行“以活动拉动广告，树立品牌影响力，并进一步以品牌带动广告”的品牌经营战略思路，紧密结合市场的发展需要，开展具有重大社会影响力的大型活动，牢牢地控制青岛报媒市场的制高点。

2009年6月16日，《半岛都市报》在由世界品牌实验室主办的2009年（第六届）世界品牌大会上，以11.06亿元的品牌价值入选《中国500最具价值品牌》排行榜。此前，《半岛都市报》曾荣获“最具品牌传播力强势媒体”称号，以及“中国都市传媒影响力状元媒”等荣誉称号，半岛都市报的注册商标还通过省工商局认定，并成为山东省著名商标。

《半岛都市报》品牌运作的成功得益于品牌运营中心的成立。它对半岛都市报的整体品牌提升做出科学系统规划，同时通过市场资源整合手段，利用报纸品牌渠道，深度开发读者和客户资源，创新赢利模式，打造新的赢利平台。它使得报社品牌经营之路踏上新征程。

品牌运营中心成立以后，在品牌活动的策划和品牌运营能力上取得了巨大突破，成功推出“半岛大讲堂”、“半岛都市精英俱乐部”、“半岛都市城市发展论坛”、“半岛都市创富投资论坛”、“半岛地产经理人沙龙”、“半岛都市年度地产风云榜及年会”等多项活动。每年推出的影响青岛年度风云榜、3·15大型读者调查、车博会、电博会、房展、健康节、高考教育咨询会、理财节、发现之旅、购物节、美食节等，对青岛市民消费生活和厂商的市场推广及促销都产生了较大影响。

2009年6月5日，《半岛都市报》与青岛市慈善总会正式签约，成立青岛市慈善总会半岛慈善基金。该基金是青岛市新闻媒体中成立的第一个慈善基金，将主要用于援助新闻中的弱势群体等公益事业，基金的成立也标志着半岛慈善会正式开始运行。半岛慈善基金将在市慈善总会的监管下向社会募捐，所得善款统一捐赠到半岛慈善基金专用账户，此前本报成立的众多爱心账户资金，也将合并到半岛慈善基金中使用，并统一使用半岛慈善基金进行慈善活动。半岛慈善基金募集的善款，将主要用于《半岛都市报》援助新闻中的弱势群体。让爱心源自社会，回报社会，并借此提升半岛都市报品牌影响力和公信力。

4.风险控制

在互联网和手机等新媒体的冲击下，全国不少传媒机构纷纷开展了全媒体运作，但是由于目前经济效益并不明显，盈利模式尚不清晰，市场风险不容忽视。因此，如何规避乃至控制风险，成为探索新媒体或全媒体运营的一个核心要素。其指向是如何以最小成本、在最短时间内找到合适的盈利模式，实现新业务的自我成长。

烟台日报传媒集团被誉为全媒体运作的先驱。他们在许多方面都进行了积极的探索，这其中除了全媒体运作的模式以及相应的业务流程改造之外，更引人注目的就是全媒体运作的风险控制。

风险控制首先是功能区分。集团业务按功能整合为核心业务、成长业务和新兴业务三类。新媒体作为新兴业务，承担着为未来探索运营模式的任务。而以传统纸媒为中心的核心业务和成长业务则依然是做大做强、反哺本地市场的关键。集团会根据各个业务层次的特点配合相应的资源投入。这其中有些新兴业务并“不想做大”，比如“电子纸移动报”、“二维码”等仅限于对科技的跟踪。而另一些新兴业务，比如城市户外视屏则承担着报业视频出口的功能。

其次是控制投入。烟台日报传媒集团对所有新媒体项目的投入都不大。所有新媒体项目都采取公司制的运作方式。投资规模一般在百万以内，采取集团投资70%，公司管理团队筹资30%的方式进行。集团投资的风险限制在最初的投资限额之内。目前，烟台日报传媒集团正准备将旗下若干个新媒体小项目进行评估，以股权出资，合并装入一个股份制投资公司中，期望以此降低风险，最终探索出一条控制风险、稳健盈利的发展新路。

5.绩效管理

绩效管理在人力资源管理中处于核心地位，在现代企业管理中，绩效管理已经成为提升企业核心竞争力的重要内容之一。

经过30年的改革开放，新闻单位由事业单位逐步转化为文化企业，必须建立现代企业制度，按照企业发展的规律来运作和管理。2009年，大众报业采取了不少措施，在内部机制方面逐步理顺劳动人事、分配、资产等关系，从而为集团战略的实施提供坚实的制度保障。

2009年2月，大众报业集团和北京人和汇力管理顾问有限公司经过前期几个月的沟通和筹备，正式启动薪酬绩效项目。大众报业集团党委常委，各编委会委员，社委会委员，综合管理部门科级以上干部，大众日报编辑部处级干部及副高以上职称人员，《齐鲁晚报》、《生活日报》编辑部中层以上干部和副高以上职称人员等与此次项目相关的200余位管理者都出席了这一启动会。

这意味着山东大众报业集团将进行一次前所未有的绩效管理和薪酬体制改革。改革将明晰体制机制基本框架，明晰基本生产流程，明晰基本岗位设置和岗位职责，确立科学的绩效考评体系，从而加快集团现代企业制度建设步伐。

6.博士后流动站

现代社会的竞争，归根到底是人才的竞争。报业集团建立博士后流动站，不仅可以为社会培养出高端新闻人才，而且报业集团也可以利用工作站的人才和科研条件，为报业集团自身的提升、发展开展相关研究，为报业集团提供决策依据和参考。

2008年6月，大众报业集团经国家人力资源和社会保障部、全国博士后管委会批准正式设立博士后工作站。该工作站是我国江北成立的第一家报业博士后科研工作站。研究范围包括报业集团文化品牌建设战略与策略研究、报业品牌跨行业扩张路径及集团多元化战略研究、报业品牌的跨区域战略研究等。

2009年，博士后科研工作站设立后，大众报业集团与清华大学紧密合作，以高水平的课题研究促进人才队伍建设，促进管理体制创新，促进办报水平提高，推动产、学、研有效结合，从而实现报业集团的科学发展。

作为国内连续出版时间最长的党报，自1939年创刊以来，大众日报如今已发展成拥有11报5刊1网站，总资产达30亿元的报业集团。随着大众报业集团各项事业向纵深迈进，新课题和新的战略机遇不断出现，这为博士后工作站的研究、实践提供了丰富的课题。

7.报刊进超市

为最大限度地满足市民购买报刊的需求，扩大文化消费，青岛市邮政局今年推出“报刊进超市”的新举措。目前，青岛市民可随时随地在任何一个“好易得”超市买到自己需要的报刊。

青岛市邮政部门将分布范围广、营业时间长(24小时昼夜营业)、经营品种全、客流量大的“好易得”、“海滨”超市作为首选对象，将经营目标定位在服务市民、解决读者购报难的问题上，向社会提供优质的报刊销售服务。

为满足不同层次读者的需求，青岛市邮政局联系了全国50多个品种的报刊。

为保障读者能在第一时间买到报刊，青岛市邮政局还加强对报刊配送、运输和发货等环节的管理力度，制定严格的管理措施，确保报刊出版后，在最短时间内与读者见面。

8.“微尘”卖报

“微尘”是青岛家喻户晓的一个爱心群体，被评为“2006感动中国年度人物”。青岛早报是“微尘”的最早发掘者，在2009年全国公映的电影《寻找微尘》再现了青岛早报记者连续追踪“微尘”的报道过程。6月19日《寻找微尘》在青岛首映后，青岛早报借势推出“读早报·做微尘”公益活动，早报每卖出一份报纸便捐出一分钱，每订出一份报纸便捐一元钱给“微尘基金”。活动开展5个多月来，众多爱心市民和企业积极参与，已有100多家爱心企业参与早报公益活动，在岛城掀起学微尘做微尘的热潮。

8月7日，由青岛日报报业集团和市红十字会联合倡导的“早报晚报·微尘爱心基金”在市红十字会驻地正式启动，首笔善款5万余元注入基金。11月底，“早报微尘基金”又收到《青岛早报》零售和征订捐款50万元，加上先前捐赠的10万元，使得早报累计捐款额达到60万元。“早报微尘基金”已开展4项爱心救助行动，先后对5岁烫伤儿童王坤和14岁的金军善实施善款救助，还拨善款购买50万斤爱心白菜捐赠给市区44个街道的困难户，目前又启动“捐赠400张报卡给为孤寡老人服务的优秀志愿者”爱心行动。

9.全媒“一元通”

“媒体融合”是新旧世纪之交出现的一个流行概念。如今，山东媒体已经将其成功地应用于媒体经营过程，成为一种赢利的新手段。

2009年5月6日，在山东省电子商务发展与创新大会上，济南日报报业集团旗下的舜网一元通(www.106.hk)荣膺“山东省电子商务优秀网站”称号。舜网一元通作为国内首家基于短信收费运营模式的信息服务平台，包括山东物流网等8个信息服务平台。用户可通过手机免费注册在网上发布供求信息，网友花一元钱手机短信费即可获取信息发布人的联系方式。另外，手机用户花一元钱短信费还可在与舜网签约的全省近200家电台、电视台、报纸、杂志上发布供求信息。目前，一元通日均发送信息5万余条，已经成为山东省最大的信息服务平台。舜网还分别与移动、联通、电信合作推出舜网手机报、女报手机报、大学校园报3份手机报，拥有25万订阅用户。舜网建立了一个规模庞大的图片库，开发了图片库电子项目管理系统，网上销售出版业需要的各类图片。同时还开发了电子商务平台，开展软件销售、系统集成等多项业务。在这些摸索中，舜网不断拉伸着所有可能的盈利点。有资料标明，舜网在2008年实现毛利700万元的基础上，预计2009年可实现利润1500万元。社长周长风明言，“按照这个速度，5年之内过亿。”

与之相类似的还有青岛日报报业集团，早在2006年，青岛新闻网已凭借其“二手房交易基地”获得数百万盈利。2008年全年，青岛新闻网营收近3000万元，在青岛日报报业集团所属各媒体中名列前茅。

青岛新闻网目前共设四个部门——内容部、技术部、市场部、综合部，以互联网为手段开展传播和经营，主要经营项目为青岛新闻网的网络广告、电信增值服务（手机报等）、楼宇电视以及电子商务。2005 年度，年网络信息宣传服务收入近 300 万元；2006 年度，年网络信息宣传服务收入逾 600 万元；2007 年度，网站经营收入近 1500 万元。2008 年度，年收入达到 3000 万元。2009 年，预计净利润达到 1000 万元。

结语

2009 年是山东省文化体制改革年、文化产业发展年，山东省先后制定出台了《关于深化文化体制改革、加快文化产业发展的若干政策》等十个推进改革的政策文件，建立完善了推进改革发展的领导和工作机制，制定了改革路线图、时间表，省和 12 个市设立了文化产业发展专项基金，为改革发展提供了有力保障。在此背景下，山东报业在文化体制改革的道路上取得了不少突破，成就引人瞩目。

当然，由于山东文化体制改革刚刚迈入正规，许多方面还需要完善。尤其是，山东报业的发展，无论就其整体规模、还是赢利能力和影响力方面，与经济大省的地位还不相称。但是，随着文化体制改革的不断深入推进和各项优惠政策的落实，山东报业将在改革改制中迎来一个快速发展期。□

※作者单位：青岛大学新闻学系

2009年河南省报业发展综述

● 郭奇

一、2009年河南报业发展总体数据

2009年受全球次贷危机的影响，河南报业发展运营遇到了一定的困难，尤其是上半年的广告经营与多元发展都有不等程度的迟滞，与2008年同期相比明显下降，到下半年，整个经济环境发生了较大改观，报业经营与发展逐渐走出低谷。全省2009年报业主营业务收入为20.76亿元，广告收入为12.86亿元，全年实现利润总额为1.55亿元，比去年略有减少。截止到2009年全省共有全国统一刊号的报纸79种(不含高校校报)。其中，各级党委机关报19种，综合性都市报和晚报16种，专业和分众类报纸12种，企业报12种，教学辅导类报纸6种，文摘类报纸1种，广电报13种。2009年全省报纸总印数为21.6亿份，总印张数为55.4亿张，基本保持去年水平。

就城市所拥有报纸种类和数量来看，全省报纸大致可分为三个发展层面。首先是以省会城市郑州为中心区域的第一层面。郑州现拥有报纸28种，占全省总数的35%。目前形成以河南日报报业集团为龙头，多种都市报、专业报为依托的发展格局。第二个发展层面是以省内中等城市党委机关报为主流的一城三报的报纸格局，即党报、晚报、广电报。郑州、开封、洛阳、南阳、商丘、信仰、平顶山、驻马店、周口、许昌、新乡、鹤壁等12城市拥有晚报或晨报，与党委机关报形成“一社两报”的格局，其报业收入多在1000万至6000多万元之间，《洛阳日报》《商丘日报》分别成立了市一级的报业集团，《郑州日报》也正在成立筹备报业集团。这其中洛阳日报报业集团和郑州日报社全年总收入都超越了两亿元。第三个层面的报社是属下只有一份日报，年收入在几百万至千万元之间。如《三门峡日报》、《安阳日报》《濮阳日报》《焦作日报》、《漯河日报》《济源日报》等。

2009年全省报业经营规模排名靠前的是:

1.河南日报报业集团
2.郑州日报社
3.洛阳日报报业集团
4.南阳日报社
5.平顶山日报社

从广告经营情况上看，全省报业广告经营额为11.86亿元，比去年略有下降。其中排在广告经

表1 2009年河南省报业总体规模

指标		数据
全省（市、区）目前的报纸种数（不含高校校报）		79种
其中	党报	19种
	综合性都市报和晚报	16种
	专业和分众类报纸	12种
	企业报	12种
	教学辅导类报纸	6种
	广电报	13种
	文摘类报纸	1种

表 2 2009 年河南省报业总体经营情况

全省（市、区）报业总收入	207600 万元
报业集团/报社的经营规模排名	1. 河南日报报业集团(16 亿元)
	2. 郑州日报社(2.7 亿元)
	3. 洛阳日报报业集团(2.6 亿元)

表 3 2009 年河南省报业广告经营情况

全省（市、区）报业广告经营额	118600 万元
报社（报业集团）广告经营额排名 数据截止至：2009 年 12 月	1. 河南日报报业集团，经营额 680000 万元
	2. 郑州日报社，经营额 18000 万元
	3. 洛阳日报报业集团，经营额 17000 万元

表 4 2009 年河南省报业发行情况

报纸总印数	216000 万份
期发报纸总份数	366 万份
人均报纸份数（每千人）	92 份

营额前 3 名的依次是：河南日报报业集团 6.8 亿元，广告额占前三位的行业依次是房地产、汽车、信息，增长最快的是家居、建材、金融；郑州日报社 1.8 亿元，广告额占前三位的行业依次是房地产、金融、商业卖场，增长最快的是家居、建材、金融；洛阳日报报业集团 1.7 亿元，广告额前三位的行业分别是房地产、商业卖场、金融，增长最快的分别是金融、汽车、家居。

从发行经营状况上看，2009 年，全省报纸发行总量为 21.6 亿份。19 家党报每期发行总量约为 366 万份。全省平均千人拥有报纸分数为 92 份。发行规模分为三种：(1)已在全省建立发行网络的报纸有 25 家，如《大河报》面向全省发行，日发行量已达到 100 万份以上，仅郑州市区就达 30 万份。(2)地市发行。除省会外，河南省有 18 家地市报，包括他们的子报，发行范围基本在本地市、区、乡镇等。(3)社区发行的有 12 家企业报。

从读者构成看，19 种各级党委机关报，读者群集中在各级党政机关、企事业单位、村级组织。公费订阅比例约为 80%，自费订阅为 20%。都市报者晚报读者群主要集中在个人订户，占整个发行量的 90%，公费订阅占 10%。专业报和企业报，读者集中在行业内和家属，大多为公费订阅或赠阅。

从发行模式与渠道构成看，95%的报社是邮发和自发相结合的发行方式，市区为自发，县区为邮发。据不完全统计，全省有 22 家报社建立自己的发行公司。发行人员约 2 万人，其中 95%为一线投递人员。

二、2009 年河南报业发展特点分析

(一)多元化经营，发挥品牌延伸功能

多元化经营，已经成为河南报业新的经济增长点。各报社根据各自不同的特点和区域优势，因地制宜，创建了多种报业经营实体。经营上取得了较好的收益；投资方向有旅游、房地产、酒店、物贸、影视等；管理形态上采取的是"独立经营、单独核算、自负盈亏"。

河南日报报业集团依托现有发行网络，引入现代大物流理念，将以往单一面向客户发送报纸的发行网络，打造成经营物流配送、电子零售、速递直投、商品销售等业务的现代大型综合服务网络；以中原名店大河锦江饭店为依托，通过收购、租赁、托管等形式输出人才、管理，使旗下的酒店迅速扩张到 4 家，形成了一个现代化的酒店管理经营网络；集团抓住加入 WTO 后政策松动的契机，在国内报业集团中唯一获得了"报纸、期刊、图书、电子出版物全国总发行权"。与此同时，大河书报刊公司正积极进军报刊、图书、教辅、电子出版物发行市场；集团大力推进房地产开发，房地产业已经成为集团收入和利润的第一大户；集团所属的达利广告公司是全省最大的广告代理商。目前，

河南日报报业集团已形成以报业为主，广告、发行、印刷、酒店、物贸、房地产等多元化发展的格局。

洛阳日报报业集团积极发展多种经营，先后创办了报业广告公司、酒店、房地产公司、文化传播中心、图片社、新世纪文化广场、新闻旅行社等10余个经济实体。努力打造河洛文化品牌，依托传媒平台，策划运作牡丹花会庆典晚会及明星演唱会 、河洛文化旅游节庆典晚会等。2009年洛阳日报报业集团实现经营总收入2.6亿元，报业广告经营额1.7亿左右。改变了依靠报纸广告收入的单一赢利格局，报纸广告额占总收入为65%左右，并呈日渐下降趋势，多元化经营初见成效，既活跃了市民的文化生活，又拉长了报社经营链条，增强了自身的品牌影响力。

商丘日报报业集团作为全省第一家地市级报业集团，充分利用自身的宣传优势，大力发展旅游产业，积极拉长报社的文化产业链条。成立了商丘日报旅行社，与全国各景区、旅行社、宾馆建立了密切的联系。同时，利用商丘的区位交通优势，成立了报业物流公司，依托集团传媒优势，与郑州联通物流公司强强联合，业务量不断扩大，为商丘日报报业集团做大做强增添了无穷活力。目前，商丘日报报业集团拥有两报一网四公司：即《商丘日报》、《京九晚报》、商丘报业网，京九印务公司、商丘日报旅游公司、商丘华商文化传播公司和商丘报业物流公司。

（二）整合多媒体资源，创新媒介产品

以“互联网、手机报”为代表的新兴媒体，以即时、海量、互动、分众、无地域限制等特点，开始渗透和影响到大众生活的各个领域，对传统媒体带来革命性、颠覆性的冲击。河南媒体及时应对新媒体带来的挑战。全省18家地市报除了在互联网上建有各自报纸的网络版，还都拥有各自的新闻网站。另外，河南日报报业集团、许昌日报社、驻马店日报社、周口日报社、焦作日报社、洛阳日报社还创办了手机报。

《河南日报》所属《大河网》是河南省最大、最权威的新闻门户网站，每月向全球发布的权威河南信息达1500条。河南日报报业集团与河南移动公司合作开通的手机报用户已达百万，位居全国前列。除此之外，河南日报报业集团自主研发出大河多媒体信息港。这种多媒体信息港由网络触屏、电子显示屏、阅报窗口、广告灯箱四部分组成，既可以阅读党报，还可以上网查看集团所属的所有报纸。这是国内第一套基于互联网的阅报栏多媒体系统，凝聚了互联网、分众传媒等行业的最新技术和创意，是“数字报业”的又一全新载体，目前已在郑州街头、市区投放50多个。这不仅方便了市民生活，也扩大了党报影响力，成为报业集团又一新的经济增长点。

《焦作日报》坚持把网络作为报业发展的新增长点，抢抓机遇，接收并改造了焦作市第四媒体中国云台网，创办了全市唯一的综合性新闻网站大河焦作网，成功地将新闻性网站转型为综合性资讯服务类网站，并增加了视频新闻和网络直播节目，网络中心全新改造了网络直播间，达到了省内一流水平，并利用新媒体对市九次党代会、大中专毕业生就业市场进行了现场直播，引起了很大反响。与焦作移动通信公司合作创办《焦作手机报》，同时在城区人口集中的地方安装党报阅报栏，扩大党报的普及率和影响力。

三、河南日报报业集团发展综述

河南日报报业集团自2000年成立至今，发展势头迅猛。目前已经拥有十报两刊一网站(《河南日报》、《大河报》、《大河健康报》、《期货日报》、《今日消费周报》、《手机报》、《漫画月刊》、《新闻爱好者》、大河网)。除此之外，河南日报报业集团还投资经营有房产、餐饮、书报发行、教育等等21家实体。2009年，河南日报报业集团牢牢把握正确舆论导向，大力开展多种经营，舆论引导能力和整体实力不断增强，前三季度完成经营收入14亿元，实现利润1.1亿元，上缴税收6000多万元，比去年同期有较大幅度的提高，成绩显著。12月，河南日报报业集团荣膺“金长城传媒奖·2009中国十大传媒集团”荣誉称号，集团总编辑常法武等传媒业领军人物获得“金长城传媒奖·2009中国传媒年度人物”。河南日报报业集团作为中央确定的文化体制改革试点单位，继续深化改革、创新体制，实现了2009年全年的又好又快发展。

（一）坚持“两个面向”和“跨地域联盟”，打造强大传媒体系

在巩固党报舆论主导地位的同时，河南日报报业集团坚持“面向市场、面向读者”，实施分众化传播，创办了十二种各具特色的子报子刊，打造出较为完整的体系。

《大河报》作为河南日报报业集团的金字招牌，在2009年第6次入选由世界品牌实验室和世界经济论坛联合发布的"中国500最具价值品牌"排行榜，品牌价值15.03亿元，排名第414名，是河南惟一一家进入此排行榜的媒体。在2009年6月27日举行的"2009中国品牌与传播大会"上，《大河报》获得"影响中国十大都市报"品牌贡献大奖。尤其值得一提的是，受全球次贷危机的影响，各个行业都出现经营萎靡的情况，报业的广告经营也遭遇了很大的困难。《大河报》及时调整广告经营战略，充分发挥《大河报》的品牌效应，以洛阳、新乡、漯河、南阳、商丘、安阳六个报纸分印点为中心据心，向全省各地市进行辐射，开辟地市广告版块。以低价位入市，避开价格战，挖潜上量，进行资源整合，进一步形成了对中低端市场主要行业的大范围覆盖。通过政策调整、差异化经营、培育地方性代理公司，加之地方广告版块的开设，实现了新的增长点。

在"大河"品牌叫响市场之后，河南报业集团将其向深处开掘，提升品牌内涵。《大河报》"七日财富"周刊、河南传媒资讯策划有限公司、家电工作室、教育工作室、IT工作室、旅游工作室、大河速递工作室、《大河文摘报》、《大河健康报》等一批"子品牌"也被孵化出来，不但巩固了"大河"这个主品牌的地位，而且使其日渐升值。以党报为龙头，都市报为主体，专业报和刊物为补充的传媒体系使得河南报业集团的传媒构架日渐完善。

（二）积极探索跨媒体经营，努力拓展多媒体链条

当今时代，传媒技术发展日新月异，网络、手机作为新媒体已经崭露头角，深入到人们的日常生活中去。河南日报报业集团深刻的认识到新媒体产业的广阔前景，积极的进行跨媒体经营探索。

大河网是河南省继河南日报、河南人民广播电台、河南电视台之后的第四家省属新闻媒体，目前已发展为中西部地区影响最大的新闻门户网站，并已获得视听许可证。河南也是全国最早创办手机报的省份之一，截至2009年，河南手机报用户将近二百万。报业集团还在省会郑州和其它中心城市建立了三百多个电子阅报栏，既提高了报纸阅读率，也创造了新的赢利点。以此为基础，在国内首家推出囊括报纸、电视、网络的多媒体信息港，这一新型媒体不但成为了城市的亮丽风景线，也成功地搭建起一个覆盖全省的广告发布平台。

目前，河南日报报业集团电子商务平台已初具雏形。这将使目前的网络营销、数据营销有机整合，进一步完善大河发行商务网的布局结构、打造面向千家万户的物流配送网。这一平台的建立，拓展了网上订阅新模式，网民通过付费在线阅读集团所属的电子报刊。通过与网友的双向互动，建立完善的读者信息数据库，使网络媒体不断实现精细化经营。

新媒体代表着传媒的未来。河南日报报业集团董事长、党委书记朱夏炎提出：在多媒体时代，死的是纸，活的是报，只有衰亡的报社，没有衰亡的报业。在河南日报报业集团内部，一个以网络媒体、移动媒体、户外媒体为代表的新媒体产业链已经形成。

（三）大力推行多元发展，文化产业市场化之路

在发展报业单一增长的同时，河南日报报业集团积极寻求多元发展模式，走与市场结合的经验之路。集团公司提出"把握导向，跨越发展，做大做强，促进和谐"的十六字方针明确了由"报业集团向传媒集团、文化集团跨越"的奋斗目标。随后，制定为实现奋斗目标的"3368"阶段性任务，即：着力打造纸质媒体、网络媒体、移动媒体3种媒体，加快构建报纸发行商务网、书报刊发行网、酒店管理服务网3个网络，培育壮大报业、新媒体、图书发行与物流配送、印刷、酒店旅游、房地产6大支柱产业，到2009年年底打造出8个年收入超亿元企业。截至目前，河南日报报业集团已经形成了发行商务网、书报刊发行网、酒店管理服务网三大网络，集团所属《河南日报》、《大河报》、瑞奇集团房地产公司、大河锦江酒店、达利广告公司的经营收入都超过亿元，"3368"计划取得了明显成效，报业收入占河南日报报业集团总收入的比重从三年前的85%已经下降到60%以下，集团实力和抗风险能力明显增强。

2009年，河南日报报业集团开始涉足教育事业。河南日报报业集团与河南大学合作举办河南大学民生学院，其中河南日报报业集团出资4亿元作为民生学院的控股方。这是河南大学为深化教育改革、建设全国一流大学而采取的一个重大举措，也是河南日报报业集团进军教育产业、做大做强，进而向文化集团跨越的战略抉择，因此，对于双方来说，都是一次不同寻常的举动，是双方强强联合、共谋发展的重要举措，意义重大而深远。这不仅能够实现河南日报报业集团与河南大学资源共享、优势互补，更能够探索出一条独立学院做大做强的新路径，开创河南日报报业集团、河南大学发展的新格局，书写河南教育事业和河南报业

发展的新篇章。□

※作者是河南大学新闻与传播学院教授

表 5 2009 年河南省报纸发行量前三位的报纸经营情况

2009 年《大河报》经营情况	
一、广告经营情况	
广告经营额	45000 万元
广告额占前三位的行业	楼市、汽车、信息
广告额增长最快的三个行业	家居、建材、金融
二、发行经营情况	
发行流转额	12000 万元
期总发行量	83 万份
发行队伍规模	5600 人

2009 年《郑州晚报》经营情况	
一、广告经营情况	
广告经营额	10000 万元
广告额占前三位的行业	地产、金融、商业卖场
广告额增长最快的三个行业	家居、建材、金融
二、发行经营情况	
期总发行量	56 万份
发行队伍规模	600 人

2009年《东方今报》经营情况	
一、广告经营情况	
广告经营额	9000万元
广告额占前三位的行业	楼市、健康、商业卖场
广告额增长最快的三个行业	商业卖场、教育、家居
二、发行经营情况	
发行流转额	4500万元
期总发行量	36万份
发行队伍规模	1600人

2009年湖北省报业发展综述

● 高新 刚成

2009年,面对金融危机和新媒体的挑战,湖北报界坚持以科学发展观为指导,认真学习贯彻党的十七届四中全会精神,深入推进文化体制改革,坚持正确舆论导向,勇于创新体制、机制,大力拓展经营渠道,努力发展新媒体,不屈不挠,克难奋进,报业市场主体进一步发育成熟,报纸的核心竞争力进一步增强,报业经济进一步发展壮大,在报刊强省的道路上又跨出重要的一步。全省报业年经营收入近30亿元,其中年经营收入超亿元的集团3个,并有1个集团超10亿元;有"双百万"(报纸、期刊期发量超百万)报刊集团1个;有3种报纸月发行量过百万份,有2种报纸年创利超亿元。

一、本省报业发展状况之总体数据

从整体情况来看,2009年湖北省报纸规模、经营规模、发行情况和广告情况发展良好。(参见表1)。

二、本省报业发展状况之总体特点

2009年,湖北报业在应对挑战中奋进,在深化改革中发展,在调整结构中加强。两家报业集团的"龙头"地位更加突出,党报主流地位更加强化,市民生活类报纸的品质进一步提高,行业报的产业资源平台已现端倪,新媒体发展进一步加快,报社经济实力得到增强,报业经济成为全省经济新的亮点。

1."两强":进军全国一流传媒集团

湖北日报传媒集团和长江日报报业集团是湖北报业的两大支柱,圈内称之为"两强"。2009年,他们以"打造一流传媒集团"为目标,取得了可喜成绩,在全省报业格局中的强势地位更加突出,撑起湖北报业的"大半壁江山"。

(1)湖北日报传媒集团

2009年,湖北日报传媒集团依靠党委的集体领导和全体员工的努力拼搏,圆满完成与省委签订的目标任务,新闻宣传、思想政治工作、经营管理工作和产业发展都取得了可喜成绩:集团全年累计实现营业收入10.96亿元,利润7700多万元,同比增长55%,各媒体都胜利完成了全年的经营任务,几大投资项目进展顺利,多业并举的发展格局初步形成,党报集团地位得到提升,发展后劲更加坚实,尤其值得可圈可点的是一下3点做法和体会。

①不断巩固党报地位,提升党报集团威望

湖北日报传媒集团是以省委机关报为核心的党报集团。事业发展最根本的一条,就是紧紧依靠党的领导,围绕党的中心开展工作。党报的作用取决于党报的地位,党报集团的实力取决于党报集团作用的发挥。面对金融危机带来的种种不利影响,各媒体都经受了严峻的考验,不少报刊发行量下降,而作为省委机关报,《湖北日报》提价后不降反升,发行量创历史新高,与去年同期相比增长1000多份。这充分说明《湖北日报》在全省政治、经济、文化生活中的地位不可替代。在《湖北日报》创刊60周年纪念大会上,省委书记罗清泉发表了重要讲话,突出强调"《湖北日报》作为省委机关报,责任重大,使命光荣"。罗书记的讲话,省委办公厅还以文件形式印发全省各县市。这生动表明省委对党报集团的重视。不久前,集团成功承办了第八届湖北经济年度风云人物颁奖典礼。罗清泉书记、李鸿忠省长同时出席,使这项活动达到了新的高度,令企业界关注和宣传文化战线的同行羡慕。他

表 1 2009 年湖北省报纸规模

报纸规模			
指标	数据	去年同期指标	数据截止时间
全省（市、区）目前的报纸种数	131 种	131 种	2009.12
其中：党 报	17 种	17 种	
行业专业报	74 种	75 种	
晚报都市报	15 种	14 种	
生活服务类报纸	20 种	20 种	
其他类别报纸	5 种	5 种	
报业经营情况			
一、总体情况			
全省（市、区）报业总收入	27.6188 亿元	22.9 亿元	2009.12
报业集团/报社的经营规模排名	1. 湖北日报传媒集团		
	2. 长江日报报业集团		
	3. 三峡日报传媒集团		
	4. 黄石日报传媒集团		
	5. 襄樊日报社		
二、广告经营情况			
全省（市、区）报业广告经营额	15.7628 亿元	14.6280 亿元	2009.12
本地区报社（报业集团）广告经营额排名 数据截止至：2009 年 12 月	1. 湖北日报传媒集团 经营额 6.84 亿元		
	2. 长江日报报业集团 经营额 6.2 亿元		
	3. 三峡日报传媒集团 经营额 6500 万元		
三、发行经营情况			
全省（市、区）报业发行总流转额	6.78 亿元	5.68 亿元	2009.12
报纸总印数	19.16 亿份	19.58 亿份	2009.12
期发报纸总份数	516 万份	519 万份	2009.12
人均报纸份数	89/千人	89/千人	2009.12
自发总量和邮发总量比例	3 ：1	3 ：1	2009.12
其他经营情况			
报业印刷总收入	3.2 亿元	2.25 亿元	2009.12
报业其他业务总收入	1.876 亿元	8600 万元	2009.12

们由衷表示，湖北日报传媒集团是最受省委省政府重视的媒体，省委如此重视湖北日报的各项活动，充分显示了党报集团的地位。这为传媒集团的发展提供了最有力的保障条件。

②思路更加开阔，应急谋远能力更强

首先是集团对媒体发展的思路清晰，有针对性、有独特性，坚定不移地走“一主两翼”的媒体发展战略。报纸方面，《楚天都市报·襄樊版》创刊，短短一年时间就立住脚跟，实现社会效益和经济效益双赢的好局面。期刊方阵，《特别关注》杂志发行量一举突破 300 万份。还与有外资背景的美国 NBA 骑士队投资人黄健华先生合作创办《爱篮球》杂志，报社出品牌、对方出资金，前景看好。荆楚网加强品牌栏目建设，“东湖评论”栏目被中国互联网协会评为“2009 年度中国互联网站品牌栏目”，与腾讯公司合办的腾讯·大楚网日点击量超一千万次，2008 年赢利达 300 多万，成为党报与民企合作办媒体的典范。报社拓展新的媒体发展空间，户外新媒体已经启动，武昌火车站等地将亮起《湖北日报》的大型显示屏。2008 年 6 月，面对严峻的广告经营局面，集团果断调整广告经营体制，创收思路更开阔，新的收入支柱正在形成。房地产项目开始产生效益，“楚天都市金园”通过内部认购实现回款 2000 多万元，预计 2009 年有 80%房屋进入销售环节。在荆州开发的房地产项目，占地 400 多亩，经过科学开发，估计可以产生 3 个亿的效益。资产管理方面，为规范广告抵房、完善处置程序，2009 年回收现金近 1300 万元。汉口银行上市迈出重大步伐，长江证券融资配股后部分变现成功，获得投资收益 3100 多万元，不仅还掉了因为配股而产生的银行贷款,而且增厚了集团全年的收益。

③以人为核心,持续改进事业发展和职工生活的条件

集团配合省委组织部进行了厅级后备干部考察工作。党的建设和人才培训工作亮点突出。基层党组织得到健全,发展了一批新党员;开办"专家讲坛",打造"博士论坛",有130多人参加了新闻采编人员资格培训。召开第二届职代会第三次会议,充分发挥了桥梁纽带作用和服务保障作用,组织编写《员工事典》,成为全体员工的行为规范。集团事业兴旺,经济效益提升,党委及时决策,2010年提高全体员工的绩效工资。

(2)长江日报报业集团

2009年,长江日报报业集团奋发图强,克难制胜,创造了危机中逆势上冲、弯道上超越历史的不俗业绩,在长江日报创刊60年之际取得飞跃式发展。

①着力改进报道方式

《长江日报》积极探索"新闻党报"发展之路,面向市场打造影响力,改革传播内容、提高阅读价值,把传统的公费订户激活为"办公室读者"。武汉晚报强化对武汉地区受众的覆盖,通过扩版增容,加大深度报道、财经报道的力度,开辟"正运动"、"拍客"等互动版面,带动"版面厚报"向"新闻厚报"的转变。《武汉晨报》以"特色内容、时尚表达"确立"新锐媒体、优质受众"的市场新形象,在强化经济、教育品牌的基础上,再度刷新版面。周报刊实施"打磨品质、打响品牌、打造个性",经营绩效提升。汉网实现"新闻论坛"向"新闻社区"升级,进一步明确战略发展地位。

②报业经营勇创新高

全面推进广告经营管理体制创新、增长模式创新、营销策划创新,在金融危机冲击下广告销售额、回款额创历史新高。通过调整促销手段,完善管理制度、构建监管体系、加大有效激励,报纸发行成功闯过报价结构调整大关,收到"两升两降"(报纸发行量上升、员工收入提升,管理成本下降、服务投诉下降)的效果,《长江日报》发行量增长10.3%;武汉晚报发行收入增加2800万元;《武汉晨报》发行收入增长400余万元。印务中心新设备运行到位,旧设备搬迁完毕,初步建立市场营销、生产操作、成本控制、考核激励的管理体系,印刷质量明显提高。新增《工人日报》等外印业务,年收入上升800余万元。

③产业拓展开局良好

整合三报发行资源,正式启动报纸发行网络商业化运作,于5月23日成立长江快递有限公司。公司迅速与恒安纸业建立战略合作伙伴关系,争取到稳定的大宗业务,同时积极拓展品牌商业机构夹投业务,发行投递环节实现经营收入1800万元,利润300万元。长报捷龙"大客户战略"不断推进,争取到日本邮船广汽丰田零部件配送项目、维达纸业中部配送项目,在油价快速上涨的情况下,实现营运收分别增长12.5%、18%。

④平台建设大力推进

武汉市委、市政府将集团列为市属文化产业集团上市第一选择,市国资委、市金融办多次对集团上市进行专题研究、沟通协商。"长江传媒"上市工作已正式启动,证券、会计、法律等专业事务机构已进入集团作业,清产核资等上市前期工作全面有序开展。"长江传媒大厦"完成选址工作,经过多方论证和反复比较,选定交通便利、发展前景较好的后湖三金潭地块作为建设新址,已进入武汉市重点建设工程立项规划程序。

⑤内部管理更加规范。

坚持量入为出,推进"节约型企业"建设。大力推进公车改革、闲置资产变现,拍卖广告抵房变现2055万元;完成房屋出租收入206万元,降低物业成本100万元。坚持"同质同规格最低价"原则,全年完成采购项目百余批次,节约经费300余万元。基建办在印务中心工程总包方提供的工程决算造价中,初步核减近2000万元。及时跟进东星破产债务纠纷,果断处置广告代理公司纠纷,挽回经济损失40余万元。

2.市州党报:争建区域强势媒体

市州党报处于中观和微观的结合部,是党的新闻舆论的主阵地之一。目前全省有市州党报社15家,其中10家拥有"2报1网"以上的媒体。今年各市州党报社积极应对严峻挑战,大力推进改革,努力实现观念更新、体制突破、形态突围,争先恐后打造区域性的强势媒体。全省市州党报社实现收入近8亿元,加快了报业优化升级的步伐。

9月28日,全省市州报社第一家传媒集团——黄石日报传媒集团挂牌诞生。56年来,几代黄石日报人克难奋进,勇于进取,报纸影响力不断扩大,报社经济实力不断增强,各项事业不断发展,现拥有"3报1网1杂志6公司"。5个媒体,品种多样,结构合理,各有分工,定位明确,内容互补,并行发展。6家公司,多种经营,多业并举。报社经营收入比去年增加15%,达8500万元。10月,

三峡日报传媒集团正式挂牌运行。三峡日报社拥有两报两刊两网和一个电子音像出版社等7个媒体。两张报纸期发量超过11万份，全社经营总收入比去年增长20%强，达1、25亿元，位于全省市州报社第一。襄樊日报社、十堰日报社、荆门日报社等单位，在当地市委、市府的大力支持下，围绕“组建传媒集团、建设亿元报社”的目标，在创新体制机制、增强舆论引导能力、提高经营效益、推进报业战略转型等方面，都迈出了坚实的步伐。

3.晚报都市报：图谋二次发展

从第一张都市报问世至今，中国的都市报已经走过了15年的历程。其间，都市报靠市民新闻起家，迅速成长壮大，发行量不乏过百万份者，广告收入超亿元，风光无限。在经历高速发展之后，如何风光持久？武汉地区的几家都市报，瞄准主流转型。是年，《楚天都市报》推进“主流化转型”战略，各项事业实现了大跨越、大发展：一举摘取两个中国新闻奖，并荣膺“中国最具公信力都市报”、“中国都市报十强”、首届湖北出版政府奖等多项殊荣，连续6年作为湖北唯一媒体入选中国品牌价值500强。在报纸零售价翻倍的情况下，发行量稳在百万份以上。广告经营年回款4、5亿元，利润1、2亿元。在集团统一领导下，创办起《楚天都市报·襄樊版》，楚天都市报网站，《大武汉》杂志，初步形成楚天都市报系。武汉晚报进一步扎根武汉家庭、贴近市民生活、适应武汉文化，奋力向“三镇市民第一报”冲刺，广告收入连续9年保持增长势头，在金融危机重重重压下，增加收入9000余万元，年实际利润10726万元。5月30日，在北京举行的“传媒与中国城市发展高峰论坛”上获“城市发展传媒贡献大奖”。12月5日，在“中国传媒大会年会”上入选“中国十大晚报”。

4.行业专业报：融为产业链条

全省行业专业报约占报纸总数的57%。今年，各报认真研究行业专业的资源优势在哪里？读者群在哪里？报道主要面向什么样的群体。买进读者的需求，读者的注意力和关注点，然后制造成产品，再销售出去。努力融入产业链，走专业服务的路子。中国水运报坚持发挥自己的资源优势，紧扣“水运”做文章，把报道和信息送到产业的各个环节，为企业提供良好的服务，成为所在行业的权威媒体，连续几年广告经营收入超千万元。十堰广播电视报社致力于提高内容产品质量，服务于百姓的文化生活，“报小影响大，人少贡献多”，被评为中国十大广电报之一。书法报的专业性极强。过去他们主要是面向书法专业作者和业余爱好者。现在他们用整个产业的眼光重新定位，报道涉及书法作者、书法材料生产者和提供者、书法作品销售者和收藏者、书法事业支持者，视野开阔，产业属性增强，报纸专刊增加到3个，在国内外的发行量均有上升，在去年收入过千万元大关的基础上，今年又有上升。东风汽车报坚持“新闻无偿，服务有偿”的原则，报道搭台，服务跟进：资讯服务、车友服务、旅游服务、会展服务等，在困境中奋起，年收入一千多万元。《学语文报》是一种教辅类报纸。以前报道主要是跟着教材走，现在不仅跟着教材走，更注重跟着学生的需求走。报纸的发行量位于全省前列。

三、本省报业经营关键词

1.改版出彩

今年以来，湖北报纸出现少有的改版热：党报改版，市民生活报改版，其它报纸也纷纷改版。内容深了，图片大了，文章短了，版式活了，读者爱看了。报纸内容在改版中深化，品质在改版中提升，影响在改版中扩大。《湖北日报》、《长江日报》等省市党报进一步成为新闻大报、政经大报；市民生活报初步实现“主流化转型”，进一步打造出“大报”品质；行业报开始成为行业信息权威平台。

改版，创新出彩，进一步提高了话语权和影响力，增强了公信力，扩大了对读者的吸引力。党报开始进入市场，《湖北日报》、《长江日报》以及随州日报等党报上了报摊；市民生活报巩固和扩大了市场阵地；行业报融入了产业链。

2.瞄准主流

从第一张都市报问世至今，中国的都市报已经走过了15年的历程。其间，都市报靠市民新闻起家，迅速成长壮大，发行量不乏过百万份者，广告收入超亿元，风光无限。在经历高速发展之后，如何风光持久？武汉地区的几家都市报，瞄准主流转型，图谋二次发展。是年，楚天都市报大力推进“主流化转型”战略，坚持正确舆论导向，贴近生活，引领潮流，弘扬时代主旋律，传播社会新风尚，并创新营销机制，寻找新的经济增长点，使各项事业实现了大跨越、大发展：一举摘取两个中国新闻奖，并荣膺“中国最具公信力都市报”、“中国都市报十强”、首届湖北出版政府奖等多项殊荣，连续6年作为湖北唯一媒体入选中国品牌价值500强。在报纸零售价翻倍的情况下，发行量稳在百万份以上。

广告经营年回款4.5亿元，利润1.2亿元。在集团统一领导下，创办起《楚天都市报·襄樊版》，楚天都市报网站，《大武汉》杂志，初步形成楚天都市报系。武汉晚报进一步扎根武汉家庭、贴近市民生活、适应武汉文化，奋力向"三镇市民第一报"冲刺，广告收入连续9年保持增长势头，在金融危机重重重压下，增加收入9000余万元，年实际利润10726万元。5月30日，在北京举行的"传媒与中国城市发展高峰论坛"上获"城市发展传媒贡献大奖"。12月5日，在"中国传媒大会年会"上入选"中国十大晚报"。

3.统分结合

长江日报报业集团和黄石、襄樊、十堰、恩施等日报社，过去是日报与晚报分设广告部、发行部，一度出现内耗，制约了整体优势的发挥。从去年始，他们机构重建，人员重组，任务重定，奖惩重明，将分设的广告部和发行部整合为一个广告中心和发行中心，资源共享，"抱团经营"；统筹安排，"握拳出击"；合理分工，优势互补；结果是，人员减少了，机构减少了，经营额却大幅度上升——整合的报社各项业绩均比去年上升20%以上。

前些年，湖北日报传媒集团将各报分设的广告部整合为一个广告公司，统一负责各报广告经营，取得了十分良好的效果，大大增强了集团的经济实力。今年6月，集团党委根据情况变化，审时度势，果断决策，恢复所辖各报广告部，负责经营各报广告。下半年，各报广告均取得了突破性的发展。比如《楚天都市报》广告创收，上半年赢利2000万元，下半年则是1个亿，上升了5倍。

由此看来，作为报业广告经营机制形式的统、分问题，并非一概而论，而要该"统"就"统"，该"分"则"分"。"统"得有理，"分"得有利，因势而变，择优从之。

4.网站赢利

各集团和报社，把网站建设作为传统报业转型的第一站，进军新媒体的"桥头堡"，下大力探索赢利模式。报网不再只是"烧钱的主"，而是可以赢利的新媒体。湖北日报传媒集团与腾讯公司合作组建的大楚网，2008年创收1700多万元，赢利300多万元。长江日报报业集团主办的汉网引进合作伙伴，提升各类增值业务，年经营收入增加到623万，利润达到91万元，增长400%。一些市州党报网站，加强报网互动，增加服务功能，也开始扭亏增盈。

5.竞争做大

今年初，《楚天都市报·襄樊版》创刊于襄樊报业市场。这给一度比较平静的襄樊报业市场带去了活力，也带去了竞争。可是当地报纸对于外来者不免有些担心会不会挤占了自己的广告份额。而对于《楚天都市报·襄樊版》来说，要站稳脚跟，拿出"拼命三郎"精神，办好办活报纸，提高服务水平；原有的，要稳住阵脚，也是使出浑身解数，不断改革创新。年底，《楚天都市报·襄樊版》创收1500多万元，当年收回投资，并赢利120多万元；当地主要报纸广告增收20%。事实再次说明，健康向上的报业竞争，不是简单的切分原有"广告蛋糕"，而能激发增大原来的"广告蛋糕"。

6.资本运作

报业已经步入资本运作时代。报业要有大发展，必须靠成功地运作资本。2009年底，湖北日报传媒集团成功参与长江证券配股，按集团原持有股本，新配了809万股、配股价为6.5元/股。按照当前市场价格，新增股份为集团带来了1亿多元的浮盈。配股成功后，集团减持了长江证券160多万股，获得了投资收益3400多万元，不仅还掉了因为配股而产生的银行短期贷款，而且极大地增厚了集团当年的收益。作为武汉市文化产业重点项目，长江日报报业集团的"长江传媒"改制、上市工作已正式启动，证券、会计、法律等专业事务机构已进入集团作业，清产核资等上市前期工作全面有序开展。部分市州党报和行业报也在大胆涉足资本运作，并初有收获。

7.多业并举

在做强主业的同时，大力拓展经营领域，开辟新的经营渠道，致力避免"把鸡蛋装在一个筐子里"的风险。在报业广告经营日益严峻的形势下，今年各单位加快了向物流业、房地产业、会展业、旅游业、证券业等行业的拓展，取得了较好的效果。全省报业多业收入达20%，有的单位已有40%。

8.改制深化

按照文化体制改革文件要求，《湖北日报》、《长江日报》、《三峡日报》、《黄石日报》等传媒（报业）集团，启动了改制工作，聘请中介机构对集团资产和经营情况进行全面审计，组建经营性公司，为集团公司制改造、建立和完善法人治理结构做好了前期工作，并有了下一步改制的时间表和路线图。全省不少行业报在改制路上走的更快些，从体制机制上全面进行公司制改造，开始成为真正的市场主体。

9."降""升"获利

近年报业赢利呈下降趋势，而2009年全省报业利润上升幅度较大，平均上升两位数，较好的报社上升在30%以上。其主要原因在于：印刷成本下降和报纸价格提升。

2008年，特别是2008年下半年，新闻纸价暴涨，最高到6900元/吨，逼得各报社纷纷推出节能降耗举措：减人、减版、减彩、减少无效发行等等，控制成本支出。2009年这些措施进一步发挥作用，同时纸价大幅度下降，最低为3900元/吨，全省报社因此降低印刷成本1亿多元。

报纸发行价格偏低的老问题在2009年有所缓解。在去年办报成本上升的压力下，2008年底，武汉城区5家市民报首开调价先河，将报纸零售价由0.5元/份调至1元/份，今年党报、专业报及其它市民报定价也调高25%左右。这在一定程度上解决了报纸发行成本"倒挂"的问题。

一"降"一"升"，全省节省报纸印刷成本和增加报纸发行收入近3亿元，有力的扩大了利润空间。

四、关于本省报业发展的几点思考

2010年是新闻出版改革攻坚决胜年。在新的一年里，位于中部地区的湖北报业，要深入贯彻落实党的十七大精神，进一步开拓进取，锐意改革，奋力拚搏，在时代的高起点上推动内容形式、体制机制、传播手段创新，努力实现"弯道超越式"的发展。

1.打造真正的市场主体

商场如战场，形势千变万化，时机稍纵即逝，容不得半点迟疑不决。如果不是真正的市场主体，了解情况的一线指挥员没有决策权，而能决策的又不了解情况，势必贻误战机，易打败仗。报业要又好又快的发展，必须要有一大批真正的市场主体，让它们在激烈的报业市场中自主搏击。通过有效的市场作为，改变目前地区为牢，行业为垒，规模过小的痼疾，集中优质资源，跨地区发展，跨媒体经营。需要强调的是，打造市场主体，不能叫的多、见效少，停留在口头上："政策允许，无法落实"；而要进一步解决"政策配套、便于操作"的问题，使之真正落到实处。

2.优化产业结构

时至今日，报业仍是主要靠广告支撑。要避免这种过于集中的风险，必须加快转变发展方式的步伐。要进一步优化产业结构，立足主业，发展多业，降低和分散风险。要增强自主创新能力，打造现代内容产业，提高报业核心竞争力，形成具有核心竞争力的新闻品牌。要创新报纸发行手段，延伸发行产业链条，改变发行赔本的状况。

3.办出报纸个性

每种报纸都应该有自己的个性和特点。当前需要特别注意的是市民类报纸的个性化问题。湖北有晚报都市报14种，大多办的还不错，尤其是楚天都市报、武汉晚报、楚天金报，在业界具有重要地位，影响很大，但同质化现象也较严重。经过十几年的扩张，晚报都市报的发展进入一个新的阶段，发展要靠品质取胜。传媒进入了分众时代。报纸定位要有特定群体，风格要有特色，内容要有特点。少一些共性的报纸，多一些个性化的报纸。谁先退出同质化竞争，谁就拥有取胜的先机。

4.加快报网融合

今天不仅仅是"内容为王"，也要靠"渠道制胜"。谁的传播手段先进，传播能力强大，谁就能占有市场。传统报纸要保持和增强自己的生命力，必须走转型发展之路，实现报网融合。别看今天的报网绝大多数是免费阅读，是"赔本买卖"，但用发展的眼光看，它肯定是未来报纸的赢利主体。因此，对在包括报网在内的新媒体建设上，认识要提高，投入要增加，管理要加强。要充分认识互联网、手机在新闻宣传方面的巨大潜能和不可估量的影响。高度重视互联网、手机等新媒体的建设、运用和管理，大力发展电子报纸、手机报纸等数字媒体，花大力气拓展传播渠道，丰富传播手段，提高新闻宣传的覆盖面。同时，要建立健全新的运营机制，努力探索赢利模式。

5.重视行业管理

报业的发展离不开一个良好、健康的市场环境。营造这个市场环境，需要政府、媒体、行业的共同努力。"政府管理、媒体自律、行业监督"，三者缺一不可。随着政府职能和管理方式的转变，行业监督的职能和作用越来越突出。要听取行业意见做出评估，要制定行规行约予以约束，要通过行业协调解决纠纷。报纸进入和退出，报纸定价和提价，报纸发行和广告中的矛盾，不能只靠行政手段去解决，更多的要运用行业手段。□

※作者单位：湖北经济学院、湖北省报业协会

2009年湖南省报业发展综述

●禹雄华 马杰 陆继华

2009年，在金融风暴和新媒体浪潮的双重夹击下，报业的发展更为艰难，湖南作为经济欠发达的中部省份更是如此。但由于湖南传媒产业的良好基础和湖南传媒人的非凡理念，湖南报人以逆境为契机，紧随文化体制改革、文化强省的战略步伐，以新中国成立60周年、长株潭两型社会实验区建设等重大事件为着力点，不断创新报道形式，提升报道质量，改革经营体制、发行体制，注重资源整合、产业拓展，努力在竞争中求生存谋发展，取得了良好效果，业绩稳中有升。

一、改版扩版 适应新变化

改版是报纸在竞争中争取受众的一个重要手段。2009年，湖南报业为应对形势的新变化，掀起了一轮新的改版风潮。1月1日，《湖南日报》就进行了新一轮的改版提质：形式上，增加了版面信息、强化了视觉美感、增设了若干读者喜闻乐见的副刊及专刊；内容上，进一步改进会议和领导活动的报道，改进深度报道；进一步加强舆论监督报道、摄影报道等，进一步鼓励抓鲜活新闻，提倡写短稿。这些具体措施的实施，使本来严肃冷漠的党报，亲和力和贴近性极大增加，确保了党报舆论引导能力的不断增强和新闻宣传质量的整体提提升。其副刊《湘江》两次改版，加强了策划意识，从单一的文学副刊，向多层次转变。

8月18日，《三湘都市报》根据"本土、实用、互动、博弈"这一差异化的内容产品建设方向，以"好看、好玩、好用"为新定位，按照"规定动作出特色，策划至上筑精品，本土新闻成强势，贴近民生重服务"的要求，采用国际流行的"黄金版式"进行了改版扩版。改扩版面后的《三湘都市报》，版式时尚、内容精新、资讯精要，富有现代都市气息，受到读者的广泛好评，发行量、尤其是零售额明显增长。

"小报纸，大品牌"的《文萃报》也对版面策略进行了调整，将最重要的头版和十六版放开，由全体编辑共同选稿供稿，质优者上。这样，"重头版面"真正变成了"卖点版面"，选稿面拓宽了，版面内容丰富了，脱颖出许多精彩的优稿和优版。其通过维护品牌来促使品牌提质的目标也得以实现

《科教新报》全新改版，定位于以教育为主，科技为辅的科技教育类专业周报，成功推出了大学生就业、高考辅导、60周年教育成果展示专题报道，并推出了《科教新报·成长中学生》《科教新报·成长小学生》两个学生版，全年试刊18期，为全面进入学生期刊市场作好了准备。

《大众卫生报》进行了创刊以来第四次改扩版，并增为周二刊。《新闻天地》的定位由原来的以社会新闻、娱乐报道为主改为以政经报道为主。

《知识博览报》今年扩为24版。《品周报》不断改版，解读品位长沙，倡导品质生活，指导、引领长沙的女性消费。

二、聚焦大事件 彰显影响力

和全国各媒体一样，国庆60周年，成为了湖南2009年报道中的大事件。国庆前后，各大报纸以此为内容的特刊、专刊不断推出。

《湖南日报》实行了重大题材报道项目负责制，由编委会集体策划，指定编委会成员具体负责

实施，并专门成立了特别报道小组，从7月20日起，推出大型系列报道《新湖南史记》，反映60年来湖南政治、经济、社会、文化等各方面发生的巨大变化，两个多月共搜集到1800余幅历史照片，发表60个整版，计25万余字、240余幅照片，是其自创刊60年以来最大规模的系列报道。

《潇湘晨报》推出的《公民本纪》国庆特刊，记录了60年国家大事；其大型系列报道《芙蓉国里尽朝晖》开辟了近50个专版，刊发了78篇稿件，全面反映了湖南各市州的全新面貌与各项成就，并推出近3个月的大型报道《博闻》，同期策划的报道《我的名字叫建国》通过读者征集，收到了良好的传播效果，受到了中宣部阅评简报的表扬。国庆当天，晨报发了“大阅兵”的号外。

《长沙晚报》9月30日推出“欢乐中国——庆祝中华人民共和国成立六十周年”特刊，60版贺60华诞，从封面到封底，从内容到设计，欢乐的主题贯穿其中，突出了喜庆、热烈的整体风格。

不少地市报纸也用特刊形式对国庆60周年予以了重点报道，如《湘潭日报》用10版打造了新中国成立60周年成就的系列报道。

2009年，湖南各大报纸围绕长株潭两型实验区的建设刊发了许多优稿和系列报道，成为了“两型社会”建设的激情推手，充分彰显出传媒的影响力。如《潇湘晨报》推出了《资源节约、环境友好—走进长株潭两型实验区》特别报道，全面展示了长株潭“两型社会”改革实验区的建设风貌。

为纪念汶川地震一周年，《潇湘晨报》派了十多位记者分批赶赴四川采访，推出了“苍天在上·大地震一周年特刊”，真实的再现了灾后一年汶川所勃发的生机。《长沙晚报》也推出了“汶川长歌——5.12地震周年祭”。

一年来，其他有影响的专版特刊还有《湖南日报》在其60周年报庆当天编辑出版的60个版面的特刊，还开辟了一个新的专版《湖南印象·旅游副刊》。《长沙晚报》也不断加大了策划力度，以重大系列报道来提升影响力，如先后推出了“深入学习实践科学发展观”、“逆势而上看星城”、“航拍星城”、武广客运、“长沙这一年”——非凡2009年度盘点报道等十多个系列报道，发专版120多个。

三、关注社情民生 加强舆论监督力

通过关注社情民生的报道，发挥媒体引导舆论和加强舆论监督的作用，是2009年湖南报业的又一亮点。

《湖南日报》以有利于推动和改进工作、有利于促进问题的解决为出发点，加大了新闻舆论监督的报道力度。一是读者来信版的舆论监督稿件有所增加，特别是头条稿件的分量加重，且有始有终抓反馈；二是《记者在你身边》专栏发稿有所增加，《常德出入境检疫局连续两年拒收军转干部》等稿，引起了社会的强烈反响；三是2009年9月成立了内参部，开展分量较重的舆论监督，到2010年1月已经推出9期，得到省领导6次批示，为省委起到了很好的“耳目”作用。

年初，长沙晚报机构调整，时政新闻中心、社会新闻中心分别成立了深度报道工作室，整合原来分散在各个部门的深度报道资源，由此产生了一批有深度有思想的有指导性的深度稿件，如报道长沙市民出行难的《市民出行难在哪，请您说话》等。《托管中心为何“托管”》、《公交车跨段收费就是变相涨价》等系列报道也抓住百姓关注的问题，积极为百姓排忧解难。

《潇湘晨报》关注典型群体，推出了“奋斗：金融危机下的小人物——农民工专版”，大学生就业问题系列报道及相关专栏。对于职能部门监管不力而又与市民生活息息相关的题材，《潇湘晨报》运用舆论监督这把利器来解决问题。如《长沙城里，有多少空中楼阁？》一事，持续跟进了五次系列报道，从业主提问、开发商答复到政协提案，到最终市国土局给出回复，切实推动了湖南人“拿土地证难”这一问题的解决。

四、打造全媒体 增强竞争力

由网络媒体滚动报道，再由平面媒体进行精耕细作，将网络的时效性与报纸的深度优势互补，这种典型而成熟的报网互动模式在湖南报业的新旧媒体融合中已经形成了常态化的运作机制。在此基础上，湖南各大报业集团进一步加大了内部资源及新旧媒介的重组整合的步伐，加快打造全媒体新形态，以增强传媒竞争力。

2009年3月3日，湖南日报集团整合三湘都市报、华声在线网络有限公司、湖南现代每天传播网有限公司，组建三湘华声管委会，组建后的三湘华声在线成为了一个新的全媒体形态。改版后的《三湘都市报》将传统新闻业务融入网络，开辟了报网共同采编的互动专栏“城市网眼”，对重大题材联手进行报道。华声在线开通了英文频道，“华声在线 LED 改造工程”入选湖南省文化产业引导资金重点项目，经过向省广电局申请，网站获批“广播电视节目制作经营许可证”，省委网宣办审核，获批设立市州分站，并与全省各市州主要新闻网站合作建立湖南网盟。10 月，华声在线当选为全国网络传播联盟轮值主席。集团内部不同媒介的重组整合，实现了优势互补、全面覆盖，提高了媒体市场竞争和抵御风险的能力。

长沙晚报报业集团大胆构想数字报业战略，将报纸、杂志、网站、手机报、电子纸报、电子屏报等新老媒体集于一体，在集团打造一个全媒体数字报业技术平台。2009 年 3 月 2 日起，借报道“全国两会”的契机，长沙晚报、星辰在线、湘江手机报联合推出“长晚集团滚动新闻”。5 月 29 日，长沙晚报报业集团数字报业技术平台项目正式启动。长沙晚报报业集团旗下系列媒体的数百名记者，全天候 24 小时采集新闻资讯，统一发放到“滚动新闻”平台上，然后分别在星辰在线网站、湘江手机报等媒体发布，并融入互动因素，重新加工整理，稍后体现在报纸、杂志等介质上。在这一平台上，全集团各部门、各媒体可实现无纸化、无障碍的生产、销售、决策和管理，从而起到资源共享、媒体互动、节约成本、提高效率、规范管理的作用。截至 12 月 15 日，该滚动新闻投稿 6874 篇，实际发稿 6039 篇，每天实际发稿近 30 条。这种由“报纸+网络+手机”的组合播报，让读者获得即时、丰富的信息。星辰在线也加速推进区县分站的建设，成立了雨花、芙蓉、开福、大河西先导、天心、岳麓、宁乡等 7 家分站；系统建设提质改造，建成省内第一家 web2.0 新闻网站；全面改版，正式启用了新域名。随着长株潭一体化建设步伐的加快，三市之间的联系日益密切。为加强三市的信息交流，增强党报的信息量和竞争力，10 月 29 日，长沙晚报报业集团、株洲日报社、湘潭日报社负责人在湘潭日报社签订了三市党报资源共享、稿件互传的合作协议。

8 月 18 日，潇湘晨报滚动新闻部成立，由《潇湘晨报》和红网共同管理。晨报移动媒体部于年底正式成立，在现有《潇湘晨报手机报》的基础上，运用晨报系信息资源，深入发展内容丰富多元、覆盖细分市场的手机报群，达到完善晨报系品牌集群、抢占未来移动终端市场的目标。

9 月 28 日，由中南传媒集团主管、《潇湘晨报》独资创办的《快乐老人报》正式创刊发行。《快乐老人报》是国内首份精准定位“快乐老人生活”的现代都市报纸，该报还开设了“快乐老人报”官方网站。《潇湘晨报》正在紧锣密鼓筹备当中的晨报系电台、如意购购物平台等项目，目前都进入了考察调研的阶段。这些媒体的建设将进一步完善晨报系多品牌产业链，为晨报系的可持续发展提供了强劲动力。

2009 年，体坛传媒进军新媒体全面提速。体坛传媒与无线互联网公司空中网缔结战略合作伙伴关系，并于 6 月 1 日成立了“手机体坛”。这样，《体坛周报》的内容可以在空中网上实现无障碍呈现，实现了“手机看体坛”。以体坛周报为龙头的体育传媒集团即将成立，这将是中国第一个以体育传媒为框架组成的集团，其旗下的体坛网和手机体坛等新媒体也初具规模，加上与央视合办的付费频道高尔夫网球频道，形成横跨 5 种形态的多媒体集团。

五、改革促进发行　活动带动营销

在自办发行一片叫好声中，2009 年湖南的各大报纸重新思考发行质量和数量，精细筹划各个不同地区发行体制，优化配置资源。

湖南日报集团多元开辟发行渠道，调整网络布局。县以下等成本高、发行少的地区与邮局再度合作，但这次与邮局的再次合作，不是简单地退回交邮发行，而是正视发行体制中的漏洞，辨证的看待自办发行，优化配置发行资源。自办的发行公司也精简了发行队伍，集中力量确保《湖南日报》、《三湘都市报》在核心区域做大做强。同时争取多方支持，在省委宣传部的帮助下，实现了省财政采购 1.2 万份《湖南日报》投送长沙机场航班，武广高铁等重点窗口单位；三湘都市报除全员下达征订任务外，还开辟了在宾馆酒店等窗口单位“广告换报纸”的新思路；《文萃报》、《大众卫生报》跻身全省“农家书屋”指定阅读书刊目录；科教新报社则积极争取省教育厅、科技厅下文支持报纸收订工作。

发行体制的革新带来了发行量的新效益，《湖南日报》增加发行 1 万多份；《三湘都市报》增加发行近 3 万份，特别是在长株潭核心区域发行量达到了 12 万份，创下了历史新高；《文萃报》增加了发行近 10 万份；《大众卫生报》增加发行 1.8 万余份；《科教新报》增加发行 8000 多份；《新闻天地》和《家庭导报》的发行量都翻了一番。

《潇湘晨报》为使发行紧跟长沙城区市政府板块、省政府板块、星沙板块扩展规划，重新划分了发行站，并实施长沙市征订站组长技术分级及工资分级制，保证了长沙市区发行量达到5%的增长。另与当当网签定了运输配送协议，经过近4个月的员工培训与实践操作，晨报发行队伍进行多元化经营的尝试取得实质性进展。

长沙晚报集团的《娱乐快报》坚持做阳光型娱乐报，坚持特色办报思路，发行打入上海等地市场，"走出去"的发行战略有了新成效。而《品周报》则抓紧其在零售市场上的优势，报摊零售继续确保在周报市场的第一位置。

2009年湖南报业的活动营销也精彩纷呈。报纸进校园的策划活动全面深入展开。几家大报都瞄准了小、中、大学校园学生这一潜力极大的受众市场，纷纷进驻，抢占领地。

截至目前，长沙晚报已在83所中小学设置校园记者站。2009年新拓展校园记者站50多个，招募校园记者4756人，开展近800场次活动。目前校园记者站已在中南大学、湖南大学、湖南师范大学发展校园记者近200名；11月还与长沙市教育局联合评选出长沙市"百佳校园记者"。

为提升晨报在下一代读者心中的品牌价值为追求，《潇湘晨报》在8月初正式启动了"潇湘晨报快乐小报童暑期总动员"活动，在暑期的近一个月的时间内，在全省范围内发动了万余名少年儿童走上街头叫卖报纸。

2009年湖南几大报团充分利用各种机会展开了一系列的营销活动。《湖南日报》借创刊60周年庆的机遇加大了自我宣传的力度，先后推出了"我与湖南日报"征文、《湖南的日记——〈湖南日报〉创刊60周年典藏展览》等活动。

长沙晚报读者节——"青春力量"，从4月18日到5月9日集团9大媒体联动，推出了开幕式音乐会、创业报告会、感恩读者读书品碟大行动、乡村嘉年华、周末如意购、青少年科普夏令营和青春放歌·闭幕式大型诗乐会等七大活动回报读者，特别是在湖南师大、长沙理工大学、长沙学院举办的三场"创业报告会"得到了大学生朋友们的热烈欢迎。

另外，"朗诵达人"和"湘江颂·万行长沙创作秀"等文化品牌活动极大地提升了其品牌影响力。

《品周报》策划推出"2009品周报·湖南高校话剧节"活动、"红星美凯龙2009家装设计你最红"、"2009引领时尚你最红第三届湖南十大杰出发型师评选"等活动，促进了经营的整体上升。

《潇湘晨报》也打造了"2009长沙潇湘环球嘉年"，活动包括了"潇湘晨报晨报读者专场"、潇湘晨报明星小报童"快乐大礼包"活动等等。

12月28日，《体坛周报》联合网易举行"变革中对话未来——中国足球发展论坛"。

六、调整重组 构建现代多元产业

湖南日报集团按照现代企业制度的要求组建集团公司。根据中央对文化体制改革的要求，日报集团在2009年成立了文化体制改革领导小组和办公室，开展调研，规划体制具体事宜，并以湖南日报社为出资人，进行集团公司的注册登记等工作，8月份，成立了湖南日报报业集团有限公司，公司正式运作之后，集团将其广告、发行、印刷及其他可经营性资产转交其经营管理，公司作为战略发展中心，资本经营中心，投资决策中心和财务结算中心，依据产权关系，依法对子公司行使选择管理者、重大决策、资产受益等权利，充分发挥集团的整体调控优势，从而为党报事业的发展壮大提供内在动力。目前，湖南日报报业集团有限公司已经省文改领导小组下文列入2009~2013年文化体制改革试点单位。

2009年湖南日报集团产业得以进一步拓展。8月13日，新印务中心建成并正式投入使用。作为湖南报业文化城第一期工程的印务中心，总建筑面积3.2万平方米，总投资3亿，设计日印刷能力780万对开张，其优越的高端商务 印刷能力，成为了集团新的经济增长点。湖南报业文化城的后期建设项目也正在进行中。

长沙晚报集团产业项目建设也在加速推进。其旗下长沙利德印务基地全年估计完成产值约1000万元以上，现已代印20余种综合性或专业性报纸，并已着手开始商务印刷项目调研考察工作；长沙报业文化大厦于4月30日正式启动拆迁；太平街楚天文化项目8月26日开始试营业，目前来势不错；问讯公司呼叫系统项目成功申请96333特服短号码，呼叫中心系统建设进展顺利，人员招聘到位，12月18日已正式开通，进入正式运营；湘江出版社年内共策划、编辑、出版了9本图书，其中《长沙寻医问药指南》和《长沙味道》在取得较好的社会效益的同时，也取得了较好的经济效益。首印的15000册已完成销售80%；《新农村文化娱乐指南》一书也即将由湖南人民出版社出版发行，并有望进入湖南省农家书屋目录。

《潇湘晨报》多元产业建设又有新发展。其定位于"电梯新闻中心"的室内框架网已经占据主要楼宇及政府办公大厅，终端机器超过 1500 个，红网传媒目前已开展与部分省市合作开发的事宜，进而谋求创立国内领先的室内框架媒体企业；在 C 网正式割接到电信之际，《潇湘晨报手机报》以此为契机进入到电信的话费套餐中；湖南中南国际会展有限公司也已注册成立，该公司将深度介入会展行业，除了深耕细作长沙车展的品牌及运作以外，还将致力于打造一流的专业会展品牌。

七、逆境显生机 采编经营添新彩

2009 年，在全球报业和全国报业遭遇金融寒流，经济效益纷纷回落的时候，湖南报业却呈现出一片勃勃生机，采编和经营都取得可喜成绩。

在采编方面，湖南报业所获各类奖项、荣誉众多。《湖南日报》2 件作品分获中国新闻奖二、三等奖，10 件作品获得全国省级党报好新闻奖，41 件作品获得湖南省好新闻奖，中宣部《新闻阅评》全年先后 16 次对《湖南日报》的报道给予肯定和表扬，比 2008 年多了 10 次，这在全国省级党报中都是少有的。

长沙晚报集团有 3 件作品被推为中国新闻奖参评作品，有 1 篇论文获中国新闻奖论文类三等奖，有 1 件作品获中国新闻奖消息类三等奖，中国记协、省委宣传部、省记协和市委宣传部对获奖作品进行了通报表彰。另有 30 件作品获湖南省市州好新闻奖一等奖，有 9 件作品获湖南好新闻奖一等奖，有 1 件作品获湖南省好新闻三等奖。

《潇湘晨报》在 2009 年中国传媒大学"传媒与中国城市发展"高峰论坛上，荣获"城市发展传媒贡献力奖"，并在会刊上发表了"南开潇湘晨报指数"的案例。在第十六届中国国际广告节中，《潇湘晨报》荣获"中国地标大报"、"中国十大地产媒体"荣誉称号。

在经营方面，各报业集团业绩都稳中有升。湖南日报集团利润增幅领跑全国党报。2009 年湖南日报广告处的广告利润增幅在全国省级党报中排名第一，全年共完成广告刊发约 8000 余万元，到款 5325 万元，实现现金纯利润约 3220 余万元。三湘都市报广告经营收入突破亿元大关，实现利润约 1760 余万元；华声在线网站实现营销收入约 3000 余万元，利润超过 1000 余万元；每天传播网全年广告刊发实现 300 余万元，刷新历史记录。文萃报全年盈利 1132 万元，比 2008 年增加了 200 余万元，重新登上了全国同类报纸经济效益第一的位置。

长沙晚报集团法人营业收入估计超过 2 亿元（不含系列媒体），同比增长 10%以上。其中，1~11 月份，《长沙晚报》广告到款约 9850 万元，较 2008 年同比增幅 20%；广告刊发约 13291 万元，较 2008 年同比增幅 16%；广告收入约 10847 万元，同比增幅 9%。全年报款收入同比增加约 10%以上。1~11 月份，印务公司印刷收入约 7000 万元左右，实现利润 1453 万元，预计全年将超额完成 200 多万元。晚报周刊新闻部的汽车工作室和 3C 工作室直接以新闻的策划或者直接服务来拉动相关广告的增长，截至 11 月，汽车工作室完成广告收入约 2125 多万元，同比增长 50%，3C 工作室刊发约 1413 万元，实际到账约 1132 万元，增长近 100%，同比增长 50%。

《潇湘晨报》经济体量在全国报纸中排名前十五，年销售收入超过 5 亿元、利润达 1 亿元。□

※作者单位：湖南师范大学新闻与传播学院

2009年广东省报业发展综述

● 庄向阳

概况

2009年，广东依然是出版报纸种类最多的省份，按照广东省新闻出版局的统计，共有报纸135种。其构成是：机关类报纸25种，全国性综合类大报5种，行业专业类报纸43种，生活服务类报纸9种，文摘类报纸1种，晚报及都市类报纸16种，英文报纸2种，以及34种高校报纸。

堪称“报纸大省”的广东，除报纸种类和印数继续领先其他省市外，2009年，其采编水平及经营业绩在国内报纸中仍居于前列。2009年，广东省报纸总发行量近40亿份，期发行量超100万份的有3张报纸，分别是《广州日报》、《南方都市报》、《羊城晚报》，年广告收入超亿元的至少有《广州日报》、《南方都市报》、《深圳特区报》、《羊城晚报》、《晶报》、《深圳商报》、《21世纪经济报道》、《证券时报》等报纸。

在过去大约20年里，广东报业笑傲全国，其原因是多方面的：毗邻港澳信息畅通；大量流动人口的涌入提升了报纸的阅读需求；经济的高速发展无疑又给报业提供了强劲的支撑。广东经济外向度全国最高，受此次国际金融危机的冲击也最大，这种冲击对报业广告收入的影响是滞后的。2008年下半年，广东省报纸的广告收入虽然略有下滑，但还不甚明显，2009年则表现得非常突出。广告收入下降是广东报纸遭遇的共同困难，降幅多在10%~30%之间。因此，2009年，广东报业可以用动荡和沉寂来形容。

关键词

1.《广州日报》：王位面临挑战

自上世纪90年代中期以来，“三足鼎立”成为广州报业的基本格局。相较于羊城晚报社、南方日报社，广州日报社又以雄厚的财力被喻为“三国”中实力最强的“魏国”。1993年，《广州日报》以1.85亿元的广告收入高居全国报纸第一位。接下来的两年，该报以微弱差距输给《羊城晚报》屈居第二，1996年则以5.3亿元的广告收入再次问鼎全国报纸广告收入第一名。此后一直到2003年，《广州日报》每年都有确凿的数据表明它作为全国报纸王者的身份。近年来，该报虽然在经营上遇到一定困难，但都无人能撼动其王者的地位。到了2009年，终于遇到了实力挑战，挑战者正是同城的《南方都市报》。

2009年12月10日，北京钓鱼台芳菲苑，慧聪邓白氏研究在“南都全媒体答谢会”上发布了题为《从广告数据看<南方都市报>的广告价值》的报告，称2009年前10个月报纸广告刊登额排名，《南方都市报》名列第一，而且根据其发展势头和11月份最新统计数据，该报将成为新的平面媒体经营冠军。2009年，该报受金融危机的影响的确较小，但广告刊登额当然不等于广告实际收入，而“广告刊登额”即是《南方都市报》带头使用的推介用语。随后，南方都市报又在上海、广州举办答谢会，一个月之内不断重复发布这一消息，不仅是向广告客户表明自己的实力，似乎也摆出姿势，要请

《广州日报》亮出底牌。

《南方都市报》叫板《广州日报》，始于2002年。2002年3月4日，《南方都市报》改版，并推出改版特刊《笑傲江湖》。在这份特刊里，时任《南方都市报》总编辑的程益中发表了一篇访谈文章《另类其实是为了更主流》，这篇宣言充满挑战意味，代表着《南方都市报》向广州报业的"一哥"，也是中国报业"一哥"的《广州日报》叫板。当时，《广州日报》正处在巅峰，而《南方都市报》才只初露锋芒，可能很少有人能预料这一挑战何时实现。

曾连续多年稳坐国内报纸广告收入头把交椅的广州日报社，2009年也颇为低调，广州日报社社长戴玉庆在公开场合表示，无论是经营还是发行，金融危机都给《广州日报》带来了显而易见的影响，并称要"保持一颗平稳的心态，承认危机的存在"。广州日报社在2008年底就做好了思想准备，把2009年定位为"稳扎稳打年"，具体说来，就是要改变以往大手大脚的做法，控制成本，向管理要利润。2009年6月1日，《广州日报》宽度从39厘米减少为37厘米。据称，这2厘米的变化当年就可以为该报节省纸张成本4000万元，加之新闻纸价回落节省的3000万元，仅新闻纸一项就节约成本7000万元。

的确，《广州日报》这一年遇到了极大的麻烦，而《南方都市报》形势稍好，但双方中的任何一方都不容小觑。《广州日报》称，该报全年通过压缩成本就挤出了2.5亿元，年内为职工购买补充医疗保险一项就花费了4200万元，其规模可想而知。应该说，一种新的格局将要主导广州报业一段时间。这种格局可以称为双峰对峙，即《广州日报》与《南方都市报》的对峙。毕竟，这两张都是具有相当实力的报纸：《广州日报》在广东本土读者中享有很大的影响力，而《南方都市报》却得到了"新移民"的支持；《广州日报》多年来积攒下来雄厚的家底，而《南方都市报》锐气逼人；《广州日报》在经营上带有广东人的务实精神，而《南方都市报》则盘活了人力资源，使得内部充满了活力。这两张报纸的竞争，可望使得广东报业更为精彩。

2.南方都市报系：全媒体亮相

2009年12月，《南方都市报》先后在北京、上海举行了"2009年度广告客户答谢酒会"。年年答谢会，此次尤不同，最大的区别是，答谢会主题定位为"南都全媒体答谢会"。答谢主体不是《南方都市报》，而是"《南方都市报》全媒体集群下的各个子媒体"，除《南方都市报》、《南都周刊》、《风尚周刊》等平面媒体外，还有南都手机报、奥一网、南都网、番茄网、南方365商务网等新媒体。

全媒体，也是该报2009年的重要战略。当年1月10日，南方都市报系在深圳大梅沙召开了第一次全媒体内部业务交流会。南都报系管委会主任、《南方都市报》总编辑曹轲，执行总编辑兼全媒体筹备委员会主任庄慎之，常务副总编辑兼奥一网CEO任天阳等相关报社高层到会，且该报深圳新闻部、数字传媒部、信息技术部、网络运营部、视觉中心以及奥一网共190多名同事参会。这次会议是一次研讨，更是一次启蒙，一次新媒体常识普及和培训。

"南都，无处不在"是南方都市报社2009年推出的广告词。所谓"无处不在"，包括"能听、能看、能说、能玩"。

"能听"是该报2009年在媒体形式上迈出的一小步，也是广东报纸在挖掘内容价值的探索上跨出的一大步。6月22日，观点型新闻谈话节目《南都视点·直播广东》正式开播。该节目由《南方都市报》和广东电台新闻台联合打造，《南方都市报》是节目内容提供方，广东电台新闻台是频率、技术平台、主持人提供方。该节目在广东电台新闻频道(FM91.4)以普通话每天播出，覆盖全广东省。

作为平面媒体，"能看"早已不言而喻。除了"能看"，该报还力求有足够的东西值得看。在广告形势不佳的大背景下，该报不是收缩阵地，而是采取扩张战略，以攻求生，保持了版面数量的绝对优势，坚决做报纸中海量信息的提供者。8月24日，《南方都市报》A03版的导读版改版为"主页"版，改变了往日那种只是重点导读亮点新闻的做法，增加导读信息的容量，力求让读者在一版之中了解"《南方都市报》每天海量信息"的精华。此外，网络上的重点报道及文章也在导读之列，正如"主页"是一个网络概念，主页版的导读内容也已超越了纸质报纸的范畴。

至于"能说"以及"能玩"，《南方都市报》虽然开始了尝试，但应该说是其下一步希望达成的目标。2009年7月20日，南都鲜橙互动正式上线，南都网(www.nddaily.com)由此变身为SNS化的新闻媒体网站，意味着寻求从原来的Web1.0数字报形态向Web2.0互动型新闻门户网站转型。网友经过注册，就可以有一个专门的个人主页，可以与其他网友进行互动，可以加该报记者为好友，也可以自行发布消息和创建新闻专题。这一举动，把媒体(具体到总编、记者个人)和读者拉到一个点对多、多对点、点对点、多对多的传播平台上，从而挖掘更多产品，尽管初始意图能否实现还很难说，但其做法的探索性毋庸质疑。

南方都市报系自2006年始现雏形，经过3年的发展，已经实现了向多品种、多品牌媒体的扩张，速度惊人。或许其子媒体未必都实现了可观的收益，但有一点可以肯定，它是立足于现在、面向未来的抉择。

3.《新快报》：深挖纸质空间

相比于强势的《南方都市报》采取四处出击的策略，尚处于弱势的《新快报》其进取主要体现在深挖纸质空间、积极拓展生存领地上，这也是其近几年来一贯的策略。道理很简单，只有把报纸办好，才有发展的可能。

在报纸内容上，该报重点打造调查新闻、民生新闻、观点新闻、服务新闻、投资新闻等板块，在广告有限、财力紧张的背景下，周一至周五仍然保持在日均出报80个四开版以上，这种坚持精神的背后是该报领导层追求成功的执着。

尤其值得称道的是，该报在2009年大力进行发行创新，推出了形式多样的征订活动。其一是"订一年，送一年"的优惠政策，只需花费360元，便可以看2010、2011两年的报纸，力求稳稳地锁定一批订户。其二，该报开启了多种征订渠道，包括网上订阅、手机订阅等。每次打开新快网（www.xkb.com.cn），最先跳出的总是《新快报》的征订优惠资讯。该报还在同城媒体中率先与中国移动广州公司合作，推出"手机订《新快报》"业务，通过移动小额支付平台，手机用户可以足不出户地订阅报纸，全程实现"零现金"。其三，该报还广泛结盟，最大可能提升发行量。除寻求广州市邮政局的支持外，该报还与广东合富地产置业有限公司、广州市体彩中心合作，分别把该地产公司和体彩的每一个网点都变成新快报的兼职发行点。在2009年12月31日，该报还宣布了与肯德基的合作：从2010年1月4日起，每天早上7时至9时30分在指定的肯德基餐厅消费早餐满18元的顾客，都将获赠一份当天的《新快报》。

2009年岁尾，新快网在首页显示的发行业绩是"2010年，《新快报》订户同比上升4倍，广州地区同比上升5倍，2010年，《新快报》广告性价比同城跃升第一"。尽管其基数可能不是很大，但是有相当比例的上升应是确凿无疑的。

4.深圳报业集团：换将布阵未来

作为曾经驰名海内外的经济特区，深圳是广东的一个特别的城市；而深圳报业在广东报业中的地位也非常特殊，曾经引领报业风气之先，上世纪80年代有大量新闻报道获得中国新闻奖，到了90年代在媒体经营方面也多有创新之举。如今，深圳报业集团旗下拥有4份综合性日报，即《深圳特区报》、《深圳商报》、《晶报》、《深圳晚报》。尽管深圳广告市场的蛋糕令广州的报纸心动，但是也只有《南方都市报》分得了可观的一杯羹。在黎元江时代，《广州日报》就曾经布兵深圳，可惜铩羽而归。2009年9月，《广州日报》又一次在深圳实施扩张战略，推出《深圳叠》，如无意外，恐怕仍将无果而终。对于深圳报业来说，最大的对手不是外部的报纸，而是其自身——怎样在一个不断变化的传播格局里，找到传统媒体的蜕变之路。对此，深圳市委、市政府不是没有考虑，经过了两年多的酝酿，终于推出了新的领导班子，包括集团总编辑、四张主报的总编辑。

人事调整，可以说是2009年深圳报业集团的最大变化。2009年12月2日，深圳报业集团总编辑、《深圳特区报》总编辑王田良在超期服役2年多之后终于正式退休，深圳市委宣传部副部长宣柱锡调任深圳报业集团总编辑，《晶报》总编辑陈寅升任深圳特区报总编辑。同时还有一系列的人事变动：《深圳商报》副总编辑姜东南升任该报总编辑，《深圳商报》编委胡洪侠出任《晶报》新的领军人，而集团的另一张主报——《深圳晚报》的总编辑虽然尚未公布最终人选，但是将会以竞聘方式产生。至此，一个以"60后"为主体的新的领导集体已大体成形。而这个班子能否带领深圳报业以集团发展为核心，实现新的战略转变，开拓出一片新天地，是深圳报业留给未来几年的期待。

5.人才困局

人才，曾经是广东报业的突出优势，来自全国各地的人才为广东报业的发展提供了充足的动力。自上世纪90年代中期起，广东报业便成为内地省市众多优秀记者、编辑投奔的目的地。最典型的首推《南方周末》，正是由于来自全国各地新闻精英的汇入，使得这张报纸在90年代末发生了巨大的转型，开创了一种新的办报路线，《南方周末》的成功对南方日报传媒集团的其他子媒都不无启发。2002年3月，《南方都市报》启动了新一轮扩张，一次面向全国招聘了30多人，他们大多来自内地报纸的骨干、中层干部，吸引他们的除了工作环境，优厚的工资也是打动人心的诱惑。

近两三年来，内地报业随着内地经济一道进

入了较为快速的发展期，广东报业的经营却已到达一个时期的巅峰，在上升乏力的境况下，各家报社要在保利润与留住人才之间作出选择，最终的选择往往是牺牲后者。广东报业从业者的收入水平大约在2003至2005年前后达到顶峰，随后缓慢下滑，相对于内地报纸的收入水平，到2009年已经失去了比较优势。这种局面导致的直接后果是人才的流失。

以深圳一家报纸为例。该报全体采编人员160多人，2009年全年主动辞职的共有14人，几乎占该报采编人员的一成。这些人员辞职后的去处，包括调回内地报社、跳槽投奔其他行业、移民或留学国外等。值得注意的是，在跳槽者中，投奔其他报社的只有少数，多数是改换行业，或者辞职读书，为下一步进入其他行业做准备。有人说："过去是通讯员想方设法成为记者，现在是记者想方设法成为通讯员。"这句话不仅描述了报社记者的角色变化，而且也道出了报业在现实危机之下的潜在危机。

趋势

2009年，广东报业经历了动荡的一年，下一年又将迎来怎样的景象呢？笔者认为，以下几个趋势值得注意。

1.走向精细化

这种精细体现在两个层面，包括精细办报与精细管理。在精细办报上，《南方都市报》、《新快报》分别提供了两种不同风格的样本，《南方都市报》的精细办报尤其体现在对评论、深度报道等报道文体的经营上，努力用报纸提供具有深阅读性质的文本。而《新快报》，更多地体现在编辑手段的运用，提升常规报道的品质上，比如加强调查新闻、民生新闻、财经新闻等方面的报道。

在精细化管理方面，广州日报报业集团2009年已经迈出了第一步，据称当年利润因此上升了两成。虽然是广告收入的下降逼迫该报作出这样的抉择，但估计还将继续下去。广州日报报业集团董事长、广州日报社社长戴玉庆表示，未来还要继续探讨如何告别以往的粗放型管理，从而进入精细化管理阶段。他指出："这个课题如果有所收获，在今后5年内，报业才能相对好过些。如果不完成这个过渡，报业今后10年连基本的好过都不能想像。"

2.寻找新模式

2009年，《南方都市报》有很多尝试，包括与电台合办节目，向户外媒体拓展，以及合办、收购、开办新的网站，其目的较为清晰，就是报纸依靠广告生存的商业模式开始告急，报业需要找到新的商业模式，所有这些努力都是尝试和寻找的一部分。其他报社也有种种尝试，虽然不成规模，或者未见成效，但是寻找新的商业模式的努力在新的一年里只会更多，不会停止。

3.大浪淘沙，分化加剧

站上了巅峰之后的广东报业，面临着重重危机，尤其是面对蜂拥而至的新媒体的挑战，受众分流，广告市场份额的蛋糕有日趋减小之势。动荡的市场格局，其实就是一个不断洗牌的过程，强者愈强，而弱者愈弱，两极分化的倾向还将加剧。□

※作者单位：深圳报业集团晶报社

2009 年广西壮族自治区报业发展综述

● 谢明　韩云广

一、广西报业现状概述

2009 年，广西发行的报纸有 72 种，其中公开向社会发行的报纸有 55 种，内部发行的校报 17 种。公开发行的报纸中，综合类报纸 30 种，行业专业报 10 种，生活服务类 11 种，企业报 4 种。

2009 年，广西报纸总印数约为 65100 万份，比 2008 年的 62000 万份多了 3100 万份，报纸发行总量与上年相比略有增加。《广西日报》发行量在去年 20 多万份的基础上涨了 3000 多份；《南国早报》仍能保持 2008 年平均期发量 28 万份的水平，基本稳住发行量；《当代生活报》发行量保持 2008 年的 10 万份并略有小幅上升；《南国今报》13 多万份；《南宁晚报》发行量在维持 2008 年 15 万份的基础上也有所上升。

2009 年，广西报业在平面媒体普遍受挤压的大环境下，总发行量不但没有大幅下降，反而略有上升，这都是全体同仁们共同努力的结果。

2009 年，广西报业的总收入为 9.98 亿元，广告收入 5.9 亿元，其中广西报业龙头——广西日报传媒集团的经营收入 5.15 亿元，首次突破 5 亿元大关，比 2008 年增长 9.5%。报纸广告经营总额为 3.8 亿元，比 2008 年的 3.2 亿元增加了 6000 万元。其中，《广西日报》保持在 3000 万元左右，《南国早报》广告收入达 2.57 亿元，比 2008 年增长了 9%。《当代生活报》广告收入与 2008 年相比，增长 7%。《南国今报》广告收入为 3400 万元，比 2008 年增长 400 万元。广西新闻网的广告收入首次突破 1000 万元。此外，广西其他几大报纸的广告经营额分别为《桂林日报》(含《桂林晚报》)大约 6000 万元，《南宁日报》(含《南宁晚报》)大约 4500 多万元，比 2008 年增长足有 1000 万元。《柳州日报》(含《柳州晚报》) 大约 3000 万元，《梧州日报》800 多万，《玉林日报》700 多万元，《北海日报》600 多万元，《百色日报》500 多万元，《河池日报》350 万。

2007 年 11 月 16 日正式投入使用的广西日报传媒集团印务中心 2009 年的印刷总量完成任务并比 2008 年增长一倍，商务印刷也比去年翻了一番。

二、2009 年广西报业的总体特点

2009 年，广西报业紧跟广西北部湾经济区、中国——东盟自由贸易区建设等大好经济形势，坚持抓导向，促繁荣，深化改革，增强了报纸版面的政治敏感度和可读性，保持了报纸稳定、快速发展的好势头。综合来看，该年度广西报业主要呈现出以下几个主要特点：

1.资源整合取得新突破

2009 年 12 月 22 日，广西日报传媒集团以及广西日报传媒集团有限公司正式挂牌成立。它的成立填补了广西报业没有报业传媒集团的空白，在 2009 年广西报业以及整个广西报业史上都是一件大事。广西日报传媒集团旗下共有 8 报 3 刊 3 网站，分别是《广西日报》、《南国早报》、《当代生活报》、《南国今报》、《法治快报》、《健报》、《南国城报》、《广西手机报》等 8 报，《广西画报》、《今日南国》、《法制与经济》等 3 刊物和广西新闻网、南国早报网、红豆今网 3 网站。另外，旗下还辖有 13 个公司 1 个工厂，年总收入在 5 亿元以上。

从 1949 年《广西日报》诞生，广西日报传媒集团从一张单一的党报，发展到现在的 8 报 3 刊 3 网站，报社从业人员从十几个人壮大到现在的

5000多人，确立了在广西报业市场的龙头地位和领跑优势。这一局势与不少外省不同，在中国报业格局中，大多数省、自治区、直辖市的报业市场都呈现“群雄争霸，瓜分豆剖”的景象，一家集团占绝对优势的情况，在全国少见。广西日报传媒集团是其中很独特的一例。

从报业体制改革上来讲，广西日报传媒集团的成立也具有重要的意义。它的成立在广西报业体制改革上迈出了历史性的一步，其探索的公司化、市场化经营新路子，按“一专业一公司”和“一媒体一公司”的模式，加快与优势资本和优势资源的合作步伐，开拓多元化经营，引入部分社会资本。

此外，为了集团的长远发展，广西日报传媒集团大胆“开疆拓土”。2005年，当时的广西日报社成功接收南宁市矿务局、兼并南宁市茅桥机械厂，扩张330亩土地；2007年7月，成功收回广西日报社上世纪60年代初被占用的地处市郊罗村的农场256亩土地；随后购买了在南宁隆安经济开发区的200亩土地；收回地处南宁市三塘镇80多亩的土地，加上现址近百亩土地和分布广西各地的办公场地，在全区拥有近1000亩土地，为广西日报传媒集团未来预留了巨大的发展空间。

广西日报传媒集团的成立可以充分利用集团的新闻资源和信息优势，增强主流媒体的社会影响力。广西日报传媒集团有限公司则可以充分发挥集团公司作为现代企业的经营管理优势，以资本为纽带，扩大投资和经营领域，拓展发展空间，延长传媒产业链，进一步增强经济实力和市场竞争力，使集团公司成为运行有序、经营多元化、实力强劲、有较强影响力的全新国有文化经济实体。

2.媒企联合加大步伐

2008年的金融经济危机，不但使外向型的沿海省区报业受到较大影响，也使内向型的广西报业受到不小冲击，尤其是广告业务。为了在逆境中使广告量不下滑甚至争取到更多的广告份额，2009年，广西不少报纸都加大了与企业的联合。

2009年4月20日，《南国早报》成立了“南国早报·房地产企业联盟”，广西38家知名品牌房企加入了该联盟。此联盟的成立一方面为购房者、房地产企业提供一个全新的互动平台，推动南宁房地产业的社会资源整合、企业品牌与责任的建设，对于《南国早报》来说，无疑也是一大利好，众所周知，房地产广告在各家媒体的广告总量中一直占据着头把交椅的位置，这种联盟的成立必然会为媒体创造更多的经济效益。

再比如广西日报传媒集团旗下另一“南国系列”报纸——《南国城报》2009年度也相继成立了“二手房中介诚信联盟”和“广西主流家居联盟”等媒企联合性组织，南宁当地10余家品牌房地产中介和100余家装饰建材类公司加入了这两个联盟。这些组织的成立不但有利于报纸开展采编工作，也是媒体和企业并肩战斗在一起，为报纸的持续、稳定发展提供了强有力的支持。

3.报网联动迈出新路

毋庸置疑，之前出现的广播、电视给报纸带来不小冲击，而近些年开始流行的网络媒体，既给报纸带来了冲击，也带来了新的机遇。因为互联网的出现，传统的报纸媒体恰好可以有效的加以运用，来进一步增强自己的力量。

南国早报网由《南国早报》于2008年4月抽调部分人马组建而成，经过2008年的试行和不断调整，2009年，这一网站取得了不小的进展。南国早报网不是《南国早报》的简单翻版，此外它一改传统网站的官方味道，充满浓烈的都市气息，满足了众多市民的口味。该网站设有新闻、论坛、报料、博客、汽车、家教、相亲交友、房屋租赁、打折团购、换客交换等频道，将市民最关心的事件集结在一起，不但整合了《南国早报》以及广西新闻网的资源，还充满原创色彩。该网站同时拥有自己的采编队伍，经常组织大型的策划活动，如每周末举行的“相亲交友”、“换客”等活动，使不少单身组成了家庭，使闲置物品得到了综合利用，这些活动很受南宁广大市民的推崇。其开设的《南国早报网论坛》更是充满“南宁口味”，曝光了不少大事要事，将南宁市很多角落发生的阴暗事公之于众，引起网友和其他媒体记者以及政府部门的关注。此外，南国早报网还与南宁当地的南宁家电维修网、广西信息发布网、广西玩美生活网、南宁美食网等100余家网站建立了合作关系，使其功能更强、服务更全面、影响力更大。《南国早报》上还专门开辟两个版的“报网联动”栏目，将该网站的热点重点事件以报纸的方式呈现给读者。可以预见，在广西日报传媒集团强大资金、技术等的支持下，该网站将日渐成长为广西又一较有影响力和竞争力的媒体。

《网上南国早报》由广西新闻网主办，保留了《南国早报》原貌，具有个性化、直观、可检索等优点，只要轻点鼠标，原汁原味的报纸就呈现在读者面前。自2009年4月8日起，《网上南国早报》广告实行与《南国早报》捆绑发布与收费制度，《网上南国早报》广告是一种全新的广告业务形式，这在广西尚属首次。该广告费用相对报纸要低很多，但这一形式拓宽了报纸经营渠道，在一定程度上也增加了《南国早报》的广告收入。

南宁新闻网是2008年7月8日正式开通的由南宁日报社主办的重点新闻网站，定位为南宁的门户网站，其集新闻资讯、文化娱乐、信息服务于一体。在北部湾经济区开发大潮以及中国——东盟博览会的经济趋势下，南宁新闻网将肩负着重要舆论宣传阵地的使命，经过重新组建，南宁新闻网内容更加充实。该网站在2009年度也进行了不小的尝试，将《南宁日报》和《南宁晚报》的资源进行了有机整合，实现了很好的报网互动。

4.内部竞争仍显不足

纵观广西众多报纸，创办于1995年10月19日的《南国早报》在经过与《南宁晚报》、《广西商报》等媒体的竞争后，于2001年后在广西众多报纸中确立了其霸主地位，至今仍没有其他媒体可以撼动其地位。广西报业中，《南国早报》发行量最大、广告收入最高、经济效益最好，无论是广告还是发行量它所占的市场份额均大大超过其他报纸。例如，2009年度，《南国早报》的广告收入达2.5亿元，创历史最好水平，而广西区内其他没有一家报纸广告收入超过5000万元。

这一方面显示出《南国早报》在广西众多报纸中的强大优势，另一方面也反映出广西区内各报纸之间缺乏强烈的竞争。同其他很多省区比起来，这是广西报业的一大特点，缺乏竞争的必然结果就是进步缺乏动力，导致前进的步伐会相对缓慢。放眼全国就不难发现，尽管《南国早报》在广西报业中遥遥领先，但同全国范围的知名大型报业比起来还是小巫见大巫，发行量以及影响力都远远不够。不过，就广西报业目前情况来看，未来几年内仍然不可能有任何一家报纸超越《南国早报》，其一家独大的局面还将可能持续很多年。

5.媒体环境有待改善

古语有云"近朱者赤，近墨者黑"，虽然并非是有什么样的媒体环境，就有什么样的媒体，但媒体环境对媒体的发展、报道的整体风格等的影响在所难免。广西报业中不乏志向远大、业务精湛、理论厚实的新闻精英人才，他们为了新闻理想也作出过很多尝试。不过，受于相对闭塞的媒体环境影响，许多精英往往难以施展才华，不少按照从业规律去做的新闻却受到四处打压，使得有些报纸的新闻质量大打折扣。

甚至有些读者开始这样评价报纸：只会在日常琐事上"伸张正义"，不敢在大是大非问题上秉笔直书，所谓的"铁肩担道义"也成一句空话。其实出现这样的情况与广西的媒体环境特别是报纸主管部门有很大关系，个别官员仍然保持着"家丑不可外扬"的观念，广西出了点丑事宁可让外地媒体报道出来，也不准本地媒体报道。这种媒体环境同邻省的广东比起来就显而易见了，广东报业之所以在全国领跑与媒体环境关系莫大，同样广西报业相对落后也与广西新闻环境难逃干系。

三、2009年广西主要报社经营关键词

1.改版创新

《当代生活报》自1997年12月25日创办以来，先后进行了一系列的改版，先是由周报改为日报，后又从大报改为小报。2009年9月14日，《当代生活报》又一次进行了改版。改版后新闻内容实行板块处理显得条理更清晰，还加大了新闻服务资讯的版块，强调报纸新闻的可读性、实用性和服务性。同时，头版实现封面化，以大图片吸引受众，并注意留白；头条立足于当地新闻，关注市民生活之余，显示出对政治、经济的偏好，图片运用由配角变成主角。

《南宁晚报》于2009年12月3日进行了改版，从报头、文章字体到图片都进行了改版创新。头版的图片更加美观、简约，画面的质量也更胜一筹。本次改版后新闻更有深度更有质量，并给读者提供了更多贴心的服务。从头版的整体来看，改版后视觉上更舒服。《南宁晚报》是原中共南宁市委机关报，创刊于1956年，是广西历史最悠久的晚报，本次改版主要目的是扩大其在市场和读者心目中的影响力，以争夺更大的市场份额。

《南国城报·居周刊》是主打房地产的周刊。它于2009年7月2日进行了全面改版，除了保持一些原有的优势栏目外，还增加了大量的新信息，并提出"一切为了购房者"的新口号。除了内容创新，《居周刊》改版之时，还成立读者服务部，举行"你买房我送红包"等活动，并多次组织数百大学生和报社全体人员统一着装上街卖报等活动。至目前为止事实证明，改版以来效果显著，报纸发行量、广告收入以及在南宁报业中的影响力均有了明显提高。

《健报》是广西第一份健康类周报，2009年11月6日起进行了全面改版，由原来的铜版纸、轻涂

纸加新闻纸印刷改为全新闻纸印刷，价格由原来的每份2元改为1元。改版后的《健报》增加了健康资讯、医疗故事以及养生方法等，从原来的健康时尚类周报转型为专业健康类周报。改版初期，恰逢广西甲流流行并出现重症患者和死亡病例之际，该报进行了大篇幅的全方位采访报道，取得很好的社会效果。长远来看，改版后整体效果如何，能否扭转改版之前广告效益低下的局面还有待进一步观察。

2.网络建设

广西新闻网于2009年6月8日推出新版首页。改版后的首页，更强调人性化和实用性，更突出新闻性、时效性、本地服务性和多平台互动性等特点。该网站开设40个频道近500个栏目，每天更新新闻及各类信息2500多条，网站发布的《广西日报》、《南国早报》、《当代生活报》、《南国今报》、《南国城报》、《健报》等数字报当天上午可以点击浏览。目前广西新闻网已经成为广西发布新闻量最大、最具权威性和影响力的新闻门户网站。在2009年初发布的《中国主流地方新闻网站流量排行榜》中，广西新闻网获得前十强；在互联网实验室发布的、具有“中国互联网指数系统”核心报告之称的《2009年1月中国新闻网站市场份额统计报告》中，广西新闻网荣登全国新闻网站市场份额30强。全新改版后的广西新闻网首页将互联网、无线网络和网络电视三大块内容资源充分融合，运用新技术优化网络访问速度，搭建多媒体主流新闻门户平台，打造新看点、新亮点、新特点，使广西本地新闻、各类图文资讯、音视频流媒体及丰富的无线产品完美呈现。同时，还将博客、思辩、论坛等Web2.0互动板块与新闻板块紧密结合，为用户开拓了双向及多对多的互动交流空间。

广西校园网于2009年6月6日正式开通，该网站是广西首家致力于校园信息传播和文化交流的专业性校园门户网站。广西校园网作为广西新闻网旗下的网站，在广西新闻网校园频道、广西高校记者联络网、广西新闻网教育频道的基础上，依托广西日报传媒集团、广西新闻网丰富的社会资源优势和雄厚的媒体资源茁壮成长，受到不少大学生群体的好评。

玉林新闻网在2009年6月25日正式开通，这标志着玉林正式建立了继报纸、广播、电视之后的第四新闻媒体，使玉林有了可以即时发布网络新闻的有效载体，提升了舆论引导能力，为玉林市增添了一个重要的对外宣传窗口。玉林新闻网作为玉林市委宣传部主管、玉林日报社主办的综合性新闻门户网站，依托玉林日报社的新闻资源优势，设有玉林新闻、时政新闻、社会新闻、县市区新闻、国内新闻、国际新闻、热点关注、政务信息、文娱体育、玉林人居等频道，每日独家整合发布《玉林日报》、《玉林晚报》等纸质媒体新闻及有关资讯，并链接玉林电台、玉林电视台等音视频媒体，内容涵盖玉林政治、经济、文化、生活的方方面面，形成新闻、政治、信息、服务和专业频道五大特色板块联动的格局。

3.新报纸

2009年11月18日，《百色早报》试刊号在百色城区免费发行，吸引了广大市民的眼球，受到不少当地市民的欢迎。2009年12月11日该报正式创刊。《百色早报》是经国家新闻出版总署批准，由广西百色市党委机关报——右江日报社创办的都市生活类报纸，每年出报355期，周一至周五每天四开16版，周六、周日四开8版，每份报纸0.6元。该报的成立改变了百色市只有党报没有生活类都市报的格局，给当地市民提供了一份休闲的精神食粮。

除《百色早报》，桂林市的《桂林晚报》、柳州市的《柳州晚报》、梧州市的《西江都市报》、北海市的《沿海时报》、玉林市的《玉林晚报》和贺州欲成立的《贺州晚报》，随着广西区内这些地市都市报的相继成立，它们对于在广西全区发行的《南国早报》也是一种竞争和挑战。

《南国城报·居桂林》于2008年12月19日正式创刊，它是继2007年《南国城报》在广西首府南宁推出主打周刊——《居周刊》后的又一家以“居”命名的周报。《居桂林》每周一期，逢周五出版，定价1元，每期约40版，采用铜版纸、轻涂纸和新闻纸全彩色印刷。该报抓住了桂林作为世界知名旅游城市，适宜居住，而且房地产市场大有前途的脉搏，主打以“居”为主题的房地产、家居品牌。创刊一年来，该报已站稳了桂林市场，并实现了当年盈利。□

※作者单位：广西大学新闻传播学院

2009年海南省报业发展综述

●李学山

在很多中国人眼中，2009年是一个很让人意外的年份，不管是政府高官、经济学家还是平民百姓，在年初时都表现出十分悲观的情绪，几乎一致认为2009年将是最困难的一年；但到了下半年，乐观的情绪就伴随着国家成立60周年的庆典弥漫开来，而年底公布的中国经济成绩单中，8.7%的GDP增长率更是让很多人为之振奋不已。

在海南报业市场，2009年也有很多意外发生，譬如年初宣布休刊半年后再进入市场的《商旅报》最终没有兑现自己的承诺，而是彻底退出了海南市场；再譬如被相关各方寄予厚望的《南岛晚报》创刊日期一再推迟，千呼万唤未现身；又譬如原本偏安一隅的《海南经济报》终于不甘寂寞，喊出改名扩版的口号，意图让海南报业市场重新洗牌。可谓是：城头变幻大王旗，几家欢乐几家愁。

一、海南省报业发展状况之总体数据

1.报纸数量

2009年，海南正式出版的报纸数量与2008年相比并无变化，依旧是15种（高校学报除外），包括3家党委机关报，3家都市报以及多家证券、法制、文摘等专业类报纸和生活服务类报纸。唯一的变化是，原为都市报的《商旅报》在经过一番休刊盘整之后，变身为飞机上赠阅的时尚生活读物。

表1 海南省报业规模

指标	数据	去年同期指标	数据截止时间
全省（市、区）目前的报纸种数	15种	15种	2009. 12. 31
其中党报	3种	3种	2009. 12. 31
行业专业报	3种	3种	2009. 12. 31
晚报都市报	3种	4种	2009. 12. 31
生活服务类报纸	3种	2种	2009. 12. 31
其他类别报纸	3种	3种	2009. 12. 31

2.发行量

2009年，海南各家报社对于各自的发行量依然是含糊其辞，即使是愿意公布的报纸在谈到自己的发行量时也是依然使用“增长百分之几”、“平均XX人拥有一份”等含混不清的数据让人“猜哑谜”。

据海南省邮政报刊发行局综合统计，2009年《海南日报》在省内外的发行量增长5.16%，超额完成了2009年的征订任务。数据显示，海南全省每47人、海口城区每8人拥有一份《海南日报》，该报全省人均占有率、省会城市人均占有率、零售量仍居全国省级党报前列，省内外发行量续创新高。

《海口晚报》在题为《中高端人群成为海口晚报主流读者 征订同比增长7.3%》的消息称，该报2009年度发行征订稳中有升，同比增长7.3%。整订率、入户率，继续稳居海口第一，覆盖率、商业有效阅读率不断提升，中高端人群成为《海口晚报》主流读者。

由于上述两家报纸的党报性质，在发行方面均得到了政府相关职能部门的支持。如海南省委机关报《海南日报》的发行工作就得到了全省组织部门、宣传部门及各条战线、各个系统的大力支持，省邮政公司全力协助。省直工委、国资委、教育工委、省旅游局、省工商行政管理局及海口市直工委、市公安局、市工商局等专门下发文件，把《海南日报》发行工作作为一项严肃的政治任务列入重要议事日程，明确责任，狠抓落实，海口市委宣传部还成立督察组对有关部门进行指导，各地公安、卫生、教育、税务、工商、城管等系统及驻琼部队也积极配合，确保了《海南日报》发行量的增长，其中海口市国资委、琼山区12月21日前提前超额完成

表2 海南省主要报纸

分类	报纸	性质特征
党报	《海南日报》	中共海南省委机关报，日报
	《海口晚报》	中共海口市委机关报，日报
	《三亚晨报》	中共三亚市委机关报，周五报
行业专业报	《法制时报》	海南日报报业集团主管，周五报
	《海南农垦报》	海南省农垦总局主管，周二报
	《证券导报》	海南日报报业集团主管，周报
晚报都市报	《南国都市报》	海南日报报业集团主管，日报
	《海南特区报》	海南省总商会主管，日报
	《海南经济报》	海南省社会科学界联合会主管，周六报
生活服务类报纸	《生活服务导报》	海南日报报业集团主管，周报，2009年3月起休刊
	《海南声屏报》	海南广播电视台主管，周报
	《商旅报》	海航集团主管，周一报， 2009年1月1日起休刊，下半年重新出刊
其他类报纸	《特区文摘》	海南日报报业集团主管，周报
	《考试报》	海南省考试局主管，周报
	《英语学习辅导报》	南方出版社主管，周报

党报征订任务。

同为党报背景的《海口晚报》在发行方面也充分发挥了自己的优势，在（海口）市委、市政府关心和大力支持下，市委宣传部、市委组织部、市直机关工委积极部署，落实"财政划拨"的党报征订精神，使本报2009年度的发行征订进入各机关处科室，副科以上干部更是人手一份。四个区委、区政府全面贯彻落实党报征订要求，采取有效措施，均超额完成海口晚报2009年度发行任务。按党报发行征订工作要求，工商、公安、城管、卫生、消防、旅游和国资委等部门将海口晚报订到了沿街铺面和公司、工厂及宾馆酒店客房。教育部门将海口晚报订到了各大、中、小学校班级。邮政部门也大力协助海口晚报在各市县和农村的发行征订工作。

除了政府部门外，海南本地企业对于上述两家报纸的发行量增长也起到了重要作用，《海南日报》与南方航空海南公司、海南省航空公司等单位有长期稳定的合作基础，2009年航空企业继续征订了大批《海南日报》，使乘客不论是在候机还是在空中都有免费的报纸阅读，让更多旅客在踏上海南之前，就拿到了了解本省内外信息的第一份"海南读本"。省内重要旅游景点及海口市区域内的星级宾馆房间、酒店包厢订有该报，来琼游客及消费者免费阅读机会大大提高。在各方的共同努力下，2009年宾馆酒店《海南日报》订阅量同比增长31.2%，再创行业新高。

与上述两家党报动用政府职能部门的力量促进发行工作、提升发行量的做法相比较而言，没有党报背景的《南国都市报》、《海南特区报》、《海南经济报》等日报则更多地依靠做好新闻来吸引读者购买，因此对零售市场的依赖度比较高。其他的行业类报纸如《证券导报》、《考试报》、《英语辅导报》等则依靠自己的专业性进行有针对性的发行。

3.广告收入

公开数据显示，2009年，海南日报报业集团全年总收入2.4亿元（包括广告、发行、印刷等），其中广告收入增长10.15%，实现利润3000多万元。

海南日报报业集团能够在被各界认为是"最困难的一年"的2009年交出一份靓丽的成绩单，与其良好的策划营销能力不无关系。

受金融危机影响，从2008年下半年开始，全国报刊广告营业额整体下滑，但《海南日报》广告营收呈现出逆势上扬的良好态势，特别是2009年上半年，《海南日报》广告营收增长幅度超过10%。一个主要原因是，海南日报从单纯广告发布走向主动广告营销，从而使其表现出良好的市场抗风险能力。

汽车日益成为新的消费热点，《海南日报》抢占先机，成功在岛内连续举办三届车展，在汽车生产商、经销商、消费者之间搭起一个大平台，引导了整个海南汽车消费潮流。特别是刚刚落幕的第三届海南汽车展，短短4天时间，共有12万多车迷争相前往参观及购车，现场共成交各类汽车1726台车，成交金额首次超过2亿元，观展人数突破12万人次。

海南房地产购买力主要在岛外，针对这一特点，海南日报策划成立了房地产营销中心，主动开展一系列大型营销活动，今年上半年先后四次组织岛内大型楼盘，走出海南，太原、北京等四个城市成功举办房展，在帮助房产商与购房者实现零距离接触过程中，《海南日报》房地产广告营销也迈上一个新台阶。

2008年下半年以来，国家为大力启动内需，先后开展家电下乡与汽车下乡活动。《海南日报》抓住机遇，携手集团内媒体与相关部门进行合作，成功策划了汽车下乡巡展和家电下乡巡展两个活动，不仅很好的宣传国家有关惠农政策、引导农民购买汽车、家电，还成功扩大汽车与家电两大类产品的广告市场份额。

为庆祝新中国成立60周年，《海南日报》倾力打造"凯歌行进60年·走进市县"大型报道活动，连续5个月，以每天三分之二版的篇幅对一个市县进行全方位报道，不仅全景式展示新中国成60海南取得的重大成就，为国庆60周年营造出喜庆气氛，而且还通过这一大型报道，为集团的广告发行带来了一定的增长。

有数据表明，在2008年7月1日至2009年6月30日时段内，《海南日报》广告收入超过7000万元，占海南整个纸媒体广告市场份额一半，是房产、汽车、通讯、旅游等主导行业首选的推广平台。

由于《海南日报》的出色表现，在由中国广告协会报刊分会联合央视市场研究股份有限公司采集制作的2008~2009年度中国报刊广告投放价值百强排行榜上，《海南日报》成功跻身全国省级日报五强。

海南日报报业集团副社长、总经理廉振孝认为，海南整体的广告市场，在全国恐怕属于独一无二。电视比不过报纸，都市类报纸也比不过党报。《海南日报》独占海南广告市场半壁江山，这种情况已经持续了二十多年。这种现象的形成首先跟海南的省情有关，跟海南读者消费习惯、读报习惯有关，也跟海南日报人的努力密不可分。

由此可以看出，《海南日报》2009年在海南平面媒体广告市场中依旧保持着一贯的强势。相对于《海南日报》的强势，《海南特区报》、《海南经济报》、《海口晚报》等媒体只能另辟蹊径，从零售、医疗、婚纱、培训教育等服务类广告中寻找增长的机会。

二、海南省报业发展状况之总体特点

2009年是中华人民共和国建国60周年，被认为是"海南建省办经济特区特区以来第二次重大历史机遇"的海南国际旅游岛建设也在这一年年底正式上升为国家战略，而且中国第四个航天发射场——海南航天发射场也于9月份正式破土动工，海南的各家报纸在一连串的喜事大事报道中，纷纷推出不同视角的策划报道，弘扬主旋律，营造了良好氛围。与此同时，各家报纸在改版方面也是不遗余力，试图重新划分市场。

1.国庆报道百花齐放

为给迎接新中国成立60周年营造热烈氛围，全面反映海南岛解放以来的发展成就，《海南日报》携手集团内其他媒体，接连推出多个大型报道，歌颂海南巨变，为国庆60周年献礼。

2009年5月，《海南日报》和南海网共同策划，抽调精干编辑记者组成采访小组深入市县，决定用4个多月时间，通过报网联动，集中时间、集中版面和时段，对市县发展成就进行浓墨重彩的报道。每走进一个市县，《海南日报》都在头版头条推出展示当地发展成就的长篇通讯，同时连续5天用2/3版对当地经济社会进行全方位、多角度的报道，而南海网则通过网络和视频进行同步报道，形成强大的宣传攻势。

2009年8月，为庆祝新中国成立60周年，也为迎接即将到来的海南解放60周年，《海南日报》推出"人民海南60年·难忘瞬间"大型报道，"还原"历史镜头是这次大型报道的主要方式和手段。同月，海南日报报业集团还与海南知名企业海航集团特别策划了大型系列报道"碧海丹心·寻找四野渡海作战英雄"(1950年，中国人民解放军第四野战军的精锐部队凭借木帆船，冲破惊涛骇浪、战胜蒋介石嫡系部队的军舰，用他们的鲜血和英勇，创造了渡海作战的奇迹，解放了海南岛)，通过海南日报报业集团旗下主流媒体《海南日报》、《南国都市报》、南海网同时推出。

此外，为及时将国庆60周年庆典的相关消息传递给读者，《海南日报》在最短时间内把庄严、热烈、盛大的国庆阅兵式以及海南军民与祖国普天同庆的场面，用号外的形式记录下来，及时传递给社会各界，与民同享盛世欢乐。10月1日中午1时半，距天安门广场盛大国庆阅兵式转播结束约1小时，《海南日报号外》就已完成采编制版，下午2时40分许，刚下印刷机的3万份《海南日报号外》被装车直奔海口市内13个发行点并由发行人员在街头免费发送。这是自去年海南建省办经济特区20周年纪念和北京奥运火炬境内传递首站活动后，两年内《海南日报》再次出版“号外”。

为庆祝新中国成立60周年，展现海口发展活力与巨大成就，《海口晚报》于7月1日推出了《激情跨越60年》大型系列特刊。在特刊制作过程中，该报派出各路记者入政府部门感受执政为民、为海口谋发展的奋进气息；进社区体味海口大发展为海口市民带来的幸福与实惠；入企业倾听海口企业与国际、国内市场同步跳动的发展冲动。

在海南多家报纸推出庆祝新中国层理60周年报道或策划之际，《海南经济报》也加入了这曲大合唱。从9月7日起，推出庆祝新中国成立60周年特别策划《从孤悬海外一穷二白 到走向世界繁荣昌盛——海南经济，激情跨越60年》大型系列报道。系列报道分为《诞生》、《自强》、《曲折》、《转轨》、《蜕变》、《崛起》六个篇章，囊括了新中国成立60年来各个历史时期海南经济发展史上的重大事件，新闻性、史料性、可读性并重，得到了广大读者读者的共鸣和肯定。

2.宣传监督双管齐下

“省直管市县”是海南最引人注目的体制特色，是体现海南“小政府、大社会”模式的重要标志，一直以来有力地促进了海南经济社会的发展。但是，这一发端于建省之始、具有鲜明“海南烙印”的独特管理体制，并没有因其优越而停止改革的步伐。2008年7月，省委五届三次全会作出了进一步完善“省直管市县”体制的重大部署，以放权为手段，向市县下放197项行政管理事项，再开全国体制改革之先河。这次改革，着力厘清省与市县间的权利界限和职责范围，以达到提高行政效率、激发县域经济活力的目的。经过一年来的实践，这次改革取得了显著成果。不少市县行政效率明显提高，经济发展明显加快，老百姓和企业办事更为容易。海南“省直管市县”体制，更加显露出鲜明的特质与优势，在全国范围产生了更为广泛的影响。

自10月14日起，《海南日报》开辟专栏，对海南“省直管市县”体制改革进行多方位、多角度专题报道，相继推出《一个省的框架》、《一个省的探索》、《一个省的活力》、《一个省的意志》、《一个省的使命》等大通讯，并配发本报评论员文章《海南的体制特色与优势》、《完善“特”体制 当好排头兵》、《向更具活力的体制要生产力》、《立法让改革不走回头路》、《为全国改革提供更多更好的经验》等，进一步为海南构建更具活力的体制机制、开展更为广泛深入的体制改革，营造良好的舆论氛围。2009年，《南国都市报》刊发了一系列颇有影响力的报道，其中关注度较高的有“记者暗访赌场”和“不让英雄流血又流泪”等系列报道。3月2日，该报刊登的《本报记者暗访赌场，赌博猖獗谁来管？》，如实报道了记者于2月28日对儋州西培农场老市场内外公开摆赌的情况进行的暗访后，引起了社会的广泛关注。

《海南特区报》在2009年也有不俗的表现。2009年6月，该报刊出《海南海口潲水油流向餐桌，触目惊心》报道，通过采访业内人士曝光了海南的潲水油从回收——生产加工——销售的产业链，引起了政府部门和社会各界的高度关注。该报还和相关企业合作，推出了“特区报购车帮办通道”、“特区报精彩假日游”驴友交流活动、“特区报车友会周末自驾游之旅”、“特区报看房团”、“特区报开心装修团”等便民活动，在教育部拉近报纸和读者距离的同时，也为报纸的经营工作开辟了新路。

总而言之，海南各家报纸在2009年的新闻报道工作中，既着重宣传本地的各种政策法规、特色产品，也加大了舆论监督类报道的分量，较好地发挥了新闻媒体干预社会事件的功能。

3.更名改版不遗余力

2009年1月1日起，《海口晚报》进行改版，改版后开设了要闻、民生、社会新闻、经济新闻、热读、调查、国内、国际、副刊、科技、军事、教育、读书、文化等版面。晚报以本地新闻立报，以海口新闻为主导，强调报纸的重要性、指导性、权威性、服务性、可读性，提升报纸的文化品位，强化舆论监督功能。部门设置由两个采编中心改为五个采编部门，并新招聘了一批采编人员。改版后，报纸的指导性、可读性、贴近性明显增强，影响力扩大，得到海口市委领导肯定和社会认同，是一次成功的改扩版。

并且，在认真听取读者意见的基础上，《海口晚报》从2009年下半年开始，有针对性地对报纸版面、新闻策划、采编队伍进行了调整，进一步提升了办报质量。

海南日报报业集团旗下的《生活服务导报》在2009年3月正式宣布停刊，之后即有消息说由该报更名而来的的《南岛晚报》即将在“五一”前后面市。但直到11月份，海南日报报业集团才通过旗下的《海南日报》、《南国都市报》发布消息说《南岛晚报》将于2010年元旦正式创刊。

由于定位尴尬，《海南经济报》这几年的表现一直是不温不火，发行量也基本上处于海南几家都市报中的垫底位置，但其2009年靠着重磅的新闻策划和改名扩版也折腾出了一些动静。

从2009年1月1日起，《海南经济报》再次对报纸版面进行了革新式的改版，版式更时尚、更清新，新闻更丰富，副刊更精彩，市场版更加有深度。此外，顺应读者的阅读习惯，本报的出版日期，也由原来的周日至周五，改为周一至周六。改版后的报纸清秀挺拔，美观大方。版式上，我们按照报纸现代版面要求重新设置，保持大报端庄、严谨的风格，间以半版分割调配，彰显综合性政经大报大气、主流的风范；标题横排，摒弃了大字号超粗黑为主的字体，以大黑和大标宋为首选字体，版式设计力求清新、简约、秀雅，努力排除繁琐细碎的视觉干扰。报头上的报名字号缩小，简洁而明快。改版后的总体风格新颖活泼而又不失稳重平和，使读者有一种赏心悦目的感觉。

值得注意的是，《海南经济报》本次改版，将办报口号从“阳光传媒，你我相随”改为了“记录阳光岛，关注热新闻”，几乎用一个“热”字贯穿所有版面。改版后该报每日平均增加了一个整版本地新闻，新闻版块统称为“热新闻”。其中一版突出了封面和导读功能，其它新闻版面有：热新闻·政经、众议苑·热评、热新闻·岛事、热新闻·城事、热新闻·家园、热新闻·重点、热新闻·网事、热新闻·神州、热新闻·环球、热新闻·文体等；副刊版面统称为“热周刊”，设有热周刊·情感、热周刊·鹊桥、热周刊·美食、热周刊·养生、热周刊·书香、热周刊·旅程等。

2009年年底，《海南经济报》又传出了更名扩版的消息，称2010年起报纸名称将由目前的《海南经济报》更名为《国际旅游岛商报》，报纸定位也由综合性日报变为以经济新闻主打的商业财经类报纸，立志要成为“海南第一财经都市报”。这意味其在2010年或有更大的变化。

4.文摘法制证券等专业类报纸表现一般

2009年，海南省内的专业类、生活服务类报纸《法制时报》、《证券导报》、《特区文摘》、《海南声屏报》、《海南农垦报》、《考试报》、《英语辅导报》等无论是办报方向还是版面设置，基本都无太大变化，在零售市场上的表现也比较一般。

而由《商旅报》经过休刊盘整后，变身为一份时尚生活读物，发行方式改为在机上赠阅，编辑部也迁至北京，彻底退出了海南报业市场。

三、海南省各主要报业集团/报社经营关键词

1.党报党刊发行新模式

在2009年10月召开的2010年度全国党报党刊发行工作视频会上，海南等省率先推行的“财政划拨、集订分送”新模式，受到中宣部领导高度评价，并向全国其他省市区推广。

从2006年底开始，海南创新思路，率先推行“财政划拨、集订分送”订阅重点党报党刊新做法，各市县将省委下达的《人民日报》、《求是》、《海南日报》、《今日海南》等“两报两刊”征订计划指标，分解到本省财政供给的行政事业单位，当地邮政部门根据计划指标计算有关单位订阅款额，经政府审批后，由市县会计核算中心将订阅费一次性全额划拨当地市县邮政局指定账户。该项经费从相关单位行政事业费中扣除。

海南邮政局报刊发行局统计表明，实行“财政划拨、集订分送”办法后，海南重点党报党刊发行年年提前完成计划，而且发行数量稳步增长。2009年度海南重点党报党刊发行量同比增长3%，而2008年度海南重点党报党刊发行量同比增长达14%。与此同时，发行效率明显提高、发行成本大幅下降。

此外，在摸索重点党报党刊有效发行上，海南各级党委组织部门还逐年加大用党费订阅重点党报党刊力度，热心公益事业的工商企业也拿出一定经费，集中订阅重点党报党刊赠送偏远贫困地区的村组、乡镇、学校等的党组织，使党的声音及时传达到每一个角落。

2.经济欠发达地区办出强势媒体

2009年9月揭晓的2008~2009年度中国报刊广告投放价值排行榜中，《海南日报》从全国200多家报刊社中脱颖而出，跻身全国省级日报前五强。

海南经济总量小，《海南日报》跻身全国省级日报五强，成为发布会上一大新闻。在颁奖时，中国广告协会会长李东生评价说，《海南日报》的实践证明，只要办报理念对、经营方法好，经济欠发

达地区是能够办出强势媒体的。受这一消息影响，海南日报9月30日单期刊发广告总量20版，是近6年来的《海南日报》历史之最。

3.全媒体中心“亮剑”

2009年4月，为抢夺博鳌亚洲论坛2009年年会报道的制高点，迅捷、准确地报道好年会的各项活动，海南日报报业集团旗下的两大媒体《南国都市报》与南海网报网联动，携手组建了“南国都市报、南海网全媒体中心”前方报道组，该报道组由《南国都市报》以新闻部负责人带队，成员包括一名出镜记者、两名文字记者、三名摄影记者、一名摄像记者。年会期间，前方记者参与年会各项活动，及时为广大读者、网民发布年会最快捷的信息、最精彩的图片、最精美的视频，与读者、网民进行最倾情的互动。后方的《南国都市报》和南海网领导以及编辑部工作人员，也积极为前方采写报道出谋划策，精诚团结，密切配合，真正创造了报网联动“1+1>2”的互利共赢效果。

在此次博鳌亚洲论坛年会上，该全媒体中心，以文字、图片、视频多种表现手法，全方位报道年会盛况和亮点，相关报道被新浪、网易、腾讯、搜狐、凤凰、优酷及土豆等知名网站转载。海南日报报业集团显然从全媒体中心成功“亮剑”中探索到了报网联动的新途径，之后又通过这一平台，连续推出了多种形式的活动。

2009年7月2日，全媒体中心以“海南环境建设中南宁模式能否复制”为主题，举办了一场别开生面的新闻辩论会，南海网进行了辩论会的现场直播，并设立网友讨论区，让网友们参与在线辩论。辩论会上，嘉宾及网友们针对海南环境整治及建设能否复制南宁模式的问题各抒己见。

7月22日，中国出现500年一遇的日全食奇观。由于海南只能观看日偏食，为了给海南人民奉上一场关于日全食的精彩、全方位视觉盛宴，在日全食时段，海南日报集团全媒体中心派出了3名摄影和视频记者飞赴上海，在飞机上抓拍日全食最美的一面献给读者。

4.《报网互动》打造“网民麦克风”

2009年3月19日起，《海南特区报》和海南本地较有影响力的网站海南在线联手《报网互动》栏目。该栏目以网络为新闻话题策源地，以一个报纸栏目的形式出现，在海南尚属首次。双方认为这是搭建强势舆论平台，实施报网跨平台的战略合作，联合广大网友力争打造的密切互动媒体平台。

《报网互动》将时刻追踪网络民声，回应现实和网络交集的最强音，力争打造“网民麦克风”。该栏目灵动非常，如“网民麦克风”有需要，报网互动立即启动，只要网民说的事儿、发出的声音，报告的料子，恰当到位，哪怕天天报网互动都有可能。

5.《我家住在海南岛》直递杂志

鉴于年初的房地产市场十分不景气的现状，海南日报报业集团旗下的海南日报房地产营销策划有限公司策划推出了2009海南地产军团集结行动，帮助海南的楼盘进行岛外促销，先后举办了“三亚春节房展”、“北方四市巡展”、“冰城房展嘉年华”、“国际旅游岛名盘典范荣耀京城”，均取得了圆满成功且远超预期。

由于看到了房地产广告市场的巨大增长潜力，《海南日报》在成功办展和《海南日报·房地产周刊》受到市场欢迎的基础上，又在“五一”期间策划推出了海南购房置业和旅游居住完全手册《我家住在海南岛》出版发行。《我家住在海南岛》直递杂志以服务性、实用性为立足点，旨在全景式描述海南楼市现状，引领前沿消费潮流，把读者的购房需求和开发商的宣传诉求紧密结合，为读者奉献一个前瞻性、全面性、预见性和服务性的购房宝典。该杂志编委会有关工作人员介绍，直递杂志以区域解读市场，从规划展望未来。并有精心策划制作“楼市全图”，为百姓购房提供详实的参考，倾力打造权威、内容完备、具收藏价值的居民购房读本，使之成为海南各房地产项目进行品牌推广和产品营销的良好平台。同时，《我家住在海南岛》也将汇聚全岛主要的四星、五星级酒店，并介绍海南旅游娱乐美食的主要景区景点及特色项目。

据介绍，《我家住在海南岛》的发行渠道除了四、五星级酒店、景点、机场直投，以及随海南日报发行外，还争取在“五一”期间免费派发。直递杂志与海南日报房地产特刊同步发行，前者直投四、五星级酒店、景点及机场，后者随20万份发行量的海南日报发行，有效受众达100万人以上。

6.报业首次实质性介入房地产开发

11月30日，位于海南省定安县塔岭新区的“长信·半岛美庐”房地产项目破土奠基。这是进驻定安的27个房地产项目中档次最高的一个。“长信·半岛美庐”项目由海南日报房地产发展有限公司和海南长信投资控股有限公司强强联合，两家共同组建的定安长信迪力房地产开发有限公司规划筹建，项目总投资15亿元，拟建筑面积34万平方米。该项目以高档别墅住宅为主，配有商业中心、公共娱乐活动场所等，整个小区以生态人居为格调，打造闲逸清雅温馨的居家环境，是理想的高档居住小区。这也是海南报业首次实质性介入房地产市场开发。

7.党报上“的士”

2009年11月，海口市较大型的出租汽车公司海南昌导出租汽车有限公司宣布，从2010年1月1日起，由该公司出资订阅的《海南日报》将进入该公司的出租汽车，为司机和广大乘客送上一份文化大餐。

海南昌导出租汽车公司相关负责人表示，《海南日报》作为海南省的主流媒体，其影响力、权威性多年来已根植于广大读者心中。他们非常乐意把出租汽车办成流动的党报报亭，让乘客、游客及时了解海南、海口的经济社会发展情况，更好地服务椰城的精神文明建设。这也是该公司配合海南国际旅游岛建设开展“文明出租，海口名片”的活动，让党报进驻出租汽车就是其中一项重要内容。

8.周年庆各有特色

2009年是《南国都市报》创刊8周年，从2001年1月1日发行第一期报纸开始，创刊8年来，《南国都市报》以新闻改革创新为立报之本，秉承“市民的需要第一”的办报理念，以“说市民话，办市民事，帮市民忙，进市民家”为办报宗旨，积极发挥新闻舆论监督作用，强化报纸全心全意为人民服务的功能，迅速成为海南市场化程度最高，成长最快的新兴主流媒体。据央视专业机构调查统计结果显示，在海南都市类报纸中，南国都市报市场占有率第一，品牌美誉度第一，市场传阅率第一，广告客户满意度第一。

为感谢广大读者的厚爱，增进与读者的感情，加深与读者的交流与沟通，《南国都市报》在创刊8周年之际，还特别开展评选“铁杆读者”活动，找寻80位“铁杆读者”，邀请他们参加该报为创刊8周年主办的“南国都市报之夜”新年音乐会。

2009年3月19日，是《海南特区报》创刊20周年的纪念日。该报在纪念宣言中表示：从1989年到2009年，几代特区报人栉风沐雨，坚忍不拔，无私奉献，在一张白纸上书写出规模快速扩张、事业蓬勃发展、效益大幅攀升的报业传奇。20年来，《海南特区报》有幸成为海南大特区成长脚步的忠实记录者和历史见证者……为回馈读者，该报特推出了“2000张笑脸搜索大行动”“征集海南特区报创刊号、改版号和改版五周年特刊”“特区报报庆电影周 邀请读者免费看电影”“‘我与特区报的故事’征文”等一系列独具特色、覆盖面广的创刊20周年回馈读者活动，受到了不少读者的欢迎。

9.搭上“家电下乡”顺风车

《南国都市报》敏锐地抓住这一新闻热点，于2月中旬推出了“2009南国家电下乡诚信服务大联盟”活动。3月初开始，“南国家电下乡乡镇行”分别在文昌、琼海、三亚、儋州举行，在偏远乡镇为农民开通“家电下乡大篷车”、“家电下乡售后服务大比拼”等一系列惠农活动，推动家电下乡活动不断走向深入。

该活动给家电企业提供了一个展示企业品牌和形象，创造绝佳的销售良机，让广大读者零距离地了解“家电下乡”的优惠政策，为“家电下乡工程”起到了良好的推动作用。通过该报的大力宣传，海南省家电下乡产品销售比率高于其他省市平均水平，平均每月每万人购买数量达27台(件)(享受财政补贴的数量)，截至5月31日统计，全省城乡共销售家电下乡产品51133台(件)，其中申请财政补贴的23154台(件)。而且该活动也为所在的海南日报报业集团创收300多万元，取得了社会效益和经济效益双丰收。

10.“暗访三人行”报料热线开通

2009年2月，《海南特区报》宣布正式开通“暗访三人行”报料热线，24小时征集读者的投诉和报料，线索一经采纳并经记者采写见报，将奖励报料人20元至1000元不等。该报将对广大读者提供的各类投诉和反映的线索进行筛选、整理，选取其中有价值的线索，派出3名记者组合采访核实，零距离接近新闻事实。必要时，记者将与执法人员同步暗访，力争将“暗访三人行”打造成为《海南特区报》舆论监督的一个黄金品牌。

“暗访三人行”报料热线开通后，先后曝光了“海口市部分网吧刚被文化部门登上黑名单曝光，没过几天又在接纳未成年人”“排毒馆忽悠市民号称绝食喝果汁能治病”、“经营野生动物”的事件，得到了读者的广泛好评。

11.充分利用建设国家旅游岛契机

建设国际旅游岛，是海南继建省办经济特区之后，迎来的第二次重大发展机遇，也给海南省报业添加了鲜活的素材和发展的契机。为了给海南国际旅游岛建设献上一份厚礼，《海南日报》联合集团内的《南国都市报》、南海网隆重推出精心策划的大型综合宣传报道互动活动——热推“琼州百景”。

此次活动分为“热推琼州百景”、“绘画琼州百景”、“颂扬琼州百景”等几个阶段展开。第一阶段的主要内容是海南日报推荐、读者推荐、网友推荐、记者报道“琼州百景”,使“琼州百景”为人所知;第二阶段的主要内容是,由南国都市报承办,向全国征集百名少年儿童,共同绘画“琼州百景图”;第三阶段的主要内容是征集颂扬“琼州百景”的诗词歌赋和其它艺术作品。此外,还计划开展书画摄影展览、百景发布晚会、大型演出活动。此次活动增加了人们对海南自然景观和文化传统的了解,也增加了报纸的“卖点”。

※作者单位:人民日报社海南分社

2009年重庆市报业发展综述

●蔡敏 吴杨

2009年，我国报业经营似乎步入了真正的寒冬，尤其是头两个季度的成绩。金融危机诱发的报业多米诺效应正持续地产生影响，网络与新媒体传播背景下的媒介生态日趋成熟对传统纸媒体的生存发展形成了很大压力。报业“过冬”并不是第一次，但2009这个冬天对中国报业而言更为复杂。各家纸媒使出浑身解数，或抱团取暖，或走向媒介融合，或强化媒介营销，力求实现合力突围，重庆报业也不例外。

一、2009年重庆报业总体经营情况分析

2009年，大力发展文化产业成为我国的又一重大战略决策。文化产业发展直接影响到我国软实力，影响到我国综合国力的提升。为此，国家密集地出台了多项重大的扶持文化产业发展的政策，为文化产业的发展壮大构建一个良好的政策环境。2009年6月，重庆市委三届全委会专题研究思想文化建设问题，确立了“建设城乡统筹发展文化强市和长江上游地区文化中心”战略。这成了促使文化产业发展和报业回暖的强心剂。重庆发展的3.14战略、“五个重庆建设”等对重庆传媒业构成了强大的推力，是重庆报业抵御金融危机的关键。

2009的重庆报业，在金融海啸的冲击下并未出现大动荡，发展态势平稳。尤其是第二季度后的强势回暖，为全年经营稳定成长创造了条件。

1.报纸数量与基本结构

重庆现有26份向社会公开发行的报纸，其中，有14份来自于重庆报业集团，占销售总量的80%以上。在这些公开发行的报纸中，报业机构基本稳定，主要由党报、都市报、娱乐或专业周报等构成。部分报纸运营状况不理想，约占公开发行报纸总量的三分之一。

2.同城报纸竞争现状及特点

同城的报业竞争，仍集中表现在四家都市报之间。《重庆晨报》、《重庆晚报》、《重庆商报》、《重庆时报》互相间的市场竞争仍然突出。按慧聪邓白氏的数据，2009年7月，四家都市报的市场份额都在20%以上，第一位和第四位的报纸差距不大，在7个百分点以内。为求差异化发展，几家都市报在内容结构、版式设计、读者定位上一再调整，质量稳定，局部有突破，比如在信息量、深度报道、财经报道、发展报道方面有较好表现，策划能力有较大提高。

面对金融海啸，四家都市报在调整战略，制定自身新的发展规划时呈现以下两个特点：

其一是重视内容建设。报纸内容质量是报纸经营的关键。作为党报的《重庆日报》开办了农村版，成立农村新闻中心，所办的农村版在郊县、区发行，服务农村经济社会发展，以农村读者为对象，效果良好。都市报则在版式、栏目、深度和专业上做文章，重视发展报道和财经、政法、文化娱乐等报道内容拓展，体现权威和公信，以加强新闻报道策划为手段，以活动营销为平台，在稳定发行的基础上提升报纸影响力。

其二是普遍重视新媒体。四家都市报都十分看好新媒体发展，加大了网络媒体建设力度。在网络媒体建设方面，《重庆商报》先拔头筹。早在2006年，就携手国内著名的门户网站——腾讯，将大渝网成功地推出市场。进入2009年，大渝网和重庆商报社平面媒体继续整合资源，以此为基础打造的“报网互动”栏目，信息量大、形式活泼、效果明显。大渝网人气旺盛，经营为先，实现盈利620万，

为重庆商报奠定了新媒体竞争中的先发优势。重庆晨网,重庆晚报网建设也受到高度重视,有效地吸引了报纸的网络受众,拓展了报纸的辐射力度,促进了媒介融合和资源共享、平台扩张。重庆时报的“橙网”建设也进一步推进,网站的受众认知度和辨识度有提升的态势。

其三是“厚报化”趋势有所减弱。2009年,重庆报业经营面临巨大的压力,新闻纸涨价致使报纸新增成本难以有效消耗,而受到金融海啸的影响,报纸整体广告经营收入也明显放缓。四家都市报为应对压力,纷纷加强了自身的成本控制。除了加大对印刷成本、用工成本的控制,还严格控制新闻版面和专刊版面的数量,报纸的印张数有萎缩的趋势。其中最具代表性的是《重庆晚报》。为应对纸价上涨和广告经营收入递减,《重庆晚报》采取了国内大多都市报的做法,将对开的大报改为小报。

除了都市报,重庆报业的竞争在几家专业性的周报身上也有所体现。尤其以《新女报》与《渝州服务导报》的竞争最为明显。在重庆的周刊市场,《新女报》凭借独特的自身定位和丰富的内容生产“一报独大”。秉承差异化竞争思路,同为时尚、生活类周报的《渝州服务导报》为避免与《新女报》正面冲突,在出版时间和内容设置上尽量与其错开。而本年《渝州服务导报》强势引入现代传播集团的资金和管理,在新团队的带领下,彻底改头换面。具体做法是,将其变为一本四册,内容细分而又互相联系,既展现精美铜版纸印刷的高级时尚、又继续保持生活类周报的特色,且调整市场战略,将原有的出版日期调整为与《新女报》同时出版。据行业人士称,尽管改版后的《渝州服务导报》让人耳目一新,但单就报纸的发行量来看,还与《新女报》仍然有差距,市场效果还没有充分显现。

3.报纸收入与经营情况分析

重庆报业经营收入主要来自于重庆日报报业集团和电脑报社以及属于华商报系的《重庆时报》。重庆报业收入20多亿元。重庆日报报业集团是重庆报业收入的主体,占据大部分收入份额。《电脑报》仍然是国内发行量最大的计算机报纸,而且《电脑报》网站是个人以及企业用户获取IT产品信息、商家资料、导购资讯首选的网络媒体,在信息服务、社区建设方面功能突出。2009年重庆报业经营基本情况表现在,一是广告增速缓慢,二是市场分额在新媒体竞争的压力下提升缓慢,三是报纸发行基本稳定,四是产业链加长导致资金投入压力大。

在全球金融危机阴影尚未散去,经济增长仍显疲软不利大环境下,重庆日报报业集团顶住了考验,抓住重庆经济在全国率先回暖的机会,通过不断强化主营业务和外埠广告市场开拓,强化经营欠款催收,强化精细化管理,强化成本控制,努力盘活存量资产,积极培育新的增长点,全集团同比经营总收入近十多亿元,增长5.69%;利润达5074万元,增长24.06%,集团实现利税同比增加80.18%,资产负债率下降2个百分点,国有资产保值增值率达到110%,净资产收益率达到8%。其中,重庆日报实现销售收入增加5.34%,减亏82%。重庆晨报表现突出,实现销售收入同比增长3%,利润增长108%。《重庆商报》十分重视内容策划和营销策划,提出以策划竞争代替自然竞争,实施活动营销,开发行业价值,2009实现销售收入同比增长达到3%。

二、2009年重庆报业发展主要成就

1.体制、机制改革进一步深化

2009年,重庆日报报业集团总裁陈夷苗在第三届中国报业创新(上海峰会)发言,提出要“进一步加大改革力度,着力打造现代综合性传媒集团”,重庆报业继续加强在体制机制改革方面的探索,其中主要以重庆日报报业集团实施的一系列改革为代表。2009年,重庆日报报业集团制定了由报业集团向传媒集团过渡的战略规划,全力打造以党报为龙头、市场报业为主体,多媒体共同发展的现代综合性传媒集团。

重庆日报报业集团坚持“一报一策”的方针制定调整改革方案,创新体制机制,同时还强力推动资本运作,加大股权招商力度,加快做大做强重庆传媒业。不仅对《时代信报》、《渝州服务导报》重新进行市场定位调整,还为个别报纸组建了专门的运营公司,如《渝州服务导报》社与现代传播集团、都市传媒等连锁机构合作,融资成立了重庆渝报文化传播有限公司,负责运营改版后的渝报。同时重报集团进一步完善产业公司母子公司体制,将集团全部经营性资产剥离出来,装入集团产业公司。并将子公司按公司制规范运作,进行股份制改造,进一步明晰产权,打造市场法人主体,落实目标责任制。本年,重庆商报社融资成立了重庆渝报文化传播有限公司,《今日重庆》、《法制报》以及万州记者站等先后改制,实行公司化经营,通过债转股的方式实现对新亚广告公司的改制,成立重庆

日报报业集团新亚传媒有限责任公司。改革集团发行公司,保留内部发行公司的同时,成立物流传媒公司。

2.新媒体建设力度进一步加强

2009年,重庆报业在新媒体建设方面有了跨越性发展。属于重庆日报报业集团的华龙网完成了与重庆广电集团新闻网站"视界网"的整合。相继完成股份制改革、技术对接和改版之后,华龙网以崭新的面貌出现在受众面前,并规划建成重庆第三大传媒、进入全国十强网站。华龙网IP访问量已破百万,页面浏览量达到1300万,在国内省级重点新闻网站中位居第六,西部第一,实现经营收入1200万元。

此外,报纸也利用自身的内容优势,延长产业链,与新媒体共舞。《重庆日报》、《重庆晚报》、《重庆晨报》、《重庆商报》、《重庆时报》都创办了相关网站,重庆商报更是积极促进"报网互动",并推出了大型新闻报道策划,专版刊登相关新闻。重庆晨报还在晨网上开辟了论坛、博客、商城,并将晨报的相关信息通过手机及时通知读者,以此加强与读者之间的互动沟通,实现新媒体时代的资源共享,价值共享。

3.人才队伍建设取得新成绩

(1)香港开班培训"财经新闻管理人员"

2009年,重庆报业首次在香港开办培训"财经新闻管理人员",为期12天的培训中,学习研究香港及西方财经新闻的发展动态,媒介生态,以及财经类新闻的撰写技巧。并通过案例分析及实地调研的方式,帮助随行记者更好地了解财经新闻的话语系统及节目模式。

(2)校企合作,共同培养媒体从业人才

重庆报业集团大力加强人才队伍建设,加强校企合作力度,与重庆工商大学签订了战略合作协议。本年度选派了40多人到复旦大学学习、进修,同时还委托重庆大学开办了新闻硕士研究生班,委托重庆工商大学开办工商管理MBA硕士(传媒经营管理方向)班,以培养理论知识丰富,业务知识熟练的高素质媒体从业者。

4.新闻研究类期刊获公开出版物刊号

2009年,经国家新闻出版总署批准,原来的重庆日报报业集团内部刊物《新闻导刊》更名为《新闻研究导刊》,并作为新闻研究类期刊公开发行,填补了作为直辖市的重庆长期无新闻研究类期刊的空白。

5.数字化转型进一步推进

2009年,重庆报业数字化道路的步伐明显加快,重庆手机报订阅率实现了止跌维稳后的增长,现在的手机订阅本埠用户维持在25万左右,总用户数超过60万。同时,各大报纸继续推进对数字报的探索,拓宽电子报的产品外延。在原有的报纸网络版的基础上,加强了与网络读者的内容互动。此外,《重庆日报》55年历史报纸抢救工程也已经正式开工。重庆报业本着对历史负责的使命感,在2009年,由重报集团投入建立了信息咨询中心,着手搭建新闻资料运用平台、新闻资料服务网和新闻资料专题库,抢救历史报纸。《重庆日报》55年历史报纸抢救工程已经签订了数据加工合同,进入数字化和软件系统的设计、录入阶段。

三、重庆报业发展预期

1.强力推进资本运作,做大做强报业集团

2009年,重庆GDP增长14.9%,GDP增速跃居全国第三;经济总量超过6000亿元,达到6527亿元;重庆经济正以呈现出跨越式的发展势头。而2009年重庆市的广告总额仅为36亿元左右,约占重庆GDP的0.65%,在全国处于中游水平,远远低于世界平均水平,与重庆高速度经济增长不相称。36亿左右产值中,重庆媒体广告比例在60%左右。究其根本,在于重庆传媒产业规模偏小,产业单一,与其他广告媒体缺乏良性互动。这也从根本上制约了重庆报业的壮大发展。为了寻求突破,重报集团提出集中优势资源,打造发行量50万分以上的超级报纸,进一步提升报纸的影响力和竞争力。纵观全国,在其它文化产业蓬勃发展的城市,如北京、上海、广州等大多拥有大型媒介集团和众多文化产业公司,这些媒体和文化公司发挥着文化经济引擎的作用,在它们的推动下,实现城市文化产业的整体进步。重庆日报报业集团作为重庆报业产业的大型国有传媒企业,现有资产26亿多元。由于体制和发展条件的多重影响,资本运作水平和预期也存在差距,其现有的规模和体量都比较小,没有一定的规模,就不足以产生与直辖市匹配的规模效应,进而会影响其市场竞争力,这从一定程度上制约了重庆报业的发展。因此,在重庆报业未来的发展规划重,应将对现有报业集团的扶持纳入重点规划,以点带面,以龙头拉动整体,强力推进资本运作,做大做强报业集团将会提高重庆报业的综合竞争力。

2.开展多元化经营,培育具有市场影响力的竞

争实体

和发达地区报业发展比较，重庆报业的产业规模不大，产品较为单一、市场拓展能力仍显不足。无论是重庆日报报业集团、电脑报社、或者重庆时报等，业务也大多限于原有的范围，有些甚至仅停留于新闻生产，少有跨领域的产业经营。范围经济和规模经济的不足束缚了重庆报业的产业发展。重庆报业发展要突破瓶颈，打破常规，将多元化经营纳入报业的战略规划，努力培育具有市场影响力的竞争实体。重庆报业集团近年来在多元化经营层面做出一系列尝试，如依托现代印刷物流基地发展物流业，以报业大厦、创意产业园为契机，发展旅游、信息、房地产业，以图书出版有限责任公司为载体发展图书出版业等，这些举措取得了预期效果，但还亟需进一步探索和发展。□

（感谢重庆报业集团提供相关数据资料）

※作者蔡敏是重庆工商大学文学与新闻学院教授，吴杨是重庆工商大学文学与新闻学院研究生

2009年四川省报业发展综述

● 李苓 陈方超 李润权

2009年是四川报业的攻坚年。这一年,国际金融危机不断蔓延、实体经济受到严重冲击、受众需求变化不定和新媒体的兴起都使四川报业感受到“报业寒冬”的侵袭;然而坚强的四川报业顶住了压力、经受住了挑战,在新闻宣传、经营管理、广告创收、队伍建设、报刊发行等方面稳步发展,报业整体实力进一步加强,事业和产业均取得了新的进步,为四川文化事业的大发展做出了重要贡献。

一、2009年四川省报业发展总体数据

四川虽是西部内陆省份,然而四川报业却始终拥有活跃的思想和创新的体制,能够使其快速适应新形势的变化,始终走在中国报业改革发展的最前沿。作为中国都市报的策源地和探索媒介股份制道路的试验基地,四川报业的生存与发展实践对中国报业改革具有特殊的实验价值和标本意义。

2009年,四川省新闻出版事业持续繁荣。全年出版报纸134种,发行量15.8亿份。全省有3种报纸的影响力和竞争力居全国同类报纸前列。其中,《成都商报》、《华西都市报》在“2008~2009全国都市报30强”中分别列居第三位和第十位;两报同时荣膺2009年“金长城传媒奖”。《天府早报》进入“2008~2009最具成长价值报纸10强”;《华西都市报》在2009年世界日报发行量前100名排行榜位列第66位;绵阳日报社荣获“中国阳光传媒”称号,成都日报社张婷婷、绵阳日报社葛永坤等记者荣获“中国阳光记者”称号。

1.报纸规模

2009年四川报业继续实践产业结构的优化。总体情况为:全省134种报纸中,党报(省、市、州党委机关报)25种,比2008年减少1种,占18.65%,发行路径为非自费订阅;晚报都市报12种,占8.95%;生活服务类25种,占18.65%;专业行业类报纸29种,占21.65%;高校校报38种,占28.35%;其他报纸5种,占3.75%。(见表1)基本特征为:面向一般读者通过自费订阅销售渠道进入市场的报纸市场占有率最高,共计49.25%,与四川这个西部人口大省的社会需求结构基本相当。

2.报业经营

从图1中我们可以看到,截至2008年12月31日,四川省全省报纸的总发行量为15.8亿份,较2007年减少0.6亿份,下跌3.7%,广告总收入15.78亿元,较2007年减少了3.16亿元,下跌16.7%,报业发行总收入21.57亿元,较2007年减

表1 报纸出版数量结构表

类别	党报	都市报	城市周报	行业报	高校校报	其他报纸
数量	25	12	25	29	38	5
所占比	18.65%	8.95%	18.65%	21.65%	28.35%	3.75%

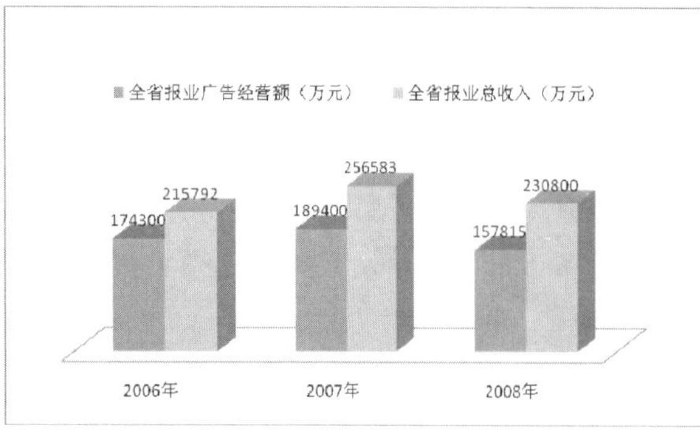

图 1 2006-2008 四川全省报业收入和广告经营情况

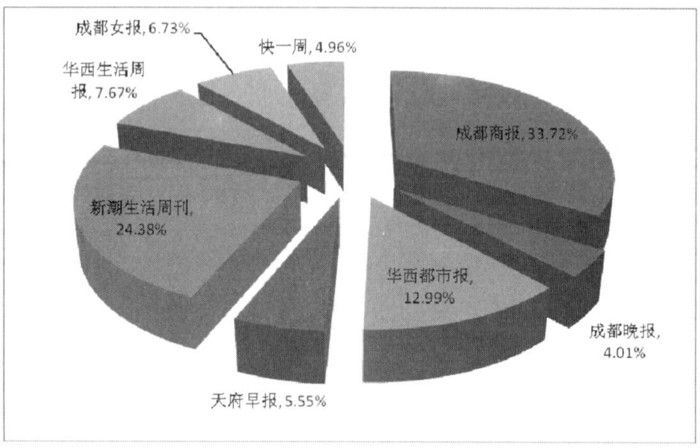

图 2 成都市 8 份主要报纸的市场份额对比图

少了4.08亿元，下跌15.5%。可见各项数据均有下跌。

这种反常的下跌现象与去年的金融海啸和汶川地震有着密不可分的关系，2008年美国次贷危机引发的全球性金融海啸严重的影响了我国的广告市场，各大企业纷纷缩减广告的举动对传媒行业，尤其对报业收入的冲击巨大。在四川报业的广告经营额中，房地产、商业、汽车、通讯、金融、食品等占最大的比重，而这些行业受金融危机影响最大。因此在这次金融海啸中，四川报业的广告收入明显受到了影响，相比2007年下降了16.7%。广告经营收入下跌的另一个原因是汶川地震。2008年"5.12"大地震后，出于职业道德和社会责任的原因，省内多家媒体在地震后一段时间内都没有刊载广告，仅成都市的《华西都市报》和《成都商报》在地震后的直接广告损失均达到了5000万元左右。地震对四川报业广告造成的影响不仅直接导致了上半年的房地产和旅游广告总量的萎缩，更严重影响了下半年企业对广告市场的总投放量。这是因为很多企业在地震后向灾区的捐款主要是从企业的既定广告营销费用中调拨，企业只能相应的压缩在媒体尤其是在报纸上的广告投放量。北京奥运对中国广告市场的推动的确有一定的影响，但对于四川全省报业广告经营来说，却有鞭长莫及之感。主要原因是，奥运传播的主渠道并非报纸，而主要是电视和网络。奥运会对报业广告的推动作用主要在主办城市的报纸，而对四川成都市或其他的城市而言，基本处于广告的下滑状态。

3.成都报业格局

成都市是四川省的报业重镇。和2008年一样，四川全省除了高校校报外的96种报纸中，有46种在成都，另50种在其他20个地级市和州府所在地。纵观成都报刊媒体市场，种类繁多，发行量较大，生态环境良好。虽然作为一座省会城市，报纸的零售销量无法与北京、上海、广州等一线中心城市相比，但与同等的省会城市相比，则富有地域特征及一定的发展潜力，其竞争模式的探索与再造在全国报业界具有一定影响力。

从图2《成都商报》、《新潮生活周刊》、《华西都市报》、《天府早报》、《华西生活周报》、《快一周》、《成都女报》、《成都晚报》等主要报纸的所占市场份额看，除2009年创刊的《成都女报》外，所有报纸与2008年市场的平均总量对比，依然呈整体下滑趋势。但是，其中四川本土的报纸发行面更广泛，也更容易被受众接受，得到市场更多关注。四川日报报业集团与成都日报报业集团仍然是两大竞争对手。2008年下半年成都市都市类报纸经历了调价，至2009年第一季度，《成都商报》的零售量虽然有些下降，但因为发行基数较大，依然处于绝对领先地位，表现突出。从生活(时尚)服务性周报(刊)来看，《新潮生活周刊》依然排名第一，具有明显的市场领先地位。

二、2009年四川省报业发展总体特点

1.生存因素分析

(1)经济因素

2008年，四川省GDP达12506.3亿元，列全国第九位，西部第一位。地方财政收入列全国第八位，西部第一位。四川经济总量占西部地区总和的21.5%，在西部具有举足轻重的地位。2008年成都市实现地区生产总值3901亿元，连续18年两位数增长，在全国15个副省级城市中排名第七位，经济总量占西部12省市区经济总量的6.7%。

2009年前三季度，在灾后恢复重建和扩大内需等积极因素的推动下，四川经济呈现快速恢复回升的良好态势，特别是住房及设施的重建、产业结构的调整和产业升级所带来的投资前景十分光明。上半年实现地区生产总值1953.1亿元，同比增长14.3%，名列15个副省级城市的第一位。主要经济指标增速位居全国前列有：GDP增长13.5%，增速位居全国第四位；规模以上工业增长19.9%，增速居第二位；社会消费品零售总额增长20.3%，增速居第三位；出口总额增长2%，增速居第一位，为外贸出口惟一正增长的省份。经济的快速发展带来了人们对经济信息需求的增长，也保证了2009年四川报业的发展有着优良的经济环境。

(2)人口消费指数

四川全省有37.4%的人生活在城镇。2008年城镇居民人均可支配收入12633元，人均消费性支出9679元，城镇居民恩格尔系数从1978年的59.2%下降到2008年的44.0%，其中食品消费支出占44.0%。2008年全省有62.6%的人居住在农村，农民人均纯收入4121.2元，人均生活消费支出3127.9元，其中食品消费支出占52.0%，城乡居民生活水平已由基本解决温饱跨入了总体小康。居民消费支出结构进一步优化，也带动了人们对信息服务需求的增长。

(3)媒介环境

近年来，随着社会经济的快速发展和科学技术的进步，传媒领域已经迎来了大传媒时代，这一时代的最大特征就是以报刊、广电为代表的传统媒体和以互联网、手机等为代表的新媒体共生共融。新媒体不仅改变生活，而且改变命运，也同样正在改变和改造着中国许多传统媒体的命运。

据第六次全国国民阅读调查显示：2008年包括在线阅读、手机阅读、手持阅读器阅读等数字媒介阅读开始普及，成年人各类数字媒介阅读率为24.5%。全国约有2.8%的成年人只阅读各类数字媒介而不读纸质书。在受众阅读方式趋于新媒体的情况下，传统报业的生存面临严峻挑战。实际上在新媒体的不断冲击下，世界范围内的报业已步入发展的衰退期。

(4)政策环境

2009年2月，为了应对国际金融危机对我国经济的冲击。国家陆续公布了十大产业（钢铁产业、汽车产业纺织工业、装备制造、船舶工业、电子信息、轻工业、石化产业、有色金属、物流产业）振兴规划，以拉动内需刺激经济增长。在四川报业的广告经营额中，房地产、医疗、IT、汽车历来是最主要的广告来源产业。在国家优惠政策的有效实施下，2009年1~8月的广告成交创新高，成都房地产市场强势复苏就是很好的例子。相关产业的复苏也带来了报业广告营业额的增长。

2009年9月国家公布的《文化产业振兴规划》更进一步指出：“以出版发行、印刷复制、广告、演艺娱乐、文化会展、数字内容和动漫等产业为重点，加大扶持力度，完善产业政策体系，实现跨越式发展。”这对于报业的数字化转型从政策上提供了便利。

2009年上半年，新闻出版总署在全面总结辽宁、河北两省试点经验的基础上，按照分类指导、实事求是、积极稳妥的原则，在全国范围内公布并试行报刊退出制度，逐步推行报刊退出评估机制工作。这样对于优化报业结构、合理的调剂报业资源、促进报业合理竞争提供了保障机制。

2.市场格局与特征

经过了2008年报业短暂的低迷后，从2009年上半年的报业的各项数据来看，报业经营开始回升，有逆势上扬的趋势。分析其原因我们可以看到，应对金融危机的各项政策和措施正在逐一的发挥作用，经济回暖带动了报业广告的复苏。报业经营理念的改变也是报业经营额上扬的一个重要的原因。市场化的媒体离不开广告，广告也离不开媒体，媒体是广告的载体，过去很多媒体基本是在这样的理念下进行媒体广告经营。而现在这种经营理念已经越来越不灵了。企业的传播已经到了整合营销传播时代，对企业来说，媒体已经不单纯是广告投放的载体，而成为企业整合营销传播的平台。客户关系和价值回报已经成为新的营销模式的核心，而媒体的品牌力和品牌价值的实现则是通过受众和广告客户价值的体验和回报来实现的。媒体与受众和客户之间需要建立的是关系式营销模式。2009年，四川报业基本保持了2008年的市场格局，但经营特征有细微变化。

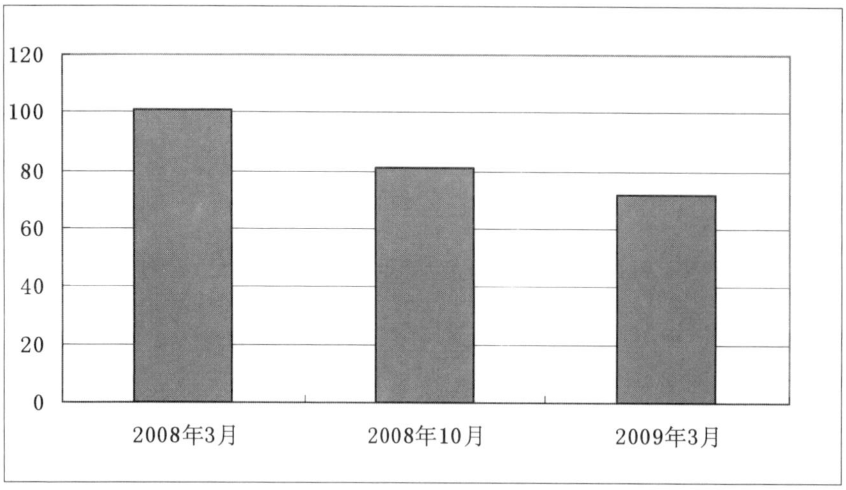

图 3 2008-2009 成都市都市报及周报平均销量总量走势(万份)

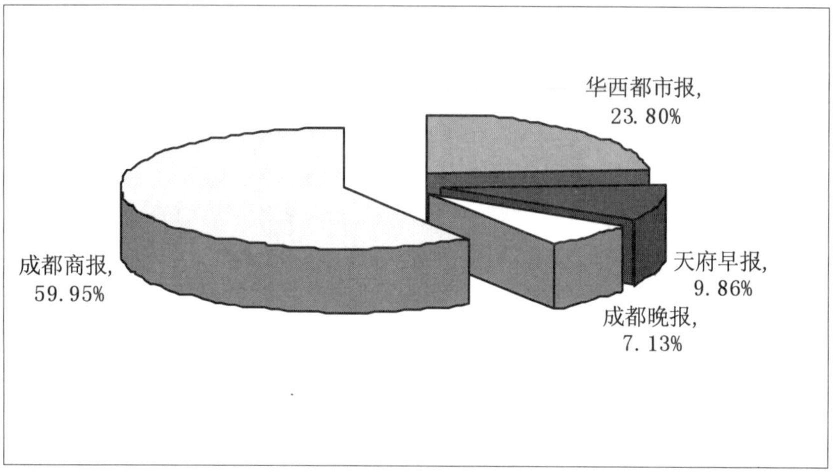

图 4 2009 年 3 月成都市 4 份都市报市场销量

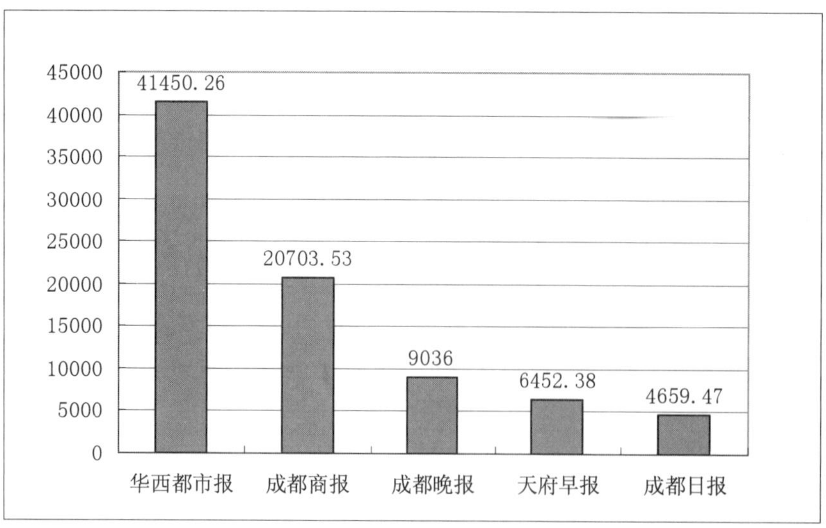

图 5 2008 年五大报纸总印数(万份)

(1)成都都市报整体销量下降

在成都,作为报纸主力的都市类报纸依然占据着最主要的读者和广告市场,但也没有摆脱同质化发展的困境。2008 年,成都都市报与全国多家都市报一起,因新闻纸上涨而经历了零售价格上涨的过程,先是《成都商报》于 2008 年 4 月率先高调涨价——星期四、星期五的报纸为 1 元,随后是 7 月份的成都都市报集体提价,《成都商报》和《华西都市报》的价格为 1 元,《成都晚报》的价格为0.8 元,《天府早报》的价格保持不变,仍维持在每份 0.5 元。看得出,这次集体提价,政策的左右大于市场的因素。

涨价后,成都都市报市场竞争发生了变化。我们发现,虽然都市报整体销量持续下降,但个别报纸所占的市场份额却在涨,比如《成都商报》的市场份额由 2008 年的 38.93% 上升至 2009 年第一季度的 59.92%,排名第一(如图 4 所示);但原来与之不分伯仲的《华西都市报》2009 年第一季度的市场份额为 23.08%,却比 2008 年的 26.61%下降了近 4 个百分点,排名第二;同样参与涨价的《成都晚报》的市场份额也出现了下降;而《天府早报》因未提升其零售价格,市场零售销量有小幅上升。由此可见,涨价是测量报纸竞争实力的试金石,特别对同质化严重的报业格局具有矫正作用。

(2)都市报两大巨头竞争激烈

从图 5 可以明显的看到,2009 年的《华西都市报》以

4.15 亿份的总印数名列成都五大报纸印数之首。2008 年的榜首位置属于《成都商报》,而 2009 年《华西都市报》凭借种种努力一跃成为印数第一。有调查结果显示,《华西都市报》在四川地区的青年读者远高于其他报纸。从侧面也显示了它在四川地区的公信力。北京师范大学艺术与传媒学院张洪忠博士也出具报告显示:《华西都市报》公信力和学术关注度最高。在由央视市场研究机构 CTR 对四川省七城市(成都、都江堰、绵阳、自贡、宜宾、南充、乐山)的读者调查报告(2009 年 2 月~3 月)显示:

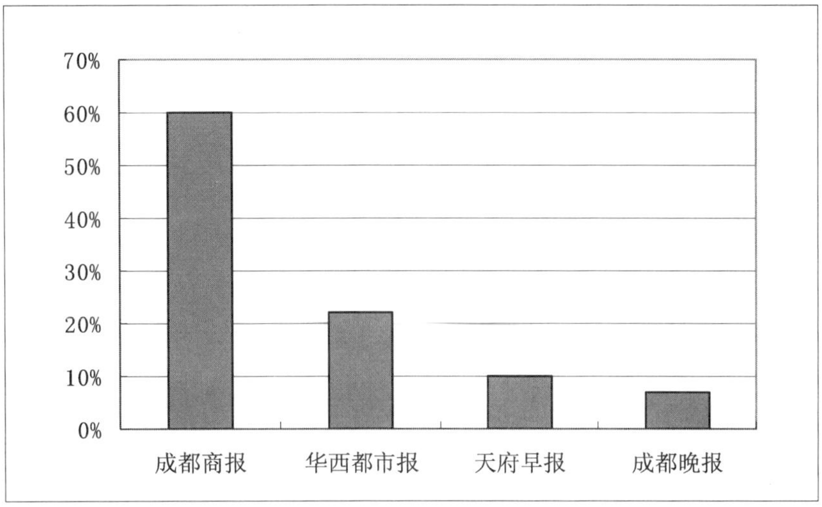

图 6 2009 年 3 月成都市四份都市报市场份额对比图

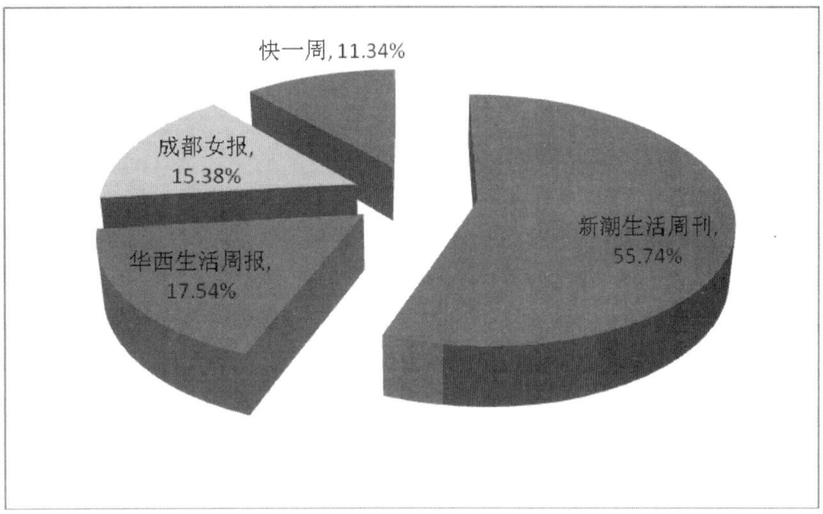

图 7 2009 年第一季度成都时尚生活类周报市场份额对比图

在读者规模方面,《华西都市报》是四川省七城市颇具影响力的报纸媒体,是各类广告主进行广告投放的首选报纸。《华西都市报》的阅读率达到了26.6%, 读者规模达 110 万人。

在读者构成情况方面,《华西都市报》在不同性别、年龄、教育程度、职业、收入居民中的渗透率均较高,在该报投放广告会激发读者释放其消费力。

在读者广告关注和产品消费方面,在家电、IT/数码、住房等产品或服务的现实/潜在消费者中,《华西都市报》的渗透率均较高,针对以上不同行业,《华西都市报》具有较高的广告价值。

以上这些都应该是《华西都市报》能在 2008 年占据市场销量第一的原因。而 2009 年上半年的数据来看,如图 6 所示,《成都商报》则占据了销售量的首位,市场正在向《成都商报》聚合。

可以说, 涨价后的成都都市报呈现出集中化的趋势,如果没有足够的特色吸引受众,以前买两份报纸的读者,现在可能会集中选择一份,考虑买替代性最强的那份报纸。报纸受众分流,再重新向一份中坚报纸聚集。正如《成都商报》的市场表现,强者越强,是这个新媒体时代都市报的发展趋势。

(4)《新潮生活周刊》主导成都周报市场

成都时尚生活类周报的一组数据显示(参见图 7): 以 2009 年第一季度与 2008 年下半年相比,市场平均总量没有出现太多波动, 但具体到每一份报纸就出现了变化。2009 年第一季度,《新潮生活周刊》占据了 55.74%的市场份额,超出了 2008 同期及下半年的市场份额, 并远远高于其他几份周报。《华西生活周报》与去年相比,出现了大幅下滑,降至近两年的最低点,市场份额为 17.54%。《快一周》与去年相比,市场份额变化不大,为 11.34%。2009 年 3 月份创刊的《成都女报》市场份额为 15.38%。从实销率和覆盖率来看,《新潮生活周刊》亦表现出强劲的势头,几乎是全面领先,主导成都周报市场。《成都商报》与《新潮生活周刊》之于成都，呈现出“一城一都市报，一城一周报”的趋势。

综上所述，从成都都市报中的佼佼者《成都商报》，到呈上升态势的生活服务周报《新潮生活周刊》，对于中国的二线城市尤其是成都这样的省会城市而言，谁能持有一种对读者的崭新观念、进而构建一种地方色彩浓厚的都市生活态度、满足消费者更多潜在的“本地化”诉求，谁就是适应了社会变迁的要求，迎合了城市主流(更有可能是潜在的)读者的欢迎。这或许将成为中国城市报刊媒体特色发展之共同趋势。

三、2009年四川省报业发展战略

1.总体发展战略

四川省新闻出版主管部门根据中央和地方政府关于文化体制改革的总体部署，配合国家文化体制改革的实施，并从实际出发，制订了四川新闻出版的总体发展战略：

一要牢牢把握和占领思想舆论主阵地，坚持正确的舆论导向。坚持党管媒体，党管干部，坚持以科学发展观统领新闻宣传和改革发展的各项工作；坚持政治家办报，坚持团结稳定鼓劲、正面宣传为主的方针；坚持“三贴近”，唱响主旋律，形成和发展积极健康的主流舆论，增强控制力、影响力、公信力、引导力。

二要建立完善符合报业集团化发展要求的体制和机制。继续深化改革，优化结构，整合资源，形成党委(党组)领导与法人治理相结合，宣传业务与经营业务相对分离的组织管理结构，以及正确导向、调控有力的宣传管理体系和面向市场、富有活力的经营管理模式和发展模式。

三要推动实现报业试点集团的跨地域、跨媒体发展。允许有条件的中央及省级报业集团经过批准，通过兼并重组、合作联营的方式跨地区经营。支持试点集团与平面媒体之间的兼并、重组、合作、联营，支持多媒体立体经营合作与融合。

四要不断提高报业集团的核心竞争力。积极拓展新闻资源，扩大品牌影响力，提高报业集团产业集中度，实现集约化、跨越式发展。

五要积极稳妥推进多元化经营。大胆尝试多种路径，包括报业相关产业链的基础项目投资建设、资本运营、房地产投资、实业类经营投资等等，以壮大报业集团整体实力。

2.两大报业集团的发展战略

(1)四川日报报业集团

四川日报报业集团是西部地区组建时间最早、综合实力最强、报刊种类最齐的报业集团，拥有《四川日报》、《华西都市报》、《天府早报》、《文摘周报》、四川在线、《华西手机报》等18家具有较大影响力的报刊、网站及新媒体，拥有西部地区规模最大、设备最先进的报纸印刷基地和覆盖面积最大、传递时效最快的发行网络。集团以报业为主业，涉足广告、发行、印刷、文化旅游、房地产开发、文化传播等多个领域，连续多年居四川纳税大户之列，年收入及实现利税居西部报业集团前列。

近五年来，四川日报报业集团遵循“以办好党报为龙头，以经营媒体为主业，以壮大实业为依托，以市场运作为手段，以改革创新为动力，以增强集团经济实力为目标”的总体思路，围绕“党报更强、其他媒体更壮”的媒体集群发展战略，以报业发展为主题，以体制机制创新为重点，做强主业与多元发展并举，正向西部一流、全国有较强实力和较大影响力的现代传媒集团的目标迈进。

(2)成都传媒集团

2009年是成都传媒集团2007~2011五年发展规划的第三年，作为战略攻坚阶段的第三年，成都传媒集团始终保持以商报为龙头的传统优势产业规模稳步提升的基础上，以跨媒体作为基本战略思想，研究、构筑与新媒体的融合体系，全力将期刊、图书出版发行等打造成集团新的平媒产业支柱，适时向新媒体进行扩张，掌握领先于时代的核心竞争力。

该集团计划在2009年至2011年之间实现以下目标：

一是通过本地三份综合性报纸的协同作战及跨媒体的深度融合巩固区域强势地位。

二是让“高、精、尖”的战略思路贯穿报业板块发展的始终。“高”指利用高科技技术，积极与新媒体融合，创新运营模式和盈利模式；“精”指逐步从“大而全”转道“小而专”，大力挖掘细分市场的巨大潜力，提供专业化内容和服务；“尖”指创新开发印刷、发行业务的技术系统和管理系统，适当降低与集团关联交易比例，积极拓展增值业务和其他领域印务业务，创造集团新的收益来源。

其中具体的实施计划包括：

一是走专业化道路。在巩固已有市场份额的同时，强化报纸分叠效应，大力开发专业类报纸中尚存的巨大市场空间，做强深度分析的解释性报道，提供针对某细分市场的专业化服务。甚至可以尝试单独售卖，实现从“厚报”向“薄报”的转变，突出实用信息，也节约自身的印刷成本和发行成本，满足受众快速阅读的需求。

二是跨媒体运行实现有效的深度融合。从前期的活动或事件的联动转变到真正意义上的资源整合。以《成都商报》的市场化基因实现 CDTV-2 和环球资讯频率的机体再造，有效降低运营成本、实现规模效应，提高整体盈利能力和影响力。

三是创新与新媒体融合的运营模式和盈利模式。利用新兴技术充实门户网站的内容资源、信息资源，逐步形成科学高效的内容收集、分类、加工和再开发系统，深度挖掘集团的内容信息价值，开创新的内容数据库运营模式和盈利模式；联合多种新兴媒体手段，开发多种受众参与平台，提高受众的参与度，使其从被动的信息接收者转变为主动的信息提供者，建成代表成都乃至四川的品牌门户网站。

在发行方面，该集团计划在以下方面努力：

一要依托报业集团发行平台，建设专业化的报刊发行企业。

二要以信息化建设为基础，以庞大而完善的客户数据库资源为依托，开展数据库营销，实现产业平台升级。

三要开创和夺取发行业务的“蓝海”市场。

四、2009 四川报业发展关键词

1.地震周年祭

在国家全力支持灾区重建时，四川日报报业集团《天府早报》联合四川电视台第 4 频道、腾讯大成网、四川广播电台新闻频率 3 家主流媒体，展开“2009—穿越地震带·地震周年特别行动”，重走汶川、北川、青川等 11 个地震灾区，全景纵深展现抗震救灾和灾后重建的伟大历程，见证灾区人民书写坚强奋起历史。

2.新中国成立 60 周年

2009 年是新中国成立 60 周年，神州大地普天同庆，四川报业也以自己的方式庆祝新中国 60 华诞。为纪念新中国成立 60 周年，全省各出版单位紧紧围绕中心，服务大局，认真组织，精心策划，结合本行业、本地区和本部门实际，发挥各自优势，深入挖掘新中国成立 60 年以来，特别是改革开放以来，中国特色社会主义在中国共产党领导下所走过的辉煌历程，精心策划了一大批庆祝新中国成立 60 周年的活动。例如国庆期间，《华西都市报》、《天府早报》等都推出了国庆号外。

3.逆势上扬

从 2009 年上半年报业的各项数据来看，报业经营开始回升，有逆势上扬的趋势。2008 年，全省批发、零售出版物 12.4 亿册(盘)，实现销售总额 56.83 亿元，与上年度基本持平；实现利润总额 6.7 亿元，同比增长 11.3%；2008 年内新批设立出版物批发企业 18 家。年末出版物发行业资产总额 87.22 亿元，同比增长 5%；从业人员 25817 人，同比增长 4%。

4.全媒体运作探索

在新兴媒体冲击和产业结构转型的背景下，媒体融合成为传媒集团发展的重要途径。2009 年 5 月 11 日，成都传媒集团启动的“媒体结对运行、部分新闻联动”模式就是其中的一种。其基本运作模式和机制：一是锁定联动新闻内涵。这是联动的前提，因为联动只是传播形式的改变，而内容则是传播致效的关键，形式最终服务于内容。二是打破媒体介质壁垒。传媒集团将旗下定位相似、形态不同的媒体进行田忌赛马式的组合。第一组包括《成都日报》、成都电视台新闻综合频道、成都人民广播电台新闻频率、成都电视台网站，定位基本是时政要闻；第二组已经过两年多磨合，比较成熟，包括《成都商报》、成都电视台经济资讯服务频道、成都人民广播电台音乐频率，定位基本是权威、时尚的都市媒体；第三组包括《成都晚报》、成都电视台公共频道、成都人民广播电台交通频道、电台网站，基本定位是民生化、大众化路线。三是建立配套保障机制。为确保联动的贯彻落实，集团确定一位副总编辑专抓此项工作，联动小组内的各媒体确定一名领导专司此事；单元体每月将联动值班指挥人员名单在上月底前报集团编委办备案，并将实施了联动的项目报集团编委办备查；集团编委办负责对新闻联动的项目进行登记，对新闻联动过程进行监督，对在具体执行过程中出现的问题进行协调，对新闻联动项目的效果进行评估，对优秀的联动项目提出奖励建议；对成效突出的新闻联动项目，年终集团编委会将提请集团给予专项奖励。

从 5 月 11 日到 10 月 11 日，5 个月的试运行，初步展现了这种模式的优势，党委赋予的中心工作宣传得到加强，突发新闻播报实现“同一资讯，分段表达，有效联动”的初衷，参与联动的媒体影响力得到加强，集团社会形象得到提升。

5.开辟网上阵线

2009 年 11 月，四川报业集团在四川在线旗下天府论坛的基础之上推出了大型地方网上综合生活交流社区，全新上线的“21城”重视社交化平台建设，正式面向50余万会员推出了专业的社交网络（SNS）服务，四川本土最具影响力的地方社区天府论坛也正式转换为全新的社区论坛系统。

据了解“21城”将依托四川在线强大的媒体资源优势，以成都为核心，辐射整个西南地区，为广大网友提供本土最新、最全的新闻生活资讯，以及论坛、博客、播客、圈子、播报、相册、SNS交友、消费点评、商业店铺和时下流行的“开心农场”等一百多款互动游戏等多种服务，着力打造四川本土最大的互动型生活休闲交流社区。

四川报业集团全新推出的“21城”，顺应地方社区的发展潮流，采用开源社区产品快速的启动社交网络平台建设，在传统地方论坛的基础之上，快速推出专业的社交网络功能和强大的互动服务体系，必将成为四川成都乃至西部最受用户关注的本地化社区。

6.向数字报业进军

面对新媒体的挑战，实力较强的报业集团提出了向数字报业转型的发展战略。《全国报纸出版业“十一五”发展纲要》也应时提出大力发展数字报业的思想。在新媒体蓬勃发展的同时，报业开始利用网络弥补自身传播手段的不足，利用网络、手机等平台，实现报纸新闻“上网”、“上机”，以在与新兴媒体竞争中抢占先机。

报业数字化从“远虑”变为“近忧”。对于一些报业集团来讲，由于成本持续居高不下，现金流吃紧，原本在长期规划中的“数字化”战略成为目前的现实考虑。2009年9月16日，由四川新闻网、中国移动四川公司合作创办的《四川手机报》在成都举行启动仪式，这标志着继报纸、广播、电视、网络之后，四川省惟一获得国务院新闻办公室、国家新闻出版总署手机新闻和出版资质证书的第五媒体正式诞生。《四川手机报》贴近百姓，关注民生，具有权威性、及时性、便捷性，由四川新闻网采编内容，中国移动全网平台发送，每日早晚两刊。内容涉及四川省时政要闻、便民信息、国内国际重大突发事件、焦点新闻等。据悉，作为移动3G平台下的产品，《四川手机报》除新闻报道以外，还能很方便地与受众展开各种互动，利用短信、彩信、wap等方式，为读者提供无线交流平台。另外，手机报的原创小说、原创手机动漫、原创手机音乐等形式，在激发读者的创造灵感之余，也丰富了读者的“口袋文化”生活。手机报已经不仅仅是传统媒体的延伸，也不仅是互联网的补充，现已成为现代人交流思想、传播信息、承载广告的重要工具。为更贴近本地读者的需求，《四川手机报》打破常规，率先在全国推出集中业务下的分众模式——地市版。《四川手机报》除一个综合版外，下设21个地市版。

7.《文摘周报》入选2009年“农家书屋重点出版物”

由新闻出版总署农家书屋工程建设领导小组办公室组织制定的《2009年农家书屋重点出版物推荐目录》，推荐的38种报纸中，四川日报报业集团主办的《文摘周报》名列其中。

“农家书屋”工程是社会主义新农村文化建设的一项基础工程。新闻出版总署每年都为“农家书屋”选配优秀书刊音像制品。

作为四川日报报业集团主办的优秀品牌报纸，近年来，《文摘周报》锐意进取，在内容上贴近时代，贴近读者，突出思想性，深受读者喜爱，在全国的印点已增加至25个（四川省内有8个印点），形成了高效的发行网络，具有报纸进入“农家书屋”后迅速到达千家万户的强大实力。□

※作者单位：四川大学新闻学院

表 2 2008~2009 年四川省报业发展总体情况

报纸规模			
指标	数据	去年同期指标	数据截止时间
全省（市、区）目前的报纸种数	134 种	134 种	2009. 12. 31
党 报	25 种	26 种	2009. 12. 31
行业专业报	29 种	29 种	2009. 12. 31
晚报都市报	12 种	12 种	2009. 12. 31
生活服务类报纸	25 种	25 种	2009. 12. 31
高校校报	38 种	38 种	2009. 12. 31
其他类别报纸	5 种	4 种	2009. 12. 31
报业经营情况			
一、总体情况			
全省（市、区）报业总收入	215792 万元	256583 万元	2008. 12. 31
报业集团/报社的经营规模排名	1. 四川日报报业集团（12 报 2 刊 1 网站 1 报道社）		
	2. 成都日报报业集团（3 报 4 刊 1 社）		
	3. 四川省报刊发展中心（3 报 2 刊并主管 11 个市、州广播电视报）		
	4. 四川教育报刊社（3 报 4 刊）		
	5. 绵阳日报社（2 刊）		
二、广告经营情况			
全省（市、区）报业广告经营额	157815 万元	189400 万元	2008. 12. 31
三、发行经营情况			
报纸总印数	15. 8 亿份	16. 5 亿份	2008. 12. 31
期发行总份数	643 万份	650 万份	2008. 12. 31
人均报纸份数	18. 26 份	19. 13 份	2008. 12. 31
自发总量和邮发总量比例	3：1	7：3	2008. 12. 31

2009年贵州省报业发展综述

●邓国超　廖琪钟　胡清华

对贵州报业来说，2009年是充满机遇和挑战的一年。一方面，国际金融危机让原本就步履蹒跚的报业经济更加举步维艰；另一方面，2009年是新中国成立60周年、贵州解放60周年和贵州报业领航者《贵州日报》创刊60周年的喜庆之年。面对全国报业经营整体下滑的不利局面，贵州报人没有坐以待毙，在省委宣传部和新闻出版局的领导下，全省报业同仁众志成城，艰苦奋战，锐意改革，在新闻宣传创新、文化体制改革和文化产业发展上积极推行新的尝试和努力，沉着应对国际金融危机给报业带来的严重冲击，走出了各种发展困境，推动全省报业经济发展取得了同比增长6.43%的较好成绩。

一、2009年全省报业发展概况

1.全省报业总体规模

贵州报业总体规模较小，种类偏少，发行量不高，分布很不均衡。相比2008年，2009年贵州报业在规模上没有太大的变化。在贵州，全省公开发行的报纸仅有46种，期刊87家，日报发行千人拥有量不足35份。46种报纸中，党报10种，行业报、专业报和文化综合类报25种，其他11种。区域分布上，在省会贵阳市出版的报纸多达31种，而在其他8个市、州、地出版的只有15种，其中还有8种党报。

自1906年遵义府学务局创办《白话报》以来，贵州报业至今已有104年历史。改革开放特别是社会主义市场经济体制确立后，贵州报业沿着市场化、产业化的经营之路，取得了一定成就，近年来报刊品种日益丰富，报业结构逐渐完善，发行量年年攀升，呈现出良性的发展态势。然而，受全省生产力发展水平相对滞后的影响，与全国比较，贵州报业长期处于一个较低的发展水平，需要全省报人加倍努力，奋起直追。

2.全省报业总体经营情况

报业经营方面，2009年贵州报业成功战胜国际金融危机带来的影响，18家主要报社实现报业总收入56324.27万元，比去年同期增长6.43%，但增幅比2008年有较大下滑，少了7.81个百分点，相比2007年则回落10.14个百分点，切合全国报业经济增长速度整体放缓的趋势。

从经营规模来看，贵州日报报业集团仍然独占鳌头，全年实现收入26038.47万元。其后依次是贵阳日报传媒集团、遵义日报社、安顺日报社，分别实现收入19123万元、3730万元和1170.81万元。而居于省城的贵州日报报业集团和贵阳日报传媒集团两家报社的收入占据了全省报业总收入的80.18%，报业结构的发展不平衡可见一斑(参见表1)。需要说明的是，安顺日报社得益于文化体制改革带来的活力，2009年报业经营整体收入取得突破性进展，从去年的356万元增长到1170万元，增幅达328%，成为贵州报业发展史上的一大亮点。受金融危机影响和新媒体的冲击，2009年贵州报业有5家报社总体经营收入在去年的基础上下滑，其中4家为行业性报纸，由此也让我们切身感受到了当前传统纸媒巨大的生存压力。

3.全省报业广告经营情况

2009年，贵州全省18家主要报社广告经营总额39085.34万元，比去年增加7.94%，增幅比2008年上升2.44个百分点，与全省报业经济总体收入增幅基本一致。而广告经营总额占全省报业经济

表 1 2009 年贵州省报业经营总收入排名(前 10 位)

序号	单位	2009年总收入（万元）	2008年总收入（万元）
1	贵州日报报业集团	26038.47	24514
2	贵阳日报传媒集团	19123	17873
3	遵义日报社	3730	2374
4	安顺日报社	1170.81	356
5	六盘水日报社	935	3430
6	黔东南日报社	896	430
7	毕节日报社	850	830
8	黔西南日报社	842.6	692
9	黔南日报社	773	564
10	铜仁日报社	627	450

表 2 2009 年贵州省报业广告收入排名(前 10 位)

序号	单位	类别	2009年总收入（万元）	2008年总收入（万元）
1	《贵阳晚报》	都市报	15287	14111
2	《贵州都市报》	都市报	11641	11062.45
3	《贵州日报》	党报	3002.8	2561.58
4	《遵义晚报》	都市报	1867	1903
5	《贵州商报》	都市报	1640.41	1692.29
6	《凉都晚报》	都市报	610	460
7	《经济信息时报》	党报	455.21	354.3
8	《黔西南日报》	党报	440	355
9	《新报》	都市报	390.32	366.69
10	《黔中早报》	都市报	366.2	162

总额近 70%，反映出贵州报业经济多种经营收入增长较缓，报业结构调整任重道远的基本态势。

2009 年，贵州各大报纸的广告收入前三甲依旧被《贵阳晚报》、《贵州都市报》和《贵州日报》占据，其中《贵阳晚报》、《贵州都市报》广告收入过亿元，分别为 15287 万元和 11641 万元，《贵州日报》3002.8 万元，往后便是《遵义晚报》的 1867 万元和《贵州商报》的 1640 万元，其余报纸广告收入都在 600 万元以下(参见表 2)。

4.全省报业发行经营情况

2009 年，贵州省 18 家主要报社的 31 张报纸全年平均期发量为 119.06 万份，比去年增加 3.83%。在党报中，《贵州日报》力拔头筹，年平均期发量 143153 份，其次是《贵阳日报》和《遵义日报》，发行量 3 万出头。在都市类报纸中，《贵州都市报》执行全省发行战略，发行量在全省遥遥领先，平均期发量均突破 21 万份。在全省四张地市级都市报中，《贵阳晚报》名列第一，发行量近 20 万份，《遵义晚报》第二，发行量 29183 份，《黔中早报》10000 份，《凉都晚报》5600 份。

5.全省报业多种经营情况

2009 年，贵州报业经济中，全省报业多种经营收入占整体收入的 30.9%，这反映出贵州报业经济力量薄弱、发展滞后、市场化程度低的现状，主要经营模式还是依靠广告赢利，多元化经营尚处于起步阶段。但自 2005 年起，贵州报业开始重视产业链的延伸，包括房开、酒店、旅游、物流、多媒体等多种经营模式开始逐步发展，并迅速显示出强劲实力。

2009 年，受大环境的影响，贵州省 18 家主要报社的多种经营收入整体下滑 16.26%，但仍然达到 12210.49 万元，为全省报业经济的发展做出了积极贡献。其中业绩最好的是贵州日报报业集团，实现多种经营收入 8014.31 万元，多种经营收入占全集团总体收入的 30.78%。

二、2009 年贵州报业发展关键词：改革创新

1.文化体制改革

2009 年是贵州省文化体制改革的攻坚之年。根据省委省政府的部署，改革路线图和时间表非常明晰：全省 5 个试点地区贵阳市、遵义市、安顺市、铜仁地区、黔东南州和 8 家省直试点单位，2010 年底以前全面完成体制改革，其他非试点单位和地区也要全面推开、重点突破。2009 年 8 月，全省文化体制改革正式进入倒计时阶段，近百个经营性文化单位的 1 万余人，将告别事业单位的身份，改制成为文化企业，真正走向市场。

作为全省文化体制改革急先锋的贵州报业，2009 年亮点不断、喜讯频传。9 个市州地的党报社纷纷成立文化产业公司，将广告、印务和发行剥离转制为企业，实行办报、经营两分开，重塑市场竞争主体，深度激活文化生产力。一直领跑贵州报业文化体制改革工作的贵州日报报业集团，更是在年底将改革工作推向了高潮。

12 月 20 日，贵州日报报业集团两家转制企业贵州金黔在线数字传媒有限公司、新报文化传播

有限责任公司以及贵州金黔报业读者俱乐部同时揭牌，标志着贵州在重点新闻网站和非时政类报刊改革领域取得了新突破和实质性进展。

由贵州唯一全国地方重点新闻网站金黔在线转制成立的“贵州金黔在线报业数字传媒有限公司”注册资本1000万元，整合了贵州日报报业集团8报2刊数字报及数字媒体，业务范围涵盖新闻网站、手机报、新闻热线、数字报刊、数字出版、数字图库、历史报刊数据库、新报风尚网、咨询服务、电子商务、彩信短信等。目标是进一步整合数字传媒资源，建设全媒体、开放互动式数字平台，形成新闻传播与多产业经营的新格局。

新报文化传播有限责任公司由贵州省非时政类报刊转企改制试点单位《新报》改制成立，公司注册资本500万元，业务范围除新闻采编、报纸出版发行、广告策划发布等传统领域外，还将瞄准创意产业和媒体延伸产业项目，以市场主体身份，投身文化产业市场大潮。

贵州金黔报业读者俱乐部是贵州日报报业集团2008年率先转制的贵州金黔发行物流有限责任公司的外延产业，总投资200余万元，主要宗旨是“服务读者、展示形象、促进发行”，集读者购物、文化休闲、商务接待和物流超市等为一体，是发行物流公司立足主业、延伸产业链，探索新经营模式的创新举措。

2.《贵州日报》发行提速试点

2009年9月1日，在省委宣传部的指导下，贵州日报报业集团与贵州省邮政公司经过友好协商，签署了2010年《贵州日报》邮发合同，就改革2010年《贵州日报》发行方式，选取毕节地区由报业集团发行公司推行党报发行提速试点工作达成共识。

作为党报，《贵州日报》长期以来一直以邮发为主，为提高投递服务质量，扩大党报发行，邮政系统的同志们付出了艰辛的努力，取得了良好的成绩。然而同时，当前党报发行的服务质量和投递时效，离干部群众的要求还有明显的差距，难以满足广大人民群众的精神文化需求。2009年5月，贵州日报报业集团发行公司就《贵州日报》邮发投递服务质量，对全省9个市州地、88个县、1543个社区、街道办事处和乡镇进行了抽样调查，统计结果令人担忧：全省县乡只有11.73%的机关单位和订户可以看到当天出版的《贵州日报》；第二天看到报纸的也仅占18.52%，而三天和三天以后才能收到《贵州日报》的占到了七成。全省各地乡镇《贵州日报》由日报变成“周报”、“月报”的现象屡见不鲜，基层单位要求迅速提高党报发行时效的呼声很高。

强化服务意识，提高发行时效和质量，是党报在新形势下开拓市场、扩大影响的必然之举。只有做好党报的发行工作，才能进一步巩固和加强党报的地位，扩大党报覆盖面和影响力，推动党报更好的发挥舆论主阵地作用。为做好《贵州日报》发行这项政治工作，有效改善《贵州日报》投递时效和服务质量，扩大党报影响力，贵州省委常委、省委宣传部长谌贻琴专门对报业集团和邮政公司作出了“锐意改革，注重实效，合作双赢，改善服务”的指示，要求两家单位认真协商党报发行体制改革的有效措施。经过长时间的反复磋商、谈判，2009月9月1日，双方终于达成共识，2010年《贵州日报》发行方式仍以邮发为主，同时引入市场竞争机制，选取毕节地区由报业集团发行公司推行《贵州日报》发行提速试点工作，试点地区《贵州日报》的征订、运输、投递及客户服务工作均由报业集团旗下贵州金黔报业发行物流有限责任公司承担，形成有序竞争、相互促进、共同发展的党报发行工作良性格局。

推行《贵州日报》发行提速试点工作，是党报发行体制改革的一种积极尝试，也是贵州日报报业集团迎接市场挑战、扩大影响力的战略举措。经过4个月的艰苦努力，贵州金黔发行物流有限责任公司在试点地区建立了9个市、县发行物流站，开通了5条直营运输线路，成功组建覆盖毕节地区250个乡镇、街道办事处的发行物流网络。2010年度《贵州日报》征订工作在毕节地区各级党委、政府的大力支持下，超额完成省委下达的征订任务，实际完成14285份《贵州日报》全年征订，完成任务102.7%，实现了报款100%安全回笼的预定目标。2010年1月1日，毕节试点地区正式启动《贵州日报》发行提速工作，经过一个月的运行，《贵州

表3 2009年贵州省报业多种经营收入排名（前5位）

序号	单位	2009年总收入（万元）	2008年总收入（万元）
1	贵州日报报业集团	8014.31	10090
2	贵阳日报传媒集团	800	1010
3	黔东南日报社	643	130
4	毕节日报社	550	520
5	遵义日报	410	200

日报》在毕节地区的发行时效比往年大有提前，9个市县城区重点单位的《贵州日报》当日见报率100%，50%以上乡镇《贵州日报》当天送达，全区当天见报率从原来的8.06%提升到73%，得到基层干部群众的一致好评。

3.经营文化理念

自2005年起，贵州报业开始重视产业链的延伸，包括房开、酒店、旅游、物流、多媒体等多种经营模式逐步发展起来，2009年，困境中的贵州报业不再局限于报业主业的专营，进一步拓宽视界，在新媒体推广、电视剧制作、旅游文化节举办、都市时尚文化比赛等新领域进行了积极的尝试，在改革实践中开始了"宣传文化"向"经营文化"的理念转变。

2009年9月，金黔在线报业数字传媒公司完成场地扩建和各项技术升级改造，总投资436.47万元，全力打造涵盖新闻网站、手机报、新闻热线、贵州图库等数字资源和产品的全媒体数字化平台，所属贵州手机报注册用户由10多万户发展到30多万户、月收入20万元，公司经营总收入超过350万元，实现了贵州报业数字传媒经营新的突破。

2009年，为壮大文化产业经营主体力量，贵州日报报业集团进一步纵深推进文化体制改革。集团黔森影视文化工作室整合社会资源实行内部公司化运作，贵州日报报业集团文化产业发展有限责任公司、贵州都市虎子传媒有限责任公司、贵州山水神韵广告公司实行市场化运作，与三家改制公司一道成为集团文化产业发展的主力军。这些公司内部机制逐步理顺，市场份额不断扩大，为集团文化产业发展积累了经验，锻炼了人才，也取得了不菲业绩。2009年，黔森影视工作室联袂文化企业运作资金3000多万元，投拍电影《云下的日子》、《决不言弃》；虎子传媒公司策划运作了09时尚贵州当代小剧场戏剧季，担纲贵州造电视连续剧《绝处逢生》的全国推广；《贵州都市报》推出"都市年度人物评选"；《新报》承办"全国优秀流行歌曲贵州赛区创作大赛"；文化产业发展公司承办黄平且兰旅游文化节、石阡温泉文化旅游节；山水神韵广告公司先后在六盘水、遵义、凯里和贵阳举办4次地面大型车展；金黔在线报业数字传媒公司举办"2009名响贵州·旅游精品线路设计暨美文大赛"等等，都取得圆满成功，产生了广泛的影响力，获得良好的社会效益和经济效益。

4.地市报崛起

2009年7月1日，由安顺日报社创办的《黔中早报》高调创刊。作为一张地市报，《黔中早报》由原《安顺晚报》改制而来，彩版印刷，24版，办报理念是"以黔中居民为主要读者的综合性都市报"，发展方向则"立足安顺、面向黔中"。

《黔中早报》是全省首家打着"早报"旗号的报纸，也是全省第一家以"黔中"为服务区域的媒体。在创刊论证会上，安顺日报社相关负责人介绍了"黔中"的含义："黔中"是一个区域概念，并衍生出文化概念、经济概念。作为区域概念，狭义的"黔中"，指贵州中部即原安顺地区，包括现在的安顺市；中义的"黔中"，区划调整后，包括现在的安顺市和省会贵阳；广义的"黔中"，涵盖全省。报社负责人毫不讳言：目前，《黔中早报》立足安顺，不日将进攻贵阳乃至全省市场。

这是继2007年《遵义晚报》改扩版后贵州第二家实施都市报崛起战略的地方报纸，自1997年贵州日报报业集团旗下《贵州都市报》推行全省战略以来，贵州除省会贵阳外的8个市州地都市类日报市场基本被其垄断，精美的印刷质量、丰富的新闻信息、多彩的版面设计以及精细化的发行营销战略让《贵州都市报》在最短的时间内横扫贵州外埠报业市场，确立了全省市场报的领先地位。各市州地原有的市场报逐步萎缩，甚至消亡。在经过10多年的发展和力量积蓄，特别是各地纷纷实施文化体制改革后，地方报社在政府的支持下，逐步走出发展困境，开始了都市报的市场突围。2007年，借助贵遵高等级公路改造《贵州都市报》运输困难的有利时机，《遵义晚报》推出了反攻战略，比照《贵州都市报》的营销战术全面扩版、彩色印刷、人海战术、低价促销，坚持两年后取得了显著成效，发行量从原来的7000份上升到20000多份，广告收入也实现了翻番。2009年，《黔中早报》采取的战术也大同小异，从其"我们的都市报"的宣传口号便可看出他们的老师正是竞争对手《贵州都市报》。而作为全省市场报龙头的《贵州都市报》也表现出市场领先者的从容和大度，发行公司负责人在《黔中早报》论证会上公开表示欢迎新的竞争对手，希望共同做大市场蛋糕，一起探索报业发行体制改革的新路。

事实证明，尽管目前传统报业面临着内外双重挑战，但我国报业市场仍是一个发展中的新兴市场，充满发展潜力和拓展空间，报业的发展还远远没有满足经济、社会和人民群众精神文化生活的需求。至2009年底，《黔中早报》发行量在《安顺晚报》3000余份的基础上增加到10000份，而《贵州都市报》在安顺的发行量并没有出现太大的波动，可谓双赢。

5.辉煌60年

2009年是新中国成立60周年、贵州解放60周年的喜庆之年。贵州各报都浓墨重彩、气势磅礴地推出了庆祝报道。

2009年7月1日，《贵州日报》一版推出《多彩贵州辉煌60年——解放日》特刊，拉开全省“两个60周年”宣传报道的序幕。全省各家媒体都按照省委宣传部的总体报道方案，多手段、多样式展现贵州解放60年来特别是改革开放以来的历史进步、发展成就。《贵州日报》推出形式多样的各种专栏、专刊，各版面均推出相应的二级栏目，同时承办省委宣传部“波澜壮阔60年——看贵州·爱家乡”大型摄影展，组织开展“放歌贵州60年——心中的故事”征文活动。《贵阳日报》推出《贵阳解放60年特刊》，纵横展示60年来省城贵阳的历史变迁。《贵州都市报》开设了《辉煌贵州60年》总栏目，于9月30日推出128个版，创下贵州报纸史上单日版面数量之最，其中60个金版国庆特刊《六十年贵州纪事》，被贵州省博物馆典藏。《贵州商报》推出《献礼新中国成立60周年》等子栏目，策划运作了迎国庆“缘聚金阳”大型激光焰火晚会，十万市民前往观看。金黔在线网站开设《1949，贵州解放档案》、《60年，贵州奇迹》等五大系列专栏，还参与人民网、新华网等60家全国知名网站联合主办“亿万网民共同记录‘中国一日’活动”并获金奖。《经济信息时报》、《西部开发报》、《新报》、《天下文摘报》以及全省各市州地党报、都市报、行业报都从各自定位，不同角度切入宣传活动，让整个“辉煌60年”宣传报道活动丰富多姿、精彩纷呈。

6.形象重塑

随着社会经济的快速发展和科学技术的迅猛进步，传媒领域已经迎来大传媒时代，新媒体因为灵活的市场化体制机制、与受众之间的互动交流及传播信息的海量而迅速拥有了更多的机会，给报业带来了巨大冲击。新媒体对人们的思维模式、表达模式、生存模式等都带来了深刻的影响，当然与此同时也带来了我国传统媒体生存和发展模式的深刻变革。2009年，贵州报业在巨大的生存压力下纷纷开始了一场从内容、版面、技术和渠道全方位重塑形象的改革。

2009年5月起，全省各报以提升品质、便捷阅读为目标，先后全新改版。《贵州日报》设置了视觉总监，对版面语言、风格进行分析梳理，结合各部门版面的内容提升、报道创新初步确立了几大版式规范。《贵州都市报》大胆改革版面，外请专业机构对版面实行专业化操作。《贵州商报》改版明晰核心读者群，经济味、商味越来越浓。金黔在线网站完成第三次改版，更加突出贵州元素和风格。《经济信息时报》重新设置版面和栏目，信息量成倍增长。《西部开发报》合理调整办报及经营布局，巩固、提升和新创产业性专刊、区域性专刊。《新报》全面刷新版面，重新调整机制架构，增加活动和经营项目，报纸更加逼近一流城市周报业态。《天下文摘》报改周一刊为周二刊，加速报纸的现代化改造，做大发展平台，呈现良好上升趋势。通过改版创新，省内各媒体内容更丰富，形式更多样，风格更现代。

以此同时，“报网互动”、“报报互动”的全媒体经营机制逐步建立。2009年初，贵州日报报业集团整合报网资源成立贵州省“两会”新闻报道组，一改过去各自为政，不相往来的报道模式，各家媒体分工合作，“相互借势”、“共同搭台”，形成整体报道优势，使集团整体品牌形象得到有效快速提升。□

※作者邓国超是贵州日报报业集团发行物流有限责任公司总经理，廖琪钟是贵州日报报业集团发行物流有限责任公司副总经理，胡清华是贵州报业协会副秘书长

2009年云南省报业发展综述

● 陈勇志

2009年的云南报业发展，以国庆六十周年为契机，面对全球金融风暴的持续影响，整体上形成国庆纪念性与报业总结性的资源整合，各自梳理发展思路与经营策略，特别是昆明报业传媒集团、云南日报报业集团有限公司的成立为促进报业事业性质与企业运作的剥离做出了具有标志性的探索，这是云南深化文化体制改革与促进云南文化产业发展的有力动作。

2009年的云南报业也是在云南省新闻工作者协会、云南省新闻学会于2008年底换届后指导运行的第一年。2009年，云南报业继续发挥省会城市报业群的优势，以省报、昆明市报为两大龙头展开在省会城市新的竞争格局，更加注重品牌竞争与长远发展战略的实施；而地州日报则面对新的竞争环境与新的发展挑战，继续在发挥区域优势与特色、努力应对发展危机的同时注重吸取发达区域报业发展的优势经验，更加注重党报党性原则与增强贴近性的结合，更加注重报网合一的跨媒体经营，更加注重现代报业经营与未来的可持续发展。

2009年，云南报业以国庆六十周年为契机、以云南报业快速发展的近十年为节点与新起点，全面梳理发展思路，重塑竞争格局与谋划未来发展。

一、云南报业发展状况之总体特点

1.梳理发展之旅，云南报业竞争进入新阶段

2009年，以《云南日报》为代表的老报走过了近60年的发展历程，从2001年报业集团的成立到2009年旗下传媒公司的创办，云南日报报业集团一步步走上现代报媒发展的新道路。特别是旗下的《春城晚报》成为市场化程度最高、受众人群最大和品牌影响力最广的报纸。而近十年乃是云南报业在市场化背景下不断实现报业产业化的探索、磨炼与成熟的阶段，近十年云南报业的发展以省会城市的四家晚报类、都市类报纸《春城晚报》、《云南信息报》、《都市时报》、《生活新报》为代表，从引资入报的局部振兴到报业市场的烽烟四起，从打价格战、发行战到今天的品牌化发展与理性市场运作，云南报业真正完成了一次历史的蜕变，进入新的竞争阶段与发展阶段。

2009年，是云南日报报业集团实施《云南日报报业集团五年(2008~2012)改革发展纲要》的第二年，是“第二次改革的节点”之后起步落实的阶段。在集团初步实现了从传统报社向报业集团发展的历史性转变，从单一报业经济向以报业经济为主体、多元产业共同发展的突破性转变的基础上，面对全球金融风波的持续影响、新闻纸和原辅材料不断涨价的问题，如何在机遇与挑战并存的新的历史阶段完成现代报业传媒集团的深入发展，成为云南报业高层关注的首要问题。

实际上，解决这一问题的根本在于找到现代报业发展的新规律与新对策。其中，重塑市场主体成为关键，云南日报报业集团旗下成立传媒公司，为进一步推行采编、经营两分开，将采编部分置入事业体制、经营部分注入企业奠定了坚实的基础。这种分离使得报业产业属性有了更为自由的空间和体制保障，产业化作为现代报业的核心问题，更

需要多元化的发展视角，云南日报报业集团在“主业规模化，产业多元化”的发展理念指导下，抓住报业经济，做足多元产业。

作为市场化最高的都市类报纸，2009上半年，金融危机的影响导致企业减少了广告投放，《春城晚报》将2009年度广告额下调5%。从下半年的运行看来，基本扭转了不利格局，仍然突破2亿多元。目前，《春城晚报》继续做好系列报刊、打造抢占分众市场的强势品牌群，《云南经济日报》、《云南法制报》、《滇池晨报》、《大众消费报》等报刊资源的充分利用提上云报集团日程、力争打造出2至3个年收入在千万元以上规模的系列报刊。这也是面对新闻出版总署在部分省市试行、即将全面推行的报刊退出机制而未雨绸缪的举措，面对未来的报刊大洗牌，各家报纸都在竭力做着自己的准备。2009年元月在天津召开的“中国报刊广告30年纪念大会”上，“中国报刊2007年~2008年广告投放价值百强排行榜”出炉，《春城晚报》作为云南省唯一进入全国百强的纸媒，位居全国晚报20强第11位。

《云南信息报》作为与省外报媒合作的报纸，2009年的行动预示着新的变局。《云南信息报》面对竞争，在做新闻上舍得投入成本，在新闻品质上继续提升，在高端广告市场方面，逐渐超过了除《春城晚报》之外的都市类报纸。目前，《云南信息报》正围绕“云南对接南亚、东南亚的地缘优势，‘成为《南方都市报》在西南的基地，通过多元化经营辐射南亚、东南亚’的长远目标”进行奋战，“立足云南面向南亚、东南亚”[1]的新定位，或许会成为《云南信息报》联动《南方都市报》、走出昆明本土的品质报纸。2009年，《都市时报》继续提高新闻品质、优化报纸版面、稳步推进报纸发行，在《都市时报》新一轮改版后，面对《昆明读本》运作的成功，《都市时报》继续做强社区新闻，极大地提高了新闻品质。2009年的《生活新报》面对昆明报业市场的新一轮竞争，决定“打造昆滇最有价值平媒”，重视报纸的阅读价值和传播价值，优化发行结构，为创平媒品牌做足功夫。

2.新增昆明报业集团，省会城市报业呈现新格局

在云南深化文化体制改革与大力发展文化产业的背景下，继云南日报报业集团后，昆明报业传媒集团的成立使云南拥有两大报业集团。

2009年9月27日，云南省第二家报业传媒集团——昆明报业传媒集团正式挂牌成立。该集团下辖《昆明日报》、《都市时报》、昆明信息港、《滇池》杂志、《皮肤病与性病》杂志，两报两刊一网共5个媒体。综观昆明报业集团成立的基本历程，其实主要是在《都市时报》市场化探索不断成功的基础上，加强对党报《昆明日报》的振兴、进行新的体制性探索从而创造了实现报业传媒的转型与革新。

据集团党委书记、总编辑孙学敏介绍，2006-2008年，《昆明日报》收入连续3年平均增长超过30%。2009年，其最高发行量达10万份，跻身中国地市报10强。《都市时报》发行量日均25万份，年收入过亿元。2008年，昆明市委将新闻网站昆明信息港交给昆明日报社承办，目前，该网站已成为集多功能于一体的大型综合性城市网站，并实现了2009年的二度赢利。至此，昆明报业传媒集团整合报纸、杂志与网络，成为纸媒与网媒共同发展的传媒集团。

成立后的昆明报业传媒集团确立了这样的目标[2]：《昆明日报》——继续推进新闻媒体宣传与经营业务“两分离”改革，充分发挥好主流媒体的“喉舌”作用，做好重大活动报道，奋力做大做强，争取平均期发量向10万份挺进，收入向1亿元迈进；《都市时报》——保持云南省都市媒体强势地位，争取期发量向30万份挺进，收入向2亿元迈进；昆明信息港——在新闻、政务、文化、旅游、商务、英文、社区互动的基础上，进一步拓展更大空间，力争第一步为西部一流，云南最好，第二步为西部领先，国内一流。

两刊整合进集团后，《滇池》杂志将在保留文学宗旨的前提下，向大文化转型，以昆明乃至云南的本土文化资源为依托，调整栏目，增强文化内涵，拓展文化视野，推进刊物向多层面、全方位发展，力争在短期内打响旅游、文史、边地、民族、城市风情等品牌栏目，争取市场；《皮肤病与性病》将向保健、医疗咨询、公共卫生服务、防艾禁毒宣传方面转向，争取尽快跨入市场运作。两刊以办“云南省最好杂志”为目标，做好、做强、做精，力争期发量达5~10万册，收入近千万。

同样是2009年，云南日报报业集团在成立近10年后，又成立了云南报业（集团）传媒有限责任公司，为实现报媒产业化新发展创造了机会。至此，在省会城市昆明出现了两大报媒集团。此后，在云南报业竞争的新格局中，两大报媒集团将演绎全新的报业发展篇章。

3.地州报业新劲，逆流而上平稳面对新危机

面对金融危机以及报业竞争的加剧，2009年云南地州报业的发展形势严峻，但是总体上平稳面对新危机。州市报业主要以党报为主，如何在困境中抢抓机遇，拓展市场，逆流而上，做到“企事业单位不裁员、职工薪不减、报业有发展”[3]成为2009年主要报业的核心任务。

以《曲靖日报》、《玉溪日报》、《楚雄日报》、《大理日报》为主要代表的地州报业，展示出各自谋求走出困境的智慧决策。

(1)《曲靖日报》整合传播

《曲靖日报》创刊24年，现有4开16个版面，成为曲靖地区最大、综合实力最强的报纸，深受广大读者喜爱。面对金融危机，该报主动出击，寻求更好的报媒发展之道。

曲靖日报社始终坚持新闻是日报的核心竞争力理念。为吸引更多读者，该报把重点放在提高新闻的质量上。结合改版，新开辟的专栏真正做到了贴近曲靖实际，贴近曲靖市民，贴近市民生活。周四增加了《财富周刊》，报道财经新闻，提供理财指导，同时开设了曲靖9个县区的专版，每周一版，这些举措大大增加了《曲靖日报》的读者群，贴近了老百姓的生活，增加了报社的收入。改版后的《曲靖日报》发行量31000份，收入也比上年增加。

广告作为报纸生存和发展的“生命线”，不断拉动《曲靖日报》的广告经营新模式。该报把广告业务承包出去，在本报职工中实行公开内招标，谁有能力谁来承包。给予承包人充分的自主权，税收、成本及其他费用自行负责，每月交给报社利润定有基数，淡旺不均，一年交给报社净收入总额不少于600万元。每天报纸版面为广告让路，充分满足客户需求。

《曲靖日报》在抓广告的同时，积极发展新兴媒体。报社组建了传媒中心，把户外广告、移动电视、楼宇广告、城市广告、电梯广告资源整合，多元产业迅猛崛起，并获得了巨大的发展空间，为曲靖日报社的发展壮大打下了坚实的基础。在这三年中，曲靖日报社的广告利润每年都以10%的幅度上升，取得了较好的效益。单位不仅没有裁员，还招收了新人，职工收入在往年基础上还有所增加。在2008年11月中国地市报研究会组织的综合评比中，《曲靖日报》跨入“中国地市报100强”行列。

(2)《玉溪日报》多元化经营

《玉溪日报》以“党报品位，晚报风格”为特色。正是《玉溪日报》的这种定位，使得这张报纸在危机中逆市前行，在平面媒体的激烈竞争中，走出一条具有自身特色的发展之路。

《玉溪日报》1989年9月16日正式创刊，现已有20年历史。目前《玉溪日报》正版16个版，晨刊16个版，同一刊号，合并发行。玉溪日报社党组书记、社长、总编辑师跃雄指出该报的发展理念和卓见，“在新形势下，党报必须做到让领导满意，让读者爱看，让市场接受”，具体做法是：办好主报，为党委和政府服务；办好周刊，为老百姓服务。

主报以报道本地新闻为主，周刊以刊登本地社会新闻为主。在新形势下，他们先后推出了《经济周刊》、《社会周刊》、《文化周刊》、《体育周刊》、《县区周刊》、《周末文摘》等7个周刊，既增大了报纸的信息量，又满足了不同层次读者的需求。

今年受全球金融危机影响，不少企业效益下滑，有的亏损甚至停产。面对当前形势，玉溪日报社要求员工“树立大经营的理念，寻找新的盈利亮点，创新多元化经营模式”。

一是整合广告资源。玉溪日报社的广告经营模式在省内独树一帜。2006年，该报将原有的生活资讯部和广告部合并成立广告资讯部。调整后的广告资讯部实现了广告与资讯的有机结合，不断提供有用资讯，并在广告运作方面主动出击。广告资讯部还分设了汽车、房产家居、金融保险、餐饮、品牌等专业工作室，通过策划举办各类会展活动，不仅为客户和消费者提供有效的资讯服务，还通过活动争取了更多的广告客户，巩固了广告市场份额。二是加强与本地各行业的合作。《玉溪日报》通过与本地各行业的合作来寻找新的发展机遇，主动出击、上门服务，与多家单位在《玉溪日报》上协办了经济、文化、县区、警方、法制、检察等专题栏目，形成了经济效益和社会效益的双赢。三是拓展关联业务。报社从自身最熟悉、最有优势的方面入手，组建了以平面广告为主的新闻广告公司，以印刷业务为主的印务公司、以数码影像制作为主的数码公司、以网络文化传播为主的网络传媒公司、以物流和矿泉水为主的商贸公司和以路牌广告为主的户外广告公司。这些机构相互拉动、彼此照应、互促发展。如玉溪日报社自办发行，送水同时送报；数码照片冲洗业务，冲洗——镶框——送货“一站式”服务。还成立摄影家俱乐部，并在繁华街道，重点路段等地方，设立了数十个新型多功能户外灯箱广告，并把业务拓展到域外。报社还与西双版纳报社联手开拓市场，在昆曼大通道上设立45个户外灯箱广告，既有效宣传了报纸的品牌，又增加了广告收入。四是报网互动，形成强烈的冲击波。2001 年 9 月，玉溪日报社开通了《玉溪日报》网络版，在云南第一家实现了网上电子读报功能。2005 年 9 月，《玉溪日报》网络版与玉溪新闻网整合为“玉溪新闻网”，运用新技术，实现报网互动，延伸新闻宣传时空。玉溪新闻网坚持做好本地新闻“首发”，积极培养了一批忠实的网民。经过几年的努力，“玉溪新闻网”已经实现了当初的目标，成为玉溪第一门户网站和对外宣传的一大窗口。

“2008 年中国地市报研究会”评选出“中国地市报报业发展 50 强”，《玉溪日报》荣膺其中，这是云南省地市报业界最高奖；也是《玉溪日报》继“全国地方报社管理先进单位”后获得的又一全国性荣誉。

(3)《大理日报》特色发展

大理日报社社长、总编辑王现文作为具有 27 年办报历史的老报人，面对金融风波的影响，认为只有将报纸办出特色，才能吸引更多读者，扭转被动局面。

目前，《大理日报》分为 AB 版，A 版充分反映中央和地方党委的方针政策，反映群众意愿、体察民情。B 版面向市场，面向老百姓，办老百姓爱看的副刊。2009 年，《大理日报》发行 34000 多份，保持了稳定增长态势。该报内容丰富，多以本地新闻为主，特色比较鲜明。2008 年该报在圆满完成“两会”、三月街民族节、“两博会”等几项重要会议和重大活动新闻宣传报道任务后，根据州委工作重点，开设“解放思想，科学发展”专栏，推出一系列全州解放思想、科学发展的重点报道，并对县、市级领导开展系列报道。此外，还重点策划了四项制度落实情况、海西保护、工业经济发展、剑川海门口遗址考古发掘和古城、古街、古镇古村展示等系列报道，还组织了“纪念国庆 60 周年”宣传活动，先后在《大理日报》一版头条位置纪念进行国庆 60 周年系列特别报道。面对新的挑战，《大理日报》采取多种措施，积极应对，包括新开辟了手机报、专刊等创收新途径，还举办了一些会展、商品一条街等活动。

据介绍，与报业配套而发展起来的大理天龙印务有限公司作为第一批文化体制改革试点单位，印刷厂被划拨出来，定位于印刷报纸和书刊，同时转变思想观念，不等靠大客户，广泛发展业务。2009 年，尽管受金融危机影响，但该厂仍是滇西片区中设备最好的印刷厂，因此承接了很多印刷业务。现在业务发展良好，每年都能按时归还银行几十万贷款，职工收入也有保障，人心稳定，前景可观。

(4)《楚雄日报》期待新局

面对自然灾害、突发事件的不断发生，加之受金融危机影响，楚雄经济发展面临诸多困难。在此背景下，《楚雄日报》也陷入前所未有的困境。

据了解，在几家地市党报中，楚雄日报社困难比较大。目前还没有出彩报，该报有日报和晚刊，日报发行量达到 27000 份，而晚刊只有 13000 份，晚刊处于亏损状态。报社资金有限，目前办公室还没有达到人手一台电脑。广告还是支撑该报经济的基石，在整个报业经济比重中占了 80%以上，但近几年来，报纸广告收入不足 100 万元。去年受金融危机影响，广告出现下滑趋势。

楚雄日报社社长何勇说，报业经营不同地区有不同的问题。《楚雄日报》现在还不是彩版，版式单一也限制了广告的发展，再加上政府对广告监管力度很大，该报没有医疗广告，本地的外资企业也不在本地做广告，其广告主要来源就只有房地产、汽车和通讯。虽然面对困难，该报也在积极探索，大胆开拓报业的发展空间，2009 年创办了《彝州手机报》，2 月 16 日正式开通，《楚雄日报》期待新局。

4.营造传播攻势、创新报道模式，国庆六十周年报媒大行动

2009 年，是中华人民共和国成立 60 周年，云南日报报业集团积极主动，精心策划，制定方案，形成了“推出一批精品系列专栏，创办一个国庆特刊，举行一次大型采访活动”的宣传格局和强大板块联动声势。

“祖国好·云南红”[4] 大型采访宣传活动就是系列活动的重头戏，活动以“红”为主调，充分展现云南“红色的历史、红火的发展、红红火火的百姓日子”，以记者亲历的视角讴歌新中国成立 60 年来，在中国共产党的领导下，云南各族人民用自己的热血、勤劳和智慧，谱写了历史的辉煌，经济社会实现了跨越式发展，各族人民的物质生活和精神文化生活不断改善，开创了经济发展、社会稳定、文化繁荣、民族团结、边防巩固、边境安宁的大好局面；忠实记录云南省面对国际金融危机带来的不利影响和严重困难，省委、省政府团结带领全省广大干部群众，坚定信心保增长、坚持不懈保民生、坚定不移保稳定，抓机遇、打基础、调结构、上水平，全省经济运行呈现出企稳向好、逐步回暖态势，全省保持经济平稳较快发展和社会和谐稳定的可喜效果。

(1)领导重视、保障有力、规模空前,报媒宣传效益实现新进展

云南日报报业集团党委高度重视"祖国好·云南红"大型采访宣传活动,专门成立了宣传报道领导小组,组长由集团党委书记、社长罗杰担任,副组长由副社长、总编辑徐体义担任,成员由《云南日报》各部室、各系列报和网站主要负责人组成。集团党委把该活动作为2009年重要的政治任务,纳入集团工作总盘子,统一研究、安排、部署,主要领导亲自上阵指挥,策划讨论宣传报道方案和选题,审定稿件和版面,并千方百计调动有限的新闻资源和资金,最大限度地拿出版面、网络平台,提供了宣传阵地保障;配备了充足的电脑、照相机、摄像机、越野车和现场直播、远程传输设备,专门新配置120台3G笔记本电脑和2台网络视频直播车,提供了先进、完善的物质技术保障。

"祖国好·云南红"大型采访宣传活动规模之大,是《云南日报》创刊近60年来第一次。全集团11报4刊2网站全体出动,发挥整体作战的规模优势,做到了上下联动、前后方联动、报纸网站联动、报刊联动、纸质平面与音像视频联动,形成了强大新闻宣传报道合力。所有报刊网站都投入了大量人力、物力、财力,都结合各自媒体的特点和优势,积极主动开辟专栏、专刊、专题,进行了高质量、大规模的报道。

为了全面深入地反映各地60年来的红火发展、各族群众今天的红火日子,采访团采访面之深广,也是《云南日报》创刊60年来的第一次。从7月6日出发到9月20日,整个采访活动中各报刊网站先后共派出了120多人的强大采访阵容,行程5万多公里、采访点1500多个,从繁华的中心城市到遥远的边境线,从高山峻岭到深谷密林,从现代化大型工厂到广袤无垠的农田,全省16州市、100多个县的土地上,都留下了云报记者们的足迹。在田间、车间、山寨、学校、工地,在各行各业群众工作和生活的地方,云报记者一一"零距离"探访,先后采访数以千计的各族干部群众。特别令人难忘的是,采访团在楚雄采访时,突遇"7·9"姚安地震,采访团冒着生命危险,第一时间奔赴震中,在所有媒体中最早从灾区发回报道。

大家的辛勤工作换来了丰硕的新闻成果:据不完全统计,整个活动中,云南日报报业集团11报4刊2网站共刊发专题稿件3000余篇,网络独家视频100多个。其中仅《云南日报》就刊发专题版面约70个,稿件400余篇(幅),云南网页面访问量近200万次。

(2)策划周密、创新得当,报网结合有新突破

"祖国好·云南红"大型采访宣传活动在深入采访、全面报道的基础上,还在创新新闻宣传方式上也做了大量的尝试,在传统纸质媒体和网络多媒体的结合和互动上取得了良好的效果,进一步扩大了活动的影响力。

在传统的平面报道中,从选题、内容、写作、版式等各个环节入手,力求创新突破,尽量用全新的视角和语言来反映"新中国·新云岭"。装备有最新的3G电脑,加上记者们的敬业精神,《云南日报》《春城晚报》等每日出刊的稿件均为当日采访、当日写稿发稿、第二天见报。此外,所有各媒体的文字、图片稿件当天即上传云南网,新闻报道的时效性大大增强。同时,云南网还制作了大量新闻视频,丰富了报道的形式,增加了报道的直观性。多媒体通力协作,形成了巨大的宣传声势和强烈的聚焦效果,采访团每到一地,马上就有大量的文字、图片、视频稿件刊发和上载,吸引了大量省内外读者和网民的目光,对各州市都起到了极大的宣传作用。

此外,本次活动还在云南网同步举办了城市风貌展示、城市幸福指数PK、爱我家乡征文等系列活动,既是各州市城市风貌变迁的集中展示,也是关注民生、改善民生的成果汇报,更是凝聚人心,热爱祖国、热爱家乡有效的舆论引导。活动旨在通过充分展现新中国成立60年来,云南省各州市在社会、政治、经济、文化等方面建设取得的丰硕成果、发展优势,展望各州市发展前景及规划,激发广大社会公众积极参与家乡建设的热情,开拓宣传新形式,提高引导能力,构建和谐云南,唱响主旋律。

城市风貌展示板块内容包括16州市城市风貌、历史变迁、民俗民风等内容;大讨论板块内容包括,社会公众共享丰硕成果,群策群力推进家乡建设,发表观点、建议、讨论、互动;重头戏"城市幸福指数大PK"则把全省16个州市府城市摆上"擂台",由公众、网民按宜居、文明、发展、环境4项指标综合评判、给相应州市投票。公众可以通过网络、手机短信、飞信、手机邮箱等方式投票,城市幸福指数总票数=网络总票数+短信总票数+飞信总票数+手机邮箱总票数,以总票数确定最终城市幸福指数排名。活动自《云南日报》《春城晚报》、云南网发布启动消息以来,网民热情不断升温,除了投票之外,还在网上讲述自己家乡或自己喜爱城市

的美丽和幸福，用最热情洋溢、最华丽多彩的语言来赞颂云南。此次云南各州市城市幸福指数评比活动，既是各州市城市风貌变迁的集中展示，也是关注民生、改善民生的成果汇报，更是凝聚人心，热爱祖国、热爱家乡有效的舆论引导。

二、云南日报报业集团/报社经营关键词

报业集团化的发展需要从根本上解决事业与产业之间的关系，而经营权的剥离是报业产业化发展迈出的具有实质性的一步，由此报业产业属性得到了体制性保障。这应该是云南日报报业集团在2009年发展中的核心词。

2009年12月18日，云南报业(集团)传媒有限责任公司挂牌成立，公司由云南日报报业集团全额出资，按照事业与企业、采编与经营"两分开"原则，将全面负责云南日报报业集团的经营业务，发展壮大报业产业。这一举措也是云南省贯彻落实国家《文化产业振兴规划》，打造云南民族文化品牌，加快传统出版业数字化改造，探索民族文化建设新途径的一个重要行动。这标志着云南报业集团深化文化体制改革迈出坚实一步，是加快全省文化体制改革的一大成果，是报业集团事业发展的又一里程碑[5]。

1.确立报业发展新机制，促进报业发展新进展

1950年创刊的中共云南省委机关报《云南日报》，至今走过了近60年的历程。2001年6月，经中宣部、国家新闻出版总署批准，云南日报社组建"国家主办、事业性质"的云南日报报业集团，形成了拥有11报4刊2网站的云南省规模最大、覆盖面最广、影响力最强的新闻媒体集群。

多年的发展进程显示，云南日报报业集团在获得长足发展的同时也遇到了体制上的制约。在单一的事业体制下，实行自收自支，集团的社会公益部分长期未纳入财政支持，人员、设备、技改、社会保障等方面的负担日趋沉重。

为适应报业发展的新需要，建立适合党报性质与市场经济规律的经营机制，做大做强以党报为龙头的云南报业，改革势在必行。

根据云南省文化体制改革和文化产业发展领导小组批复，经云南省工商局核准，按照事业与企业、采编与经营"两分开"原则，剥离经营业务，由国有文化资产管理部门授权、报业集团全额出资组建成立云南日报传媒(集团)有限责任公司，在云南日报报业集团党委的领导下，开展经营业务。新成立的云南报业(集团)传媒有限责任公司将通过改革转变原有体制，按照现代企业制度进行市场化经营，优化和整合报业资源，发展壮大报业产业。

具体来说，就是将《云南日报》、云南网等集团具有公益性质的报刊社、网站的广告、发行、印务等经营业务剥离，与集团现有的经营公司整合，组建云南报业(集团)传媒有限责任公司，转制为企业，自主经营、自负盈亏。通过推进现代企业制度建设，实施"三步走"战略，完善治理结构和经营管理体制机制，谋求更大的运营空间和融资空间，获得强劲的发展动力，取得更大的发展实绩。

2.整合与盘活国有文化资产，打造报业传媒产业集群

在文化体制改革中，云南日报报业集团始终坚持统筹协调，以人为本，努力将云南日报报业集团建设成党的舆论阵地稳固、竞争实力强劲、产业集群壮大、专业团队精良、发展环境和谐的现代报业传媒集团。

一批事关集团长远发展的投资项目成为此次改革的重点，如党报快速覆盖工程和党报发行财政代扣、集订分送的改革已开始实施；印务中心二期技改项目年内完工；党报数字化工程正抓紧实施；与民营企业和湖南红网合作开发建设的信息岛建设项目已经签约和进行公司注册；安宁太平镇记者村地产建设项目已经施工；云报传媒广场建设项目已经完成可研报告和专规，即将上报云南省发改委争取列为重点扶持的重大项目。

按计划，对非时政类报刊的公司化改革，也已经在《滇池晨报》、《车与人》杂志开始实施。据悉，2010年还将进一步加大力度。

通过进一步深化内部改革，转换经营机制，可以有效促使报业产业形成以资本和业务为纽带，主报、主台、主社、主业龙头为核心，机制转变和资源优化配置的新局面。

整个改革在经过2008年至2009年12月的呈批审核和注册组建公司两阶段后，还将在2009年10月至2010年12月间继续完成报业集团管理体系、公司组织机构建设，完成集团公司各项管理制度建设。

云南日报报业集团党委(社委)会将对云南报业传媒(集团)有限责任公司行使宣传、人事、资产、重大决策的权力，报业集团依照《公司法》等法律法规，对传媒公司履行出资人职责，且对国有资产进行监督管理，对传媒公司实行经营目标责任

制管理。

同时，传媒公司将按照适应社会主义市场经济体制、建立现代企业制度的客观要求，强化国有资产管理，努力实现国有资产保值增值，为新闻宣传主业服务。并将发挥整体规模优势，进一步优化资本结构，形成专业化、高效益的生产经营格局，提升企业的核心竞争力，着力将传媒公司发展成为集广告、印刷、发行、房地产、物流、投资、会展、物业等一体化的竞争实力强劲、产业集群壮大、专业队伍精良、发展环境和谐的现代化企业。

3.加强报纸覆盖，时政党报覆盖工程新进展

加强报纸覆盖不仅是舆论引导的需要，更是报业市场竞争的需要，特别是党报，发行及覆盖是很重要的一环，更需要从技术、时效以及体制上加以保障。报业面对其他媒体的竞争，特别是新媒体的影响，更需要加大报纸的覆盖工作。报纸覆盖工作是加强报纸发行的基础，也是报业发展的基础。扩大报纸的覆盖面有助于拓展报纸对不同层级区域特别是县域层次的媒体信息占有率。

2009年5月2日，云南日报报业集团党委书记、社长罗杰与德宏傣族景颇族自治州州委书记赵金共同按下彩色印刷机按钮，《云南日报》德宏代印点正式开印，德宏、保山、怒江3州市的14个县(市区)的读者当天可以阅读到《云南日报》，标志着云南省"党报快速覆盖工程"全面启动。

但目前，云南当天就能看到《云南日报》的县城仅占33.3%[6]。云南日报报业集团联合云南省邮政公司实施了"党报快速覆盖工程"，为未来报纸覆盖创造条件，同日，在昆明地区启动了对381个重点单位《云南日报》快速专投服务，"党报快速覆盖工程"在中心城市和边疆同时启动。实施该工程的目标是：经过两年努力，争取让全省90%的县城看到当天的《云南日报》。

4.报业多元化产业发展进程加快，奥林匹克记者村新启动

报业产业化是现代报业经营的核心战略，也是报业得以持续发展的根本所在。云南日报报业集团在报业产业化发展进程中实现多元化产业发展。比如利用新闻纸涨价的机会，提高《云南日报》和《春城晚报》零售价，增加发行收入；完善广告代理制，举办品牌活动，开辟广告市场；推动新媒体建设，争取政府扶持资金；推进以房地产项目为代表的多元产业发展，在2008实现2亿元收入的基础上有新启动。

报业进军地产业成为云南报业的产业化发展的一个重要方面。2009年10月16日由云南日报报业集团安之泰房地产开发有限公司开发的"奥林匹克记者村(尚居、尚筑、尚峰)"生态小区在昆明开工奠基仪式隆重举行，标志着报业开启房地产产业之旅。

经过反复研究与合理定位，云南日报报业集团安之泰房地产开发有限公司最终确立了将"奥林匹克记者村"打造成科技与人文兼备，既能享受现代科技成果又能实现绿色生态性的山居生态社区。云南日报报业集团是云南省成立最早的传媒集团，也是云南文化宣传战线上的排头兵。云报地产作为云南日报报业集团多元化发展战略上的重要一环，一直倡导"像编辑新闻一样编辑地产"[7]的人文理念，经过"书香门第"、"报业·尚都"两个高尚住宅区的开发，高举文化大旗，奠定了其在昆明房地产市场中的品牌地位。此次精心打造的"奥林匹克记者村"，创新空间理念，定位生态小区，打造山居部落，以建设u型联排别墅、原生态景观系统以及节能保温技术、新风及净水系统等高科技技术的应用；以规模优势创新配套和物业服务，完美诠释了健康、可持续的宜居生活方式。

伴随云报安之泰地产的辛勤耕耘，云南日报报业集团奥林匹克记者村——这片太平新城的宜居地标，将在优化城市功能布局、提升百姓生活品质、做大做强报业产业等方面带来全方位的跃升，开创昆明"后花园人居文明"的新篇章，促进了云南报业产业化的深层次改革与发展。

从区域发展与媒体影响的关系看，媒体有力地促进区域形象的构建与影响。云南日报报业集团进军安宁太平镇"落户"房地产，在某种意义上是报业产业多元化发展迈出的关键步伐，报业集团强大的宣传网络和平台亦必将进一步推动"中国太平奥林匹克体育小镇"这一地区品牌形象的实现。

2009年，是云南日报报业集团的制度创新年，是集团推动事业与企业、采编与经营相分离的重要一年，也是面对金融危机对报业广告收入的冲击实现平衡发展、稳步增长的一年。这些都为迎接2010年《云南日报》创刊60周年奠定了良好基础。

总之，2009年的云南报业发展在省会城市形成两大报业传媒集团的阵势，共同为探索云南报业新一轮的现代发展之旅，特别是为报业产业化发展开启了新的篇章；而地州报业也迈出了在党报为主的格局中实现报业经济增长、面对危机局面扭转被动地位的报业竞争新步伐。□

※作者单位：云南民族大学人文学院新闻系

※注释：

【1】《昆明报战十年志》.《传媒》.2009年第9期.

【2】《昆明报业传媒集团挂牌成立》.《中国新闻出版报》.2009年10月10日.

【3】《州市党报如何度过“寒冬”》.云南网.2009年6月18日.

【4】《发挥优势 强势引导——“祖国好 云南红”大型采访宣传活动完满结束》.云南网.2009年10月27日.

【5】《云南报业传媒(集团)有限责任公司成立综述》.云南网.2009年12月18日.

【6】《(时政)党报覆盖工程启动 <云南日报>德宏代印点开印》.云南网.2009年5月2日.

【7】《云南日报报业集团奥林匹克记者村举行开工奠基仪式》.云南网.2009年10月16日.

2009 年西藏自治区报业发展综述

● 王允浩 饶春艳

2009 年，西藏报业进入了健康快速发展时期，随着西藏文化产业发展规划的编制、文化产业项目库的建立、文化产业专项资金的设立、文化产业协会的组建以及文化体制改革和文化产业发展优惠政策的制定等各项工作的顺利推进，作为文化产业发展核心业态的报业站在了一个崭新的起点上，迎来了一个大发展大繁荣的契机。

一、全区报业发展总体状况分析

1. 全区报纸规模

2009 年，西藏报业市场规模数量总体维持过去几年的水平，但实现了质的飞跃。截至 2009 年底，西藏共拥有 24 家公开发行的报纸，其中，藏语报纸 11 种，汉语报纸 13 种。具体如下：党报 8 家，分藏、汉两种文字，分别是《西藏日报》、《人民日报》藏文版（2009 年 8 月 1 日由西藏日报社与人民日报社共同创办，在拉萨、成都、西宁设立印点，发行覆盖西藏和全国其他藏区）、《日喀则日报》、《山南报》、《林芝报》、《昌都报》、《那曲报》和《阿里报》；行业报两家（另有一家在报刊整顿中已停刊，但目前刊号仍然保留），这两家分别是《西藏科技报》（藏、汉两种文字）和《西藏青年报》（藏、汉两种文字）；都市晚报类报纸两家，分别是《西藏商报》和《拉萨晚报》（藏、汉两种文字）；生活服务类报 1 家，即《西藏广播影视报》。

在出版时间上，《西藏日报》、《西藏商报》、《拉萨晚报》是日报，《西藏日报》作为自治区党委机关报，藏汉文报纸均为每日对开 8 版彩报。《西藏商报》在 2009 年 5 月份完成了改扩版后，由原来四开 24 版扩至四开 32 版，《拉萨晚报》购进了新的印刷设备，不过仍为四开 24 版，三家报纸在节假日和周末版面有所减少。地区报和行业报均为周报或者周二、周三出报。其中，《日喀则日报》汉文报四开 4 版周五刊（周一至周五出版），藏文报四开 4 版周三刊（周一、三、五出版）。其余报纸均为周刊。

西藏报业市场仍旧集中在拉萨地区，随着报纸规模和社会效益的增强，有向地区辐射发散的趋势。地区报和行业报纸保持着平稳发展，但缺乏竞争力和活力。

2. 报纸发行情况

2009 年，西藏自治区发行量排名前四位的报纸分别是《西藏日报》、《西藏商报》、《拉萨晚报》和《西藏科技报》，其中《西藏日报》汉文版发行量为份，藏文版发行量 28000 多份；《西藏商报》平均发行量 15000 份，主要集中在拉萨市区。

3.报纸广告情况

根据西藏自治区新闻出版局的统计，《西藏日报》、《西藏商报》、《拉萨晚报》三张主要报纸占了全区 70%以上的广告份额，三家报纸在市场博弈下，从过去不相上下开始出现差距，《西藏日报》、《西藏商报》、《拉萨晚报》的广告市场份额分别占 22%、45%和 33%，其中，《西藏商报》广告经营总收入首次超过了千万元大关，达到了 1106 万元。2009

年《拉萨晚报》广告版面刊出额应在900万元以上，采取了广告分线外包方式，实际广告收入仅约600~700万元。地区和行业报纸广告收入甚微。

在经历2008年"3.14"打砸抢烧事件以后，西藏报业广告市场面临重振信心过渡期，不过，在2009年通过一系列营销战略的实施，《西藏商报》仍是全区广告额上升最快的媒体，并继续保持着强劲增长势头。

4.报纸经营情况

由于西藏报业发展起点低，又受地区经济水平和人口总量制约，加之报业结构单一，媒体发展缺乏强有力的经济支撑，相比于西藏得天独厚的文化资源和经济社会发展需求，西藏报业发展较其他省市处于较低水平。尽管西藏报纸总发行量呈现逐年上升趋势，在市场化程度不足情况下，总体经营依然亏损。全区惟一实现自负盈亏能盈利的报纸是《西藏商报》，其余报纸资金来源除了广告收入，开支靠财政给予差额补贴。

报纸质量在2009年有了质的飞跃。《西藏日报》在全国各省党报中版面质量达到中等水平。《西藏商报》的新闻理念和办报流程更趋近于内地主流都市报模式，新闻策划和内容整合能力有新进步，并尝试大刀阔斧改版，取得了实际效果。

2009年，西藏经营规模最大的3家报社分别为西藏日报社、西藏商报社、拉萨晚报社。西藏日报社经营收入中财政拨款、项目支持力度得到加大，广告收入增长10%，其中商报广告增长30%以上，网络广告开始起步，专刊收入大幅增长，达到150万元，印务开始有了收入，商品房出租、土地租赁收入较2008年大幅提高。拉萨晚报社收入结构与西藏日报社相似，但规模较之相对要小。西藏商报社经营收入主要来自于广告和发行，2009年实行广告和专刊分线经营后，专刊开始盈利。

二、2009年西藏自治区报业发展特点

1.现代办报理念突出

2009年，西藏报业无论是党报还是都市报晚报，整体思考现代办报理念，积极探索新时期办报途径，逐渐贴近民生，体现服务性和可读性。《西藏日报》一是充分发挥党报的地位、信誉、资源三大优势，在改进会议和领导人活动报道的同时，以加大基层报道为重点，按照"权威大报、主流新闻"的要求，强化新闻、言论、深度报道意识，注重新闻包装，突出热点新闻；二是针对不同读者群的兴趣、爱好、需求，有意识地调整和把握报道重点，充分运用版面语言，突出视觉主导元素，使信息结构与目标读者群对接，成功实践了差异化宣传报道；三是策划在先，不断完善三级策划制度，理顺采编流程，完成和实现了所有重大活动的报道策划和组织实施。

《西藏商报》引进内地新闻先进办报经验，并通过举办西藏文化产业与媒体发展论坛暨《西藏商报》创刊十周年学术研讨会来集思广益汲取营养。《拉萨晚报》定位在拉萨市委机关报的基础上，2009年改进报道方式，丰富报道内容，并逐渐向服务和民生贴近。

2.品牌号召规模扩张

2009年，西藏报业市场仍然三足鼎立，报业竞争除了硬件升级外，还通过提升自身品牌号召力来加强软实力，并在此基础上为规模扩张铺路。

以《西藏日报》为例，2009年6月，将原《致富之友》刊物改为《高原新农村》，缩短出版周期，增加信息量，由原来的季刊改为双月刊，由原来的32开改为16开并增加页数，增加发行量，进入"农村书屋"工程和农牧区乡村。形成了《西藏日报》藏汉文报为龙头，以《人民日报》藏文版、《西藏商报》和《高原新农村》杂志、中国西藏新闻网为支撑的"4报1刊1网"报业格局。《西藏日报》品牌建设值得总结和分析的是旗下网络媒体——中国西藏新闻网的发展和《西藏商报》品牌号召力的提升。

中国西藏新闻网已从最初投资40万元建网发展到2009年，依托《西藏日报》作为传统党报的品牌影响力，经过多轮改造升级，尤其是2009年12月1日，中国西藏新闻网对原有频道、栏目进行了整合和调整，增加了资讯、服务类栏目，加强了网络安全建设，增加了互联网出口，提高了点击速度，增加了点击率，已经成为西藏最大的综合性新闻门户网站。

《西藏商报》在2009年获评"金长城传媒奖2009中国十大商报"荣誉，这个奖由中国新闻史学会联合国内十所著名大学的新闻学院评出，是对《西藏商报》在西藏创刊10年探索的一个外部肯定。这一品牌形象的确立，为《西藏商报》下一步扩大市场份额拓宽了空间。《西藏商报》和网络品牌的建立，为《西藏日报》党报资源多渠道发布和多层次市场营销提供了准入条件。

三、2009年西藏报业发展关键词

1.《人民日报》(藏文版)

《人民日报》(藏文版)2009年8月1日正式创刊,由人民日报社主管,由人民日报社和西藏日报社主办。经与人民日报社协商研究,决定由西藏日报社承担《人民日报》藏文版稿件翻译、编辑组版和出版发行工作。《人民日报》(藏文版)每天出版四个版,发行范围为西藏自治区和四川、云南、青海、甘肃等省份的藏族聚居区,分别在拉萨、成都、西宁设有分印点。《人民日报》(藏文版)是我国第一份用少数民族文字出版发行的党中央机关报。据统计,2009年8月1日发行首日,共印刷《人民日报》藏文版报纸5万余份,在西藏已有1000余名居民购买了当天的《人民日报》藏文版。同日,人民日报社西藏分社宣布成立。

这是党中央对藏族人民的关怀,也是藏族广大干部群众的期待。《人民日报》(藏文版)着力宣传党的理论和路线方针政策,宣传中央的重大决策部署,特别是党的民族理论和民族政策;报道国内外重大新闻并刊发评论,促进西藏和其他藏族聚居区的经济发展、社会进步、民族团结、和谐稳定,注重政策性、权威性、适用性,做到及时、准确、贴近。

西藏自治区社科院研究员普多认为,《人民日报》(藏文版)的正式发行,填补了全国藏族聚居区实现《人民日报》藏文信息处理的空白,标志着藏语言文字研发应用提高到了一个新的水平。

2.报纸免费赠阅

《人民日报》藏文版采取全部赠阅方式,根据国家邮政集团初步测算,向西藏和四川、甘肃、云南、青海的藏区每个行政村赠阅3份、中小学校和寺庙各赠阅2份,共计赠阅5万份。其中,西藏5216个行政村赠阅15648份,1110个中小学校和1700个寺庙赠阅5620份。

2009年《西藏日报》(藏文报)每天的发行数约为28000份,其中12000份为免费赠阅,在全区七地(市)的基层行政村、学校和寺庙做到了全覆盖。

在2009年,西藏自治区首府拉萨市启动了为民办好12件实事的活动,其中一项是出资158.73万元,向基层农牧民和寺庙免费赠送藏文版《拉萨晚报》2万份。此外,《西藏日报》藏文版每天面向基层农牧民群众赠送1.2万份报纸,《高原新农村》每期赠送8000册。

3.紧握四支笔

西藏自治区党委书记张庆黎在2009年中国第十个记者节上指出,西藏已经站在了新的历史起点上,继续谱写西藏改革开放和现代化建设的新篇章,是全区各族干部群众的共同意志,也是广大新闻工作者的神圣职责。记者是一项光荣的职业,是一项崇高的职业,也是一项艰辛的职业。一支笔重千钧,有政治、显立场、辨是非、见精神。全区广大新闻工作者一定要紧握政治的笔,始终坚持党性原则,牢固树立政治意识、大局意识、责任意识、阵地意识,坚持团结稳定鼓劲、正面宣传为主,真正为党和人民办好报纸、办好广播、办好电视,办好新闻网站,做到守土有责、守土负责、守土尽责;要紧握奋进的笔,始终坚持围绕中心,更加自觉主动地为发展呐喊助威,为稳定导向领航,为改革鸣锣开道,为人民加油鼓劲,大力宣传社会主义新西藏、新发展、新变化、新生活,唱响共产党好、社会主义好、改革开放好、人民军队好、各族群众好、伟大祖国好的时代主旋律;要紧握感情的笔,始终坚持服务人民,把镜头对准基层,把版面留给群众,多报道群众的工作生活,多反映群众的利益要求,多宣传群众中涌现的先进典型,把人民中最美好的东西写出来奉献给人民,用美好心灵的火花点燃人们心中的火焰;要紧握智慧的笔,始终坚持提升素质,树立终生学习的理念,站在思想的前沿、道德的前沿和发展的前沿,使自己真正成为一名政治强、业务精、作风正、纪律严的新闻战士。纸上文字,跳动着时代脉搏;笔下波澜,涌动着心灵浪潮。面对新形势新任务,新闻工作者担负着光荣而神圣的使命。各级党委要从讲政治的高度重视新闻工作,切实加强对新闻工作的领导,进一步理解、关心和支持新闻记者的工作,政治上充分信任,工作上热情帮助,生活上真诚关怀,努力推动西藏新闻工作上新台阶、新水平。

4.西藏百万农奴解放纪念日号外

2009年1月19日,西藏自治区九届人大二次会议决定,将每年的3月28日设为西藏百万农奴解放纪念日,以纪念50年前在西藏进行的民主改革。这是西藏百万农奴翻身解放后设立的首个法定节日,反映了西藏各族人民的心声,表达了全国各族人民的愿望,具有重大的历史意义和现实意义。彻底揭露了旧西藏政教合一的封建农奴制度的反动与黑暗。为庆祝这一喜事到来,《西藏日报》

在3月28日当天印出该报创刊以来的首份号外——西藏热烈庆祝百万农奴解放纪念日号外”，号外四个版面分别从庆祝活动、回顾历史、农奴当家作主、民主改革五十年成就四个方面，采用汉藏两种文字、多幅图片集中阐释西藏今昔的巨变。此外，《西藏商报》还推出100版“3·28西藏百万农奴解放纪念日特刊”。

在纪念民主改革50周年和“3·28”西藏百万农奴解放纪念日的宣传报道中，无论是中央赴藏媒体、中央驻藏新闻媒体、还是区内主要媒体和都市类媒体以及各新闻网站，集中“优势兵力”形成强大声势，开展了以大力宣传西藏实行民主改革的重大历史意义、设立“西藏百万农奴解放纪念日”的重大现实意义和历史意义、民主改革50年来西藏经济社会发展所取得的辉煌成就为重点的系列宣传报道，整个报道历时半年有余，为西藏民主改革50周年纪念活动营造了良好的舆论氛围。

5.主题报道声势浩大

一是突出西藏民主改革50周年和“3·28”纪念日宣传报道。各媒体结合自己的特点，互相联动，相互配合，根据各自报道侧重点，精心策划、周密安排，全方位报道西藏民主改革50年来我区经济、政治、社会、文化领域发生的巨大变化。各媒体就纪念民主改革50周年和西藏百万农奴解放纪念日共推出消息、通讯、言论、署名文章等6358篇，图片3304张；推出相关特刊、理论版、专版、画刊、号外250余版；开辟《翻天覆地50年——纪念民主改革50周年》等13个专栏。

二是爱国主义教育贯穿全年。开辟了《团结进步 共建和谐》、《深入开展群众性爱国主义教育活动》等专栏，全面反映新西藏、新发展、新生活、新变化，反映我区民族团结进步的先进典型。精心编辑出版《伟大的变革 光辉的节日——纪念西藏民主改革50周年画册》，受到西藏自治区有关部门广泛好评。

6.民生话题受重视

2009年，西藏自治区相继出台多项优惠政策拉动投资、刺激消费和改善民生，在舆论造势上，西藏本地媒体十分准确摸到了脉。区内外媒体集中版面、时段，开辟《以人为本 关注民生》等专题专栏，集中解读阐释自治区为保障和改善民生出台的各项惠民富民政策措施，使农牧区群众不仅了解掌握党的惠民政策，而且懂得惠从何来、惠在何处。

以安居工程为例。2009年，西藏提前一年完成“十一五”期间的安居工程建设任务，全区各级各

《人民日报》(藏文版)一版版面

《人民日报》(藏文版)二版版面

类新闻媒体以这一新闻事实为切入点，迅速掀起了安居工程建设成就宣传报道热潮。自治区主要的新闻媒体相继开辟了《安居工程谱新篇》、《安居乐业在高原》、《访农家 话安居》等专栏，全面报道安居工程建设成就，宣传先进典型，推广典型经验，进而深入宣传西藏政治、经济、文化、社会、生态建设取得的巨大成绩。

图 3《人民日报》(藏文版)三版版面

7.中国新闻奖一等奖

在第十九届中国新闻奖评选活动中，西藏日报的系列报道《雪域边线行——纪念改革开放 30 周年》荣获中国新闻奖一等奖，评论员文章《“佛教比丘”难掩政客真面目》荣获中国新闻奖二等奖。中国新闻奖作为由中华全国新闻工作者协会主办的全国优秀新闻作品年度最高奖，是中国最具权威的三大新闻奖项之一，是我国新闻工作者的最高荣誉。中国新闻奖自 1991 年举办第一届评选活动以来，已经成为检阅我国新闻媒体工作年度业绩，推动新闻创新与改革，促进新闻作品质量提升，促进新闻队伍建设与成长的重要举措。这也填补了《西藏日报》在全国性新闻奖项最高荣誉上的空白，这也是全区第一个由区内媒体独立组织策划完成的中国新闻奖一等奖作品。

图 4《人民日报》(藏文版)四版版面

8. 西藏文化产业与媒体发展论坛暨西藏商报创刊 10 周年学术研讨会

西藏文化产业与媒体发展论坛暨《西藏商报》创刊 10 周年学术研讨会在拉萨开幕。论坛上，20 多名区内外传媒业的专家、学者及 70 多名区内外媒体人，围绕西藏媒体和文化产业发展的前景及对策、西藏媒体和文化产业发展对西藏经济社会发展稳定的推动作用等议题进行了交流探讨。

研讨会旨在为西藏文化产业与媒体发展寻诊把脉、出谋划策，推动西藏文化产业和媒体又好又快发展。中国人民大学新闻学院党委书记、博士生导师高钢，中国政法大学新闻与传播学院院长、博士生导师宋建武，复旦大学新闻学院院长助理、新闻系主任、博士生导师孙玮，中国传媒大学传媒管理学院传媒经济研究所所长、教授、博士生导师周鸿铎，清华大学新闻与传播学院传播研究中心文化产业与软实力研究室主任、博士后陈清华，北京大学新闻与传播学院副教授胡泳，中国藏学研究中心研究员杜永彬以及区内传媒业的专家、学者在大会上作了交流发言，并对《西藏媒体责任与媒体融合》、《西藏媒体产业发展要放眼国内、国际市场》等多个话题进行了探讨和交流。

伴随着市场份额的逐步扩大，传播理念的不断更新，人才资源的不断聚集，都市类媒体正在努力探索产业发展之路。□

※作者单位：西藏商报社

※参考文献：

1.杨忠宁.《西藏媒体发展要放眼国内、国际市场》

2. 孟晓林.《西藏文化产业振兴中报业发展战略构想》

2009年陕西省报业发展综述

● 韩隽 周剑

一、陕西省报业发展状况之基本数据

截至2009年底，陕西省共出版报纸87种。其中党报12种，即省委机关报1种和市、区委机关报11种，晚报都市类报纸8种，高校校报34种，行业专业和生活类报纸33种。

二、陕西省报业发展状况之总体特点

目前，陕西省报业已经形成以西安市报业为主，其他各地市报业并存的格局。全省报纸主要划分为党报、晚报都市报、行业企业报、生活文化报、高校校报等几种类型。西安市区的报业种类丰富，形成了党报、都市报、文化等类类型报纸相互竞争、共同繁荣的格局，基本能满足百姓的多层次文化信息需求。西安以外的各地市发行报纸较为单一，仍有待提高，除地方党报外，能覆盖全省的报纸仅有《陕西日报》和《华商报》。此外，陕西作为教育大省，各高校报纸较有特色，已经创办的34种校报是各院校校园文化的重要组成部分。

经营管理方面，除沿用行政级别划分省级、市州级报业管理模式外，陕西报业也有一些自己的创举。华商传媒集团是陕西省唯一的传媒集团，它跨省经营都市报的举措，是全国首创。同时，《华商报》相对比较科学、先进的机制吸引了一大批怀抱新闻职业理想、意气风发的青年才俊加盟华商。近年来，《西安晚报》、《华商报》先后被评为全国地方报社管理先进单位。这些报社创新机制和体制，实施跨地区经营的做法，包括在探索中总结出的教训，都为报业深化改革提供了可借鉴的经验。

陕西报业发展的危机与潜力并存。机构性危机是陕西报业存在的问题。陕西报业资源主要集中在西安，西安报纸的繁荣又以晚报都市类报纸为主，行业性和生活服务类报纸发展难有起色，文章《西安报业现状及市场空间分析》曾指出西安报业出现了“一枝独秀，整体畸形”的局面。此外，2009年里金融危机的阴霾仍未散尽，陕西报业市场的经营也受到一定的冲击。有待挖掘的潜在读者市场，是陕西报业最大的希望所在。陕西有近百所大专院校、科研院，读者的文化水平比较高，如定位准确，将会培育出大量的潜在受众。

三、陕西省各主要报业集团、报社之特点

1.华商传媒集团

2010年1月，中国政法大学传媒与文化产业研究中心评选的“2009年中国报业十大人物和十大事件”中，陕西华商传媒集团的张富汉赫然在榜，跻身十大人物，是西北地区的唯一上榜者。获奖词认为“集团主要报纸《华商报》在2009年全国报业经营情况普遍下滑的情况下逆市上扬，引领中国西部传媒业不断发展。”

华商传媒集团以《华商报》起家，业务涉及都市报、周报、期刊、互联网和报刊印刷、城市物流配送、电子商务等领域，经过多次裂变发展，目前拥有七报、四刊、三网和多家公司，形成了较为完善的传媒产业链。

(1)*跨省办报开先河*

华商传媒集团是开多省运营都市报先河的传媒集团。集团下属有四张都市报，分别是西安《华商报》、长春《新文化报》、沈阳《华商晨报》和重庆《重庆时报》，其中《华商报》在2007年全国晚报都市类报纸竞争力评比中居第三位。

(2)*“七报、四刊、三网”*

七报中除上述四张都市报外，另有三张周

报——天津《大众生活报》、西安《消费者导报》、约翰内斯堡《南非华人报》；四刊分别是时尚男刊女刊《名仕》、《淑媛》，理财类期刊《钱经》，文摘类期刊《大众文摘》；三网分别是华商网、辽一网和96128城市购物网。

（3）印刷、发行、广告新军

印刷企业华商数码公司，承担着全国上百家报刊的印刷业务，规模位居国内报业印刷企业前列；黄马甲物流配送公司从报刊发行起步，业务延伸至物流配送、电子商务等领域，拥有一支12000人的强大物流配送网络；广告业务则成立了华商圣锐广告公司。

（4）《华商网》

华商网前身是华商报电子版，正式开通于2003年，日点击量1500多万，在陕西及西北地区影响力较大。2009年12月举行的"陕西互联网业界峰会"上，华商网摘得"最具影响力网站"桂冠。

华商网主要有新闻、论坛、购物和无线等业务。新闻方面，华商传媒集团的《华商报》、《华商晨报》、《新文化报》、《重庆时报》、《大众生活报》所有自采新闻均授权华商网发布。华商网的论坛在陕西人民的生活中扮演了重要角色。提供网上购物服务的是华商图片网及96128商城。无线业务方面有《华商手机报》，它是由由华商报、华商网和通信部门联合推出的一款新闻资讯类的信息产品。在2008年汶川地震期间华商网每天向用户发送一条《抗震特刊》免费版彩信，报道抗震进展，并公布了"救灾专用账号"，呼吁捐款救灾。

2.陕西日报社

陕西日报前身为1940年在延安创办的《边区群众报》，至今已有70年的历史。所属子报有《三秦都市报》、《陕西农村报》、《当代女报》、《西部法制报》。

（1）中国新闻奖的认可

陕西日报杜社长杜耀峰撰写的新闻论文《中国媒体新闻创新的重大突破——"5·12汶川大地震"报道的思考》有针对地提出了中国媒体新时期新闻创新的新观点，获2009年第十九届中国新闻奖论文一等奖；记者李佑民撰写的消息《长安近四千农户把土地交公司托管》介绍长安农民在粮食生产、耕地流转方面的新动向，获2009年第十九届中国新闻奖三等奖；此外，李佑民还获得全国优秀新闻工作者称号。

（2）制度完善

2009年，报社推行了干部选拔制度和社委会议事制度。一些部门负责人实行了竞聘制，陕北三个记者站全面实行了招聘制，提高了记者的积极性。社内民主方面，报社对于大的决策，都走民主程序，问计于民，通过发通知，召开恳谈会、座谈会，了解员工最深层的心声。

（3）《陕西日报》

2009年，《陕西日报》进行了重大改版：由每日8版扩为12版，每周增加"陕北观察"、"陕南瞭望"、"关中直击"和"西安快报"四个新闻版块。其中"陕北观察"、"陕南瞭望"、"关中直击"是深度新闻专刊，契合了"陕北跨越发展、陕南突破发展和关中率先发展"战略思路，深入剖析三大区域在新形势下的热点难点。"西安快报"则以西安民生社会新闻为主角，一改党报"高高在上"的姿态，关注民生新闻，从行动上做到了"三贴近"。陕西日报的这次改版得到了较高的社会认可，评价认为是"开拓了党报读者的阅读视野，提高了党报读者的阅读品位，开陕报清新文风之先河"的举措。

（4）《陕西农村报》

《陕西农村报》为《陕西日报》农村版，创刊53年，初为《陕西农民报》，现为《陕西农村报》。目前是四开八版周三刊彩报。定位是宣传"新农村、新生活、新希望"，全方位凸现"农村城乡百姓生产、生活服务报"。

（5）《西部法制报》

创刊于2000年8月，原由陕西省委省政发委主管主办，2004年化转到陕西日报社，为独立法人。该报面向全国发行，为对开大报，周五刊（一二三四五出报）。除省内各市及杨凌示范区建有记者站外，在云南、贵州、甘肃、内蒙等11个省市区建立记者站。

3.西安日报社

西安日报社主要承担着市委机关报《西安日报》和《西安晚报》的编辑出版发行任务，实现了《西安日报》《西安晚报》多媒体数字报上线发布。同时主办《西安新闻网》、《西安手机报》，主管《西安商报》、《城市经济导报》、《现代保健报》三张报纸。

（1）《西安日报》

《西安日报》是中共西安市委机关报，1953年创刊，1962年、1981年两次易名为《西安晚报》，1994年中共西安市委决定恢复《西安日报》，同时继续办好《西安晚报》。

2007年7月1日，《西安日报》改版，以大气、厚重、时尚的风格展现在读者面前，目前为对开报纸，日出8个版。

2009年，西安日报社形成了全员参与策划的良好氛围，策划意识深入全社员工的心间。全年共推出的活动策划、报道策划和突发新闻报道策划近百项，产生良好反响的有：西安有信心 市长专访——向市民报告系列报道；“稳定就业，共担责任，倡议企业今年不裁员”活动和报道；西安解放60周年报道〈铭记 感怀〉专题报道和专版。2009年《西安日报》共获得好策划奖10多项，比2008年的获奖数量翻了四番。

(2)西安新闻网

西安新闻网是西安日报社主办，中共西安市委宣传部直接领导下的西安新闻门户网站。

网站除承担《西安日报》、《西安晚报》的电子版发布平台外，也成为了网络政务沟通平台。2009年“政务”频道开设“互动两会”、“我请代表捎句话”等网上活动，成为搜集民意的重要渠道。同时，网站参与西安市政府、企业上网工程，全面开发网络信息服务并拓展相关领域电子商务，扩大对网民的服务功能，通过多种形式的互联网发布为用户提供更有价值的多方位服务。

四、陕西省晚报都市报纸特点

晚报都市类报纸是陕西报业的最重要部分之一，他们以城镇居民为主要读者对象，均面向市场求生存谋发展，其质量效益不尽相同。

8张该类报纸中《华商报》影响最大，社会效益和经济效益俱佳；《西安晚报》、《三秦都市报》影响较大，社会效益较突出，但经济效益有待提高；《当代女报》、《城市经济导报》、《西安商报》、《美报》等几种报纸的社会效益与经济效益均一般，竞争实力较弱，缺乏发展后劲。

1.《华商报》

(1)历史：“报业发展史上的奇迹”

《华商报》创刊于1995年元月，1997年7月改版。由于新的办报思路适应市场经济发展的规律，报纸发行量由改版前的不足2万份迅速增加到现在的50余万份。2009年，报社广告收入超过6亿元，其超常规、跳跃式的发展速度被业内人士称为“报业发展史上的奇迹”。

《华商报》在全国具有重大社会影响的报道包括“夫妻在家看黄碟事件”、“宝马彩票案”等。在新闻出版总署主办的历届“中国报业竞争力年会”公布的“全国晚报都市报20强”中，《华商报》一直榜上有名并取得好的位次。在2010年“首届中国都市报发展高峰论坛”上，《华商报》等12家都市类报刊获称“2009中国最具公信力都市报”。

(2)广告：全面的代理制

《华商报》在广告销售渠道上实行全面广告公司代理制，目前与华商报签约的西安35家当地一级广告代理公司，外地广告公司200家，包括盛世长城、上海奥美等国际4A广告公司。

(3)发行：“黄马甲”成古城风景线

《华商报》在发行渠道上实行自办发行、上门征订、投递到户相结合的方式，其中自办发行队伍“黄马甲”已经成为一个品牌。目前“黄马甲”有1800人左右，日发行量50万份左右，拥有47个发行站和11个零售站，发行总量中60%为固定订户，40%为零售。发行区域主要分布在西安、宝鸡、咸阳、渭南、汉中、铜川等地市，其中西安市占到了发行总量的70%。黄马甲以“黄马甲方便千万家”的宗旨，在送报的同时，相继开展了免费送书上门、送票到家(各种门票、机票)、代售各种日用品、回收旧报、送奶到户等一系列投送业务，使黄马甲成为三秦大地上一道流动的风景线。

(4)报道：立足民生 凝聚影响

2009年《华商报》报道了系列陕西热点事件：在全国两会后报道的“神木推行免费医疗”系列报道，由于事件的独特性、时机的准确性，引起了全国普遍的关注和探讨；8月份陕西凤翔曝出“儿童血铅超标事件”，期间《华商报》先后以头版头条、专版等形式对“污染源查找”、“儿童治疗”、“村民搬迁”等环节进行细致跟进；9月份开学以后，甲流开始在西安肆虐，一些传言开始在高校等人员密集场所流传，“西安文理学院学生感染甲流”系列报道的推出，用客观的报道击破了各种传言，也使正确的防治知识开始借由报纸传播给了社会大众。

2.《西安晚报》

《西安晚报》创刊于1953年，由中共西安市委主办，是中国西部地区历史最为悠久的一份大型报纸。半个多世纪来，《西安晚报》作为一张坚守新闻文化价值的报纸，见证了西安的沧桑巨变。“报风正，版面大气”是专家和读者对晚报的共同评价。

(1)西部大开发10年巨变——“西安视变”

2009年是“西部大开发”10周年，《西安晚报》精心策划组织了“西安视变“大型主题采访活动，邀请中国记协、中国晚协、新华网、中新网、中国广播网以及全国近50多家晚报的百余名总编、记者和评论员来到西安，以传媒人敏锐的视角、理性的思维、客观的报道、深度的评论，亲眼目睹、亲身体验"西部大开发"10年来西安发生的巨大变化，感受西安深厚的文化底蕴和磅礴的现代风貌，探索报媒通过具体的活动策划提升舆论引导能力、提升城市对外形象和市场竞争力的积极意义。陕西省、西安市主要领导同志对这次采访活动给予了高度评价。这也是西安晚报社10年来策划组织的规模最大的媒体活动。

(2)展现报人风采——"报人散文征文"

2009年，《西安晚报》策划组织了"报人散文征文"及颁奖典礼等扩大晚报影响的活动。"报人散文奖"由西安晚报和《美文》杂志社联合主办，这也是建国以来传媒界举办的首次报人散文奖。在近一年的征文活动中，共收到来自全国各地报人应征散文700余篇，其中不乏来自《人民日报》、新华社、《光明日报》等媒体的名编辑、名记者。著名作家贾平凹率专家评审组认真评审，从80多篇刊出稿件中选出了10篇优秀散文。颁奖典礼在西北大学隆重举行，由贾平凹主持。《人民日报》原副总编辑梁衡，新华社副社长崔济哲等获奖者在获奖感言中都称，获得这样的奖是第一次，感到很激动。这次征文及颁奖活动在全国新闻界引起了广泛关注和强烈反响。

(3)双封面带来双亮点

晚报经过多次学习研究《广州日报》等报纸后，决定创立双封面。

"封二"是2009双封面推出的"产物"，这个版面在与市民息息相关的生活服务类稿件上下功夫，推出"气象先知""每日提醒""百事通"等多个专栏。

2009年报社注重了新闻评论在确定报纸风格和影响中的作用，时评版重新恢复老牌评论栏目《古城论语》。财经新闻版块精心策划并推出了名家观点、市场信息、财经点评、陕股追踪等极具特色的栏目，体育版块将体育版分为"体育/全景"和"体育/聚焦"。

(4)广告中心"晨会制"、"问责制"

金融危机对报媒的经营环境产生了较大冲击，西安晚报广告中心2009年为应对同城报纸的竞争，创新性地推出了"晨会制度"和"问责制"。

2009年初推出晨会制度，要求每个工作室每天早上都要召开晨会，研究当天工作计划，解决发现问题，落实营销责任。同时还推出了广告问责制，将问责落实到每个人身上，通过每天监测同城媒体，凡本报缺失客户，即向相关责任人发问责单，督促其与客户或广告公司联系，想方设法消除空白客户，加强薄弱客户。

3.《三秦都市报》

《三秦都市报》1994年元月创刊以，是陕西省委主管、陕西日报主办的一份大型综合性新闻性对开十六版日报。《三秦都市报》曾有过口碑、效益俱佳的辉煌时期，目前在经营管理仍有待改善，目前在陕西的都市报市场效益上落后于《华商报》和《西安晚报》。

(1)重大题材和策划出彩

《第十一届全国运动会报道》报社派出由4名记者组成的报道组全程采访，每天推出两个版左右的特刊"全运大动漫"，设置了诸如"花木兰"、"超人家族"、"秦时明月"、"蜡笔小新"等较有特色的栏目，以动漫的形式，强化了内容的新锐、轻松和娱乐化，非常独到；策划上推出了"陕西乡党过大年"大型系列报道，2009年1月报社记者通过采访冰雪灾害、汶川地震、北京奥运和"神七问天"这一系列事件的亲历者、见证者，共同回顾2008年春节，展望2009年的希望。整个报道突出了一种浓浓的亲情、友情、人情和人间大爱，受到包括陕西乡党在内的广大读者的好评。

(2)改革举措：重视资讯和评论

《三秦都市报》在2009年12月中旬成功进行改扩版，其中有两大亮点。一是始终把新闻作为报纸的主打内容，推出信息容量大，新闻价值高的"新闻速读"专版，每天30条以上的信息，分为时事、声音、社会、资讯等栏目，让读者能在很短的时间内，纵览天下大事。二是增加了言论和深度报道版面频率，言论栏目《点金》专栏强势出击，凸显报纸的第一声音。每天选取一个焦点新闻和热点话题，以犀利的笔锋，巧妙的角度，活泼的文风，加以论说和评述，正确地把握了导向，引导了舆论，迅速成为每天报纸的第一读点，深受读者喜爱。

(3)网站和手机报

作为平面报纸媒体在互联网上的延伸，1998年6月《三秦都市报》网站正式创建。为适应数字传媒的发展需求，《三秦都市报》也积极地开展了手机报业务。在2008年元月，三秦联通手机报正式上线，每天给订户上午下午发送两次手机报，用户通过手机报可以及时浏览到当天《三秦都市报》的内容，目前联通手机报已经有订户7万多。

4.《阳光报》

《阳光报》的前身是创刊于 1987 年的中国国防军工及教学科研领域的权威媒体《军工报》(后曾改名为《经济新报》),经国家新闻出版总署批准,2004 年 2 月 21 日正式更名为《阳光报》,现隶属陕西省新闻出版局主管、陕西人民出版社主办。

2009 年报纸进行了系列活动策划取得较好的社会效果。3 月份,出版了消费者服务特刊,9 月 30 日策划了"60 年大阅兵、我为祖国点支歌"征集了很多老歌,得到社会共鸣。

2009 年《阳光报》调整了报社管理机制,加强了采编系统力量和对记者们的管理、强化地市新闻,开设了专门的地市版面。同时,加强了采编系统人员的调整以及对设备的更新。发行人员队伍不断扩大,涵盖范围更广。

5.其他四份都市报概况

《当代女报》是陕西日报所属系列子报之一,创刊于 2001 年 3 月,前身为《星期天》报。2004 年 7 月,陕西日报社与新女报社共同投资组建西安当代女报传媒发展有限公司,联合经营《当代女报》,在全国媒体首开周报跨地区联合经营先河。《当代女报》倡导西安城市时尚文化,引领本土女性品质追求,目前为四开十六版,彩色印刷,每逢周三出版。

《西安商报》是由西安日报社主办的一份经济生活类报纸,2001 年创刊,24 版彩色印刷。该报服务意识强,曾采用订报送自行车、送饮水机、送小电视等的发行思路,为市民送上实惠和文化。

《城市经济导报》是由西安日报社主办,西安创典传媒公司整合推广的周报之一。主力读者群为影响城市发展进程的城市决策者和精英群体。《城市经济导报》面向全国发行,主推西安市场。以邮寄直投为主,报刊亭零售、读者征订为辅。

《美报》是以"聚焦新闻事件,服务都市生活"为宗旨的一份新闻周报.在西安报业市场以内容为王的精心策划和信息资源的优化选择,逐步引起人们的关注。该报确立了"有品位、有层次"的办报思路,并依托文化资源优势打响名家牌,邀请陈忠实、贾平凹等知名人士担任专栏作者。

五、陕西省地市级报纸概略

在陕西各地市发行的党报也是一支较为充满活力的生力军。9 家地市级党报中,《铜川日报》曾率先报道郭秀明事迹,并获中国新闻一等奖;《宝鸡日报》的《昨日直击》栏目跻身中国新闻名专栏行列;《渭南日报》的以"党报性质、晚报风格、地方特色"定位改革在全国引起普遍关注,屡获殊荣。9 家地市级报纸的具体概况如下:

《榆林日报》是中共榆林市委机关报。1949 年 6 月 5 日,《榆林日报》(当时为《榆林报》)正式创刊。目前,《榆林日报》为对开四版,周六刊,星期六出版彩色版《周末特刊》。

《安康日报》是中共安康市委机关报。创刊于 1951 年 3 月,已有近 50 年历史,是安康地区联系最广的信息中介,也是安康地区最权威传播范围最广泛的新闻传播媒介。

《商洛日报》是中共商洛市委机关报,创刊于 1959 年 3 月 2 日。1961 年《丹江日报》,同《商洛日报》合并。1962 年 1 月,《商洛日报》更名为《商洛报》。1998 年 1 月更名为《商洛日报》。2001 年 1 月起改为对开四版。2001 年 9 月 17 日,陕西省人民政府根据国务院批准,同意撤销商洛地区,设立地级商洛市,《商洛日报》亦随之改为中共商洛市委机关报。

《咸阳日报》是中共咸阳市委机关报。《咸阳日报》1962 年创刊。目前,报社报纸已发展到每周 40 个版的对开彩色大报,现为对开四版日报,年发行量 4.5 万份。

《汉中日报》是中共汉中市委机关报。目前为对开四版,周七刊,彩色印刷。

《延安日报》是中共延安市委机关报。前身为《群众日报》,1950 年改名为《延安报》,1992 年改名为《延安日报》。目前为四开四版周六刊。

《宝鸡日报》是中共宝鸡市委机关报,陕西一级报纸。"宝鸡日报"四字由我国著名文学家郭沫若先生亲笔提写,报社曾被国家新闻出版总署评为全国地方报社管理先进单位;《昨日直击》栏目跻身中国新闻名专栏行列。

《铜川日报》是中共铜川市委机关报。2006 年铜川日报电子版开通。2003 年报社率先推出的全国重大典型郭秀明的长篇通讯《用生命搏击贫困——铜川市郊区惠家沟村党支部书记郭秀明追记》荣获中国新闻一等奖,胡锦涛、温家宝、等中央领导就有关学习宣传郭秀明作出过重要批示,中央五部委发出了在全国开展向郭秀明同志学习的决定。

《渭南日报》是中共渭南市委机关报。创刊于 1949 年,目前《渭南日报》为对开八版周六刊大报,彩色印刷,开通了渭南新闻网。2005 年以来,《渭南日报》的"党报性质、晚报风格、地方特色"新定位，取得系列明显实效：2007年《渭南日报》荣获“陕西省报业发展突出贡献奖”；2008年1月，渭南日报荣获“2007年度中国最具创新地市报20强”称号，是西北地区惟一获此殊荣的地市级媒体；2008年8月，《渭南日报》被省主管部门命名为“陕西大报”。

六、行业企业和生活服务类报纸简介

截止到2009年底，陕西全省共有公开发行的行业企业报有30种。分别是：《陕西工人报》、《各界导报》、《陕西电信报》、《陕西建筑报》、《铁路建设报》、《城市金融报》、《新课程报》、《陕西科技报》、《西北信息报》、《陕西广播电视报》、《陕西老年报》、《消费者导报》、《西飞集团报》、《劳动者报》、《健康导报》、《农业科技报》、《文化艺术报》、《西部法制报》、《教师报》、《自学考试报》、《现代保健报》、《三秦广播电视报·西安版》、《三秦广播电视报·铜川版》、《三秦广播电视报·珠宝鸡版》、《三秦广播电视报·咸阳版》、《三秦广播电视报·渭南版》、《三秦广播电视报·汉中版》、《三秦广播电视报·安康版》、《三秦广播电视报·商洛版》、《三秦广播电视报·延安版》、《三秦广播电视报·榆林版》。

《西飞集团报》由中国西安飞机工业集团主管。报纸先后获得“全国百优企业报”、“全国20优企业报”和“全国优秀企业报”和“全国先进企业报”等荣誉称号。在陕西省记协和省企业报协联合举办的评优活动中，获得“十佳办报单位”称号。

《陕西老年报》周二报，创刊于1985年，陕西省老龄工作委员会主办。宗旨：宣传老龄工作方针、政策，替老年人说话，为老年人办事。

《西北信息报》创刊于1984年，对开4版，每周二、四、六西安出版，是西北五省区惟一一张公开发行的经济信息类综合大报。

《劳动者报》创刊于1992年，主管为西安市总工会，全国公开发行，四开八版彩报。

《税收与社会》1985年创刊，陕西省国家税务局主管，陕西省国家税务局、陕西省地方税务局、西安市国家税务局主办。是一份社会经济税收综合性期刊。

《开发区导报》由西安高新技术产业开发区管委会主办，逢周一出版。办报方向贴近高新区企业生活，准确及时反映高新区发展过程中的动态信息。报纸覆盖西安高新区乃至全国53个国家级开发区，省级54个开发区及陕西各政府部门。

《各界导报，原名《陕西政协报》，创刊于1987年8月1日，是由政协陕西省委员会主管、主办，全国公开发行的省级综合性报纸。

《陕西工人报》陕西省总工会的机关报。目前为对开四版周五报，发行覆盖全省工矿企业和机关事业单位。

《农业科技报》，2001年7月29日创刊，国家杨凌农业高新技术产业示范区党工委主办的农业类对开八版彩色大报，每周二、五出版。报纸具有国内外公开发行刊号，发行范围遍及全国三十多个省市自治区。

《西北电力报》是西北电网有限公司主办的企业报，兼西北电力行业报功能，是覆盖西北地区唯一的电力行业报。1993年10月创办，对开大报，每周四出版，多次被评为全国优秀电力企业报。

《城市金融报》，“陕西省一级报纸”、彩色对开周三刊报纸。1986年10月8日创刊，是由工商银行陕西省分行主办，工商银行总行协办的综合性金融类报纸。1989年《城市金融报》开始作为工商银行系统的报纸走向全国。

《西安广播电视报》，西安广播电视台主办，1985年创刊。《西安广播电视报》由创刊时的四开四版、介绍电视节目的单一功能，已发展到今天四开二十四版、以新娱乐、新生活、新健康为办报宗旨的全面丰富读者文化生活的高品位的娱乐周报

《陕西广播电视报》由陕西广播电视台主办，集电信节目信息与娱乐文化信息于一报。

《文化艺术报》创刊于1985年，是西北地区惟一一份省级文化艺术类综合报刊。坚持引领社会文化生活时代前沿，融思想性、阅读性、欣赏性、娱乐性、实用性和服务性为一体，已经成为在传媒业界颇有影响力的知名品牌。文化艺术报荣膺多项大奖：2003年跻身“全国报业领军风云榜”、被中国报协等单位评为“中国报业十佳报纸”；2005年荣获“中国十佳专业报”，2007年荣膺中国传媒创新专业报10强；2008年被中国权威传媒界联合评定为“中国行业媒体十强”。其《动漫周刊》连续4年荣获全国惟一“最佳动漫平面媒体金翎奖”，受到国家新闻出版总署的表彰和奖励。□

(本文的撰写得到了陕西省新闻出版局报刊处的大力协助)

※作者韩隽是西北大学新闻传播学院副院长、教授，作者周剑单位：西北大学新闻传播学院

附表1：

2009年陕西省报纸规模				
指标		数据	去年同期指标	数据截至时间
全省目前的报纸种数		87种	87种	2009.12
其中	党 报	12种	12种	2009.12
	行业专业报	17种	17种	2009.12
	晚报都市报	8种	8种	2009.12
	生活服务类报纸	11种	11种	2009.12
	其他类别报纸	39种	39种	2009.12

附表2：

2009年《陕西日报》经营情况		
总体情况		
指标	数据	数据截至日期
经营总收入	25000万元	2009. 12
所属主要报纸	1《三秦都市报》	
	2《陕西农村报》	
	3《当代女报》	
各报纸经营情况		
一、广告经营情况		
广告经营额	8000万元	2009. 12
二、发行经营情况		
发行流转额	4300万元	2009. 12
报业集团/报社其他经营情况		
报纸印刷总收入	3500万元	2009. 12
集团/报社其他业务总收入	240万元	2009. 12

附表3：

2009年《西安日报》经营情况			
总体情况			
指标	数据	去年同期指标	数据截至日期
经营总收入	2394万元	1959万元	2009. 12
所属主要报纸	1《城市经济导报》		
	2《西安商报》		
	3《西安手机报》		
各报纸经营情况			
一、广告经营情况			
广告经营额	1973万元	1207万元	2009. 12
广告额占前三位的行业	政务、公告、教育		
广告额增长最快的三个行业	房产、政务、汽车		
二、发行经营情况			
发行流转额	1620万元	1620万元	2009. 12
期总发行量	7.5万份	7.5万份	2009. 12
发行队伍规模	邮发和西安日报社发行公司代投	邮发和西安日报社发行公司代投	2009. 12
报业集团/报社其他经营情况			
集团/报社其他业务总收入	545万元（两报）	788万元（两报）	2009. 12

附表 4：

2009 年《华商报》经营情况			
总体情况			
指标	数据	去年同期指标	数据截至日期
经营总收入	81125 万元	64007 万元	2009.12
各报纸经营情况			
一、广告经营情况			
广告经营额	67967 万元	54999 万元	2009.12
广告额占前三位的行业	房产 机动车 药品		
广告额增长最快的三个行业	医疗 旅游 服装服饰		
二、发行经营情况			
发行流转额	33000 万元	28000 万元	2009.12
期总发行量	60 万份	58 万份	2009.12
发行队伍规模	4000 人	3000 人	2009.12
报业集团/报社其他经营情况			
报纸印刷总收入	9099 万元	8301 万元	2009.12
集团/报社其他业务总收入	4059 万元	707 万元	2009.12

附表 5：

2009 年《西安晚报》经营情况			
总体情况			
指标	数据	去年同期指标	数据截至日期
经营总收入	16649 万元	13182 万元	2009. 12.31
各报纸经营情况			
一、广告经营情况			
广告经营额	13937 万元	10740 万元	2009. 12.31
广告额占前三位的行业	房产、管委会、汽车		
广告额增长最快的三个行业	旅游、房产、管委会		
二、发行经营情况			
发行流转额	6237 万元	5940 万元	2009. 12.31
期总发行量	31.5 万份	30 万份	2009. 12.31
发行队伍规模	1500 人	1500 人	2009. 12.31
报业集团/报社其他经营情况			
集团/报社其他业务总收入	545 万元（两报）	788 万元（两报）	2009. 12.31

附表 6：

2009 年《三秦都市报》经营情况			
总体情况			
指标	数据	去年同期指标	数据截至日期
经营总收入	5951 万元	4967 万元	2009.12
各报纸经营情况			
一、广告经营情况			
广告经营额	3573 万元	2886 万元	2009.12
广告额占前三位的行业	房产、汽车、教育		
广告额增长最快的三个行业	房产、汽车、教育		
二、发行经营情况			
发行流转额	2688 万元	2352 万元	2009.12
期总发行量	18 万份	14 万份	2009.12
发行队伍规模	400 人	400 人	2009.12

附表 7：

2009 年《阳光报》经营情况			
总体情况			
指标	数据	去年同期指标	数据截至日期
经营总收入	685 万元	644 万元	2009. 12
经营情况			
一、广告经营情况			
广告经营额	563 万元	514 万元	2009. 12
广告额占前三位的行业	通讯、房产、家居		
广告额增长最快的三个行业	通讯、房产、家居		
二、发行经营情况			
发行流转额	102 万元	100 万元	2009. 12
期总发行量	7. 5 万份	7. 2 万份	2009. 12
发行队伍规模	120 人	110 人	2009. 12

2009年甘肃省报业发展综述

● 李惠民　柳丹妮　刘怀丕

一、甘肃省报业基本数据

受2008年全球经济危机的冲击，甘肃报业负重前行。2009年，在中国经济走上回暖之路、甘肃省经济实现V型反转的大形势下，甘肃报业逐步走出了困境，取得了发展。截至2009年底，全省共出版报纸56种，其中省级党报1家，市州委机关报14家，都市类报纸6家，行业类报纸15家。平均期印数186.7万份，总印数38766万张，总印张1173228千张，定价总金额22098.1万元。

二、甘肃省报业总体特点

2009年，甘肃报业继续巩固从省到市州县、覆盖全省的报业体系，省级党报和各州市党报、党报和都市报共同发展，不断适应、满足人民群众多层次、多元化的文化信息需求。

就报业管理而言，2009年甘肃报业在报业结构、经营体制等方面没有太大变化。甘肃日报报业集团集中管理省级报纸，兰州日报社则主要对兰州市的报纸进行管理，各州市则以党报为主、兼管其他类型报纸，基本上沿用了行政级别划分省级、市州级报业管理模式。

作为甘肃省惟一一家报业集团，甘肃日报报业集团依旧采用“机关报+都市报+行业报”集中化、规模化管理的形式。主要通过在行政上负责领导班子、财务上调整二级核算指标，宏观上监督舆论导向等手段实现对下属媒体的控制。集团各子报在业务运作上经营管理方面有一定自主权，在上级行政性、政策性管理与市场化发展驱动的双重要求下各自发展。甘肃其他报纸的情况与此大同小异。管理体制与运作机制的变化，有赖于国家文化体制改革的进一步推进，目前正在积极酝酿和尝试之中。

经济社会发展整体水平落后、经济总量偏低、发行广告资源贫乏，依旧是制约甘肃报业发展的根本因素。报纸主要集中在省会城市兰州，同城报纸偏多、报纸定位单一、同质化严重、以综合性都市类报纸为主体、其他服务性专业类报纸发展乏力，存在严重的结构性问题。众多都市报在有限的报业市场中同质化竞争严重，加剧了报业发展生态的恶化，使各家报纸处于维持性发展境地，难以完成原始积累后的跨越式发展。

在2008年金融危机席卷全球的形势下，甘肃报业也受到了严重冲击。2009年，甘肃经济实现了V型反转，加之公众消费平稳以及甘肃各报大力消减生产经营成本、深挖广告市场，全省的报业广告额有所增长，甘肃报业的整体经济效益有所好转。

三、甘肃省主要报业集团、报社的发展特点

1.甘肃日报报业集团

甘肃日报报业集团于2002年10月26日正式成立，经过7年多的发展，在发行、广告、采编等多个领域有所进步。作为西北地区首家报业集团以及甘肃省唯一的报业集团，甘肃日报报业集团下辖省级党报1家——《甘肃日报》，子报9家，1个网站——每日甘肃网，以及若干经营实体。

(1)《甘肃日报》

《甘肃日报》创刊60年来，始终坚持党性原

则，秉承政治家办报的理念，大力宣传党的路线方针政策和省委省政府的重大决策部署，忠实记录陇原大地的沧桑巨变，热情讴歌陇原人民的伟大创造，真诚传递全省人民的心声意愿，在甘肃建设和改革的历程中做出了重要贡献。

改革开放以来，特别是2009年这个大事频发的年份，《甘肃日报》认真宣传贯彻党的十七大精神，紧紧围绕深入贯彻落实科学发展观，服从服务于改革发展稳定大局，为走出欠发达地区、西部老工业基地创新发展新路子，推动甘肃省经济社会又好又快发展营造了良好的舆论环境。同时，《甘肃日报》顺应时代发展趋势，积极推进体制机制创新，着力提高办报质量，报纸的权威性、指导性、新闻性、艺术性和可读性都有了新的进步，赢得了读者的好评。

2009年，《甘肃日报》在经济回暖的大背景下，在党委、报社、邮政发行系统“三位一体”机制进一步得到优化的大前提下，全面完成当年的发行任务，平均日发行量为12万份，年经营总额达到了9506万元。

受经济回暖以及建国60周年影响，《甘肃日报》2009年广告收入较08年有所上升。

2009年，《甘肃日报》作为省委机关报，以建国60周年和日报创刊60周年为新的起点，继承和发扬了光荣传统，坚持了正确的舆论导向。在5.12汶川地震一周年纪念期间，《甘肃日报》坚持党性原则与人文关怀并举的方式，发挥了党报在这一事件中的引导和导向作用。在7.5事件的报道中，《甘肃日报》坚持团结稳定的方针，将事件报道从党报的角度进行解释、坚持了维护国家安定、民族团结的立场。2009年，恰逢中华人民共和国成立60周年，《甘肃日报》更是以各种形式宣传报道国庆盛况。这些报道及时到位、全面准确、容量大、力度大、有深度、有创意，形成了自己的特色和强势。

(2)《兰州晨报》

2009年，《兰州晨报》在历经12年的发展后，对报纸进行了新的调整，主要表现在以下几个方面。

①重点进行战役性宣传组织

2009年，适逢兰州解放60周年、共和国诞生60周年、黄河铁桥建成100周年，加上每年都要做的两会报道，经济工作会议等，2009年的重点宣传战役很多。在新闻采写方面，《兰州晨报》要求内容上增强故事性，语言上要生动活泼，数据、观点要权威，文字表现形式要活泛。不论是“纪念百年铁桥”的系列报道，还是纪念共和国诞生的“红旗飘陇原”、“英雄忆峥嵘”、“解放区的天”、“生于解放”系列报道，以及“光辉岁月”特刊、甘肃省抵御金融危机专题报道，《兰州晨报》都做到了出彩出新。

②时政新闻放大亮点，贴近民生

时政新闻民生化，社会新闻生活化，市民新闻服务化，是《兰州晨报》吸引读者眼球的重要法宝。2009年，兰州晨报在关乎民生的水价、热价调整、路桥费征收、医保政策、房价等民生新闻的报道上，除了及时刊发政府发布的各项信息外，更重要的是把着眼点放在了新闻的落地和政策的延伸解读上。在热点新闻的报道上，《兰州晨报》不仅紧盯不放，而且有自己的声音。在版面处理上，《兰州晨报》一向注重将时政、热点新闻中读者关心的“亮点”放大，起到了很好的引导作用。

③修订编采制度，强化编采管理

2009年，《兰州晨报》修订了《记者编辑考核办法》和《编采部门奖惩条例》。新的《办法》和《条例》在调动采编人员积极性方面发挥了很好的作用。《办法》和《条例》体现了重奖轻罚、和谐办报主导思想。调整后的《办法》和《条例》大幅度提高了独家新闻的奖励力度；在重奖独家新闻的同时，突出鼓励深度报道。一年来，产生了一大批思想性、艺术性、可读性俱佳的好作品，增加了报纸的文化内涵，使晨报在同城媒体中独树一帜，保持了报纸的持续竞争力。

④队伍建设进一步加强，形成了记者团队的合理梯队和良好格局

经过调整补充，记者队伍基本形成了老中青三结合，青年记者占主体并能挑大梁的合理梯队和良好格局。目前首席记者和骨干记者，在重大突发新闻和重要时政新闻的写作上发挥着主力军的作用；一批年轻记者构成了记者队伍的第二阶梯，在特稿写作、动态消息和活动策划中发挥着重要作用；一批新人工作态度认真，充满活力和朝气，在稿件采写和文字表达方面各有特色，他们是报社编采团队的第三梯队。这样的梯队和格局，最大限度的保障了《兰州晨报》的新闻竞争力和可持续发展的潜能和动力。

⑤积极应对新兴媒体挑战，寻找都市报发行新的增长空间

新媒体的快速崛起，已经对相对传统的都市报形成了巨大威胁，造成了严重冲击。2009年，《兰州晨报》调整策略和战略，积极应对，一方面通过开拓新的营销渠道，占领新的消费市场，改善和扩

大终端结构;另一方面,《兰州晨报》有所为有所不为,放弃了一些边缘读者,抓住了一批社会中坚读者,有力地优化了晨报读者结构。

⑥DM直投杂志,顺势推出,开局良好,渐成气候

目前在兰州市场,平面媒体竞争激烈,大家都在开源节流,力求在创新中发展,DM(直接递送广告)可以作为一种有益的尝试。基于这种认识,《兰州晨报》在2009年4月份推出了名为《晨报·唯物》的DM杂志,这一媒介平台,为晨报的广告经营提供了一种新的增长模式,现已为报社广告、发行的高端客户所普遍接受,正在实现较好的经济收益。

(3)《西部商报》

2009年,《西部商报》成功实现了创刊以来的第四次改版,加大了财经、民生、服务等新闻的比重,转变了新闻报道的视角和模式,财经和民生特色更加突出,《西部商报》的报道质量和品相得到了不断提升。

①编采工作

《西部商报》在2009年3月2日进行了自商报创刊以来的第四次全新改版,确定了走财经特色突出的综合性都市经济生活类严肃大报的道路。本次改版在沿袭该报简约、现代的版式风格的基础上,以"阅读的快感是第一位"为宗旨,对版式和内容进行了大胆的、细致的改变,报纸信息量较以往明显增大,财经、民生、服务等内容在整个版面中的比重较原先大幅提升。

2009年,《西部商报》进一步针对"商"字特色,在版式和版面安排上进行了调整,对原有的新闻版块做了整合,并增加充实了版块内容,使版面的划分和处理更有独特性。

改版后的《西部商报》,已初步形成了财经特色突出、读者结构合理、平民化新闻表达的特点,更加适应读者对都市类报纸的阅读习惯和要求,同时,为突破同城报纸同质化方面摸索出了一些行之有效的做法。

2009年,该报财经新闻从稿件包装、采写角度、新闻涉猎范围等多个角度进行了大规模的调整,以适时挖掘重大新闻策划与包装、强势整合、前瞻性报道、纵深性追踪和版面立体呈现为主要手段,更加注重经济新闻事件的深度解析和信息整合,彻底转变了过去政府文件传声筒的简单报道模式,同时重点强化了财经报道的民生视角和服务功能,结合本地热点经济问题作深度关注,为甘肃省社会经济建设起到了良好的助推作用。例如,《解读兰州都市经济圈建议系列报道》、《南山路改变兰州城》系列策划报道,《物业税 中国渐行渐远》系列报道,《春秋航空抢滩兰州》系列报道,《两个"法人"? 基隆陷权属之争》系列报道,《牛肉面上市》系列报道等,无不体现了本报提前介入、深度解析、适时策划的风格。

在都市新闻报道方面,彻底摒弃了传统的烧杀抢掠新闻,从都市喜闻、社交、情感等各个版块上加强新闻触角,更加关注都市人的生活,同时从关注事件本身到关注事件本质入手,通过提前规划采用介入法的采访手法,对整个事件进行全程跟踪,督促问题得以圆满解决,取得了良好的社会效益。

在时政新闻报道方面,以稳扎稳打做好常规报道、创新要闻报道为主线,不断提高本报时政新闻的报道质量和竞争力,在党政新闻和民生新闻权威解读等方面有所突破。例如,2009年省两会、市两会以及全国两会,该报紧抓会场内外的热点,把有关住房制度改革、高考报志愿以及医疗制度改革等市民关注的热点话题做热做透。

2009年,《西部商报》在成功挖掘全国性首发本地视角的社会新闻和娱乐新闻方面取得了一定的成绩。例如,《天水一农民'被艾滋'系列报道》、《聚焦岷县乞讨团系列报道》、《电玩解禁的狂欢与忧患》、《聚焦兰州"地王"现象》、《家长炮轰央视少儿频道》、《三枪拍案惊奇在敦煌开拍》、《西游记剧组我省看景选角系列报道》、《快女李霄云系列报道》等均引起全国范围的广泛关注,各大网站及媒体频繁转载,《西部商报》的品牌知名度得到了极大提升。

同时,该报名牌栏目"黄河评论"立足对热点问题及重大题材进行多视野的同题评论,取得上央视读报栏目49次的好成绩,并与凤凰网等建立了良好的合作关系,《西部商报》全部见报评论均上传至凤凰网开辟的"黄河评论"专栏进行同步刊发,目前该栏目点击率已超过20万次,有效推广了《西部商报》的品牌形象。

在打造报纸内容本体、提升商报品牌知名度的基础上,《西部商报》编委会高度重视网站建设,在完成报纸成功改版的同时,着力打造《西部商报》的第二个运营品牌——优化改造和升级本报网站,目前此项工作已初见起色。该报新闻网站不仅每日同步更新《西部商报》仿真电子版和报外新闻,方便读者点击阅读,而且还通过制作新闻专题

栏目、网上直播重大事件、发布大量新闻信息、与报纸互动举办各类策划活动、邀请知名人士开博等办法，努力打造有特色的西部商报新闻网，使其具有了新闻门户网站的功能和容量，成为了兰州首家都市类报纸拥有的综合性新闻类网站，目前网站点击率达到了412万次，独立访客达到94.2万个，在导航网站和网站地图建立了《西部商报》新闻网的链接，有效推广和提高了《西部商报》在国内的知名度、影响力及美誉度。

②经营工作

2009年，《西部商报》适时调整了广告经营部门的管理架构和价格体系。经营系统分为四大块，将以往的两个业务中心合并组建为一个业务中心，对通讯、人才教育、商场、金融、健康、酒饮、旅游、服饰、时尚、餐饮娱乐、家电、挂牌、杂类、DM单、中缝等15个行业和房车、百家信等板块进行了有效整合，解决了过去多头管理、责权不明以及内耗的问题，使报纸的整体经营能力得到显现。

2009年，《西部商报》采取了对专刊与业务中心实行一体化管理的措施，充分依托专刊对行业进行广告经营的版面拉动及配合，抓住各类节庆时机和不同行业特点及市场热点，适时推出创新主题策划，逐步改变了过去被动、简单的软文服务方式。2009年以来相继推出的策划活动有："情人节"特刊、"三·八"特刊、"家装节"、"3·15"特刊、乳品系列报道、"'我的团长我的团'西部商报家电大团购"、"婚博会" 活动、"购房赏车节"、"五·一"特刊、"中高考"咨询会及特刊、"中高考"大型选校会活动、兰洽会特刊、"2009兰州最省油车型评选特刊"、甘肃地县购车大型报道和甘肃车市荣誉榜、"暑期夏令营，商报当导游"活动、"第四届时尚高峰论坛"活动、国庆消费特刊、"甘肃地产十年"大型活动等主题版块，做到了月月有策划，得到了广大客户的肯定和认可，同时有效带动了广告效应，提升了商报品牌形象。

2009年，《西部商报》不断探索多种经营的路子，积极调整产业布局，探索多条腿走路的办法，开拓新的经济增量长点。2009年4月初启动了"百家信家政服务"项目，成立"甘肃百家信家政服务有限公司"，以"做好平凡事 就是不平凡"为理念，以"人人信赖的家政品牌"为愿景，以整合兰州家政服务市场赢得高利润回报为目标，力争取得经济效益与"百家信"品牌延展及资源整合的双赢成果，目前该项目正处于品牌推广基础建设阶段。

在"百家信"分类信息广告方面，《西部商报》继续保持了良好的发展态势。截至2009年11月30日，实际完成广告任务量1293万元，超额完成任务293万元，与上年同期相比，增加了216万元，增幅20%。"百家信"今年继续通过采取多种形式的刊赠活动，在有效拉动版量提升的同时，也聚集了相当一部分客户群体，如在房产、彩钢、招聘、招商等行业信息广告上一直在同城媒体中占据优势地位。

③发行工作

2009年，根据发行目标任务，在去年保量基础上要有增量的总体部署和市场情况，《西部商报》及早启动发行工作，在继续优化调整发行结构、挖掘发展新订户的同时，就如何做好因市场原因导致的年初低价报到期户续订、如何进一步拓展零售渠道、保证发行队伍稳定并充满活力的问题，主要做了以下工作。

报纸征订投递工作。进一步加强投递服务质量，确保到期户的收订，前半年续订率达96.9%，另一方面，着手开辟新订户，采取赠月报，节假日促销等一系列优惠手段，大力培养和挖掘新订户，截至12月1日，实投报份较年初上升6055份。

零售工作。2009年为撤销零售队伍而市场化动作的第一年，发行部适时调整零售思路，抢先占领汽车站、火车站、街道便利店等"零售窗口"，通过"看商报·送好礼"、组织大学生勤工俭学等活动，确保撤队而不降量，撤摊而不影响其宣传的零售效果，同时进一步拓宽了零售渠道，新开辟了兰州客运中心、白银、武威等地的零售市场，以"点"带"面"，合理布局省内各地市的零售报份，大力拉升了西部商报零售份额。

(4)《甘肃经济日报》

①宣传工作取得了显著的成绩

2009年以来，《甘肃经济日报》无论是经济宣传，还是在深度报道上都取得了明显的变化，尤其是下半年以来，深度报道和重点稿件的质量有了很大的提高，最为突出的表现是短稿件多了，长稿件少了，原创新闻多了，套话空话的文章少了，总结起来有以下几个特点。

第一，经济宣传上了新台阶。2009年8月份以来，报社对记者的出差补助进行了调整，激励了记者下乡采访的热情。下半年报社有20多名骨干记者，多次深入基层，坚持"三贴近"原则，采写了大量的重点稿件，这些稿件都紧紧围绕甘肃省经济建设，贯彻和落实科学发展观、构建社会主义和谐社会等方面，大力宣传了全省各地团结奋进、开拓创新、推动经济建设持续快速健康协调发展和社会各项事业全面进步的崭新风貌和辉煌成就。

第二,加大对"三农"问题的报道力度。2009年下半年以来,报社把"三农"问题的宣传报道贯穿到新中国成立60周年的宣传计划之中,先后共策划、采访刊发了大量关于"三农"问题的报道。其中《关注农民工系列报道》,用了10篇报道对农民工的生活、子女上学、融入城市、返乡创业等方面进行了深层次的剖析,收到了很好的宣传效果。

第三,成就宣传有新意。2009年,《甘肃经济日报》的新闻宣传坚持了正确的舆论导向,记者的责任意识、政治意识明显增强,新闻宣传全年实现零事故;宣传水平有了进一步的改善,稿件质量逐步得到了提高,文章的可读性和鲜活性有了明显的变化;尤其是重大主题宣传和成就宣传能力和水平有明显的提高。一是两会报道。为了报道好这次会议,报社各部门进行了精心的策划,两会期间共刊发了300多篇稿件,得到省委宣传部的肯定和社会各界的好评。二是新中国成立60周年的宣传,形式多样,形成了规模,在这次宣传战役中,共刊发新闻稿件131篇,图片95幅,专版27个,起到引导正确舆论的作用。

②编辑、采访质量进一步提高,报纸可读性增强

2009年,在编委会的正确领导下,以提高报纸质量为核心,在人员素质提高、做精做细上狠下功夫,取得了较好的成绩。特别是8月份报社新班子调整以后,更是加大了这方面的工作力度,报纸质量稳步提升。

第一,较好地完成了报纸出版任务。在做好常规宣传的同时,上半年,完成了全省两会、全国两会、"5.12"地震一周年回顾、陇原英模先进事迹展示等重大选题的报道任务。8月份以后,先后策划完成了黄河铁桥100年纪念、兰州解放60周年纪念、新中国成立60周年成就回顾、贯彻实施区域经济发展战略等重大报道任务。同时,自采、网版稿件的报道质量稳步提升,贴近性、可读性逐步增强,获得了读者的认可。

第二,探索出比较新的办报思路。2009年下半年,在标题、稿件处理、版面编排、稿件选发、减少差错、加强培训等方面狠下功夫,通过加强学习、难点攻关、奖优罚劣等方式,进一步提高编辑的业务素质、调动大家的积极性,提高报纸的出版质量。

第三,坚持正确的舆论导向。2009年以来,报社将坚持正确的舆论导向作为办好报纸的基本前提,始终紧绷神经,多方面把好关口。不断提高理论素养,严格遵守党的路线、方针、政策,遵守新闻出版方面的法律、法规、要求和道德规范,严格执行省委宣传部、甘肃日报社的要求,严格执行稿件处理三审制,严格落实报社领导的指示,精编细排,保证了报纸平稳出版。

(5)《甘肃农民报》

《甘肃农民报》是甘肃省惟一一份"面向农村,服务农民"的报纸。诞生于农村土地改革热潮中的《甘肃农民报》,伴随着陇原农民走过了半个世纪的风雨历程,也在五十载辛勤耕耘中收获了累累硕果。

作为《甘肃日报》农村版,如今,《甘肃农民报》已成为全省农村发行量最大、覆盖面最广、具有很大影响力的一张报纸,跻身于全省"十佳优秀报纸"行列。

(6)《甘肃法制报》

《甘肃法制报》于2000年从甘肃政法委划转到甘肃日报报业集团。去年,《甘肃法制报》进行了改版。新出版的《甘肃法制报》为对开瘦报报形。改版后的《甘肃法制报》内容进一步拓展了法制新闻报道面,融法制、民生、社会、生活为一体,特别增加了鲜活、生动和富有现场感的新闻报道,在弘扬法治精神的同时,弘扬法制文化,使《甘肃法制报》更具阅读性。

(7)《读友报》

《读友报》是一份雅俗共赏、图文并茂、富有时代感的彩色综合类文摘报。由甘肃日报报业集团主办,每周二发行。目前,《读友报》单期发行量突破了80万份,其中征订62余万份,覆盖了全国380个大中型城市,拥有稳定的读者群体。征订量突破了3万份以上的省区有内蒙古、河北、山东、山西、安徽、甘肃、新疆、广西、江苏、宁夏等。同时,《读友报》在全国拥有各大媒体发行公司零售网络,在民航、铁路、宾馆、邮政报刊亭等均有较为广泛的发行渠道。

(8)每日甘肃网

每日甘肃网(www.gansudaily.com.cn)由甘肃日报报业集团主办,于1999年9月正式运行,是甘肃省首家获得国务院新闻办公室新闻资质的网站,也是甘肃规模最大、最具影响力的门户网站。作为全省第一家综合性新闻信息传播平台,已设21家报纸电子版,26个特色频道,14个市州频道,每天平均更新发布甘肃及全国新闻信息2200条,约

100 万字。每日甘肃网汇集甘肃新闻,发布权威信息,提供信息服务,以服务甘肃、向世界传播甘肃声音为己任,在重大宣传报道中发挥主流网络媒体的作用,已成为甘肃省重要的网上舆论阵地,全省各类信息的网上集散港。

每日甘肃网已开设 BBS 论坛,注册会员达到 3 万多人;网站数据库已存入可检索内容 12 亿汉字。

网站还取得了国家广电总局颁发的《视听许可证》。视频频道开播两年多来,已自行拍摄新闻专题和人物专访 300 多条,产生了一定影响力。拥有自己的摄像、制作设备及服务器机群,也培养了自己的摄影记者、制作人员、节目主持人。

2009 年,每日甘肃网建成了手机报及短信发布平台,获得有关部门颁发的手机报相关资质,获得了原信息产业部颁发的短信息号码(10623129),拥有专用服务器机群及独立的记者编辑队伍。已形成系列手机报,包括《甘肃手机报》、《新农村手机报》、《农信通》、《藏文手机报》、《视野手机杂志》等。近期,手机数字报已成功上线。

(9)新农村手机报

新农村手机报是甘肃日报报业集团与甘肃联通联合打造的面向农村的综合性手机报。新农村手机报以甘肃日报报业集团的强大资讯为后盾,为甘肃农村客户开辟了一条获取科技、经济、文化信息的新渠道。包含省内农业新闻、政策解读、农业科技、商业经济、生态农业、环境保护、劳务用工、交通旅游、农村金融、民间娱乐、村容村貌、生活百科等栏目。甘肃联通农村用户足不出户,通过身边的手机发送字母 XNC 到特定代码 106231299,即可得到最新的农资信息。新农村手机报的推出,将为甘肃农民朋友搭建起致富奔小康的信息桥梁,促进农村经济的发展。

2.兰州日报社

目前,兰州日报社拥有《兰州日报》、《兰州晚报》、《都市天地报》、《中学生导报》、《新世纪小学生报》与兰州新闻网五报一网。其中,《都市天地报》、《中学生导报》、《新世纪小学生报》实行公司化运作,属于独立经营、自负盈亏的经营实体。三报每年向兰州日报社交纳一定的管理费用,由兰州日报社定期对其进行任务考核。

《兰州日报》创刊于 1993 年 7 月,是兰州市委机关报,实行党委领导下的总编辑负责制。市政府每年下拨 500 万的财政支持。2009 年,《兰州日报》完成了省市两会报道等基本宣传任务,还以建国 60 周年及兰州解放 60 周年为契机,开辟了重点栏目进行大量报道,精心策划专题,陆续推出了众多大型系列报道。

《兰州晚报》创刊于 1980 年 7 月,原名《兰州报》。《兰州报》创刊初期是具有晚报特色的机关报。经过 29 年的发展,《兰州晚报》已成为兰州本土自费订阅量大,主流阅读者多,极具品牌价值和广告传播价值的综合性都市报。

《中学生导报》是兰州日报社主管的全国统一发行的教辅类报纸,创办于 1980 年,前身是《教与学报》。自 2002 年起,《中学生导报》先后在广东、浙江、湖北、河南、江苏、山东等地设立组稿中心,并在河南开封设立面向全国的发行及货运中心。

《新世纪小学生报》是面向中小学生进行思想引导、学习辅导、生活指导,传达教育教学、考试招生信息,配合学校、家长,培养学生健康成长的教育专业周报。该报集新闻、教辅、文娱、时尚于一体,旨在将学校教育、家庭教育与社会教育及课本知识和学生各种能力的培养结合起来,拓宽学生知识面,更新视野,提高他们的知识水平和综合素质。

兰州新闻网担负着引导网络新闻舆论导向,介绍兰州经济和社会发展基本情况的任务。网站除全面发布《兰州日报》、《兰州晚报》新闻,还反映兰州地区以及国内外重大热点、焦点问题。兰州新闻网开通至今,点击率不断上升,在兰州市具有一定的影响。

2009 年,兰州日报社鉴于 2008 年金融危机对报业的冲击,把工作重点调整到了办好报纸、加大创收、加强管理等方面上。下半年,《兰州日报》新的领导班子组建完成。经过一年的努力,兰州日报社的各项工作有了很大起色,实现了报社发展历史上的重要转折。

(1)新闻宣传水平不断提升

2009 年,兰州日报社各报网在新闻宣传工作中把配合中心、服务大局、弘扬改革发展主旋律和社会主义核心价值观作为宣传工作主基调,坚持“团结稳定鼓劲”和“正面宣传为主”的方针,不断提高宣传水平,做足宣传工作。

在一系列重大任务和重大事件中,兰州日报社以高度的政治责任感,积极主动地完成宣传任务。尤其对十七届四中全会、省市两会、“1355”总体发展思路、构建兰白都市经济圈以及新中国成立 60 周年、兰州解放 60 周年的宣传报道,及时到位,全面准确,有深度,有创意,形成了自己的特色。兰州日报社加大了宣传力度,仅科学发展观的评论文章就刊发了近30篇。

时政报道方面所开辟的《学实活动在一线》、《"1355"进县区》、《来自重点项目一线的报告》、《盘点实事向市民报告》、《中心带动促发展》等重点栏目收到了很好的宣传效果。同时,对兰州市委、市政府涉及民生问题的一些重要决策,兰州日报社的各报网都能从兰州的市情出发,坚持新闻的真实性,坚持正面报道,积极解惑释疑,坚持了主流媒体的立场。

2009年,兰州日报社各报网政治性差错和违反宣传纪律的现象继续为零。重大新闻事件和重要时政新闻的迟报、漏报率为零。

(2)报纸质量进一步提高

《兰州日报》围绕打造新型城市党报的战略目标,《兰州晚报》围绕打造都市主流报的中心任务,不断提高报纸的亲和力、感染力和可读性,重新定位报纸,不断创新办报思路,革新报纸版面,改进采编手法,狠抓编校质量。一年来,两报的办报质量不断提高,报纸内容方面的竞争力日益增强。

一是做好重大主题宣传活动。为庆祝新中国成立60周年及兰州解放60周年,《兰州日报》除了开辟重点栏目《庆祝建国60周年·兰州腾飞的脚步》、《庆祝建国60周年·我可爱的兰州》等报道外,还精心策划、陆续推出了《兰州解放前夜"潜伏"故事》、《帮助老人寻找8·26解放兰州战友》、《兰州解放鲜为人知的故事》等三项大型系列报道。《兰州晚报》与搜狐网、《北京晚报》、《羊城晚报》等全国32家主流报网联合推出了"中国红1949年我的解放时刻"大型系列报道,采取接力报道的形式,对各省会城市的解放时刻进行了全景式报道。《兰州晚报》联合西部城市晚报共同推出了《西部十年》纪念特刊,集中展示了西部大开发10年来的巨大变化,以及西部各族人民的精神面貌。《兰州晚报》以出版一万期为契机举办万期庆典,有力提升了该报形象。

二是办好具有党报风格和都市风采的特刊。为纪念黄河铁桥百年庆典,两报不仅组织了"百年铁桥与兰州发展"的征文活动,同时,在庆典当日推出了"铁桥百年专刊"。

三是舆论监督效果积极。本着重事实、负责任、立足于改进工作的宗旨,兰州日报社开展舆论监督,产生了积极效果。日报《35公里省道开车走了两小时》的监督稿件刊发后,立即引起相关部门的重视,省道201线黄羊头之机场段立即开修;日报刊发的《漆黑涵洞,城市盲点》系列调查,得到了铁路及城建等部门的积极回应。3·15期间,晚报独家推出了打击"黑馒头"报道,历时一个月,引起了兰州市委、市政府的高度重视。第一篇报道见报后,兰州市政府连夜召开了紧急会议,把深入开展面食制品整治作为工作重点,进行全面安排部署。在对兰州市1644家蒸烤炸类面食制品点进行了彻底整顿之后,正式出台了《兰州市蒸烤炸类面食制品店卫生要求》。

(3)报业经营业绩稳中有增

2009年,在报业经济整体下滑、上半年继续欠收的不利形势下,兰州日报社经营部门不断拓展业务,赢得了经营创收的新增长。

面对低迷的广告市场,两报广告部门充分调动员工积极性,分析研究广告市场,努力寻找潜在商机,通过深度挖掘重点行业,多方位开拓广告市场,积极搭建创收平台,实施重点区域推广和重点客户沟通,以活动带动创收等有效手段,广告经营出现了外埠广告份额兰州地区最高、商业广告较大幅度增长、其他优势行业广告持续增长的局面。

兰州日报社发行工作坚持日常化征订制度和奖惩制度,以价格杠杆调整发行结构,充分利用党报发行的优惠政策,加大有效发行区域的报款优惠力度。通过策划"万期晚报优惠活动"、"庆祝建国60周年万分晚报优惠活动",有效推进了两报的征订工作。《兰州日报》和《兰州晚报》2010年报纸征订都超额完成任务。

兰州日报社印务中心从严管理,在提质量、出早报、出好报上下功夫,强化责任意识,加强劳动纪律,通过改造印前设备、加大技术人员培训力度和改进印刷工艺等措施,明显提高了印刷质量,原辅材料使用有所下降。物业中心也在坚持做好"四保一防"即保障办报、保障安全、保障生活、保障清洁和防治病虫害工作的前提下,强化内部管理,提高工作水平,努力开源节流。□

※作者李惠民是兰州大学新闻与传播学院副教授,作者柳丹妮、刘怀丕单位:兰州大学新闻与传播学院

附表 1：

甘肃省 2009 年报业经营情况统计表

报纸规模			
指标	数据	去年同期指标	数据截止时间
全省（市、区）目前的报纸种数	56	56 种	2009 年 12 月
其中：　　党报	15	15 种	2009 年 12 月
行业专业报	15	15 种	2009 年 12 月
晚报都市报	6	6 种	2009 年 12 月
生活服务类报纸	20	20 种	2009 年 12 月
报业经营情况			
一、总体情况			
全省（市、区）报业总收入	32931.24 万元	31725.44 万元	2009 年 12 月
报业集团/报社的经营规模排名	1.《甘肃日报》		
	2.《兰州晚报》		
	3.《兰州晨报》		
	4.《西部商报》		
	5.《兰州日报》		
二、广告经营情况			
全省（市、区）报业广告经营额	26376.89 万元	24264.47 万元	2009 年 12 月
报业广告经营额占广告总额的比例	80%	78%	2009 年 12 月
本地区报社（报业集团）广告经营额排名 数据截止至：　2009 年 12 月	1.《兰州晚报》，经营额 7300 万元		
	2.《兰州晨报》，经营额 6310 万元		
	3.《西部商报》，经营额 4303 万元		
三、发行经营情况			
全省（市、区）报业发行总流转额	21107.8 万元	20924.4 万元	2009 年 12 月
报纸总印数	1173228 千印张	1142998 千印张	2009 年 12 月
期发报纸总份数	186.7 万份	173.5 万份	2009 年 12 月
人均报纸份数	0.071 份	0.070 份	2009 年 12 月
自发总量和邮发总量比例	2：1	2：1	2009 年 12 月
四、报业印刷经营情况			
报业印刷总收入	6650 万元	6300 万元	2009 年 12 月

附表2:

甘肃日报报业集团2009年经营情况统计表			
指标	数据	去年同期指标	数据截止日期
经营总收入	22766.23万元	22415.44万元	2009年12月
一、广告经营情况			
广告经营额	13398.42万元	13264.47万元	2009年12月
广告额占前三位的行业	政府形象、房地产、商业	政府形象、房地产、商业	2009年12月
广告额增长最快的三个行业	金融、教育、商业	金融、教育、商业	2009年12月
二、发行经营情况			
发行流转额	3621.43万元	3458.67万元	2009年12月
期发报纸总份数	56万份	54万份	2009年12月
自发总量和邮发总量比例	3：1	3：1	2009年12月
发行队伍规模	600人	600人	2009年12月

附表3:

《甘肃日报》社2009年经营情况统计表			
总体情况			
指标	数据	去年同期指标	数据截至日期
经营总收入	9506万元	8048万元	2009年12月
各报纸经营情况			
一、广告经营情况			
广告经营额	3368万元	2308万元	2009年12月
广告额占前三位的行业	金融、房地产、商业		
广告额增长最快的三个行业	教育、商业、政府形象		
二、发行经营情况			
发行流转额	2670万元	2118万元	2009年12月
期总发行量	（平均）12万份/天	（平均）13万份/天	2009年12月
报业集团/报社其他经营情况			
报纸印刷总收入	1728万元	1721万元	2009年12月
集团/报社其他业务总收入	148万元	222万元	2009年12月

附表 4:

《兰州晨报》2009 年经营情况统计表			
指标	数据	去年同期指标	数据截止日期
经营总收入	7179 万元	6572 万元	2009 年 12 月
一、广告经营情况			
广告经营额	6310 万元	5649 万元	2009 年 12 月
广告额占前三位的行业	医药、分类信息、地产	医疗、地产、商业	2009 年 12 月
广告额增长最快的三行业	医药、分类信息、证券	医疗、地产、商业	2009 年 12 月
二、发行经营情况			
发行流转额	868	923 万元	2009 年 12 月
期发报纸总份数	11.3 万份	12.9 万份	2009 年 12 月
自发总量和邮发总量比例	9：1	11.3：1	2009 年 12 月
发行队伍规模	550 人	620 人	2009 年 12 月

附表 5:

《西部商报》2009 年经营情况统计表			
指标	数据	去年同期指标	数据截止日期
经营总收入	5025 万元	4931 万元	2009 年 12 月
一、广告经营情况			
广告经营额	4303 万元	4202 万元	2009 年 12 月
广告额占前三位的行业	健康、商场、房产	健康、商场、房产	2009 年 12 月
广告额增长最快的三个行业	健康、时尚、汽车	教育、汽车、房产	2009 年 12 月
二、发行经营情况			
发行流转额	722 万元	701 万元	2009 年 12 月
期发报纸总份数	10.23 万份	9.06 万份	2009 年 12 月
自发总量和邮发总量比例	37：1	33.5：1	2009 年 12 月
发行队伍规模	434 人	420 人	2009 年 12 月

附表 6:

《甘肃经济日报》2009 年经营情况统计表			
指标	数据	去年同期指标	数据截止日期
经营总收入	1200 万元	1100 万元	2009 年 12 月
一、广告经营情况			
广告经营额	700 万元	690 万元	2009 年 12 月
广告额占前三位的行业	通信　交通　保险	通信　交通　保险	2009 年 12 月
广告额增长最快的三个行业	通信　交通　保险	通信　交通　保险	2009 年 12 月
二、发行经营情况			
发行流转额	500 万元	480 万元	2009 年 12 月
期发报纸总份数	8 万份	7.6 万份	2009 年 12 月
发行队伍规模	400 人	400 人	2009 年 12 月

附表 7:

《兰州日报》2009 年经营情况统计表			
指标	数据	去年同期指标	数据截止日期
经营总收入	1980 万元	1800 万元	2009 年 12 月
一、广告经营情况			
广告经营额	1100 万元	1000 万元	2009 年 12 月
广告额占前三位的行业	房地产、公告、教育	房地产、公告、教育	2009 年 12 月
广告额增长最快的三个行业	教育、旅游、形象	教育、旅游、形象	2009 年 12 月
二、发行经营情况			
发行流转额	330 万元	300 万元	2009 年 12 月
期发报纸总份数	3.4 万份	3 万份	2009 年 12 月
自发总量和邮发总量比例	9.5：0.5	9.5：0.5	2009 年 12 月
发行队伍规模	300（编外）	300（编外）	2009 年 12 月
三、报社其他经营情况			
经营项目	政府财政拨款		
经营收入	500 万元		2009 年 12 月

附表 8:

《兰州晚报》2009 年经营情况统计表			
指标	数据	去年同期指标	数据截止日期
经营总收入	7350 万元	7000 万元	2009 年 12 月
一、广告经营情况			
广告经营额	7300 万元	6800 万元	2009 年 12 月
广告额占前三位的行业	房地产、医药、商业	房地产、医药、商业	2009 年 12 月
广告额增长最快的三个行业	美容、健身、教育	美容、健身、教育	2009 年 12 月
二、发行经营情况			
发行流转额	635 万元	600 万元	2009 年 12 月
期发报纸总份数	10.6 万份	10 万份	2009 年 12 月
自发总量和邮发总量比例	9.5：0.5	9.5：0.5	2009 年 12 月
发行队伍规模	300 人	300 人	2009 年 12 月

2009年青海省报业发展综述

● 马显光

一、青海省报业发展状况之总体数据

2009年，青海省拥有的报纸数量为21种。在这些报纸中，党报10种，行业专业报6种，晚报都市报1种，生活服务类报纸4种。2009年，全省报业总收入大约为1.48亿元，较2008年有较大上升。青海省2008年报纸经营规模排在前五位的是：《青海日报》、《西海都市报》、《西宁晚报》、《青海法制报》、《青海广播电视报》。

2009年，青海省报业广告经营额为7800多万元，这个数字较2008年有所增加，但是报业广告经营额占全省广告总额的比例与上年相比增幅不大。全省单张报纸年广告收入排在前三位的是：《西海都市报》，广告经营额为3000万元；《西宁晚报》，广告经营额为2600万元；《青海日报》，广告经营额为1300万元。

《青海日报》创刊60周年庆祝大会在省会议中心隆重举行

2009年，青海省报纸发行总流转额为2900万元，比2008年有较大增加。全年报纸总印数为5480万份，期发报纸总份数为16万份，全年人均拥有的报纸份数为10.95份，期发人均拥有报纸数为0.03份，自办发行与邮局发行的比例为6:4。这些数据与2008年相比基本持平。

2009年，青海省报业印刷总收入为3600万元，较2008年有较大上升。青海省报业其他经营收入与2008年基本相当。

2009年，青海省数字媒体和报纸网络发展呈现上升态势。青海日报社青报网更名为青海羚网，2009年12月开始试开通运行，2010年将正式开通。2009年6月，《青海法制报》投入20多万元购置北大方正采编6.0系统，建成可容纳50个用户数的新闻采编网络。

二、青海省报业发展状况之总体特点

2009年，青海省报业发展异彩纷呈，报纸新闻宣传仍然是青海省报业发展的重中之重，“新闻立报，报纸立业”作为青海省报业经营原则，始终被青海报人遵循着；数字媒体呈现出加快发展的良好势头，电子版、电子报、网站建设逐步纳入青海省报业发展主渠道；报业体制改革已出现新的势头，宣传与经营分开、人事制度改革已经开始。

2009年，青海省报业结合青海省实际，在经济宣传尤其是特色经济宣传方面投入了大量的媒体资源和人力物力，新闻宣传效果非常明显。先后策划宣传了一大批循环经济、轻金属新材料、硅材料、太阳能等特色项目，藏毯、民族服饰、中藏药等特色产业。2009年初,《青海日报》连续对青海清华博众、青海康普生物、青海晶珠、青海华硅等公司在国际金融危机中发挥自主创新优势,从容应对,再创佳绩,以及柴达木循环经济试验区建设情况进行了深入报道。特别值得一提的是,《青海日报》以科学发展观为指导,创新报道形式,由点及面对县域经济发展作了实事求是、符合实际的报道,先后推出的《祁连四问》和《细读天峻》重点报道,对祁连、天峻两县经济发展中存在的问题和难点,深入进行了剖析和研究,提出了县域经济发展的思路和对策,具有很强的指导意义。

为青海省经济社会发展服务,是青海报业义不容辞的重要责任。近几年,青海省报业从服务全省工作大局出发,突出报纸和网络的政治资源优势、新闻资源优势、权威发布优势、队伍素质优势,坚持理性高度与感性贴近、历史发展与时代特性相结合,既强调专版、特刊、专栏的主打作用,又发挥小块文章"短、频、快、活"的信息集中优势;既强调面上的综合,又突出点上生动。除此之外,民生报道、环境保护、城市和新农村建设、民营经济等新闻报道不断加强,新闻内容具有更强的针对性,广大读者反映,青海省报业主办的各个媒体,其可读性不断增强,服务功能不断增大。

2009年,为了应对报业发展中遇到的新问题,青海省新媒体、新技术发展呈现蓬勃向上的良好态势。2009年7月,青海日报社根据新形势下新闻媒体多元化发展的现实和报业发展面临激烈竞争的现状,在充分调研论证的基础上,组建了青海日报社新媒体传播中心。中心由三部分组成:青海手机报、青海羚网、网络视频。该中心的组建,必将为青海日报社在激烈的市场竞争中强化竞争力发挥效能,为青海日报社媒体多元化快速发展,奠定良好的基础。

2009年2月5日,青海省委书记、省人大常委会主任强卫(前一)视察青海日报社

右二为青海日报社党组书记、社长、总编辑刘力群

青海日报社的记者在可可西里国家级自然保护区捡拾垃圾,让我们的环境更加美好

西宁晚报社积极探索改革路子,确保党对新闻宣传的领导,确保报纸新闻宣传事业和报纸产业发展不断壮大。根据西宁市文化体制改革的总体安排,到2009年12月底,西宁晚报社已经完成了机构和人事制度改革。为了落实文化体制改革各项任务,西宁晚报社一方面通过各种会议、座谈、学习等形式,切实做好思想发动工作,促进编采人员和干部职工解放思想、转变观念,另一方面从编采人员和干部职工关注的切身利益入手,本着解放和发展报纸生产力,调动编采人员和干部职工参与改革积极性的原则,从实际出发,深入研究,形成以改革促发展,在发展中逐步解决各种问题的工作思路,制定工作方案,分步推动改革,确保改革的平稳推进。2009年7月份,并召开体制改革动员大会,全面部署改革工作。成立了深化报纸体制改革工作领导小组,紧密结合单位实际和业务特点,认真研究制定《中层干部竞争上岗实施方案》、《定编定岗定责方案》、《一般工作人员双向选择工作方案》等多套推进改革的配套办法,为改革提供了有力的制度保障。树立新型人才观,按照"重在发掘、培养、使用、提高"的新型人才观,使想干事的同志有事干、干成事,使干部职工的聪明才智得到充分发挥。

2009年,青海法制报社报纸编采网络建设工作顺利完成,报社编采工作条件得到彻底改观。

《青海日报》、《西海都市报》、《青海法制报》、《青海科技报》、《格尔木日报》等报纸电子版相继开通,为广大读者进一步拓宽了阅读视野。但《青海科技报》没有建立自己的网站,数字版搭建在青海科普网上。

为迎接新中国60华诞,《青海日报》、《西海都市报》、《西宁晚报》、《青海科技报》纷纷出版国庆纪念特刊,成为青海省有报纸以来在一年当中出版特刊最多的一年,创下了青海省报纸出版特刊之最。

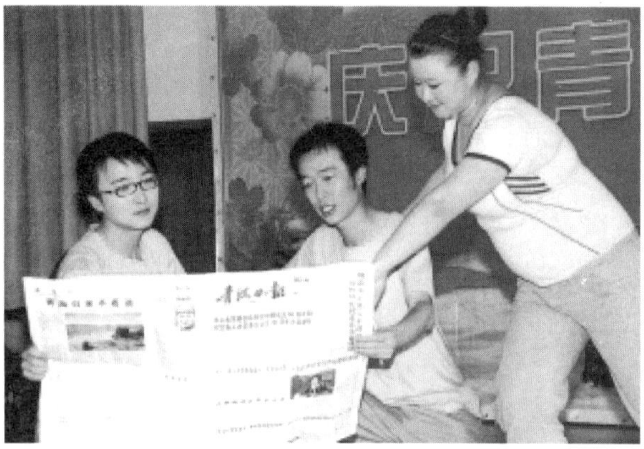

2009年10月16日,庆祝《青海日报》创刊60周年大型文艺演出活动在青海日报社举行,来自各子报、各部门的记者编辑们用自编自演的节目,热情讴歌党的丰功伟绩

《青海科技报》增加出版月末版,四开16版,进一步增加科技宣传内容,扩大科技宣传效果。

青海省报界始终认为,做好新闻工作,必须努力办好报纸、办好新兴媒体,牢固树立"新闻创业,媒体立业"的思路,进一步唱响主旋律,打好主动仗,创新新闻宣传内容、形式,努力实现权威性与贴近性的有机统一,不断提高舆论引导能力。只有这样,报纸事业才能快速发展。

三、青海省各主要报社经营关键词

1.青海省委书记强卫视察青海日报社

2009年2月5日,青海省委书记、省人大常委会主任强卫在青海省委常委、省委宣传部部长曲青山,青海省委常委、省委秘书长沈何的陪同下,专程来到青海日报社,深入印刷厂厂房、西海都市报社和中国藏族网,详细调研青海日报社改革和发展情况,并亲切看望报社职工和编采人员,向大家致以新春的问候和衷心的感谢。

在与青海日报社负责同志座谈中,强卫对青海日报社的新闻宣传、改革发展工作给予了充分肯定。他指出,当前和今后一个时期,全省新闻宣传工作要高举伟大旗帜毫不动摇,把握正确导向毫不含糊,维护意识形态安全毫不懈怠,展示青海的崭新形象毫不停顿,切实提高舆论引导能力,营造良好的舆论氛围,更好地发挥宣传党的主张,弘扬社会正气,通达社情民意,引导社会热点,疏导公众情绪,搞好舆论监督。

强卫强调,全省新闻宣传战线,一定要牢记党的嘱托和人民的期待,进一步高举旗帜,围绕大局,服务人民,改革创新,切实把新闻宣传工作提高到一个新的水平。强卫最后希望《青海日报》办得更好、办出特色,争取更大的发展。

2.第十一世班禅额尔德尼·确吉杰布亲切关怀《刚坚少年报》

2009年6月1日,在《刚坚少年报》迎来创刊20周年之际,第十一世班禅额尔德尼·确吉杰布给青海民族出版社《刚坚少年报》编辑部发来贺信及贺诗,对《刚坚少年报》创刊20周年表示祝贺,并高度评价了该报为丰富藏族少年儿童的科学文化知识所做的工作。第十一世班禅额尔德尼·确吉杰布在写给《刚坚少年报》编辑部的贺信中说:"你们是一个以传播民族文化为己任的编辑部。你们编辑部上下齐心,勤奋工作,通过这份报纸把藏文的语法知识、科学文化、本民族的传统文化,传播给了藏族聚居区的少年儿童,是你们给了藏族聚居区少年儿童一个贴近他们心坎的课外读物,我祝贺你们在这方面所取得的成绩。"自1995年12月第十一世班禅额尔德尼·确吉杰布坐床典礼开始,《刚坚少年报》编辑部就给第十一世班禅额尔德尼·确吉杰布寄去他们出版的每一期报纸,后来第十一世班禅额尔德尼·确吉杰布从西藏扎什伦布

2009年10月20日,青海日报社纪念创刊60周年。青海省委常委、常务副省长徐福顺,青海省委常委、组织部长齐玉,青海省人大常委会副主任马福海出席庆祝会

寺迁居北京时，曾委托管家首次打来电话，通知变更后的地址。2004年9月，第十一世班禅额尔德尼·确吉杰布又委托其管家罗旦打电话给《刚坚少年报》编辑部说："你们的报纸从形式到内容办得相当出色，确实为藏族少年儿童办了一件功德无量的好事。我是看着《刚坚少年报》长大的，我时常默默地祈祷《刚坚少年报》越办越好。"2007年4月，第十一世班禅额尔德尼·确吉杰布的父母来青海，其父母转达了他对《刚坚少年报》的关心。第十一世班禅的父母说："报纸办得相当不错，第十一世班禅非常关心《刚坚少年报》，以后针对藏族少年儿童多刊登一些品德教育方面的文章，以提高他们的道德素质。"《刚坚少年报》自1989年6月创刊以来，深受广大藏族聚居区少年儿童的青睐。它以培养热爱祖国、热爱社会主义、热爱党、热爱人民的德、智、体全面发展的新一代藏族少年儿童为宗旨，为全面提高藏族少年儿童的思想道德和科学文化素质，为藏族新一代的健康成长发挥了重要作用，已成为广大藏族少年儿童的良师益友，并为培养藏族新一代提供了健康的精神食粮。现发行遍及全国藏族聚居区及部分国家和地区，发行量达1000多万份。

3.大力宣传自主创新企业典型

2009年，青海省各报为了提振全省人民战胜金融危机信心，把经济宣传摆在十分突出的位置，以增强信心为主线，努力贯彻中央和青海省委省政府的决策部署，为实现青海省经济社会又好又快发展提供有力舆论支持。2009年初，各报连续对青海清华博众、青海康普生物、青海晶珠、青海华硅等公司在国际金融危机中发挥自主创新优势，以及柴达木循环经济试验区建设情况进行了报道。这些报道在青海省企业界引起广泛好评，进一步增强了青海省干部群众继续解放思想，坚持改革开放，落实科学发展观，战胜国际金融危机的信心。

4."2008中国记忆——青海"新闻图片

2009年1月，西海都市报携手腾讯网图片频道推出"2008中国记忆——青海"，用一幅幅新闻图片将2008年青海省发生的重大事件展现在全国网民的眼前。

5.庆祝新中国成立暨青海解放60周年大型宣传活动

2009年是新中国成立60周年和青海解放60周年。为更好地反映60年来我国和青海省各族人民在党的正确领导下，艰苦拼搏的光辉历程，宣传

作为青藏高原的主流媒体，《西海都市报》顺应时代的发展，借助先进的采编系统和科学的管理模式，建立了高效的采编运行体系

60年来特别是改革开放30年来青海所取得的伟大成就和成功经验，宣传各族人民团结奋斗、同舟共济、共同繁荣发展的和谐之音，2009年8月27日，青海日报正式启动"庆祝祖国60华诞、庆祝青海解放60周年"大型宣传。这一宣传策划是青海日报社编委会以贯彻落实科学发展观、构建和谐社会为指导，以青海省委十一届六次全体会议精神为主线，精心谋划、认真准备的。整个策划将以通讯、消息、言论、系列、图片报道等多种形式，全方位、多侧面、立体化地展现共和国和青海各族群众60年来风雨兼程的艰辛努力，热情讴歌社会主义建设和改革开放的丰功伟业，唱响共产党好，社会主义好，改革开放好，伟大祖国好、各族人民好的时代主旋律，激发全省广大干部群众的民族自尊心、自信心、自豪感和与伟大祖国同呼吸、共命运的爱国热情，进一步激励全省各族人民树立自信开放创新的青海意识，以"人一之、我十之"的实干精神，投身建设富裕文明和谐新青海的伟大征程，不断推动全省经济社会又好又快发展。这一策划中，"说说身边新变化——喜迎青海解放60周年"现场短新闻大赛等前期报道已经推出，并引起了良好的社会反响。从这天起，《见证辉煌60年》、《走马大美青海——新中国成立60周年特别报道》、《见证辉煌60年·高原英模》、《见证辉煌60年·我的青海情》等大型报道将陆续推出。为认真做好此次宣传，青海日报社已成立了专门领导小组，举全社之力搭建了报道班子。全体编辑记者以饱满的热情全力以赴做好报道工作，与全省人民共同见证新中国成立60周年和青海解放60周年的伟大时刻。

6."青藏线讲述——与共和国同行"

2009年7月13日,青海日报新中国成立60周年大型采访活动"青藏线讲述——与共和国同行"启动,"青藏线采访报道组"沿青藏线多角度、大范围、深层次采访报道兵站部官兵55年来特别能吃苦、特别能忍耐、特别能战斗的精神和辉煌历程,全面反映历代青藏兵站部官兵的不朽功绩。1954年冬,总后青藏兵站部官兵开进戈壁荒原。55年来,官兵们在雪域高原,战风雪、斗严寒,以钢铁般的毅力修建了举世瞩目的青藏公路,架设了祖国内地连接西南边陲的通信线,铺设了具有世界领先水平的格尔木至拉萨的输油管线,保障了这些线路正常运行,他们的豪迈和壮举,谱写出一页又一页感天动地的故事。"青藏线讲述——与共和国同行"采访活动以青藏公路为主线,青海日报记者由西宁出发至拉萨,行程2000公里进行穿越式采访,沿着一代又一代青藏兵站部官兵的足迹,上五道梁、唐古拉山、下安多、当雄到拉萨,以自己的所见、所闻、所感,全方位报道兵站部部队55年来的光辉历程,全景式展现兵站部党委以"三个特别"精神建线育人的经验做法以及加速推进信息化建设、践行当代革命军人核心价值观、支援地方经济社会发展中建立的不朽功绩。

7.青藏高原首家报业呼叫中心96369开通

2009年2月26日起,青藏高原首家新闻媒体呼叫中心在《西海都市报》正式开通运行。《西海都市报》获得了青海省也是青藏高原地区第一个报业特服号码——96369,将为读者、企业客户提供更加方便、快捷的服务。呼叫中心采用先进的IP通信技术,实现统一号码接人,并且在此基础上建立了更为先进、功能更全的客户关系管理系统。24小时全人工新闻热线电话96369的开通,成为《西海都市报》与读者交流的第一平台和互动窗口。新开通的西海都市报呼叫中心包含了新闻线索处理、客户投诉处理、信息咨询等模块,并且还能对客户数据进行开发,提供增值服务。

8.《青海日报》创刊60周年

2009年10月20日上午,《青海日报》创刊60周年庆祝大会在青海会议中心隆重举行。青海省委常委、副省长徐福顺,省委常委、组织部长齐玉,省人大常委会副主任马福海与各界来宾及青海日报社新老报人欢聚一堂,热烈庆祝《青海日报》60华诞。青海省委书记、省人大常委会主任强卫,副省长吉狄马加,青海省人大常委会办公厅、青海省政协办公厅、青海省军区和兄弟省市党报发来贺信,青海省委副书记骆惠宁,青海省委常委、宣传部长曲青山,青海省军区政委段进虎等领导题了词。作为中共青海省委机关报,青海日报创刊60年来,始终坚持党性原则,紧紧围绕青海省委、省政府的中心工作,牢牢把握正确舆论导向,坚守主阵地,弘扬主旋律,积极宣传党的路线、方针、政策和青海省委、省政府的重大工作部署,热情讴歌青海革命、建设、改革和发展的伟大成就,忠实记录青海高原日新月异的发展变化,真诚传递全省人民的心声意愿,在实践中逐渐形成了自己鲜明的办报特色,是青海省委、省政府指导全省工作的重要阵地。今天的《青海日报》,已经从创刊之初的一张对开4个版的报纸,发展成为拥有1张大报、6家子报、2份期刊和2家网站的传媒方阵。

9.《青海藏文报》焕然一新

2009年1月1日,改版后面目焕然一新的《青海藏文报》亮相青海高原,给读者带来一份惊喜。2008年第四季度以来,根据青海省委和省委宣传部领导对办好《青海藏文报》的相关指示精神,青海藏文报社组织力量对报改进行深入细致的研究,召开座谈会征求专家、学者、老干部和读者的意见和建议,梳理报改思路,形成方案付诸实施。改版后的《青海藏文报》有效提升报纸的"思想力、文化力、亲和力、竞争力、创新力",给青藏高原的广大读者带来一份惊喜,取得了很好的社会宣传成效。

10.《刚坚少年报》庆祝创刊20周年

2009年6月1日,全国惟一的藏文少年报——《刚坚少年报》举行创刊20周年报庆活动。1989年6月1日,青海民族出版社针对藏族儿童课外读物奇缺的实际,创办了《刚坚少年报》。该报创刊以来,始终贯彻党的教育方针和民族政策,坚持贴近藏族聚居区少年儿童的生活、学习、校园文化生活,为全面提高藏族聚居区少年儿童的思想道德素质和科学文化素质,提供了健康向上的精神食粮。目前,报纸订阅者遍及西藏、甘肃、云南、四川、青海等省、区和内地部分城市学校的西藏班。该报在日本、英国、尼泊尔、不丹等国家也拥有部分读者。

11.人民日报社青海分社成立

2009年9月9日,人民日报社青海分社在西宁成立。青海省委书记、省人大常委会主任强卫,人民日报社副总编辑马利为人民日报社青海分社揭牌并讲话。全国政协文史和学习委员会副主任桑结加,青海省政协主席白玛,青海省委常委、省委秘书长沈何,青海省委常委、西宁市委书记王建军，青海省副省长高云龙出席揭牌仪式。青海省委常委、省委宣传部长曲青山主持揭牌仪式。

12.北京日报报业集团考察团赴青海考察

2009年6月19日，北京日报报业集团赴青海考察团一行22人在北京日报社副社长徐文珍的带领下抵达西宁，对青海省进行为期一周的经济社会情况考察。当日下午，考察团一行到青海日报社参观考察。考察团参观了《西海都市报》、中国藏族网通等部门，并与青海日报社领导进行了座谈。青海日报社主要负责人就报社的宣传、经营、管理、人才队伍建设及工作思路安排等情况与考察团进行了交流和探讨。徐文珍在座谈中说，经过一代又一代青报人在青藏高原艰苦环境下的忘我工作和艰苦奋斗，《青海日报》在60年的发展历程中，创造了不平凡的业绩，打下了报业发展坚实的基础。青报人扎实认真的采访作风、忘我进取的敬业精神非常值得学习，希望今后双方加强地区与业务之间的交流与合作，共同开创新局面。在青海期间，考察团一行将赴互助土族自治县、格尔木等地进行经济社会和生态考察。□

※作者单位：青海省报业志办公室

附表1：

报纸规模			
指 标	数 据	去年同期指标	数据截止时间
全省（市、区）目前的报纸种数	21种	22种	2009.12.31
其中：党 报	10种	10种	2009.12.31
行业专业报	6种	6种	2009.12.31
晚报都市报	1种	1种	2009.12.31
生活服务类报纸	4种	5种	2009.12.31
报业经营情况			
一、总体情况			
全省（市、区）报业总收入	14800万元	10000万元	2009.12.31
报业集团/报社的经营规模排名	1. 青海日报		
	2. 西海都市报		
	3. 西宁晚报		
	4. 青海法制报		
	5. 青海广播电视报		
二、广告经营情况			
全省（市、区）报业广告经营额	7800万元	7000万元	2009.12.31
报业广告经营额占广告总额比例	40%	50%	2009.12.31
本地区报社广告经营额排名 数据截止至：2009年12月	1. 西海都市报，经营额 3000万元		
	2. 西宁晚报，经营额 2600万元		
	3. 青海日报，经营额 1300万元		
三、发行经营情况			
全省（市、区）报业发行总流转额	2900万元	2000万元	2009.12.31
报纸总印数	54800000	54750000	2009.12.31
期发报纸总份数	160000	150000	2009.12.31
人均报纸份数（全年）	10.95	10.95	2009.12.31
自发总量和邮发总量比例	6：4	6：4	2009.12.31
其他经营情况			
报业印刷总收入	3600万元	1000万元	2009.12.31
报业其他业务总收入	500万元	500万元	2009.12.31

附表 2：

青海日报社经营情况			
总体情况			
指 标	数 据	去年同期指标	数据截至日期
经营总收入	9400 万元	7500 万元	2009.12.31
所属主要报纸	1、青海日报		
	2、西海都市报		
	3、青海法制报		
	4、西海商报		
	5、西海农民报		
	6、青海藏文报		
	7、青海手机报		
报纸经营情况			
一、广告经营情况			
广告经营额	4600 万元	4500 万元	2009.12.31
广告额占前三位的行业	房地产、汽车、医药		
广告额增长最快的三个行业	房地产、汽车、医药		
二、发行经营情况			
发行流转额	1900 万元	1500 万元	2009.12.31
期总发行量	98000 份	90000 份	2009.12.31
发行队伍规模	200 人	200 人	2009.12.31
报社其他经营情况			
报纸印刷总收入	2400 万元	1000 万元	2009.12.31
报社其他业务总收入	500 万元	500 万元	2009.12.31

附表 3：

西宁晚报社经营情况			
总体情况			
指 标	数 据	去年同期指标	数据截至日期
经营总收入	4200 万元	2700 万元	2009.12.31
所属主要报纸	西宁晚报		
报纸经营情况			
一、广告经营情况			
广告经营额	2600 万元	1800 万元	2009.12.31
广告额占前三位的行业	房地产、医药、汽车		
广告额增长最快的三个行业	房地产、医药、汽车		
二、发行经营情况			
发行流转额	600 万元	400 万元	2009.12.31
期总发行量	48000 份	45000 份	2009.12.31
发行队伍规模	110 人	110 人	2009.12.31
报社其他经营情况			
报纸印刷总收入	1000 万元	500 万元	2009.12.31

2009年宁夏回族自治区报业发展综述

●姜文姬

一、宁夏报业发展状况之基本数据

改革开放30多年来，地处西部经济欠发达省份的宁夏报业在全国报业发展浪潮影响下，在历经单一报种时期、多报种时期和厚报时期的三段跨越式发展后，开始呈现出大众化报纸发展模式并走上规模化竞争道路。截至2009年底，自治区共出版报纸21种，其中自治区级党报1家，地市级党报5家，都市类报纸6家，行业类报纸1家，生活服务类报纸3家，少儿类报纸1家，高校校报4家。

二、宁夏报业发展状况之总体特点

目前，宁夏报业已经形成以银川市报业为龙头，其它各地市报业并存的格局。自治区报纸划分为党报类、都市报纸类、生活服务类、行业专业类、少儿类及4家高校校报，基本上形成了从首府到各地市、覆盖全区的报业体系。

宁夏报业已经形成以银川市报业为龙头，其他各地市报业并存的格局。全区报纸可以划分为都市报纸类、生活服务类、行业专业类、少儿类等几种类型。另外银川地区一些高校如宁夏大学、宁夏医科大学、北方民族大学等还有自己的校报。基本形成从省到市，覆盖全省的报业体系，呈现出省级党报、各市党报及都市报相互竞争、共同发展的报业格局，不断适应、满足人民群众多层次、多元化的文化信息需求。

就报业管理而言，宁夏报业在报业结构、经营体制等方面没有大的变化，基本上沿用行政级别划分省级、市级报业管理模式，省级管辖的报纸全部集中在宁夏日报报业集团，银川市的报纸以银川晚报社为管理单位自成一体，其它各市如银北石嘴山、银南吴忠、中卫、固原等市都以党报为主体经营报纸。其中宁夏日报报业集团是宁夏唯一一家报业集团，目前依然采用“机关报+都市报”的管理模式。集团对下属媒体的控制主要体现在行政上负责领导班子、财务上调整二级核算指标，宏观上监督舆论导向。集团各子报在业务运作与经营管理方面有一定自主权，在上级行政性、政策性管理与市场化发展驱动的双重要求下各自发展。

目前制约宁夏报业发展的因素有已下几个方面：一是宁夏经济总量偏小、广告资源匮乏。按照国际社会的一般衡量标准，一个国家、一个地区广告总额在GDP中所占比例是经济越发达、所占份额越大，国际通行的估算比例是广告营业额约占GDP的1.5%~2%。近几年来，在国家宏观调控政策的引导下，宁夏国民经济持续保持旺盛的增长态势，2009年，宁夏全年的GDP达到1334亿元，其中银川地区的GDP达到575亿元。但与全国其它省份相比，宁夏GDP排名仍很靠后。传播学研究表明，媒介能否拥有受众，取决要素之一就是人的社会化程度是否足以让他们感受到大范围的社会性的信息需求是一种有效地生存和发展的“必要生活资料”。宁夏经济发展相对滞后，大大制约了宁夏报业的发展，尤其是广告业的发展。2009年宁夏报纸广告的总量仅有2.4亿多元，与全国其它省份相比，较为落后。二是宁夏城镇居民素质和收入水平制约了宁夏报业的发展。在宁夏以城镇居民素质和收入水平相对较高的省会城市银川市为例，2009年，银川市总人口为158万，其中具有大专以上学历的占12.13%，高中程度的占16.40%，初中程度的占33.70%，小学程度的占21.31%。从以上数据不难看出，银川地区的城镇居民的文化素质与我国东部地区相比，还有很大差距，至于银川以外，宁夏其它各市县的情况则更不如此。另据国家统计局银川调查队的调查资料显示：2009年银川市城镇居民的人均年收入是1.44万元。中国人民大学舆论研究所的一项调查表明，一份报纸的年定价占人们年收入的1/40~1/50为统计学意义上成为读者的临界点。以宁夏日报"七报"为例，2009年，宁夏日报"七报"的全年订价共需1040元，按照已上比率计算，如果使"七报"真正飞入寻常百姓家，则银川市城镇居民的人均年收入应在4万至5万元。省会城市尚且如此，至于宁夏其它各地市县城镇居民收入则更低。由此年来，宁夏城镇居民的文化素质和收入水平也严重制约着宁夏报业的发展。三是广播、电视、网络及新兴媒体的迅猛发展冲击了宁夏的报业读者市场。传播学的研究表明，一个人仅仅"识字"并不能"自动"地成为报纸的读者，能否成为报纸的现实读者受制于诸多因素的影响。其中之一就是取决报纸以外传媒的竞争，即在新闻内容的提供上谁更能让人感到"满足"以及在获得方式上谁更方便、省力。目前在宁夏，参与和报纸竞争的媒介除传统媒体广播电视外，还有网络及新兴手机媒体。新兴传播媒介的不断出现，为宁夏读者选择阅读新闻提供了更多的途径，尤其是年轻读者选择通过网络、手机等方式获知新闻的比率上升，从而导致报纸读者流失现象严重。

三、宁夏自治区各报业集团、报社之特点

1.宁夏日报报业集团

宁夏日报报业集团成立于2006年7月26日，是宁夏第一家也是惟一一家报业集团，目前集团拥有8报（含手机报）2刊1网站和若干经营实体。其中党报1家——《宁夏日报》；都市报5家——《新消息报》、《华兴时报》、《法制新报》、《现代生活报》、《新知讯报》；少儿类报纸1家——《小龙人学习报》；手机报纸1家——《宁夏手机报》。除报纸外，拥有2家期刊——《博客天下》、《看天下》；1家网站——宁夏网；1家手机报——宁夏手机报。

依据子报与集团关系的不同，子报大致分为两类：

第一，报业集团全额投资创办：《新消息报》、《小龙人学习报》。

第二，国家政策划转或联办：2003年，宁夏贯彻落实中央关于进一步治理党政部门报刊散滥的《通知》和国家新闻出版总署关于治理报刊的《实施意见》，通过对行业、行政部门主管的报刊治理整合，先后将4报1刊划转宁夏日报社主管主办或联办。4报1刊包括：宁夏自治区政法委的《宁夏法制报》（现《法治新报》）、区团委的《青年生活导报》（现《现代生活报》）、区科协的《宁夏科技报》（现《新知讯报》）、区发改委的《市场经济研究》（现《看天下》杂志）、区政协的《宁夏政协报》（现《华兴时报》），其中《华兴时报》由宁夏日报与自治区政协办公厅联合主办。报刊主办单位转换后，宁夏日报新添的"五朵金花"开始绽放异彩，出版物的规模比过去40年增加了一倍，报纸数量占据了全区报纸总数的"半壁江山"。

（1）经营状况

受国际金融危机的影响，2009年是宁夏经济发展面临严峻挑战的一年。面对困难和挑战，宁夏日报报业集团坚持大力实施多元化发展战略，狠抓经营创收，逆势而上，创新经营，保持了报业经济稳定增长的良好势头。2009报业集团主要采取了三项举措以应对金融危机。

①加强广告策划，积极应对金融危机

集团先后承办了房车节、服装服饰节；新消息报举办了"新年音乐会"和"创刊十周年庆典"等活动；现代生活报策划了"中国五自治区行"大型采访活动和"第二届魅力民校调查评选活动"；法治新报策划了"3·15诚信企业大型签名"、"宁夏消费行业服务明星"；新知讯报深度参与了银川、石嘴山市的房车展活动。这些活动不仅提升了集团和各报的品牌形象，而且增加了广告收入，在一定程度上抵消了金融危机的不利影响。同时，进一步创新广告经营机制，把部分广告推向市场，实行代理制，推动了广告经营的健康发展。

②成功开辟了"会展经营"新路子

宁报集团积极贯彻自治区党委、政府"保增长、保民生、保稳定"的总体部署，充分发挥自身优

势，策划、承办了"2009首届中国西部（银川）房·车生活文化节"、"首届中国西部（银川）服装服饰艺术节"等重大节会，走出了一条政府主导、媒体策划、企业参与、市场运作的发展会展经济新路子，取得了良好的社会效益和经济效益。

③加强经营管理

在加大创收力度的同时，宁报集团党委提出向管理要效益，开源节流，降低成本，捷报印业取得了较好的经济效益。对财务实行预算管理；对大宗物资实行集中采购制度；强化了应收款管理，提高了经济运行质量。同时，各编采、经营、行政后勤部门，树立节约意识、效能意识，为集团节约了各方面的开支。

（2）《宁夏日报》

①新闻强报 特色立报 优势兴报

《宁夏日报》在2008年提出了创建创新型、特色型党报的目标，在此基础上，集团编委会确定从三个方面开展向新型党报转型的主攻方向：一是把积极追求导向鲜明、新闻价值大的事件性新闻，作为《宁夏日报》办成新型党报的核心任务。二是把准确把握对非事件性新闻进行"事件化报道"的采写手法，作为《宁夏日报》办成新型党报的突破重点。三是严格遵循精神产品生产规律，持之以恒的努力做到：新闻强报、特色立报、优势兴报。

②"两提四多"彰显转型效果

目前，《宁夏日报》向新型党报转型已初见端倪，出现了新闻提速、图片地位提升、事件新闻多、短消息多、批评报道多、点评多的"两提四多"现象。——新闻提速。《宁夏日报》要闻版实现"新闻提速"，"昨日新闻"比例从过去的80%，提升为90%。——图片地位提升。头版头条开始重用图片新闻，许多组图也开始放在一版重要位置，形成强烈的视觉冲击。——事件新闻多。事件性新闻在版面上大行其道，问题占到要闻版的50%，一大批稿件对非事件性新闻如何进行"事件化"采写进行了有益探索。——批评报道多。一版的批评报道和问题报道每天都不少于两条。

2009年，在《宁夏日报》提出创建创新型、特色型党报的目标基础上，进一步强化了报纸的新闻属性，调整了专版专刊，新闻的丰富性有了很大提高，报纸可读性明显增强。刊发的《陈建国痛斥"活人栽死树"》等一批有重大社会影响的舆论监督佳作，彰显了党报的权威性。民生新闻和社会新闻的力度、深度、广度、密度长期落后于都市报的局面有了很大改观。《宁夏日报》刊登的稿件多次受到中宣部新闻阅评组的好评，自治区领导陈建国、王正伟、春光常委也多次批示，给予了表扬。报纸零售量实现较大突破，从日均不足百份达到500多份。

（3）《新消息报》：从注重品牌影响力向品格影响力提升

2009年，《新消息报》调整办报思路，从注重报纸的品牌影响力向报纸的品格影响力提升，做足厚报的厚重感，创新题材和报道方式，在做好社会新闻的同时，更加注重做好时政、经济新闻和文化副刊等，精心策划了《老站旧事》、《汶川大地震周年》特刊、《备战高考》、创刊十周年特刊等，发表新闻评论300多篇。内容丰富多彩，可读性强。广告设计有创意，版面美观，彰显了都市报的时尚感。

（4）宁夏网

宁夏网是由宁夏日报社主办的新闻信息发布平台，创办于2000年7月。在社领导的重视和直接领导下，2001年2月升级为宁夏日报网络版，通过笔记本电脑、数码相机，采用无线上网，现场发稿的报道方式，利用互联网快速、便捷和交互等特点，实现重大活动事件的现场发稿和在线网络专题报道，取得良好的效果和广泛的影响，所做的专题报道被人民网、新浪、搜狐、网易、央视国际等数百家网站大量采用，对宁夏的外宣工作起到了积极作用。

2002年1月，正式改为宁夏网，成为一个综合新闻网站。信息主要来自宁夏日报报业集团报系七报两刊内容，是目前宁夏采编力量最雄厚、新闻资源最丰富、更新速度最快、发布信息最多的新闻网站，宁夏网作为宁夏日报报业集团各纸介媒体的延伸和补充，充分弥补报纸版面、出版周期和读者范围的不足和限制。宁夏网已经成为大众通过网络了解宁夏的窗口，成为指引大家阅读宁夏丰富多彩网上信息的网络"导游"。

2009年，宁夏网坚持精做新闻和网站内容，自觉抵制低俗之风，圆满地完成了全年的宣传报道任务。宁夏网策划了22个新闻专题，对自治区党委、政府的重大活动和重大举措进行跟踪报道，加强了视频报道，彰显了网络宣传优势，扩大了网络宣传影响力。报网互动迈出新步伐。《新消息报》、《法治新报》确定了固定的互动版面，同时在宁夏网论坛博客上与网民开展互动，并将宁夏网的精华内容和与网民的互动结果在报纸上刊登，《华兴时报》、《现代生活报》也策划了一系列反响良好的热点互动话题，收到较好的效果。

随着报业集团的筹建，宁夏网信息资源日益增多。宁夏日报报业集团对网络新闻更加重视，2009年6月，投资购买了专用新闻发布系统软件并更新了设备，拓展了新闻内容，增加了新闻互动，对宁夏日报报系的新闻内容、服务信息重新整合，力求将宁夏网建设打造成为以新闻和信息为主的综合性宁夏门户网站。

(5)宁夏手机报

2006年2月，宁夏日报报业集团与宁夏移动通信公司强强联合创办的《宁夏手机报》(彩信版)，实现了宁报集团产业链从"第一媒体"向"第五媒体"延伸的跨越式发展。宁夏手机报以宁报集团麾下《宁夏日报》、《新消息报》、《华兴时报》、《法治新报》、《现代生活报》、《新知讯报》等为主要新闻来源，经过整合编辑后变成适合在手机上观看的新闻，内容包括"今日头条"、"宁夏"、"国内"、"国际"、"体育"、"娱乐"、"简讯"、"声音"、"历史上的今天"、"温馨提示"等十几个栏目，每天上午9时，一份文字超过5000字，包含彩色图片、声音的手机报纸以彩信的形式发送到宁夏手机用户的手机上，用户通过手机即可阅读当天报纸的精彩内容。宁夏手机报2009年实现了移动、电信、联通三大运营商全覆盖，订户突破5万户大关。

2.银川晚报社

(1)《银川晚报》

《银川晚报》是中共银川市委机关报，也是宁夏唯一的一份晚报，融党报的品位和晚报的特色于一体。《银川晚报》自1988年7月1日创刊以来，紧跟时代步伐，适应人们文化需求，不断改版扩版并创新报纸出版方式，从最初的激光照排到现在的全国先进的新闻电子出版系统，从原来的委托别人承印到现在的自建印刷厂进行塔式九色轮转胶印，从创刊之初的4开8版周二出报到现在的4开32版，每周6天天天出彩报，报业规模不断壮大，也已成为宁夏最具活力的报纸。

《银川晚报》秉承"公信决定影响，新闻服务大众"的办报理念，充分发挥地方党报的舆论宣传主阵地、主功能作用，及时准确地传播党和政府的声音，积极传播有益于经济发展和社会进步的先进文化，充分反映人民意愿，大力推进改善民生，贴近老百姓实际生活，舆论引导水平及报纸的公信力、影响力均有很大提高，在宁夏首府报业中本土新闻量最大，读者层面最广，银川地区发行量最大，是自治区党委宣传部确认的主流媒体，被自治区新闻出版局评为宁夏一级报纸，2007年和2008年连续两年荣膺中国最具投资价值媒体。

《银川晚报》文章短小精悍，版面图文并茂，内容立志新颖，凝思想性、知识性、趣味性、服务性、科学性于一体，突出地方特色和民族风格，办好各种栏目，抓名牌专栏，满足不同层次读者的需要。

2009年，《银川晚报》在金融危机冲击和互联网媒体挑战的大背景下，积极主动采取措施，保证了经营水平和办报水准，报社也得到进一步发展。

银川晚报社2009年举行的一系列活动也得到社会各界的普遍认可。4月，报社发起"宁夏首届校园漂流书活动"，与共青团银川市委、银川市文联、银川广播电视台等单位联合，引导学生爱读书、多读书、读好书，并促进读书者之间的交流与互动，让原本陌生的同学通过"漂流书"这个纽带，进行深层次的精神对话，得到社会普遍好评。7月，"走进隆德——六盘人家红色生态文化之旅"夏令营在隆德县正式开营，近60名银川小营员怀着探索隆德文化、体味农家生活的好奇之心踏上了这片神奇的土地，丰富了同学们的假期生活。9月，在祖国60华诞来临之际，银川晚报社组织了"共庆60华诞，感受多彩银川"的大型公益活动，邀请28位老银川人共同见证新中国成立60年来银川市经济、社会发生的翻天覆地的变化。

(2)银川新闻网

在银川市委、市政府支持下，银川晚报社抓住机遇，抢先在宁夏日报社、宁夏电视台之前向国务院新闻办公室网络新闻局成功申办了银川新闻网，2004年3月24日，银川新闻网正式开通。银川新闻网由银川市委主管、市委宣传部主办、银川晚报社承办，是银川市继报纸、广播、电视之后的惟一一家有刊发新闻资格的第四媒体，是立足于银川地区的综合性新闻网站和区域性门户网站，是世界了解银川、银川走向世界的一个重要窗口。□

※作者单位：北方民族大学新闻系

表 1 宁夏自治区报业经营情况统计表

报纸规模			
指标	数据	去年同期指标	数据截止时间
全省（市、区）目前的报纸种数	20 种	20 种	2009.12
其中： 党 报	6 种	6 种	2009.12
行业专业报	2 种	2 种	2009.12
晚报都市报	6 种	6 种	2009.12
生活服务类报纸	3 种	3 种	2009.12
其他类别报纸	3 种	3 种	2009.12
报业经营情况			
一、总体情况			
报业集团/报社的经营规模排名	1.《宁夏日报》		
	2.《银川晚报》		
	3.《宁夏广播电视报》		
	4.《华夏能源报》		
二、广告经营情况			
本地区报社（报业集团）广告经营额排名 数据截止至: 2009 年 12 月	1.《宁夏日报》		
	2.《宁夏广播电视报》		
	3.《华夏能源报》		
三、发行经营情况			
全省（市、区）报业发行总流转额	20924.4 万元	19267.4 万元	2009.12
报纸总印数	1142998 千印张	1186913 千印张	2009.12
期发报纸总份数	173.5 万份	173.8 万份	2009.12
人均报纸份数	0.07 份	0.071 份	2009.12
自发总量和邮发总量比例	2 : 1	2 : 1	2009.12
其他经营情况			
报业印刷总收入	6300 万元	6700 万元	2009.12

表 2 宁夏日报报业集团经营情况统计表

经营情况			
总体情况			
指标	数据	去年同期指标	数据截至日期
经营总收入	2.35 亿元	2.095 亿万元	2009 年 12 月
一、广告经营情况			
广告经营额	8437 万元	8053.5 万元	2009 年 12 月
广告额占前三位的行业	政府形象/房地产/商业		
广告额增长最快的三个行业	房地产/教育/商业		
二、发行经营情况			
发行流转额	3700.8 万元	2583.5 万元	2009 年 12 月
自发总量和邮发总量比例	3：1	3：1	2009 年 12 月
三、报社其他经营情况			
经营项目	印务、物流配送、文化活动项目		
经营收入	632 万元	567 万元	2009 年 12 月

表 3《宁夏日报》经营情况统计表

报社经营情况			
总体情况			
指标	数据	去年同期指标	数据截至日期
经营总收入	3223 万元	2419 万元	2009 年 12 月 28 日
一、广告经营情况			
广告额占前三位的行业	市\县形象广告、房地产、教育		
广告额增长最快的三个行业	市\县形象广告、房地产、金融		
二、发行经营情况			
发行流转额	1920 万元	1875 万元	2009 年 12 月 28 日
期发报纸总份数	13.6 万份	13.6 万份	2009 年 12 月 28 日
自发总量和邮发总量比例	1.5：100	1.5：100	2009 年 12 月 28 日
发行队伍规模	12 人（发行管理人员）	12 人（发行管理人员）	2009 年 12 月 28 日
三、报社其他经营情况			
经营项目	印务中心印刷业务		
经营收入	5600 万元	4825 万元	2009 年 12 月 28 日

表 4《新消息报》经营情况统计表

报社经营情况			
总体情况			
指标	数据	去年同期指标	数据截至日期
经营总收入	7474.39 万元	8297.01 万元	2008 年 12 月
一、广告经营情况			
广告经营额	6587.24 万元	7117.54 万元	2008 年 12 月
广告额占前三位的行业	医疗、地产、商业		
广告额增长最快的三个行业	医疗、地产、商业		
二、发行经营情况			
发行流转额	887.15 万元	1179.47 万元	2008 年 12 月
期发报纸总份数	12.4082 万份	14.4163 万份	2008 年 12 月
自发总量和邮发总量比例	91.84%：8.16%	90.91%：9.09%	2008 年 12 月
发行队伍规模	260 人	260 人	2008 年 12 月

2009年香港特别行政区报业发展综述

● 陈昌凤

香港报业历来风生水起，从未平静过。它的繁荣，胜过世界任何都市的报业，而它受到的诟病，也多过世界任何地方的媒体。经过2008年四川地震报道的洗礼，较之十年前、五年前，香港媒体的公信力普遍有了上升，在2009年的调查中，英文《南华早报》公信力居首位，在中文报纸中《明报》连续居首位。

近两年，香港报业竞争格局变得更加复杂：不仅同类报业拼得你死我活，更因为免费报纸的大量发行，导致了免费及收费报纸之间的激烈争夺战。香港有45份日报、多份电子报纸和699份期刊，其中有20份中文日报、13份英文日报(包括一份以失明人士点字印制的报纸及其网上版)、7份中英文双语日报和5份日语报纸。中文报纸中，有14份以报道本港和世界新闻为主，4份集中报道财经新闻，其余专门报道赛马消息。规模较大的报刊，分销范围远及海外华人社会，有些还在中国台湾和美国、加拿大、英国和澳洲印行外地版。香港另有1份英文日报和4份中英文双语日报通过互联网出版。此外还有两个本地免费电视节目服务持牌机构、三个本地收费电视节目服务持牌机构、17个非本地电视节目服务持牌机构、一家政府电台，以及两家商营电台。香港是一些亚太区刊物的业务基地，《金融时报》、《亚洲华尔街日报》、《今日美国》国际版、《国际先驱论坛报》和《日本经济新闻》也在香港刊印。[1]

在2008年末西方爆发金融危机后，香港的媒体形势更加严峻，减版、裁员、减薪成为香港多数报纸惯常手段，甚至在2009年末香港经济逐渐好转的情况下，媒体裁员风潮并未停止，《南华早报》12月29日又裁员30人。亚洲最具权威的经济新闻杂志，在香港出版了63年的《远东经济评论》不幸于2009年12月停刊。香港在海外出版的媒体也有压缩，比如，《明报》美东版及美西版于2009年1月、2月相继停刊。

收费报纸的销量，《东方日报》和《苹果日报》仍居前二位，但已经无法"惟我独大"，因为免费报纸《头条日报》、《AM730》等势力大涨。

一、免费报纸逆势上升，冲击收费报纸

香港有3份免费日报，虽创办未久，但它们对收费报纸带来的冲击却非常巨大，相互竞争愈来愈激烈。据admanGo的广告资料服务报告，2009年前9个月，香港16份收费日报的广告总收入为40亿港元，比上一年下跌10%，但免费报纸同期的广告总收入却近15亿元，较上一年同期上涨5%。[3] 2006年以来，香港免费报纸的广告收益只占报纸总收益的12%，但2009年3份免费报纸的广告收益，竟然飙升至27%，其中《头条日报》和《AM730》升幅最可观，《都市日报》的广告占有率与3年前持平。

目前，3份免费中文报纸的日发行量已达130多万份，其中《头条日报》约70万份，《都市日报》34万份，《AM730》约30万份，而10多份传统收费报纸的总销量只有约110万份。而两年前，3份免费报纸则是110万份发行量，十几份收费报纸发行量是120万份。收费报纸和免费发行量、广告额都存在着明显的此消彼长的状态。免费报纸读者群体不断增多，让传统报纸销售和广告经营压力骤增。

第一份免费日报出现于2002年6月，是世界上最大的免费报纸集团、瑞典《地铁报》的母公司"地铁国际"创办的《都市日报》。目前该报发行量达34万份，主要刊载国际、中国香港和中国内地新闻，以及旅游介绍和娱乐、卡通、文史的副刊，创

办后很快就盈利了。香港2004年全年广告业收入120亿元，报纸占其中30%，而仅《都市日报》就占了3%，大致每月能净赚四、五百万元。2006年以后它的涨势被另两份免费报纸超越。

出版商们看到了免费报的巨大利润前景。2005年，星岛新闻集团推出免费报纸《头条日报》，不久发行量就有40万份，现在更增加到70万份。同年，香港地产中介巨头“中原地产”也投资出版了免费报纸《AM730》。至此，香港有了3份免费商业性日报，它们彼此竞争，并且严重挤压了传统收费报纸的空间。

免费报纸大致具有以下特点：有一定发行量和影响力；面向特定人群，通过地铁等方式免费发行；要有盈利能力。几年过去，香港的免费报纸受众和发行基本稳定，经营也成效卓著，广告占版面的一半左右，广告价格与发行量处于中游的收费报纸相当，短短时间已经立足于报业市场，并且势头凶猛。

免费报纸强烈地冲击了香港的传统报业，两者之间发生全方位竞争。首先是人才竞争。然后是营销竞争。《都市日报》成功抢滩在地铁派送，能做到全天候运作。现在，免费报纸的派送区域开始扩散，不再是单纯的“地铁报”了。香港的地铁站、过街天桥、街巷、屋村、公共汽车站，都成为免费报纸派发的场所。早先只是在地铁站派发，与收费报纸似乎是两个领域，现在免费报由“地下”走到了“地上”，明显与收费报纸形成竞争。

免费报在蚕食传统报纸的市场份额，到2006年上半年，香港十几份综合性大报纷纷面临销量减少的巨大压力。广告的竞争也在加剧，多数报纸平均每日的广告版面减少10%左右，并且广告版面的单位价格也在下降。因此，香港报业总体上成本不断上升，而利润在缩水。只有少数专业性强、针对特定对象或有特殊优势的报纸，如《经济日报》，发行量、广告收入保持平稳上升状态。[4]

免费报纸标榜“免费”及“易读”这两大特点，其篇幅比传统报纸简短，为读者提供新闻内容撮要，收费报纸的读者群也会阅读免费报纸。在信息泛滥的今天，大部份读者要的是能一口气读完的媒体，这或许是免费报纸能成功打入市场的重要原因。

此外，互联网、24小时电视新闻频道对传统新闻媒体造成的冲击也相当大。香港的多家传媒都开设了网络版，一些网上报纸如etnet.com.hk、财华新闻、股坛追击、scmp.com也与传统收费报纸分食广告市场。2008年末开始的金融危机，加剧了香港传统报业的颓势，由于企业不得不压缩开支、减少了报纸广告的投放，对以广告为主要收入来源的香港报纸形成更巨大的打击，广告市场的急剧萎缩，香港报纸的收入锐减，甚至亏损。从2008年下半年开始，“减版、裁员、减薪”成为香港多数报纸普遍趋势，多家报纸减少印刷张数，精简部门及人手以求艰难生存。2008年12月，英文《南华早报》裁减多个部门共计30名员工，占报社员工总数的3%；2009年12月，该报又裁员30人。此外，2009年1月星岛新闻集团旗下1600员工减薪3%至10%；2009年2月，壹传媒全体职工统一减薪3.5%，涉及2000多名香港员工以及1800多名台湾员工，等等。

一般都认为，免费报纸的冲击还会不断扩大，它不只表现为免费特性、也在重新界定报纸的阅读习惯。它符合“速食文化”的潮流，对香港传统报业的结构、规模、内容、形式、营销手段都会产生影响。

二、企业化运营时代，“私有化”成为新风景

香港报业正经历着网络与新媒体、世界金融危机等多重冲击，加上竞争白热化、经营成本上升，几乎所有的中文报业都出现了盈利倒退。香港报业以多元、整合为发展模式，传媒集团一般都是有一两份日报、一些杂志、一个网络以及一些出版物，此外这些传媒集团还涉及制衣、房产、物流等多项业务。从机制上来说，香港报业经历了这么多年市场经济的洗礼，已经走上了企业化、股份制的运营模式。值得一提的是，近年香港有数家媒体正谋求回到私营的状态。

香港多家媒体都集体上市。星美出版集团(拥有《成报》)、星岛新闻集团、东方报业集团、明报企业有限公司、南华早报报业集团、新报报业都是上市公司，近年“壹传媒有限公司”(拥有《苹果日报》、《壹周刊》等)、经济日报报业公司也已上市。免费报纸《AM730》本身就是由上市公司创办的。除了报业上市，也有以杂志为主要媒体上市的，如英皇国际(拥有7份杂志)、南华传媒。电子传媒上市也有多家，包括TVB、有线宽频、凤凰、PCCW(拥有New TV)。网络传媒也纷纷上市，如香港宽频、Tom.com、Tom.online。可以说，传媒上市是做大做强的重要手段。

上市最晚而目前发展势头最好的报业集团，

是从单一《经济日报》发展起来的经济日报报业集团。该集团主要收入来自出版及多媒体业务，其中包括《经济日报》、e-zone杂志、《经济通》杂志、Career Times杂志，逐渐发展成一个多元化的媒体企业，拥有11个独立品牌，其中最能盈利的业务有3块：出版及多媒体；电子资讯及软件；招聘广告及培训。它创办时间至今仅20年，但它大力做好金融资讯和市场需求的各项经济新闻和服务，提高竞争力，逐渐办成了香港最有影响的综合性财经报纸。

报业公司也通过股权的买卖、出让，以期渡过难关、获得发展的可能，比如明报企业2006年收入仅2000万，相当于经济日报的零头。近年曾以1亿元的价格转让mingpao.com的10%股权给中建电讯，又以约6000万元的价格出售5%的mingpao.com的股权给雅虎，以6000万元的价格出售《亚洲周刊》50%股权给Tom.com。2007年1月，明报企业有限公司宣布与马来西亚两大主要中文报业集团星洲媒体集团及南洋报业控股合并。这些举措，有的是迫于经济压力，有的是谋求发展的策略。

香港回归以来十多年里，多家报纸转换老板，如《星岛日报》、英文《南华早报》、《明报》、《成报》、《信报》等。这些老板很多都在内地有投资，各方面关系密切。[5]经济及政治因素，一直是影响香港报业的主导方面。

近两年，香港传媒的私有化竟然有成风气之势。在广播电视界，邵逸夫私有化"邵氏兄弟"的方案于2009年2月获得通过，4月，电讯盈科私有化计划也在高等法院获得通过。报业集团也在跃跃欲试。据报道，东方报业集团的马氏家族拟以总计8.78亿港元，将旗下拥有《东方日报》、《太阳报》等多家在香港颇具影响力的报纸的上市公司东方报业集团私有化。马氏家族私有化的目的，是为了节省管理成本，减少维持上市公司地位所需要的成本及管理资源。

三、报纸的共同取向："大众新闻学"

香港报业的内容竞争，呈现出一个共同特征，即大力发展"大众新闻学"。这种"新闻学"是相对于"精英新闻学"而言的，是在大众化报纸(popular newspaper)基础上发展起来的新闻文化，相对于高级、精英报纸(quality newspaper, elite newspaper)而言，这种市民化报纸更加通俗化、生活化，曾经在价格上也体现出廉价特征。大众化报纸以刊载人情世态、趣闻逸事等社会新闻为主，以社会基层的读者为目标受众。"大众新闻学"以谋取商业最大利益为重，一方面在广泛平民兴趣的推动下带动公共领域的扩大，一方面又以其特有的小报取向报道新闻，将低层的品位渲染得淋漓尽致，煽色腥、夸张渲染无所不用其极。

理论上说，香港报纸的分类大致可划分为三大类：第一类为以中产阶层为受众的精英报，包括一些财经报纸和英文报纸，风格呈媒体专业主义导向，包括《信报》、《南华早报》、《香港虎报》、《香港经济日报》、《星岛日报》及《明报》等；第二类是大众化报纸，读者以底层百姓为主的大众报，走通俗化路线，迎合大众口味，包括《苹果日报》、《东方日报》、《太阳报》、《成报》及《新报》等；[6]这两类报纸过去多是中立立场，近年呈现出各异的立场。第三类为内地提供资金的报纸。[7]

但实际上，在竞争的多数情况下，精英类报纸与大众化报纸逐渐趋于"同位竞争"。1995年，《苹果日报》创办后，香港报业生态改变。《苹果日报》以减价发行、狗仔采访、色腥内容挤进报业市场后，向来以知识分子为主要读者的《明报》、《信报》、《星岛日报》等都无法躲避竞争，选择了用同样的手段去应战。这是一种市场导向新闻学(market-driven journalism)，以市场为取向，为了获得利益竭尽手段满足消费者的需求。有人通过分析不同类新闻的比例、头条内容、标题的大小、图片所占比例、示意图的数量、令人不安的图片频率，得出结论：《明报》与两份小报代表《苹果日报》、《东方日报》愈来愈接近了。不少人认同这样的看法：十多年来，香港的报业出现了"苹果化现象"。从内容的角度来说，"苹果化"大致是指追求爆料的震撼性、采访的狗仔方式、内容的夸张煽情和简单化、版面的图片化大字化、文字广东口语化、风格的低俗化。[8]1998年《苹果日报》的陈健康事件、2002年《东周刊》刊登女星被虐裸照成为煽情时代的标志性事件。

香港最畅销的报纸，公信力最低。2001年，香港中文大学新闻与传播学院的调查显示，《太阳报》、《苹果日报》、《东方日报》这3份最畅销的报纸，公信力排在最末。因此人们不得不认为，这些畅销报纸的所谓成功其实是以牺牲传媒的公信力换取的。2006年香港新闻媒体的公信力跌至新低，较2001年更加退步，很大的因素是媒体渲染了暴力、色情及煽情内容。从香港报业评议会接收到的投诉来看，民众对报刊最不满的主要是几个方面：

侵犯个人隐私、内容不雅、不实和虚假。

在煽色腥传媒文化大行其道的时代,《淫亵及不雅物品管制条例》被频频引用。《苹果日报》自1995年创刊起到2006年2月,被判违反该条例而被定罪的纪录高达56次,是全香港最多的;《天天日报》、《新报》、《太阳报》、《成报》等分别有34、12、6、5次定罪,其他几份报纸也有纪录。不过,量刑不足使一些香港报刊"勇于"刊登淫亵及不雅照片。一些人士呼吁,应尽快修订淫亵及不雅物品管制条例。

2009年到来以前,曾经轰动一时的煽情新闻事件终于有了结论。2002年《东周刊》刊登女星被虐裸照事件被称作香港新闻史上最恶劣的事件之一,事件中的印刷商于2004年认罪,罚款5000元,出版商新传媒集团有限公司于2008年11月认罪,罚款10万元。2008年6月,香港淫亵物品审裁处评定该刊照片为第三类淫亵物品。《东周刊》前总编辑蒙汉明因此被控一项发布淫亵物品罪,2008年12月被判囚半年、缓刑两年。

四、亮点:2009年传媒公信力企升

经过一些重大事件的洗礼,传媒会比平时多出一份责任心。在2008年四川地震的报道后,香港传媒的公信力竟然明显回升。香港中文大学新闻与传播学院2009年进行的传媒公信力调查显示,香港传媒公信力有上升趋势。若以10分为满分,整体传媒公信力评分由2006年调查的6.74分微升至6.84分,17份被评分的报纸中,有14份公信力都有所上升。英文《南华早报》列于公信力第一,在中文报纸中,《明报》连续居首位。负责调查的学者指出,四川地震期间,香港公众见证了记者不辞劳苦深入灾区采访报道,成功地改善了公信力和专业形象。

香港记者在关键时刻表现出了可敬的职业精神和责任意识,他们日以继夜地奋力报道,使"四川地震中的万千事象已经成为了港人集体念想与记忆的一部分","职责、责任与可信是他们认为新闻专业主义中最重要的价值","对香港新闻媒体而言,四川大地震是一次大考验。"[9]香港有200多名记者和新闻从业者去四川采访,在后方的媒体机构里,更有许多新闻从业者参与了报道。在事后的调查中,香港新闻工作者普遍认为他们表现投入、出色,地震报道"提升了记者的心智,令他们体会到生命的意义",在地震采访报道中,香港记者充满责任感和对灾民的关怀,体现了服务大众、自我牺牲的精神。[10]

对地震的报道,也充分表现了香港"大众新闻学"的另一面,最广泛地满足市民大众的信息需求,推动公共空间和公共事务的发展。□

※作者是清华大学新闻与传播学院教授

※注释:

【1】《香港年鉴》2009年3月,第275~278页。

【2】香港电台《传媒透视》2009年第12期。

【3】参阅:陈昌凤,《香港报业十年回眸》,《中国报业》2007年第7期。

【4】苏钥机,《专业主义、新闻自由与市场力量》,《传播与社会学刊》第三期,2007。

【5】陈昌凤,《香港报业纵横》,法律出版社2007年,第98~100页。

【6】黃煜、郭中實、杜耀明、陳芳怡,《新聞內容之建構與表現測量——香港案例研究》,世界华文传媒与华夏文明国际学术研讨会论文,新加坡2009年8月。

【7】陈昌凤,《香港报业十年回眸》,《中国报业》2007年第7期。

【8】金耀基,《四川地震 香港记者反思录》(苏钥机等编)之"序",香港新闻教育基金出版,2008年。

【10】苏钥机,《四川地震记者意味着调查结果》、《记者的专业 专业的记者》,《四川地震 香港记者反思录》(苏钥机等编),香港新闻教育基金出版,2008年。

2009年澳门特别行政区报业发展综述

● 尹德刚

2009年，澳门庆祝回归祖国10周年。这一年澳门经济逐步走出世界金融风暴的阴影转向复苏，澳门的报业的经营状况同样随之好转(2008年有2家周报关闭，2009年没有这种情况)。

一、澳门报业的总体情况

2009年澳门共有日报15家，周报10家。除了《澳门观察报》是教会报纸外，其余都是私营报纸。

其中中文日报10家：《澳门日报》、《华侨报》、《大众报》、《市民日报》、《新华澳报》、《星报》、《正报》、《现代澳门日报》、《濠江日报》、《赛狗秩序表》。

葡文日报3家：《澳门今日》、《澳门论坛日报》、《句号报》。

英文日报2家：《澳门邮报》、《澳门每日时报》。

中文周报9家：《讯报》、《澳门脉搏》、《澳门文娱报》、《时事新闻报》、《体育周报》、《澳门观察报》、《澳门商报》、《捷点资讯》、《澳门会展经济报》。

葡文周报1家：《号角报》。

二、澳门报业的总体特点

1.澳门人口不多，常住居民54万，但游客在2009年达2千多万，这是一个潜在的庞大阅读群体。因此报业的发展一方面要服务本地居民，另一方面也要适合游客的需求。可以说谁在这方面有所突破，谁就可以提高发行量。2009年澳门只有少数报馆注意到这一点，今后几年这方面的竞争会更激烈些。

2.澳门有悠久的办报传统，许多老报人虽然年龄高达70多岁，但仍旧坚守新闻报道岗位，报业就是他们的终身事业。多少年来他们经历风风雨雨，养成了顽强拼搏的精神。他们长期在澳门生活，人脉熟悉，各界人士也都会鼎力相助，用广告或资金支持他们把报纸办下去。澳门的报纸，尤其是周报，发行量通常不大，成本不甚高。在有经验的老报人的主持下，报纸一般能够长期维持下去。但是澳门的报馆都是私营报纸，其中有不少是家族式的经营，随着时间推移，创业的老一辈报人年事已高，接班人问题日益突出。有些原先出名的报纸，现在逐渐失去吸引力与竞争力。有些报馆较为注重接班人才的培养，如《澳门日报》董事长李成俊先生把社长之位让给李鹏翥，李鹏翥又把总编辑的职位让给副手陆波，同时又提拔了一批青壮年报人，这样就保证了报馆的可持续发展。

3.为了支持社会民主和多元发展，澳门当地主管部门自2002年制定政策，向定期刊物发放官方补助，以加强信息权在政治及经济影响下的独立性。一张私营报纸，只要是日报或周刊、连续注册出版五年以上，广告篇幅不超过总篇幅的60%，就可以申请政府资助。同时，政府也资助专业培训、提升专业资格等方面的计划。尽管给钱，澳门政府尽力恪守新闻自由原则，对于报业的具体报道内容和报馆的具体事务是不干涉的，甚至连广告收入和发行数量也不作统计。尽管这项措施受到香港同业的嘲笑，但是对于保持澳门报业生态平衡、和谐有序发展是有帮助的。

4.在澳门，葡文报纸的读者市场远低于中文报纸。在澳门的总人口之中，葡裔人士的比例只有百分之三左右，由于葡语人口不多，澳门的葡文印刷传媒，即使是最畅销的报纸，日销都不超过2000份。但是葡人和土生葡人以及其他团体还是尽力维持这些报刊的运行，政府的资助对他们也有帮助。

澳门回归后新创刊了两份英文报纸。在本地已有稳定的读者群。这反映出随着博彩业的开放和美资的流入，澳门走向国际化城市的步子越来越大。

5.香港的《苹果日报》《东方日报》《明报》《星岛日报》《太阳报》《信报》以及免费报纸《头条日报》和《新报·今日澳门》版等在澳门也有一定的市场。

6. 网络报纸和免费报纸以及近年兴起的其它新媒体对澳门规模小的报纸有冲击，但是对于《澳门日报》等主要媒介影响不大。

7.澳门的报纸发行，以前主要依赖报贩摆摊零售，由于香港的OK便利店和7-11便利店先后登陆澳门，他们也售卖报纸而且24小时营业，如今他们占了报纸总发行量的三分之一。澳门报贩联谊会理事长何乃煊指出，在报贩业最兴盛的时期该会的会员达500多名，目前只有200余人，年轻人往往喜欢投身别的行业了。

三、澳门主要报馆经营关键词

1.《澳门日报》是魁首

在澳门的报业中，《澳门日报》(MACAO DAILY NEWS)依然保持一马当先。《澳门日报》是澳门读者最多，社会影响最大的中文日报。

澳门报业2009年的广告总量约7亿元多元，而《澳门日报》占整个澳门报业四分之三左右的广告份额。2009年底，高90米、占地二千平方米的《澳门日报》新大厦已经耸立在澳门半岛的慕拉士大马路上，标志着《澳门日报》进入发展的新时期。

《澳门日报》能获得这样的成就，有多方面的原因。首先它得益于澳门的多元文化生态与多元化的媒介生态。《澳门日报》信息渠道多，报道面广，印刷质量好，受到了广大澳门市民和广大游客的欢迎，使得《澳门日报》不仅稳居澳门报业销量的第一把交椅，还发行到香港、珠海、广州、上海、北京等地，每日发行量约10万份。

《澳门日报》的办报方针是“爱国爱澳，澳报澳办”，这就赋予《澳门日报》一种志存高远的社会责任。它的首要目标不是为本报获取盈利，而是把祖国和澳门大众的利益放在第一位，当局部利益与整体利益相矛盾的时候，当轰动效应与社会效应相冲突的时候，《澳门日报》宁可选择整体利益和社会效应，这些信念使《澳门日报》在大风大浪中经受得起考验，也赢得了澳门市民的支持和赞誉。

《澳门日报》董事长李成俊先生是《澳门日报》的创始人之一，他多次强调“《澳门日报》是姓澳的”，意思就是要从澳门实际出发，重视当地新闻，反映当地居民所关心的事物，要把《澳门日报》办成一份具有地方特色的报纸。

“澳报澳办”，就是要办出澳门特点。许多澳门报人经常感叹：澳门地方小，读者有限，难以扩大办报规模。此话不假，但是也应该看到澳门又是一个具有世界顶级博彩业和世界文化遗产的旅游城市，是联系欧美及亚非葡语国家的桥梁，澳门与香港和台湾隔海相望，与珠海土地相连。这些特点，使澳门在政治、经济、文化与社会生活中具有与众不同之处，给新闻媒介提供了别处所不具备的发展空间。澳门不仅是个出新闻的地方，澳门也是有广泛新闻需求的地方，而且近年来世界各地也开始广泛关注澳门新闻。《澳门日报》充分注意到这一点，在加强本埠新闻报导之外，不断增设香港版、台湾版、内地版、国际版，在广州和珠海设立办事处，在北京、上海、南京、福州、厦门、成都等各大城市聘请特约记者，越来越多地派遣特派记者到内地、台湾以及世界各地采访新闻。与此同时，还广订国际或国内著名通讯社如美联社、路透社、新华社、中新社、中通社、中央社、欧新社的图文新闻，使得《澳门日报》的新闻版面内容丰富，一纸在手，博览全球。

“澳报澳办”，也体现在《澳门日报》琳琅满目的副刊编辑上。由于《澳门日报》的几位老总都是澳门著名的文人，主持副刊的也是澳门文化界的精英，他们带头写作，并动员各地的著名文人投稿，使得《澳门日报》的副刊很有品位，成为研习中西文化的一个宝库。澳门是中西文化荟萃之地，《澳门日报》的副刊也是中西文化兼容，古典与流行并存，作者来自社会各界，作品五花八门，成为澳门文化与世界文化交融的大观园，成为澳门民心民意的博览馆。

《澳门日报》副刊在高歌“阳春白雪”的时候，

也不忽视“下里巴人”的需求，他们特别注意吸引大中学生投稿，率先刊登他们的作品，甚至为他们开辟专栏，鼓励这些文学爱好者由诗歌而散文，由小说而评论，为澳门培养了一大批青年才俊。澳门的文学作品往往是先在《澳门日报》发表，而后结集出版的，澳门的文化人也往往先在《澳门日报》等报刊上小试身手，而一发不可收拾的。《澳门日报》副刊是澳门作家的摇篮，青少年成才的基地。

“澳报澳办”，也体现在重视评论，发出自己的声音。《澳门日报》的领导人视言论为报纸的灵魂，《澳门日报》的社论高瞻远瞩，特别是在台湾问题上的评论往往很快被别的新闻传媒媒介转载，广为传播。除社评外，每日有三篇评论：《新闻解说》是对国际上的重大新闻事件作出分析和评论；《新闻小语》则对澳门的新闻事件进行评析；《一家之言》灵活地论述政治经济科技文化社会各个领域的问题。这些评论对澳门社会有比较大的影响。

《澳门日报》是海外第一家使用“北大方正”计算机照排出版系统的报馆，也是全世界率先使用彩色照排系统出版整页中文报纸的报馆。《澳门日报》是澳门最早把全版报纸无偿上网的报馆，网络的维护费用靠广告来支持。网络报纸分流了一部份青年读者，但是网络报纸扩大了《澳门日报》的知名度，大批来澳的游客纷纷购买《澳门日报》，弥补了这方面的损失，使得发行量不降反升。

《澳门日报》能有今天的成就，与领导层的精明管理分不开。《澳门日报》社长李鹏翥先生说：“五十年奋斗的经验告诉我们，报纸要办得好，必须高度重视经营管理。一个企业，一个事业，有正确的方针，有精兵强将，有恰当的用人制度，还要有优秀的经营管理。尤其是新闻单位，要求工作人员充满创意。”

在报业从事过管理工作的人都知道，要摆平新闻与广告的关系颇不容易。报馆要发展需要资金，广告是报馆的重要经济支柱，可是广告多了，常常会挤压新闻版面，引起读者的抱怨，久之又会损害报馆的形象，影响报业发展。自从有报业广告以来就存在，这个难题在报业发展史上屡屡被人提起，苦无解决良法。《澳门日报》领导层却举重若轻，合理地解决了这个问题。他们的诀窍是：不让广告冲击新闻版面，广告多了就加张，在加张时适当增加新闻与图片。加张的成本在广告的收益中扣减，不增加报费。这样不影响读者的利益，反而扩大了信息量，真正做到了多方受益。《澳门日报》平时出版对开 14 张半 58 版，经常会加张到 18 张半 74 版，最多时达 39 张 156 版，2009 年回归纪念日是 26 张 104 版。

《澳门日报》坚持“一业为主，多种经营”，以办好报纸为主，创立澳日实业有限公司，进行旅游、贸易、交通、房地产业务，还参与书店、影剧院业务，为文化和娱乐事业服务，《澳门日报》出版社和星光出版社为积累文化资产服务，历年来出版本地文学、学术作品愈百种，为澳门文化殿堂添砖加瓦，培育人才。

报馆发展，离不开人才。《澳门日报》能有今日的辉煌，与领导层善于招揽人才、使用人才大有关系。李鹏翥社长指出：“五十年奋斗的经验告诉我们，优秀的人才是报纸的宝贵财富，是本报赖以不断发展的动力。我们用人唯贤，要求德才兼备，既尊重学历和资历，也不盲目迷信学历和资历，不拘一格降人才，给予职工实践磨练，让大家有用武之地，鼓励持续进修，不断总结经验，从而提升能力，提升职位。”这种实事求是、具有辩证思维的用人之道，不仅值得新闻机构借鉴，对于社会其它行业也是富有启发意义的。

《澳门日报》能够在澳门后来居上，也与他们无微不至、卓有成效的读者服务有密切关系。《澳门日报》不仅在报刊上开辟《议事亭》《莲花广场》等专栏，供各界读者倾诉心声、鸣放冤屈、作百家争鸣的论坛；还设立读者信箱，建立联系读者的小卖部，甚至策划台湾农产品来澳展销，持之以恒地举办少年儿童绘画比赛、摄影比赛、优异生旅行团、《澳门日报》公益金百万行、全球华人中学生阅读报告大赛，从方方面面满足读者的愿望和要求。《澳门日报》已经融入澳门人的生活，成为澳门人日常生活须臾不可或缺的一部分。这正是《澳门日报》成功之道。

《澳门日报》现任社长李鹏翥，总编辑陆波。有员工 200 余人。在广州、珠海设有办事处，并在北京、上海、南京、成都等地设有特约记者站。《澳门日报》的事业蒸蒸日上。

2.《市民日报》锐意改革，有后来居上趋势

《市民日报》(SIMAN POU)是一家有悠久历史的报纸，它于 2003 年被澳门博彩股份有限公司收购，在较为雄厚的财力支持下，他们从香港引进新闻专业人才，使其采访、编辑和印刷水平得以大幅提升，令人刮目相看。《市民日报》现在每日出版对开 2 大张(8 版)，广告多时会增加半张。内容主要有港澳新闻、国内外要闻、澳门旅游博彩方面的重要新闻等，有赛马、赛狗专版和副刊，言论有“市民心声”、“文戈专栏”等。

《市民日报》原先在澳门排名第四。近年来,锐意改革,特别注意广泛报道各界的建议与呼声,善于广泛收集澳门各界代表在不同会议上发表的意见、建议、提案,详细刊登,使市民原汁原味地及时了解立法会议员、人大代表、政协委员的政见和表现,引人关注,使它有后来居上的声势。它的版面及印刷质量也比原先大有进步。《市民日报》社长兼总编辑龚文,有员工50多人。

3.《新华澳报》文人论政,台湾报导与评析有特色

《新华澳报》的新闻报道力量相对比较弱,但是她在文人论政方面引入注目:她的“华澳人语”及“两岸观察”,是由社长兼总编辑林昶亲自主笔的专栏,时常透露一些别的报纸没有的独家内幕消息,并对澳门和台湾的时政进行评析,有一些独到的见解,经常被外埠新闻媒介转载。《新华澳报》的文摘,眼光独到,富有知识性、趣味性与文献资料价值,受到读者欢迎。

四、澳门报业2009年大事记

1.国务院新闻办主任王晨会见澳门新闻界人士

2009年5月26日,国务院新闻办主任王晨在澳门会见新闻界人士时表示,澳门回归十年来,国家和澳门社会经济取得成就,证明中国有能力把国家和澳门建设得更好。澳门媒体过去做了很多很好的报道,为促进澳门的发展,为促进澳门社会和澳门居民的福祉,做了很多工作,衷心希望澳门媒体在今年迎来“双庆”“双选举”的大喜日子,团结一心,携手合作,肩负起应负的神圣的社会责任,以对国家、对民众、对世界高度负责任的态度,做好报道,为国家,为澳门战胜困难,获得更大发展,人民更幸福的生活,贡献传媒的力量。

2.第十一届海峡两岸港澳新闻研讨会在澳门举办

2009年6月8日至12日,由澳门新闻工作者协会主办,澳门记者协会、澳门传媒工作者协会及澳门传媒俱乐部协办的“第十一届海峡两岸港澳新闻研讨会”在澳门举行。参会的传媒人及专家、学者,分别就当前经济形势对传媒业界带来的冲击发表应对策略,探讨主题分别为“面对金融危机,传统传媒及新传媒所受的冲击和应对策略”、“检讨传统传媒及新传媒在金融危机的传播功能”等。在五日的行程中,传媒代表团还游览澳门的世界文化遗产景点,了解澳门的旅游特色文化。

3.行政长官何厚铧感谢澳门新闻界进行有效的舆论监察

2009年10月26日,澳门新闻工作者协会举行庆祝“双庆”暨颁发记协新闻从业员服务年资奖联欢餐会,行政长官何厚铧、中联办副主任李本钧等出席。记协至今共有六百零二名会员,比上年又有增长。2009年颁发服务年资奖人士有一百零一人,其中十七人获得三十年至四十五年的金牌。行政长官何厚铧感谢新闻界在回归近十年对特区政府工作的支持和监督,他表示,过去十年澳门传媒尽了职责,对社会、政府进行有效的舆论监察,一方面促进社会进步,同时亦提升特区政府的施政水平,促进政府工作的改革。他表示,过去十年澳门新闻界维护了社会稳定,保证社会和谐,所以澳门能够成功落实“一国两制”伟大事业,澳门传媒完全值得骄傲和自豪。他希望新闻界在此基础上能坚持正确的爱国爱澳立场,继续对社会和政府进行舆论监察,令到下一阶段“一国两制”的伟大事业能进一步落实。

4.人民日报社澳门分社成立

2009年11月11日,人民日报社澳门分社成立暨揭牌仪式在澳门新竹苑迎宾馆举行。人民日报社澳门分社首任社长是傅旭。人民日报社澳门分社前身是1994年设立的《人民日报》澳门记者站。改为分社之后,将由单一向《人民日报》供稿,变为向《人民日报》和《人民日报》海外版、人民网及社属报刊供稿,统筹负责人民日报社在当地的新闻采访、报纸发行、数字传播和网络建设等工作。

5.胡锦涛主席莅临澳门参加澳门庆祝回归10周年活动

2009年12月20日,澳门各家报纸、电台和电视台对胡锦涛主席在澳门的各项活动,以及庆祝回归10周年盛况进行大量充分报道,高度评价中央政府对澳门特区的关心和支持。《澳门日报》用超过10个版面全方位报道胡锦涛主席莅临澳门参加的活动以及澳门庆祝回归10周年活动。其中3个版面分别以胡锦涛主席揭幕澳门科学馆、与寻常百姓聊家常、与演员和观众一起歌唱祖国作为头条,详细报道胡锦涛主席当天活动中的亲民形象。□

※作者是澳门大学传播系副教授

2009 年台湾省报业发展综述

● 李晨宇

近年来，台湾省报纸媒体接触率持续下降，广告量持续走低，发展势头不佳，呈现衰落迹象，其自身地位也一直被网络等新兴媒体威胁着。

一、台湾省报业总体发展状况

据“台湾通讯传播委员会”(简称 NCC 或通传会）的统计数据，截至 2009 年 6 月 30 日，台湾省平面媒体的情况是：报纸业 2037 家，通讯稿业 1367 家，杂志出版业 5949 家，图书出版业 10258 家，有声出版业 7667 家。这与 1999 年 1 月 25 日台湾省终止“出版相关规定”前相比，各类平面媒体的数量都有明显增加，其中，以报纸业和通讯稿业的增长最为明显，增幅分别高达 455.04%和 474.37%。(参见表 1)

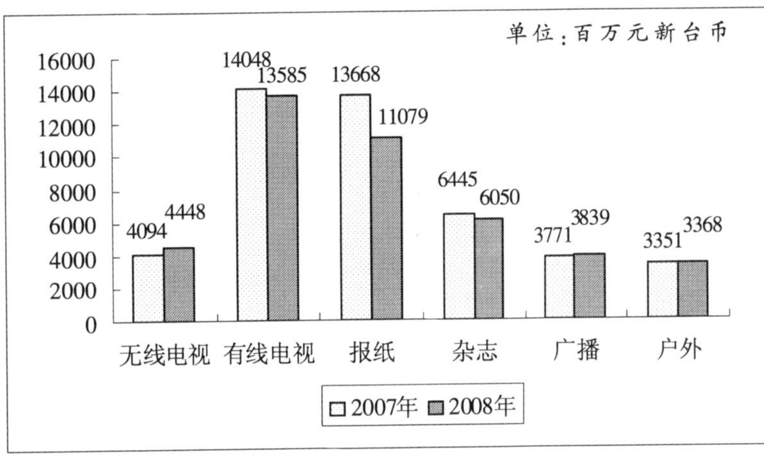

图 1 2007~2008 年台湾省传统媒体广告量变化情况

台湾省报业近年来广告经营情况持续低迷，相关数据显示，1998 年台湾省报业广告总量为 215 亿元新台币 [1]，2007 年为 137 亿元，2008 年为 111 亿元，均远不及 1998 年台湾省报业广告总量，2009 年上半年台湾省报业广告量又进一步缩减至 46.3 亿元(2008 年同期的广告量为 62 亿元)。

台湾省报业媒体的广告经营情况持续走低，而其他类别的传统媒体广告经营情况，除有线电视外，也均有小幅上升。

正是由于台湾省报业广告量的显著下降，2008 年较 2007 年相比下降 18.94%，2009 年上半年较 2008 年同期下降 25.32%，使得台湾省自 2004 年以来整体广告量一直处于下滑状态之中。

从图 2 中不难看出，台湾省整体广告量一直处于萎缩状态之中，连年出现负增长，这与台湾省报业广告

表 1 台湾省“出版相关规定”废除前后平面媒体数量对比

平面媒体类别	1999 年 1 月 25 日统计数据（家）	平面媒体类别	2009 年 6 月 30 日统计数据（家）	数量增幅
报社	367	报纸业	2037	455.04%
通讯社	238	通讯稿业	1367	474.37%
杂志出版业	5884	杂志出版业	5949	1.10%
图书出版业	6380	图书出版业	10258	60.78%
有声出版业	1960	有声出版业	7667	291.17%

量的大幅度下滑紧密相关。而这一点，也可以从台湾省报业广告占总广告量的份额中得到最为显著的体现。

从图 3 中可以得知，台湾省报业广告占台湾省广告总量的份额从 2004 年的 33.2%下降到 2008 年的 26.1%，台湾省报业广告地位岌岌可危，台湾省的报业正逐步走向衰落。而台湾省报业的衰落，也可以通过台湾省各媒体接触率的变化情况得以证实。

从图 4 中可以清晰看到，台湾省报纸媒体的接触率从 2005 年第二季度的位居第三位，连续下降，并于 2007 年第四季度被网络超越，下降到第四位，到 2008 年第四季度其接触率仅仅只有 42.8%，已经落后网络 4.4 个百分点。

此外，根据 2008 年发布的“尼尔森 2007 媒体大调查”显示，台湾省报纸媒体的使用者性别比情况为男性 50.6：女性 49.4；使用者以 25～44 岁年龄段最多，占据 48.8%，45～65 岁者其次，占据 31.0%，而 12～24 岁的使用者仅为 20.2%；使用者受教育程度，高中占 14.0%，大专以上占 40.7%；使用者工作状况，工作者占 63.0%，学生占 15.3%，家庭主妇占 13.9%，其他占 7.8%。

“尼尔森 2007 媒体大调查”还显示了台湾省报纸媒体的市场结构变化情况，综合报所占比重从

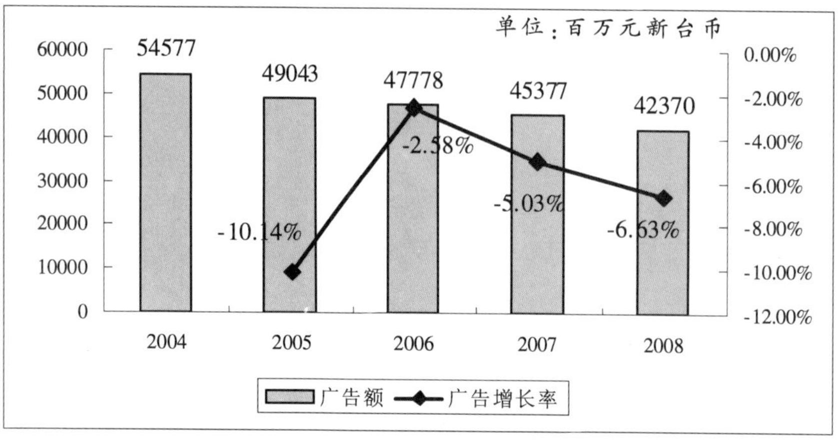

图 2 2004~2008 年台湾省整体广告量变化趋势

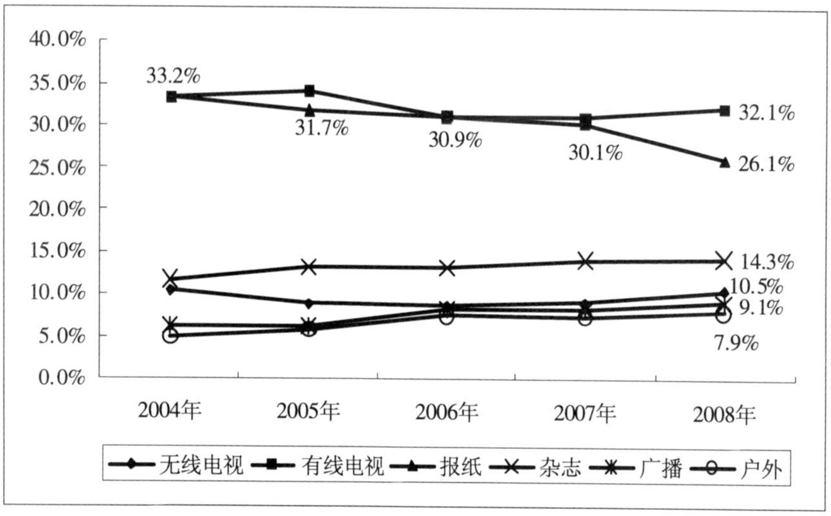

图 3 2004~2008 年台湾省各媒体广告量份额变化

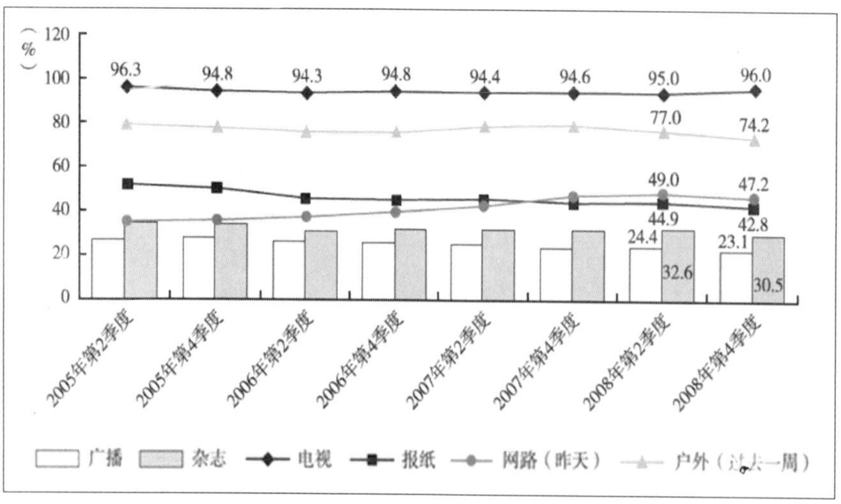

图 4 2005~2008 年台湾省各媒体接触率变化

1997 年的 94.1%上升到 2007 年的 96.5%，财经专业报从 3.9%下降到 3.4%；日报从 1997 年的 97.2%上升到 99.0%，晚报从 11.7%下降到 2.3%；全台报从 1997 年的 92.8%上升到 98.2%，地方报从 12.3%下降到 2.3%。对于报纸的获得方式变化情况，则

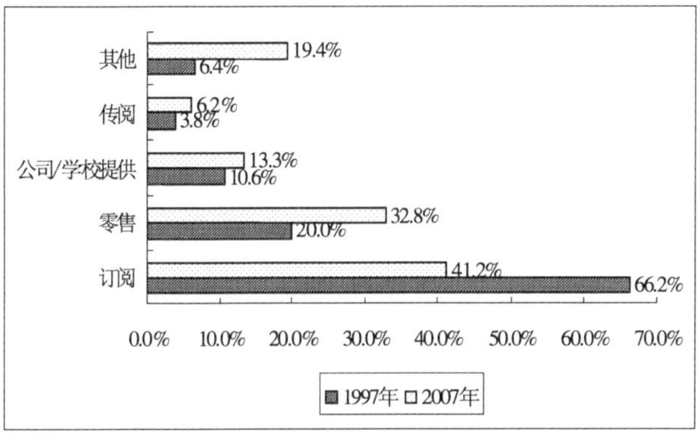

图 5 台湾省报纸获得方式变化情况

显现出，订阅渠道的明显下降和零售渠道的明显上升，传阅、公司/学校提供也有小幅上升。

二、台湾省报纸采编特色

台湾省的报纸由于其地理位置、报道习惯、受众习惯等特点，在采编方面也形成了特色鲜明的风格，在新闻选择、新闻标题、新闻语言、新闻图片等方面展现出如下特点。

1.新闻选择以岛内为主

无论是新闻还是评论或其他资讯，报章中都十分强调“我”的存在，强调台湾人的思想、台湾人的事件、台湾人的生活。从新闻样本的电头和新闻来源来看，本土化成为《自由时报》、《联合报》、《苹果日报》等报最突出的个性。在新闻事件发生地的选择上，台北等台湾省北部重要地区的出现率也是高居前列，尤其是《自由时报》关于台北新闻所占的比例已接近 35%。

新闻议题以经济、社会、文化、政治、体育类为主。其中岛内的经济新闻报道达到新闻总数量的 26%，大大超过其他类型，经济与台湾是民众生活息息相关。台湾省报纸对两岸新闻以及国际新闻都不是十分重视。

各报刊新闻主要是“本报讯”、“本报综合报道”，各家报纸都是“我的地盘我作主”，即便是引用他人的新闻也要进行加工。

台湾省报纸刊载的新闻超过半数都有消息来源，也体现了其新闻真实性；而基本上每条新闻都会出现人为评论和意见，也体现了其新闻选择较为主观。报道内容的主要来源依次是本地机构、官员、群众、商业组织或人员，依旧凸显了本土化的显著性，《联合报》多引用国民党官员言论，《自由时报》多引用民进党言论。

2.标题新闻化、个性化、故事化倾向显著

标题新闻化表现为标题在新闻版面中地位的凸显。正文面积已不足新闻版面的一半，而标题成为继图表后又一重要的版面内容。除了概述新闻内容的功能，标题吸引读者兴趣的导读作用增强。在强调重要性的头版，标题与正文面积比约为 3：5，在注重视觉阅读的体育、娱乐版面，大于正文面积的标题常见。

台湾省报纸标题的面积、字体、色彩的变化丰富多样，为编者提供了充足的发挥空间。除了文本意义外，标题的外形也成为新闻内容的视觉注脚。字体和色彩的选择直接体现出新闻的格调：黑体、宋体等传统常用字体多用于严肃题材的新闻告知；斜体、描边等不规则的变换体现新闻娱乐性；红色用以营造喜庆气氛，粗黑标题冠于黑幕或丑闻，蓝色多用于经济新闻的严谨和思辨等。异形标题以图案代替文字，以文字装饰图文的做法常见于娱乐新闻或体育新闻中。图像加文本，内外兼修的标题奠定了读者对新闻内容的概略印象。

台湾省报纸标题以实题为主，描述事实过程，揭示矛盾冲突。少量标题为虚题，但多辅以副标题阐述事实内容。读者只需要阅读标题就能了解新闻内容的概要。政治个性是台湾省报纸的最主要特征之一，在两派对峙的特殊生态下，只有保持鲜明的个性才有生存机会。除了政治个性，《苹果日报》娱乐性和民生参考性极高，报道辛辣、立场鲜明的特色深受读者喜爱，许多在大报看来不登大雅的新闻会堂而皇之地登上头条。

台湾省报纸标题擅长通过模拟当事人语气、设问、疑问、感叹或对话等方式营造新闻故事性。标题注重突出新闻眼、亮点和噱头，将读者的兴趣植入标题，故事性彰显得淋漓尽致。

3.新闻语言本土意识强烈

在新闻中使用闽南本土方言是台湾省报纸的重要特点，方言俗语的使用将晦涩的概念或复杂的情节转化为读者熟知的生活化表达，大大提高了新闻的可读性。

4.图片使用展现人文关怀、传递现代理念

台湾省四大报有近半数的报道都运用图片，证明当下图片已经在新闻报道中有了举足轻重的

作用；从图片类型来看，本报摄制的占到21.6%，各报主要还是依赖本报记者的拍摄，其次是图表，约有6.1%，这两者是四份报纸报道时主要运用的手法。

《苹果日报》大量运用的立体文字、三维效果、标题套图、不规则图片剪裁等制作方法已得到业界广泛认同，彩色图片大量、普遍应用，并成为彩报吸引读者的亮点。在版面编排上，台湾省主要报纸将艺术与技术相结合，充分体现了自身的优势和所诠释的时代特征，最大限度地传达了编者走在时代前沿的观点理念。

台湾省报纸在图片的使用上，还非常重视人文关怀。人文关怀包括宽容、体谅和对人格的尊重，也包括对人的自由和隐私的尊重。台湾省报纸在处理一些灾难事故中，并没有将视觉冲击力强的悲惨画面赤裸裸地展示出来，避免给当事人或亲属带来不良感受和伤害。在涉及到犯罪新闻时，也给犯罪者充分的人格尊重。

大部分新闻图片注重表现新闻人物的真情实感，通过抓拍人物的典型瞬间，比如大笑、拥抱、哽咽、翘拇指、好奇的神情等，强化画面的感染力。

台湾省主要报纸对头版新闻图片的处理，看起来均较为沉稳、端庄和理性。在选用图片时，不仅重视图片的视觉价值以美化版面，还重视图片的新闻价值，配合或突出新闻报道内容。此外，还利用图片的延伸功能，关注情感元素和人文精神，挖掘独特视角，获得了不错的传播效果。

三、台湾省报业发展关键词

经历了全球金融危机的洗礼，以及新媒体的强烈冲击，台湾省报业在2009年延续了萧条的颓势，但也有一些亮点出现，伴随着停办、转向网络版、裁员等现象，台湾省报业面临着窘境，但也在积极采取一系列措施，确保其自身经营的延续。

1.众多大报经营状况不佳

"中国时报"媒体集团是曾在台湾省主导舆论市场数十年的台湾省最受尊重的媒体，不仅在政治上呼风唤雨，在社会上反应主流民意，在两岸关系上引领潮流，更带领着台湾省新文化的发展方向的主流媒体，因为各种各样的主客观的理由，不支倒地，拱手让人。接手的买家，是在华人社会有"米果大王"之称的旺旺集团总裁蔡衍明，旺旺集团共买下了"中国时报"集团的"中国时报"、《工商时报》、《时代周刊》、"中天电视"、"中国电视公司"、"中国时报旅行社"等，瞬间成为台湾主要的媒体集团之一——旺旺中时媒体集团。

从"中国时报"来看，2007年，年广告营收为12亿元，但2008年广告营收只剩下8亿元，年度亏损也相当惊人，在10亿元左右，而在2000年时，该报当年的广告营收为45亿元。《联合报》2007年广告营收15.35亿元，2008年为14.2亿元；《自由时报》2007年广告营收为34亿元，2008年降为29亿元；经营情况被看好的《苹果日报》也没有摆脱衰退的命运，2007年广告营收为33.25亿元，2008年降为30.53亿元。

总之，从1999年起，台湾省报纸的广告营收开始负增长，到2009年已经是第11个年头了，因此，台湾省报业广告市场的不断萎缩也显得格外显著。

2.报纸不断转网、停刊消息不断

2005年11月1日，创刊于1988年、发行量曾一度高达60万份的《中时晚报》停刊；2006年2月底，在台湾发行16年的《大成报》停刊；2006年6月1日，创立于1928年2月1日的台湾国民党党营报纸"中央日报"因长期亏损而宣布暂时停刊，时任国民党主席马英九批准政策会副执行长张荣恭挂任董事长，并补助1000万元，"中央日报"转型为网络电子报；2006年6月6日，台湾岛内鼓吹"台独"立场的两家最大报纸之一的《台湾日报》停刊，该报在停刊声明中称，投资方拖欠报社员工的薪金已经长达6个月，暂时停刊"实在是不得已"；2006年11月1日，隶属于联合报系、以影剧消息为主的《星报》停刊；2006年12月1日，隶属于联合报系、有28年历史的《民生报》停刊，该报内容主要以民生、体育、歌剧消息为主，曾创下发行57万份的纪录。

上文所述的"中国时报"媒体集团的转让也是台湾省报业发展不利的重要体现。不断的报纸停刊，体现了台湾有限的地理位置与人口数量，已经难以承受众多的纸质媒体，这一方面来自于新兴网络、手机等媒体的挑战，另一方面则来源于台湾省经济形式的不佳和受众媒介接触习惯的改变。

3.部分报纸和通讯社因需创刊、成立

2006年10月18日，《苹果日报》发行《爽报》，有意抢攻捷运报市场，首发20万份，内容类似《苹果日报》的精简版本，以社会、消费及娱乐新闻为主；2007年11月，"中国评论通讯社"在台北成立；2008年6月20日，《明报周刊》在台湾创刊；2009年8月11日，台湾省第一份专门报道大陆新闻的

报纸《旺报》在台北创刊,《旺报》由旺旺中时媒体集团创办,为8开版小型报,平日40版、周日32版,内容包括大陆财经要闻、政策解读、趋势观察、理财投资、教育职场及艺文旅游等。

在台湾省经济萧条、报业经营情况整体不佳的情况下,依然有新的通讯社和报纸创办、创刊,这说明,在台湾省还存在着报纸的差异化生存空间,同时,如何使用网络、手机等新媒体为纸媒服务,也成为台湾省报业未来发展需要重视的新问题。

4.大陆鼓励出版传媒到台湾省办报

2009年4月6日,国家新闻出版总署公布“推进新闻出版体制改革的指导意见”,鼓励大陆传媒到台湾省兴办报纸、期刊等。

这将促进大陆与台湾省报业之间的共同发展,并有利于让台湾民众知晓大陆的政策与声音,使两岸的交流提升到一个新的高度与层面。

2009年12月30日,新华社旗下中国经济信息社与台湾《工商时报》在京签署合作备忘录。根据备忘录,中国经济信息社将通过其金融终端产品“新华08”等各类渠道和平台,对外发布台湾《工商时报》提供的财经信息、宏观数据及股市、期货、基金等金融市场相关数据,包括台股上市公司基本资料、财务数据及股票指数等;台湾《工商时报》则将每周提供版面,全版报道中国经济信息社发布的经济类稿件。与此同时,双方还对在共同策划、组织研讨会、举办论坛、人才培训与交流等方面展开深入合作达成共识。

5.捷运报抢占市场

因应世界潮流,也看好捷运族群的消费能力,2000年5月,《自立晚报》在台湾省发行第一份捷运报《台北捷运报》,其后,陆续有《风报》、《联合捷运报》、《交叉路》、《可乐包》、《中时捷运报》、《民众捷运报》等捷运报相继问世,但目前的情况是,这些捷运报多因发行量少、广告营收不佳,多数已经停刊。直到2006年10月,壹传媒集团下的《爽报》在台湾省发行,捷运报在台湾省才又起死回生,但是,其自身《苹果日报》精简版的迹象十分显著。

随后,2006年12月,联合报系以14008万元高价买下台北捷运站内的独家通路经营权,《Upaper》因此成为台北捷运站内惟一合法发行的报纸,并于2007年正式登场,与《爽报》展开捷运报大战,竞争的同时共同为各自报系利益而抢占台湾省报业市场。

6.报纸娱乐化倾向十足

随着2003年5月2日原在香港发行,以膻腥色、八卦起家的《苹果日报》进入台湾,台湾省报纸的娱乐化倾向逐渐强势起来。2005年《苹果日报》在台湾省报业市场完全站稳脚跟,俨然成为台湾省第一大报,阅读率几乎超越了任何一家台湾本土日报,这充分证实了台湾省读者对于八卦媒体的接受程度。

《苹果日报》进驻台湾省的成功,使台湾省本土报纸愈发重视起娱乐内容对其自身经营与生存的重要性,“苹果化”、娱乐化俨然成为台湾报纸在报业本来就不景气的背景下不可不重视的一根救命稻草。

7.媒体融合、跨媒体经营成为报业发展新出路

为了应对不佳的台湾省报业生态环境,各纸质媒体的求生之道除了降低经营成本外,将旗下的自媒体“关停并转”外,另一种因应之道则是进行跨媒体经营,由纸质媒体扩张为涵盖电子、平面等相关视野的跨媒体集团。

以台湾省主流报纸之一的“中国时报”集团为例,2002年开始向电视进军,收购了有线的中天电视台,在经营初步上轨道并扭亏为盈后,再次在2005年扩大跨媒体的业务版图,于2005年12月24日以58亿元收购了国民党的三大党营媒体“中国电视公司”、“中国广播公司”与“中国电影公司”(简称“三中”),使“中国时报”集团成为一家拥有两份日报、两家电视台以及包括中时网络科技公司、时报周刊股份有限公司、“中国时报旅行社”、“中国时报出版社”等在内的跨媒体集团,并成为台湾省媒体界的最大媒体集团。

8.面临来自电视等传统媒体与网络、手机等新兴媒体的双重挑战

近年来,台湾省媒体发展的趋势呈现出纸媒体的没落、电子媒体娱乐化、网络媒体多元化的方向。报纸的主流媒体与主导第四权的地位,正受到越来越大的挑战,挑战一方面来自电视的评论性节目,一方面来自专业化的网络新闻媒体。

可以这样说,台湾省报业受到来自电视等传统媒体与网络、手机等新兴媒体的双重挑战,使报业整体经营状况连年萧条,从1999年到2009年已经连续11年呈现广告营收的负增长,但其自身在台湾省的舆论地位仍然不可忽视,不过,随着电视评论节目与网络新闻媒体的崛起,报纸媒体的深度、言论优势已不如先前明显。因此,台湾省报业要想延续自身的生命力并企图获得进一步发展,必须正式面临的来自多方面的挑战，并积极展开媒介融合与跨媒体经营，开阔经营理念，注重差异化营销，做有责任、引舆论、易获取的现代报纸。

※作者单位：中国政法大学传媒与文化产业研究中心

※注：本文由作者根据参考文献中所列内容综合、整理、改编而成。

※注释：

【1】本文涉及广告量的单位（特殊说明的除外）均为新台币，按照2010年1月27日的情况，1元人民币可以兑换4.69元新台币。

※参考文献：

1. 杨志弘：《台湾地区传播产业发展现状与未来》，载崔保国主编《2009年：中国传媒产业发展报告》，北京：社会科学文献出版社，2009年5月。

2. 俞雨霖：《台湾华文传媒发展综述》，载夏春平主编《世界华文传媒年鉴2009》，北京：世界华文传媒年鉴社，2009年9月。

3. 夏春平：《世界华文传媒年鉴2009》，北京：世界华文传媒年鉴社，2009年9月。

4. 叶迎：《量化分析看台湾报纸》，载《青年记者》2009年4月下。

5. 王东熙：《浅谈台湾报纸新闻标题特色》，载《青年记者》2009年4月下。

6. 冷莹莹：《台湾主流报纸新闻图片浅析》，载《新闻世界》2009年第7期。

7. 何吉森：《台湾传播事业监理之现况与发展》，PPT资料，2009年10月23日。何吉森，NCC传播内容处处长。

8. 金泰康：《台湾媒体市场现状与特性》，尼尔森调查资料，2008年5月6日。

专题 ZHUAN TI

- 细分市场
- 发展战略
- 管理创新
- 资本运营
- 内容产品
- 发行管理
- 广告经营
- 印务管理
- 技术装备
- 媒介融合

2009年生活服务类周报发展综述

●陈乐

近年来，受宏观经济运行结构性问题影响、新媒体冲击、经营成本上升等多种因素的综合影响，我国报业发展速度呈现放缓态势，报业整体经营形势并不容乐观，综合性都市报等传统大报均经历着震荡发展的局面。在这样的整体经营环境中，城市周报独树一帜，发展速度悄然加快，显示出强劲的发展潜能。

城市周报将城市本地作为主战场，辐射周边城市区域，主要功能是提供时尚娱乐资讯，提供生活服务类信息和消费信息，大多为周刊或周二刊。城市周报面临的是细分化的市场，实现差异化的发展以面临市场激烈的竞争。各大报业集团均在都市报、晚报等市场之外，积极开辟城市周报的市场，填补生活服务类信息市场的空白，同时探索多元化、多渠道发展的新路径。

一、2009年生活服务类周报市场发展概况

2009年，在报业市场在机遇与挑战中发展的同时，城市周报同样在困境中寻求出路，应对新旧媒体的夹击，在文化体制改革中转型发展，在文化传媒企业上市的潮流中激起浪花，如何在时尚潮流风起云涌中识风弄潮，都是生活服务类周报所关注的话题。

1. 政策环境

近一年来，党中央国务院关于加大力度、加快进度深化文化体制改革的政策导向进一步地明确。2008年底，中宣部联合各部委制定了旨在推动经营性文化单位事转企及支持文化企业发展的114号文件，新闻出版总署出台了《关于进一步推进新闻出版体制改革的指导意见》，经营性文化单位转制或改制成为现阶段生活服务类周报发展的重要任务。深化文化体制改革无疑是经营性文化企业发展的契机，在这样政策推动下，生活服务类周报涉及意识形态少、改革的包袱小，因此一方面要借政策春风，创新机制体制，摆脱发展的桎梏，创造更大的发展平台；另一方面要稳定发展战略和目标，牢牢把握住细分市场的目标和主体，在改革和发展中坚持做强主业，按照现代传媒产业的运作理念和发展要求来深化改革，加速实现自身媒体品牌与经营实力的壮大和扩张。

2. 经济环境

根据央视CTR市场研究机构分析，人均GDP水平是衡量一个国家经济发展水平和发展阶段的标志，也是国家财富程度的标志。而财富程度决定人们的生活方式、消费形态和价值观。中国经济发达的城市，如北京、上海、广州，以及长三角、珠三角的部分城市已经达到人均GDP一万美元的水平，已经进入世界高收入城市行列。

生活服务类周报目前所面对的受众主体是1975年~1994年之间出生的女性。2004~2008年，我国高端女性群体收入有了明显的增长，月收入万元以上的家庭数量年增幅达到118%以上，同时，个人月收入5000元以上的女性数量每年增长83%，显示出日益强劲的消费能力，高端女性奢侈品拥有率不断提高。而未来5年，1986~1994年出生的女性将成为时尚类报刊的核心读者，从80后向90后转移。不同年龄阶段的人口因为其成长环境不同，也体现出不同的价值观、消费观和时尚观，年轻一代体现出更加多样化的消费需求，个性

表 1 2009 年 1 月城市生活周报广告前 10 强

排名	媒体名称	市场份额	竞争指数
1	精品购物指南	48.48%	3.37
2	周末画报	14.39%	1.89
3	申江服务导报	7.61%	1.25
4	假日 100 天	6.09%	1.58
5	外滩画报	3.86%	1.38
6	上海壹周	2.80%	1.01
7	新女报	2.77%	1.15
8	为您服务报-手递手	2.40%	1.21
9	渝州服务导报	1.99%	1.04
10	今日消费	1.91%	1.32

表 2 2009 年 2 月城市生活周报广告前 10 强

排名	媒体名称	市场份额	竞争指数
1	精品购物指南	40.02%	3.34
2	周末画报	11.97%	1.69
3	申江服务导报	7.10%	1.16
4	外滩画报	6.15%	1.12
5	假日 100 天	5.48%	1.15
6	上海壹周	4.78%	1.14
7	为您服务报-手递手	4.17%	1.03
8	北京人才市场报	4.07%	1.28
9	人才市场报	3.17%	1.12
10	新女报	2.82%	1.5
10	为您服务报-手递手	1.71%	1.24

倾向和投资倾向。

3. 广告经营情况

在政策推动和经济发展的带动下，城市居民收入和消费水平不断提高，对商业信息的需求也随之增长，为生活服务类周报的市场拓展奠定了需求基础。城市周报借助高度的本地化资讯，结合整合营销传播方式及活动营销、俱乐部营销等多渠道的经营模式，在扩大广告收入的同时，实现品牌影响力的扩张。

根据慧聪邓白氏研究数据，目前我国城市周报的市场仍然保持着“北有精品，南有申江”的格局，面向全国发行的报纸《周末画报》稳稳占据全国市场的三甲之一。在这些代表性城市周报的领跑下，城市周报在全国各地蓬勃发展。随着我国经济结构的调整，二、三线城市的经济快速发展，该市场的城市周报发展也不断活跃起来。

据表 1~11 显示，《精品购物指南》和《周末画报》稳居城市生活周报广告市场前两位，其中《精品购物指南》市场份额保持在 40~50%之间；天津的《假日 100 天》和上海的《申江服务导报》交替第三位和第四位。另外，重庆的《渝州服务导报》和《新女报》、郑州的《今日消费》、杭州的《都市周报》等都榜上有名，显示出二、三线市场的活力。

二、生活服务类周报产品和市场策略

1. 价格浮动

2009 年，多家报刊对零售和订阅价格进行了一定幅度的上调。据全国生活服务类报刊联谊会的不完全统计，《合肥晚报》旗下的《今日生活报》零售价格从 1 元上涨至 1.5 元，《乐山广播电视报》订阅价格从 50 元/年增至 80 元/年。《上海壹周》于 2008 年 9 月实施了“外埠缩版，全面提价”的策略，紧紧围绕做强品牌促发行，该报调整报纸价格后发行量依旧，且 2009 年上海地区的邮发订阅量不减反增，同比递增了 10.3%。

价格的上涨一方面是迫于经营成本增长的压力，另一方面为了弥补报业市场整体萎缩带来的发行收入损失。通过价格的调整，报纸能够在一定程度上缓解发行价格与印刷成本的倒挂现象，降低了经营成本；同时

表 3 2009 年 3 月城市生活周报广告前 10 强

排名	媒体名称	市场份额	竞争指数
1	精品购物指南	39.32%	2.65
2	周末画报	14.82%	2.04
3	申江服务导报	7.28%	1.16
4	假日 100 天	6.26%	1.19
5	外滩画报	5.27%	1.13
6	上海壹周	4.68%	1.35
7	为您服务报-手递手	3.48%	1.2
8	新女报	2.90%	1.04
9	北京人才市场报	2.79%	1.09
10	渝州服务导报	2.54%	1.05

表 4 2009 年 4 月城市生活周报广告前 10 强

排名	媒体名称	市场份额	竞争指数
1	精品购物指南	46.14%	3.62
2	周末画报	12.74%	1.7
3	申江服务导报	7.52%	1.2
4	外滩画报	6.29%	1.05
5	假日 100 天	6.00%	1.59
6	上海壹周	3.76%	1.19
7	为您服务报-手递手	3.17%	1.4
8	新女报	2.26%	1.02
9	渝州服务导报	2.21%	1.19
10	北京人才市场报	1.86%	1.16

表 5 2009 年 5 月城市生活周报广告前 10 强

排名	媒体名称	市场份额	竞争指数
1	精品购物指南	37.69%	2.22
2	周末画报	16.99%	1.76
3	假日 100 天	9.64%	1.57
4	申江服务导报	6.15%	1.06
5	外滩画报	5.79%	1.55
6	上海壹周	3.75%	1.07
7	为您服务报-手递手	3.51%	1.04
8	今日消费	3.38%	1.41
9	新女报	2.39%	1.08
10	都市周报	2.21%	1.17

表 6 2009 年 6 月城市生活周报广告前 10 强

排名	媒体名称	市场份额	竞争指数
1	精品购物指南	44.83%	3.79
2	周末画报	11.82%	1.59
3	假日 100 天	7.43%	1.02
4	申江服务导报	7.30%	1.5
5	上海壹周	4.86%	1.07
6	外滩画报	4.55%	1.22
7	为您服务报-手递手	3.73%	1.66
8	今日消费	2.25%	1.03
9	新女报	2.19%	1.07
10	北京人才市场报	2.04%	1.11

表 7 2009 年 7 月城市生活周报广告前 10 强

排名	媒体名称	市场份额	竞争指数
1	精品购物指南	46.05%	4.59
2	周末画报	10.04%	1.17
3	假日 100 天	8.59%	1.18
4	申江服务导报	7.27%	1.52
5	外滩画报	4.80%	1.2
6	上海壹周	4.00%	1.09
7	为您服务报-手递手	3.67%	1.44
8	新女报	2.56%	1.1
9	北京人才市场报	2.32%	1.11
10	今日消费	2.08%	1.32

表 8 2009 年 8 月城市生活周报广告前 10 强

排名	媒体名称	市场份额	竞争指数
1	精品购物指南	44.07%	3.58
2	周末画报	12.29%	1.32
3	假日 100 天	9.31%	1.22
4	申江服务导报	7.60%	1.67
5	上海壹周	4.56%	1.15
6	外滩画报	3.96%	1.22
7	为您服务报-手递手	3.25%	1.38
8	新女报	2.35%	1.07
9	渝州服务导报	2.20%	1.04
10	北京人才市场报	2.12%	1.36

表 9 2009 年 9 月城市生活周报广告前 10 强

排名	媒体名称	市场份额	竞争指数
1	精品购物指南	48.48%	3.37
2	周末画报	14.39%	1.89
3	申江服务导报	7.61%	1.25
4	假日 100 天	6.09%	1.58
5	外滩画报	3.86%	1.38
6	上海壹周	2.80%	1.01
7	新女报	2.77%	1.15
8	为您服务报-手递手	2.40%	1.21
9	渝州服务导报	1.99%	1.04
10	今日消费	1.91%	1.32

表 10 2009 年 10 月城市生活周报广告前 10 强

排名	媒体名称	市场份额	竞争指数
1	精品购物指南	36.92%	1.9
2	周末画报	19.42%	2.03
3	假日 100 天	9.57%	1.23
4	外滩画报	7.75%	1.3
5	申江服务导报	5.98%	2.2
6	为您服务报-手递手	2.72%	1.12
7	上海壹周	2.44%	1.02
8	渝州服务导报	2.39%	1.24
9	北京人才市场报	1.92%	1.01
10	都市周报	1.90%	1.05

表 11 2009 年 11 月城市生活周报广告前 10 强

排名	媒体名称	市场份额	竞争指数
1	精品购物指南	49.46%	4.2
2	周末画报	11.78%	1.55
3	假日 100 天	7.59%	1.13
4	申江服务导报	6.74%	1.34
5	外滩画报	5.02%	1.55
6	为您服务报-手递手	3.23%	1.01
7	上海壹周	3.21%	1.54
8	渝州服务导报	2.09%	1.1
9	新女报	1.90%	1.01
10	北京人才市场报	1.89%	1.12

数据来源：慧聪邓白氏研究

对于以传播消费信息的生活服务类报刊来说，报刊提价利于提高有效发行，淘汰了一些收入水平低、消费能力弱的非目标读者，提高了读者群的有效构成。

2.细分市场

(1)细分男刊女刊市场

2009 年初，《精品购物指南》把原来统一定位的周二刊改版为差异化定位的两刊，周四刊保留时尚生活圣经的市场定位，主打女性市场，保持并强化其在时尚消费领域的优势；周一刊定位为都市经营读本，主要针对男性市场，突出深度、广度、厚度、透彻、精辟、独到等格调，成为强调阅读价值的刊物。周一刊的准确地位，不仅增加了男性读者数量，同时增加了汽车、广告、IT、通讯等广告市场的份额。

同样在天津市场，《今晚经济周报》挖掘出针对男性阅读的周报市场这一空白点，根据男女两类人群的不同阅读需求定制打造了男刊和女刊，并选取蓝色和粉色颜色作为识别系统，同时占据了两类受众市场。具体到内容方面，蓝刊开始推出来的时候，包括热点、财富、圈子、消费等板块，逐渐又对这一市场进行进一步细分，分为地产、汽车和品质三个广告专刊。粉刊包括时尚、太太、周末、心空间等栏目，后来又进一步细分为教育、美容、健康等专刊。

重庆《新女报》以“女报”冠名，突出女性特色，锁定女性人群为目标读者，以女性角度切入市场，通过对细分市场的精耕细作来形成自己的核心竞争力。在坚持以“女性角度”做新闻、做内容的同时，还构建了美丽网等与女性产品和服务机构合作的平台，为日后发展品牌活动、电子商务等奠定了坚实的市场基础，牢牢把握住女性读者市场。

(2)细分读者信息需求

在广州地区，《可乐生活》与《精品生活》同样发现了本地读者对香港潮流资讯的市场需求。《可乐生活》根据市场需求，专门与香港一个集团建立了合作关系，引进专业人才，提高自身的资讯生产能力，版面表现手法，选题、软广制作等，真正拉近与潮流消费人群的距离，获得了目标市场的认可。

同时，《精品生活》根据对广东出入境，香港出入境关于游客的数据、读者调查、香港购物中心调查等前期分析，找准赴港消费的广州读者及在广州有宣传需求的香港商家，开辟了针对该市场的《拉阔香港周刊》。在以广府文化为基础的粤港地区，该周刊读者与跟赴港消费人群超度重合，并提高在华南地区唯一消费指南信息，成为广州地区赴港购物的指导手册，也成为了香港商家传播潮流信息的重要途径。

结合报刊的出版周期和读者的消费习惯，《今日女报》虽每周出版两次，但将与时尚、购物、女性、生活等比较密切、广告吸附能力比较强的一期放在了后半周。生活服务类周报的广告受众多为具有一定消费能力的读者，周四、周五在报纸上看到信息，会在周末有更多的机会去付诸实施。

3.坚持内容为王 引导消费文化

生活服务类周报报作为传播消费信息和潮流资讯的主要平面媒体，与城市文化、消费文化形成了共生发展、互相促进的态势。因此，传播时尚和引导消费是这类报纸的核心价值所在。

长江日报报业集团《新生活》自创刊三年来，在办报质量上不断升级。将选题的策划力作为的周报的最大卖点，使消费咨询中贯穿时尚的理念。该报社通过评报会、每周一次的评报简报、定期的摊主评报等反馈，提高办报质量。

《时尚生活导报》在报道模式中，将生活方式融入对城市消费的报道之中。例如，策划“卡地亚慈善音乐会”专题报道、“宝马 3 系市场体验报告”等体验式报道，提升了传播效果，倡导时尚的生活方式和高端的消费潮流。

南方报业旗下的《风尚周报》旨在成为品质生活的倡导者和精英生活的缔造者，《风尚周报》的将物质生活理解为人文物质主义，让读者在享受物质的同时，精神上更加愉悦。

2009年，杭州日报报业集团旗下《都市周报》加强了与拉斐尔巧克力、必胜客、荣威、广本、索尼等品牌的合作，实现了品牌广告的集中投放。进入银行、商厦、超市贵宾卡持有者等目标读者群的比例明显增长，已经签订的整年合作客户也比2008年有50%以上增长。

宁波日报报业集团2008年创刊的《新侨报》的主要读者群为20~45岁白领一族，还有部分中老年读者。《新侨报》在满足不同年龄层次读者的内容需求时，不仅细化报道娱乐圈中的人物事件，还挖掘出与之相关的资料。比如，报道电影《南京！南京！》，除提供剧情、主演及拍摄花絮、影院观众的反映等等信息以外，还注重南京大屠杀的世界性的历史背景资料的链接，采访与宁波有关的幸存者的现况。这样不仅增加了娱乐新闻的厚度，也扩大了报纸的读者群。

《新侨报》的编辑方针是做到把好度，一方面尽量满足读者的知情权，另一方面坚决抵制媚俗化倾向。不像党报那样严肃，倡导品质生活，为弘扬良好的社会风气起到服务和引导作用。

三、生活服务类报刊经营管理策略

1.创新整合营销

(1)专刊、别册凸显广告效果

专刊别册在打造自身品牌特色的同时，为读者提供了更加丰富的资讯，也为客户搭建了更为新颖、灵活的广告合作平台，成为报纸经营的新突破。《精品购物指南》在专刊、别册的运作中，充分体现出集团化效应，与精品传媒旗下多家报纸、杂志协作，充分利用品牌和市场资源，凸显出很好的品牌效应和广告效应。其春季和秋季推出的《春夏美容志》、《秋冬美容志》，以整合营销的操作方式突破了彩妆护肤趋势传播的传统方式，将美容时尚潮流、各品牌产品测评、介绍、推荐等信息整合，充分满足了读者换季美容方面的阅读欲求，同时树立了在时尚美容领域的话语权和权威性。

《精品购物指南》于9月24日推出国庆60周年盛典专刊，该期报纸总版数达488版，由6册组成，包括《时尚精神60年》、《城市变迁60年》、《生活方式60年》、《节日手册》、《乐情报》和《时尚记事本》，总重量达1.6公斤。《精品》60周年专刊策划运作历时大半年，单期广告实收额达1466万，创精品单期收入历史新高，也刷新了中国报业史上新的纪录，与同一周内出刊的《精品购物指南》十一专刊累计广告实收额超过2000万。

《申江服务导报》在金融危机时期，推出了“情暖白领”活动，同时配合刊发金融危机时期白领生活研究报告，结合了社会所关注的话题和白领读者的生活，既体现了采编者的社会责任，同时也深得读者的情感认同。另外，该报为应对金融危机对汽车、房产、金融、商业、服务业广告的冲击，将广告营销的重点放到快速消费品和生活必需品，配合专刊的推广，广告投放预算不减反增。

2009年，《时尚生活导报》出版的社庆专刊，广告经营额达到200万元左右。社庆专刊不仅能够扩大报纸本身的品牌知名度和影响力，同时作为一年来的时尚盘点手册，彰显了作为一份城市周报的时尚话语权。该报自2007年启动了与美容、健康、商场及部分化妆品品牌等高端广告商的合作以来，2008年广告增长4倍。2008年，该报占沈阳市场份额的35%~40%。2009年，零售发行量位居沈阳市场前三位，广告份额将超过5%。

《新生活》报为了积极实现行业的深度渗透，通过开发衍生产品，做足产业链的上下游，提升市场竞争力和品牌影响力。2009年，该报社编辑出版了《武汉乐购地图2009全新版》一书，从形式到内容填补了武汉图书市场空白，有效整合了报纸现有的客户资源，在同质化竞争中，树立了《新生活》作为武汉第一时尚消费周报的龙头地位。

(2)品牌活动提升品牌影响力

生活服务类周报是较为适合拓展经营宽度、尝试多种经营的媒体。天津日报报业集团旗下的《假日100天》成立的“100调查”、“假日展示网”、“咖啡假日”等品牌，已经取得了一定的成绩。《假日100天》总编辑李锋认为，生活服务类周报只有形成价值链和产业链，才能在激烈的市场竞争中立于不败之地。

《都市周报》将活动作为主要的内容来源、服务方式和盈利手段，通过组合各种活动资源，成为时尚推手和优质生活的倡导者。2007年4月创刊后，举办了免费的欧洲经典名画展，吸引了超过4000名读者排队参观。2008年，与广发银行合作举办推广活动，并于2010年推出上海银行都市周报卡，形成商盟合作形式。2009年举办的新生活运动，集合了诸多高端客户和消费者，通过讲座等形式大力推进了征订效率。另外，西湖现代音乐节也成为了都市周报盈利的新来源。通过演出市场聚合的资源，都市周报获得了内容产品来源，促进了杭州文化消费市场的繁荣，也更加明晰了报纸成为时尚聚集体的思路。

《精品购物指南》推出了“精品高尔夫名人邀请赛”、“时尚盛典”、“VIP名车品鉴”、“感恩盛典·优品名流慈善夜”、“世界旅游风尚小姐大赛”等一系列极具特色的品牌活动，为京城主流人群、时尚名流和商界精英打造了独具“精品”魅力的时尚交流平台。这些活动作为《精品》的整合营销发展平台，为报社聚集了可观的品牌效应、名人效应、时尚影响力和广泛的社会资源。

2.跨地区合作、集团化发展

2009年7月，渝州服务导报社与现代传播集团、都市传媒连锁机构合作，融资成立了重庆渝报文化传播有限公司，负责运营改版后的新渝报。渝报原有高层进行了较大规模的变动，目前由重庆商报社社长、重庆汇融文化传播(集团)有限公司总裁、董事长郭汉江担任重庆渝报文化传播有限公司董事长；现代资讯传播有限公司董事长、《周末画报》总编辑邵忠担任公司副董事长；都市传媒连锁机构重庆圣玺传媒有限公司总经理邹静任重庆渝报文化传播有限公司首席运营官；现代传播集团董事长特别助理、集团出版副总监李多钰出任渝州服务导报社总编辑；现代传播集团设计总监、《周末画报》美术副总监吴桢担任美术总监。

改版后的《渝州服务导报》全新面市，由原本的一册改版为四册，采用全部轻涂纸印刷，品相大幅提高。

2009年10月16日，云南日报报业集团与精品购物指南报社跨地区合作的报纸——《精品消费报》在昆明创刊。该报定位于时尚生活周报，也是昆明第一份时尚生活周报，旨在为昆明人提供“完全时尚生活手册”。《精品消费报》由云报集团旗下原《大众消费报》更名改刊，并依据《精品购物指南》为代表的时尚生活周报模式进行了全新的产品设计。据悉，云南日报报业集团与精品购物指南报社采取了股份制的合作模式，双方在资金、内容、管理、广告等层面进行了深度合作。

2009年，《新生活》报已经进入武汉“1+8”城市圈，发行覆盖全省包括宜昌、荆州、孝感、黄石等在内的45个二级城市，发行量每期约8万份。2010年《新生活》周报将大力拓展二级城市发行网络，全面进入省内所有二级城市市场，使二级城市最低发行量不低于50000份。

华商传媒集团旗下的《大众生活报》与2009年11月进行了改版，定位为“京津中产家庭生活指导报”，成为一份立足天津，辐射北京、天津两地时尚生活类周报，是华商传媒集团异地办报的一大成功典范。□

※作者单位：中国政法大学传媒与文化产业研究中心

※注：本文根据中国政法大学传媒与文化产业研究中心相关刊物及报告资料整理而成

专注行业做强品牌

——《华夏酒报》培育核心竞争力探索

● 刘世松

从近年来媒体行业发展的态势来看，媒体竞争进入了优胜劣汰的残酷竞争阶段。广电媒体、网络媒体、新媒体等对传统纸媒的冲击越来越大，曾经处于权威、强势地位的纸质媒体受到了前所未有的挑战。

面对不断变化的传媒格局，行业报的发展似乎走到了彷徨、迷茫的十字路口。从《中华新闻报》的倒闭可以看出，行业报危机更加迫在眉睫。

作为处在尴尬地位的行业报，要想生存下去，既需要提前看到或预测到市场的变化，更要及时引领所在市场的变动。而所有的变动，本质上都要体现在两个方面，一是为行业、为企业提供增值服务，推动行业市场更加繁荣发展；二是创造效益，发展自我。

作为全国报业中的“小不点”，《华夏酒报》从创刊始就是走向市场的报纸，一直实行的是自我发展、自我循环的运作方式。市场在变，《华夏酒报》也必须一直在变。特别是近年来，《华夏酒报》根据媒体发展趋势和自身特点，专注行业做强媒体品牌，不断培育核心竞争力，不断探索自我发展的新路径。

一、做强内容影响行业

报纸的产品属性越来越多的得到业界的认可，《华夏酒报》近年来一直是将自己作为一个产品来对待。作为一个产品，生产出来就需要销售出去，甚至进一步做大市场。这就需要打造品牌，塑造品牌，而品牌背后最核心的是质量，对于报纸来说，就是内容的质量。

作为一张窄众的行业报，《华夏酒报》不是党报，也不是都市报，其存在是为了繁荣社会主义市场经济，推动酒类产业企业为国民经济做出更大的贡献。因此，如何从自己特定的产品定位出发去满足不断变化的市场需求，是《华夏酒报》必须考虑与解决的问题。

《华夏酒报》过去一直是围绕酒产业的上中游来办报。即围绕管理部门，围绕行业的上游产业——配套的、原辅材料，和行业的中游——“酒”的生产企业及企业的生产管理、质量控制、科研技术等进行报道，以上都是围绕上游与中游本身来办报，而忽视了产业中游——企业的需求，以及产业的下游——市场和消费者对这个行业产品的需求情况等进行报道。

究其深层次原因，实际上是我们自己将一个产业的完整产业链条给割裂开来，而忽视了其有机统一性。

作为产品，我们既要考虑产品生产过程中的原料选择与质量管理流程，又要考虑产品销售市场中不断变化的市场形势与消费需求。否则，再好的产品也只有死路一条。因此，围绕酒业的“中游”做好内容，用高质量的内容来影响行业，是《华夏酒报》品牌塑造的根本所在。

于是，近年来，《华夏酒报》不断在办报宗旨与内容定位上进行调整与探索，不断研究所报道产业发展的趋势与产业企业的需求变化，特别是在2009年以来，《华夏酒报》更是立足行业，提出了“跳出酒缸办酒报”的发展思路，提出了“提供酒业增值服务”的核心价值理念和“办一张产业经济报”的战略定位，收到了良好的效果。

所谓“跳出酒缸办酒报”，并不是脱离行业，恰恰相反，而是更加的立足行业、专注行业，是站在产业利益与行业发展的角度、站在行业对国民经济贡献的角度来调整内容，达到影响产业、干预产业、引领产业的目的，最终成为整个酒类产业链条中不可或缺的一环。

为此，《华夏酒报》对报纸的报道内容进行了调整，将原先的单纯的报道企业内部的管理、生产质量控制、科研技术等内容进行删减，另增加和延伸了产业内容。

第一，调整增加了报道酒业经济和与酒业具有接近性的国内外经济、资本市场、发展趋势等方面的内容；同时，专门增加了报道酒业市场和与酒业有相关联的商业市场领域的市场流通、商业竞争、销售技巧等特点与趋势；第二，调整增加了报道领导这个行业发展的人的发展、人的观点、人的所为等各种信息，以及改变、提高、推进、发展所在行业的人的素质；第三，调整了产销企业报道模式，更加深入关注与解读酒业中的产供销各个企业，使行业企业能够彼此了解、借鉴与学习。

同时，《华夏酒报》在稿件内容上更加注重抓好新闻追踪和新闻解读等深度报道，即注重从“深度性、专业性、实用性”三个方面体现报纸内容的延伸，更加关注“产业新闻背后的新闻”，即关注深度解释性报道；注重对行业新闻进行深度的专业解读，透析现象背后的行业发展趋势和市场趋势；注重对行业企业的成败案例进行专业的挖掘与解剖，以给同行借鉴与思考。

由于行业报对本行业有更加专业地、深刻地了解和认识，在本行业发生重大新闻事件时，能够做出专业化的报道，凸显行业报价值，促进了行业的健康、良性发展。

根据内容的调整，《华夏酒报》是在立足推动酒业发展这个主线的基础上，围绕“酒情、酒人、酒事”三方面内容及时进行了版面调整与创新，将每周三期报纸也进行了差异化区分，即周一侧重产业经济的报道，周三侧重商业经济的报道，周五侧重企业案例的报道，根据三期定位再将版面进一步细分为产经、营销、公司、专题、文化等版块，版块中又进行了分解，如产经版块分解为观察版、关注版和财经版，营销板块分解为市场版、渠道版和案例版等等。

与此同时，《华夏酒报》开始对产品的质量内涵进行进一步的打造，注重品牌栏目、品牌记者和品牌编辑的塑造与培养。

1.品牌栏目

栏目是一张报纸的眼睛，《华夏酒报》重点打造的品牌栏目主要包括华夏酒评、市场调查、总裁论道、市说新语、记者视线、樽前絮语等，这些栏目立足于产业经济发展的角度，通过观察剖析或解读预测等，给目标读者以思考和启示，进而达到对舆论的影响和引导作用，推动产业经济的繁荣与发展。其中“华夏酒评”栏目获得第23届中国产经好新闻奖专栏一等奖。

2.品牌记者

行业报记者区别于大众报纸的最大特点，是大众媒体记者要做“杂家”，而行业媒体记者要做行业“专家”。说外行话，采访基本是一无所获。《华夏酒报》在培养记者熟悉整个行业的基础上，不断培养一批业务素质过硬的“专家记者”，有侧重于啤酒领域、侧重于白酒领域、侧重于葡萄酒领域，以及侧重于市场营销和技术层面等不同领域记者，使各个行业都有能够对行业现状、问题瓶径、发展趋势等提出独特观点、明晰行业趋势、熟悉技术发展的“专家记者”。

3.品牌编辑

现在的报纸编辑已经从过去单一的编稿，发展成为不但要编稿，还要会策划选题，并指导记者写出对行业有指导和警示性的报道来。《华夏酒报》注重版面协调发展的同时，更加注重编辑策划选题能力的培养。经过多年的培养，一批既懂行业又懂媒体，还懂新闻策划的编辑成为《华夏酒报》报纸品牌内涵塑造的骨干力量，2009年编辑策划的一批好的选题如“经销商谋求变局”、“聚焦白酒消费税”、“直面啤酒高端化”、“当白酒遭遇资本”等，都引起了行业的关注与认可，有力地控制了行业的话语权。

版面内容的调整，报道方向的变化，自然使读者层次也发生变革，这也达到了《华夏酒报》提出的“淘汰一部分读者、优选一批读者、最终形成所需要的目标读者群”的读者定位，读者对象由过去以生产和技术人员为主，转变为以企业家和商务管理者为主的读者群。报纸读者层次的提升，自然带来了经营上的提升，报纸的核心竞争力进一步增强，报社发展进入良性轨道。

二、聚焦活动干预行业

活动实际就是搭建的一个沟通平台，在这个平台的主题指引下，大家沟通企业发展、沟通产品品种、沟通经营思想、沟通市场趋势，而作为行业报最大的优势是对本行业的熟悉与专业；行业报最大的资源也是行业，拥有管、产、供、销、学、研等方面的各种资源优势。

整合资源优势，进行活动聚焦，塑造媒体品牌，是《华夏酒报》近年培育媒体核心竞争力的重要途径之一。更重要的是，《华夏酒报》通过几年的“活动聚焦”，已经从影响行业开始走向干预行业的发展轨道，并得到了业内外专家学者的肯定。2009年，《华夏酒报》通过各种“活动聚焦”，使“中国酒业风向标”社会定位进一步得到行业的认可。

1.“中国名酒名企质量行”大型采访活动

该活动是《华夏酒报》作为行业报所提出的“提供行业企业增值服务”核心价值的进一步体现，夯实了行业报的品牌内涵。

受金融海啸开始在市场蔓延、消费者信心不足等因素影响，中国酒业市场也受到一定的影响。行业报本来的职能就包含推动行业繁荣与发展，如何在金融危机的关键时刻起到行业报媒应有的作用，提振行业经济。

经过思考，结合行业现状，在2008年牵头组织实施“中国名酒名企西部行”基础之上，《华夏酒报》于2009年3月再次牵头，与全国省级党报联盟10余家党报联手，共同实施“中国名酒名企质量行”。从3月份启动，到5月底结束，在两个多月的时间里，由《华夏酒报》记者担任团长，与《重庆日报》、《安徽日报》、《江西日报》、《湖南日报》、《甘肃日报》、《陕西日报》、《天津日报》、《大众日报》、《河南日报》、《青海日报》等媒体组成“中国名酒名企质量行”采访团，对几十家中国酒业名优企业进行了深入的采访，一边走一边发稿，各级党报类媒体发稿达200多篇，对中国骨干酒类企业形成了正面的、集中的舆论影响，进一步刺激了当前的酒类商品消费，推动了中国酒类行业健康发展。

大中型骨干企业积极应对危机，不断调整产品结构和营销策略，给中小型企业带来了借鉴与启示，全行业形成了积极应对危机与挑战良好氛围，利用报纸本身在行业中的影响力，整合大众媒体的资源优势，《华夏酒报》与全国各地省级党报也很好地实现了资源共享、互利合作，进一步树立了在行业中的权威性和公信力。

目前，此项活动为企业带来的正面、潜在的影响还在继续。

2.“中国葡萄酒经济年会”的活动

该活动是《华夏酒报》作为“中国酒业负责任媒体”的最好体现，彰显出行业报纸的品牌张力。

针对国外洋酒不断在国内市场攻城略地，国内企业也纷纷购买进口原酒勾兑装瓶，中国自身的葡萄酒产业发展面临危境而不自知，作为对中国酒业负责任的《华夏酒报》有责任扯起民族的大旗，于是，将倾力打造的一个年度盛会——“中国葡萄酒经济年会”的主题确定为“寻找中国葡萄酒风格”。年会召开以前，《华夏酒报》就借助自身平面媒体与网络媒体平台，进行“什么是中国葡萄酒风格”的讨论，唤起了整个葡萄酒产业的关注与反思。同时，在继前两届中国葡萄酒经济年会形成的较好影响基础上，应秦皇岛市人民政府邀请，《华夏酒报》于2009年9月19日-21日在秦皇岛市举办了“第三届中国葡萄酒经济年会”。

年会期间，《华夏酒报》举办了年会主题论坛“寻找中国葡萄酒风格——经济危机下的中国葡萄酒产业发展”、“华夏酒报葡萄酒质量大赛”、“年会颁奖晚会”、“葡萄酒文化之旅”等活动。来自世界各地的葡萄酒管理部门、生产企业、经销商等300多人参加了年会。据秦皇岛方面提供的数据表明，会议期间秦皇岛市的招商推介会共签约项目14个，投资金额36.08亿元。

更为重要的是，本次活动的举办，得到了中国葡萄酒行业的称赞，大家纷纷表示，在行业发展的关键时刻，《华夏酒报》及时提出行业发展中存在的问题，指出了行业发展的方向，是真正对中国酒业发展负责任的媒体。

行业活动可以为地方产业集群的发展，起到很大的推动作用，也能够使报纸本身品牌张力得到进一步的彰显。同时，更能够从中体现出行业报品牌效应带来的经济效益与社会效益。

3.“为共和国干杯——推动中国酒业发展的60人60企”活动

该活动体现了行业媒体的舆论引领作用，彰显出行业“风向标”的社会定位。

2009年是新中国成立60周年，恰逢《华夏酒报》创刊20周年。作为行业权威媒体，肯定要在重要的历史时刻有所表现。于是，《华夏酒报》策划实施了以“酒业60载、辉煌20年”为主题的“中国酒业华夏论坛暨《华夏酒报》创刊20周年庆典”活动，并组织了“为共和国干杯——推动中国酒业发展的60人60企60事”的大型推选活动，使活动既体现出酒类行业的特性，又体现出专业媒体的舆论导向作用。

论坛邀请国家有关部委与协会领导、著名专家学者、骨干产供销企业老总，围绕“酒业60载、辉煌20年”的主题，对新中国成立60年来、特别是快速发展的近20年来中国酒业的峥嵘岁月进行回顾，对中国酒业的发展现状进行梳理，对企业在生产、市场、营销、文化等方面的辉煌历程进行宣扬，并共同解析与展望了中国酒业未来的发展航向。同时，《华夏酒报》在论坛上发布了新中国成立60年来中国酒业的60件大事，发布了通过读者提名、网络投票、专家评议、报纸公示等形式推选出的“为共和国干杯·推动中国酒业发展的60企60人”榜单，并向这些卓越人物和优秀企业颁发了荣誉勋章。

“为共和国干杯”活动，再次彰显出《华夏酒报》作为行业媒体对行业的社会引领，得到了行业各界的大力支持和热烈响应，“中国酒业风向标”的地位得到进一步验证。

经过近几年的发展，《华夏酒报》已经在酒类行业中形成了一批具有影响力和号召力的重大主题活动，为报纸品牌的提升带来了巨大的效应，报纸盈利能力更是得到极大地提升。同时，也在行业报媒参与行业发展的道路上迈出了关键的步伐。

三、搭建平台引领行业

企业开发产品一般不会只有一个品种，一般都是系列产品开发，对于报纸这种产品也不例外。

《华夏酒报》作为中国惟一的酒类行业媒体，面向全国市场，通过新闻采访获得信息资源的成本是很高的，如果这些新闻信息只通过报纸进行一次性平面传播，既浪费，成本又高，也与当前提倡的“成本领先战略”不吻合。如何解决信息增值与增值服务的关系，《华夏酒报》通过将信息多次传播，开发出适合目标读者的多种“产品”，才能有效摊平信息进入组织的成本，并实现增值，进一步夯实媒体品牌的核心竞争力。

1.搭建信息服务平台

《华夏酒报》开通了目前中国酒业影响力最大的专业网站——中国酒业新闻网，开始实施数字化发展战略。

《华夏酒报》的版面编辑，同时也是网络编辑。编辑根据自己在行业的资源优势，能够及时获知行业发生的动态，并从专业的角度第一时间在网站上报道出来；根据新闻的价值、对行业的影响与意义，编辑再策划指导记者及时跟进深度报道，进行新闻解读，告诉行业目标读者详细的情况，有效地实现了报网互动。

信息平台的搭建，弥补了行业报发行周期长的缺陷，具有了与其他媒体同步的报道优势，且由于具有专业的优势，发出的声音比较具有权威性。

针对行业关注事件，中国酒业新闻网除第一时间进行报道外，还及时采用专业的数据库系统来管理，在网站上形成专栏、专题、相关、文章评论、滚动新闻等多种表现手法，使专业传播优势进一步凸显。

2.搭建数据资料平台

行业报的网站，不仅仅是行业宣传的平台，更重要的是要成为帮扶行业内企业共同发展、拓展市场的平台。中国酒业新闻网搭建了数据中心、资料中心、产品中心，收录了建国以来酒类行业历年的各种统计数据，包括最新的统计数据，建立了酒业政策法规数据库、酒类产销配套企业数据资料库、终端市场数据库等。

在这个平台上，生产企业根据市场拓展需要，可以有针对性的直接与目标市场的经销商进行对接，还可以根据企业决策的需要，调取行业统计数据。而经销商可以根据生产企业的数据资料、产品开发信息，市场拓展信息，了解企业的经营、产品以及战略决策等信息。这些数据都是报社进行延伸增值服务的产品，既为企业提供了很好的数据管理服务，还增加了报社的经营收入。

同时，根据时效性差、发行周期长的特点，《华夏酒报》开发了华夏酒报电子报、华夏酒报邮箱快讯，实现了专业信息增值服务，为行业用户提供了快捷、专业的数字信息服务产品。另外，还针对一些广告客户的需求，提供专属的信息延伸服务，收到了较好的效益。

3.搭建行业内外沟通交流的平台

作为媒介和桥梁，行业报不仅能够促进行业内部的沟通交流，更是一个推动行业及行业产品走向社会的公共关系桥梁。所以，《华夏酒报》开通了新闻BBS、酒业博客、酒业论坛、商业机会、酒品品鉴、酒问等多种网络互动途径，建立了行业内外更加互动、及时、安全的沟通交流平台。

同时，中国酒业新闻网还开通了英文频道，搭建国际酒业交流平台；正在开发行业B2B平台，搭建电子商务交易平台。

目前，中国酒业新闻网已经成为同类行业网站中影响力最大的网站。搭建快速的信息与沟通平台，使行业报媒改变了过去单一的新闻单位的性质，而是转变为酒类行业综合服务机构，为行业发展提供各种服务，也是自己真正能够融入行业发展的链条中去。

2009年将成为过去，行业报发展之路，《华夏酒报》仍旧会不断探索，在探索中发展壮大自己的品牌。□

※作者是《华夏酒报》总编辑

二线城市
城市周报的困惑与探索

● 祁辉

石家庄，一座新兴的奋斗中的城市，人口不足300万。国际大都市的时尚与消费，在这儿还仅仅算是启蒙。

《精品导报》是这座城市，以倡导时尚文化、引领时尚消费为已任的城市周报。经过十年多的发展，虽确立了在这座城市中周报首席的地位，但也进入了一个平台期，关于如何突破进入更高的发展层次。《精品导报》在尝试着方方面面的探索，其中有困惑，亦有收获。

一、前景光明，道路曲折的报纸发展之路

当前，业界对城市周报的发展态势主要有两种判断，一种声音认为城市周报大有作为。这种判断是基于国民经济的持续发展，社会的不断进步，城市化进程的加快，以及诸如精品购物指南等强势城市周报的发展现状做出的；另一种声音则是城市周报发展空间和前景堪忧。此声音不是消极，恰恰是许多城市周报为了生存和发展，左冲右突苦苦探索多年，或勉强维持，或无果而终的感叹。

《精品导报》在对宏观形势的判断上，我们始终坚信城市周报有着较强的生命力，但是在实践中，我们又有着许多的困惑。

1.城市发展规模下的市场效应

石家庄是一个不足300万人口的发展中的城市，虽然省政府于2009年出台了《关于加快壮大中心城市促进城市群快速发展的意见》，要求石家庄争取2020年前城市规模达到300万人以上，远期规模达到500万人左右，但从现在来看，市场空间有限。

在石家庄，拥挤着3份强势综合类日报，10余份周报（刊），4大台（两个电视台，两个电台），其他新兴媒体包括网络、户外视屏（分众传媒、公交车、出租车、户外大屏幕等）及各类楼宇、DM直投等媒介如雨后春笋般涌现，相互拼抢市场，煞是热闹。城市发展规模前提下的市场容量是有限的，精品导报身处其间，是平面纸媒又是周报，生存环境可想而知。

2.时尚人群的集群效应

处于二三线城市的《精品导报》，作为一张城市周报，所面对的毕竟是细分市场和细分人群。时尚人士、白领阶层的数量也是有限的。客观上来讲，在二三线城市，充其量是点缀，还谈不上真正的主流。至少在石家庄这座城市是如此。这也是我们所忧虑的地方。在绝大多数市民为奔小康而努力奋斗的时候，时尚，新锐，是他们的梦想，心中的风景，茶余饭后的闲聊。或者说，人人都有时尚，新锐的冲动，但却没有这个实力。

在这样的背景下，报纸仅仅妄谈引领时尚文化，似乎有些不合时宜。消费文化可以谈，但要看它能否有市场、有效益。首先是报纸的时尚引领性。若做引领性十足的内容，鲜能比得上杂志，目标受众也少的可怜；若做超前当地一步的内容，真正富裕人群和普通市民都不会买账，可能也翻翻报纸，但对目标广告市场形不成有效拉动。

在石家庄，《河北青年报》的团购搞的是如火如荼，有的场次甚至达到上千人，直接拉动了商家广告。这一现象就可以显现出石家庄人的消费观

念和消费能力。而《精品导报》在诸如家居、家电等需要集群效应的市场领域做起来就显得捉襟见肘。也就是说，城市虽然在发展，但报纸发行市场和某些行业的广告市场却起色不大。虽然，单纯的竞争层面，《精品导报》并不担心。经过多年的市场打拼，我们锻炼了队伍，有了丰富的经验，积累了相当的客户人脉，并有着完善的管理。但商家的现实利益需求，我们不得不面对。

此外，报纸读者群的流失，关注度降低，同样也是城市周报所要面对的。虽然报纸读者定位大都在20岁到45岁有文化、有消费能力的主力人群上，但是这些人绝大部分在奋斗，对于报纸，他们可能没有闲暇去关注。如何提高城市周报的影响力，巩固和适度扩大细分读者的集群效应，形成粘性很强的注意力经济，也是我们必须要考虑的。

3.经济危机下的"挖掘"效应

2009年，经济危机之下，消费者的消费心理和消费行为等都发生了变化，因为在经济危机时期，人们的收入和对未来的预期都会降低，这时候首先削减的是那些大宗商品的消费，如买房、买车、出国旅游等。显现在《精品导报》的报纸广告上，就是商业、房产、财经广告锐减。如何调整自己的政策和经营策略，最大限度地降低危机的负面影响，挖掘报纸广告的"新量"和"增量"，找到利润的增长点，成为我们必须要面对的课题。

二、努力挖掘、制造本地时尚 撑起报纸发展的一片天

《精品导报》多年在二三线城市的实践积累，办报方针已经是不仅仅"唤醒读者潜在需求"，还要"顺应读者既有需求"。这种变化，是基于现实的考虑，以此在石家庄这样的市场竞争环境下得以更好的发展，生存、生活得更好。

实践证明，报纸以"年轻化"的姿态，结合本土时尚将读者群锁定在希望得到更多实用时尚生活资讯的城市中青年群体，兼顾"走中高端路线"的想法，不失为一种挖掘市场潜力的良方。

1.灵活机动高效运转的事业部制的建立

为适应这种改变，《精品导报》2009年调整了内部机构，设立一个新闻专刊部，三个不同的事业部。新闻专刊部，职能就是要立足石家庄本土，发现、挖掘乃至制造本市的流行时尚、个性新闻，刊登能给年轻人以思维创新、思考启迪、方法改进的文章，能够使读者不断得到满足和提升，提升读者的忠诚度。而其他三个事业部，商讯事业部负责通讯、商业、家电等；消费事业部负责美容美发、教育、旅游美食休闲、健康、婚嫁等；家居事业部负责房产、汽车、家居、财经等，报纸内部人力资源、版面资源、行业客户资源明晰归类充分整合，报道、广告、策划、活动更紧密"四位一体"高效运转，致力于打造城市生活手册，根据各自职能的不同，第一时间发布时尚、实用的信息，达到可以让读者拿着报纸"按图索骥"，满足目标读者的消费需求。

2.扶持本地时尚，制造市场

《精品导报》多年来一直坚持挖掘本土时尚这一路线，在本地区制造影响力，形成良好口碑效应。2009年，具体的做法和主要的收获主要有以下几个方面.

(1)以"曲线"方式，拉动品牌市场

进入石家庄的知名品牌少，《精品导报》对品牌广告的拉动更为困难。但是为了宣传品质生活，我们采取了曲线拉动的方式，即与本地各大商场合作，做商场的整体宣传，达到捎带宣传知名品牌并争取其广告投放的目的。这种形式，经过一段时期的运作，几乎期期都有两三个商场在报纸上推出几个版的宣传，品牌广告也呈现其中，不仅形成了报纸的一大特色，提升了报纸形象和品质，省会各大商场和目标受众也非常认可。

(2)切入时尚"边角"，开拓市场

虽然石家庄尚不发达，但是市民追求品质生活的愿望还是很高的。也正是基于此，《精品导报》对事业发展的信心是坚定的。

正是在事业部制的运转下，实现了一些版面的读者效益、广告效益和客户效益三赢。如消费事业部推出的魅力星工厂版面就结合了形象设计、彩妆品牌、发型设计等，以给读者进行整体形象设计改变的形式出现，受到读者欢迎，读者爱看，商家认可，同时报纸也有经济效益。石家庄现正进行"三年大变样"，一些街边店店址几乎全都有改变，较之以往，有了宣传欲望，在记者的努力下，工作富有成效。搜店版也实现了在兼顾读者利益的基础上实现赢利。凡是有特色，比较时尚的店面都在报纸上分类别的呈现过，这些小店也逐渐成了导报的另一个广告市场。

(3)与长期广告客户合作稳固长久

对有发展潜力的时尚消费行业进行大力前期扶持，助其壮大，从而形成自身高忠诚度的广告市场。《精品导报》在这方面颇有建树。如东方美SPA美容会所，是石家庄的第一家SPA会所，一直与导

报有着密切合作关系，经过《精品导报》大力的宣传扶持，现如今已发展成为这座省会城市美容业的高端场所。2009年，"三年大变样"拆迁后，又加强了与导报的合作加大了长期投放力度。这些客户带动了整个行业其他客户的投放。导报既制造了时尚文化，为城市贡献了一个时尚消费场所，又为自己增添了一个长久的客户。

3.挖掘"新量"和"增量"

面对经济危机的影响，2009年，《精品导报》也在积极挖掘报纸广告的"新量"和"增量"。在这方面，消费事业部的美容美发领域、教育领域都做得非常突出。一方面，美容美发行业是导报广告的支柱行业，在事业部制运转下，与代理公司合作更加顺畅，配合更加默契，使得这一领域的广告在2009年稳中有升，"增量"明显，捍卫了《精品导报》在石家庄这一领域的领袖地位。在此基础，我们又开拓了一个市场分支——整形美容市场，不仅吸附本地客户的投放，也吸引了外埠广告。

此外，在坚持"内容为王，服务至上"的原则下，版面的拉动效应也开始显现。我们深度挖掘忠实读者的消费变化需求，并针对广告客户的市场意向，开设了留学、教育等版面，在长期广告客户的带动下，激烈的市场竞争也使得其他客户争相投放，《精品导报》的教育领域在石家庄形成了自己的特色和强势规模，最多时版量达到了14个版，这在导报版面所占比例已相当可观，在石家庄这么"窄"的市场空间里也是不可想像的。挖掘的这一"新量"，成为了《精品导报》2009年的利润增长点。

总之，虽然面对不断出现的各种困难和问题，精品导报人还是要不断坚持创新原则，发展壮大自己，引领时尚、引导消费，坚持"产品为王"是不变的立报宗旨。我们在困惑中不断努力探索，因为消费时尚永远是现代城市生活最瑰丽的主题。□

※作者是《精品导报》总编辑

寻找细分市场的支点

——长江日报报业集团《新生活》周报3年发展思考

● 徐朝晖 罗京

2006年，中国人均GDP达到2000美元，进入消费起飞阶段，越来越多的城市变身为都市。在都市化趋势主导下，继沿海之后，内陆城市报业步入细分时代，立足生活服务、以时尚消费为特色的城市周报接踵而出，有人称之为“周报现象”[1]。

2006年7月，由长江日报报业集团主办的《新生活》周报在武汉横空出世。3年多以来，该报以城市“时尚话题+消费资讯”为内容架构，以“地域特色+周报思维”为内在标识，精准切入市场，迅速成长壮大，期均发行量突破8万份，年广告收入达到1500万元，成为武汉地区的风尚旗帜和行业山头。

城市生活服务类周报是报业细分的甜饼，以故事性、细节感、亲和力为基本特征，带着人文关怀和情感色彩反映百姓生活，侧重于微观信息层面的新闻传递[2]，其基本格调从属于城市，为中产阶层服务[3]。城市生活类周报源于市场细分，成败的关键在于能否精准细分，即能不能立足于某一地域的特定受众群体进行有效的目标定位、市场分割和持久影响[4]。

《新生活》周报创刊3年多以来，在探索符合周报发展、适应武汉地域特色的办报模式、经营模式和团队建设的过程中，形成了一套具有自身特色的生活服务类报纸发展的“方法论”。

一、制造差别是细分的前提

3年，8万读者。读者从何而来？一是通过市场推广培养而来，二是从其他生活服务类周报分流而来。武汉是内地报业竞争较为充分的城市，内有4家传媒集团、7份综合型日报、数十份周报刊参与角逐，外有《城市画报》、《外滩画报》、《南都周刊》、《上海壹周》等实力周报大军压境。历经纸张成本增加两次调价后，《新生活》仍能岿然屹立，并迅速崛起壮大，一个重要原因是找准空当、制造差别从而寻找自身的生存空间。

1.精耕时尚传播领域，打综合型日报的空当

《新生活》周报坚持“七分像刊，三分像报”的周报特质，嫁接杂志操作手法丰富报纸表现形式，大量使用铜版纸和轻涂纸，使报纸在印刷装帧、版式色彩上富有冲击力和观赏性，在报纸的品相上与综合型日报拉开距离；专著于时尚和消费资讯两大板块，大胆借用网络语言和新闻事件对其包装消化，塑造前卫、时尚的市场形象。该报先后制作了《武汉风尚宝典》、《武汉乐购地图》、《武汉美食地图》、《圣诞攻略》等城市达人必备手册，逐步形成自己独有的文本、文风以及周报独具的深度和广度，与综合型日报的大众化相区分；终端营销上借鉴DM杂志的直投、摆阅方式，向商场、银行、通讯等VIP客户进行点对点的发行，同时在武汉星级酒店、高档购物中心、主题酒吧、高级会所、机场、机舱等高消费场所大量摆阅、密集覆盖，强化报纸在城市主流消费人群里的读本口碑，与以零售和机关订阅、家庭订阅为主的日报形成差异。

以上三个空当和差别的追求，使《新生活》周报迅速跻身武汉高端读物行列，牢牢掌控武汉时

尚消费资讯第一话语权。

2.凸显地域特色，构筑与外地同类周报的特质差异

《申江购物导报》首次提出的办报关键词是“上海、时尚、白领”，第二次是“上海、原创、互动”，不变的是“上海”[5]，可见本土化是抵御外埠强势周报的重要武器。

3年来，在办报追求上，《新生活》周报坚持汉派风格，对京派的《精品购物指南》、海派的《申江服务导报》、渝派的《新女报》等领军周报不亦步亦趋，注重学习内化，而不模仿移植，使报纸形神独立，打上武汉这座城市的烙印；在选题上，《风格武汉》、《大头条》等专栏，《风尚武汉》、《享受周末》等单元，不搞曲高和寡、脱离城市实际的选题，重点抓本土读者关切、需要的策划，让报纸接地气，带上武汉的烟火气，力求成为城市时尚传播的“地主”；充分挖掘本地资源，联手商家开展“积报花看电影”、“凭报纸看展览”、“读者免费乘武广高铁游长沙”等为读者谋利益的活动，吸引读者关注阅读，消减外埠强势周报的辐射力。通过以上“为我所用，求同存异”的策略，《新生活》周报的品质得到提升，地位更加巩固，自身辐射半径也由武汉城区扩展到武汉城市圈，直至湖北省20多个城市。

3.追求与竞争对手在办报上的级差

一份周报的市场竞争能力取决于与对手相比边际效用的高低，后起的生活服务类周报往往有互相模仿克隆、服务功能弱化、制作粗糙等通病，难以在市场竞争中拉开级差[6]。

《新生活》周报坚持面向“经济基础和上层建筑”两个维度，即传播最新的时尚资讯、消费资讯、理财资讯，传递健康的情感价值、人生价值、生活理念。《新生活》没有把目光局限于小家庭和个人小宇宙，而是在武汉周报中独家开辟“风格武汉”、“武汉地理”、“武汉新移民”、《BOSS过堂》等栏目，挖掘城市的时尚力量、精英人群，开拓报纸的视野；周报虽是小报，但绝不可自甘边缘，游离于社会之外。《新生活》一直坚持开门办报，做读者的消费顾问和成长伙伴，与读者形成互动，提升报纸的品牌影响力。2009年9月至11月，与宝洁、统一、丝宝等大型集团联手，开展了武汉高校营销大赛、创业公益计划等系列活动，影响波及武汉10多所高校，而这将是武汉未来的白领中坚力量。

实践证明，《新生活》周报已跃身为武汉本土投入产出效益最好、运营质量最佳的生活服务类周报。

二、关键能力修炼是细分基础

所谓关键能力，即决定报纸获取、生存、成长与持续的核心因素。关键能力修炼好了，内可以强化内部因素、整合内部资源，外可以形成控制，活用外部资源。而生活服务类周报的关键能力是由议题设置能力、新闻解码能力、边界拓展能力、资源整合能力等四个方面构成的，四者形成的创新合力决定报纸的样态和未来。

《新生活》周报在竞争激烈的武汉报业市场上能够以小博大，站稳脚跟，后来居上，就在于这四种能力的集结和融合。

1.增强议题设置能力，占领新闻策划制高点

新闻是易碎品，周报由于出版周期较长，在时效性上存在天然的不足。以《新生活》周报为例，经过7家日报轮番轰炸后的新闻，如何重新链接、呈现？围绕热点议题、焦点话题如何进行新闻策划、时尚包装，使破碎的新闻重新粘接起来，达到“时尚的报道和报道的时尚”，是经常面临的问题。

根据周报特质，议题设置要考量“新闻性、话题性、趣味性、参与性”等4个元素，使之成为每期报纸的“卖点”，不能言之无物、言之无味、言之无趣、言之无用。2009年12月，武广高速客运专线开通，一时成为武汉和全国媒体聚焦的热点，日报在开通前已进行了长篇累牍的报道，长篇通讯加特刊专辑纷至沓来。这样的焦点话题，《新生活》读者自然关注。淡化处理，不行；回避，更不行。参照4个元素，该报另辟蹊径，选择距武汉最近、但读者又并非很熟悉，又是高铁开通后读者最容易到达的城市—长沙作为突破口，与长沙本地最具影响力的生活服务类周报《品周刊》联袂，推出了“武汉长沙双城记”策划。双方调动了数十名采编人员和经营人员，采编、广告招商、活动策划同时进行，制作了30多个版的《双城约会，梦想N+1》、《用味蕾穿行百年长沙的百般滋味》、《穿越老武汉的时光隧道》等“武汉长沙双城味道”专题，作为圣诞特刊的主打，同时，线下活动邀请了20名读者武汉长沙“串门游”，既紧扣热点话题，又吸引读者眼球，激起读者千层雪。

2.提升新闻解码能力，厚积薄发定乾坤

生活服务类周报的办报指向群体是社会中坚及以上阶层，随着接触、解读、使用媒体的媒介素养[7]不断提升，他们对生活服务类周报的新闻表达能力、信息传播能力提出了更高的要求。与日报相比，周报发展历程短，人员入行晚，在新闻信息传播上存在明显短板。《新生活》周报通过提升新闻解码能力，强化对其他媒体的信息创造性转化能力、城市新闻事件多维度解读能力，实现新闻的解构和重组，获取报纸的传播蓝海，达到了后发制人的效果。

3.从同城媒体摄取养分，化“旧”为“新”

同城媒体新闻资源是一座富矿，通过爬梳剔罗，萃取包装，点缀以热点话题和时尚色彩，既可弥补本身新闻资源不足，也能增加报纸的趣味性。《新生活》周报设有“城事壹周”、“读城说事”等单元和专版，精选武汉各报一周新闻，变新闻为故事，配以漫画插图，先后推出了“武林外传新说”、“水煮三国”、“汉派新语”、“红中赖子杠”系列等，将一周发生在武汉本土最有趣、最热门的新闻事实凸显出来，受到读者欢迎，成为报纸的拳头产品。

4.突出放大“人”的因素，寻求报道持久时效

周报的新闻报道应尽可能选择模糊时效性的题材，注意将新闻事件的报道转变为新闻人物的报道[8]。中产阶层一般从事繁重脑力劳动，有一定闲暇时间，消费观重实用而不乏象征，保守而略带前卫，注重榜样引路。《新生活》周报选择潮人、达人、牛人、名人作为新闻解码四色素，着重开掘新闻背后人的故事、情感和智慧，传递不是三言两语和抽象语言可以说清楚的生活品位、艺术品位，形成与读者之间的默契[9]。《新生活》3周年庆百版纪念刊，主打内容就是60位分属各领域的城市风尚客对时尚的认知、生活的态度和人生的追求，既能品鉴城市风貌，又具有厚重参考价值，好看耐读，当期零售近20万份。

5.强化边界拓展能力，突破思维定式局限

如果说眼球是美丽经济的灵魂，变化则是生活类服务周报的内核。一般而言，报纸边界指的是新闻生产的形态极限、所处市场承受极限和读者的接收极限，只有不断开阔视野、开辟读者，破除定式思维，在发展中求新求变，才能谋求更高的发展水平。[10]《新生活》周报在3年的办报历程中一直将这样一句话奉为圭臬：除了创新，周报什么都不是，要打破市场坚冰，只有不断地否定自我，自我挣脱，才能生存。

识风弄潮，凡事永争第一。跳出同质竞争怪圈，拓展报纸边界，最有效的举措就是根据时尚风潮，大胆跟进，凡事敢为人先，做第一个吃螃蟹的人。3年来，《新生活》周报创造了许多武汉周报乃至报业市场的第一：第一个把纸媒日出刊的最高版数刷新到132个版；第一个策划制作了大量时尚消费类的专题、专刊、别册，实现行业的深度渗透，在同质化竞争中，树立了《新生活》作为武汉第一时尚消费周报的龙头地位；第一个以传媒的名义举行武汉本土名流云集的时尚盛会；第一个以传媒的名义制作了武汉本土第一本《购物地图》；第一个将周报的跨地域合作成功地变为了现实……正是这众多的第一，不仅让主流市场、主流人群认识和接纳了《新生活》，也使报纸从城市风尚的旁观者蝶变为武汉消费概念的定义者，由依附于商家办报转身为吸附商家发展。

敢破敢立，在自我否定中前行。周报的办报和经营模式不同于日报，而作为衍生于传统报业集团的《新生活》，考虑的正是如何在传承中发展和突破。在内容编排上，它否定采编人员固化的日报体思维和文字主导、社会新闻主导的思维，而不断树立周报体思维、图片先导思维、时尚新闻思维；在经营模式上，它强调以创意激活客户需求，以创新实现客户价值，将新闻策划、活动策划、广告策划完全打通，以工作室运行机制代替传统的机构设置，实现了客户对接的“一站式”服务；在用人机制和薪酬考核上，否定排资论辈，新老体制全体归零，同工同酬，并通过考评，以产定酬，极大调动了员工的工作激情，报纸做到每期给读者一个惊喜，每月给市场一个亮点。

6.精进资源整合能力，锻造以小博大的发展技能

资源整合，就是将不同用途、不同区域和组织、不同支配者之间的显性或隐性发展要素进行开掘和排列组合，达到互利共赢的目的。《新生活》在办报起步较晚、投资力度较小的情况下，能快速发展，对资源整合的重视至关重要。

宏观上，与强势媒体对接整合。纵观国内生活服务类周报刊后来居上者，无不选择与区域强势日报联袂整合，借力出击，如《都市周报》之于《都市快报》，《南都周刊》之于《南方都市报》。《新生活》周报创刊以来，虽然发展势头较好，但在体量、体格上总是难以突破，遭遇成长天花板。2009年11月，长江日报报业集团正式将其划归“湖北利润第一报”——《武汉晚报》管理，以期实现两报办报资源的整合和共享，《新生活》发展迈上了快车道。

中观上，整合强势企业借船出海。现在经常提到两个经济学概念：一是平台经济，即通过搭建交易空间或场所，促成双方或多方之间的交易，收取恰当的费用而获得收益[11]；二是体验经济，以服务为舞台，以商品为道具，以消费者为中心，创造能够使消费者参与、值得消费者回味的活动，是继知识经济和服务经济之后的一种新的经济形态[12]。瞄准上述两项抓手，《新生活》展开了"广告投放+展示平台+读者体验"的三步曲整合策略，先后与武汉商界龙头企业武商、中商、中百、汉商四大集团以及新生代的群光广场、大洋百货等联手，推出了"白领汽车鉴赏会"、"乐活五一·'近'显精彩"大型旅游节、"江城新人迎奥运"、"比基尼大赛"、"啤酒魅力之夜"、"武汉霓裳风暴"、"3·8蓝颜服务团"等活动，开辟了"路过美女"、"宝妹淘宝"等呼应专栏，不时推出购物路线图、美食路线图、旅游路线图等展示别册，不断展示了企业形象，也使商家获得实实在在的收益，让读者得到实惠。

微观上，通过微内容整合聚沙成塔。所谓"微内容"就是与引起社会普遍关注有重大意义的"巨内容"相对的，过去大量的不被我们所重视的个人非公共内容，是媒体传播体系中"厚厚的长尾"[13]。我们认为广义层面理解的微内容，不仅应包括大量的个人非公共内容，还有大量非公共的小型群体组织，此类群体组成人员普遍有着较高的学历、收入水平、欣赏水平，是生活服务类周报面向公民媒体时代不可忽略的整合对象。

3年来，《新生活》周报在采集微内容信源上做了些尝试，如设置读者酷评、读者提案、同城聚会等栏目，由于剂量较小，尚未成规模。在吸纳非公共小型群体组织方面，只通过《新生活》读者俱乐部做过些许尝试，还未形成新闻生产能力。对内强化策划组织能力，对外强大微内容吸附能力，是《新生活》今后办报中的两个新课题。

三、柔性管理是细分保障

如何激活一个以创意为坐标的团队？如何管理一群个性张扬的80后团队？近年来，《新生活》周报大力推进柔性管理，维持团队的稳定，保持团队的活力，形成了团队的向心力。

柔性管理，从本质上说是一种对"稳定和变化"进行管理的新策略，以"人性化"为标志，强调跳跃和变化、速度和反应、灵敏与弹性，注重平等和尊重、创造和直觉，依靠权力平等、民主管理，激发每个员工的内在潜力和创造精神[14]。

生活服务类周报某种程度上不是新闻产品，而是艺术品；报纸的内容更多的是体现智慧、技术含量而不是劳动强度。选择柔性管理，让创造成为可能，也让细分拥有坚实的基础。

培养创造性人才是柔性管理的目标。生活服务类周报的从业者应该具备4个方面的素质：一是对时尚风向比较敏感，拥有消费类资讯的新闻发现能力；二是具有对各类知识的广泛兴趣，并能快速学习和消化的能力；三是将自身的所见、所识转化为报纸所需的新闻产品的能力；四是和同事及外界的沟通能力。为培养这4种素质能力，《新生活》周报从每年报纸运营收入中拿出一定的专款用于员工的充电和培训，每年分批组织编辑、记者到香港、上海、北京等时尚风向地进行实地采访体验，派业务骨干到北京上海天津杭州广州重庆成都等地，学习成熟和成功的周报《精品购物指南》、《北青周刊》、《申江服务导报》、《上海壹周》、《风尚周刊》、《假日100天》、《新女报》、《新潮生活周刊》、《都市周报》等的经验。请外地周报的同行或本土的传媒和营销精英到报社进行专题讲座和辅导。同时，通过每周的评报会、选题会等提升员工对于生活服务类周报的认知和认同，通过互相砥砺激发创造性。

用柔性企业文化构建亲缘性组织。目前，大多数企业文化是一种硬性的企业文化，这种文化具有高度的牢固度、一致度和系统的和谐性，但缺乏开放度和宽容度，容易使员工与管理层产生对抗性，不利于鼓励个体创新和组织学习。《新生活》周报员工绝大多数为80后一代，且大部分为女性，培养柔性企业文化，更能激发她们的创造性，保持队伍的稳定。形成这种文化的一个重要手段，就是打造"拟制家庭"，总编辑像家长，威严而不失亲和，老职工如姐姐，带动弟弟妹妹。每年报社都会组织全体员工多次集体旅游或开展拓展训练；每个员工过生日，都会收到总编辑亲手写的贺年卡和送出的生日礼物；节假日经常举行职工的K歌狂欢、邀请家属参加的新春联欢会，这种快乐亲切的氛围，使组织互相依赖、互相监督，成为有序的"自控型组织"；而且，在亲缘性组织中，员工更愿意站在报社的层面上思考问题，放开自身资源，使因个性产生的冲突大大减少，也降低了管理成本。

专注创造性生产是柔性管理的前提。市场竞争是残酷的，增长目标是刚性的，实现生活服务类周报快速发展的市场机会成本、渠道维护成本、内部管理成本在不断攀升，要维持一定的利润需要严格的成本核算和过程管理，这与寻求柔性管理有着相当的冲突。

以《新生活》周报的规模，应该专注与创造性生产，而不应面面俱到。如果参与媒体运营的各个方面，很容易出现该管的管不好，不该管的管不上，各种管理方式混淆冲突，会直接削弱核心部位的创造性。《新生活》的理想策略是，对广告、发行甚至活动组织逐步剥离，导入代理制，让对应的总监和专员专注于市场分析、市场督导、市场策划，这样既减少了管理的层级，也使得管理层专注于市场创造成为可能。

但目前面临的一大困境是，由于《新生活》的市场规模有限，同时作为一个新生的周报，经营上有风险，不少代理商还没有耐心和决心与报纸共进退，这使得管理层需要拿出大量精力进行协调，或是调整为以报纸自营为主要模式。随着《新生活》划归武汉晚报社，可以在广告经营上作出新的探索，这将使以创造性为导向的柔性管理模式更加完备。

四、细分，还是细分

当今传媒的竞争早已进入市场细分的时代，一张周报的成功，在于对细分市场的把握[15]。《新生活》周报在武汉这样一个以重工业为主体的城市，一个没有太多时尚大牌产生的城市，成长并壮大，得益于正努力探索的市场细分“方法论”。

随着城市的发展，社会阶层的分化，中产阶层的信息来源更加多样化，对信息传播载体的要求更加多样化。城市生活服务类周报要发展，仍需要不断细分自已的传播对象、传播内容。

《新生活》生于细分，成于细分，仍需要不断地再细分。□

※作者单位：长江日报报业集团

※注释：

【1】李峥嵘.《探索精准定位下城市周报的发展》.《中国记者》.2008年第9期

【2】楼伟华.《时尚周报是甜饼》.《新闻实践》.2009年第6期

【3】【4】周益、张健挺.《周报竞争策略》.《青年记者》.2007年第9期

【5】张铭.《从酝酿到爆发的三种武器—城市周报跨越式发展猜想》.《新闻窗》.2007年第三期

【6】金波、戴骏.《城市周报的困局与对策—从杭州周报市场的竞争现状谈起》.《中国记者》.2008年第4期

【7】杜骏华.《中国中产阶层的传播学特征—基于五大城市社会调查的跨学科分析》.《新闻与传播研究》.2009年第3期

【8】陈煜、刘伟丹.《新闻报道的化“旧”为“新”》.《湖南工业大学学报(社会科学版)》.第14卷，第4期

【9】苏惠文.《城市生活服务类周报的专题策划》.《青年记者》.2007年11月下

【10】潘堂林、梅明蕾.《拓展新闻报道的边界》.《中国记者》.2008年第10期

【11】http//zhidao/baidu.com/question/41073646.html，最后访问时间2009年12月24日19:18

【12】方世宏.《用酒店产品诠释体验经济》.《铜陵日报》.2008年11月22日

【13】喻国明.《微内容聚合开发 未来媒体内容生产的技术关键》.传媒中国网

【14】安应明、郝冬梅.《企业柔性管理》.人民出版社.2008

【15】张铭.《细分的力量——重庆“周报现象”的启示》.《新闻窗》.2008年第1期

城市周报的受众细分与产品细分

——从《今晚经济周报》的改革看数字时代报业的生存之道

● 刘强

一、数字时代，报业何以生存

2009 年，国内报业市场先是受到金融危机的影响，广告市场急剧萎缩；后又遭遇网络媒体的强劲冲击，发行市场迅速下滑。虽然进入下半年，金融危机对报业的负面影响有所减缓，但互联网媒体、手机媒体等新媒体对报业的冲击却日渐增强，且成不可阻挡之势。2009 年，国内传媒市场已全面进入数字时代。面对两股力量的双向夹击，面对两个市场的严重萎缩，中国的报业从业者被严峻的现实逼迫得必须抓紧思考"数字时代，报业何以生存"的现实命题。

对于网络与手机媒体对报业市场的冲击，报界人士并非没有思想准备，前些年各地报业集团纷纷推出建报纸网站、出电子报和手机报等举措，目的就是应对网络媒体的冲击。但从 2009 年国内报业市场的整体下滑态势看，报业对数字时代所遭遇到的危机，思想准备并不足。纵观国内报界对数字时代报纸的生存前景，有的极其悲观，认为在未来三五年内，报业市场将被网络媒体全面取代；也有人认为网络的冲击是有限的，这一轮冲击很快就会过去，报业市场依然会有极强的生命力。

思考"数字时代，报业何以生存"的命题，必须冷静分析在数字时代各媒体自身存在的优势与劣势。只有全面把握各媒体的特性，才能看到未来各媒体在共争共存的态势下，生存空间究竟有多大，生存状况究竟会怎样。

以报、刊、书为代表的纸媒，与广电媒体和网络媒体相比，其最大的劣势就在于生产环节多、制作周期长，而与之相比，广播、电视、网络、手机等电子媒体具有边制作、边传播的特点，可以实现即时传播。这就是报纸在数字时代面临的最大困境。长期以来，国内传媒界将传播的时效性看得很重，新闻性被视为媒体的第一特性，要求媒体在竞争中必须做到"快"，因此，抢新闻成为报业记者、编辑最重要的职业素养。近年来，技术革命已使得报业在采访、编辑、排版、制版、印刷、发行等环节上，将原先的消耗时间大大缩短；但是，与其它媒体的传播速度相比，报业节省出来的时间远不能满足受众对新闻传播快速性的要求，远不能达到其它媒体所能实现的即时同步传输的程度。可以肯定的是，报刊这类纸媒所固有的生产特征，使得报业单纯靠比拼信息传播的速度，是注定会失败的。甚至是还没比拼，胜负便已定了。那么，报纸还有生存的理由和价值吗？

考察报业的生存理由，重要的是考察受众对信息传播的需求。如果受众对信息的需求仅仅追求"新"与"快"的话，那么报业注定是要被以百分之一秒的速度传播的电子媒体所取代。但受众对信息接收的需求难道仅仅是"新"与"快"吗？当从网络、电视、广播里获知刚刚发生的新闻后，受众是否就不再需要其它的信息服务了呢？答案肯定是否定的。当人们获取到新闻之后，依然会对新闻的内涵、意义、价值等要素有进一步了解的需求，这就为纸媒提供了存在的空间与理由。特别是当人们的大脑在一天之中遭遇海量信息之后，会出现信息通路堵塞的困扰，急需有那么一种工具帮助他梳理、加工信息，告知信息的价值与意义。也就是说，媒体所提供给受众的信息服务，不仅需要快速传递，还需要深度解读。报纸这类纸媒在比拼信息传递速度方面处于劣势的态势下，完全可以靠比拼深度为自己赢得生存空间与存在理由。

基于上述观点，笔者对传统上以"新"与"快"为信息生产目的的日报类市场呈总体的悲观态度，而对以"深"和"细"为信息加工目的的周报类市场呈谨慎的乐观态度。也就是说，在网络时代，日报类产品就像是与人家比短跑，拼速度，必然会受到数字媒体的强劲冲击，常常是与数字媒体在同一时间起跑，却因为背的包袱重、准备动作过于繁琐而每每落在人后。而周报类产品就像是跟人家比马拉松，扬长避短，以己之长，克彼之短，与对手比耐力，让对手的优势无法发挥。到头来，很可能在这场较量中取胜。

当前，也有众多传媒专家对数字时代的报业持极其悲观的态度，认为报纸只有走向网络和手机这一条出路，只有利用报业靠经年累月积累下来的品牌优势进军网络媒体这一条出路，当老一代读者渐渐老得无法看报、甚至死去后，报纸只能摆在博物馆里供人瞻仰。对此，笔者并不赞成。在数字时代，多媒体在激烈竞争的格局下，依然会呈现共生共存的态势，只不过不同媒体在竞争之后，各自的特性会渐渐凸显出来。以电脑、互联网、手机等为代表的网络媒体(或称新媒体)因其海量存储、即时传输、快速检索、非线性接收、多格式兼容、多向互动、信息接收的便利等特性，成为人们生活中的信息平台，这一平台因重在吸引人的眼球而成为"注意力经济"。而以广播、电视为代表的电子媒体，因其即时传播、线性传输与接收、双向互动等特性，逐渐成为人们生活中的娱乐平台，这一平台因影响人的内心感受而成为"感受力经济"(从某种角度上讲，广电媒体的娱乐化倾向恐怕是不可逆转的)。而以报纸、期刊、图书为代表的纸质媒体，则会以其对信息的深度加工、信息内容的留存性、信息接收的可重复性等特点，而成为人们生活中的思想平台，这一平台因其重在影响人的头脑而成为"影响力经济"。从这个角度来看，受众对信息的需求不可能仅仅依赖一个平台，眼球、内心、大脑三种人体器官对信息都有接收的需求，而基于这三种需求，人对信息接收的要点又会是各不相同的。从这一角度讲，笔者对纸媒产品在数字时代存在的必要性与可能性，充满了信心。

对于数字时代，报纸媒体的生存方式，有两条路可行。一是与网络媒体走向融合，报纸以其内容生产和加工的优势，借助网络、手机等新媒体的平台传输，将自己作为内容提供商，充分利用新媒体的平台扩大生存空间。二是不放弃纸媒这一传统信息载体，但放弃在信息传输的快速性方面做文章，而在信息加工的深度与精度方面下功夫。在重视第一条途径的过程中，报业人士不可放弃对第二条途径的开掘。尽管现在许多年轻人热衷迷恋网络和电视媒体，形成对纸媒的压倒性优势，但报业工作者应对纸媒的存在价值充满信心。只要人最初所接受的早期教育，尤其是识字，是通过接触纸媒，即读书而习得的，那么人的阅读习惯便会贯穿其一生。在人生的不同年龄段，可能会更加重视某种感官的需求，但不可能一生之中只重视一种感官的需求；而且，三个平台极有可能是逐阶而上的，随着年龄的增长，人们对世界的认知会更加趋于理性，而阅读纸媒会给人带来更多的思考，纸媒的价值在青年期之后，会愈发显露出来。因此，笔者对数字时代报纸媒体存在的可能性充满信心。只是在数字时代，报业需要转变传统的思维定势，选择新的生存方式、竞争手段与发展路径，这需要报业人士在多媒体竞争的态势下，保持清醒的头脑。

二、受众与产品细分是城市周报发展的内在需求

当前，报纸这类纸质媒体，若想在激烈的媒体竞争中谋得一席之地，就必须找寻到属于自己的生存空间，根据读者的需求准确制定报纸的市场定位。周报市场的竞争虽不如日报市场那么激烈，但同样需要确立自己的立足点。

从传媒经济学的角度来看，报纸面对的是一个充满个性化需求的庞大的读者群体。报纸定位最基本的原则是根据读者的需求进行定位。一般而言，读者只在天气预报、股票信息等少数"必需内容"的需求上呈现出大致的趋同性。由于地理环境、社会环境、教育程度、心理素质、购买动机以及职业、性别等众多因素的影响，读者对报纸内容的需求也不同。这使得任何一份报纸都不可能同时覆盖所有的读者，不可能同时满足所有读者的个性化阅读需求；即使同一份报纸，读者的阅读偏好、阅读内容也各不相同。因此，报纸市场既有走

"大众"(也称"宽众")路线的日报类产品,用以满足大众阶层普遍性的信息需求;也有走"小众"(也称"窄众")路线的周报类产品,用以满足特定人群的个性化信息需求。

纵观国内报业市场,走大众路线的日报类产品虽然在出版时间上可以分为日报、早报、午报和晚报,但从产品性质上看几乎都是综合新闻类产品,产品的个性并不鲜明,相互间的可替代性极强。这类报纸虽然受众面广,但在有限的地域市场内大多出现供大于求的局面,使得各地的日报市场的竞争异常激烈。而走小众路线的城市周报虽然从目标人群的绝对数量上看不及日报类产品,但由于它所服务的对象几乎都是城市里具有高学历、高收入水平、高消费能力、高社会地位的高端人群,因此,其受众的质量并不比日报类产品的读者逊色,甚至从社会影响力等角度考察,往往还高于日报类产品的目标读者。

当前国内的城市周报具有明显的"亦报亦刊"特征,一方面它具有很强的报纸属性,比杂志类产品的生产周期短,与读者见面的频度高,时效性强,信息的新鲜程度高;另一方面,它又具有某些期刊的特征,与日报类产品相比,其生产周期长,内容的深加工与精加工的程度高,因此,能够满足受众对信息加工深度与精度的需求。这种"亦报亦刊"的特性,使得城市周报在平面媒体内部的竞争中,为自己赢得了相对广阔的生存空间,特别受到城市里高端人群的喜爱。

但考察当前国内的周报市场,也应看到,城市周报虽然具有目标受众指向性强、受众消费能力高、产品的信息服务性强等优点,但也存在着产品覆盖面窄、个性化特征不明显等缺陷。最明显的表现就在于当前城市周报的受众群几乎都以年轻女性为主,内容多为年轻女性关注的服装、美容、购物、旅游、文化休闲等时尚消费资讯,使报纸呈现出明显的"女报"特征。这一点从北京的《精品购物指南》、上海的《申江服务导报》、天津的《假日100天》等各地有代表性的周报现状中,即可显露出来。另外,由于内容的设计问题,使得各地以女性阅读为主的城市周报,所吸引的女性读者年龄层偏低,大多集中在18到28岁年龄组上,30岁以上的女性读者数量有限,与以30岁以上女性读者为目标受众的《时尚》、《瑞丽》、《芭莎》等高档期刊相比,形成鲜明的反差。综上分析,当前国内的纸媒市场大致呈现出大众人群看日报晚报都市报、时尚女孩儿看生活服务类周报、高端男士看财经类期刊、成熟女性看高档消费类期刊的格局。

鉴于城市周报自身所具有的优势与劣势,一方面要强化周报对信息深加工的优势,在本地化、独家性、原创性、专业性等方面下功夫,确保在与网络媒体"比快"不能取胜的情况下,靠"做深""做精"赢得属于自己的一席之地。另一方面,尽快弥补自己现存的短处,根据目标受众的信息消费需求,完善产品结构,为自己赢得更为广阔的生存空间。如果城市周报仅仅固守原有的年轻女性读者市场,生存空间毕竟有限。应开拓男性读者市场和成熟女性读者市场,增加与这些受众市场相对应的周报产品,才有可能使自己在高端受众市场上做到全覆盖。这是城市周报产品发展的内在需求所决定的,是城市周报市场发展的必然趋势。

三、《今晚经济周报》的改革与创新

今晚传媒集团旗下的《今晚经济周报》创办于2001年,但在以往多年的发展过程中,走了许多弯路,致使该报在天津报业市场上影响力并不大,在全国报业市场上也没有什么名气。2008年9月,笔者调任《今晚经济周报》任总编辑,并与报社领导班子一道着手对该报进行全面改革。新领导班子在对天津报业市场全面考察后,为该报的改版确定了三个原则:一是高端定位,二是产品细分,三是强化个性。可以说,后来的所有改革创新举措,都是依据这三个原则制定的。

1.高端定位

针对之前的《今晚经济周报》内容的考察发现,这份报纸的内容制作,性别指向性并不明显,走的是典型的综合类报纸的路线,各方面内容混杂在一起,包罗万象,看似男女通吃、老少咸宜,到头来却是男女老少哪一部分的读者阅读需求都没能得到充分满足,其结果是最终谁都不买账。

综合类报纸可以作为大众型的日报、都市报的办报方针,但并不适合作为城市周报的办报路线,城市周报必须突出"专"的特色,突出受众群体的目标指向性。为目标群体量身定制专属性强的资讯产品,才能得到目标受众群的认可与接受。因此,《今晚经济周报》在制定改版方针时,抛弃了坚持多年的"杂"的路线,改走"专"的路子,并没有将所有都市人群均设定为目标受众,而是针对自身的优势与劣势,选取最有可能占据的受众市场。并没有贪大求全,而是有所取的同时有所舍,锁定高端人群,选择精英路线,而不走平民化路线。

当时，天津的所有日报类报纸均属于大众类报纸，而周报市场上的三份报纸，除《今晚经济周报》外，只有《假日100天》是走高端路线的，而另一份周报《大众生活报》则以大众阶层为服务对象。基于对天津消费市场的调查，我们认为天津高端消费市场所蕴含的能量是巨大的，单单一份《假日100天》是满足不了高端受众和广告客户不断增长的需求的，地区报业市场仍存在着对高端报纸产品的需求。而以满足大众阶层阅读需求为目的的平民类报纸，则处于供大于求的过饱和状态。基于此认识，报社重新制定了《今晚经济周报》的办报方针，即"精英、精致、精彩"的"三精"理念，具体说就是：报纸面向城市中的精英人群，传播精致生活理念，与读者共同追求精彩的人生理想。为此，报社在调整过程中想尽一切办法压缩办公成本、人力资源成本、发行成本等支出成本，却坚决沿用原先所使用的全铜板纸、全彩印的做法，尽管因此报纸成本负担较重，但以此可确保报纸的品相符合报纸的高端定位，可满足高端消费人群对报纸纸张、印刷等质量方面的要求，为报纸打上了鲜明的"高端"印记。相比之下，《今晚经济周报》的几个竞争对手，如《假日100天》和《大众生活报》均只有一小部分版面使用铜板纸或轻涂纸，大多数版面则使用新闻纸。这使《今晚经济周报》在竞争中取得了某种比较优势，付出的纸张、印刷成本还是值得的。

2.产品细分

《今晚经济周报》多年以来一直为周二刊，每周二、五出版。在新的领导班子接手时发现，这份报纸的一周两刊在内容上相互之间无任何区别，只是出版时间有所不同而已，均由统一的一个记者部和出版部负责采编，基本上是三天一个出版周期。尽管制作周期比日报类报纸要长，但几乎所有的采编人员均感觉交稿时间紧、编辑时间短，工作量重，致使版面质量既无特色，也无深度，许多编辑、记者处于疲于应付的工作状态，报纸上充斥着从网上整合下来的二手信息及广告类软文，报纸的可读性大大下降。

在此情况下，有些人认为周二刊不如周刊好办，而同城的《假日100天》和《大众生活报》均为周刊，建议将原先的周二刊改为周刊。但集团对于这份报纸的报名及周二刊的安排是不能随意变更的。如何既坚持周二刊，又能办出特色？在天津乃至全国的周报市场上，供男性阅读的周报是一大空白点，市场上没有此类产品供应，诸多高端男性读者的阅读需求在得不到满足的情况下，只好转向杂志产品，而出版周期短的周报产品与出版周期长的杂志相比，具有很大的竞争优势。一周两刊，恰好可以根据男女两类性别人群的不同阅读需求定制打造性别专属性强的男人刊和女人刊，从而同时占据男女两类受众市场。这样一来，一周两刊便化劣势为优势，既没有改变原先的出版周期，又实现了受众细分，实现了周报产品的全性别覆盖。

看到男女两个性别受众市场的存在，并不意味着就能轻易占据这两个市场。为此，需要把握两类性别市场之间的差异性与关联性。《今晚经济周报》既不同于强调社会新闻的晚报、都市报，也不同于侧重娱乐、体育、科技新闻的专业报，它必须立足于提供经济生活资讯。而在经济生活中，男女两性的关注点是有着显著差别的，男性更关注如何赚钱、如何理财，而女性更关注如何花钱、如何消费。而这种性别差异性又形成了完美的关联性，在一个家庭中，如果没有男性对于赚钱和理财的关注，就不可能确保女性对于花钱与消费关注的持续性；而如果没有女性对于花钱与消费的关注，男性对于赚钱与理财关注的强度也会大大减弱。因此，《今晚经济周报》的一周两刊，在细分男人刊和女人刊的基础上，将两刊的办刊方针确定为"男人刊"关注男人理财，教男人如何赚钱；而"女人刊"关注女人消费，教女人如何花钱。两刊之间，既有区别，又有联系。这是周报产品的细分，是受众市场细分的结果。

这里值得一提的是，《今晚经济周报》作为国内第一份分性别阅读的报纸，并没有采用如某些期刊、杂志所通常采取的那种推出"男人刊"、"女人刊"的做法，而是既强调了报纸的性别属性，又巧妙地回避了性别属性过强对报纸发行方面的限制。简单的"男人刊"、"女人刊"的做法虽然可以将报纸与特定的性别群体绑定，但是也容易造成另一类性别拒绝阅读、排斥阅读的情况，男人不好意思看女人刊，而女人也不愿意接受男人刊。但理财与消费两类行为，虽有性别的偏重性，却又绝非专属于某个性别，男人也会对消费感兴趣，而女人也会对理财有兴致。如何既分性别，又将两类性别的报纸之间的壁垒打通，形成单性别阅读与双性别阅读并存的局面，这之中需要很高的智慧与设计技巧。

认知心理学对色彩心理的研究，表明不同的颜色是有着某种性别特征的，通常蓝色更代表着男性的冷峻与理性，而粉色更代表了女性的柔软与感性。以两种特色鲜明的色彩标识两类不同性别指向的报纸，恰好既暗示了报纸的性别特性，又回避了报纸的性别专属性；既吸引了主要性别人群的关注，又兼顾了异性阅读的需要。为此，笔者建议将改版后的《今晚经济周报》的一周两刊定名为周二“蓝刊”和周五“粉刊”。蓝刊以热点新闻追踪、财经新闻分析、独家新闻调查、深度经济报道为主，强化财经报纸的特点；而粉刊则以时尚生活资讯、高端消费指导、家庭生活服务、文化休闲娱乐等内容为主，突出生活服务类报纸的特征。2008年10月21日，改版后的《今晚经济周报》“蓝刊”、“粉刊”正式亮相，给读者以耳目一新之感。曾有部分读者疑问究竟该读“蓝刊”好还是读“粉刊”好，从社会心理学角度讲，男人读“蓝刊”、女人读“粉刊”，这叫“性别认同”；而男人读“粉刊”、女人读“蓝刊”，这叫“性别吸引”，无论哪种选择，都是合乎常理的。许多读者认为一周两刊、“蓝”“粉”分开的策略是对原先《今晚经济周报》的一次颠覆式的变革；众多传媒专家、学者也认为，“蓝刊”、“粉刊”的出现，是国内城市周报市场近年来出现的最大亮点，它标志着国内城市周报媒体已进入到细分受众和产品市场的“有性别时代”。

《今晚经济周报》推出“蓝刊”、“粉刊”的做法，还极大地解放了生产力。记者部由原先的一个部改为“蓝”“粉”两个，依据不同的目标人群和报纸定位，策划、采写各自独立进行，生产周期由原先的三天一个周期变成了一周一个周期，减轻了记者的负担，方便了记者深度策划、深度调查、独家采访、精耕细作，报纸的内容质量有了极大的保证。而出版部则仍保留原先一个部门的格局，采编分离，“蓝”“粉”两刊统一制作，确保了两刊在风格上的相对一致性，使两刊让读者看上去是同一份报纸，避免相互差异性过大。但出版部内部也实施了重要改革，将原先所含的校对部取消，将校对的工作转交给责任编辑负责，一方面加强了编辑的责任心，另一方面也减少了报社原有的人力资本投入。一年多的实践表明，这些改革举措都是非常正确的，报纸质量有了明显提高，员工的积极性得到了充分调动，报社管理进入良性循环的轨道。

除性别细分外，《今晚经济周报》还对目标人群的年龄进行了细分。如“粉刊”的主要竞争对手是天津日报报业集团旗下的《假日100天》，该报在天津周报市场上占据着相当大的市场份额。有着如此强大的竞争对手，《今晚经济周报》何以立足？必须从市场中找寻生存空间和存在理由。经过专业市场调查发现，《假日100天》的主要受众群多为18至28岁的年轻女性，而28岁以上的成熟女性所占比例很少。为此，根据差异化竞争、错位经营的原则，将《今晚经济周报》“粉刊”所服务的目标人群锁定在28岁以上的成熟女性，以专为这一群体量身打造的内容吸引这部分读者的关注。为此，本报的“粉刊”在开辟时尚、美容、商城等女性常规板块的同时，特设了太太、周末、教育、健康、心空间等特色板块，都是专为30岁以上的中高级职业女性和家庭主妇阶层特设的，并大量提供诸如居家主妇、保姆、子女留学、私立校教育、境外旅游、高档文化消费等高端成熟女性所热衷关注的内容，以求锁定这部分目标人群。这些内容与板块的确立，一方面凸显了《今晚经济周报》的特色；另一方面，也为报纸筛选出高端读者，为报纸的广告客户提供了更有质量的受众群。

性别细分与年龄细分，是《今晚经济周报》改革中的有益尝试，它为城市周报这类媒介产品的生存拓宽了空间，填补了原有的报业市场空白，也为城市周报市场的整体发展提供了强有力的动力。

3.强化个性

报纸的个性便是其存在的理由。没有个性的报纸，在未来数字时代的媒体竞争中肯定会因其具有可替代性而被市场淘汰。因此，在《今晚经济周报》的改革中，始终在解答一个问题，即“我们凭什么而存在？我们如何才能做到不被竞争对手所取代？”《今晚经济周报》的改革重心，就是打造其鲜明的个性，打造其不可替代性，使其在天津报业市场上成为独一无二的、不可或缺的产品。

为此，我们从几个方面入手，塑造《今晚经济周报》的个性。

(1)突出经济报纸的专业特性

应该说，与其它类型的报纸相比，专业的经济类报纸对于其生长的城市整体经济发展水平及人文环境、人口素质等多方面环境有着较高的要求。从天津这座城市现有的发展水平看，其拥有的专业财经人口的数量还无法与上海、深圳、北京、广州等一线城市相比。这使得许多报界人士对于在天津市场上做经济类报纸的前景极不看好。但是在《今晚经济周报》的报名不可随意更改的前提下，深入分析受众市场发现，经济类周报在天津市场上依然有其存在的价值，全看如何运作了。经济是一个大概念，其外延很宽，一份报纸可以选取经济生活中的一个层面，然后把这一层面内的东西做深、做专。于是，选取经济领域中的财经资讯作为"蓝刊"的主要内容，恰好满足男性读者的阅读需求；同时，选取经济领域中的消费资讯作为"粉刊"的核心内容，符合女性读者的阅读需求。这样一来，两刊既相互区别、相互呼应，又均在经济生活的范畴内做文章，且与《今晚经济周报》的报名相吻合。更重要的是，在天津报业市场上，以"经济"二字作为自己的一大特色与优势。

(2)突出地方报纸的地域特色

在报业市场上，地方报纸往往比全国发行的报纸有着更强的指向性，并因此而获得比较优势，赢得发行市场和广告市场的利益。因此，地方报纸若要生存必须首先立足于服务本地区的区域市场，失去地域特色，等于放弃在竞争中自身所拥有的一大有利武器，使自己处于被动状态。为此，《今晚经济周报》在改版后，要求所有采编人员必须立足于服务天津地区的目标人群，无论"蓝刊"、"粉刊"，在选题策划、新闻采写、内容制作等方面均强化地方特色，本地化的内容占据了报纸相当大的比例。经过一年多的努力，这一制作原则得到了读者和广告客户的一致认可和拥护，其鲜明的地方特色使得这份报纸在市场上成为不可替代的产品。

(3)突出报纸媒体的原创特性

报纸内容的原创性是报纸能否生存的重要前提和依据，失去了原创性，报纸也就失去了独立性和存在的必要性，成为完全可替代的媒介产品。可以说，在数字时代，报纸只有做到原创，才不会被网络媒体所取代。几年前，国内学者曾将某些放弃自制新闻而选择剪报、读报的电台，戏称为报纸的有声版。近年来，网络媒体日渐兴盛后，许多报纸看到网媒所具有的海量存储、即时传输、快速检索等强大优势，放弃新闻原创，大量从网上下载内容，报纸上充斥着二手新闻。这实际上是将报纸办成了网络媒体的纸质版，这种做法虽然在短时间内增加了报纸的信息量，且不增加报社的人力成本，是一种省时省力的做法，但从报纸的长远发展看是极其有害的，是一种短视行为。一方面大量非原创的二手新闻的存在，使报纸失去了独立存在的理由，报纸成为网媒的宣传者与推介者，时间长了，人们很自然会抛弃纸媒转而投向网媒；另一方面，这也在很大程度上侵害了新闻原创者的知识产权，助长了报业从业者投机取巧、随意抄袭的风气，贻害了队伍。基于上述认识，《今晚经济周报》在改版之时便向全体采编人员立下规矩，坚决杜绝从网上扒新闻的低劣做法，规定本报发布的新闻一律要做到独家策划、独家发现、独家制作，突出新闻的原创性。经过一年多的努力，《今晚经济周报》的分量加重了，读者对她的依赖性增强了，采编队伍的能力提高了，报社员工的工作作风与精神风貌也改观了。

(4)突出周报媒体的"精""深"特色

如前所述，周报媒体的生产周期较日报更长，在媒体竞争中，拼"快"等于是以己之短攻人之长。周报若能在数字时代生存，很重要的一点便是在确保所提供信息来自原创的基础上，对大量已经发生的新闻进行深度与精度的再加工，精耕细作，做深做透。在数字时代，网媒的优势在于"博大"，而周报的优势则在于"精深"。做到这一点，周报这类纸媒便可在数字时代迎风而立，屹立不倒。为此，我们在"精英、精致、精彩"的办报理念指导下，要求采编人员在生产周期由三天延至一周后，必须充分利用制作时间长的优势对新闻信息做深加工与精加工，这也恰好满足高端读者对新闻信息求深、求精的阅读需求。为此，《今晚经济周报》重新修改了稿件评定标准，在原创性的基础上，将独家新闻调查、深度新闻报道、专业财经分析等体裁的新闻稿件提高稿件等级，并给予多重奖励，以鼓励记者在抓独家的同时抓深度。经过一年的运行，报社记者已树立了牢固的做深做精的职业意识，深度新闻的数量越来越多，所占比例越来越大，报纸质量得到有力的保证。

综上所述，《今晚经济周报》的改革从专业化、本地化、原创性、精深性四个方面入手，强化了报纸的个性，确保了对目标读者的服务质量，为报纸的生存与发展提供了坚实的保障。

《今晚经济周报》的发展曾经走过一条相当曲折的道路，错过了很多发展的良机。这也从另一方面为我们自2008年9月开始的改革提供了动力与决心。市场竞争的残酷性，已使《今晚经济周报》陷入到不选择改革就选择死亡的境地。正是在这种背景下，《今晚经济周报》在激烈的市场竞争中于夹缝中求生存，转变观念，锐意改革，杀出一条生路。我们的改革体会是"办报是基础，发行是关键，广告是根本，活动是灵魂"。没有办报这个基础，一切都不成立。历时一年的时间，《今晚经济周报》已扭转了原先在天津报业市场上默默无闻的颓势，迎来了历史上发展最快的时期。时至2009年下半年，《今晚经济周报》的广告经营出现了前所未有的快速增长局面，并有多家投资集团看好《今晚经济周报》这一潜力巨大的高端媒体，纷纷商谈投资合作意向。在未来的发展过程上，《今晚经济周报》还将进一步加大体制改革力度，充分利用现有报业改革政策，尽快完成对报业公司的股份制改造，使报社获得资金支持，并向多媒体经营、多产业进入、资本运营等方向发展，为报社的快速发展注入更大的动力与活力。我们有信心在未来的发展过程中，继续开拓眼界，解放思想，锐意进取，为中国城市周报的发展探索出一条新路，为破解困扰报界的“数字时代报纸产品如何生存与发展”的难题提供一种思路。□

※作者是今晚传媒集团《今晚经济周报》总编辑

2009年中国报业发展战略综述

●王静

2009年，席卷全球的金融危机对我国实体经济的影响已经显现，尤其是上半年，报纸广告投放最多的行业如房地产、汽车等受到严重冲击，纷纷减少了广告投放，同时，新媒体的飞速发展也不断挤占报纸的生存空间，报纸的发行总量、版面、广告市场出现萎缩，不少报业单位利润水平降低、亏损面扩大、负债率上升，报业发展面临"寒冬"，这又是一次严峻的考验。国外平面媒体的破产倒闭也给中国报业敲响了警钟，如何让报纸在困境中走出低谷、找到适合自身发展的战略规划成为各报业单位面临的一项重任。

湖北日报传媒集团总经理杨步国认为，金融危机对报业的影响不仅在于微观经营层面，更主要存在于发展战略层面。广州日报报业集团社长戴玉庆表示，首先要承认报业现在所面临的是行业危机，并积极采取对策，认真抓好主业，巩固和扩大报纸的影响力，抓好采编质量、发行市场、广告营销及成本控制等工作。杭州日报报业集团社长李建国表示，杭报集团提出了"着眼当前、抓长远"的应对策略，抓住危机中市场洗牌的时机，以扩大市场份额。

2009年，国家出台了一系列刺激经济发展的措施以及行业振兴规划，效果从第二季度开始显现，尤其是下半年，经济逐渐回暖，同时，2009年也是新中国成立60周年。因此，2009年的中国报业虽然充满挑战，但也有机遇存在，各报业单位结合宏观经济形势以及政策环境的调整来判断报业发展，依据自身实际发展状况，制定了多种发展战略，并创造出不少亮点，取得了一定成绩。

一、文化产业改革深入 报业体制结构调整

近年来，中央高度重视文化产业，不断出台相关政策促进文化产业的改革与发展，从文化产业的发展方向，到报业行政部门内部的改革等，重重措施在促进文化产业发展的同时，也对传媒业产生了深远的影响。

1.《文化产业振兴规划》颁布，报业发展从中受益

2009年9月26日，《文化产业振兴规划》公开发布，这是继纺织、轻工等产业规划之后的第十一大产业振兴规划。重点任务是发展重点文化产业、实施重大项目带动战略、培育骨干文化企业、加快文化产业园区和基地建设、扩大文化消费、建设现代文化市场体系、发展新型文化业态、扩大对外文化贸易。其中明确规定国家将重点推进的文化产业包括：文化创意、影视制作、出版发行、印刷复制、广告、演艺娱乐、文化会展、数字内容和动漫等。该规划的提出以全球金融危机为背景，旨在提升国家软实力、文化创新能力，促进中国文化产业的发展与壮大，为"保增长、扩内需、调结构、促改革、惠民生"做出贡献。报业作为我国传媒业和文化产业的重要组成部分，也将借《文化产业振兴规划》之势，迎来新一轮发展契机。

2.转企改制

据中央关于深化文化体制改革的要求，为进一步推进新闻出版体制改革，加快新闻出版事业和产业发展，2009年3月25日，新闻出版总署印发了《关于进一步推进新闻出版体制改革的指导意见》。2009年被称为新闻出版业改革发展攻坚年，新闻出版总署署长柳斌杰表示，这一轮改革有三个显著特性：一是改革进程的历史性和关键性。它是文化体制改革的又一个新浪潮，是落实十七大战略部署、应对全球金融危机、重构新闻出版新格局的关键时期。二是改革任务的攻坚性和全局性。这次改革是应对挑战和抢抓机遇的攻坚战，是破解深层次矛盾和问题的攻坚战，是全局性调整和多方面创新的攻坚战。三是改革要求的明确性和紧迫性。改革的进度安排紧而有序，对改革的方向和进程再无迟疑之理。

2009年改制的重点在于中央部委所属的出版社的转企、脱钩、改制与重组，以及中央部委的出版社、报社、杂志社转制为传媒集团、出版集团，归入行业并独立运行。《科技日报》、《农民日报》等被列入新闻出版单位转企改制试点单位，转制计划在2010年进行。吉林省新闻出版局确定了首批转制的14家经营性报纸和13家经营性期刊作为试点单位。河北省2009年安排了10家企业主管主办的报刊转企改制，同时积极推进公益性报刊改变机制，实行采编经营分开，努力实现报刊资源整合。随着新闻出版改革的进一步深化，众多新闻出版单位也表达了上市意愿，如湖北日报报业集团、扬州的地方报业集团、中国集团出版公司、湖南出版投资控股集团、高等教育出版社等。

截至2009年12月22日，全国580家图书出版社中，除保留和拟保留公益性质的4家出版社以及26家军队出版社外，有453家出版社已完成或正在完善转制工作。报刊出版单位分类改革稳步实施，非时政类报刊转制和时政类报刊宣传、经营两分开改革工作积极推进。全国一千多种经营性报刊已经完成转制，49家党报党刊集团实现了宣传编辑和经营业务相分开，经营部分正在转企改制。目前，全国已组建了29家出版集团公司，24家国有新华发行集团公司，3家期刊经营集团，49家报业经营集团，市场主体更加明确。

3.报刊市场退出机制

为解决长期以来制约报刊发展的结构失衡、闲置浪费问题，推动报刊体制机制改革向深入发展，2008年9月，报刊退出机制在辽宁、河北试点，目前两省试点工作结束，开始在全国推广。

新闻出版总署报刊司负责人在接受人民网采访时提到了三项退出的渠道：其一是休刊制度，《报纸出版管理规定》中明确报纸休刊超过180日仍不能正常出版，期刊休刊超过1年的要撤销出版许可证；其二，建立报纸出版质量评估制度，对报刊出版单位的出版质量进行全面评估，报刊出版质量没有达到标准，或者不能维持出版的，要撤销出版许可证；其三，要通过年度核验制度，未通过年度核验的报刊出版单位，第二年起，就停办报刊。

新闻出版总署署长柳斌杰表示，要通过评估等级、年检、诚信记录和两个效益的考核，淘汰不合格的新闻出版企事业单位，做到生死由业绩和市场决定。通过市场的方法淘汰长期经营不善、资不抵债的报社、刊社、出版社，解决“优不胜劣不汰”而造成的出版资源难于集中的问题。

2009年上半年，新闻出版总署逐步完善报刊退出的评估指标、退出流程及人员善后安排制度等，对不具备出版条件的报刊试行退出；下半年在总结试点经验的基础上，在全国范围内正式实施报刊退出机制。2009年8月28日，《中国新闻出版报》发布了《中华新闻报》停刊清算公告，公告称鉴于中华新闻报社经营不善，严重资不抵债，无法继续正常出版，经新闻出版总署批准停办，《中华新闻报》成为第一家倒闭的中央级新闻报纸。报刊推出机制的完善，将加快文化产业体制改革进程，有效推动报刊业市场结构调整和资源配置。

二、多元化经营

报业多元化经营，是指报业在经营报纸这一主业之外，又涉足多个相关或者是非相关的产业领域，同时经营多项不同业务的企业战略。广告是报纸的经济支柱，受金融危机的影响，报业广告下滑，增速放缓，报业不能只依靠一种模式生存发展下去，需要探索多方面的发展途径，多样化经营是应对当前的报业形势的一条普遍的可行之路。报业需要在加强主业核心竞争力的同时，加快拓展多元化的步伐。2009年，在各报业单位的积极探索下，我国报业的多元化经营业也呈现出多样化，主要包括报业同心多元化、报业纵向多元化、报业跨媒介多元化以及跨行业多元化经营。

1.报业同心多元化经营

报业同心多元化经营，是一种同心圆式的业务发展模式，指利用现有的报业资源，开发与主业相关的新产品，扩展新业务。

3月，四川日报报业集团整合《成都房产报道》与《淘周刊》，成立成都报道社，致力于打造成都第一购房媒体平台和适合都市文化发展的城市周刊，为读者提供更加丰富的资讯，进一步发挥整体优势，增强在房地产领域的影响力。

9月，浙江日报报业集团与淘宝网共同投资5000万元，创办生活类周刊《淘宝天下》。它由浙报集团所属《城市假日》改刊而来，浙报集团占有51%的股份，淘宝网占49%。《淘宝天下》实现了电子网络和传统报业的一次全新概念的融合，这一由互联网文化和资源打造的新媒体，突破了传统媒体和互联网的简单结合，改变了传统媒体的办报模式和经营理念，它也是浙江日报报业集团多元化发展的方式，也是其从传统报业集团向现代传媒集团转型的一个样本。

11月19日，中国体育报业总社与易车集团合作推出专业汽车杂志《汽车周刊》，它是国内专业汽车类杂志中的第一本周刊，实现了纸媒与网络在选题、内容、制作、互动、营销等方面的“网刊互动”。

12月30日，湖北日报传媒集团主办的《爱篮球》杂志创刊，该杂志为双周刊，读者定位为青少年群体。其创刊不仅为旗下已经拥有《特别关注》等九大期刊的湖北日报传媒集团又添新军，使得其多元化经营迈出新的一步，更是集团涉足体育传媒甚至是体育产业的重要契机。

2.报业纵向多元化经营

报业纵向多元化经营，主要是指报社按照报纸生产流程及流通方向，深度开发生产链上除报刊以外的关联产品，从事于自身业务范围有关的多元化经营活动，如发行、印刷、广告等。

1月8日，河南省最大的文化产业集团中原出版传媒集团公司挂牌成立了河南新华营销传媒集团有限公司和河南新华物资集团有限公司两个专业子集团，新组建的河南新华营销传媒集团有限公司拥有四报一刊和多个电子多媒体刊，第一营销网、营销人才网等网站，以及手机网站、手机报等产品，并将致力于打造集平面杂志、互联网、人才服务公司、广告公司、营销教育培训公司、咨询公司、数据分析公司等机构的综合信息服务集团。新组建的河南新华物资集团有限公司将力争在“十一五”末总体销售规模突破8.1亿元，初步打造成在中西部地区有较强影响力和竞争力的专业出版物资流通基地。

7月，浙江日报报业集团经求是杂志社编委同意，参与求是杂志社旗下的红旗出版社转企改制，浙报传媒控股集团有限公司出资绝对控股红旗出版社有限公司，标志着浙报集团进入出版新领域。

5月26日，辽沈晚报红马甲报刊发行有限公司、小红帽发行股份有限公司和德国邮政DHL签署三方战略合作协议，沈阳地区的宜家广告直投业务开始启动，由辽沈晚报红马甲发行公司负责完成具体的投递工作。辽沈晚报红马甲发行公司于小红帽同为全国城市报业发行网络联盟成员单位，是继小红帽之后第二家开展宜家广告直投业务的报刊发行企业。

9月，河南日报报业集团、南阳日报社与乐凯集团第二胶片厂共同投资的南阳大河印务有限公司在河南南阳华光工业园区建设开工。该项目建成后将在2010年1月开始印刷报纸，让南阳读者能够看到当天印刷出版的《人民日报》和《河南日报》等报纸。

《安徽日报》启动了自办发行投递暨物流配送业务，以此为起点，安徽日报报业集团将逐步完善发行站点和配送网络，主动参与市场竞争，权利打造以党报党刊投递为主业、集物流配送和社会化服务为一体的连锁物流配送网络。

2009年，大同日报社将所属广告、印刷、发行等经营性资产剥离出来，成立了大同日报传媒集团有限公司。2010年1月1日起，《大同日报》、《大同晚报》全面实行自办发行。

3.报业跨媒介多元化经营

报业跨媒介多元化经营，是指报纸发挥内容提供商的优势，与新媒体融合，其内容产品在数字化平台的基础上时实现不同媒介载体的转化，报业跨媒介以报网互动为带动点，推动报业的数字化转换，其表现形式如门户网站、电子版、手机报等新型产品。

4月，由解放日报报业集团研发的“报业全媒体多通道数字出版系统”通过了新闻出版总署科技与数字出版司组织的项目验收。这标志着这一系统正式成为综述“全媒体数字符合出版系统工程”的试点项目之一。该系统通过流程再造融合新旧媒体，实现协同解放日报报业集团数字传播中心、新媒体部和资料中心等多个部门共享资源完成采、编、发工作，以及传统纸媒体与新媒体（网媒、移动媒体）的同步出版，为报业出版的数字化、管理信息化、传播网络化，开辟了一条崭新的途径。

由青岛日报报业集团和青岛新闻网络有限公司主办的青岛新闻网，是近年来表现优异的地方门户网站，它通过在网络传媒、无线增值服务、户外媒体、平面媒体和电子商务等多元化产品领域的横向发展，从2005年起就保持了年收入翻番的增长速度，2009年实现营业收入近5000万元。

长沙晚报报业集团探索传统报业与互联网、手机等新媒体互相融合、互相促进的战略举措，整合资源提升品牌，加强报网互动，2009年《长沙晚报》与星辰在线、《湘江手机报》联合推出"长沙晚报滚动新闻"，24小时发布本地滚动新闻，实现了"报纸+网络+手机"的组合播报。

长江商报社与湖北城市电视组陈个战略合作伙伴联盟，将在交叉传播、延伸新服务等方面进行合作，双方进行1000万元的广告置换，并联合举办两大年度系列活动，相互开设常态化的《天天读报》与报纸导视宣传栏目，实现资源整合与共享，吸引最大范围的有效受众。

2009年6月，《萧山日报》与中国移动萧山分公司签署了《萧山日报·中国移动萧山分公司全面合作协议》，双方将在新闻互动、广告经营、手机报等领域展开全方位的合作。《萧山日报》首次引入中国移动的短信平台，拓宽读者爆料渠道，增强报纸与读者的互动，双方在"E动新闻"等民生类版面上合作开设"移动调查"等栏目，做活新闻。

《华商晨报》在报社机构内成立滚动新闻部，对实践新媒体与传统媒体的融合起到了十分关键的作用。抓住刘德华在沈阳开演唱会的机会，成立全媒体直播报道小组，确定"100小时滚动直播刘德华"的报道选题，不间断文图视频全方位直播动态和消息，报纸网络同时造势，收效良好，开创了辽沈地区平面媒体直播新闻的全新模式。

上海文汇新民联合报业集团启动了"新民晚报新民网卫星直播车"，这是中国报业第一辆卫星直播车，利用最先进的宽带卫星技术和数字微波技术，确保新民报系各媒体在重大新闻发生时能第一时间赶赴现场、部署全媒体作业环境、快速采集发布新闻，让广大市民和网友"直通现场"。

6月26日，光明日报报业集团推出全球首家基于3G（TD-SCDMA）/GSM无线模块支持的移动报纸阅读终端，这款产品室卓望信息技术有限公司和方正飞阅公司战略合作后的第一项研发成果。《光明日报》每天除传统的纸质印刷版外，全部内容会同时发布到终端上，用户可即时接收阅读最新报纸内容，此外它还具有图书下载阅读、股票行情滚动发布、图片浏览以及mp3播放等功能。

2009年7月，广州日报报业集团旗下大洋网再次全新改版，依托《广州日报》强大的品牌影响力，全力打造面向珠三角九大中心城市的大洋网媒群，从一个单纯的新闻网站变成一个全面、快速、权威的本地新闻内容提供者。大洋网将进一步推进与《广州日报》的媒体融合进程，使之成为珠三角地区最强势的"新闻+城市生活资讯+电子交易服务+互动"的区域综合性门户网站。这也体现了广州日报报业集团将新媒体作为集团的发展战略，积极推进新媒体业务布局，发展多元化经营，加强报网互动与融合，大力开拓电子商务市场，使《广州日报》向强势的全媒体品牌转型。

2009年9月2日，南方传媒集团与中国电信广东分公司全书战略合作框架协议，进军新媒体。根据协议，双方将在广告与宣传、基础及增值电信业务、营销渠道、信息港运营等四个方面进行资源互补，共同开拓通信和媒体信息服务市场。南方报业传媒集团现在深耕传统平面媒体的同时，也不断探索多元化，加快了网络媒体和手机媒体的发展速度。

《中国日报》成功完成了基于苹果、塞班、黑莓和微软等几个手机操作平台的新闻资讯应用软件的开发，成为中国第一家在多种国际主流智能手机操作平台上进行客户端适配的媒体。它将以文字、图片、音频和视频等心事，向世界近200个国家和地区的数亿用户提供24小时不间断的时政、财经、文化、娱乐等领域的英文资讯服务。9月初，《中国日报》新闻资讯软件已经登录苹果公司的手机应用软件店，成为登录该店的首家平面媒体。

4.报业跨行业多元化经营

报业跨行业多元化经营，指利用自身的资源，凭借资金、设备、人才、市场等方面的优势，进入与主业不相同或无关的新行业、新领域进行经营，开拓报业单位更高的利润和发展空间，实现资本的更大扩张。

金华日报社依托自身的机制体制优势，把握市场需求，敢于承担风险，其绝对控股的金华房地产公司投资销售收益超过报社主营业务收入，多元化战略成功实施，实现了规模效益，创造了地市级党报集团多元化发展的"金华日报现象"。

2009年9月16日，由大众报业集团发起创办的山东文化产业职业学院在蓬莱市举行揭牌仪式和首期新生开学典礼。它是山东省第一所，也是国内媒体界第一个立项建设的文化产业职业学院，总投资8亿元人民币，这是大众报业集团突破旧有产业边界，跨界发展的创新举措，也是我国文化体制改革和文化产业发展的亮点。

9月21日，由杭州日报报业集团、杭州南广影视公司、杭州佳平文化策划有限公司联合投资的大型史诗电视连续剧《东方》，在杭州举行合作拍摄仪式。《东方》是杭报集团在投资大型电视连续剧上做出的首次尝试，这是杭报集团从现代传媒向文化产业战略投资者拓展的重要举措。

三、资本运作 为报业保值增值

解放日报报业集团广告中心主任朱长元认为，所谓报业资产资本运作，就是将报业集团所拥有的经营性资产广告、发行、印刷、信息资源以及存量资金，通过参股、控股、兼并、重组、流动、租赁、股权转让拍卖等形式，在资本市场的专业团队具体经营运作中，达到报业所期待的资产资本增值目的。

山东大众股份有限公司、山东出版集团有限公司、山东新华传媒股份有限公司、山东影视集团股份有限公司揭牌后都提出了上市目标。其中大众报业集团采取"股权转让+整体变更"的方式，将半岛都市报社经营性资产打包装入大众传媒，加快推进该集团的整体上市。这四家传媒公司江中改制后，力争在2011年之前上市。

5月，由浙江日报报业集团联合中国烟草总公司浙江省公司和浙江省财务开发公司等国有资本共同组建了东方星空文化基金，采取公司型基金运作模式，首期注册资本为2.5亿元人民币，为文化产业开辟了投融资渠道，这也是我国首个由传媒集团牵头组建的文化产业投资基金。东方星空文化基金启动当日，就与宋城旅游发展股份有限公司、浙江横店影视制作有限公司、浙江绿城文化传媒有限公司分别签订项目合作协议，设计旅游演艺、电影、电视剧制作等多个文化行业。

6月15日，由解放日报报业集团、上海联合产权交易所、上海精文投资公司联合投资创立的上海文化产权交易中心正式揭牌，这是国内首家文化产权交易所。该交易所是以文化物权、债券、股权、知识产权等各类文化产权为交易对象的专业化要素平台，其主要功能包括依法开展政策咨询、信息发布、项目推介、投资引导、并购策划、项目融资、产权交易组织等活动，以推动文化原创内容的价值实现、推动各类所有制文化企业资产重组、推动各类市场主体积极投资文化领域；通过产权交易、信息披露、投融资服务等方式为市场主体提供定价服务和资本进出通道，并探索文化产业与金融服务紧密结合的新途径。

12月28日，烟台日报传媒集团与烟台蓝天投资控股有限公司合资成立华夏传媒集团有限公司，烟台日报社以所持四个公司的股权出资，蓝天控股以现金出资，双方股权比例为51:49，集团公司注册资本金为5400万元，并拥有四家控股公司。新成立的公司通过剥离改制、股权出资使烟台日报社原有资产增值并保留了数千万资金，为日后的发展打下了良好的基础。

四、集约化战略 加快集团化发展进程

中国的报业集团化是从1996年广州日报报业集团试点成立起步的，虽然起步较晚，但在这十几年的历程中集团化发展取得了巨大的进步，全国已经形成了大大小小几十家报团，但不可否认，我国的集团化路程仍然还有很长的一段路要走。

将区域内的几家报社联合起来，通过组建报业集团，实施集约化战略，可以在新闻、广告、管理、人力、印刷、发行等方面实现资源的共享，最大限度地扩大效应，节约成本，从而提高报社的整体竞争力。

南方周末报系以《南方周末》为核心，包括《mangazine.名牌》和《南方人物周刊》两本杂志、南方周末网站。2009年5月，南方周末报系基本完成公司化改造，除三个传统媒体的经营业务已剥离为三个经营公司外，负责新媒体运营的公司、统一整个报系发行业务的公司也已注册完成。

9月27日，云南省第二家传媒集团——昆明报业传媒集团正式成立。该集团下辖《昆明日报》、《都市时报》、《滇池》杂志、昆明信息港等两报两刊一网。集团成立后将加快昆滇手机报的开发力度，并预计用5年时间将集团建设成云南省一流的报业传媒集团。

12月22日，广西日报传媒集团正式成立，该集团在广西日报社的基础上建立，严格按照采编

与经营两分开改革的总体思路，同时还成立了广西日报传媒集团有限公司，实行公司化运作，集团旗下拥有8报3刊3网13公司1工厂，在全区市、县(区)建立了106个发行站，拥有4000多名发行员。

五、精品战略 强化品牌意识

品牌对于报纸来说，是一张报纸的信息内容、版式设计、广告效果、服务质量以及由此而形成的社会公信力、权威性、影响力的总和。具体来说，既包括精心策划的专刊、栏目和报道等，也包括由此而进行的相关推广活动以及报道、社会活动。

在当今日趋激烈的传媒竞争中，报纸的品牌建设尤为重要，当广告、发行量趋于稳定之后，报纸的核心竞争力就转移到品牌的建设、维护、管理、增值以及品牌创新上。报业竞争已经进入到品牌竞争的时代，可以说，报纸的竞争力，已主要表现为品牌竞争力，而报纸的经营能力，在与自身品牌的吸引力。各类报纸都应当把品牌建设作为提高媒体价值，扩大影响力的重要战略工程来抓。报业长远发展，需要强化自身的品牌意识，做精品牌，而越来越多的报业单位也意识到这一点，并且不断地努力付诸实践，2009年，报业在品牌建设上也出现不少亮点。

浙江日报报业集团将2009年定为品牌建设年，新成立品牌市场部，发布“全球征集令”，斥资数百万元向全球招标品牌战略咨询公司、招聘市场与品牌高级管理人才，同时面向全球广泛征集浙报集团广告宣传语，引起了强烈的反响。最后中标的两家合作伙伴公司项目成果主要集中在集团品牌战略规划、品牌形象设计和品牌综合管理等三个方面。5月9日，以《浙江日报》创刊60周年为契机，浙报集团和媒体品牌全新亮相，品牌影响力与日俱增。在第六届世界品牌大会上，浙报集团有两个品牌同时进入“中国品牌国家队阵容”，《浙江日报》首次进入“中国500最具价值品牌”，以16.22亿元位居第383名；《钱江晚报》连续6年入选，列332名，比上一年上升了37名，且位列浙江媒体品牌第一；浙报集团还有4人荣获“2009中国报刊品牌建设推动力人物奖”。

2009年4月《新文化报》推出了“牡丹新文化报联名信用卡”，持卡用户可在该报的客户商家处享受优惠，办卡者数量增多，则增加广告对商家投放的吸引力。此次以报社的明在推出联名信用卡在吉林省尚属首见，在提升经济效益的同时，更对报纸的品牌形象有较强的推动作用，是品牌建设的一项成功实践。《精品购物指南》也有意推出一精品消费导购为主的信用卡，充分利用自身的品牌优势，开发具有较高“含金量”的数据库。

2009年华商传媒集团所属的几大媒体也采取了多种举措，塑造品牌影响力。《华商报》以市场占有率为先导，采用直客和渠道两种方式，消灭未到达的广告客户“死角”，同时以广告客户为导向，以创新为手段加强营销活动；《新文化报》赶在所有春季展会之前，举办了“牛年欢购放心车”活动，在当地影响良好；《华商晨报》举办了化妆品与汽车互动体验活动，受到广告客户和读者的好评；《名仕》杂志4月刊在制作“极地专题”的同时，特邀4为到过极地的名人录制访谈视频，并在6家门户网站上线，对这期杂志起到了很大的推广作用，也提高了《名仕》杂志的知名度和影响力；《钱经》杂志在北京举办了“2008~2009年度《钱经》中国财富管理年会”，进一步提升了它在高端客户人群中的品牌影响力。

3月，由《广州日报》、《成都商报》、《华商报》等19家区域主流媒体，以及新浪网和《自驾游》杂志等共21家媒体单位共同发起成立了中国自驾游主流媒体联盟，该联盟旨在通过跨区域、跨媒介的全国联动，不断推出品牌推广活动，打造联盟品牌的公信力和影响力。

六、人才助推品牌

人才战略是品牌维护与提升的中坚力量，人才竞争和人才的流动时是市场竞争种不可比避免的一个问题，人才是资本资源中最具活性的组成部分，报业集团的组建和发展，更礼部人才的力量，同时也为人才的引进和培养提供了有力的条件。报业现代化的发展，离不开人才的支撑，同时通过人才建设，也可以为品牌发展提供人才保证。

杭州日报报业集团党委书记、社长李建国指出，杭报集团将推出“年金”制度、业务带头人制度，对经营人员进行全面的培训考试，同时为业务骨干量身定做培训课程，还要大力引进和培养复合型人才。宁波日报报业集团也投入专项经费，实施人才“双百”工程，引进人才已改善干部队伍知识结构，加强内部人员的业务培训，依托高素质人才创新优势，实现集团做强做大的目标。

南方报业集团强化人才战略和品牌战略之间

的相辅相成关系，着重发行人才和经营管理人才的培养和挖掘，在集团各子媒体中配备一下三类人才，形成合力团队：意识具备复合型的知识和能力、擅长报业运营的领军人物，而是通晓新闻采编规律的采编人才，三是具有敏锐市场意识的经营人才。此外，建立良好的用人机制；变高薪挖人为营造平台吸引人；内部人才自由流动，实现人才流动的"泉涌效应"。

七、跨地域发展&推动中国报业"走出去"

1.国内跨地区合作办报，拓展市场空间

中国目前的区域性产业布局，使报业发展在一个地区或城市之内难以实现大规模的再扩张，因此，如何在一个更大的区域，组建更大的报业集团，实现资金、人力等资源的合理配置以及市场化重组，成为众多报业集团战略发展的目标。跨地区发行或合作办报，是现在报社尝试扩张的一个途径，对报纸的产业化发展具有重要的意义，但目前仍然没有一个通用的可行性模式，还处在探索阶段。

2009年，辽宁日报传媒集团在继与铁岭日报社成功合作创办《辽沈晚报·铁岭版》之后，全面开展与辽宁中部城市群报业战略合作，并带动了辽宁省党报新一轮改版创新热潮，由此引发了业内关注的"新辽宁现象"。辽宁日报传媒集团整合抚顺、本溪、辽阳、阜新、营口、盘锦等市报业资源，开展深层次战略合作。在此基础上，斥资建设辽宁中部城市群报业信息资源共享平台，实现新闻内容的一次生产、多次出版、多渠道发布、统一检索、循环使用。

9月，广东省委常委、省委宣传部部长林雄在云南出版集团公司调研时，充分认可了南方报业传媒集团与云南出版集团公司跨地区合作，打造《云南信息报》的办报经验，并指出广东省在下一步文化产业发展中可以借鉴这些经验。

3月2日，《楚天都市报·襄樊版》创刊，成为继《辽沈晚报·铁岭版》之后，全国第二个具有独立刊号的报纸地方版。这是湖北日报传媒集团进行品牌延伸战略的一大举措，重点是进行《楚天都市报》的品牌强化和延伸，这与湖北日报传媒集团以报纸为主，以期刊和新媒体为两翼的"一主两翼"媒体发展战略相辅相成。有益于报业资源的优化调整，可以进一步放大《楚天都市报》的品牌优势，为省域副中心城市建设提供有效的舆论引导和智力支持，与当地媒体协同共进，做大做强文化传媒产业。

3月3日，南京日报报业集团与滁州市委宣传部联合开办的《南京都市圈·滁州版》发行，这是继成功推出《南京都市圈·句容版》之后的又一举措。这是为落实宁滁十位共同推进两市一体化发展进程的战略之举，也标志着《南京日报》由城市党报向区域性主流大报又迈进了一步。

人民日报社旗下的《京华时报》与天津日报报业集团旗下的《每日新报》就战略合作关系达成共识，签署框架协议。此次合作，是京津两地强势平面媒体的一次强强联合，也是在创新体制机制上所进行的一次探索，创新了了媒体之间合作的新模式，对业内的进一步合作和发展起到了指导性作用。

10月16日，云南日报报业集团与精品购物指南报社跨地区合作的报纸——《精品消费报》在昆明试刊。它由云报集团旗下原《大众消费报》更名改刊，并依据《精品购物指南》为代表的时尚生活周报模式进行了全新的产品设计。云南日报报业集团与精品购物指南报社采取了股份制的合作模式，双方在资金、内容、管理、广告等层面进行了深度合作。

10月23日，遍布广州地铁沿线各站的"日阅堂"潮流资讯站正式开业，《北京青年报》全面进入其销售网络，它也是目前惟一一份在"日阅堂"销售的外地报纸，其进入有利于扩大《北京青年报》的影响力，提升其发行量，开拓了自身的市场空间，但或将加剧广州市场的报业竞争。

2.中国报业"走出去"

4月6日，新闻出版总署发布了《推进新闻出版体制改革的指导意见》，对传媒业提出新的政策方针，鼓励有条件的出版传媒企业以独资、合资、合作等形式，到境外兴办报纸、期刊、出版社、印刷厂，拓展台港澳及国外市场。该指导意见氛围6大类25条，其中第16条提出，"扩大对外交流，积极实施走出去战略"，要充分利用国际国内两种资源、两个市场，努力推动新闻出版产品通过各种渠道进入国外主流市场、国际汉文化圈和港澳台地区，并支持有条件的媒体，到台港澳等海外地区办报。

《中国新闻周刊》积极实施"走出去"战略，努力探索海外创刊道路，目前已经推出日文版和英文版，取得不错的反响，也获得了丰富的发展经

验。一是进行大量进行前期市场调研。它的英文版在创刊前进行了大量、细致的读者分析和市场调研，力求锁定高端读者。二是将迎合当地实际创新运营模式。中国新闻周刊社在美国成立了中国新闻周刊出版有限公司，由中国新闻周刊社控股、民营资本参股，并且与美国专业媒体市场公司合作，精选广告客户，实施符合当地特点的整体市场推广。三是在发行上采取赠阅与征订相结合的方式。这样一方面扩大了影响力，另一方面也迅速占领了市场。

2月23日，《中国日报·美国版》在北美创刊发行，其目标受众定位于北美地区高端读者，特别是关注中国经济、文化、政治事务的政商领袖。在内容上，《中国日报·美国版》将报道北美地区涉华新闻动态，以及来自中美两国高端智库和商界领袖的分析、评论文章。

4月20日，人民日报海外版《希腊周刊》正式创刊。该周刊由人民日报海外版与希腊《中希时报》合办，每周1期，每期4版。该周刊是继2007年人民日报海外版创办《英国周刊》《意大利周刊》《奥地利周刊》《匈牙利周刊》之后，在欧洲发行的第5份周刊，是同海外华文媒体结成“合作双赢”的又一成果，也是中国报业“走出去”的典范。人民日报海外版还将与更多海外华文报纸合作，加快走向海外的步伐。

实施“走出去”战略对于报社来说需要大量资金做支撑，一些有志于“走出去”的报业单位或许没有那么雄厚的资金，这就需要来自国家政法的资金支持。2009年8月13日，新闻出版总署党组书记、署长柳斌杰与中国银行董事长肖港签署《支持新闻出版业发展战略合作备忘录》，双方就共同推动新闻出版业“走出去”战略。新闻出版总署将积极支持中国银行与新闻出版企业合作，协助中国银行参与新闻出版、印刷、发行企业和新闻出版大型项目，中国中银行将把新闻出版业的重点企业和项目列为中国银行重点金融服务对象，在授信及融资服务等方面给予重点支持。

八、国庆、创刊60周年契机 引领改革突破

2009年，是中华人民共和国成立60周年，同时也是许多党报日报创刊60周年，各报业单位也抓住这一契机，纷纷推出适时的策划和报道，取得了不少成绩，在其发展中也有所体现，有所突破。

《精品购物指南》于2009年9月24日推出国庆60周年盛典专刊，该期报纸总版数达488版，由6册组成，包括《时尚精神60年》、《城市变迁60年》、《生活方式60年》、《节日手册》、《乐情报》和《时尚记事本》，总重量达1.6公斤。该专刊策划运作历时大半年，单期广告实收额达1466万，创该报单期收入历史新高，也创造了中国报业史上新的记录，与同一周内出刊的《精品购物指南》十一专刊广告实收额累计超过2000万。

2009年7月1日，《贵州日报》一版推出《多彩贵州辉煌60年——解放日》特刊，拉开贵州省“两个60周年”宣传报道序幕。《贵州都市报》开设了《辉煌贵州60年》总栏目，于9月30日推出128个版，创下贵州报纸史上单日版面数量之最，其中60个金版国庆特刊《六十年贵州纪事》，被贵州省博物馆典藏。《贵州商报》推出《献礼新中国成立60周年》等子栏目，策划运作了迎国庆“缘聚金阳”大型激光焰火晚会，十万市民前往观看。金黔在线网站开设《1949，贵州解放档案》、《60年，贵州奇迹》等五大系列专栏，还参与人民网、新华网等60家全国知名网站联合主办“亿万网民共同记录‘中国一日’活动”并获金奖。

为呈现国庆特刊，《湖南日报》实行了重大题材报道项目负责制，由编委会集体策划，指定编委会成员具体负责实施，并专门成立了特别报道小组，从7月20日起，推出大型系列报道《新湖南史记》，反映60年来湖南政治、经济、社会、文化等各方面发生的巨大变化，两个多月共搜集到1800余幅历史照片，发表60个整版，计25万余字、240余幅照片，是其自创刊60年以来最大规模的系列报道。《潇湘晨报》推出的《公民本纪》国庆特刊，记录了60年国家大事；其大型系列报道《芙蓉国里尽朝晖》开辟了近50个专版，刊发了78篇稿件，全面反映了湖南各市州的全新面貌与各项成就，并推出近3个月的大型报道《博闻》，同期策划的报道《我的名字叫建国》通过读者征集，收到了良好的传播效果，受到了中宣部阅评简报的表扬。

总之，2009年是各报业单位立足自身、积极探索、寻求突破之路的不平凡的一年，这一年中国报业依然有很多的亮点值得去盘点和思考，中国报人吸取国内外同行和业界的经验及教训，不断探索适合自己的发展战略。这一年，报业在加强同网络媒体和手机媒体的竞争与融合方面多有动作，也体现了在3G时代来临、报业面临巨大经营压力之下，作为传统媒体，探求解决之道的努力。从当前的报业发展状况来看，媒体由自由竞争向

竞合竞争转变的特点已经呈现，2010 年，中国报业更应从宏观层面去把握发展态势，继续调整完善报业结构，加强管理，加快报网融合，也必将有更多值得期待的变化。□

※作者单位：中国政法大学传媒与文化产业研究中心，本文根据中国政法大学传媒与文化产业研究中心资料综合整理

解放日报
上海新闻舆论的
排头兵 领头羊
新闻晨报 SHANGHAI MORNING POST
上海早报市场第一品牌
新闻晚报 SHANGHAI EVENING POST
新一代都市晚报
申江服务导报 SHANGHAI TIMES
上海最受欢迎的
时尚类周报
报刊文摘 BAOKAN WENZHAI
新中国成立后创办的
第一张文摘报
人才市场报
中国第一家人才专业媒体
房地产时报 REAL ESTATE TIMES
国家建设部和上海市房地产局
指定信息发布媒体
时代报 METRO EXPRESS
中国大陆第一张地铁日报
Shanghai Students' Post
上海学生英文报
全国第一张面向
中学师生的英文报纸
上海法治报
上海唯一的
法治新闻专业权威报纸
支部生活
全国品牌地方党刊，被誉为
"不见面的支部书记"
倡廉文摘 CHANGLIANWENZHAI
廉洁社会，你我同创
新沪商 BIZ BUZZ
培育精英企业家阶层
代言海派商业文化
晨刊 West East 分享东西
进军奢侈品行业
解放网 www.jfdaily.com
了解上海的第一选择
打造报网联动的新闻资讯平台
SJPC 上海三联书店
中国著名出版社之一
上海滑稽剧团
繁荣 创作 演出
新华传媒 XINHUA MEDIA
CAEE
上海文化产权交易所
SHANGHAI CULTURE ASSETS AND EQUITY EXCHANGE
新媒体让报纸触电
i-news
解放日报报业集团是以中共上海市委机关报《解放日报》为主报组建的综合性媒体集团，共拥有十报四刊一网络一家出版社一家文艺院团。
截至2008年底，集团总资产达到69.7亿元（不包括股票市值）；净资产达到43.1亿元，其中归属于集团的净资产达到28亿元。2008年集团利润总额4.50亿元，比上年增长18.57%，国有资产保值增值率达到109.94%。集团综合经济实力居于全国报业前列。
解放日报经专业公司评估，品牌价值46.3亿元；新闻晨报连续3次入选"全国晚报都市类报纸竞争力20强"，申江服务导报等报刊荣获"全国城市周报十强"称号。
2008年1月起成为新华传媒控股方，进入资本市场。
2009年6月，集团参与投资并作为董事长单位的上海文化产权交易所正式挂牌成立。
解放日报报业集团
Jiefang Daily Group
地址：上海市汉口路300号 电话：021-63521111 邮编：200001

广西日報社

创造性引导舆论
开拓性经营传媒

《广西日报》于 1949 年 12 月 3 日在桂林创刊，为中共广西省委机关报。1950 年 1 月 22 日随当时的省委迁至南宁。1958 年 3 月 5 日广西壮族自治区成立后，即为中共广西壮族自治区委员会机关报。

在我国的新闻事业史上，《广西日报》占有重要的地位。多年来，报社坚持正确的舆论导向，充分发挥了舆论主阵地的作用，为广西经济社会的又好又快发展营造了良好的舆论环境。按照政治强、业务精、作风正、纪律严标准造就的员工队伍朝气蓬勃，是报社可持续发展的重要力量。2002 年以来的七年间，报社共获得国家新闻最高奖——中国新闻奖 15 件。

广西日报社旗下共有 9 报 3 刊 3 网站，分别为：《广西日报》、《南国早报》、《当代生活报》、《南国今报》、《法治快报》、《健报》、《南国城报》、《广西手机报》、《南国手机报》9 报，《广西画报》、《今日南国》、《法制与经济》3 个刊物和国家重点新闻网站——广西新闻网以及南国早报网、红豆今网。

广西新闻网 www.gxnews.com.cn

南国早报网 www.ngzb.com.cn

《广西手机报》

《南国手机报》

为了做强做大报业经济，缓解制约报社发展的瓶颈问题，报社投资 3.5 亿元，兴建 4.6 万平方米的大型现代化印刷厂房以及附属配套设施，引进了世界上较先进的印刷设备之一的德国曼罗兰公司的高速轮转印报机、商务轮转印刷机和单张纸五色加上光胶印机、六色数码印刷机。目前，印务中心除了承担本社报刊印刷外，还代印、承印各种报刊 50 多种，报刊日均印量 300 多万对开张。具有年 13 亿对开张以上的彩色报纸、刊物印刷能力，还具有精美挂历、高档精美包装、高级商务广告、高档高清晰彩色印品等高端精美印品的印刷能力。在中国西部 12 个省区市省级党报的报刊等印刷数量和质量中名列前茅。

广西日报社印务中心

轻松选择 您所需要
报刊发行
商品配送
DM类业务
物流业务
北京青年报
BEIJING YOUTH DAILY
IKEA
HOLA
特力屋
joyo卓越
amazon.cn
法制晚报
McDonald's
METRO
麦德龙
可口可乐
读者
物美
WU MART
领先
环球时报
Pizza Hut
美廉美超市
三元食品
SANYUAN
传递生活乐趣
小红帽发行股份有限公司
www.bjxhm.com.cn
客服热线：010-67756666

燕赵都市報

YANZHAO METROPOLIS DAILY

2010

燕赵都市报根据河北区位特点的实际确定“拇指定律”、“时针效应”的经营模式，成为全省影响力很大的区域报纸。在不断探索创新中，燕赵都市报借鉴国际传媒业扩张的经验，创办都市报地方版，走区域媒体整合之路，又在哑铃型模式的基础上，进一步实行媒体碎片化经营和报网互动一体化，打造以燕赵都市报品牌为核心的全新复合型媒体平台。如今，燕赵都市报以其独特的媒体形态和经营理念正在河北大地健康运行和发展。

继过去两年燕赵都市报被世界品牌实验室和《哥伦比亚新闻评论》中文版评为“中国500最具价值品牌”后，12月29日，本报再次被该制榜机构评为2009年媒体行业“中国标杆品牌”。

2009中国广告精投奖（国新出版物发行数据调查中心）

2009最佳报刊职业发行经理人团体奖（国新出版物发行数据调查中心）

经中国传媒大会专家评审委员会评审，《燕赵都市报》获得“金长城传媒奖，2009中国十大创新都市报”荣誉。

《燕赵都市报》被世界品牌实验室及其独立的评测委员会评测为“2009年中国500最具价值品牌”，品牌价值评估为10.79亿元人民币。

《燕赵都市报》经过网上评选、专家代表评议和近一年的公开审核初选入围并在终选中被史坦国际评为“中国最具投资价值媒体”。

桂林日报社
桂林日报创刊于1951年5月1日，报社现有《桂林日报》、《桂林晚报》、《体坛导报》三张报纸和桂林生活网。
作为地市级的报纸，桂林日报社在广西创造了多项第一：广西新闻单位中第一个被评为自治区文明单位；在广西报纸中第一个全面实现双面彩色印刷；在广西报社中第一个全面实现网络化出报，并实现了无纸化办公、移动办公；在广西党报中出现了第一个冲出广西走向全国的子报《体坛导报》，在全国20个大中城市开设分印点；在广西的地市报社中第一个建立商业网站，与多家商业银行联网实行网上结算。同时，还获得了“全国地方报社管理先进单位”、“广西优秀报纸”、“广西十佳报纸”、中国报刊广告30年“改革创新卓越贡献媒体”、“中国创新地市报二十强”、中国报刊广告投放价值“最具成长价值报纸10强”、“全区新闻出版系统集体二等功”等荣誉称号。
最具成长价值报纸10强
广西优秀报纸
权威
主流
桂林日报
桂林晚报
桂林生活网
www.guilinlife.com
电话：房产部 0773-2828280 工商部 0773-2802864 综合部 0773-2836000

新民晚报·上海符号

2009 年度荣获《中国 500 最具价值品牌》
品牌价值 62.89 亿元
2009 年度进入世界日报发行量前 50 名

（1929～2009）

“新民报系” 品牌拓展

根据文汇新民联合报业集团的品牌发展要求，新民晚报正在实施报系品牌建设。《新民大家庭》充满活力，蓬勃发展，现已拥有——

新民晚报
新民周刊
新民网
新民晚报海外版
新民晚报社区版
新民晚报校园版
新民BELLA杂志
新民传媒广告有限公司

新民晚报创刊
80周年

（1929～2009）

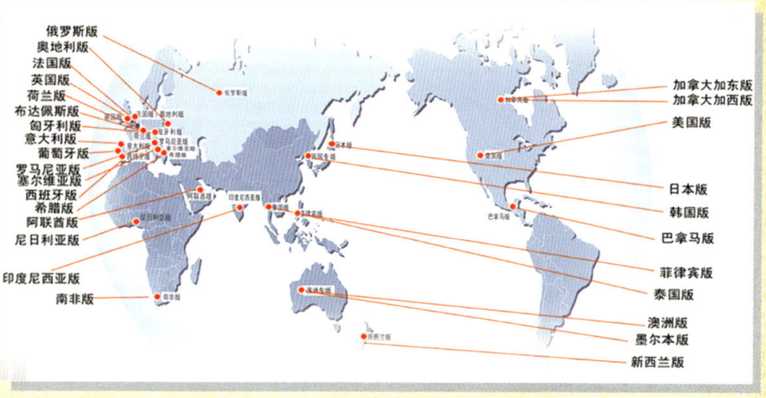

走向世界 飞入五洲华人家

一九九四年十月十三日，通过国际通讯卫星传版的第一张《新民晚报》样报在美国洛杉矶诞生。一九九六年十一月九日，本报驻美记者站成立，《新民晚报—美国版》创刊。

新民晚报通过新民网（www.xinmin.cn）数字报纸上线。新民网获得国家一类互联网新闻信息服务许可证。

目前本报已在北美洲、欧洲、非洲、东南亚等国家和地区出版二十八个海外版；在中国北京、深圳和美国洛杉矶设有记者站；共有二十七个分印点，美国、加拿大、澳大利亚、西班牙以及中国港澳地区均能看到当天出版的新民晚报。

新民晚报现已成为海内外华文读者的知心朋友。

新民晚报创刊
80周年

假日100天 Holiday100

“天津之心”时尚创意权力榜颁奖礼

《假日100天》获中国报业创新奖奖杯

作为天津具有影响力的时尚媒体、天津创意势力的绝对代表，《假日100天》不断引领生活时尚、开创城市潮流，逐步成长为全国著名周报品牌，先后获得：全国生活服务类周报综合竞争力三甲、全国城市周报十强、中国创意产业高成长企业百强、中国十大最具成长性传媒、中国报业创新奖等荣誉。

今年以来，面对金融危机的影响以及数字化媒体冲击下平面媒体市场激烈的竞争格局，《假日100天》以报纸为龙头，最大限度地发挥公司化的体制优势，延伸产业链，整合传播效果，延展经营宽度，我爱假日网、假日炫网、001设计工场等传媒产业链上的子品牌纷纷在市场上建立了自己的知名度。《假日100天》成功举办“天津之心”时尚创意权力榜颁奖礼，上百位来自时尚品牌、卖场、地产、餐饮、文化、娱乐休闲、汽车、家居等各个领域、对天津时尚消费生活具有时尚话语权和市场号召力的行业精英共聚一堂，为天津的时尚庆生，为创意加冕，进一步彰显了《假日100天》的品牌影响力及核心竞争力。

带视频功能的假日炫网展架遍布天津高端消费场所

天津美人计——《男人装》装女郎评选活动

暨南大學

JINAN UNIVERSITY

新闻与传播学院

教育部“新世纪优秀人才支持计划”、新闻出版总署“全国新闻出版行业领军人才”入选者，广东省“南粤优秀教师”董天策教授

与南方报业传媒集团联合举办“暨大南方准记者训练营”（2007首期）

国家级实验教学示范中心暨南大学媒体实验教学中心（虚拟演播室）

第五期海外华文媒体高级研修班(2009)

2008中国传播学论

暨南大学新闻与传播学院传媒领袖讲习班（2008年7月首期）

暨南大学新闻传播教育始于1946年创建的新闻学系，迄今已走过60多年的历程。2001年，在新闻学系的基础上组建新闻与传播学院，设新闻学系、广播电视学系、广告学系，拥有新闻学（含国际新闻方向）、广播电视新闻学、广告学三个本科专业，新闻学、传播学两个硕士点。2003年，新闻学成为广东省高校名牌专业、国务院侨务办公室重点学科。

2006年，学院成功申报新闻学博士点，形成本—硕—博的人才培养体系。此后，学院的学科专业建设迅速发展，跃上新的历史台阶：2007年，获国家人事部批准设立新闻传播学博士后科研流动站；新闻学成为广东省重点学科、教育部首批特色专业建设点；与中文系联合组建的海外华文文学与华语传媒研究中心成为广东省重点人文社科研究基地。2008年，媒体实验教学中心成功申报国家级实验教学示范中心；“华南新闻传媒研究生创新培养基地”成为广东省第一个文科研究生创新培养基地；还获准增设播音与主持艺术本科专业。

目前，全院共有专任教师50名，其中，教授17人，副教授14人，博士生导师7人，硕士生导师23人。入选教育部“新世纪优秀人才支持计划”1人，新闻出版总署“全国新闻出版行业领军人才”1人，广东省高校“千百十”人才工程省级培养对象1人，广东省宣传思想战线“十百千”优秀人才工程第一层次培养对象1人，“全国模范教师”1人，广东省“南粤优秀教师”2人。

近五年来，先后承担国家级课题5项，教育部课题8项，广东省课题8项，广东省文科研究基地重点课题1项，各种横向课题28项，出版专著、教材37部，荣获教育部高校人文社会科学研究优秀成果奖2项，广东省哲学社会科学优秀成果奖2项，广东省优秀教学成果奖2项。

单位：暨南大学新闻与传播学院
邮编：510632
地址：广州市黄埔大道西601号
电话：020-85223739，020-85220207
传真：020-85223739，020-85222189
电子邮件：oxwx@jnu.edu.cn

推进媒体融合 走向现代传媒

——杭报集团内容产业战略转型探索及思考

● 李建国

2009 年，媒体传播技术、手段快速发展，媒体融合步伐进一步加快。从报业发展情况来看，传统纸质媒体、报业集团面临两大问题：一是纸质媒体新闻发布手段单一，缺乏即时性、滚动性和互动性；二是传统报业集团产业结构、收入结构单一，抗风险能力低，在报业发展进入平台期后，面对新媒体和同质化报纸竞争，报纸的增长速度明显放缓。

解决报业发展面临的问题，必须从解决这两个问题入手，推进报业内容产业转型，打造多元媒体发布平台，从传统报业走向现代传媒，实施跨越式发展。

一、坚持内容为主及终端为主的理念，通过战略合作，构建现代传媒

实施战略转型，不仅要依托报社强大的内容生产能力和品牌资源，更要重视通过战略合作发展新的传播渠道和终端。杭州日报报业集团用 5 年时间，培育形成了目前以报刊业为主，广播电视、互联网、数字出版、户外媒体、移动媒体多种媒体发布平台，全面进入现代传媒产业。

1.构建集团互联网业务群

在报纸主业基础上，目前，已形成由综合门户网站、报刊网站、社区网站、电子商务网站、专业网站等五种网站构成的集团互联网业务群。门户网站方面，杭州网是集团与市文广集团合资打造的大型新闻门户网站，是杭州市的主流网络舆论阵地；报刊网站方面，从 2008 年开始推行“一报一网”，杭报集团每张报纸都开办自己的网站；社区网站方面，社区消费网站“19 楼”，2009 年已成为“全国五大社区网站”之一；电子商务网站方面，主要是指集团发行公司“杭网每日商城”，以及每日商报的“18 创富”；集团还计划打造两大专业网站，包括印务中心的“浙江印刷专业网”和休闲杂志的“自助游”专业网站。

2008 年，杭报集团互联网业务总收入达 5000 多万元，2009 年更是呈现了快速增长的态势。“一报一网”工程全面实施，互联网收入增长速度达 30%以上，其中，“19 楼”增速达 150%，并成功地向全国发展，在 10 个城市设立了分公司和事业部。

2.向移动终端拓展的手机媒体

集团创办了浙江手机报、杭州手机报，三张县区报年内也都将推出手机报。同时，与中国移动浙江手机阅读基地签订战略合作协议，联手打造向手机和电子阅读器提供的报刊、图书、图文阅读产品。集团还成立了“数字阅读实验室”，整合集团资源开发移动数字阅读产品。

3.拓展数字出版业

集团组建了汉书数字出版公司，全面拓展图书、音像、电子、网络出版等相关业务。公司成立当年就实现盈利，推出的图书和音像制品，被列入国家十一五重点出版项目。

4.大力发展户外阅报栏

大力发展户外阅报栏的意义在于，能即时滚动发布有 LED 功能的当日新闻，增加报纸的阅读量，拓宽信息的有效发布渠道。《萧山日报》在杭州地区率先推出了城乡一体的 400 多座阅报栏。2009

年集团的目标是打造100座杭州社区阅报栏，富阳、萧山的阅报栏项目已经启动。

5.加强与杭州市文广集团战略合作，拓展广播电视发布平台

这是2009年集团内容产业发展的重大突破。在与杭州市文广集团签订战略合作协议、投资杭州数字电视公司基础上，2009年，集团与杭州最具品牌的广播电台共同组建经营公司，以电台经营为切入点，进行全方位内容合作。2009年，集团跟杭州数字电视公司签订战略合作协议，共同打造数字电视频道，首期将推出每晚8点到10点的两档本地和全国新闻咨讯节目，由《都市快报》、数字公司共同负责制作。

二、顺应新的传播技术、传播手段特点，探索多媒体发布机制

1.创新多媒体发布理念

多媒体发布不能是报纸内容在新的传播平台上的简单平移，必须要研制适合不同平台技术特点、阅读习惯的新的资讯产品。集团多媒体产业平台初步打造完成后，在2010年作为重点课题来研究如何依托集团内容市场能力，进行多媒体平台发布问题。

2.解决重大新闻的发布问题

要解决重大新闻的立体化、多媒体、全天候发布问题，做到即时发布、滚动发布、互动发布、深度发布。比如，在一条新闻的处理上，如何第一时间在手机、LED、网络上即时发布，如何滚动发布，如何在发布中利用手机和互联网开展互动，如何在电台、电视上进行多元化发布，如何在报纸上做深度发布和时评引导，强化报纸的权威、引导作用。

3.探索适合多媒体平台的内容生产机制

传统的报刊编辑部已不适应多媒体发布，2009年，《杭州日报》率先推出了杭州日报网，打造全媒体和数字记者。每个部门同时负责一个报纸版面及一个网络频道的采编发工作，同时为前方记者配备多媒体信息采集工具。2010年，集团将对旗下报刊全面推行“全媒体编辑部”和“数字记者”工程，实现平面媒体编辑部向全媒体编辑部的转型。

三、不能忽视报刊主业的发展与创新

报刊是集团的主业，它既是强大的内容生产部门，是多媒体发布的基础，又是集团的经济支柱。发展报刊业，打造强势品牌，也有助于新媒体借助品牌快速发展，因此，在进行新媒体战略和报业转型过程中，要始终关注传统报业借助新的传播技术、传播理念进行创新的问题，使报刊传统支柱产业不断发展。集团从2006年实施数字报业战略开始，一直坚持“新媒体建设和传统报业创新”两手抓。

1.对传统报纸采编等进行创新

2009年，集团借助新的传播理念和技术手段，对报纸原有的采编、发布、读者互动、版面进行全面创新。运用手机、邮件、QQ、MSN、博客等，全方面与读者合作，让读者从现场发回第一时间的讯息，参与办报。报纸则实施记者24小时在线，并推出大量报网互动版面与读者互动，争取更多的高学历、年轻读者。

2.搭建互动平台

以民主促民生为主题，全面搭建党委政府、媒体、市民三位一体的互动平台。对事关城市建设与发展，党委政府与市民共同关心的民生问题，一方面发布政务信息，一方面征集市民意见，展开讨论，形成共识，使报纸更具有引导力和影响力。

3.创新办报理念

主要是解决报纸互动性不足的问题，与同城媒体争份额，与互联网争受众。通过努力，使集团各报刊发行量稳增，影响力、市场份额不断扩大。据央视CTR对集团三张主报的调查显示，2007年下半年开始，集团报纸的到达率和阅读率每年上升1%至1.5%。集团主要报刊在浙江和杭州报刊市场上不断扩大领先地位。

四、集团战略转型的目标不仅是从传统报业向现代传媒，最终也要成为现代文化产业集团和文化产业战略投资者

近几年，杭报集团加强了相关文化产业领域投入，报刊以外的收入已占集团总收入的30%，我们的目标是再用两年时间使这个比例上升到50%。

1.重点打造印刷产业链

在报纸印刷基础上，2004年成立商务印刷公司，商务印刷公司在2008年实现收入1.3亿。2009年，集团整合了印务中心和商务印刷公司，要把九堡印务工场打造成印刷产业基地，最近又推出了数码图文印刷工作室，形成以报刊印刷为主业，包括商务印刷、数码印刷、印刷物资材料代理、印刷

技术培训、印刷专业网站服务在内的完整的印刷产业链，把印刷打造成为集团的支柱产业。

2.打造电子商务和物流配送体系

在发行公司基础上，借助自办发行网络和投递、运输力量，重点打造电子商务和物流配送，并努力把这一产业打造成为集团第二大支柱产业。杭网每日商城以电话订购、门店网络、网络订购为主要销售方式，面向杭城消费者，两小时以内免费上门配送日用生活消费品业务，下一步将以特许加盟方式发展连锁店。同时，与申通快递公司合作，承揽申通在杭州落地的所有投递业务。

3.扶持打造新的支柱产业

培育会展演艺、旅游休闲、影视制作项目，寻找新增长点，扶持打造新的支柱产业。集团组建了体育文化会展公司，投资大型电视连续剧《东方》，组建演艺公司，投资旅游公司。2010年，集团对这些新项目将推出“助跑计划”，加大扶持力度，选择成长性高的公司和项目，培养下一个支柱产业。

处在媒体变革的时期，把挑战变成机遇，打造多媒体发布平台，构筑新的产业格局，是报业集团战略转型的关键，杭报集团将继续以战略转型推进发展理念创新、新闻创新、体制创新和队伍转型，争取在报业集团中率先突围，实现走向现代传媒集团、成为文化产业战略投资者的目标。□

※作者是杭州日报报业集团党委书记、社长、董事长

深圳报业集团核心竞争力的开发现状、问题与提升对策

●黄春平

报业集团核心竞争力本是一种资源和能力的有机结合。“它是以报业集团主体业务为核心形成的能够赢得受众、占领市场、获得最佳经济和社会效益，并在众多传媒单位中保持竞争优势的那些资源和能力，是在经营和发展中战胜竞争对手的核心资源和能力的总称”。[1]据刘年辉的研究，这种资源和能力包含了如下五个关键性的要素：治理机制、组织管理、业务模式、品牌运营与社会网络。[2]它涉及的内容有：品牌、业务、管理、技术、资源等等。核心竞争力一般表现为某报业集团具有这些方面的独特优势，它可能是这些要素中的某个单一体，也可能是这些要素的组合体。另外，报业集团的核心竞争力一般还有不可交易性、难以模仿性、独特性、延展性等基本特征。

本文试图以深圳报业集团为例，对其核心竞争力的开发现状、面临的问题展开分析并提出相关建议，以为其他报业集团提供启示和借鉴。

一、深圳报业集团核心竞争力的开发现状

深圳报业集团于2002年成立，由深圳特区报业集团和深圳商报社合并而成，“昨日的两家同城竞争对手变为今日荣辱与共的自家兄弟”，[3]它解决了本土报业的竞争问题，完成了规模上的扩张。规模扩张之后是报业集团的资源整合。

深圳报业集团核心竞争力的开发路径和其他报业集团不同，它集中解决的是报业资源的整合问题。即对信息与技术保障系统、人力资源、财务、广告、发行、印务等各种资源进行整合，形成资源的优化配置，提升集团核心竞争力。从其已有的发展现状来看，它在核心竞争力的开发方面取得了如下经验。

1.整合新闻资源，打造报业品牌

报业集团的核心竞争力在于做好报业本身这种主营业务。集团合并以后最先需要解决的难题是各报的重新定位。即需要对党报和子报子刊进行合理分工，尽可能多地覆盖细分市场，形成错位和协作优势，提升整体核心竞争力。

为此集团首先停办了亏损严重的《时代商报》和《深圳法制报》。后来经过整合由原来《深圳特区报》一家独当旗舰的格局，转换为《深圳特区报》、《深圳商报》、《深圳晚报》、《晶报》“四驾马车”齐头竞发的局面，并且经形成了《深圳特区报》、《深圳晚报》和《深圳商报》等三大品牌。其中《深圳特区报》和《深圳商报》连续数年被世界品牌实验室列为“中国500最具价值品牌”。这一定程度上提升了集团本身的核心竞争力。

报业品牌的打造有利于树立品牌形象和集团形象，确立集团产品在市场上的地位，让受众接受并认可这个品牌，建立起媒介品牌的忠诚度，掌握集团经营的主动权，从而成为集团长期占领市场的一种可持续核心竞争力。

2.整合经营资源，进行多元开发

除了报业上游的整合之外，集团还向下游相关产业领域延伸扩展。这种扩展是打造报业品牌以后，集团利用报业品牌的影响力，向其他领域渗透，进行多元开发，寻找集团新的经济增长点，并形成不同层面价值互补的传媒产业链。

这种延伸发展主要是靠整合集团的有关经营资源，如发行经营资源、广告经营资源、印务经营

资源、拓展业务经营资源和延伸业务经营资源等等。这些资源的整合和盘活也有利于培植和提升报业集团的核心竞争力。

如集团合并后曾针对所属近60家全资、控股、参股企业进行较大幅度调整和结构优化,关闭了与主业之间缺乏战略协同和衔接的、经济业绩不佳的16家公司。并围绕主业相继开发了地铁广告、直递广告、国际会展、酒店、旅游、房地产等经营,开办了《深圳手机报》等等。通过对这些经营资源的重新配置和整合,开发了集团经济新的增长点,基本形成了以报业为主、多种经营为辅的"主业突出、多点支撑"[4]的产业经济格局。

这种"主业突出、多点支撑"的格局有利于规避风险,提高报业集团在市场中的核心竞争力。同时它还有利于突破主业边际、延伸报业品牌,使报业主业和其它行业全面覆盖各细分市场,形成集团作战的协作优势,提高集团整体的核心竞争力。

3.整合管理资源,实行规模化经营

深圳报业集团在整合管理资源实行集团化、规模化经营的发展过程中形成了"产权不变、财务集中、单独核算、分级管理"的管理模式。

这种模式的特点是"有统有分、统分结合"。它对资产、资源、财务、人事管进行统一的计划与调配,统筹经营集团的广告、发行、印务、物供和网络等资源,实行规模化经营。在实行"三个统一"即人事统一、财务统一、经营统一的前提下,同时赋予各独立核算单位充分的日常管理自主权[5],明确和规范了各子系统的责、权、利关系。这样既保了证集团统一高效的调控指挥权,又保证了集团内各子系统的相对独立性、灵活性,从而有效地提高信息资源、客户资源与品牌资源的利用效率,提升了集团的核心竞争力。

如集团成立之前,由于各报之间的互相竞争,互相压价,每年的广告损失近亿元。报业集团成立后,集团将各报刊纵向、条状的"分散经营"广告管理模式整合为广告行业集合大分类的横向模式重组聚合,使集团广告中心由宏观管理转变为广告经营利润中心。[6]深圳地区所有的报业都集中一个集团的旗帜之下。"这样一来,深圳的报业广告市场基本上做到了统一标价,基本上没有了广告价格和客户的竞争,所有的广告收入都归于一个结算中心"。[7]广告是报业集团的经济命脉。这种管理资源的整合部分地解决了集团合并后进行规模化经营所面临的做强问题,有利于集团增强抗击市场风险的能力,赢得市场,获取高额利润,从而成为提高集团核心竞争力的一个重要手段。

报业集团的资源主要是新闻资源、管理资源、广告资源、采购资源、人力资源、培训资源、发行资源、印刷资源等,通过整合深圳报业集团的这些内部资源最大限度地扩大了效益、节省了成本,形成了资源共享的优势,扩大了集团的生存空间,同时也可以联合抵御竞争,降低竞争的成本。

另一方面,通过整合深圳报业集团强身健骨做大做强,在本土市场形成了垄断优势,从而有利于对抗外来的报业竞争对手。合并以后的深圳报业集团资产总额超过50亿元,自有物业量超过40万平方米,广告年营业额超过30亿元,四主报在本城市平面媒体广告市场占有率达90%以上,上缴国家税金数十亿计,总体上形成了一套"上游开发、中游拓展、下游延伸"的纵向一体的核心竞争力开发模式。

二、深圳报业集团核心竞争力的开发困境

深圳报业集团尽管在核心竞争力的开发方面尝试了一系列新的探索,并取得了一定的成效,但如果将这些核心竞争力的提升举措置于广东省乃至全国整个报业大环境中进行观察的话,就会发现目前深圳报业集团在核心竞争力的开发面临着如下的困境。

1.集团新闻资源的效益化配置问题

深圳报业集团的组建因素主要有两个:一是报业竞争形势的逼迫;二是行政力量的支持与推动。组建后集团选择了先大后强的发展模式,以通过共享经营平台来实现集团的规模化效益。尽管新闻资源的效益化已经取得了一定的成效,但还是存在着一定的"集而不团"的现象。

对此,集团老总黄扬略指出,深圳报业集团是国内为数不多的两强合并的外生型报业集团,由于以前二者之间在管理理念、文化内涵与本报思路的差异性给报业集团的布局、定位、发展带来了一定的难度。集团成立后形成的基本管理体制——"统分结合"的模式还不完善,"尤其是对资源整合'统'得不到位,距真正'统出合力'还有相当差距"。[8]

另外,由于历史原因,集团所属报刊一方面不同程度地存在着定位重复、内部同质化竞争的问题,另一方面又存在着专业性功能缺位想现象。深入整合集团新闻资源,优化集团报系,建立结构更合理、定位更准确、更具发展性和竞争力的集团新闻宣传业务组合，实现集团新闻资源效益化配置成为当务之急。[9] 这种新闻资源的效益化配置问题如果不解决，那么集团的核心竞争力就成为了无本之木、无源之水。

2.集团垄断地位的随时瓦解问题

有报刊行业专家指出“现有一些报业集团的业绩，多半是在不完全甚至相对封闭的市场环境里取得的，靠的是资源优势、垄断优势；报业依靠垄断地位，并不太费力地长期享受着高额的广告回报”。[10]深圳报业集团核心竞争力优势很大程度上也是依靠对深圳本土报业资源的垄断。

深圳报业集团作为深圳地区的报业寡头，凭借其一家独大的垄断优势和丰富的市场资源而基本处于经济效益的高位运行上，使集团效益名列全国报业之首。但随之而来的是我们不得不考虑这种垄断也使集团隐藏着危机。

一方面在垄断条件下，“报业内部普遍缺乏市场竞争所必须的冲动，缺乏市场竞争所需要的强大动力和压力”[11]，以至于外界的评价认为集团的报纸质量并没有办出特色，流于平庸，而报业经营却“红红火火”。这种情况如果继续下去，“如果统合的度把握不当，就会制约各家报纸的活力，对市场的反应较为迟缓，陷入被动”。[12]邻近的广州报团会利用政治、地理优势再次强势介入深圳的报业市场，到时深圳报业市场很有可能重新洗牌，新闻资源、广告客户资源重新分流。

另一方面在垄断条件下集团尽管采取了符合现代企业集团公司的统合式的管理模式，并形成了《深圳特区报》、《深圳商报》、《晶报》等三大报业品牌并重的格局，实现了集团利益的最大化和高额的利润。但充其量这只是报团在一个静态的市场环境中的上佳选择。象深圳这样回报丰厚的市场在过去曾吸引了外地其它报纸的落地与竞争，尽管它们铩羽而归，但这种打破垄断的威胁并没有被彻底消除，包括目前的南方都市报对深圳市场的抢夺与挤压。一旦有更多的“南都”类对手出现，目前通过垄断所实现的“平衡格局”将被随时打破。

这是集团在核心竞争力的开发中必须未雨绸缪、优先考虑解决的问题。

3.集团的赢利空间过于单一的问题

这种空间的单一主要指集团赢利的结构空间和地域空间而言。

深圳报业集团经济支撑点虽然较多，但多局限于报刊领域。就其经济效益而言，尽管集团整合经营资源实施了多样化开发，但这种多样化开发所获的利润对整个报业集团的经济结构而言，所占的比例还非常之小，与国际传媒集团相比差距更远。“报业集团的经济结构还比较单一，收入主要依赖报业广告（占75%左右）”。[13]赢利结构空间的单一使集团抗风险能力减弱，因此集团的多元化开发还有待进一步提升和改进。

另外，深圳报业集团赢利的地域空间也相对单一。目前尽管与《广州日报》报业集团结成了横跨广深两个城市的广深联盟，但在深圳市场上，深圳报业集团同样面临《广州日报》特别是《南方都市报》的扩张压力。另外，集团赢利的地域空间目前主要局限于深圳本土，实行的是守土有责的策略。相对羊城晚报报业集团和南方报业传媒集团咄咄逼人的珠三角扩展而言，深圳报业集团的跨地域扩张要低调多了。因此其可能赢利的地域空间也相当单一。

4.集团核心竞争力开发的同质化问题

结合目前其它报业集团的发展情况来看，深圳报业集团在核心竞争力开发上并没有具备独特的优势，相反，倒是同质化的成分比较多。如它的构架与广州的三大报团相同，都是主打的母报带领子报抢占市场，都下设网站与出版社，都积极进行技术改造等。广州日报报业集团甚至提出技术才是核心竞争力的关键。[14]都积极向跨媒体、跨地域、跨行业发展，并积极打造报业品牌，搞多元化经营，寻找新的效益增长点，打报团产业链等等，以实现系统资源的规模化利用和深度开发。

核心竞争力具有独特性与不易模仿性，它是报业集团个性化发展的产物，一般不易被竞争对手完全模仿、控制。否则，这种竞争力就会相当脆弱。当各家报业集团纷纷采取同样的核心竞争力提升手段的时候，它也就很难形成报业集团自己真正的核心竞争力了。深圳报业集团目前面临的正是这种困境。其一尊独大的垄断地位很容易被市场上具有同类竞争潜质的报团所取代。如何发挥特区优势克服这种竞争同质化的缺陷，这是整个中国报业集团所面临的问题，更是具有垄断地位的深圳报业集团目前最迫切需要解决的问题。

三、深圳报业集团核心竞争力的提升对策

针对上面的现状及困境分析，深圳报业集团要继续提升核心竞争力的话可以尝试如下对策。

1.抓住报业的“两端”，巩固深圳本土市场

这是提升深圳报业集团核心竞争力的基本对策。

报业集团核心竞争力的主体是新闻业务。西方传媒巨头的经验表明,主营业务是否突出,是否具有竞争优势,可以视为传媒集团是否具有核心竞争力的重要标志。

而目前做好集团主营业务的关键又在于摸透本土读者群的基本情况。

有调查表明,深圳是一个读者阅读层次相对单一、读者两极分化的城市。在深圳高端报刊和低端报刊都深受欢迎,读者阅读需求倾向两极分化现象十分明显。究其原因是因为深圳的人群主要分为两类,一类是有着良好教育背景的白领,阅读需求倾向偏向经济类别。另一类农民工,其阅读需求倾向偏向故事类别。形成一种与移民城市和经济特区特点相一致的独特的阅读群体结构。另外,北京和广州的读者阅读需求倾向倾向于关注新闻,上海读者关注生活和娱乐,深圳读者阅读需求倾向是获取生活知识或寻求人生哲理。[15]

以此为参照,目前深圳报业集团应该继续做强三大主报,抓住"两端",发掘更多的读者群,扩大报纸的影响力,吸引更多的客户,从而巩固已经占领的本土市场。只有这样才能对付深圳本土最大的竞争对手《南方都市报》及其它的深圳报业市场觊觎者。也只有这样才能真正从根本上解决集团新闻资源的效益化配置问题。

2.抢滩传统报业市场以外的主业空间

这是应对集团垄断地位随时被瓦解的一个未雨绸缪之策。

从国内外报业集团的已有经验来看,主营业务是否突出,是否具有竞争优势是报业集团核心竞争力的一个重要标志。深圳报业集团的传统报业市场在深圳本土已无多少空间可以开发,但如果要进行深度挖掘的话,还有如下主业空白需要抓紧抢滩:

(1)抢滩珠三角城市

"中国报业集团目前最大的弊端之一,恰是集团内报纸过于集中一地,使资源的共享受到制约,也弱化了集团继续发展的动力与活力"。[16]深圳报业集团也是这种情况。为摆脱这种赢利地域单一的困境,向珠三角城市适度扩张是深圳报业集团做强的一个必然选择。

尽管目前的报业因为不景气而呈收缩之势,但珠三角是中国经济最活跃的区域之一,其二线城市的报业还有一定的成长空间。广州的三大报业集团纷纷抢滩珠三角的其它城市。深圳报业集团应该在充分占领深圳本土市场的基础上,抓紧抢滩周边的二线城市如东莞、惠州并向香港发展,做大做强集团的报业。

(2)抢滩深圳地铁报。

尝试地铁报是深圳报业集团做大主业的一个重要机会。

一些人口密集的大中型城市相继出现了地铁报,如《上海I时代报》、《南京东方卫报》、《广州羊城地铁报》、《北京娱乐信报》,地铁报有着较好的前景。上海、北京地铁报早有盈利,而广州和南京的地铁报还正处于培育阶段。毗邻的城市香港地铁长度不到深圳一半却有4份地铁报。广州地铁总里程116公里,日均客运量100多万人次,也拥有《羊城地铁报》。

深圳地铁2008年每日客流量37万人次,相比广州而言暂时处于劣势。但深圳目前的人口已经超过1400万,人口密度接近香港和东京。随着深圳地铁大规模建设,到2011年地铁一至五号线全面开通后,地铁长度将达到177公里,相当于香港地铁长度的两倍。

另外,深圳市远期轨道交通线网方案(至2030年)共规划16条线路,总长585.3公里,设站357座。另规划城际线5条,计有穗莞深、深莞、深江、西部深港、深惠城际线等等,其中西部深港城际线计划连接深圳西部滨海地区至香港机场及香港城市中心地区。可见深圳地铁客运量潜力相当的大。

这是个很好的发展契机。如果借助深圳报业集团强大的内容生产能力,在地铁及各大商业中心区发行地铁报,它将会受到投资方的关注,其发展前景不是珠三角其它的城市可以比拟的。相反,如果放弃这块赢利空间,将会使这块蛋糕拱手让与其它抢滩的异地报团。

(3)抓紧机遇进行传媒的技术创新。

这是集团摆脱核心竞争力开发被同质化的一个关键举措。因为深圳有着与其它城市不同的网络资源优势。

据中国互联网络信息中心(CNNIC)发布的《第24次中国互联网络发展状况统计报告》,截至2009年6月底,中国网民规模已经达到3.38亿,半年增长了4000万;其中宽带网民规模达到了3.2亿,占总网民数的94.3%。而使用手机上网的网民1.55亿,占网民的46%,半年内增长了32.1%,手机网民规模呈现迅速增长的势头。另外博文用户达1.8亿。这说明我国已经有了四分之一的人口已经上网，而美国四分之三的人口已经上网，比较而言我们还有有着很大的发展空间。

具体就深圳而言，情况更为特殊。据深圳市网络媒体协会发布的《2009深圳市互联网状况暨网络媒体发展研究报告》显示，截至2009年5月31日，深圳市网民人数548.9万，较2008年同期增长120.4万，网民上网普及率为62.3%，远远高于全国互联网的平均普及率。而且深圳网民人手一台电脑的用户比例达到49.5%。其中近半数网民使用手机上网已成习惯，手机网民人数达到了365万，占网民总数的66.5%。在网络应用中使用网络浏览新闻的比例最高，其用户使用率达95.6%。由此可见，网络媒体在深圳的影响比其它各地要大多了。网络新闻在深圳有着非常好的潜在市场。

目前尽管集团已经注意到新媒体的传播影响并采取了相关的对策如加强网站建设、出版手机报等等，但总体而言还需要进一步利用深圳特殊的网络资源优势，开发新媒体环境下的各种报业形态，实现报纸新闻内容的纸质版、网络版和电子版的完美融合，从而拓展报业主业的多元化发展的新空间，胜出其它报团核心竞争力开发的竞争。

(4)继续进行机制创新，奠定企业法人地位。

这是提升集团核心竞争力的长远之策。

深圳报业集团的组建尽管在做强做大方面取得了一定的成效，但也不可避免地在一定程度上犯了其它报业集团的通病，即由于行政的捏合导致大而不强，国家新闻出版总署副署长柳斌杰所说的“(报业)集团化战略改革没有解决体制和机制上的问题，结果大多数都成了行政捏合的公司、翻牌公司，本质没有什么变化，不适应当前市场竞争的需要”。[17]

“到目前为止，关于中国报业发展的基本思路仍然不清晰，在发展思路、基本理念上并没有形成共识。导向与市场、事业与产业、‘党管媒体’与引入现代企业制度等如何融合兼顾？这些理论困惑从理论和实践两个层面上都没有给出明确的答案”。[18]

深圳报业集团现在陷入的也正是这种困境。目前解决集团的身份问题最为关键。对此，集团黄扬略提出的策略是：要建立具有强大市场竞争能力的法人主体，积极探索集团党组领导与法人治理结构相结合的领导体制、启动报业控股公司市场化运作、推进集团的上市工作。[19]深圳报业集团只有确立真正的企业法人地位，才能积极介入资本市场，利用资本市场的并购、重组、上市等手段，加速报业集团规模扩张。通过资本运营、盘活经营性资产，激活无形资产，真正提升集团的核心竞争力。

深圳报业集团在新一轮的竞争与发展中，必须充分认识目前面临的困境并正确把握和提升自己的核心竞争力，形成持续竞争优势，才能巩固其在深圳本地及珠三角的主导地位，才有可能在日渐衰势报业行业中逆势上扬，实现跨地区、跨行业、跨媒体的集团化、集约化、专业化发展。□

※作者单位：深圳大学传媒与文化发展研究中心

本文系深圳“十一五”社科规划项目《深圳报业集团核心竞争力研究》的成果之一，项目编号为115A089

※注释：

【1】郑保卫、唐远清，《试论新闻传媒核心竞争力的开发》，《新闻战线》，2003年第1期，P45~P47。

【2】刘年辉，《中国报业集团核心竞争力研究》，清华大学博士后出站报告，2006年，第2页。

【3】吴松营，《以报兴业以业强报——深圳报业集团改革实践的探索》，《中国记者》，2004年第4期，第18页。

【4】王田良，《深化改革 打造阳光效益集团——深圳报业集团科学发展和体制创新的探索与实践》，中国记者网：http://www.chinesejournalist.cn/html/200608/0804.htm

【5】吴松营，《以报兴业以业强报——深圳报业集团改革实践的探索》，《中国记者》，2004年第4期，第19页。

【6】黄扬略，《深圳报业集团战略发展思路与深化改革对策建议》，见彭立勋主编：《城市文化产业与发展模式创新——2006深圳文化蓝皮书》，中国社会科学出版社，2006年，第320页。

【7】李矗，《南方四大报业集团的考察拾零——关于南方四大报业集团的考察拾零》，见：http://media.people.com.cn/GB/22100/45761/45763/3267592.html

【8】黄扬略，《深圳报业集团战略发展思路与深化改革对策建议》，见彭立勋主编：《城市文化产业与发展模式创新——2006深圳文化蓝皮书》，中国社会科学出版社，2006年，第311页。

【9】黄扬略，《深圳报业集团战略发展思路与深化改革对策建议》，见彭立勋主编：《城市文化产业

与发展模式创新——2006深圳文化蓝皮书》,中国社会科学出版社,2006年,第314页。

【10】梅宁华,《谈谈中国现代报业集团的发展之路》,
http://info.huicong.com/2007/06/28094238914 -6.shtml

【11】梅宁华,《谈谈中国现代报业集团的发展之路》,
http://info.huicong.com/2007/06/28094238914 -6.shtml

【12】庄向阳,《广东报业集团管理模式探析》,《新闻记者》,2008年第2期。

【13】黄扬略,《深圳报业集团战略发展思路与深化改革对策建议》,见彭立勋主编:《城市文化产业与发展模式创新——2006深圳文化蓝皮书》,中国社会科学出版社,2006年,第312页。

【14】梁泉,《技术战略是提升报业核心竞争力的法宝——广州日报报业集团在市场竞争下技术创新的汇报》,《中国传媒科技》,2005年,第1期。

【15】陈愈超,《四大城市读者报刊阅读倾向调查——从零售结构探析读者阅读需求倾向》,《传媒》,2005年,第4期。

【16】梅宁华,《谈谈中国现代报业集团的发展之路》,
http://info.huicong.com/2007/06/28094238914 -6.shtml

【17】转引自段京肃:《媒介集团化的喜悦与尴尬》,载《广播电视大学学报(哲学社会科学版)》,2004年第3期。原文见柳斌杰的谈话:《中国政府官员谈新闻出版改革》。

【18】梅宁华,《谈谈中国现代报业集团的发展之路》,
http://info.huicong.com/2007/06/28094238914 -6.shtml

【19】黄扬略,《深圳报业集团战略发展思路与深化改革对策建议》,见彭立勋主编:《城市文化产业与发展模式创新——2006深圳文化蓝皮书》,中国社会科学出版社,2006年,第313~316页。

对报业结构调整和多元经营的实践与思考

● 吴小钢

近几年，金华日报社从实际出发，积极审慎地进行报业结构调整，并在抓好广告、发行、印刷等传统主营业务的同时，通过新闻发展总公司这个平台，采用“总公司控股，经营者持大股，员工自愿入股”的方式，组建经营实体，积极开展房地产、商务彩印等多元经营项目。2007年报社销售总收入达3.99亿元，比上年增长144.45%，其中总公司绝对控股的华发房产公司完成销售收入2.36亿元，超过报社主营业务营业额。2008年，尽管遭受互联网崛起和国际金融危机影响的双重压力，报社及控股企业仍实现销售收入2.82亿元，广告刊登额突破1亿元，实到款9783万元。2009年1至10月，在广告增长十分困难的情况下，通过开源节流，总公司实现税后净利2998万元，比上年同期增长2.24倍。

一、从实际出发合理调整报业结构

报业结构问题是金华日报社进入新世纪后遇到的新问题。金华是我国新闻界的先驱邵飘萍烈士的故乡，办报历史悠久。2009年是《金华日报》创刊60周年，在1995年以前金华报纸不多，《金华日报》在金华市一报独大，不存在报业结构问题。1995年《金华晚报》获准公开发行，报社有了两份报纸，但一张是党报，一张是晚报，定位比较明确，两报广告统一经营，新闻报道各有侧重，虽有竞争也是良性的，对提高办报质量也有好处。因此，在报业结构上不存在明显的问题，而报业结构出现问题是在形成一社多报以后。

2000年，根据国家新闻出版署调整报业结构的要求，金华市委将原属金华市委宣传部和开发区主管主办的《信息参考报》划转给金华日报社主管主办。2002年，金华撤县建区，市委将《金华县报》划转给金华日报社主管主办，更名为《浙中科技报》，金华日报社形成了“一社四报”的办报格局。

刊号是重要的办报资源，刊号多了说明报业繁荣兴旺，但“一社四报”，报业结构合理化的问题就凸显出来。

最初将《信息参考报》定位为经济服务类报纸，主要任务是为人民群众提供经济生活方面的信息资讯服务，为此积极探索，力求突出经济服务的特色。但在实践中问题不少：领导机关有重要会议、活动，日报、晚报、参考报都得派记者，都得上头条；参考报讲实用性，强调经济服务，日报、晚报也增强了新闻的服务性；遇到有价值的事件性新闻，三张报纸的记者一同拼抢；一张报纸有好的策划，另一张报纸就跟着模仿。同一条消息三张报纸同时上的问题经常发生，内容雷同，风格趋同，定位在实际上也没有太大的不同，读者对此意见不小。开会协调，建立大样内部交流机制，避免稿件重复刊登，尽管采取了很多措施，但问题很难从根本上解决。

2004年，《信息参考报》明确提出拓展义乌市场的要求，在义乌设立采访中心，将主要的采访力量安排在义乌，版面上义乌新闻所占比例也大幅增加，但定位的问题仍未解决，义乌的读者仍将《信息参考报》视为金华的报纸，在他们的心目中扎不下根来。深究起来，报纸的定位不在于名称，也不完全在内容，更重要的是读者对几张报纸的印象，印象上没有根本的区别，定位问题就无法很好地解决。美国著名营销学者里斯和特劳特在风靡全球的《定位》一书中解释"定位"问题时说："定位不是你对产品要做的事。定位是你对预期客户要做的事。换句话说，你要在预期客户的头脑里给产品定位。"报纸定位的转变和普通消费品定位转变的情况类似。产品的定位最终是由消费者决定的，产品定位的转变是否成功，不仅只是制造商或服务商主观努力的结果，其关键点在于产品定位的转变能否得到消费者的普遍认同。如果消费者不买账，产品定位的转变就只能是制造商的一厢情愿。《信息参考报》前几年在转变定位时的不顺利和不如意原因就在这里。

《信息参考报》划转《金华日报》后曾连续数年亏损，且亏损额逐年加大，如何让《信息参考报》扭亏为盈成为全社上下共同关注的问题，也是一个采取了各种措施都难以奏效的老大难问题。

杰克·韦尔奇有个著名的企业发展战略，叫"数一数二"战略，他要求美国通用旗下的企业必须在同行业中做到数一数二，否则宁可卖掉关掉。这是因为人们往往只记得位居第一的，而对位居第二的人们的记忆力就差多了。当然，在企业界位居第二同样发展得很不错的也很多，如浙江省发行规模位居前两位的"快报"和"钱报"。但如果只能是第三位、第四位，发展的境遇就要差多了。因此，在企业界不能进入前两位往往就意味着默默无闻，在发展中会遇到更多的困难。同城办报的道理也是如此。一个中等城市处于前两位的报纸日子应该是好过的，但处于第三位甚至更后的位次往往就很难发展了。《信息参考报》在金华市区前后办了15年，始终做不大，很重要的一个原因就是她在金华市区一直是处于第三位的一份报纸，以金华报业市场的容量，要做大第三份报纸谈何容易！

《金华县报》划转给金华日报社后，为避免接收《信息参考报》之后遇到的问题，报社将原《金华县报》的20多位工作人员，分流其他报纸内部进行消化，改综合性报纸为科技报，改日报为周报，只保留两位编辑，小报小办，保本经营。当时虽有理顺报业结构的设想，但内有人才结构的限制，外有城市规模的制约，实际操作很有难度。

合理的报业结构安排要最大限度地符合当地实际，体现当地特色，同时整合和优化自身资源，尽最大可能减少内耗，实现优势互补。金华和杭、宁、温不同，其最大的特色是浙中城市群的崛起。金华古称八婺，下辖九个县市区，方言互不相通，习俗差异明显，其中心城市金华人口50多万，在对下属县市的经济辐射力和文化凝聚力上远逊于杭、宁、温。而义乌、永康、东阳等县级市的发展势头则相当的迅猛，潜力很大，尤其是义乌，GDP高出金华市本级50%。金华日报社的报业结构安排和发展战略制定必须立足于金华的实际情况。

当时金华日报社的四张报纸挤在金华，在新闻资源的发掘上内耗严重，在广告经营向县市拓展的问题上也力不从心。长期以来，金华日报社党委就感到，报社广告的短腿在县市，但发展的潜力和拓展的空间也在县市。为此，金华日报社党委制定措施，在报道内容上向县市倾斜，记者下县市采访考核分上浮20%，义乌等重点县市上浮30%。在发行上给义乌等重点县市特殊政策，确保报纸在县市的发行量稳定增长。《金华日报》在义乌的发行量超过3万份，接近在金华本级的发行量，但县市的广告就是上不来。2004年，报社的广告收入已突破8000万元，但各县市的广告只有620万元，占总营业额的7.6%。和各县市生产总值在全市的占比、各县市报纸发行量在全市的占比，以及各县市报道在报纸版面上的占比很不相称。

尤其是互联网兴起之后，报纸的读者需求呈现分众化、社区化、碎片化的新趋势。一社四报，四张报纸同时面向九个县市区的读者，与读者需求的变化曲线呈背离状，报业结构安排的不合理性将越来越明显，发展境遇也将更为尴尬。

一社多报，主报和子报就应该有不同的定位，形成合理的报业发展结构，这是报业战略管理的重要课题，也是在报业发展中贯彻和落实科学发展观的要求。根据浙中城市群已形成的以政治文化中心金华和商贸中心义乌为两个主要支点的哑铃状发展格局，金华日报社党委确定，逐步对报社的报业结构作出合理调整。主报《金华日报》继续以权威性定位，吸收都市类报纸的办报元素，打造面向全市城乡、富有时代气息、领导满意、群众喜欢的新型党报。《金华晚报》、《信息参考报》、《浙中科技报》以贴近性定位，并实行不同的聚焦战略。晚报聚焦金华市区、辐射浙中城市群，报道内容进一步向社区深入。2004年，国家新闻出版总署对县市报进行整顿，《兰溪日报》在整顿中被取消公开发行刊号，应兰溪市委请求，在浙江省新闻出版局的支持下，金华日报社对《浙中科技报》的定位作了重大调整，由科技类报纸调整为立足兰溪、服务兰溪的综合性报纸，编辑部移师兰溪，改出周五报，后报经上级批准同意，更名为《兰江导报》。2006年，报社党委下大决心加大拓展义乌报业市场的力度，投入近千万元在义乌国际商贸城附近购置1000多平米的办公用房，《信息参考报》全体人员克服异地工作给个人生活带来的各种困难，整体移师义乌，报纸定位也随之作出重大调整，由面向整个金华市调整为立足义乌，辐射金华东部地区，后更名为《浙中新报》。

新报和导报不再和日报、晚报同城内耗，取东西两翼拓展，打开了报业发展的新空间，扭转了两报发展长期徘徊不前的被动局面。

2004年，《浙中科技报》移师兰溪后一下子从金华市区排名第四的报纸，转变成为在兰溪当地发行量最大的报纸，尽管其发行量只有两万份，在金华日报社是规模最小的一份报纸，但就是这两万份奠定她在兰溪的龙头老大地位，在兰溪发行排名第二的《金华日报》，发行量只有她的一半。因此，这份报纸进入兰溪后尽管在一段时间里还打着科技报的报名，还要用一半的版面刊登科技方面的内容，但很快就实现收支平衡。至今这张报纸在兰溪发展五年，为宣传兰溪作了大量工作，受到兰溪市委的充分肯定。报社队伍稳定，广告收入从179万元增至目前的540万元。

2006年《信息参考报》移师义乌后报道重心自然转入义乌，在读者心中的定位发生很大变化，特别是更名后一份新义乌报已在读者中获得广泛认同，从而成功实现了报纸定位的转变，并且迅速成为在义乌规模位居第二的报纸，发展空间豁然开朗，发展环境得到改善，发展潜力得到充分发挥。《浙中新报》和当地的《义乌商报》各有其自身的比较优势，《浙中新报》立足义乌又不局限于义乌，可以辐射永康、东阳、浦江、金东、磐安，辐射整个义乌商圈，因此，这张报纸对宣传义乌有帮助，长期在义乌发展有非常充分的根基和理由，关键是要有得力的办报团队把这张报纸运作好。实践证明，《浙中新报》移师义乌后操作是成功的。2007年发行量增至8万份，其中一半以上在义乌，广告突破1200万元，比2006年增长73.5%，并一举实现扭亏为盈，解决了多年解决不了的老大难问题。

目前，金华日报社的四张报纸各有分工，定位明确，避免了内耗，对金华市新闻资源的整合和利用更为充分有效，社会各界反映良好，经济效益也得到了提高。目前，四报总发行量超过32万份。全报社县市广告在年广告总额中的占比提升到29.4%，为报社广告的稳定增长作出了积极贡献。

二、积极审慎实施报业的多元化发展战略

多元化还是专业化尽管在一些市场化程度很高的行业中都是一个很有争议的课题，但对报业而言，实施多元化发展战略是必要的。其主要理由是，多元化发展战略有助于整合报业的现有资源，最大限度地发挥报业的各种优势，发掘报业的增长潜力，推动报业的可持续发展。

我国报业是以党报为基础发展起来的，权威性强、公信力高是党报的特有优势。经过二十多年的苦心经营，各地报社的品牌在当地的老百姓中已经具有强大的感召力，这种品牌的感召力和影响力具有递延性，不仅对报纸，而且对报社提供的其他经营和服务老百姓也容易建立信任感，这笔丰厚的无形资产和品牌资源如果不加以充分利用，任其白白流失是十分可惜的。其次，经过二十多年的发展，报社积累了较强的资金实力，这些资金如果不能找到可靠且前景较好的出路，任其在银行里闲置也是十分可惜的。同时，报业和其他行业的一个很大的不同点在于，其自身能够容纳的投资是十分有限的，报纸的市场局限于特定的区域，容量有限，不可能无限制地扩版、扩大发行，跨地区办报对多数报社来说也不是个具有可行性的选择，因此，很多报社有了钱之后就是盖楼、买设备，再有钱如果不搞多元化经营就只能存银行了。对其他行业来说，专业化，哪怕是一双袜子、一粒钮扣、一条拉链都可能做成一个庞大的产业，因为它的市场在全球，而对于报业来说，一味的专业化，无疑是自我设限，让自己永远长不大。再次，自2008年以来，由于国家的宏观调控、新媒体的挑战以及政府有关部门监管力度的加强，报业自身发展遇到了许多新情况和新问题。在这样的形势下，探讨报业实施多元化发展战略问题就更有其现实意义了，积极而又慎重地推进报业的多元化经营，完全有可能为报社事业的发展开辟新的路径，并在将来为报业自身的发展提供强有力的支持。

自1995年以来，金华日报社通过下属新闻发展总公司先后投资参与了灯饰市场、计算机公司、造纸厂、福泰隆商场、商业银行、“金土地计划”、华发房地产、商务彩印等十一个多元化经营项目，涉及房产、金融、商业、造纸业、印刷业等多个领域，据2006年统计，累计投入资金1656万元，已收回

投资908万元，持有股份748万元。十一个投资项目中，八个赢利，三个亏损，盈亏相抵，获净利税1550万元。在房地产项目的开发过程中也曾遇到非常严峻的形势和极大的困难。2007年2月，金华日报社的楼盘“金报·江景公寓”都已竣工可交付使用了，但600多套房子只卖出不到20%，而且当月零销售，3月通过加大促销力度卖掉了一套房子。在最困难的时候，金华日报社领导班子、总公司经营班子、华发公司经营班子都表现出了空前的团结，华发房产的经营者咬紧牙关不放松，强管理，重质量，抓服务，促销售，楼盘的建筑品质获得建设管理部门的充分肯定，并逐步得到购房户的认可。在渡过困难期后，由于住宅的品质保证，2007年三季度销售开始出现柳暗花明的可喜局面，到目前止房子已基本售完，税利可观。2007年报社销售总收入达3.99亿元，比上年增长144.45%，其中华发房产公司完成销售收入2.36亿元，超过报社主营业务营业额。2008年报社及其下属企业共上缴税收1970万元，比2006年有较大增长。

2007年4月，在兰溪房地产形势十分低迷的情况下，华发房地产公司董事会在新闻发展总公司的支持下，控股70%组建兰溪市金报置业有限公司，通过挂牌形式受让兰溪市西山路一号地块145亩商住用地，分三期开发“金报·尊园”房产项目。目前，一期和二期已基本售完，完成销售合同3.8亿元，三期也于2009年10月动工兴建。

2008年年底，受国际金融危机影响，房地产形势再次陷入低迷，金东区一沿江地块，两次推出，两次流拍。金华日报社在金东区开发房产已有三四年，对该区块地产价值心里有底，认为这是个拿地的好时机。华发公司董事会决定控股70%，成立金华市金报置业有限公司，于12月31日通过挂牌受让的方式，受让金东区沿江地块70多亩，开发“金报·留庄”房产项目。2009年7月，“金报·留庄”项目设计方案一经推出，预约十分踊跃。

报业多元化关键是要把握好三条：一是做对事，即把握好市场，选择好项目。二是选对人，即要储备和引进人才，搞活用人机制，把真正能干事的人用起来。三是转体制。报业是相对垄断行业，体制上的一些毛病还不致于构成致命的威胁，但如果把报业的那些比国企还国企的毛病带到高度竞争行业中去，那带来的问题就会是致命的了。因此要通过体制的转换、机制的创新，把经营者和员工的积极性、创造性充分地发挥出来。□

※作者是金华日报社社长

从南方报业看
传媒集团战略转型的方向与路径

● 杨兴锋

改革开放30多年来，南方报业一直在探索报业的转型之路。而不同时期转型的含义也是不同的。

上世纪末期的转型，主要是适应国家从计划经济向市场经济的转轨，使报社由事业单位转变为企业单位，使报业成为一种产业，使报业经济全面融入市场经济。在这方面，南方报业发挥了探路先锋的作用，创造了一些成功的经验。

南方报业采取"增量突破、存量跟进"的策略，通过对细分市场的准确辨识与把握，先后创办了《南方周末》、《南方都市报》、《21世纪经济报道》等完全市场化的报纸，吸收这些报纸的成功经验后，启动"党报再造工程"，对《南方日报》进行了连续七次改版，使之不断走向市场；南方报业采取"品牌建设突破，其他经营手段跟进"的策略，形成了完善的现代报业经营机制；南方报业采取"人力资源开发突破，其他管理手段跟进"的策略，形成了比较完善的现代报业管理体系。

进入21世纪后，传媒业发展的外部环境急剧变化，表现在如下两个方面：首先，新媒体给传统媒体尤其是报业带来巨大挑战；其次，中国国力快速发展，但是"西强我弱"的话语体系尚未改变，这就需要有责任心、有抱负的媒体走向国际市场传播中国的声音。在这种情况下，转型已成为报业集团不得不做的战略决策。这种转型，说到底是发展方式的转型。为了确保南方报业传媒集团实现发展方式的转型，南方报业制定了"以战略转型为突破口，带领集团全方位转型"的策略。所谓战略转型突破，就是由"裂变战略"转变为"聚合战略"，聚合集团内外资源、国内国外资源，实现集团的科学发展。为此，南方报业要实现四个转变。

一、从报业集团向全媒体集团的转变

在当前媒介融合的大趋势下，南方报业要想真正做强做大做优，就必须建立全媒体的生产能力、形成全介质的传播能力和提高全方位的经营能力，向全媒体集团转型。

南方报业的做法是分四步走：第一步是每一家报纸都有自己的相关网站，实现报网互动，推出滚动新闻等，这一步已经走完了。第二步是整合网络平台。第三步是用公司制办法来运作新媒体。这两步是南方报业目前正在做的。第四步是媒体融合，就是将新闻信息发到统一的编辑平台，加工以后，选择适合的、不同的平台发布和传播。这一步是南方报业正在准备做的。

配合全媒体的发展目标，传统媒体必须进行流程重组，实现信息的采集、制作、发布、销售的全媒体化运营。即在记者采访环节要有重点地推动部分记者走向全媒体记者，采编结合的制作环节和发布环节要通过培训实现全媒体的制作能力和发布能力，广告经营等二次销售要实现全介质形态的价值开发和销售能力。在品牌运营和市场推广上，除了沿用传统平面媒体的推广手段外，还要把重点放在全媒体、全方位的品牌传播上。在媒体融合方面，现在南都报系推进的"南都，无处不在”,就是一个有益试验。

二、从粗放型向集约型的增长方式转变

当前报业集团普遍存在着盈利模式单一、增长方式粗放简单等问题，导致报业集团的抗风险能力较弱,尤其是在金融危机的背景下,亟需从粗放型的增长方式转型为集约型的增长方式。

根据南方报业的实际情况，准备采取如下措施促进增长方式转型：一是对新闻资源进行深度开发和多次销售,实现从“规模经济”到“影响力经济”的转变;二是有效整合资源,积极推进在新闻信息资源、渠道业务开拓、广告业务开拓、品牌市场推广、竞争情报系统、新媒体拓展和职能部门管理等方面的内部资源整合,同时,从土地、技术、资本和人力等四大要素入手进行外部资源整合,坚持循序渐进、统分结合、市场导向、利益共享的原则,提高组织效率,创新运营模式;三是通过集团统一信息平台和统一管理平台的建设，实现办公自动化、业务管理数字化,提高管理效益和实现服务升级优化;四是全面推行预算管理制度,实施动态审计,保障资金链条健康运作;五是抓住金融危机背景下报业内部重新洗牌的机遇，积极推进报业战略性重组,实现低成本扩张;六是完善投融资管理体制,增强资本运营能力,加快向资本市场进军的脚步;七是完善创新管理体制,健全激励和约束机制。通过对财务、人事和薪酬制度的改革,探索和规范长期激励和约束机制,提高各级部门、各类人员的业务能力、管理能力和创新积极性,为集团的科学发展提供不竭动力。

三、从事企不分的管理体制向现代企业制度转变

科学发展需要体制保障，传统的事企不分的报业管理体制已成为报业发展方式转型的严重制约，必须加大体制创新力度，使集团真正转变为“自主经营、自负盈亏、自我约束、自我发展”的法人实体和市场主体，同时建立适应传媒业管理特点的公司治理结构，有效解决所有权与经营权分离后产生的委托代理问题，建立起规范的现代企业制度。目前,根据采编与经营“两分开”的原则,南方报业传媒集团已分别成立了事业单位的南方日报社和企业单位的南方报业传媒集团公司,后者将完全按现代企业的规范来运作。

四、从国内向国际的覆盖区域转变

从国家战略层面来看，在中国国力不断增强的今天，中国需要自己的强势媒体在世界上传递自己的声音;从南方报业自身的发展要求来看,已经具备一定的实力尤其是在国外市场上具有一定的品牌影响力,迫切需要到国际市场上开疆拓土。因此,基于强烈的国家责任感和产业抱负,南方报业提出了“国际一流、国内领先”的全媒体信息服务商的发展目标。南方报业的操作策略是在打好国内基础的前提下,在合适的时机、选择合适的方式进入国际市场,逐步实现覆盖区域的转变。□

※作者是南方报业传媒集团管委会主任、南方日报社社长

十年一轮回，历史性巧合的背后

——精品传媒(集团)对时尚生活周报未来发展战略的探讨

●董鸿英

一、从同一个“第九”说起

历史性巧合的背后，往往包含很多含义。

慧聪邓白氏媒体研究公司新近发布的监测数据显示，2009年《精品购物指南》(以下简称《精品》)广告见刊额位列全国平面媒体——包括报和刊——广告收入十强，位列第九位。这一排行足以让“精品人”一则欣慰，一则感慨——历史的轨迹产生了轮回，十年前，1999年，《精品购物指南》“中国报业广告十强”位列第九！图1是一份十年前的旧报档案，出版日期是2000年1月。

大陸報紙廣告收入榜*

排名	報紙	所在城市	廣告收入(人民幣)
1	廣州日報	廣州	9.3億元
2	新民晚報	上海	6.29億元
3	深圳特區報	深圳	5.89億元
4	羊城晚報	廣州	5.62億元
5	北京青年報	北京	5.19億元
6	北京晚報	北京	4.97億元
7	今晚報	天津	3.66億元
8	計算機世界	北京	3.27億元
9	精品購物指南	北京	3.24億元
10	解放日報	上海	2.85億元

資料來源：大陸達門市場研究公司

*九九年廣告收入

排名	报纸	所在城市	广告收入（人民币）
9	《精品购物指南》	北京	3.24亿元

图1 10年前《苹果日报》的一则报道“大陆报纸广告收入榜”

创刊至今，《精品》共已走过17年的发展历程，回顾这段历程，可以清晰地注意到三段曲线：

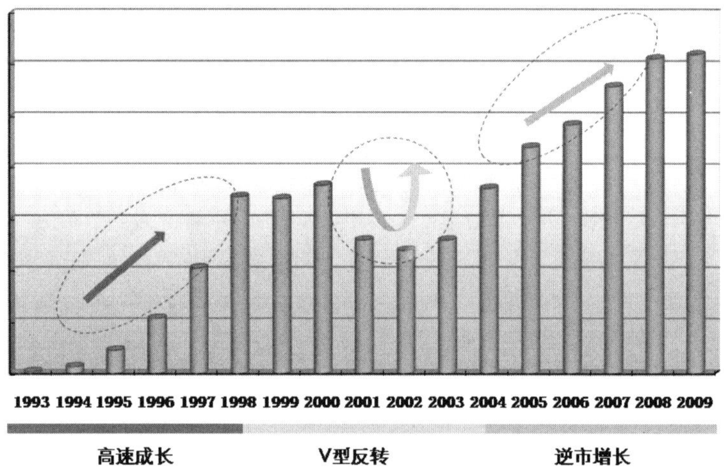

图2《精品购物指南》历史发展曲线

第一阶段——高速成长：1993~1998年，在创刊的第一个5年，《精品》实现了超常规的发展速度，广告额迅速跃升至亿元平台，以周报身份位列北京报业市场三甲，跻身于中国报业广告十强，在市场中崭露头角，站稳了脚跟。

第二阶段——V型反转：1999~2004年，《精品》由于内部纷争，经历了一次低潮，曾有专家评论认为《精品》进入了产品生命周期的衰退期，然而最终《精品》实现了“V型反转”，重振士气，再度起航。

第三阶段——逆市增长：2005~2009年，《精品》在报业整体形势低迷的背景下逆势增长，广告额增长100%，实现翻番，成为报界少有的亮点；

同时《精品》在多元化媒体拓展方面进行积极的尝试，搭建了集团化的雏形。

《精品》第一阶段的高速增长，以非主流的生活服务类报纸迈上报业经营亿元平台，且以唯一一份周报的身份跻身“中国报业十强”。在第一个五年，《精品》进入“十强”，透析其背后的含义，无不带有时代的特征：

1. 这一阶段正好是与中国改革开放后商品经济发展的一波浪潮相呼应的，20 世纪 90 年代初，市场经济初步建立，经济初步繁荣，居民收入水平提高，北京这样的中心城市所蕴藏的消费需求和消费文化逐步受到应有的关注，长期被抑制的居民生活资讯需求催生了生活服务类媒体。

2. 中国报业市场化经营初期所释放出的能量集中爆发，当报业开始自觉把自身的经济活动作为一个产业门类来发展，广告进入高速增长期。在 90 年代的广告额年增长率一度以“两位数”涨幅高歌猛进，大大高于 GDP 增幅，报业整体的扩容为个体的生存和发展提供了有利时机。

3.《精品》市场化机制的活力无疑使得这样一份“非主流”报纸在行政色彩浓厚的办报环境中迅速脱颖而出。在事业体制下，报纸广告经营呈现“坐商”状态，有限的报纸版面和僵化的广告服务机制远不能满足广告客户的需求，潜在的广告市场蕴藏着巨大的商机。《精品》诞生后吸纳了大量的分类信息广告、生活服务资讯广告，以及如今备受关注而当初相对边缘的房地产广告——《精品》曾一度占到北京房地产广告市场份额的 70%。

4.《精品》的办报理念和模式是具有颠覆性的，与其它报纸相比，《精品》不是以新闻性作为核心价值的报纸，而是以提供生活消费信息和时尚娱乐资讯为办报诉求，围绕“实用性”“服务性”的产品特性，它探索的“经营方针就是编辑方针——编辑方针与经营方针的统一”打破了传统办报理念的框架。“彩色印刷”“铜版纸的采用”“明星封面”“分叠厚报”“事业部制”“全面广告代理制”等，从内容编排、资讯解读、版式设计、印刷制作到广告经营的各个方面，《精品》办报模式在中国报业创造了许多创新元素。

这些举措在现今看来已是报业经营的常态，但在当时，《精品》起步的 90 年代，报纸作为新闻媒体，政治属性高于一切，对报纸的经济属性、社会服务属性的趋从实属开创性。正是一系列的创新，形成了有利的市场区隔，使得《精品》找到了我国生活服务类报纸生存的“蓝海”。

《精品》最初的生猛成长，其生命力是来自于时代，来自于市场的。“波浪式的前进”和“螺旋式的上升”，2009 年《精品》第二次进入“中国报业十强”，面临的时代和行业特点与十年前已大为不同。我国传媒业已普遍经历了产业化浪潮的洗礼，市场化的经营理念和经营压力为众多从业者所领会，新媒体的蓬勃发展也迅速拉开了多媒体竞逐的序幕，而社会经济的快速发展，也使得受众群体的阅读需求在不断提升，不断分化。

可以说这一时期报业的市场环境已不再那么温暖，2004 年，全球性的报业衰退显露端倪，中国报业也进入低潮，报业年增长率开始低于 GDP 增幅。国家宏观政策对于房地产、医药广告的管控，行业竞争的加剧以及新媒体的冲击等因素对报业的经营造成巨大影响，整体市场环境的变化使中国报业的利润空间大幅缩小。在这一行业整体下滑的形势下，《精品》因独特的产品定位和经营手法，适应了社会多元化的消费需求和分众化的传播发展趋势，广告经营业绩一直保持了 10%~20% 的年增幅，成为近年来行业中的突出亮点。

2009 年上半年受金融危机的影响，媒体经营形势相对严峻，大众性都市日报是重灾区，年中统计数据不少跌幅达到 20%~30%，年末随着我国经济大势的恢复，日报经营困境得以极大缓解。2009 年《精品》的市场表现依然稳定，占本地报业广告的市场份额从 11%上升到 14%，这说明在新一轮的市场力量此消彼长关系的变化中，《精品》取得了较为有利的位置。

1999 年到 2009 年，十年的市场周期中报界上演了许多风云故事，从第一代都市报的兴盛，到第二代都市报的繁荣，再到大众都市报市场整体的走冷，报纸行业经历了巨大的转变。在这种的大背景下，《精品》两次入围“十强”有着不一样的意义：如果说第一次靠的是市场增量，靠初生的锐气和开创的勇气，第二次则是市场消长，靠体能和实力，靠经营管理的效率。

二、不同阶段，不同命题

自 2006 年以来，《精品》报社拉开了集团化发展的序幕，创办了多份子报刊，形成了以周出刊纸媒为基础的媒体方阵。从单张报纸到一个生活时尚媒体集团的呈现，在产品结构、管理架构、资源整合、品牌运营等各方面与单一产品时代将全然不同。对于创业之初的媒体来说，也许打造一项好的产品和服务的模式是决胜市场的关键，而对于那些已经走向成熟并达到一定规模的媒体，战略的选择、资源的整合则成为巩固市场地位的要义。

图 3 精品传媒(集团)的系列时尚媒体产品

图 4 2010 年 1 月 8 日精品传媒(集团)启用的新 LOGO

面对新的发展阶段和市场竞争环境，传统报业需要着力解决故有的生产组织模式与企业规模扩张之间的矛盾，传统的媒体运作思维与未来新传播模式之间的矛盾，以及事业单位性质与市场化发展要求之间的矛盾，释放出纸媒品牌更大的活力和创造力。

1.对集团化发展的探索

近几年,《精品》按照在自身发展规划中提出的“积极构建引领都市生活时尚的媒介集团”的战略发展目标,深耕市场创办新刊、异地品牌输出、发展网络媒体，在集团化拓展方面有了全面的动作,爆发出积蓄已久的势能,原有品牌获得有力的延伸和发展,以《精品》为主导,形成了“四报五刊一网”的多元化传媒架构。

通过大力构造子品牌线,“精品” 放大了自身在专业化办刊经验、技术、资源和人力储备上的优势,延伸了原有的品牌和市场价值,搭建了多元化的产品集群。在产品和市场开发策略上,北京《精品购物指南》、沈阳《时尚生活导报》、广州《精品生活》、昆明《精品消费报》面向区域性城市周报市场,而《风尚志》、《优品》、《世界》和《数字商业时代》等子刊则针对更为高端和细分的杂志市场。“精品网”等网络新媒体提供在线资讯、网络购物等服务,与《精品》的系列时尚纸媒共同形成纸网结合、纸网互动的立体传媒架构。

随着产品线的延伸和市场的扩张，产品的细分、互补与组合则显得十分重要。产品架构的设计要求围绕着时尚娱乐与生活消费，通过多产品构成的细分市场组合，提供最佳的企业营销传播平台,在保持报刊媒体既有优势的基础上,构建包括网络、电视、手持移动终端等媒体形态的全媒体运营平台,使“精品”成为一家具有多元化业务支撑的跨媒体、跨地域的媒体运营商和内容提供商。

2.对发展新媒体的思考

生活时尚媒体面临的竞争已来自各个领域，媒体的竞争已不单是媒体之间的竞争，而是传播价值链之间的竞争,上游客户下游读者在延伸、在对接,新媒体也在成熟、战线在扩张,对平媒的生存够成了新的压力。现今,我们每天都能听到新的行业消息，无疑传媒业已处于一个传媒格局加速演变的时代。

新媒体的出现和突飞猛进，不仅在抢占传统媒体的受众和广告市场，而且在深刻地改变着人们对于媒体的观念和认知，使得传统媒体在信息传播的时效性、准确性、互动性、易检索性等方面相形之下越来越显露出劣势。新的市场环境下,生活时尚媒体在平面媒体领域的内容产品优势,面临着在新媒体介质呈现方式上的挑战。

媒体融合的趋势下全媒体时代已然席卷而来,传统纸媒如果不能趁势而上,则将面临将被边缘化、被淘汰的危机。这与企业界的竞争规律一样——现在的竞争已经不是企业与企业之间的竞争，而是这个企业所处的价值链与另一个价值链之间的竞争，而单一平媒的价值链显然已非常脆弱。传统媒体需要结合自身特点，通过规划和发展,努力构建一个更适应时代要求,更具多元化业务支撑,更具实力和市场影响力的市场竞争主体。

3.对核心价值的审视

在全媒体化的过程中，对于自身核心价值的审视是媒体战略发展首先要强调的问题。必须要找准和强化媒体产品和服务不可替代的经济或社会价值——精品传媒(集团)是城市时尚与生活资讯的生产者和传播者，并且在产品内容和经营模式上具有独特的技术和管理优势，更在以不断创新的理念强化自身的独特价值与优势。

“精品”这类生活时尚报媒的核心价值是伴随着现代都市社会人们对时尚生活资讯的需求的而存在的，它们服务于中国新兴的城市白领、中产家庭及知识阶层的生活服务信息需求，正在与推动中国经济和社会发展的这部分中坚力量实现共同成长。

内容是生活时尚报媒的立身之本，报纸、杂志或网络都是所选择的媒介形式和信息载体，从技术的角度看“新闻纸”是一种显示终端和传播介质，而广告是媒体赢利途径之一。“精品”的核心价值在于内容的生产与传播，以及通过内容传播而影响的读者群体和积累的品牌市场价值。围绕着内容生产与传播，“精品”业已形成较完整的生产管理流程和人才配备，具备了明显的竞争优势。

那么，“精品”所形成的核心价值，呈现方式和传播途径不应限于纸媒，而是可以通过多媒体介质、产品线延伸、内容资讯运营、媒体品牌运营、资本运营而获得更大的市场增值，通过跨媒体、跨地域、多元化、集团化发展而获得更优的规模效应。在我国现行管理体制下，新闻采访和发布是政策准入问题，而采用何种渠道和终端发布则是市场准入问题，拥有内容制作和发布权是“精品”作为传统媒体已取得的行政准入优势，“精品”应当利用市场化手段更积极地向全媒体传播渠道融通，开发新的价值蓝海。

着眼于未来，如何在新媒体介质和多元化业务平台上延伸生活时尚纸媒在传统领域的产品和品牌价值，是精品传媒(集团)未来要着力探讨的问题。

三、未来发展战略探讨

从目前国际传媒的业务结构来看，越来越多的媒体集团试图将传媒运作的各个环节都纳入到自己的版图中，从而达到资源共享、发挥协同效应、实现利润最大化的目的。众多传统媒介机构不仅在从单一渠道占有者向复合型媒介集团发展，更在从“内容+一种媒体”的产业格局向信息内容生产商、服务商转变。因为复合的传播渠道不仅能与受众建立快速沟通机制，扩大传播能量，而且能精准锁定商业信息的推送对象。

图 5 安索夫矩阵(Ansoff Matrix)[1]模型分析图

集团化、规模化、渠道终端多元化是传媒业发展在现今技术和市场条件下的历史选择。生活时尚类媒体未来无疑需要在强化内容服务商角色定位的基础上，加速全媒体业务进程，扩展“主业突出、多元发展”的业务格局。

1.发展策略分析

安索夫矩阵可以帮助企业科学地选择战略模式，是应用最广泛的营销和战略分析工具之一。其核心步骤和思维方式是：

首先考虑在现有市场上，现有的产品是否还能得到更多的市场份额(市场渗透战略)；

考虑是否能为现有产品开发一些新市场（市场开发战略)；

考虑是否能为其现有市场发展若干有潜在利

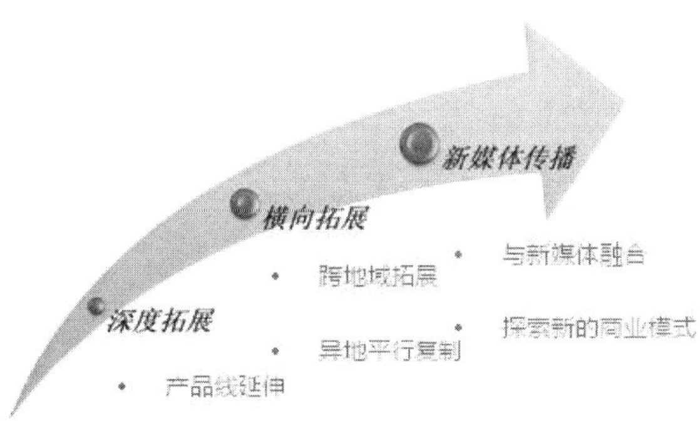

图 6 “精品”集团产品/市场开发示意图

益的新产品（产品开发战略）；

考虑是否能够利用自已在产品、技术、市场等方面的优势，根据资源流动方向，采用使企业不断向纵深发展的一体化战略。

运用安索夫矩阵分析工具，媒体可以尝试进行产品与市场成长策略的设计。

市场渗透：通过挖掘《精品》周一男刊潜力，强调经营创新，提高《精品》主报的市场份额；

市场开发：通过异地跨地域拓展和异地平行复制，在不同的区域市场寻找并满足相同的市场需求；

产品延伸：通过子刊产品线和市场细分组合的开发，实现已有市场或经营领域的纵深发展；

多元化布局：通过发展新媒体和新业务模式，构造多媒体、多元化发展格局。为避免多元化带来的经验不足和市场不确定性增加的风险，“精品”的多元化应围绕自身在生活时尚资讯传播领域的核心优势与价值。

2.产品布局分析

分析和规划企业产品组合最常见的方法之一是波士顿矩阵[2]。

波士顿矩阵认为一般决定产品结构的基本因素有两个：即市场引力与企业实力。两个因素相互影响，又互为条件：市场引力大，销售增长率高，可以显示产品发展的良好前景，企业也具备相应的适应能力，实力较强；如果仅有市场引力大，而没有相应的高销售增长率，则说明企业尚无足够实力，则该种产品也无法顺利发展。相反，企业实力强，而市场引力小的产品也预示了该产品的市场前景不佳。

通过市场引力与企业实力两个因素相互作用，会出现四种不同性质的产品类型，可以帮助企业分析不同产品的发展前景。按照波士顿矩阵的原理，产品市场占有率越高，创造利润的能力越大；销售增长率越高，为了维持其增长及扩大市场占有率所需的资金亦越多。对不同类型的产品采取不同的发展战略，可以使企业的产品结构实现产品互相支持，资金良性循环的局面。

通过对产品或业务特点的明确，模型提出“发展”、“保持”、“收割”和“放弃”四种发展战略分别应用于不同的产品或业务。

根据以上分析，精品传媒（集团）的产品发展策略设计为三大层次：

高市场增长

低市场增长

★ 明星产品（stars）	? 问号产品（question marks）
处于高增长率、高市场占有率象限内的产品群。 [发展战略]： 扶持战略：积极扩大经济规模和市场机会，以长远利益为目标，提高市场占有率，加强竞争地位。	处于高增长率、低市场占有率象限内的产品群。 [发展战略]： 选择性投资战略：即首先确定该象限中那些经过改进可能会成为明星的产品进行重点投资，提高市场占有率。
￥ 金牛产品（cash cow）	**× 瘦狗产品（dogs）**
厚利产品，处于低增长率、高市场占有率象限内的产品群，已进入成熟期。财务特点是产品利润率高、负债比率低，可以为企业提供资金。 [发展战略]： 收获战略：把对它投资尽量压缩，争取在短时间内获取更多利润，为其它产品提供资金；尽量維持现存市场增长率或延缓其下降速度。	衰退类产品，处于低增长率、低市场占有率象限内的产品群。其财务特点是利润率低、处于保本或亏损状态，负债比率高，无法为企业带来收益。 [发展战略]： 撤退战略：首先应减少批量，逐渐撤退，对那些销售增长率和市场占有率均极低的产品应立即淘汰。其次是将剩余资源向其它产品转移。

高市场份额　　低市场份额

	管理与组织模式
明星产品	最好采用事业部形式，由对生产技术和销售两方面都很内行的经营者负责。
金牛产品	适合于用事业部制进行管理，其经营者最好是市场营销型人物。
问号产品	最好是采取智囊团或项目组织等形式，选拔有规划能力，敢于冒风险、有才干的人负责。
瘦狗产品	整顿产品系列，最好将瘦狗产品与其它事业部合并，统一管理。

图7 波士顿矩阵（BCG Matrix）模型分析图

产品类型	管理与组织模式
明星产品	最好采用事业部形式，由对生产技术和销售两方面都很内行的经营者负责。
金牛产品	适合于用事业部制进行管理，其经营者最好是市场营销型人物。
问号产品	最好是采取智囊团或项目组织等形式，选拔有规划能力，敢于冒风险、有才干的人负责。
瘦狗产品	整顿产品系列，最好将瘦狗产品与其它事业部合并，统一管理。

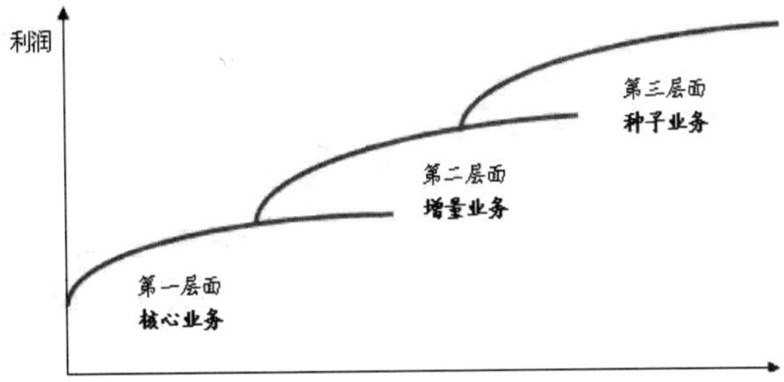

图 8 “精品”集团产品/业务发展格局图

业务内容	•《精品》主报	• 子刊项目 • 报系项目 • 活动营销 • 票务/ 图书出版 / 文化 / 艺人经纪	新媒体业务: • 商业网站 • 电子商务 • 电视项目 • 数据库营销 • 手机媒体

表 1 市场增量空间开发梯度

业务层面	第一层面 核心业务	第二层面 增量业务	第三层面 种子业务
基调原则	确保核心业务的稳定	积极发展增量业务	开创未来的商业机会
衡量标准	利润和投资回报率	销售收入和净现值	商业计划方案的价值
业务重点	内容创新、服务增值	增加投资，促进增长	积极尝试，确立模式
发展目标	确保市场份额领先	扩大市场份额	成为新的增长点
关键成功因素	集中于业绩	营造创业环境	对探索的认同
员工类型	业务熟练者	业务开拓者	业务创造者
员工能力	完整的基础业务能力	新市场拓展与风险承担的能力	应用新技术，构建新商业模式的能力
激励理念	财务	机会	价值

核心业务:不断巩固集团的业务根基,实现利润保障;

增量业务:开发集团媒体资源形成和强化多个增量业务利润增长点;

种子业务:探索新商业模式,创造和培育新的营收方式。

3.观念创新分析

产品创新、业务创新的根本是流程再造和观念创新，传统媒体的未来发展取决于我们的思维和视野从多大程度上与时俱进。

(1)重视品牌经营

借鉴现代媒体经营与运作理念,“精品” 确立集团化发展定位后，在业务层面媒体经营的基础上,将更积极地推进“精品”的品牌经营和品牌增值,整合、利用和开发“精品”现有资源,发展多元化业务,使业务间形成互动和相互支撑，实现多媒体、多元化经营和永续经营。

(2)加强技术应用

新技术、新媒体的应用已经成为报媒必须突破的发展瓶颈。生活时尚周报应利用先进的信息处理技术和传播技术,积极构造以网络为信息资源整合与互动的基础平台和技术中心，逐步建立一个统一的全媒体采编平台和数据库，以应对新传播环境下数字化的挑战。基于该技术平台,传媒纸媒将能够更灵活地运用各种传播手段和传播资源来组织未来的媒体生产和信息传播业务。

(3)创新客服模式

在新的传播格局下,广告客户的商业信息传播方式和需求也在发生重大的改变。基于传统大众媒体的广告传播模式在新技术条件下将被更具精确性和互动性的营销模式所颠覆。活动营销、网络媒体、手持移动终端等营销传播方式和途径将被纳入企业的营销规划中,生活时尚周报只有不断创新客户服务模式,提升对广告服务的策划力、整合力和控制力,才能更好地满足企业商业信息传播的需求。

未来全媒体格局的形成,将改变生活时尚媒体目前以纸媒为中心的布局。通过对新技术、新介质、新渠道的应用,生活时尚媒体有望使自身从报纸产业向内容产业转换，从传统报业独立作战向全媒体整合运营转变，从产品运营向品牌运营升级,从而赢得新市场环境下生存的主动权。□

※作者是精品传媒(集团)报系管理中心运营管理总监

※注释:

【1】安索夫矩阵[又被称为产品/市场扩张方格(Product Market Expansion Grid)、成长矢量矩阵(Growth Vector Matrix)]由策略管理之父安索夫博士于1975年提出，它以产品和市场作为两大基本面向，区别出四种产品/市场组合和相对应的营销策略，其主要逻辑是以2X2的矩阵代表企业企图使收入或获利增长的四种不同的成长性策略来达成增加收入的目标。

【2】波士顿矩阵(BCG Matrix)，又称市场增长率－相对市场份额矩阵、产品系列结构管理法等，是由美国著名的管理学家、波士顿咨询公司创始人布鲁斯·亨德森于1970年首创的一种用来分析和规划企业产品组合的方法。这种方法的核心在于：如何将企业有限的资源有效地分配到合理的产品结构中去，以保证企业收益，是企业在激烈竞争中能否取胜的关键。

2009年中国报业管理创新综述

●杨益航

2009年注定会在中国报业改革史上留下浓墨重彩的一笔，上至整个报社集团的转企改制，下至每个员工的薪酬绩效都在这一年中从计划书走向了现实。这一方面是我国有关部门对报业运营规律的认识的加深，更重要的一方面是报业自身面临市场化的压力和来自其他媒体的竞争而做出的自强、自救的措施。

在2009年2月12~15日召开的2009年全国报刊管理工作会议上，新闻出版总署副署长李东东对2009年的新闻报刊管理工作提出了总体要求：改革创新，科学管理，构建推动新闻报刊业科学发展的体制机制；提高舆论引导能力，加强改进管理工作，深化改革、培育主体、破解体制机制障碍，解放发展文化生产力，推动报刊业转变发展模式。

会议还重点对以下五方面工作进行了详细阐述：加快建立报刊出版综合评估体系，实施报刊退出机制；强化新闻从业人员管理制度建设，加强新闻从业人员队伍管理；加大新闻业务管理的依法行政力度，进一步规范新闻采编活动；尽快完善审读工作制度，加强报刊重大舆情动态监测；采取有效措施综合治理，切实解决当前报刊管理突出问题。总署将从解决一号多刊、一号多报、学术期刊收取版面费、核心期刊异化、虚假违法广告等问题入手，改进新闻出版管理中的薄弱环节，提高新形势下报刊管理工作的能力。

在这种背景下，中国报业上下一心，在政府的引导下，根据自身运营情况进行大胆的改革创新，形成了目前的报业经营新局面。

一、转企改制

转企改制是2009年报业发展的主旋律之一，在政府指导下大小报业单位纷纷踏入改革大潮。

2009年4月，杭州日报报业集团旗下的浙江都市快报传媒有限公司正式成立。新公司的组建，是杭州市加快文化创意产业发展的具体举措之一，也将是《都市快报》新一轮创业的起点。

2009年5月人民日报社拟整合旗下20余家子报子刊成立金台传媒集团公司，并获中央领导以及主管部门的批准。人民日报社旗下子报子刊并入集团的包括《京华时报》、《环球时报》、《中国汽车报》等。这是人民日报社整个改革举措的一个重要部分。今年以来，人民日报社启动了多项改革，如启用新人和即将进行的版面调整等。人民日报社这一方案突破了原有的时政类报刊不能转制为企业的规定，在我国媒体从事业单位向企业单位转制方面具有标志性意义。

2009年6月8日，新闻出版总署新闻报刊司司长王国庆表示，我国报刊改革工作已经全面启动，国家的报刊出版资源要向大型的综合传媒集团倾斜；鼓励大型的国有企业投资报刊出版业；支持转企改制的有实力的集团上市融资；鼓励中央和地方的媒体集团，以及大型媒体集团之间进行资本和业务上的联合重组；国家对于传媒企业改革，还将给予税收、进出口、人员安置等政策上的支持。

这次报刊改革的主要任务包括：构建报刊业市场经营和公共服务的两大主体，确立公益性报刊的分类，着力推进公益性报刊的深化改革，剥离公益性报刊出版单位的经营性业务和资产，实行事企分开；分三步全面完成经营性报刊出版单位的转企改制任务；同时，大力推进报刊业的升级和结构调整。

6月，吉林省新闻出版局近日确定了首批转制的14家经营性报纸和13家经营性期刊作为试点单位。

此后，湖北日报传媒集团按照114号文件的相关规定进行经营性资产剥离。在改革中，集团组织架构的重建是比较大的变化，是对几十年来的办报格局、流程和运行体制的一个颠覆。在员工的身份转化方面，集团拟用“老人老办法、新人新办法”来解决集团改革的资金压力和改革阻力。

在2009年8月召开的中国报业协会第四次会员代表大会上，国家新闻出版总署署长柳斌杰表示，目前全国有1943种报纸，分属各级党委、中央各部门、行业协会、报业集团、国有大型企业等机构主管，既有独立法人单位，又有相当一部分非独立法人编辑部，数量巨大，情况复杂，改革任务艰巨。按照中央统一部署，新闻出版总署目前正在突出重点，全面推进经营性出版社转企改制工作，改革的时间表、路线图、任务书都已十分明确，改革的配套政策也已基本完善。

在全面推进出版社转企改制的基础上，新闻出版总署现在正会同有关部门制定报刊分类改革的实施意见，启动非时政类报刊出版单位的转制工作，计划于2011年年底前完成非时政类报刊出版单位的转制工作。

2009年10月，由科技部、中国科协、国防科工委和中国科学院主办的《科技日报》近日被列入新闻出版单位转企改制试点单位，同被列入试点的还有《农民日报》。两报将在2010年展开改制工作。

12月7日，中央经济工作会议强调政府要把扶持行业龙头企业发展作为产业结构调整的一项重要举措。要着力培育与扶持一批具有一定的品牌优势、在国内国际具有较高知名度，具有较为完善的管理制度和运行机制的出版单位。突出培育大型的报业集团、出版集团、发行集团、期刊集团，让优势资源逐渐向优势集团集中，进一步发挥优势集团和名牌产品在市场竞争中的主力作用。

新闻出版业要切实转变发展方式，更多依靠创新实现发展，加大新技术改造和提升传统产业的力度，加大研发投入，加大自主创新力度，加快培育战略性新兴产业。新闻出版业要结合数字技术的发展，前瞻性的谋划和塑造行业发展的产品新架构，与新技术的发展全面融合。

二、集团发展

在《文化体制改革》和“报刊退出机制”等政策的引导下，在各种新媒体的冲击下，报业单位逐渐意识到在守住本业的同时，应充分利用资源优势，进行集团化发展，实现社会与经济效益最大化。

2008年12月底，广州新华出版发行集团股份有限公司宣布成立，广州新华出版发行集团股份有限公司由广州日报社、广州市新华书店集团有限公司发起成立，经营业务涵盖了图书、音像的编辑、制作、出版，发行、仓储、物流，以及其他文化、电子产品的经营等各个领域，形成门类齐全、相互配套的出版发行文化产业体系。新公司的成立是广州市深化文化体制改革、将媒体宣传和经营两分开的重要举措。广州出版发行单位的整合，是一种优势互补、强强联合，是生产销售的有效衔接和延伸，可以有机地促进出版发行业的升级换代。在整合的单位中，广州出版社是市属唯一的地方性综合出版社，已进入良性发展阶段。

湖州日报报业集团经中共湖州市委批准，于2008年底正式成立，目前已拥有《湖州日报》、《湖州晚报》、湖州在线等多种媒体、200多名员工以及一批现代化办公设施和技术设备，年收入近亿元。

2009年3月，四川日报报业集团整合《成都房产报道》与《淘周刊》，成立成都报道社。该集团将进一步发挥整体优势，增强在房地产领域的影响力。《成都房产报道》是成都市房管局的信息定点发布媒体，并拥有会员达4万余名的“购房者之家”俱乐部；《淘周刊》则定位在为消费者提供海量的楼盘信息和家装资讯服务。成都报道社将致力于打造成都第一购房媒体平台和适合都市文化发展的城市周刊，为读者提供更加丰富的资讯。

4月17日，太原日报报业集团正式成立，这是太原市文化体制改革的重大举措。该集团以太原日报社为主体，实行企业化管理、集团化运作；采用党委领导下的董事长(社长)负责制，按照采编与经营分开的原则，下设总编辑委员会和太报传媒有限公司。其中，总编辑委员会负责提高办报质量和舆论引导水平；太报传媒有限公司管理报刊发行、广告、物业、印务和房地产开发5个公司，实行公司化运作，并积极探索集团上市的途径。

7月19日，人民日报社河南分社在郑州成立并挂牌。人民日报社国内记者站改为分社之后，地位更加重要，新闻采编能力将增强。分社将向《人民日报》和《人民日报》(海外版)、人民网以及社属报刊供稿，统筹负责人民日报社在当地新闻采访、报纸发行、数字传播、网络建设等工作。

此后人民日报社广西分社、天津分社分别于8月5日、8月8日成立。人民日报社于2009年6月进行了机构与职能调整，在国内外设立72个分社。记者站改为分社后，将由单一向《人民日报》供稿，变为向《人民日报》、《人民日报海外版》、人民网及其他社属报刊供稿，统筹负责人民日报社在当地的新闻采访、报纸发行、数字传播和网络建设等工作，从基础和源头上为报网融合、资源共享创造条件，为创建国际一流媒体、增强新闻核心竞争力打好基础。

8月8日，在湖南省的支持下，以《体坛周报》为主的中国第一个以体育传媒为框架组成的集团——体坛周报集团即将成立。

9月27日，昆明报业传媒集团正式成立。该集团目前下辖《昆明日报》、《都市时报》、《滇池》杂志、《皮肤病与性病》杂志、昆明信息港，两报两刊一网共5个媒体。据介绍，2006~2008年，《昆明日报》收入连续三年平均增长超过30%；2009年，最高发行量达10万份，跻身全国地市报10强。《都市时报》发行量日均25万份，年收入过亿元。2008年，昆明市委将新闻网站昆明信息港交给昆明日报社承办，目前，该网站已成为集多功能于一体的大型综合性城市网站，并实现了赢利。

三、内部管理

绍兴日报社聘请浙江大学相关专家进行专题调查评估，并对原有的体制机制进行改革，尤其对《绍兴晚报》和《天天商报》这两张都市报进行了全面的资源整合，提出了“三报形态、两报运筹”的全新发展模式，更好地优化了资源配置。此外还确立了2009年后五年的“12345”发展目标：一是建立一张影响全国的绍兴网；二是建设采编、经营两幢大楼，总面积达6.3万平方米，并创建文化创意产业园；三是采编、经营、管理三支队伍的素质整体提高；四是努力使国有净资产突破4个亿；五是争取报社经营性公司五年后上市。

深圳报业集团发行有限公司2009年在以下几个方面开展了创新了团队管理，一是依法制定各项规章制度，实行现代化企业管理；二是重视劳动合同的签订，及时为新员工办理社会保险。目前公司已实现全员劳动合同管理，全员参保；三是及时足额发放发行员工资，调动员工的积极性。发行员的工资涉及投递时效、征订业绩、多种经营考核等多方面的因素，工资发放与多个部门的数据结果挂钩。为保障员工及时领取工资，公司对工资发放流程多次修改，各环节设立责任人，保证员工在每月7日前领取工资；四是开展多种培训，提高员工素质；定期开展各种文化体育活动，丰富员工的生活；五是加强安全生产。由于公司大多数员工在一线工作，受天气、环境等各种因素影响，安全生产被视为发行站、零售站的工作重点之一。

邯郸日报社在所属《邯郸日报》、《邯郸晚报》和《中原商报》全面实施导师制。这一做法借鉴了高校培养研究生的办法，充分利用报社的人才优势，对年轻编辑、记者实行“一对一”、“点对点”的培养，更加注重因人制宜、因材施教。被聘任的17位导师多数具有高级编辑职称，有多年基层采编经历和较高理论水平。此外，为加强管理，该报社专门成立了以社长、党组书记李文海为主任的“导师工作管理委员会”，并出台了《邯郸日报社导师制实施办法》，对导师及学员的年度任务指标做出了详细规定。

《嘉兴日报》率先在地市党报中改为瘦版，并成立视觉中心，使图片和版面质量大幅提升。2009年，报社和中国记协网合作，推出旨在实现资源利用最大化的国内媒体图片合作平台——城市新图网。版式深度改革的目标是推动《嘉兴日报》从行政型媒体向市场型、社会型媒体转变；改版后每天的新闻评论内容均占半版，并广招优秀的新闻评论记者，将传播思想和观点作为报纸对抗互联网的主要手段；财经报道创新品牌工程施行后，报社与复旦大学新闻学院合作，成立国内首家“党报经济报道传播创新基地”，在理论和实践相结合上积极探索；党报热线品牌工程将其热线电话与市长电话、消费维权电话、环保监督电话、城管执法电话联动；“江南”副刊品牌工程是创办每周8个版面的彩印副刊。

华商晨报社为加强采编人员的业务能力，提高员工的学习意识，实行了采编人员业务测试日常化、系统化，对成绩较差的员工进行复测并限期过关。对员工整体成绩较差的部门，将有报社分管领导训诫，并组织集体复测，限期整体过关。个人和部门的测试成绩将列入业务档案。该档案将成为报社采编人员职级调整和干部选任的重要参考指标之一。

四、发行管理

1.长江日报发行“五力模式”

长江日报报业集团发行的“五力模式”在发行量普遍下跌的环境中力挽狂澜，成功使得《武汉晚报》2008年发行量上升5%，又继续为集团在2009年攻城拔寨提供助力。

首先是报刊发行的人才战略，应包含三个层面：一是核心层，要有以总经理为代表的顶尖人才；二是中坚层，要有以中层干部和基层业务能手为代表的骨干人才；三是外围层，即以报贩和零售摊主为代表的盟友。长江报业发行总公司在上述三个层面落实了具体措施：

在核心人才建设方面，坚持“两个制度”。一是授权制度，集团授予公司独立的人财物支配权，公司自主经营、自负盈亏、自我发展，促进发行公司由报社的附属部门向市场主体转变。二是优待发行管理人制度，在职称评审、奖励政策等方面给予发行管理人特殊倾斜。

在中坚人才建设方面，突出“两个重视”。一是重视改善员工的工作条件，公司投入100多万元，为发行员配备电动车，大大提升了发行队伍的品牌形象。二是重视提升员工的社会福利，消除员工的后顾之忧。

其次是减少内耗，提高发行渠道的利用率。长江日报报业集团于2005年起逐步取消了原来各报所属的发行部，组建长江报业发行总公司，统一代理发行集团的所有报纸，同时代理发行集团以外的报刊。经过整合，发行员的劳动强度明显减小，投递质量显著提高；员工人均收入大幅提高，一线员工忠诚度迅速提升。在报纸大幅提价的背景下，报纸总发行量不降反升；在规模效应的助推下，单位报纸发行成本大幅降低。

第三是长江报业发行总公司提出“订阅为王”的理念，长年开展“天天大收订”劳动竞赛，变年末的集中大收订为日常大收订，即把发行战的重点转入订阅领域。通过为订户提供性价比最优的服务，在发行中落实精细化管理的理念，提升订户的满意度、忠诚度和依赖度，藉以获取市场竞争的主动权和控制权。公司在报纸发行中坚持“一切以订户利益为中心”，“把最好的形象展现给读者，把最好的服务奉献给读者”的理念，制定了《投递质量管理五十条》、《投递卡片管理工作细则二十七条》等制度，将集团所属报纸发行的投诉率保持在万分之零点二以下。2009年，在报纸发行提价的背景下，该报总发行量为82.57万份，武汉市的订阅量达到58万份，占总发行量的70%以上。

第四是开创高端发行，打造发行竞争力。依据“二八法则”，长江报业发行总公司提出“高端发行”的概念，在报刊发行中把重点锁定在能够为报纸带来高回报的高端读者。根据其社交圈层、消费偏好和活动场所特征，有针对性地推出“VIP发行策略”。

《武汉晚报》与武汉市重点区域的加油站合作，向所有进站加油的车主赠送报纸；与中国移动和中国联通合作，由两大通信运营商出资，向其所有VIP类手机用户赠送报纸；与中国建设银行、交通银行、招商银行等金融机构合作，向VIP客户赠送报纸；与艳阳天、小蓝鲸等武汉地区知名餐饮业合作，将报纸送上餐桌。这一发行策略对提升报纸品牌影响力，吸引高端广告起到明显的推动作用。

最后是打造发行增值力，长江报业发行总公司提出“重新认识发行的家底，营运发行网络渠道，变包袱为财富”的战略构想，并从发行车队开始改革。集团将发行车队与湖北捷龙快速客运有限公司合并，成立长江报业捷龙快车运输有限责任公司，长江日报报业集团占51%的股份。在保障集团所属报刊、印刷物资运发任务的前提下，充分利用报业集团在武汉地区的影响力和公信度，以及湖北捷龙快速客运有限公司在省内运输行业的规模效应和先进管理模式，积极拓展物流配送业务，参与货运市场的竞争，提高资产使用效率。到2008年底，公司累计实现营业收入3535万元，非报运业务上升到70%，固定资产增值528万元，净资产增长80%。

2.辽沈晚报红马甲报刊发行公司的创新尝试

近年来，辽沈晚报红马甲报刊发行公司在营销创新体现在以下方面。

首先是“碎片化发行”。为了做好《辽沈晚报·铁岭版》的发行工作，公司制定了发行工作发展战略，提出市场化运营、自办发行与邮发相结合的经营策略，积极开展宣传推广等工作，完善读者档案，健全投递账目，确保了创刊后的正常投递，使发行量在报价上调的基础上增长了18%。报纸的成功创办和发行工作的健康发展，避免了省级晚报都市报与地市级晚报都市报之间的无序竞争，降低了经营成本。

其次是体制创新，为了充分利用网络资源优势，将《辽沈晚报》的影响力转化为直接的经济效益，实现从车间化向公司化的转变，公司组建了完全市场化的经营主体——红马甲报刊发行物流配送有限公司，实现了产权明晰、自主经营、自负盈亏、自我发展的新机制，使报业发行网络走上一条以内涵增长为主的发展道路，并加大融资力度，为实现从发行经营向经营发行的转变奠定了基础。

物流配送公司以报业价值链为主线，以报刊发行为主业，运用自身数字终端的优势，搭建数字平台，为客户提供多方位的配套服务、深度服务，以及点对点、个性化的增值服务，在提升传统服务质量的基础上，开发了具有一定影响和规模效益的新项目，如小件物品配送、飞机票、火车票代售、代办驾照、旅游、印刷品定址投递等业务。另外，还实施了《沈阳市民数据库》的组建工作，使报业经营带动相关产业的多元化发展，改变了报业发行公司单一的盈利办法，打造成现代物流与发行并举的赢利和发展模式。

再次是渠道创新，坚持发行理念和发行渠道创新是决定报纸发行适应市场竞争、实现快速发展的根本。为此，报社将发行工作的重点放在了建设以市场为导向的经营体制和以读者为导向的服务机制方面，围绕《辽沈晚报》的市场定位，以报纸发行效率为主线，坚持重点区域和重点人群发展战略，创新经营理念，优化读者结构，使"有质量的发行数量和有数量的发行质量"得以充分体现，促进了发行工作的持续、快速发展。

为实现对"三高人群"的规模化覆盖，从 2008 年起，《辽沈晚报》以"以旧换新"的零售模式进入了沈阳市行政办事审批大厅和信访办事大厅。《辽沈晚报》与中石油合作，作为惟一的都市类报纸陆续进入省内 140 余家中石油品牌便利店，实现了对有车族的全方位覆盖。此外，《辽沈晚报》还与沈阳市行政执法局联合推出景观路文明售报工程，并陆续进入超市、快餐店、中小学、酒店等渠道进行销售或摆放。

最后是整体管理创新，为了强化管理，公司按照 ISO 质量管理体系的要求，制定科学严明的管理流程，全面推行质量管理体系，实现发行管理工作的科学化、专业化、精细化、人性化和规范化，成为东北地区首家获得国际质量体系认证的发行机构。

同时，公司狠抓内部管理和队伍建设，牢固树立人力资本是首要资本的观念，着力培养一批政治强过硬、作风端正、勇于开拓、懂经营善管理的人才。多年来，公司加强客户服务和队伍建设，努力创新管理制度，在公司内部推行日清日结目标制跟踪管理、定岗定编、全员绩效考核管理、预算管理、督察管理等机制，将业绩完成情况与员工工资挂钩，通过奖优罚劣、优胜劣汰的激励机制，激活了公司人力资源，极大地调动全员的工作积极性，增强了公司的组织凝聚力，营造了"和谐发行"的新局面，为公司的可持续发展奠定了良好的基础。

五、广告经营

中国广告协会会长李东生在 2009 全国党报工作年会上对党报广告下了新定义：创意产业+现代服务业。这意味着党报广告要在思路、角色等方面发生改变。

据中国政法大学传媒与文化产业研究中心调查统计，2009 年上半年我国报业广告经营态势不利。京沪两地多家主力报纸上半年广告收入同比跌幅超过 30%。其他主要市场上主力媒体广告经营收入也不乐观，同比普遍跌幅在 10%左右。从全年结果来看，2009 年广告实收平均增长率仅为 2.75%，与 2008 年 10.28%的平均增长率有不小差距，也远不及 2009 年我国 GDP8.7%的增速。

2009 年 1 月，湖州日报报业集团在制定长远战略目标的同时，扎扎实实抓当前、抓落实。集团针对广告市场出现的不景气态势，采取有效措施，既着力稳定传统平面媒体的广告经营，又积极向新兴媒体和高科技媒体要市场、要效益。集团紧抓已经投入运行的宣传阅报栏、城市电视、墙面大型橱窗广告等，合同协议已达 200 万元，广告到款额达 668.4 万元，同比增涨 24.6%，创历史新高。

2009 年 4 月，温州报业发行广告有限公司将工作重点放在了以下几个方面，一是继续完善会员系统，稳步拓展多元化经营。该公司在会员系统逐步成熟、DM 杂志成功推出的基础上，加强数据库建设，探索数据库精确营销业务，为征订工作创造有利条件；二是加强发行站点建设。该公司将每年购买 1-2 个站点，以提高公司硬件基础设施实力，提升公司品牌形象；三是加强报刊零售终端建设，采取多种经营手段，以占领更大的零售市场，提高经济效益；四是继续创造条件开设分类广告代理点，培育分类广告市场，为订户提供多方面服务的同时，也可以为公司创造出更多收益；五是加强网络建设，提高系统的安全性能，保障各项工作的正常开展。该公司将完善OA办公系统，健全审批流程，提高工作效率；开发党报征订网络监管系统，加强征订监督力度；六是加强队伍建设，引入指纹考勤系统，加强日常考核，细化量化考核标准；加强员工培训，打造一支执行力强、有活力的发行团队。

《大河报》2009第一季度年调低代理政策：A/B版下调5%；C版恢复到提价前的35%，相当于调低15%，以直接让利于客户，刺激广告投放。此外《大河报》进军二级广告市场，开发地市广告，已经提上区域强势报纸媒体议事日程。报社参照《参考消息》区域版广告经营模式，进一步加大差异性地方版开发力度并加大闲置版面投入，以吸纳地方版广告。同时，报社借助建国60周年这一历史契机，自4月份以来不定期推出新闻加广告形态的区域专版，刊发广告累计20多个整版，效果良好。

除此之外，《大河报》还采取了一下方式刺激广告，加强版面策划，整合行业资源，挖掘行业潜力，刺激广告投放。如教育工作室推出系列教育论坛，逐步构建核心客户圈，深挖民办教育与行业技能培训市场；健康工作室结合各类医院不同需求，推出不同的合作模式；加大行业活动运作力度。在3月上旬推出的春季中原住交会上，报社广告创收1000多万元，短期内拉动了地产消费，有效挤压了竞争媒体的市场份额。五一期间，旅游工作室推出"黄金周特刊"，"大河家居"推出64个版的系列策划，连续两天出版近200个版，累计创收近千万元。广告中心于3月底正式组建VIP工作室，即大宗媒介购买部。近1个月来，该部门已经累计联系十几家大客户，与主要客户洽谈年度合作协议意向额度近千万元。

2009年7月，湖北日报传媒集团对其广告经营体制作出了大幅调整。原实行行业事业部体制的湖北日报传媒集团广告中心，改组为以集团4家主要媒体广告部为主体的结构，4个广告部分别承担4个媒体的广告经营任务。据消息人士称，这一结构还将进一步调整，目标是建立各媒体各自独立经营的体制。□

※作者单位：中国政法大学传媒与文化产业研究中心

围绕战略目标 加快集团发展

● 王一义

在全球金融危机的背景下，国外平面媒体关门倒闭声不绝于耳。中国报业何去何从？这个挑战又一次严峻而现实地摆在我们面前。浙江日报报业集团总资产达31亿，净资产17亿，年营业总收入26亿，年利税3.7亿的基础上，正进入新一轮改革创新发展阶段。

这个阶段，先导是战略规划，本质是转型升级，核心是全媒体全国化。

一、理清思路 提升战略

"智慧带来机会，思路决定出路"，成功的发展源自于好思路。在当前科学技术日新月异、行业竞争日趋激烈的传媒领域，浙报集团始终鞭答自己清醒、坚定，才能更有作为。

1.清醒认知 奋起直追

秉承和创新"传媒控制资本，资本壮大传媒"理念，集团作为出资人于2002年8月创立报业集团有限公司。之后在文化体制改革推动下，又创新"一媒体一公司，两分开一本账"的微观体制，重塑媒体市场主体。体制的创新为浙报集团的发展建立了先发优势，2008年集团总资产、净资产、营业收入和利润分别比报业集团成立时的2000年，增长2.3倍、1.5倍、5.3倍和2.8倍，为集团新一轮发展奠定了坚实基础。

纵观世界一流的现代传媒集团，除了规模大、综合实力强、拥有在全国乃至全球有影响力的媒介产品等优势之外，还无一例外具备以下一些特点：

在业务和产品布局上，实现专业化经营和多元化发展的互补结合，经营范围不局限于特定的媒体形态，走跨媒体发展之路，甚至延伸到媒体之外的领域，专业化经营和多元化发展互为犄角，相互支持；在区域分布上，跨国跨地区发展，凭借资本和产业优势，谋求更大发展；在成长路径上，通过并购做大做强，并购、业务重组成为做大做强的重要手段。

剖析自身，我们清醒地认识到，浙报集团虽然这几年产业发展较快，盈利手段和能力较强，但主业发展偏慢；平面媒体数量众多，但结构单一：综合性媒体多，但财经、生活时尚类细分媒体少；报纸偏多，杂志偏少，出版社没有；传统媒体较多，新媒体较弱。从市场布局看，集团媒体几乎都在本省，即使走向全国的《浙商》、《美术报》，影响也不够大。

与全国领先特别是与世界知名的传媒集团相比，浙报集团缺乏在全国有影响力的媒介产品，也未形成全国性的媒体布局。在当今这个已不仅仅是"大鱼吃小鱼"，更多地呈现"快鱼吃慢鱼"的竞争时代，我们必须有更高的目标，奋起直追。

2.战略引领 规划先行

一个企业当市场销售规模达到二、三十个亿时，很有必要对自己下一步的发展战略、未来远景重新作一番梳理和规划。

2008年下半年开始，浙报集团化巨资先后聘请全球知名战略咨询公司和国内著名咨询机构，为集团发展特别是传媒业发展"搭脉开药方"，做了六个咨询项目，全面梳理了集团战略发展、管控体系等方面的问题，触及了深层次的矛盾。既有战略发展规划、集团管控组织架构、薪酬体系设计等集团层面的，也涉及媒体差异化定位、版面内容监测、党报广告价值评估等微观层面的。

通过咨询服务和梳理，浙报集团的战略目标得到提升，明确提出"建设全国一流传媒集团"的目标和愿景。围绕这个总目标，我们开始全面实施"四个战略"。一是推进新闻宣传创新战略，全面深化新闻宣传创新，着力增强引领主流舆论的话语权和主动权。二是推进品牌报系带动战略，积极探索资源优化整合和现代传媒运营模式，加快提升浙报集团综合竞争力。三是推进多媒体联动战略，构筑“全系列、多媒体、跨平台”的现代传媒体系，打造若干而向全国市场的优势媒体组合。四是推进文化产业投资战略，充分发挥专业人才和资金优势，大力投资文化上市企业和出版影视力作。

按照全面协调可持续的基本要求，集团正在启动建立与发展目标、发展战略和管控体系相适应的四个支撑工程。即：人才工程、品牌工程、技术升级工程和和谐文化工程。

为了加快集团发展战略，我们对沿袭多年的单一以利润为指标的考核体系进行了改革。也就是说，对各媒体各公司的绩效考核必须服从于、服务于集团发展战略。集团制定了以利润指标为中心，以发展指标为导向，以特殊指标为保证的复合型考核指标体系。

2009年6月，经国家工商行政管理总局批准，浙江日报报业集团有限公司正式更名为浙报传媒控股集团有限公司。这不是简单的名称变更，她是内涵的丰富，品牌的亮相，更是集团发展战略的凸现。这意味着集团将面对更大的市场空间、更多的发展机会，在统筹运营传媒资产、拓展产业空间上将迈出更大的步伐。

二、围绕目标 转型升级

战略目标制定出来以后关键是如何“落地”，如何实现？根本上这要靠转型升级。

我们要通过改变思想观念，来推动发展目标的转型升级；

通过改革事业体制，来推动体制和机制的转型升级；

通过改变发展路径，来推动发展方式的转型升级。

1.重塑品牌

品牌建设既是集团转型升级和提高综合竞争力的重要抓手，也是维持其可持续发展的文化核心要素。

浙报集团将2009年定为品牌建设年，将实施品牌建设工程作为集团科学发展的重要途径。集团新成立品牌市场部，发布“全球征集令”，斥数百万元巨资向全球招标品牌战略咨询公司、招聘市场与品牌高级管理人才，同时面向全球广泛征集浙报集团广告宣传语，引起了强烈的反响。仅品牌咨询公司就有包括美国、德国、英国在内的18家知名品牌公司参加竞标。中标的两家合作伙伴公司的项目成果主要集中在集团品牌战略规划、品牌形象设计和品牌综合管理等三个方面。项目制定了实现集团整体品牌战略目标的五年发展路径；制订了打造集团品牌、报系品牌、子报刊品牌的阶段行动计划；制定了实现集团战略目标的内部机制改进步骤。项目为集团构建了清晰的衡量指标，为浙报集团品牌建设的全面开展提供了可供参考的纲领性方案。

2009年5月9日，以《浙江日报》创刊60周年为契机，浙报集团和媒体品牌全新亮相。集团举办的为期一周的社庆活动“传媒文化周·读者嘉年华”，共吸引了十万余名读者参加，品牌影响力与日俱增。

经过近一年时间的工作，集团品牌建设初见成果。在2009年6月的第六届世界品牌大会上，浙报集团有两个品牌同时进入“中国品牌国家队阵容”，《浙江日报》首次进入“中国500最具价值品牌”，就以16.22亿元位居第383名；《钱江晚报》连续6年入选，列332名，比上一年上升了37名，并且位列浙江媒体品牌第一。2009中国报刊广告投放价值排行榜发布，《浙江日报》首次荣登榜首；同时，浙报集团有四人荣获2009中国报刊品牌建设推动力人物奖。

2.拓展疆界

2009年，集团确立了在新形势下加快发展，推进集团全媒体、全国化，实现从传统报业集团向科学发展的现代传媒集团转型的战略目标。集团已开始在全国范围内拓展疆界，组织布局，扩张报业规模。通过做大做强传媒主业，依托传媒主业做大做强产业，形成以传媒文化产业为核心的多元产业集群作为实现战略目标的重要策略和关键路径。

(1)做强主业——做文化产业的积极践行者

做大和做强，是报业发展的两种基本方式。“传媒控制资本、资本壮大传媒”，“以报为本，多元发展”，充分利用集团现有优势媒体集群，打造更强更大的主业经营平台，依托传媒主业做大做强产业，是浙报集团发展的既定战略。集团战略目标的实现，需要一系列更为完善、科学、合理的体制机制的配套和支持。在新传媒时代来临和集团发展壮大的前提下，集团深化体制机制改革，重组产品布局，优化产品架构，整合媒体资源，为战略目标的实现提供坚实的基础和保障。

在全国首创并领先的“一媒体一公司”的体制基础上，浙报集团尝试建立统筹多报刊资源的管理平台，进一步整合资源，提升运营效率。2009年1月21日浙报集团成立钱江报系，依靠一个报系架构进行优化组合。钱江报系由浙报集团下属三家都市报——《钱江晚报》、《今日早报》和《新民生·城市假日》组成。通过三家都市报采编和经营、媒体之间的资源整合，全面提升整个系统竞争力。通过编织全新组织架构，改革创新体制机制，探索更高效、有力、科学的管理模式，集团在八个方面对报系进行授权。钱江报系以钱江晚报品牌为纽带，强化资源整合，创新传媒运营模式，推动报业转型升级，成立报系也是集团“一媒体一公司，两分开一本帐”体制改革的深化，对集团新一轮改革起到风向标的作用。“报系”下的子公司在仍然拥有市场主体地位的前提下，同属于一个利益主体，从而解决了“报系”内部的统分问题。

随着在钱江报系深化改革的成功，党报党刊、区域报纸和行业报刊等管理平台建设也将陆续推进。

(2)做大产业——做文化产业的战略投资者

浙报集团坚持“以报为本、多元发展”的产业格局，依托传媒主业，拓展多元投资，通过做大产业和资本运作，实现传媒控制资本，资本壮大传媒。这几年，集团多元投资已累计为集团创造收益达10亿元。在近几年集团每年3亿左右的利润总盘子中，多元投资贡献的利润已占三分之二。

2008年开始，集团下属子公司新干线传媒投资公司根据集团发展战略，将投资重点转移到文化产业上来，牵头组建了注册资本2.5亿的东方星空文化产业投资公司。这是浙江省第一只国有文化产业投资基金，也是国内由传媒集团牵头组建的第一只文化产业投资基金，影响很大。该项目具有三大创新性意义：一是在国内首创以文化传媒集团牵头组建管理文化产业投资基金；二是选择以基金模式打造文化产业战略投资者，有助于解决文化传媒产业发展过程中的融资难问题；三是通过兼并重组和资本市场等资源配置方式，推进文化传媒企业转企改制及整合发展。

东方星空基金成立后，已分别投资了宋城演艺上市股权项目和全球领先的阜博通影视基因技术等项目，宋城演艺即将在创业板上市，成为国内资本市场演艺第一股。11月22日，基金投资的第一部中澳合拍电影大片《寻龙夺宝》正式开拍。目前基金正在加紧调研，继续投资一批拟上市文化企业、新媒体和影视大片。投资文化产业标志着浙报集团已经迈入文化产业战略投资者的行列，具有重要的战略意义。

(3)规划园区——做文化产业的组织推进者

通过园区规划，浙报集团将成为发展文化产业的组织者和推进者，这对提升浙报集团的影响力和美誉度，提升集团形象，以及促进集团发展，都具有重要意义。

2008年，经辖区政府批准，浙报集团大院被授予“传媒文化创意产业园”。创建“传媒文化创意产业园区”旨在培育、孵化、服务一批具有高成长性的优质文化创意企业，运用集团资源和影响力，形成以浙报集团为核心的文化产业集群，实现资源共享，发挥集群效应。届时，在浙报集团大院内，将形成“传媒林”、“设计港”、“智慧库”等高端创意企业群体。一个在杭州黄金地段，拥有10万平方米办公面积，具备政策优势、区位优势、服务优势、规模优势的创意园区，已经崭露头角。

至此，集团在传媒文化行业扮演的角色逐渐由单一的文化产业践行者转变为文化产业的积极践行者、战略投资者和组织推进者三重身份。

三、创新路径 突破瓶颈

在新的传媒竞争环境和市场格局下，以数字技术、互联网、无线宽带、移动通讯为代表的传播技术的发展和新媒体的崛起，对传统传播方式和传统媒体提出了巨大挑战。浙报集团党委明确提出实现由传统报业集团向科学发展的现代传媒集团战略转型，要着力实施“三个转型升级”：

通过“两全”——“全媒体、全国化”战略布局，实现集团发展目标的转型升级；

通过“三合”——联合、整合、融合的资源配置方式，实现发展模式的转型升级；

通过“两化”——企业化、市场化的改革，实现体制机制的转型升级。

与此同时，全面推进战略目标的具体化、项目化，打造投融资、党报党刊、都市报、出版业务、报网融合发展和期刊扩张等若干个发展平台，预计用3~5年时间，实现从传统报业集团向科学发展的现代传媒集团战略转型。

“全国化”，是从市场角度讲，浙报集团一方面要加速本省市场的渗透，另一方面要快速进军全国市场，形成产品和业务在全国的市场布局，伺机跨国发展;“全媒体”是从业态角度讲,浙报集团实施战略转型升级,要在办好报纸的基础上,克服杂志的短腿,进军出版等业务,发展网络媒体,全面发展新媒体。“全国化、全媒体”之路就是要使浙报集团成为真正的一流现代传媒集团。

一是进军全国市场。2009年7月,集团经求是杂志社编委会同意,参与求是杂志社旗下的红旗出版社转企改制。浙报传媒控股集团有限公司将出资绝对控股红旗出版社有限公司。该转企改制方案近日已获中央有关部门批准,标志着浙报集团进入出版新领域。同时,集团和央视财经结盟,互利双赢,开拓市场,创办面向全国市场的财经类期刊的筹备工作,也正在紧锣密鼓的筹备中。

二是联合、整合、融合优势资源,发展新媒体。融合新媒体,进军新媒体是浙报集团实现科学发展、进军现代传媒集团的必然选择。集团与阿里巴巴集团签订战略合作协议,开辟了传统媒体与互联网融合发展的新路径。两大集团利用各自的资源和团队优势,成功推出《淘宝天下》周刊,创新体制机制,创新发行模式,创新广告盈利模式,实现网上网下资源的共享共赢,全面创新传统媒体与互联网融合发展的新路径。《淘宝天下》问世后即引起市场和业内的高度关注。目前《淘宝天下》团队正积极筹划用3~5年时间,使之成长为规模大、盈利强,在全球具有影响力的报网互动媒体。

钱江报系控股,和LED设备商联合出资设立的竞合传媒公司,推出了大型户外数字资讯媒体网络“钱江视屏新闻网”,利用大型户外LED视屏向公众提供资讯,为商家提供区域性的精准营销服务,是一种全新 资讯+营销的数字新媒体商业模式。目前为止,LED视屏总面积及屏体数量已经居浙江省第一。“钱江视频新闻网”的推出,将传统的户外广告载体转变为以内容为主导的新型数字资讯媒体,同时也标志着钱江报系在杭州乃至全省媒体中率先进入“第五媒体时代”。

浙报集团通过创新路径,推出新媒体,拓展新市场,融合运用新媒体和新技术为传统媒体助力等重要举措,为集团发展注入新鲜的血液,将传媒经营在新媒体的推动下再上层楼。

新的传媒时代,中国传媒面临两大趋势:一是大变局大洗牌。传媒业两极分化,强者更强,弱者更弱。金融危机是这场大洗牌的加速器,加快促进了两极分化。二是大开放大整合。媒体经营跨地区、跨行业现在成为可能。在这场传媒领域风起云涌的变革中,浙报集团将高举科学发展大旗,以百倍的激情与实干努力拼搏,早日实现从传统报业集团向科学发展的现代传媒集团转型升级的远大战略目标。□

※作者是浙江日报报业集团副社长、总经理

曙光初现 尚须努力

——谈当前报业体制改革的几个着力点

● 江作苏

在传媒领域中，报业的历史积淀最多，性质更为特殊，情况更为复杂，改革的任务也更为艰巨。湖北日报传媒集团将集团公司建设作为改革的主要抓手，建立采编与经营的协调机制，构建资本平台，推进跨地区、跨行业发展，不断推进报业集团改革的步伐。

自2009年1月1日起，114号文件（即《国务院办公厅关于转发文化体制改革中经营性文化事业单位转制为企业和支持文化企业发展两个规定的通知》）正式实施。114号文件政策“含金量”很高，如明确由财政部门履行国有文化资产的监管职责；转制企业使用的原划拨土地可以转增国家资本；资产评估、划转或转让涉及的税收优惠；转制企业党报、党刊发行及印刷收入免税等等，无疑将对进一步深化文化体制改革起到有力的促进作用。最近，国家新闻出版总署又颁发《关于进一步推进新闻出版体制改革的指导意见》，新闻出版体制改革不断“提速”。

席卷全球的金融危机，给中国经济造成振荡，也添加了报业改革与发展的难度。报业体制改革千头万绪，任务纷繁，而改革的要求紧迫。结合自身的改革实践，我们体会当前报业体制改革主要有以下几个着力点。

一、着力打造集团公司

剥离经营性资产，组建集团公司成为市场主体是报业集团改制的主要任务，也是衡量改革成效的最主要的标志。根据中央关于文化体制改革精神，报业集团要区分公益性报刊和经营性报刊，前者实行事业体制，后者转制为企业，面向市场。报业集团一直实行的是事业体制，因此事企分开的重点是“转企”，改革的着力点应放在如何打造集团公司上面。具体来讲，就是在科学区分公益性报刊和经营性报刊的基础上，剥离经营性资产，组建集团公司，并按照现代企业制度的要求，明晰产权关系，完善法人治理结构，增强经营活力。

近年来，湖北日报传媒集团一直将集团公司建设作为改革的主要抓手。2006年11月成立了湖北日报楚天传媒集团公司，注册资金5000万元，由传媒集团独资，经省政府批准授权经营传媒集团全部国有资产。随后加紧剥离集团经营性资产，以增资方式全部注入集团公司。按照资产剥离方案，《湖北日报》等党报党刊及荆楚网继续保留事业体制，由集团采编委员会负责管理；《楚天都市报》等时政类报刊的经营权由集团公司行使，编辑部作为事业单位留在集团；《特别关注》等生活类、科普类报刊整体转制为集团公司所属经济实体。预计到2009年年底，剥离转制工作基本到位，集团公司真正实体运行。从目前了解的情况看，湖北日报传媒集团资产剥离较为彻底，所属媒体能转的全部转，能剥离的全部剥离，基本上“一步到位”。

二、着力建立采编与经营的协调机制

报业集团剥离经营性资产，实行事企分开，意味着一家报业集团事业部分和企业部分双体运行。如何做到统筹兼顾，事业、产业协调发展，成为

报业集团管理层面临的新的重大课题。

资产、业务可以分开，但媒体的经营业务是一个完整的整体，难以截然分离。如党报、党刊、重点新闻网站留在集团作为事业单位管理，但其经营业务却由集团公司代理；时政类子报子刊经营权由集团公司行使，而编辑部由采编委员会管理，采编费用由集团公司补偿；生活类、科普类报刊整体转企后，采编业务由集团采编委员会管理，人员和资产又由集团公司管理。集团采编委员会与集团公司权限如何划分，经济关系如何理顺，办报和经营如何形成良性互动、协调发展，都是待解决的难题。这些问题不解决，事业与企业、采编与经营就容易形成“两张皮”、“两块瓦”，最终很可能既发展不了文化事业，也发展不了文化产业。

2001 年，湖北日报传媒集团组建时，即实行采编委员会与经营管理委员会分工负责，由广告总公司和发行总公司统一负责媒体的经营业务，取得了较大成功，在全国报业产生了一定影响。在采编与经营的协调问题上，我们的做法是：“办报经营紧密结合，经济指标双重考核，成本费用自我约束，利益共享风险共担。”“双重考核”指一个报纸的发行量、广告收入、利润等指标分别同时对涉及到的媒体编辑部、广告公司、发行公司等部门考核和奖惩。解决采编与经营的协调问题，关键在于建立二者的利益联结机制。集团正在积极研究组建集团公司、实行事企分开后，在多个主体、多个层级之间建立科学合理的利益联结机制、信息沟通机制、决策反应机制、成本费用控制机制等，使集团事业部分与企业部分、采编部门与经营部门真正“舞成一条龙”，形成良好的协同效应。

三、着力构建资本平台

从国有企业的改革经验来看，报业集团极有必要引入社会资本，实现产权结构多元化。一方面，报业集团单一的国有产权结构，不利于公司内现代企业制度的建立，也不利于建立科学的决策、激励与风险控制机制。产权制度不改革，事业性的集团与企业性的集团公司没有什么两样；另一方面，实现产权多元化，有利于解决报业集团融资难题，加快实现集团产业升级。

按照湖北日报传媒集团深化文化体制改革实施方案，集团将大力开展对外合资、合作和股份制改造，实现产权结构多元化。发行、广告、印务、物业、传媒投资、信息技术、各媒体及网站的经营性部分改制而成的子公司，由集团公司控股，对外积极吸收社会资本参股经营。非主营业务，如房地产开发等，集团公司可以只参股，由社会资本控股。目前，集团已与长江出版集团合资组建湖北长江崇文国际文化交流股份有限公司，占 49%股份；与深圳腾讯计算机公司合资组建湖北腾楚网络科技有限责任公司，双方各占 50%股份。同时还在积极地推进商业印刷业务的招商引资工作。

构建资本平台，上市是最佳途径。上市公司可以利用资本市场的融资渠道，为企业长期发展提供源源不断的资金支持，公司可以利用资本市场的便利条件通过对本行业或其上下游行业的项目投资、收购兼并等多种方式，进行深度资本运营，把企业做大做强。因此，谁先利用资本市场，谁就将掌握先机，占据、巩固行业的龙头和制高点。报业走产业化之路，必然与资本市场联姻。114 号文件提出：“通过公司制改建实现投资主体多元化的文化企业，符合条件的可申请上市。鼓励已上市文化企业通过公开增发、定向增发等再融资方式进行并购和重组。鼓励文化企业进入创业板融资。”

湖北日报传媒集团早在 2001 年即开始探索上市路径，并进行了多次努力。2007 年拟借壳“国药科技”，将传媒类核心资产以定向增发的方式注入上市公司，实现传媒主业上市，但基于 A 股市场与报业市场当时的状况，以及对风险、成本的权衡，最后决定终止。但上市是湖北日报传媒集团的既定战略，集团将不懈地探求上市路径，包括借壳、IPO、中小板及创业板上市等。目前，集团正潜心打造合规的上市主体。

四、着力推进跨地区跨行业发展

传统报业的生存空间受到多重挤压，跨地区、跨行业发展是突围之路。中央支持和鼓励大型国有文化企业和企业集团实行跨地区、跨行业兼并重组，推动国有文化资本向市场前景好、综合实力强、社会效益高的领域集中，充分发挥国有文化资本的控制力、影响力和带动力，提高文化产业规模化、集约化、专业化水平。

近年来，湖北日报传媒集团以改革促发展，以发展促改革。集团确立“一主两翼”战略，在巩固报媒强势的基础上，加快发展期刊和新媒体业务，加快跨地区发展步伐。目前，集团已拥有 7 报 9 刊 3 网，是全国第一个报刊期发行量双超 100 万份的“双百万”集团（《楚天都市报》100 万份、《特别关注》单期突破300万份)。《特别关注》创刊不到5年发行量就突破100万份,又用19个月时间,将期发行量推升至200万份,2004年到2008年,期发行量连续5年平均年增长50万份以上。2008年年底,单期发行量已突破300万份,获得“中国十大期刊品牌”荣誉称号,被业界誉为“期刊黑马”。集团其他期刊如《前卫》、《可乐》等也发展势头良好,发行量快速增长。期刊方阵已成为集团新的经济增长点。作为省政府门户网站的荆楚网日点击量已达2000万人次以上,综合排名在“全国省级重点新闻网站”中名列第七,手机报用户也稳定在20万左右。集团与腾讯网合办的大楚网上线后仅几个月的时间,日均流量已突破千万,独立IP访问量突破100万,已经成为湖北地区最大的区域性网络门户。集团继成功收购宜昌《三峡晚报》后,2009年又利用兼并的《科技导报》刊号,在襄樊成功创办《楚天都市报襄樊版》,形成集团跨地区发展的两个重要战略支点。

纵观报业体制改革,从局部试点到全面展开,目前已进入破解深层次矛盾和问题的关键阶段,不少难点问题有待解决,如转企职工的社保欠账和“工龄买断”补偿金问题;中央制定的优惠政策未落实到位问题;党报发行“老大难”问题;融资及上市渠道不畅问题;行业及地区阻隔难以打破问题,等等。也正因为如此,关于文化体制改革的总体部署,对报业目前只有“路线图”,没有明确“时间表”,但这并不意味着我们可以消极等待,相反,我们应主动加快改革步伐。

出版业的改革已走在了报业前头。全国579家出版社,已有接近一半实现了转制。中央对出版业改革既有“路线图”,又有“时间表”,要求地方出版单位2009年、中央出版单位2010年前全部完成转制。出版业正在大力打造上市主体,有关主管部门也力推出版企业整体上市,预计A股市场好转并重启IPO后,将有一批出版企业上市。在现行传媒管理体制下,出版、广电可以办报纸,但报社不能办出版和广电。报业改革如不加快步伐,不久的将来,很可能面临携体制、机制、资金之勇的出版业和广电业的极大竞争压力。□

※作者是湖北日报传媒集团党委书记、董事长、社长、总编辑

※文章来源:《新闻战线》2009年第5期

不断加快改革 努力创新发展

——将太原日报报业集团建设成为综合实力较强的现代报业集团

●王海华

近年来，太原日报社认真贯彻落实科学发展观，按照胡锦涛总书记“高举旗帜、围绕大局、服务人民、改革创新”的总要求，团结动员广大员工，加快改革，创新发展，三年来圆满实现了“一年扭亏打基础、两年盈利求突破、三年发展上台阶”的目标，呈现出主业兴旺发达、经营稳步发展、员工收入稳步提高、各项事业协调推进的良好局面。

2009年4月17日，太原日报报业集团正式组建成立。10月底，集团在全省率先完成了深化文化体制改革任务。目前，集团正在着力建设拥有强势品牌、规模经营、强大财力、先进技术和优秀人才的现代报业集团。

一、坚持以改革为主线，着力加快改革步伐

坚定不移地推进改革是近年来报社工作的主基调和加快发展的源动力。通过认真学习和提高认识，报社上下形成了“早改革、早受益、早发展”的思想共识，从而大力推进以发行体制改革为龙头的报业经营改革，全面完成以组建太原日报报业集团和太报传媒有限公司实质性运营为标志的内部机制改革，积极深化以新闻采编与经营业务两分开为主的文化体制改革，取得了明显成效。

1.报业经营改革取得成功

2007年8月到2009年3月底，报社以发行体制改革为龙头，通过公开招聘公司经理、副经理，推进公司化改革，原广告中心、报刊发行中心、印刷中心、物业管理中心和新闻大厦管理中心等五大中心改为山西太报传媒广告分公司、发行分公司、印务分公司和物业管理公司四个公司，广告经营上实行全程监管、公开招标、阳光作业。在加强财务监管的基础上，报社对四个公司的经理实行了年薪制。2009年8月29日，山西太报房地产开发有限公司在太原市经济技术开发区注册成立。

2.内部机制改革全面完成

2009年5月以来，报社以组建成立太原日报报业集团为标志，启动并完成了内部机制改革。一是按照“做大做强主业、办好一流党报”的要求，完成了机构改革。改革后处室由原来的43个减为33个，减幅达23.3%；科室由原来的31个减为7个，减少了24个，减幅达77%，更加高效精干。二是实行干部竞争上岗、员工双向选择和内退、病退相结合的办法，完成人事制度改革。对在双向选择中落聘的人员向工勤岗位分流，替代临时工岗位；对干部男满53周岁、女满49周岁，工人男满53岁、女满45岁实行内退，病残者实行病退。同时，启动员工双向选择，参加双向选择的473名员工全部上岗。三是加快推进薪酬分配、职称评聘和经费包干等配套改革。2009年10月1日薪酬制度改革基本完成。2010年1月1日起，正式实施新的职称评聘和经费包干制度。

3.率先在全省完成深化文化体制改革

作为全省深化文化体制改革重点单位，报社严格按照新闻宣传与经营业务两分开的原则和省、市制定的“时间表”、“路线图”和“任务书”，不折不扣地完成了各项改革任务。一是完成了所属山西太报传媒有限公司经营性资产的评估剥离。经营性资产总值评估价值达4029万元，加上正在建设中的印务园区的投资总额，太报传媒有限公司的注册资金达8500万元以上，占到集团总资产

的19.58%。同时，严格履行程序，报请市委宣传部和市财政局同意，将评估资产全部剥离转入太报传媒有限公司经营。二是山西太报传媒有限公司和其所属的广告分公司、发行分公司和物业分公司，以及控股的太报物业管理有限公司、山西太报房地产开发有限公司全部办理了工商和税务登记手续。三是经市文化体制改革领导组同意，市编办正式下发了文件，核销了山西太报传媒有限公司304名自收自支事业编制。四是核定太报传媒有限公司企业身份人员669人，具备条件的员工全部签订了企业劳动用工合同，并按照企业管理办法，缴纳了相关的社会保险。

二、坚持抓好新闻主业，着力提高舆论引导能力

近年来，报社进一步创新办报办网理念，按照“办好日报、办大晚报、办活商报、壮大网站”的方针，着力提高办报办网整体质量和舆论导向水平，为全市改革发展稳定营造了良好的新闻舆论环境。

1.日报、晚报和商报三报成功改版

2008年元旦，《太原日报》以“流程再造、创新机制”为主导思想启动改版，在版式风格、新闻提速、舆论监督等方面实现了突破，以“权威、公信、亲和、实用”的媒体定位和让人耳目一新的感觉，受到了市委和广大读者的肯定。2009年元旦，《山西商报》以商海风向标为定位，由四开小报改版为八开大报，并在全省平面媒体中率先创办了《文化创意产业周刊》。改版后的《山西商报》正在努力打造全省财经类大报。同年8月6日，《太原晚报》本着“新闻立报、民生立报”的宗旨全新改版。改版后的晚报增加了评论、要闻等栏目，重新恢复了一批受百姓欢迎的老栏目，更加贴近实际、贴近民生、贴近生活。

2.重点工作新闻宣传风生水起

“三报一网”在“5·12”抗震救灾、北京奥运、改革开放三十周年、全市深入学习实践科学发展观活动、太原解放60周年、新中国成立60周年、晋商文化艺术周、城乡清洁工程、文明城市创建等大事要事的报道上，出色地完成了新闻宣传报道任务。日报在“5·12”地震发生后，牵头组织了“晋川携手·千里救助”特别报道活动，在第一时间奔赴灾区，连续推出抗震救灾特别报道、赴川援建房报道专题和“抗震救灾辞典”特刊，在社会上引起强烈反响，成为全省新闻媒体最早到达灾区并发回现场报道的主流媒体。同时围绕省市汾河复流工作，策划组织了“汾河千里行”活动。晚报在北京奥运会期间推出了《京彩》奥运特刊28期，市场销售火爆，省城市民纷纷购买珍藏。同时，推出了《学校周刊》等专副刊精品。特别是“小记者跑两会”，新华社在一天之内连发两篇通稿，开全国先河，全国20余家网站和纸媒纷纷报道。商报“晋商一周”周刊成为“新晋商形象塑造工程”太原市唯一授权媒体和晋商文化艺术周领导组办公室唯一授权会刊。太原新闻网组织策划了一系列大型网上主题宣传活动，特别是对小轮车世锦赛做了全程网络视频直播，实现了省、市新闻网站对国际体育赛事网络视频直播零的突破。目前，太原手机报已拥有山西省地市媒体中最大的手机报订户群，太原新闻网稳步进入2009中国新闻类网站100强。

3.“三报一网”报网互动水平明显提升

一是组织了“5·12”赴川特别报道、推进“双百项目”喜迎新中国六十华诞、汶川地震一周年回访、“汾河千里行”、“走西口·话晋商”等大型系列报道活动，受到社会各界好评。二是以“读者的节日、互动的平台”为主题，连续举办了两届报社读者节，进一步整合了采编和广告、发行等部门力量，在更高层面上加强了报网互动。三是加强日常报道互动。围绕全市“三五五”媒体创新行动，“三报一网”开设专版、专栏；日报还与网站互动推出了“暗访三人行”、“一周新闻点评”等栏目，延长了报纸的读者链，扩大了报社的社会影响力。

4.获奖作品数量大增

三年来，报社累计有上百件新闻作品获得太原新闻奖和山西新闻奖。两件作品获“全国群工好新闻奖”。《太原日报》14件作品获得“全国城市党报好新闻奖”；《太原晚报》3件作品获得“中国晚报赵超构奖”，其中一件作品获得了“赵超构特等奖”；商报3件作品获得“全国商报新闻奖”，涌现出了一大批全市十佳、全省百佳优秀新闻工作者。《太原晚报》“天龙/人生”版的纪实散文《岁月如歌》，荣获2008年度“全国报纸副刊作品年赛”优秀作品一等奖，成为《太原晚报》1986年复刊以来所获的国家级报刊副刊类最高奖项。在“第四届中国媒体经营管理论坛暨2008(首届)广告主广告商青睐的中国报刊评选”中，《太原日报》荣获“2008广告主、广告商青睐的中国报刊日报类大奖”(全国党报仅5家)；《太原晚报》荣获“2008广告主、广告商青睐的中国报刊晚报、早报类大奖”(全国仅15家)。在中国报业2009年创新峰会上，《太原日

报》、《太原晚报》同时获得“中国报业创新奖”。2009年12月4日，在北京“中国传媒大会·2009年会暨金长城传媒奖”颁奖盛典上，太原日报报业集团荣获“金长城传媒奖·2009中国十大城市传媒集团奖”；《太原晚报》荣获“金长城传媒奖·2009中国最具创新城市晚报奖”。

三、坚持做大报业经济，着力提升综合经营实力

1.报社经济运行走出低谷逐步好转

2007年，报社实现营业收入1.35亿元，与2006年相比增收723.6万元，实现利润125万元，当年就遏制住了连续三年的经济亏损。2008年报社积极应对新闻纸价格持续上涨以及后半年金融危机，完成营业收入1.41亿元，实现利润472万元，是2007年的3.7倍。2009年，太原日报报业集团通过加快改革、创新发展，克服了金融危机和经济下行压力大等不利因素的影响，预计可以完成营业收入1.5亿元，实现利润800万元。太原日报社被山西省报业协会授予2008年度全省报业经营管理先进单位。

2.按照“跳起来摘果子”的原则完成经营指标

从2007年起，报社经营收入按照年递增8~10%，合理确定各公司经营指标，经营势头整体向好。广告公司连续三年创造了现金收入新高。发行公司出色完成了“两报”征订任务，并建立了榆次、忻州、原平三个发行站。三年来，《太原日报》、《太原晚报》的发行量和报款收入每年都有递增。《太原日报》已覆盖省城所有的8000多辆出租车。2008年，报纸零售先后两次提价，仍然实现了平稳增收的目的。印务公司连年实现利润新高，对外承印《南方周末》、《参考消息》、《经济日报》、《中国青年报》和《特别关注》等80多种报刊杂志，年年安全生产无事故，被评为“太原市四星级印刷企业”。物业公司进一步提升管理服务水平，住户满意率逐年提高。

3.“三报一网”经营成效显著

《太原日报》尝试实施联合办版，三年来累计推出数百块新闻专版，有效整合了省城新闻资源，服务了市委、市政府的中心工作和重点工程，同时为报社经营工作做出了贡献。《太原晚报》将员工的奖金收入与广告经营指标挂钩，激活机制，单独核算，充分调动了采编人员积极性，广告收入连续两年攀升6000万元、7000万元大关，实现了办报质量和广告效益的双赢。《山西商报》从2007年元旦起断奶整顿，当年一举实现收入520万元，结束了创刊以来连续七年亏损的局面；2008、2009两年经营稳步增长。太原新闻网坚持“开门办网”，提高了办网水平。

四、坚持加强内部建设，着力强化管理服务水平

三年来，报社不断加强内部建设，取得了显著成效，先后荣获了山西省劳动模范单位、山西省抗震救灾工作特别支持奖、山西省五一劳动奖等光荣称号，连续多年被评为太原市级文明标兵单位。

1.党建和精神文明建设取得实效

报社出台了《太原日报报业集团党委工作制度》，进一步推进党委决策科学化、民主化；积极创建省级文明和谐单位；出台了《太原日报报业集团关于社级领导办公用房、用车的管理办法》等四个文件，进一步强化了内部管理；及时完成了支部和工会换届，11个党支部中10个达到优秀标准；出台《关于进一步加强新闻从业人员职业道德建设的意见》，深入开展新闻系统“三项学习教育”活动；深入开展好学习实践科学发展观活动，员工年度休假、年度体检、提高独生子女补助标准和采编人员夜班补助标准等11件实事落到实处，健全完善了十多项规章制度，学习实践活动的群众评价满意度达到99.2%。

2.企业文化建设取得突出成效

培育出了太报企业文化精神，创作了社歌，统一设计规范了名片、社旗、社徽等系列标识，制定了《员工须知》实用手册和《企业文化手册》，创办了《太报人》内刊，开辟了“太报人论坛”，编制了《太原日报报业集团2010~2012年发展规划》，先后邀请了梁衡、喻国明、丁法章、赵振宇、陈力丹、黄卓坚、水皮、秦朔、李辉等一批新闻界知名的专家、教授来报社举办讲座14次，提升了广大记者编辑的职业素养。在全市庆祝新中国成立60周年歌咏比赛中，报社一举夺得了市直机关工委歌咏比赛和全市红歌比赛两个一等奖，对内提振了员工士气，对外展示了太报人的新形象。

3.解决了一批员工反映强烈的民生问题

三年来，报社本着“以人为本、构建和谐报社”的宗旨，整合方方面面的力量，下大力气一举解决了遗留多年的员工连年滚动工资、薪级工资的兑现，员工职称聘评手续断档的完善等难题；逐步完善了员工的社会保障体系，为事业人员缴纳了养老、医疗、工伤、失业保险和住房公积金，为所有社

聘人员上齐了“五险一金”。同时，积极稳妥地解决了员工反映强烈的分房、公车使用、选人用人等方面的问题，为报社的创新发展、和谐发展营造了氛围、提供了条件。据统计，截至到2009年10月底，集团在职员工月人均收入比2006年底平均增加了1000元左右，增长幅度高达50%。

五、坚持发展文化产业，着力推进文化发展繁荣

近年来，报社充分发挥文化单位自身的综合优势，大胆探索新形势下传媒集团发展文化产业的新路子。

1.编辑出版了一批文化书籍精品

2007年至今，报社出版发行了《太原老城》《纪念傅山诞辰四百周年新闻文论书画集》《怎样打造好新闻作品》《2008中国太原晋商文化艺术周纪实》《走西口·话晋商》《太原晚报阳光天使小记者作品集》《太原日报社2001—2008新闻获奖作品集》《汾河千里行》等一批文化书籍，全部由出版社正式出版发行，并在省城各大书店上市，受到了市委、市政府和社会各界的广泛好评。《太原老城》一书还被确定为太原市对外文化交流的礼品。此外，报社还计划编辑《太原日报社社史》，将在2012年元旦报社成立60周年时正式出版发行。

2.加快实施文化产业重点项目工程

按照省、市发展文化产业的要求，报社筛选出了蓝海数字发行、太报印务园区建设、太报集团全媒体数字化工程和太原新闻网提升改造工程等四个项目。其中，前两个项目已正式上报，有望被省、市文化体制改革和产业发展办公室立项支持。蓝海数字发行主要是在全市507个社区的居民小区，建立“数字发行亭”，形成覆盖省城的数字发行网络，开辟党报发行新途径，同时为广大居民提供功能齐备的综合服务。该项目可创造1200多个社区就业岗位，并可申请促进创业带动就业的税收政策企业和创新性项目认定。目前，首批23个数字发行亭已被安装到清汾苑等15个小区，2009年底安装100个，2010年覆盖全市所有社区。太报传媒印务园区已被列入全市发展现代服务业的支持项目，占地70亩，2007年奠基，一期工程总投资1.25亿元，建筑面积约为2.3万平方米。2009年6月，园区正式开工建设；同年底主体工程竣工。园区建成后将成为全省规模大、设备精、经营能力强的集报刊印刷、商业印刷和彩色印刷为一体的现代印刷企业。□

※作者单位：太原日报报业集团

报业集团财务管理体制初探

——以《福建日报》报业集团为例

● 魏峨

当代报业正向规模化、集团化方向发展。报业的集团化已成为当代报业发展的一个重要特征。社会主义市场经济体制的建立，把报业集团经营推向了自负盈亏、自我发展的轨道。作为企业，报业集团要在激烈的竞争中持续发展，其制胜的法宝就是实施“有效的管理”，而抓好财务管理正是报业集团实施有效管理的关键。财务管理在经营管理中起着举足轻重的作用。报业集团为事业单位企业管理的单位，不同于一般的生产企业，其财务管理有着自己的特点。但是，不论怎样的财务管理体制，都必须以增强报业集团的整体效益为唯一标准。这就进一步要求福建日报报业集团根据自身的特点和内部结构的要求，建立适合报业集团的财务管理体制。

一、建立统一的资金管理制度

资金是报业集团经济命脉中的“血液”，福建日报报业集团利用整体优势，促进资金在更大范围内合理流动，从而提高了经济效益。目前，福建日报报业集团所办的实体包括广告公司、印刷厂、海峡都市报社、海峡导报社、海峡教育报社、法制今报社、海峡消费报社、晋江经济报社、石狮日报社、福建海峡都市发展有限公司等，1999 年前这些单位都在银行开户，有的单位甚至多头开户，造成资金分散、管理不力，影响到集团的资金管理及资金的统一使用。2000 年成立了集团资金结算中心，有效地解决了这一难题。结算中心成立后，核定资金，统一开户，以确保集团资金的相对集中，有效地避免了资金的分散闲置，从而最大程度地提高了资金使用效率。结算中心对资金的合法使用、收支结算与调控管理负责。资金结算中心的职能是：(1)内部结算职能。会计人员集中办理集团成员单位基本经济业务的资金收支结算。统一拨付下属单位因业务所需的货币资金，监控资金使用方向。(2)内部信贷职能。依据各经营单位生产经营发展的要求，遵循“保关键，促效益”的原则，协调内部资金的筹集和运用，本着资金有偿使用、贷款计息的原则，充分发挥全集团资金的综合优势。(3)对外筹资职能。在资金筹措上，积极协调好和金融部门的关系，尽量降低成本。(4)内部资金调控职能。有效地运用资金，提高资金的搭配效益。例如，集团印刷厂因生产发展的需要需更新印刷设备，由于资金统筹管理，集团能集中财力为印刷厂投资购置。仅此一项就为集团节约财务费用 100 多万元，提高了资金的利用率，减少了成本。

二、建立统一的税收管理制度

由于税法条款繁多复杂，具有很强的专业性，税法的法则较重，稍有疏忽，就会对各经营单位的经济利益造成损失。(1)税收作为一种货币资金的支出，很大程度影响着各单位的财务状况。若不设置专职税管员，各经营单位财务人员就要应付繁杂的税务申报和管理工作。2005 年福建日报报业集团财务部就设置专职的税收专管人员，实行统一报税。(2)实行税费的统一缴纳和集中管理，有利于集团整体税负最小化，也有利于改善福建日报报业集团与征缴机关的关系，提高报社运作资金的效率。(3)税收专管人员随时研究各种税法、资料及税务问题，积极与各单位领导和会计人员沟通，在遵守税法的前提下，尽量减少集团的税收支出，做到合法纳税、合理节税，2007 年为集团节约税收支出约 180 多万元。

三、建立统一的集团财务制度

福建日报报业集团目前已建立预算管理制度、审批权限管理制度、一级法人二级管理制度、会计档案管理制度、货币资金管理制度、资产管理制度、物资采购招投标管理制度等。在此基础上，集团通过建立计算机网络系统，将下属子公司或子报的财务信息都集中在计算机网络上，集团高层和财务主管可以随时调用、查询各类会计信息，随时掌握各子报子公司的经营情况、及时发现和解决存在的问题。统一的财务制度有利于加强福建日报报业集团与各核算单位之间会计信息的沟通。能准确、真实、全面地反映集团的财务状况。建立起一套完整、统一的财务管理制度，才能在集团内部上下之间进行有效的信息沟通。建立统一的、操作性强的财务管理制度和内部控制制度，规范各部门重要财务决策的审批程序和财务处理程序，可提高各子报子刊财务报表的可靠性与可比性。建立统一的集团财务管理制度，有利于科学规范会计核算工作，提高会计信息的质量，确保会计核算资料的真实性、完整性、及时性和统一性，有利于加强会计监督，从源头上预防和制止单位财务收支中可能发生的违规违法行为，从而有效地阻止单位财务收支中违规违法行为的发生，杜绝不合理的支出，有利于资金的合理调度，提高资金使用效益。建立统一的会计核算制度是统一财务制度体系的具体保证、是准确获取所属经营单位财务信息的重要手段、是统一绩效评价口径的基础。2007 年，福建日报报业集团加强设备、纸张物资采购招投标管理制度，仅此一项就节约资金 300 多万元。

四、建立统一的会计委派管理制度

随着福建日报报业集团的发展壮大，原先单一的核算型工作已不能满足经营管理的需要，经营目标的考核、资金的管理与筹集、收益的分配等都需要财务部门予以控制。财务工作越来越受到集团领导的重视。为了加强对集团的财务管理和监督，确保集团的资产保值增值、提高集团经济效益，福建日报报业集团建立了统一的会计委派管理制度，对各经营单位实行会计主管委派制度，集团公司委派的财务主管和总监，其人事关系、工资关系、福利待遇等均在集团财务处，因此被委派人员排除了与该单位领导的指令性干扰，以相对独立的身份全面负责会计核算，有效监督该单位的经营成果和财务状况，因而可确保会计信息的真实性、提高会计核算的准确性和公正性。同时被委派的财务主管和总监可组织和监控各经营单位的日常财务会计活动，参与各经营单位的重大经营决策；把集团关于结构调整、资源配置、重大投资、技术发展等重大决策贯彻到各经营单位的预算中去，对各经营单位的预算执行情况进行监督控制；可审核子各经营单位的财务报告，负责对各经营单位的所属财务会计人员的业务管理，定期向报业集团报告各经营单位的资产运行和财务情况。报业集团通过委派财务主管和总监来监督、控制各经营单位的重大财务会计活动和全部财务收支过程不但使报业集团的总体经营方针和目标可以在各经营单位得到较完全的贯彻和实现，而且能监督各经营单位的财务会计信息的真实性和客观性，切实维护报业集团的权益。

国务院国有资产监督管理委员会在国资发(2005)281 号文件中明确要求“结合内部机构重组和扁平化管理的需要，积极推进集团公司财务管理模式创新，加强财务集中管理，积极探索资金集中管理模式，加大财务信息化建设力度，增强集团公司资源配置和财务监控能力”，福建日报报业集团成立以来的六年中，基于对现代财务管理理论的学习和思考，对建立报业集团财会管理新体制进行了积极的探索和实践，取得了较为显著的成效。随着改革的深入发展，福建日报报业集团根据内外经营环境的变化和国家政策的引导，确定了未来五年的战略目标。规范会计内部控制、降低控制成本、整合会计监督资源、不断完善集团财务管理体制是福建日报报业集团提高综合竞争能力、实现做强做大战略目标的保证。□

※作者为福建日报报业集团计财处会计师

※参考文献：

1.《中国报业杂志》，2007-9

2.财政部：《会计基础工作规范》

3.财政部企业司编：《〈企业财务通则〉解读》，中国财政经济出版社，2007

2009年中国报业资本运营综述

●郑徐光

受互联网等新媒体的冲击和经济危机持续蔓延的影响，2009年上半年，我国报业广告发行等主营业务收入大幅下滑，下半年随着经济形势的回暖，开始缓慢回调。但整体而言，我国报业的传统主营业务遭遇"天花板"，增长空间受限。国内报业一方面借鉴国外报纸裁员、压缩版面、减少赠阅以及新闻资源共享等节流措施，另一方面便是积极探索开源的途径，不断开拓创新，整合资源，通过兼并、重组、控股、上市等多种形式进行资本运作，改变通过滚雪球式的自我积累成长，实现在资本市场上做大做强。

由于我国报业特殊的的意识形态属性，其资本运营进程可谓步履维艰、阻力重重，从党的十六大做出文化事业和文化产业的划分以来，党中央、国务院高度重视发展文化产业，采取了一系列政策措施，深入推进文化体制改革，加快推动文化产业发展，报业资本运营才崭露头角，渐成燎原之势。所以说，我国报业资本运营的空间首先来自传媒政策的松动，然后政策力量与报业发展内在的市场逻辑相互博弈，共同推动了报业资本运营路径的演进，形成报社(集团)以报为本、多元化发展的产业格局。

一、报业资本运作的宏观环境

1．多项政策助力，进一步释放报业资本运营的空间

继114号文件之后，2009年国家又出台了《关于进一步推进新闻出版体制改革的指导意见》(下文简称"指导意见")、《文化产业振兴规划》(简称"规划")以及《关于加快文化产业发展的指导意见》等政策措施，围绕推动经营性新闻出版单位转制，重塑市场主体；推进联合重组，加快培育出版传媒骨干企业和战略投资者；完善市场体系扩展融资渠道等方面做了明确规定，进一步释放了报业资本运营的空间。

(1)重塑合格市场主体

培育合格市场主体是与市场接轨的第一步，是建立现代企业制度、完善法人治理结构、争取上市等的前提。2009年4月，国家新闻出版总署印发了《关于进一步推进新闻出版体制改革的指导意见》，明确了进一步推进改革的时间表和路线图，提出了今后一个时期新闻出版体制改革的8项重点任务和5项保障措施，使整个新闻出版体制改革进入了在面上铺开、向纵深推进的新阶段，其目标之一便是全面完成经营性新闻出版单位转制任务，建立现代企业制度，在企业内形成有效率、有活力、有竞争力的微观运行机制；推动跨媒体、跨地区、跨行业、跨所有制的战略重组，开拓融资渠道，培育一批大型骨干出版传媒企业，打造新型市场主体和战略投资者。

在重塑报业市场主体方面，意见明确规定制定经营性报刊转制方案，推动经营性报刊出版单位逐步实行转制。按照中央有关要求，党政机关所属新闻出版单位转制为企业后原则上逐步与原主办主管的党政机关脱钩。根据改制"路线图"，到2011年底前，所有非时政类报刊出版单位，将基本完成转制任务。这些完成改制的市场主体由于体制优越，将会成为报业资本运营的"生力军"。

(2)降低准入门槛　提供多种融资渠道

长期以来，我国报业的所有权是国家所有，其它资本不允许参与进来，限制了报业发展。2009年9月颁布的《文化产业振兴规划》明确规定，落实国家关于非公有资本、外资进入文化产业的有关规定，根据文化产业不同类别，通过独资、合资、合作等多种途径，积极吸收社会资本和外资进入政策允许的文化产业领域，参与国有文化企业的股份制改造，形成以公有制为主体、多种所有制共同发展的文化产业格局。并且支持有条件的文化企业进入主板、创业板上市融资，鼓励已上市文化企业通过公开增发、定向增发等再融资方式进行并购和重组，迅速做大做强。支持符合条件的文化企业发行企业债券。这降低了资本进入报业的门槛，并为报业资本运营提供了上市、发行债券等多种融资渠道。

(3)全面启动报刊改革

国家新闻出版总署新闻报刊司司长王国庆曾在“2009年中国传媒经营管理论坛”上指出，国际金融危机以及新媒体的发展对传统媒体的广告收入带来不利影响，但更重要的危机却来源于报业自身，来源于报业发展中的体制机制弊端与增长方式。具体表现为：计划经济体制下，出版资源的行政化配置造成了报刊市场的布局分散，结构资源配置不合理。

为解决上述问题，2008年报刊退出机制首先在开始辽宁、河北两省试点，在总结试点工作经验的基础上，2009年下半年全面启动报刊改革。在全国实施报刊质量评估和报刊退出机制，同时逐步建立主管主办单位、从业人员的准入和退出机制，实施报刊资源的科学配置，使优势资源向综合性传媒集团、专业性企业传媒集团和转制后有能力的经营性报刊出版企业倾斜，推动的联合重组、集约化发展和集团化建设。

同时，积极构建报刊业市场经营和公共服务的两大主体，确立公益性报刊的分类，着力推进公益性报刊的深化改革，剥离公益性报刊出版单位的经营性业务和资产，实行事企分开；分三步全面完成经营性报刊出版单位的转企改制的任务；大力推进报刊传媒产业的升级和结构调整。这样的制度安排，就为报业以资本为纽带实现跨区域、跨媒体、跨行业的发展提供了体制性保障。

2. IPO重启和创业板推出为报纸企业资本运营提供两大平台

2009年，暂停8个月的新股发行开启和酝酿十年的创业板正式推出成为我国资本市场改革发展进程中具有重大意义的事件。IPO重启恢复了证券市场的融资功能，创业板推出极大地拓展我国资本市场的广度和深度，充分发挥资本市场的资源配置功能，我国资本市场初步形成了一个由主板、中小板、创业板、代办转让系统构成，相互补充促进、协调发展的多层次市场体系，为企业上市融资提供了多种市场选择。根据WIND最新统计数据，2009年全年，沪深两市IPO合计融资2006亿元，IPO家数为111家。其中，沪市首发募集资金合计1318亿元，首发家数为10家，深市首发募集资金合计688亿元，并以101家的首发家数稳居全球各大交易所之首。截止目前也已有65家公司分多批登陆创业板市场。

这两大契机为我国传媒企业利用资本市场发展提供了更大的可能。2009年，意识形态属性较弱的传媒企业上市资本运作已风生水起：中原出版传媒投资控股有限公司重组鑫安股份，江西出版集团公司重组鑫新股份，实现借壳上市；安徽新华传媒股份有限公司成功实现IPO上市；中国出版集团公司、中国出版集团公司荣宝斋、中南出版传媒集团股份有限公司、江苏凤凰新华书业股份有限公司、广东省出版集团有限公司等一批出版发行企业上市融资工作已经进入相关程序，正在有序推进。截至2009年年底，出版、报业、印刷、数字出版等新闻出版上市企业已达31家，实现融资2000多亿元。此外，主营产业运营和动漫内容创作的广东奥飞动漫文化股份有限公司登陆主板，经营传媒娱乐业的华谊兄弟传媒股份有限公司首批登陆创业板，开了传媒娱乐企业上市的先河。随着新闻出版体制改革的深化，剥离报纸经营部分成立公司上市，也已被报社(集团)提上议事日程。尤其创业板服务于没有达到主板，上市的条件、但是已经具有一定的规模、具有较高的成长性、已经有一定的存续期间的创新性中小企业，为中小报社改制上市提供了良好的运作平台。

3. 报纸主营业务尽显疲态为其提供巨大动力

如上文所述，我国报业传统主营业务遭遇“天花板”，增长乏力，疲态尽现，尤其受经济衰退的影响，2009年上半年广告收入锐减。根据中国政法大学传媒与文化产业研究中心调查数据显示，2009年，广告实收平均增长率仅为2.75%，大大低于2008年10.28%的平均增长率，增速创近年来新低，也远远低于当年我国GDP8.7%的增长速度。从某种程度上说，压力也是一种动力。由于报纸广告和发行等主营收入下滑，报社(集团)穷则思变，积极探索资本运营的实现形式，获取多元收入。

4.转企改制成果激发报业资本运营的活力

在各种因素的合力下，目前，我国新闻出版体制改革已经在重塑市场主体、公共服务建设、投融资体制、行政管理体制改革、政策保障上取得了重大突破。截至2009年12月22日，全国580家图书出版社中，有453家出版社已完成或正在完善转制工作，除保留和拟保留公益性质的4家出版社以及26家军队出版社外，剩余的也将于2010年底前完成转制工作。报刊出版单位分类改革稳步实施，非时政类报刊转制和时政类报刊宣传、经营两分开改革工作积极推进。全国1000多种经营性报刊已经完成转制，49家党报党刊集团实现了宣传编辑和经营业务相分开，经营部分正在转企改制。

2009年，其中令报业振奋的是，真正践行了"对于那些方向不正、效益较差、资不抵债、无力生存、难以发展的新闻出版单位注销停办、退出市场"的"停办退出一批"要求，2009年8月底，中国记协下属的《中华新闻报》停刊清算，成为我国第一家倒闭的中央级报纸。在此之前，被誉为中国足球新闻报道"国家队"的《中国足球报》，在经历15年的辉煌与挫折后，在3月宣布休刊。同在3月，人民日报社下属的《市场报》也告别读者。在两年之内，

此外，2009年11月，文化部主管的全国性文化类日报社中国文化报社转企改制组建为中国文化传媒集团有限公司，成为我国第一家整体转企改制的中央部委主管报社。转制后，中国文化传媒集团有限公司将成为突出主业、多业发展，适时实行股份制改造的国家级综合性文化传媒企业集团，为我国报纸类单位改制起到示范效应。

二、报业资本运营的总特征

相对于生产经营，资本运营是产业发展的高级阶段和必然结果。目前，我国报业经历了近30年的高速发展，进入了横向整理阶段。在产业发展的内在逻辑和外部诱致性因素的作用下，2009年，兼并重组、投融资、与业外资本合作等资本运营形态竞相展现。

1.整合资源 推动重组

(1)集团内整合重组

为深化改革，整合资源，创新模式，浙江日报报业集团实施报系战略，于2009年1月将下属《钱江晚报》、《今日早报》、《新民生·城市假日》三家都市报以及钱江视屏新闻网重组成立"钱江报系"，以拓展都市媒体协同共进的新路径，形成国内规模最大、实力和竞争力很强的都市报方阵。

为了促进钱江报系的发展，浙报集团将钱江报系作为一个考核单位，钱江报系各媒体、公司同属于一个利益主体和责任主体。各媒体公司原属集团公司的股权划转给报系公司，报系下各公司在拥有市场主体地位的前提下，同属于报系母公司。在宏观管理上，浙报集团对钱江报系推行分权为主、统分结合的权限管理。目前已经建立了八大授权体系：新闻报道管理权、财务预决算权、日常资金管理权、战略规模与监控权、品牌管理与营销权、人事任免权、考核激励权、人力资源规划权等。并将原来属于集团掌管的部分权限下放到报系，让报系的责权利结合得更为紧密，使钱江报系的发展环境更加宽松。

在四川报业市场上，针对当前媒体市场新形势，2009年3月，四川日报报业集整合了旗下的《成都房产报道》与《淘周刊》，成立集团第16家媒体成都报道社，主刊《成都报道》。成都报道社的挂牌，将进一步发挥集团媒体的整体优势，增强集团在房地产领域的传播影响力。

(2)报社改制成立集团

在我国新闻出版体制改革的号召以及报业发展的经济规律下，我国很多报社纷纷改制重组，成立集团。

作为太原市文化体制改革的重大举措，2009年4月，太原日报报业集团正式成立。新组建成立的太原日报报业集团以太原日报社为主体，实行企业化管理、集团化运作。集团实行党委领导下的董事长（社长）负责制，按照采编与经营分开的原则，集团下设总编辑委员会和太报传媒有限公司。太原日报报业集团现有新闻类实体包括《太原日报》、《太原晚报》、《山西商报》、太原新闻网；太报传媒有限公司管理报刊发行、广告、物业、印务和房地产开发5个公司，实行公司化运作，并积极探索集团上市的途径。

2009年12月，广西日报日报传媒集团正式成立。该集团以广西日报社为主体，严格按照采编与经营两分开改革的总体思路，成立公司，实行公司化运作。目前，该集团旗下拥有8报3刊3网站13公司3家工厂，是一个的多媒体传播和多元化发展的传媒集团。

实际上，2009年的体制改革中，有一批像绍兴日报社、威海日报社等地市级报社以本日报社为

主体，整合成立传媒集团，努力实现从传统报社向现代传媒集团的战略转型，优化产业结构，拉长产业链条。

（3）集团之间联合重组

2009年11月，大众报业集团旗下半岛传媒有限公司与潍坊报业集团正式签署战略合作协议，山东省第一例传媒业联合重组正式实现。双方以资本为纽带，共同成立山东潍坊晚报传媒有限公司。通过协商，双方达成共识，半岛传媒以现金和输出品牌等报业资源购买潍坊晚报传媒公司49%的股份，潍坊报业集团控股51%。潍坊报业集团将其主管、主办的潍坊晚报的采编权、发行权、经营权委托潍坊晚报传媒有限公司运营，将潍坊晚报的无形资产全部授权给潍坊晚报传媒有限公司使用。半岛传媒在资本联姻的前提下，实现了管理输出和文化输出，打破了省内报业市场的地域壁垒，为更大范围内的资源整合打开了局面。

作为山东省非时政类报纸《老年生活报》，于2009年12月首家实施整体转企改制，成立老年生活报传媒有限责任公司。公司注册资金1000万元人民币，青岛日报报业集团出资51%，山东省老龄办、山东老龄事业发展基金会出资34%，剩下15%由运营团队出资。老年生活报传媒有限责任公司将以老年生活报刊为主营项目，并将涉足老年旅游、老年会展、老年网站以及老年公寓等相关产业，逐渐形成以老龄传媒文化为主打的产业集团。

（4）跨地区重组

2009年3月，《楚天都市报·襄樊版》创刊，成为继《铁岭日报》更名为《辽沈晚报·铁岭版》之后，全国第二个具有独立刊号的报纸地方版。如湖北日报报业集团社长江作苏表示，此举延伸了《楚天都市报》的品牌优势，为省域副中心城市建设提供有效的舆论引导和智力支持，实现了湖北日报传媒集团跨地区经营。

此外，南京日报报业集团与滁州市市委联合开办《南京都市圈·滁州版》，济南日报报业集团与济阳县合作创刊《济南日报·新济阳》，也是复制了这种跨地区经营的模式。

2.探索多种投资渠道 跨界发展

（1）成都博瑞传播收购成都梦工厂进军网游。2009年3月底，成都博瑞传播与成都梦工厂网络信息有限公司全体股东授权代表裘新就收购梦工厂100%股权签订了投资谅解备忘录。2010年2月，梦工厂总经理裘新对成都博瑞梦工厂网络信息公司单方面增资666.6667万元，增资完成后，博瑞传播和裘新各持有博瑞梦工厂公司60%和40%的股权，其中裘新代管理团队所持有的股权比例自10%增加至20%。此次股权结构变更即是为实质性收编网游团队做好铺垫，短期内存在博瑞梦工厂公司项目落地的预期。

注册资本为900万元的梦工厂成立于2004年，其经营范围包括计算机软件技术开发、销售，互联网信息技术服务，互联网站的设计、安装、调试服务，计算机信息咨询服务，利用互联网经营游戏产品。其中，最有发展前景的是“利用互联网经营游戏产品”。博瑞传播拟通过本次交易进军网游市场，进一步优化公司的产业结构，提升公司未来持续稳定健康发展能力。

（2）报业集团跨界进入教育产业。2009年，大众报业集团探索跨界进入教育产业，成立山东文化产业职业学院。该学院投资模式上实行股份制，以分散独立投资风险，即大众报业集团占40%的股权，民营资本占60%。在具体运作过程中，该学院完全按照公司法人的模式运营，并组成了专门的管理团队。该学院的总体规划是在5－10年内发展成为大型文化产业创意园区，周边区域将综合开发成文化产品商贸基地，从而最终开发成为以学院为平台，传媒教育、商业地产、贸易的产业链彼此连接和叠加的形态。

正如山东文化产业职业学院董事长韩曰明表示，依托集团发展，继续做报纸业务，包括手机报、网站、数字报等，都不是跨界发展，因为客户结构、成本结构、营销渠道、品牌技术、赢利模式等基本都是原有媒体的经验复制。因为看到了国内外教育行业的发展前景以及山东省也鼓励有条件的企业涉入教育行业，集团最终决定跨界经营进入教育产业。

无独有偶，2009年，河南日报报业集团也开始涉足教育事业。河南日报报业集团与河南大学合作举办河南大学民生学院，其中河南日报报业集团出资4亿元作为民生学院的控股方。这是河南大学为深化教育改革、建设全国一流大学而采取的一个重大举措，也是河南日报报业集团进军教育产业、做大做强，进而向文化集团跨越的战略抉择。对于双方来说，双方强强联合、共谋发展，这不仅能够实现河南日报报业集团与河南大学资源共享、优势互补，更能够探索出一条独立学院做大做强的新路径，开创河南日报报业集团、河南大学发展的新格局。

(3)杭州日报报业集团首次尝试投资大型电视连续剧《东方》。2009年9月，由杭州南广影视公司、杭州日报报业集团、杭州佳平文化策划有限公司联合投资拍摄大型史诗电视连续剧《东方》。这也是杭州日报报业集团在投资大型电视连续剧上做出的首次尝试。集团社长李建团表示，投资《东方》是因为该剧具有重大的历史与现实意义，对杭州日报报业集团来说，也是从现代传媒向文化产业战略投资者拓展的重要举措。

3.积极争取上市融资

上市是传媒产业通过资本市场完善公司治理结构、获得资金支持，寻求发展的重要途径。目前，全球报业的发展已经普遍趋向于大资本、大融合的集团式发展，我国报业也迫切需要登陆资本市场，获得更多的社会资本，加大产品改造、内容资源整合、数字媒体研发、信息网络建设等方面投入力度，推动报业转型，实现跨越式发展。国家新闻出版总署署长柳斌杰曾表示，49家报业集团，在完成经营性的资产转型改革后逐渐都推向市场，2009年已有十多家在做上市的准备工作。

其中，为了争取上市，无锡日报报业集团2009年实行"采编经营两分离改革"，将集团所属报纸、刊物、新闻网站等宣传资源归类，组建集团新闻编辑委员会，进一步把新闻宣传做好做优；将新闻媒体中广告、印刷、出版、发行等产业经营资源从事业体制中剥离出来，组建无锡报业发展有限公司，增强公司的投资融资能力，做强新闻产业。针对两分离改革后出现的新问题、新情况，无锡日报报业集团还及时出台各项配套改革措施：一是对新闻采编单位全面实施财务预算制改革，以上年为基数确定2009年财务预算。二是强化法人治理，确立各新闻单位法人主体地位，组建广告、发行、印务、纸张等二级法人公司。三是启动广告、印务、发行三大分公司运行机制改革。将广告管理中心和三大报广告部成建制归并广告分公司，组建房地产、汽车、金融等九大业务工作部，初步构建起现代传媒广告经营体系。

截至2009年底，在我国报纸概念传媒上市公司已有6家，分别是分别是上海新华传媒股份有限公司(简称新华传媒600825)、成都博瑞传播股份有限公司(博瑞传播600880)、华闻传媒投资集团股份有限公司(华闻传媒000793)、广东九州阳光传媒股份有限公司(简称粤传媒002181)、北京赛迪传媒投资股份有限公司 (赛迪传媒000504)、北青传媒股份有限公司(北青传媒 1000)。从这6家公司上市方式来看，目前我国报业上市主要采取"借壳"或将经营剥离出来，单独上市两种途径。虽然像辽宁出版集团、时代出版集团等出版业集团已经出现整体上市，但报业采编与经营整体上市尚不被政策允许。与目前已有这两种上市途径和大家期待的整体上市相比，浙报集团没有采取"借壳上市"，也没有将经营单独上市，而是用"传媒控制资本"，通过对拟上市项目注入资金，获得控股权，从而打造属于浙报集团传媒资本的上市公司群。这种方式通过对上市项目的培育能在确保主业安全的前提下获得红利。

4.与业外资本合作

12月28日，烟台日报传媒集团与烟台蓝天投资控股有限公司合资成立华夏传媒集团有限公司。烟台日报社以所持4个公司的股权出资，蓝天控股以现金出资，双方股权比例为51∶49。集团公司注册资本金5400万元，并拥有4家控股公司。

新成立的公司是传媒单位拿出优势媒体资产，社会战略投资者注入发展资金，通过剥离改企、股权出资使烟台日报社原有资产增殖并保留了数千万资金，为日后的发展打下了良好基础。此外，集团的战略部署使其突破了地域限制；并使控股公司主营业务突出，产业领域多元，有利于进一步解放传媒生产力。此外，华夏传媒(集团)有限公司的组建，为烟台日报社搭建了一个具有传媒背景的投融资和文化资产管理平台，也使烟台的传媒产业拥有了跨地区发展的市场主体。

三、报社(集团)资本运营亮点

1.浙江日报报业集团实现多元化资本运营

近年来，浙报报业集团秉承"传媒控制资本、资本壮大传媒"的先进理念，在传媒主业稳健发展的同时，积极开展跨行业投资经营，以财务性投资为基础，逐步形成战略投资。集团瞄准中国经济最热的资本市场和房地产市场，先后成立新干线投资公司和浙报绿城投资公司，通过这两个平台，在这两个投资领域集团已累计收益10亿多元。

2009年6月，经国家工商行政管理总局批准，浙江日报报业集团有限公司正式更名为浙报传媒控股集团有限公司，表明集团在统筹运营传媒资产、拓展产业空间上迈出更大的步伐。目前集团现有全资、控股一级子公司20多家家，经营业务涉及印务、发行、广告和资本运营、高科技、房地产等领域，已有8家公司的年盈利能力超过千万元。整个2009年，集团继续秉承“传媒控制资本、资本壮大传媒”理念，进行了一系列卓有成效的资本运营，实现跨媒体、跨行业发展。

2009年1月，浙报集团先后与中国电信股份有限公司浙江分公司、中国移动浙江公司签订了全面战略合作协议。协议签订后，中国电信浙江分公司将为浙报集团提供各类个性化服务和各项优惠政策，同时为浙报集团的信息化建设工作提供规划、建设、实施、培训等方面的咨询和建议，为浙报集团提供信息化解决方案和一站式优质服务。双方在开展信息化应用及业务拓展过程中，电信公司将首先针对浙报集团读者数据库、数据分析应用方面开展合作，为浙报集团数据挖掘、数据分析应用、解决数据来源、解决数据集中和整合问题等方面提供技术支持和开发服务。浙报集团与中国移动浙江公司则将在信息化服务、传播技术、新媒体开发等方面开展深度合作，通过强强联合的方式全面拓展合作领域，实现资源整合和优势互补。

6月，集团与阿里巴巴集团在杭州签订战略合作协议。双方确定，两大集团将充分利用各自的资源、团队优势，通过各种合作方式，实现网上网下资源的共享共赢，全面创新传统媒体与互联网融合发展的新路径，为读者和客户创造更多的价值。8月，集团又与淘宝网达成意向，双方共投资5000万元，创办生活类周刊《淘宝天下》。该集团占有51%股份，淘宝网占49%，双方均为现金出资。这种合作体现了浙报集团将探索传统媒体与互联网有效融合以及新媒体运营的新路径，为浙报集团从传统报业集团向现代传媒集团的战略转型提供样本。

2.金华日报社成功投资地产

2009年，金华日报社依托自身的机制和体制优势，创新用人机制，把握市场需求，成功实施多元化战略，实现了规模效益，2009年1~4月共实现利润总额2032万元，同比增加1568万元，增幅达337.91%，其中1080万元来自投资收益。由报社控股的华发房产公司投资销售收益超过报社主营业务收入，2008年1月至2009年5月销售收入为1.5亿元，超过报社主营业务的营业额。报社实现主营业务收入与多元收益的比翼齐飞，创造了中国地市报社多元发展的“金华日报现象”。

四、总结

综上所述，2009年，我国报业体制改革如火如荼，资本运营环境取得了很大改善，其实现方式也不断创新，亮点迭出，可圈可点，加速了报业通过资本市场实现发展壮大的进程，并为以后完成改制后的企业进行资本运营树立的良好的示范效应。但是由于我国报业资本运营起步较晚，还存在几个问题：一是报刊体制改革还不够彻底，资本运营还受到行政区域多头管理、条块分割的管理体制的约束；二是融资渠道狭窄，虽然《文化产业振兴规划》规定已经降低了准入门槛，但从目前看，引入资金主要还是国有资本，而且主要在意识形态属性较弱的出版、广告发行概念企业；三是缺乏资本使用规划，存在盲目投资现象，一方面，很多中小报社由于缺乏风险意识，盲目投资于地产、酒店、旅游等产业，另一方面，报社(集团)将融来的资金闲置，像早期的北青传媒，香港上市融资10亿港元，但至今没有有效使用；四是报业资本运营的人才缺乏，报业经营既符合一般的经济规律，也有其独特的内在逻辑，即了解采编，又懂经营，尤其是在制度框架下进行资本运营的跨专业复合型人才缺乏。因此，我国报业资本运营“路漫漫其修远”，需要传媒政策的引导下，探索多种资本运营的实现形式。□

※作者单位：中国政法大学传媒与文化产业研究中心

试析当前报业资本运营的发展思路

● 杨桃莲 黄瑚

报业的资本运营，就是将报业所拥有的可经营性资产，包括广告、发行、印刷、信息、出版等产业或报业所经营的其他部分视为可以经营的价值资本，通过价值成本的流动、兼并、重组、参股、控股、交易、转让、租赁等途径进行运作，优化报业资源配置扩张报业资本规模，进行有效经营，以实现最大限度增值的目标。

一、报业资本运营的合法性

20 世纪 80 年代实行改革开放我国从计划经济逐渐向社会主义市场经济转轨，报业界开始重视经营走向市场，发展报业经济。1988 年新闻出版署、国家工商行政管理局联合出台《关于报社、期刊社开展有偿服务和经营活动的暂行办法》为报社创造了开展多种经营、兴办经济实体的良好条件。中国报业开始了真正意义上的资本运营，经营广告、发行和印刷，兴办实业，积极提高经济效益，增加资本积累。

近几年，中共中央和国务院又发布了一系列的文件，支持文化产业发展，深化文化体制改革，给报业资本运营指明了方向。2003 年 1 月 31 日，国务院颁发了《文化体制改革试点中支持文化产业发展的规定》和《文化体制改革试点中经营性文化事业单位转制为企业的规定》两个重要文件。文件指出："党报党刊、电台、电视台等重要新闻传媒经营部分剥离转制为企业，在确保国家绝对控股的前提下，允许吸收社会资本；国有发行集团、转制为企业的科技类报刊和出版单位，在原国有投资主体控股的前提下，允许吸收国内其他社会资本投资。"

2005 年 8 月国务院发布的《关于对非公有资本进入文化产业的若干决定》指出，在国有资本必须控股 51%以上的前提下，允许非公有资本进入出版物印刷、可录类光盘生产等文化行业和领域，还可参股出版物印刷、发行，新闻出版单位的广告、发行，广播电台和电视台的音乐、科技、体育、娱乐方面的节目制作，电影制作发行放映，可以建设和经营有线电视接入网，参与有线电视接收端数字化改造。

2005 年 12 月，中共中央、国务院发布了《关于深化文化体制改革的若干意见》，支持和鼓励大型国有文化企业和企业集团实行跨地区、跨行业兼并重组，鼓励同一地区的媒体下属经营性公司之间互相参股。这意味着我国新一轮传媒经营扩张——跨地区、跨媒体、跨行业经营的开始。

二、当前报业资本运营存在的主要问题

在党中央和国务院的指示精神下，报业开展了多种形式的资本运营。一是投资实业，将经营范围扩大到房地产、餐饮业、证券业等，使国有资本保值增值。如天津日报报业集团利用其庞大的现金流进行投资理财，坐收数百万利润。上海《解放日报》出资成立实业公司、金鼎房地产公司，《新民晚报》成立房地产公司、工艺品公司，文新集团投资华亭宾馆等。二是引进业外资本，实现媒体的跨行业、跨地区合作。如南方报业传媒集团与复兴集团合资创办《21 世纪经济报道》；解放日报报业集团开拓新媒体项目，利用电信运营商业技术、资金

来经营。宁波日报报业集团以《东南商报》为试点，引入雅戈尔集团4500万元投资。三是股份制改造，组建公司进行上市，利用社会资本做大做强。如解放日报报业集团与中润广告公司组建解放中润公司，利用可经营性的部分资产，购买新华传媒40%的股权，成为新华传媒控股股东。《成都商报》控股博瑞传播，开创报社介入证券市场的先河；上海新华发行集团借壳华联超市上市，成为我国出版发行企业中第一家A股上市公司。

多种形式的资本运营带来了一些亟需解决的问题，主要表现在以下几点。

1.治理机制不完善

资本运营客观要求传媒业必须建立现代企业制度，完全遵循公司法要求规范运作。但我们国家的媒体包括报业有其特殊性，它的发展受制于有关领导部门，越是接近于报业运作的核心部分，其构造的市场化因素就越稀少。因而报业缺乏规范的法人治理意识和有效的内部监督，内部很难建立起有效的分层治理制度。

2.存在关联交易现象

由于上市公司所从事的能直接带来收入的媒体经营性业务，一般是从其控股的媒体集团的广告、发行、印刷、网络传输等经营性业务改制而来，这些业务要依托传媒集团的媒体资产来开展，因而大量的关联交易无法避免。此外，一旦上市公司盈利下降，必然对上市主体的媒体集团造成重大打击；或者传媒集团实力下降，无力扶持上市公司，或者调整对上市公司的优惠政策，这些都会影响上市公司的业绩。

3.重复投资，效益低因报业印刷时间集中，为了把报纸以最快速度送达读者手里，各报社（集团）都想拥有较多的印刷设备，因此在报业的投资中容易造成重复投资

如解放日报报业集团印刷设备有6组，后又与南平等公司合作新建印刷厂扩大印刷能力；文新集团印刷设备有20组，后又再建印刷厂，增加产能。由于不断增加印刷设备，使部分印刷设备使用上忙闲不均，或被闲置，造成资源浪费。

此外，多头管理、条块分割的管理体制以及融资渠道的狭窄也制约了报业的发展。

三、当前报业资本运营的发展思路

1.推动有实力的报业直接上市或整体上市

当前报业上市具有很重要的现实意义：一是报业上市可以使报业迅速地转型到现代企业制度上来，尤其是它的分配制度。二是报业上市能够使媒介从业人员，特别是决策层在上市公司这个概念下得到他们的价值体现。三是能抵御国际化的压力。报业上市后，上市公司可促进报业集团的发展，从而增强与国际传媒巨鳄抗争的能力。

以上海报业为例。2006年10月17日，上海新华传媒股份有限公司在上海证券交易所上市。新华传媒由上海新华发行集团通过剥离资产、引进投资者、上市等较快的步伐，逐步实现并完成市场化主体的运作，成为国内第一个具备完善治理结构的出版发行类股份有限公司。2007年3月，新华传媒实施定向增发融资计划。解放日报报业集团与中润广告把三个公司及一个刊物、五家报社（除采编业务外）的产业整合在一起，以每股16.29元的价格收购新华传媒1.3亿股，直接和间接控制该公司的股权。随股价上升，资产迅速增长，为解放日报报业集团构建了一个经营大平台，通过市场可以融资、并购、收购更有价值的媒体，实现经营规模扩张。在光大证券2007年投资年会上，新华传媒曾被列入“十大成长金股”。新华传媒的上市，为资本市场增添了色彩，为文化企业做大做强提供了全新模式，为出版发行企业完善公司治理结构提供了模板，也为传媒类上市公司打开成长空间提供了范例。

目前上海报业的资本运作主要是解放、文新两大报业集团。两个集团在资本运作中需要差异化经营，避免同质竞争，浪费资源。要避免同质竞争，首先，两大集团在定位上要有差异，各自维持自己内部媒体的内容定位架构，各取所需，办出特色。其次，在经营上也要有差异。解放日报报业集团已在广告、发行、新媒体发布等方面迈出了一大步，文新集团就不必再重复这一路子，可以根据集团各报刊的特色，着重延伸印刷、文化、体育、艺术等文化产业。

上海中小型报纸，目前尚不具备上市的条件，但基础较好的报刊社应有目标和规划，通过资本经营壮大经营实力，提升经营管理水平，创造条件，今后也有望采取借壳和买壳的方式上市。

目前，我国对内容生产的文化产业实行严格的监管，社会资本尚不允许进入编辑业务。这多多少少束缚了报业经营的活力。最近，包括编辑业务在内的辽宁出版的成功上市，为报业整体上市提供了借鉴。随着文化体制改革的渐进，报业也可以探索整体上市。

2.解决阻碍传媒资源合理流动的体制性障碍

目前,报业普遍实行按行政区域多头管理、条块分割的管理体制,这不但给报业的管理带来困难,而且不利于资本运营产生规模效益,会形成大量重复性建设,造成资源浪费和无序竞争。

为避免上述问题,应首先理顺管理架构,在坚持属地化管理体制、服从当地行政管理的前提下,报社可以充分利用报业资源,发展与自己产品相对应的相关产业。其次,要制定协调、统一的发展规划和产业政策,从管理体制和政策规划上打破行业壁垒和条块分割,打破部门所有制和地方保护主义,促进报业资本运营规范发展。此外,还要推动媒体进行规范、科学的产权改革,组建以国有资产为主导、社会资金积极参与的股份制公司,明确界定产权关系,促进内部结构合理化。

另外,要制定相关的法律法规,明确媒体投资与管理者的责权利,减少投资者的政策风险,制定规范的投资审批制度和财务监管制度,完善相应的奖罚机制。

3.投资要主攻核心业务,不要盲目扩张

报业在利用证券市场融资时,一定要考虑到资本的扩充必须与传媒的规模发展相适应。不管是在证券市场首次发售新股,还是增发配股,凡是向社会公众募集资金,一定要考虑用途,一定要考虑是否真的是传媒发展所需。在传媒做出上市融资的决定时,一定要考虑能否赚回需要偿还的本金和利润。不要为上市而上市,为圈钱而圈钱,要目的明确,考虑核心业务发展的需要。

实践证明,凡是找准项目,主攻核心业务的都会增值,而主攻"非核心"的会走弯路。国外甘乃特公司经过近百年(1906~2006)的并购,2006年度,报刊出版的营业收入和营业利润分别为71.79亿美元和17.01亿美元,分别占整体的89%和85%,投资步履非常稳健,其最主要的原因在于甘乃特公司的资本攻略围绕核心报刊业务并购,对多样化的拓展始终非常慎重。新加坡报业集团也注重发展报纸核心业务,脱售电信、房地产等非核心资产,使股东投资增值。而中视传媒于1997年6月16日在上海证券交易所上市,最先以影视基地旅游为主业,经过短暂辉煌后,2000年中期每股收益仅0.04元,创下新低。后于2001年调整经营范围,主攻影视制作、网络服务,结果大大盈利。这说明,传媒上市要找准项目,不要盲目跟风,而要与主业有关,因为主业是自己的优势。

此外,报业在不断发展的同时,也应根据市场情况对旗下的产业作一些梳理。对不具备竞争优势、资产盈利能力低下的,该出售的就出售,该剥离的就剥离,将主要精力和资源集中用于发展核心业务,减少风险,提高自己的运行效率和经济资源的组合质量。如成都博瑞就曾将效益不高的电器资产剥离出去,置换进一批前景好、附加值高的传媒资产,将传媒资产由过去的40%左右提高到90%以上,形成了以《成都商报》为母体,兼具报纸印刷、广告、发行投递一条龙的报业产业链,增强了公司的盈利能力。

4.拓宽融资渠道,有效运用资本运作手段

我国政府鼓励符合条件的上市公司通过发行债券筹集资金,债券融资将会成为今后企业融资的主要方式之一,传媒上市公司应该努力朝这个方向发展,拓展自身的融资渠道。还要多吸收业外国有资本民营资本,甚至境外资本等,以增强报业的运作活力,形成良性的资本结构。

新华传媒上市后股本从2.62亿股增加到3.84亿股,占总股本45%,解放日报报业集团资产注入后,新华传媒持股比例从45%下降到30.58%,解放集团直接持股比例为23.45%,加上后来增持的一部分,现在已达40%。通过上市提升了规模,提高了融资能力。

我国报业上市公司的资产负债率不到40%,而发达国家传媒行业的资产负债率在50%以上。这就需要上市公司学会用更高的资本杠杆来争取获得超额利润,加大与银行合作的力度。报业从银行获得发展的资金,由于资金偿还期较长,可以减轻报业的还款压力,同时,银行贷款融资筹资速度快,规模大,借款成本低,筹资费用少,可以为报业融资免去许多不必要的麻烦。随着以信用交易为主要内容的金融业的迅速发展,文化产业的发展可以通过发行股票、债券或社会集资等直接的融资方式,也可以通过流动资金的贷款、固定资产贷款、房地产开发贷款、联营股本贷款、循环贷款、产权市场上的溢价转让和拍卖、项目贷款、国际银团、出口信贷等间接融资解决资金短缺。可以预期,随着金融法制障碍的进一步解除,银行等金融机构与媒体可望形成更为完善的良性互动。

5.支持报业跨媒体经营和报业集团之间的并购

媒体之间相互渗透,传播手段不断延伸,是当前媒体业的一大特点。报业可以利用宽带环境,和电视构成一个整体。

如今手机短信的大量传播,产生出个性化的

短文本手机文化,吸引了中国年轻一代,逐渐成为主流信息传播渠道,电信业由此必然介入传媒产业领域,并日益深刻地影响着所有传统媒体的传播内容及传播方式,手机报纸和手机电视应运而生。此时,如果不想方设法撤除传媒业与电信业之间的资本壁垒,必将对两大产业都产生负面影响。

此外,一个媒体集团要做大,必须依靠并购。目前中国媒体的并购还不成规模,最主要的是政策问题。要形成真正的、市场化的有竞争力的传媒集团,要靠政策的放开。国外的迪斯尼、新闻集团、时代华纳都进行过并购。事实上,2005年12月,中共中央、国务院就发出了《关于深化文化体制改革的若干意见》,支持和鼓励大型国有文化企业和企业集团实行跨地区、跨行业兼并重组,鼓励同一地区的媒体下属经营性公司之间互相参股。这意味着我国新一轮传媒集团扩张的开始,跨地区、跨媒体、跨行业传媒集团的出现,将成为正在发生的事实。

综上所述,在市场经济条件下,只有以资本为纽带,结合市场运作,借助政府的推动,才能真正实现传媒产业的资产重组和资源整合。这样不仅可以大大改变报业集团的经营环境,不断拓展报业发展的空间,进一步增强集团的经济实力,同时还可以以资本为纽带,为报业集团实现跨地区、跨媒体、跨行业经营创造条件。□

※作者单位:复旦大学新闻学院

我国报业上市公司运营绩效分析

● 赵勋

传媒上市公司是传媒产业通过资本市场求发展(融资)和借机制(公司治理)的"急先锋",其经营业绩是传媒产业发展状况和报业发展前景的重要"风向标"。报业上市公司堪称我国报业产业的"排头兵",金融危机发生以来,对报业上市公司的影响有多大?报业公司经营状况如何?运营绩效怎样?本文通过对金融危机爆发三年以来,我国报业上市公司成长性、获利性、偿债能力及财务状况进行分析,以期对报业企业改善运营绩效、提高资金运作效率有所启发。

一、金融危机以来传媒及报业上市公司经营状况

按照《上市公司行业分类指引》,传媒业是涵盖出版业(书、报、杂志、资料和软件出版业)、声像业(声乐和影像制品业)、广播电影电视业(广播、电影和电视业)、艺术业、信息传播服务业和互联网等众多领域的行业。目前,沪深证券交易所传媒类上市公司约有17家,包括报业、广播电视业、出版业、新媒体产业以及涉足传媒业务的其他上市公司,按照其主营业务类型,可以将其分为平面媒体公司(包括报业上市公司及出版类上市公司)、广电媒体公司(包括有线网络运营和广电系统的广告运营)以及新媒体公司等类型。(参见表1)

受金融危机冲击,沪深两市上市公司绝大多数受到影响,赢利水平下降。然而传媒上市公司在逆境中实现了收入、利润增长,堪称亮点。2008年,沪深两市1624家上市公司全年完成营业收入总额

表1 传媒上市公司类型及证券名称

类型		证券代码及证券名称
平面媒体公司	报业上市公司	600825 新华传媒、600880 博瑞传播、000793 华闻传媒、002181 粤传媒、000504 赛迪传媒
	出版类上市公司	601999 出版传媒、601551 时代出版
广电媒体公司		600088 中视传媒、000917 电广传媒、600037 歌华有线、600832 东方明珠、000839 中信国安、600831 广电网络、002238 天威视讯
新媒体公司		600804 鹏博士、600386 北巴传媒、002261 拓维信息

表2 传媒上市公司、平面媒体上市公司与沪深上市公司整体经营状况比较

	主营业务收入(亿元)	主营业务收入增长率	净利润(亿元)	净利润增长率
上市公司(1624家)	113200	16.63%	8209.14	-16.88%
其中:传媒上市公司(17家)	234	22.50%	23.86	2.8%
其中:平面媒体上市公司(7家)	98	48.5%	7.61	43%

11.32万亿元,同比增长16.63%。但是,受金融危机影响,上市公司增收不增利,整体盈利能力大幅度下降,披露年报的1624家公司共实现归属于母公司的净利润总额8209.14亿元,同比下降16.88%[1]。

总体来看,我国传媒上市公司营业收入和利润增长是比较稳定的,相对上市公司整体表现来看,传媒行业收入和业绩体现出较强的抗周期性。2008年上市公司年报显示,17家传媒上市公司实现经营收入约为234亿元(2007年为193亿元),同比增长22.5%;实现净利润23.86亿元,同比增长2.8%。(参见表2)

以报业上市公司为主体的平面媒体类上市公司,在金融危机中表现优异,其主营业务收入仍旧保持高速增长态势,净利润增长率高达43%,显示了报业媒体在金融危机下仍旧保持着强劲的活力。年报显示,7家平面媒体类上市公司2008年共实现主营业务收入约98亿元,净利润达7.61亿元,分别同比增长48.5%和43%;而广电媒体类上市公司2008年实现主营业务收入109.77亿元,同比增长10%,净利润为13.25亿元,同比下滑17.8%[2]。

二、报业上市公司运营绩效指标分析

在金融危机冲击下,报业上市公司成长能力、盈利能力、偿债能力以及财务结构变动如何?我们选取了反映上市公司运营绩效的主要指标,包括业务收入增长率、主营业务利润率、流动比率及速动比率、资产负债率等进行分析。

1.成长能力

主营业务收入增长率是衡量企业成长能力的重要指标。主营业务收入增长率高,表明公司产品的市场需求大,业务扩张能力强。通常情况下,这一指标值在5%-15%之间[3]。一般来说,若主营业务收入增长率保持在10%以上,说明公司处于成长期,保持较好的增长势头,属于成长型公司;若主营业务收入增长率在5%~10%之间,说明公司发展处于相对稳定期;若该比率低于5%,则说明公司主营业务收入开始滑坡,企业成长能力欠佳。

金融危机爆发以来的三年间,报业上市公司主营业务增长率变化较大。2007年,报业上市公司中仅新华传媒主营业务为负增长,其余均实现较快增长,其中花纹传媒增长率高达128.49%。2008年,报业上市公司中除新华传媒恢复强劲增长势头外,其余公司增速略有下滑,其中赛迪传媒出现较快负增长。值得注意的是,2009年前三季度,报业上市公司主营业务收入几乎“全军皆墨”,除博瑞传播仍保持10.82%的增长外,其余均出现负增长,赛迪传媒出现-53.76%的大幅度下滑。(参见表3)

表3 2007~2009年报业上市公司主营业务收入增长率变化

公司名称	主营业务收入增长率(%)		
	2007	2008	2009(1-9)
新华传媒	-28.44	73.11	-21.27
博瑞传播	17.42	14.34	10.82
华闻传媒	128.49	38.03	-17.90
粤传媒	16.16	16.96	-12.28
赛迪传媒	39.99	-38.12	-53.76

数据来源:上市公司2007、2008年报及2009三季报

总体而言,报业上市公司主营业务收入保持迅速增长态势,成长能力较强,属于沪深股市中颇具潜力的成长型公司。但2009年以来的表现颇令人担忧,金融危机的滞后效应显现,加之近年来报业衰退风声又起,报业上市公司能否在2010年扭转颓势、交出一份亮丽答卷,成为人们对报业前景恢复信心的关键一年。

2.盈利能力

净资产收益率是反映企业盈利能力的核心指标,综合性强,可以衡量公司运用自有资本的效率以及所有者投资的获利能力。该比率越高,说明所有者投资带来的收益越高。

自2007年金融危机爆发至2009年前三季度,报业上市公司净资产收益率表现尚属稳健。2008年,新华传媒、博瑞传播、华闻传媒净资产收益率有所提升,而粤传媒、赛迪传媒净资产收益率下滑,其中赛迪传媒下降较快。2009年前三季度,报业上市公司净资产收益率总体有所下滑,但幅度不大,赛迪传媒跌势收窄。(参见表4)

从2007年到2009年前三季度总体情况来看,报业上市公司资产运营状况比较稳定,净资产收益率未出现大幅下滑迹象,这也显示出报业上市公司保持一定的收益率,盈利能力未出现根本性变化。

3.偿债能力

流动比率(current ratio,CR)与速动比率(quick ratio,QR)是衡量企业偿还短期债务能力强弱的指标,反映了企业偿还短期负债能力、现金存

表 4 2007~2009 年报业上市公司净资产收益率变化

公司名称	净资产收益率（%）		
	2007	2008	2009(1-9)
新华传媒	7.69	12.59	8.04
博瑞传播	14.95	18.82	15.71
华闻传媒	7.41	7.88	5.54
粤传媒	5.42	0.075	0.80
赛迪传媒	0.42	-61.14	-6.16

数据来源：上市公司 2007、2008 年报、2009 三季报

量以及经营现金是否流畅等财务状况。一般情况下，企业合理的最低流动比率为 2 左右；速动比率则不应低于 1[4]。指标过低则短期偿债能力较弱，过高则说明企业流动资金过多、资金运营能力差。一般来说，将流动比率与速动比率结合起来分析：CR>2 且 QR>1，资金流动性好；1.5<CR<2 且 1>QR>0.75，资金流动性一般；CR<1 且 QR<0.5 资金流动性差。

据此分析我国报业上市公司偿债能力指标变化，可以发现，2008 年，博瑞传播、华闻传媒、粤传媒等公司 CR>2 且 QR>1，显示其资金流动性好、偿债能力高；新华传媒 1<CR<2 且 1>QR>0.75、显示其资金流动性一般，偿债能力一般；赛迪传媒 CR<1 且 0.5<QR<1，显示其自有资金比较短缺、偿债能力较低，若金融市场出现剧烈动荡，公司易陷入财务困境。（参见表 5）

2009 年与 2008 年相比，5 家报业上市公司偿债能力波动不大，基本保持稳定。华闻传媒、粤传媒仍旧保持较好的资金流动性，偿债能力高；新华传媒流动比率、速动比率略有提高，显示偿债能力有所改善；赛迪传媒偿债能力未能有效改善，但没有继续恶化。同时，部分报业上市公司流动比率和速动比率指标较高，虽保持较高偿债能力，但也透露出这些公司持有的流动资产过多、闲散资金比例较高，显示出其资金闲置、资金运用效率不高。

4.财务结构

资产负债率是指总负债占总资产的比率，是反映企业财务结构是否合理的重要指标。一般情况下，资产负债率越小，表明企业长期偿债能力越强，财务风险较小。这个比例一般不应超过 50%，若超过 70%警戒线，则表明企业财务状况不佳，经营风险大。但这个比率并非越低越好，适度负债经营可以提高经营效率，指标太低则说明企业经营者比较保守，缺乏进取精神，对财务杠杆利用不够。

从连续三年的资产负债率来看，我国报业上市公司资产负债率普遍不高，经营保守。2007 年，5 家报业上市公司中 4 家资产负债率处于 0%~40%之间，处于 40%~50%的公司仅 1 家（新华传媒）；50%及以上无。2008 年，3 家公司处于 0%~40%之间，处于 40%~50%的公司增加一家，达到两家（新船传媒、赛迪传媒）。2009 年前三季度，4 家公司处于 0%~40%之间，赛迪传媒突破 50%，达到 52.98%，显示其财务结构有所变化，但仍在可控范围内。（参见表 6）

总体而言，我国报业上市公司资产负债率指标较低，财务状况较好，显示出这些企业长期偿债能力均比较强。但另一方面，也说明我国报业上市公司长期以来的保守的经营观念未有改观，不敢负债经营，虽然闯入资本市场却对资本运营手段不够熟悉。

三、结论与探讨

总体来看，面临金融危机冲击，我国报业上市公司经营比较稳健，主营业务收入增长和利润增长仍然比较稳定。较之其他行业，传媒上市公司体现出较强的抗周期性，在金融危机背景下仍旧保

表 5 2008~2009 年报业上市公司偿债能力指标

公司名称	2008		2009.9	
	CR	QR	CR	QR
新华传媒	1.19	0.83	1.37	0.89
博瑞传播	2.50	2.42	1.24	1.17
华闻传媒	3.09	2.83	2.57	2.08
粤传媒	2.97	2.68	3.03	2.78
赛迪传媒	0.84	0.71	0.81	0.71

数据来源：上市公司 2008 年报及 2009 三季度报

表 6 2007~2009 年报业上市公司资产负债率指标变化

公司名称	资产负债率（%）		
	2007.12.31	2008.12.31	2009.9.30
新华传媒	43.87	41.67	38.41
博瑞传播	31.11	23.40	36.41
华闻传媒	26.78	22.18	26.43
粤传媒	21.90	18.28	17.36
赛迪传媒	34.10	48.16	52.98

数据来源：上市公司 2007、2008 年年报及 2009 年三季度季报

持稳定增长态势，受到的冲击较小，获得了良好的发展机遇。但是，如何提高资金运用效率仍然是报业上市公司的当务之急。

对于报业上市公司在金融危机以来三年间的表现，我们有以下结论及探讨：

第一，金融危机对于我国传媒上市公司虽然造成了一定影响，但是比金融危机对其他产业的影响要小。从2007年金融危机爆发至今，诸多行业均受到较大冲击，但危机对我国传媒业的成长态势没有改变，传媒产业的广告收入及相关业务收入基本保持稳定。2008年，全部上市公司净利润下降16.88%，而当年传媒上市公司净利润仍增长2.8%，其中报业上市公司金额利润增长率仍旧达到43%，盈利能力向好。

第二，我国报业上市公司偿债能力强、资金流动性好。但是，部分上市公司流动比率、速动比率指标较高，显示这些公司流动性资产过多，资金未能投入到拟投资的项目中，资金出现闲置，资产运作效率不高。

第三，传媒上市公司财务结构偏向保守，多数上市公司资产负债率处于较低水平。虽然财务风险较低，但是过低的资产负债率也反映了企业过于谨慎，不敢大胆地运用财务杠杆“借鸡下蛋”。

传媒企业登陆资本市场，主要目的便是通过资本市场募集资金，使传媒企业实现超常规发展，而过低的资产负债率，使得登陆资本市场的意义大打折扣。往深里说，是传媒企业还停留在以前的“有多少钱办多少事”的经营理念之下，不敢负债经营，不能有效利用资本市场募集资金并加以运作。

第四，随着《文化产业振兴规划》的出台，报业上市公司迎来新一轮发展高潮，能够在资本市场“长袖善舞”，决定着报业上市公司的未来。

随着国家出台4万亿元经济刺激措施，各行业振兴规划的落实，以及金融对国民经济支持作用的发挥，我国宏观经济在2009年已经成功摆脱了金融危机的阴霾。与此同时，2009年9月，国家正式出台《文化产业振兴规划》，文化产业成为第11个振兴规划的产业，上升为国家战略规划[5]。未来三年，传媒产业将面临重大发展机遇，并将彻底打破横亘在广电与平面媒体间的壁垒，从而推动我国传媒进入真正的“大传媒时代”，将实质性推动未来3年间文化企业的上市融资和并购重组。报业上市公司受益于该产业规划的出台，但如何抓住这一机遇、实现超常规发展，仍需要在登陆资本市场之后，继续改善内部经营机制、提高资金运作效率，在资本市场上“长袖善舞”、“借力使力”，这也是今后陆续登陆资本市场的报业企业必须要高度重视的问题。□

※作者是西北大学新闻传播学院院长助理、副教授，传媒经济研究所所长

※注释：

【1】赵洋.《2008年报落幕，上市公司整体利润下降17%》.《金融时报》.2009-05-01。

【2】呼振翼.《传媒行业：业绩稳定凸显防御，政策变化酝酿重估》.新浪财经.2009-5-18。

【3】常永新.《传媒集团公司治理》.中国传媒大学出版社2006年版.第154页。

【4】师萍.《现代企业财务管理》.中国致公出版社2004年版.第322、323页。

【6】于海峰.《振兴规划出炉，传媒股战略地位陡升》.《上海证券报》.2009-9-29。

拓展报业资产资本运作渠道才能突破报业发展瓶颈

● 朱长元

报业的资产资本运作，是提升报业经济实力和发展文化产业的重要支撑，同时也不乏是突破报业发展瓶颈的一种选择。

所谓报业资产资本运作，就是将报业集团所拥有的经营性资产广告、发行、印刷、信息资源以及存量资金，通过参股、控股、兼并、重组、流动、租赁、股权转让拍卖等形式，在资本市场的专业团队具体经营运作中，达到报业所期待的资产资本增值目的。

上述这种观点的提出，是基于2003年12月31日，国务院颁布《文化体制改革试点中支持文化产业发展的规定》，2005年12月，中共中央、国务院提出《关于深化文化体制改革的若干意见》后，国内不少报业集团在先期将报业经营性资产剥离为企业，又因为成都日报报业集团借壳“成都博瑞”、解放日报报业集团控股“新华传媒”、广州日报报业集团在深圳中小板上市“粤传媒”等诱惑下，开始将目光集中到报业集团经营性资产上市这个问题上。然而，报业经营性资产上市是否会助推报业经济的发展，是否会扭转目前报业经济滑坡的颓势，《北京青年报》的香港上市已经给了我们一个答案。因此，在报业经济发展中，一些眼下并不具备上市条件的报业集团，也许通过拓展报业资产资本运作渠道，同样可以达到资产资本增值目的和取得比上市并不会差多少的经济效益。

一、报业资产资本运作的关键是要建立现代企业制度和实行企业股份制管理

近五年，中共中央、国务院就文化体制改革先后颁布的两个文件，前者的基调是“党报、党刊、电台、电视台等重要新闻传媒经营部分剥离转制为企业，在确保国家绝对控股的前提下，允许吸收社会资本”。后者在前者的基础上更为开放的提出了“支持和鼓励大型国有文化企业和企业集团实行跨地区、跨行业兼并重组，鼓励同一地区的媒体下属经营性公司之间相互参股”。文件仅仅是准入性框架，具体实施还得包括报业在内的文化单位根据不同情况进行运作。问题是报业集团以往的强项是办报，经营主业也仅有广告、发行、印刷，办报的强项和经营上的薄弱，导致了报业集团的主业并不能真正起到主业的作用，当然症结在于目前报业经营一是缺乏现代企业制度的保障；二是企业结构上大都属于独家经营；三是报业的经营实体之间有着扯不清的关联交易现象；四是报业集团对所属经营性公司的管理缺乏规范的法人治理意识。作为文化体制改革的初始阶段，出现这些问题都是正常的，报业以往的一贯重办报轻经营环境和氛围，若要想短期内转变为办报、经营两手抓两手都要硬有一个过程，而在我们办报、经营尚未形成并驾齐驱的时候，我们要想急于求成的通过报业上市来完成报业经营上的真正转轨和盈利，无论思想、物质和人才上都没有足够的准备，同样也缺乏上市基础和报业上市后的盈利保障。

既然报业集团目前的经营现状同一般股份制企业相比尚属稚嫩，那么报业集团就应该首先在建立现代企业制度、规范法人治理意识上有所突破，逐步夯实经营上的制度保障和人才储备基础。报业上市准备需要更稳健的推进。比如，现在国内报业集团的经营性资产一般还存在不同类别上各

自为阵自主经营现象，为什么不能先模拟上市公司，在报业集团的经营性资产上进行集团企业化统一运作呢？

报业集团在没有完全具备上市条件情况下，不要急于为上市而上市的另外一个理由，是因为我们不能忘记1998年，新闻出版总署、国家工商行政管理总局出台《关于报社、期刊社开展有偿服务和经营活动暂行办法》时，诸多报社一轰而上大办经济实体，大搞三产，经过一番劳民伤财的折腾，结果赢者微乎其微，输者不在少数。当初的报社兴办企业的失败在于大家有热情、有冲动、有积极性而缺少人、财、物的足够准备。时隔20年，现在的报业集团已经不等同于当初的报社，我们虽然已经积累了20年的报业经营经验和教训，但是对于上市来说，它又完全不同于当初的大办经济实体那么简单，至少对于国内不少报业集团，上市显然还太陌生，报业集团经营离资本市场还有一段距离。因此制度的建立、经营手段上的更趋市场化，以及对资本市场的不断参与和操练是报业上市的必修课，否则报业上市后，上市公司一旦盈利能力下降，对上市主体报业集团，将是致命一击。我们要清醒的认识到，目前大多数报业除了广告这种单一的盈利模式之外，还没有其他能够维持报业生存的资金来源。何况，2005年以来报业广告经营处于艰难状态，上市更不会给报业广告经营带来根本性变化，可以说，目前已经具备上市条件的报业集团其实并不多，因此，报业经营除了上市还有其他几条路可以走。

二、梳理报业经营性资产的效果在于是否坚定不移推行现代企业制度

作为报业集团，目前究竟有多少经营性资产，这些经营性资产能否通过建立现代企业制度和实行企业股份制管理进行质的蜕变，这决定了一家报业集团若干年后能否实现可持续发展的重要问题。对此，杭州日报报业集团于2003年7月开始的这种尝试，奠定了这家报业集团5年后跨越式发展的报业经济地位就是一个成功案例。

同样是实行广告总代理模式，与解放日报报业集团所属报刊实行广告总代理形式有着异曲同工之处的是，解放集团的广告总代理公司最初是一家具有独立法人资格的体制外民营公司，而杭州日报报业集团则对集团广告中心进行股份制改造，将集团的一个职能部门转换为具有现代企业制度保障、具有独立法人资格的股份制经营主体浙江风行传媒有限公司，杭报集团对“风行传媒”主要实施资产管理，“风行传媒”独自承担自主经营，自负盈亏，自我发展的企业经营主体责任，“风行传媒”对杭报集团旗下的《杭州日报》和《都市快报》以及“杭州网”、《名胜风景》实行广告总代理。既然是一家股份制企业，“风行传媒”的经营范围就不可能仅仅局限于杭报集团自身媒体，比如，“风行传媒”在总代理杭报集团媒体广告之外，企划购买部门根据客户需求购买了同城其他传统媒体广告平台，尝试在户外广告等领域进行涉足。2004年，“风行传媒”争取到了杭州中河高架灯箱广告的代理权，开始向报纸媒体资源以外广告资源拓展。同时“风行传媒”又开拓了有声有色的会展项目，自办《精致生活》DM杂志及“精致生活网”、《精致生活》电子杂志；2006年2月，“风行传媒”进入艺术品经营领域，同年还尝试进行证券、投融资方面的实时运作。一个集团广告中心转变为一家社会化股份制公司，由此带来了经济效益的翻天覆地变化，这种经济效益变化反哺了作为控股人的杭州日报报业集团；这种经济效益变化一扫了原先事业编制内员工的后顾之忧；这种经济效益变化推动了“风行传媒”向更广泛领域的进军和发展。一家报业集团，一家颇具经济实力的股份制企业，杭州日报报业集团通过梳理经营性资产，对可剥离的经营性资产推行现代企业制度，实行企业股份制管理，从而突破了报业集团在经营上的瓶颈，形成了企业获得的良好经济效益支撑了报业集团经济发展的良性循环局面。

除了杭州日报报业集团以外，国内有不少报业集团也曾想到类似问题，甚至已经将报业经营性资产转换成企业化运作，但并没有取得杭报集团这种看得见摸得着的效果，对此有几家报业集团的主要领导曾与笔者就“风行传媒”模式进行过探讨，其实质性问题是如何处理报业集团与具有独立法人资格企业的关系。也许大多数报业集团至今仍将这些具有独立法人资格企业视作是自己管辖下的一家单位，而并没有用现代企业制度来处理报业集团与股份制公司之间关系，如果这家公司的股东们都采取报业集团的管理模式处理企业管理关系，那么股份制公司就失去了股份制的意义。追求报业经营性资产在市场上的新生，关键是要摒弃形似，追求神似，追求真正意义上的企业股份制管理，追求企业的最终经济效益。而由报业集团的经营性资产转换成建立现代企业制度下的股份制管理的企业的过程，也是报业集团经营性资产运作的过程，这其中涉及到或控股，或参股，或兼并，或资产注入的重组等操作手段。作为报业来说，报业经营性资产的运作过程，也是舍弃自恋情结追求市场化的过程，也许现在以报业经营性资产作为母体蕴育出的股份制公司，若干年后完全有可能蜕变或报业经营性资产只是这家企业其中一个经营项目，主业已经摆脱了报业经营资产而向更多领域的拓展，这种企业的形成和崛起才是今天进行报业资产运作的真正目的，才是报业经济来源的基础。可以想象，如果报业集团目前不朝这方面去思考以后的发展，那么我们失去的将不仅仅是时间，更大程度上失去的是经济后劲和报业集团可持续发展的路径。

报业集团的发展要想有所突破，现在着眼点首先是报业集团的经营性资产，除了杭州日报报业集团的案例，我们还可以找到更多的既能仿效也可复制的报业试点单位。问题是报业集团的发展伴随着一定的责任和风险，如果没人去勇于承担这种责任和风险，那么报业集团的发展必然会滞后于国民经济的发展。现在的报业集团发展需要勇气，更需要责任，这种责任反映在具体层面是一种量化指标，是对后人的负责，是在趟一条前人没有走过的险径，尤其是报业资产资本运作，几年前也许还属于报业发展中不可逾越的天障。

三、报业资产资本运作渠道要着眼于借助专业团队和派出董事监事的责任到位

除了杭州日报报业集团的报业经营成功案例，解放日报报业集团的报业经营也颇有可圈可点之处。在解放日报报业集团控股“新华传媒”之前，这家报业集团已经拓展了不少资产资本运作渠道，并在资本运作中积累了不少经验，甚至已经开始了海外上市的前期准备工作，解放日报报业集团部分经营性资产上市是在充分准备的基础上的“水到渠成”。

其实，近几年上海两大报业集团一直没有停止过报业资产资本运作，比如解放日报报业集团在经过评估的基础上参股百年老店“杏花楼大酒店”、参股五星级酒店“南新雅华美达大酒店”，对这两家酒店在不参与经营的情况下，借助酒店专业人士的专业水准，每年获取了不菲的投资回报；解放日报报业集团作为国有文化企业，并不擅长房地产开发，于是通过与房地产开发商的合作，涉足了商业地产项目开发；解放日报报业集团在获得上海市中心500余块视频经营权后，同样借助外力，由社会上专业经营团队参股并具体运作这些视频。任何一家报业集团，或多或少都拥有一些垄断性资产资本，但是如何运作好这些资产和资本，报业必须严格按照现代企业制度，严格遵循公司法要求规范法人治理结构，采用控股、参股方式来规避报业经营人才的不足，不失是目前对股份制企业投资人获得投资回报的通用途径。解放日报报业集团目前资本资产运作渠道很多，而在拓展这些渠道的根本着眼点是控股、参股但不参与具体经营，解放日报报业集团对这些企业的实际控制是通过派出董事、监事的责任到位来完成的，在这个问题上又充分反映出了董事、监事在行使其职能时的能力和投资人每年对这些董事、监事的实际考评。

同样，文汇新民联合报业集团投资华亭宾馆以及斥资数亿元认购1亿多股海通证券，2008年市值达50亿元，这种资本运作带来的收益都是区别于一般报业的传统盈利结构，它是依靠市场渠道获利的一种做法，同时又规避了报业对这些领域经营不熟悉而可能产生的风险。

拓展报业资产资本运作渠道的好处还在于对任何一个项目，报业可以先小后大逐步做强，同时这样又留有一个可以拓展也可以收缩的余地。诸多运作渠道运作出不同项目，其并表功能便能显现出一家报业集团的经济实力。对于没有做好上市准备的报业集团，上市往往属于开弓没有回头箭，目前单一的报业盈利模式上市后其主业仍然摆脱不了单一盈利模式所带来的风险。我们可以换一种思路来经营我们的报业，那就是用上市公司的经营模式来经营我们没有上市的企业。也许有人会提出上市可以获取资金，其实，获取股市资金还要考虑对这些资金的回报，考虑要用具体业绩来支撑股市里的股价，任何资金都不是无偿使用的。同样道理，如果报业没有上市而又有项目需要资金投入，资本市场上的股权转让、参股、发行债券以及通过银行融资等，同样可以解决上市给报业带来的便利。又回到问题的本源，报业集团的经营性资产如果建立了现代企业制度和规范了法人治理结构，一家报业集团晚上市或许比早上市更有基础，更有条件构建出足够大的经营平台，去实现上市后经营规模上的扩张。

此次解放日报报业集团控股“新华传媒”，是在前几年已经完成了报业集团经营性资产由股份制企业经营的基础上推出的。解放日报报业集团注入“新华传媒”的资产既有“五报一刊”:《申江服务导报》、《人才市场报》、《房地产时报》、《I时代报》、《上海学生英文报》及《晨刊》的经营性资产,同时又有广告专业团队上海中润解放传媒有限公司。中润解放是一家总代理解放日报报业集团广告的股份制企业,这家企业进入上市公司,解决了上市公司在广告经营上专业化操作的问题,同时,中润解放又是一个法人治理结构较为完善,是一家由解放日报报业集团控股,报业集团又不参与经营的真正具有现代企业制度保障的企业。从某种意义上说,解放日报报业集团控股“新华传媒”规避了报业上市所可能产生的诸多风险,是一种比较彻底的有报业经营业务和图书发行经营业务支撑的盈利模式多样的上市公司,因此,笔者强调拓展报业资产资本运作渠道是为报业上市必须要做的一种铺垫。

报业集团为什么热衷于上市,有人会说是为了解决报业的融资问题。其实业内人士都明白,国内诸多报业集团与其它企业相比,资金问题并不是首要问题,有些报业集团并不缺乏资金,他们所缺乏的是报业经营性资产的企业化框架,是报业事业与企业两种体制上的相互渗透。这种体制上的模糊不清从根本上阻障了报业经济的发展,而上市并不能从根本上解决报业的制度建设问题。因此,作为报业集团,若要想有质的飞跃和经济发展,我们不能先考虑上不上市,而先要解决报业与市场经济对接问题,用市场化手段来运作好报业现有的资产和资本,在做大资产规模的前提下,在有能力兼并、重组同行的时候,再用上市手段来打开募集资金的瓶颈问题。资金流动会产生财务成本和投资回报,资金充裕也是“双刃剑”,如果缺乏足以消化财务成本和解决投资回报的项目,资金充裕将会给报业带来沉重包袱,因此,就目前国内大多数报业集团的经营现状而言,笔者认为至少在近期积极拓展报业资产资本运作渠道不乏是比上市更好选择。至于在市场化条件下,用以资本为纽带,结合市场运作,借助行政力量推动,实现对跨地区、跨媒体、跨行业的资产重组和资源整合,那只不过是报业经济扩张的一种目标或者是我们的愿望。□

※作者是解放日报报业集团广告中心主任

报业上市
——在喧嚣与负重中前行

● 方平凡

2008年以来，在国际金融危机影响下，中国报业整体发展环境遭遇重大挑战，但中央推进文化体制改革的决心和信心没有改变，一系列富有含金量的政策、意见、规划陆续出台，着力培育文化产业领域的骨干企业和战略投资者。

相对于2008年全球资本市场哀鸿遍野的悲惨状况，2009年以来，随着宏观政策的推动，传媒产业中的出版、报业上市话题不断升温，而国内股市率先止跌回稳，并明显有复苏的迹象，也使主流传媒企业改制上市的进程逐渐加快。

一、报业实体经营遭遇挑战

1.广告经营形势不容乐观

从2007年末开始席卷全球的国际金融危机，对中国实体经济的负面影响逐渐加深，受其影响，当前我国经济面临增长严重下滑、企业生产能力过剩、就业不足等问题。从GDP增长率来看，2007年为13%，2008年为9%，2009年上半年仅为7.1%，而据世界银行最新预测，中国2009年GDP增长率为7.2%，中央政府提出的“保八”任务相当艰巨。

媒介经济学的研究表明，传媒业尤其是报刊业的发展取决于广告的承载水平，任何一个社会、任何一个市场的广告额与GDP之间有一个比例关系。GDP增速下降，必然影响到绝大部分还是靠广告生存的中国报业：一方面，金融危机使消费者对经济发展的预期下降，购买力不足，报刊读者群缩小、发行量下降，影响力减弱；另一方面，企业、厂商面临着资金和市场的双重压力，迫使他们压缩成本、减少广告支出，导致报刊广告受到冲击。

根据国家工商总局的数据，2008年，报纸广告经营额为342亿元，比2007年增加20.47亿元，增长6.36%，这与前些年报纸广告呈两位数增长的情况相比，已经进入了一个缓慢增长期，如果考虑到通货膨胀因素，报纸的广告额几乎没有什么增长。《2009年中国传媒蓝皮书》指出，从改革开放30年报业发展来看，伴随中国宏观经济的高速发展，虽然报纸广告经营额一直在增加，但其占广告经营总额中的比例却在总体上呈下降趋势，说明报业在整个媒体产业中的份额正在不断缩小。[1]在中国报业协会报业经济研究工作委员会主办的“2009年全国报业危机应对座谈会”上，发布了“2009年第一季度广告经营情况调查报告”，报告显示：2009年第一季度我国报业单位广告实际经营额的平均增长率为负8.81%，是我国近年来第一次出现的广告经营额负增长，其中受影响最大的是汽车、房地产、金融保险、奢侈品四个行业。[2]

2.涨价阴影挥之不去

2008年，困扰中国报业的另一个重大问题是新闻纸张涨价。众所周知，新闻纸占报业成本的60%-70%，是报业经营中的重要原材料，2008年上半年，新闻纸市场价格由2007年底每吨4600~4800元上涨至最高每吨6200~6400元，累计涨幅超过40%，虽然到年底价格有所回落，但依旧对报业经营产生了极大影响，多数报业集团因此利润下滑甚至亏损。为应对成本上涨压力，国内报纸纷纷提价，从南京、成都、上海、武汉开始，涨价潮迅速席卷全国。还有不少报纸减版、减彩、减量，造成国内报纸市场一片风声鹤唳，人人自危。

2009年上半年，中国报业协会印刷工作委员会对全国139家报纸印刷企业进行了2008年度报纸印量调查，结果显示，2008年全国报纸印刷总印量为1594亿印张，同比减少2.45%，为16年来我国报纸印量首次下降，全年耗用新闻纸358万吨，同比减少2.45%。该协会分析认为，新闻纸价上涨，迫使部分报纸提价，控制发行，是影响报纸发行量和印刷量增长的重要原因。[3]

然而，现实总是充满了戏剧性：从2008年底至今，新闻纸价格一路回落，甚至回到了2007年底之前的水平，于是又出现了一批报纸降价、竞争对手纷纷跟进的现象，转换之快，令人目瞪口呆。笔者认为，新闻纸和报纸的涨价、提价到降价，以下几个问题不得不问：报业经营者对新闻纸价的涨跌规律了解多少？报纸依靠发行量和规模扩张的增长方式还能维持多久？报业仅仅依赖广告生存的脆弱经营格局何时能够真正改变？报业能彻底走出涨价带来的心理阴影吗？

这些问题的答案其实并不复杂，各路方家早已指明方向：报业必须坚定地走市场化道路，毫不犹豫地推动体制机制改革，形成质量效益型的发展格局，通过资本纽带、上市平台和市场法则实现集约化、规模化、公众化发展，以此降低经营风险、消弱市场"外部性"给报业经营带来的伤害。

3.经营转型、改革任务艰巨

近年来，由于互联网、手机等分众媒体迅速崛起，使报纸的读者资源和广告资源流失，为开辟新的增长领域、促进媒体融合，新闻出版总署适时提出了"数字报业"概念，并全面启动、推进网络报纸、手机报、全媒体数字报刊、电子商务、户外数字媒体、电子阅读器和移动采编系统等互相结合的数字报业战略，促使整个报业的运营模式发生改变。这场基于传播形式变化而带来的传播价值链创新构建的转型任务，已经不可避免地摆在中国报业面前，但从目前国内报业集团的情况来看，依然面临着认识不深入、投入不充足、商业模式不清晰、人才匮乏等因素的制约，整体推进状况并不十分理想。

根据中央部署，今后三年的新闻出版体制改革推进的路线图和时间表已经确定，要通过改革加快经营性文化出版单位转企改制，培育合法的市场主体，建立法人治理结构和现代企业制度，改革产权制度，在确保国有控股的前提下推进股份制改造，鼓励通过重组、兼并、并购、融资、上市等方式，形成一批国有文化骨干企业和战略投资者。报业改革作为其中的一部分，既要借鉴国有企业改革的经验和办法，又要确保国家文化安全，需要不断探索，时间很紧、任务很重。

二、改制上市推力进一步加强

尽管文化传媒产业发展遇到了一些困难，但从宏观政策层面看，中央推进文化体制改革、大力发展文化产业、提升国家软实力的战略没有改变，且呈现出着眼点更高、力度更大、配套更完善等特点，报业改制上市总体环境进一步完善。

2008年10月，国务院出台了114号文件，即《文化体制改革中经营性文化事业单位转制为企业的规定》和《文化体制改革中支持文化企业发展的规定》。114号文件是对2003年文化体制改革试点中颁布的105号文件的延续和完善，对文化体制改革中涉及的诸多难点问题给予了明确解答，包括国有文化资产管理、资产和土地处置、收入分配、社会保障、人员分流安置、财政税收、投融资、法人登记、工商管理等方面，为报业改制上市提供了更多含金量十足的优惠政策。如经营性文化事业单位转制为企业后，免征2009~2013年的企业所得税；党报、党刊将其发行、印刷业务及相应的经营性资产剥离组建文化企业，所取得的党报、党刊发行收入和印刷收入免征增值税；同级财政可一次性拨付一定数额的资金，用于转制企业的资产评估、审计、政策法律咨询等等。

114号文明确指出："通过公司制改建实现投资主体多元化的文化企业，符合条件的可申请上市。鼓励已上市文化企业通过公开增发、定向增发等再融资方式进行并购和重组。鼓励文化企业进入创业板融资。"而在此前，《中共中央、国务院关于深化文化体制改革的若干意见》已经为报业剥离经营性资产、转企改制、形成市场主体扫清了政策障碍，114号文件在此基础上，更加具体细致。

2009年3月底，财政部、海关总署、国家税务总局相继发布了《关于文化体制改革中经营性文化事业单位转制为企业的若干税收优惠政策的通知》和《关于支持文化产业发展若干税收政策问题的通知》，对114号文件涉及的税收减免、优惠审批权限、适用范围、操作办法等予以了明确规定。

4月1日，国家新闻出版总署出台了《关于进一步推进新闻出版体制改革的指导意见》，明确了下一阶段推进新闻出版体制改革的工作重点，继续完善新闻出版单位体制改革的政策保障。指导意见提出了更清晰的新闻出版体制改革路线图和时间表，除明确为公益性的图书、音像制品和电子出版物单位外，所有地方和高等院校经营性图书、音像制品和电子出版物单位2009年底前完成转制，所有中央各部门各单位经营性图书、音像制品和电子出版物单位2010年底前完成转制。中宣部、总署领导人也在多个场合表示，新闻出版单位体制改革自上而下，分期分批推进，出版行业改完了、理顺了，就是报业了。

对于加快培育传媒骨干企业和战略投资者，指导意见明确提出："鼓励和支持社会资本特别是国有大型企业参与出版传媒企业的股份制改造"；"积极支持条件成熟的出版传媒企业，特别是跨地区的出版传媒企业上市融资"；"在三到五年内，培育出六七家资产超过百亿、销售超过百亿的国内一流、国际知名的大型出版传媒企业，培育出一批导向正确、主业突出、实力雄厚、影响力大、核心竞争力强的专业出版传媒企业"。由此看来，新闻出版单位不仅要积极转制，还要积极推进跨地区、跨媒体、跨行业、跨所有制的整合，通过市场法则实现优势互补、资源共享，走联合重组之路，其中最好的方式和平台就是资本经营。

2009年7月22日，温家宝总理主持召开国务院常务会议，讨论并通过了《文化产业振兴规划》。这标志着文化产业地位显著提升，文化产业发展已经上升到了国家战略层面，是提升国家软实力的重大举措。振兴规划降低了文化产业准入门槛，对培育国有大型文化骨干企业、推进区域传媒资源整合、扩大文化消费、资金支持、上市融资、人才培养等多方面进行了部署，意义重大、影响深远。

证券界分析人士认为，虽然目前文化传媒企业在资本市场所占比重很小，但文化产业振兴规划有望实质性推动文化产业进行以跨媒体、跨区域、跨行业整合为主要特征的资本运作，不仅上市公司利用已有的资本平台进行资源整合、收购兼并，而且，越来越多的文化传媒企业将通过借壳、IPO等方式进入资本市场，催生文化传媒企业上市潮，产业证券化率将得到显著提高。同时，受惠于政策利好，股权投资市场也趋于活跃，一些境内大型投行开始推出规模达数十亿元的私募基金，投资内地媒体集团，希望能够借到文化体制改革的"东风"。

从国内资本市场的现状来看，股市已经走出了2007年10月份以来持续下滑的局面，回暖迹象明显，而刚刚推出的创业板市场，也为文化传媒企业上市融资增添了新的路径，中国证监会首批受理的105家创业板申请企业中，就有一批文化传媒企业。可以预见，未来三到五年，在宏观政策大力推动和股市回暖的双重利好下，通过改制重组谋划上市的文化传媒企业会越来越多。

三、报业上市若干问题再探讨

关于报业剥离经营性资产、转制上市的理论依据、办法、路径、意义等问题，相关论述已经很多了，笔者仅就比较集中的几个难点热点问题作些探讨。

1."内容生产"能不能上市

在产业规划中，文化传媒企业基本上被划分为"渠道"和"内容生产"两大类：出版物发行和印刷、电影院线、广电传输网络、中介文化服务等"渠道"部分，对行业外资本开放的条件比较成熟，改制融资也比较容易获得批准；而"内容生产"部分多元文化特征更为明显，产品形态更加复杂，关乎国家文化安全，因此开放程度较低。就报业而言，中央规定党报、党刊、时政类报刊不能转企，只能剥离新闻媒体中的广告、发行、印刷等经营性资产形成市场主体。

那么，问题就出现了：内容生产（采编）、广告、发行、印刷形成的整个报纸产业链条，在这里被割裂开来了，即使是已经上市的传媒公司，也无法将内容生产部分整体纳入上市公司。改革开放30年以来，报纸已由单一喉舌功能、宣传工具转向走产业化道路，其商品属性勿庸置疑，内容生产（采编）、广告、发行、印刷四个环节就是报纸商品的四个生产车间，要将其核心部分内容生产（采编）与其它部分分开，无异于竭泽而渔。从2003年文化体制改革试点以来，国内多家报业集团在这方面积极探索，主要集中于如何实现"宣传和经营两分开"、建立分开后经营不干扰采编的运行机制等，但数年来的改革实践证明，内容生产（采编）与广告、发行、印刷等经营部分是"分不开"、"分不清"的。

既然在微观层面无法分开，那么在宏观层面能不能分开呢？《中共中央、国务院关于深化文化体制改革的若干意见》已经明确，在建立"党委领导、政府管理、行业自律、企事业单位依法运营"的文化管理体制下，科学区分公益性文化事业和经营性文化产业，针对它们的不同特点和要求，制定不同政策。2009年，新闻出版总署将在研究制定区分公益性和经营性报刊单位的指导原则和分类标准的基础上，科学界定报刊功能定位，采取先易后难、分步实施的办法，分期分批确定公益性和经营性中央报刊出版单位名单，各省市也将参照此办法拿出名单。

有报业经营者认为[4],改革开放30年以来,我国传媒领域并没有出现与政府对立、对抗、不服从的现象,也不存在党和政府管不住、管不了媒体的情况,这说明用“事业单位”这个杠杆作为管理手段的实际意义不大;30年实践证明,媒体走产业化道路,没有给党和政府惹麻烦,媒体定位于企业后,党和政府完全可以利用行政、法律等手段对其进行管控。因此,除了党报、党刊等时政类报刊外,非时政类报刊媒体可以定位为企业,既然是企业,“内容生产”作为报刊产业链的一部分,上市不存在任何障碍。同时,由于党委和政府掌握着“宣传内容终审权、资产配置控制权、重大事项决策权、主要干部任免权”等“四权”,定位于企业的报刊媒体“内容生产”部分即便上市了,其意识形态属性不会被消弱,更不用担心出现舆论导向失控、抛弃社会效益等现象,这既是尊重媒体产业发展客观规律的需要,也符合确保文化安全的现实国情。

2.上市是不是“最高境界”

近年来,传媒业内一直流传这样的观点:文化体制改革第一步是剥离、整合经营性资产成立有限责任公司,第二步是对公司进行股份制改造、实现投资主体多元化,第三步就是上市进行资本经营,其中“上市是文化体制改革的最高境界”。

的确,资本经营是市场经营的高级形式,是典型的市场行为和经营行为,传媒企业上市具有重大突破意义和历史标志意义。上市公司一定是规范的现代企业,意味着中国传媒由纯意识形态、上层建筑属性转换为产业、经济、市场、商品属性,这是根本性的突破。报业上市后,可以利用资本平台,通过联合重组、兼并收购等方式做大产业、快速发展,优胜劣汰、活化机制,实现两个效益的最大化。因此,国内已有报业经营者明确提出[5],资本经营是报业未来的核心经营,而上市是资本经营的典型形式和标志。

但是,传媒企业是不是一上市就灵呢?未必。由于传媒产业市场尚未培育成熟、地域区隔没有完全打破、资产权属关系不清晰等原因,文化传媒企业即便上市了,也面临着市场开放程度不高、资源整合推进难、体制障碍多等诸多问题的困扰,跨越式扩展与发展很难实现。具体到某个报业集团上不上市、何时上市、怎么上市,需要审时度势,这个“时”和“势”就是上市的外部环境和自身条件,即市场的成熟、开放程度和自身的发展规模、经济实力、盈利能力和战略目标。

值得注意的是,在“上市是文化体制改革的最高境界”观念的指引下,有的省市和地方出现了传媒集团组建、改制热潮,不管条件成不成熟、资产规模质量如何、不管主体合不合格,一拥而上,甚至利用行政手段制定拟上市公司数量,把文化传媒企业上市作为政绩工程来抓,忽略市场导向,不仅盲目,而且有害。

3.不上市就没有必要改制

剥离经营性资产、转企改制、形成市场主体,是报业上市的逻辑起点。由于中央政策规定和国家产业规划要求,包括报业在内的文化传媒企业那么多,不可能都上市。那么,暂时没有制定或放弃上市目标的报业集团,有必要剥离改制吗?可以说,相当一部分报业集团还在观望,对剥离改制多数持等一等、看一看的态度,有的害怕改制早了吃亏,有的担心改制后业绩问题,有的以配套措施不到位、职工不支持为由拖延,还有的认为事业单位很好,日子过得不错,不需要改。

这些想法和做法都是极其片面、不负责任的。其一,通过文化体制改革促进文化产业大发展,已经上升为国家战略和国家意志,自上而下推进,中央的决心和信心都很大,迟改、缓改最后都要改,不如早改;其二,报业只有完成了剥离转制,才能享受到诸多财税减免的优惠政策,如114号文规定的“免征2009~2013年企业所得税”,只有在转制企业完成工商注册之后才能享受;其三,只有通过剥离转制,报业才能形成市场主体,扫清与社会主义市场经济对接的身份障碍,真正建立法人治理结构,进行市场化、产业化运作;其四,不管上市与否,只有完成了转制,报业才能通过资本平台去整合资源,实现跨媒体、跨行业、跨区域、跨所有制发展,而不是坐等被重组、被兼并。

报业剥离改制是否到位,至少有五个衡量标准[6]:第一,是否进行了企业法人登记,核销了原来的事业编制;第二,是否进行了产权制度改革,建立了企业法人治理结构;第三,是否真正做到了自主发展、自我约束、自负盈亏;第四,是否建立现代企业制度,是否在企业内部形成有效率的微观运行机制;第五,是否建立了企业分配制度,并做好人员分流安置。

改制完成后,报业竞争将在新的市场层面、资本平台、发展路径上展开,焦点是企业的目标战略和运营效率,并带动中国报业开始新一轮“洗牌”运动。□

※作者单位:湖北日报传媒集团经管办

※注释：

[1] 传媒蓝皮书，《2009年：中国传媒产业发展报告》，第39-40页，社会科学文献出版社2009年5月第1版，崔保国主编；

[2]《传媒经济参考》，2009年第13、14期，“独家披露”栏目，中国政法大学传媒与文化产业研究中心主办；

[3]《中国新闻出版报》，2009年4月15日，第6版，作者夏天俊；

[4] 参见湖北日报传媒集团杨步国总经理部分观点，原载《中国报业》2008年第9期，论文标题《报业集团体制创新的成功实践和发展趋势》；

[5]《新闻前哨》，2009年第3期，论文标题《资本经营是报业未来的核心经营》，作者杨步国；

[6]《传媒经济参考》，2009年第17期，“本期关注：文化产业改革与发展政策聚焦”，中国政法大学传媒与文化产业研究中心主办。

我国报业集团上市的非必然性研究

● 傅夷

随着国家积极推进党报新闻改革，努力加快报业集团化步伐，报业集团的经济运作实现产业化，除政策引导，已有多渠道解决融资和体制转换问题。设备添置及更新、网络建设、传媒人才的培育和引进，已有专项资金支持；政策允许将传报业集团的行政管理体制转换为现代企业经营管理体制。资本市场是现代市场经济的核心，兼具资金融通、体制培育、资产重组等功能，借助资本市场，通过资本经营，可以使我国报业经济活动实现市场化和规模经营。

但是，通过资本市场上市是不是我国报业集团发展的必然选择呢？

从实证角度出发，要得出结论，研究在我国的资本市场上，报业集团是否存在规模效应和价值效应，包括托宾Q效应和E/P（市盈率倒数）效应就十分必要。

托宾Q值是一个公司的市场价值与公司资产重置价值的比值。经济含义是比较作为经营主体的企业的市场价值是否大于给企业带来现金流量的资产的成本，也就是说企业使用资源创造的价值增加值是否大于投入的成本，如果Q值大于1，则表明企业创造的价值大于投入的资产（权益加负债）的成本，表明企业为社会创造价值，是“财富创造者”；反之，则浪费了社会资源，是“财富毁灭者”。同时，Q值大于1，也表明投资者看好企业的未来发展前景，愿意支付高于企业资产价值的价格购买企业（资产升水）；相反，Q值小于1，则表明投资者对现有管理层控制下的企业资产给予贴水处置，投资者不看好企业的未来发展前景。托宾Q的这种经济含义在并购市场得到了证实，Holland和Myers（1979）的研究证实，当托宾 $Q<1$ 时，市场的并购行为显著增加；而当托宾 $Q>1$ 时，市场的并购行为显著减少。

构建投资组合时，假设投资者在每年七月做出投资组合选择。每年把样本报业集团按某一变量（规模，E/P，或托宾Q）进行升序排列，然后将其平均分成五组。得到的第一组就是选择变量最小的公司组合，第二组就是倒数第二小，依次类推。投资组合在下一年的七月按相同原则重新构建。然后，对不同组合的绩效采用CAPM模型进行回归分析。估计式为：

$$Rpt-Rft=ap+bp(Rmt-Rft),\ t=1,42\ (5.2)$$

Rpt 表示投资组合 p 在 t 月的收益率，$p=1,2,\ldots5$；

Rft 表示 t 月市场组合收益率；

ap 表示组合 p 的非正常收益估计值；

bp 表示组合 p 的系统风险估计值。

市场组合收益率采用沪市A股的市场指数收益率、以流通股市值作为权数和总市值作为权数的市场组合收益率。在调整总体风险后对公司绩效进行比较，每个投资组合的变差倒数衡量了每单位的总体风险收益。组合和市场指数变差差额代表非正常业绩。

选取2005年至2007年沪市A股上市报业集团为研究对象，样本共有38家上市报业集团和传媒集团，其中2005年、2006年和2007年分别为11家、15家和12家。因为上市公司的年度财务报告可以在次年的4月30日之前公布，并且中国证券市场对会计盈余的反应可能存在一定程度的滞后，因此，从每年7月开始选取交易数据。每年的研究期间为当年七月到次年六月，财务数据以年度报表为准。样本公司的会计年度规定均在12月截止，另外，要求样本公司至少可以得到一年的全部数据。上市公司财务数据取自中国上市公司财务数据库（CSMAR），并参照上市公司相应的年度报告。上市公司的月收益率数据取自中国上市公司财务数据库（CSMAR），上市公司市盈率数据取自巨灵金融数据库。

表1描述样本公司的财务数据。2005~2007年度共38个样本数据的个股月收益率显示，样本期间样本公司的总体收益较差。全部样本报业集团的月收益率均值和中位数都为正数，分别为0.0173和0.0213，其中分年度数据显示2005、2006和2007年的个股收益率均值分别为0.0177、0.0203、0.0144，中位数分别为0.0143、0.0280、0.0184。市场组合收益率数据也显示同样的事实。指数收益率、流通市值加权平均法计算的市场组合收益率、总市值加权平均法计算的市场组合收益率都为正值。（参见表1）

市盈率倒数（E/P）普遍较小。全部样本报业集团的市盈率例数均值和中位数分别为0.0125和0.0153，即全部样本报业集团的市盈率均值和中位数分别为80和65。这显示出我国上市报业集团市盈率普遍过高的现象。分年度数据也充分表明了这一现象，2005、2006和2007年的市盈率例数均值分别为0.0132、0.0131、0.0115，中位数分别为0.0135、0.0148、0.0179。2005、2006和2003年的托宾Q数值均值分别为1.97、1.66、1.46（参见表1）。这一数值要高于国外的情况，显示我国上市公司具有较好的社会价值。

研究发现，我国报业集团上市公司规模对公司绩效不存在显著影响，即我国报业集团股市不存在规模效应。上市公司E/P值对公司绩效有影响，即我国存在E/P效应。而在我国报业集团上市

表1 上市样本公司2005、2006、2007财务数据

	全样本			2005年度			2006年度			2007年度		
	(n=38)			(n=11)			(n=15)			(n=12)		
	Mean	Median	S.D	Mean	Median	S.D	Mean	Median	S.D	Mean	Median	S.D
月收益率	0.017	0.021	0.092	0.014	0.018	0.09	0.020	0.028	0.075	0.01	0.014	0.100
E/P	0.012	0.015	0.041	0.011	0.017	0.06	0.013	0.014	0.024	0.013	0.013	0.017
托宾Q	1.68	1.52	0.641	1.46	1.34	0.56	1.66	1.56	0.517	1.97	1.83	0.732

	指数回报率	流通市值加权	总市值加权		收益率	E/P	托宾Q	规模
Mean	0.0094	0.0151	0.0112	月收益率	1	0.023565	-0.03818	0.024139
Median	0.0125	0.0322	0.0249	E/P	0.023565	1	-0.28045	0.158153
Std.dev	0.0593	0.0603	0.0612	托宾Q	-0.03818	-0.28045	1	0.108495
变差例数	0.159	-0.250	0.183	规模	0.024139	0.158153	0.108495	1

注释

（1）考虑组合收益，每张表的平均数据都是一样的，组合1-5是按变量的升序来排列的，投资组合收益率指月收益率。

（2）用市场指数来衡量市场表现时，ai表示组合i的非正常收益(数值单位是每月百分比)，bi是组合beta系数，D1表示组合和市场之间的变差例数的差额。

（3）用流通股市值加权平均衡量市场表现时，各变量的定义如上。

（4）用总市值加权平均衡量市场表现时，各变量的定义如上。

（5）托宾Q，市盈率倒数(E/P)，规模中位值，所有的中位值都是根据截面数据和时间序列数据的混合数据得到的。

（6）* 表示在10%水平显著，** 表示在5%水平显著。

公司里，托宾Q值对公司绩效有显著影响，即存在托宾Q效应。

现在不少具有媒体背景的上市报业集团，仍然存在业绩方面的脆弱性，内部机制没有完全实现市场化。上市是为了融资，但怎样花好筹集的资金，许多传媒也未作好充分准备。因此，报业集团的上市是把“双刃剑”——做好可以提升自身价值创造能力，开辟新的发展空间；如果出现经营方面的失误，则可能走向发展的“陷阱”。上市不是我国报业集团价值创造和竞争力提升的一种必然选择。但是，维持报业集团持续发展的确需要不断寻求可行、可操作的价值创造路径。

可提供的思路如下：

第一，构建集团化运行体制和机制。把握正确的舆论导向，同时根据报业经济发展的需要，按照现代企业制度的要求，建立科学高效的管理体制，以增强市场竞争力。对内部经营单位进行产权制度的改革，以产权制度改革为重点，对内部经营单位和政策允许的子报逐步进行公司化操作、企业化管理、市场化运作改造；在清产核资的基础上，通过全资、控股、参股等多种方式规范集团的产权关系，在坚持人事、财务、资源三统一的基础上，建立多层次的授权资产经营责任制。

第二，构建符合市场需求的报刊产品结构。报业集团的主业是报纸，主业产品结构从不合理状况转向合理状态，可以推动事业的发展。因此应当及时提出差异化战略和品牌化的产品竞争策略，力争尽快形成结构合理、符合市场要求、有竞争力的报业结构，并逐步形成品牌。按照有效细分市场的可衡量性（社会需求量）、可赢利性（细分市场的吸引力）、可进入性（政府是否允许、有没有强大的竞争对手）、可行动性（可操作的人、财、物的投入）四方面的要求，通过调研、考察、分析再进行决策。

第三，实施品牌化的竞争策略，注重新闻创新，并积极形成舆论优势和强势。首先，注重对中心工作的服务和对重大主题的报道，形成强有力的舆论支持；通过统一协调，凸显“集团化”的结构优势。其次，新闻创新方面，在全体采编人员中，强化现代意识，倡导人文精神，鼓励大胆地冲破传统报道领域和报道手法的束缚，创新新闻报道处理方式。再次，注重新闻热线在新闻报道中的作用，主动介入生活、服务群众，对社会经济文化生活起引导作用。

第四，努力提高经营管理水平，优化集团管理人员结构。实施“统分结合”的管理方式，处理好宣传业务与经营业务在运行中的“统分结合”问题。由报刊编委会与集团广告、发行等经营部门以契约的形式，确定经营指标、费率及双方合作事项。这样做的好处是既赋予报刊明确的经营权责，又充分发挥采编部门、广告部门、发行部门专业分工的优势。同时，分工不分家，鼓励各部门积极开展内部合作，最大限度地利用资源，做到利润共享、风险共担。□

※作者单位：浙江大学经济学院

2009年中国报业内容产品综述

● 李晨宇

对中国报业来说,2009年定是不平凡的一年。2008年爆发的金融危机影响中国报业2009年全年的运营,新媒体的强势冲击更是给中国报业的发展雪上加霜。然而,中国报业并没有退缩,而是选择了迎难而上,正是在诸多不利因素的影响下,各报业单位积极主动创造机会,不断探索,通过改版、全媒体运营、产品创新等手段为报业注入新鲜血液,让中国报业在2009年走出了一条逐渐恢复元气的上扬曲线。

从整体上来看,2009年中国报业在内容产品方面的发展主要表现在以下几个方面:一是报业数字化转型全面进入实践阶段,全媒体运营理念为各大报业集团、报社所接受;二是报纸的改版、创刊和推出新产品,以适应愈发细分的中国报业市场,符合现代报业内容产品的制作流程;三是国庆60周年系列报道高规模、高质量,民生、民意得到彰显,引领未来重大事件报道新方向;四是各报业集团、报社通过结盟、合作等方式,与同类介质媒体、异类介质媒体进行资源整合,跨区域成为重要特征等。

一、实践数字化 运营全媒体

作为近年来报业发展的热点,数字化已经从理论探索阶段进入大规模实践运作阶段,其应用也从大型报业集团、大型报社向中小型报社普及。同时,随着报业集团发展成为传媒集团,报业已经不仅仅满足于将报纸内容上网、制作PDF版报纸、制作电子报纸等形式,而是在寻求以报纸新闻报道为核心的一系列相关视频、声音、图片等内容的一体化与交互呈现。在报业数字化实践过程中,报网融合、报网互动的操作已经相对成熟,更高层次的全媒体运营理念已经为广大报业单位所接受,并已经逐步进入全媒体运营的实施阶段。

1.报网互动的普遍展开

当前,报网互动已经不再是一个新鲜事物了,而是已经为广大报业单位所采用,并取得了积极的效果。随着报网互动的逐步深入,在活动报道和事件报道中采用报网互动的报纸媒体越来越多。

2009年4月22日,著名歌星刘德华演唱会在沈阳举行,《华商晨报》与其旗下辽一网便对此次活动报道展开了周密的报网互动策划。报社在刘德华4月19日来沈前,紧急召开由网络、报纸编采人员参加的策划会议,成立全媒体直播报道小组,确定"100小时滚动直播刘德华"的报道选题,从4月19日刘德华到沈阳开始,至4月23日离开沈阳为止,100小时不间断文图视频全方位直播刘德华的动态和在沈消息,报纸与网络同时造势。在本次报网互动报道刘德华演唱会过程中,报社在100小时内,先后投入网络、文字、图片、视频等编采人员20余人。报纸一周内共发20篇报道,其中包括报网互动报道;而网络的滚动直播报道则发布滚动新闻660余条,新闻图片350余张,视频新闻34条。滚动直播从4月19日12时开始至4月23日16时结束,期间辽一网首页登陆的独立IP(即访问人数)17万余人,首页流量累计超过37万,活动专题留言板留言719条,直播刘德华相关新闻详细页留言1410条,共计2129条网友留言。4月22日演唱会当日,辽一网新闻流量增加284%,同时,直播也为辽一网带来85776个新的访问IP。通过此次报网互动的实践,《华商晨报》和辽一网的品牌度都得到了提升,并使平面媒体与网络媒体编辑、记者增进了交流与沟通。

2009年以来，长沙晚报报业集团探索传统报业与互联网、手机等新媒体互相融合、互相促进的战略举措，整合资源提升品牌，加强报网互动，把网站快捷、海量的优势嫁接到报纸上来，在省内创造性地推出“长沙晚报滚动新闻”栏目。集团所属媒体已成立由一线骨干记者组成的动态团队，最大限度地遵循“时效是新闻生命”的铁律，克服报纸的出版时限，将刚发生的新闻通过星辰在线网、手机无线平台发布给读者，抢得新闻的第一发布权；同时占据第二发布权，即新闻事件的深度报道。

《杭州日报》则在探索“报网合一”的实践中，将不同媒介形式、不同终端的统一品牌建设作为主要目标。具体做法包括五个方面：一是体制保障，组建网络中心和统一管理的技术平台；二是技术保障，完善服务器、电脑、摄像机、演播厅等大量软硬件设备，以供网络新媒体的组建和运营需要；三是机制保障，“报网合一”后，一个编辑部将同时运行两个不同性质和形态的发布终端，并制定了两套发布流程和量化考评体系，这两套体系既相对独立，又互相联系，在机制上确保了有机融合、运行流畅；四是人才保障，在引进互联网专业人才的同时，还要将现有采编人员整体转型为复合型的全媒体采编人员；五是内容保障，新媒体实现了“滚动多媒体发布”，使杭州日报网不局限于数字版报纸，而是在报纸内容的基础上不断扩充信息量。截至2009年9月19日，杭州日报网单日最高独立IP访问流量已突破18万，单日最高页面点击量已突破120万，每月累计独立IP访问流量已超过150万，每月累计页面点击量已接近1000万。杭州日报网的上传发稿，不仅有《杭州日报》的见报稿，还包括了很多滚动直播的动态进程稿，以及大量的外采稿件，该网一天的信息量，相当于每天同时有五六份《杭州日报》在发行传播。网络的“实时、滚动、多媒体”特性，使“报网合一”框架下的新闻报道在内容和形式上都有了实质性的突破，杭州日报网成功实现了全媒体手段报道突发事件。得益于“报网合一”的框架优势，短短半年间，杭州日报网就已经取得了70多万元的广告收入，2010年力争达到300万元，2011年实现反哺。

我们还应该关注到一种报网互动的形式，那便是报纸评论与网络评论的交相辉映。“焦点网谈”作为《河南日报》上的一个版面，也是大河网的一个频道。该栏目自2004年开设以来，相继获得第十六届中国新闻奖名专栏一等奖、中国互联网品牌栏目。它不仅是河南省报刊界第一个新闻名专栏，而且是中国互联网首次荣获此殊荣的新闻专栏。“焦点网谈”除在网站开设固定栏目外，《河南日报》每周二、四整版见报。在版面上，“焦点网谈”栏目设置灵活，2009全年81期报纸版面累积出现19个栏目；在内容上，以民生为本，注重引导，主要表现在重视社会和网络言论、关注河南本省内容、宗旨为民服务、关注社会和网上热点、注重编读往来等五个方面。总之，“焦点网谈”发挥网络和报纸的不同优势进行深度互动，不断扩大影响力和覆盖面，并带来了良好的社会反响。

2.全媒体运营进入实施阶段

继烟台日报传媒集团和宁波日报报业集团先后将全媒体运营的理念付诸实践后，全媒体已经从理念上升到进入实施阶段的层面上。全媒体运营，作为媒介融合的具体表现，可以分为两种形式，一种是单一媒体内部在发展自身业务的同时，也涉足其他介质媒体；另一种则是几种不同介质媒体之间的相互进入。

2006年11月28日，成都市整合成都日报报业集团和成都广播电视台两大市级媒体单位，组建成都传媒集团，成为国内首家区域中心城市的综合媒体集团。成都传媒集团以资源整合为核心的持续变革和文化传承，加之一系列的媒体融合探索之举，为传媒集团在更大范围、更高层面推行媒体融合积累了经验、奠定了基础。经过长期酝酿和反复讨论，“媒体结对运行、部分新闻联动”运作模式应运而生，并于2009年5月正式全面启动。其基本运作模式和机制是：一是锁定联动新闻内涵，A类内容涉及党委政府中心工作宣传的新闻报道，媒体为扩大团队影响力、品牌影响力所推出的有新闻价值的活动报道；B类新闻是重大性、关联人群多的重大突发事件性新闻；同时规定，一旦本地发生的影响全局的重大事件，则由集团编委会对所有媒体实施统一指挥。二是打破媒体介质壁垒。传媒集团将旗下定位相似、形态不同的媒体进行田忌赛马式的组合。第一组包括《成都日报》、成都电视台新闻综合频道、成都人民广播电台新闻频率、成都电视台网站，定位基本是时政要闻；第二组已经有两年多磨合，比较成熟，包括《成都商报》、成都电视台经济资讯服务频道、成都人民广播电台经济频率，定位基本是权威、时尚的都市媒体；第三组包括《成都晚报》、成都电视台公共频道、成都人民广播电台交通频道、电台网站，基本定位是民生化、大众化路线。集团还充分考虑媒体形态的升级，待手机报推出后则对所有联动对子进行全覆盖。三是构建联动基本流程。首先是指挥判断，联动单元体的指挥人员从各单元体内的媒体主管新闻宣传的副总编辑、总监中产生，组成联动单元体指挥小组，每月轮流值班。集团编委会对指挥官充分授权，赋予其绝对的新闻价值判断、联动指令下达的权力，在不干涉新闻信息具体表现形式的情况下，联动媒体必须无条件严格执行，同时允许在探索中有“试错权”。其次是联动执行，对A类新闻，联动单元体指挥小组要加强实施联动的前期策划；对B类新闻，单元体内各媒体的信息中心在发现值得联动的新闻线索后，第一时间以“菜单”形式向当月值班的指挥人员报告。四是建立配套保障机制。为确保联动的贯彻落实，集团确定一位副总编辑专抓此项工作，联动小组内的各媒体确定一名领导专司此事；单元体每月将联动值班指挥人员名单在上月底前报集团编委办备案，并将实施了联动的项目报集团编委办备查；集团编委办负责对新闻联动的项目进行登记，对新闻联动过程进行监督，对在具体执行过程中出现的问题进行协调，对新闻联动项目的效果进行评估，对优秀的联动项目提出奖励建议；对成效突出的新闻联动项目，年终集团编委会将提请集团给予专项奖励。

2009年，《广州日报》也在全媒体运营方面特色鲜明。《广州日报》与大洋网在国内率先成立了滚动新闻部。作为《广州日报》的采编部门，滚动新闻部与大洋网一体化运作，负责推动报网互动与融合，先后开设了报网直播室、即时新闻、无线平台互动、读者点题、大洋民意通等互动栏目，借助新媒体手段提升报纸与读者的互动，新媒体也可借助报纸的影响力提升访问量。报社还从机制上进行保障与激励，如采编部门制定的采编人员新媒体发稿激励机制、新媒体协调主任机制等，从管理体制上实现了报纸与新媒体的有效互动和融合。

3.电子阅读器与数据库开发

技术的发展始终引领着报业的发展方向，随着电子阅读器的不断丰富和数据库时代的来临，报业的数字化进程不断加速。

杭州日报报业集团在创办浙江手机报、杭州手机报的基础上，三张县区报也在2009年推出了手机报；还与中国移动联手打造向手机和电子阅读器提供的报刊、图书、图文阅读产品；另外，还成立了“数字阅读实验室”，整合集团资源开发移动数字阅读产品。

2009年6月26日，光明日报报业集团推出全球首家基于3G(TD-SCDMA)/GSM无线模块支持的移动报纸阅读终端。这款产品是卓望信息技术有限公司和方正飞阅公司战略合作后的第一项研发成果。该移动阅读终端目前处于测试阶段，在正式推出后，《光明日报》每天除传统的纸质印刷版外，全部内容会同时发布到终端上，用户可即时接收阅读最新报纸内容。此外，该终端还具有图书下载阅读、股票行情滚动发布、图片浏览以及mp3播放等功能。

此外，我国科技工作者研制出一套能在手机上“原版再现”报纸的新媒体手机数字平台。这款由北京联讯国际传媒有限公司研发的“报讯通Newnews3G 1.0”手机数字平台，2009年7月5日在京通过了技术成果鉴定。专家认为，“报讯通”的研制成功意味着我国首次实现了在手机上阅读原版报纸，技术上具有创新性。

《中国日报》还成功完成了基于苹果、塞班、黑莓和微软等智能手机操作平台的新闻资讯应用软件的开发，成为中国第一家在多种国际主流智能手机操作平台上进行客户端适配的媒体。该报将以文字、图片、音频和视频等形式，向世界近200个国家和地区的数亿用户提供24小时不间断的时政、财经、文化、旅游、娱乐等领域的英文资讯服务。《中国日报》新闻资讯软件于2009年9月登陆苹果公司的手机应用软件店，成为登陆该店的首家平面媒体。

2009年，文汇新民联合报业集团积极开发媒体数据库，其中有两大数据库囊括了《文汇报》自1938年1月25日创刊以来、《新民晚报》自1946年5月1日至今的全部图文数据；目前《文汇报》和《新民晚报》图文数据库的建设和集团下属各报刊的数据库均实现了实时同步数据处理，图文数据以一次处理、多方合作的方式，优化了处理流程，提高了数据处理效率，确保了报纸质量，有效降低了成本。此外，集团还对新闻信息资料进行二次开发，建立了200多个热点新闻的专题数据库，并积极开发直接面向社会的信息产品。

二、报纸内容产品推陈出新

创新是报纸内容产品得以持续发展的保证。报纸的内容产品，只有根据受众的需求不断调整与创新，通过改版、扩版、增加新栏目、变更栏目设置、增加新的互动方式等手段，才能增加受众对报纸的黏性，并在保证忠实受众不流失的前提条件下，争取更多潜在受众，发展并培养新受众。

1.改版与扩版

对报纸的内容产品来说，改版和扩版成为了2009年的关键词，无论是中央级报纸、地方大报，还是县市报纸，都普遍选择2009年进行改版与扩版。

(1)《人民日报》改扩版

《人民日报》分别于2009年7月1日和2010年1月4日分两个阶段进行改扩版。此前，人民日报社内设机构与职能也进行了相应调整，调整的主要内容有：设立新闻协调部、体育部、技术部，经济部更名为经济社会部，国内政治部更名为政治文化部，撤并教科文部、群众工作部。新闻协调部是机构改革亮点之一，刚成立就被赋予"总枢纽"之重任，其主要任务为：建设公共稿库，打通《人民日报》、《人民日报·海外版》、人民网，把重大宣传报道活动的经验转变成常态机制，解决头版头条"分量轻、不够活"的问题。采编机构的优化和采编力量的重组，改进了工程流程，新闻生产力进一步释放，改扩版顺理成章、水到渠成。

2009年7月1日，《人民日报》由16版扩为20版(周六、周日仍为8个版)。这次扩版对版面和内容作了调整和改进，第1~5版为要闻版，第6~16版主要为新闻版，第17~20版为周刊、专刊、副刊。其中，第5版为新增的要闻版，第12版为新增的社会建设新闻版，第14版为新增的国际新闻版，同时，每周增加1个理论版、1个文艺评论版、1个文艺作品版。原科教周刊和社会观察版改为文教周刊和民生周刊。

2010年1月4日，《人民日报》再次扩版至24版，周六、周日版面不变，每天仍为8版。至此，《人民日报》形成4个相对集中的板块，报纸整体感增强。第1~6版为要闻板块，第9~15版为国内新闻板块，第17~20版为周刊及专版板块，第21-23为国际新闻板块。此外，第7版为理论版，第24版为副刊。每天增加1个要闻版，1个国际新闻版；每周增加1个观点版、1个新兴媒体版。

不到半年时间里的连续两次扩版，是《人民日报》在党的十七大后实施扩版的两个阶段，分别为《人民日报》历史上第4次、第5次扩版，后者为前者的延续，都成为《人民日报》乃至我国新闻发展史上的重要节点。两次扩版，目标相同，不仅扩大容量，而且提高质量，不仅优化内容，而且改进文风。值得一提的是，2009年8月1日，《人民日报·藏文版》创刊，这是人民日报社出版的第一个少数民族文字报纸，向西藏自治区和四川、云南、青海、甘肃等省份的藏族聚居区的农村、学校、寺庙赠阅，提高了《人民日报》在藏族聚居区的影响力。总而言之，从社会各界的反映来看，《人民日报》的预期目标达到，改扩版初见成效。

(2)地方大报与县市报改版

2009年6月1日，《广州日报》改为瘦版报型，同时对版式进行了配套调整，内容也有全新定位。通过"浅阅读+专题"的形式，把易读变成悦读，突出重点和深度报道。据相关网络调查显示，超过70%的被调查者认同新版《广州日报》，认为可以更加便捷地阅读到所关心的新闻。

2009年10月23日起，《南方日报》启动新一轮改版，主要变动体现在六个方面：一是开设封面版，做大做足要闻，二是扩至24版，理顺版面结构；三是加强深度报道，创设"深读"版；四是加大评论版块，提供观点和思想；五是加强全媒体运作，注重媒介融合；六是打造新机制、新流程。

2009年1月5日起，《江西日报》改扩版，不仅在版面设置、报道内容上有所改进和创新，更在党报的考核办法、用人机制、机构设置和办报理念等方面进行了较大的调整。《江西日报》这次改扩版的重头戏是创办报纸C叠的《都市新刊》，建立了单独的采编中心，全方位关注重大新闻事件和民生新闻，要求记者编辑在党和政府想做的、人民群众需要做的、新闻媒体应该做的三者交汇点上做文章，跳出都市类报纸报道琐碎、就事论事的低浅层面，实现由一般的贴近向有高度、有深度贴近的转变。

2009年3月23日，《珠江商报》进行了创刊5年来的第三次改版，这次改版是佛山传媒集团打破平面媒体内部壁垒，探索报业一体化的重要举措，也是珠江商报应对广佛同城化挑战，体现顺德先行先试区域特色，提供全面优质服务的重要策略。

嘉兴日报社近年来陆续实施了"5+1"品牌工程，努力把党报办得更加好看、耐看、爱看、想看。《嘉兴日报》率先在地市党报中改为瘦版，并成立视觉中心，使图片和版面质量大幅提升，其版式深度改革的目标是推动《嘉兴日报》从行政型媒体向市场型、社会型媒体转变。改版后每天的新闻评论内容均占半版，并广招优秀的新闻评论记者，将传播思想和观点作为报纸对抗互联网的主要手段。

《萧山日报》2009年9月21日进行的新一轮改版，是2003年加盟杭州日报报业集团以来改版力度最大的一次，其特点为：一是报型时尚，报头中移，显得更加庄重和大气；二是版面增加，版面数量由每周56个版增加到88个版；三是版面栏目设置更符合现代传媒资讯的发展趋势。

(3)生活服务类、行业专业类报纸改版

2009年1月8日，《精品购物指南》进行了自身历史上最彻底的一次改版：周一定位"城市精英读本"，针对男性读者；周四定位"时尚生活圣经"，针对女性读者，两刊在出版形态上更加杂志化。周四刊延续了《精品》在时尚及生活服务方面的特色和优势，周一刊则更加男性化，以城市、产经、文化评论为核心内容，突出资讯解读和生活方式化。

2008年10月以来，《今晚经济周报》进行全新改版，以"精英、精致、精彩"为办刊理念，主打中高端读者群。该报抓住了天津男性阅读市场、30岁以上女性阅读市场两大空白，将一周二刊细分为男刊和女刊，并用蓝色和粉色予以区分。在组织结构方面，将记者部分拆为蓝刊新闻部和粉刊新闻部，各自工作周期均为7天，有利于把内容做深做透。

2.创刊

在金融危机冲击报业市场、新媒体不断崛起的大背景下，在国外众多报纸不断倒闭的报业环境下，2009年的中国报业市场上，仍然有众多不同类型的报纸创刊，为中国报业市场注入新鲜血液与活力。

2月23日，《中国日报·美国版》在北美创刊发行，其目标受众定位于北美地区高端读者，特别是关注中国经济、文化、政治事务的政商领袖。在内容上，《中国日报·美国版》将报道北美地区涉华新闻动态，以及来自中美两国高端智库和商界领袖的分析、评论文章。

3月2日，《济南日报·新济阳》创刊。这是济南日报报业集团与济阳县进行的一次战略合作。新创刊的《济南日报·新济阳》由济阳县委主办，济阳县信息(新闻)中心出版，采用对开4版、每周5期、彩色印刷的形式出版。该报的新闻采编、图片运用、版面设计将与《济南日报》保持同步。

4月20日，《环球时报》英文版将正式创刊。这标志着《环球时报》形成了平面网络结合、中文英文并举、内外新闻兼顾的发展新格局。《环球时报》英文版每周一到周五出版，每期24版。作为一份综合性日报，该报在北京、上海、广州、西安和武汉均设有印点，面向全国发行，目标读者为旅居中国的外国人士和具有英语阅读能力的中国社会精英。

4月20日，人民日报海外版《希腊周刊》正式创刊。该周刊由人民日报海外版与希腊《中希时报》合办，每周1期，每期4版。首期周刊推出的内容为：头版要闻，二版财经新闻，三版文化新闻，四版华侨华人。该周刊是继2007年人民日报海外版创办《英国周刊》、《意大利周刊》、《奥地利周刊》、《匈牙利周刊》之后，在欧洲发行的第5份周刊，是同海外华文媒体结成"合作双赢"的又一成果。

6月18日，国内首份立足互联网的新闻周报《网络导报》创刊。该报由内蒙古日报集团与《中国电力报》合作创办，每期48版单彩印刷，外加四版轻铜纸双彩封套，每周四发行，初期面向京津发行，并将逐步进入全国市场。《网络导报》与数十家网站联手，目标成为互联网信息的"总编室"，着力打造"社会热点精华读本，网络世界权威导航"的报刊。据悉，《网络导报》同时还推出了同名网站和网民交互信息平台，邀请网民参与办报，实现报网互动。

8月4日，由旺旺中时集团主办的《旺报》发行试刊号，8月11日正式创刊，该报将主打两岸新闻，旨在办成一份为两岸人民追求双赢的新报纸。试刊号采用四开本，横向、繁体字编排，版式大小类似大陆都市报。首日的试刊号名为"台商周刊"，采用"认识中国大陆，掌握世界未来"的标题，共32个版面。

10月16日，云南日报报业集团与精品购物指南报社跨地区合作的报纸——《精品消费报》在昆明试刊。该报定位于时尚生活周报，也是昆明第一份时尚生活周报，旨在为昆明人提供"完全时尚生活手册"，依据《精品购物指南》为代表的时尚生活周报模式进行产品设计。

11月8日，《合肥日报》正式创刊，随后合肥报业传媒集团也将成立，该集团将在《合肥日报》及现有《合肥晚报》、《江淮晨报》、《今日消费报》、"合肥在线"网基础上组建。

由法制日报社主办的法治时政类周报《法治周末》于2009年12月中旬试刊，2010年1月创刊。该报每期对开24版，包括核心报道、法治评论、新闻调查、法律解读、法律人、财经法治、法律文化等板块。

11月15日，在黑龙江日报报业集团主办的《农村报》创刊60周年之际，作为黑龙江日报报业集团的子集团——黑龙江农村传媒集团宣布成立。黑龙江农村传媒集团以《农村报》为龙头，由《农村报》、《新农村》杂志、乡村网、手机报《农民百事通》、新农村阅报栏、黑龙江区域经济与农村发展研究中心组成现代农业传媒体系，全面提升了涉农专业媒体为"三农"服务的能力和水平。

3.产品创新

报纸内容产品的创新是报纸得以发展的动力，中国政法大学新闻与传播学院院长宋建武教授认为，社区报、分层化、专业化是报业发展的三个方向。的确，中国报业市场上，报纸内容产品的创新，也正是朝着这三个方向展开的，而其中社区化的体现又是最为显著的。

福建日报报业集团的《海峡导报》采编与发行队伍联动，大规模入驻小区，策划了以倾听民意、关注民情、体贴民生为宗旨的社区特别报道——海峡导报巡回社区大型互动工程，以组织社区晚会为主线、社区游园活动和便民服务为两翼，巡回厦门数十个大型社区，把该报"服务民生"的理念带进社区，走出一条采编和发行力量结合的新路。

羊城晚报报业集团《新快报》提出"深耕计划"，立足本土，以高质量的新闻和服务取胜，其中，"深耕社区"是计划的重要组成部分。《新快报》有4个社区新闻版，通过走进社区做活动，以活动营销带动品牌营销和广告营销。《新快报》提出"在未来三到五年时间在广州建立50~100个社区根据地"的口号，目前，已经在居民人口超过4000人的大型社区建立了10个据点，作为先行先试社区，与广药、美的等大型企业合作开展活动，提高对社区的影响力和服务性。

《东南商报》立足本土特色，加强策划，运用现代化传播手段，瞄准社区做新闻，走出了一条本地新闻差异化竞争的道路。2009年初，该报调整版面，结合热线和社区报道员需要，将社区版重新定位为"新闻集装箱"版面，用简洁明快的版面形式将社区新闻资源展现出来，还设立"社区记事本"、"社区小喇叭"等栏目。该报还在中国宁波网支持下开辟了全新的互动论坛"趣乐吧"，通过网络平台的及时反馈，加强采访者和读者的互动，更好地为社区新闻服务。

《宝安日报》总编辑卞灏澜表示，该报所处深圳市宝安区，被全国、省、市各强势媒体包围，打造成一张社区报才是发展的出路。内容报道要用群众能接受的方法，或者以群众感兴趣的主题来反映。一方面从形式上入手，把机关题材写得活泼生动；另一方面，将重大主题、重大决策以群众关注点为落脚点进行报道。县市区域报的草根性是其天然的优势，可以把左邻右舍、家长里短做得充满人情。为读者提供服务性、实用性的报纸是县市区域报的发展趋势之一。报纸开通了《生活资讯》栏目，用新闻的方式提供读者所需要的生活类资讯常识，用体验式的文章拉近和读者的距离。

三、国庆60周年报道引领重大事件报道方向

2009年，中华人民共和国成立60周年，各大报纸均使用大量版面、投入大量人力展开策划与报道。虽然不同地区、不同类型的报纸，在选取报道内容和选择报道形式方面均有所不同，但阅兵和群众游行无疑成为了各报报道中的重要议题，同时，注重民生、反映民意也成为了各大报纸的报道意旨。从整体上来看，国庆60周年报道在报道规模、版面语言、色彩使用、议题选择等方面均展现出重大事件报道的鲜明特色。

1.报道规模宏大，形式各具特色

从各报报道规模来看，各地主要报纸对本次国庆报道都给足篇幅，并派出大量记者、编辑参与其中，主要围绕庆典、阅兵、游行、晚会等议题展开前后报道，内容有解读性质的，也有动态、前瞻、解密性质的，既有对参加阅兵战士的近距离接触，也有关于参加游行群众的多维度展现。

《北京晚报》在国庆当天常规版面中辟出14个版面，以"60盛典日"为标题对庆典盛况进行报道，还特别制作64个版的《〈向前〉特刊》，以"共和国60年军力观察"为主要内容；10月2日，用10个版面，以"我们的节日，我们的狂欢"为标题，讲述国庆盛典背后的故事。《北京青年报》充分利用对开大报的版面优势，在国庆当日推出60个版面的"看典特刊：大布局、大阅兵、大游行、大联欢"，版面大气、气势恢宏。

《精品购物指南》于9月24日推出60周年盛典专刊，该期报纸总版数达488版，由6册组成，包括《时尚精神60年》、《城市变迁60年》、《生活方式60年》、《节日手册》、《乐情报》和《时尚记事本》，总重量达1.6公斤。《精品》60周年专刊策划运作历时大半年，单期广告实收额达1466万，创精品单期收入历史新高，也刷新了中国报业史上新的纪录，与同一周内出刊的《精品购物指南》十一专刊累计广告实收额超过2000万。

《华商晨报》还组织策划《中国画卷》，以庆祝

中华人民共和国建国六十周年为主题，用60天的时间，每天绘制一幅插画，并且这60幅画正好拼接成具有中国文化底蕴的中国画卷。该作品还在由“国际新闻设计协会（简称SND）”主办的第31届“全球最佳报纸设计比赛”中一举夺得金奖，这是迄今为止中文报纸在此项大赛中获得的最高奖项，也是全球中文报纸在SND三十一年的历史中第一次获得金奖。

2.版面语言丰富，色彩使用喜庆

60周年国庆报道的最大特色之一，莫过于各大报纸对版面的安排和对色彩的使用，头版版面是其中最为重要的要素。《京华时报》以“祖国万岁”四个醒目的大字构成了头版的中心内容，简洁、精悍，并辅之以一段短小精致的文章，让国人倍享祖国强盛之荣光。《新京报》以天安门作为主图，并告知“国庆盛典今日上午10时开始，联欢焰火晚会晚上8时举行”，主图下面辅之以红色丝带，并有文字“祝福伟大的祖国，祝福伟大的人民”，让国人享受狂欢的同时，感受伟大的人民共和国。《齐鲁晚报》的头版以国旗作为底面，右侧“我爱你中国”五个大字自上而下，左侧辅以“1949年10月1日中国让世界瞩目，2009年10月1日世界瞩目中国”，宏大而自信的磅礴气势得到展现。《今日晨报》的头版则完全是以红色作为底色，版面中央处有60周年国庆标识，标识下附有一行字“文字无法表达我对你的爱”，再下面是“生日快乐我的祖国”，简洁而又表达出每个中国人对祖国的深情。

各大报纸争相大量使用图片，增强了传播效果。使用的图片既包括盛典、阅兵、游行、晚会的现场照片和演练照片，也包括电脑制作的全景图、武器装备图、晚会高科技技术图，既有战士、游行群众的展现，也有普通群众共享国庆60周年的精彩瞬间，既有静态的景观图片，也有动感十足的抓拍和行进图片……不同类型的图片使用，连同文字报道，共同构成了各报国庆报道的立体化呈现，既给读者以视觉冲击与享受，更让读者产生共鸣，感受到祖国的强大与生活的幸福。

此外，在色彩使用方面，凡是关于国庆报道的专版内容，各大报纸均采用了全彩色印刷，这对向读者报道动态、解读缘由、分享盛典提供了更为真实的现场感氛围，增强了纸质媒体的传播效力，更成为国庆报道区别于常规报道的闪光点之一。

3.议题选择多元，民生民意彰显

各大报纸在报道议题选择上较为集中，大都集中在盛典、阅兵、游行、晚会这四个核心而又顺序的环节上。以《京华时报》、《新京报》和《北京青年报》为代表的日报，由于每天的出版时间均在早上，在国庆当日的报纸无法选择典礼、阅兵和群众游行的照片，因此，各大报纸做足了解读工作。以《北京晚报》和《法制晚报》为代表的晚报，发挥了其晚报晚发的天然优势，为读者提供盛典、阅兵、群众游行解读的同时，大量使用国庆当日的现场照片和报道，《北京晚报》和《法制晚报》的封皮图片就均来源于记者的国庆现场实拍，增强了版面的动感和报道的时效性，而且相关解读内容可以起到让读者重温当日国庆阅兵盛况的效果。

国庆60周年，让国人感受到祖国繁荣、昌盛的同时，也让国人感受到了自身的主体地位。各大报纸在策划并报道国庆60周年的过程中，都十分注重百姓的声音，并为百姓留足版面，同时，还从百姓的视角出发，为百姓解读、揭秘国庆盛典、阅兵、游行、晚会盛况，这都是中国报纸媒体报道视角的转变与真正回归。聆听百姓声音，用百姓视角看国庆，这是纸质媒体进行宏大叙事策划与报道时所必须要做到的，只有这样，色彩的使用与版面的创新才会显得更加厚重。这也为未来的重大事件报道和宏大叙事题材提供了借鉴，从多个角度选择议题来厚重中心意思，让民生民意得到真实呈现。

四、报纸内容资源的积极整合

报纸内容资源的整合可以促进报纸内容的多元化，也有利于在媒体之间（特别是跨地区媒体之间）结成联盟，还有助于媒体与其他组织、团体达成合作关系，共同发展，形成共赢的态势。

1.报纸媒体间内容资源的整合

2009年，人民日报社旗下《京华时报》与天津日报报业集团旗下《每日新报》已就战略合作关系达成共识，并将于近日签署框架协议。此次合作，是京津两地强势平面媒体的一次强强联合。出于加速两地接轨目的，双方尝试探索以媒体接轨的方式，拉动两地的信息化接轨，并将利用各自媒体优势和资源优势，为京津两地的百姓提供更多的资讯，通过在消费、服务等多个领域合作，搭建起京津互通的立体平台。

2.报纸媒体与其他媒体间内容资源的整合

2009年3月9日，《北京晚报》体育部和北京人民广播电台体育广播共同打造的全新体育新闻报道平台——《北京晚报体育时间》在下班高峰期间播出。双方将充分利用各自传播平台,给予体育新闻全新解读。《北京晚报》体育新闻版面上设立固定专栏《北京体育广播——1025动听地带》,主要对广播电台的重点节目、重要赛事直播进行预告。《北京晚报体育时间》每天18时后开播,时长10分钟,主要播出当日《北京晚报》体育版中的重要体育新闻、体育评论、新闻专题、人物专访、事件分析、深度研究等内容。每周四21时15分至22时30分,电台开辟固定节目《体育1+1》,《北京晚报》体育记者、编辑、相关领导将与电台主持人一起合作,就目前最热的新闻话题进行对话与解读,与听众和读者充分互动。

长江商报社与湖北城市电视组成战略合作伙伴联盟,将在交叉传播、延伸新服务等方面进行合作。双方将进行1000万元的广告置换,并联合举办全民健身趣味运动会、吉庆街大舞台两大年度系列活动。同时,相互开设常态化的《天天读报》与报纸导视宣传栏目,实现资源整合与共享,吸引最大范围的有效受众。

羊城晚报报业集团与腾讯公司开展合作,推出QQ报料平台,既为《羊城晚报》提供了一条新的报料渠道,也扩大了金羊网的报料来源,拉动了金羊网的点击率。羊城晚报报业集团去年还与南方广播影视传媒集团签署全面合作框架协议,宣布建立紧密的战略伙伴关系,实行电子媒体与平面媒体的跨媒体深度合作。

10月31日,浙江日报报业集团与全新改版后的中央电视台财经频道签署战略合作协议。根据合作协议,两大媒体将充分整合各自的报道资源和团队优势,全面开展各层次上的业务合作,探索电视媒体与平面媒体合作发展的新路径,双方还将利用各自的媒体优势,为对方品牌推广、市场成长和广告提升提供整合营销策略和优质服务。

11月23日,《都市快报》与杭州交通经济广播联手组建了杭州都快交通91.8传媒有限公司。该公司是浙江省首个报台合作、跨媒体经营公司。双方将利用各自品牌优势和团队优势,通过公司化运营,从经营合作入手,逐步展开全方位合作,放大品牌效应,扩大媒体影响力,更好地服务读者、服务听众。

12月19日,央视网与湖南日报社建立战略合作伙伴关系。双方将在宣传报道、媒体联合活动、广告资源互换等方面,探讨展开长期的、全方位和战略性的多元化合作。这也是央视网首度与平面媒体进行全方位的战略合作。

3.报纸媒体与其他组织间合作开发内容资源

南京日报报业集团与滁州市委宣传部签约合作,双方将联合开办《南京都市圈·滁州版》,此举是为落实南京市委和滁州市委共同推进两市一体化发展进程的战略,进一步拓展滁州市外宣阵地,让滁州市的资源、产业、区位优势和招商引资优惠政策等在江苏有平台、有声音、有影响力,为该市融入泛长三角产业分工提供舆论支持和智力保障。

《潇湘晨报》与南开大学经济研究所联合发布了《南开-潇湘晨报指数·湖南消费市场研究》,推出了"南开-潇湘晨报指数",以区域市场经济指数为业界提供权威、及时的解析。作为国内首个由大学与传媒携手合作发布的区域性消费指数,"南开-潇湘晨报指数"深入浅出地解析了湖南消费市场的现状和发展趋势,其中"长株潭指数"亦是国内第一个城市群指数。

《萧山日报》与中国移动萧山分公司签署《萧山日报·中国移动萧山分公司全面合作协议》,双方将在新闻互动、广告经营、手机报等领域展开全方位的合作。在新闻互动方面,《萧山日报》首次引入中国移动的短信平台,通过这一平台拓宽读者报料渠道,以增强报纸与读者间的新闻互动。在开通短信平台的基础上,双方在"E动新闻"等民生类版面上合作开设"移动调查"等栏目,通过提高读者对当前热点话题的参与度,进一步做活《萧山日报》民生类新闻。此外,该报还将拓展移动短信平台的使用功能,在"读者评报"等方面开展多种形式的有益尝试。同时,《萧山日报》与中国移动萧山分公司的手机报合作也正在筹备之中。

6月7日,浙江日报报业集团与阿里巴巴集团签订战略合作协议。两大集团将充分利用各自优势,通过各种合作方式,实现网上网下资源的共享共赢,全面创新传统媒体与互联网融合发展新路径,为读者和客户创造更多价值。

9月2日,中国电信广东公司与南方传媒集团签署战略合作框架协议。根据协议,双方将在广告与宣传、基础及增值电信业务、营销渠道、信息港运营等四个方面进行资源互补,共同开拓通信和媒体信息服务市场。□

※作者单位:中国政法大学传媒与文化产业研究中心

《精品购物指南》周一刊内容创新探索

——以"北京"两组文化选题报道为例

● 徐方　王立成　董鸿英

一、问题的提出

《精品购物指南》一直以来以"时尚向导，消费指南"为媒体价值，突出其"有用纸"的功能。2009年1月8日，《精品》进行了自身历史上最彻底的一次改版：周一定位"城市精英读本"，针对男性读者；周四定位"时尚生活圣经"，针对女性读者，两刊在出版形态上更加杂志化。周四刊延续了《精品》在时尚及生活服务方面的特色和优势，周一刊则更加男性化，以城市、产经、文化评论为核心内容，突出资讯解读和生活方式化。(参见图1)

周一刊产品结构与内容的变化使之与《精品》传统的媒体核心价值有了较大的区别。如果说以往的《精品》是以提供有用潮流引导和购物指南为核心诉求，是一份拿来"用"的刊物，那么改版后的周一刊，则因其资讯和文章，逐步向一份可以拿来"读"的刊物演变。

作为强调阅读价值的刊物，《精品》周一刊在编辑思想上，注重突显"深度、广度、厚度、透彻、精辟、独到、锐利、幽默"的格调。在内容结构上，周一

表1《精品购物指南》周一刊内容结构

分册	报道范围	报道内容
册一	北京·志	都市生活方式（News）、北京人（物）文（化）、生活、地理、时政、财经
册二	时尚·男	男性时尚、钟表、情色、烟酒茶（生活情趣）
册三	产经·汇	房产、汽车、3C（时尚生活的"硬件"体现）

图1《精品购物指南》周一刊版块构成

刊针对男性读者的阅读偏好和需求，进行了重新设计。(参见表1)

周一刊的改版体现了《精品》新的产品编辑思路：从生活方式入手，以人为本，回归周刊本源；三册分钉，每一册都达到独立成刊的水准；打通行业，各版块有机结合，在更高的层次上支持广告开发。

可以说，周一刊的产品形态变革使其“刊性”得到加强，因而对内容的深度、专业度有了更高的要求，也更加强调杂志化的解读方式和文字协调性。

周一刊作为《精品》首次向男性市场的冲击，拓展了《精品》的市场空间，与周四女刊形成读者性别和内容上的对应。

二、产品创新思路

中国经营报
CHINA BUSINESS JOURNAL

&

JINGPIN GOUWU ZHINAN
精品購物指南
'93购物何处去

图2《中国经营报》与《精品购物指南》版式比较

在中经报联的那段时期里，《精品购物指南》曾与《中国经营报》这张定位与风格全然不同的报纸形成了一种巧妙的组合：如果说《中国经营报》是“教人如何赚钱的报纸”，《精品购物指南》则被标注为“教人如何花钱的报纸”。(参见图2和表2)

《中国经营报》与《精品购物指南》的组合从办报特色上看，对比鲜明：一个注重理性严谨，一个崇尚时尚快乐，似乎不相干，但从媒体经营的角度来讲，两个报纸在市场布局上构成了互补的关系：《中国经营报》对宏观形势的关注，对行业和企业的深度解读，对经济发展脉络的把握，是《精品购物指南》在办报理念和产品呈现中未有体现的，而这些内容对于深度地影响行业企业的决策者和经营者，把握经济话语权，满足深层次阅读需求是具有明显意义的。

我们把报纸和杂志按照品性和满足读者需求的方式分为四种类型：读、看、翻、用。(参见表3)

按照这个分类，《中国经营报》是用来“读”的报纸，《精品购物指南》则是拿来“用”的报纸。不同的类型体现出媒体在功用、特点及读者对象上的区别。

可是由于历史的原因，《中国经营报》+《精品购物指南》的组合没有最终走下来，错过了90年代至21世纪初中国报业市场圈地的机会，实为可惜。《精品购物指南》历经人事纷争和“二次创业”，经营业绩实现“V型反转”，目前业务已迈上新的台阶。随着近年来《精品》的稳步发展，

表2《中国经营报》与《精品购物指南》产品比较

	《中国经营报》	《精品购物指南》
读者定位	工商企业经营者、商务经理人群	追求时尚和品质生活的都市白领
内容定位	财经类报纸	生活服务类服纸
格调	理性、权威、深度、专业	时尚、健康、好看、实用
市场上	全国性	区域性
立足点	生产领域	消费领域
内容上	新闻性、评论性	服务性、实用性
商业模式上	B2B，服务企业为核心	B2C，服务个人和家庭为核心
影响目标	影响工商企业决策和经营者	影响终端消费者
读者特点	强力消费群	活力消费群

表3 报刊特性四分法

类型	特点	范例
“读”的	内容一般与职业或专业相关，读者阅读时较投入，时间长、频次高	《三联生活周刊》、《财经》、《南风窗》
“看”的	欣赏式、浏览式的阅读	《时尚》、《VOGUE》
“翻”的	休闲场所的休闲读物	《周末画报》、DM杂志
“用”的	针对性、实用性强	《精品购物指南》

年广告额达3亿元，北京平媒市场份额接近15%，有业内人士认为《精品》已经将要触及市场的天花板。客观上讲，一个区域市场的市场空间总是有限的，《精品》主报终将面临发展的瓶颈，那么下一步突破发展的思路在哪里？

今天的《精品》经过旗下子媒的扩张和发展，已经显露出集团化的雏形，开发不同定位媒体组合的集团发展思路再次被提上议题。《精品购物指南》一直以来以“时尚向导，消费指南”为媒体价值，突出其“有用纸”的功能。按照上述对媒体的四种分类法，《精品》购物指南从“用”的媒体向“看”乃至于向“读”的媒体发展，是一条产品技术创新的思路。（参见图3）

三、改版分析

周一刊定位于“读”的刊物，周四刊定位于“用”的刊物，在内容制作与广告运作上，应形成一定的互补和区隔。（参见图4）

通过提供“阅读”的产品对原《精品》内容产品的丰富和提升，多角度、深层次地服务读者的信息需求，同时增强《精品》作为媒体在城市新闻、文化、时政及财经新闻中的话语影响力，表达《精品》特有的视点和声音。

媒体的视点和声音作为传统媒体来讲，是属于价值核心范畴的，对于提升《精品》在未来传播资源泛滥环境下的媒体地位具有战略性的作用。

周一刊的变脸正是在上述产品组合的思路下进行的，其价值在于：

1.提升《精品购物指南》在企业领域的权威性，站在对行业有宏观把握的基础上，对企业有平等的对话权，同时对消费者有更深的指导。媒体的视点和声音作为传统媒体来讲，是属于价值核心范畴的，对于提升《精品》在未来传播资源泛滥环境下的媒体声望和地位具有战略性的作用。

2.两刊、两种定位的结合在市场布局上更加完美：“一个教人挣钱，一个教人花钱”，延续《中国经营报》+《精品购物指南》曾经的组合，再次抓住当前我国财经类媒体表面繁荣，实际能满足读者需求者不多的市场机会，从新的层面上构筑《精品》的媒体发展格局，在服务活力消费群的基础上，更好地服务强力消费群。

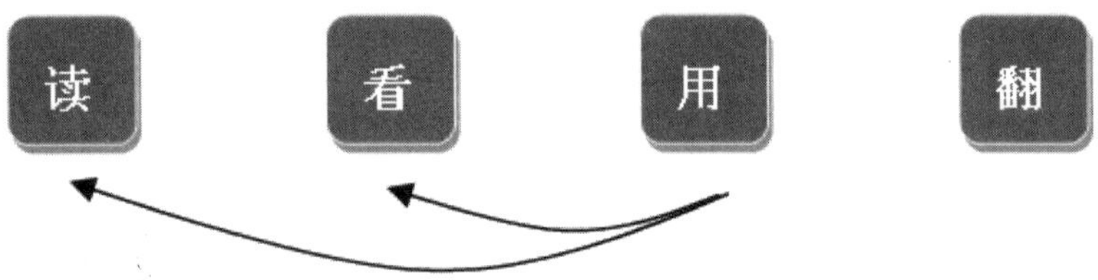

图3《精品购物指南》产品技术创新思路

	周四刊	周一刊
内容定位：	“用”的刊物	“读”的刊物
读者定位：	女性为主的都市白领	男性为主的企业经营人员
广告经营：	保持和维护原《精品》80%的广告客户	保持和维护原《精品》20%的客户；同时根据新的市场定位，开发新的客户

图4 周一刊与周四刊的互补与区隔

3.在这一过程中，从集团层面进行资源的整合，使内容和人才资源得到优化、开发和利用，赋予《精品》更大的上升发展空间。

“周一刊”的探索成为《精品购物指南》产品技术创新的一条思路，使《精品》获得更大上升空间和社会影响力的途径。通过增加对企业层面的服务功能，使得《精品》集团呈现更加完善的媒体架构。（参见表4）

针对这一构想，《精品》还将从战略层面上确定当前的市场机会，并形成相应在人才储备、内容创新、市场拓展、内容资源整合等方面的计划、策略和办法。

四、案例解析

【案例一】

2009年6月，《精品购物指南》周一刊《Beijing北京》与沈阳

表 4 新的集团媒体架构设想

	区域性	全国性	商业模式	资源整合
新闻财经类	精品周一刊	《数字商业时代》	B2B，服务企业为核心	区域性和全国性媒体间的新闻财经内容、广告客户可以形成共享
时尚生活类	精品周四刊 各地子报	《风尚志》 《优品》 《世界》	B2C，服务个人和家庭为核心	区域性和全国性媒体的时尚生活内容和广告客户可以形成共享

《时尚生活导报》《数字商业时代》就赵本山的商业运作问题进行了三地同题策划及报道：

1.报道内容

(1)事件由头

①五一期间赵本山第 9 家 “刘老根大舞台”开进北京

②5 月初赵本山上长江商学院，6 月赵本山出任长江 CEO 班第四期班长

(2)核心思想

探寻赵本山创立的商业王国——“本山传媒集团”的发展始末，试图揭示赵本山从一个“小品王”向娱乐传媒企业“董事长兼 CEO”的转型之路，进而通过赵本山的商业理想对“二人转”草根艺术形式与正规商业化运营相结合的模式进行思考。

(3)选题特点

这是一个很巧的选题，它包含了财经、商业、明星、文化、娱乐等元素，是一个既可以从专业财经媒体的视角解读，也可以从娱乐时尚媒体的角度解读的选题。

2.报道媒体

主要包括《时尚生活导报》、《精品购物指南》和《数字商业时代》。

3.报道分解

(1)《时尚生活导报》

主题：《本山 CEO 要过三道坎》

报道结构：(参见表 5)

(2)《精品购物指南》

主题：《赵本山的商业版图》

报道结构：(参见表 6)

(3)《数字商业时代》

主题：《赵本山，去商学院降温》

报道结构：(参见表 7)

4.报道分析

三张报纸报道特色的不同主要体现在报道特点、读者定位、文字风格三个方面。(参见表 8)

报道的视角和深度是与媒体的内容定位和读者定位有关的，从这个意义上说，报道的成功与否是与该媒体是否贴近自身读者的阅读需求并高质量地满足其需求相联系的。因此，《精品·北京》与《数字商业时代》比《时尚生活导报》更加有深度，也符合了北京更好的读者基础。可以说，三家媒体不同的报道风格和内容侧重体现了三家媒体不同的读者特点与定位，显示出不同的选题侧重和视角。

《精品·北京》在这次报道中显现出突出的策划和编辑技巧。在主体文章《赵本山的商业版图：赵本山的“二八年华”》中全面展示了赵本山的经历，手法独特：从不同时期人们对赵本山的艺术形象及现实称呼入手，两相呼应，回顾赵本山的经历。将对赵本山朋友的采访穿插其中，通过他人之口描述报道主人公，亦凸现客观、增加细节。另外，

《时尚生活导报》
5 月 29 日周五出刊
“沈城精英志”版块

《精品购物指南》
6 月 29 日周一刊“都市精英读本”
《北京》分册 FOCUS 热点栏目

《数字商业时代》
7 月 5 日出版
“封面故事”栏目

图 5 赵本山商业运作问题报道媒体分析

表5《时尚生活导报》本山事件报道结构

构成	标题	内容	版数
导言	赵本山，我就是CEO	报道内容的切入与引导	2P
主体文章	商学院，帮我调整降温	赵本山记者访谈，问答形式呈现	
插图	赵本山的履历	赵本山生平大事记	
延伸阅读	本山传媒集团	解析“本山传媒集团”的四大产业经营版块	
主体文章	CEO之路，赵本山要过三道坎 第一道坎：从艺术团到连锁店 第二道坎：从个人招牌到工业造星 第三道坎：从一家公司到多元公司	评述赵本山从商之路做大做强的几大考验	1P
相关接连	本山娱乐帝国的生财之道	对“本山传媒”的收入途径进行列举	
延伸阅读	赵本山长江商学院中国CEO课程表	课程表及长江商学院CEO课程背景资料	

表7《数字商业时代》本山事件报道结构

构成	标题	内容	版数
章前页	赵本山　去商学院降温	大幅图文导读	2P
文章1	为了降温去上学 我的目标是全世界	记者访谈，问答形式	4P
文章2	想唱国际二人转 赵本山求学要圆扩张梦	评析赵本山的经营管理手法和商业扩张理想	5P
资料	本山传媒的吸金术 本山传媒的高管团队构成 从乡村艺人到CEO的成长之路 赵本山的潜在对手：郭德纲、周立波	赵本山及“本山传媒”的背景链接	
文章3	赵本山要上学 为何选择长江？	解读赵本山就读长江的原因，及长江商学院的办学特色	1P
文章4	专家建言 欲造梦工厂，先当CEO	企业经营或与管理专家对赵本山实现身份转型，实现企业发展的建言	2P
资料	李宁从台前到幕后的转身	李宁公司走向成熟的三个阶段	
文章5	走出思想窠臼 ——众谈企业家转型发展	史玉柱、李嘉诚、马云、鲁冠球、张朝阳、俞敏洪、张瑞敏、李书福对企业创始人与企业关系的言论	1P

表 6《精品购物指南》本山事件报道结构

构成	标题	内容	版数
外封	赵本山的商业版图	图片及具有冲击力的标题式导读	2/3P
综述	赵本山的商业版图	评述赵本山其人及其商业举措	3/4P
专访	我的目标是全世界 ·在商学院上课就是个降温的过程 ·家长似的企业管理 ·传承二人转是我的使命 ·我是经营快乐者	赵本山记者访谈，问答形式呈现	2P
链接	赵本山的 N 个小时	记者跟访期间所见赵本山的几个特写，再现其真实的生活瞬间	
主体文章	赵本山的“二八年华” ·寻找“毕姥爷” ·我要上春晚 ·初涉影视业 ·影视基业的沉淀 ·拯救二人转	回顾赵本山的人生际遇与成名之路，从不同时期人们对赵本山的艺术形象及现实称呼入手，两相呼应，夹叙夹议。	2P
主体文章	赵总的考卷 ·第一题　个人底子够厚吗？ 是“真大爷”还是“纯爷们儿”？ ·第二题　团队构成够牛吗？ 是“本山的传媒”还是“本山传媒”？ ·第三题　经营模式够好吗？ 是“1”还是“1/4”？ ·第四题　管理能力够强吗？ 是“草台班子 2.0”还是“现代企业 1.0” ·第五题　营销水平够高吗？ 是“找上门”还是“送上门”？	对赵本山从乡村艺人向现代娱乐传媒企业家的转型所面临的个人及团队素质、经营管理模式、营销水平等种种问题做出评析	3P
主体文章	本山传媒的未来猜想 ·猜想一　走向多元化？ ·猜想二　进军全国市场？ ·猜想三　上市？ ·猜想四　冲出亚洲，走向世界？	对赵本山及“本山传媒”的商业运作模式及未来发展趋势的评析	1.5P

表8 三张报纸的报道特色分析

媒体	《时尚生活导报》	《精品·北京》	《数字商业时代》
报道特点	相比较而言，无论从篇幅、投入的记者编辑人数还是报道广度深度方面，沈阳的报道较为“单”	《精品》北京的报道除人物专访、事件评述和资料链接外，增添了对赵本山成长之路的回顾以及对其事业未来发展的关注，资料更为翔实，内容更为丰厚	《数商》的报道更加侧重于从商业和公司报道的角度，对赵本山及“本山传媒”的管理运营和组织结构进行介绍和分析，突出了赵本山的“转型”与本山传媒的“国际化”两条线索
读者定位	辽沈地区追求品质生活、关注时尚潮流的城市白领人群	对时尚潮流、时政文化新鲜事、城市新闻有较高敏感和兴趣的城市白领	对财经新闻、商业动态有较高敏感度和关注度的精英人群
文字风格	简单平实,叙述和介绍性文字所占比例较多	文字更为华丽巧妙,小标题的设计显示出匠心	从细节引入，第一人称的运用，数据的援引，均显示出熟练的新闻周刊“封面故事”采写风格，透露从容、细致、冷静的格调

现实：小赵	→	赵本山	→	本山	→	大叔	→	赵总
↑↓		↑↓		↑↓		↑↓		↑↓
艺术：“表演者”	→	老蔫儿	→	刘老根	→	马大帅	→	王大拿

图6 赵本山的经历

设计边条——“赵本山的毕姥爷”，即赵本山在从艺经商路上遇到的贵人。(参见图6)

在选题策划时,《精品·北京》做了较多的考虑:

(1)读者人群

有人把赵本山当成文化英雄，有人只当他是个会忽悠观众的农民;有人盼着赵本山的作品,有人从来不买账;有人只关心那些笑料,有人会花时间思考赵本山其人……当下的社会主流人群,总能把自己归于上述的某一种,无论是出于好奇、功利或者窥探欲,有关赵本山的新闻,还是能引发他们强烈的阅读愿望。而当把赵本山当作一个商人来进行解读时，他所体现的文化意义和商业价值会更加深入中产阶层这个人群的内心，所以从人群定义上来说,这是个非常符合《北京》方针的话题。

(2)选题立意

“什么事,放在我身上肯定轰轰烈烈。”赵本山的话,可以用来解释他再次成为新闻焦点的原因:刘老根大舞台进京了,文艺界的头面人物都到了,两天之后,他又去长江商学院上课,与财富英雄们成为同窗。这些被赵本山一手打造出的热闹场面,不仅显示了赵本山深厚的人脉，还透出了他生存的智慧。发展二人转的连锁事业、上市、走向世界的雄心,都显示出赵本山的眼光与韬略。

赵本山的经历,起点之低,令人唏嘘,落点之高,令人仰止,是一个小人物奋斗成功的典型,一个个体追求精神存在和向往自我超越的典型,也是中国商业开放的传奇。一个农民能够走多远,一个已经带有成功标签的人怎样重新寻找自我价值的实现方式——此时人们关注赵本山，不会再满足于那些猎奇的故事，而是更希望进入赵本山的内心世界,通过赵本山的一次次转身,去寻找有关生命意义的答案。从某种意义上讲,赵本山是我们体现人文关怀的最佳载体。

(3)选题特点

①原创

有关赵本山的新闻，百度里可以搜索到27万条。在这篇新闻制作的同一时期,各大媒体有关赵本山的报道正处于白热化时期。但我们利用各方关系,艰难地获得了自己的独家专访,这是决定整个报道是否有意义的关键问题。世界级传媒巨头默多克把2041年列为报纸彻底消亡的最后时限。原创是网络媒体侵袭之下报纸的生存底线，它决定着报纸拥有网络媒体难以比拟的核心价值,决定着报纸内容、品牌、可信度和权威性等诸多筹码的分量。

②深度

随着传媒对赵本山的报道越来越丰富，人们对他身份的认定也在渐变："小品王"、"唱二人转出身的演员"、"超级农民"、"上过2次福布斯富豪榜的企业家"、"江湖霸主"、"师傅"；他的口碑与形象也在渐变："朴实"、"本色"、"太逗了"、"一身是艺"、"不好打交道"、"霸道"、"人挺好的"、"真不好说"。

关于赵本山，有太多的视角可以去解读，但此时赵本山的种种经历，决定了我们需要把他放在一个商业的语境之中。王蒙曾经说过，赵本山在主流媒体上争到了农民文化的地位与尊严。赵本山不仅是文艺演出现象，而且是文化体制改革的一个相当典型的现象。从这样的高度去还原赵本山，我们要寻找到赵本山从演员向商人转身的特有筹码。"赵本山的'二八年华'"，通过精心的布局，将赵本山近三十年的身份转变、事业成就与他的艺术创作结合在一起，巧妙地完成了对赵本山奋斗史的描摹。而"赵总的考卷"则是本篇报道实现深度与独特视角的核心部分，通过五个追问，在刻画赵本山内心世界的同时，深入报道了本山传媒在赵本山旗帜之下的成长和演变之道。

③关怀

赵本山不是一个普通的人，但是他的理想，他所遇到的困难、彷徨、膨胀和自省，是那些追求心灵归依和精神慰藉的中产所能够理解和体会的。对于早已不再停留在物质追求层面的赵本山的关注，对于他雄心壮志的解读，正是本刊对积极人生观的一种尊重态度。

(4)选题所满足的阅读需求

赵本山正在做的事情，也许正是偶像再塑造的过程，他可能会从一名偶像级的民间艺人，转而变成偶像级的商业大亨。无论这种转型能否成功，它都为读者提供了一种新的，可参考的奋斗模式，树立起一个全新意义的榜样人物。

除了满足读者对谈资和真相等基本需求之外，对于目标读者，"经营快乐者"赵本山可以引发他们对于幸福观的再思考，"企业家1.0"可以满足他们对于管理、领导力、权力艺术的学习需求；对于活跃读者，赵本山的"二八年华"，可以让他们在品读赵本山的艰辛时思索自己的人生理想；而对于核心读者来说，赵本山也是一个不断重塑财富观的样本。

【案例二】

2009年8月10日《精品购物指南》的《北京》热点版推出了"从《杜拉拉升职记》到《米娅快跑》——职场小说的价值曲线"的选题报道。

1.报道结构

职场小说的价值曲线——外封

职场小说的价值曲线——综述（解读职场小说畅销的原因及价值观念的变化）

职场达人的生活意见——综合（解析职场小说的关键词，如"70后"PK"80后"，女性与女权等，实为针对系列职场类小说的书评及概览式阅读，通过生活化的故事和场景再现，引发与阅读者观点或经历上的共振）

准中产的安乐窝——分析（完成对标准读者像的描摹，包括普通职场人、知名阅读者、专业阅读者对职场小说的观点和对职场的态度，并勾勒出这一部分群体的其他特性，如读书之余的休闲生活以及他们心理诉求等）

普通职场人：他们都是"杜拉拉"，每天的早晚饭都不太有保证，午饭向来在外面解决，即使是周末，也还要奔赴培训公司为自己充电。不过，对流行的美剧、正在上映的大片、畅销的图书都可以如数家珍，用颇为紧张的时间享受丰富的休闲娱乐生活。

专业阅读者："看这本书，就像看一面镜子，有自己，还有周围种种人和事的影子。书里时时浮现的温暖和美好，唤醒了一些过去，一些碎片也得以重新组合。而当时若干的苦不堪言，因为距离，因为时间，就此有了新的闪亮，和一丝回甜。"这是很多职场中的PR或是HR等人员在看职场小说时的一大特点，那些细腻的感情描摹，过往的点滴生活，会使他们心头一热。

畅销书里的现实职场江湖——点评（根据职场小说中的剧情，邀请职场专家支招职场江湖中的生存攻略，如与老板的相处之道、职场男女的较量、搞定同事的技巧等）

专访——《输赢》、《浮沉》、《米娅快跑》三本书的作者(以对话体形式,呈现作者的直接观点,深入表达他们对书、对职场、对理想、对人生的思考)

(1)凭技巧还是凭精神?

《输赢》是最早的商战小说,作者付遥说,自己曾过于强调技巧和方法,三年之后再看自己的作品,他有了新的感悟:技巧甚至能力只是表象,而压倒困难的精神、融为习惯的境界,才是更强大的力量。

(2)真实内幕还是虚构小说?

职场小说常被习惯性地对号入座,如《浮沉》的故事,就曾经被解读为微软的内幕曝光,作者崔曼丽解答了这一问题,希望读者能对照人物与他人在当代社会生活中的处境产生共鸣,引发思索。

(3)"职场"还是"反职场"

《米娅快跑》的作者秦与希解读了为什么米娅是个运气好的人——善于总结、谦虚、执著这些素质,其实都是在商战与技巧之外的人性优点,而她所创造的"混职场"概念,更贴近了职场人群真实的生活和心理状态。什么是职场的成功,什么是人生的成功,这些职场人天天都在思考的问题,有了一些真诚的解答。

2.职场经济:厚积薄发的产业链——分析、约稿(以出版人的视角,展示冲突和观点)

(1)读者人群

职场上的大多数人既不是比尔·盖茨、谢尔盖·布林般的天才人物,也不是李彦宏、马云般的风云豪杰,更不大可能复制出俞敏洪、潘石屹曾拥有过的激情与机遇,他们中的大多数"没有特殊背景,受过良好教育,靠个人奋斗取得成功",他们都是普普通通的人,这是职场小说的阅读群体,也是报道的直接读者。

这篇报道的目标人群涵盖了需要寻找精神依托和文化认同的核心读者群、需要对职场目标与人生理想进行再思考的活跃读者群、以及需要对幸福观与成功进行再思考的目标读者群。即使是没有读过职场小说的人,只要他们在关注自己的职业和人生规划,在思考幸福和人生的真谛,就会或多或少被吸引到这样的选题里来。

(2)选题立意

职场小说并不是刚刚出现的事物,但当徐静蕾、姚晨等明星将《杜拉拉》这种文学形态中的人物搬上荧屏和舞台的时候,注定会引来更多的关注、争鸣和思索。

如果没有庞大的白领群体,没有纵横交错的职场竞争、生活压力、人生困惑,没有金融风暴,也就没有"杜拉拉"们的火爆,没有我们此次选题的必要性。正如本文综述所说,当我们的社会被卷入一个商业化进程之后,职场已经演化成一个巨大的生存现实。这个现实中的人们,都"痛并孤独着",能有一些共同的语言、相似的经历同道共振,寻找一种身份上或是心理上的认同,是一种普遍的诉求。

职场小说之所以在当下显示出了强大的生命力,还在于小说中的主人公都像是一面镜子,职场新人在这一面面镜子里看到了自己的不足,而资深的职场人,甚至高管,也借这些镜子追忆起了自己过往的青涩时光,联想到自己一路走来的磕磕绊绊。所以,这些职场小说已经超越了文本本身,成了生动的"话题制造者"。而职场小说的读者,也正是当下掌握着社会话语权的主流人群。关注职场小说热,是对这个群体最典型的"现实关怀视角"。

(3)选题特点

①关怀

从报道的角度,我们需要超越职场小说本身,而去关注其背后的社会现实和读者的心理诉求。在我们以报道的形式对此进行还原之前,我们应该对职场这个话题有自己的立场:抛开波诡云谲的商战、眼花缭乱的技巧,职场的终极秘笈,依然是那些最简单的道理:譬如敬业、思考、坚持、谦虚等等。正如职场小说的真实魅力不在于"揭内幕",我们应该做的事情,也应该是引发阅读者对自己生活中那些咸酸况味的冥想。我们用了大量精力去寻找到畅销书的作者,用了大量笔墨去与他们对话,正是为了传递这种关于职场理想、人生价值的深层思考。

我们试图从这些不同的职场小说的异同之中梳理出一条主线,也即去思考这些职场小说本身的变迁所带来的深意:有相当多的职场人正在超越技巧,超越斗争,转而寻求这个激情又平淡、残酷又温暖的职场给一个人的成长、一个人梦想实现所带来的真正意义。同是职场小说,当《米娅快跑》出现时,一种"非职场"的心态也诞生了。那些别人孜孜以求的职场丛林生存术,是米娅困惑与疲惫的根源;在别的小说中极力推销的成功术,是这部小说所要努力消解的。在米娅版的跨国公司生存指南下面,暗藏着另一条主线:对商业社会个人生存的深层关怀。正是这条主线让职场小说走向了更广阔的田野。这是数本职场小说所演绎出的一条价值曲线，也是整个选题结构布局的出发点。

②实用

尽管总体来看主张超越职场技巧，但读者出于职场进修和交往的需要，仍有对新知和交往类信息的需求，所以选题以“畅销书里的现实职场江湖”这个结构，承载报道的实用性功能，以职场小说为蓝本，在男性与女性、上级与下级、自我与他人的复杂关系中试图解答他们的困惑。而在对作者所进行的专访之中，也穿插了一些直观的职场实用指南，为那些没有时间去阅读整部小说的读者提供全景式的概览，也为他们提供一些谈资和信息。

③思辨

在职场小说热的背后，种种争议也不断出现。而这种争议，表面看来是对职场小说思想肤浅的质疑，深层次则是被边缘化的所谓“纯文学”和当红的大众畅销书之间的矛盾。选题以出版人的视角丰富了这种讨论。此外，选题还关注了整个职场经济产业链和图书市场的现状，以延伸读者的阅读和思考空间。

(4)选题所满足的阅读需求

①身份认同、文化认同与心理认同

职场，本身就是一个容易产生身份共鸣的词语，报道中所提及的小说情节，或是提供的职场方案，无论是否很快就能在职场上见效，至少它可以让很多人感到“吾道不孤”，原来自己曾有过的困惑同样存在于其他人身上。此外，报道提出了很多思考，比如关于职场的理想、关于跳槽与辞职、关于70后与80后的思维差异、关于他们的爱情观、关于社会责任等。

②新榜样的塑造

谁是中产阶层的榜样或者偶像？除了媒体已经“捧”出来的商业巨子，有更多的普通人正在成为榜样，杜拉拉，米娅，正是时下众多社会主流人群的榜样。他们的成功故事，拨动了更多普通人期盼财富、事业和自由的共鸣心弦。

③乐观的职场态度和实用的职场技巧

在对职场人群的形象塑造过程中，透露出报道的主张：职场上纵然有千种无奈，万般苦恼，也值得我们用真诚和阳光的态度去面对，更加认真，更加友善，因为这本身就是一个人成长、一个人为梦想奋斗的地方，是一条通向幸福的荆棘道路。

五、结语

《精品》周一刊产品定位调整后，在内容产品的阅读频率、时长等的设计要求上与以往有了较大的不同，提供精英男性读者“读”的份量的增加，要求周一刊在报道质量上进一步地提升。

“赵本山的商业版图”、“从《杜拉拉升职记》到《米娅快跑》——职场小说的价值曲线”报道的读者反馈意见表明，读者对周一刊深度报道模式、报道态度与报道手法与技巧持肯定的态度，同时也提出了更高的期望，希望其更有文化内涵、观点犀利、分析深入、专业性强、思想性强。

这一次的报道是《精品》周一刊向“品质化阅读”转型的一次有益尝试，显示了《精品》周一刊采编团队深度报道的水平与实力。通过对周一刊作为“精英读本”的打造，《精品》在产品创新上将形成新的产品架构：针对不同读者、不同媒体价值、不同编辑诉求、不同客户市场的两份刊物。□

※作者徐方是《精品购物指南》报社副社长，王立成是《精品购物指南》报社“北京”编辑部主任，董鸿英是《精品购物指南》报社战略发展部资深策划

综合传媒集团背景下的全媒体运作探索

——以成都传媒集团"媒体结对运行、部分新闻联动"模式为例

● 侯利强

在新兴媒体冲击和产业结构转型的背景下，媒体融合早已不再仅是追赶时髦的流行概念，而是媒体集团当下活色生香的生动实践。那么，在现有条块分割的体制生态环境下，综合传媒集团内部不同形态的媒体，如何通过有效的协同作战，不断提高渠道整合力、增强内容呈现力，从而提高舆论引导力、增强核心竞争力？成都传媒集团(以下简称"传媒集团")的"媒体结对运行、部分新闻联动"模式，形成新闻联动长效机制，对此进行积极探索。

2006年11月28日，成都市整合成都日报报业集团和成都广播电视台两大市级媒体单位，组建成都传媒集团，成为国内首家区域中心城市的综合媒体集团。集团包括报刊出版、广播电视、实体经营三大板块，涵盖报刊、广播、电视、出版、网络、新媒体等多种媒体形态，同时涉足印务、发行、传媒投资、文化地产、教育、旅游等多元领域。

一、先行先试的"媒体深度合作试验田"

传媒集团的成立，绝不仅仅是为了报纸、广播、电视、期刊、网络、新媒体等全媒体形态的物理聚合，而是为了依托不同媒体之间的有机组合、优势嫁接、集约运行、资源打通等方式，形成各媒体的核心价值，实现规模效益和事业、产业的双丰收。

为推动媒体融合，传媒集团在成立之初，就设立了以《成都商报》为主导，包括报纸、电视、广播、网站、期刊等不同形态媒体在内的"媒体深度合作试验田"，旨在为更大层面的融合进行先期探索。通过理顺内部管理体制，试验田内各形态媒体被绑定为一个利益主体，在品牌、渠道、信息上进行优势互补，在人力资源、组织架构、运作机制、广告经营之间进行深度互动。内容方面，在统一的市场化架构之下，试验田内各媒体统筹策划、共同行动，相互之间推波助浪、前呼后应，"快乐女生成都唱区特别报道"、"五一直播中国游"、"上海车展全程播报"、"颠倒众声"、"我的暑假我作主"等活动亮点频出，声势浩大、效果明显。根据国家有关政策，试验田还积极尝试着剥离可经营资源组建经公司，以市场为先导，以资本为纽带，谋求资本融合。经过两年多的摸着石头过河，试验田目前形成七种媒体、统一指挥的融合模式，成都商报主营业务收入突破8亿大关，市场竞争力和地位进一步增强。

与此同时，传媒集团整合不同形态媒体精锐采编力量组建"深度报道课题组"，成为解读、宣传市委中心工作的一支尖刀部队，基本实现了"准确表达、深刻表达、生动表达"的宣传诉求；整合旗下《居周刊》、《地产商》、《第一房产》等6家优质地产媒体资源，通过房地产广告这个产品打通媒体形态成功打造"地产系"，实现了传统媒体从经营产品向经营资源的转变，传播效果倍增式放大。以《第一房产》电视栏目为例，2007年广告同比增长500%，2008年广告同比增幅接近50%。特别是"5.12"抗震救灾的宣传报道中，传媒集团快速整合新闻报道力量；统筹危机传播全部环节，整合信息传送平台，传递出成都上空有关震灾的第一声

播报、第一道讯息,印发出成都街头有关地震的第一张报纸"号外",广播电视台率先实行并机直播,构建了全方位、多层面、交叉互动的强大传播网络,综合媒体集团优势被发挥得淋漓尽致。

目前,传媒集团的媒体融合探索之路逐步在向深水区推进。正如该集团掌舵人何冰所言,许多鸡蛋放到了同一个篮子里,各是各的肯定不行;一定要打碎鸡蛋壳,让蛋黄和蛋清融合到一起。这可谓是对媒体融合最通俗的理解。

二、应运而生的"媒体结对运行、部分新闻联动"

以资源整合为核心的持续变革和文化传承,加之一系列的媒体融合探索之举,为传媒集团在更大范围、更高层面推行媒体融合积累了经验、奠定了基础。经过长期酝酿和反复讨论,"媒体结对运行、部分新闻联动"运作模式应运而生,并于2009年5月正式全面启动。其基本运作模式和机制包括以下四个方面。

1.锁定联动新闻内涵

这是联动的前提,因为联动只是传播形式的改变,而内容则是传播致效的关键,形式最终服务于内容。目前联动新闻共分两类:A类内容,涉及党委政府中心工作宣传的新闻报道,媒体为扩大团队影响力、品牌影响力所推出的有新闻价值的活动报道;B类新闻,重大性、关联人群多的重大突发事件性新闻。同时规定,一旦本地发生的影响全局的重大事件,则由集团编委会对所有媒体实施统一指挥。

2.打破媒体介质壁垒

传媒集团将旗下定位相似、形态不同的媒体进行田忌赛马式的组合。第一组包括《成都日报》、成都电视台新闻综合频道、成都人民广播电台新闻频率、成都电视台网站,定位基本是时政要闻;第二组已经有两年多磨合,比较成熟,包括《成都商报》、成都电视台经济资讯服务频道、成都人民广播电台经济频率,定位基本是权威、时尚的都市媒体;第三组包括《成都晚报》、成都电视台公共频道、成都人民广播电台交通频道、电台网站,基本定位是民生化、大众化路线。集团还充分考虑媒体形态的升级,待手机报推出后则对所有联动对子进行全覆盖。

3.构建联动基本流程

一是指挥判断。联动单元体的指挥人员从各单元体内的媒体主管新闻宣传的副总编辑、总监中产生,组成联动单元体指挥小组,每月轮流值班。集团编委会对指挥官充分授权,赋予其绝对的新闻价值判断、联动指令下达的权力,在不干涉新闻信息具体表现形式的情况下,联动媒体必须无条件严格执行,同时允许在探索中有"试错权"。二是联动执行。对A类新闻,联动单元体指挥小组要加强实施联动的前期策划。对需要联动的创新性策划报道,当月值班的指挥人员对联动诉求作出判断后,对"联动对子"内的媒体下达联动指令。联动媒体一般以"预告消息"的形式予以表达;如选题意义重大,也可以相互"跟进"形式予以较深的表达。对B类新闻,单元体内各媒体的信息中心在发现值得联动的新闻线索后,第一时间以"菜单"形式向当月值班的指挥人员报告。指挥人员作出判断后,下达对该新闻进行联动的指令。首先安排在单元体内最快捷的媒体如电台、网站以"快讯"形式进行发布;同时安排电视台作好推出事件进程式报道的准备;报纸根据广播电视采集的资源和自身深度挖掘的背景信息,做好次日刊发深度报道和背景报道。

4.建立配套保障机制

联动,涉及到各媒体运作机制、报道思维习惯、信息资源共享、沟通协调等方面的转变。为确保联动的贯彻落实,集团确定一位副总编辑专抓此项工作,联动小组内的各媒体确定一名领导专司此事;单元体每月将联动值班指挥人员名单在上月底前报集团编委办备案,并将实施了联动的项目报集团编委办备查;集团编委办负责对新闻联动的项目进行登记,对新闻联动过程进行监督,对在具体执行过程中出现的问题进行协调,对新闻联动项目的效果进行评估,对优秀的联动项目提出奖励建议;对成效突出的新闻联动项目,年终集团编委会将提请集团给予专项奖励。

三、联动模式的设计原则

在设计、推动和实施"媒体结对运行、部分新闻联动"模式过程中,传媒集团始终坚持以下原则。

1.坚持尊重传播规律,不为融合而融合

传媒集团成立后,具备全套的媒体形态,但集团并没有为了融合而融合。仅靠行政力量来推动形成的模式,也没有生命力可言。不过,以前不同形态媒体,在彼此磨合中的认同感不断加深,也产生了互相合作的欲望诉求,希望通过合作扩大各

自影响，此次联动应该说是顺势而为。

2.坚持循序渐进，不简单地照搬照抄

国内其他地域的媒体融合经验介绍可谓连篇累牍，传媒集团没有照搬照抄，力图走出一条符合成都传媒实际的媒体融合之路；对于内部试验田探索形成的经验和模式，传媒集团媒体结对设计中，也没有简单移植，而是有选择地先将其内容层面的合作经验予以推广，更深层面的媒体融合则留待在逐步的磨合之中推进。毕竟，将现有媒体成熟模式突然打破重建，本身就有较大风险。

3.坚持媒体结对要有机组合、优势互补

全媒体运作，不是简单、徒劳地搞一出一个媒体大集粹，而是专注于不同形态媒体的某个突出个性，吸纳其他形态媒体可以为我所用的特点，构建各媒体的核心竞争力。传媒集团将定位相似、形态不同的媒体进行组合，三个联动组的配对媒体，各自定位基本相似，但又各有不同，这样既达到了优势互补，又避免内部消耗与同质竞争，每个媒体都是融合框架下的一个核心起点和重要组成部分，在综合运用其他媒体形式的同时，依然保持其自有、独有的传播形式。

四、联动模式的效果分析

"媒体结对运行、部分新闻联动"模式经过磨合、探索，呈现出良好的新闻传播发展态势，效果较为明显。

1.渠道整合力得以提升

渠道的细分，必然意味着受众的细分。由于受众群体的互不交叉，即在同一时段收听广播和收看电视的人往往是不同的，多种渠道的组合，必然提升宣传和广告的价值。传媒集团不同形态媒体的组合，实际上就是渠道的组合，而渠道组合又绝非简单拼凑，涉及到各媒体内部结构对接、采编技巧、沟通机制、统筹策划等方面的转变，联动体内部媒体的能力得以整合提升；从外部看，渠道的组合实际也是在设计一种概念，给受众群体形成整体冲击，从而实现从内容产品向形式产品的升级，这种升级反过来强化了渠道的传播效力。5月12日，成都广播电视台举办纪念晚会，在中央、省等强势媒体的包围下，通过联动媒体的集中信息轰炸，依然取得了领先的收视率和市场份额，联动体组合报道功不可没。

2.内容呈现力得以增强

道琼斯公司的"波纹"信息资源管理理念认为：一个新闻事件发生，就像一块石头投到水里，会产生很多波纹，一个波纹一个波纹地扩散开，影响面会迅速扩大。内容的多介质化就可以使同一内容为更多人分享，产生波纹效应。传媒集团的联动模式，遵循"同一资讯、分段表达、形成联动、促进融合"原则，体现在信息的获取、生产、组织和呈现等各环节。信息获取环节，通过新闻线索等信息的互通有无，形成内部信息资源共享机制；信息生产和组织环节，加大策划力度，对同一信息在不同媒体形态上的刊播予以统筹考虑；信息呈现阶段，按照媒体表达特点、传播速度快慢等特点，逐级逐步发布、传播，满足不同受众的多元信息需求，各媒体之间前后呼应、推波助澜，在强化品牌自我营销的同时，形成一张时空交错、覆盖全面地立体信息网络，初步形成新闻信息的一次开发、多次生成、资源共享、整合利用，通过多次售卖获取更多注意力资源，并间接获取更多市场价值回报，非常符合现代化大规模生产流程和趋势的需求，契合了当下媒体追求滚动新闻战略的要求。

3.联动体内的采编人员成就感得以提升

看到自己生产的精神产品，不但报纸上刊登，而且在广播里发生，同时在电视里现身，这对一个习惯于单一媒体采编的记者来说，自己的思维创意被放大，策划空间被延伸，无疑产生了极大的成就感，反过来推动了工作积极性的极大提高。这也是媒体融合探索中一个意外的发现。

当然，在集团化运作背景下，每一个媒体都是一个利益主体，其媒体属性、表达方式、运作机制、利益诉求、考核体系等大相径庭，这也必然导致联动初期阶段存在一些问题，但这些都是发展中存在并出现的问题，也必将在发展的过程中得到有效的解决。

同时，不同区域的媒体集团有着不同的实践情景，地方历史形成的媒体竞争格局、媒体自身发展演变的历程、甚至媒体领导者所掌握的资源、所具有的威信和决心，以及地方党委政府主要负责人的态度，当然还有更广阔的地方经济社会发展水平、受众接受心理、文化消费习惯等等，都将影响着不同地区媒体融合探索的进程。因此，各媒体集团的媒体融合探索模式也将不尽相同，可以预期的是，这种以内容为突破口的媒体融合之路将不会停下追逐的脚步。□

※作者单位：成都传媒集团办公室

活动报道报网互动的新尝试

——《华商晨报》全媒体24小时滚动直播刘德华沈阳演唱会报道策划实践

● 孙采石

在美国，由于受到互联网的冲击，报纸产业等传统媒体的经营业绩不断下滑，尤其面对经济危机，加速了传统媒体的衰落，形势还的确有那么点悲观。

美国的今天是不是我们的明天？国内业界和理论界一直争论不休。有一点是可以肯定的，那就是对中国传媒业的影响肯定会有；但多大、多快，不一定。这要看互联网在中国的普及程度和人们的接受程度以及技术平台的发展程度。笔者认为，报纸作为一种文化载体不会消亡，人们的阅读习惯也不会一夜之间彻底改变，新的信息传播形式与旧的信息传播形式将在一个阶段内并行发展。虽然传统媒体目前还没有走向绝望，但可以肯定的是报纸产业将会有三方面变化：一是在新媒体的冲击下，在现有的经营模式下，报纸的高利润时代即将结束；二是一定会有一批报纸死亡；三是报纸在内容和经营方式上一定会改变。

全世界的传媒都认为新媒体发展前景看好。近年来，国内很多报纸已经开始高度关注新媒体了，这是大势所趋。

一、报网互动从机构调整入手

《华商晨报》在2009年运作新媒体及报网互动方面，开始大胆、快速的尝试。在考察了国内一些先走一步的媒体，《华商晨报》对一些媒体在新媒体运作及报网互动方面借鉴了一些经验，也吸取了一些教训。年初报社在机构内成立了滚动新闻部，专门建立了报网互动的专业编采人员编制，启动初期就运转良好。

滚动新闻部的成立，对实践真正的新媒体与传统媒体的融合起到了十分关键的作用。首先，由专门的部门和人员来负责，避免了兼职带来的执行层面“悬空”不落地的弊端。其次，专门人才使业务专业性更加突出。像视频新闻记者都来自省级电视台的专业记者。再次，这样一个部门，能够使报网真正互动起来，也使新媒体和传统媒体的资源实现最大限度的有效整合。

二、刘德华举办沈阳演唱会

一个媒体在它成长节点上，离不开重要新闻事件或重要活动的影响力拉动，报纸是这样，电视是这样，网络也是这样。实际上，今年从新闻内容方面对辽一网进行改版，报社成立滚动新闻部之后，一直想有个合适的机会来提升报纸的影响力，辽一网的影响力，因为报社目前的竞争已经不仅仅是平面媒体的竞争，而是多极面，多媒体的竞争，打的是媒体未来之战。《华商晨报》一直在等待一个机会，来实现我们的资源整合与操作。这个时候，传来了刘德华4月22日在沈阳开演唱会的消息。选刘德华演唱会作为全媒体的操作选题，实际上有利有弊。如果是主流的传统媒体这样关注演艺明星，显然有炒作之嫌。但网络媒体显然不受影响，毕竟刘德华在中青年当中有很大的号召力，这正是晨报需要的读者群。于是，在刘德华19日来沈前，报社紧急召开由网络，报纸编采人员参加的策划会议。成立全媒体直播报道小组，确定“100小时滚动直播刘德华”的报道选题，从4月19日刘德华到沈阳开始，至4月23日离开沈阳为止，100小时不间断文图视频全方位直播刘德华的动态和在沈消息，报纸和网络同时造势，彻底做回“一流的狗仔队”。

三、报网互动直播的收获

所谓的全媒本报道直播实际上就是为了进行报网互动资源整合的一次演练。总结这次练兵，我们认为基本达到了目的，收到了效果。具体收获有三。

1.锻炼了队伍，对报网资源进行了有效整合

为了完成这次不间断的直播任务，在100小时内，先后投入网络、文字、图片、视频等编采人员20余人。这么庞大的报道组，在人员安排，任务设置，报道流程上都是一次全新的考验。在这之前，辽一网的网络新闻编辑从来没有操作过大型报道战役，以至于一开始不知所措，而报纸的记者也没经历过即时文图新闻的即采即发的操作模式，在稿件标准，事实把关，信息分类上也不适应，经过近一天的磨合才进入状态，而后的效果也越来越好。通过这次直播报道，激发了网络报纸编采人员的激情，树立了很强的自信，为今后报道方向、目标和模式奠定了基础。

2.扩大了辽一网及报纸的影响力，使品牌进一步得到提升

这次刘德华在沈演唱会，报纸一周内共发20篇报道，其中包括报网互动报道。而网络的滚动直播报道则发布滚动新闻660余条。新闻图片350余张，视频新闻34条。报纸要根据新闻事件大小，选题重要性来决定报道的篇幅和数量。而网络则没有具体框条约束，只要把握好度，就不存在篇幅和容量的问题。

本报的100小时不间断直播演唱会，操作模式和大量信息引起了报纸读者和网友的高度关注，不光是辽沈地区，甚至包括国内各地的华仔歌迷。

滚动直播从4月19日12时开始至4月23日16时结束，期间辽一网首页登陆的独立IP（即访问人数）17万余人；首页流量累计超过37万；活动专题留言板留言719条，直播刘德华相关新闻详细页留言1410条，共计2129条网友留言；4月22日演唱会当日，辽一网新闻流量增加284%，同时，直播也为辽一网带来85776个新的访问IP。可以说，通过一次报道活动，不仅提高了报纸的新闻立体竞争力；也快速扩大了辽一网的知名度和影响力。

3. 开创了辽沈地区平面媒体直播新闻的全新模式

对于本报的这次报网互动直播的尝试，清华大学新闻与传播学院副院长，国际传播研究中心主任，博士生导师李希光教授给予了积极的评价。他认为，《华商晨报》主要是将纸媒与网络的资源有效整合在一起，既发挥纸媒全面性的报道功能，也发挥了网络媒体迅捷、即时性的功能，是一种很好的尝试。李希光认为，未来全媒体报道方式将成为各种媒体在大事件报道上的一种趋势，同时也非常值得业界关注和研究。

四、报网互动尝试后的几点思考

这次的报网直播报道最大的收获是尝试的本身和锻炼了队伍。另外还有一些收获就是在运作过程中发现的问题和积累的经验。这其中，很多问题值得研究。

1. 新媒体的探索和全媒体的整合还处在初级阶段

《华商晨报》这次直播活动为了造势，号称全媒体直播，其实严格意义来讲，我们最多只够称为网报互动。对于全媒体概念及功能的认知，国内业界及理论界都有不同的解释，但总的来说，全媒体是根据技术的发展，新媒体的不断涌现，信息发布平台的多样化，而提出来了简单罗列整合媒体资源的概念。基本上以传统的平面媒体为核心，融合新媒体如网络、电子纸、手机报、LED屏等传播工具，来进行信息多点、多层面、多角度的发布。我个人认为，全媒体只是一种过渡性概念，它只是目前新技术不断涌现，新旧媒体博弈但没有最终形成一种强势垄断地位的过渡阶段。将来的全媒体必将是经过“媒体发布平台的战国时代”后的一种整合。可以设想，按人们的接受程度及相对固定化的习惯，那就是手机（掌上信息处理器）、视网（网络和电视整合）和纸媒。目前的核心业务报纸也许将来会成为一种怀旧性的、习惯性与杂志相嫁接的信息用品。

《华商晨报》这次是将纸媒、网络、视频、移动电子屏（天禹星）整合起来，我们甚至还没有手机报，也没有户外LED屏，更别说电视台了。因此，必须认清我们的路只是刚启步，未来还有很多路要去探索。

2.技术手段上，硬件方面还不够理想

这次策划直播刘德华活动，除了想要实现报网互动的尝试外，还有一大推动力，就是对目前技术能力的测试检验。沈阳作为国内3G的试点城市，已经开始发放了3G号。新技术平台的建立，给了我们很多梦想实现的可能性。按照目前的技术发展趋势，手机是人们获取信息最快速最便捷的工具。因此，我们想尝试一下3G移动网的功能到底有多强大。但在运作中发现，3G技术只是刚刚开始，由于基站的不完善和信号的不稳定，使我们的移动网络直播计划搁浅，也使我们的视频直播计划没有完成，只能进行视频录播滚动。因此，目前的技术能力还有待于完善，但我们已经在认知上很清楚了。

3.新媒体的运用、全媒体的资源整合还处于点对点状态，没有系统地展开

我们这次新媒体的整合资源还是局部性的，带有策划性质的点对点的操作，还没有形成系统工程，这一点我们整个集团都不是走在最前面，还处在认识阶段。国内很多媒体已经做了很好的尝试。像广州日报集团和烟台日报集团等。《广州日报》对于新媒体的融合在架构上和我们晨报差不多，只是多了电子纸和手机百合信息业务。烟台日报传媒集团步伐较大，全媒体新闻中心已经运作一年。“全媒体数字采编发布系统”也通过半年了，目前已经初步做到了一次采集，动态整合，多个渠道，多次发布的数字化信息传播。烟台日报集团在新媒体平台架构上，硬件上，运行机制上都实现了整体系统化，这在未来新媒体融合发展上打下了非常坚实的基础。因此，《华商晨报》未来要开展的，要学习的，要探索的新媒体工作还很多。

作为中国传媒具有“先进性”的都市报媒体，一个10年已经完成了初始化。就在我们于使命感的市场化的道路上即将转身的时候，我们突然发现，我们要与那么多的有形对手和无形对手相博弈。我们的竞争对手不光是平面媒体，电视媒体，还有来势凶猛的新媒体。但我想，市场中其实最大的对手是我们自己，只有突破了自己，就能战胜一切。

所有对新媒体的探索实际上都是在寻找新的盈利机会，但几乎所有媒体又都没有找到。没找到盈利模式那也要抢得占位优势。对我们传统媒体来说，这就好比是生活在平原上的一个族群，当明确知道洪水要来时，你第一个直觉反应是向高处迁移。因为环境变了，你必须要找到适合生存的地方，哪怕放弃平原中再美好的一切。迟疑一点，你可能就被洪水吞没。□

※作者是《华商晨报》编委、辽一网总编辑

错位发展 增强本土影响力

——透析《珠江商报》2009年改版

● 邓庄

2009年3月23日,《珠江商报》进行了创刊5年来的第三次改版,这次改版是佛山传媒集团打破平面媒体内部壁垒,探索报业一体化的重要举措,也是珠江商报应对广佛同城化挑战,体现顺德先行先试区域特色,提供全面优质服务的重要策略。改版后,《珠江商报》进一步明确了自身的定位,与集团内各平面媒体实现合理分工、错位发展,而且找到了既顺应本土读者阅读要求,又体现当今报业发展潮流的报纸形态,增强了报纸的本土影响力和视觉冲击力。

一、改版目的及理念

1.整合传媒资源,强化本土效应

广佛同城化、珠三角一体化的趋势,正在推动珠三角城市群的形成,组合城市的格局对珠三角地市报业将带来深远而重大的影响。在竞争充分的情况下,按市场配置资源的理论,组合城市的新闻资源将支撑少数特大媒体的形成,其势力范围可能呈现跨城市、多媒体兼营。而组群城市中的地方报纸处于组群城市强势媒体幅射的范围内,由于地方报纸在办报理念、办报资源等方面都处于绝对劣势,在竞争中将处于不利局面。

从2002年底以来,广州三大报业集团六份报纸先后进入佛山,纷纷开设地方版,而广佛同城化步伐的加快,更促使广州报业加大了在佛山的扩张力度,以争夺佛山本地的广告和新闻资源。

佛山本地媒体意识到,如果不进行内容变革,确定符合实际的发展策略,不抓好管理机制改革,锐意创新和加速培养人才,佛山媒体很可能会丧失生存和发展空间。佛山传媒集团管委会副主任、集团报业工作委员会主任、佛山日报社社长戴晓军表示,此次《珠江商报》改版,就是佛山传媒集团贯彻落实《珠三角地区改革发展规划纲要》,探索佛山报业一体化,整合传媒资源的重要举措之一。

报业一体化改革就是让市场资源配置更加合理,并在集团发展战略指引下,统一发展规划,合理分工,错位发展,通过有效整合,理顺关系,让各媒体角色定位和市场定位更加清晰,服务对象与区域更加明确,服务水平进一步提高。根据分工和布局,佛山传媒集团明确了旗下三家报纸的定位:《佛山日报》是集团主报,面向全市五区的权威性城市党报;《珠江时报》成为扎根南海、面向佛山的都市报;《珠江商报》成为扎根顺德、面向佛山,以经济为特色的都市类报纸。

为了把"顺德话"说得更好,是《珠江商报》本次改版的一个重点。改版后的珠江商报推出了日均4个版的"今日顺德"新闻板块,以"扎根本土,服务万家"为宗旨,分别从时政、都市和民生等方面,对发生在顺德的新闻进行全方位、多角度、立体化的报道。在进一步做强顺德新闻的同时,珠江商报适时从三水、高明等区域收缩,原"三江新闻"、"区域经济导刊"等面向三水、高明的新闻版面撤销,与佛山日报、珠江时报实现错位发展。

在《珠江商报》改版之前,佛山传媒集团对三家报纸的区域布局已经进行了一系列调整。2005年12月,珠江时报创办"今日南海"新闻版块,进一步强化"立足南海、面向佛山"的定位。2008年1

月2日，佛山日报创办“今日高明”版块，定位为“权威报道、贴近市民、服务高明”。2008年2月18日，佛山日报“今日三水”区域版块创办。《珠江商报》“今日顺德”的创办，使得佛山传媒集团“今日”系列区域版块成为一块完整的品牌。至此，佛山传媒集团下属平面媒体，已经能较全面地在全市五区和各乡镇扎根服务，提升了核心竞争力。

戴晓军认为，2009年是佛山传媒集团推进报业一体化的开局之年，珠江商报的改版，为佛山报业全面合作共赢开了个好头。《珠江商报》改版后，改由佛山日报社来改刷，实现印务资源的整合，既使报业印刷设备的利用率得到提高，又帮助了商报克服印刷瓶颈，提高了印刷质量，使报纸版面更为清晰、大气和美观。下一步，佛山传媒集团将打破平面媒体内部壁垒，在采编、人力、发行、广告上进行深度的整合。

2.跳出本土，提供前瞻引领

广佛同城化，珠三角一体化背景下，顺德面临着全新的机遇和挑战，这是珠江商报此次改版的重要背景。

2008年9月，顺德被列为全省第一批深入学习实践科学发展观唯一的县级试点单位，并且由中共中央政治局委员、广东省委书记汪洋直接挂点联系。同年11月，顺德作为唯一的区县级单位列席了广东省特区经济会议，与深圳、珠海、汕头、广州、湛江等一起被列入行政体制改革试点。《珠三角改革发展规划纲要》的出台，更是给顺德提供全新的机遇和挑战。

在落实《珠三角改革发展规划纲要》，推进珠三角一体化与广佛同城化的进程中，顺德正在重新审视和定位自己；作为立足顺德的主流媒体，珠江商报也同样面临着这样的问题。在这块先行先试的“试验田”上，媒体应该扮演什么角色？珠江商报社总编辑黄获用“为后来者提供前瞻性观点资讯”来概括商报将承担的使命，商报必须站得更高，看得更远，服务大局，又跳出本土，提供前瞻引领。此次改版后，报头上一行“凭珠江通四海，立潮头观天下”的口号，阐述了这种全新的办报理念。

为此，《珠江商报》每周逢一、三、五，与广东省经济体制改革研究会合作，在A2版新推出“视点”言论版，秉承“以人为本，精英视角，平民情怀”，评论顺德人感兴趣的新闻，这个版块将为广东体制改革试点之一的顺德搭建思想交流平台，构建顺德的智囊团和专家库，以具有深度和指导意义的新锐观点，提升报纸的思想性和前瞻性。

“客套话、歌功颂德的话不要说，我们欢迎在这里讲别处不敢讲的话。”黄获认为，20年前的顺德产权改革，也是无人敢说，但作为“敢为天下先”的顺德，应该拥有这种包容度，才能成为先行先试的“试点”，因此要提供这个平台，让那些专家学者发表在其他场合不敢说的观点和思想。

另外，在世界风云际会、广佛同城提速的趋势下，珠江商报还将发生在国内国际的重大事件、将佛山市委市政府的中心工作等要闻安排在A2版。

3.加强版面包装，强化经济味道

为适应节奏加快、信息海量的时代要求，在此次改版中，《珠江商报》将A1版改造成了标题和图片唱主角的封面导读版，让读者对当天的重要新闻一目了然。同时突出商报的“商”味，对商报经济、财金、证券等经济新闻版进行改版，强化新闻性和服务性，为企业和市民当好创富、理财的“参谋”、“助手”；还对休闲、教育、楼市、车市、家具、通信、理财、商道等周刊也进行内容和版式调整，使其行业资讯更新鲜完整，服务读者更贴近到位，更好地为地方经济社会发展服务。

4.调整组织架构，保证改版有序进行

与改版相适应，《珠江商报》还对内部组织架构进行调整，取消了过多过细的部门设置，实行扁平化管理，提高了工作效率。商报将原来的要闻部、时政新闻部、经济新闻部、社会新闻部、摄影部等部门合并成立采访中心、编辑中心两个部门，值班编委、中心主任与版面编辑、记者直接交流，使上级的精神和要求、编辑部的意图能及时、准确地落实到具体版面和记者编辑的工作中。采访中心根据分工设立三个工作室、除专刊外，新闻版面实行采编分离制度，全部由编辑中心统一编辑，职责更明确，运转更有序。商报还将专刊部、广告部等合并成立广告中心，实现整合营销传播，改变报纸采编与广告经营两张“皮”的状况。另外还新设总编办，成为拥有新闻策划、协调、统筹、质控、考核及研究等职能的新闻管理部门。组织机构的大调整，为改版后采编工作的高效有序运行提供了保证。

二、改版效果及影响

1.增强了本土影响力和视觉冲击力

本土就是主流，贴近就是力量。从《珠江商报》此次改版的内容和形式上来看，成功之处在于找到了既顺应本土读者阅读要求，又体现当今报业发展潮流的报纸形态。

改版后商报实行了头版导读化，头版变成了完全的导读版，新闻图片+标题导读的"眼球效应"得到充分运用，对于吸引读者、引导读者、展示报纸精华发挥着很大作用。特别是大字号粗黑体头条标题和大幅彩色图片的采用，色彩丰富，气势磅礴，极富视觉冲击力。

如何在三秒之内抓住读者眼球，引起他们的购买欲，把报纸成功推销出去，新闻图片的功能绝对不容小觑。商报头版大幅主图的运用，使整个版面视窗化，既保证了版面的疏朗简洁，又形成版面的中心点，使整版信息得到有序排列，有纲举目张的作用。

商报头版还对各版重要和精彩稿件进行标题和图片导读，强化了向各版的延伸和联动。改版前商报人也有不少疑虑，商报日均版数只有16个版，头版有必要变成完全的导读版吗？不过，改版后各方的反馈表明，商报各版都有独立的主题和主要的稿件，利用头版的导读和内容索引，可以有效地让受众更多涉猎报纸信息，对当期报纸形成总体印象，对开拓报纸零售市场也起到很大作用。因为没有头版导读和内容检索，就不能利用里面的精华信息去赢得受众的注意和购买。

改版后，商报的"顺德元素"得到更深入的体现，以更大的容量去关注顺德的人和事，深度挖掘本土新闻及新闻背后的精神价值，反映顺德先行先试区的特色。

改版当天，《广佛同城化，顺德如何定位》等时评就得到了广泛好评，《正在消失的均安大沙滩》也在社会上引起强烈反响，很多读者对这种舆论监督报道叫好。2009年4月，由十位院士牵头组成的高密度、强阵容的院士专家团队来到顺德，掀起了顺德的"头脑风暴"，珠江商报整合版面资源，连续多日将院士顺德行做深做透，特别是4月10日推出的《问计院士》特刊，得到政府主要领导的肯定，更受到广大读者的欢迎。

2009年8月，顺德被确定为全省综合改革试验区，在经济、社会、文化等方面行使地级市管理权限，推进大部制改革等。面对这一在广东改革史上有重要意义的重大新闻事件，商报马上开设了"综合改革，先行先试"专栏，报道了各界参与综合改革的热情和顺德经济民生事业的发展。"350亿打造'突围之路'"、"'工业与设计之约'专题报道"、"顺德为老师加薪亿元"等一系列振奋人心报道的推出，充分展示了顺德作为综合改革试点的基础和美好前景，为下一步改革营造了良好的社会氛围。8月25日，用商报两个整版报道顺德综合改革试点动员大会，8月26日，再用整版推出对佛山市委常委、顺德区委书记刘海的访谈。从说背景、比异同、驳"沉寂"、谈落实、论攻坚、谈发展、描未来等方方面面，全面解读了顺德的改革。9月16日，顺德大部制改革浮出水面，《珠江商报》决定不惜版面对这一事件进行大篇幅、多角度的全面报道。报社专门就此召开了专题策划会，决定用6个整版刊登大部制改革的新闻，包括会议消息、社评、领导专访、专家热评、历史回眸、深度解读等内容。第二天16个部门"首长"集体亮相，商报除导读版出了一张特大"集体照"外，再出了三个版，其中有两个是通版，全面诠释了各部门的职能。这两天的报纸可谓"洛阳纸贵"，不少市民拿来收藏。相对其他媒体而言，《珠江商报》对这一事件的报道更为权威、全面、准确。

改版后，本地新闻在商报版面上的重要性得到进一步体现。以9月1日商报A1版为例，当天版面共出现导读15个，图片4张。其中关于顺德新闻的导读9个，占到导读总量的60%，包括最重要的大标题与大图均为本地新闻。这两点充分体现了《珠江商报》的办报特色与办报理念。改版后的商报加大了民生新闻的报道，还以9月1日A1版为例，民生都市类新闻导读7条，超过导读总量的40%，如果考虑到这些民生都市类新闻中90%以上为顺德新闻，而且其他时政经济新闻中仅3条导读为国内、国际新闻，从中不难看出《珠江商报》导读版对本地新闻、民生新闻的"偏好"了。

从改版后政府官员和部分读者的反响中可以看出，这是一次顺应市场要求和满足读者需求的改版。顺德区委常委、区委宣传部长梁惠英认为，珠江商报以立足顺德、扎根顺德、服务顺德作为改版的总体思路和方向，其定位和目标是十分清晰而明确的，改版后的商报推出"今日顺德"四个版，用超过三分之一的新闻版面资源来报道顺德，可读性增强，报道显得更加权威和实用。

更好地服务顺德经济、服务行业企业，也是本次改版的重要目的。商报改版还听取了各行业专刊客户的意见，强化了专版的服务意识。顺之旅公司董事总经理罗建英表示，为了让行业专刊有更好的效果，她曾提出把原周日的"休闲周刊"(包括旅游、美容等专版)放在周一，没想到她的提议在改版后马上变成了现实。

2.对当地报业生态影响的思考

进入21世纪，区域城市的快速发展冲击着报业的垂直格局。在发展区域经济的过程中，一些非省会区域城市逐步积累了强大的经济实力，形成了有特色的媒体产业基础，传媒力量在一省内部不再是沿着省会—地市—县的级别依次变弱，媒体布局结构也不限于单一的线性递减，而是出现了多个力量中心，基于城市群的媒体布局呈现出多元牵制的现象。地市或县级传媒具备一定的经济实力，对上级省报的挤压也进行回应，不甘心只按照行政级别分一杯羹。

珠三角是中国报业竞争较为充分的地区，这种垂直结构内的博弈已经有很多实践。广州报业不断向珠三角城市扩张，而周边城市报业也做出积极回应。来自行政级别低端的回应中，以佛山传媒集团的运作更具有强势特征。

2009年以来，佛山传媒集团通过实施珠江商报改版，以及印刷、采编、广告等报业资源整合的措施，加快推进报业一体化步伐，促使各报在佛山区域内实现科学布局、合理分工、错位发展，增强与广州报业竞争的实力。同时佛山传媒集团利用跨媒体的优势加快跨地域扩张步伐，“佛山传媒集团广州新闻工作站”启用，“佛山传媒集团·佛山电台广州第一直播室”开播，“广佛都市网”成立，一系列“组合拳”使佛山媒体的触角前延到广州，从佛山的视角集纳和吸取广佛信息，并以广电、平面、网络的跨媒体优势进行信息整合与传播。这次在广州亮出“组合拳”后，佛山传媒集团不久还将在珠三角打出“连环组合拳”。

广佛同城化、珠三角一体化必将带来更为激烈的媒体竞争，但只要佛山传媒在广佛同城的背景下练好内功，在区域竞争内发挥好自己的优势资源，就能在激烈的竞争中找到自身的位置，不断提升品牌影响力。□

※作者单位：佛山传媒集团

报网融合，打造舆论引导新平台

——2009年河南日报《焦点网谈》栏目分析

● 张舟

"焦点网谈"是《河南日报》上的一个版面，也是大河网的一个频道。2004年开设以来，相继获得第十六届中国新闻奖名专栏一等奖、中国互联网品牌栏目。它不仅是河南省报刊界第一个新闻名专栏，而且是中国互联网首次荣获此殊荣的新闻专栏。"焦点网谈"除在网站开设固定栏目外，《河南日报》每周二、四整版见报。它发挥网络和报纸的不同优势进行深度互动，不断扩大影响力和覆盖面，产生了"双赢"的社会效果。

"焦点网谈"的报纸与网络形成了两个互动融合性的舆论引导新平台，即我们通常所说的报网融合。报网融合是媒介融合里的一个子模式。以"CNKI"1999-2009这十年媒介融合相关研究成果来看，[1]虽然媒介融合的形式已经更加多样化，但是今天报网融合仍是不少业界人士展开国内媒介融合研究的首要切入点。虽然媒介融合发展到今天，相当多的媒介集团都已经开始对下属电视台、报纸、网络、手机进行内容和形式上的大融合和互动，但是，"焦点网谈"是我国媒介首开报网互动、手机短信互动先河的报网融合产物，也是中国互联网界首次获得中国新闻奖名专栏的栏目，所以，"焦点网谈"的报网融合模式、内容与操作方式均具备较强的借鉴意义。

从国内媒介融合近十年研究状况来看，现有的研究已经不仅仅局限于从"媒介融合"的技术视角和运营模式去分析问题，"媒介融合不仅在技术上实现共融，并且更深层次地影响人类经济活动、社会结构和文化形态。"[2]因此，对"焦点网谈"融合模式和内容上的分析，尝试从具体操作上思考媒介融合，可能会对国内媒介融合的现实意义和方向有所启发。

这里我们选取2009年全年的《焦点网谈》报纸版面和网络栏目内容进行分析。

一、版面：栏目设置丰富灵活

"焦点网谈"除在网站开设固定栏目外，《河南日报》每周二、四整版见报。"焦点网谈"2009全年81期报纸版面累积出现19个栏目，[3]其中，"本期焦点"和"网聚观点"之下累积出现33个子栏目，网络版设置17个栏目，手机运用上，拥有手机报和手机短信、热线等传播沟通平台。报纸版面上，"本期焦点、焦点民声、思想阵列、网事聚焦、嘉宾网谈"是固定性开设栏目，其余每期都不尽相同（参见表1）。

在评价"焦点网谈"的时候，河南日报报业集团总编辑朱夏炎表示："一年100个整版，折算成广告就是1000万。"[4]《河南日报》投入如此大的精力来办"焦点网谈"，可见集团顺应媒体发展潮流、探索新型传播方式的信心和决心。

二、内容：民生为本，注重引导

都市报的崛起是90年代中国报业的意味深长的现象。都市报作为中国报业中最有进取活力、最有品牌价值和最有社会影响力的报群之一，它发行量大、覆盖面广、阅读率高，有广泛的群众基础，相比严肃的党报，在普通市民中受欢迎程度更高。[5]贴近群众、注重民生是都市报的主要特点。而"焦点网谈"之所以受到网友和读者的喜爱，与该栏目秉承民生为本、大力为群众服务的办报理念不无关系，在"焦点网谈"的帮助下，不少网友反映

表 1《焦点网谈》栏目设置情况

《焦点网谈》报纸版面 2009 全年累积出现栏目						
本期焦点	焦点民声	思想阵列	网事聚焦	焦点报道	拿图说事	网友贴图
嘉宾网谈	网友妙评	好贴速递	短信短评	主题精选	访谈预告	马上评论
正方反方	大河博客	E 语中的	专家拍砖	大河网新闻点击排行榜　等		
其中，"本期焦点"和"网聚观点"栏目，其下分又细为如下部分						
点击事实	相关报道	嘉宾网谈	我在现场	搜索引擎	网聚观点	网友建议
权威声音	相关链接	数字观点	记者连线	网友解析	网友建议	异地连线
记者手记	观点碰撞	博文选摘	名词解释	网友贴图	报道回顾	正方反方
好贴速递	记者博客	原帖回放	官方声音	专家点评	网友聚焦	网文选登
记者见闻	焦点报道	网友观点	网友故事串		网友贴文选编　等	
《焦点网谈》网络版设置栏目						
焦点话题	焦点民声	思想阵列	往期焦点	论坛集萃	网友活动	
见报焦点	嘉宾网谈	焦点报道	律师博客	合作栏目	焦点外景地	
网友观点	新闻留言	焦点编辑组	联系我们	天南地北河南人　等		
手机平台						
《河南手机报》			《焦点网谈》手机短信、热线			

表 2《焦点网谈》内容分类

	焦点民声	网友评论	读者手机短信	网友供图
1 月	14	135	5	3
2 月	17	175	4	–
3 月	13	169	18	10
4 月	22	149	5	14
5 月	24	150	19	13
6 月	22	170	23	10
7 月	25	147	8	28
8 月	20	131	6	11
9 月	13	114	4	8
10 月	4	52	2	1
11 月	21	210	18	8
12 月	12	160	6	18
总计	207 条	1762 条	118 条	124 幅

的问题得到解决。"焦点网谈"对于内容的选择，基本上定在网络言论、关注河南、全国热点、舆论监督四个方面，内容上尤其以民生为本，注重对社会和网络舆论的引导。

1.民生为本，首先表现在重视社会和网络言论

新闻价值理论告诉我们，受众选择新闻是依据其新闻价值的大小，新闻价值的大小决定了受众的多少。正如"焦点网谈"记者王大珂所说："'焦点网谈'内容的选择，都是在浏览大量网上言论，找出网上舆论热点，根据党报特点、网站定位，再结合当前宣传形势，经过反复讨论和思考决定的。"[6]

从数据统计可以看出来，2009 全年 81 版"焦点网谈"中，共刊出"焦点民声"207 条，网友言论 1762 条，读者短信 118 条，网友供图 124 幅(参见表 2)。

其中，"焦点民声"重点刊发网友言论、读者短信，并且针对网友和读者的提问配发"焦点网谈"经过调查后的释疑解惑，部分还配有"律师点评"和"专家点评"等。大部分图片也是直接从网友的贴图选取而来。

2.民生为本，其次表现在关注河南本省

"焦点网谈"是河南报业网和河南日报联姻的产物，作为河南省委机关党报，关注本省发展，是

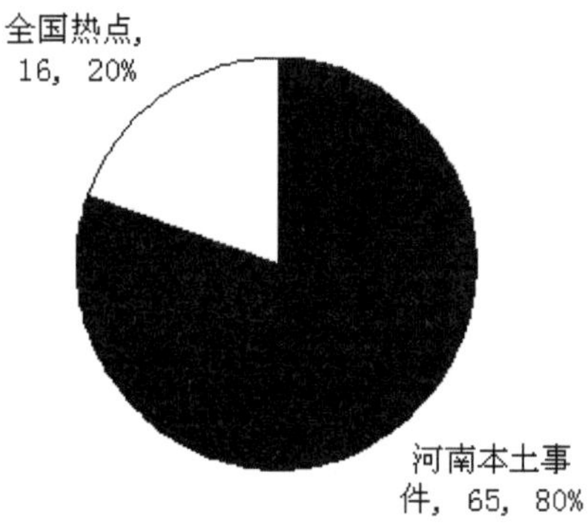

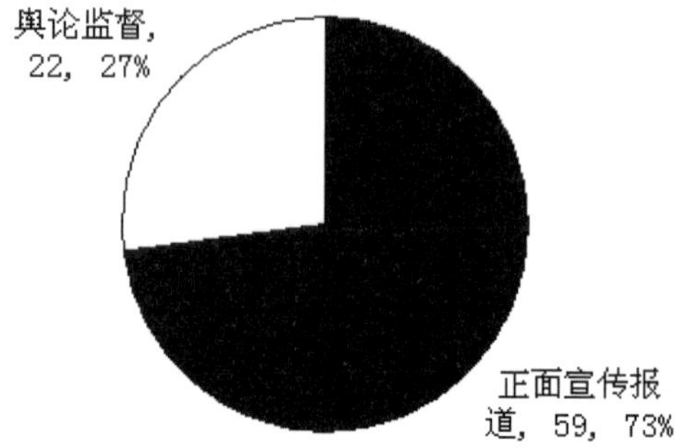

图 1 “本期焦点”栏目文章分布

其使命和责任。

“本期焦点”(在没有“本期焦点”的情况下，“网事聚焦”会占据其版面)是“焦点网谈”的常年固定栏目，也是主打栏目。据统计，2009全年出现81篇“本期焦点”中，选题为全国热点事件的有16篇，其它的65篇都是河南地方性选题。其中，22篇是舆论监督性稿件，59篇是正面报道稿件(参见图1)。

从诞生到现在，在网络和报纸相结合的这一块宣传阵地上，“焦点网谈”一直在不遗余力地为宣传河南、发展河南贡献力量。比如2009年的《河南的现代时尚符号》《推选河南不放弃不抛弃的故事，张扬河南坚忍不拔的个性》《感知河南 热爱家乡》《网友创意一句话宣传郑州》《2013年，坐地铁出行》《真实的河南和传言中的“真不同”》《网友盛赞“煤”城“梅”花香 戏曲舞台 河南有“戏”》《河南没啥可牛的？——“一部河南史半部中国史”的网友“解嘲”》等相当多的专题都是“焦点网谈”关注河南发展的见证。河南涌现出来的模范人物也一直为“焦点网谈”所关注，如2009年《乡村女校长进城收旧书感动网友》、《“双百评选”唱响“英雄赞歌”》《金水“网上公安”引网友赞誉》等都曾被大篇幅地报道过。近期，“感动中国的河南人”在各大网站和论坛广为流传，“焦点网谈”浓墨重彩地推出了《网友热情推荐感动中国的河南候选人》，报道网友对河南人感动中国事迹的评论。

3.民生为本，宗旨是为民服务

“焦点网谈”定位于“社会各界参政议政的新渠道，政府了解民情民意的新窗口。”[7]一方面，“焦点网谈”把报纸上的热点、焦点问题放到论坛上讨论；另一方面，“焦点问题”把网络上的热点话题，整理出网友观点，发表在河南日报上，充分利用网络的传播力，发出党报的声音。“思想阵列”和“焦点民声”是“焦点网谈”的群众意见平台和舆论监督栏目，这两个栏目围绕基层百姓关注的各方面问题，真实反映，客观报道，弘扬正气，鞭挞丑恶。网友通过手机短信、论坛、邮箱和电话等方式向“焦点网谈”反映问题，“焦点网谈”请有关单位、部门作出说明、解释。对于有代表性的问题，“焦点民声”栏目予以发表。“思想阵列”和“焦点民声”刊发的每一篇报道、每一条读者短信、每一条网友留言，几乎都是河南百姓的心声和对社会现象的舆论监督，为河南百姓和网友解决了大量的实际问题。

2009年河南的“垃圾门”事件，“焦点网谈”曾在5月5日、6月4日、6月9日三期给予连续的追踪报道。

“焦点民声”曾在5月5日刊发一条读者反映，题目是《南阳工业路一商户遭垃圾封门》；5月28日，有网友又在天涯社区发帖反映同样遭到“垃圾封门”；6月份，“焦点网谈”记者发现，在大河网大河论坛、焦点民声、天涯社区、网易社区等，频频有网友发帖、留言，反映南阳市有关人员为催缴垃圾处理费，在商户门前倾倒垃圾之事，帖子中还配有不少照片，照片上商户大门前垃圾堆积如山，触目惊心。同时，网友反映强烈，直言“不缴垃圾费就封门太不应该”。

“焦点网谈”从网络和“焦点民声”栏目上了解到这些信息后，迅速组织记者了解相关情况，上网收集网友言论，并积极联系南阳环卫处。6月4日，河南日报“焦点网谈”在“网事聚焦”栏目以《不缴卫生费，就垃圾封门？》报道了这条新闻。报道分为“网友频频反映南阳商户被垃圾封门”、“网友反响强烈，直陈不缴费就垃圾封门太不应该”、“本栏目记者联系南阳环卫处未果” 三个部分来描述事情发展的进度。用当事人的描述、网友的反应、记者的调查三个部分组成了这条新闻。同时，大河网和河南手机报都同步予以报道。

此条报道刊发后，网上反响强烈，大河网、新浪网、搜狐网、中华网、网易、凤凰网、中青网等各大网站均在突出位置转发了相关报道，网友发表了大量的评论、跟帖。此次南阳“垃圾门”事件，受到省市领导的高度重视，南阳市当天就做出了多项处理意见。

2009 年 6 月 9 日的“焦点网谈”的“思想阵列”栏目，又一次地刊出了南阳“垃圾门”的追踪报道。文章写到：“堵门的垃圾已清理，恶意倾倒垃圾者也该清理”。这篇报道交代了“垃圾门”事件最新的现状：南阳市当天就做出了多项处理意见，卫生费征收标准下降，同时也刊登了 10 条网友的评论：“虽然收费仍高于很多城市，但不用担心被暴力征收了”“恶意倾倒垃圾者更像垃圾，更改清理”等，客观地表达了网友的立场。

4.注重引导，关注社会和网上热点

在报网融合中，尤其是在与网络打交道的过程中，媒体坚守“把关人意识”，就是对社会舆论最好的控制和引导。在网络新闻传播中，不仅需要尽力为受众传播信息、交流意见搭建一个公共平台，更需要通过议题设置来加强对受众的引导和提高。这点我们从“焦点网谈”的报纸版面可以看出来。报纸并不是完全刊登网络的内容，而是通过大量浏览网络内容、精心挑选、设置议题，来形成“焦点”。

网络作为新媒体，很多现象是从网上开始出现并炒作起来的，而且网络舆论难以控制，因此，需要媒体来进行大力引导。除了固定栏目外，“焦点网谈”会邀请有关的政府官员、专家学者作为嘉宾，到网上与网民直接对话、答疑解惑。同时，“焦点网谈”常常会大量刊发人民网、新华网、中国网、河南报业网等各大网站网友论坛中的评论，而且还积极联合新浪、搜狐、网易、腾讯等网站，就一些共同关心的热点问题，引导网友讨论。手机方面，“短信民声”和“焦点民声”中都会刊登读者短信。“短信民声”栏目刚问世，就得到了读者的欢迎和青睐，据“焦点网谈”统计，“每天的短信量几乎都在 100 条左右。“短信民声” 栏目已经为群众解决了大量的实际问题，成为百姓发表心声的呐喊平台。

5.注重引导，不仅仅是报网融合，更表现在密切的编读往来

报网融合的实质也包括所有内容和形式上的融合。“焦点网谈”尤其注重编读往来。每期的“焦点民声”，对于网友提出的问题，“焦点网谈”都会在问题后给出经过调查后可行的解决方案，有时会请到律师、省市领导等专家学者，对网友问题进行点评。同时，只要是“焦点网谈”刊发的网友言论，“焦点网谈” 记者总会在适当的时候旗帜鲜明地表明自己的态度，以参与的姿势，融合到读者和舆论引导中去。

三、融合：报网“双赢”

2010 年 1 月 15 日，中国互联网络信息中心（CNNIC）发布的《第 25 次中国互联网络发展状况统计报告》[8]显示，截至 2009 年 12 月 30 日，我国网民规模（3.84 亿）、宽带网民数（3.46 亿）、国家顶级域名注册量（1682 万）三项指标仍然稳居世界第一，互联网普及率稳步提升。受 3G 业务开展的影响，使用手机上网的网民也已达到 2.33 亿，占网民的 60.8%，增速十分迅猛。

与此同时，传统媒体则出现式微的趋势。新媒体对传统媒体具有相当大的冲击性。但是，新媒体的冲击，改变的是纸媒的传播方式，而不是对纸媒的完全否定。在传统纸媒与网络媒体并存时期，报业的内容和经营只有做积极的调整与改变，才能逐步适应未来报业发展的需要。在某些方面，即使新媒体不断抢滩传播领域，传统媒体仍然占有较大市场空间。

2009 年 4 月 22 日，中国出版科学研究所全国国民阅读调查课题组发布《第六次全国国民阅读调查》。数据显示，我国包括在线阅读、手机阅读、手持式阅读器阅读等数字媒介阅读开始普及，2008 年我国成年人各类数字媒介阅读率为 24.5%。全国约有 2.8%的成年人只阅读各类数字媒介而不读纸质书。[9] 同时，我国成年人报纸阅读率为 63.9%，成年人杂志阅读率为 50.1%（参见图 2）。

受众对于新老媒体的选择，在于不同受众群体不同的阅读习惯。虽然数字媒介阅读率年年上涨，但是纸质阅读仍然占有主导地位。因此，《焦点网谈》分为网络版和报纸版，就具有相当重要的意义，通过媒介融合，来适应不同的受众需求，实现传播效果最大化的报网“双赢”，是媒介融合的优势所在。

如果用几句话来概括：版面上，栏目设置丰富灵活；内容上，以民生为本，注重舆论引导；模式上，用融合打造报网的"双赢"——这是《焦点网谈》成功的秘笈。丰富栏目使报纸版面不断创新；民生为本，使媒体真正为读者和群众服务；正确引导舆论，是媒介运作的社会责任所在；报网融合，在形式上取长补短，在内容上互享互惠，如果是多种媒介的融合，则可以达到新老媒介、媒介与受众之间的"共赢"，这是媒介发展的必然方向。报网融合后，通过发挥新旧媒体的各自优势、信息共享，最大限度地实现了传播途径和传播内容的最优化、扩大了信息传播的覆盖面和影响力，同时也树立了自己的品牌，打造了舆论引导新平台，真正做到了为人民服务、为文化服务，这也是媒介融合的希望，正如河南日报报业集团董事长朱夏炎所说："抓住网络现在，把握文化未来。"□

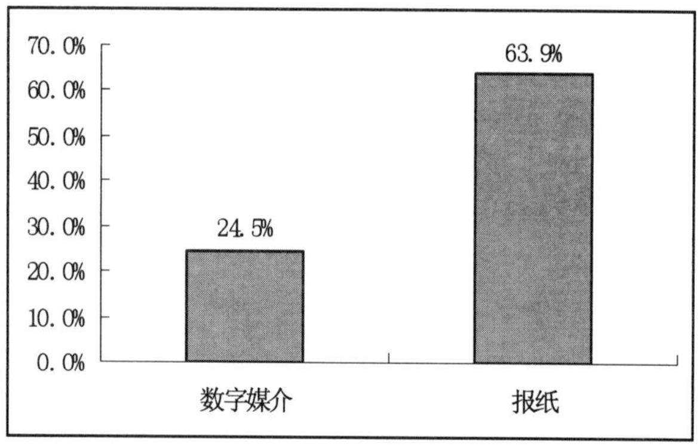

图 2 2008 年我国国民报纸阅读率与数字媒介阅读率

※作者单位：中国地质大学（武汉）艺术与传媒学院

※注释：

【1】王冠一.国内"媒介融合"（Media Convergence）议题十年研究状况综述.2009 复旦大学"中国新闻传播学科研究生学术年会"论文集 [A].上海，复旦大学.2009

【2】纪莉.在两级权力中冲撞与协商——论媒介融合中的融合文化[J].现代传播，2009（1）：45－48 页

【3】本次统计以 2009 全年大河网《河南日报》电子版为统计对象，电子版"焦点网谈"未刊登上网的，本文未作统计。

【4】万大珂.《焦点网谈》：媒介融合的胜利[J].青年记者，2006.20

【5】陈寅、黎勇.构建和谐社会的"和声"[J].中国记者，2005.12

【6】万大珂.《焦点网谈》：媒介融合的胜利[J].青年记者，2006.20

【7】万大珂.《焦点网谈》：媒介融合的胜利[J].青年记者，2006.20

【8】中国互联网络信息中心[EB/OL].http://www.cnnic.net.cn/html/Dir/2010/01/15/5767.htm，2010.1.15

【9】第六次全国国民阅读调查[EB/OL].http://article.pchome.net/content-866515.html，2009.4.23

阅兵游行成亮点 色彩版面有新意

——京城晚报、都市报国庆60周年报道特点浅析

● 李晨宇

2009年10月1日，中华人民共和国成立60周年，在这个值得纪念的日子里，北京各大都市报、晚报纷纷展开国庆报道策划战，一方面吸引更多广告商投放广告，一方面着力提升自身的品牌与形象。本文将选取京城五家最具影响力的报纸——《京华时报》《新京报》《北京青年报》《北京晚报》和《法制晚报》10月1日与2日的报纸作为样本进行分析。

一、各报报道规模空前 各有侧重

从各报报道规模来看，北京主要晚报、都市报对本次国庆报道都给足篇幅，并派出大量记者、编辑参与其中，主要围绕庆典、阅兵、游行、晚会等议题展开前后报道，内容有解读性质的，也有动态、前瞻、解密性质的，既有对参加阅兵战士的近距离接触，也有关于参加游行群众的多维度展现。其中，京城主要晚报、都市报国庆报道的版面使用情况各有不同。(参见表1)

根据表1，本次国庆报道，京城的五家主要晚报、都市报均投入较大篇幅，展开报道。总体上来看，国庆当日(10月1日)的报道篇幅更大，晚报的报道篇幅要明显多于都市报。从单个报纸来看，《法制晚报》和《北京晚报》国庆版面占总版面的比重较大，前者国庆版面和国庆净版面占版分别高达100%和76.7%，后者的相应比例也分别高达77.6%和70.7%；《京华时报》和《北京晚报》使用的国庆报道绝对版面数较高，前者的国庆版面和国庆净版面数分别高达101版和88版，后者的相应版面数也分别高达90版和82版。

各报国庆报道规模都比较大，但在报道策划上均拥有自己的侧重点。《法制晚报》国庆当天的64版中，特别开辟出8个版面，制作成铜版纸彩色拉页，介绍阅兵情况，过程一副完整画面。《北京晚报》则在国庆当天常规版面中辟出14个版面，以“60盛典日”为标题对庆典盛况进行报道，还特别制作64个版的《〈向前〉特刊》，以“共和国60年军力观察”为主要内容；10月2日，用10个版面，以“我们的节日，我们的狂欢”为标题，讲述国庆盛典背后的故事。《北京青年报》充分利用对开大报的版面优势，在国庆当日推出60个版面的“看典特刊：大布局、大阅兵、大游行、大联欢”，版面大气、气势恢宏。《京华时报》在国庆当日推出8个版面的“阅兵全景图”(彩色拉页)和24个版面的“观庆典指南”；10月2日，又推出56个版的国庆专题“大国阅兵”和“大国狂欢”，对阅兵和群众游行、联欢等内容展开报道。《新京报》也在国庆当日和10月2日分别推出32个版面和22个版面展开报道，并发挥其评论性特色，10月1日在A02版刊发社论“民族复兴，从新的历史起点出发”，10月2日在A02版刊发社论“‘万人向老兵致敬’令人感动”，还在10月3日开辟出6个版面推出“特别报道”，展开后续报道，以揭秘等内容为主。

二、版面与色彩新意浓厚

60周年国庆报道的最大特色之一，莫过于各大报纸对版面的安排和对色彩的使用，这将对未

表 1 京城主要晚报、都市报国庆报道版面使用情况

报纸名称	日期	总版面	国庆版面	国庆净版面	百分比 1	百分比 2
京华时报	10.1	80	45	37	56.3%	46.3%
	10.2	80	56	51	70.0%	63.8%
	小计	160	101	88	63.1%	55.0%
新京报	10.1	48	32	25	66.7%	52.1%
	10.2	40	22	14.5	55.0%	36.3%
	小计	88	54	39.5	61.4%	44.9%
北京青年报	10.1	68	60	24.5	88.2%	36.0%
	10.2	24	13	8	54.2%	33.3%
	小计	92	73	32.5	79.3%	35.3%
北京晚报	10.1	84	78	72	92.9%	85.7%
	10.2	32	12	10	37.5%	31.3%
	小计	116	90	82	77.6%	70.7%
法制晚报	10.1	64	64	54.5	100.0%	85.2%
	10.2	24	24	13	100.0%	54.2%
	小计	88	88	67.5	100.0%	76.7%
10.1 小计		344	279	213	81.1%	61.9%
10.2 小计		200	127	96.5	63.5%	48.3%
都市报小计		340	228	160	67.1%	47.1%
晚报小计		204	178	149.5	87.3%	73.3%
合计		544	406	309.5	74.6%	56.9%

（注："总版面"指的是报纸当日的总版数；"国庆版面"指的是关于国庆报道的版面数量，既包括国庆报道专版，也包括含有国庆报道内容的常规版面；"国庆净版面"指的是去除"国庆版面"中的广告占版；"百分比 1"是"国庆版面"占"总版面"的百分比；"百分比 2"是"国庆净版面"占"总版面"的百分比。）

图 1 京城主要晚报、都市报 2009 年 10 月 1 日头版版式

来各大报纸展开宏大叙事报道具有极强的参考价值和借鉴意义。

首先，以京城上述五家报纸的头版版面（参见图1）为例进行简要分析。

60年，国与家
祝人民共和国生日快乐！
北京晚报

图1展示的是国庆当日《京华时报》《新京报》《北京青年报》《法制晚报》和《北京晚报》的头版版式。从版面上看，除《法制晚报》外，其余四份报纸头版均未出现广告；同时，《北京晚报》《京华时报》和《北京青年报》的头版兼具封皮和导读的双重功能，而《新京报》和《法制晚报》的头版以封皮功能为主。

值得一提的是，《北京晚报》将第1版和第16版共同形成封皮，这在京城的几份报纸中彰显特色。这一方面通过阅兵现场照片的形式形成了以红旗为主旋律的奋进气势，还与《〈向前〉特刊》导读相互辉映，动感与进发的味道十足。版面上还配了1日上午领导人站在天安门城楼观看阅兵时的图片，发挥了晚报晚发的报道优势。北京晚报编辑部还在封皮上撰写了主标题为“60年，国与家”、副标题为“祝人民共和国生日快乐！”的短文，并以“都说国很大，其实一个家”、“家是最小国，国是千万家”和“国是我的国，家是我的家”为小标题将内容贯穿起来，让百姓与国家产生共鸣，责任感与自豪感溶于一体。

《京华时报》则以“祖国万岁”四个醒目的大字构成了头版的中心内容，简洁、精悍，并辅之以一段短小精致的文章，让国人倍享祖国强盛之荣光。《新京报》以天安门作为主图，并告知“国庆盛典今日上午10时开始，联欢焰火晚会晚上8时举行”，主图下面辅之以红色丝带，并有文字“祝福伟大的祖国，祝福伟大的人民”，让国人享受狂欢的同时，感受伟大的人民共和国。《北京青年报》则以国旗、人民英雄纪念碑、仪仗队的合成图为主体，配大字“祖国你好”，表达了国人的共同心声，图片下方辅之以新华社电文和本报评论员文章，展示强劲发展的中国的同时，祝福人民共和国美好的未来。《法制晚报》选择的是国庆当日天安门广场升旗的照片，正在升旗的国旗、威严高大的士兵和“中华振兴”四字构成了整个头版内容，稳健、上升的思想得到表达。

其次，本次国庆报道中，各大报纸争相大量使用图片，增强了传播效果。使用的图片既包括盛典、阅兵、游行、晚会的现场照片和演练照片，也包括电脑制作的全景图、武器装备图、晚会高科技技术图，既有战士、游行群众的展现，也有普通群众共享国庆60周年的精彩瞬间，既有静态的景观图片，也有动感十足的抓拍和行进图片……不同类型的图片使用，连同文字报道，共同构成了报纸国庆报道的立体化表现，既给读者以视觉冲击与享受，更让读者产生共鸣，感受到祖国的强大与生活的幸福。

此外，在色彩使用方面，凡是关于国庆报道的专版内容，各大报纸均采用了全彩色印刷，这对向读者报道动态、解读缘由、分享盛典提供了更为真实的现场感氛围，增强了纸质媒体的传播效力，更成为国庆报道区别于常规报道的闪光点之一。

三、“盛典、阅兵、游行、晚会”成为核心议题

各大报纸在报道议题选择上较为集中，大都集中在盛典、阅兵、游行、晚会这四个核心而又顺序的环节上。

谈及国庆60周年的报道特色，首先需要明确国庆60周年与其他年份国庆的不同之处，不同的内容便理所当然地成为选题与报道的重点。由于国庆60周年要举行典礼、阅兵和群众游行，上一次举行这一系列活动还是1999年的事情，各大报纸在2009年国庆选择典礼、阅兵和群众游行作为核心议题，既突出了国庆60周年的最大特色，又满足了人民大众了解国庆盛典、悉晓强盛国力的诉求。

以《京华时报》《新京报》和《北京青年报》为代表的日报，由于每天的出版时间均在早上，在国庆当日的报纸无法选择典礼、阅兵和群众游行的照片，因此，各大报纸做足了解读工作。《京华时报》设立两叠特刊，其中，特1-24版以“今日点兵”为

主题，分别使用14个、3个和6个版面介绍阅兵方阵、阅兵探秘和阅兵纵深等内容，T1-8版则形成拉页，构成一幅阅兵全景图，在这些版面中均为出现任何广告，这对读者来说，一方面可以了解知识、知晓阅兵流程，另一方面可以将这两叠特刊加以搜藏。《新京报》以"国庆盛典"为主题，使用32个版面展开策划，既包括社论和读者来信，也包含了领导国庆前夕讲话，并以盛典保障、盛典前夜、盛典速览、阅兵方阵(11个版)、背景表演(3个版)、群众游行(4个版)、国庆晚会(2个版)、焰火揭秘（2个版）、游园指南为内容给广大读者以提示。《北京青年报》也推出60个版的看点特刊，以大布局、大阅兵、大游行、大联欢为内容，为广大读者提供指南，并突出其对开的大报优势，图片和构图更为大气，将国庆60周年的磅礴气质表现得淋漓尽致。

以《北京晚报》和《法制晚报》为代表的晚报，发挥了其晚报晚发的天然优势，为读者提供盛典、阅兵、群众游行解读的同时，大量使用国庆当日的现场照片和报道，《北京晚报》和《法制晚报》的封皮图片就均来源于记者的国庆现场实拍，增强了版面的动感和报道的时效性，而且相关解读内容可以起到让读者重温当日国庆阅兵盛况的效果。而各大日报则只能在10月2日的报纸中报道国庆当日的典礼、阅兵和国庆游行盛况，并把报道篇幅向晚报没有首发的国庆晚会上转移。

国庆年年有，国庆晚会也年年搞，各大报纸对国庆60年晚会的报道可谓是煞费苦心。各大报纸关于国庆晚会的报道集中在10月2日的报纸上。《法制晚报》开辟出两个版面，分别选择了党和国家领导人走进连环队伍与群众载歌载舞，以及国庆笑脸、和平鸽、"60"礼花的制作幕后为内容，弘扬了主旋律的同时，满足了读者的好奇心。《京华时报》用4个版面分别以"晚会之景"和"晚会之解"为主题，为读者介绍国庆晚会盛况的同时，揭秘晚会精彩部分的创作方法。《新京报》则在10月1日的报纸上，就利用A26版介绍了国庆晚会的规模，并在A28版揭秘了国庆焰火的设计，让读者先睹为快；10月2日的报纸又继续用4个版面报道了国庆晚会的盛况，用照片配合文字，介绍了演员的精彩表演、绝美图形焰火、高科技网幕焰火以及群众观看焰火时的热情，全面展示了晚会胜景。《北京青年报》利用大版面优势，在国庆当日便投入4个版面，让读者可以预先知晓"四千发光树"、"烟花满天幕"和"明星领衔唱"的图景；10月2日则选择了2个版面，报道了领导人与群众共舞、"光立方"、晚会规模、演员心声以及火药书法的构想等内容，惟妙惟肖，吸引眼球。

此外，在报道内容的选择上，各报也关注到了国庆游园、普通老百姓过国庆、外地游人来京观国庆等值得关注的内容，并使用照片组合成版面的形式，与读者拉近距离，让读者感同身受。例如，10月2日的《北京晚报》，利用"新闻目击"的版面，以"百姓的节日"为主题，以照片的形式，将普通老百姓过国庆的兴奋、喜庆跃然纸上；再比如，10月1日的《京华时报》，利用A02和A03两个版面，以"阅兵前的天安门"为主题，选取天安门、站岗武警、执勤交警、手持国庆的小朋友、将孩子抱在胸前的母亲、将孩子举过头顶的父亲的照片，表现出阅兵前的天安门威严、有序而又充满和谐、人情味的气氛。

结语：聆听百姓声音，用百姓视角看国庆

国庆60周年，让国人感受到祖国繁荣、昌盛的同时，也让国人感受到了自身的主体地位。各大报纸在策划并报道国庆60周年的过程中，都十分注重百姓的声音，并为百姓留足版面，同时，还从百姓的视角出发，为百姓解读、揭秘国庆盛典、阅兵、游行、晚会盛况，这都是中国报纸媒体报道视角的转变与真正回归。聆听百姓声音，用百姓视角看国庆，这是纸质媒体进行宏大叙事策划与报道时所必须要做到的，只有这样，色彩的使用与版面的创新才会显得更加厚重。总而言之，国庆60周年的报道，抓住"盛典、阅兵、游行、晚会"等核心议题，在色彩的使用和版面的编排上均有所创新，这都充分展现了纸质媒体在宏大叙事方面能力的争强，也为日后其在同类事件中的策划与报道提供了参考与借鉴。□

※作者单位：中国政法大学传媒与文化产业研究中心

2009年中国报业发行管理综述

●郑徐光

自办发行网络经过二十多年的艰辛历程，由最初的快速成长，经过了平稳发展，现正步入一个缓慢增长、整合转型的时期。2009年，由于全球经济危机继续蔓延和新媒体对传统报业的冲击，报纸的发行业务和收益大大锐减；2009年，由于劳动力成本的提高和用工制度的制约，发行网络的负担越来越重，仅靠单一报纸发行收入已越来越难以实现发行公司的盈利……

面对这样的困境和挑战，报业发行业界逐渐达成这样的共识：在坚守报纸发行主业稳步推进的前提下，深度挖掘发行网络价值，积极开拓新型业态，在报业整体日渐式微的形势下未雨绸缪，谋求转型。于是，很多发行公司积极引入数字化、信息化技术成果和现代营销理念，升级传统发行网络，打造多产品、多客户的现代营销网络；并着手建立数据库，进行整合、挖掘利用。以下作一概述。

一、2009年中国报业发行之宏观数据

根据国家新闻出版总署发布的统计数据显示(未含香港、澳门、台湾地区的相关统计数据)

截至2009年1月1日，全国共出版报纸1943种，平均期印数21154.79万份，总印数442.92亿份，总印张1930.55亿印张，定价总金额317.96亿元，折合用纸量444.03万吨。与上年相比，种数增长0.26%，平均期印数增长2.97%，总印数增长1.13%，总印张增长13.51%，定价总金额增长3.73%。

各级报纸的出版数量、所占比重及与上年相比增减百分比如下

1. 全国性和省级报纸1050种，平均期印数16082.09万份，总印数306.68亿份，总印张1304.43亿印张。占报纸总品种54.04%，总印数69.24%，总印张67.57%。与上年相比种数增长1.25%，平均期印数增长7.7%，总印数增长2.62%，总印张增长15.92%。其中：

全国性报纸224种，平均期印数2944.79万份，总印数64.29亿份，总印张191.34亿印张；占报纸总品种11.51%，总印数14.51%，总印张9.91%。与上年相比种数增长1.36%，平均期印数下降4.27%，总印数增长1.17%，总印张增长17.09%。

省级报纸826种，平均期印数13137.3万份，总印数242.39亿份，总印张1113.1亿印张；占报纸总品种42.51%，总印数54.72%，总印张57.66%。与上年相比种数增长1.23%，平均期印数增长10.81%，总印数增长3.02%，总印张增长15.72%。

2.地、市级报纸877种，平均期印数5041.56万份，总印数135.42亿份，总印张625.01亿印张；占报纸总品种45.07%，总印数30.57%，总印张32.37%。与上年相比种数下降0.57%，平均期印数下降9.75%，总印数下降2.19%，总印张增长8.82%。

3.县级报纸16种，平均期印数31.14万份，总印数0.8亿份，总印张1.11亿印张；占报纸总品种0.82%，总印数0.19%，总印张0.06%。与上年相比种数下降15.79%，平均期印数增长15.08%，总印数增长17.17%，总印张增长0.15%。

4.综合报纸806种，平均期印数8977.06万份，总印数300.18亿份，总印张1556.87亿印张；占报纸总品种41.42%，总印数67.77%，总印张80.64%。与上年相比种数下降0.37%，平均期印数下降1.63%，总印数下降1.23%，总印张增长11.71%。

5.专业报纸 1137 种，平均期印数 12177.73 万份，总印数 142.74 亿份，总印张 373.68 亿印张；占报纸总品种 58.52%，总印数 32.23%，总印张 19.36%。与上年相比种数增长 0.71%，平均期印数增长 6.64%，总印数增长 6.46%，总印张增长 21.67%。

二、2009 年报纸发行业的总体特点

报纸发行面对的是读者市场，是支持广告市场的基础，是报业产品销售的终端，是发行公司开展其它多元业务的前提。可以说，报纸发行量的高低、市场份额的大小、结构是否合理，直接影响到报纸的社会效益和经济效益。因此，继续夯实报纸发行主业和利用报纸发行主业形成的渠道和品牌影响力开展多元经营依然是报纸发行的总特征。

1.继续夯实报纸发行主业

(1)政策助力促发行

2009 年 3 月 26 日，财政部、国家税务总局发布《关于文化体制改革中经营性文化事业单位转制为企业的若干税收优惠政策的通知》，通知明确规定，党报、党刊将其发行、印刷业务及相应的经营性资产剥离组建的文化企业，自注册之日起所取得的党报、党刊发行收入和印刷收入免征增值税。该政策执行期限为 2009 年 1 月 1 日至 2013 年 12 月 31 日。所适用的经营性文化事业单位是指从事新闻出版、广播影视和文化艺术的事业单位。

财政部门还会同宣传部门、新闻出版部门、邮政部门加强监督落实，并从制度上解决长期以来存在的党报党刊发行工作难的问题，做到“存量靠财政，增量靠市场”，推进党报党刊订阅经费实行财政代扣、集订分送等改革。

(2)改变发行体制促发行

党报发行如何从行政摊派向市场征订转轨，尤其是党报如何进社区，更好地服务市民，一直是近年各级党政部门及机关报共同探讨的主题。

2009 年 8 月以来，安徽日报报业集团制定了发行体制改革“路线图”，决定以《安徽日报》自办发行试点为突破口，选择阜阳、亳州、淮南、六安四市，开展试点工作。目前，试点市的 2010 年《安徽日报》征订任务已超额完成，报款及时、全部回笼。集团将进一步整合集团内外发行资源，逐步完善发行站点和配送网络，主动参与市场竞争，全力打造以党报党刊投递为主业、集物流配送和社会化服务为一体的物流连锁配送网络，使报业集团发行体制改革成为全省党报经营方式改革的突破点和文化产业发展的新亮点。

2009 年 9 月 11 日，开福区《长沙晚报》社区发行改革试点工作顺利启动。这次改革按照“重建网站、街站合一、扩大发行、服务提质”的新思路，在开福区 13 个街道(镇)各自重建发行站，负责报纸的征订、接收、分发和投送。此次改革主要是整合社区市场资源、人力资源、网络资源，提高党报社区占有率，不断优化党报发行结构，提高党报服务水平及投递质量，使党报征订工作的“责、权、利”与街道、社区直接挂钩，全面调动其积极性。

(3)改变发行模式促发行

2009 年，随着大连市新经济组织和新社会组织的发展，“两新”组织党支部数量迅速增加。大连市以“构建党建工作新格局”为契机，启动了党报党刊在“两新”组织党支部的发行工作，使《人民日报》的发行量大幅度上升。

为巩固并发展党报党刊的发行成果，大连采取以属地管理为主、条块相结合的办法，区(市、县)委为第一责任人，负责区(市、县)属大型非公企业的征订工作；街道党委或党总支，负责其他非公企业的征订工作；新社会组织实行以行业自律组织的分级负责制。

为保证党报订阅经费，他们采取“党费自用、党费补贴、单位自筹、财政拨付”的方式，一是规定新经济组织交纳党费的 60%、新社会组织交纳党费的 70%党费用于订阅重点党报党刊；二是针对经济困难地区党的基层组织，采取市管党费补助的方式下拨订阅经费的办法；三是为“标准化党员活动室”的党支部订阅党报；四是鼓励效益好的非公企业自筹订阅经费；五是对特殊情况进行财政补贴。

(4)通过多种活动促发行

在每年的报纸大征订时期，众发行单位会掀起各种各样的促进发行活动热潮，从最初订报送食用油、矿泉水等实物，赠送外刊，到举办各类社会活动，拉近与读者之间的距离，吸引和鼓励订户参与。

在 2009 年大征订中，成都商报发行投递广告有限公司面向 3 岁到 14 岁的少年儿童，举办成都市少儿才艺大赛，比赛项目为音乐、舞蹈、声乐、书法美术、个性才艺。这次活动采用“报名+征订/续订=少儿才艺大赛专项培训券”的营销方式，通过活动主题吸引广大少年儿童，使其踊跃参加，扩大了报纸的发行数量，而且这次活动营销还间接建

立家庭情况的数据库，发行公司可以对这些数据信息进行分析整理，为以后开展多种业务奠定了基础。

2.充分发挥网络价值 积极开展多元业务

除了已开展多年的配送牛奶、水、信函以及票务等日常生活用品之外，面对日益发展的电子商务购物、电视购物、电话购物以及目录(型录)购物等媒介购物市场，各发行公司基于自身的投递配送能力和数据库建设，继续探索着媒介购物配送产业链条的价值点。

(1)深度整合客户数据库 开展直复营销业务

在2009年5月举办的全国城市报业发行网络联盟第六届年会上，全球邮政领军品牌DHL亚太区CEO帕特里克·马丁先生介绍，根据欧洲市场数据，与一般广告业务相比，直复营销具有更广阔的发展前景。与欧美相比，中国的直销市场尚处于起步阶段，有很大的潜力需要开发，抓住机遇领先占领市场将会给发行企业带来难得的发展机遇。

在我国，直复营销数据库通常包括三个层次：一是地理名址数据库；二是业务信息数据库；三是VIP数据库，即高端数据库，包含目标用户的消费行为数据等。而完善和丰富数据库信息的方式有两种：一是国外常用的问卷调查方式；二是利用发行网络开展的各种配送、快递或电子商务业务收集和更新用户信息。直复营销业务便是将数据库与投递业务相结合，为广告主提供高附加值服务，使其与用户直接接触，有较强的针对性和可监测性。目前这一业务深受发行公司重视。

小红帽公司从2005年决定开发直投广告，到2008年从夹报广告进入直投业务，从低端到高端，小红帽渠道经营业务经过3年多的探索和发展，终于在直投业务领域实现了重点突破，年业务增长率都在100%以上。2009年，小红帽围绕有址签收、有址不签收这两种相对成熟的业务模式，不断加大重点客户的重点开发力度；另一方面小红帽还积极与德国邮政DHL和宜家(IKEA)等国际著名企业合作，探索开发了基于数据库的社区海投业务。

目前小红帽公司形成投递策划、印刷封装、分拣、运输、投递和退返六个环节的直投广告流程，在公司拥有的社区数据库的基础上，针对客户需求对数据进行筛选，并分配到每一个发行站进行排期，形成完整的投递策划，同时以严格的质量管理体系为支撑，保证投递顺利完成。

在数据库建设方面，重庆日报报业集团发行公司把目标客户视为“凤”，数据库就是“引凤”的“金巢”，通过筑“巢”引“凤”开展DM直投业务。2009年，该公司借助城市改造撤迁契机，通过对撤迁片区居民数的处理、分类，形成了城市改造撤迁的居民数据库近20万户，数据库分析研究后，将目标客户集中到房地产和装饰建材行业，最后获得了六家地产客户和两家装饰、建材卖场做了DM商函投递业务，取得良好经济效益。

(3)拓展电子商务范围

随着人们购物习惯的改变和网络购物的兴起，发行公司利用报纸的社会公信力、丰富的读者资源、发达的网络和配送时效优势进军电子商务领域，并拓展电子商务范围。

华商传媒以96128购物网为基础平台，投资800万元，建设西安电子商务综合服务平台，到2009年8月已经构建了网上商品批发、零售和具有多样性交易支付和配送服务功能的第三方网络交易平台，为市民提供方便、快捷、安全、可靠的网上购物环境，打造信息流、资金流、物流为一体的“全程协同商务”体系，并提供信息发布和查询、网上采购、销售、洽谈、支付等各环节综合服务。

早已为人熟知的浙江省内首家“报网互动、免费配送”B2C电子商务网站——杭网每日商城，经过2009年的发展又迈向一个新的台阶。截止2009年10月，商城已拥有品牌加盟商300多家，拥有健康食品、日用百货、电子电器、家居家纺、时尚礼品、节能环保、书刊音像、社区服务8大类上万种商品；杭州市区实体店28个，配送人员700余人，商品全部免费送货上门。最新数据显示，顾客满意度达到98.9%。2008年电子商务产值突破1000万元，物流配送业务同比增长200%以上，预计2009年产值将突破1500万元，在金融危机背景下仍呈现出强劲的增长势头。

此外，2009年，商城与交通银行紧密配合，在项目研发、活动策划、消费引导、品牌宣传等方面进行全方位、高层次、多平台的合作，取得非常好的社会效益和经济效益。归纳起来，主要有以下几方面：一是技术创新，开通商城电子支付专用通道，确保网上交易结算的安全便利。二是策划创新，推出网上抢购和电子商务进高校活动，引导了电子支付体验。三是宣传创新，利用传统媒体和新媒体实现双方品牌宣传，扩大市场影响力。四是服务创新，通过优质配送服务和支付结算服务，增强了客户满意度。

3.加强网络终端建设

"发展物流,网络先行",拥有完善的自主产权的零售网络终端,才能为建立现代物流企业打下坚实的基础。

小报童发行有限公司自2005年成立至今,一直在不断加强零售网络的建设和拓展。随着物流配送业务的日益壮大,公司需要在原有网络的基础上,建设一个能够承担多种产品的销售终端。针对公司网络的发展需要,结合现阶段烟台市的社会环境,小报童多功能报刊亭作为一个既能满足规划城市环境的要求,又能承担经营产品的新型销售网络终端于2008年底面市。到2009底,21个报刊亭分三批分别摆在了客流量大的重要路段,因其亮丽新颖的外型,便民的服务理念受到广泛关注。

除了自己建设终端外,还有借助第三方终端。2009年,楚天报刊发行总公司与邮局重新签订了《湖北日报》代理发行协议,对总公司发行盲区利用邮局资源进行了二次开发,确保了集团报刊延伸到荆楚大地的每一个角落。

4.维护发行队伍稳定 强化内部管理

由于发行人员成分相对多杂以及报纸投递的作业特点,一线发行队伍业务素质和水平有较大差异,岗位流动性高,甚至普遍出现用工荒现象。因此,维护发行队伍稳定,强化内部管理一直是业界的工作重点。

(1)做好社会保障工作,尊重员工权利

从2008年新《劳动合同法》实施,企业的用工制度发生很大变化,这使得从业队伍庞大行业特征的发行企业,开始依法重新修订公司的各项规章制度及管理程序。2009年发行企业逐渐重视劳动合同的签订,并做好员工的社会保险、福利等保障工作。

(2)加强员工培训,提高发行业务能力

2009年8月,全国城市报业发行网络联盟以"大收订对策——报刊发行的营销策划"为主题举办了第四届发行管理高级研修班,有全国各地近30家发行公司积极报名,派遣公司骨干参加培训。培训班这些骨干的更好了解了当前报业发行网络经营所面临的环境变化,掌握报业市场现状,并灵活运用营销原理,有针对性地制定报纸征订营销策略,提高管理水平,做好报纸业务。根据公司要求,他们要将培训班的学习成果带回,用来培训公司其它员工。

(3)完善绩效考核体系,调动员工积极性

对于发行网络来讲,最核心的竞争力还是人,发行网络的覆盖、发行客户的服务都是由人来完成的。调动员工的积极性,打造一张高效率、高素质、战斗力强、执行力强的发行队伍,有效利用尚未开发的发行资源,成为公司的首要目标。

从技术上,温州报业发行广告有限公司引进人力资源管理系统,系统自动采集发行员的投递份数、DM夹报分数、投诉个数、迟到记录、征订成绩等等数据,并根据这些数据,参考上月工资,生成本月应发工资。这种系统高效快捷,合理准确,为绩效考核提供了真实客观的数据,获得良好的示范作用,全国其它发行企业纷纷前去学习。

从制度上,深圳报业集团发行有限公司继续实施"分班制"和"员工类比管理"的大征订绩效考核模式。对大收订各阶段的考核中,实施站长分为"重点、提高、普通、希望"四个班,总部员工分为"快、慢"两个班的激励考核办法;"员工类比管理":即同一身份、地位、职责、从事工作内容相似的员工进行横向比较,不同类别和不同阶段分别给予不同标准的奖励,这一绩效模式有力地激励、刺激、鞭策了广大员工的大收订的业绩、管理及工作激情。

(4)继续强化企业文化

企业文化是一个团队的灵魂,一种无形的力量,无形的激励着员工进取,同样企业文化也需要延伸。河南大河发行公司从提出"快乐发行"的口号,继而提出了延续这一理念的"大河精神",也就是像黄河那样,具有"广纳百川的胸怀、大浪淘沙的气概、百折不回的坚韧、因势而行的变通"。在这种精神的鼓舞下,大河发行网络锻造了一支出色的自强不息、有所作为、永不僵化的经营团队。

三、2009年中国报纸发行经营管理亮点

1. 小红帽发行股份公司直复营销迈上新台阶

目前,小红帽发公司已经形成以三种主要产品为主体的直复营销业务格局,即社区数据库投递业务、有名址不签收投递业务和有名址签收投递业务。社区数据库投递是指以社区数据为基础,以居民楼为最小投递单位,在规定时间内,将需投递的广告、函件等,投递到客户指定区域的指定位置的业务。有名址不签收投递是指在规定时限内,将需投递的广告、函件等,投递到客户指定地址及投递位置的业务。有名址签收投递是指在规定时限内,将需投递的广告、函件、物品等,投递到客户指定地址及投递位置,并由客户指定签收人签收

的业务。

其中，数据库社区海投业务已成为小红帽渠道经营最大的“亮点”。2009年，公司直复营销业务收入达到820万元，整体投递作业3015万单/件，连续两年实现收入过800万元。

通过深化合作，小红帽公司全面承揽了宜家在北京地区的社区投递、名址投递和豪华会员册投递业务，全年共投递宜家会员册、DM刊、宣传单页共760万册(份、单)。此外，公司还代理了宜家会员手册在沈阳市的投递业务，对DM直投业务的跨地区合作进行了积极探索；同时，小红帽直投分公司还将宜家业务产品化，推出了社区数据库投递业务，麦当劳、必胜客、肯德基、特力屋等国际企业纷纷成为小红帽的服务对象。

2009年底，小红帽发行股份公司又改造小红帽网络科技公司，将直投分公司和网络科技公司合并整合，在原先城市配送业务的基础上打造媒介购物配送专网，使得小红帽物流配送有了自己独立的配送站和投递人员。根据公司战略规划，新组建的网络科技公司将重点开发以网购、视购、话购、无线购物、DM购物等新型购物模式为代表的媒体购物配送业务，承担小红帽公司向媒体购物配送领域进军、向电子商务战略转型的重任。目前，小红帽网络科技公司已经承揽了卓越亚马逊等网购的配送业务。

2.大河发行公司商业培训内外兼“赢”

在确立了河南报业发行的市场主导地位之后，大河发行公司将中远期目标定在了“建设一个手段先进、功能齐全、充满活力，集报刊发行、物流配送、电子商务、连锁经营为一体的大河发行商务网”，以实现发行生产力的新解放和新发展。针对郑州市培训市场存在一定的市场空白，该公司酝酿创办了“大河商学院”，对内成为开展培训业务、提升员工技能的有效载体，对外成为开展社会化专业培训、创造经济增长点的新途径。

2009年4月上旬，“大河商学院”联合国内顶尖的企业管理咨询培训机构北京锡恩公司，在郑州共同推出了“团队执行力”培训课。正如河南日报报业集团副社长赵铁军所说，此次活动“对河南成长型企业竞争力的提升，对业界精英自我价值的实现，都将带来新鲜的启迪和有益的借鉴。”

“团队执行力训练营”的举办，既产生了直接经济效益，又带来了滚动递增效益，同时还提升了网络营销能力，增强了网络执行力。公开课的门票收入，带来了接近20万的直接经济效益。通过执行力公开课的举办，与数百名企业高管建立了往来，使其成为大河发行网络数据库中的高端客户资源，带来了滚动递增效益，为下一步的经营深度开发提供了可能。

3.温州报业发行广告公司推出国内报刊发行领域首套征订发行管理系统

2009年报刊征订开始后，温州报业发行广告公司推出了新开发的“征订发票管理系统”，一万多本四报征订发票全部实现电子化管理，报业征订发票管理逐步进入一个科学化、规范化、现代化的新阶段。这标志着国内报刊发行领域首套征订发行管理系统正式面市并取得实际应用价值。

征订发票管理系统有别于一般的发票管理系统，突出了对数量庞大、使用人员众多的征订发票从入库直至税务缴销这个流程本身的管理，主要有发票日常管理、发票查询、发票统计三种功能。

(1)**发票日常管理**。包括发票的入库、领用、归还、内部缴销、外部缴销等五种主要功能，每一功能均可以选择报种录入，保证明细资料与汇总资料均能一目了然。

(2)**发票查询**。可以按报种、发票号码、领用人、领用部门、存结量、缴销量等查询，也可以多项综合查询、模糊查询。该功能根据部门设置不同权限，定位于每个部门按制度管理好自己部门的发票，并且做到信息公开，考核量化。

(3)**发票统计**。这项功能的超大信息量提供是传统纸质发票管理登记簿无法即时完成的，该功能可以根据个性化的要求，提供各类入库统计、领用统计、归还统计、内部缴销统计、结存统计、税务缴销统计、限额统计、部门比对、个人比对。

3.成都商报发行公司成功开展电视购物

成都商报发行公司电视购物配送业务是指利用现有公司的发行网络和人力资源把友友购物的商品按电视购物公司的要求配送给指定客户并代为收取货款的业务。公司作为成都传媒集团报刊发行的公共平台，同时也是西南地区报刊发行的专业化的发行企业，公司与成都友友购物公司合作，专门负责将成都友友购物公司通过电视台销售的商品配送到购买者手中并代为收取货款。

该公司通过与上海友友电视购物公司试运行合作，发行公司队伍的执行力和业务素养得到了充分的展示，和同城邮局相比大大的提高了时效，完成率也比同城邮局高10%-20%，配送工作的完成率达90%以上，因此后来友友购物公司主动将原来交给邮局的配送业务全部交于公司配送。这一合作已使现有的商品配送量每天不低于500单，配送范围遍及四川全省，尤其是周末和节假日商品配送量日超800单。此外，这一成功模式赢得了腾飞、司南、怡帆、星空、佳施等多家电视购物、网络购物企业的亲睐，他们均与公司积极洽谈、合作。

4.《舟山日报》"经营骨干持股"改革成果显著

目前，国内一些报社特别是地市级报纸的记者编辑承担了大量的发行任务，报社也是年年向采编部门下指标。为此，舟山日报社勇于创新，探索出了一个经营骨干持股的改革之路，解放了发行公司的生产力，取得了显著实效。2008年舟山日报社率先对发行中心进行改制，由原来的事业单位改制为股份制公司，注册资金150万元，成立舟山报业发行广告有限公司，报社控股75%，经营骨干员工持股25%，其中，公司总经理占12.5%，副总经理占6%，公司管理部门和发行站管理人员占6.5%。

改制后的股份公司以《舟山日报》《舟山晚报》的发行工作为主营业务，承接了外报投递业务和DM广告作为主营业务的延伸；同时，以学生记者团为依托拓展教育培训产业，以购物直通车为平台做大做强物流产业。2008、2009两年虽然遭遇金融危机，但该公司各项业务"逆市飘红"：2008年公司总经营收入比2007年同期增加了40%，完成报纸征订1500多万元，实现报纸发行主营收入420万元，实现副营收入210万元，成功从事业部门向一个独立运作的公司转型，找到了新的利润增长点，2009发行年度（2008年7月到2009年6月）实现利润30多万元。2009年发行经营更上一台阶，2009年7月到12月的半年时间内，实现主营收入430万元，副营收入180万元，初步形成报纸发行、精准投递、广告经营、教育旅游、轻物流五大经营支柱。

4.《现代金报》引入GPS技术导航发行

投递是报纸发行的核心业务，提高投递时效、降低投递差错是报纸发行的基本要求。但在传统的报纸投递业务中，由于读者分散、路线复杂等原因，管理者无法获得精确的段道路线图，难以对投递员的作业程序进行有效监控，员工业绩考核亦存在一些漏洞。

为克服上述问题，浙江《现代金报》发行公司在管理中引入GPS设备和Google Earth地图工具。利用GPS来描述投递路线，只需携带GPS走一次，即可将发行员所经过段道的高度、经度、纬度及时间等信息储存起来；通过UBS接口将卫星记录数据传输到计算机中，再启用Google Earth地图工具，便可整合出非常精准的段道轨迹图。采用该管理技术后，《现代金报》发行管理取得明显成效：发行投递的段道路线得以清晰描述，为段道站点的优化调整提供了科学依据；投递时间大大提前，提高了作业效率；发行员的劳动量得以精确计算，真正体现按劳分配原则，提高了员工的作业积极性。

5.第一版直投业务术语规范发布

在2009年5月召开的第六届全国城市报业发行网络联盟年会上，根据小红帽发行股份公司制定的直复营销术语规范草案，提交给来自全国的40余家发行单位（联盟成员）单位讨论修改，经过审议，联盟发布了第一版的直复营销业务术语规范的介绍表，该规范中共收入了从业务销售，数据管理，运营作业，质量核查到其他等5大类39条业务术语，并且在借鉴邮政业务经验的基础上，给出了较为严谨的示意和量化的概念，基本覆盖了目前使用率较高的专有词汇，为各发行企业在全国范围内展开直投业务合作奠定了基础。

四、总结

总之，在经济危机和新媒体的冲击下，传统报刊面临重重困境，使得传统报刊发行主营业务疲态尽现，但另一方面，由DM购物、视购、话购、网购、无线网购（手机）等多媒体购物所带动的终端物流配送发展迅猛，给占有渠道优势的发行网络带来新的机遇。如何寻求新的增长点拓展渠道经营，进而为整个网络的战略转型奠定基础，已成为业内最为关心的课题。未来的何去何从，已经超出了我们的观瞻，我们只好在且行且看，在实践中摸索。□

※作者单位：中国政法大学传媒与文化产业研究中心

2009年中国报业发行市场态势分析

● 田珂 崔江红 蔡振鹏

2009年,中国报业经历了太多的波动与起伏。新闻纸价格回落、金融危机冲击、新媒体快速发展,以及中国报业体制改革的深入,无不牵动着报业市场的变化。在这个承上启下的大变革时代,中国报业发行市场竞争态势如何?市场前景怎样?需要我们仔细分析,认真研判。

世纪华文沿用SIS报刊研究体系和SRR研究系统,重点从主要类别报纸的零售发行、都市报的零售及订阅发行(含家庭订阅和单位订阅)、读者研究三个方面,对2009年中国报业市场的表现进行了深入的研究与分析。

报纸零售发行部分,我们调查了北京、上海、广州、成都等40多个全国大中小具有代表性的城市,调查覆盖了各个城市主要区域的报摊、邮亭、书店、便利店、超市等多个零售终端,实际走访了4000多个营业点。订阅发行部分,我们调查了北京、上海、广州、深圳、南京、沈阳等城市,样本量分社区订阅和写字楼订阅、党政机关订阅三部分,实际样本量超过30000个,同时对订阅读者进行了阅读状况和读者结构的调查,得出了各报的实际读者群数据。

结合世纪华文长年对中国报业市场进行监测所积累的数据,本文重点从发行视角来透视当前中国报业市场的动态和竞争趋势。

一、2009年发行市场三大变化

2009年,世纪华文数据调查显示,中国报业的发行市场主要变化有以下三点。

1. 都市报占领六成市场,时政类、服务类报纸扮演重要角色

与期刊相比,报纸的发行周期很短,发行方式上分为周报发行和日报发行,从报纸的内容分类上,主要分为都市综合类日报(都市报)、时政类报纸、生活服务类报纸、财经类报纸以及IT类报纸等。

世纪华文的监测数据显示,2009年全国各城市的都市报发行总量继续稳居各报之首,单期发行总量在全国各类报纸中的市场份额超过60%。排名第二的为时政类报纸,市场份额占17%左右;时政类报纸主要有《参考消息》《环球时报》等,近几年发行总量呈现增长趋势。生活服务类周报排名第三,市场份额占据13.4%;生活服务类周报,部分为全国发行,更多的为各城市、各地域范围发行,此类报纸在不少城市呈现积极上升趋势。财经类报纸、IT类报纸和前几类报纸相比,内容上更具有针对性和专业性,在发行排行榜分别排名第四和第五名。其它一些类别的报纸只占不足1%的市场份额。(参见图1)

整体来看,当前各类报纸中都市报仍是重中之重。但不容忽视的是,时政类报纸和生活服务类周报在发行市场上也扮演着越来越重要的角色,而财经类报纸、IT类报纸所吸引的小众读者有一部分同时也会购买其它类别的报纸。读者订阅情况的调查显示,报纸的读者交叉性明显。

2. 都市报市场拥挤 周报具有上升空间

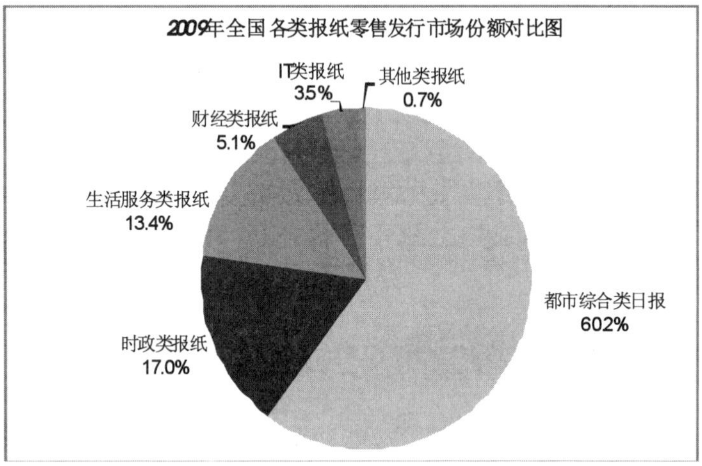

图 1 2009 全国主要类别报纸零售发行市场份额对比

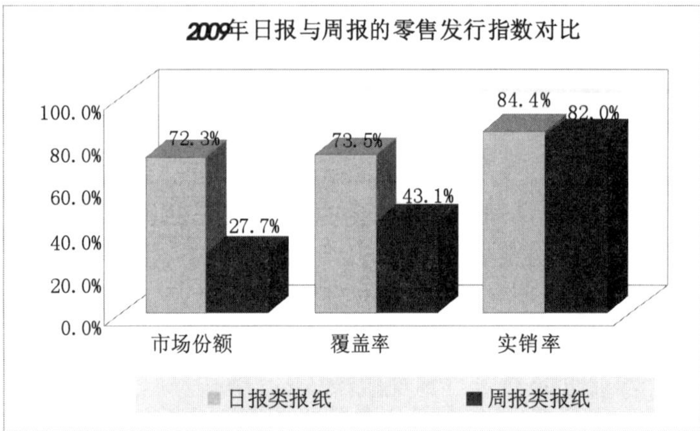

图 2 2009 年日报与周报的零售发行指数分析对比

报纸的销量、实销率、覆盖率等数据是衡量报纸发行效率的重要指标。世纪华文的调查数据显示，无论是从销量，还是从实销率或覆盖率等重要零售发行竞争指标对比来看，当前日报的各项发行指标均高于周报。在报纸发行市场上，日报所占的市场份额超过 70%，是周报的 2 至 3 倍；两类报纸的实销率相差不大，都在 80%以上；而覆盖率，日报明显高于周报，日报为 73%以上，周报只有 43%。

世纪华文分析认为，导致这一现象的主要原因有两点。其一，日报阵营里都市报占据主体，各城市都市报的竞争比较激烈，并且多数报纸自办发行，在发行渠道上占据优势；其二，周报阵营里以全国发行的周报为主，主要依赖邮局发行，加上一些周报有专业性、窄众性的定位，读者数量和规模和都市报读者无法相比，因而在零售市场上的销量及市场覆盖率均远远低于都市报。

然而，随着报纸市场的细分以及读者市场的变化，近几年不少周报的市场销量一路飙升，而都市报的销量却因为市场过于拥挤，竞争过于激烈呈现逐渐下降的趋势，加上网络媒体的侵袭，中国都市报市场面临着巨大挑战。相比之下，在周报类报纸中，以时政类和生活服务类周报为例，却在中国报业整体销量不旺的环境中逆势而上。这也表明，周报类报纸拥有更大的市场潜力。(参见图 2)

3.各类报纸一线城市高度发展，二三线城市有待提高

在报纸的发行竞争力上，覆盖率是极其重要的一项参考指标。它表示的是某种报纸在销售终端的有售点摊点数量与总摊点数量的比例关系。世纪华文监测的报纸零售终端有固定报刊亭、流动报摊、便利店、书店等，包括地铁、车站、交通枢纽、居民社区、商业商务区等人流密集的报纸销售区域，几乎涵盖了城区内的所有报纸零售场所。

监测数据显示，都市报在各类别报纸中的覆盖率处于最高水平，其中，北京、上海、杭州、南京、合肥、武汉、成都、重庆等中心城市，都市报的覆盖率均达到 90%以上。时政类报纸在北京的覆盖程度较高，在其他多数城市维持在 70%左右的水平。财经类报纸在北京、上海、深圳等中心城市有较高的覆盖率，在其他多数城市的覆盖率不到 70%。IT 类报纸目前在多数城市覆盖率不到 30%。生活服务类报纸一般是在本土城市发行，其市场覆盖率略低于当地的都市报，也维持着相对较高的水平，但目前生活服务类周报仅在少数经济相对发达的城市发展壮大，在不少二三线城市还处于几乎空白的状态。(参见表 1)

二、都市报市场：强者为王　各领风骚

与 2008 年都市报普遍上调零售价格后发行量呈整体下滑态势相比，2009 年上半年出现了短暂的回暖现象，2009 年下半年都市报发行总量基本与上半年持平。(参见图 3)

表 1 中国各类报纸主要城市覆盖率对比一览表

覆盖率	主要城市	都市综合类日报	时政类报纸	财经类报纸	IT 综合类报纸	生活服务类报纸
华北	北京	92%	92%	83%	60%	91%
	大连	77%	66%	27%	21%	69%
	沈阳	89%	55%	37%	29%	74%
华南	广州	87%	50%	35%	23%	68%
	深圳	82%	46%	73%	30%	55%
华东	杭州	98%	74%	59%	30%	97%
	南京	90%	77%	66%	18%	52%
	青岛	88%	39%	34%	15%	58%
	上海	95%	78%	80%	88%	95%
	合肥	95%	74%	66%	36%	21%
华中	郑州	87%	31%	86%	31%	-
	武汉	97%	45%	35%	29%	35%
华西	成都	97%	76%	70%	28%	88%
	西安	71%	68%	56%	18%	47%
	重庆	97%	72%	32%	20%	64%

但在这看似基本稳定的市场表相之下，报业内部的竞争却更趋激烈。我们将其分为北京、珠三角、长三角、东北、西部几大区域，分别作一简要分析。

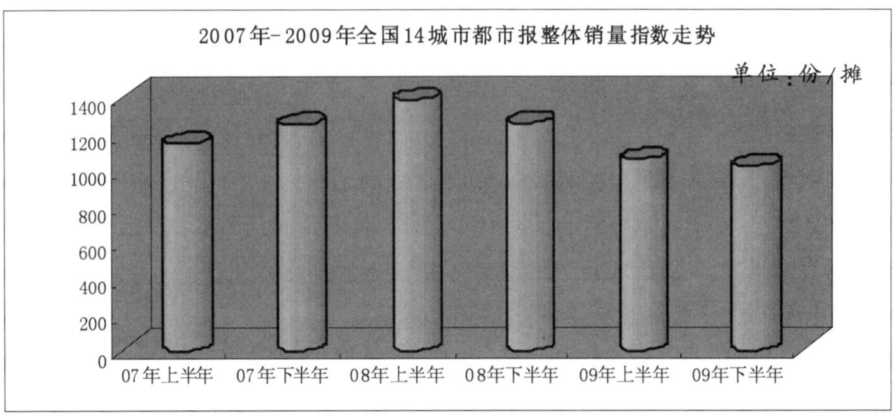

图 3 2007-2009 年全国 14 城市都市报整体销量指数走势

1. 北京都市报：零售市场呈现新格局，订阅市场竞争加剧

世纪华文在北京所监测的都市类报纸为《北京晚报》《北京青年报》《京华时报》《新京报》《北京娱乐信报》《北京晨报》和《法制晚报》7 份报纸。

从北京都市报 2009 年市场整体发展状况来看，零售总量上半年有所回暖，但下半年再次下跌(参见图 4)；市场竞争格局也发生了变化，由“一早报、一晚报”演变为“两早报、两晚报”。从市场份额来看，晚报类报纸中的《北京晚报》与《法制晚报》的累计市场份额占总数的 50.31%，早报类报纸中的《京华时报》与《新京报》的累计市场份额占总数的 44.09%。尽管晚报类报纸的市场份额仍然高于早报，但彼此的差距正在缩小。两早报、两晚报这 4 份报纸累计零售市场份额超过 94%以上，零售摊点覆盖率达到 99%以上。因上摊时间不同，早报与晚报也存在着一定的错位竞争，相互间没有形成直接的销量威胁。

在晚报市场上，尽管《法制晚报》创刊后，对《北京晚报》构成了挑战，但迄今为止《北京晚报》仍然领先并控制着晚报市场。2009 下半年，《北京晚报》零售市场份额在 7 报中所占比例为 33.92%，销量持续稳居北京各都市报之首。

在早报市场上，《京华时报》继续保持销量领先，其市场份额为 22.62%。由于《新京报》2009 年没有上调报纸零售价，零售数量上升速度较快，目前的市场份额为 21.47%。

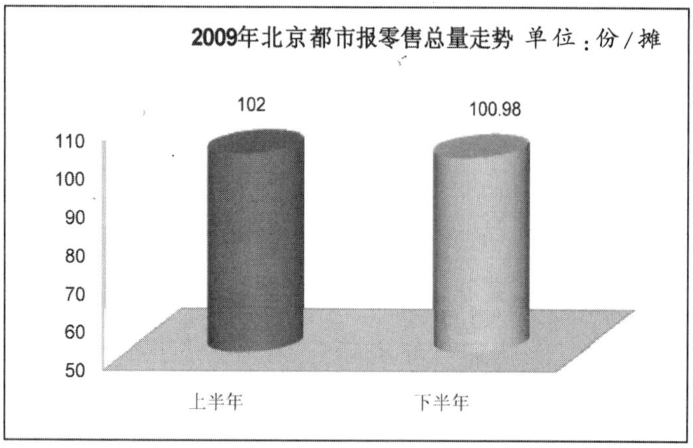

图 4 2009 年北京都市报零售总量走势

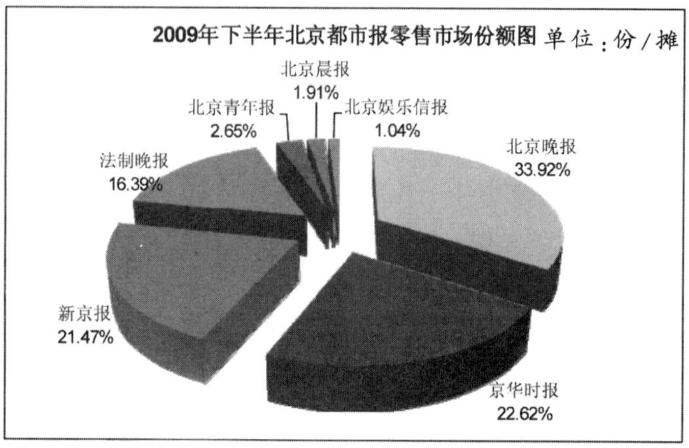

图 5 2009 年下半年北京都市报零售市场份额

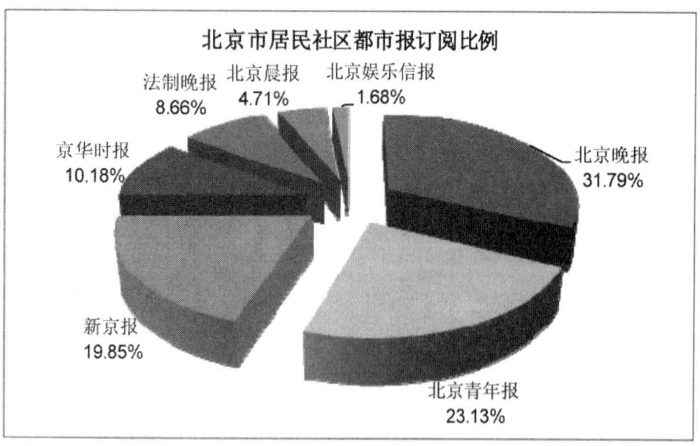

图 6 北京居民社区都市报订阅比例图

北京都市报零售市场上其余 3 份报纸，《北京青年报》、《北京娱乐信报》和《北京晨报》处于相对弱势的阵营，无论从销量上还是在摊点覆盖率上均和上述 4 份报纸有较大的差距。未来发展来看，很长一段时间内两早报、两晚报仍会占据零售市场主流。（参见图 5）

从北京都市报订阅市场来看，竞争已经进入多方位、多领域的较量。在零售市场上销量和地位均比较靠后的《北京青年报》，却在北京各社区订阅发行量排行榜上名列第二，在企业单位、党政机关及社会团体的报纸订阅排行榜上名列第一。（见图 6、图 7）调查发现，同类报纸之间读者的重合率较高，致使读者转移的现象经常发生。在各报内容差别不大的情况下，价格及随报赠品对读者的报纸订阅选择影响较大。

2. 珠三角都市报：《广州日报》势力扩张 一家独大

从报业竞争格局来看，珠三角地区基本上是由广州日报报业集团、南方报业传媒集团和羊城晚报报业集团三大报业集团所控制。三方各自拥有自己的优势报纸，主要竞争在《广州日报》、《南方日报》、《南方都市报》、《信息时报》、《新快报》、《羊城晚报》6 份报纸中展开。

2009 年，从总的竞争态势来看，《广州日报》逐渐拉大了与其他竞争对手之间的差距，呈现出强者愈强的竞争趋势。《羊城晚报》和《南方都市报》在珠三角的市场地位有一定波动，两报在珠三角地区的整体扩张力度明显不及《广州日报》。

从世纪华文近 5 年来的持续监测数据来看，《广州日报》在广州市场牢牢占据 52.13%以上的市场份额。《南方都市报》和《羊城晚报》整体销量上和《广州日报》有较大差距，各占 15%左右的市场份额，相互之间的差距不明显，共同竞争排名第二的位置。

广州都市报的这种竞争格局一直延伸至珠三角的其他 4 个城市。在佛山、东莞、中山、和江门，《广州日报》也占据着市场的主导地位。从未来发展空间来看，珠三角都市报在 5 个城市仍具一定的发展潜力，特别是佛山、东莞、江门3个城市中，整体潜力相对明显。

在订阅市场上，调查显示，《广州日报》无论是社区订阅还是单位订阅，所占份额均超过50%，远远高于《羊城晚报》和《南方都市报》。

因此，广州都市报市场呈现出以《广州日报》占据主导地位的特征，竞争格局明朗。（参见图8、图9、图10）

3.长三角都市报：强者愈强 省级大报向周边城市渗透

"长三角"是以上海为龙头、江浙为两翼的经济区域，是中国经济、科技、文化最为发达的地区之一。"长三角"都市圈共有16座城市，包括上海市、江苏的苏州、无锡、南京等，浙江的杭州、宁波、绍兴等。从近两年的发展来看，上海、南京、杭州三城市的都市报都进入了快速上升的通道。

(1)上海都市报：有升有降，《新民晚报》表现突出

上海都市报的竞争主要在《新民晚报》《新闻晨报》《新闻晚报》和《扬子晚报》4家报纸之间展开。

2009年，《新民晚报》在上半年销量呈小幅上涨趋势，下半年基本持平，其市场份额为36.47%，排在第一位；《新闻晨报》在上半年销量上升幅度较大，下半年出现下降，其市场份额为32.74%，排在第二位；

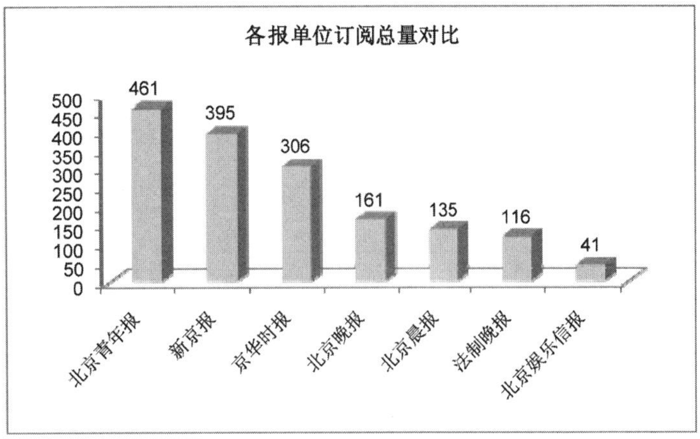

图7 各报单位预订阅总量对比图

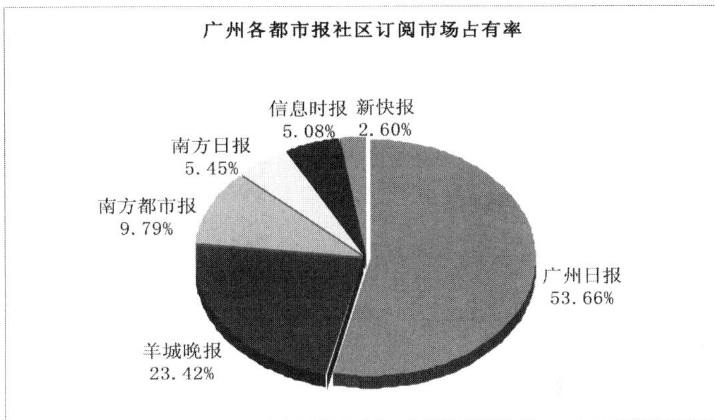

图9 2009年广州各都市报社区订阅市场占有率

2009年广州各都市报市场份额对比图

	零售发行市场份额	社区订阅市场份额	单位订阅市场份额
广州日报	52.13%	53.66%	58.59%
羊城晚报	14.76%	23.42%	8.91%
南方都市报	15.55%	9.79%	9.47%
信息时报	8.84%	5.08%	9.45%
新快报	5.98%	2.60%	9.12%
南方日报	2.74%	5.45%	4.46%

图8 2009年广州各都市报市场份额对比图

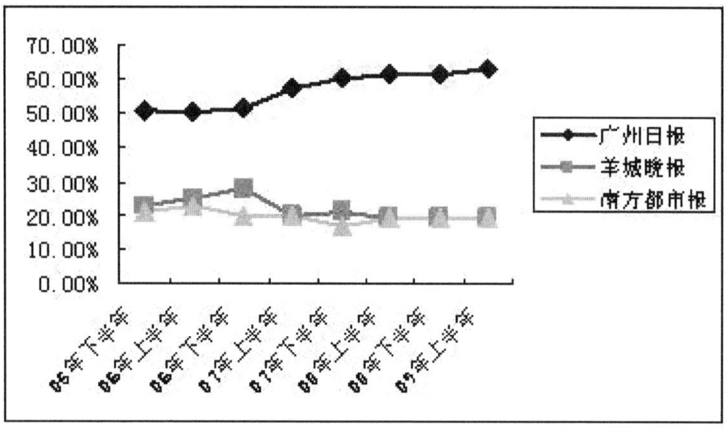

图 10 2005-2009 年三大报纸在珠三角 5 城市的竞争态势

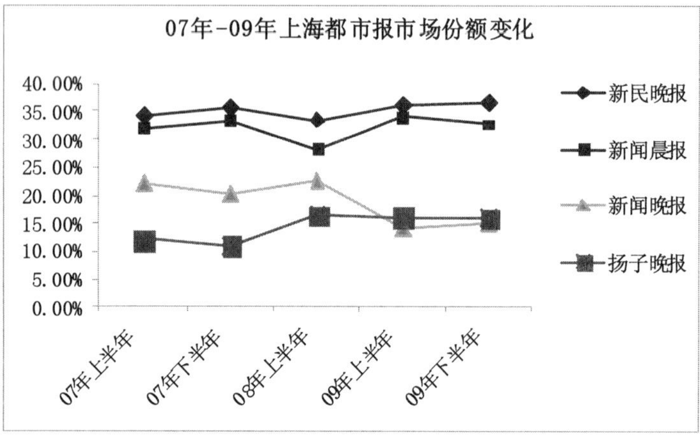

图 11 07-09 年上海都市报市场份额变化

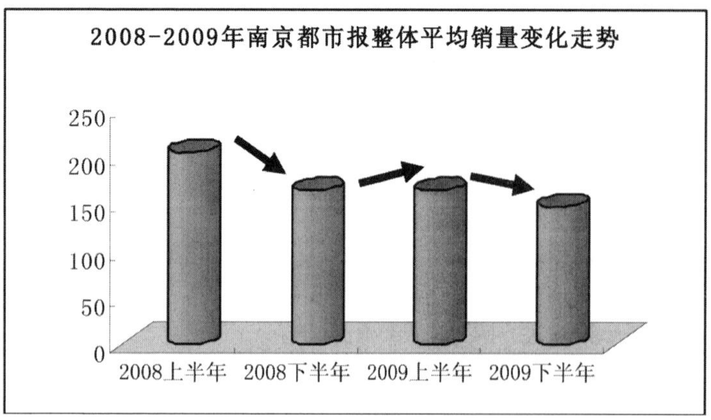

图 12 2008-2009 年南京都市报整体平均销量变化走势图

《新闻晚报》市场表现不佳,全年出现了较大幅度的下跌,致使其市场份额跌至最后一位;而非本土的《扬子晚报》尽管也出现了销售量下滑,但下滑幅度较小,其市场份额因此超过了《新闻晚报》,从而改写了市场竞争格局。(参见图 11)

此外,在上海与都市报构成竞争的还有近年来陆续问世的生活服务类周报。这些报纸不以新闻为主打,而以实用性和服务性立足市场,有稳定的市场份额和发行数量,广告收入也不错,从而蚕食了一部分都市报的市场。这也导致了上海都市报整体零售量依然呈下降趋势的结果。

(2)南京都市报:市场随价格波动《金陵晚报》占优势地位

南京都市报市场上,一直以来是由《金陵晚报》、《现代快报》、《扬子晚报》、《今日商报》和《南京晨报》5 家报纸征战逐鹿。由于 2009 年南京都市报零售价格再次回调,上半年各报销量均出现回暖,但受各种因素影响,下半年的整体销量又出现小幅下滑态势,但整体竞争格局未发生变化,其中《金陵晚报》的优势较为明显。(参见图 12、图 13)

《金陵晚报》近年来平均销量一直排名在第一位,2009 年下半年其市场份额为 32.55%,占据了近 1/3 的市场,与《现代快报》之间的差距在逐步拉大。《现代快报》与《扬子晚报》竞争加剧,《现代快报》市场份额的减少和《扬子晚报》市场份额的增长使得二者之间的竞争关系趋于胶着。不过,《扬子晚报》的发行区域要比《现代快报》大得多,它不仅在南京发行还在上海和苏州、无锡等多个城市销售。

(3)杭州都市报:整体发展平缓,《都市快报》保持领先

在杭州都市报市场上,主要参与竞争的有《都市快报》、《钱江晚报》、《今日早报》、《青年时报》和《每日商报》5 家报纸,其中,《都市快报》一直保持着销量领先的地位。2009 年上半年杭州都市报销量呈现上升现象,下半年略有回落,全年基本保持了原有的竞争格局。《都市快报》和《钱江晚报》主导市场竞争,2 份报纸累计市场份额占到 85%以上。数据显示,两者之间的竞争差距下半年较上半年又有所拉大,《都市快报》的优势地位进一步显现。《今日早报》、《青年时报》和《每日商报》的实力相对较弱,3份报纸累计市场份额不到15%,在零售市场竞争中处于弱势地位。

4.东北地区都市报:格局稳定 主流媒体表现突出

东北地区我们选取沈阳、大连作为代表对都市报市场进行分析。

(1)沈阳都市报:《华商晨报》、《辽沈晚报》两强相争,发行与订阅各占其首。

沈阳都市报的零售市场主要是三大集团之间的竞争,华商传媒集团旗下的《华商晨报》,辽宁日报传媒集团旗下的《辽沈晚报》、《时代商报》和《辽宁日报》,沈阳日报报业集团旗下的《沈阳晚报》、《沈阳日报》相互角逐。2009年,这一市场处于相对稳定的态势,市场格局总体变化不大。《华商晨报》和《辽沈晚报》两强领先,共占据65%以上的市场份额;《沈阳晚报》紧跟其后,是沈阳报业市场重要的影响力量;《时代商报》《辽宁日报》和《沈阳日报》竞争力相对不足。《辽宁日报》2009年下半年在零售市场加大力度,销量有一定上升。在实销率和覆盖率上,《华商晨报》和《辽沈晚报》的铺货比较到位,覆盖率均为100%,且实销率也都在97%以上,销售态势较好。(参见图15)

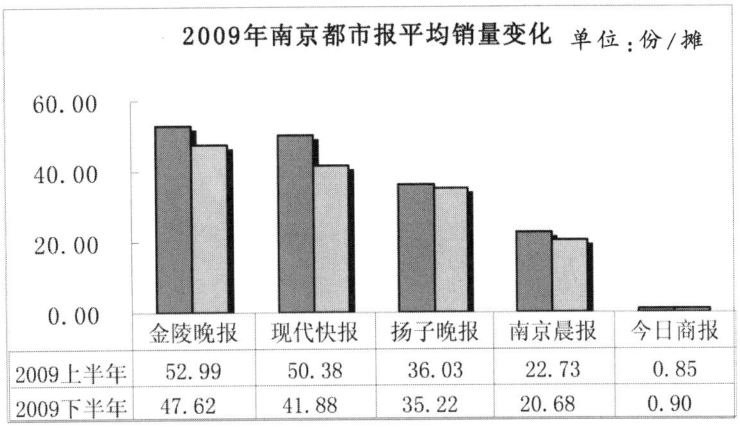

图13 2009年南京都市报平均销量变化

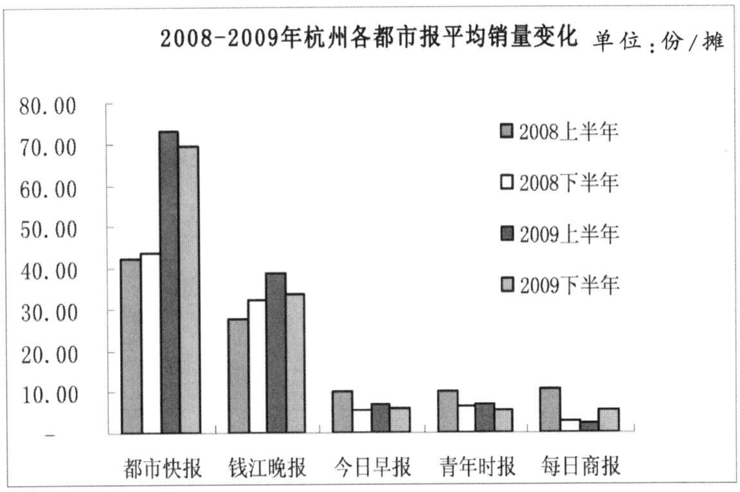

图14 2008-2009年杭州各都市报平均销量变化

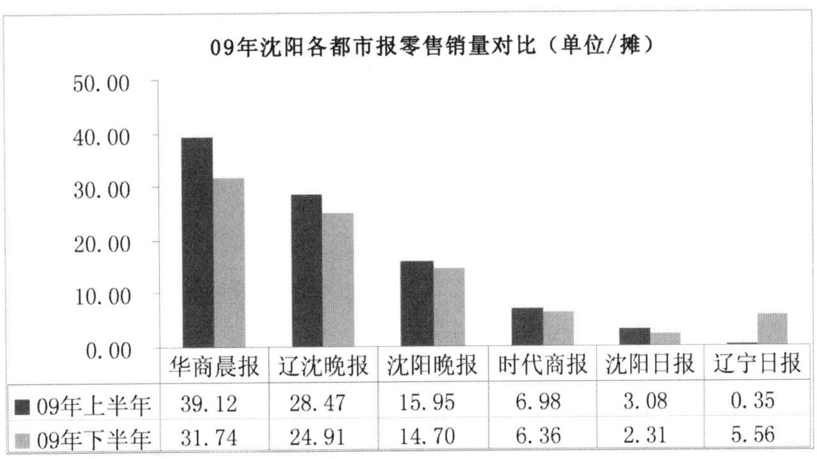

图15 2009年沈阳各都市报销量对比(单位/摊)

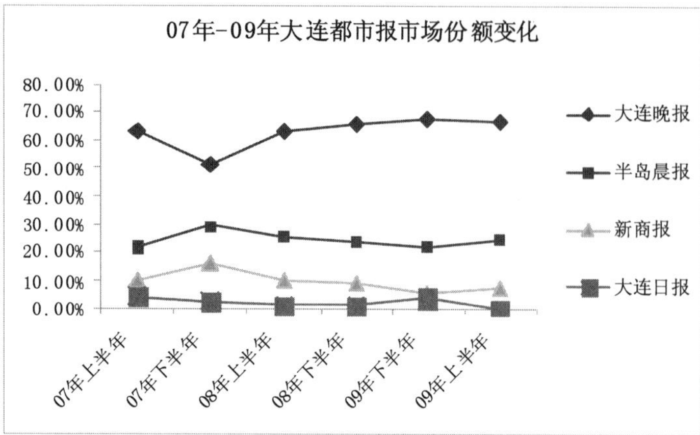

图 16 2007-2009 年大.连都市报市场份额变化图

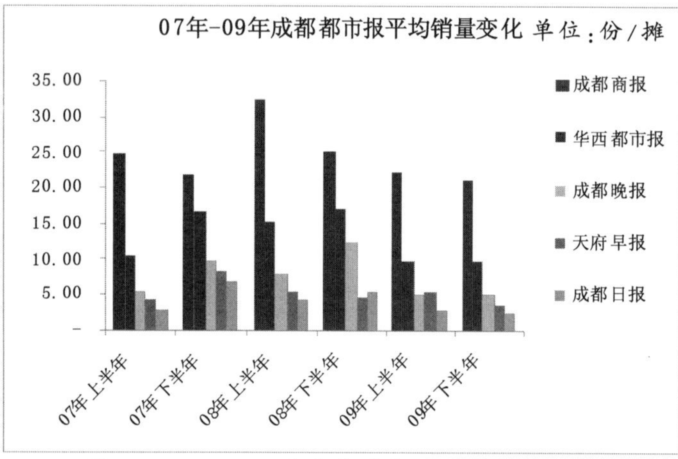

图 17 2007-2009 成都都市报平均销量变化

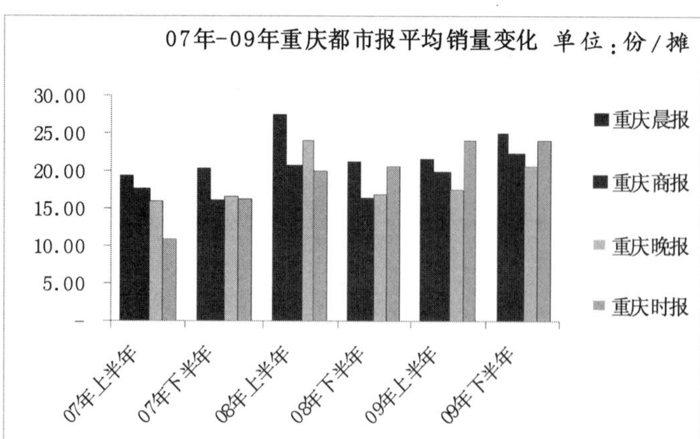

图 18 2007-2009 年重庆都市报平均销量变化

在订阅市场上，从单位订阅来看，《辽沈晚报》、《华商晨报》、《沈阳晚报》订阅率分别是 40%、28%、16%；从家庭订阅来看，《辽沈晚报》订阅率为 65%以上、《华商晨报》为 24%。显然在同类媒体对比中，《辽沈晚报》的订阅发行具有明显优势。

综合来看，《辽沈晚报》表现更为突出。2009 年该报又在抚顺、鞍山等地区开设了《辽沈晚报·抚顺版》和《辽沈晚报·鞍山版》，意在造就一个以沈阳为中心，辐射大连、鞍山、抚顺、本溪、锦州等二三线城市的主流媒体。

(2)大连都市报：《大连晚报》一家独大。大连的都市报近几年发展较为平稳。

从 2007 年至 2009 年都市报市场份额变化图来看，《大连晚报》保持了销量第一、市场份额第一，并远高于其余 3 份报纸。《半岛晨报》、《新商报》、《大连日报》分别保持了二、三、四名的位置，并与《大连晚报》距离尚远，其中《新商报》与《大连日报》相互之间的竞争较为激烈。(见图 16)

5. 西部地区都市报：整体销量下降强者更强

西部地区的报业，我们选取经济发展较快，报纸品种更为丰富的成都、重庆作为代表来分析。

(1)成都都市报：品种丰富，竞争激烈。

2009 年的成都都市报市场，有三个显著特点。其一是整体销量下滑的局面得到了一定的控制；其二是竞争格局被改写，突显强者更强、弱者更弱的态势；其三是新生或新改版的其它类别的报纸异军突起，渐成气候，《新潮生活周刊》是其代表。

在成都市场上，我们所监测的都市报为《成都商报》、《华西都市报》、《成都晚报》《天府早报》《成都日报》5 份报纸。从平均总量对比图中我们看到，除《天府早报》因价格未做调整，其平均销量在 2009 年上半年有所上升外，其他 4 份报纸整体表现为下滑趋势。《成都商报》因其发行量基数较大，依然处于领先地位；《华西都市报》虽然在成都居于第二梯队的位置，但其发行覆盖的区域最大，不仅在成都发行，还在四川省内的多个城市有售。

重庆都市报：市场呈四分天下的竞争格局。与许多城市一份或者一至两份报纸表现突出的情况不同，重庆4份本地都市报《重庆晨报》、《重庆商报》、《重庆晚报》《重庆时报》旗鼓相当，呈现出四分天下的竞争格局。从近几年平均销量变化图来看，《重庆晨报》略微领先一点，排在首位；《重庆时报》紧跟其后；《重庆商报》、《重庆晚报》排在第三、四位。（参见图18）

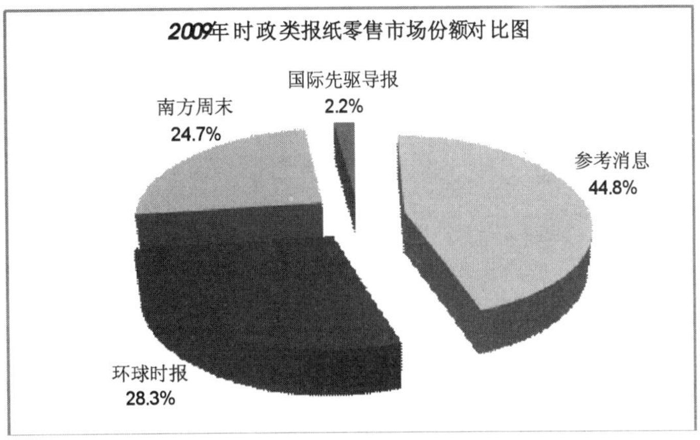

图19 2009年时政类报纸零售市场份额对比图

三、时政类报纸：各自为“政”，各取其“道”

2009年度，时政类报纸的零售销量比2008年上升15.9%，比2007年上升25%，是目前零售市场上上升幅度比较大的报纸种类之一。其中，销量上升幅度居前几位的报纸有《参考消息》、《环球时报》和《南方周末》。

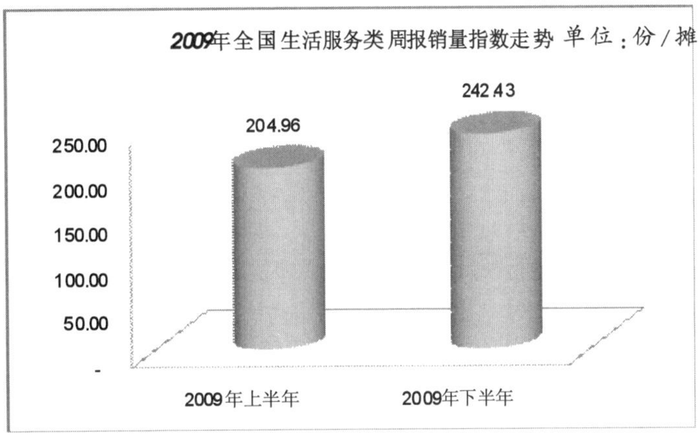

图20 2009年全国生活服务类周报销量指数走势图

世纪华文分析，时政类报纸的兴起有三大原因。其一是发行优势，时政类报纸既有全国发行，又有地方专版，既走订阅市场又占领零售市场，既有日报发行又有周报发行，在发行领域、发行方式和发行渠道上非常灵活；其二是内容丰富，此类报纸对时政、新闻有所侧重，同时对政治、经济、文化、体育、生活、军事等多方面均有涉及，涵盖的内容非常广泛；其三是价格优势，2008年随着新闻纸价格上涨各城市都市报纷纷上调零售价，在时政类报纸价格不变或上涨幅度较小的情况下，许多读者放弃了都市报，转向选择购买时政类报纸。

在发行方式方面，《参考消息》、《环球时报》在单位订阅、社区订阅中发行量大；《南方周末》零售发行比例较大，尤其是近几年，在二三线城市的发行量有逐年增长的趋势。同时，我们调查发现，三大报纸的读者结构也有着截然不同的差异性。

四、生活服务类周报：报纸发行市场上的“生力军”

随着城市的发展、经济的进步和人们生活、消费、阅读需要的改变，各种生活服务类周报在经济发达地区开始形成规模。世纪华文监测的生活服务类周报分为全国版和地方版两类，全国版是指在全国范围内发行的生活服务类周报，主要有《周末画报》、《优家画报》、《外滩画报》等，地方版是指在区域城市范围内发行的生活服务类周报，主要有北京的《精品购物指南》、成都的《新潮生活周刊》、重庆的《新女报》、上海的《申江服务导报》等。与全国发行的生活服务类周报相比，地方性的周报由于更加紧贴本土生活，关注身边新闻，提供及时的信息资讯，在很大程度上甚至影响到当地都市报的销量。

从城市来看，北京、上海、广州、重庆等一线城市的生活服务类周报发展最为迅速，销量和市场地位甚至超出了当地的都市报。在二三线城市，生活服务类周报还不成气候，即便有诸如《周末画报》、《优家画报》等全国范围发行的周报流通，但因其贴近性不够，无论是市场销量还是覆盖率，还处于相对较低的水平。

根据世纪华文的监测，生活服务类周报近年来呈现出持续稳定的上升势头。可以预计，随着报

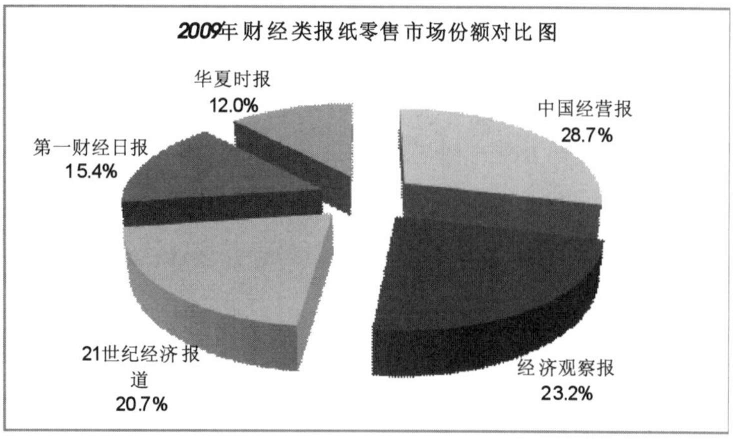

图 21 2009 年财经类报纸零售市场份额对比图

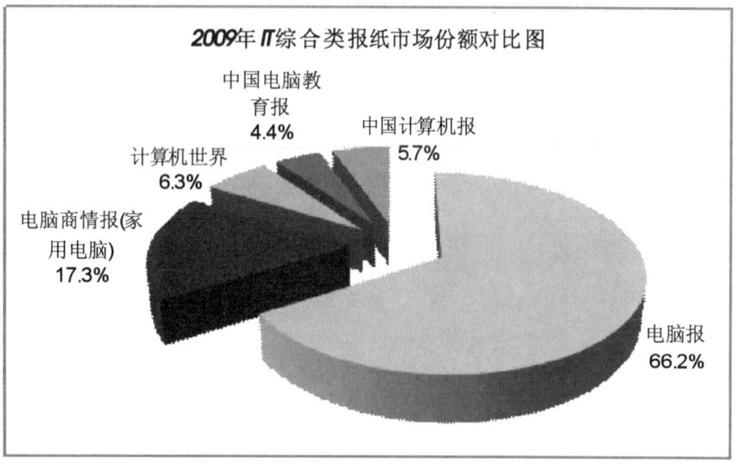

图 22 2009 年 IT 综合类报纸市场份额对比图

业市场的发展和中国城市化进程步伐的加快，这类周报将逐渐在全国各级城市中蔓延开来。(参见图20)

五、财经类报纸：多元化竞争趋势和地区性发行态势

与全国都市报以及其他类型的报纸相比，财经类报纸锁定的读者人群尽管高端但相对小众，因此在零售市场上不占优势。

2009 年财经类报纸在零售市场上占据前三位的是《中国经营报》《经济观察报》和《21 世纪经济报道》。《第一财经日报》虽然进入财经类市场较晚，但市场份额上升较快；《华夏时报》从北京都市报转型为全国发行的财经类周报后，在零售市场上也有较好的表现。整体来看，当前财经类报纸市场呈现出多方面角力的态势，还没有一份报纸能够处于绝对的领先地位。

《中国经营报》在全国各城市中的覆盖率具有较为明显的优势，在全国多数城市的销量均高于《经济观察报》与《21 世纪经济报道》。但在北京、上海、广州、深圳等一线城市，《经济观察报》与《21 世纪经济报道》的销量优势比较明显。《第一财经日报》在全国多数城市还难以和前三名报纸相抗衡，但在上海、广州等重点城市表现不俗。《华夏时报》和《第一财经日报》销量相差不大，在北京、武汉等城市的市场地位突出。

在发行方式上，财经类报纸也分为日报和周报两大阵营。日报方式发行的报纸为《第一财经日报》和《21 世纪经济报道》，周报方式发行的为《中国经营报》《经济观察报》和《华夏时报》。本文图 21 给出的五报零售市场份额对比图，是根据其单期发行总量数据做出的；若按周发行量进行统计，《21 世纪经济报道》和《第一财经日报》的市场销量将更大一些。

六、IT 类报纸：销量整体出现下滑 市场格局未发生改变

随着网络的发展，近年来 IT 类报纸的发行量呈现明显的颓势。与 2008 年相比，2009 年 IT 类报纸的销量下降幅度为 29.4%，与 2007 年相比，下滑幅度为 24.5%。

在 IT 类报纸中，《电脑报》始终是该类报纸中的佼佼者，市场份额一直稳占 60%以上。但是，和前几年相比，《电脑报》的销量也出现明显下滑，2009 年单摊平均销量降至 31.4 份，而 2007 年是 60 份，2008 年是 50 份。

排名第二位的是《电脑商情报(家用电脑)》，市场份额在 17%左右。排名第三位的是《计算机世界》。(参见图 22)□

※作者单位：北京世纪华文国际传媒咨询有限公司

※文章来源：《中国报业》2010 年 2 月

订报赠刊:报刊促销模式探析

● 李友红

当今的报业市场竞争，报社为了抢占市场份额,使出浑身解数,不惜血本。市场竞争演变为对有限份额的激烈争夺，竞争成本和竞争难度迅速上升。

在惨烈的报刊发行市场争抢中，用得最多的就是促销。报刊发行的促销可分为征订促销、零售促销和赠阅促销。其中征订市场因有稳定的读者群、广告效益好等优势,各家报社均将其视为发行重中之重。常见的促销模式有订报抽奖，订报打折,订报送各种实物赠品、消费券,订报送广告版面等。赠品种类越来越多,价值越来越高,报纸价格越降越低。甚至出现了消费者订报是为了获得赠品(赠品价值超过报纸本身的价格),废品收购站抢购报纸(报纸价格比废报价格还低)的闹剧。这些后果使报纸发行成本不断增加，也严重背离了报纸发行的意义。

近年来，订报送刊作为一种特殊的订报送礼的发行促销方式开始流行。订一份报,另送一份读者喜爱的报刊,这种多赢的模式,正在为报社、发行员、读者所接受。在北京市场,《北京青年报》、《北京晨报》、《北京娱乐信报》都采取过类似的手段。现就湖北《楚天都市报》采取的订报赠刊活动进行探析。

一、《楚天都市报》开展订报赠刊活动的萌芽及演变

湖北日报传媒集团楚天报刊发行总公司担负着集团各报刊的发行任务。每年年初集团党委都会下达一定的发行任务作为发行总公司的工作考核。最早把集团刊物作为礼品赠送从2002年春节开始。总公司为了更快打开《特别关注》(湖北日报传媒集团于2000年10月创办)的市场,完成该刊年度发行考核任务，第一次开始尝试将《特别关注》作为《楚天都市报》春节休刊七天的补偿礼品赠送给《楚天都市报》的订户。这一有益的探索使60多万《楚天都市报》的订户春节期间都收到了特别礼物——一本《特别关注》。由于春节人们交往活动频繁,赠送到家的《特别关注》的宣传效果得到了几何倍数的放大。《特别关注》从名不见经传,一下子成了家喻户晓的品牌杂志。有一些读者感叹:家家都有《特别关注》,这本杂志一定很不错。从此《特别关注》的知名度一下打开了。

取得第一次将《特别关注》作为单一礼品赠送的宣传和实销效果后，总公司于2004年推出报纸和杂志的套订政策。即同时订一份《楚天都市报》和《特别关注》比分开订阅《楚天都市报》和《特别关注》的价格优惠。即通常所说的捆绑销售,并印制了专用的套订发票。《楚天都市报》利用《特别关注》杂志的丰富内容,弥补了读者需求上的不足,稳定了客户。《特别关注》借助《楚天都市报》的品牌资源,迅速开发了市场。这种套订政策也迅速推广到集团其它报刊。

订报赠刊活动的大胆尝试从2008年9月开始。为了应对市场的竞争和报纸提价后稳定市场的压力,总公司推出了订《楚天都市报》或《楚天金报》可送集团任意一种杂志（可选的有《特别关注》、《大武汉》、《家庭保健》、《前卫》、《可乐》、《城

市情报》、《爱你》等)。这一活动的推出,把惯用的订报送生活物资提升为送文化产品,既稳定了报纸的订户,也扩大了杂志的销售。总公司把杂志作为特殊的促销礼品,实现了二次销售和二次赢利,达到了任务、利润、市场多赢的局面。

二、订报赠刊活动的特点及意义

1.订报增刊开发了潜在市场需求

订报赠刊破除了杂志的"购买习惯",是一种战术性的营销工具读者要想获得杂志,普通模式是读者花钱购买杂志,杂志社为读者提供他们所需求的产品,杂志社和读者之间是简单的买卖关系。把杂志作为订报的促销赠品后,读者不需单独花钱购买就可简单通过订报获得,破除了杂志购买所得的习惯。订阅报纸赠送杂志突出了订报能免费获得杂志的信息,能激发消费者的需求欲望,变潜在需求为现实需求,缩短了报纸订户开发的进程。杂志由买变为免费赠送,是一种独特的战术营销手段。

2.差异化的促销让读者耳目一新

《孙子兵法》中说:夫兵形象水,水之行,避高而趋下;兵之形,避实而击虚。水因地而制流,兵因敌而制胜。当所有报纸订户见惯了订报送食用油、大米、伞、茶杯、刀具、炊具等生活物品时,要想能一下子吸引读者眼球,增加对《楚天都市报》品牌的忠诚度,产生当即订阅的促动因素,就要使用差异化的促销品。订报赠刊改变了传统的赠品实物模式,是一种差异化促销的好办法。通过赠送杂志这种特殊的礼品来巩固报纸的品牌影响力,吸引顾客消费的本质在发生明显的变化,从消费物质偏向消费文化。这种新奇的模式,能很快形成战斗力,达到出奇制胜的目的。

3.捆绑销售增强了产品竞争力

选用集团内部品牌杂志作为促销品,不容易被竞争对手模仿、复制报纸发行的促销有很多形式和不同层次。竞争对手往往相互模仿和放大复制。如你开展有奖订阅,我开展订阅大抽奖;你订报送雨伞我也送雨伞;你订报送5升食用油,我送10升食用油。各竞争对手可谓八仙过海各显神通。你出招,我应招,高招迭起。这种促销往往造成消费者对报社的攀比,对赠品的要求也是胃口越来越大,经常出现因赠品质量问题而引发纠纷,结果两败俱伤。《楚天都市报》推出集团自己的杂志作为促销赠品,具有排他性、独特性和不可复制性,能有效达到阻击竞争者和彰显特色竞争力的目的。

4.实现了集团内报刊销售的互补性、互利性与统一性

集团的百万大报《楚天都市报》以同属集团的百万大刊《特别关注》作为促销赠品,实现了报刊在内容定位和快速销售形式上的互补。《楚天都市报》利用《特别关注》的丰富内容和读者群体吸引订阅,起到巩固和开发《楚天都市报》订户市场的作用,从而使报纸品牌的需求得到一定程度的恢复和提高,实现了促销强化市场渗透,加速市场占有的目的。《特别关注》依托《楚天都市报》的品牌知名度及美誉度,减少了订户初次消费的风险意识,而被《楚天都市报》的订户快速、大量接受。同时,读者因此"缘"而喜欢上杂志,可能会再次购买,形成消费习惯,从而稳住已占领的市场,达到稳定销售的目的。总公司实现了报刊品牌优势互补,报纸、期刊同步占领市场,增加销量,完成集团任务考核和保持高市场占有率的统一。发行员工得到了订报和赠刊的工资和奖励,起到了"一石四鸟"的作用。

三、订报赠刊活动的过程操作

1. 赠刊品种要选择有一定知名度和市场占有率的品种

促销杂志的选择要注意知名度。如果赠送的期刊是市场上销售不好的杂志,就很容易让消费者形成买瘦肉搭肥肉的嫌疑。订户会认为报纸对订户不负责任,从而使赠刊促销的效果适得其反。从《楚天都市报》赠刊活动的过程中也验证了这种观点。总公司推出的备选赠刊有《特别关注》、《前卫》、《可乐》、《城市情报》、《大武汉》、《家庭保健》、《爱你》等,但读者都不约而同地选择了目前市场上有一定占有率和知名度的畅销杂志《特别关注》、《前卫》。即使《大武汉》、《家庭保健》杂志一年的价值120元(其它杂志一年的价值只有60元),也是少有人选择。

2.要做好发行员工的促销培训

订报赠刊是一种很好的促销模式和营销手段,它的第一目标是完成报纸的征订工作。但再好的创意和方案都要通过发行员的宣传加以落实,否则促销是不会刺激订户的订阅欲望的。员工对促销信息、技巧的把握和执行程度是促销取得成功的关键,所以对员工进行促销培训很重要。现在

的市场仍然存在大量的信息不对称的问题，酒好也怕巷子深。培训重点要抓好促销政策如何宣传，杂志促销品的特点，促销的意义、目标，以及常规的促销技巧等进行培训，做到欲善其事先利其器。

3.采取促销双激励

在订报赠刊过程中，对客户订阅报纸赠送杂志，对目标准订户和潜在客户进行赠刊促销，是对客户实行的短程激励。其目的是在一段时间内调动客户的订阅热情，培养消费者的兴趣和阅读爱好，使之继续(早期已订阅，但即将到期的订户)或尽快(没有订阅过的新客户)成为长期订户。除此之外，《楚天都市报》为了保证和增加促销效果，同时进行了第二种激励，即对使用促销品的员工进行奖励，并支付赠送杂志的投递费。这种对员工的奖励驱动性充分调动员工对杂志促销品的宣传力度和使用效果，激发员工最快、最大化地对客户进行公关，实现订阅目标。

4.加强订报赠刊活动的监督

赠刊服务是一个连续的服务过程，基本涵盖了整个报纸的订阅周期，它不像常规生活物资促销品，对订户的赠送服务是一次性的。因而保证赠刊送到位，抓赠刊投递的服务质量尤其重要。我们把赠刊的投递质量纳入到报纸投递服务质量考核管理体系，对达不到快速、准确、完整投递质量要求的按报纸投诉进行处罚。让员工消除报纸已订阅，杂志是赠品，不是客户花钱买的，送不送到无所谓的错误思想。明确奖罚制度与奖罚措施，以避免赠刊不送、少送和发行员的失职等行为。同时要做好赠刊订户的档案录入和十二期分单卡的制作，以作为赠刊投递的核查依据。

5.对赠刊数量实行责任考核

订报赠刊活动开展后，为保证多赢的最大化，对发行员除了下达订报任务外，还下达了赠刊数量的任务。这样，给员工开发《楚天都市报》订阅市场和优先使用杂志作为促销品增加任务压力。完成赠刊任务的给予奖励，完不成的要求把杂志以零售形式消化。并要求每个员工做到出班投递报纸时都要携带赠品杂志，做到随时宣传、随时订阅、随时赠送。利用任务压力、奖励激励双管齐下的方法，保证了订报赠刊活动的有序和活力。

订报赠刊真正实现了集团资源的共享和利益最大化，使集团报刊在同一渠道的销售行为变得相得益彰，锦上添花。只要报刊发行市场的竞争存在，聪明的发行人还会创造和发明更多的促销手段。□

※作者单位：湖北日报传媒集团楚天报刊发行总公司

※文章来源：《中国报业》2009 年第 5 期

《辽宁日报》进报亭、进家庭的发行探索与实践

● 吉也

2009年,辽宁日报传媒集团在先后两次对《辽宁日报》进行成功改版的基础上,以构建社会主义核心价值体系和提高党报舆论引导能力为使命,全面落实科学发展观,着力推进《辽宁日报》发行体制改革,即存量靠动员,增量靠市场。在依靠行政动员,巩固公费订阅优势的同时,充分发挥市场机制在省级党报发行中的资源配置功能,全面整合集团内部和社会资源,推动辽宁日报以进报亭、进家庭等形式大踏步走向市场,进而形成了《辽宁日报》公费订阅与市场零售相互依赖、相互促进的良性发行格局,促进了辽宁日报发行量、广告收入的快速增长,日销售量达到13898份,较零售初期增长431.5%,广告刊登额同比增长32%,实现了党报发行和广告收入的重合和统一,开创了中国省级以上党报进报刊零售市场的先河,实现了辽宁日报社会效益的最大化,社会效益与经济效益的相统一,是中国党报特别是省级党报发行史上的有益探索和实践,。

此次辽宁日报新闻和发行体制改革得到了中央领导同志的充分肯定,中共中央政治局常委李长春同志曾在《辽宁日报探索党报进入市场改革调查》上的批示中指出:"辽宁省委的探索很有意义,让群众对党报喜闻乐见,是三贴近的本质要求,也是实现社会效益最大化、社会效益与经济效益相统一的有效途径。党报发行的改革即存量靠动员、增量靠市场,必将成为党报三贴近的重要动力。望进一步加强发行体制改革,推动党报进零售市场(超市、售报亭等),并探索考核的办法"。中共中央政治局委员、中宣部部长刘云山同志指出:"辽宁日报的改革措施,已见到成效。要总结介绍他们的经验,以推动党报的创新,扩大党报影响力。辽宁日报的经验告诉我们,要抓住两个着力点:一是宣传内容的改进,增强吸引力;二是转变报纸发行模式,使党报进市场"。

担负《辽宁日报》进报亭、进家庭重任的辽沈晚报红马甲报刊发行物流配送有限公司在辽宁日报传媒集团和辽沈晚报社的领导下,在发行体制改革上主要进行了以下探索与实践:

一、密切联系市场,开展自费订阅

党报是党的重要思想宣传阵地,是党和政府传达政令的舆论工具,搞好党报发行工作是深化文化体制改革的大胆尝试与创新,是实现党报社会效益最大化,社会效益和经济效益相统一的有效途径,是扩大品牌影响、服务改革和经济建设大局的创新举措。

公费订阅、邮局投递是我国大部分省级党报和绝大多数市级党报的发行模式。单一的发行模式、方法和渠道,不仅难以拓展增量,而且保住存量都困难重重。传统公费订阅、邮局投递的发行方式越来越凸显出其自身存在的弊端,而过度依赖行政性征订给党委发行带来诸多不利。

首先,使党报形象受到了影响。省级党报的发行工作量大而广,任务繁重,造成了一些部门和个人多有怨言,意见较大,对党报的主流媒体形象造成了一定的负面影响。

其次,党报的发行量与阅读率、传阅率出现背

离。依靠行政性指令实现的发行数量，难以保证所有的党报都能够发放到有阅读需求的人群当中，从而限制了党报的传播效果，并造成了不同程度的资源浪费。

三是制约了省级党报影响力的进一步扩大。发行模式的单一和狭小，导致了省级党报的发行量基本饱和。不创新省级党报发行体制将难以拓展新的发行增量，省级党报的社会影响力与有效传播性将会不同程度的被削弱。

四是使省级党报缺少“三贴近”的动力。阅读人群的相对固化，使省级党报疏于对市场和读者进行经常性的、深入的研究，疏于对党报内容和形式的锐意改革，导致人民群众对党报感情疏远、认知下降。

没有读者，何谈导向？没有市场，何来阵地？

转变传统发行模式，实现省级党报的市场崛起。这是时代对当代党报工作者的呼唤，是历史赋予当代党报工作者的使命！尽管在转型初期，我们遇到了一些困难和一些问题，但始终坚持解放思想，转变观念，上下一心的信念，不断提升党报进市场的勇气和能力。

为搞好《辽宁日报》进报亭、进家庭的发行机制、发行渠道、发行模式的深刻变革，我们始终坚持在省委宣传部的领导下，严格按照辽宁日报传媒集团的要求和部署，及时调整经营思想和发行思路，把《辽宁日报》进入零售市场的发行工作作为公司的核心任务，全力以赴，多次召开动员大会，进行统筹安排，周密部署，为搞好这一工作提供了思想保障和队伍保障。《辽宁日报》进报亭进家庭工作启动后，又多次召开市场稽查人员、零售站长、派送员会议和零售终端座谈会，及时部署，明确任务和责任，实现了《辽宁日报》进报亭、进家庭的持续、稳定、健康发展。

二、坚持创新，努力践行七大发行战略

辽宁日报传媒集团在发行体制改革过程中，不断转变经营思想，积极创新发行模式、发行渠道、发行方法、发行手段，探索和实践了省级党报进市场行之有效的7种发行策略，我们红马甲发行公司努力践行这七大发行战略，促进了发行体制改革的深入发展。

1.影响力售报

通过将以最具视觉冲击力的B叠在上的形式进行合页的《辽宁日报》摆放在报摊的最醒目位置进行销售，制作超大标题、超大图片，粗线条，具有强烈视觉效果的导读，介绍当天最精彩的内容，并张贴在报摊的看点版上，吸引读者的眼球，强化《辽宁日报》对读者的影响，进而实现读者的主动选择与购买。

2.整合力售报

为了实现对零售市场的全面覆盖，根据辽宁日报传媒集团的总体部署我们以公司发行网络为主体，整合辽宁省邮电局在沈阳市的200余个书报亭、同城另一媒体发行公司的发行渠道及一些连锁超市等资源，使《辽宁日报》成功登陆沈阳近千个报亭、报摊，100余个超市连锁店，实现了《辽宁日报》在沈阳所有发行网络终端100%的上摊率和覆盖率，为进一步扩大《辽宁日报》零售数量打下了坚实的网络和渠道基础。目前，红马甲发行公司每天销售的《辽宁日报》都保持在11000份以上。

3.培训力售报

发行队伍的素质是《辽宁日报》进报亭进家庭工作的重要因素，为打造一支具有较高业务素质，较强营销能力的党报发行营销队伍，我们有针对性地加强了对零售人员综合素质的培训工作。辽宁日报传媒集团总编辑孙刚等集团领导先后多次对终端售报员进行培训，在灌输发行营销理论的同时，用最通俗易懂的语言让零售终端了解“《辽宁日报》是一张怎样的报纸”、“我们现在做的是什么事儿”和“接下来希望大家怎么做”，并对改版后的《辽宁日报》的卖点和如何推介做出阐述，通过学习，有效的提升了零售队伍的素质，把这些卖晚报都市报的行家进一步打造成售卖党报的行家。

4.互补力售报

充分发挥辽宁日报权威性与公信力的优势，与零售市场上的其他报纸，如都市类报纸、政经类报纸形成市场定位互补。报纸功能互补，从而带动《辽宁日报》零售数量的增长。

5.保障力售报

走进市场的报纸，时效性是能否竞争制胜的重要因素。只有在出好报的同时坚持出早报，才能提升党报在市场的竞争力。为保证发行时效，辽宁日报传媒集团为印务中心新增了两台印刷设备的同时，对报纸的截稿、传版、印刷时间进行了科学的调整。红马甲发行公司增加了专门的运报车辆，调整和完善了印刷发行的流程和路径，按照印刷进度合理调整分发、运输体系，一系列保障措施的相继实施，确保了《辽宁日报》的上市时间，为《辽

宁日报》占领市场抢得了先机。

6.督导力售报

为严防泡沫发行、无效发行,掌握每一个零售终端的情况,红马甲发行公司组织了一个五十人的督导队伍,在为零售摊主提供优质服务的同时,帮助、督促零售摊主做好《辽宁日报》及看点版的摆放,指导和帮助零售终端向读者推介《辽宁日报》,促进了零售量的增长。

7.策划力售报

为加快《辽宁日报》进市场的进程,我们以营销策划为着力点,加大了对宾馆、酒店、机场、火车站等窗口单位的市场开发力度。

(1)有针对性的投入了1000个报刊展示架用于《辽宁日报》在宾馆、酒店等高档消费场所的展示;

(2)与南方航空公司北方分公司协商,将其有偿订购的600份《辽宁日报》全部投放机上,供乘客阅读;

(3)向沈阳桃仙机场停车场收费口投放1000份《辽宁日报》,分发给出入机场的乘客及送客亲友,供其阅读;在桃仙机场VIP候机室大厅设置报刊展示架,在21间贵宾候机室摆放《辽宁日报》;在候机大厅书报亭设置销售点,实现了《辽宁日报》在机场的全方位覆盖。

(4)在沈阳北站7个候车室和3个VIP贵宾候车室,沈阳站3个贵宾候车室和软席候车室共设报刊展示架12个,摆放《辽宁日报》,供读者阅读。组织24名专职售报员24小时在沈阳北站广场流动售报,日销售《辽宁日报》500份左右,扩大了《辽宁日报》在车站这个窗口单位的品牌影响。

有效的营销策划为《辽宁日报》培育了适宜和成熟的市场,扩大了该报进报亭进家庭的影响力。

三、总结经验,促进发行体制改革深入发展

总结《辽宁日报》进报亭进家庭发行体制改革的探索与实践,使我们深刻体会到:

1. 中央领导的批示为我们指明了深化发行体制改革的前进方向。

中共中央政治局常委李长春,中共中央政治局委员、中宣部部长刘云山,对辽宁日报新闻和发行体制改革创新所作的批示,是对辽宁日报传媒集团在中共辽宁省委和省委宣传部的领导下所进行的新闻和发行体制改革的充分肯定,是对工作在发行战线上广大员工的巨大鼓舞,也向我们提出了"探索考核办法"的新要求,为我们进一步指明了深化发行体制改革的方向。

2.各级领导的高度重视,是搞好党报发行体制改革的不竭动力。

党报的新闻、发行体制改革与创新和任何改革一样,不可能一蹴而就,需要反复探索和实践,需要坚定的信念和勇气。辽宁日报的新闻和发行体制改革,得到了省委、省政府及省委宣传部领导的高度重视,省新闻出版局和省邮局的领导同志也都给予了大力支持。辽宁日报传媒集团总编辑孙刚同志亲自主持召开百名零售终端座谈会,提高售报员销售辽宁日报的信心,指导零售终端如何销售好《辽宁日报》。辽宁日报传媒集团副社长,辽沈晚报社社长徐少达同志多次对《辽沈日报》进报亭、进家庭进行市场调研和指导,这一切都使发行一线的同志深受鼓舞,坚定了搞好辽宁日报发行体制改革的信念和勇气。

3.坚持"三贴近"的本质要求,是搞好发行体制改革的物质基础。

全面提升党报的公信力和美誉度,让群众对党报喜闻乐见,是三贴近的本质要求,也是辽宁日报发行改革的前提和基础,。党报的发行绝不仅仅是单纯的发行问题,它与办报理念、报纸定位、内容形式等因素密切相关、相辅相成、相互促进。如果离开了内容的"三贴近",单纯强调发行体制改革,就成为无源之水,无本之木,只有省级党报在坚持正确舆论导向的前提下,坚定不移的坚持"三贴近"原则,办出自己特色和风格,使其既具权威性、思辨性,又有可读性、耐读性,既为党政干部说话,又为广大百姓进言,省级党报才有可能成为政府满意、百姓欢迎,具有较高读者阅读率和市场占有率的报纸。

为实现读者定位由分众向宽众的转变,在市场上赢得读者的主动选择与购买,放大党报功能,辽宁日报传媒集团坚持以"三贴近"为目标,深化新闻宣传的改革,今年4月和7月先后两次对辽宁日报进行了改版创新。改版后的《辽宁日报》大报风格鲜明,深度报道分量重,独家新闻吸引人,可读性、耐读性进一步增强,版式设计活泼大气,整体质量明显提高,省委机关报的属性更加明显,围绕中心,服务大局的使命更加凸显,舆论引导能力愈发增强,深受不同层次读者的青睐和喜爱。

改版后的《辽宁日报》坚持了"三贴近"的本质要求,用老百姓看得懂、记得住的语言,报道中心工作,找准了工作报道与百姓利益的结合点,受到

读者极大好评，培养了一批固定的忠实读者，为发行体制改革提供了前提和基础。

《辽宁日报》2009年以来进报亭进家庭的发行改革实践证明，省级党报进市场，不是异想天开，不是天方夜谭，而是马克思主义新闻观在社会主义市场经济条件下的传承和弘扬，是党的实事求是思想路线在新闻宣传工作中的彰显和体现，是一场自上而下的思想解放运动，是以人为本的科学发展观在党报新闻工作者中贯彻和落实。

只要我们真正按照“三贴近”的原则办好党报，真正按市场规律发行党报，坚持用时代要求审视党报新闻宣传工作，按照新闻传播规律办事，在办报和营销方面，坚持不懈地创新观念、创新内容、创新形式、创新方法、创新手段，中国的省级党报就可以完成进入传媒市场的历史跨越，党报的旗帜也会在市场上高高飘扬！□

※作者单位：辽沈晚报红马甲报刊发行物流配送有限公司常务副总经理

发行上的“三力”统筹

● 鲍剑胜

在复杂多变、竞争激烈的现代发行市场，何以走向科学发展、实现新跨越？温州报业发行广告有限公司通过坚持队伍建设、完善发行管理模式、拓宽发展经营渠道，实现了发行执行力、竞争力、发展力的提升。

一、强化发行队伍建设，提升执行力

人是现代企业经营活动至关重要的因素，随着发行行业深入发展，发行对人才队伍的要求也越来越高。这一问题不仅体现在发行管理人员上，也体现在一线发行员工上。温州报业发行广告有限公司（以下简称：温报发行）坚持从两方面加强发行队伍建设。

1.坚持引进高素质人才、培养发行后备军

近几年，公司通过人才引进、校企合作等各种措施，淘汰了一大批跟不上公司发展需要的干部员工，引进了高级程序员、高级会计师等高端专业人才，同时，每年继续通过“全体起立、重新洗牌”的竞聘上岗制度淘汰一批，引进一批，保证发行队伍高素质。另外，与温州大学合作开设发行营销班，定向为公司培养与输送所需发行人才。目前，公司大专以上学历员工比例提高到73%，其中不乏名校毕业的高材生，员工平均年龄下降到33.5岁。

2.坚持打造学习型团队，强化执行力

建设学习型团队是温报发行强化执行力，实行科学发展的重要保证。公司根据不同工作分工，实施有效的针对性学习培训。

针对管理人员，温报发行强调发行管理要有所作为。现代发行市场复杂难测，而管理人员思想又易受经验主义束缚，容易造成对现代营销知识的学习不足，发行手段上的创新不强等问题。为此我们强调在发行管理中有的放矢地开展管理工作培训，并通过公司政策主导，建立提高发行管理人员素质的技能培训、测试、考评制度，以此促进管理水平提升。2005年我们借助公司局域网的建立，在发行领域首辟《站长日志》，要求各发行站站长每天以日志的形式，总结当天工作，并及时在网上发布，如今已经推广到所有管理人员每天都坚持在网络上写工作日志，自我加强、自我约束，潜移默化中提高了管理团队素质与水平。另外，每年还安排站长、中层骨干等管理层外出学习，邀请专家学者前来讲课，并在内部刊物《温州发行人》开辟专版进行业务讨论，以培育管理队伍浓厚的学习氛围。针对基层发行员，我们三管齐下。一方面重视对基层发行员的人文关怀，使其感受到公司对他们的重视与尊重，以解决发行队伍稳定难的问题。成立关爱发行员互助基金会，作为单位补助困难发行员的补充，基金来源有发行员自愿筹集、公司拨款、个人捐款，主要用于解决会员本人生活中的重大困难，至今接受帮助的发行员达95名。同时，每年不断提高基层发行员福利待遇和年终奖金、全员上社保、享受两年一次的体检、统一配发工作服和自行车等。另一方面强调对发行员业务水平培训，重点通过发行理念培训，引导发行员建立以客户、读者为中心的理念，培养他们主动服务的习惯。第三，推行站内培训机制，由发行站站长自行组织整理教材，对发行员公开讲课。这些举措不仅有效提升发行员队伍建设，也提升了站长自

身素质，既激活基层发行站学习氛围，又增强队伍凝聚力与执行力。

二、完善发行管理模式、提升竞争力

发行的核心在团队、团队的核心在管理、管理的核心在精细。

传统报纸发行行业，是一个对从业者技能要求相对简单的劳动密集型行业，其管理较粗放、规范性差。发行要做大做强，必须依靠现代信息技术实现精细化管理，才能完善发行管理模式。五年来，温报发行自主开发了智能OA内部办公平台、建立了覆盖全市的地址库、研发了电子订报卡、完善了会员系统和发行网络服务平台，扩容的呼叫中心系统从原先10条线路发展为30条线路，成功研发并应用了人力资源管理软件等一系列发行技术软件。这些信息技术的广泛应用，一方面提高了公司的管理效率，增强企业的核心竞争力，另一方面支撑公司战略目标的实现，为报业发行转型创造了必要的条件。

精细化管理是温报发行一项长期的重要工作，通过网络精细化管理，变"被动订报"为"主动订报"。随着发行人力资源管理系统进入正式使用阶段，当前公司人员变化、投递业务量增减、绩效挂钩等数据全面融合，所有信息随时更新，一目了然。DM管理软件的开发成功，使夹报业务的管理更加精细，该软件对上传时间、通知到位、回复时间、回复内容等均作严格规定，极大提高了DM业务工作效率，降低了业务处理出错率。此外，在财务管理方面，新增报款认领平台与自动化征订结算平台，保证报款到位实时确认，实现报款自助录入与收订自动结算。网上征订发票管理系统的应用，标志着超大信息量的即时提供，不仅有效提高了数万本征订发票在领用、归还、缴销、分类、存档等方面的工作效率，更为发票的管理、考核出具了有价值的参考依据。

在精细化管理中信息化是平台，制度是保证。公司在新规章制度的建立与完善上重点突出了科学发展观中的"以人为本"，强调制度建设的民主性与公平性。经过半年多的意见收集，新规章制度在2009年7月经公司职工代表大会全票通过予以实施。新规章制度不仅更为完善，重要的是强调在制度面前人人平等，这有效地保证了管理的执行力度。

2009年5月，温报发行实施了全面的指纹考勤制度。新指纹考勤管理制度规定，将指纹考勤制度延伸到各个发行站与基层发行员。温报发行所有员工上班时必须要按要求进行指纹打卡签到，对于因公外出、开会及休假等，提前进行OA登记；公司监察室负责将指纹考勤情况汇总管理，每月通报考勤情况，将考勤结果作为年度考核及评先、评优的重要依据之一。新规定实行以来，大大提高了员工工作纪律的自觉性，工作效率显著提高，精神面貌焕然一新，树立了温报发行的良好形象。

三、坚持拓宽发行经营渠道，提升发展力

依托发行网络，放大网络资源，扩展经营项目，摆脱单一的发行费率收入，做强自身实力是温州发行发展的基本思路。但是发行在重视围绕主业进行相关行业探索时，往往容易忽视继续对发行主业的夯实与发展，因而造成本末倒置，得不偿失。为此，温报发行强调发行要明确主次，在做实、做强主业基础上，进行优化组合，积极围绕主业进行相关行业探索，大力发展多元化经营渠道。

在夯实主业发行上，温报发行强调以有效发行为基准，抓好征订与零售两个基本市场。五年来，由于因地制宜制定相应征订策略，温州征订市场一直较为稳定，发行数量也年年稳中有升。在零售市场上，温报发行强调建立一支精干专职的零售队伍，利用精干的队伍来拓展零售市场。我们从三个方面入手不断扩大零售市场：一是采取多形式多渠道地抢占市场空间。我们利用温州公交实施无人售票改革的机会，在原先305个固定摊位基础上，又在市区148个公交站点设立新的便民零售摊位，一边为乘客兑换硬币，一边零售报纸，进而让零售占据了更大市场份额。二是设立专职零售"卖报"人员。拥有专职的流动零售人员328名，仅这支专职"卖报"队伍，日零售量就达1万多份。第三，零售还向温州周边地区延伸扩张，在各地都建立了固定零售摊点，不断扩大零售范围。值得一提的是党报的零售，通过设点、摆摊及专职零售人员的推销，《温州日报》零售量也能达到1500份左右。

在拓展副业发展上，温报发行强调稳打稳扎，积极探索，开拓创新。目前DM夹报业务、分类广告代理业务已经成为公司副业的主要收入，而新开发的DM杂志高端广告产品正逐渐成为公司重要收入之一。五年来，DM夹报年业务额从不足

100 万元发展至 700 多万元，分类广告代理销售也提升到 400 万元，DM 杂志广告产品成功开发了高档广告产品市场，为公司创造了可观利润，改变了过去发行公司收入来源单一的局面。2008 年包括零售、外报刊代理等费率外的收入 1316 多万元，份额从原来的不足 5%提高到现在的 27.5%，2009 温报发行总收入预计可达 5400 多万元。如今，温报发行正在银行、电信等商业信函的有址资料(信函)投递业务上积极探索与考察，争取今后利用发行网络优势开拓直复营销业务，进一步扩大行业发展道路。□

※作者是温州日报报业集团副社长，温州报业发行广告有限公司董事长、总经理

打造非媒体服务平台
提升报业软实力

——鞍山报业集团读者俱乐部服务升级促进发行活动纪实

2009年，全球性金融危机持续肆虐，各行各业都受到了不小的冲击，传统报业更是受到新兴媒体的不断挑战。在2008年底，由于新闻纸价格上涨及新《劳动合同法》开始实施，《千山晚报》迫不得已开始涨价，从之前的全年订阅价80元涨到126元，读者抵触情绪强烈。如何改变这种不利局面，保证发行工作的顺利完成，成为整个鞍山报业集团首先要解决的问题。在这样极度不利的情况下，读者俱乐部划归到发行公司，由以前的盈利性职能转变为服务性职能。读者俱乐部通过放大思维，充分利用报社内部资源及广大的社会资源，发起了轰轰烈烈的"报联卡项目"——读者俱乐部会员卡升级活动。通过本次活动，极大地增强了《鞍山日报》《千山晚报》在读者心目中的地位，使两报超预期完成了2009年的发行任务。我们将此过程归纳总结，与报业同仁共享。

图1 报联卡正面

一、报业是否只能够提供媒体性服务

按照传统意义来说，报纸作为平面媒体，只能够为读者提供媒体范围内的服务，如新闻、资讯、评论、广告等等，这在网络及新兴媒体日趋发达的今天对大众越来越没有吸引力，不管是新闻的及时性还是与受众的互动性报纸都有先天的缺陷。所以单靠改善自身弱点而不进行创新来参与市场竞争绝对是不明智的，并且现在的消费者需求更加多样化和个性化，如果自身产品不能跟上消费者的心理变化，那么最终只有被市场所淘汰。因此，读者俱乐部另辟蹊径，希望为读者提供大量范围广泛的非媒体服务来紧紧抓住读者的心，并吸引众多非报纸读者群体的目光，不断提升报纸订阅量及读者层次范围，最终实现鞍山报业集团核心竞争力的提升。

二、提供何种非媒体服务

以前读者俱乐部也一直在尝试举办各种各样的活动来提升读者对报纸的好感度和粘合度，比如旅游、爬山、赠送电影票、体育比赛等等，但是由于参与机会有限，活动组织起来人力物力投入很大，无法惠及大部分读者且难以形成常态，所以最终取得的效果并不理想。因此这次进行了全新的尝试，将俱乐部提供的服务设置了三大原则：普及性、多样性、持续性。普及性是指服务能够惠及所有读者；多样性是指服务能够满足各个层次的读者需求；持续性是指服务能够长期持续的存在。按照这三大原则，读者俱乐部提供了60项金牌免费服务和800项超值打折服务，经过计算，所提供的服务每年最少能够帮助读者节省1万元！接近读者订报投入的10倍，在这样的价值杠杆下，读者反响空前热烈，保证了发行工作的顺利进行。

三、如何来提供非媒体服务

60项免费服务和800项打折服务如果单靠报社内部资源根本无法实现，只有整合外部资源才能取得成功，因此我们首先将读者俱乐部原有会员卡进行全面升级，将其重新命名为——报联卡。这个名字的寓意深刻，它代表着鞍山报业集团要联合本地众多知名商家共同为读者提供优质服务的承诺，它也是读者享受所有服务的身份证明，只有订阅全年报纸的读者才能够享有，使用期截止到读者订报周期结束。之后我们围绕着读者的需求有针对性的选择了优质商家建立结盟合作关系，搭建起了本地最大型的商业结盟团体，对结盟商家的要求是：首先结盟商户必须是正规经营的商家或店铺，其次结盟商户必须为持有报联卡的读者提供普通消费者享受不到的优惠或折扣服务，最后结盟商户必须对读者消费情况进行记录以便我们了解读者的需求变化。我们吸引众多结盟商户加入的原因有三点：一是每周有一个整版的结盟商家信息播报，每天一个300字软文介绍优质商户，为结盟商家提供了宣传机会；二是通过与我们结盟，大大提升了结盟商户在消费者心目中的信誉度和好感度；三是结盟之后会为结盟商户带去大量的读者消费，提升他们的营业额。最后是报联卡的发放环节，我们选择了几家地理位置便利的结盟商户作为发卡地点，由俱乐部配备专人发放，读者只需带着订报收据和身份证复印件即可免费办理。

四、为读者提供的服务举例

俱乐部为读者提供的服务项目分为完全免费项目和消费打折项目两大类别，每个类别又根据读者需求特点进行细化，举例如下：

1.完全免费项目

(1)成立俱乐部会员活动中心

目的：提供固定活动场地，有效凝聚人气，利用它的服务窗口功能，以俱乐部优异的服务品质提升报业品牌形象，既服务了读者还可对周边地区产生良好的辐射影响。

方式：利用鞍山报业集团旗下第三产业的闲置场地成立了俱乐部会员活动中心，位于鞍山市中心地段的大型商场中，地理位置优越，基础服务设施齐全，之后我们将场地进行划分并功能化，能够直接为读者提供如下服务：

①免费赏析经典影片：划分出120平的场地成立会员专属电影院，投资20万购入专业投影及音响设备，并配有舒适的座椅100张，每日播放3到4部经典影片片段供会员免费欣赏，每日报纸首页中缝进行当日影讯播报。由于国内电影行业持续火爆，本服务一经推出就受到了会员的热烈欢迎，每日接待会员超过200人次，每月享受本项服务的会员超过6000人。但是由于我们的电影院只在商场运营时间开发，所以没有晚场电影，上班族没有时间观影，因此我们准备再开辟一个可以放映晚场电影的免费影院。

②免费借阅图书、影碟、CD光盘：在会员活动中心开辟一个10平的场地作为借阅中心，前期由俱乐部投资购入图书、影碟和CD光盘供会员免费借阅，之后我们设想能够让读者不断通过购买或置换的方式使图书或影碟的内容更新，但是运行至今一直没有实现，不过读者对本服务的热情度很高，每日的借阅量都在50人次左右，以后我们将不断摸索本服务的运营模式，使内容持续更新。

③免费跳操、健身：我们针对喜欢健身的读者在会员中心开辟了100平米的健身、跳操场地，邀请了鞍山本地的知名健身教练每日为会员提供基础健身教学，考虑到如果购置健身设备会投入大量资金，所以场地只配备了音响设备并以教授韵律操和瑜伽为主，本服务启动后我们发现场地较小，很多来晚的读者只能在场地外观看，因此我们与合作的健身场馆协商后将读者进行分流，在健身场地继续开放的前提下，读者可以选择自己喜欢的场馆每周享受一次免费健身学习服务。

④举办多种免费讲座：在免费电影厅每周举办一次免费讲座，每次讲座前3天用一个300字软文进行宣传，比如股票讲座、中高考状元讲座、老年健康讲座、美容美发讲座、儿童心理学讲座还有“现场教你做美食”讲座，这些讲座形式多样，内容详实，读者大呼过瘾，尤其是“现场教你做美食讲座”最为火爆，我们邀请了本地众多知名饭店的名

厨现场教读者做菜，场场人员爆满，进入现场品尝环节更是热闹非凡，读者反馈这样的讲座既学到了知识，又愉悦了身心，他们非常喜欢。

⑤免费参与1元拍卖会：每周六下午我们都在会员免费影厅举办一次“1元拍卖会”活动，每次准备6到10件商品，由结盟商家或读者提供，在每周五的报纸上用一个1/4版广告进行宣传，只有俱乐部会员才可参与，历时1小时，不会与读者观影时间产生太大冲突。由于拍卖的商品都是市面流行或者是读者提供的具有较高使用价值的商品，并且都从1元钱起拍，因此每次都能吸引大量读者到场，最终结果是商家赚到了人气，读者提供的闲置物品以合理价值售出，而参与竞拍的读者得到了实惠，因此得到了读者的持续追捧。

图2 一元拍卖会

⑥采购会员零利润超市商品：本项服务是为帮助读者节省采购日常基础生活用品的开销而设立的，我们在会员活动中心开辟了一个50平的场地并设置货架，采购了如食用油、卫生纸、清洁剂、洗发水等基础生活用品并以完全零利润的形式销售，每种商品都接近或即为本地最低价格，每两周用一个1/4版广告进行宣传，读者在观影、借阅图书或者参加讲座、健身、拍卖会的同时就可进行选购，体现了报业集团体恤读者的良苦用心。

(2)为会员提供周周疯狂大抽奖服务

目的：通过设置抽奖活动，提升报纸的娱乐性，大家都喜欢参与抽奖活动，如果能够在不经意间中奖，那么不管奖项大小，获奖者都会感受一份幸运并获得心理的愉悦。

方式：与众多结盟商家合作，为读者提供品种繁多的实物类奖品或服务类奖品，每周根据奖项的大小设置1位到4位的报联卡尾号为中奖号码，每次抽奖都在当日的报纸首页上提示中奖号码，读者登录报联卡网站www.baolianka.cn即可查询奖品信息，之后凭与中奖号码一致的报联卡即可免费领取，到现在已经抽奖超过百期，中奖读者超过2万人。

(3)每日抽取十名当日过生日的幸运会员赠送生日蛋糕服务

目的：通过在生日当天为幸运读者送去祝福及礼物，以实际行动体现报纸心系读者的脉脉情怀，读者既能得到实质的礼物，还能在报纸上看到自己的名字感受到一份自豪。

方式：我们与好利来蛋糕店合作，由其每日提供10个精美的生日蛋糕，送给我们通过会员数据库随机抽取的10名当日过生日的幸运读者，我们将幸运读者信息刊登在每日报纸首页中缝上进行告知，并由工作人员为每个幸运读者打电话进行提示，读者在领取蛋糕时都非常开心，服务启动至今已经有超过2000名读者收获了这份幸运。

(4)为有装修房屋需求的群体提供的服务

目标群体分析：本地新建小区众多，有大量的动迁户，装修房屋、选择建材和家具是他们最为关注的问题，我们提供相关服务必定吸引他们的目光，争取更多新入住业主订报是扩大发行的有效途径。

装修行业专业性极强，我们提供两项服务帮助读者排忧解难。

①免费装修设计、免费保洁服务：装修是新房入住前业主的第一大任务，我们选择了本地几家信誉度较高的装修公司合作，为会员提供免费装修设计及咨询服务，为会员在装修问题上排忧解难、节省费用。

②室内甲醛及有害气体免费检测：我们用很少成本购入专业检测设备，为俱乐部会员免费提供专业室内甲醛及有害气体检测服务，使会员装修后放心住新房，这项服务与免费装修设计服务联动，大大提升了新入住业主订报的可能性。

(5)为企业订户提供的服务

目标群体分析：企业订户是发行量的巨大保证，企业高层最为关注内部团队建设和外部客户关系建设，我们有针对性的提供了一项免费服务。

免费体验真人CS团队拓展训练：真人CS团队拓展训练既有娱乐性，又能提升团队成员的默契度和亲密度。我们与专业运营商合作为企业订户提供本项服务，企业订户既可将本服务作为自身培训或福利提供给员工，还可邀请兄弟单位或客户单位共同参与增进双方友谊。

(6)为有车族读者提供的服务

目标群体分析：人们收入水平不断提高，有车一族群体不断壮大，他们的消费能力强，社会影响力大，是各大广告主投放广告的主要客户群体，但是他们与广播媒体的接触时间更长，对报纸的关注度逐渐减少。

爱车保养是有车族非常关心的问题，针对这一特点我们提供了三项服务。

①全年赠送汽车玻璃水及加注服务：启动之初由我们购入了10000瓶玻璃水，总投资1万元，之后按照本地的区域划分选择了7家汽车修理、美容商户作为结盟商户，为拥有报联卡的车主提供每月一次的免费汽车玻璃水加注服务，项目启动后这7家结盟商户获得了很大的客流及人气，为他们创造了可观的经济效益，不断有商户主动提出由他们来提供玻璃水，本项目现在已经不需要报社投入资金就可稳定运行，吸引了众多的有车一族加入订报读者行列。

②免费洗车服务：读者凭报联卡每月可享受一次免费洗车服务，起初与洗车行的谈判并不顺利，不过由于免费加注汽车玻璃水服务的持续火爆，使洗车行看到了与我们合作的盈利机会，因此最终合作成功。

③车辆轻微刮伤免费处理：读者车辆轻微刮伤可以凭报联卡免费喷漆处理，本服务是商户主动联系我们进行合作的，商家相信与我们合作能真正实现报社、读者、结盟商户的三方共赢。

(7)为爱美女性提供的服务

目标群体分析：时尚女性是消费的中坚力量，她们喜欢阅读时尚类杂志、消费指南类媒体和浏览美容养生网站，对时事新闻的关注度不是很高，党报媒体对她们吸引力很低，是报纸订户中的薄弱群体。

能够让自己更加美丽漂亮是爱美女性的最大需求，我们用下列服务来吸引她们订报。

①免费美容、免费身体护理和皮肤护理：我们与本地多家知名美容机构建立合作，为爱美女性提供没有欺骗性质的美容、美体免费体验活动，以报社的信誉度打消读者害怕上当受骗的戒备心理，使正规经营的美容机构能够展现出自身的服务品质。服务一经推出就获得了爱美女性的青睐，美容机构的预约电话天天被打爆，市面上那些欺骗性的免费美容体验活动也逐渐消声觅迹。本服务既实惠了读者，又有效打击了无良商家，实现了报纸服务读者和引导正规商业秩序的双重目的。

②免费专业化妆造型设计：本项服务是免费美容、美体服务设计理念的延伸，我们与本地知名的美发及摄影机构合作，为有相应需求的读者提供每月一次的免费服务，本服务使商家获得了良好的美誉度和口碑。

(8)为老年读者提供的服务

目标群体分析：老年读者是报纸的最大订户群体，他们的日常消费不多，大部分开销都用在个人健康保养上，比如求医问药、购买保健品，喜爱健身、棋牌、书画、参加健康讲座等活动。针对老年读者的特点，我们推出了两项服务。

①全年免费体检一次：我们与本地两家知名医疗机构合作，老年读者凭报联卡即可享受每年一次的免费体检。一般体检需要花费200元到500元，而订阅我们全年报纸才126元，单凭这项服务就吸引了大量的老年人或其儿女来订报。本服务需要一定的广告置换，并要防止出现无良医疗单位骗取老年人诊疗费。

②免费检测助听器：针对很多老年人需要佩戴助听器，但却不会保养的情况，我们与本地一家专业助听器验配中心合作，为老年读者提供免费测听、清洗、干燥调试各款助听器服务。

(9)为家庭主妇提供的服务

目标群体分析：家庭主妇一般都掌控着家里的财政大权，如何能够抓住她们的心让其为家庭订报是发行工作的重中之重，但是她们家务繁忙，又在电视上花费太多时间，对报纸的阅读时间日渐减少，单靠报纸内容已经很难吸引她们。

我们从帮助家庭主妇分担家务并丰富她们的业余生活出发，推出了3项服务。

①免费洗衣服务：设计理念是节省主妇干洗衣物的开支，合作干洗店为主妇每月免费清洗一件衬衫、T恤或单裤，本服务非常受主妇欢迎，使用频率非常高，但是本服务很难为合作干洗店盈利。

②免费学习服装裁剪：可以丰富主妇的业余生活。他们每月可到合作的服装裁剪培训学校学习制作一件衣服并亲手完成，既有趣又有成就感，本项服务使主妇们提高了动手能力又能陶冶情操，得到了较大好评。

③手袋免费以旧翻新：结盟商家为主妇的爱包提供免费以旧翻新、配饰配料创意改修服务，让主妇们的爱包重新焕发光彩，精打细算的主妇们非常喜爱这项贴心服务。

(10)为电脑初级用户提供的服务

目标群体分析：电脑的普及量越来越大，但很多人只是电脑的初级用户，只会简单的上网浏览网页、聊天、看电影、炒股票等应用，而当电脑受到病毒或木马的攻击瘫痪后，他们很难自己维修，因此我们用如下服务来吸引他们。

①全年免费维护电脑：电脑重装系统对很多人来说还是有难度的，所以合作商家为读者提供了全年免费维护电脑服务，读者遇到的软件问题或系统问题都可以免费获得解决，如果是硬件问题也能够享受优惠价格进行维修，电脑初级用户很喜爱这项服务。

②免费赠送宽带2个月时长：合作商家为读者提供装宽带赠时长服务，帮助读者节省上网费用。

(11)**为新新人类提供的服务**

目标群体分析：新新人类精力充沛，对新鲜事物充满兴趣，更为关注以网络为代表的虚拟世界中的自我，吃喝玩乐他们都喜欢，但是相对收入不高，他们中的订报人群很少，是我们读者中最为薄弱的一类人群。

电子游戏和网络游戏是他们的最爱，针对他们的爱好推出了两项免费服务。

①免费玩大型电玩：与本地的大型健康电玩机构建立合作，俱乐部会员可享受此机构提供的多种优惠服务，并且将举办电玩竞技大赛，吸引更多年轻人的目光，提升他们对报纸的关注度和好感度。本服务推出2周即有超过100名会员报名使用。

②免费玩网络棋牌游戏：以“斗地主”为代表的网络棋牌游戏一直火爆，我们与本地网络棋牌游戏运营商合作，俱乐部会员可免费享受其收费会员特权，本项服务不但吸引了很多年轻网民，还得到了很多中老年棋牌爱好者的喜爱，并提升了我们对网民的吸引力。

(12)**为婴幼儿提供的服务**

目标群体分析：现在的家庭都以孩子为生活中心，“孩奴”族在逐渐扩大，婴幼儿是家里最大的“宝”，家长为了孩子的成长不惜血本，如果我们提供针对婴幼儿的服务一定会得到家长的热烈欢迎，提升他们的订报热情，他们最关心如何让宝宝开心快乐、健康成长，所以我们提供如下服务吸引他们。

①免费借用儿童玩具：我们出资购买了大量的儿童玩具供家长免费借用，借用地点设在读者俱乐部会员活动中心，读者凭报联卡即可不限次数的免费借用，帮助年轻家长节省大量开销，服务推出后立即得到家长的热烈响应，每日借用玩具的家长超过了20人次。

②免费享受婴幼儿亲子课程：婴幼儿的亲子课程学习是一项不小的投资，我们与本地众多亲子培训机构建立合作，为订报家长提供免费体验课程服务，使家长能够到各家机构实地感受课程的不同，通过这项服务让读者选择到了最适合的培训机构。

(13)**为学龄儿童提供的服务**

目标群体分析：学龄儿童的父母一般都进入中年，为了不让孩子输在起跑线上，他们在支持孩子的学业上一直是不遗余力的，我们报纸上关于教育的内容非常受欢迎，如果提供帮助孩子学习成长的服务更能增加家长的订报热情。

我们推出了两项针对儿童教育的实体服务。

①免费培训英语：与本地知名英语培训机构合作，为学龄儿童推出了每月免费体验外教课，免费学习小学英语课程同步辅导课服务，大大节省父母在孩子英语学习上的投入，这项服务推出后，家长们都惊呼：“订报太值了！”。

②免费享受网络中小学课程培训：与知名网络教育机构合作，免费为中小学生提供网络名师辅导，领略教育界名师的风采和最新的学习方法，感受到网络教学的魅力。

免费服务是的非媒体服务平台最吸引读者的亮点，虽然服务品种众多，但是却没有花费我们太多费用(只有在文中写明的才有小额投入)，其中原因是项目设计理念符合三方共赢原则。如免费洗车项目，表面上看商家亏本了，其实客户在洗车时完全可能购买其他商品使商家盈利；再比如免费玩大型电玩或网络游戏项目，商家的主要赢利点是客户的不断消费而不是几十元的会员费，通过跟我们合作让他们增加了大量的客户，为他们创造了更多盈利机会；再比如免费享受教育的服务，教育是一个边际成本不断变小的行业，学员越多成本越小，因此为会员免费放送一些精品课程或让学员直接插班，并不会增加多少成本，而会员如果最终报班，盈利就变为可能。由此可见，看似不可能的免费合作，就在我们的非媒体服务平台诞生了，正确的理念，是创造奇迹的根本。

2.超值打折项目

在俱乐部会员卡升级为报联卡之前，本地也有自发性运营打折卡项目的组织或商家，还有外来的全国性运营的打折卡项目，但是这些项目都很难长期提供具有竞争力的打折服务，因为它们不具备报业的广告影响力和社会公信力，导致结盟商户的配合度极差，经常会出现欺骗消费者的行为。为了使我们的商家联盟真正具有竞争力，我们在结盟前期即对商户信誉度进行深入调查，符合结盟标准后与其签署正规结盟协议，如果其违背协议我们就动用媒体力量对进行威慑，而对服务好的商户我们会进行重点宣传，保证了结盟商家的配合力度，并且我们在提升结盟商户的品质和数量的同时，不断整合本地各种打折卡资源，最终形成了一个达到800结盟商户的超大型结盟商户资源，服务项目包括餐饮、娱乐、洗浴健身等等超过30个类别，涵盖了读者生活中衣食住行的各个层面。

报联卡如此丰富又超值的服务，为会员的生活创造了极大的便利和实惠，得到了读者的极大响应，现在日加入会员人数达到300人以上，活跃会员人数达到10万人。

图3《千山晚报》征订版面

五、发行数据分析

《千山晚报》2008年的日发行量平均值为12万份，2008年底由于报纸涨价，我们的发行目标设计的比较保守，为日发行量保持在12万份。2009年1季度发行量出现了较大下滑，日发行量为11万份，4月底报联卡项目启动，5月中旬发行量开始回升，2009年2季度日发行量达到了12万份，第3继续发行量继续上升，达到了日发行13万份，到10月初大征订启动，我们所有免费项目成型、打折结盟商户达到800家，发行量大幅提升。截止到2009年年底，日发行量达到15万份，新增订户3万户。

总体来看，报联项目使《千山晚报》在涨价的不利条件下，实现了发行量的逆势上行，促进发行的成果显著。

六、未来展望

通过报联卡项目的顺利实施，读者俱乐部圆满完成了协助发行的重任，接近一年的工作实践证明，报业集团完全可以通过整合内外部资源，为读者提供种类繁多的非媒体服务，促进发行、扩大读者群体，进而实现市场竞争力的提升。报联卡项目是我们搭建的一个能够实现三方共赢的成长性平台，它具有极好的复制性和盈利潜质，我们愿与全国各地的报业同仁共同分享我们的运营经验，更加希望能够得到大家的批评与指正，共同探讨报业发展新思路，为我国的报业产业化升级尽上一份微薄之力。□

※作者单位：鞍山报业集团

困境中涅槃“冬天”里还暖

——2009年中国报业广告经营综述

●李晨宇

要说中国报业的广告经营在2008年是先扬后抑的话，那么在2009年，中国报业的广告经营可谓是真正进入了冬天里的“寒冬”时节。这是与中国报业广告经营的大背景息息相关的，由于金融危机对实体经济的影响暂时还未完全消除，导致部分企业投放广告的积极性不高，又由于互联网等新媒体的进一步成长，其广告吸附能力也得到了较大程度的提升，加之本来就存在的广电媒体和杂志、户外等媒体对广告市场的争夺愈发激烈，中国报业的广告连同世界报业广告一起，共同迈进了漫长冬天里的“寒冬”。

在面对各种不利因素的同时，中国各大报业集团、各家中小型报社纷纷发力，积极展开广告营销与经营策划，想尽办法应对金融危机的冲击和新媒体的挑战，并借助国庆60周年、“五一”小长假、端午等传统节日、圣诞等西方节日的契机，抓住一切可能的机会寻求扭转颓势的途径。由于各大报业集团和各家报社的努力，终于让中国报业的广告经营在困境中涅槃，在“寒冬”里出现一丝还暖的迹象。

一、总体情况：从进入“寒冬”到逐渐还暖

中国报业广告继2005年遭遇“寒冬”之后，2009年再次进入“寒冬”，而其程度较之2005年则有过之而无不及。据中国政法大学传媒与文化产业研究中心的调查数据显示，2009年第一季度，中国报业广告经营额较2008年同期相比增幅为-11.51%，首次出现负增长；在之后的第二、三季度中，情况有所好转，但较2008年同期相比都呈现出明显的软弱无力，具体的数据分别为-6.20%和0.74%；而经历第四季度，随着金融危机影响的逐渐消退，2009年全年中国报业广告较2008年相比略有增长，但增幅仅为2.75%，是近年来中国报业广告经营情况最不理想的一年。(参见图1)

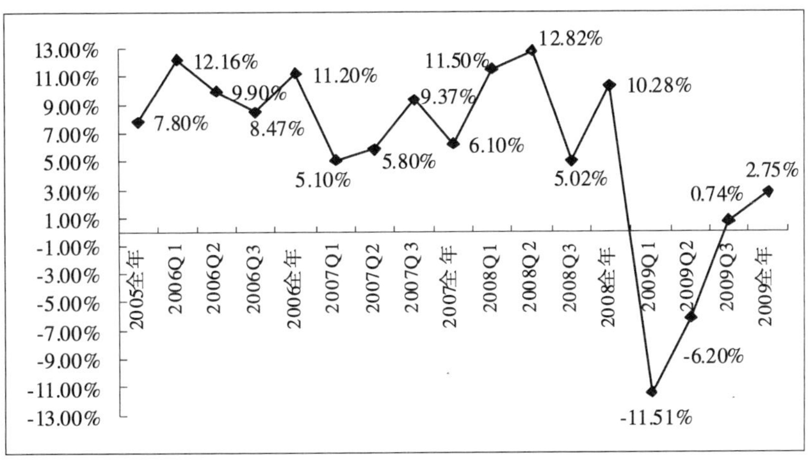

图1 2005-2009年中国报业广告经营额增幅变化趋势

1.按地区进行划分

按照地区进行划分，2009

年度中国报业广告的经营情况是：东部地区的经营情况最不理想，第一季度，广告经营额较2008年同期就出现显著的负增长，增幅为-13.01%，在随后的第二、三季度，负增长幅度有所减弱，全年增幅仅为1.39%，这是与东部地区受到金融危机冲击较大紧密相关的；中部地区全年报业广告经营情况最为理想，经营情况最不理想的第一季度，其广告经营额增幅虽然为负，但仅为-4.23%，而其在第三季度创下了高达19.66%的增幅，可谓是2009年报业广告经营中的一个闪光点，最终全年广告经营额增幅也最为理想，增幅为6.89%；西部地区同中部地区类似，受金融危机冲击相对较小，全年广告经营增幅为6.35%。(参见图2)

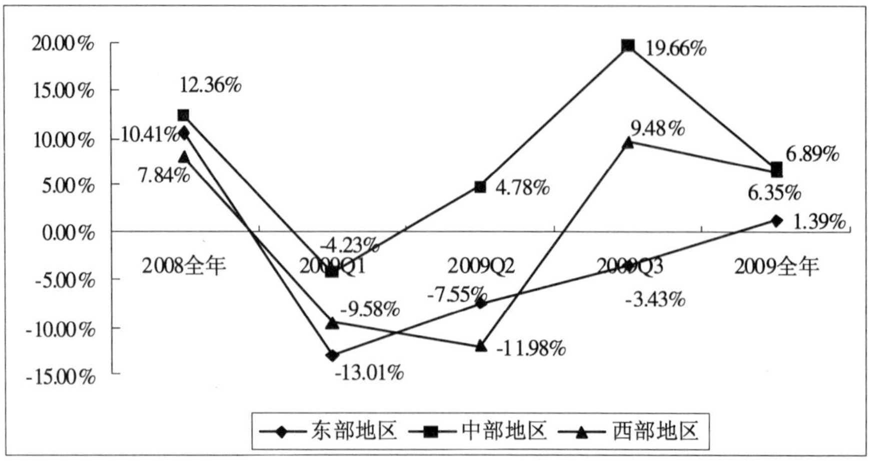

图2 按地区划分2009年度中国报业广告经营情况变化趋势

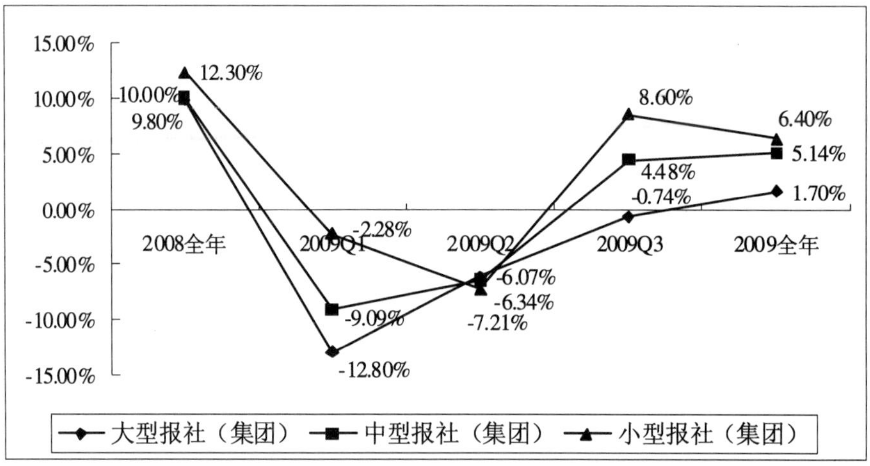

图3 按经营规模划分2009年度中国报业广告经营情况变化趋势

2. 按经营规模进行划分

按照经营规模进行划分，2009年度中国报业广告经营情况为：大型报社(集团)的经营情况最不理想，第一季度广告经营额出现了高达-12.80%的负增幅，随后在第二、三季度有所回升，但仍保持负增幅，直到全年末才实现正增长，增幅仅为1.70%，这是因为大型报社(集团)先前的广告经营规模较大、经营基数较高，而金融危机又来势凶猛，这对大型报社(集团)的冲击十分显著；中型报社(集团)的情况和小型报社(集团)的情况较为相似，均略好于大型报社(集团)，其中，小型报社(集团)的经营情况最为理想，全年广告经营增幅达6.40%，中型报社(集团)为5.14%，这一方面与其积极应对金融危机而采取的措施有关，另一方面也与其经营基数相对较低、受金融危机冲击相对较小有关。(参见图3)

3.按城市类型进行划分

按照城市类型进行划分，2009年度中国报业广告经营情况表现为：一线城市的报业广告经营情况最不理想，全年广告经营额均呈现出负增幅，其中第一季度到第三季度的增幅分别为-17.19%、-9.52%和-7.48%，全年的增幅也为负值，是-1.95%；二、三线城市的广告经营情况则比较相似，其广告经营额均在第三季度实现正增幅，全年增幅也均为正，唯一不同的是，三线城市的广告经营额增幅最低值出现在第二季度，为-8.49%，而二线城市则与一线城市类似，广告经营额增幅最低值出现在第一季度，为-8.00%。究其原因，主要是三线城市的广告经营情况不够稳定，而一、二线城市的广告经营情况则相对较为稳健、成熟；另外，一线城市因其经济的外向型特征决定其受金融危机冲击较大，二、三线城市(特别是三线城市的内向型经济特征较为明显)因其自身特征受到金融危机的冲击相对较小，加之紧急采取应对措施，广告

CHINA NEWSPAPER INDUSTRY YEARBOOK

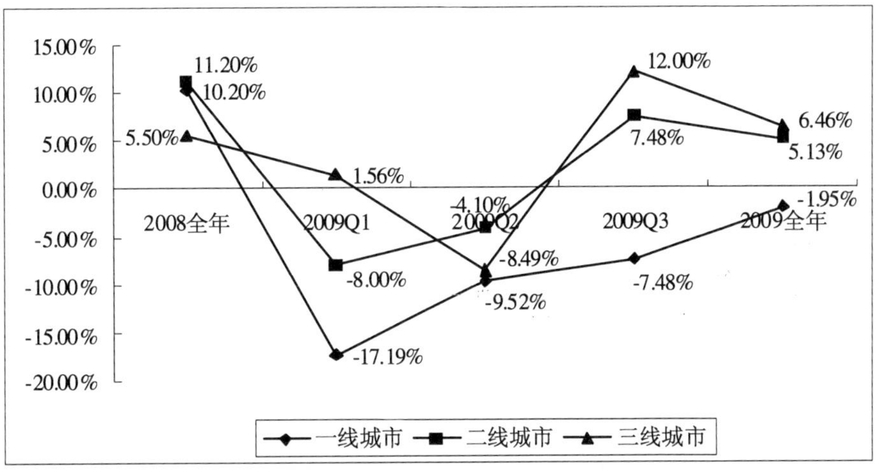

图 4 按城市类型划分 2009 年中国报业广告经营情况变化趋势

经营情况在年末已出现明显好转。(参见图 4)

4.第一季度报业广告经营情况

2009 年第一季度的报业广告经营状况落入历史低谷,是所有规模、城市类型的报业单位增幅均出现大幅度下降导致的。而且,应该看到的是,这次广告经营额的大幅度下跌是此前没有出现过的,出现了明显的负增长,使得本季度广告经营额下跌幅度超过 10%,为-11.51%。虽然整体广告经营情况不佳,但是仍有个别报社(集团)出现广告经营额的增长,如《每日新报》、长江日报报业集团、绍兴日报社、青岛日报报业集团、宁波日报报业集团、《燕赵都市报》等,其共同的特点是,大都分布在二线城市,但其平均增幅也仅仅只有 3.31%,且没有一家的增幅超过 5%。

5.第二季度报业广告经营情况

2009 年第二季度的报业广告经营状况较 2008 年同期相比,下跌趋势明显;但同第一季度的情况相比,报业单位的广告经营额下跌情况有所好转,这是和国家出台的一系列刺激消费、刺激经济复苏的做法分不开的。但是,我们需要看到的是,虽然同第一季度-11.51%的下跌幅度相比,第二季度情况有所好转,但同 2008 年同期 12.82%的增幅相比,则相差甚远。因此,-6.20%的下跌值仍然值得报界警示。报业广告经营情况的整体不佳并没有影响到部分报社(集团)经营的强势反弹,如鞍山日报报业集团、辽宁日报报业集团、绍兴日报社、《潇湘晨报》、《齐鲁晚报》、《精品购物指南》、《燕赵都市报》等,其共同的特点是,大多数分布在二、三线城市,大多数位于东部地区,其中,增幅最大的报社(集团)增幅高达 27%,而增幅最小的仅为 1.48%。

6.第三季度报业广告经营情况

2009 年第三季度的报业广告经营增幅较 2008 年同期相比略有下滑,但较 2009 年前两季度相比,则首次出现了广告经营额的正增长。2008 年第三季度的广告经营情况,是 2008 年四个季度中最不理想的,而 2009 年的情况,则是从第一季度的-11.51%上升到第二季度的-6.20%,一直到第三季度的正增长,为 0.74%,这意味着中国报业广告经营情况在第三季度已经出现复苏迹象,更表明国家的宏观经济政策和各报业单位积极应对危机的实际行动已经获得初步效果。由于第三季度的广告经营情况较前两季度出现明显好转,一些报社(集团)的广告经营额增幅已经超过 10%,例如:绍兴日报社、《潇湘晨报》、《齐鲁晚报》、《精品购物指南》、《华商报》、《半岛都市报》、长江日报报业集团、《燕赵都市报》、南京日报报业集团和《春城晚报》等,其共同特点是,大多位于二线城市,并多数位于东部和中部地区。

7.全年报业广告经营情况

2009 年全年中国报业广告经营额较 2008 年相比有小幅增长,但增幅仅为 2.75%,远不及 2009 年 GDP 增幅的 8.7%,这也显示出中国报业广告经营受到宏观经济的影响较大,同时,也面临着来自于新媒体、广电、户外等其他类别媒体对广告市场的分食,最终使得中国报业广告在整个 2009 年度显现出弱者姿态。但由于报社(集团)积极展开报业广告营销,寻求多种手段促进广告经营增长,部分报业单位全年广告经营增幅超过 10%,这些报业单位主要有:《精品购物指南》、绍兴日报社、《华商报》《潇湘晨报》《燕赵都市报》、青岛日报报业集团等。

8.金融危机对报业广告经营的影响逐渐减弱

金融危机作为 2009 年度中国报业广告经营状况不佳的重要原因,报业广告经营者对金融危机对其单位的广告经营情况产生的影响的认定情况呈现出较为明显的变化趋势(参见图 5)。报业广告经营者认为,金融危机对报业广告经营情况的

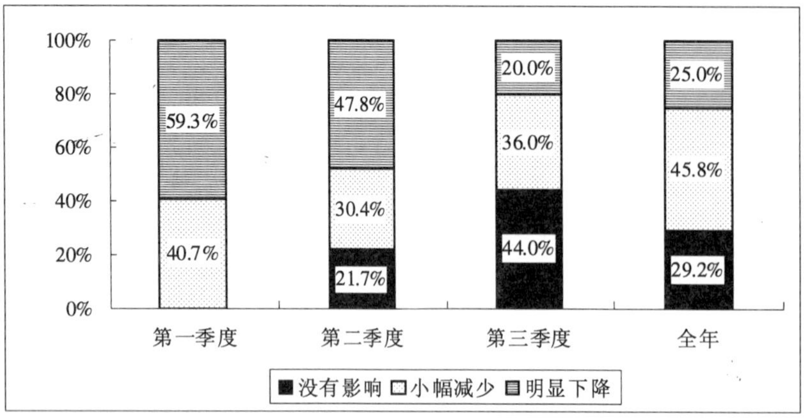

图5 2009年度广告经营者认定金融危机对广告经营影响情况

影响逐渐减弱。根据中国政法大学传媒与文化产业研究中心的调查数据,第一季度中,100%的报业单位认为金融危机对广告经营产生了影响,而第二季度这个比例则下降为78.2%,第三季度进一步下降为56.0%,同时,认为有显著影响的比重从第一季度的59.3%下降到第二季度的47.8%,第三季度则仅为五分之一;相反,认为没有影响的报业单位从第一季度的没有,上升到第二季度的21.7%,第三季度更是向半数逼近。这充分显示出,金融危机对报业广告经营的影响正逐渐减弱,广告经营者的信心也更加坚定。这是同2009年中国报业广告的经营情况相吻合的。

二、各行业广告情况:热门更迭 面临调整

从2009年各行业广告的经营情况来看,与2007、2008两年相比,有很大不同。曾经因增幅较高而热门的金融保险、房地产、机动车、商业零售等行业广告在2009年表现均十分低迷,不论是前三季度还是全年都未进入增幅前5名的行业广告之列,不仅如此,上述曾经热门的行业广告还经常出现在增幅后5名的广告行业之列,而又由于其在报纸广告中所占投放比重相对较大,导致2009年的中国报业广告市场不够理想;值得我们关注的是,药品保健品、食品饮料、家电、家居家装等行业广告则占据了2009年前三季度和全年行业广告前5名的大部分位置。(参见表1、表2)这显现出,曾经的广告增速较高的热门广告行业在2009年经营不够理想、面临着调整的同时,新的报业热门广告行业正在悄然形成。

表1 2009年前三季度增幅前5名的行业广告

排序	第一季度		第二季度		第三季度		全年	
	行业名称	增幅	行业名称	增幅	行业名称	增幅	行业名称	增幅
1	食品饮料	47.10%	邮电通讯	43.00%	家电	42.78%	药品保健品	47.62%
2	药品保健品	41.88%	食品饮料	37.06%	旅游休闲餐饮	39.61%	家电	40.03%
3	公告	41.24%	公告	35.43%	家居家装	37.71%	化妆及卫生用品	38.20%
4	奢侈品	29.20%	化妆及卫生用品	31.00%	医疗服务机构	30.23%	家居家装	26.24%
5	旅游休闲餐饮	17.38%	家居家装	30.16%	公告	29.71%	食品饮料	19.02%

表2 2009年前三季度增幅后5名的行业广告

排序	第一季度		第二季度		第三季度		全年	
	行业名称	增幅	行业名称	增幅	行业名称	增幅	行业名称	增幅
1	机动车	-28.88%	招生招聘	-15.94%	邮电通讯	-8.86%	招生招聘	-9.66%
2	IT	-28.16%	房地产	-8.47%	企业综合	-5.60%	IT	-7.94%
3	招生招聘	-27.48%	奢侈品	-6.92%	IT	-4.26%	企业综合	-7.09%
4	房地产	-15.04%	IT	-6.07%	金融保险	-2.12%	分类	-4.61%
5	企业综合	-9.40%	机动车	-5.72%	食品饮料	-1.39%	教育	-3.28%

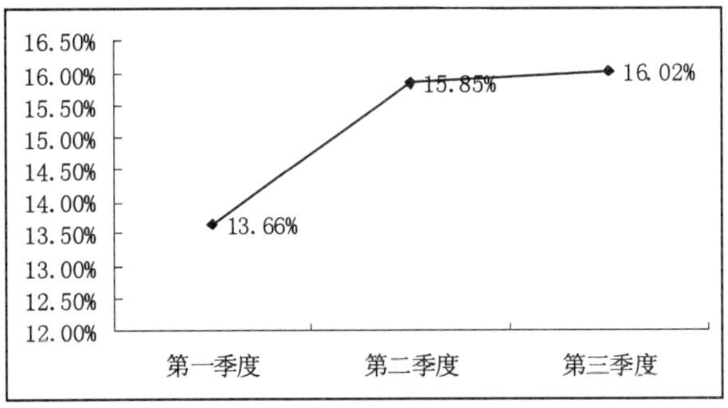

图 6 2009 年前三季度活动营销占广告经营比重变化趋势

1.重点广告行业经营情况

从各行业广告增长来看，各细分市场广告增长呈现出与消费热点之间的相关性。2009 年房地产市场出现反弹，房屋销售面积增长迅速，使得房地产商在广告投放上有所减少。房地产作为历来报纸广告中投放占比最高的行业之一，2009 年前两个季度均呈现负增长，在第三季度开始增长率达到 0.8%，房地产行业广告降幅变窄促使整体广告市场增长速度的上升。这也再次印证房地产市场的热销抑制了房地产广告投放。如果房产销售情况良好，则广告主投放广告的积极性就会下降，而当房地产滞销时，广告费用就会大增。

房屋成交量的大幅度上升，带动了家居家装和家电市场的繁荣。家居家装行业的报纸广告增长速度在第二、三季度均位居前 5 名行列；家电行业增长更为迅速，第一季度增幅为-1.17%，第二季度增幅达到 23.32%，第三季度增幅成为 20 个行业之首。

机动车购置减免税的政策带动了全年的车市的火热，该行业广告也随之水涨船高。机动车行业在上半年中一直处于增幅后 5 名，第一季度降幅达到 28.88%，而在第三季度则是以 22.18%的增幅排名第 7 名，展现出强势复苏劲头。

旅游休闲餐饮具有较强的季节性，受到春节、国庆等各大节假日的影响，第一季度和第三季度的增幅均列增长前五名，在第三季度更是达到了近 40%，这在很大程度上带动整个广告经营收入的上升。

由于电信业的合并与重组，以及 3G 产品和产业链尚未成熟，使得邮电通讯行业广告在今年出现先升后降。邮电通讯行业在第二季度的增幅还排名第一，在第三季度急转直下，成为降幅最高行业。

金融保险行业也因金融危机的影响，连续三个季度呈现负增幅，并在第三季度进入增幅后 5 名。由于读者年龄和消费习惯，IT 广告商将广告投入到效果更为显著的网络媒体，因此报纸 IT 广告持续低迷，前三季度均在跌幅的前五名。

2.活动营销促进报业广告增长

活动营销作为广告经营的重要手段，近年来对报业广告经营收入有较大拉动作用。特别是在金融危机对报业广告经营影响巨大的 2009 年，活动营销成为拉动广告经营的重要手段。2009 年前三季度，各报业单位活动营销占广告经营的总收入比重持续上升，从第一季度的 13.66%上升到第三季度的 16.02%。（参见图 6）尤其是在北京、上海、广州等一线城市，第三季度活动营销收入占广告收入达 22.5%。从不同行业来看，报业单位在房地产、机动车、家居家装、商业等行业的营销活动开展踊跃，而在药品保健品、企业综合、公告、化妆及卫生用品等行业展开的活动营销较少。与去年同期相比，2009 年第三季度报业单位在重点行业的营销活动收入较 2008 年同期增大，而在非重点行业的收入则相应降低，报业单位的活动营销更具针对性，这既是报业单位应对危机的重要手段，也是活动营销能力增强的体现。此外，随着金融危机对报业广告经营影响的逐步减小，各报业单位的活动营销也有所减少，从 2009 年全年的情况来看，活动营销所占比重为 12.72%，不及前三个季度的情况。但不可否认的是，活动营销在广告经营中的重要地位，已经得到各报业单位的普遍认同。

三、广告经营管理创新

由于受到金融危机的影响和新媒体的冲击，2009 年中国报业广告的经营经受了严峻的挑战，并在整个上半年呈现出负增长态势，各报业单位积极应对危机，调整广告经营策略，不断对广告经营方式进行创新，使得中国报业广告在下半年整体有所好转。

1.理念创新

中国报业广告的发展正面临着一个瓶颈期，特别是一些大中城市的报纸，广告经营额已处于较高水平，如何进一步提升广告经营效益，成为一个重要课题。而经营理念的创新，或许会给中国报业广告经营开辟新的发展方向。

广州日报报业集团董事长、广州日报社社长戴玉庆认为，从 2009 年开始，中国报业已经完成了增长期，进入平缓发展阶段。报业必须进入精细化管理阶段，扬弃报业创业阶段粗放式的经营方法。2009年，广州报业市场蛋糕缩小，但《广州日报》广告份额逆势增长3%，发行份额增长1%。在广告经营方面，更要从兜售版面发展到向客户提供完整的产品和品牌策划方案，让高端品牌客户参与到大型采访活动中来。

青岛日报报业集团品牌推广中心副主任楼鹏表示，报业市场的供求关系由过去的“卖方市场”转为“买方市场”，这对广告经营产生了强烈的冲击。过去是等着客户上门排队登广告，如今，报纸和其广告代理公司必须主动出击，不仅要对市场非常熟悉，而且要对客户相当了解，要有能力为客户提供超值专业服务，并使客户最大限度的得到市场的回报，以实现共赢。报业单位要树立以客户为中心的服务理念，从客户的需求出发，尽最大努力满足客户，提高广告服务层次与专业化水平；同时，新的竞争形势要求各报纸及其广告代理公司纷纷从原来的坐商，变成每年都要在全国重点地区召开众多大型推介会的行商，主动走出去，与读者和广告客户进行面对面地交流。

南方报业传媒集团战略运营部副主任郭全中认为，以前的广告多依靠硬广告的方式，而随着读者要求的越来越苛刻，广告主的要求也越来越高，在这种情况下，传媒企业就必须创新广告经营方式，从异形等广告形式的创新，到软广告的创新，再到以创新活动、创新策划等方式来带动广告，广告业必须完成从“硬广告等固定模式”到“创新带动”的转变。另外，随着地市级市场的崛起，中国报业广告一方面必须改变固定于中心城市的做法，积极进入新兴的地市级市场，另一方面必须采取切实可行的措施大力拓展地市级广告市场，具体包括以下几个方面：一是以读者为导向，以市场为导向；二是以广告经营为中心，形成采编、经营和管理良性互动的格局；三是以策划为中心；四是以重点新兴行业和重点镇区为抓手；五是不断创新，善用独门武器。

2.管理创新

由于中国报业广告市场有限，特别是一些大中型城市的报业广告市场已趋于饱和，各报业单位的营销措施不得不推陈出新，而向管理过程要效益，通过调整报业广告经营内部结构而提升广告经营收益。中国报业广告的管理创新，在2009年集中表现在成立、划归新部门以调整广告营销方式，以及对管理制度进行创新以提高工作效率上。

一向以集团统一经营为主要特征且闻名业内的湖北日报传媒集团对其广告经营体制做出大幅调整。原实行行业事业部体制的湖北日报传媒集团广告中心，改组为以集团4家主要媒体广告部为主体的结构，4个广告部分别承担4个媒体的广告经营任务。据消息人士称，这一结构还将进一步调整，目标是建立各媒体各自独立经营的体制。

泉州晚报社则成立了策划经营委员会。此举是报社为了应对市场竞争，贯彻落实“以品牌经营为第一经营”理念而组成的一个机构，目的是实现以轻资产撬动重资产，达到资源的再整合再配置，获取最大化效益。其主要工作职责为：下情上达，提供参谋，撰写调研文章，执行特别任务等。报社社长杨国昕还提出了三点要求：一是要注重个体，强调个性，敢于挑战传统，敢于立言；二是要依靠集体，形成集束效应，善于运用集体智慧；三是要虚功实做，化虚为实，点子只有转化成金子才有价值，思维的价值要通过最终的执行来实现。

温州报业发行广告有限公司实施了一套新的员工日常管理考评办法，为公司推进规范化管理、加强员工工作纪律、发扬员工求真务实的工作作风起到很好的督促作用，为员工的年度考核提供全面客观、真实有效的依据。该考评办法的制定，是基于员工年度考核如何更加客观、准确的基础上，结合公司规章制度，从员工的考勤纪律、工作效能、安全卫生、个人行为、创新奉献等方面进行全面、系统、客观、公正的评定，并且由各部室（站）负责人根据下属员工的日常工作表现情况，按照具体考评标准进行考评记分，以督促加强工作纪律和日常管理，有效提高工作效率。

长江日报报业集团党委根据武汉报业市场竞争特点，确定主要媒体战略，优化媒体布局，创新广告经营管理体制机制，激发集团发展活力。该集团三张报纸的广告，依托媒体特色，细分市场，创造需求，效果显著。《长江日报》按照“紧盯热点，巧抓节气，创新营销”的经营思路，有效拉动广告销售，创造性整合报纸、网络、户外等多种媒体，直接切入广告销售终端，提高广告营销的灵活性；《武汉晚报》优化管理、精耕细作、主动出击，在广告经营上试行责任到部管理模式，实行扁平化管理的广告营销架构，细分商业行业领域，积极应对房地产市场变化，加强节庆活动策划，为客户搭建平台，房地产、商业广告分别实现50%和40%的增长；《武汉晨报》实施“异峰突起”的广告营销策略，在房地产、商业、汽车等重点行业的局部领域占据可观份额，稳定“大盘”，在新兴行业逐个突破，尤其是金融行业经过一段时间培育，从原来的小行业成长为晨报广告总盘子的五强之列。

3.营销创新

纵观整个 2009 年，各大报业集团和各家报社均在创新营销方式上煞费苦心，通过切切实实的努力以在报业广告不为众人看好的大环境下分得属于自己的一杯羹。

由上海文广新闻传媒集团与北京青年报社、广州日报报业集团联合主办的《第一财经日报》，坚持整合资源、做强品牌，依托品牌价值促进经营。该报的广告经营已经形成了鲜明的特色：一是坚持“直客和渠道同时跟进”的自营模式；二是坚持“大客户战略”和“份额优先策略”；三是通过市场活动树立品牌影响力并增加话语权，如举办“第一财经·中国企业社会责任榜”和“第一财经·中国金融价值榜”等活动；四是创新增值服务模式。

《北京青年报》汽车互动平台从 2009 年开始开展各种与读者互动的新尝试，包括活动、服务、车型评价以及和读者及编辑之间的互动活动，这些新互动形式的开展，将极大地丰富“汽车时代”互动活动内容。该报将逐步把看车团活动升级为训练营活动，通过和经销商的合作，为读者提供开车、养车和汽车服务等多项专场活动平台，让读者通过活动能真正受益，实现买车用车一条龙服务，这也将促使汽车经销商与报社保持长期而稳定的合作关系。

《新文化报》推出了“牡丹新文化报联名信用卡”，持卡用户可在该报的客户商家处享受优惠，办卡者数量增多，则增加广告对商家投放的吸引力。以报社的名义推出联名信用卡，在吉林省乃至全国尚属首见，在提升经济效益的同时，更对该报的品牌形象有较强推动作用，是品牌建设的一项成功实践，更是吸引广告商的有效途径。

《长江日报》2 月 18 日同时在七个版面刊登广告：长江日报社将与商家联手，对购房群体定向派送总额达 1200 万元的购房费券，以刺激武汉的购房消费，这在全国尚属首次。长江日报社定向派发的购房消费券，计划每日发放 150 张，共计 2400 张，每券面值 5230 元，派发总额为 1200 余万元。购房消费券资金来源于长江日报房地产广告版面的让利。凡订阅了 2009 年长江日报报业集团旗下的《长江日报》《武汉晚报》《武汉晨报》的读者，均可凭订报发票免费在指定地点领取购房消费券。持有购房消费券的购房者，在长江日报指定楼盘购房时，享受完开发商的全部优惠后，可以直接扣抵总房款。而开发商则凭收回的购房消费券，冲抵在《长江日报》刊发广告的相应费用。

《精品购物指南》积极探索整合营销策略，并将其作为该报的重要经营举措。经过近几年的尝试，该报也形成了一系列整合营销的经验：在编辑策划方面，要真正了解读者消费需求的变化规律，准确把握读者消费需求的“阶段性重点”，并通过选题策划全面提升资讯到达率；在广告营销方面，要为广告客户量身定做广告发布方案，将选题报道与广告发布完美结合，并尽可能创造广告效果的不可替代性；在活动组织方面，要影响有影响力的行业，影响有影响力的人；在网络利用方面，议题的设置与引导要有力度，同时要尊重网络传播互动性、草根性的特色；在数据库建设方面，数据库的汇总和维护要更加科学化、规范化，要注重对数据库的分析、价值挖掘和营销。值得一提的是，该报于 9 月 24 日推出 60 周年盛典专刊，该期报纸总版数达 488 版，由 6 册组成，总重量达 1.6 公斤。《精品》60 周年专刊策划运作历时大半年，单期广告实收额达 1466 万，创精品单期收入历史新高，也刷新了中国报业史上新的纪录，与同一周内出刊的《精品购物指南》十一专刊累计广告实收额超过 2000 万。

《三峡商报》以策划为核心，尝试广告营销新模式。该报通过活动策划确定活动方案，依托专刊新闻策划推动活动的进展和广告开发，再通过品牌推广策划强化活动的影响力，有利于下次活动策划的展开。从具体操作来看，《三峡商报》执行的模式是：提出某一行业或某一客户的活动策划方案；确定可以实施的策划活动；确定该活动在每期相应专刊上的表现形式、新闻内容；实施该活动的品牌推广计划，提高活动影响力，促进活动的广告招商；推出活动的主题专刊或特刊。可以看出，广告经营的全过程均以策划为核心，所有策划均以活动为中心，所有活动成果均以专刊体现，而所有专刊最终实现品牌化。

由《广州日报》、《成都商报》、《华商报》等 19 家区域主流平面媒体，以及新浪网和《自驾游》杂志等共 21 家媒体单位共同发起的中国自驾游主流媒体联盟正式成立。该联盟旨在通过跨区域、跨媒介的全国联动，不断推出品牌推广活动，打造联盟品牌的公信力，推动中国自驾游产业发展。联盟每年将评选并表彰优秀品牌和企业，更好地促进全国城市主流强势媒体与全国自驾游产业的相关企事业单位(如汽车服务、户外用品、旅游景区等)的沟通、交流与合作,这在很大程度上吸引了自驾游相关广告在媒体联盟各媒体的投放。

此外,也有学者表示,报纸广告创新主要体现在从单一经营转向多元经营,积极拓展不同类型的广告,改变目前过度依赖大企业、医疗保健、汽车、房地产等工商广告的现象,把培育和壮大分类广告、社区资讯广告等新兴广告类型作为报纸广告创新的方向。随着我国城市社区建设的快速推进,分类广告将拥有越来越广阔的市场空间,发展前景是巨大的。我国报纸广告创新除了寻求多元化经营之外,还应主动与新兴媒体进行嫁接,寻找广告市场的平衡点,做到两类媒体的双赢。

4.常规手段创新

在报业广告经营过程中,很多常规手段的创新应用,或者常规手段之间的不同组合,也为报业媒体广告的经营提供着进一步发展的可能。

半岛都市报社总经理支英珉认为,报业广告必须在认真分析形势的基础上,结合自身的实际情况锐意创新,保证报业广告持续增长。这主要表现为七个方面:一是强化逆向思维,寻找潜藏在各行业领域里的"商机",积极创新丰富广告运营模式;二是加强与重点行业、重点客户的"品牌战略合作",从"单一的广告版面销售商"转换为"复合型的传媒资源整合商";三是细分读者需求,通过市场手段整合需求,挖掘报业广告的"新量"和"增量";四是适应多媒体时代传播渠道多元化的趋势,推出多媒体广告的制作、发布、代理;五是提高报业广告的资源整合力,使其成为行业和客户拓展市场不可缺少的链条和平台;六是强化报业广告与新闻、发行的互动整合,寻找新闻背后的商机或运用新闻化的思维运作广告,使其内容、形式发生根本变化;七是打造一支现代的复合型、专业型报业广告经营团队。

绍兴日报社2009年的广告经营以"优势互补,整合提升,集约经营,加快发展"为目标,重点落实、提升以下六个环节:一是提升经营层次,注重成本控制、层次管理、梯次开发,逐步形成多元化、梯度型的产品结构;二是加大监督力度,加强经管办人员力量,强化监管、协调、组织和服务职能,并建议设立"广告发行监督委员会";三是实行绩效考核,从事广告经营的各层面负责人实行风险抵押金制度,同时加大考核激励力度,实行绩效评价,全员奖惩;四是推行行业代理,外地广告、晚报和商报的分类广告等可委托专业广告公司代理;五是改进管理环节,成立专业大客户部,对电信、商场卖场等行业实行"专注服务",实行业务折扣系数法,按照业务员洽谈广告折扣的高低不同,计算不同的考核奖励点数;六是调整晚报出报时间,适当提高商报广告刊例价。

长江日报报业集团各报积极响应国家拉动内需的政策,在多个重点行业策划兼具经济效益和社会效益的活动。如《长江日报》策划推出"楼市新干线",定向发放上千万元购房优惠券,遏制了房地产广告业绩下滑的趋势;《武汉晚报》将市内各大商场与旅行社、景区结合,开展多种形式的大型旅游节活动,并通过在住宅小区捆绑销售家用电器,保持了家电产业在该报的广告投放份额;《武汉晨报》实行"平价+智慧+服务"的策略,紧抓大行业、大客户、大事件、大活动。

《广州日报》意识到党报广告在一定的市场范围内,与其他媒体站在同一起点上,这就需要从业者充分发挥其优势和主观能动性,即刻观察市场动向,及时抓住客户。2009年5月,《广州日报》根据家电下乡系列政策的陆续出台,策划了首届家电节等系列公益活动,活动不但拉动了5月淡季的销售,还拉动了一批著名家电产业的广告投放。

2009年7月,深圳报业集团四报组合构建理想广告媒体的模式得到肯定。深圳报业集团旗下的《深圳特区报》、《深圳商报》、《晶报》、《深圳晚报》四大强势报纸均有不同的定位和特色,各具独特广告价值。其中,《深圳特区报》权威且覆盖广泛,其强大的受众力,是企业主及广告公司投放的最佳平台;在商务人士中的平均每期阅读率及深圳居民总体中的平均每期阅读率两项指标上,深圳特区报在深圳报业市场均高居榜首;《深圳商报》的读者则是高素质人群,深圳市商务人士中,深圳商报拥有的高学历读者比例高达98%;《深圳晚报》深受决策力人群的喜爱,读者是一群在企业决策中颇具影响力的人群;《晶报》为青年才俊、时尚人群所追捧,晶报35岁以下读者比例为55%,是一个阳光充满活力的消费群体。四报互补、强强组合,覆盖到近七成深圳市商务人士,成为广告投放的理想媒体组合。

《天津日报》在转变广告增长方式上进行了新尝试。报社在广告代理制的基础上,通过自营拓展品牌,引入了"以新闻带广告"的模式,将特刊推向市场,搭建商家与读者的信息通道,创办了消费、汽车、IT、金融、房产、家居、通讯等版面,每个版面都已拥有稳定的读者和客户群。上半年,《天津日报》的自营广告占总广告量的20%，报社广告逆市上扬，增速达14%。

深圳报业集团采取“有统有分，统分结合”的形式。报业集团设立广告中心统管旗下报刊的广告，政策由报业集团广告中心统一制定和协调，但是在具体业务上，报业集团广告中心统筹新兴行业、重点行业（如汽车、通讯等）及外埠品牌广告，而对于地产、医疗等下降行业或其他份额较小的行业，则交各报广告部自主经 营，以发挥各报经营人员的主动性，增强各报经营上的竞争力。

温州发达的民营经济为《温州都市报》的分类广告发展提供了很好的基础，招聘信息和房产信息成为主要内容。该报每日分类信息超过10个版面，形成信息集群，并采用纯文字方式，简明、便于检索。在信息采集和受理方面，渠道便捷、服务网点多，并运用门市、传真、网络等渠道保证效率和可信度。同时，在信息推广、定价、接稿模式上不断创新，以适应市场需求的变化。

专业报纸《东方航空报》在经营方面主要采取以下措施：一是根据内容确定广告客户定位，由于内容的变化，该报在广告方向上做出整体调整，根据东航乘客的生活方式去寻找适合的生活化的产品做广告营销，明确报纸的广告定位；二是抓住自身特有的机会，进行差异化销售，《东方航空》杂志与《东方航空报》同在东航的航班上发行，前者因月刊的特性而适合为客户做品牌形象广告，后者以其周刊的特性可为客户提供必要的促销广告的宣传；三是明确价格体系，针对报纸的内容制定广告价格，使用明折明扣的方法，使客户在选择产品时做到心中有数。

此外，《北京青年报》改变坐等广告商经营的方式，主动为客户提供更好的服务，帮助客户达到最好的传播效果。天津日报报业集团旗下《每日新报》推出为大学生免费刊登求职广告的活动，以探索国内分类广告的市场发展前景。《羊城晚报》一直强调家庭报纸的定位，在房地产广告上很有起色，其品牌优势、稳定的阅读人群和广泛的覆盖率使其拥有了一批稳定的广告客户。□

※作者单位：中国政法大学传媒与文化产业研究中心

我国报业广告经营的现实问题与思路调整

● 张春林

由于受全球性金融危机的影响，以及其他媒体对广告市场的挤压，报业广告收入呈现整体下滑趋势。与欧美发达国家成熟的传媒市场相比，我国传媒发展还很不充分，在国外报业普遍不景气的情况下，我国报业受金融危机影响虽然不及欧美，但在2009年受到的冲击依然令人刻骨铭心。与其按部就班过安稳日子，还不如居安思危，正视报业广告经营的现实问题，积极进行思路调整，深度挖掘市场空间。

一、报业广告受环境因素影响大

1.政策环境

房地产广告、药品广告、食品广告、医疗广告等是报业广告的利润大户，近年来，受政策因素的影响逐渐凸现，其中既有国家广告管理政策的影响，也有国家宏观经济政策的影响。就国家广告管理政策而言，随着有关部门对广告管理力度的加大，一些刊登非法广告的报社受到查处，自然也就影响了这些报纸的广告收入。据国家食品药品监督管理局广告审查监督管理办公室消息透露，2004年1-9月对全国部分药品电视广告监测检查中，违法率高达62%；而同一时期药品报纸广告的违法率更是高达95%。[1]

国家工商行政管理总局广告监管部门数据表明，2004年全年该局共查处违法广告案件6.18万件，罚没款1.7亿元。在违法广告类别中，药品、医疗服务、保健食品广告的违法率居前三位，分别占总数的14.46%、10.32%、6.02%。另外，食品、服务业、房地产广告的违法率也较高，分别占总数的4.51%、4.25%、3.50%；在违法媒介中，户外媒体、印刷品媒体、报纸、电视广告的违法率仍较高，分别占总数的38.32%、20%、12.05%、7.16%。其中，报纸与电视的违法率增幅明显。[2]这些数据说明，违法违规已成为报业广告经营中不可回避的事实。

2005年前，报业广告收入一直处于高增长态势，这种高增长背后的违法违规水分是不容置疑的。而2005年以来报业广告收入增速放缓，个别年份甚至出现负增长现象，除了宏观经济政策调整和媒介竞争格局变化等因素外，国家加大广告经营的监管力度也是不可忽视的因素。2009年3月14日，国家工商总局公布的统计报告表明，经过几年来的专项整治，全国工商机关查处的广告违法案件数量自2006年以来连续三年下降，2008年全国工商机关共查处广告违法案件51599件，比2007年同期减少5028件，下降8.88%。2007年查处广告违法案件数量较2006年下降8.47%，2006年则比2005年下降8.58%。从违法媒介看，其中户外广告违法案件占广告违法案件总数的44.86%，印刷品广告违法案件占11.48%，电视广告违法案件占10.41%，报纸广告违法案件占9.82%，网络广告违法案件占4.57%。[3]报业广告收入变化趋势跟报纸广告违法案件减少的趋势大体一致，而其中又存在国家工商总局连续几年对违法广告的专项整治，不能不让人联想到广告收入变化跟挤压违法广告水分之间的某种联系。倘若完全挤干违法广告水分，报业广告收入总量肯定还会减少。如果严格遵守国家政策法规，报业广告经营又该如何应对？

在受国家广告管理政策影响的同时，报业广

告经营受国家宏观经济政策的影响也比较大。2000年开始，房地产行业在报刊上的广告投放额也一直处于快速增长阶段，年平均增长率达到了33%，并且从2001年开始，房地产行业就一直占据着报刊广告第一大行业的位置，在报刊广告总额中的比重也保持在15%以上。由于受2004年"8.31"国家土地宏观调控政策和银根紧缩的影响，房地产广告在报业广告收入中的比重有所降低。据中广协报委会对《广州日报》、《北京青年报》、《深圳特区报》、《每日新报》等全国知名房地产广告大户的跟踪监测和抽查显示，这几家报纸房地产广告收入都出现不同程度的下滑，一般下降幅度在10%左右，有的甚至达到30%。[4]像这样因某个行业波动而导致报业广告收入大幅下降的事实说明，报业广告经营除了关注高利润行业外，还应该努力开拓其他行业市场，积极寻找新的增长点，降低市场风险。2009年金融危机的到来和国家刺激内需的政策影响，都使报业广告的结构发生了一定程度上的改变。

2.经济环境

广告收入的增长跟经济环境变化紧密相关，报业广告经营也不例外，这其中既有国内经济环境因素，也有国际经济环境因素。就国内经济因素而言，20世纪80年代初以来改革开放的全面推进和90年代中期以来社会主义市场经济体制的确立并逐步完善，这两项政策促使生产力巨大解放，也使国民经济一直处于高位增长态势。与我国经济高位增长相对应的是，改革开放30年来，我国广告业收入总额增长速度也颇为惊人。不过，值得注意的一个现象是，跟改革开放前20年相比，后10年特别是近5年来，我国经济增长速度有所减缓，而且受全球经济波动的影响，我国经济增速可能还会放慢。从经济高位增长到增速放缓，企业广告投放也会出现波动，要求报业广告经营模式作相应的调整。

就国际经济因素而言，在经济全球化背景下，中国经济受国际经济环境变化的影响越来越突出。无论是1997年的亚洲金融危机还是2008年的华尔街金融危机，中国经济增速下降都是不可回避的话题。而且华尔街金融危机较之于亚洲金融危机而言，对世界经济影响的广度和深度尤甚。金融危机对国外报业的影响已经显现，美国知名投资银行高盛2008年10月中旬的报告显示，已下调对美国报纸产业2009年的整体收入预期。根据预测，美国报业2009年广告收入将比2008年下降11%，此前对此的预期为下降7.5%，美国报纸业明年的利润率将大幅下降。受金融危机的影响，2008年上半年英国广告市场整体支出同比下降0.7%，美国金融服务业的广告支出同比下降27%。[5] 2008年12月8日，拥有《洛杉矶时报》《芝加哥论坛报》《巴尔的摩太阳报》等10多家日报和23家广播电视台的论坛公司，因为不敌广告严重下滑与网络媒体的冲击，正式向联邦法院提交破产保护申请。2009年2月、3月，拥有近150年历史的《落基山新闻》(丹佛市)和《西雅图邮讯报》相继宣布停刊。尽管我国报业没有出现美国报业那样的倒闭潮，但是金融危机对报业发展的影响同样不可小视，特别是报业广告经营，经济衰退势必影响企业广告投入的减少。以我国报业的广大大户房地产为例，其对报业广告经营的影响在30%左右，2008年下半年以来我国房地产市场持续低迷，必然会导致报业广告收入下滑。在经济衰退进而形成广告源萎缩的背景下，报业广告经营应当进行思路调整。

3.媒介环境

报业广告经营状况，除了受政策环境和经济环境影响之外，还跟报业所处的媒介环境密切相关。面对报业广告缩水，《京华时报》社长吴海民认为"以网络为主力、以户外广告、移动电视、楼宇广告、城市广播、电梯广告等为侧翼的新媒体方阵迅猛崛起，瓜分、蚕食了传统媒体的广告份额，对传统媒体构成了严峻的挑战。这才是传统媒体广告大幅跳水的最深刻也是最根本的原因"。而事实上，相对于报业广告的增速减缓而言，网络广告最近几年处于高位增长态势。报业广告收入下滑已成为一个全球性话题，据美国市场研究机构eMarketer统计，2008年报业的收益已经下降了16.4%，而2009年美国报业的收益还将下降16%。尽管互联网广告也受到经济危机影响，但仍然还会保持增长，eMarketer预计2009年的在线广告支出将上升8.9%。[6]

根据iResearch艾瑞咨询《2008-2009年中国网络广告行业发展报告》统计，以运营商营收总和计算中国网络广告市场规模，2008年中国网络广告市场规模达180.6亿元人民币，相比2007年同比增长71.0%，依然保持高速增长态势。2009年中国网络广告市场规模将达到217.2亿元，同比增长将达到20.3%。[7]

国家工商总局发布的消息也显示，网络广告增幅高于报业广告。2008年，全国广告经营额共计

1899.56亿元，比2007年增加158.60亿元，增长9.11%。其中，电视广告经营额501.50亿元，比上年同期增加58.55亿元，增长13.22%，占全国广告经营额比重不断扩大，达到26.40%，继续位于媒介载体广告榜首。报纸广告经营额342.67亿元，比上年同期增加20.48亿元，增长6.36%，占全国广告经营额的18.04%；广播广告经营额68.34亿元，增加5.52亿元，增长8.79%，占全国广告经营额的3.60%。期刊广告经营额为31.02亿元，比上年同期增加4.56亿元，增长17.23%，占1.63%。网站广告经营额为27.76亿元，比上年同期增加2.57亿元，增长10.21%，占1.46%。[8]可见，报纸广告增幅在五类媒体中是最低的，不仅低于广告的整体增长水平2.75个百分点，比不上广播，不及电视和杂志的一半，而且只比网站的一半多1.25个百分点。

在报业广告收入整体性下滑的同时，其他媒体特别是网络、手机等新媒体广告收入则处于良好的上升态势。在这样的背景下，报业广告经营不仅要面对同一媒体种类内部的竞争，还要面对不同媒体种类之间的外部竞争，如何转变广告经营模式推动报业的整体性发展，对于报业广告经营来说十分关键。

二、报业广告经营存在的问题

报业广告经营目前的状况，既跟报业面临的外部环境有关，又跟报业广告经营自身存在的问题有关。应该说，后者十分关键，但还没有引起业界的广泛重视。

1.广告效果评估粗放

“我的广告费有一半被浪费了，但我不知道是哪一半被浪费了。”这是广告界流行的一句名言。不仅广告商对广告效果没法准确知晓，就是广告媒体对广告效果往往也是一头雾水。而这种情况，在报业广告经营中体现得尤为突出。长期以来，广告商向报纸投放广告主要参照发行量和影响力两个因素。就发行量而言，由于我国缺乏对报纸发行量的权威监测，一些报纸为了吸引广告虚报发行量的事情时有发生，更何况无效发行和无效阅读现象的普遍存在，使得报纸的广告传播效果水分较重。而影响力又往往是缺乏数据支撑的一个模糊概念，广告商通常只能凭感觉选择。

面对广告商对报业广告传播效果的疑团，报业广告经营者又有意无意在回避这个问题。解放日报报业集团广告中心主任朱长元认为，“只看重收益而不重视研发”是报业广告经营中长期存在的问题，“报业经营者以及报业集团的领导层几乎关心的都只是广告到款状况，而没有考虑作为一个行业的发展所需具备的硬件条件和相关人才的储备。”[9]在这样一种大背景下，报业广告经营缺乏精耕细作也就不足为奇了。

有多少报纸到了读者手中，有多少读者看了报纸广告，有多少广告对读者的购买行为产生了影响，有多少读者跟广告产品的潜在消费者吻合等等，对这些问题的回答，是广告商广告投放的效果追求，也应成为报业广告经营者自觉的价值追求。

2.广告结构不尽合理

“不能把鸡蛋放在同一个篮子里面。”这句名言常常被引用到传媒发展领域。就报业发展而言，除了不能把报业经济收入完全系在广告这棵大树，要实现多元化发展降低市场风险外，就是报业广告收入也不能完全靠个别高利润行业来维系，同样有一个如何降低市场风险的问题。近年来，一些学者提出构建健康广告结构这一说法。所谓健康广告结构是指一家报社广告收入应来源于多种行业，而且应该比较平均，这样，当某种行业遭遇困境或者由于某种其他原因而导致广告突然减少时，报社利润不至受到太大影响。[10]

构建健康广告结构的任务之所以迫切，在于相当长一段时间以来，我国报业广告对房地产等部分高利润行业依赖度比较高。譬如，2008年报纸广告资源主要来自房地产、商业、汽车、通讯、金融、食品等行业，前三个行业的集中度高达63-65%，而前六个行业的集中度则达到了80%。[11]应该说，报业广告对这些行业的过分依赖不是一件好事，一旦某个行业甚至相关行业发展不景气、广告投放量下降，势必导致报业利润的全面下滑。以上海为例，从报业经营整体来看，上海报业经济就过分依赖广告经营。2006年上海报业的主营业务收入为26.78亿元，其中广告收入占主营业务收入的67%，广告依然是报业的主要收入来源和盈利方式。由此可见，上海报业的产业发展没有发生根本性转变，报业经济主要依靠广告经营，发行一直亏损。根据报业经营管理的相关理论和实践经验，广告收入与其他方面收入的比例大约保持在1:1的水平，才有利于报业集团的健康发展。[12]

所以可以说，均衡的报业广告投放结构能够起到防范经营风险的作用。在经济运行发展过程中，一些行业出现下滑的同时，有些行业经济可能处于上扬发展阶段，但是，机会总是留给那些能抓住市场变化的契机的企业，谁能快速把握市场的变化，谁就能够就市场变化做出相应调控，在市场环境变化的时候立于不败之地。如果没有关注市场变化的忧患意识，就会在广告环境变化的时候失去原有的地位。就广州日报而言，2001年广州日报房地产广告收入占总体广告收入约48%的比重。报社广告经营者意识到了结构不合理这个问题，所以，从2002年开始，广州日报采取了维持房地产的强势地位，同时扶持多行业发展的战略，分散风险，培育新型的广告市场的策略。到2005年，广州日报已经形成6个超过1个亿的行业，房地产广告占总体收入的28%，比重比2001年的时候降低了20%。[13]

3.市场挖掘缺乏主动

目前，报业广告经营主要有两种模式，一是自营，二是代理。无论是自营还是代理，都存在主动挖掘广告市场能力不足的缺陷。就自营而言，有广告客户主动上门刊登广告和广告业务员外出拉广告两种形式，前者自然谈不上主动性，后者的主动性也大多停留在广告业务员完成任务和提高自身收入的层面，采用的手段也多是靠亲戚朋友关系和给相关人员高折扣等，而缺乏对广告市场的深度挖掘。至于代理，更是成了不是报社转嫁广告经营市场风险的“明智之举”，往往是只管收钱，不管市场开发。解放日报报业集团广告中心主任朱长元也认为，报纸广告发展到今天，以往的业务来源靠的是广告客户上门和广告公司代理两种渠道，我们不能说这两种渠道有什么不好，但是在激烈的广告市场竞争中，坐等只能是一种被动。

根据中国新闻传播业最新统计，全国已经有2000多家报社。传力媒体(上海)总经理高敏清分析认为，报刊广告市场潜在空间巨大。她说，在中国，报业的投资回报率可达17%到50%，远远高于同期其他产业。但在我国现阶段日报千人拥有量仅为50份，与联合国制定的相关标准，还有很大的距离。理论上讲，我国报刊在发行市场上存在着10倍以上的潜在空间，却没有得到很好的挖掘和利用。[14]对于报业广告市场挖掘的主动性，《华西都市报》副总经理郭登礼认为，广告部门不应仅仅是拉广告、登广告，策划活动那么简单，在当前这种经济形势下，广告部门的功能除了牵线，更要为行业生产消费者，推动行业的消费。《成都商报》广告部主任黄成军认为不仅要从广告客户手中获得广告费用，还应该直接到消费者中寻找广告增量。当然，报业广告主动挖掘市场的手段很多，无论是自营制还是代理制，广告部门都应该掌握广告经营的主动权，千万不能把“牛鼻子”交给业务员、广告客户和代理广告公司牵着。因此，报业广告的市场潜力是在主动挖掘中获取的，被动的姿态只能导致资源的流失。

三、报业广告经营的思路调整

1.创新服务挖掘市场潜力

报业作为服务性行业，本应在服务创新方面有所作为。可是，在传者中心时代，报业经营却只重视内容生产，不重视服务创新，或者简单地把产品创新当成服务创新。随着受众中心时代的来临，虽然报纸在内容生产这块越来越考虑读者的需求，但是广告经营这块长期停留在出售版面阶段，服务还很不到位。在西方应用20多年的服务创新理论，国内介绍和使用还很有限，传媒业更是很少引入。在外部环境一时难以改变的情况下，报业广告经营应通过服务创新来挖掘市场潜力。服务创新理论强调以市场为导向、以顾客为导向来重组资源要素提升服务质量，就报业广告经营而言，所面对的顾客主要有广告商、广告代理公司和读者等三个方面。

广告商是报业广告的出资人，广告效果直接决定广告商的广告投放行为，可是很多广告商对所投放报纸的广告效果并不明确，报社也缺乏这方面的数据支撑和服务支持。针对这种情况，无论是代理制还是自营制，报社都应该为广告客户提供周到的服务并帮助其做广告效果测评，譬如什么样的广告组合更合理，什么样的投放频次更科学，什么样的效果设计更抢眼，什么样的新闻跟进更有效等等。厦门日报之前就是通过创新的活动营销来创造广告需求，扩大影响，得到客户的广泛认可。厦门日报社每年举办“房·车大联展暨理财展”，成为厦门乃至闽南地区规模最大、等级最高、内容最丰富的房产、汽车盛会，也成为厦门房产汽车商家必定参与的行业盛事。此外每年的“厦门日报读者节”“厦门中秋博饼文化节”“高招教育咨询会”等等，也都是结合厦门地域特色和读者、商家需求而策划推出，因此广受客户肯定与追捧。[15]

另外，广告代理公司承担了报社广告经营的市场风险，也是报社广告部门的客户，可是一些报社往往存在“甩包袱”的观念，缺乏为广告公司提供切实的服务，反而制定各种条款对代理广告公司进行制约，束缚了广告公司的手脚，实质上就是限制了报社广告的增长空间。针对这种情况，报社在为广告公司提供宽松代理政策的同时，还应该为广告公司的市场分析、运作策略、数据处理、创意设计、制作宣传、组织促销、公关活动和反馈测定广告效果等方面提供服务，按市场整合营销的传播规则和企业扩展目标实施广告运作，努力实现对企业的专业服务最优化；报纸媒体能根据自身优势，扬长避短，集中人、财、物各种资源办好报纸，提高报纸质量和舆论影响力，按报纸的发展规律进行功能定位、明确分工、各司其职，在提升报纸竞争力的同时实现广告经营收入的经济利益最大化。[16]譬如广告公司对新闻运作这块比不上报社广告部，那么报社广告部就应该积极配合广告公司，在广告投放与新闻跟进上做足文章，让广告客户获得满意的广告效果。

同样，读者既是报纸新闻信息的接受者，又是报纸广告的接受者，广告效果取决于读者对广告的反应。可是，报业广告经营中一直存在忽视读者广告接受心理的情况，是报纸要读者看广告，而不是读者自己要看广告，一则广告读者看没看，有多少读者看，看了之后效果如何，通常是一本糊涂帐。针对这种情况，报纸广告经营除了在广告制作、版面安排等方面要让读者便于接受、乐于接受外，还应该对读者的广告需求进行充分了解，积极开辟适销对路的广告品种。广告商需要广告是为了扩大产品的市场占有率，这一点不容置疑。读者需要广告是为了满足自己的生产生活需要，这一点还没有引起广泛重视。所以要重视细分读者需求，并通过市场手段有效整合读者的市场需求，挖掘报业广告的“新量”和“增量”。具体可以采用“精准营销、互动营销、整合营销、数据营销”等手段对读者需求进行有效开发，从而使读者在获得阅读需求满足之外，享受到报纸更有价值的回报，既能培养读者忠诚度，更能起到稳定广告客户群，培育新兴行业广告的作用，使报业广告能获得增量和更多的广告新客户。例如，报纸媒体可充分利用闲置版面与自办网络、呼叫中心推出购物平台，为读者提供质优价廉及新、奇、特产品的订购，同时可利用发行网络配送上门。这样既给读者提供了阅读附加值，又给报业广告培育出新量和增量，还可使报媒获得广告以外的业务收入。报媒可根据不同行业的读者需求订制不同形式的营销组织和平台，例如成立置业俱乐部、美食俱乐部、车迷俱乐部等。这就等于伸出来很多“触角”，使报业广告成为不同读者群的“阅读需求”。这样报业广告的价值含金量就会越来越高，企业的回报率会提高，广告投资风险会大大减少。[17]如果报业广告经营尽可能做到让广告商的需求跟读者的需求合拍，就能够实现报社、广告公司、广告商、读者的多方共赢。

2.调整结构降低市场风险

广告市场风云突变使报业广告经营风险重重，报业广告结构不合理无疑又加重了这一风险。在市场情况没法左右的情况下，我们应该通过调整结构来降低风险。

报业广告经营结构调整首先要调整广告行业结构，在巩固高利润行业的同时，深度挖掘低利润行业，并积极开辟空白行业，使报业广告的来源行业多样化。其次是调整报业广告品种结构。报纸广告一般都是按面积、版序、套色等因素计费，尽管可供广告客户选择的项目不少，但形式上还是显得比较单一。如果能够结合新闻内容多开发一些其他广告品种，譬如“头条新闻大赛冠名”、“独家新闻线索征集赞助”、“特约商家新闻援助”等栏目广告和题花广告，既能为广告客户提供多样化选择，又能凸现广告效果，还能活跃报纸版面。再次是调整收入来源结构。广告商的广告投入必定是有限的，而且广告商也期待通过非广告渠道来扩大传播效果。那么，报业广告经营就要善于抓住广告商心理，通过会展、活动等形式，来拓展报社的收入来源。另外，调整定位是寻找一种相对的市场优势的方法。竞争中，大多数报纸并没有绝对优势，这种情况下就需要寻找一个相对优势，一个定位的优势，寻找自身差异化的优势，也就是区域的优势。比如羊城晚报，在深圳报业主要集中在深圳特区，广州日报基本也集中在广州市，真正能够实现全省地区发行的应该是羊城晚报。羊城晚报在全国是13个印点，大多数集中在华南地区。在这种情况下它在区域覆盖上就有优势，虽然它没有办法也没有必要去跟广州日报去竞争像商业类的如电脑等广告，也没有必要跟南方日报去竞争办公设备的广告，它便主打家用产品类广告，来突出它自身的优势。[18]

3.整合媒介打造共赢平台

在互联网、手机等新媒体的强势扩张背景下，传统报业不仅发行量受到影响，广告经营也面临挑战。手机报、数字报、网络版等形式，为报业转型立下了汗马功劳。不过这种转型还主要停留在新闻信息这一内容层面，而报业广告经营还没有很好的跟进。从媒介发展态势来看，单独靠某种媒介打江山的做法已经行不通了，无论是报纸、广播、电视、互联网还是手机，媒介之间的相互依存越来越紧密，一个媒介融合的时代正在来临。在媒介融合趋势中，报业广告经营思路也应该进行相应的调整，除了传统报业的广告经营外，还应该积极开展多媒体广告业务，在扩大报纸平面广告传播效果的基础上，努力开发音频广告、视频广告等，培育报业广告收入新的增长点。同时，利用整合营销资源，延伸产业链条，打造营销宽度和广度，实现多次销售，如创办数字报、投资创意产业、资本合作等，实现由经营报业向经营资本的转变。《萧山日报》大胆地实践探索便是一个典型的案例，2005年1月萧山日报就组建了萧山网，2006年3月通过竞拍河南省《三门峡日报》广告经营权组建了三门峡三山传媒有限公司，2006年初组建风盛新传媒有限公司（户外传媒），2007年6月成立杭州风和会展股份公司，2007年7月萧山日报多媒体数字报诞生，2007年8月通过竞拍获得了萧山剧院5年零4个月的经营权，使多元产业发展到6家，多元产业的年经营收入突破了千万元大关，不仅提升了报社的品牌效应，而且吸引了更多的广告客户投放广告，确保了报业经营收入双位数增长。[19] □

※作者是重庆大学经济与工商管理学院博士后、四川外语学院新闻传播学院教授，本文原载《湖南大众传媒学院学报》2009年4期，收入年鉴时有所改动。

※参考文献：

[1]吴俊，张愈升，张晓松.药监局官员称我国药品报纸广告违法率高达95%[EB/OL]，来源：新浪网，http://news.sina.com.cn/c/2004-11-17/15454266457s.shtml.

[2]广宣.2004年中国广告业统计数据分析[J]，北京：现代广告，2005(7).

[3]全国广告违法案件数量连续3年下降[EB/OL]，来源：国家工商总局网站，http://www.saic.gov.cn/zwxxq/zwdt/zyfb/t20090317_45336.htm.

[4]屠红兵.房地产广告高处不胜寒 8·31颠覆房地产广告业[EB/OL]，和讯网据财经时报，http://media.news.hexun.com/873413.shtml.

[5] 郭文才：《金融危机：报业转型的良机？——浅析经济衰退对中国报业的影响》，载《新闻记者》，2008(12).

[6] 09年美国广告业七大预测：传统纸媒将加速衰退[EB/OL]，来源：中国广告网，http://www.cnad.com/html/Article/2009/0119/20090119102544391.shtml.

[7] 08年中国网络广告增至180亿 09年增幅跌至20%[EB/OL]，来源：中国广告网 http://www.cnad.com/html/Article/2009/0107/20090107144725589.shtml.

[8]徐博，张晓松. 2008年电视、期刊、广告经营额增长率超10%，来源：中国广告网，http://media.cnad.com/html/Article/2009/0316/20090316105112608.shtml.

[9]朱长元.制约报纸广告发展的几种因素[J]，上海：新闻记者，2007(12).

[10]陈国权.对报业广告转型的思考—来自成都报业广告市场的观察[J]，北京：中国记者，2008(11).

[11]姚林.2009：中国报业广告前瞻[J]，北京：传媒，2009(1).

[12] 吴静. 上海报业广告经营的困境与出路[J]，山东：青年记者，2008(10).

[13]2005'中国报业广告经营20强峰会会议纪要[EB/OL]，来源：中国媒介经济网，http://cache.baidu.com.

[14] 陈光，报业广告市场潜力巨大 报刊发行存在10倍潜在空间[EB/OL]，来源：和讯网，http://www.spph.com.cn/qikan/bkview.asp?bkid=67560&cid=141049

[15]邱荣.报业广告经营三利器[J]，北京：广告人，2009(3).

[16]朱定波，现代报业广告代理制的运作原则[J]，无锡：城市党报研究，2006(2).

[17]支英琨，新经济形势下的报业广告应对策略[J]，济南：青年记者，2009(1).

[18] 2005'中国报业广告经营20强峰会会议纪要[EB/OL]，来源：中国媒介经济研究网，http://www.mediaec.com.cn/article_read.php?id=521.

[19]李家连.金融危机下的报业广告经营问题探讨[J]，西安：今传媒，2009(4).

《时尚生活导报》的差异化市场定位及广告经营策略

● 杨靖岫

成立于2005年10月的沈阳《时尚生活导报》创刊四年多来，经过《辽宁日报》的优势资源整合和北京《精品购物指南》成功经营理念的植入，已经在沈阳平媒中独树一帜，准确地呈现了生活服务类周报的差异性定位，在激烈竞争的沈阳平面媒体市场中找到了自己的生存空间。

四年来，《时尚生活导报》依靠编辑方针与经营方针紧密结合的经营理念打造出了一支既会经营又会办报的高效团队，复合型人才成为导报各行业的骨干；四年来的努力成就了这样一张以引导消费理念、引领沈阳人时尚生活为己任的城市周报，精准定位的沈阳强力消费群和活跃消费族在《导报》报纸版面内容、读者现场活动、品牌客户广告投放的各个方面得以清晰呈现，读者和客户的广泛认同使广告营业额在2006-2008年实现了1:4:8的跨越式发展，2009年的广告将实现对沈阳平面媒体广告4%的市场占有率。

一、差异性市场定位的表达过程

对彩色铜版精美印刷高品质的一贯坚持，使化妆品、珠宝、服装、商场、旅游、食品、IT、汽车等高端品牌客户一见钟情，兰蔻、迪奥、雅诗兰黛、佳能、索尼、宝马、大众、卓展、新玛特、百盛等一系列高端品牌客户与导报建立了长期稳定的广告合作关系。为提高印刷品相，《时尚生活导报》不惜时间成本、运输成本、人力成本，甚至放弃了局部因出版周期延长而丢失的广告投放，坚决把报纸拿到北京印刷，从根本上保障了在沈阳本地报纸中最高水准的印刷质量，为品牌客户搭建了优质的展示平台。

"时尚生活"与"大众"相结合特征的一贯坚持，既相对高端，又不脱离大众，发行量和影响力在沈阳地区大于所有杂志；在沈阳区域时尚消费圈的权威性又遥遥领先于所有新闻类报纸。成功导入《精品购物指南》的"1+X"媒体组合理论，即"1份《时尚生活导报》+任意一份都市新闻类日报将为您赢得整个沈阳市场"，历经导报3年多的推广，大部分沈阳客户早已形成思维定式的媒体投放习惯被逐步改变，这一新的媒体组合理论已经被相当一部分客户所接受，差异化的市场定位由此显现，城市周报的生存空间实为导报自己所开辟。

在选题内容上的一贯坚持，正确把握了编辑方针与经营方针紧密结合这一核心技术，以满足读者对消费理念、品牌认知、潮流解读、实用资讯的需要为导向，与沈阳其他新闻类媒体办报风格迥异。风尚版、美容健康版、旅游版、商场版等版面对客户的吸引力和服务性不可替代，对沈阳消费者各个消费领域的引领能力无论在理念高度、实用程度上都成为了地域性的"唯一"。

二、各行业广告经营先后快速增长的理性过程

2006年——明确的办报内容率先在沈阳推出生活服务类周报的理念，确定了报纸的差异化市场，发行量的迅速增长，为广告销售工作奠定了基础，此时销售团队基本组建。

2007年——美容健康、商场、部分化妆品品牌的启动(美容健康行业：报性决定了女性为主要读者群，通过对高端美容机构VIP赠阅报纸，美容行业的高峰论坛、"美丽制造""镇店之宝" 等一系列

版面和现场读者活动相结合的方式掀起了美容行业在《时尚生活导报》刊发广告、文章的高潮；商场：通过与《辽沈晚报》商贸中心的合作举办了“2006年度沈阳商业零售企业营销创意品选”活动在沈城商圈首次亮相，通过与沈城高端百货“卓展购物中心”的长期“潮流解读”软性合作展示了《导报》的独家本领，实现了对沈阳所有商场的吸引；娇兰、佰草集等最早一批化妆品品牌的试投增强了导报人大力推广化妆品品牌的自信心，坚定了风尚版在导报主流版块中的核心地位。

2008年——大部分商场和大批化妆品品牌广告的大幅上升，兰蔻、迪奥、雅诗兰黛、佳能、索尼、宝马、大众、卓展、新玛特、百盛等一系列高端品牌客户与导报建立了长期稳定的广告合作关系，包括MAC、赫莲娜等20多个化妆品客户独投《时尚生活导报》(高品质广告环境、对品牌客户的系统推广提案、专业权威的编辑能力、专业领域的整合营销服务手段、专刊别册异型广告产品的营销策划等都起到重要作用)。

2009年——内容向强力消费群倾斜，强调了中产阶层生活方式的导入，《精英志》的推出，显示了导报对于沈阳高端男性读者、强力消费群的高度重视，意味着导报读者人群构成的战略性调整，将为汽车、IT、房产行业广告的启动奠定良好的读者氛围。

三、对市场的科学认识方法和对市场份额的执着追求——报纸经营工作建立了一整套严谨科学的计划体系

从2006年3月导报与《精品购物指南》合作开始，广告经营的计划体系引入了科学的制定方法，以精品十几年来的成功经验和各行业在北京平媒市场占有市场份额的历程为理论基础，制定了沈阳《时尚生活导报》5至7年占有沈阳平媒广告市场总量10%的战略目标。

对沈阳所有报纸广告每天的数据进行监测，对各行业广告数据的天、月、年统计数据加以整理和分析，为导报年度、月度、分行业的计划制定提供了数据基础。

报社总体广告经营的年度计划、月度计划、每个行业的年度指标、月度指标的制定皆以市场去年(同期)实际刊登广告总量为基准，以当年预期占有的市场份额为依据来制定年度计划、月度指标的分解。例如，2009年导报预计当年报纸广告市场总量应达到7亿以上，导报的市场占有率应该达到6%；而风尚行业作为《时尚生活导报》的支柱产业，预期的市场份额应至少为50%。

上述销售计划体系的制定和研究方式保证了报社广告销售计划的视野覆盖了沈阳平媒广告市场的全部客户，在计划指标下达之前必须看到100%的市场机会，使得《导报》的计划体系经得起推敲和验证，销售团队的考核原则紧密围绕着计划体系的核心——市场占有率，使销售工作的计划体系、开发导向与考核手段具备了高度的一致性，目标明确、思路清晰。

四、发行工作稳扎稳打，助力广告经营

特色场馆展示(机场候机大厅、星级酒店、写字楼、咖啡厅、酒吧、茶艺、健身场馆、电影院等)、企事业单位的高管直投、商业核心区的大规模大学生促销、报摊的每期报纸封面展示及海报挂板宣传等发行动作纷纷出台；另外导报还在2008年至2009年的上半年自主开发了600个零售终端，范围涵盖了沈阳大部分大型超市、连锁超市、书店、化妆品店，都促使沈阳地区更多的强力消费群体认知和主动购买、阅读《时尚生活导报》；上述一系列发行工作使近两年来导报发行总量成倍增长，《时尚生活导报》在辽沈地区的影响力大幅攀升。

综上所述，《时尚生活导报》四年多的发展历程中，引入《精品购物指南》的成功经营模式，通过结合沈阳市场具体特点和文化上的本地化改造，基本实现了“成功移植”。差异化市场定位的取得是报纸生存的基础，与差异化市场定位相适应的办报理念、经营方针、计划体系、特色发行工作则共同保障了导报前四年的健康发展，也决定了导报在今后三至五年的发展过程中，在部分优势行业(如风尚、美容健康、旅游、商贸等)取得市场主导地位的优势，实现对大部分行业市场占有率的预期，实现导报在沈阳平媒广告市场总量占有率达到10%以上的战略目标。□

※作者是《时尚生活导报》副总经理、广告中心主任

应对危机 挖潜上量

——《大河报》广告经营打出“组合拳”

● 徐云峰

面对这次遍及所有宏观经济层面的金融危机冲击，也许《大河报》还没有做好充分的思想准备，因为作为强势都市报，《大河报》已经习惯了多年来的强势或稳步增长，面对直线而下的业绩，总是想也许只是暂时的，但是2008年8月份以来，连续8个月的月度经营业绩持续下滑，尤其是2009年第一季度的持续两位数高速下降，给报社的广告经营再一次敲响了警钟：危机面前，报业的低谷也许还没有见底！

这也是2009年3月20日在上海落幕、素有“广告达沃斯会议”之美誉的2009中国广告论坛，各与会业界专家学者的共识。

消费市场仍然低迷，居民持币观望，对于报业经营而言，我们面临的将是一个比2008更为严峻的一个经营年度，困难可想而知。相比较而言，这一轮危机对于各地市场化的主流都市类报纸媒体，影响的深度与广度，要比机关报、专业报以及二线报纸大得多。

因为机关报经营不靠市场，多是区域、行业和政府形象广告，以及政府公告；专业报，比如财经、文摘等，主要是局部市场，也不会有那么大的影响；二线报纸，处于非主流地位，本来市场份额与总量就不大，而且危机来临，可以利用充分自由的机制优势，全民皆兵、采编经营一体化，挖掘一切市场机会增量减亏。而各地主流都市报，则难以回避，而且这个苦果注定要自己消化。

《大河报》也不例外，遭遇的是创刊以来最困难的一年，也是难以想象的。但是，等和靠，是没有用的，唯有直面困难迎难而上，没有别的选择。

一、全国报业广告跌入空前低谷

北京慧聪报刊广告监测数据显示，2009年1~2月份全国报纸广告刊登额同比下滑38.65%，三月份虽有回暖，但一季度整体降幅仍然高居两位数，这是中国报业30年来前所未有的。

1~3月份报纸广告刊登额前30家报纸，涵盖包括京、沪、穗、深、津、渝在内的全国20个主要一、二线城市，同比下降幅度大都在10%以上，其中包括直辖市在内8个主要城市同比下降幅度都在20%以上。

这30家主要报刊里，广州日报、南方都市报、深圳特区报、京华时报、楚天都市报、每日新报、华西都市报、成都商报、华西都市报、重庆晨报、大连晚报、春城晚报、大河报等15家媒体，一季度降幅均在15%以上，其中北京晚报、广州日报、武汉晨报、重庆时报分别下滑39.49%、34.9%、34.62%、33.91%。

从一季度全国广告行业分布来看，报纸广告总量占比15.01%、排名第一的房地产广告，同比下滑18%；占比8.54%、排名第二的汽车广告，同比下滑高达33.04%！另外，计算机、医疗器械、药品、化妆及卫生用品、金融保险、家电等其他主要行业，同比下滑也都在20%以上，分别是：47.8%、34.11%、25.39%、26.74%、28%、23.01%。

另外，3月19日在上海举办的2009中国广告论坛上，中国传媒大学副校长丁俊杰教授在题为“经济不景气背景下中国广告业发展的趋势——回归与重塑”的精彩演讲中，从历史角度总结了美国、日本、韩国广告业应对金融危机的经验，明确强调金融危机对广告业的影响具有滞后性和持后性，提出挖潜上量、开拓蓝海市场是广告业应对金融危机的有效手段。

另外，从全国市场主要行业大客户投放情况

来看，一季度业务总量排名第一的苏宁电器，广告投放同比下滑4.54%；排名第二的国美电器，同比下滑33.7%；还有，大中电器、兰蔻、奔腾、马自达、海尔、中国银行、宝马等知名一线品牌，同比下滑幅度均在20%以上，大中电器同比下滑幅度高达46%。

无论是业界专家的判断、全国市场总体表现，还是行业结构，以及主要报纸广告经营情况，上述数据分析表明，如果说一、二月份正值春节期间，存在受春节淡季影响因素，但整体一季度情况来看，更多的则是金融危机波及效应凸显，实体经济受到冲击，进而影响到广告业，三月份的回暖也仅仅是局部。

二.郑州报业广告下行探底

北京慧聪广告监测数据显示，从广告刊登额来看，不考虑实际折扣与收入，一季度郑州报纸广告同比下滑接近18%，都市类报纸受影响比较大，《大河报》与《郑州晚报》广告降幅相当，下滑四分之一左右，《河南商报》由于上年同期基数小一季度增长9%，《东方今报》下滑9%。

另外，从出版数、广告版数以及广告占版率上来看，各主要报纸出版数减少、广告投放减少已成均势。《大河报》明显变薄，一季度出版数同比降幅为14%，但这里更多的是人为减少成本缩减版面的因素，因为《大河报》的广告版面占有率高出各报7~10个百分点。《东方今报》和《河南商报》减少了13%，《郑州晚报》减少了12%。而在广告版数方面，《东方今报》下滑27.8%，降幅最为明显。

但实际情况是，由于政策相对稳定透明，以及广告催款与活动创收等因素，《大河报》一季度实际收入下降首次突破10%，远低于全国报业以及郑州其它主要报纸广告下降幅度，据有关信息反馈，郑州另几家都市报，同比下滑幅度大都在30%以上，有一家一季度收入远低于1000万元。

这表明危机时代，广告客户在捂紧口袋的同时，也在盘算有限的投入如何实现广告效益最大化，各竞争报纸媒体的低价策略效益也是有限度的，作为主要都市报，强势品牌与有效传播力，也是客户集中投放、选择主流报纸的有效武器，这也算是《大河报》危机时代聊以自慰的竞争力优势，但也需要更多的走出去，倾听来自市场一线的声音，强化优势并转化为市场资源。

但不可否认的现实，就是郑州报业广告市场，遭遇了金融危机带来的强大冲击，广告形势下行也是必然趋势，必须做好充分的思想准备。

三.应对危机，打出组合拳

应对危机挖潜上量，自2008年年底以来，《大河报》已经全身心投入了应对危机的"战斗"，因为《大河报》广告经营在报社乃至集团经营序列里都十分重要。报社的一系列措施，虽然没有遏制着整体广告的下滑，但是延缓了这种下滑，相对于全国同类媒体，下滑的幅度仍然是比较低的，这也表明"组合拳策略"是有效的。

1.调低政策，刺激需求

2008年8月1日，报社上提了广告价格，提价幅度总体上超过10%，但是不幸的是，在8月份遭遇了百年奥运对平面纸媒广告的"罕见冲击"，而后遭遇了百年一遇的、遍及全球的"金融危机"，2008年第四季度，广告量同比下滑幅度超过10%，这也是《大河报》13年广告经营史上前所未有的。因而，在制定2009年度政策时，报社经过慎重调研论证，决定调低代理政策：A\B版下调5%；C版恢复到提价前的35%代理费，相当于调低15%；让利于直接客户，刺激广告投放。这一策略，选择春节来临前的12月份开始执行，直接给予客户一个《大河报》积极应对危机、适时调整价格的信号，也在一定程度上，弥补了上次提价的负面影响，受到了市场的积极反馈。

2.挖潜上量，开辟新市场

在整体报业形势遭遇变局的背景下，进军二级广告市场，开发地市广告，已经逐渐提上区域强势报纸媒体议事日程。国内许多都市报，都已经有了成功的案例。2008年底以来，报社参照《参考效益》区域版广告经营模式，进一步加大差异性地方版开发力度，加大闲置版面投入，吸纳地方版广告；与此同时，借助建国六十周年这一历史契机，4月份以来不定期推出新闻加广告形态的区域专版，收效良好，累计刊发广告已经达到20多个整版；上述措施，收效良好，洛阳、信阳、焦作、南阳、开封等地业务大幅度上升，尤其是洛阳增势喜人，总体增收接近百万。

3.整合资源策划带动，活动营销助推经营

危机时代，《大河报》作为主流成熟媒体，还面临更大的挑战，那就是多年来形成的固定经营模式，在客户服务与开发方面、在价格与政策灵活性方面，都无法与弱势媒体竞争，没有更多的人力去开发市场，因而必须充分发挥媒体话语权与影响力资源优势，参与市场竞争，规避价格战，积极应对危机。主要是两个方面的努力：

一方面，加强版面策划，整合行业资源，服务客户挖掘行业潜力，刺激广告投放。例如：教育工作室推出系列教育论坛，强化行业影响力，逐步构建核心客户圈，深挖民办教育与行业技能培训市场，吸引客户投放；健康工作室，充分利用资源优势，结合各类医院不同需求，推出不同的合作模式，吸纳客户宣传预算费用。

另一方面，在行业性活动运作方面，加大力度，在服务行业大客户的同时，实现经济效益、社会效益双丰收。

2009年以来，在大河报领导班子以及各采编部门的积极配合和主动出击下，广告中心与各行业专刊部门、相关新闻部门以及大河传媒公司积极携手，整合各类优势资源，成功推出了一系列可圈可点的行业性活动，取得了良好的经济效益：

2008年底举办的年度中部企业领袖年会，创收700万元，大部分收入计入第一季度；2009年1月份举办的"年度服装风云榜"系列活动，在很少投放广告的本地服装行业，一次性创收30多万元，更重要的是把同期举办的"晚报年度服装活动"打压了下去；3月上旬，面对料峭春寒，逆势而上，成功推出春季中原住交会，会展人气与成交量出人意料地好，广告创收1000多万元，短期内有效拉动了地产消费，给了楼市寒冬"一记春风"，也挤压了地产客户在竞争媒体的投放预算，可谓一箭双雕；3月中旬，成功推出了健康厨卫节、电动车展等系列活动，把《大河报》影响力推广到弱势行业，通过会展经济挖掘非广告资源，开辟第二经营渠道，累计创收近百万元；3月下旬启动的建国六十周年系列策划活动，努力整合社会资源，积极开发平时不做广告的潜力行业与部门，已经累计刊发各类稿件30多个整版，累计创收200多万元；4月中旬，春季车展在郑东新区如意湖畔"盛大出场"，参展规模与人气创新高，广告收入300多万元。

五一黄金周，旅游工作室推出黄金周特刊；大河金融推出"卡博会"，一次出版80个版的专刊；大河家居推出系列重磅策划，一次出版64个版的专刊；大河卖场推出"五·一"特刊，一次出版64个版；五一前夕上述系列活动累计创收接近千万元，连续两天出版总数接近200个版。

还有很多一般性活动与策划，不胜枚举，但目的只有一个：应对危机，全力以赴。

4.强化服务主动出击，组建VIP大客户工作室

这些年报社坚持广告代理制运营模式，在政策执行与直接客户服务方面，一直是个弱项。

为了积极应对金融危机所带来的经济紧缩，主动出击开发大河报潜在广告市场，服务主要行业大客户，满足部分大客户要求与报社直接合作的需求，广告中心3月底正式组建VIP工作室(大宗媒介购买部)。4月底，该部门已经累计拜访大客户十几家，与主要客户年度洽谈合作协议意向额度近千万元，仅昌河汽车一家就增加投放100多万元，可谓初见成效。

三、广告越冬，全员抱团取暖

危机时代，报业广告越冬，《大河报》别无选择，唯有抱团取暖积蓄力量，方能度过危局，也只有如此，也才能等到"雨过天晴"的彩虹。

采编经营部门拧成一股绳，积极应对；与此同时，为了保证利润指标，报社还采取"开源节流"方针，压缩日常办公与差旅开支，尽可能减少报纸出版，节省成本与费用。据统计，大河报2009年一季度减少出版版面，在一定程度上，促进了经营利润的提高，仅一季度大河报同比压缩成本接近600万元！但不可否认的是，我们的采编团队员工，因为减版、发稿量减少，遭受了不同程度的个人经济损失，这也是他们的默默付出！□

※作者是《大河报》广告中心副主任

※文章来源：《广告人》2009年第6期

《萧山日报》应对金融危机的广告经营策略

● 李家连

2008年，由美国次贷危机引起的国际金融危机，导致各国市场萎缩，受宏观经济气候的影响，终端消费品已经开始向传媒业蔓延。因此，研究和分析金融危机下的报业广告经营形势，寻找对策，应是当务之急。

一、直面危机：报业广告经营或将受到影响

这场金融危机，对世界经济的影响难以预料。但有关方面预测，世界经济发展速度已明显放缓。笔者认为，这将对传媒业的广告经营产生直接的影响。这是因为，其一，实体经济陷入困境，压缩包括广告投放量在内的生产经营性成本将成为必然，可能导致投放媒体的广告量减少。其二，商品市场的低迷，使得商家投放广告变得更加理性，同时选择媒体投放广告的弹性增大，目标投放将会更加集中，投放短期广告的行为会更加“势力”、明显。其三，社会消费群体花钱会更加吝啬，影响到受众对媒体广告的关注度和到达率，可导致媒体广告收入减少。

1.国外媒体的广告经营形势呈下滑趋势

据新华社报道，受金融危机及来自互联网的挑战，美国报业日益走入前所未有的瓶颈。美国发行审查局的数据显示，截至2008年9月份，507份美国日报和晚报的发行量在6个月内下降4.64%，发行量仅为3816万份，而2007年同期的发行量为4002万份。随之受到影响的是广告收益。美国报业协会统计显示，2008年第三季度印刷报纸和网络报纸广告收益率下降18.1个百分点。这是连续6个季度呈下降趋势。拥有《洛杉矶时报》、《芝加哥论坛报》、《巴乐的摩太阳报》等7家媒体的美国巨臂论坛媒体公司因欠债近130亿美元，已经申请破产保护。

2.国内经济形势不容乐观

这次金融危机会不会对中国媒体广告造成影响，“中国人一向持审慎乐观态度”，但总体形势不容乐观。

据中国社科院发布的2009年《社会蓝皮书》预计，2008年GDP增长大概能达到9.5%左右，居民收入增长率达到7%，比上年下滑了一半左右。尽管银行利率在不断下降，但居民靠储蓄规避风险的趋向依然存在，储蓄仍在快速增长。这对居民的消费也会产生较大影响。

在2008年《财经》年会论坛上，中国银监会主席刘明康表示，受美国金融危机影响，国内经济形势不容乐观，从2008年逐月来的经济数据指标来看，通缩可能性大大增加。未来中国经济的恢复恐将是长期的，是“U”形而非“V”形。

二、应对危机：报业同其他媒体间的广告经营竞争将更加激烈

在金融危机下，全球经济“发高烧”，媒体要想获得更多的广告收益，遇到的问题可能会比平常的年景要多很多，其中广告市场投放总量将有可能会减少。在媒体的广告收入要想稳定增长，唯一的办法就是靠竞争取胜。而对于报业来说，除了同城报纸、大报与小报、党报与晚报都市报、综合性报纸与专业性报纸、跨区域报纸等同质媒体的广告竞争外，还有来自行业外的电视、广播、网络、杂

志及专业公司等媒体间的竞争，这种竞争将更加激烈。

同互联网的竞争。现在，互联网在中国网罗了3.84亿人，大大拓展了中国社会的舆论传播空间。人民网、新华网、央视网、中国网等国内权威网站，新浪、搜狐、网易、腾讯等世界知名网站，以及地方各级网站、各类专业网站等，以其即时、互动、海量、无边界等特点，吸引了大量的网民，因而也获得了大量的广告收益。无疑将成为报业广告市场的一大劲敌。

同手机报的竞争。近年来，随着手机用户的不断扩大，手机报应运而生，因其传承了移动通信的移动性、个人性、实时性、安全性特点，具有平面媒体难以比拟的独特优势，加之其符合现代传媒行业特性的互动性，跨越了时间地域限制，因而被广大用户所认可接受，成为吸纳广告客户的又一大载体。

同电视广播的竞争。目前遍及全球的广播电视已成为最具有发展潜力和空间的媒体，广播电视的覆盖率、拥有的受众，报纸无与伦比。电视以其画面的直观性、可视性、多频道，让观众看得见，具有强大的吸引力、渗透力和亲和力，成为追星族广告购物的人心归向。在电视、报纸不能到达的地区，广播则独树一帜，几乎垄断了广告的独家市场。而城市广播电台专门对出租车、私家车族开设的专业声讯台等，也成为吸纳广告的重要渠道。

同户外传媒的竞争。在我国城市、镇街乃至经济比较发达的乡村，到处可以看到户外广告招牌。尽管2008年我国对其进行了重点整治，使其广告收益锐减，但在规范之后，也是不可忽视的生力军。

此外，还有来自于杂志的广告竞争等。

综上所述，在金融危机下，不难看出未来报业广告所面临的严峻形势，报业不可掉以轻心。

三、转“危”为“机”：报业广告经营由做事业向做产业转变

金融危机对传媒业广告经营到底会不会产生影响、广告投放量会不会减少，尽管不可猜测或不可预知。但对于报业来讲，仍要树立转“危”为“机”的思想，自觉进行思维观念、体制机制、内容形式等方面的创新，力促报业广告经营由做事业、做行业向做产业的方向转变。

1.创新思维观念，把报业广告经营活动办成拉动内需的重要平台

在金融危机的环境下，要搞好报业广告经营，就更需要进一步解放思想，要抢抓中央扩大和拉动内需的政策机遇，用足用活我国出台的一系列刺激经济复苏和拉动经济增长、千方百计扩大内需的政策。保持经济平稳较快发展是2009年经济工作的首要任务。我们要认真领会党的十七大精神、十七届三中全会精神和中央经济工作会议精神，深入贯彻落实科学发展观，既要清醒地看到经济发展面临来自国际国内的严峻困难和严峻挑战，又要充分认识逆境中蕴含的重大机遇和有利条件，变压力为动力，化挑战为机遇，进一步解放思想，坚持科学发展观，把报业广告经营活动办成拉动扩大内需、推动商品促销、引导社会消费的重要平台，为促进我国经济社会健康发展、促进社会和谐稳定做出更大的贡献，最大限度地减少金融危机带来的不利影响，再创报业广告经营新辉煌。

2.创新经营管理思路，建立应对拉动内需的特殊经营机制

华尔街的问题，说到底就是管理体制和运作机制出现了漏洞。要止报业广告经营出现危机甚至“崩溃”，就必须进一步理顺经营管理体制，实行优胜劣汰，实现报业广告经营由做事业向做产业转变。

目前，我国没有改制的报业至今仍是“政”管所有、包揽一切的体制；已经改制的报业，虽然成立了班子，挂起了牌子，但运行效果也不尽如人意；还有些报业至今没有改制，新闻采编、广告经营、报业管理还处在“混合”状态。这种体制，在报业“肌体”营养供给充足时没有多大影响，当受到外部环境影响“肌体”营养供给不足时问题就会暴露出来。因此，进行必要的体制改革势在必行。要尽快建立报业现代企业制度，实行新闻采编、报业管理、广告经营严格分离。尤其是在金融危机下，要彻底转变发展理念，转变发展方式，培育新的经济增长点，构筑新的产业布局，实行办报与经营分离运作，实现报业从传媒事业、传媒行业向传媒产业发展，使新闻宣传业务部门更好地集中精力办好报纸，产业经营部门更好地按照市场规律运作，将报业做大做强。

3.创新广告运作机制，在夹缝中寻找拉动内需的广告商机

优质高效的广告经营运作机制，是确保广告经营成功运作的关键。要高度重视组织机构、平台构建、人才建设等工作，进一步优化和完善广告经

营运作机制，提升广告产业的运行效率。

(1)建立以总经理负责制为主要形式的目标考核机制

由总经理及其所率领的团队负责制定年度经营目标实施方案，组织具体实施。对总经理下达年度广告经营目标任务，由相应监管机构加强监管，搞好目标考核。

(2)建立广告经营项目负责人机制

将广告经营项目落实到每个项目负责人。由项目负责人承担项目的组织、运作、实施，确保目标任务的完成。

(3)建立行业领军人物负责机制

行业领军人物在某一行业具有权威性和影响力、号召力，并且具有超强的执行能力。由某一方面的领军人物组织该方面的广告经营活动，可以获得最佳的效果。

(4)建立品牌推广机制

一方面负责报业广告品牌媒体、品牌版面、品牌栏目、品牌活动等方面的推介工作，向广告服务对象推销自己，让服务对象更多更详细的了解报业广告经营情况；另一方面负责策划报业的品牌活动，比如结合元旦、五一、国庆节等重大节日进行策划，结合地方传统节日和民俗文化进行策划，结合拉动内需、为服务对象策划推销品牌活动，组织广告客户与特定消费群体联谊活动等。既要增加广告客户和特定消费群体对报业的信任感、忠诚度，又要为报业带来实实在在的利益。

4.加强广告创意策划，助推多元广告产业发展

(1)加强策划，做活报纸广告

传统媒体的有限性和受众时间的有限性是吻合的，读者现在选择最有阅读价值的信息是“精”而不是“多”，是“专”而不是“杂”。因此，报纸只有彻底摒弃过去那种力求“全面覆盖所有读者”的广告传播模式，加强策划，坚持读者为王、创意为王、服务为王，才能应对金融危机和同其他媒体竞争的严峻挑战。所谓读者为王，就是确立科学合理的广告经营架构，实现从内容为王向读者为王的转变，及时准确的为特定目标读者提供“量身定做”的广告产品，吸引广告客户投放广告，刺激特定读者产生购买报纸上的广告产品的冲动和欲望。所谓创意为王，就是有计划、有组织、有目的地进行一系列广告创意活动，既符合广大读者、消费者的切身利益，又有利于广告客户促进销售，增加报纸的广告收入。所谓服务为王，就是组织广告客户、目标读者开展互动联谊活动，提高读者对目标广告产品的关注度，提升广告产品的到达率和“落地”效应。最终形成广告客户、目标读者、报业广告经营的共赢。

(2)拓展广告市场，壮大多元产业

依据报业现有的经济实力，在条件许可的情况下，发展以报纸广告为主的多元经营，实现一业为主、多元发展，拓展广告市场，增加广告经营收入。从目前报业发展、读者需求和广告竞争的趋势分析，从二次销售到多次销售，已是报业广告发展的必然趋势，因此报业必须对传统的报纸经营方式，即报纸——读者、报纸版面——广告客户的二次销售进行改革，整合营销资源，延伸产业链条，打造营销宽度和广度，实现多次销售，如创办数字报、投资创意产业、资本合作等，实现由经营报业向经营资本的转变。

近年来，《萧山日报》进行了大胆地实践和探索，2005年1月组建了萧山网，2006年初组建风盛新传媒有限公司（户外传媒），2007年6月成立杭州风和会展股份公司，2007年7月萧山日报多媒体数字报诞生，2007年8月通过竞拍获得了萧山剧院5年零4个月的经营权，使多元产业发展到6家，多元产业的年经营收入突破了3000万元大关，不仅提升了报社的品牌效应，而且吸引了更多的广告客户投放广告，确保了报业经营收入双位数增长。

(3)传媒合作，建立广告联盟

在金融危机下，传媒业之间要共同携手共渡难关。要像成立奥运会媒体广告联盟那样，建立同级媒体、同城媒体、不同级别媒体的报业广告联盟，实行广告资源互换和共享。比如2008年《萧山日报》下属的萧山剧院引进大型剧目《暗恋·桃花源》后，先后通过杭州日报报业集团在其所属的《杭州日报》、《富阳日报》、《城乡导报》、《都市快报》等媒体上刊登广告，按刊登面积计算广告费用，上述报纸则可以在《萧山日报》上刊登同等费用的广告，既提高了剧院的上座率，又增加了参与报纸的广告收益，扩大了报纸的影响力。有经济实力、人才资源等优势的报社，还可以采取出击战略，实行跨地区、跨媒体广告联合或合作，建立广告经营合作机制，共同开发广告资源，共同分配广告利益。

四、《萧山日报》沉着应对金融危机的成功实践

2009年，《萧山日报》采取四条措施，沉着应对

金融危机，扎实推进报业创新，坚持细分多元，以活动为载体，实行项目负责制，全年共开展各类活动300多次，增强了报业发展后劲，取得了较好成效。2009年报业经营总收入、总利润分别同比增长15%、23%。

1.细分行业，分散经营，有效化解金融危机可能带来的经营风险

在报纸广告经营上，过去由广告部承包经营，金融危机袭来后，这种承包经营可能存在很大的风险性。于是在报社社委会的领导下，杭州萧山日报传媒有限公司在认真调查研究的基础上，决定对报纸广告承包经营机制进行改革，根据“细分行业，分散经营，多种模式，统分结合”的原则，将报纸广告整合、细分成房产、财经、汽车家居、教育、旅游休闲、医疗、商业、工业企业、机关事业单位形象、分类广告等十大行业区块，根据行业情况分别实行目标承包、目标管理等不同的经营模式。通过细分行业，分散经营，扩大了广告源，有效化解了危机可能带来的经营风险。在2009年报纸广告经营中，房产、旅游休闲广告虽然受到一定影响，但仍比上年略有增长，其他八大行业都超额完成年度任务。

2.建立品牌运营机制，整合传媒资源，提高广告经营“落地”

为充分整合共享萧山日报社和杭州萧山日报传媒有限公司的资源，提升品牌价值，2009年初建立了萧山日报品牌运营委员会。品牌运营委员会的组织架构组织架构为：社长、总编辑、董事长、总经理任主任，3名副总编任副主任，专职编委、总编助理、报社和传媒公司各部室主任、各周刊及工作室主编、萧山网总经理、风盛公司总经理、风和公司总经理、萧报培训中心主任为成员。一年来，品牌运营委员会共组织开展了300多项活动，比如纪念新中国成立60周年系列活动，萧山60个新农村建设样板活动，纪念报庆55周年活动，中国县市区域报高层峰会，第五届读者节活动，年历宝宝评选活动等，做到了月月有大型活动，周周有小型活动，进一步拓展了报纸广告的深度和广度。实践证明，品牌运营委员会发挥了三大作用：一是桥梁作用，能够在萧山日报和传媒公司之间架起一道桥梁，实现社会效益和经济效益的最大化；二是品牌作用，能够形成以萧山日报为主体的品牌群，把单个品牌融合成大品牌，不断创造出新的品牌效应，实现品牌价值的最大化；三是整合作用，能够整合多种资源并形成合力，降低运作成本，实现资源和利益共享。

3.实行项目负责制，加强活动策划，确保广告经营的收益率

2009年初，对全年经营活动实行品牌运营委员会领导下的项目负责制。运作模式：一是制定计划，落实项目负责人。年初，由品牌运营委员会制定出全年经营活动计划，逐一落实到项目负责人。项目负责人由品牌委员会主任、副主任担任，相关成员单位密切配合。二是实行“五位一体”的运作模式。每个项目都实行新闻宣传、策划活动、广告发布、会展、演出等“五位一体”的运作模式。项目负责人拥有对成员单位的绝对领导、组织、资源调配等权力，确保项目的顺利完成。通过实行项目负责制，2009年完成大小型项目的成功收益率均达到100%。如成功策划出版了《吾国吾家·60萧山记忆》大型特刊，是品牌运营委员会领导下的“一号工程”，并经过多次研究和深入调查，确立了指导思想和基本原则。从元月份开始，由项目负责人负责，实行统一领导运作，统一协同作战，统一协调人力资源，在细分行业的基础上，坚持统分结合，加强整体策划，充分发挥各种资源和成员单位的联动效应，实现了内容组织与广告经营联动，采编与经营部门联动，后勤与经营部门联动，经营部门与各工作室联动，对萧山所有镇街（场）、100多个机关部门和品牌企业进行了成就展示。

4.抓好多元经营，提升服务水平，壮大报业实力

在多元产业发展上，主要在抓好萧山网、风盛户外传媒、风和会展、培训中心等现有多元产业的基础上，积极稳妥发展新项目。全年多元经营实现收入3117万元，同比增长45.38%，占全年总收入的38%。多元产业收入占总收入比重进一步提高。

（1）拓展现有项目的经营服务范围

一是建设“大萧山网”。2009年，萧山网根据市场需求增设了理财、汽车、购物、企业经营性频道；通过委托经营等多种形式建起9个政府部门频道；新办了60多个新农村网；开展2009萧山时尚发型秀大赛、2009萧山春季家装展、萧山首届健康文化节、年历宝宝评选等一系列大型活动。二是做大演出业务。风和会展积极探索萧山剧院的多种经营模式，推出了与赞助企业票房分成的举措，以场地以及宣传、人力资源等形式参股与演出商合作，与城区幼儿园合作引进大批优秀儿童剧目。两年来，共推出《藏谜》、《暗恋桃花源》、《云南的响声》和新年音乐会等中外数十家知名剧团的上百场演出，缴完了5年零4个月的承包经营费用。三是多种形式办学。萧山日报传媒公司与中国少年新闻学院、中国小作家协会合作成立中国少年新闻学院杭州分院、中国小作家协会杭州培训中心。两大培训机构采取多种形式办学，开设了“新闻培训班”和“小作家培训班”，推出了“精彩暑假”系列活动和“暑期培训班”。仅“精彩暑假夏令营”活动就有小记者军事夏令营、上海品格教育英语夏令营、京津5日采访和韩国首尔6日游学4个项目，报名人数超过了260人。

（2）培植新的经济增长点

在抓好原有经营性实体的基础上，采取走出去考察项目、请进来协商洽谈等方式，积极拓展跨媒体经营、跨行业经营、跨地区经营、跨技术经营项目，进一步培植新的经济增长点。

①收购风盛公司股权，获得全国阅报栏销售代理权

2009年11月，经过与合股经营方多次协商，顺利完成了风盛公司部分股权的收购工作，使萧山日报传媒公司拥有了风盛公司100%股权，成为今后多元化经营最大的经济增长极。风盛公司还独家代理了河南许昌通达科技传媒有限公司阅报栏的全国销售，并与几家报社达成了阅报栏广告经营合作项目。

②整合培训中心资源

为了做大做强教育和培训产业，从2009年11月1日起，对现有相关教育及培训项目进行大整合，设立杭州萧山日报传媒公司一级部室萧山日报培训中心，下辖《教育周刊》编辑部、《花季雨季》编辑部、小记者团、中国少年新闻学院杭州分院、中国小作家协会杭州培训中心5个部门。2009年小记者团比2008年的1200名增加900多人，加上新闻学院发展的小记者，2009年总计达到2200人左右。《花季雨季》文学旬刊发行6.7万份。

③开通萧山手机报

与中国移动萧山分公司强强合作打造的第五媒体——萧山手机报，于2009年8月10日正式开通，将成为宣传萧山、推介萧山的新媒体、新平台。

④进军旅游市场

2009年8月31日，由萧山日报传媒公司与省内最大的旅游公司浙江海内外旅游有限公司合作成立萧报旅游公司，标志着萧报传媒开始进军旅游市场。

⑤打造总部基地

2009年6月，萧山日报传媒公司与香港宝芝林（国际）控股集团正式签约，香港宝芝林中国大陆总部基地正式落户本报。与香港宝芝林将联手重点投资文化产业、药业和健康饮品。□

※作者单位：《萧山日报》总编办

以策划为核心的报业广告经营新模式

——《三峡商报》广告经营的实践与探索

●唐和清　高峰

一、确立专刊策划、活动策划和品牌策划“三位一体”理念

活动策划能使报纸、广告主、读者(即消费者)三方互动,提高广告投放的目标针对性,提升广告的到达率。

从概念与起源来讲,策划属于市场营销学的范畴。策划进入报业广告经营领域,是报业竞争与市场化的结果。都市类报纸在经历了十几年水银泄地般的快速发展、演变后,开始进入媒体新传播竞争时代,随着报纸内容与运营模式的同质化带来的可替代性与微利化趋势,报业竞争频频升级。由于媒体资源的不断扩大和新媒体资源对报业广告资源的争夺,报业的生存空间受到挤压,有两个具体的表现:一是媒体资源的增多,报业广告的“广告失效”现象受到广告主的关注;二是报业市场产品“同质化”现象日益严重。

因此,与一般企业发展的轨迹一样,报业广告的竞争也经历了从单纯的产品竞争到整合营销的过程。而策划作为报业竞争整合营销的重要组成部分,成为报业广告经营的核心理念。通过策划能吸引广告主投放广告的理由是:策划活动能使报纸、广告主、读者(即消费者)三方互动,提高广告投放的目标针对性,提升广告的到达率。《三峡商报》在经历和总结9年的发展过程中,始终把策划作为报业广告经营的核心理念,始终有一支策划队伍活跃在市场一线,并组建了常设性策划机构专刊部(又称专刊策划部)。

从现阶段报业广告经营的角度来讲,策划的内容主要包括三个方面:专刊新闻策划、活动营销策划和品牌推广策划。此三者必须互相依附、共同推进、互为一体,其核心是策划。从内容来看,专刊新闻策划则要摆脱早期专刊自然自发的状态,每个行业专刊、每期专刊都要实现专题化、主题化,而这个主题就是靠策划而来;活动营销策划则要依靠“头脑风暴”,不断寻找市场热点,制造卖点,推出有影响力、品牌力和高效益的活动;品牌推广策划则是在前两者的基础上,对优秀专刊策划、活动策划进行梳理总结,推出报纸的品牌专刊、品牌活动,进行整合营销推广,从而提升、塑造整个报纸的品牌。

实际上,从《三峡商报》多年广告经营实践的经验来分析,策划的三个内容从来不是孤立的,同时也是报纸广告经营某一过程的三个阶段。长期坚持的策划实施线路应该是这样的:通过活动策划确定活动方案,依托专刊新闻策划推动活动的进展和广告开发,再通过品牌推广策划强化活动的影响力,有利于下次活动策划的展开。这样周而复始,循环前进。从具体操作来看,《三峡商报》执行的模式是:提出某一行业或某一客户的活动策划方案;确定可以实施的策划活动;确定该活动在每期相应专刊上的表现形式、新闻内容;实施该活动的品牌推广计划,提高活动影响力,促进活动的

广告招商；推出活动的主题专刊或特刊。可以看出，广告经营的全过程均以策划为核心，所有策划均以活动为中心，所有活动成果均以专刊体现，而所有专刊最终实现品牌化。

二、打造以点成线、多点成面的广告策划模型

策划的实质是实现报纸内部资源与外部环境连动优化的过程，在策划成为当前报业广告经营核心理念的前提下，策划模型的建立成为关键。

《三峡商报》针对同城平面媒体多，竞争激烈的情况，很早就明确提出“以策划竞争代替自然竞争，以活动营销激活市场，以专刊特刊开发增量广告”的广告经营思路。每年策划大大小小的活动100多个，平均每3天有一个活动，被市民誉为“活动报”。

从广告经营的行业划分来分析，目前分七大市场行业：房地产（装饰）、汽车、医疗（健康）、商业（家电）、通信、餐饮（娱乐）、旅游。每个广告年度，每个行业市场须制定出为期12个月的活动策划计划，每季度考核一次，每半年调整一次，贯穿下来，基本要求是每月须有一个主题活动，以此贯穿全年的广告开发。以房地产市场为例，2008年在房地产业面临市场调整的前提下，宜昌各媒体房地产广告大幅下滑，《三峡商报》房地产部始终贯彻策划这条主线，全年依托12个主题活动为策划点，带动房地产这条行业广告线的增长。这些策划有针对全市房地产行业的“宜昌金牌户型评选”；有为某一客户策划的“中国水岸豪宅江海行”；有针对某一区域的“城市新干线——发展大道片区人居论坛”；有针对七八月份淡季的“地产东游记——宜昌地产精英华东行”；有针对商业地产的“专业市场招商投资研讨会”等等，其他行业也是如此。

在各行业进行线性策划的同时，广告经营必须进行全行业综合性、全面性的策划。这类策划将有效提升策划的高度和报纸的品牌影响力。从某一广告年度来讲，必须坚持全年保证2-3个大型策划活动，这样才能构成一个合理的策划模型。《三峡商报》9年的发展基本上坚持这一原则。2006年《三峡商报》主办了宜昌历史上由媒体独家主办的大规模户外展会——宜昌车房文化节，现场成交额突破1亿元，广告开发突破100万元。2007年主办的“环球小姐三峡赛区选拔赛”历时两个多月，活动创收55万元，直接拉动广告版面近20万元。2008年主办的“宜昌骄傲——改革开放30年30人30标杆企业评选活动”，规模宏大，社会影响力空前，直接开发广告近200万元。

这种以点成线、多点成面的策划模型，是确保当前报业广告经营增长的“引擎”，一方面通过策划提升影响力，确保常规广告的流入；另一方面通过策划带来市场兴奋点，不断开发增量广告。

三、以市场为基点寻找活动策划的兴奋点

策划本身是个刻意创新、灵活多变、没有条条框框限制的脑力创造过程，需要依托“头脑风暴”，寻找市场的兴奋点，激发广告主的投放热情、刺激消费者的购买欲望，在报纸则表现为“注意力”经济。

良好的策划模型只是实现广告策划的战略性前提，而活动成功的关键是找准策划点，即活动的内容和形式。作为一线的媒介顾问和策划人员来讲，以专刊版面为依托，从读者、广告客户、市场的需求、兴趣、热点寻找策划点，并通过多种形式来表现这些“点”，是策划成功的要义。依据《三峡商报》及其他成长型媒体的经验，可以总结出活动策划的10个兴奋点。

1.以主题会展为市场兴奋点

媒体举办展会，具有信誉度高、影响面大、招商相对容易的优点，同时也能提高报纸的影响力和品牌知名度。2006年4月7日-12日，由《三峡商报》策划的首届宜昌车房文化节隆重举行，这是宜昌历史上由媒体独家主办的大规模的户外会展，吸引了近40万人次观展，提升了商报在车、房、装饰建材、金融等相关行业的影响力。2008年、2009年《三峡商报》连续多次举办“婚庆博览会”。从2004年开始，《三峡商报》四季车展从未间断过。

2.以体育、选美赛事为市场兴奋点

主办高规格的文艺娱乐选美活动和依托重大国际国内赛事，既能服务读者，又能展现报纸的文化品味、品牌。2006年世界杯，商报推出《世界杯号外》特刊，2007年主办的环球小姐三峡选拔赛历时两个多月时间。期间，专刊部每天推出一个专版推介赛事，报道活动进程，在全市掀起了一场“美丽风暴”，大大提升了商报品牌影响力。2008年又成功举办“第八届中国艺术节湖北微笑大使选拔赛”，取得良好社会效益和经济效益。

3.以评选授牌经济为市场兴奋点

行业评选授牌仍然被认为是当前较为有效的策划点之一。评选主要依靠报纸的公信力和联合主办单位(协会)的影响力。《三峡商报》是宜昌最早依托评选授牌为策划点的媒体。创刊9年来,每年各行各业的评选活动在10个左右,最具影响力的有"年度汽车风云人物评选"、"年度汽车双十佳"系列评选、"年度宜昌餐饮业十大风云人物暨餐饮企业30强评选""年度最具投资价值商业地产评选""年度消费者最满意(信赖)品牌评选"、"宜昌骄傲——改革开放30年30人30标杆企业评选""宜昌十大杰出(优秀)青年企业家评选"等。评选最重要的是取得相应主管部门、权威机构、行业协会的支持,以提高活动评选的权威性、公信力和影响力。

4.以产业论坛(峰会)为兴奋点

行业论坛(峰会)被认为是成长型媒体、新锐媒体最有效的广告策划点,它能在最短时间、最大范围地吸纳广告客户,特别是能够得到新客户、潜在客户的认同,也是最有效的报纸品牌推广手段。《三峡商报》每年举办各类高层论坛、老总峰会不下10个,最具影响力的有"宜昌餐饮企业老总峰会""宜昌汽车业界老总年会""房地产营销高峰论坛""商业地产高峰论坛"等。

5.以团购营销模式为兴奋点

团购是最近两年兴起的广告策划点,它能直接给广告客户带来购买力。近两年商报举办各类型团购活动十几场,如"看房团购""手机团购"、"家电团购""汽车团购"等。

6.以顾问团、俱乐部互动模式为兴奋点

顾问团、俱乐部的建立有利于报纸培养自己忠诚的"消费者"和行业"意见领袖",有利于市场互动,提高行业客户广告的有效到达率。如"商报房地产专家顾问团""三峡商报周末看房大篷车""商报购房团""汽车团购节""手机团购节"等。

7.以假日经济为市场开发兴奋点

假日经济是广告策划的又一主要模式。《三峡商报》早期特刊是依此而发展的。如传统的《五一消费宝典》、《十一消费特刊》、《元旦生活宝典》等,这些生活消费类特刊少则80版,多则100多版,具有提供行业资讯、引导市民消费、信息量大、可读性强等特点,颇受市场和市民欢迎。2005年12月16日,在《三峡商报》创刊5周年之际,商报策划推出了148版的创刊5周年大型纪念特刊,当天开发广告70万元,开创了宜昌报业史上单期报纸版数最多、广告量最多的纪录。

8.以考察交流为策划点

媒体组织考察交流成为策划新亮点,可以充分利用媒体人脉和社会资源。如商报房地产部策划的宜昌地产精英成渝考察的"地产西游记"大型活动。2007年,《三峡商报》组织宜昌20多名房地产精英前往成渝两地,对10多个楼盘进行了全面考察交流;2008年又组织了"中国水岸豪宅江海行大型采访活动",历时12天,行程8000公里,采访了6个城市;同年还组织了"地产东游记"。这些活动不仅把客户服务水平推向了更高的层次,也有力地促进了商报房地产淡季广告的经营。

9.以社会公益特刊为市场开发兴奋点

树立社会正气、弘扬社会新风,依此为题进行策划,既能得到主管部门支持,又能发挥最大经济效益。如"帮农民工找工作""三峡农产品与武汉超市对接""高考招生见面会""中考特刊"等。

10.以体验互动为市场兴奋点

最常见的产品体验活动是新车试车会、试乘试驾。商报《三峡车城》周刊部每两年一届的"湖北三峡汽车试驾节"最具影响力。

四、把专刊作为实现策划营销的超级平台

专刊,从一定角度而言,已成为广告策划经营链条中十分重要的一环,是为报媒广告经营提供增值服务和延伸服务的"金钥匙",是实现策划营销的超级平台。

"三位一体"广告经营模式中,专刊是策划成果最终得以体现的物化形式。因为任何活动策划的最终目标是实现广告收益,而这一收益显然是通过专刊来体现的。专刊作为实现策划营销的超级平台包含两方面的含义:一是专刊实现了广告策划的物质成果;二是专刊是推进活动策划的主要工具。从功能上讲包括以下三个功能。

1.专刊成为广告投放的主阵地

专刊作为报纸内容的重要组成部分,已成为广告策划、广告投放的主阵地。目前三峡商报拥有《黄金楼市》、《生命周刊》、《三峡车城》、《3C周刊》、《美食养生》、《娱乐快线》、《居家装饰》、《三峡教育》、《理财周刊》、《三峡旅游》、《时尚购物》、《时尚服饰》、《政务新闻》等十几个专刊,周一至周五每天一至二个专刊,这些专刊与活动策划紧密结合,互动经营,整合传播,不断为读者提供最新的行业资讯,同时为各种策划活动提供推广支持,激起了各行业一浪又一浪消费热潮,使各行业专

刊在有效引导消费,服务市民生活的同时,提高了专刊质量和阅读率。广告跟着专刊走成为专刊功能的重要体现。实现了策划一个活动,激活一个市场,拉动一片广告的目的。

2.专刊是推进策划的主要工具

面对各媒体对广告策划的重视，策划的边际效益也在不断降低，因此一个策划取得成功的关键是策划本身的推广。我们的经验是,好的策划必须有强有力的推广宣传方案。因此,制订活动策划方案的同时,必须制订推广宣传方案。而专刊是策划推广的主阵地,通过各种形式的专刊推广,将有效扩大策划的影响力、关注度，为广告招商打基础。如在“宜昌骄傲——改革开放 30 年 30 人 30 标杆企业评选活动”中,我们每天开设一个专版进行活动推广,报道活动进程,同时推出形象推广广告,推动活动进程,有力地配合了活动进行和广告招商。“金牌户型评选活动”利用《黄金楼市》专刊进行了为期一个月的宣传推广。

3.专刊成为广告策划的成果体现

这一成果是:主题特刊。按最新的广告策划模式，一个广告策划成功有三个标志，活动成功举行、广告特刊成功出版、报纸品牌明显提升。因此,任何一个广告策划最终要落实到广告特刊的成功出版。这些广告特刊就是一种全新的专刊表现形式。2006 宜昌秋季房交会推出铜版精印的 32 版《宜昌房典——房交会特刊》,并加印数万份特刊,在房交会现场及相关休闲娱乐场所、写字楼免费派送,放大特刊的影响力,提高广告传阅率,此举不仅创造了几十万元的广告增量，也大大提升了商报品牌影响力。宜昌地产“西游记”活动的成功标志是共出版三期《黄金楼市·西游记》主题特刊,开发增量广告逾 30 万元。2009 三峡宜昌茶博会的成功体现在出版《宜昌茶典》主题特刊上。

五、实现广告策划成果最大化的组织保证

策划的组织都有一定的程序和流程，不同的组织方式和工作方法能造就不同的结果，其中的组织保证便是实现策划成果最大化的前提之一。

在制订广告策划方案时，就有明确的组织结构和人员分工。从实践来看,这个组织机构经历了较长的摸索过程。从《三峡商报》及其他媒体的发展过程来讲，目前能实现效果最大化的组织模式有两种:一是常设性策划机构;二是临时性实施机构。

常设性策划机构,目前一般由专刊部担任。如《三峡商报》专刊部不仅负责所有十几个专刊的编采、出版，同时还承担着各行业广告策划案的提出。为保证策划与市场的对接,专刊人员实行的是双重领导制，即专刊部各行业的专刊记者直接分配至各行业事业部,同时接受事业部主任的领导,这样有利于专刊记者接触市场,了解客户需求,才能作出与市场接轨的策划方案。这种模式目前被广为采用,并收到较好的效果。

临时性策划实施机构主要指一些大型策划活动成立的项目小组，小组由专刊部主任和事业部主任共同主持,前者负责策划方案制作、策划推广宣传、策划主题特刊出版；后者负责策划广告招商、组织。在“改革开放 30 年 30 人 30 标杆企业评选活动”中,我们还设置了较为全面的组织机构:项目负责人、会务组、宣传组、招商组、后勤组。负责人由分管副总编担任，负责整个活动的协调和各小组负责人的分工；会务组负责颁奖现场、接待、人员、主持等;后勤组负责奖牌、其它物质保管、采购等;宣传组负责活动宣传、推广、特刊出版、领导讲稿;招商组负责广告招商、落实。所有这些组的强有力保证,最终才能实现策划的成功。

专刊策划会是广告策划实施的主要形式。广告策划会分定期策划会和专题策划会。定期策划会由专刊部主持,一周一次,参加人员为专刊部记者、事业部主任,主要策划常规性专刊主题。这一形式有利于专刊策划与市场的有效对接，也成为提高专刊策划水平的基本手段。

专题策划会主要由项目小组主持，参加人员为专刊部主任、事业部主任和相关媒介顾问、专刊记者。会议主要内容是通报活动策划进展情况、后期推广措施、广告招商进度等。这种会议能最大限度地保证策划按确定的方向稳步推进。□

※作者唐和清是《三峡商报》总编辑,高峰是《三峡商报》广告中心副总经理

※文章来源:《中国报业》2009 年第 8 期

2009年中国报业印务管理发展综述

●张大伟

2009年，中国经济在普遍趋紧的国际大环境中逆势而动，GDP增长率达到了8.7%，成为全球最早实现经济复苏的国家。尽管大环境趋于向好，但在全国报业营收情况普遍不乐观的情况下，国内报纸印刷产业仍然是抱着“观望”心态进入2009年的。随着新闻纸价格回落以及国家相关优惠政策的出台，特别是国内的报业印刷企业在体制改革上勇于创新，在经营管理上进行多元化探索，在节能降耗上开源节流发展低碳经济等等这些努力，使得中国的报业印刷企业仍然在2009年取得了一个相对完美的收关。

一、报纸印刷总的形势

2009年第一季度，绝大部分报纸印刷厂遭受了史无前例的创伤，直到第二季度才有所缓和，下半年出现明显好转。中国报协印刷工作委员会顾问夏天俊表示，从报纸印量上来看，也是“下半年的情况好于上半年”，并且国庆60周年、社庆60周年成为不少报社尤其是党报翻身的契机，报纸广告收入及印量都出现了一个小高潮。

2009年12月10~12日，中国报业协会印刷工作委员会第十次全国报纸印刷厂长会议在厦门召开。中国报协印刷工作委员会顾问夏天俊做了会议工作报告，他指出，2008年我国报纸印刷量下降了2.45%，报纸印刷遭遇了前所未有的负增长，2009年的印刷量也不容乐观，根据印刷委员会对1~10月印量的重点摸底，初步估算全国印刷厂约有30%印量与上年持平，30%略有增长，但增幅不多，多半在10%以下，有40%可能出现下降，并且有不少厂家的降幅在10%~20%之间。

中国印刷技术协会首席顾问沈忠康也对2009年全国的印刷产业经营情况做了总结，他指出五大特点：一是印刷出口订单大幅下滑，特别是广东的印刷出口订单下降20%~30%；二是企业的经济效益大幅下降，企业利润普遍比销售额跌幅大；三是包装印刷随出口下滑下降幅度大于出版印刷。在出版印刷中，报纸印刷出现了自改革开放以来的首次下降；四是中小企业受影响程度大于大型骨干企业，东部地区的企业受影响程度大于中西部地区的企业；五是印刷设备、器材的销售跌幅大于印刷业的跌幅，其中印机跌幅更大一些。沈忠康还指出，面对国际金融危机，我国采取了一揽子政策和措施，有效地缓解了危机对我国经济的影响，

表1 国家统计局2009年印刷业和记录媒介的复制工业增加值增长速度统计

1-6月		累计增长6.2%	全国工业增长为7%
7月	印刷增长8.7%	累计增长6.2%	全国工业增长为7.5%
8月	印刷增长8.5%	累计增长6.2%	全国工业增长为8.1%
9月	印刷增长13.2%	累计增长6.2%	全国工业增长为8.7%
10月	印刷增长11.5%	累计增长6.2%	全国工业增长为9.4%
11月			全国工业增长为10.3%

总体经济形势回升向好。作为文化产业的重要部门，2009年印刷业总体上呈逆势上扬的态势，其发展走势与工业产值(GDP)基本同步(参见表1)，但是发展不平衡，基础不牢固、不稳定。同时，报纸印量受国际金融危机和新媒体冲击的双重影响，在2008年下降2.4%之后，2009年前三季度主要报纸印量仍呈下降趋势，有的下降幅度还很大。印刷设备（包括复印机械）产量第一季度累计下降45.8%，第二季度累计下降27.1%，第三季度累计下降51.7%。据中国印刷及设备器材工业协会报告，2009年上半年，30%的企业经济效益较同期增长10%，70%的企业经济效益同比下降20%左右。

据中国报业协会统计，2008年报纸印量为1594亿印张，比2007年的1634亿印张下降2.45%。而2009年形势更加严峻，除新疆、西藏、四川和山东等省(区)外，多数都出现了10%~15%的下降。

根据《2009年度全国报纸印量调查统计》中统计，2009年，我国报纸总印量同比减少了6.78%，继续了2008年的负增长态势。中央、各省（区、市)、各计划单列市、特区及部分地市的126家报纸印刷企业参与了这次统计。这126家报纸印刷企业2009年的报纸总印量为995.59亿印张，占全国报纸总印量的67%。以此计算，2009年度全国报纸印刷总印量为1486亿印张，较2008年的1594亿印张减少了6.78%。2009年耗用新闻纸334万吨，较2008年的358万吨减少了6.70%。

2009年报纸印量负增长不只表现为总印量同比下降，还表现为年印量呈负增长的企业数量也在逐年增长。2007年、2008年、2009年这3年，年印量负增长的企业数分别为44家、53家、72家，在调查企业总数中的比例也从26%左右跃升至57%。

就各地区的印量对比而言，三大产业带的文化中心——北京、上海、广东的印量，虽然进入了31个省(区、市)印量排名的前5位，但同比上年，下滑幅度均超过了10%。按大区来分，6个地区中只有西北地区印量同比增长。

调查同时显示，近3年来，报纸印刷大型企业的数量相对稳定，小型企业的数量逐年减少，报纸印刷行业的集中趋势愈加明显。分析其主要原因，除了国际金融危机风暴、纸张价格上升、成本提高等影响发行量下降，更直接的原因是来自新媒体的冲击。

二、2009年新闻纸价格走势情况

1.报业印刷用纸

如果没有意外情况的拉动，2009年中国报业广告营收情况整体下滑已经是一个不争的事实。然而，在众多不利因素影响下，有一个利好的情况让报业老总们的眉头稍稍舒展，那就是新闻纸价格回落。新闻纸价格的回落让报业在2009这个“寒冬”里多少暖和了一些。在报纸的生产成本中，纸张成本大概占到了60%~70%，因此，新闻纸价格对报社的影响显而易见。

2008年，随着新闻纸价格的一路飙升，报业为此多付出了很大的成本。解放日报报业集团2008年的新闻纸支出与2007年相比，增加了约1亿元；《珠海特区报》2008年所用新闻纸为5800元/吨，而2009年是3800元/吨。仅新闻纸一项就可以节省800~1000万元，也就是说，广告减少的部分与新闻纸节省的部分大抵可以扯平。深圳报业集团2008年也增加了近1亿元新闻纸成本。2009年6月，《广州日报》宽度减少了20mm；一向做“大报”的《南方日报》改成了720mm宽；2010年1月1日，《经济日报》也以720mm的宽度轻装上阵……报纸瘦身可谓“润物细无声”，以日均发行量35万份的《广州日报》为例，裁边20mm后全年节省纸张成本4000万元，加上新闻纸价格回落的节余以及报纸重量减轻后运输环节节省的油耗等，拧出来的利润不可小觑。

有数据显示，2007年我国新闻纸用量约为350多万吨，由于2008年举办北京奥运会等因素，新闻纸用量约有8%的涨幅，为380多万吨。按照2008年每吨新闻纸价格上涨近2000元计算，意味着报业2008年比2007年多承担70亿元左右的纸张成本。据统计，2008年国内新闻纸生产量460万吨，进口新闻纸1.5万吨，出口35.95万吨，全年消费量425.5万吨。2009年1~9月国内新闻纸生产量约为354.98万吨，比2008年同期增长0.28%，进口新闻纸1.16万吨，同比增长6.19%，出口新闻纸18.51万吨，同比下降37.66%。

而2009年新闻纸的进出口价格也较去年同期有所下降，1~9月新闻纸进口到岸价格平均为581美元，比上年同期的656美元降低了75美元，而出口的离岸价格平均为574美元，比上年同期的677美元降低了103美元。

根据国内新闻纸现有产能和2009年前9个月的生产、销售情况及报业出版发行量情况分析，预计2009年全年新闻纸生产量与去年相比持平，生产总量约在460万吨左右，进口量与上年基本持平，出口量同比下降约35%，总量约在25万吨左右，预计全年消费量约为430万吨，增幅约为1~2%。

近年来，由于受到互联网等媒体冲击，全球范围内新闻纸消费量都或多或少地受到影响，而金融危机爆发后又给实体经济带来冲击，造成平面媒体广告下降，直接影响到报纸的发行量和新闻纸的用量。因此，整体来看新闻纸的消费总量要大幅增加还有难度，但在特定环境下，需求还是会有新增长，如2010年召开的上海世博会，由于宣传等需求，预计将会提高新闻纸的用量。

需要注意的是，作为中国第一例反倾销案实施的对新闻纸贸易的救济措施，经过11年的历程，已于2009年6月底到期，商务部已终止了反倾销措施，加上金融危机给经济带来的影响，2009年新闻纸出现了一些诸如市场销售不畅和产能不达产或改产其它品种的情况，给国内新闻纸生产带来一些影响，同时也给2010年的新闻纸生产和销售增加了一些变数。

2.书刊用纸

据新闻出版总署统计，2008年全国共出版图书27.57万种，同比增长11.04%；总印张560.73亿印张，同比增长15.26%，折合用纸量131.85万吨，同比增长15.23%；2008年全国期刊9549种，比上年增加81种；总印张157.98亿印张，同比增长0.03%，折合用纸量37.12万吨、同比增长0.03%。图书、期刊两部分合计，总印张数为718.71亿印张，比上年增长11.52%，折合用纸量168.97万吨，较上年增长11.51%。

从新闻出版总署提供的2008年图书、期刊发行情况看，全国各类图书、期刊除图片类、自然科学总论类、综合类、文化教育类、画刊类在出版数量方面同比有下降外，其它所有图书、期刊都有所增长。各企业可以通过图书、期刊发行的增减情况，来分析和判断书刊用纸的产品销售和发展方向。

据统计，2008年未涂布书写印刷纸生产量1400万吨，比上年增长4.48%；进口未涂布书写印刷纸39万吨，与上年相比减少13.33%，出口54万吨，同比增长1.89%。

2009年1~9月未涂布书写印刷纸进口27.57万吨，比去年同期减少4.03万吨，同比下降12.74%；出口36.79万吨，比去年同期减少7.16万吨，同比下降16.28%。

根据国内未涂布书写印刷纸生产和市场走势情况，预计2009年全年未涂布印刷书写纸可完成1500万吨左右，比上年增长约7%左右，进口约35万吨，出口约50万吨。

由于近两年国家加大了节能减排和淘汰落后产能政策的实施力度，加上金融危机发生后，文化用纸受冲击相对较小，使得书刊用纸生产与市场发生一些变化。具体表现是：小企业并且以草浆为原料生产的中低档书刊用纸产量下降，市场趋紧，用户开始向中高档产品转移，抬高了市场价格。因此，这两年有些企业通过转产，也有些企业趁势投资新上了大型生产设备，将使近两年文化用纸生产能力增长过快，如果新增产能过于集中并在短期内释放，将会给市场带来不利信号，同时产品也将面临市场压力。因此，我们预计明年书刊用纸生产量会有增加，但市场竞争会加剧，价格会产生波动。

3.铜版纸

铜版纸作为高档印刷用纸，前几年国内在生产量和消费量增长较快，而近两年国内铜版纸消费量增长较前几年减缓，因此，富余产能就不得不依靠海外市场消化，加上国内铜版纸产品质量的提高，就使得近两年国内铜版纸出口量增加较多。

据统计，2008年全年国内铜版纸生产量为460万吨，同比增长9.52%；出口铜版纸97万吨，进口铜版纸38万吨，全年消费量为401万吨，同比增长9.26%。

今年1~9月进口铜版纸22.41万吨，比去年同期减少7.82万吨，同比下降25.89%；1~9月份累计出口铜版纸101.53万吨，比去年同期增加30.51万吨，同比增长42.95%，平均每月出口11.3万吨。

根据近两年新建项目带来的增量和2009年铜版纸生产及市场情况来看，预计2009年国内生产量会有一定增长，全年国内铜版纸生产量约在490万吨左右，增幅约6.5%，出口量约130万吨左右，同比增长约35%，进口量约在25万吨左右，全年消费量约为400万吨左右。

从已知的再建和改扩建项目看，预计后两年国内铜版纸生产能力还会有增加，而国内市场竞争也会更加激烈。

美国商务部2006年立案的对中国出口到美国的铜版纸进行反补贴和反倾销调查，2007年底已由美国国际贸易委员会作出了裁定，认定中国出口到美国的铜版纸不存在补贴和倾销，并撤消了对中国铜板纸出口到美国的“双反”调查。但在

表 2 2009 年前三季度我国印刷设备、器材进出口情况　　单位金额:亿美元

	时间	金额		累计于全年同期比
		本季度	累计	
出口	第一季度	2.0553	2.0553	-32.86
	第二季度	2.3448	4.4001	-32.58
	第三季度	2.7546	7.1547	-26.56
进口	第一季度	3.9570	3.9570	-33.86
	第二季度	5.2723	9.2293	-26.93
	第三季度	6.0931	15.3224	-17.80

表 3 各类胶印机进出口情况　　单位金额:亿美元

	进口				出口			
	台数	金额	增减	百分比	台数	金额	增减	百分比
轮转	21	0.4201	-53.4	9.31	214	0.2242	-22.7	54.58
办公	12	0.0008	-22.5	0.02	48	0.0070	513.7	1.70
平、单	16	0.0046	-95.9	0.10	288	0.0221	-43.3	5.38
平、双	5	0.0275	-65.9	0.61	56	0.0090	-49.3	2.19
平、四	377	2.0746	-12.4	45.97	10	0.0222	-67.6	5.40
其他、平	146	1.8042	-27.5	39.98	39	0.0986	11.4	24.00
未列名	46	0.1813	-5.8	4.02	272	0.0277	-44.2	6.74
合计	623	4.5132	-26.55	100	972	0.4108	-25.95	100

2009 年 6 月,美国 New Page 公司联合产业工人工会又对这一案件提出了复审申请,9 月份美国国际贸易委员会已正式立案,重启了对中国出口到美国的铜版纸“双反”调查。国内相关企业正在积极应对,结果如何还需等待。但这一问题的发生可能对 2010 年铜版纸出口带来一些影响。

三、印刷设备、器材情况

尽管 2008 年底的经济大环境使得中国印刷企业不得不收紧荷包,但是 2009 年一至三季度印刷设备器材进出口形势已经渐趋好转。

国际金融危机使得 2009 年第一季度国内 GDP 增长幅度降到了近年来的最低,同时进出口值也大幅下滑,我国印刷设备、器材进出口也未能幸免。但随着国家宏观调控政策的陆续出台,我国印刷设备、器材进出口形势趋于向好。

根据《中国新闻出版报》的统计结果,2009 年第一季度第三季度我国印刷设备、器材进出口额的变化趋势。从表 2 中可以清楚地看到 2008 年第四季度和 2009 年第一季度印刷设备、器材进出口总额发生的大幅下滑。可喜的是,2009 年第二季度、第三季度印刷设备、器材进出口总额均有不同程度的回升。

在印刷设备进出口中,胶印仍是我国应用范围最广的印刷方式。在印刷设备进出口中印刷机的进出口金额占第一位。其中进口金额占 47.98%,出口金额占 31.22%。

在各类印刷机中，胶印机尤为值得关注，这是由它在我国印刷领域占位置决定的。即使是现在，在出版物印刷领域几乎百分之百采用胶印方式印刷，在包装装潢印刷领域这种印刷方式至少也占据着半壁江山。可以说到目前为止，胶印印刷仍是我国应用范围最广、产能最大的一种印刷方式。

四、国产报业用高速报纸印刷机自主创新取得大突破

“十一五”期间，国家科技支撑计划先进制造技术领域安排了报业用高速报纸印刷机攻关与研发课题。在中国机械工业联合会的精心组织下，课题承担单位北人股份有限公司和北京印刷学院经过近三年的努力工作，课题研究内容已按计划全部完成，印刷机关键技术取得了重大突破，国产印刷机综合技术指标已达到国际先进水平，这标志着高速报纸印刷机国产化能力取得了新的突破。

该课题研发的BEIREN75A卷筒纸报纸印刷机，是单幅宽、倍径滚筒、模块化机组形式的报纸印刷设备，印刷速度≥75000张/小时，纸张线速度>11.3m/秒，属于中型印刷设备。同时该印刷设备具备配置变换灵活、自动化程度高的特点，可以针对大、中、小报社的不同需求构成不同规模的印刷生产线，其印刷质量、稳定性、噪音、技术配套等指标也均体现出较高的水平，能够满足报业印刷的应用需求，是未来报纸印刷的主流机型。该印刷机一经面世便受到国内报纸印刷业的欢迎，中国体育报社、青岛日报社、江西日报社、农民日报社先后订购了该印刷机，实现销售近亿元。国产高档高速报纸印刷机的广泛应用打破了国外产品的长期垄断，为国产高速报纸印刷机自主创新和未来的发展奠定了坚实的基础。

五、控制成本 开展绿色印刷

近年来，由于网络为代表的多媒体出版对报纸出版的冲击，国内不少报纸纷纷缩减版面、减少发行量。报纸印刷作为报纸出版最大的成本支出环节，如何采用先进的信息技术，更好地进行成本控制，已经成为报纸出版关注的热点。根据IFRA（世界报业和新闻出版协会）在42个国家进行的2009年预算调查结果来看，占据前三位的分别是“开发新的读者和市场”“客户关系管理”“减少成本”，说明了全球报业在开源节流方面的共识。其中“减少成本”这一项从2008年预算中排名第17位上升到2009年的第3位，是最大的变化之一，节能降耗是全球报业所共同关注的话题。面临当前的经济形势，对于绝大多数报社而言，开源的工作任重而道远，用户信息的收集管理、经营模式的转变、多媒体的融合等，都不是一蹴而就的事情，在一定时期内，纸报的广告收入仍然是最主要的收入来源，因此报纸印刷生产成本成为了重点关注部分。根据《中国新闻出版报》相关文章的统计，在报纸生产的过程中，纸张、油墨的成本占到了60~70%甚至更多，是报纸生产最大的成本，如何降低这些成本成为了众多报社关注的重心。

根据《印刷经理人》的调查显示，辽宁新闻印刷集团有限公司2009年上半年累计总产量同比下降11.04%，其中一季度产量的滑坡幅度较大，是自2000年来没有出现过的，4月开始形势回稳。2009年1~10月，集团实现产品销售收入29657万元，比2008年同期减少11.59%，实现利润总额4098万元，比2008年同期增长6.75%。据公司负责人介绍，在销售与利润一降一升背后，主要是成本的压缩，包括严格管理，降低纸耗，提高胶片、ps版的成品率、利用率；控制新闻纸和大宗印刷材料的采购成本等。当然，新闻纸价格跌落带来的成本减少更是不可忽视的重要因素。

2009年3月27日至28日，由中国报协发起，大连晚报与北大方正电子有限公司共同承办的报纸印刷成本控制研讨会在大连召开，与会人员就报纸印刷成本控制展开深入的探讨。

方正科技高级研究员杨燕茹认为，在节能降耗方面充分发挥先进科技的力量，可以起到事半功倍的效果。随着信息技术的发展，实现印刷内容数字化、生产工艺数字化、经营管理数字化是必然的发展趋势。应用先进的技术，真正提高报纸生产的安全性、时效性、质量与读者满意度，才能将报业60年的发展成果持续保持；应用先进的技术，真正降低生产中的消耗，减少报纸的生产成本，增加收益；应用数字化的精细管理，更好的实现对于人员、资金、物料的管理，提高工作效率和资产的利用率。通过整体数字化技术的应用，才能更好的应对激烈的媒体竞争和恶劣的市场环境，渡过难关，谋求更好的发展。

六、坚持不懈 努力提高报纸印刷质量

2009年6月，中国报业协会印刷工作委员会对全国报纸印刷企业进行的2008年度报纸印量调查，并公布了《2008年度全国报纸印量调查统计报告》。报告显示，广州日报印务中心2008年报纸印量高达75.87亿印张，位列第一。

据悉，此次的调查共有中央各报、各省市自治区、各计划单列市、特区及部分地市报印刷厂共139家单位上报数据。这139家印报厂2008年的报纸总印量为1083.95亿印张。此次参与调查的139家单位的总印量占全国报纸总印量的68%。

本次的印量调查，仍以年印量大小顺序列表。从中可以看出，2008年印量呈现负增长的单位达到53家，占本次调查的139家的比例为38%。不过，从调查汇总表中可以看出，年印量较大的，如印量在10亿印张、5亿印张及2亿印张以上的单位不但没有减少，反而有所增加；主要是印量在2亿印张以下的单位减少了34家。□

※作者单位：中国政法大学传媒与文化产业研究中心，本文根据《中国新闻出版报》及中国政法大学传媒与文化产业研究中心资料综合整理

※参考文献：

1.沈忠康.《2009年印刷业呈9种态势》

2.杨艳茹.《降低消耗、绿色环保—应用新技术实现报纸节能降耗生产》

3.任秀颖.《报纸印刷 再度告负》

4.杨生.《2009年一至三季度印刷设备器材进出口形势渐趋好转》

创新则活　守旧则亡

——辽宁新闻印刷集团体制创新的启示

● 黄淑娟

辽宁新闻印刷集团以“创新则活，守旧则亡”为企业发展理念，自2000年起，在体制机制方面不断进行创新实践和探索。在体制上，由辽宁日报社的二级核算生产经营单位，发展成具有独立法人资格，产权多元，资产超过3亿元，年赢利4000多万元的集团公司，跻身全国文化体制改革试点单位之列。在经营机制上，集团由原来躺在辽宁日报社怀里吃大锅饭的经营亏损单位，发展成全国印刷百强企业，赢利额位居全国报业前六位。

一、转变经营理念，实现扭亏为盈

辽宁新闻印刷集团的前身是辽宁日报社印刷厂，是有50年历史的老厂。2000年前，一直是报社的二级核算生产经营单位，不具有独立法人资格。工厂坐落在报社院内，近200名职工有一半以上是事业编制，还有报社内部职工家属就业大集体性质的合同制工人。工厂设备比较陈旧，日印刷能力为80多万对开张，是一家年产只有2.7亿对开张，外活仅占14%，年亏损268万元的报社内部印刷厂。当时的状况是，印刷厂是报社的生产服务单位，市场开发意识淡薄。由于只是二级核算，没有自负盈亏，生产不具备规模，发展十分艰难。1999年，辽宁日报投资1.5亿元，在浑南高新园区征地75亩，购买了3组德国进口的曼罗兰6万/小时高速报纸轮印机，2000年初，组建了辽宁日报印务中心。报社党委选派经营人才，搭建了新的领导班子。报社党委给新班子下达的任务是，自主经营，实现造血机能，自负盈亏。新班子上任后，工厂从经营观念上开始由生产服务型向生产经营型转变，大力开发市场。在生产设备不足，印力满负荷的情况下，揽代印本地都市类报纸，领导亲自带队前往北京等地走访客户，2000年当年实现扭亏为盈。只用三年，外活比例攀升到40%，完成了从生产经营型向市场经营型的转变。印务中心在人事管理、分配制度、成本核算等方面进行了大刀阔斧的改革，激发了职工的积极性，工厂不仅赚回了报社的投资，还成为报社的经济支柱。

印务中心在走向市场经营的过程中，受到体制的诸多限制。由于不具备社会法人资格，在对外融资合作等方面屡屡受挫，企业做大做强的长远规划很难实现。

二、突破体制限制，成立沈港合资企业

面对都市报迅速崛起的机遇，印务中心班子下决心突破体制限制，跳出原有旧体制的藩篱。2002年初，经过辽报党委会研究同意，在不改变辽宁日报印刷厂性质的前提下，由辽宁日报社出资1700万元，注册成立沈阳金色阳光印务有限公司，解决了企业的法人资格问题。之后又与香港高信行建立了合资关系，注册2700万元，成立沈港合资的辽宁报信印务有限公司，金色阳光占有51%的绝对控股权。

合资企业的建立，吃了全国报业印刷企业体制创新的第一只“螃蟹”，成为全国报业印刷企业

开放搞活，吸引外来投资的典范。实践证明，体制的突破，为印务中心今后几年的快速发展乃至组建印刷集团，迈出了关键的一步。合资企业引进了全国第一台日本产的西研65型1700宽幅印刷机，大大提升了印务中心的生产能力，为解决辽宁日报印刷时效的瓶颈创造了条件。合资的重要意义还在于印务中心彻底走出了过去完全由报社投资更新印厂设备的怪圈。合资企业港方不参与管理，但合资企业的现代管理模式，为印务中心带来体制的活力。同时，作为报社企业在进口设备免税、享受国家减二免三优惠税收政策方面，抓住了机遇。企业快速发展，于2003年增资，添置国产设备，2004年在鞍山设立分厂，2005年在沈阳文官屯建新厂区，成为资产总额达到1.2亿，年产值6800多万元，创利1000多万元的中型报纸印刷企业。

印务中心在改革探索中尝到了甜头、持续创新的信心更足，把企业做大做强的目标更坚定。

三、构建全省产业格局，组建印刷集团

根据报业发展规律的预测，随着新都市报的迅速崛起，报业市场呈现激烈竞争、重新洗牌的态势。印务中心未雨绸缪，开始在全省进行战略布局。印务中心先后在大连、鞍山、锦州设立分公司，在沈阳建立南北两个印厂，覆盖全省报纸印刷市场。在辽宁日报传媒集团各子媒事业发展的关键时期，印务中心的战略布局发挥了重要保障作用，同时，也为组建印刷集团奠定了基础。

2005年2月，辽宁新闻印刷集团成立，下辖六个子公司，在报业发展的黄金期，印刷集团实现了规模经营，占据了全省70%的市场份额。集团年赢利突破5000万，创造了印厂50年来最辉煌的业绩。印刷集团在内部管理机制上进行了比较大的改革，理顺了企业内部关系，模拟合资企业经营管理模式，创造了新的管理机制。

四、集团改制成功，体制创新带来可持续发展的活力

印务中心改制工作2006年进入实质操作阶段。在寻找合作伙伴、确立改制模式、设计实施步骤等方面，都做了开创性的工作。在报社党委的领导和支持下，经过多方沟通磋商，终于寻找到战略投资伙伴，与《人民日报》控股的华商数码信息公司成功地进行了股权转让，真正意义上实现了改制后的公司股权多元化。此次改制，报社收回现金8000多万元，为辽报盘活了部分资产。

改制成功的一个重要标志是职工情绪的稳定。全国一些改制先行者都遇到了职工身份转换的难题，为给改制创造良好的舆论氛围，领导班子在制定改革方案时充分考虑职工的承受能力，对在编事业身份职工采取封存档案的稳妥方式，实行经营层持股的激励机制，有效激发了职工参与改制的积极性，开创了改制不留后遗症，四脚安然落地的稳定局面。

印刷集团改制以来，企业竞争力提升，科学管理水平提高，集团的创新能力、可持续发展能力和市场竞争能力增强。

1. 从集团改制后的经营情况看

一是业务量大幅度提升。2007年，印刷集团共印刷报纸近30亿对开张，创历史新高，比上年增长34.13%，在全国报业印厂排名跃升至前6位，经国家新闻出版总署认定，企业综合实力第二次进入全国印刷百强。根据财务统计，集团全年实现销售收入3.32亿元，比上年增长28%，而生产成本和管理成本克服了耗材价格攀升的不利影响，降低了1.5%，全年实现利润4330万元，超额完成报社党委和集团董事会下达的全部经济指标。2008年，在原材料大幅涨价，各代印报减量、减版、减色的严峻形势下，集团充分发挥了体制优势，企业狠练内功，节能降耗，经受住了考验，完成了年度指标。

二是探索与国内市场有效合作获得成功。2007年2月，印刷集团收购了沈阳地区主要竞争对手之一——沈阳华信产业有限公司；2007年3月，印刷集团购买了金城印刷厂，注册成立新闻印刷集团锦州分公司，成功占领了辽西地区的印刷市场。印刷集团通过有效扩张成为辽宁地区印刷行业的龙头，也为集团增添了新的利润增长点。

三是进一步强化了多元化经营。印刷集团首先改变经营观念，从单一印报向多元化经营转变，立足于长远，为企业搭建良好的管理平台，形成了报纸印刷、商务印刷和教辅报纸经营“三驾马车”的格局，拉长了印刷业前端和后续产业的链条，创造了企业的核心竞争力。

2. 从改制后内部管理机制上看

一是健全治理结构，明确决策机制。印刷集团改制后，为了建立健全公司的治理结构，明确决策机制，成立了股东大会和董事会。印刷集团的重大决策都由股东大会和董事会依法做出，股东不得直接或间接损害公司及其他股东的权益对公司董

事、监事候选人的提名严格遵循法律、法规和公司章程规定的条件和程序。

二是建立企业的用人机制。印刷集团改制后，成立了人力资源部。通过组织和岗位分析，建立适合企业的用人制度，使合适的人配置在合适的岗位上，打破过去那种用人终身制体制，完善了企业用人标准和条件，体现了能者上、平者下、庸者让的用人机制。

三是建立企业的分配机制。印刷集团改制后，通过对企业与行业薪酬状况及影响因素的分析，分配机制以岗位和胜任资格为基础，这既有利于吸引和保留人才，也有利于激励员工不断进取，改变了过去那种身份薪酬制度。

四是建立企业的激励机制。印刷集团改制后，通过建立企业全方位的绩效管理机制，使之与分配机制相配合，激励职工追求事业和业绩的热情，改变过去那种做好做坏一个样的状况。比如印刷集团与属下的各个分公司、分厂都签定了经营指标承包合同，确定各项经济考核指标，领导团队按业绩高低拿薪酬。以2008年为例，各分公司、分厂的效益都较以往有大幅度的提高。

根据辽宁省委领导的思路，印刷集团提出了整合全省印刷企业资源，建设巨型报纸印刷产业集团的实施方案，为拓展体制优势、组合行业资源，提出了大胆的创新设想。全面整合印刷资源，加快印刷集团上市的步伐，能充分挖掘全省报业印刷的发展潜力，实现资源的合理配置，提高报业印刷的规模效益。辽宁新闻印刷集团这艘巨型航母，将在全省以50公里为半径设置一个印厂的布局，完成横向资源整合。集团将制定以报纸印刷为核心、教材教辅印刷和商业印刷并举的多元产业结构，向新闻纸包销合作、印刷物资贸易、发行配送物流、进出口贸易和其他相关产业链延伸的长远规划。可以预见，在完成全省资源整合和产业布局后，辽宁新闻印刷集团的核心竞争力和持续发展力一定会有跨越式提升，最终成为全国大型的综合性印刷产业集团。□

※作者是辽宁辽宁新闻印刷集团副总经理

浅析版面设计对彩报印刷的影响

● 王之洪

一张版面设计完美、印刷还原准确的彩报，映入读者视线的一瞬间应能形成视觉冲击，使人感到赏心悦目。这是报纸的版面设计师、美编师和印刷工作人员共同追求的最高境界。

呈现在读者面前的彩报，视觉感受好不好，多数人认为取决于印刷。当然，印刷是保证彩报质量最重要的环节，但是，全面衡量彩报的视觉效果，则与报纸出版的所有工序相关，其中包括版面设计、标色字体、图像选用等。如果版面设计不符合报纸印刷的要求，不但会加大印刷难度，也会对彩报的印刷质量产生明显的影响。

出现版面设计不符合报纸印刷工艺要求的原因很多，有的是因为版面美化过程中的疏忽，有的是因为版面设计经验不足，更多的是因为对彩报印刷的特点及实际印刷效果缺乏准确的权衡。笔者着重从彩报印刷与精美彩印的区别着手，分析版面设计、广告制作对彩报印刷质量和视觉效果的影响。

一、彩报印刷与精美彩印的主要区别

新闻纸彩报印刷与铜版纸精美彩印有很大的不同。新闻纸彩报基本上属于粗糙印刷，它不能像铜版纸彩印那样较好地反映出版面设计的微小细节，它们之间的不同主要有以下几个方面：

1.印刷速度不同

单张纸彩色印刷机最高印速为每小时1.5万张，高速商业轮转彩色印刷机的最高印速为每小时4.5万张，而高速轮转彩色报纸印刷机的印刷速度均超过每小时6万份。印刷速度越快，复制版面细节的难度就越大。

2.挂网线数不同

彩报印刷的挂网线数一般为100线，超过120线网点就容易并糊，很难印出好的效果来。而精美彩印一般挂网数为150线以上，有的甚至高达200线。挂网线数越高，表现层次就越丰富、越细腻。

3.印刷机的结构不同

彩报印刷机一般为双倍径滚筒印刷，即机器转一圈印两份或四份报纸。铜版纸印刷均为单版印刷，印刷过程中的各种调校工作都较双版或四版印刷容易实现。

4.套准的调整方式不同

由于彩报是双版或四版印刷，几张印版装在同一个印版滚筒上，套准调整时整个滚筒移动，同一滚筒上的几张印版不能兼顾，这就可能出现一张套得准而另一张则套不准的现象。铜版纸彩印可以从纵向、横向和对角三个方向来进行套准调整，它的套准精度不但可以弥补印前的累积误差，而且在实际印刷中多数都可以调校到接近零误差的程度。

5.纸张不同

铜版纸的平滑度、白(亮)度和光学特性等都远远高于新闻纸，这非常有利于网点的还原和图像的生成，所以铜版纸彩印的图文在细腻逼真和色彩鲜艳度方面都远胜于彩报印刷。同时新闻纸的吸水性很强，四色印刷时，着水四次，在压力和张力的作用下，纸张会产生延展和拉长，影响四色套准。而铜版纸的吸水性非常小，几乎不存在上述情况。

6.印刷油墨不同

铜版纸彩印使用的油墨色泽好、颗粒细，图像的表现力丰富细腻。单张纸彩印机使用的是氧化结膜为主的冷固型油墨，商业轮转彩印机多使用热固型油墨，这都有利于彩印的光学特性。报纸印刷使用的油墨是渗透为主的冷固型油墨，色泽、颗粒及光学特性均较差，对彩报的色彩还原及细节描述有明显的影响。

正因为新闻纸印刷与铜版纸彩印有很大的差异，所以，对彩报的版面设计、广告制作都有一些特殊的要求。只有满足了这些要求，彩报的印刷质量和视觉效果才有可靠的保证。

二、彩报印刷对版面与广告设计的要求

在过去的印刷实践中，经常因版面广告设计与印刷效果有差距而发生争议。其根本原因，不排除有印刷的因素，但更多的是版面设计师的设计依据铜版纸彩印，而没有充分考虑到彩报印刷的特点。那么，对彩报印刷的设计有哪些具体要求呢？按照世界报业界普遍参照的《新闻纸广告印刷参数说明》（即 SNAP 标准）的要求，应重视以下几个方面。

1.版面与广告设计的基本原则

以实际可能的报纸印刷效果来考虑版面与广告的设计，应把握可读性、可辨性和可印性的基本原则。其中，可读性主要是指文字所表达的信息是否能正确无误地传递给读者。如美术字、花体字的书写风格，西文有无衬线等，它强调的是印出后能否让读者读得出来。可辨性主要是指对读者识别字体的速度和准确性有影响的因素，如字号、字间距、行间距、线条，甚至包括纸张的颜色、油墨的密度等。可印性则主要是指印刷效率。如果因设计不当导致可印性下降，将会引起印刷者、读者和广告客户多方的不满，勉强印刷也会造成大量资源的浪费。

2.只能用一种颜色的线条和字体

按 SNAP 标准要求，4 点 （一点为 0.35mm）以下的线条不能套色，只能用一种颜色印刷。小字体则分为以下几种情况：无衬线的 7 点（相当于小 6 号字），有衬线的 12 点（相当于小 4 号字），细衬线的 14 点（相当于 4 号字）。这些小字体都不能套色印刷，只能用一种颜色。

3.反白线条和反白字的使用

小于 12 点的线条和小字体，不应该在四色背景下反转，而小于 10 点的线条和小字体，甚至不应该在单色背景下反转。为了得到满意的对比度与可读性，任何单色、双色、三色或四色印刷中，70%以下的加网区域内不能放置反转字体。另外，反白字不能印在黄色或其他浅色的背景上。

4.加网字的使用

当用某个接近实地颜色网点百分比印刷文字时，应避免选择带有衬线或细小、中等字号的字体。通常，加网百分比为 80%以上时，印刷效果与实地相似。当试图以较少的网点百分比给文字加网之前，必须考虑文字的可辨性。

5.套印与色彩

为了确保在带色背景下套印出的文字具有可读性，带色背景的网点百分比不应该超过 25%。同时，还应考虑各种原色或混合色的网点扩大及色调值增加的因素，因为印刷出来的效果往往比显示器和多数打样系统获得的效果都要深一些。这一点尤其需要版面编辑和美编师注意。

6.版面设计中的图像选用

适合彩报印刷的图像与摄影展示的图像有很大的不同，其主要区别是图像表达的密度范围不同。利用人眼、照相胶片和数码相机 CCD 阵列可以捕获的色调范围很宽，远远大于任何一种印刷方式所复制出来的色调范围。以摄影相纸为例，它的密度在 3.4 以上，而由于受报纸印刷工艺的限制，彩报的图像只能在 1.00 至 1.20 密度范围内印刷。这是因为冷固型黑油墨的最大密度为 1.25，新闻纸的密度一般在 0.22 左右。即使在 1.25 的密度范围内印刷，仍然存在暗调区域容易变糊或变实，而亮调区域容易消失或变虚的问题。

在版面设计中的图像选择上，除了突出新闻性主题外，还应同时兼顾报纸印刷的效果。把握的原则是：原始图像的清晰度对于报纸的印刷是一个至关重要的因素；尽量选取关键要素处于中间色调的图像；暗调区域的细节应足够清晰，网点百分比在 70%到 80%之间；亮调区域的细节应同样足够清晰，网点百分比在 3%到 10%之间；照片、透明稿或显示器屏幕上的图像看上去比较平，但对印刷来说是最佳效果。

二、版面设计缺陷的印刷弥补

彩报版面设计是否符合印刷工艺要求，印刷环节只有接收到签发的版面时才能知道。版面设计上的问题，是不能改版重签的，各报社均如此。也就是说，版面的设计缺陷只能通过印刷环节来采取一定的弥补措施。

1.常见的几种版面设计缺陷

在印刷过程中，不符合报纸印刷工艺要求的版面与广告设计多种多样，但出现最多的是小字号的四色套印，题字加网过深，反白字的反转背景套色和背衬过浅。据我们不完全统计，这四项占设计缺陷的80%以上，而且多出现在广告设计和广告创意版面中。广告的设计和创意有一个普遍的特点，产品名称、厂名地址和电话号码多使用小字号。这些细小的字体字号，一旦出现四色套印、反白字背衬套色过浅、主题字背景过深，都直接影响到最关键的广告信息的传递。广告商则会对印刷提出质疑，甚至以此为由拒付广告费。

2.印刷环节对版面设计缺陷的弥补措施

(1)印前工序的弥补

版面发排人员应具有较高的印刷工艺素质，对已签发的版面在屏显预览中认真分析，并将较大的缺陷问题及时传达给下一工序。

在印前工序中，应实行严格的质量内控标准。制版要做到2%的网点不损失，85%的网点足够清晰，四色分色的印版版心重合精度要小于0.1毫米。

(2)印刷环节的弥补

在印刷环节可采取三种方式来弥补。其一，根据设计缺陷的具体情况，增加或减少相关墨色的墨量，通过调整和控制印刷墨量，缓解反白字背衬过浅或题字加网过深的问题，必要时减少相关墨色的印刷密度；其二，加大套准的调整力度，最大限度地降低小字号四色套准误差和小反白字四色反转背景的套准影响。彩报的套准精度一定要小于0.2毫米；其三，适当降低印刷机的运行速度。目前，国产油墨和新闻纸由于招标价格较低，质量不太理想，印刷适性普遍较差。将印刷速度降至4万左右，能给油墨和新闻纸以足够的着墨、吸收和渗透的时间，这对缓解版面设计缺陷也能够起到一定的作用。

(3)印刷材料的弥补

对重要的广告版面中存在的设计缺陷，采取以上所有措施仍没有把握彻底改善时，应该尝试改换印刷材料。比如选用白亮度、平滑度和印刷成色性较好的新闻纸，这对弥补设计缺陷，提高印刷效果很有帮助。

综上所述，彩报的印刷效果是报纸出版过程中多种因素的综合体现。版面和广告设计符合报纸印刷工艺要求，是给读者提供准确信息的前提条件。印刷环节的弥补只是应急补救，追求精美的印刷工艺质量，才是彩报印刷生产的根本任务。□

※作者是长江日报印务总公司副总经理

※文章来源：《中国报业》2009年第9期

打造钱塘江畔首个数字印刷产业基地

——杭报集团打造完整印刷产业链的探索与实践

● 张韶恒

2009年是全国报业发展面临困难较多的一年，也就是这一年，成为杭州日报报业集团成立以来取得成果最为显著的一年。杭报集团抓住金融危机给报业提供转型升级的机遇和杭州市大力发展文化创意产业的契机，积极构筑大传媒产业格局，加快从报业向现代传媒集团，向文化产业的战略投资者转变。其中，重组杭报集团盛元印务公司，积极拓展完整印刷产业链是其中重要举措之一。

一、资源重组：1+1>2

2004年1月，杭报集团剥离印务中心副业，组建由社会资本、经营团队共同持股的股份制印务公司——盛元印务公司，主要从事商业印刷、集团外代印报纸、印刷设备代理、印刷原材料销售等业务。由于公司充分与市场接轨，同时又按照现代企业的要求进行管理和考核，公司年收入从初期的800万到2008年已经超过1.3亿元，同时利润也逐年增长。但随着公司的不断发展，显露出了资金链较紧张、商务印刷与集团印务中心双方的设备及技术人员存在交叉重复、规模效应无从体现等问题。鉴于此，集团于2008年底对集团印务中心和盛元公司进行重组，投资一亿元，成立了杭州日报报业集团盛元印务有限公司。

这一举措首先对印务中心进行彻底的企业化改造，使其与市场接轨，真正以市场为导向配置资源。其次，解决了盛元公司快速发展的问题。依托集团雄厚的实力，以规模化生产不断拓宽市场。更重要的是提高了资源利用率，发挥各自的优势，达到了1+1>2的效应。预计2009年新公司收入可达5亿元，利润4000万元。

二、打造完整印刷产业链的路径与实践

（一）发挥优势，坚定地走“商业印刷”之路

在金融危机和新媒体的双重冲击下，传统报业印刷产品单一，收入结构单一，抗风险能力低的缺点暴露无遗。要解决报业发展面临的困境，就必须结合自身特点，及时调整发展战略，推进产业内容转型，寻求相关产业链的延伸，实现多元化发展。

报业印刷企业开拓商业印刷具有先天的技术优势和资源优势。首先，由于报纸产品的特殊性，报业印刷企业大都拥有人才优势和较强的技术优势，这使商业印刷有了技术保证；其次，对于报业印刷企业强大的印前发排制版系统，商业印刷和报纸印刷可形成互补，极大地提高其产能使用效率；第三，报业印刷企业依托其所属媒体品牌影响力，拥有在文化出版宣传等诸多领域的社会资源

优势；第四，报纸广告的客户群体和商业印刷客户群有很大的重叠性，如商业企业、汽车、房地产、大型企业等，这都将为市场开发和业务拓展提供良好的基础。

杭报集团商业印刷起步于2004年。当年，杭报集团盛元印务公司成立后，从德国引进了高宝半商业轮转印刷机，开拓商业印刷业务。引进半商业轮转印刷机能够很好地借力于原有的报业轮转印刷机的技术力量，发挥优势，降低了进入商业印刷市场的门槛。为了更好地满足印刷客户的需求，适应市场发展的需要，盛元公司于2006年成立了集设计、策划、制作等多种功能于一体的“设计工作室”，并组建了一支业务能力较强的物流配送队伍，为客户提供完整的一站式服务。在发展中，商业印刷的高端产品——精品刊物、精品广告等对印刷质量的精细度提出了更高要求。在市场的反作用下，2008年，公司引进了德国的曼罗兰全商业轮转印刷机。这标志着杭报集团正式宣告向商业印刷行业全面进军。新引进的全商业轮转印刷机是浙江省目前惟一一台体现世界最先进印刷水平的印刷机，具有印速快、印刷精度高等优点，除了能印刷报纸外还能印刷各类广告和精美画册，填补了浙江业界印刷精品报刊的空白。为了解决与全商业轮转印刷机相配套的短版印刷和印后装订设备空缺问题，公司在2009年推出了“年产6000万对开张印刷生产线技改项目”，通过公开招投标引进了曼罗兰五色平张印机和骑马订联动线以及马天尼平装胶订联动生产线。

盛元在开拓商业印刷业务时始终坚持技术领先和与市场对接原则，以错位发展的模式逐步拉开了与竞争对手之间的差距。2009年1至6月，公司的商业印刷产值比上年同期增长200%以上。目前，正不断完善商业生产线，提高商业印刷水平，努力将盛元公司打造成华东地区技术水平一流的大型商业印刷企业。

（二）找准切入点，积极开拓数码印刷

为了更好地巩固和发展商业印刷，多元化拓展与印刷相关的产业链，盛元印务公司在认真分析国际国内数码印刷的现状和发展趋势后，2009年下半年开始涉足数码印刷领域。

目前杭州数码印刷相对落后，这与杭州当前的经济发展状况不相适应，也与杭州申报国家级数字化产业出版基地有一定差距。对于有志于打造一流的现代化印刷企业的盛元公司来说，利用资源优势，尽快进入并占领本土数码印刷市场十分必要。盛元公司在杭州市中心租赁一间六百平方米的临街店面，重装打造“盛元数码图文工场”。一方面，为企事业单位提供专业数码印刷服务，另一方面，以市场需求为导向，以门店形式，为个体客户提供个性化的数码印刷服务。盛元公司在为高端客户提供专业化、品质化服务的同时，也能让普通大众享受到快捷、优质的数码印刷服务。把原来的设计工作室与“数码印刷工场”融合，将其打造成一个集印刷、创意、策划为一体的印刷综合体。

盛元数码图文工场在稳固本土市场后，还将依托公司客户资源开拓全国市场，在全国范围内提供创意设计与数码图文印刷服务。另外，公司还将通过多种渠道积极向外推广业务，与公司现有业务配套成龙，在全国范围内形成一个数码印刷产业网，最终将数码图文工作室成功转型为一个大型的数码印刷连锁企业。

盛元数码图文工场的建立，实现了盛元公司从报业印刷到商业印刷，从传统印刷到数码印刷的二次产业转型。

（三）多点开花，做大做强印刷物资代理

为了巩固和发展报业印刷，多元拓展印刷相关产业链，盛元公司于2006年7月成立了一家子公司——杭州盛景科技有限公司。该子公司主要从事印刷辅助设备、印刷机零备件及材料的代理销售工作。目前盛景科技代理的产品有：德国博星胶辊、德国格默勒堆积机零备件、地面输纸线和滑道、上海高斯和上海震立纸架等。盛景科技的客户遍布上海、广州、西安、武汉、无锡、南京等全国近20个省、自治区、直辖市，与浙江省内多家主流报纸建立了密切的业务合作关系。

近年来，盛景公司已不再局限于此，由原来的印刷辅助设备和材料的代理销售，逐步向对外劳务输出拓展。主要拓展业务包括杭州地区印刷机维修保养服务和上海高斯浙江省售后服务等。另外，在原有的印刷辅助设备代理方面，也取得了一定突破。2009年上半年，公司成功获得了上海震立公司纸架、堆积机和二次张力全国报业的总代理权。在纸张代理销售方面，公司销售纸张的年产值已突破千万，利润较为客观。

（四）打造创意印刷专业网站，完善印刷产业链

2009年12月下旬，杭报集团盛元印务公司精心打造的专业创意印刷网站正式上线，并已在短时间内实现盈利，成为盛元公司新的经济增长点。

这也是盛元公司继成功推出数码图文工场后，在印刷产业链延伸方面又一有力举措。

网站呈现了设计新颖、内容丰富、页面美观、互动性强等特点，主要由两个子网组成，即“13泉”创意印刷网和盛元数字报纸网。“13泉”是一个集印刷产品、印刷物资设备销售、摄影设计产品、创意产品等为一体的大型印刷类交易平台。网站采取会员制，不论是商家还是客户只要注册一个用户名便可轻松享受优质、便捷的网站服务。该网站主要采取两种运作方式，一种是“13泉商城”，采取BtoC的模式，为商家会员和顾客会员搭建直通式的交易桥梁。目前，“13泉商城”主要面向印刷、摄影、创意三类供销服务。整个商城将逐渐形成印刷企业、纸张企业、油墨企业、影楼、广告公司、礼仪公司，创意企业等行业众多企业单位的集群，打造印刷行业的“淘宝网”。

网站的另一种运作模式是CtoC的模式。采用“微客”形式为顾客与顾客之间搭建交易平台。个人用户可以将需求信息发上“微客”，并设定“悬赏金额”和时限。其他用户可以通过网站向该用户发送讯息。在双方确定交易后，需求方将悬赏款汇至网站账户，供应方则按规定时限完成任务，并将产品交到买家手中。买家对商品或服务满意后确认付款，网站再将悬赏款汇至卖家账户。网站将按一定比例收取交易服务费。

近年来，电子书这种新兴的出版形态发展迅速，目前全国范围内已经形成超过500亿的产业规模。在此形势下，盛元公司适时推出了数字出版系统项目——数字报纸和电子杂志。数字报纸成本低、污染小、受众面高，越来越受追捧。盛元公司在数字报纸服务上，十分注重对附加值的挖掘。公司提供大量现成的数字报纸模版，客户也可根据自身需求定制个性化模版，还可以为自己的报纸页面添加LOGO等个性化元素。对于特殊客户，公司提供有别于报纸形式的杂志模版。

另外，数字报纸与印刷网的“13泉商城”结合，为商城的供应商提供立体化广告宣传。现在许多企业十分注重企业文化的建设，并把企业报作为宣传企业产品的软广告。当顾客在商城浏览店铺时，通过链接可以直接阅读到供应商的企业报，在阅读企业报的时候能够直接链接到企业产品的页面。这种完整、快速、便捷的互通式点击方式，非常有利于商家培养客户的忠诚度。

截至目前，数字报纸已经与杭州市区县（市）政府、大专院校、知名医院、党群机关、企事业单位、商场卖场等数十家单位建立合作关系。盛元公司自身也可以通过印刷网开展网络营销，拓展客户网络，同时，印刷网也成为公司品牌宣传的重要平台。

目前，盛元公司正进一步探索印刷网站的盈利模式，将其培育成为将来公司主要的经济增长点。

三、整合资源，打造九堡数字印刷产业基地

通过几年的努力，杭报集团已经初步把原有的报业印刷打造成为以报业印刷为基础，商业印刷和数码印刷为重点，印刷物资设备销售、专业印刷网站为创新驱动的多角度延伸的完整的印刷产业链。

目前，中国的商业印刷发展前景十分广阔，市场潜力巨大，利润和产值都有较大提升空间。有关数据显示，在发达国家，商业印刷占整个印刷市场的30%~40%以上份额，而在中国只占到15%左右；中国商业印刷人均年用纸量仅为美国人的七分之一。同时，数码印刷的火爆将是印刷行业未来发展的主流趋势。

围绕商业印刷和数码印刷的发展及技术进步，印刷业呈现出良好的发展前景。为此，杭报集团已规划以杭州九堡和乔司的70余亩土地及厂房，打造杭州数字印刷产业基地，一方面进一步拓展盛元印务公司的产业链，另一方面，以园区建设方式吸引国内外相关印刷企业入驻，形成集聚效应。□

※作者是杭州日报报业集团盛元印务有限公司总经理

风正帆展正当时

——记持续创新发展中的广州日报印务中心

● 郭献军 桑涛 莫善雄

前 言

广州日报印务中心是广州日报重点投资的产业之一，于1998年11月23日正式全面投产使用，至2009年已经11年。经过报社四次大的增产投资和技术改进，印务中心的生产能力达到654万对开张/小时，并且实现了从新闻纸进纸到报纸的邮发全过程自动化，日均印刷《广州日报》超过185万份，每份报纸日均版数超过了60版。迄今印务中心仍是国内报社生产能力最大的印刷中心之一，在国际也处于技术领先地位，不仅为早报发行工作提供了保障，为广大读者提供更新更快的新闻内容，也满足了广告客户对彩色版面的需求，有力地支持了报社“1+N”战略，极大地丰富了《广州日报》办报手段。

作为国内首个具备亚洲一流水平的印报厂，没有良好的技术和管理支撑，即便有硬件设备上的优势，也无法发挥它的超强动力。多年来，广州日报印务中心坚持创新理念，在技术和管理手段上积极探索，在成本控制上深入挖潜，为持续发展注入了持久动力。

一、发展现状

翻开广州日报社印刷设备的发展史，处处体现着广州报人的大手笔、大制作、敢为天下先的发展理念。

早在1996年动工兴建的广州日报印务中心第一期工程，非常“超前”地配备了4台4色全幅印刷设备，生产能力达到了每小时300万对开张，配套全自动的制版系统、自动供墨、输纸和邮发系统，成为了亚洲地区最先进的印务中心。印刷设备的大规模生产能力和高技术带来的高效率，成为了集团占据报业发展制高点的重要法宝，在这一时期，广州日报的发行量迅猛攀升，充足的印力显现了威力。

随着集团的发展，对印力的需求也不断增长。广州报人进一步加快了印刷设备扩展的脚步。在

图1 先进的邮发系统

2001年开始的二期扩建工程中，再次引进了2条印刷生产线，把原有的印刷能力一下子提高到470万对开张/小时，强大的印刷能力，牢牢占据着市场的制高点，大大缩短了出报时间。

随着报纸版面相继进行改革，"厚报"的进一步发展，对印刷机一次性的印刷版面容量提出了更高的要求。为适应市场的需求，集团在2006年开始了第三期印刷设备扩展工程，对6条印刷生产线进行了大规模的扩展，使每条生产线都添加一个印刷塔，一下子增加了8个版的印力，总印刷能力提升到564万对开张/小时，在设备规模和印刷能力上，继续大幅领先国内同行。

奥运会选择了北京，这是中国人的骄傲。作为一个负责任的媒体，《广州日报》希望为读者传递更快、更全面的赛事消息，2007年《广州日报》第四期印刷设备扩建工程上马，并在2008年奥运前夕全面投产，新投产的单幅机生产线，最大生产速度75000份/小时，可以一次印刷48版报纸，总生产能力90万对开张/小时，10个印刷塔可以组合成一条大的生产线，一次性印刷40~48版的"厚叠"，也可以拆分成2~3台小的印刷机，同时印刷多种版数较少的"薄叠"，生产配置可大可小，生产柔性和设备利用率都较现有的双幅机为高。10个塔的配置也是目前国内同类型设备中，规模最大的单条生产线。

该印刷线的投入运行，为《广州日报》奥运报道发挥了很大作用，同时还能满足《广州日报》"1+N"细分市场战略、广告发行分众区域化发展战略的需求，为《广州日报》的"早报""厚报"和"彩报"不同生产方式提供强大支撑。

二、强大实力源自创新发展

在广州日报印务中心发展过程中，印刷设备的大投入，是规模发展的一个重要组成部分。时刻根据报业发展的需要，创新理念、创新管理，高起点、高技术，也是致胜的关键。广州报人始终坚持"敢为天下先"的理念，敢于吃螃蟹，勇于创新。

1.引进新技术 提升生产力

十多年来，广州日报社先后从德国、瑞士引进24个双幅印刷塔，10个单幅印刷塔以及配套的48个供纸部和9台报纸折页机。《广州日报》是国内首个采用世界顶级无轴传动技术的高速印刷生产线，为之后中国报业无轴传动技术的大规模应用进行了宝贵的探索并积累了经验。

2000年，为了满足报纸发行量、印刷质量以及灵活纸路的需要，广州日报社印务中心率先引进了两条德国曼罗兰公司生产的10滚筒印刷生产线，这是当年全球速度最快的印报生产线，得益于PECOM生产管理系统、10滚筒半卫星排列技术以及CD13供纸部等顶尖软件和硬件的应用，该款设备在使用中无论在生产稳定性上还是在印刷质量上都表现得无与伦比。根据德国曼罗兰公司的资料显示，《广州日报》该次设备的投产是中国报业首次在最先进印刷设备上与全球同步。

2006年，《广州日报》开始推行报纸"1+N"策略，2008年，广州日报印务中心从德国曼罗兰公司引进的包括10个印刷塔，12个供纸部以及3个报纸折页机的印刷生产线投产，进一步扩展了《广州日报》彩色印刷能力，丰富了办报手段，推迟了采编报纸的最后截稿时间，《广州日报》新闻内容也

表1 广州日报印务中心引进设备的历次"国内第一"

时间	项 目
1997年	国内首个采用世界顶级无轴传动技术的高速印刷生产线
1997年	率先在中国报业采用智慧型的全自动化报纸邮发系统
2000年	国内首个引进全球速度最快的10滚筒印刷生产线
2006年	国内首家使用新闻纸卷库存、生产使用全过程的条形码管理系统
2007年	引进的CTP系统是国内第一家引进全数字化制版管理流程的系统
2008年	引进的单幅机配置10个印刷塔，是国内同类型设备中规模最大的单条生产线
2008年	在国内报业，首家采用激光导航方式的自动输纸系统，首家采用纸卷立体货架存取方式

因此得到了极大的丰富。让读者每天第一时间享受到高科技带来的制作精美、内容新颖的海量讯息。

报社不但在印刷设备的引进上舍得花钱,在配套设备的引进上也不吝投入。2007年成功投产的报纸CTP项目,也是广州日报社高起点、高技术含量的一个项目,是国内第一家引进全数字化制版管理流程的系统。

该系统采用的紫激光光聚合晒版技术,代表着当今报业CTP发展技术的最高水平,也代表着今后的发展趋势,具有速度快、自动化程度高,生产效率高的优点,可根据生产需要自动拼版、输出,并对输出设备进行负载平衡管理,极大地提高了制版印刷的效率,保证了报纸印刷的时效性。

图2 无人驾驶的自动导引车正在装载纸卷

2009年,《广州日报》引进了第二期CTP设备,进一步增强了制版设备的实力,缩短了制版时间和提高了效率。

集团还在国内报社中首家成功使用新闻纸卷条形码管理系统,开创了国内先河。由于发行量大,纸张消耗量大,靠人工进行纸卷的调度和统计工作量浩大,效率低,且难以做到精确管理。引进条形码管理后,可以精确统计每卷新闻纸的使用状态和流向。对每天生产的消耗用纸进行动态管理,极大地提高了库存使用效率,提高了新闻纸使用管理的精确性和时效性,大大降低了管理和统计工作的劳动强度。

印务中心率先在中国报业采用智慧型的全自动化报纸邮发系统,重新定义了报纸的印刷和发行工作内容,大大提高了劳动生产率,在生产流程上实现了龙骨夹报、堆集、打包、报捆输送、报捆装车的全过程自动化。

2008年,广州日报社印务中心在国内同行中首家采用激光导航的自动输纸系统,首家采用纸卷立体存取方式,在7米宽,40米长的狭小区域里,堆放150个纸卷,为12个纸架每小时自动输送36个纸卷,大幅节省了占地面积和基建投资。

该自动输纸系统(AGVS)主要是以充电蓄电池为动力,无人驾驶的自动导引车辆(AGV)、AGV管理、监控系统和蓄电池充电站等部分组成,在AGV管理、监控系统的管理监控下,AGV车辆依照作业任务的要求,选择所规划的最优路径,精确行走并停靠到指定的地点,完成一系列的作业任务如取货、卸货、充电等。

2.发展新技术 适应新环境

如果说,报社不断引进设备,提高生产效能,是规模发展的需要的话,那么2009年,《广州日报》成功完成窄报改造,则是在消化新技术的前提下,紧跟市场方向,不断发展新技术,适应不停发展变化的新环境的又一个举措。

报纸,不仅是信息传递的载体,报纸本身作为产品已经融入到广大读者日常生活中;报纸的发展,不仅仅是信息量的增加,而且从产品的角度越来越讲究色彩绚丽,越来越讲究编排优美,越来越考虑读者的阅读习惯。

2007年,为适应海量信息时代的阅读习惯,广州日报融合了互联网的风格,成功推出《导读与索引》,再一次引领风骚,开创了报纸和网络和谐发展的先河。

2009年,方便读者阅读,《广州日报》借鉴国际报业经验,于2009年6月1日推出清新活泼的窄报,同时也作为降低报纸成本的战略举措之一。

窄报改造,对印务中心各环节都是全新的挑战。涉及印刷机的窄报改造、制版工艺流程再造、以及辅助生产系统等一系列的调整,要在保证现有系统正常运行的条件下进行改造,难度可想而知。印务中心多次组织技术论证,印刷、制版、输纸、发行、机械、电气等部门按流程分解操作环节,分析可能存在的问题,在保证项目总体技术原则和方向正确的前提下,尽量在项目早期便细化落实技术和实施细节,保证项目进度。

出窄报后,社会反响热烈,收到了意想不到的好效果。改版后的《广州日报》面目一新,好评如潮。“感觉特别活泼,视觉效果很好,文字分量适当,改版节省成本和更适应读者‘速读’的要求,既可保留大报风格,节奏也更加明快”。“‘浅阅读+专题’不仅可达到网络分层阅读的效果,读者可以更好地选择自己喜爱的版面。”

三、加强生产管理 打造精品报纸

“追求最出色的新闻、塑造最具公信力媒体”是广州日报的办报宗旨。用最权威、最快、最精彩、最丰富、最贴近民生的内容,精心制作每一个新闻版面,每天为读者奉献出更多高质量的新闻;用招招领先,步步创新,具有有最出色的质量报纸产品在第一时间为我们的读者送上一份精美的大餐,这也是我们每一位广州日报人追求的目标。

1.严格的管理,铸就了《广州日报》精品级的印刷质量

好的报纸,离不开高品质的印刷质量。《广州日报》不但在新闻内容、新闻版面上创新,在印刷质量上也是高标准、严要求。面对持续攀升的印刷量、日益丰富多彩的版面内容需求,广州日报印务中心员工秉承广州报人对精品报纸不懈地追求,在技术和管理水平不懈地努力拼搏,通过印务中心先进的印刷设备和爆发性的印刷能力,保证在有限的时间内高质量、高效率地完成每天的报纸印刷任务,力求实现早报与好报完美结合,为读者奉献出精美的精神食粮。

为了管理好、使用好这些印刷设备,印务中心生产部门专门成立保养班、评报组,通过部门设置来规范日常运作;同时辅之以质量考核,将报纸印刷质量的好坏与个人的收入挂钩,通过制度来加强质量的管理,目的只有一个:为读者更快、更好地印刷出精美的报纸。

2004年,《广州日报》在亚洲国际报业与传媒科技协会主办的“IRFA亚洲传媒大奖”评比中,获得“双幅宽类最佳印刷”金奖称号,在全国报业协会报纸印刷质量评比中持续获得最高级殊荣——精品级报纸,这正是报业集团综合实力的表现,也是广州日报始终追求最出色的新闻的宗旨下,为读者和客户提供一流阅读享受的体现,也是广州报人创新努力,崇尚客户第一、质量第一的最好见证。

2.优秀的人才 管理先进的设备

获得精品级报纸称号,也代表着《广州日报》印务中心拥有着一支素质优良、技术过硬,可以打造出精品级产品的印刷队伍。印务中心的生产设备广泛采用先进的机械、电子和自控技术,生产系统庞大、复杂,这些都需要优秀的人才来管理。建厂伊始,印务中心便在操控、管理、维护各方面配备了相应的本科学历人员,有效地保障了报纸生产的正常运行印刷、机械、电气、发行、后勤保障环环相扣,正是这样一支勇于创新,开拓进取的团队,才能把设备的优势转化为强大的生产力。

经历了多年的实践磨练后,许多人已成长为技术管理骨干,重复性的日常工作,如何为他们创造新的成长空间,使他们经常在工作中接受挑战,是一个人力资源培养的问题,也是个部门工作提升的问题。印务中心在日常的技术管理中,更多地发挥技术骨干的聪明才智,让他们真正觉得“有事可做”,学有所用。

四、重视技术管理 创新增效节支

作为国内最大的印报厂,《广州日报》印务中心是报社最大的成本中心,每年流动着报社70%以上的生产成本,生产的增效节支,是日常管理的重头戏。印务中心又是报社最大的固定资产部门,运行着高达十多亿的固定资产,设备购置、技术改造工作的质量对投资支出和使用成本有着相当大的影响。

在历次设备引进中,报社都坚持审慎论证、科学决策,通过正确的战略战术,在设备采购谈判上屡屡打破困局,为报社节约了大量资金,也为报社的可持续发展奠定了基础。

在成本控制上,管理通过人员持续努力来控制成本,而技改则通过工艺和设备改进来压缩成本,相对于管理的“常抓不懈”而言,技改更具“一劳永逸”的特点。通过技术改进来增效节支,一直是印务中心的工作重点。

1.关注技术发展,改进工艺技术,降低生产消耗。

大生产意味着生产原材料的大投入,节能降耗成为了不可或缺的话题。

以前印务中心的洗机水用量每年数百吨计。在2006年10月份参加荷兰Ifra报业展会时,印务中心了解到洗机水循环利用技术,通过特殊的过滤处理,配合相应的洗机水,可实现洗机水循环利用,大幅降低使用成本,提升环保水平,当时在欧洲也刚开始推广。技术部门敏感的感觉到这是一个很好的技术,花费很少但会给报社带来很大成本上的节约。据统计,使用循环处理技术,自动清洗系统洗机水用量可节省70%。一套循环利用系统投资一年半便可收回成本。为此印务中心开始积极接触这项技术，通过多次现场考察、分析论证确定技术的可行性。2008年9月，循环系统安装完成，投入使用。2009年上半年的统计数据显示，较之去年同期，自动清洗系统洗机水消耗量降低了68.75%。

图3 新引进的UNISET 75单幅机

除此之外，针对大宗的原材料消耗和成本支出项目进行相关的技术调研，继续寻找新的技改突破点。

2.营造学习环境，激发员工热情，创新增效节支。

印务中心技术部门结合实际生产问题，有计划地组织技术骨干进行开发性的技术改造，为其学习和提升创造了条件，同时也解决了许多实际问题，提高了生产时效，节约了成本支出。

近年来，相继对维发印刷机的折报辊进行技术改造，大大减轻了高速折页时油墨叠印和蹭脏，提高了维发机的平均生产速度；为维发机制造了横向套准扩散补偿装置，极大地改善了维发机的印刷质量；为维发机开发了周向套准倾斜调整装置，有效地提高了纸张的适应范围和印刷质量。

随着设备使用年限的增加，累积的损坏备件日益增多，其中不乏价值不菲的大型电气备件，如果能够修复，将节省大笔备件购买费用。我们的做法是先联系国外公司修理，后来在国内找到可以检修集成电路板的公司，最后发展到印务中心技术人员初步检修诊断，对于一般的元器件损坏自己修换，自己修不了的发给国内公司修，国内修不了的再发给国外修理。

自己更换元器件，几乎不花什么钱，国内公司修理按照PCB板的层数和面积计费，一般只有原件价值的十几分之一或几十分之一，国外修理花费一般为原价的二分之一。从几年的维修情况来看，国内和自己维修占了很大一部分，大型备件的修复节省了大笔备件支出。

结束语

面对新媒体的竞争，作为平面媒体基础的印刷技术发展仍在继续。

从1996年《广州日报》被中宣部批准成立中国首家报业集团开始，整个中国报业经过黄金13年的发展，社会影响力、报纸发行量和广告收入取得了巨大的发展和瞩目的成绩。2005年开始，以网络为代表的新媒体发展迅猛，开始冲击平面媒体，一如当年的广播和电视对报纸的冲击，大有取而代之之势。一如过去，所有从事与报业有关行业的人士都在寻求报纸发展和报纸印刷发展的蓝海，取得了很多有意义的成果。比如在追求覆盖面的同时实施灵活的“1+N”战略，实现信息的精确投放；再比如面对读者和各大广告商的与时俱进的需求，在报纸的内容上提供增值服务，特别是一些品牌广告期望报纸能印得和商业杂志一样漂亮，一样色彩饱和；近几年来一些UV油墨厂商一直在努力，高精度印报机在线集成UV油墨印刷成为可能，在欧洲一些报社已经开始使用阶段，市场反映也很好，在轻涂纸上印刷，报纸印刷质量甚至可以达到商业印刷的水平，这就很好的解决了目前传统意义划分的商业和报业印刷同步带来的问题，同时也为报纸的发展开拓了进一步发展的空间。

西方发达国家，特别是欧洲国家的很多大型报社早我们20年就进入了厚报阶段，我们看到这些报社仍然在追加平面媒体在新技术和新设备的投资，而在中国，客观的说，我们仅仅准备跨进发行厚报的门槛，所以从这个角度来看，未来的报纸提升空间还很大。

我们有理由相信，报纸和报纸印刷技术的发展还在继续。广州日报印务中心作为国内最具影响力的报纸印刷厂，遵循科学发展的理念，也一定会走得更远、更好！□

※作者单位：广州日报印务中心，郭献军是广州日报社印务中心副总经理

降低消耗 绿色环保

——应用新技术实现报纸节能降耗生产

● 杨燕茹

2008年对于报社以及报纸印刷企业来说，是个记忆深刻的年份。全球金融危机的冲击，新闻纸价格的大起大落，广告收入的变化，奥运期间各种新媒体的全面竞争，都不断冲击着每个报人的神经，对报社的经营和发展产生了深远的影响。

根据中国报协的统计数据，2008年，国内报业印刷总量为1594亿印张，新闻纸用量为358万吨，而2007年的数据则分别是1634亿印张和367万吨，同比下降了2.45%，虽然下降的幅度并不大，但却是近16年来的首次下降。造成这一情况的因素十分复杂，但不可否认新闻纸价格大幅上升引起的成本压力是其中的重要因素之一。可以说，现在报纸的生产经营面临着内忧外患的双重压力，一方面受到经济大环境的影响，广告收入下降，特别是2009年的一、二季度，不少报社的广告收入有10~20%的下降，各种新媒体的竞争日益激烈；另一方面，报纸生产的刚性成本下降空间有限，这使得报纸的经营者在开源和节流两个方面都遇到很难逾越的难题。

以上是国内的情况，让我们了解一下国外报业的情况。作为全球报业的专业协会，WAN-IFRA（世界报业和新闻出版协会）针对目前报业发展的状况进行了广泛的调研和分析，并为报业的生存和发展提供了一些可供参考的预测和建议，在金融危机的大潮和其他媒体的竞争压力下，如何生存和发展，是全球报业所不得不面对的共同问题。

IFRA对新闻出版行业提出的建议，涵盖了降低生产成本、节能降耗技术的应用、增加读者数量、新技术的投资方向、新闻网站的发展方向等多个方面。总结和分析IFRA所提出的预测以及建议，我们可以发现，应对金融危机、媒体竞争以及成本压力的问题，解决的办法无非是从两个方面入手：开源和节流。通过建立提供以满足客户需求为中心的系统解决方案战略，注重数字报业信息化建设，提供更有针对性、更有差异化、更贴近读者需求的多样化产品和资讯服务，更好的管理客户资源并提供精确的针对性的服务，从而在巩固已有读者群体的基础上开发新的读者和市场，实现增加收入的目的。同时，充分应用节约成本的技术和产品，引进高效率、高性能、自动化和灵活性的设备和方案，降低生产的成本，实现节流的目标。

根据IFRA在42个国家进行的2009年预算调查结果来看，占据前三位的分别是“开发新的读者和市场”、“客户关系管理”、“减少成本”，说明了全球报业在开源节流方面的共识。其中“减少成本”这一项从2008年预算中排名第17位上升到2009年的第3位，是最大的变化之一，节能降耗是全球报业所共同关注的话题。面对当前的经济形势，对于绝大多数报社而言，开源的工作任重而道远，用户信息的收集管理、经营模式的转变、多媒体的融合，这些都不是一朝一夕的事情。在一定时期内，纸报的广告收入仍然是最主要的收入来源，因此报纸印刷生产成本成为了重点关注部分。根据《中国新闻出版报》相关统计，在报纸生产的过程中，纸张、油墨的成本占到了60~70%甚至更多，是报纸生产最大的成本，如何降低这些成本成为了众多报社关注的中心。

在节能降耗方面充分发挥先进科技的力量，可以起到事半功倍的效果。随着信息技术的发展，实现印刷内容数字化、生产工艺数字化、经营管理数字化是必然的发展趋势。应用先进的技术，真正提高报纸生产的安全性、时效性、质量与读者满意度，才能将报业60年的发展成果持续保持；应用先进的技术，真正降低生产中的消耗，减少报纸的生产成本，增加收益；应用数字化的精细管理，更好的实现对于人员、资金、物料的管理，提高工作效率和资产的利用率。通过整体数字化技术的应用，才能更好的应对激烈的媒体竞争和恶劣的市场环境，渡过难关，谋求更好的发展。

在报纸印刷生产环节中，已经有许多先进技术投入了实际应用，包括先进的印刷机技术、CTP直接制版技术、数字化工作流程技术、ERP管理技术、CIP4油墨预置技术、自动套准技术、数码印刷技术等。这些技术的核心是建立数字化的生产工艺。CTP直接制版技术无疑是传统印刷行业迈向数字化进程非常关键和基础的一步。在生产中建立一套完善的CTP系统以及基于CTP系统所构建的先进的数字化生产工艺，能够有效的降低生产的消耗，节约成本，特别是近年来随着报纸经营的精细化，不再单纯的强调扩大发行量，而是更重视有效发行，同时为了扩大广告量，出现了版面增加以及彩色版面增加的趋势，这样就对生产的灵活性提出了更高的要求，近期小滚筒印刷机的应用增多体现了这一趋势。CTP制版生产快速、灵活的特点在这个趋势中得到更加充分的发挥，因而也得到了越来越多报社的认可。根据《印刷经理人》杂志的相关统计，截至2008年9月，国内报业CTP的装机量已经达到170台，其中仅2008年新增设备就有58台之多，这些数据表明，报业CTP技术的应用已经步入了快速增长期。今后，作为一种新技术，报业CTP的应用，已经不再是考虑上不上的问题，和设备选择的问题，而需要更多的开始关注CTP系统的应用在整个印刷生产过程中所能带来的消耗的减少，成本的降低，关注如何获得更好的效益。对于生产成本控制十分重视的报社已经开始将CTP技术应用的重点向前进行了延伸，在引进高效、可靠CTP设备的基础上，关注基于CTP的数字化生产工艺，和节能降耗新技术的配套应用。现在国内一些新技术应用步伐走的较快的报社，已经开始引进或尝试相关新技术，其中诸如省油墨技术和免冲洗技术已经进入到实际应用的阶段。

省油墨技术其实对于许多业内专家而言，并不是一个新鲜的事物，其基本的原理是基于UCR和GCR的分色处理技术。UCR是Under Color Removal的缩写，中文翻译为底色去除，指的是在图色暗调区域中，从CMY三原色版中去除中性灰部分，用相应的黑版来取代的方法。GCR是Grey Component Replacement的缩写，其原理是当CMY墨加在一起时会产生灰色，在分色时可以去除CMY墨，然后以接近灰色的黑墨替换。理论上讲，GCR应该将CMY这3种颜色成分减少至2种颜色成分加黑色，这才算是一次完全的中性灰替换。但实际上很少会用到最大替换量，通常替换约70%至90%，这使得仍然存在少量的第3种颜色。这两者的区别在于GCR分色的黑版层次更多一些，阶调表现要更长一些；而UCR分色后的黑版，其层次相对要少一些，但在最深的地方，黑值则要大一些。

GCR在20世纪80年代后期首次出现，当时被说成是印前技术的一次革命，但近30年过去了，我们并没有看到GCR技术更多的应用到实际生产中。究其原因，主要是受到色彩管理技术以及打样技术发展的限制。要想使GCR产生良好的效果，就需要对彩墨和黑墨进行非常精确的替换，这在没有完善的色彩管理技术和数码打样技术的前提下，是无法实现的。因此，在国内报业当中，也只有少数报社在诸如PHOTOSHOP等软件中使用类似的分色参数设置，在前段排版时对图像等文件进行相应的处理。但是，由于PHOTOSHOP等软件的处理只能针对图像等，而且，需要手工进行参数的设置，一方面无法对整个版面的文件进行处理，另一方面也无法进行自动化的批量处理，更无法应用基于ICC的色彩管理技术与印刷环节相衔接，因而只是在小范围内有应用。随着数字化工作流程技术、色彩管理技术以及数码打样技术的发展和成熟，先进的省油墨软件产品已经解决了上述的问题。目前的省油墨技术，已经集成在数字化工作流程当中，实现了对于版面数据的自动化处理，同时与数码打样技术、色彩管理技术有机的结合，在保证印刷质量的同时，通过应用黑墨替代成本高昂的彩墨，尽量减少彩墨的用量以及四色油墨的总用量，以此来降低整体油墨消耗的成本。目前，国内一些报业印刷厂正在进行这一新技术的尝试，根据解放军报等数家报纸印厂的实际测试情况来看，受版面内容情况不同的影响，使用专用的省油墨软件在同等印刷环境和条件下可以实现节约成本10~20%，效果十分的明显。同时，应用省油墨技术，还可以降低印刷环节对于套准的要求，改善图像印刷的质量，具有更好的印刷稳定性。另外，由于油墨用量的减少，也就相应的减少了润版液用量，从而降低断纸次数，报纸干燥速度更快，表面更加清洁，这对报业高速轮转机印刷是有很大意义的。更有一些报社正在基于省油墨技术的应用，尝试改变国内报纸“大水大墨”的印刷方式，转变为“小水小墨”的印刷方式，通过降低油墨和过版纸的用量，配合其它先进工艺的应用，进一步尝试降低新闻纸克重的报纸印刷生产，如果能够有所突破，则成本节约的空间不可限量。

在印前制版环节，CTP的应用成本不仅有CTP版材及设备的成本，还包括以下几方面：版材显影用化学药品的采购成本，库存成本，废液回收处理相关费用等等。同时，随着国家环保力度的不断加大，人们的环保意识不断增强，如何减少对环境的损害也成为企业更为关注的问题。因此，为了降低成本，减少化学药品的费用，减少对环境的损害，人们期待采用不用显影的CTP版材，即免冲洗或免化学冲洗CTP版材。

在2008年的德鲁巴印刷大会上，奥地利报业印刷企业MediaPrint集团一次性签订了11台爱克发公司的南极星(Advantage)报业直接制版机以及多年的用版合同。这是对CTP技术的应用和发展来说具有里程碑意义的一笔，该公司成为全球第一家全面采用免冲洗CTP系统的报纸印刷厂，而且使用的是紫激光的免冲洗CTP系统。这无疑在向我们传递一个信息：CTP技术的应用正在进入环保时代。免冲洗版材是一种环保型的CTP版材。传统概念的CTP版材，都要进行化学显影和清水漂洗等处理过程，消耗大量的化学显影液和清水，同时，废液的排放也引发环境的污染，作为有害废液的处理，需要由专业的处理公司回收并进行无害化处理，报社不但需要为废液的处理支付费用，同时还需要为日常废液的收集、存放付出相应的支出，日积月累，长期生产所带来的成本压力不可小视。免冲洗CTP版材则可以免去或者简化这个处理过程，在生产过程中只有极少量的废液产生，甚至没有废液产生，经测算，应用免冲洗版材废液的排放相对于传统照排工艺减少了95%，相对于普通的CTP工艺，减少了90%。应用免冲洗版材，可以将CTP制版工艺进一步的简化，节约了显影药液的成本以及废液处理的成本，同时能够更好的实现工艺的控制，实现印前制版的绿色生产，符合国家对于环保问题不断提高的要求，无疑也是未来必然的版材发展趋势。目前，欧洲等发达国家已经实现了免冲洗版材的普及应用。针对报业主流的紫激光CTP系统，国内版材供货商已经推出了各自品牌的免冲洗版材技术和产品。可喜的是目前中国报业主流应用的紫激光CTP系统能够很好的过渡到免冲洗版材的应用，而不需要进行设备的更新，这就为众多印厂的应用打下了良好的基础。2009年，国内一些报社已经尝试将紫激光免冲洗版材投入到实际生产中进行评估测试，其中解放日报等报社已经取得了初步的成果，开始考虑进一步扩大免冲洗版材的用量，并最终过渡到免冲洗版材的全面应用。这些为其他报社提供了可借鉴的宝贵经验，可以预测免冲洗版材技术的应用拥有广阔的发展前景。

根据IFRA的预测，全球报业的收入在2010年将出现2.4%的增长。到2014年，报业将比2009年的数据增长8.7%，可能略微超过390亿美元。而从国内数据来看，我国人均占有报纸量仅为每千人80多份，远低于发达国家的水平，这也预示着我国报业会有更大的发展空间。挑战和机遇是并存的，机会总是留给有准备的人，面临严峻的形势，报业已经改变了以往粗犷经营的方式，更加关注成本，节能降耗将会成为一个长期关注的话题，可以预见，节能降耗的新技术应用在报纸生产中将为报业的进一步发展打下坚实的基础。□

※作者单位：北京北大方正电子有限公司

2009年中国报业数字化及技术装备情况概述

●王静 张大伟 陈乐 杨益航 李晨宇

一、2009年中国数字出版规模

中国数字出版产业正成为新闻出版业强势增长的重要动力和新的经济增长点。2006年数字出版产业总产值200亿元人民币，2007年为360亿元，2008年达到530亿元，2009年为750亿元，3年的平均增长速度达到56.2%，2009年，数字出版总产值将首次超过纸质出版产值。未来几年，数字出版用户每年将增长30%，收入每年将增长50%，数字出版发展速度将远远超过出版业其他业态，预计到2030年，90%的中国出版物都是电子出版物。

1.手机出版市场规模

数字出版行业中，手机出版成为增长最快的

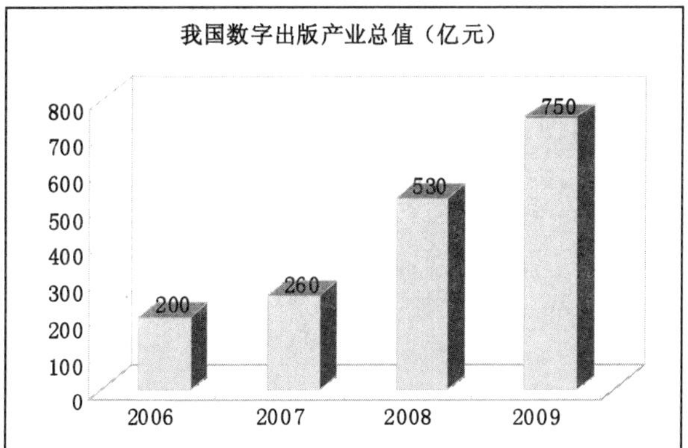

图1 我国数字出版产业总值(亿元)

数据来源：新闻出版总署副署长孙寿山在第三届数字出版博览会上的主题发言

子行业，2007年实现近300%的增长速度，2008年，手机出版营业收入增长继续保持翻番。易观国际《中国手机应用市场用户调研报告2009》显示，手机阅读是仅次于手机游戏的移动互联网用户使用最多的手机应用业务，用户使用占比达到58%。

据中国出版科学研究所2009年4月发布的第六次全国国民阅读调查结果显示，成年人各类数字化媒介的阅读率为24.5%，网络在线阅读和手机阅读是两大主要阅读方式。手机阅读占各类数字阅读比例12.7%，仅次于网络阅读(15.7%)。我国现有1.2亿人在使用手机进行阅读，另外还有将近2500万左右的手机用户从来不看报纸、杂志，也不看网站，他们获得资讯的最主要方式是通过手机阅读资讯内容。

据中国互联网络信息中心（CNNIC）发布的《手机媒体研究报告》显示，手机报用户普及率已经达到39.6%。手机报用户的使用习惯和重视程度均好于其他业务。手机小说用户普及率达到27.7%，是仅次于手机报的业务。

截至2008年年底，国内578家图书出版社已有90%开展了电子图书出版业务，出版电子图书50万种，与2007年相比增长25%，发行总量超过3000万册，收入达到3亿元，同比增长50%。另据2009年上半年最新统计显示，我国图书销售增长20%，新媒体出版增长超过40%，产业增值约30%，投资增长约36%。

2 电子阅读用户市场

《中国电子图书发展趋势报告》显示，在出行途中阅读的人群平均每年增长55.7%，这种被称为"途中阅读"趋势的兴起，以及电子阅读终端设备的优化，将使电子阅读产业走进高速发展期。

据中国出版科学研究所2009年4月发布的第六次全国国民阅读调查结果显示，我国包括在线阅读、手机阅读、手持式阅读器阅读等数字媒介阅读开始普及，成年人各类数字媒介阅读率为24.5%。在各类数字阅读中，"网络在线阅读"排第一(15.7%)，其次是通过"手机阅读"(12.7%)，另外，约有4.2%的人通过PDA、MP4、电子词典阅读，有3.3%的人通过光盘读取，还有1%的人通过其他手持式电子阅读器等数字方式阅读。全国约有2.8%的成年人只阅读各类数字媒介而不读纸质书。

二、2009年中国报业在软件装备情况

报业的核心技术除了围绕着传统的采编、广告、发行三大主要环节之外，还贯穿在报业集团内部管理、业务管理、客户服务等经营管理的各个环节之中。在媒介融合的大势所趋之下，传统报业纷纷向全媒体领域进军，如何更好的衔接传统媒体产品和新兴媒体产品的生产销售，为报业技术带来了新的考验。

1.全媒体复合出版

在新媒体快速兴起的时代，报业若要转为危机，应将自身从报纸产品提供商的角色转变为信息提供商、内容提供商。全媒体出版平台将有有助于报业实现多媒体平台的密集发布，将单一传播渠道多元化，实现整合营销传播。由此带来的是产业链的延伸和全媒体业务流程再造、出版系统再造等技术的应用。

方正电子在此领域的发展在我国处于领先地位，其提供的面向数字报业的信息化平台，重点为报业集团建设"全媒体内容数据库"和"统一客户数据库"。并在此基础上搭建"全媒体的编辑加工平台"和"经营管理平台"，从而完成面向融合媒体的内容生产、加工、发布及存储管理业务，同时实现面向用户的经验管理。[1]"方正畅享全媒体数字复合出版解决方案"由全媒体资源服务平台、全媒体边裁系统和全媒体多渠道发布系统组成。分别应用于内容资源整合和报社子媒体业务整合两个方面，实现统一的内容采集、加工、存储、发布，帮助实现内容资源的整合，实现内容的一次生产，多渠道发布，推动报业核心竞争力的提升。

2009年6月12日，宁波日报报业集团数字报业技术平台项目通过验收，这是宁报集团在新媒体和复合型报业发展过程中的大胆尝试和突破。宁报集团数字报业技术平台的建设共投入近3000万元，它融合了传统纸媒和各种新媒体的内容和经营业务，在全国打造了首家集多媒体内容生产、全媒体信息传播、全集团经营管理与决策于一体的复合型数字平台。目前整个平台已开发完成、投入使用。

2009年11月28日，第四届"王选新闻科学技术奖"在武汉举行，新华社《奥运移动报道系统》和央视国际网络的《奥运会新媒体转播技术平台》两个项目荣获特等奖。在报业方面，北京日报报业集团和方正电子合作的北京日报报业集团全媒体复合出版系统项目获得二等奖，中国石化报社与方正电子合作的中国石化报社综合业务管理平台EIP系统项目获得三等奖。

2.采编流程再造

烟台日报传媒集团在全国率先建立起的全媒体数字复合出版系统，在其研发过程中，该集团提出了一个明确的要求，即优化原有的产品生产流程，推动集团从报纸生产商向内容供应商转型。在编辑流程再造方面，为了保护原有系统的投资，也为了保护编辑熟悉的操作环境，在原有采编系统、图片系统、排版系统的基础上进行了流程再造。

泉州网整体改造项目，通过深度整合传统媒体新闻资源，由新闻网站向综合性信息服务网站转型，以拓展网站经营模式为核心，对网站各应用系统及相应硬件系统进行升级改造。提高网络新闻采编发效率。[2]其新系统包括：网站内容发布管理系统(翔宇4.0)、SSO单点登录系统、网站交互系统、论坛博客系统、新闻自动抓取系统、站内高级检索系统、邮件系统、嘉宾访谈系统、分类信息系统及数字报刊系统和网站站内检索系统。

3.内部业务管理系统

报业集团综合业务管理的平台应当包括发行物流配送管理系统、广告管理系统、对新媒体的发行、传播和结算进行统一管理的电子邮局系统、印务中心综合管理系统及公众服务中心五大部。[3]

2009年第四届"王选新闻科学技术奖"评选中，中国石化报社与方正电子合作的中国石化报社综合业务管理平台EIP系统项目获得三等奖。

中国石化报社EIP系统是一个应用业务子系统和所有媒体的展示平台。报社2报2刊1个电视部及3个网站全部集成在平台最上方的办公区内，用户只需登录一次，就可以轻松进入各种媒体

的生产流程。同时,EIP还可以进行绩效考核管理系统提供的规范化、自动化的考核流程,监管广告的当日情况、欠款情况、广告明细等,并提供客户排名、行业分析、报刊分析、收入趋势等决策依据。另外,通过EIP可以对报社的人力资源、IT设备进行有效管理,并实现无纸化公文浏览。

在发行管理方面,2009年,温州日报报业集团发行广告公司推出了新开发的"征订发票管理系统",一万多本四报征订发票全部实现电子化管理,报业征订发票管理逐步进入一个科学化、规范化、现代化的新阶段。这标志着国内报刊发行领域首套征订发行管理系统正式登场并取得实际应用价值。[4]

三、2009年中国报业在硬件方面情况

1.无线移动阅读终端

随着科技的发展,无线移动阅读终端面世,走入人们的生活,并开始逐渐改变人们的阅读习惯。虽然无线移动阅读终端的商业模式还在探索之中,且读者也习惯了网上免费获取新闻信息内容,无线阅读终端的发展还存在不少障碍,但是,无线阅读终端这个科技的产物也正以不可阻挡的趋势在全球范围内掀起了改革之风,不少企业纷纷跟进了无线阅读终端市场,2009年真正被称为"电子书年"。

亚马逊于2007年推出自己的第一款电子阅读器Kindle以来,不断进行产品的升级换代和新技术研发。2009年2月9日,亚马逊推出了新款电子阅读器Kindle 2,除了可以无线下载内容之外,其设计业更为轻便,电池使用时间更长,翻页速度更快,可存储容量是上一版本的七倍,图像显示更为清晰,并提供了"帮我阅读"功能。在Kindle 2问世不长时间后,2009年5月初,亚马逊又推出了Kindle电子书产品线上的新款机型Kindle DX,该机型搭载了一块9.7英寸1200x824分辨率E-Ink电子墨水屏幕,可以用来看报纸,阅读效果进一步接近了普通杂志。

新闻集团、赫斯特报业集团等媒体集团都在寻求开发电子书阅读器新一代装置:通过电子"墨水"在超薄屏幕上清晰显示阅读内容,给读者带来一种"看报"体验,节省纸价、印刷和投递成本,同时对环境有利。惠普、富士通、Plastic Logic在内的科技巨头都在按照报纸杂志的规格进行开发具有具有如大屏幕、无限升级、高分辨率、彩色和视频形式等新特征的产品。

在我国,汉王、方正、惠普、富士通、三星、卡西欧等科技市场也都着力开发新一代阅读器,这些电子书阅读器的功能更加强大,设计更人性化,使用更便捷。

由北京联讯国际传媒有限公司研发的"报讯通Newnews 3G1.0"手机数字平台,于2009年7月5日在北京通过了技术成果鉴定,这是一套能在手机上"原版再现"报纸的新媒体手机数字平台。专家认为,"报讯通"的研制成功意味着我国首次实现了在手机上阅读原版报纸,技术上具有创新性。

2009年8月,大唐电信推出了国内首款支持TD-SCDMA无线通信的电子阅读器产品;中国移动与欧洲沃达丰、日本软银和美国Verizon合作成立实验室,开发新的电子书装置,并将推出支持无限内容下载的电子阅读中断;富士康生产的电子阅读器也将于2010年上半年推出。

汉王科技股份有限公司不断加大技术投入,增加产品功能,他的电子阅读器产品"汉王电纸书"已把新华书店作为主要销售战场。2009年9月9日,汉王科技发布全球首款手写3G电纸书,它是中国移动定制产品,应用于"中国移动手机阅读基地项目"。汉王3G电纸书采用6英寸高亮度Vizplex E-ink电子纸,内置TD模块,是一款可以通过无线网络在线浏览下载电子书籍、杂志、期刊、有声读物的掌上电子阅读设备。专家分析,年轻读者的告诉增长是拉动电子图书读者数量稳步上升的主要动因,以电纸书为代表的数字阅读将成为信息产业发展的亮点。汉王推出具有手写功能的电纸书,也是以技术优势打造行业竞争力的措施之一。

2.全媒体记者装备

全媒体记者必须是全能记者,能利用视音频和图文等多种手段特别是视频进行即时报道,在西方,视频全媒体记者也被形象的成为"背包记者",可以采访新闻,可以做各种新闻业务,能够同时承担文字、图片、音频、视频等报道任务,为多种不同各媒体提供新闻作品。传统媒体将逐步推广文字、视音频等复合技术的信息采访采集,以尽快实现一次采集、多渠道编辑和多媒体发布。

在我国,全媒体战略的尝试是从烟台日报传媒集团开始的。国内其他媒体也尝试在部分领域内资源整合,例如,《嘉兴日报》及其子报《南湖晚报》,成立统一的视觉新闻中心;文汇新民联合报业集团建立集团层面的视觉中心,向集团内各媒

体提供图片。全媒体实践是传统报业向数字报业转型的重要抓手，报业(传媒)集团要实现迅速转型，积极实施全媒体战略是缓解报业危机、应对竞争的必要路径。

2009年1月，宁波日报报业集团成立了全媒体新闻部，这是宁波日报报业集团数字报业及拓展多媒体的重要举措，由中国宁波网具体管理运行，首批15名记者每人配备高清摄像机、数码相机、录音笔和笔记本电脑，实行全天候的多媒体信息发布模式。全媒体新闻部以集团今年上线的全媒体数字技术平台为依托，以视频多媒体为主要报道方式，在集团新媒体平台和中国宁波网上进行滚动发布。在这里，宁波日报报业集团的全媒体数字技术平台解决统一平台问题，中国宁波网解决内容载体问题，报网互动解决资源整合问题。当前，重点是结合数字技术平台，探索一种融合性采编模式，全面运作全媒体新闻生产。5月初，宁波日报报业集团新设立基于手机报纸、手机电视的3G事业部，实现多媒体、即时和互动的移动新闻播报。

2009年5月11日，新华社启动了多媒体中心，构建这个多媒体新闻信息业态，是新华社适应数字化时代新闻信息传播发展趋势、有效应对日趋激烈的媒体竞争、增强传播力和影响力的必然要求。新华社多媒体中心已自主研发的多媒体新闻信息自生产加工技术系统为依托，实现真正意义上的多媒体采集、生产、加工运作。通过这一平台，编辑可在统一界面及时编发记者采集的文字、图片、音频、视频等各种形态的稿件，同时，也可以直接播发供电视、网站、手机、户外屏幕等使用的多媒体融合新闻产品。随后在“汶川地震一周年”的报道中，新华社多媒体中心音频部试运行取得成功。它首次采取以权威发布的新闻稿件作为解说、配合相关视频资料进行报道。同时，将权威发布的新闻图片进行视频化处理，将有关信息同故宫横走滚屏字幕的形式加以呈现，使得原本单一的文字报道立体化、声像化。该中心还尝试用主持人的播报、解读作为串联，对可以采取电话连线的当事人进行连线采访，在播报中插播最新收到的图片、视频稿件，并在最短的时间内编辑、上传至网络及用户，实现了多种媒体的立体互动与融合。

3.印刷技术装备

2009年，欧美报业市场近年来出现的增长放缓的现象不可忽视，过去的一年多时间里，全球报业确实发生了天翻地覆的变化，在一些发达国家企业，传统报业遭金融海啸的冲击给人一种“大势已去”的感觉。同时，我们也应该清醒的认识到市场洗牌带给报业乃至整个印刷界、传媒界的挑战，如何利用市场洗牌的机会来优化整个行业体系、完善市场机制，是业界所有人士都应该深入思考的问题。令人欣喜的是，许多国家的报业都表现出了积极的态度数码印刷印后加工，一方面借助市场重新洗牌的机会调整自身结构，一方面又勇于探寻报业改革与发展之道以适应新的市场环境，比如通过引进数字技术来拓展读者群体等。

(1)印刷设备、器材情况

2008年底的经济大环境使得中国印刷企业不得不收紧荷包过年，但是，2009年一至三季度印刷设备器材进出口形势已经渐趋好转。

国际金融危机使得2009年第一季度国内GDP增长幅度降到了近年来的最低，同时进出口值也大幅下滑，我国印刷设备、器材进出口也未能幸免。但随着国家宏观调控政策的陆续出台，我国印刷设备、器材进出口形势趋于向好。

根据《中国新闻出版报》的统计结果，2009年第一季度至第三季度我国印刷设备、器材进出口额的变化趋势。(参见表1)从表中可以清楚地看到2008年第四季度和2009年第一季度印刷设备、器材进出口总额发生的大幅下滑。可喜的是，2009年第三季度、第三季度印刷设备、器材进出口总额均有不同程度的回升。

在印刷设备进出口中，胶印仍是我国应用范围最广的印刷方式。在印刷设备进出口中印刷机的进出口金额占第一位。其中，进口金额占47.98%，出口金额占31.22%。

在各类印刷机中胶印机尤为值得关注，这是因为它在我国印刷领域占位置决定的。即使是现在，在出版物印刷领域几乎百分之百采用胶印方式印刷" 在包装装潢印刷领域这种印刷方式至少也占据着半壁江山。可以说胶印印刷仍是我国应用范围最广、产能最大的一种印刷方式。

(2)国产报业用高速报纸印刷机自主创新取得大突破

“十一五”期间，国家科技支撑计划先进制造技术领域安排了报业用高速报纸印刷机攻关与研发课题。在中国机械工业联合会的精心组织下，课题承担单位北人股份有限公司和北京印刷学院经过近三年的努力工作，课题研究内容已按计划全部完成，印刷机关键技术取得了重大突破，国产印刷机综合技术指标已达到国际先进水平，这标志着高速报纸印刷机国产化能力取得了新的突破。

该课题研发的BEIREN75A卷筒纸报纸印刷机，是单幅宽、倍径滚筒、模块化机组形式的报纸印刷设备，印刷速度≥75000张/小时，纸张线速度>11.3m/秒，属于中型印刷设备。同时该印刷设备具备配置变换灵活、自动化程度高的特点，可以针对大、中、小报社的不同需求构成不同规模的印刷生产线，其印刷质量、稳定性、噪音、技术配套等指标也均体现出较高的水平，能够满足报业印刷的应用需求，是未来报纸印刷的主流机型。该印刷机一经面世便受到国内报纸印刷业的欢迎，中国体育报社、青岛日报社、江西日报社、农民日报社先后订购了该印刷机，实现销售近亿元。国产高档高速报纸印刷机的广泛应用打破了国外产品的长期垄断，为国产高速报纸印刷机自主创新和未来的发展奠定了坚实的基础。

表1 2009年前三季度我国印刷设备、器材进出口情况

	时间	金额		累计于全年同期比
		本季度	累计	
出口	第一季度	2.0553	2.0553	-32.86
	第二季度	2.3448	4.4001	-32.58
	第三季度	2.7546	7.1547	-26.56
进口	第一季度	3.9570	3.9570	-33.86
	第二季度	5.2723	9.2293	-26.93
	第三季度	6.0931	15.3224	-17.80

四、2009年报业技术装备发展中遇到的主要问题

2009年，全媒体理念进一步应用于报业实践之中，无线阅读终端技术得到报业同仁的普遍认同，印刷、数字出版等技术不断革新，功能更加完备的经营管理软件层出不穷。但是，在报业技术装备出现可喜发展的背后，依然存在着不可忽视的问题。

1.全媒体在实践中的普及性不强

目前，中国的很多报业集团(报社)都已经介入到全媒体的操作中来，但是，其普及情况并不能称为是理想的。第一，很多报业单位只是在报道一些活动或者重大事件时，将全媒体实践贯穿其中，但并没有形成一个较为完善的全媒体运作体系，在平素的报道中使用情况较少，甚至可以说是“为了全媒体而使用全媒体”，更多停留在表面层次，而没有进入到更深层次；第二，东部、大型、发达城市的报业集团(报社)将全媒体理念运用得如鱼得水，并将其发展成为常态，但中西部地区、较为落后城市的报业单位在全媒体的道路上还任重道远，面对未来报业发展的必然趋势，实力不强、处于相对落后地区的报业单位必须要在理念、设备和实践中提升认识，不断革新。

2.报业数字化仍旧集中于采编环节

中国的报业数字化从起步阶段就不平衡，重采编，而轻经营管理。很多报业集团(报社)都拥有自己的数字报、电子版或者网站，但这些都是集中于对报纸内容的呈现和采编办公流程的把握，而将广告、发行、经营管理等方面内容也高度数字化的报业单位并不是很多。在这里，应该意识到的是，现代化的经营管理流程对报业单位的未来发

表2 各类胶印机进出口情况　　单位金额：亿美元

	进口				出口			
	台数	金额	增减	百分比	台数	金额	增减	百分比
轮转	21	0.4201	-53.4	9.31	214	0.2242	-22.7	54.58
办公	12	0.0008	-22.5	0.02	48	0.0070	513.7	1.70
平、单	16	0.0046	-95.9	0.10	288	0.0221	-43.3	5.38
平、双	5	0.0275	-65.9	0.61	56	0.0090	-49.3	2.19
平、四	377	2.0746	-12.4	45.97	10	0.0222	-67.6	5.40
其他、平	146	1.8042	-27.5	39.98	39	0.0986	11.4	24.00
未列名	46	0.1813	-5.8	4.02	272	0.0277	-44.2	6.74
合计	623	4.5132	-26.55	100	972	0.4108	-25.95	100

展是非常重要的，采编是报业数字化的重要内容，经营管理方面同样也是报业数字化不可或缺的重要组成部分，不能顾此失彼，要正视二者在报业数字化进程中的同等重要地位。

3. 技术装备的升级换代并未增进与受众之间的交流

报业的数字化，更有利于各报业单位增进自身与受众之间的沟通与交流，比曾经与读者通过热线电话和书信往来更为有效。但在实际操作中，很多报业单位的下属网站并未达到与受众积极沟通的目的，一方面体现在其尚未成为当地有影响力的网站，另一方面体现在其网站的受众参与功能并不完善，这是由于很多单位并没有明确其下属网站的定位，也没有完全重视其与受众互动的功能。此外，很多报业单位的读者数据库更多只是体现在用户简单的基本订阅信息上，更并没有将更为有意义的用户消费习惯、阅读习惯等更为丰富的内容纳入其中，而还有很多单位连最基本的读者数据库还尚未建立起来。

此外，各报业单位在技术上的投资较少，投资比例不够合理，对新技术、新媒体发展不够重视等也是中国报业在技术装备发展过程中亟需解决的问题。

五、报业技术装备的未来发展趋势

作为报业未来发展的重要因素，技术装备在一定意义上指引了报业的未来发展方向。或者可以说，报业的未来发展需要技术装备的支持与不断创新。

1.多媒体复合出版系统全面进入实施阶段

中国新闻技术工作者联合会名誉理事长孙宝传根据2009年第四届“王选新闻科学技术奖”申报项目的情况撰文指出，建立报业的多媒体（全媒体）多渠道出版（复合出版）系统，是启动和实践数字化转型的必要步骤，也是利用数字技术重塑报业的业务形态和行业边界的重要手段。

多媒体复合出版主要有以下三种模式：第一，在原有报纸出版系统的基础上进行技术改造，构成集传统媒体平台和新媒体平台于一体的多媒体多渠道出版系统；第二，按照报业集团（报社）业务创新的需要，重新打造新一代的多媒体多渠道出版系统；第三，按照数字出版的总体格局进行生产流程再造，构建全新的多媒体多渠道系统。

从进入到实践阶段的情况来看，烟台日报传媒集团和宁波日报报业集团的全媒体运营都具有鲜明的特点。

此外，也有部分报业集团（报社）通过首先设立滚动新闻部的方式为转向全媒体运营打下夯实基础，还有部分报业单位借助运作较为成熟的报网互动经验向全媒体流程再造、全媒体出版逐渐转型。多媒体复合出版系统的应用和全媒体运营的展开已经并将在未来继续成为中国报业发展的主流趋势。

2.个人移动多媒体、手持移动终端粉墨登场

随着手机用户的普及和手机功能的丰富，随着3G网络的建成与逐步完善，手机将逐步转型为个人移动多媒体，或者称为手持移动终端，其所赋予的使命将不仅仅只是通话和收发信息，而是将成为不同介质媒体所抢占的集文字、图片、音频、视频等功能于一身的高地，在接收信息的同时，还可以处理信息，并实现支付、交易等多重功能。

对于中国报业来讲，这既是挑战，更是不可多得的机遇，或将成为报业扭转颓势的“救命稻草”。目前，更多充当内容运营商的报业，如何整合上下游资源，如何提升内容服务质量，都将成为报业自身亟需解决的问题。作为个人移动多媒体、手持移动终端的手机或将同互联网等一道成为报业未来得以长足发展所必须重视的要素之一。

此外，新闻的版权保护、新媒体营运模式的转型等也都将成为报业的技术装备在未来探索的关键环节和重要内容。□

※作者单位：中国政法大学传媒与文化产业研究中心

※注释：

【1】中国报业新技术应用高峰论坛的发言

【2】陈福生.《方正翔宇内容发布系统在泉州网的成功应用》.《中国报业》2009年第5期

【3】张士贤.《以数字化开拓报业成长空间——报业资源整合途径研究》.《采与编》2009年第6期

【4】《国内首套报刊征订发票管理系统在温州诞生》.《今传媒》2010年第1期

移动阅读终端
缔造报业未来发展新格局

●李云昆

一、金融风暴中逆市而上的出版机会

2009年，全球出版人的眼光都聚焦到"电子阅读器"这个产品上来，无论是美国的Kindle亦或是中国的汉王，都为出版业点燃了未来的希翼。

2007年11月，全球最大的电子商务公司——亚马逊公司，推出了第一款属于自己的电子阅读器——Kindle，希望它能如其名，点燃阅读的革命之火。在Kindle推出的第一天，亚马逊的第一批阅读器备货就被市场"吃光光"。

2008年，Kindle成为美国人最抢手的"礼物"之一。

2009年，亚马逊推出了KindleⅡ和kindle DX两款新产品，这不仅仅点燃了阅读革命，也点燃了全球电子阅读器竞争的"战火"。美国最大连锁书店Barnes & Noble于10月推出Nook电子阅读器。

更多的企业及公司纷纷跟进电子阅读器市场，在国际上，默多克新闻集团、苹果公司、爱普生公司等都意欲在2010年推出自己的电子阅读器产品；国内，中国移动、联想、华为、方正等公司也将投入移动阅读器的生产。

专家预计，2010至2013年，专业电子阅读设备将保持150%以上的高速复合增长。到2013年，全球市场产量每年将达到2000万台以上，市场规模在25亿美元以上。

目前，全球电子阅读器生产格局已经形成，主要分为三大阵营，分别为设备制造商阵营以索尼、苹果公司为代表；出版物经营商阵营以亚马逊、Barnes & Noble为代表；内容出版商阵营以默多克集团为代表。

人气鼎沸的电子阅读器市场在国际金融风暴中逆市扬帆，形成寒潮中一股强劲的暖流。人们不禁要问："是电子阅读器缔造报业发展的新格局吗？"

其实早在2000年，电子阅读器就已经出现，2006年，目前所采用的电子纸阅读器也已经出现，为什么直到2007年亚马逊的Kindle出现后，才掀起了全球性的热潮？

仔细研究可以发现，Kindle是在解决了阅读内容(产品上市时就有可供购买的图书9万册，报纸十几种等)以及移动接收(采用全美覆盖的EDVO无线宽带模式接收)两个方面的问题后，才后来居上超越索尼公司成为电子阅读器的第一品牌的。

但是，在电子阅读器所显现的巨大利润以及市场疯狂的追捧之下，人们迷失了，认为一个设备造就了一个全新的市场，创造了出版业的未来！

现在，让我们看看电子阅读器这个"英雄"，所处的"时势"环境，到底是英雄造时势，还是时势造英雄。

2009年3月，全球手机用户数量达到了41亿，普及率为61.1%，我国手机用户数量也早已超过7亿，手机已经成为全球拥有量、普及率最高的电子产品。早在2007年底，《第20次中国互联网络发展状况统计报告》中就显示，全国有1.17亿人用手机进行移动阅读，占当时总人群数的19.47%。移动阅读已经成为一种主要的阅读方式，在广大的移动阅读用户中，需要更专业更舒适的电子阅读器进行移动阅读的也不乏其人。

另外，进入2009年，在金融风暴以及出版业高昂运营成本的双重压力下，报业革命提前出现。2008年12月8日，拥有161年历史的美国第二大报业集团——论坛报业集团(Tribune Co.)不堪巨额债务重压，申请破产保护。随后，旗下两大知名报纸《芝加哥论坛报》和《洛杉矶时报》合并国际新闻报道业务；2009年3月17日，具有146年历史的美国《西雅图邮报》在出版最后一期后将转变成完全的电子报纸；2009年3月26日，《华盛顿邮报》为削减成本，提出买断工龄的计划。同日，美国最具影响力的报业集团之一的《纽约时报》宣布将正式裁员。出版业走向数字出版已经势在必行。

在如此的形势之下，电子阅读器"英雄"如何不会成功？

相比电子阅读器，亚马逊鲜少提到的内容整合平台，却是更具有核心竞争力以及"技术性"的。通过技术手段将多个出版社、报社、杂志社的内容统一在一个平台上，并且利用无线通讯技术以及设备的可识别性来进行数据传输以及加密，以最便捷、最经济的方式经营数字内容，形成出版物的全新经营模式。因此，不难看出亚马逊内容整合平台的重要性。

专家预计，亚马逊在数年后的出版物销售将基本是数字内容，原来经营的纸质出版物将大大减少，甚至停止销售。

现在，出版业所面临的是一场不可避免的数字革命，移动阅读终端、数字内容以及数字内容运营平台将组成全新的出版规则与模式。这个规则与模式，将改变出版现有的经营观念、运营模式以及经营范围等，最早了解、掌握这一模式的报社、出版社将成为新模式运营状态下的领导者。

二、出版业变革的新规则探讨

由于新技术、新设备的应用，使得新出版规则与原来的数字出版有了很大的不同，并且，也因为这些不同而造就了全新的经营观念、运营模式等，为了有所区别我们将这种新规则的出版模式叫做"移动数字出版"，而将因此诞生的新媒体叫做"个众传媒"。

移动数字出版与现有的数字出版有何不同？现有的数字出版是基于互联网络和PC电脑设备基础之上的数字内容出版形式，由于互联网络是一个自由的全开放型网络，在内容管理、设备管理、用户识别以及收费模式等方面欠缺对应的技术以及管理机制，使得现有数字出版出现三种困境，因此造成出版业数字进程无法快速推进。

困境之一：用户发展速度缓慢。使用设备的限制（必须使用电脑）以及使用环境的限制（必须具有网络环境），使得现有数字出版的用户发展速度较慢（到2009年初，我国网民数约3.6亿左右，而使用数字出版内容的用户更少）。

困境之二：缺乏收费机制与渠道。由于互联网的诞生是为了使信息无障碍的传播与交流，所以互联网上的资讯内容绝大部分是免费的，在内容收费、设备管理以及加密方面没有良好的机制与渠道（出版内容放置到网络上就无法进行版权保护以及收费）。

困境之三：信息淹没。互联网由于信息发布门槛低，海量的信息对出版业尤其是报业的信息造成了淹没，在信息来源不清、信息真假难辩的情况下，数字出版的精品内容被大量的垃圾内容和虚假内容淹没，造成寻找困难、经营困难。

移动数字出版是基于移动通讯网络、互联网以及移动阅读终端（手机、阅读器、MID等）基础之上的、可以随时随地进行接收以及阅读的数字内容出版形式，移动通讯网络是为了通讯业务的经营而建立的，在内容管理、设备管理、用户识别以及收费模式等方面都具有了良好的技术以及管理机制，使得现有数字出版的各种困境迎刃而解。同时，移动数字出版在移动通讯所培养的付费习惯基础上，具有得天独厚的经营"土壤"。另外，移动数字出版还具有以下优势：

第一，用户基础广泛。用户来自于手机、阅读器等移动阅读终端，用户基数庞大（目前我国手机用户是网民数量的一倍还多）。

第二，移动阅读形式更加符合人们的阅读需要和习惯。用户不需要电脑、网络设备就可以轻松享受数字阅读的便利，如轻便携带大量内容、经济廉价的获取图书资源、随时随地的阅读等。

第三，便捷的支付通道和支付习惯令经营更加容易。通过移动通讯运营商结算、网络银行、支付宝等多种流通方式进行结算，使得经营与支付都将更加方便。

第四，用户（设备）的专属性，使得数字内容能够根据硬件设备（设备ID、SIM卡号、SD卡号等）进行加密，限制只能在下载设备上进行阅读，制止了设备间的内容传播和盗版。

总之，移动数字出版模式是专为数字内容经营而建立的，具有完善的机制与技术，是报业、出版业数字出版的必由之路。

另外,现在的大众、分众媒体与个众媒体有什么不同?

个众媒体与现有的大众、分众媒体的本质区别就是传播的个性和有针对性,信息的传播不再是单向的广播式传播,而是个体性的交互传播。个众媒体能够进行高效率的对个性需求人群的信息传递。个众媒体必须具有大众媒体那样广泛的用户群体(甚至比大众媒体的用户群还要巨大的多),能够进行传统的大众媒体的广播式信息传播,并且能够针对个性需求群体进行"有需求"信息的传播服务。这里所说的"有需求"信息是指用户关心的、有需求的信息资讯。

个众媒体与传统大众媒体相同的特点是,具有广泛的用户基础,能够进行单向的广播式信息传递或者简单的分类(群)式信息传递。

个众媒体与传统大众媒体不相同的特点包括可以不受时间、地点、空间的限制,进行信息全传递,信息的传递可以是多层次、多形式的。另外,个众媒体的信息传递不仅仅是简单的交互式,它是具有强大的数据库支持、能够根据指定用户的习惯以及行为进行需求判断并提供"有需求"的信息服务。它的数据库管理已经超越了互联网的帐户管理概念,是针对每个实实在在的客户进行的管理,这些客户具有各种需求、具体喜好与倾向。个众媒体与其他媒体的具体比较可以参见表1。

传统报业作为最早的传媒形式,已经存在了400年。400年间,广播、电视、互联网等新兴媒体不断涌现,传媒环境、人们的阅读习惯、阅读形式等都发生了巨大的变化,传统报业的传媒地位不断受到挑战。尤其是近年来,互联网的发展对传统报业产生了较大的冲击,传统报业面临着发行区域受限、新闻时效延迟、运营成本高昂、没有互动性、表现形式单一、篇幅受限制等不利竞争因素,发展受到极大的制约,甚至连生存都受到了质疑(今年,以美国为首的西方报业界纷纷传出经营上百年的报纸停刊、裁员、合并等消息)。

个众媒体的出现给报刊业,甚至整个出版业都带来新的机遇,与互联网媒体所不同的是,它并非出版业的竞争者,而是出版业的合作者。这主要体现在个众媒体是一个在传播方式上具有"推送+主动获取"相结合,在内容制作上强调监管的媒体,在发展的前期它将与传统报业进行紧密合作,彻底解决报业目前所面临的各种问题,成为传统报业重新崛起的支点。

个众媒体将为报业发展带来怎样的新规则:

第一,个众媒体将打破报业发展的区域化格局,个众媒体与传统报业的合作,最主要的变化将是打破报业发展的区域化以及用户群体小的格局。个众媒体将依赖数字传播渠道(包括无线网络、有线网络)进行全球范围的信息传播,不再仅仅是地区内发行的概念,而因此带来的变化是用户数量的急剧扩大,将由百万级发展到千万乃至亿万级单位。2007年底,据广东省移动通讯公司数据中心统计,当年移动公司手机报用户就超过500万人。仅仅是一个简单的几条新闻的手机报就已经达到如此用户数量,个众传媒的发展还只是刚刚开始,它也将带给我们无限宽广的市场。

第二,个众媒体与传统报业的合作,还将推动报业内容的精品化、个性化,推动报业走向"内容为王"的时代。面对亿万级的用户群体,谁的内容吸引人,谁就有市场;谁的内容有深度,谁就拥有读者。个众媒体将推动报业走向新闻报道的本质,对报业的发展也将是积极、有益的。

第三,多种技术及学科的融入使得报业行业边

表1 个众媒体与其他媒体的比较

	平面媒体	广播	电视	互联网	个众媒体
传播通道	物流通道	无线微波	无线微波+有线网络	有线网络	所有数据信息网络(包括无线及有线网络)
信息量	受版面限制	受时间限制	受时间限制	受容量限制	不受限制
用户类型	大众用户	大众用户	大众用户	大众+分众	大众+分众+个众
信息交流	受限制	受限制	受限制	简单交互	完全交互
传播方式	推送	推送	推送	主动获取	推送+主动获取
内容制作	监管制作	监管制作	监管制作	自主发布	监管制作
传递内容	完全一样	完全一样	完全一样	部分个性	完全个性

界模糊化。未来新规则下的移动数字出版业将是一个复合行业,牵涉到出版业、电子设备行业、无线通讯行业等综合行业。

三、报业单位如何准备进入移动数字出版行业

移动数字出版行业将是报业发展的未来,但是要很好的发展移动数字出版,还有很多工作要做。

第一,转换传统出版的观念,无论是人才、经营还是发行都需要转变。移动数字出版将是一个复合技术的行业,多人才的要求也需多元化。移动数字出版的经营更加需要转换思路,传统出版主要是依赖广告养活,移动数字出版能够更加彻底的实现内容的个性化,制作深度、有个性的内容将成为移动数字出版另一个主要的收入来源。在出版发行方面,传统出版发行工作我们是在百万级或者十万级甚至万级的用户基础上进行,但是,在移动数字出版中,我们抛开了地域、印刷、发行等条件的缚束,用户将以亿乃至数亿级计算。原来的“少数量,高单价”的经营观念就需要改变,应该采用“高数量,低单价”的模式。当然,移动数字出版的转变是需要时间和代价的,但是,哪个出版单位首先改变经营思路与观念,并坚持下去,在这场移动数字出版的变革中就可能胜出。

第二,建立多样化、便捷的支付通道。移动数字出版能够借助现有的移动通信支付网络、网络银行以及数字充值卡等多种手段进行支付,但是目前,报业还缺乏这些便利、多样的支付通道。

第三,确定统一的行业数字格式与标准。从设备的显示情况来说,电脑的显示器尺寸变化一般在30%左右,一般的文件在不同尺寸显示器的电脑中都能阅读,而在移动阅读设备中,屏幕的尺寸变化一般都在一至两倍,甚至达到三倍以上,在大屏幕中能阅读的内容,到小屏幕中完全不能阅读。所以,移动数字出版需要一种能够适应屏幕数倍变化的优秀阅读格式,这是移动数字出版发展的一个保障。□

※作者单位:广州金蟾软件/宇元科技有限公司

浅析温州日报报业集团城域网规划设计及ACL设置

●金建明

一、引言

温州日报报业集团成立于2003年，集团下设日报、晚报、都市报、商报、瞭望杂志社、温州新闻网、发行中心、财务中心等机构，有日报、晚报、商报等大楼。在技术部门合并之前，各单位的信息化建设由各报、网、刊自行实施，各单位独自拥有一个独立的二层网络、独立的互联网出口和独立的私有IP地址段，互联互通极为不便。随着网络应用的不断深入和用户的不断增加，原有网络传输带宽较低、系统运行速度缓慢等问题已逐渐显现出来。迫切需要一个统一的集团网络，来解决集团内各单位的互联互通问题，并通过交换机的ACL设置来解决他们间的访问权限问题。为此，温报集团在日报大楼新建了一个IDC中心机房，各分支机构与总部IDC机房之间采用两条1000M(由2家运营商提供)裸光纤进行互联；并用2台Extreme-BD 8810核心交换机、7台X450汇聚交换机、30台Summit200全三层的楼层交换机搭建了我们高性能的集团城域网，统一从总部出口到互联网；对所有电脑的IP地址进行重新分配，网络划分了VLAN，并对其权限做了很好的设置。以下就这次改造中的IP和VLAN划分、网络协议选择以及各单位间的ACL设置进行简单的分析。

二、集团IP、VLAN、ACL规划

组建一个报业集团城域网，其IP地址规划、VLAN划分、路由选择及各单位间的ACL设置是首先要考虑的问题，同时也是一个相对复杂的问题。为此，在温报报业集团IP、VLAN、ACL设计过程中注意了下面几点，最终实施下来效果还不错。

1.IP地址规划原则

IP地址规划要结合网络拓扑层次结构、路由策略等特点，在有效利用地址空间的同时，保证网络的层次性、灵活性和可扩展性，能满足未来几年集团发展对IP的需求。由于温报集团内许多单位原有IP地址选用了172.16.0.0/16私有网段，为了在网络合并过程中不会发生IP冲突，实现平滑切

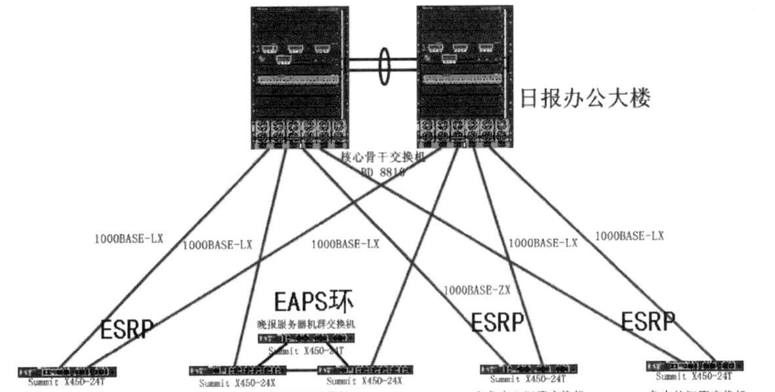

图1 温州日报报业集团城域网核心骨干网络拓扑图

换，我们决定对集团所有电脑的 IP 地址进行重新分配，彻底杜绝 IP 冲突问题。

通常，一个城域网会采用一个 A 类私有地址，但考虑到我们集团网络的总体规模和各下属单位的分部情况，温报决定采用 16 个 B 类私有地址作为我们集团城域网 IP 地址，每个下属单位使用其中的一个 B 类 IP 地址。而各单位其下的 VLAN-IP 则是在该 B 类地址基础上再细分，采用的是 24 位掩码。这种采用变长子网掩码的方法有助于内部路由聚合，缩短路由表长度，内部路由转发更加迅速快捷。

2.VLAN 划分原则

VLAN 划分主要遵循部门统一原则，原则上业务相同的计算机划分在同一 VLAN 中，采用了基于交换机端口划分的静态 VLAN 划分方式，静态 VLAN 在定义成员时非常简单，维护起来也比较方便。由于有的部门跨交换机分布，因此 VLAN 也要跨交换机划分。非日报大楼内的各子单位在核心交换机上其整个单位以一个整体 VLAN 的方式出现，但需在其自己的汇聚交换机上再做 VLAN 的细分。

3.VLAN 间的访问权限设置

由于温报集团下属各单位的业务都是相对独立的，决定了他们之间的网络访问也是相对隔离的。晚报、都市报、商报等旗下各有多个 VLAN，我们要求属于同一子报内部的各 VLAN 是能互相通信的，但不同子报之间的 VLAN 则是不能互相访问的；由于集团财务、发行等已采用统一的业务平台，使得各子报的财务电脑既要同自己报社的各 VLAN 通信，又要能与集团财务中心的服务器相连；这种既有水平联系又有垂直访问的业务模式，使得我们集团内各 VLAN 间的访问权限设置增添了几分复杂。为此我们很重视对 ACL 的规划设置，按业务类型设置好各自 VLAN 应有的访问权限，

4.服务器的访问控制

在日报大楼内各单位服务器全部放入新 IDC 机房内，所有服务器共用一个 B 类私有网段，每个单位的服务器再使用其中的一个子网段，通过 ACL 来控制各单位终端能访问到属于他们自己的服务器。晚报、商报、都市报广告中心等驻外单位保留其服务器在自己机房内，视服务器的功能来决定其归属于哪一个 VLAN（采编服务器则归到采编的 VLAN 中、广告服务器则划入广告的 VLAN 中），这样很好地解决了在日报大楼之外各报服务器的归属及相关 VLAN 对其访问的问题，同时，也减轻了分支机构与总部互联光纤的通信压力。而集团公共服务器则要求集团所有电脑都能访问。

表 1 显示了集团各单位的 IP、VLAN 划分及他们间的 ACL 关系。

三、网络协议选择

一个可靠的网络，选好路由协议是关键。在网络拓扑结构上核心采用双机热备架构，核心交换机与汇聚交换机及楼层交换机之间全部采用双链路冗余连接，为了确保任何一台核心或任一链路出现故障都不会影响到网络和终端用户的正常使用，温报集团选择了 OSPF-ECMP、EAPS、ESRP/VRRP 等可靠的网络协议，完全解决了网络单点故障。

表 1 温报集团各单位 IP、VLAN 划分及 ACL 关系

<table>
<tr><th>楼 大</th><th>各机构名称和 IP 段</th><th>各机构的 VLAN</th><th>各 VLAN 的 IP</th><th>各 VLAN 的权限</th></tr>
<tr><td rowspan="9">日报大楼</td><td rowspan="4">日报大楼 IDC 机房服务器 172.17.0.0/16</td><td>集团服务器</td><td>172.17.9.0/16</td><td>整个集团所有电脑都能访问</td></tr>
<tr><td>日报服务器</td><td>172.17.10.0/24</td><td>只有日报电脑能访问</td></tr>
<tr><td>都市报服务器</td><td>172.17.20.0/24</td><td>只有都市报电脑能访问</td></tr>
<tr><td>集团财务服务器</td><td>172.17.50.0/24</td><td>各单位财务电脑都能访问</td></tr>
<tr><td rowspan="3">温州日报 172.18.0.0/16</td><td>rb-cb (日报采编)</td><td>172.18.10.0/24</td><td rowspan="3">同一单位内各 vlan 相互间能互相访问，并能访问本报的服务器 IP 段，但不能访问晚报、商报等同级别单位。</td></tr>
<tr><td>rb-gg (日报广告)</td><td>172.18.30. 0/24</td></tr>
<tr><td>rb-xz (日报行政)</td><td>172.18.20. 0/24</td></tr>
<tr><td rowspan="2">温州都市报 172.19.0.0/16</td><td>dsb-cb (都市报采编)</td><td>172.19.10. 0/24</td><td rowspan="2">同上</td></tr>
<tr><td>dsb-xz (都市报行政)</td><td>172.19.20. 0/24</td></tr>
<tr><td rowspan="3">晚报大楼</td><td rowspan="3">温州晚报 172.16.0.0/16</td><td>wb-cb (晚报采编)</td><td>172.16.20.0/24</td><td rowspan="3">同上，但本单位的财务 vlan 能访问集团财务服务器 IP 段 172.17.50.0/24。</td></tr>
<tr><td>wb-gg (晚报广告)</td><td>172.16.30.0/24</td></tr>
<tr><td>wb-cw (晚报财务)</td><td>172.22.150.0/24</td></tr>
</table>

核心采用动态 OSPF 路由协议,可以满足集团不断增长的网络规模需求。OSPF-ECMP(Equal Multi-path Routing)在 OSPF 环境下能支持多个等价链路,从而可提高链路冗余并增加带宽。当其中一条路径出现中断时,系统自动分布负载到其他等值路径,不会影响用户的网络通讯,从而确保全网互联的可靠性。本集团核心对 OSPF 路由协议做了以下配置:

8810-1#config ospf routerid 172.31.254.254 /配置 routerid 的 IP 地址/

8810-1#config ospf add vlan all area 0.0.0.0 /把所有 vlan 加入到 0 域中/

8810-1#config ospf add vlan hlw area 0.0.0.0 passive

8810-1#enable ospf export static cost 10 type ase-type-1/启用静态路重发布/

8810-1#enable ospf

在日报、晚报两大主干节点网络连接采用高可靠性的环网保护协议——EAPS (Ethernet Automatic Protection Switching)以太网自动环保护技术。在采用 EAPS 技术构建环网结构后,环内任何一段主干光纤故障均不会影响环网络的正常运行,同时,系统故障的收敛时间仅为 50ms,达到 SDH 的自愈效果,在 EAPS 保护下的 OSPF 协议没有中断的可能性,大大提高了网络系统的可靠性。

目前,有多种解决方案来协调路由器故障切换,包括 Extreme 备用路由器协议(ESRP)、IETF 定义的虚拟路由器冗余协议(VRRP)和 Cisco 热备份路由协议(HSRP)。温报集团的设备支持 ESRP 和 VRRP 这两种协议。ESRP 是 Extreme 独有的一种功能,基于 VRRP,在当前的交换式网络中可以根据一组交换机学到的路由是否存在的状态、交换机上端口的活动状态等作出更加智能的故障切换决策。所以我们选择了 ESRP 协议来为我们集团网络提供了卓越的冗余性和故障保护。[1]

四、妙用中继代理 让 DHCP 服务多个 VLAN

在温州报业集团,管理好一千多台的工作站 IP 地址并不是一个简单的问题,为了有效地解决好这个问题,我们在核心交换机启用了 DHCP 中继代理服务,并架设一个 DHCP 服务器来自动为多个 VLAN 工作站分配 IP 地址。当然,核心与汇聚交换机本身都自带了作为 DHCP 服务器的功能,但由于配置相对复杂,又会增加交换机的负担,所以,本集团单独启用了一台 PC-server 来做 DHCP 服务器。

DHCP 中继代理原理如下:当 PC 工作站向网络发出地址申请广播信息在本地的 VLAN 中得不到及时应答时,就会自动被转交给 VLAN 连接端口,然后通过该端口的 DHCP 中继代理功能被转发到位于其他 VLAN 中的 DHCP 服务器,DHCP 服务器端的响应信息又会通过 DHCP 中继代理功能及时反馈给目标工作站,如此一来局域网任何 VLAN 中的普通工作站都能从同一台 DHCP 服务器那里获得有效的 IP 地址了[2]。启用中继代理让 DHCP 为多个 VLAN 内的客户端分配 IP 地址,需要在核心交换机上做如下配置:

8810-1#config bootprelay add 172.17.9.10 /指定 DHCP 主服务器 IP/

8810-1#config bootprelay add 172.17.9.11 /指定 DHCP 备服务器 IP/

8810-1#enable bootprelay /启用 DHCP 中继代理/ [3]

在交换机上中继代理设置完成以后,还要在 DHCP 服务器上设置各个 VLAN 的作用域,并将这些作用域的"路由器"选项设置为对应 VLAN 的接口 IP 地址。这样,可以保证所有 VLAN 中的机子能得到 DHCP 服务器分配的 IP 地址。

在实施过程中,碰到了这样一个问题,杂志社与都市报广告部同处一个大楼,楼内只有一个 DHCP 服务器在都市报广告部的 VLAN 中。而杂志社的 VLAN 与都市报广告部的 VLAN 是不能互相通信的,但杂志社机子需要从都市报广告部的 DHCP 服务器中获取 IP 地址。为此,我们在该楼的汇聚交换机上加载了以下的 ACL 条目,让 DHCP 服务使用的 UDP 67-68 端口的数据包全部能通过,从而解决问题。

```
#acl-dsbgg
entry dhcp{ if{ protocol udp; source-port 67 - 68;
        destination-port 67 - 68; }
        then { permit; } }
entry one{ if{ source-address 172.19.0.0/16;
        destination-address 172.25.0.0/16; }
        then { deny; } }
#
```

无论什么型号、什么品牌的交换机,让 DHCP 服务多个 VLAN 的配置方法大致相同。Cisco 与 Extreme 不同的是要在每个 VLAN 下指明 DHCP-serve IP 地址,而 Extreme 则不需要。以下以 Cisco

路由交换机为例的配制（DHCP－server 属于VLAN2）：

```
Switch(Config)service dhcp
Switch (Config)ip dhcp relay information option
/启用 DHCP 中继代理/
Switch(Config)int vlan 3
Switch (Config －vlan)ip address 192.168.3.1 255.255.255.0    /配置 VLAN3 接口 IP/
Switch (Config－vlan)ip helper－address 192.168.2.10
/在 VLAN3 中设定 DHCP－server IP/
```

[4]

五、集团 ACL 设置

1、所谓 ACL（存取控制列表）就是 Access Control Lists 的缩写，其主要作用是过滤你不想要的数据包，主要包括限制网络流量提高网络性能、有效的通信流量控制手段、提供网络访问的基本安全手段等功能。在检查规则时是采用自上而下在 ACL 中逐条检测的，只要发现符合条件了就立刻转发，而不继续检测下面的 ACL 语句。

2、网络访问控制 ACL 程序写法

网络访问控制 ACL 编程思路大致分为两种，一种是 permit 写法，把要允许通过的对象全写齐了，在结尾加上一句 deny any any（Cisco 交换机的 ACL 最后默认是全丢弃的，此句可省）；另一种是 deny 写法，把不允许通过的都写上，在最后加上一句 permit any any（Extreme 交换机默认是全通过的，此句可省略）。在编写程序时具体要采用哪种写法，主要看针对某个具体事件哪种写法更简单、条理更清晰便予以采用。下面有两个 ACL，一个是集团内 4 家报社间访问隔离的 acl－geli－policy.pol，采用 deny 写法；而另一个是集团各报自己的服务器只允许其本报电脑访问的 acl－server－policy.pol，日报大楼中单位众多，该 ACL 是以日报为例，采用 permit 写法。

```
#acl－geli－policy.pol    /逻辑上采用逐个隔离法/
#acl－wanbao/晚报分别与日报、都市报、商报隔离/
entry wb－one{ if{ source－address 172.16.0.0/16;
    destination－address 172.18.0.0/16; }
    then { deny; } }
entry wb－two{ if{ source－address 172.16.0.0/16;
    destination－address 172.19.0.0/16; }
    then { deny; } }
entry wb－three{ if{ source－address 172.16.0.0/16;
    destination－address 172.20.0.0/16; }
    then { deny; } }
#acl－rebao  /日报分别与都市报、商报隔离/
entry rb－one{ if{ source－address 172.18.0.0/16;
    destination－address 172.19.0.0/16; }
    then { deny; } }
entry rb－two{ if{ source－address 172.18.0.0/16;
    destination－address 172.20.0.0/16; }
    then { deny; } }
#acl－dsb    /都市报与商报隔离/
entry dsb－one{ if{ source－address 172.19.0.0/16;
    destination－address 172.20.0.0/16; }
    then { deny; } }
#

#acl－server－policy.pol /日报(172.18.0.0/16)能访问/
entry rb－one{ if{ source－address 172.18.0.0/16;
    destination－address 172.17.10.0/24; }
    then { permit; } }
entry rb－two{ if{ source－address 172.17.10.0/24;
    destination－address 172.17.10.0/24; }
    then { permit; } }
entry rb－three{ if{ destination－address 172.17.10.0/24; }
    then { deny; } }
#
```

本集团 ACL 主要应用在网络访问的基本安全控制方面，并没涉及到限制网络流量提高网络性能及通信流量控制等方面。ACL 能控制的方面非常多，笔者认为，更多时候我们并不会用到这些功能。如果在一个网络上加载了太多太细的 ACL 控制，整个网络访问控制就会变得非常复杂，包转发也会减慢，一旦网络出错，排错的过程非常艰难，甚至无从下手。ACL 编程思路要清晰、语句要简洁，让人一看就能明白，才能方便日后的调整维护。

六、总结

由于规划合理、设置精确，整个网络启用至今没有出现重大网络中断事件。不论是增加设备或部门，还是对网络的 VLAN、ACL 进行调整，管理员都能从容应对，整个集团网络维护十分方便快捷，达到了我们预期的目标。同时，为集团今后发展预留了很大的网络空间，为日后推进集团数字

报业快速发展奠定了基础。□

※作者单位：温州日报报业集团

※注释：

【1】EXTREME 的网络冗余恢复技术.[EB/OL]. http://www.docin.com/p-1691075.html 2008-10-19

【2】my21ren.妙用中继代理 让 DHCP 服务多个 VLAN.[EB/OL] http://www.54master.cn/bbs/viewthread.php?tid=265012, 2008-8-7

【3】Hugh Bussell, Megan Mahar, Peggy Murphy. ExtremeWare XOS Command Reference Guide Software Version 11.5[M]. California: Extreme Networks, Inc, June 2006

【4】Cisco Systems 公司著,天津大学|电子科技大学|中山大学 思科网络技术学院译. 思科网络技术学院教程(第三、四学期)(第三版)【M】.北京,人民邮电出版社，2004 年 7 月.

手机新闻发布及互动平台的应用研究

●林晔 续子恺

一、手机媒体的兴起

报纸是人类历史上最早出现的新闻传播媒体，是现代信息社会中获取信息的主要途径之一。长期以来，报纸以其特有的传统媒体的垄断性，获得了高度集中的社会注意力资源。这种资源的富有成就了报纸在发行及广告上的几度辉煌。但随着现代通信技术的发展，互联网、手机等新型媒体，正在掀起一场媒体革命，以其自身的传播优势给传统报纸带来了巨大的冲击和挑战。

二、3G时代对新闻行业的影响

随着国内三大运营商重组计划的尘埃落定，3G在中国市场的发展逐渐进人了快车道，而3G也成为移动通信终端市场继续呈可持续发展的重要契机。可以预见，3G时代手机上网将成为得到全面的普及，如同目前电脑上网一样，手机上网将成为几亿中国手机用户的基本使用行为。而手机媒体的业务形态将更加丰富多样，产业合作将更加成熟，盈利模式将趋于多元化，手机媒体用户的规模将全面增长，手机媒体将成为不折于不扣的主流媒体。

三、项目介绍

虽然，随数字化、计算机网络、通信等技术的发展而出现的新型传播媒介，的确使报纸的强势地位受到动摇，但是报纸历史积累的影响力和公信力，以及报纸采集新闻的能力，报道新闻的权威和深度，长期以来已经成为整个传媒行业的典范。从这个角度讲，报纸不会消亡，而是进人一个如何适应于新媒体出现的调整期，目标是在与新媒体的融合和竞争中凸显报纸特性并长期发展。对于处于转型期的报纸而言，目前的难题是如何把握自己的核心竞争力，规范报纸市场，扩展报纸的多元化发展空间，充分利用新技术和新的媒体平台，使传统报纸走数字化道路，寻求新旧媒体的融合互动。在这个发展方向上，解放日报报业集团的“手机新闻发布及互动平台”项目是一个基于现实、面向未来的尝试和探索。

图1 即时新闻阅读界面

“手机新闻发布及互动平台”项目是一款以手机客户端和WAP为技术平台的互动新闻平台，主要功能包括:以即时新闻阅读、电子报阅读、读者报料、记者现场发稿等新闻相关功能,以及新闻热点论坛、话题评论、互动调查、用户参与等编读互动功能。

“即时新闻阅读”功能将记者采写的新闻资讯分栏目发布到手机平台上,以供用户阅读。新闻即时更新,以保证读者第一时间获得最新的资讯。在集团强大的新闻采编能力的支持下,平台上新闻内容丰富,涵盖面广。用户可以做到“一机在手、尽览天下”。读者在进行新闻阅读的同时,还可对新闻事件进行评论或投票,来表达自己的意见。

“电子报阅读”功能则整合集团旗下的优质报纸,采用纸质报纸版面的形式,满足了用户对纸质报纸品牌认可和读报的使用习惯。针对手机小屏幕的特点,平台还提供电子报字体和图片大小选择的功能,使读者在保持原有读报习惯的同时,更方便地阅读手机电子报。

“读者报料和记者发稿”功能则提供了读者或记者随时随地利用手机报道新闻事件、上传现场视频和图文的功能。平台可以根据记者和读者的不同权限,自动使上传的新闻进入不同的审核流程,这样既保证了记者发稿和展示的即时性,也保证了用户报料在内容审核上的要求。

“新闻社区与互动调查”等互动功能,使编辑与读者之间能够随时随地保持交流、相互沟通。读者的意见能够最快地反馈给编辑,编辑的文章质量也能够随之不断提高。集团还可借助新闻社区功能组织读者开展活动,密切编读关系,提高报社品牌响力。

配合解放日报报业集团融合新旧媒体的多通道符合出版战略,“手机新闻发布及互动平台”的后端采用了基于XML格式的统一内容接口标准。

图2 电子报纸阅读界面

同时,在内容发行上实现了较高的内容颗粒化处理,可以实现用户订阅、定时投递时间和自定义内容等各种功能。此外,平台也建立了自己的用户数据库,通过采集用户行为来获得有价值的用户数据。平台还设计了用户行为统计和分析模块,通过数据挖掘,获得细分的用户群,为精准广告投放提供了依据。

使用最新技术、通过应用接口的定义、整合第三方生活服务类商家和其他合作伙伴的内容,该项目也进行了新型商业模式的有益尝试。平台一方面为读者提供有价值的生活服务资讯(如优惠信息和优惠券),让读者获得实际的便利,另一方面,也为和其他合作伙伴的商业合作提供了条件。

四、创新技术

1.新闻发布审核的关键技术

采用WEB2.0的新闻源采集方式是一个世界性的新媒体发展趋势,但这种接近UGC(User Generated Content)方式的新闻采集在实际运营中存在着巨大的挑战,即对新闻内容可能存在真实性、违规和其他不适合的内容,而人工审核需要大量的甚至超出可承担范围的工作量。本关键技术的主要思想为:将发稿的普通用户编入一个“编外记者”的虚拟团队,通过技术手段对“编外记者”和其报道内容进行自动评估,在自动评估的基础上决定审核的策略。审核策略包括自动审核和人工审核。

项目中,我们着重研究了一个“编外记者”的组织形式和等级制度,并根据每位“编外记者”的发稿历史和稿件质量为他们动态地赋予不同的属性和建立档案。该组织形式决定了“编外记者”的管理制度;属性和档案数据库为评估算法提供数据。

我们还研究和开发了一个针对“编外记者”发布内容的评估算法和软件引擎。该新引擎的构建基于关键词过滤技术和最新的语义分析技术。首先该算法对发布记者的档案和“新闻”内容本身进行分别评估,并得到不同的指标。其次,根据得到的“新闻”指标,确定审核规则,由平台自动或者递交给编辑人员进行审核并发布。

本关键技术可以在不降低内容审核质量的前提下,将人工干预的工作量降低到最低限度,在某些情形下还可以降低人工审核的错误率。

2.FMAG全界面自动生成技术

手机应用目前存在的最大问题之一就是手机型号繁多，不同手机所支持的功能存在很多差异、显示屏分辨率和屏幕长宽比缺乏标准、输入/操作和交互方式各异。而目前的网络应用平台（如WAP、Web）对此均不能很好地支持。虽然WAP协议和浏览器在设计时已经考虑了在不同设备上显示和操作的问题，但由于受到源于PC的描述语言的影响，对手机上很多因素，特别是不同手机细节上的差异缺乏考虑，导致适应性不佳。而手机屏幕的小尺寸、单手小键盘操作使得这些缺陷得以放大。同时，这些技术对移动网络较窄的带宽也不能很好适应。

本项目中，我们创新性地提出FMAG(Full MMI Automatie Generation，全界面自动生成)技术，解决手机多媒体新闻内容和展示界面的适配难题，降低手机平台繁多造成的手机应用高昂的开发成本和维护成本。

"全界面自动生成"的核心为：手机端的人机界面(MMI)由界面元素(element)组成。手机终端上传终特性和能力，在服务器端根据页面内定义和不同手机终端的特性定制和生成特定的MMI，下传内容和定制的MMI捆绑，在手机终端自动重建MMI并展示内容。本技术的要点，就是要构建一个架构，其中包括网络协议、适配服务器、后台应用接口、以及终端软件。在这样的架构中，应用、适配服务器和终端都能访问到具体用户终端的能力信息，从而灵活地、在不同层次和级别进行内容适配。适配月及务器和则开发出专门的算法，自动对内容进行适配，从而最大程度减少应用服务器的适配要求，增加其设备无关性，减少开发难度。

五、富媒体在手机终端上的交互显示

随着手机硬件的不断改进，分辨率越来越高、尺寸越来越大，处理速度越来越快，手机内容展示方式和交互技术也在迅速发展。手机上的内容表现方式越来越丰富，这就是所谓"富内容(Rich Content)"。富内容和多媒体的区别在于，富内容注重信息的多种表现方式，而多媒体则是完全不同类型的数据的集合。iPhone的触摸阅读和重力感应阅读就是一个很好的例子。而传统的手机网页内容形式单一，操作方式不便，对手机的很多操作特性也没有考虑。相比PC，富内容对手机尤为重要，因为要在手机狭小的屏幕上以最优的方式展现信息，必须精心选择合适的表现方式和视觉效果，以充分利用有限的空间资源。和信息展示类似，信息输人和交互也是面临同样的问题。本技术重点研究富内容的组成和内部逻辑关系、富内容的表现方式、富内容的交互等，找出了一种简便、灵活、可扩展的描述和定义方式。在这基础上，完成包括服务器、终端、应用接口的完整平台实现。

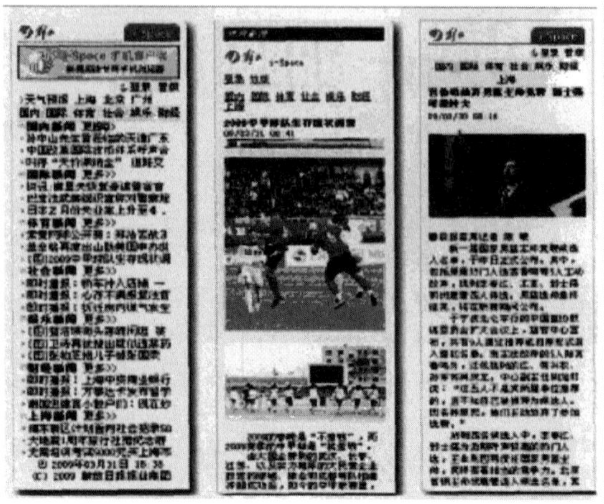

图3 同样的新闻频道和内容，在WAP网站上有与客户端完全不同的展示界面

六、实施效果

使用该平台，报社提升了新闻报道的质量。通过广泛的手机读者，新闻报料量会有所增加，报社可选择信源得以扩大，这就为报社实现更快更广更贴近的新闻报道建立了基础。掌握了丰富的新闻线索，报纸的新闻触角得以延伸，领域得以扩展，报道内容更加丰富。报社可以针对一些阶段的具有一定规律的题材，进行新闻策划，把新闻做深做足。同时将那些比较典型的具有监督性的题材，采取报网联动、报机联动的方式，形成声势，扩大影响。

使用该平台，报社进一步密切与读者的联系与互动。在手机新闻发布及互动平台每天接到的大量报料中，不仅是提供有效新闻线索的，还可能是读者的各种咨询、求助、情感倾诉。事情虽然鸡毛蒜皮，没有什么新闻价值，但却是群众所关心、需要帮助解决的问题。报社可以把处理这些"鸡毛蒜皮"当作与群众、读者进行联系沟通的桥梁。对读者提出的问题，能够通过版面处理的，尽量采写见报；不能通过采写见报的，就负责给予答复。这是一种感情的投人，增进了媒体与读者的贴近，密切了媒体与读者的联系和互动。得到过帮助的群众,往往成为报社的铁杆读者,一有新闻线索就会立即提供,成为报料的"回头客",成了报社的朋友。该平台的此项功能更加密切了读者和媒体之间的感情,在传统报业下滑的大背景之下,读者这种情感需求的实现对于报业来说意义不同寻常。

七、综合效益

1.内容为王,报业的市场立足之地

报社长期以来拥有的新闻内采编方面的资源和优势,是今天手机运营商仍然需要和报社合作的主要原因,也是报社所具有的核心价值之一。

在3G移动互联网新媒体时代,读者对的新闻内容有了新的要求,内容的制作必须随之改变,如对新闻即时性有更高的要求,对突发新闻事件的报道要求以小时乃至分钟为单位。通过利用最新的移动技术,可以将报社采编的效率、质量和实效性大大提高。

在"手机新闻发布及互动平台"项目中,记者现场发稿功能实现了采访工具的小型化和一体化,大大加快了从现场发稿,尤其是发送高质量照片的速度。

2.重新掌握发行渠道争取市场主动权

建立用户数据库是未来报业新媒体转型的一个重要棋子。一方面,只有报社,而不是运营商,具备了深入分析读者阅读习惯与阅读兴趣,以及挖掘该人群的商业价值的能力。另一方面,掌握了用户数据,等于掌握了自己的发行渠道,可以在未来的竞争中取得主动权。在了解和细化读者需求,高效优质服务读者等方面,报业有着运营商所无法替代的优势。

利用该平台积累用户数据库、建立新型的电子发行渠道是报业新媒体未来发展的一个重要战略。

3.强强合作互利共赢

3G移动通讯产业的发展需要构建一个有利于国家发展战略和行业的产业链。手机客户端产品同样需要产业链中各方紧密合作,相互支持,共培育市场。传统报业必须在和运营博弈的同时,应积极和包括运营商内的合作伙伴合作,充分发挥报业优势,在竞争中实现利益最大化。

八、结语

解放日报报业集团的手机新闻发布及互动平台项目只是传统报业在手机新媒体建设上的一次试水。在技术和市场需求的推动下,经过业界同行的共同努力,手机新媒体将是传统报业转型的一个最重要的现实途径。同时,新一代读者的用户行为、全新的技术和运营模式,对报业也是一个巨大的挑战。只有勇敢地面对竞争和挑战、勇于探索,我们才能在3G时代寻找到传统媒体焕发新活力的机遇!□

※作者单位:解放日报报业集团信息技术中心。**本文获得中国新闻技术工作者联合会2009年学术年会优秀论文一等奖**

※文章来源:《中国传媒科技》2009年第11期

人民日报社 管理信息系统建设综述

●辛乘胜 高沁 郝晓枫 池芳 余庆 那绍崧

随着科学技术的发展,《人民日报》在80年代末开始采用计算机——激光照排技术替代了人工铅字排版,报纸的生产方式发生了变革,用"光与电"告别了"铅与火"。今天的报纸采编已实现了编排网络化。人民日报社在1991年建立了报纸版面卫星传输系统，目前已实现了能在数分钟内把当天的报纸版面传送到全国43个代印点,真正做到了在全国同步印刷和同步发行。《人民日报》60年新闻版式数据库的建立和使用,淘汰了"剪刀加浆糊",为报社的信息化建设奠定了基础。

特别是十六大以来,《人民日报》利用信息技术在提高报纸综合质量方面取得了长足的发展。但从整体上看，报社的信息化应用水平还相对落后,这与《人民日报》的大报地位极不相称。主要表现:一是基础设施和网络平台不统一;二是缺少统一规划,信息不能共享,导致"信息孤岛"出现;三是面向业务应用开发不够，没有充分利用资源和设备,办公效率较低。面对飞速发展的信息网络技术和日益激烈的媒体竞争,2005年10月人民日报社编委会审时度势,明确提出整合信息技术资源,加快人民日报社信息化建设,提升核心竞争力,促进报社事业科学发展。为此,按照报社编委会的要求,进行了可行性调研和技术论证。大家认为建立一套报社管理信息系统，利用信息技术解决报社网络互联互通，消除信息孤岛，整合资源信息共享,建设数字化报社,实现报社主要业务应用协同办公,提高工作效率和管理水平,是非常必要和迫切的,技术上也是可行的。

一、原则和目标

人民日报社管理信息系统的建设原则是:按照国家有关信息化建设的规定和报社领导提出的"先进、实用、节约"的要求,从报社实际需求和未来发展需要出发,立足当前、着眼长远,注重应用、确保安全。既要遵循中央国家机关信息化建设的普遍规律和要求，又要充分考虑人民日报社作为新闻单位的特殊性;既要坚持以系统安全为前题,又要充分发挥网络优势实现信息共享；既要确保以新闻采编为重点,又要有效开发整合行政办公、经营管理、数据中心等应用需求;既要运用先进技术最大限度实现协同办公，又要兼顾传统应用习

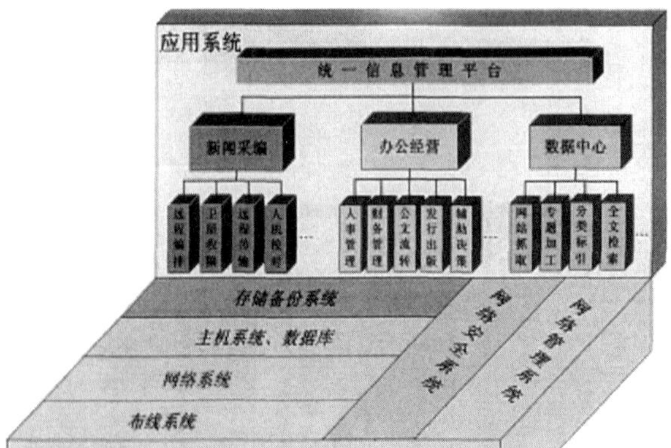

图1 人民日报社管理信息系统总体架构

惯，方便大家使用。

人民日报社管理信息系统的建设目标是以统一信息管理平台为支撑，充分利用信息网络技术，有效开发、升级、整合采编、办公、人事、财务、发行、广告、纸张、档案、决策等应用业务系统。实现报社与国内外分社、社属报刊的互联互通、信息共享，实现跨地域、跨应用报社综合业务高效管理、协同办公，全面建设数字化报社，使人民日报社信息化建设上一个新台阶。

二、建设内容

1.硬件平台

人民日报社管理信息系统硬件基础平台的建设，是根据系统总体技术方案，在报社原有采编网络环境的基础上进行了升级、改造和拓展。目前，人民日报社管理信息系统的硬件环境是以两台cisco 6509千兆交换机作为网络的核心设备，分布层和接入层为cisco 4006和3750、2960交换机共30余台。系统布署防火墙、UTM等安全设备7类10多台。网络布线以编辑大楼为核心，连通报社内部15栋办公楼，近5000个信息点，社内可满足2000名用户网上办公。

硬件网络平台建设中采用负载均衡、双机热备、集中存储备份等先进技术，保证了系统的高可靠性和高可用性；在网络部分，对报社现有的两台6509核心交换机进行了升级和扩容，在提高网络性能的同时节省了投资。远程用户访问内网，采用VPN虚拟专用网加密技术，结合统一认证系统，可以安全实现300名移动记者、分社记者以及分社远程传输稿件和访问总社工作内网。既保证了系统和数据的安全性，又满足了社外记者对内网的访问需求。互联网接入采取PC机安装隔离卡的方式，对内、外网进行物理隔离。保证了报社职工既可上内网办公，又能简便地上互联网浏览和采集信息。

2.应用系统

人民日报社管理信息系统的软件环境主要由Redhat Linux AS4、Windows 2003 Server、SUN Solaris 操作系统，Oracle、SQL Server、My SQL 数据库和WebLogic、TomCat、Jboss中间件以及Apache、IIS工具软件等构成。目前部署的应用服务器有4类50多台。存储设备磁盘阵列为300G*15容量为4.5T，磁带库为400G*30容量为12T。到目前为止，已完成建设整合了近30个大大小小的应用业务系统。其中新建应用系统有：统一信息管理平台、办公自动化系统、人事管理系统、发行出版系统、财务管理系统、辅助决策系统、人机校对系统、远程稿件传输系统、编辑部公告、版面规划系统、企业信息管理、视频会议系统、专题数据库搜索系统、新闻信息自动分类系统和关键词自动标引系统、广告管理系统、供应管理系统、纸张管理系统、代印点印刷费结算系统、简报阅批系统、表单报批系统、互联网即时新闻采集系统等；改造、升级的应用系统有：新闻采编系统、新华社供稿、档案管理系统、数据检索中心等；整合的应用系统有：图书馆系统、视频点播系统、职工健康档案系统等。

3.开发策略

管理信息系统的开发和建设是一个复杂的系统工程。它涉及到组织的内部结构、管理模式、工作流程、数据收集和处理过程，硬件系统的应用以及软件系统的开发等各个方面。系统开发一般分为需求调研、系统分析、系统设计、系统实施四个阶段。前两个阶段是最基础也是最容易被开发人员忽视的环节。需求是软件开发最困难的部分。正确理解和准确表达用户的需求，是系统分析阶段的基本任务。“工欲善其事，必先利其器”，道理亦然！

在传统的开发方式下，很多软件项目都是在匆忙交付后发现用户不满意，于是继续修正，再次引起用户的不满意，再次修正。在这样反复的拖延中，用户和开发商都筋疲力尽。实践证明，成功的计算机管理信息系统的开发，除了具有丰富经验的开发人员、用户支持和软硬件技术外，还需要既熟悉业务流程，又了解管理需求的“领导”参与。同时，采用科学的开发方法和工程化的开发步骤，是确保整个开发工作顺利进行的关键。从结构化的系统开发方法提出至今，形形色色的系统开发方法已成为信息研究领域的庞大分支。但迄今为止，真正称得上独立的开发方法只有结构化方法、原型方法和面向对象方法三种。作为一个具体的开发方法，对于不同应用系统它不是万能的，都有其一定的适用范围和局限性。

根据人民日报社信息系统建设需求规模大、应用多、涉及人员广的特点，制定了整体规划开发方案，制定了整合标准和规范，采用先进的集成技术，人事主导认证机制，构筑统一门户应用基础平台，实现了高效协同办公；同时也对不同的应用系统采用了不同的开发方法和开发策略。比如对有的应用系统，采用结构化的开发方法，自顶向下分析设计，自底而上开发实施。坚持功能聚集和数据耦合原则，设计目标是高内聚，低藕合，以便维护，增强系统的延展性。对于运算量大、逻辑性强的应用，原型法的开发方法很难构造出用户评价模型。针对这些应用，我们采用了改进的原型法开发方法，即“瀑布式-迭代”法。这种迭代模型是把系统分配成很多个小型（产品）发布，每个发布都经历一次小的瀑布式单向开发，即需求、分析、设计、实现和测试。从而可把错误暴露在开发的前期，修改错误的代价也会很低。迭代不仅能减少错误总量，提高软件质量，而且能在早期确定风险，消除风险。“瀑布式-迭代”法的基本思想是：整体上采用增量迭代，每个迭代过程采用瀑布方法。这样可以各显所长，优势互补。

在人民日报管理信息系统的开发实践中，充分考虑了报社每个应用业务系统的特殊性，充分发挥了各个软件开发商的优势，让参与建设的每个公司在遵循统一的开发规范、应用集成规范、信息共享规范、数据接口规范的条件下分别开发，提供自己的最佳产品，通过应用软件系统一体化集成平台整合成一个完整系统，从而使不同的应用系统底层结构更加同化，系统间的藕合变成模块化的搭建和组装。这同时也为报社建立办公经营信息的数据挖掘、联动分析和辅助决策模型提供了基础。

对数据中心新闻信息的采集和加工，我们采用了智能化的处理技术。综合运用大规模文本挖掘技术，实现海量信息准确、高效分析和管理。文本智能挖掘技术主要包括信息抽取、自动分类、自动聚类、自动摘要、关键词标引等。其中，文本分类实现的依据是采用机器学习的方法，通过语料训练得到分类模板，然后对新文章进行分类，主要结合 SVM（Support Vector Machine）支持向量机和 KNN（K-Nearest Neighbor）K 最近邻等方法的优点，设计多分类器引擎信息抽取是基于统计和规则相结合的方法，抽取关键词、新词等信息；相似度检索技术路线的依据是向量空间模型的方法，通过夹角余弦值来计算两篇文档的相似程度。

三、亮点和体会

1. 实事求是，科学决策

经过充分调研和科学论证，人民日报社信息系统网络总体系统设计架构是一大一小。大网是内部工作网，定位于商密级。网上内容不涉及国家机密，只处理单位内部的相关信息。内网可提供1800个用户网上办公。内网虽然定位于商密级，但实际设计建设与外部网络隔离，可以确保内网以及信息的安全。小网是涉密网，定位于机密级，它只运行和处理内参、涉密宣传等涉及国家秘密的信息。根据工作需要设点，全社仅有100个用户可上网。涉密网建设严格按照国家保密局的要求，与外部网络完全物理断开，是一个独立的网络系统，并且实行统一认证和安全管理。

实践证明，人民日报社编委会关于网络建设的指导思想是实事求是的，是符合科学发展观的要求的。既没有照搬中央机关信息建设的做法，全部建成涉密网，又没有像普通新闻单位那样，完全建成商密网。既可保证安全，又能方便使用，关键是节省了大笔资金。

2.人事主导，协同办公

人民日报社管理信息系统采用了“人事主导认证，按需应用授权”的原则，极大地方便了用户的使用。通过人员组织信息同步，IDS 用户角色分配，系统确定该用户能访问的基本应用系统。如果用户还需要访问基本应用系统以外的业务系统，那么该业务系统的管理员必须对其进行授权后，才可访问。用户只需要登录、认证一次，就可访问已获授权的所有应用系统。报社业务应用系统产生的信息，按不同应用层次划分为面向公共用户的外部信息以及面向业务用户的内部信息，通过统一的平台集成展示，实现了报社内外、上下、部局、员工以及业务系统之间的信息互通。通过规范的数据接口，实现了跨系统、跨应用、跨地域的业务协同、资源协同、通讯协同、服务协同和管理协同的高效办公目标。

3.核心应用，重点防御

安全为基础、应用为重点是人民日报管理信息系统建设的首要原则。采编系统和财务系统是报社的核心业务，它关系到报社的正常出报和经济命脉，这是安全防御的重点目标。这些核心业务除了采用通常的防病毒、入侵监测外，还专门在核心业务与普通业务之间增加了安全隔离设备。在系统层面，采用冗余和集群技术，保证了高可靠性。在应用层面，除了单点登录、统一认证外，还对用户登录使用了角色授权控制。在数据层面，采用统一存储和数据备份，保障了数据的安全性和可恢复性。

4.网闸隔离，“摆渡”数据

国内外快速发展的网闸技术，以物理隔离为

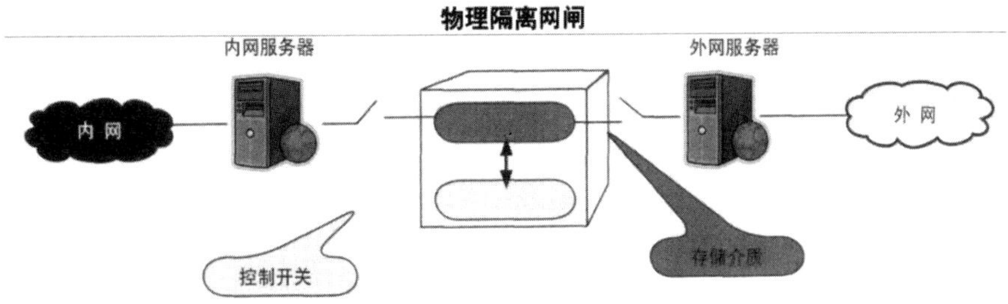

图 2 内网、外网、物理隔离网闸在无信息交换时的相互关系

基础，在确保安全性的同时，解决了内、外网之间信息交换困难，从而突破了因安全性造成的应用瓶颈。人民日报社管理信息系统就是通过物理网闸隔离来实现互联网与内网之间信息交换的。当内网与外网无信息交换时，网闸与内网，网闸与外网，内网与外网之间是断开的，三者之间不存在任何物理连接和逻辑连接。(参见图 2)

每进行一次数据交换，网闸都经历了数据写人、数据读出两个过程。内网与外网永远不会连接，内网与外网在同一时刻最多只有一个同网闸建立非 TCP/IP 协议的数据连接。网闸在应用层将数据包还原为原始数据文件，然后以“摆渡文件”的形式传递原始数据。传递给内网的原始数据不具有攻击或对网络安全有害的特性，就像 TXT 文本不会带病毒，也不会执行命令一样。

5.IP 视频会议

报业集团化、媒介多元化的发展使媒体的规模不断扩张。要把位于不同地点的工作人员召集起来举行会议，成本不得不考虑。人民日报社基于互联网的视频会议系统，采用目前应用最广最通用的桌面视频会议 H.323 协议标准，解决和实现了报社在异地召开非涉密会议、交互式培训以及网上探讨技术方案等可视化有效交流这一问题。视频会议系统的直接优点是既能节约成本，提高效率，还能增强会议的亲和力，一改传统会议“官说兵听”的惯例，参会人员都可以发言交流讨论。随着无线局域网技术的发展，视频会议终端也可以设置在移动计算机上，可使视频会议的技术表现出更大的灵活性和方便性。

6.无纸化办公

为了实现无纸化办公，许多单位都实施了信息化管理，但其中的办公自动化系统却总不能令人满意，其主要原因是办公自动化软件提供的公文流转功能，不便于领导使用，与事前设想的功能相差甚远。由慧点公司和通达科技公司给人民日报社开发的办公自动化软件，加上汉王公司手写签批技术嵌入的软件系统，使办公自动化的简单易用成为现实。众所周知，公文流转是实现无纸化办公的一个瓶颈。现在报社工作人员可以模仿人们在纸质公文进行流转的习惯，在网络环境中传递公文，用汉王手写笔或电磁屏对电子文件进行签批，可以直接手写意见，亲笔手迹，见字如面，大大增加了亲切感和真实感。不同领导的笔迹可以保存在同一文件中，并可分层查看不同签批人的笔迹，对不同签批人的痕迹，可进行保护，防止他人非法修改。签批领导还可以对笔的粗细、颜色、笔型任意选择以达到更佳效果，也可将签批笔迹和加盖公章的正文一同打印出来。

随着无纸化办公进程的加快，我们还配套开发了人民日报社简报阅批系统和表单报批系统。在日常工作中，各部门将本部门的工作简报、动态、快讯以及通报（简称简报）等通过简报阅批系统呈送给相关的社领导，社领导既能够方便阅读，也能根据内容需要对简报进行批示（或转批），批示完的简报由秘书退转给呈递部门落实和归档。表单报批系统是将报社相关部门规范化的所有电子专项报批表单（简称表单），进行流程化签批的管理系统。这既保持了传统纸质报批的表单样式，又能通过电子化签批过程，保证了签批的有效性和时效性。该系统主要实现各种日常申请的签批工作，例如计算机设备申领等。通过此系统可以方便实现各类电子表单流程化处理，灵活、方便，同时采用手写或者签名来保证签批的安全性。

四、结束语

在建设人民日报社管理信息系统的过程中，我们始终认真贯彻编委会“先进、实用、节俭”的工

作方针，坚持"高起点、低投人、争一流"的建设思路。可以说做到了采用技术先进、符合报社实际、节省大笔资金的三者协调统一。系统的建成和投入使用，连通了报社办公区所有楼宇，解决了信息的交换和共享，消除了"信息孤岛"，实现了报社主要应用业务协同办公。如果说新闻采编系统的建成使用是报社信息化建设的重要开端，那么，管理信息系统的建设应该是报社全面走向信息化快车道的跨越标志。2009 年 3 月，人民日报社管理信息系统项目正式通过了专家鉴定。专家一致认为，人民日报社管理信息系统在报业首次实现了新闻采编、行政办公、经营管理和数据中心高效集成的统一信息管理平台，实现了报社主要业务应用系统的资源整合、信息共享和协同办公；系统规模大，复杂程度高；系统的设计理念、应用模式和安全管理具有创新性；整个项目在国内新闻媒体行业处于领先水平。

提高国际传播能力和舆论引导能力，是党中央做出的重大决策和战略部署。2008 年 3 月，人民日报编委会决定整合报社信息技术管理资源，调整了报社信息技术管理机构。2009 年年初，报社编委会再次提出整合技术力量，设置和成专门机构。经中央和国家有关部门批准，2009 年 6 月 1 日，人民日报社技术局正式成立，这给《人民日报》利用信息技术推动媒体发展带来了大好时机。为此，我们要乘势而上，科学规划，围绕"人"字头品牌(《人民日报》、《人民日报》海外版和人民网)做强做大，推进报网互动融合；充分利用信息技术，加快建设国际一流媒体的步伐，不断开创人民日报社信息化建设的新局面。□

※作者单位：人民日报社技术局

※本文获得中国新闻技术工作者联合会年学术年会优秀论文一等奖

※文章来源：《中国传媒科技》2009 年第 11 期

媒介融合方向下的四个关键变革

●彭兰

近年来，以媒介融合为目标的全媒体实验陆续在一些媒体开展。

在英国，BBC已经将其电台、电视台及网站的编辑部整合成一个统一的新闻编辑部，开始探索全平台的360度采编。而英国《每日电讯报》在新的办公地点中，将独立办公室模式改成了报纸和网站的编辑记者共同办公的大平台模式。编辑部里最醒目的是一个由许多屏幕组成的"媒体墙"，时刻刷新着最受关注的网站新闻、电视新闻和照片，记者发来的稿件也会视需要出现在不同的平台上。

同样的编辑部出现在美国的"坦帕新闻中心"，这个将传统的报纸、电视台和网站整合于一体的编辑部，采用的是开放式的、圆桌式的办公空间，所有媒体的工作人员在这个圆桌上进行统一的报道部署。

但显然，从单媒体到全媒体，决不是将若干小办公室合并为一个大平台那么简单，决不是把单媒体相加在一起那么简单。全媒体实验的目标是实现真正的媒介融合。全媒体实验中的种种改革，都需要从媒介融合时代新的市场需求和产业发展规律出发。在这个方向之下，有四个关键变革是需要认真思考的。

一、媒介融合时代的个体变革：在集体竞技中确定个人角色

全媒体探索首先触及的是媒介融合的一个基本层面，那就是媒介业务形态的融合。这种融合主要体现为两个层面：多媒体化和全媒体化。

多媒体化更多的是指信息整合的具体方式，或者说报道形态。它是将多媒体素材集成于一个报道中，运用相关手段，将它们结合成为一个有机体。多媒体报道是各种传统的单媒体的内容汇聚到一个平台后的自然结果，是对单媒体业务的继承与革新。多媒体整合是对单媒体技术与资源的一种重组，更是一种创造性的结合。它不仅有助于内容的丰富与深化，也有助于吸引电子媒体环境中成长起来的受众。

全媒体化，则是指一种业务运作的整体模式与策略，即运用所有媒体手段和平台来构建大的报道体系。单一报道仍然可以是单媒体、单平台、单落点的。但是它们共同组成一个大的报道系统。从总体上看，报道便不再是单落点、单形态、单平台的，而是在多平台上进行多落点、多形态的传播。报纸、广播、电视与网络是这个报道体系的共同组成部分。

无论是多媒体还是全媒体化生产，其复杂程度显然要超出任何传统媒体，对于从业者素质与能力的要求也更高。培养跨媒体、全能型人才似乎是适应媒介融合趋势的必然选择。因此，美国许多新闻院系都在开设"媒介融合"专业，希望给予新闻业未来的从业者更全面的技能训练。

这种思路当然没有错，但是，要让每一个记者编辑都能精通所有类型的信息的采集、加工的工作，又是不现实的。要求技能的全面，也许是以牺牲技能的精通程度为代价的，是以降低报道的专业水准为代价的。全媒体的训练，也许并不在于让

新时代的记者编辑总是身兼数职，十八般武艺样样精通，而更多地是要让他们形成一种全媒体的思维方式，使他们面对一个新闻题材时可以很快地做出判断与选择，规划出用多种媒体手段进行报道的方案，并且迅速找到自己的位置。

在现实中，要完成全媒体或多媒体的报道，特别是重大题材的报道，并不能依赖一个人。它仍然是一个分工与合作的过程，这种分工与合作甚至可能会比传统媒体时代更细。拥有多媒体技能的记者们更多地是需要了解自己在一个大的报道架构中所处的位置、所扮演的角色。如果说传统媒体时代的记者和编辑像是在进行乒乓球、羽毛球这样的个人竞技项目，他们的个人能力是制胜的惟一要素，那么，全媒体时代的记者与编辑，则更多的是在参加足球、篮球这样的集体竞技项目，每一个人既要有个人的角色定位，和与此角色相适应的精深技艺，又要有集体配合意识，能认识到自己在每一次进攻中所扮演的角色。

因此，美国密苏里新闻学院的媒介融合专业，除了对学生进行各种媒体技能的基本训练之外，还强调每一个学生有一个自己的重点媒体领域。同样，对于进行全媒体实验的媒体来说，在培养记者编辑的全媒体意识与思维的同时，让每个人有一个侧重和定位，也是必要的。

二、媒介融合时代的体制变革：在新共同体中实现业务流程再造

媒介融合时代的业务形态整合，不仅仅是对从业者素质的挑战，还是对传媒机构现有运行体制的挑战。根据多媒体内容采集与生产的需要，进行生产流程的改造，重新进行分工规划，是更实质性的应对。

正像电视业的发展轨迹所昭示的那样，对于一种越来越发达的产业，生产流程的细化，也是一种必然趋向。一个整合了所有媒体的全媒体或“大媒体”(Mega Media)，应当针对新的平台特点和传播模式重新定义它的“生产线”，而不是回到一个人承担所有工作流程的手工作坊那个时代去。

但是，要解决业务流程再造的问题，其主要障碍却不在于业务流程本身，而在融合各方的利益格局。

媒介融合的实验，其实早在2000年就已经开始，美国在线与时代华纳这一新一旧媒体的合并，当时被认为是“天作之合”，但是，这个看上去很美的结合却很快显现出无数的矛盾。最终，不得不以解体的结局收场。这其中，貌合神离，是最主要的问题。同样的问题，也会出现在很多开展媒介融合实验的媒体中，哪怕这些融合还只是集团内部的合并。

在参与全媒体的探索中，很多媒体想的是以自己现有的状况可以做些什么，而不是在一个新的业务流程中，自己应该去做什么。

在媒介融合的过程中，很多媒体想的是如何保持自己利益那个旧有的圆的完整，而不是如何和别人的利益融为一体，构成一个新的圆。

如果合并的各方永远不愿意打破自己所习惯的旧有模式与利益格局，如果都是把保证自己的利益作为任何改革的前提去考虑，如果没有真正的利益共享与风险均担这样的精神，那么媒介融合就会变得举步维艰。

但是媒介融合这样一个趋势又是不可阻挡的。如果要尽快抢占媒介融合这个新阵地上的制高点，那么，参与全媒体实验的各方就应该忘记原来的自己，真正融为一个新的共同体，并且以这个新共同体的利益与发展目标为自己的追求，根据新的业务需要，来进行业务流程再造。在这个过程中，任何一方都需要做出改变，甚至可能变得面目全非，但只有这样的锻造过程，才能带来凤凰涅磐的新生，才能真正实现媒介融合所要达到的那个新境界。

三、媒介融合时代的产品变革：在集中化市场中推进个性化满足

媒介融合意味着各种媒体产品有了共同的平台基础，也就是说多种媒体的产品集中到一个共同的渠道有了可能。业务形态的整合，也将使各种不同媒体的内容产品最终汇流为一个大市场。原有媒体市场的界限可能不再那么分明。

但是，这并不意味着媒介融合带来的是一个单调的产品市场。丰富、多元和个性化的产品，应该是媒介融合追求的目标。

提高媒介融合时代的产品的丰富性，要充分利用数字化所赋予的产品组合的灵活性。各个媒体的内容应该视需要实现相互嵌入。这不仅可出现在同类产品之间，也可出现在不同类产品之间，例如，在电子报纸中嵌入电视台的节目。跨地域的产品组合也将成为可能。产品的组合策略，应该成为全媒体业务策略中的一个重要方面。

媒介融合时代产品的丰富性与个性化，还与未来的信息传输渠道与接收终端有关。虽然载体融合是媒介融合的一个重要层面，但这种融合，是否就是各种媒介完全合流且成为一体？这是人们担忧最多，也是疑问最多的一个方面。事实上，从新一轮电子报纸、电子杂志的实践来看，它们体现了一种新的思路：那就是“借道”网络，而不是停留在网络上。这给我们的启发是，对于信息生产来说，融合也许不是终极目标，而只是一个环节或一个途径。网络不一定要作为各种媒介产品的最终载体，而是可以仅仅作为媒介产品的传播渠道。这种方式，有助于在更大程度上继承传统媒体产品固有形态的优点，适应受众既有的阅读或收听、收视习惯。而以网络作为传播渠道，则可以减低传播成本，提高传播速度，拓展传播空间。

在未来，信息传输的统一渠道不一定是现有的互联网。无线网络一定是未来的信息传输渠道的基本特征，它可能是在3G基础上发展的，也可能是基于全新的无线网络。

从总体看，媒介融合将带来的是载体的“先合后分”的局面，即各种媒介产品都将汇流到网络中进行传输，而后又分散到各种不同的接收终端中，这样仍然可以保持媒介产品的多样化。这种“合”与“分”是生产过程的一种有机结合，“合”是为了更有效地进行“分”。

因此，对于未来的传媒发展，笔者个人的观点是，我们所习惯的各种传媒样式，例如纸质的报纸、电视机上呈现的电视节目，都还可以存在，但是，它们所依赖的发行或传播渠道可能会发生一次根本变革，那就是数字网络将取代现有渠道。而在接收终端上，人们仍然可以有多样化的选择：偏好报纸阅读习惯的人，可以将网络中传输的内容打印出来（这可能依赖于能提供大幅面打印服务的公共信息亭等设施），电子报纸的出现实际上为此做了一定的铺垫；而偏好电视的人，则可以用电视机来观看最终内容。而更多的人会选择未来的新型电子信息接收终端。

产品的组合和接收终端的组合意味着，从最终结果来看，市场中的产品将出现更为多样化的版本，以满足更个性化的需求。各种产品汇入一个大的市场，再根据受众需求进行组合与分装。这种组合可以取决于传媒机构这样的传播者，但未来更可能取决于受众。

在这样一种思路下，市场所要提供的，不仅是各种产品，还应该包括产品的接收与组合的工具，这既包括软件，也包括硬件。从软件方面看，应该给受众提供由他们自己来定制并按个人的喜好来组合产品的便捷界面。这种工具也不意味着仅在一个单一的界面或终端中完成信息的浏览，它应该具备一种信息智能分发的能力，将多种信息接收终端有机地联系起来，使受众在任何方便的时候、用方便的终端获得自己所需要的内容与服务。从硬件方面看，除了现有的电视、电脑、手机等终端外，未来一定还会有更多的信息接收终端出现，例如电子纸、电子书等，它们会将一些传统媒体的优点继承下来，同时又具有电子设备的一些优势。新的接收终端会反过来影响传媒产品的形态、生产流程及产业格局。在某种意义上，考虑实现媒介融合的具体路径时，可以把终端的发展趋势这个产业链的“末端”作为思考的起点，进行反向推导。

四、媒介融合时代的媒体角色变革：在新产业链条上谋求新定位

媒介融合的实践从全媒体实验开始，这表明，目前人们对于媒介融合的认识，还只是停留在媒体之间的整合这个层面上，但是事实表明，媒介融合使传媒业受到了前所未有的来自外部力量的影响。

随着数字技术和媒介融合带来的业务形态的丰富，媒体从业者会感到传播渠道、发布平台与接收终端等环节的技术因素对于它们业务的制约作用，这往往是靠内部力量无法完美地解决的。

在媒介融合时代，新闻或其他信息生产与发布的技术更为多样、复杂，习惯于传统媒体生产流程的任何单一机构，也许都不足以承载多媒体内容生产的完整架构。对于一些复杂的内容生产来说，传统媒体也许更多地是作为内容的提供者，而更多专业技术公司则作为内容的包装者、发布者与推广者。

事实上，在实践中，我们越来越多地可以看到这种迹象。在2006年世界杯的报道中，有大量网站的Flash动画来自于其他公司。在“神舟六号”、“神舟七号”发射的报道中，新浪独家发布的三维动画，就是由一家专业技术公司提供的，而这家公司正是奥运会开幕式多媒体视觉艺术的制作者。

在新一代的电子报纸与电子杂志的开发中，同样可以看到专业分工的再次强化。例如，美国的NewsStand（报摊）公司，利用自己的技术，与全球200多家报刊形成了合作关系，为其制作并通过

“报摊”这个统一的网络平台发行新型电子报纸，这其中包括《纽约时报》《今日美国》等大报。

在电子杂志领域，专业化分工的结果是，在国内产生了XPLUS、POCO、ZCOM、iebook、VIKA等多家专业从事电子杂志制作与发布的平台，他们所提供的技术，可以快速地生成丰富的多媒体杂志效果，而且这些平台也形成了与“报摊”相似的批发产品效应。同样，传统媒体则退化为纯粹的内容提供者。

在媒介融合的技术变革中，传统媒体将其所不擅长的技术流程转移到专业公司，技术公司不仅仅充当着后台技术的提供者，还成为前台的发行者。媒介融合赋予了“报摊”这样的平台新的含义。受众可以在一个类似于传统“报摊”的地方挑选自己所需要的世界各国的产品，而“报摊”的集中“贩卖”方式，也造成了一种平台上的强势，通过多家媒体的集合效应形成强大的吸引力。

笔者在2005年的一篇论文中谈到：“从宏观来看，技术的发展将促进网络新闻生产更加细化、专业分工更为明显，同时可能导致在网络新闻发布通道与平台上形成新的力量对比，从而带动多样化的合作模式的形成。”[1]这种观点，不仅适用于网络新闻的生产，同样适用于媒介融合大背景下的整个传媒业。

这些新的分工与合作模式，对于提高各个环节的生产质量并整合市场，是有好处的，但是它对于传统媒体的地位与利益的影响也是显而易见的。

更多的冲击将来自经济方面。当传统媒体进入网络时，它们的一个重要困惑便是，当渠道和内容的经营分离，当媒体变成一个纯粹的内容提供者，而渠道掌握在电信运营商那里时，它们如何才能将自己获得的“眼球”变成实质的经济能力。

这种困惑同样也出现在那些进军手机领域的媒体里。传统媒体作为内容提供者，再一次深深体会到渠道属性是如何影响到产品的开发，而渠道的经营者是如何控制着它们的经济命脉。

媒介融合，带来的更深远的影响是产业的重组与融合。传媒机构会发现自己正在置身于一个新的产业链条上，这个链条不仅包含现有的传媒机构，还包含新兴的内容提供商、电信运营商、IT业以及其他与信息生产相关的企业。

传播渠道、内容、信息包装技术、发行平台与接收终端将成为未来产业链条的几个关键环节，以这几个环节为基础，会形成新的产业模式与格局。这意味着，传媒业受到的钳制力量更多，利益的竞争者也会更多，它在传统时代惟我独尊的地位会受到极大撼动。但也许，这是传媒业不得不接受的现实。它所能做的，只有在新的产业链条上，思考与谋求新的定位。□

※作者是中国人民大学新闻与社会发展研究中心研究员、新闻学院副院长、教授

※本文为“高等学校全国优秀博士学位论文作者专项资金”研究成果

※注释：

【1】彭兰：《新一代互联网：再次改写的新闻传播景观》，《传媒》，2005年第12期

资源整合：媒介融合进程中的一道难题

●蔡雯

我国新闻媒体已经全面进入以融合求发展的新阶段，资源重新整合是媒体在这一阶段的主要运作特征，也是传统媒体在新的历史条件下应对挑战、闯出新路的有效途径。

一、案例：以机构重组与平台建设实现媒介资源整合

2009年7月1日，《人民日报》实现了历史上的第四次扩版，最直观的变化是版面数量由16版增加到20版。张研农表示，《人民日报》正在酝酿改革，这一次的改革将比以往力度都大。为了解放思想、推进改革，报社所有领导和骨干都需要了解中外媒体最新的发展动态，尤其是媒介融合的思路与做法。《人民日报》本次改版的背后，实际还有更宏大的发展蓝图。较之版面增加和内容调整，更值得关注的是机构的变动。人民日报社新组建了新闻协调部，专门应对突发事件。另外，国内国外72个记者站改设为分社。成立新闻协调部，实际是人民日报决心在资源整合和报网融合方面进一步向前迈进的重要举措。

就在《人民日报》改版之前一个多月，新华社也进行了另一种改革实验：组建多媒体中心，迈出国家通讯社向多媒体业态发展的第一步。新华社将发稿大平面北侧的100平方米左右的区域划作为多媒体中心的办公区域，架设了24个多媒体工位，并与旁边的视频演播室联通。技术部门设计了一套可以同一界面编发文字、图片、视频、音频、网络稿件的发稿系统，提供了软件保障。多媒体中心的编辑来自不同编辑部，以汶川地震一周年报道为多媒体融合的第一个“实验对象”，尝试使用最新的传播技术，开发多媒体的产品形态，不但完成了像“图话这一年”（多媒体专题报道）、8集《汶川记忆》（照片加音乐制作的幻灯片）、4集《记者口述》（记者讲述与图片结合的视频展示）、“新华眼”（新闻地理化报道产品，将新华社报道通过三维地图整合）等多种形态的新闻产品，还与黑龙江电视台联合进行了持续12小时的大型电视直播《重生》，并同时实现了手机电视直播。多媒体中心还与商业网站开心网合作开设了“寄语汶川·激励重建”专题，两天内就吸引了63万网民留言……多媒体中心首战告捷，使新华社坚定了改革的方向。5月19日，社长办公会决定，多媒体中心要尽快由“多媒体形态”向“多媒体业态”拓展，形成由投资、生产、运营和市场、客户组成的产业链，实现以科学发展观为指导的可持续发展。

地方新闻媒体的资源整合成果也同样引人瞩目。6月11日，宁波日报报业集团数字报业技术平台项目通过了国家新闻出版总署科技与数字出版司组织的项目验收，专家们认为数字报业技术平台全面整合了集团下属各报新闻资源，形成了具有多媒体传输手段和传播形式的全新报业内容加工及采编互动。同时，该项目采用以内容为核心的先进理念和数字资产集中管理模式，支撑了集团复合型出版业务（报纸、数字报、网络、流媒体等）以及主体经营业务、内部管理业务、对外客户服务业务,实现了对数字内容管理、分销和增值的一体化运作,并认为该项目在行业内具有示范作用。

其实,无论是机构整合还是平台建设,都是为了同一个目的:通过对资源的全面优化配置与深度开发利用,在融合的进程中把媒体做大做强。

二、思考:整合资源的共同目标与不同路径

新闻媒体所拥有的资源,通常是一种多元化的组合形态。从资源的类型上看,可以划分为新闻信息资源、新闻环境资源、新闻媒介资源和新闻受众资源。所有这些资源都是不以人的主观意志为转移的客观存在,而且它们具有变动的特点、相互联系的特点和可以相互转化的特点。对新闻资源的开发利用直接关系到媒介的产品竞争力。回顾媒介竞争与发展的历史,不难总结传统媒体在成长过程中曾经因资源开发的成与败而获得的经验和教训。如党报利用与政府的特殊关系能够获得一些特殊的信息资源,高素质的采编队伍也是这些报纸的优势资源之一。利用这些资源,党报推出过引领社会前进的高质量的新闻报道,塑造了具有权威性的品牌和形象;都市报纸则有相对灵活的机制、更为广泛的受众群体和相对于党报来说更加宽松的办报环境。利用这些资源,都市报实现了对社会生活的深度介入,从而占据了有利的市场地位。

值得注意的是,在数字技术与网络传播逐渐普及之后,新媒体对传统媒体之所以能构成威胁,也恰恰是因为在资源的占有与开发上做到了传统媒体所不能。比如在信息资源方面,商业网站虽然没能获得新闻采访权,也没有专业新闻记者。但由于信息容量不受限制,就能通过廉价甚至无偿使用传统媒体的新闻报道成果,成为强大的新闻信息总汇。此外,网络传播的互动性还帮助这些网站将自己的"受众"(网民)转变为"公民报道者"和内容提供者,从而获得了传统媒体很难具备的丰富的信息来源与强大的内容生产能力。多媒体传播的介质特点,使网络媒体在传播方式与产品形态上一举超越任何一种传统媒体,并且可以随着新技术的开发和应用获得无穷无尽的发展空间。

回想网络媒体诞生以来的种种表现,大凡有影响的商业网站在任何一种资源的开发方面都是不遗余力、卓有成效的,它们的成长壮大实际上加大了传统媒体的发展难度,也提高了媒介竞争的门槛。今天,对于传统媒体来说,最大的竞争对手已经不是自己的同类,而是这些网站及新媒体。如果传统媒体还以过去办报办台的思路和模式走下去,将很难保持已有的市场份额和社会影响力。

正是在这样的竞争压力下,有远见的传统媒体纷纷踏上了改革之路,从媒介融合甚至产业融合的高度规划媒体集团的未来。所有的改革都指向同一个方向:拥抱新技术、新媒体,通过媒体融合开辟一条新路,实现传统媒体在新的历史时期的转型和发展。

在共同的目标下,改革的路径却各不相同。前文中提到的几家媒体已经提供了例证,再从我国近几年报业转型的实践来看,从"报网互动"向"报网一体"迈进,是所有报纸转型的共同方向。但这条路到底如何走,以什么样的速度来走,各家的选择却是不同的。

先看报网互动。报纸编辑部与网站编辑部在互动阶段还是两个独立存在的媒体组织,办报与办网在这一阶段是两个独立的组织分头承担的任务。报网互动实际是设计一种让报与网在某些情况下,实现资源共享、优势互补的合作方式。在经历了报纸借助网络技术进行新闻信息传播活动如搜集线索和资料、将报纸的内容借助网络进行二次传播等这类最初级的互动之后,一些报纸开始探索与网站合作进行新闻报道的新机制。如《人民日报》与人民网在近几年的"两会"报道中都因为报网联动报道而推出了一批新栏目,取得了很好的社会反响。《广州日报》为了使报网互动更加常规化、制度化,专门成立了"滚动新闻部"来负责这方面的工作。另一些报纸则探索出与网站共同开设某些专栏,形成相对固定的合作板块。如获得中国新闻奖首届网络新闻名专栏的"焦点网谈"栏目,是河南日报报业集团整合《河南日报》、河南报业网与手机短信平台三方面的资源与渠道创办的,这一栏目实际是将党报的权威性和品牌优势与新媒体的互动和海量优势进行了有机的整合,获得了单一媒体所无法达到的传播效果和社会影响。

再说报网一体。所谓"一体",既指报纸与网站在组织结构上的"一体",又指报纸与网站在新闻生产流程上的"一体"。2006年3月,《上海证券报》改版,将中国证券网和《上海证券报》全面融合,实行一个班子、一套架构,不设立重叠机构,并对报网统一业务生产流程,统一考核,这可能是我国报界最早的报网一体的尝试。而党报在这方面进行改革实验的有:2008年3月,烟台日报传媒集团成立全媒体新闻中心筹建小组，按照全媒体战略的实施计划，采用集团研发的"全媒体数字复合出版系统"，进行"从集团层面再造采编流程，并实现内容集约化制作"的课题实验。2008 年 10 月，杭州日报报业集团成立网络中心，2009 年 3 月，杭州日报网正式开通上线，一个编辑部同时运行两个终端，从此结束了《杭州日报》作为单一纸媒的历史。还有前文中提到的宁波日报报业集团的改革也是一例。这些新闻媒体在具体运行中各有侧重、各具特色。

如果我们再进一步扩大视野，从世界范围来看媒介融合的实践，同样会得到"方向一致、路径不同"的结论。美国最初进行融合实验的论坛公司(The Tribune Company) 和媒体综合集团(Media General Inc.)采取的策略不同，英国在融合方面走在前列的《每日电讯报》和 BBC 的举措也不一样。事实上，路径不同都是缘于媒体自身的基础条件不同和发展环境不同。在媒介融合中，不可能找到一种对所有媒体都适用的运行模式，要特别警惕盲目仿效带来的不良后果。因此，根据自己的情况找到适合自己的道路，是所有走向融合的媒体必然面对的现实难题。

三、问题：资源整合如何趋利避害、实现共赢

这个问题，在现有的中外传媒实践中一时还找不到答案，只能尝试从理论与逻辑层面上提出片断的构想。

资源整合何为"利"？一是通过整合，实现了媒介资源总量的增长，能做以往做不到的事情；二是通过整合，媒介资源相互作用，发生了"化学反应"甚至"核反应"，产生了原本不存在的新的资源或能量。

比如报网融合，使报纸原有的资源与新媒体的资源相加，获得了以往不具备的新的信息渠道、新的内容提供者、新的用户、新的传播渠道和终端、新的产品形态等，这就是资源总量得到了增长，以往不能采用的报道方式、不曾出现的新闻产品可能由此产生，媒体的市场占有率和社会影响力也会随之增长。

在资源总量得到增长的过程中，媒介的资源相互作用，还可能发生类似于"核聚变"的反应，即传统媒体与新媒体的资源变成一个有机的整体之后，能够释放出某种难以想象的巨大能量。也许在目前的媒介融合实验中，还难以找到最有说服力的例证来证实这一观点，但正如核聚变要在上亿度高温下才可以反应一样，媒介融合也需要发展到一定的阶段，才会出现这样的资源"利好"。

资源整合何为"害"？与"利"相反，资源整合并没有带动资源总量的增长，也无法产生新的资源或能量。相反，它使原有的资源优势有所丧失，产生了某些负面效应。已经有一些媒介从业者因为实践中遇到的问题，而对媒介融合的这种负效应提出质疑。如大众日报报业集团副总编辑赵念民认为，在该集团内部如果实现媒介融合，把《大众日报》、《齐鲁晚报》、《生活日报》三个本是竞争关系的竞争对手融合在一起，它们之间就不会形成竞争，从而影响稿件质量的提高和报纸质量水平，以及整个集团竞争力的发挥。烟台日报传媒集团在实施"全媒体战略"初期也出现了类似的情况，社长郑强说"全媒体新闻中心成立初期，单看一张报纸，质量提高了，但内容趋同化现象比较严重。"后来，不断采取改进措施，比如为各报特约稿设定保护期、一段时间采取稿件的强制性分流，要求编辑加强策划，精心做好二次加工等，使这个问题得到了解决。

除了内容同质化问题，资源整合过程中还会出现媒介之间的体制不相融（如党报与其子报子刊、网站的体制不同）、文化不相融(媒介管理及人际关系等有差异)、人员不适应(观念跟不上、专业素质和业务能力不适应、工作流程不适应）等问题，甚至还会因为现有媒介规制的原因，遇到来自上层管理机构的阻力，使媒介的资源整合处于进退两难的尴尬境地。如成都传媒集团大胆推行的跨媒体的融合虽然取得了较为显著的成绩，但一直受到"合法性"的质疑。这些风险和困难，都是媒介在融合进程中必须面对的，如果不能找到有效的方法克服困难、削减不利因素，资源的整合非但难以到位，还会与整合的初衷相悖。

另一方面，我们也需要清醒意识到，资源整合本质上也是利益调整。对于融合的各个媒体来说，谁都希望在资源共享中获得更有利的地位和更大的发展空间，相互之间的矛盾冲突和利益之争将是难免的。无论对于媒体还是媒体中的个人，实现共赢固然是最好的结果，而这恰恰又加大了资源整合的难度。显然，媒体在融合的道路上还有很漫长的艰难道路要走。□

※作者是中国人民大学新闻与社会发展研究中心研究员、新闻学院副院长、教授

※本文是教育部人文社会科学重点研究基地2006年度重大项目“数字化时代媒介融合发展与新闻传播改革研究”的研究成果

※参考文献：

1.冯冰、袁震宇.《万向多媒体业态拓展的第一步——新华社组建多媒体中心抢占信息时代制高点》，载《中国记者》2009年第6期

2. 辛雯.《宁报集团数字报业技术平台项目通过验收》，载《新闻实践》2009年第7期

3. 蔡雯.《论新闻资源开发》，载《新闻战线》2003年第3期

4. 陈国权.《现阶段媒介融合易产生的负效应》，载《中国记者》2009年第6期

5.郑强.《再造流程，实施报业战备转型》，刊于《青年记者》2009年2月下

融媒体时代的纸媒创新
打通与共融是关键

●栾轶玫

融媒体时代即将来临，传统媒体将被“兼容”到功能更加强大的新媒体体系中。

一、纸媒联手封杀缺乏效度

现在讨论传统媒体与新媒体之间的“取代”关系以及传统媒体（特别是纸媒）联手封杀而不再提供给商业网络媒体内容的问题都是没有意义的。前者的无意义是因为媒介已经发展到“融媒体”阶段，非要分出主次，既没意义，也没必要；后者的无意义是因为商业网站在中国已经发展10余年，随着UGC（用户贡献内容模式）等新技术的产生，商业网站对传统媒体的内容依赖已不比从前，也就是说，传统媒体已失去了10年前的“要价权”，对利益多元化的纸媒个体而言，联手封杀商业网站只能是书面文件，缺乏现实效度。

二、融媒体时代，纸媒唯有不断创新

1.理念创新

融媒体时代的创新，首先是理念上的创新，比如对“媒介”的理解，随着新生事物的不断加入，其外延将更加广泛。

星巴克、7-11便利店等也应属于媒介的外延。在媒介研究大师麦克卢汉笔下，媒介是人体的延伸，媒介可以是万物，“万物皆媒介”，所有媒介均可以同人体器官发生某种联系。在融媒体时代，媒介定义的处延必然会更为宽泛，媒介就是渠道，所有能将传受双方互联互通，并承载信息、意义与文化的介质，都可以被看作是媒介。因此，星巴克等必将会成长为新兴媒介，而目前他们也是传统媒介可以利用的非常好的“辅媒”。

对于可扩展终端的创新，也是融媒体时代理念创新的一个支撑点。美国《连线》杂志评出的“2008年10大科技突破”，其中有一项即“可弯曲的显示器”，这种像纸张一样的柔性显示器，为电子报纸彻底商品化提供了可能。

理念的创新，除了扩展对媒介既有的狭义理解外，还意味着对传统媒介产业链的新认识。媒介的产业链不再仅局限于新闻生产、交换、消费等环节中，产业链的线条也会因新媒体的加入而有新的变化。例如，丁磊“养猪”事件中，产业链已由其最初的“养猪网”这一网络介质，扩展到“生猪生产、物流”等多个新兴环节。

2.模式创新

融媒体带来的最重要的一个后果是“媒介之间的边界由清晰变得模糊”。因此，“打通”是融媒体时代模式创新的关键。

第一，数据库模式。一些纸媒网站将珍贵声像、图片、文字资料进行数据库处理，建立特色“媒资库”，重新整合利用，从而实现通过媒资库向用户收取费用的获利方式。数据库模式的另一种方式是建立用户智能数据库，进行“数据库营销”。

第二，新闻专线服务模式。新闻专线服务，最早源自美国，1954年，PRnewswire率先通过传真机为客户代发新闻稿，标志着新闻专线服务的开始。经过半个世纪的发展，这种模式被广泛接受，全球500强公司90%选择了此项服务。纸媒网站可以开展这一服务，将最新的事件、新产品上市、企业领导访谈、行业分析、市场分析、重大活动发布、企业危机公关等信息资讯，第一时间传递到数千家媒体，并发动多家知名媒体进行深度报道，影响媒体舆论，快速提升企业品牌影响力。

第三，“内容+服务”模式。移动互联的“内容+服务”模式是融媒体时代的另一种模式创新，特别是对于在第一个十年错过主流阵营的纸媒网站而言，是最好的机会。纸媒网站在移动互联时代的获利模式主要有两种，一种是成为移动互联的内容提供商，通过内容贩卖获利，如手机小说、手机视频、无线音乐下载等；另一种是成为移动互联的服务提供商，通过研发相应的服务收取增值费用，如移动定位、手机查询、移动社区等。在移动互联的各类信息类业务中，除了传统的网页浏览之外，以Push形式推送移动广告、新闻的业务发展非常迅速。此外，移动互联的其他服务，如“移动即时通信(IM)”和“移动电子邮件”因其清晰的收费模式，网站也能从这两种业务模式中收获应有之利。

第四，“微支付”模式。《时代》杂志前主编萨克森在为《时代》杂志撰写的封面文章《谁来拯救报纸》中曾这样提议过，建立“一种界面极为简单的‘一键式’支付系统，让读者产生购买报纸的冲动”。网络报纸“需要某种像数字硬币或快易通数字钱包那样的东西”。实际上这是一种“微支付”的理念，即对所提供的产品或者服务，只收取小额费用，是消费者举手间就能做出支付决策，这解决了为报纸付费的问题。

融媒体时代，创新才能创造新的机遇，但始终要坚持“一个中心与两个基本点”：以“数据库”为中心，以“用户”与“服务”为基本点。□

※作者是中央人民广播电台主任编辑、网络发展部主任

全媒体数字化运营的尝试

●郑强

烟台日报传媒集团全媒体数字采编系统、复合出版系统上线一年多了，这期间得到业界的普遍关注。把握媒体发展的大趋势，创新体制机制，是成功的主要原因。

一、坚定报业转型的信心

烟台日报传媒集团的全媒体数字复合出版系统从试运行到正式上线，从成立集团统一采集内容的全媒体新闻中心，到新闻出版总署组织专家验收，已经有一年多的时间。现有的全媒体方阵和基于此基础的平台，经过调整磨合，已经非常稳定流畅。集团现在关于内容的发布流程，完全按照媒体的内部规律运行，先后顺序按照媒体对新闻事件的反映程度进行排列。

建立该系统后，集团资源整合的力量得以加强，便于集团媒体的统一行动、统一作战。网站实行全媒体流程之后，集团所有的稿件、内容对网站全面开放，网站优先使用，这在过去是不可想象的。过去我们总是把新媒体放在最后，等纸质媒体出完后才轮到网站，而现在排在最前列的是手机报和网站，它们成为最大的受益者。

最近一年多，烟台日报传媒集团的网站发生了翻天覆地的变化，无论是内容的数量、质量还是流量、排名，都有了大幅度的提高。同时集团关于内容的生产人员减少了，从过去的 90 多人降为 70 多人。人工成本降低了，可以把更多的资金投入到其他方面，包括基础设施建设等。另外，我们的做法逐渐被业界所接受，从一开始受到质疑到逐渐引起大家的关注。《人民日报》、新华社等国家级媒体和众多省级媒体都开始关注我们，使我们的信心更加坚定。

二、观念更新是成功的关键

现在做全媒体也好，做技术平台也好，技术和资金一般都不是问题。科技的发展已经证明，只要我们想到了，科技都可以帮我们实现；资金也不是问题，资金多可以多办事情，资金少可以办小事情而最大的问题是观念，哪个环节观念更新不到位，哪个环节就会成为瓶颈 所以在这个过程当中，领导干部、编辑记者甚至每一个员工的观念都是至关重要的。

从目前来看，从事平面媒体的人都意识到新媒体的重要性，虽然我们不能办电视，但是大家也在为视频找出口，比如网站视频、户外视频等。整个媒体链条已经比较完善，因此如何再造流程，实现报业的战略转型，就成为当务之急。如果按照传统的流程运行，新媒体就永远不能发挥作用。有一点特别关键，那就是我们手中的新闻纸应该不只是纸，而是一种类似手机 PC 阅读器的显示终端和存储介质；报业不仅仅是报纸产业，而应该是内容产业；我们是做内容的，营销的是内容，所以，报社也不光是报纸社，而应该是报道社。观念的更新是成功的关键，只有观念更新了，跟上时代的发展了，全媒体运作才会成功。

三、媒体间的融合是传媒发展的趋势

在我国现有的政策框架内，宏观的媒体融合目前尚无法突破，但起码应该从自身做起。报业集团内部首先应该破除心理障碍，比如报纸对网站的排斥，不要认为报纸的文章网站不能用，用了就会影响报纸的发行量，就会影响报纸新闻的独特性；再比如网站对报纸的依赖，平面媒体的网站绝大多数都是按照传统媒体的盈利模式在做，也就是靠收取广告费盈利。真正发挥技术特点寻找新的盈利模式还不够，这些心理障碍首先应该破除。

当前，国内全媒体运作实践大致分为几种类型：一是网站主导，多媒体记者属于网站，或者编制属于集团，而由网站统一指挥；二是以报网为核心纵向整合，多媒体记者一身二任，同时是报纸和网站记者；三是打通集团各部门界限，多媒体记者隶属报业集团，由集团相关机构统一指挥，网站成为功能较单一的新闻编辑和发布机构。

烟台日报传媒集团采取的是第三种类型。集团层面成立全媒体新闻采编中心，与各系列报并列。包括《烟台日报》在内的各系列报事实上各自成为一个编辑部，媒体新闻采编中心的记者以多媒体方式采集新闻，通过网站、手机报、传统报纸、数字报刊，以及多媒体视屏实现多级发布。

媒体融合，首先要从新闻采集开始，不是把记者合到一起打通整个流程就可以了。记者的观念要转变，也就是记者在策划和奔向新闻现场的时候，就要考虑所采集的内容在手机报、网站、视频、报纸上如何发布。这样记者在采集内容时目的性就会非常强，才可以把整个的全媒体融合到一起。

四、体制和机制变革是成功的前提

看似流程打通了，整个媒体融合了，但是没有体制和机制的变革，后续的矛盾都会涌现出来。全媒体运作成败的关键是能否处理好集团各媒体之间的利益关系。难点有两个，一是党报和子报的行政级别不统一，使各媒体采编难以融合；二是子报记者在收入上有巨大优势，相对弱势的网站难以吸引成熟的记者。这二者的矛盾，是非常难以调和的。烟台日报传媒集团的做法是：首先，由过去的报办集团转变为集团办报，加大资源调配力度。集团在开展全媒体运作前就形成了集团办报的组织架构，所有的媒体都纳入到统一的管理矩阵，各媒体都是同一个级别，没有高低之分。集团各报以事业部的形态与集团直属企业并列，这为整合媒体采访资源提供了基础。

第二，对薪酬制度进行改革，通过薪酬改革调整利益格局。改革就是对原有的利益格局进行重新调整，这也是很多改革尝试难以深入甚至失败的根本原因。为了解决这个问题，烟台日报传媒集团把人事管理变为人力资源管理，取消了原有的行政级别，实行岗位、绩效、薪酬的3P管理，把行政级别管理变为岗位职级管理。同时，从过去的职务、职称和工龄工资，转变为岗位绩效工资，集团各报的薪酬基本拉平，在采编和经营之间建立起有效的利益传导机制，对集团利润的不同贡献，通过年终效益奖来实现。

第三，通过绩效管理来实现对职工渐进式的引导。集团的绩效考核不仅仅是单独的一个考核，而是一个完整的绩效体系，这个绩效管理体系由绩效计划、实施办法、绩效考核、绩效沟通、绩效改进五个环节构成，通过这个体系完成对员工全过程的管理。

五、实现资源的优化配置

这几年烟台日报传媒集团能取得一些成绩，主要得益于管理上的创新。在经营管理体系上，集团实行了统分结合，即编采和经营两分离但不两分开，两分离、共考核，建立利益联结和传导机制，绩效考核结果逐级关联，最终关联到集团整体利益。集团的组织架构分三部分，事业部、职能部门和控股参股公司，由集团党委和法定代表人双重授权实行管理。我们在管理上实行的是两种体制，一是事业部体制，主要是日报、晚报、晨报的采编部门，这些单位不直接对外经营，员工的薪酬与业绩挂钩。二是公司体制，主要是集团控股公司，由董事会下指标确保经营的连续性，公司负责人完成指标后，集团给予一定的期权奖励，这个奖励只有分配权而没有所有权。

在具体管理中，我们制定了两种机制，一种机制针对事业部，一种针对公司所有的新媒体都实行公司化的运作模式，与外部充分合作，集团一般持有30%到40%的股份。

下一步，集团准备把新闻中心变成一个利润中心，逐步建立市场化的内部稿件竞价机制，使新闻中心的收入一方面来自集团内各媒体的购买，另一方面来自于向社会销售新闻产品。烟台日报传媒集团的改革起步很早，1997年进行了第一次综合性的改革，当时员工的反映比较大，有一些抵触情绪，于是集团以后每年都推出几项小的变革，三四年进行一次大的改革，使员工逐渐适应改革的状态。经过十几年持续不断的努力，在员工心目中，改革已经成为一种常态。全媒体新闻中心的组建、全媒体的融合都是在这样一个基础上进行的。正是有了前面的基础，后来的创新才会比较顺利，才能很快地达到理想的效果。□

※作者是烟台日报传媒集团社长、党委书记

新闻媒介融合发展问题与对策

——以《广州日报》滚动新闻部为例

● 谢亮辉

当今时代,已然可以称之为新媒体时代。面对新媒体发展的广阔前景,报纸要想生存并获得发展,除了继续保持新闻的高品质、实现其新闻产品的转型之外,突破传统的介质形态,寻找新的媒介融合形式也是一种必然选择。

美国佛罗里达州坦帕市"媒体综合集团"最早进行了媒介融合尝试,真正意义上迈出了全球新闻传播界关于媒介融合的跨时代步伐。随后,《纽约时报》、BBC、《联合早报》等世界各大媒体纷纷进行媒介融合的操作。美国密苏里大学新闻学院率先开设媒介融合专业,进行专业人才的培养。2007年3月19日,汕头大学长江新闻与传播学院与密苏里大学新闻学院合作,成立了国内新闻学院首家融合媒体实验室,培养能在数码化平台上进行新闻业务的新型传媒人才。我国媒体在媒介融合上的尝试,还处于一个起步阶段。2007年6月,《广州日报》成立全国第一家滚动新闻部,引起了业界的广泛关注。它的发展,在一定程度上体现了我国媒介融合的现状。

一、《广州日报》的媒介融合尝试

2007年,《广州日报》以"6.15"九江大桥坍塌事故的报道为契机,成立滚动新闻部,在全国媒体中最早发布塌桥这一惊人消息,在激烈的新闻竞争中拔得头筹。北京奥运会期间,滚动新闻部将报网直播室搬到了北京,产生了不错的效果。

滚动新闻部是《广州日报》报业集团在媒介融合方面的又一尝试,作为报纸、网站和手机报之间的纽带和桥梁,它协调着三者之间的关系。在进行新闻报道时,首先由报社采编部门、滚动部和大洋网提前策划,确定专题和关注点。采访部门、滚动部的前方记者传回采访内容(通过手机、手提电脑等设备逐步把文字、音频、视频传回),大洋网新闻中心对内容进行编辑和审核,发布到大洋网及手机平台,最后滚动部做好网络调查及收集网友关注焦点,将这些提供给前方记者作为写稿素材。

滚动新闻部的成立,加强了报纸与网络之间的资源共享和互通关系,使网络和报纸相互发挥各自的优势。一方面可以帮助报纸拓展新闻源,改善优化受众结构,创新新闻内容和报道形式,扩大影响力和辐射力;同时也可以帮助网络提高点击率,扩大知名度和影响力。

滚动新闻的首要特点是快,它克服了报纸的出版时限,将刚发生或正在发生的新闻通过大洋网、手机无线平台发布给读者,抢得了新闻的第一发布权。有了滚动新闻部,《广州日报》就不再有固定截稿时间,不再是一家受版面限制、以24小时为出版周期的平面报纸媒体。在当下多媒体时代,传统媒体能否有效地把自己变身为多载体、多终端的内容提供商,是决胜媒介融合大潮的关键。

滚动新闻部以新媒体的姿态出现,逐步实现新闻内容发布的多样化,其中包括文字、图片、音频和视频等等。滚动部的记者出去采访,几乎都是全副武装,纸笔、录音设备、录像设备一应俱全。大型报道活动,更是兵团作战,前方和后方共同协作。滚动部成立之后，报社有了充足的多媒体资源，在数字报纸中也嵌入了音频、视频等多媒体功能，集文字、声音、图像、视频等符号系统于一体，最大程度地发挥互联网的传播优势。

滚动新闻定位为《广州日报》的滚动新闻，以《广州日报》为前提，其公信力有了相对的保障。通过滚动新闻部，联合报社各部门记者，以及网络的力量，在第一时间发出报道，这样既促进了网站的点击率，同时又扩大了报纸的影响力。集团将大洋网滚动新闻页面和主报的标识进行了视觉的统一，同时所有由滚动记者发出的新闻都会注有"《广州日报》滚动新闻部报道"的字样，使其品牌实现一致性。品牌统一之后，不管报网谁先登，登多登少，最后读者都会认定《广州日报》的品牌是有权威性、有新闻价值的。

此外，网站有利于延续报纸印刷版的风格与定位，确保合力打造一个统一的品牌形象。印刷版和网络版两个版其实是同一系列的产品，表面上不同但本质上一致——选择新闻的标准、看待事务的角度以及问题解读的逻辑与风格等等。在这方面，美国的报纸网站与报纸风格、气质以及盈利模式统一，而国内报纸网站还很少进行这样的探索，滚动新闻部先行一步。

二、媒介融合发展存在的问题

1.管理的架构不明确

滚动新闻部尽管隶属于《广州日报》编辑部，但在信息发布时，其更多的是与大洋网联系。当滚动部记者获得新闻信息，经过整理加工，特别是音频、视频文件，最终需要网络签发系统的技术和工作人员完成最后的工序。

新闻采编以及网络签发人员，由于涉及到采编和发布两个平台，一个为报纸，一个为网络，中间的沟通和协作难免会出现一些问题。在目前的情况下，滚动部借助大洋网的发布平台，往往需要盯得非常紧，因为网络发布出来的效果很有可能和滚动部门设想的效果差异较大，有时因为传输信号、编辑疏忽或沟通不畅等原因，出现了不少的错误。

滚动新闻实施现场直播，需要与大洋网进行直接的沟通，如果沟通不好，直播就不能正常进行。目前，滚动部记者与大洋网编辑的交流主要是通过QQ进行，每次在现场的报道都是一个抢时间的过程，记者难免会出现打错字的情况，这就对编辑有了更高的要求，不仅要及时上稿，还要保证不出错误。有时编辑对接收到的内容直接的复制粘贴，最后连记者的QQ网名都上了报道。

2.缺少对网友的互动和关注

在如今这样一个Web2.0时代，网民既是内容的消费者，也是内容最大的制作者，网民关注的话题才是最有新闻价值的。传统报纸因为介质的限制，只能使用Web1.0的方式，编辑部来信、报料热线都只是对Web2.0概念最大限度的引入，市民的报料本身就是新闻。

网络上，某一热点话题，往往是由网民本身引起的。滚动新闻部成立后，对论坛的运用缺乏必要的操作，没有很好的调动网友的积极性。不少专题的策划都过"硬"，没能很好地把握网友关注的热点问题，所产生的效果也不尽如人意。

3.视频手段的应用有待商榷

对新闻视频的运用，首先应当分析该新闻是否具有网民见证现场的诉求。对于一些重大的突发事件，如九江大桥事件、广药队冲超瞬间等，读者具有强烈的现场感知需求，他们想亲眼看看现场发生了什么，有处身现场的欲望，这些都应当增强视频手段应用。而对于一些没有这些特性的新闻，则没必要使用视频。

一条视频新闻，是镜头拍摄、筛选、编辑的系列过程。滚动新闻部本身不具备专业的图像采集制作设备，在后期编辑和制作上，花费的机械时间又加大一倍。看上去越花哨的视频，需要的时间越多，滚动新闻讲求时效性，所以，只能平铺直叙。制作视频所需要的时间成本是很大的，但是它本身是否需要这么做，对于一条不具备视频元素的新闻，其结果得不偿失。

目前，滚动部在运用视频手段的时候，缺少对新闻特性的分析，有为了视频而视频的倾向，对视频的制作都比较仓促，很难吸引受众的眼球。滚动报道需要做自己的视频，但应该有选择性地使用，如果不能投读者所好，最后只会造成读者的视觉疲劳，最终失去读者。

4.滚动新闻稿件版权维护问题

在当今媒体竞争激烈的形势下，滚动新闻上网以后，如何保证传统报纸的独家采访特点，是一个非常具体的问题。滚动新闻以快致胜，它克服了报纸的出版时限，抢得了新闻的第一发布权，但这也对报纸的独家采访特点造成了一定的威胁。有时记者跑了一天的新闻，瞬间就被其他网站转走，前后不过几分钟，等于为他人做了嫁衣。

这就需要编辑部形成滚动性的编辑机制，随时确定什么样的新闻可以立即上网，什么样的新闻不能马上上网，什么样的新闻不能上网，以及上网的内容如何与传统的媒体保持平衡。可以考虑独家稿件、独家策划的采访等暂不上网，或上网后注明不得转载，而将那些消息、新闻发布会、报料等滚动播发，并考虑向其他媒体要求转载的署名权和版权收益等。滚动新闻不应太长，应该尽量精简，更新最新最快的内容，引导网友关注第二天的报纸。

三、媒介融合发展策略探讨

1.建立一个标准的数字时代的采编流程

滚动部出现的问题，与传统媒体现行的采编组织结构有直接联系，这关系到先做报还是先做网的问题。采编没有标准的流程，只是滚动部的几位记者，其作用是有限的。一个标准的数字时代的采编流程，是做好滚动新闻的基础，数字报业与传统报业的采编不同，需要一个新的流程。在英国部分报纸，记者必须首先给网站写快讯，报纸记者与网站记者是坐在一起的，一个部门的负责人，在安排当天的工作时，把网络部分也统筹在一起，而不是仅仅一张报纸。

如果不从根本的采编体制上动手，建立起一套符合新媒介规范的新闻采集体制，那么依附在传统媒体结构上的新闻，就很难符合新媒介的特性。滚动新闻，最好的结构应该是，如体育部，体育部的主任应该统筹报纸体育版面和网络版面当天的工作，哪些该发网络版本的快讯，哪些是深度的，谁可以邀请来做访问，哪些新闻背后可以与网络联动做推广活动，以追求第二次新闻，这些应该由一个部门来统筹，而不是报纸与网站分割。

2. 建立滚动部与报社各采编部门的联动传播机制

报业网站运作滚动报道最大的优势，在于主报有丰富的区域新闻资源，这是商业网站难以企及的。传统媒体有大批记者，掌握着各条线的资源，最了解线上的新闻。报业网站的滚动报道，应该充分发挥主报跑线记者的积极性，发动更多的跑线记者为报业网站提供滚动新闻。滚动新闻顾名思义，应该是滚动起来，动态新闻的不断更新，这就需要发动报社记者源源不断地从前方发回短消息，把本地最新的消息最快地发回来，一条口述短消息，几分钟就可以完成，几乎是同步的，不断更新，实现同步滚动。

滚动新闻部可以由“虚拟部分”与“实体部分”组成。“虚拟部分”，即报社各个采编部门的采编人员都是默认的滚动新闻部的成员，都要提高网络化意识与观念，有意识地积极与滚动新闻部沟通联系，将自己采编的稿件和信息及时上传到网站。前方一线记者需要加强滚动报道的意识，把自己当作通讯社记者的类型，掌握多媒体的手段，把现场的音频、视频、图片及时传回滚动部，然后由滚动部及时编辑发布。

3.加强全媒体采编培训，打造全媒体采编平台

滚动新闻集文字、声音、图像、视频等符号系统于一体，最大程度地发挥互联网的传播优势。滚动新闻记者应该是数字记者，是文字记者、摄影记者、电视记者的组合。滚动新闻报道的特点是在最短的时间内，应用多种传播方式将最新消息通过网络发送出去。对一名滚动记者而言，能写、能拍、能摄，是其必备技能。只有学会掌握了多媒体的报道技能，才能实现文字、音频、视频一起上，实现真正的全媒体报道。

报社应该统一安排，由人事处牵头，对滚动部、大洋网以及虚拟滚动部的相关人员进行全媒体采编培训。这其中包括写稿的要求，摄影、音频、摄像技巧培训，传播技术的掌握以及统一格式规范和后方内容制作的培训。

为了进一步规范全媒体报道和抢占新闻第一发布权，有必要由大洋网牵头制订统一的技术标准，例如照片大小、视频、音频文件等规范要求，专题页面的制作时间以及相关的发布流程。同时尽快推出可以容纳多种报道形式并连通手机发布的全媒体采编平台，尽量避免出现传输不畅、发布不规范的现象。

4.建立相应的滚动播报奖励机制

滚动新闻部要实现与各部门的联动报道，抢夺新闻第一时间发布权，在主动联络的同时，更应该有一种制度上的保障，能够让报社记者具备滚动新闻的第一传播意识，主动传稿。

就目前的情况而言，仅靠滚动新闻部的主观联系，而部分记者有逃避意识。报社很多记者都缺乏滚动报道的意识，总以为如果在网站上先发布了，他们的稿件就没有独家性，只有见报了才有价值。滚动新闻部要想率先报道，只能是自己出去采访写作，很难用到其他部门记者的稿件，这与国外媒体有很大差距。

因此，广州日报集团应该建立相应的奖励机

制，对上网快、点击率多的稿子给予高额稿酬，鼓励跑线记者滚动报道。参考报社采编考核体制，“虚拟滚动新闻部”即各个采编部门向网络供稿不计稿费，但跨部门供稿需要相应的计酬方案。通过滚动报道让“易碎”的新闻作品在网上展现，体现他们的劳动成果。当然，如果对一线记者进行适当奖励，那他们也要相应承担及时为新媒体供稿的义务，否则就追究相关责任。

5.重视与网友互动，提取网友观点

滚动部作为传统媒体与新媒体之间的桥梁，加强与网友之间的互动是必要也是必须的。鼓励网民就《广州日报》的某一新闻热点事件，进行图文视频内容上传，鼓励网民对事件进行加工，如“华南虎事件”中的网民恶搞，网民具有强烈的表达欲望，而不是被动地接受。滚动部应该利用《广州日报》的报纸资源作为一个中介，迎合网民的表达欲望，让网民说话，网民说的话也就成了新闻内容。滚动部也应该利用互联网互动、调查、快速功能，为传统媒体提供更多可读性的内容，同时也可以带动新媒体的影响力。

滚动部应该利用网络、手机互动平台，拓宽滚动新闻的来源，努力构建规模庞大的“市民记者”、“市民通讯员”，发动广大读者的积极性，建立提供读者报料、互动的平台。让读者第一时间将身边发生的新闻事情通过手机、网络等途径发布上来，从而拓展新闻报道线索和来源。

四、总结

正确认识新媒体的优势，弥补自身发展的不足，进而与新媒体采取合作、融合的态度，这将是中国报业发展的下一片蓝海。或许有一天，滚动新闻部本身就不该存在，每天拿到的新闻，根据不同的传播需求，利用最有效的传播手段来合理分配给受众，达到最大的传播效果。一个好的采集流程建立起来之后，就没必要反复打电话，要求记者陈述，陈述的内容再由滚动部整理，再传到网站，这本身就不是最大的效率。没有这些作保障，滚动新闻，也只是皮毛。□

※作者单位：华中科技大学新闻学院

※文章来源：中国新闻研究中心

资料 ZI LIAO

报业人物志

鲍剑胜　男，温州日报报业集团党委委员、副社长，兼任温州报业发行广告有限公司董事长、总经理。1963年3月出生，浙江省温州市人，毕业于华中科技大学，经济师。1998年至2009年，鲍剑胜同志一直担任温州都市报(原温州侨乡报)副总编辑，分管报社发行、广告、财务等经营工作。11年来，温州都市报日发行量从1998年的5万份发展到现在的30多万份，增长了6倍，广告收入从480万元增长至1.9亿元，增长了40倍。2003年底，温州日报报业集团组建，温州都市报副总编辑鲍剑胜同志兼任集团报刊发行中心主任。发行中心实行公司化运作，成立温州都市物品配送有限公司，后更名为温州报业发行广告有限公司。发行中心从2004年初成立到2010年，取得了来之不易的经济成果，被国内同行誉为"温州模式"。2006年，鲍剑胜同志兼任温州日报报业集团有限公司副总经理，为组建集团有限公司做了大量的前期筹备工作。通过不懈努力，温州日报报业集团有限公司于2006年10月成立，子公司与分公司也陆续成立。鲍剑胜同志自2008年10月任温州日报报业集团副社长以来，主要负责广告、发行、有限公司所属子公司等三方面的工作。2009年集团总收入6.3亿元，广告到款收入达3.3亿。鲍剑胜同志发表的主要论文有：《优化组合 开拓创新 报刊发行实行公司化运作得做法和体会》，载于《中国报业》2004年第6期，荣获浙江省2004年度论文评比三等奖；《试析报纸零售发行与分类广告经营的互动关系》，载于《新闻实践》2004年第7期，荣获浙江省2004年度论文评比一等奖；《报纸发行的公司化运作探析》，载于《中国记者》2005年第1期；《600天，何以增收节支3200万》，载于《中国记者》2005年第11期，荣获《新闻实践》2005年度市级党报优秀论文一等奖；《发行管理的精细化有效化创新化》，载于《新闻实践》2007年第8期；《发行上的"三力"统筹》，载于《中国记者》2009年第10期。2003年，鲍剑胜同志被授予本集团"优秀共产党员"称号；2004年，被评为全国报业发行先进工作者，温州日报报业集团先进工作者；2005年，被评为温州日报报业集团十佳员工；2004年至2009年，温州日报报业集团发行中心连续6年被评为"中国报业发行先进集体"；2007年，温州日报报业集团发行中心荣获全国报纸自办发行协会"创新发行奖"；同年，鲍剑胜同志入选"2007年度中国报业十大年度人物"；"温州日报报业集团发行系统实现全面信息化"入选"2007年度中国报业十大年度事件"；2008年，鲍剑胜同志被评为"全国自办发行十大领军人物"；同年，温州报业发行广告有限公司被中国报刊发行创新研讨会评选为"中国报刊发行创新案例"；2009年，温州日报报业集团发行中心被中国报刊发行研究所、今传媒杂志社授予"2008-2009年度中国报刊发行十大创新案例奖"；同年，温州报业发行网络服务平台运作荣获中国报业发行网络经营创新案例奖；2009年，鲍剑胜同志荣获中国人民大学媒介研究所和全国城市报业发行网络联盟颁发的"中国报业发行网络经营创新人物奖"。

陈华胜　男，汉书数字出版传播有限公司总经理、总编辑。1968年3月出生，浙江省杭州市人，毕业于杭州大学新闻系，研究生学历，主任记者。1989年从杭州大学新闻系毕业后分配进杭州日报，历任杭州日报记者、编辑、杭州日报下午版编委、每日商报副总编辑、杭报集团产业拓展部主任、汉书数字出版传播有限公司董事长、总经理。

在报界工作二十年，多次获全国、华东地区、省、市好新闻奖，出版有《大江东去——三国志随笔》等14部个人专著，并担任《报业MBA案例分析丛书》执行主编，该丛书得到中宣部和国家新闻出版总署好评，总署柳斌杰署长亲自为丛书作序。2007年以后，从事报业集团文化产业拓展和数字报业工作，有《南方的起源——跨湖桥文明》等两个作品列国家十一五重点音像制品名录，《我这六十年》列建国六十周年全国百种重点出版物名录，《人间天堂 品质杭州》丛书获国家图书装帧设计大奖。另外，还创作有三十集电视连续剧《金字招牌》。发表的主要作品有：《媒体公信力危机及其成因分析》，载于中国新闻出版报2009年8月25日第4版"探索"专版；《数字报业当前亟待突破的五大问题》，载于《传媒》杂志2009年第9期；《玄奘取经西游记》，2008年1月由浙江教育出版社出版；《故事并不轻松》，2008年重庆出版社出版；《三国奇谈》，2003年，台湾实学社出版；《煮酒论英雄》，2007年浙江人民出版社出版；《独步江东——吴大帝孙权》，2005年台湾新潮社出版；《周瑜》，1999年台湾远流社出版；《中华文明之光★第五卷宋史部分》，2000年二十一世纪出版社出版。被评为杭州市"131"优秀中青年人才培养人选。

程颖刚　男，现任哈尔滨日报报业集团社长、党组书记、总经理；哈尔滨市新闻工作者协会主席，哈尔滨摄影家协会主席，哈尔滨市有突出贡献中青年专家，享受国务院特殊津贴专家。1954年生于哈尔滨，山东省莱州市人，毕业于黑龙江大学中文系，高级记者。作为全国报业新闻改革的发起人之一，程颖刚积极探索党报的正确舆论导向实现形式，率先实践了"政务报道大众化、经济报道社会化、典型报道新闻化、理论宣传通俗化"的新闻改革，提出打造"城市主流媒体"、党报走市场化道路的改革方向，并做出了成功的探索。程颖刚进一步明确、细化哈报集团报纸的市场定位，推进《哈尔滨日报》"权威性定位，实用性切入"、《新晚报》"市民化定位，人本化切入"，制定了可操作性极强的具体措施，使两张报纸在哈尔滨的市民中获得了越来越大的影响。作为构建报业集团现代管理体系的带头人之一，程颖刚提出并实施"民主化决策、科学化管理、法制化运行、人本化发展"的治社方针。在哈报集团的内部机制改革上，他组织制定了"目标管理百分制考核纲要"、"编辑部目标管理考核办法"、"新闻稿件、版面质量评估办法"、"编辑记者岗位职责和工作规程""哈报集团报纸生产流程质量管理条例" 等一批带有探索性的内部管理制度，近年在推进人事托管、评聘分开、三级聘任的人事制度改革的同时，又大力推进分配制度改革，在推行记者零工资、编辑和职能部门岗位工资的基础上，实行岗位绩效工资探索和改革，为哈报集团管理模式的形成和发展做出了较大贡献。面对目前竞争形势，程颖刚提出"以效益为中心、以财务为主线，以增收为重点，以节支为保障"的企业经营战略，推进了报业集团产业结构调整，促进了产业质量升级，提高报业集团经济效益。2009年，程颖刚在哈报集团全面推行了精细化管理工程，将党组确定的全年工作目标按责任、按分工、按时度实现精细化分解，做到指标分解到人、责任落实到人、进度监控到位，让目标管理责任制通过精细化管理提档升级，实现集团经济的良好运行，使集团广告收入和利润再创历史新高。主要发表论文有：论文《报业市场机制与党报新闻改革》获黑龙江新闻学优秀论文奖一等奖；论文《面向建立市场经济新体制的需要　努力增强经济新闻宣传的针对性》获黑龙江省新闻学优秀论文奖一等奖；论文《党报和子报的市场定位及新闻资源的优化配置》入选中国报刊社长总编论文选《WTO与中国传媒的改革和发展》；论文《品牌战略是报业市场营销理论的升级》发表在《报业领军人物的品牌策略与实践》一书。主要获奖情况有：1999年获黑龙江省第十九届总编辑慧眼奖；1999年被评为全省报业先进经营管理工作者；2003年被评为哈尔滨市有突出贡献中青年专家；2004年荣获第四届报业发展奖重大贡献奖；2004、2006年两次被评为哈尔滨市劳动模范；2004年被评为全国报业先进经营管理工作者；2005年被评为享受国务院特殊津贴专家；2008年被评为中国报业十大人物；2009年荣获黑龙江省宣传文化系统"六个一批"人才称号；2009年被评为2008-2009年度中国十大传媒经营管理人物。

李炳庠　男，河北日报报业集团副总编辑、燕赵都市报总编辑。1950年7月出生，河北省秦皇岛市人。1975年河北师大中文系毕业，1983年后历任秦皇岛日报副总编辑、总编辑，1996年到河北日报创办的燕赵都市报担任总编辑，现任河北日报报业集团副总编辑、燕赵都市报总编辑。他领衔的燕赵都市报目前以成为世界日报发行第39、中国第9的强势媒体。2003年燕赵都市报更在全国首创

"哑铃型"报纸，即除全省版外在省会和冀东地区创办两个地方版，为此，燕赵都市报获得2002年度河北省报业创新奖。目前，"哑铃型"燕赵都市报日发行量百万份、年均广告收入逾3个亿，在全省报业市场中处于绝对的优势地位；2007年6月22日，"全球品牌论坛2007年年会暨品牌盛典"授予燕赵都市报"中国最具广告价值报纸媒体"，成为河北惟一获此殊荣的纸媒；12月29日，新闻出版总署传媒发展研究所在京发布了2007中国报业竞争力监测报告，该报凭借强大的市场竞争力进入该报位列全国晚报都市类报纸综合竞争力16强名单。国家新闻出版总署编撰的首部报业蓝皮书《中国报业发展报告2007：创新成就未来》指出，燕赵都市报位列我国都市类报纸的第一方阵。2009年6月16日，由世界品牌实验室（World Brand Lab）发布的2009年(第六届)《中国500最具价值品牌排行榜》中，燕赵都市报排名由上一年的第485位上升到第470位，品牌价值也由上年的9.01亿元上升到10.75亿元，是河北省唯一上榜的文化单位。2009年更蝉联"中国标杆品牌"，荣膺"中国十大创新都市报"。李炳庠在报业发展中不断探索、锐意创新，为进一步保持并扩大都市报的品牌影响力，在做大做强都市报主营业务的同时进行复合媒体的创新与尝试，2009年6月25日，他提出利用燕赵都市报自有的采编资源、市场资源、发行资源，结合新媒体技术，推出全新的燕赵都市网。该网站践行全新的"报网一体"运作模式，即全员办网，报网融通，全力打造河北人网上生活平台，真正做到了"一纸风行燕赵，一网连通天下"。同时推出全新的手机报，从而实现了网络实时发布、手机滚动发布、报纸精华发布，报纸、手机、网络多媒体共生互补的全媒体运作形态。发表的论文主要有：《我的市场在你的脚下》载于《新闻战线》1999年第2期；《高、深、近、新——重大新闻体裁报道的追求》载于《采写编》2003年第1期；《市场化报纸的新闻与营销定位》载于《传媒》2004年第2期；《区域性报纸的破茧之策》载于《中国记者》2005年第7期；《市井深处写荣辱 繁市之中厘风气》载于《新闻战线》2006年第8期；《报业创新与博弈》(与人合编，2005年河北人民出版社出版)等。获奖情况：获得全国百佳新闻工作者称号、获享国务院特殊津贴和省管优秀专家，"金长城传媒奖·2009年中国传媒创新年度人物"。获得河北省好新闻特等奖3次、河北省"五个一工程"作品奖1次、河北省好新闻一等奖10次；获省新闻论文一等奖1次；获得全国省级晚报好新闻一等奖4次；在国家级刊物、出版社刊发表论著约10篇(部)，其中有的新闻作品被改编为影视剧。

沈杰　男，杭州网总经理。1962年2月出生，浙江省杭州市人，毕业于浙江大学，高级工程师。1998年开始任杭报集团信息技术处副处长（主持工作），参与了杭报两个大楼全部弱电项目的规划、设计工作，是杭报92年开始应用电脑、计算机网络的初创人和全程见证人。2004年2月由宣传部、杭报集团、杭州文广集团联合组建的"杭州网络传媒有限公司"正式成立，由技术处转到杭州网工作，一直担任杭州网总经理至今。在杭州网的5年多时间，带领杭州网的全体同仁，努力创新、艰苦创业，杭州网从公司成立时的17人发展到目前的120多人，产值从04年90多万发展到今年的约1500万，网站影响力(世界排名)在同行中名列前茅，网站几年来获得了许多中央、省、市一级的各类奖项和表彰。获得2006年度杭州宣传系统"十大新闻人物"奖。

姚丽萍　女，每日商报社社长、总编辑。1964年11月出生，浙江省海盐县人，毕业于复旦大学，主任记者。1985年毕业于复旦大学新闻系，一直服务于杭州日报(报业集团)。2000年任都市快报副总编。2003年任杭州日报采访中心主任。积极创新报道形式，探索报道的有效性和可看性，带领记者出色完成宣传任务，所属部门取得的新闻奖数量创了历史纪录。2007年临危受命，任每日商报社社长。带领全体员工积极探索，努力拚搏，走出了定位独特、特色鲜明、差异竞争的办报新路子，将每日商报从原来的综合性报纸转变为一份"帮助读者赚钱和花钱"的经济消费类报纸，初步建成一个功能新、服务强、具实效的新闻服务平台，使每日商报甩掉自创办以来戴了数年的亏损帽子，盈利能力不断增强，为杭报集团整体实力的增强作出了贡献。"18创富"是每日商报创办于2004年的一个报纸栏目，以发布创业创富信息、为创业者搭建沟通平台为特色。在2007年成功开设18创富网站、提供更多更快服务的同时，于2009年初，利用淘宝网络平台，开出全国首家媒体网店——"18创富E卖场"，网上和实体同步服务，为商报众多的生产客户和商品消费者之间，开辟一条更直接的通道，有力地支持了"保增长、促消费"这一行动。更具意义的是，这一尝试对媒体应有的服务功能作了深入挖掘，为传统媒体寻找到更广的拓展领域，促使报纸尽早从单一的新闻传播载体转身为全方位的新闻服务平台。硕士论文:《新媒体崛起后政府危机信息管理创新策略》。获奖情况:2007年度杭州市新世纪“131”优秀中青年人才培养计划培养人选,《每日商报创立18创富》获2008年度浙江报业自主创新奖。

尹明华　男，解放日报报业集团党委书记、社长。1954年11月出生,江苏省高邮县人,中欧国际工商学院工商管理硕士,高级编辑;中国记协副主席、上海记协副主席、中共十七大代表。曾任东方电台副台长、上海电台副台长、上海市委宣传部秘书长、新闻出版处处长、上海新闻高级职称评审会主任、解放日报党委书记、总编辑。自2005年5月担任集团党委书记、社长以来，潜心研究媒体经营,积极投身报业创新,大力推动传统报业集团向综合性传媒集团转变。发表的主要论文有:《传媒发展的文化理解》，嘉宾演讲精要，载于《传媒》2009年第1期;《正在经历的和可以选择的》,载于《传媒》2009年第6期;《传播文化和社会影响》,在美国哈佛大学的演讲，载于《上海新闻研究》2009年第五期;《资本运作，传媒发展的重要选择——科学发展观指导下的媒介运行思考》,载于《传媒观察》2008年第11期，获2009年第十九届中国新闻奖二等奖。目前出版的主要著作有:《旋涡里的太阳》、《空谷回音》、《社会热线》、《思想的碎片》、《全新的体验》、《美国新观察》、《媒介态度》、《千日之旅》、《传媒再造》等。多次荣获各类新闻奖:获中国新闻奖一等奖、中国广播电视政府新闻奖、首届中国韬奋新闻奖提名荣誉、上海广播电视政府新闻奖、上海新闻奖、上海十佳青年编辑等,上海新闻界曾召开其个人新闻作品研讨会。入选“2007年度十大传媒创新领军人物”、“2008年度十大传媒领军人物”、“2009中国传媒年度人物”。

张晓夏　男,小红帽发行股份有限公司董事会秘书,小红帽网络科技公司常务副总经理。1974年7月29日出生,籍贯天津。2007年10月开始负责小红帽发行股份有限公司直投部，负责小红帽渠道经营直复营销业务的探索。2008年,与德国邮政dhl一起探索开拓了社区数据库投递业务,并开始为宜家服务。当年实现销售收入同期相比翻一番。2009年，在继续保持销售收入在800万以上的前提下,克服金融危机、经济衰退带来的影响,将社区数据库投递业务产品化,向麦当劳、肯德基、必胜客、特力屋、博洛尼等企业提供高质量的直复营销服务。2010年,开始参与小红帽网络科技公司向电子商务、媒体购物的物流、投递转型的工作,重组小红帽电子商务专网投递平台，建设小红帽网络分拣集成中心，并组织开始了与卓越等电子商务企业的合作。工作经历:1997年7月,新华通讯社新闻摄影部,记者;2000年4月,北京青年报社,北青网,编辑;2001年4月,北京青年报社,今日北京,主编;2005年2月,北京青年报社,青年周末,副总编辑;2007年8月，小红帽发行股份有限公司,董事会秘书、直投部经理;2009年11月,小红帽网络科技有限公司,常务副总经理。

周继山　男，杭州日报政经新闻中心主任。1955年9月出生,浙江省诸暨市,毕业于浙江广播电视大学,主任编辑。1984年，进入杭州日报,在政法部、工交部、编辑室任记者编辑,获省市好新闻一等奖、华东地市报好新闻一等奖、全国副刊好作品三等奖等众多奖项。1992年，任周末部副主任、主任,受命创办《西湖周末》,成为中国最有影响力的三张周末报之一(《媒体中国》评价,另两张为《南方周末》、南京《周末》)。被评为首届杭州市新闻媒体十大名栏目。2000年,后受命创办《视点新闻》,开创重大新闻全景式深度报道模式,创办当年被评为第二届杭州新闻媒体十大名栏目。2001年,任集团编委,杭州日报采编中心主任。在新闻采编中积极推行改革,为党报提高影响力,走向市场做出了贡献。2004年，调任每日商报总编辑,确立了“在商言商”的经济消费类办报定位,推行差异化发展的竞争策略,提升了《每日商报》的影响力。在经营上首创了以“工作室”为主体的经营体制,大大提升了广告的影响力,同时探索创新多元化经营之路，为每日商报扭亏为盈做出了贡献。2007年,调任杭州日报政经新闻中心主任。发表的主要作品有:《西湖周末的探索》,载于《新闻纵横》92年第三期;《新闻改革与市场经济》，载于《新闻纵横》95年第一期;《要闻报告创出的新路》，载于《新闻纵横》97年第二期;《因特网对报业的挑战与机遇》,载于《新闻纵横》99年第五期;《周末报的发展空间》,载于《新闻纵横》01年年第二期;《把深度与可读融合在一起》,载于《新闻战线》01年第七期;《创新才有影响力》，载于《新闻纵横》02年第二期;等等几十篇。获奖情况:杭州市十佳新闻工作者,浙江省飘萍新闻(人物)奖。

2009年中国报业大事记

●中国政法大学传媒与文化产业研究中心整理

一月

1月13日 宁波日报报业集团全媒体新闻部正式成立。这是宁波日报报业集团发展数字报业及拓展多媒体的重要举措，全媒体新闻部以集团2009年上线的全媒体数字技术平台为依托，以视频多媒体为主要报道方式，在集团新媒体平台和中国宁波网上滚动发布。

1月22日 浙江日报报业集团钱江报系正式成立，该报系由浙报集团旗下《钱江晚报》、《今日早报》和《新民生·城市假日》组成。浙报集团通过实施报系战略，将进一步完善体制机制，不断提升综合竞争力和品牌影响力。

1月25日 受金融危机影响，新闻纸价格不断下跌，南京报纸纷纷降价。《现代快报》在南京地区的零售价格下调至每份0.5元，《南京晨报》、《扬子晚报》也将零售价格分别调整为每份0.4元、0.5元，《金陵晚报》则在前一天率先将零售价格调整为每份0.5元。

二月

2月10日 新闻出版总署公开展示2009年新版记者证。新版记者证信息将在网上公开，供社会各界进行真伪查询。

2月18日 《长江日报》同时在七个版面刊登广告。长江日报社将与商家联手，对购房群体定向派送总额达1200万的购房消费券，以刺激武汉的购房消费，这在全国尚属首次。

2月23日 《中国日报·美国版》在北美创刊发行，其目标受众定位于北美地区高端读者，特别是关注中国经济、文化、政治事务的政商领袖。

三月

3月2日 《楚天都市报·襄樊版》创刊，成为继2008年《铁岭日报》更名为《辽沈晚报·铁岭版》之后，全国第二个具有独立刊号的报纸地方版。

3月9日 《北京晚报》体育部和北京人民广播电台体育广播共同打造的全新体育新闻报道平台——《北京晚报体育时间》。

3月23日 《珠江商报》进行了创刊五年来的第三次改版，这是佛山传媒集团打破平面媒体间的内部壁垒、探索报业一体化的重要举措，也是《珠江商报》应对广佛同城化挑战、提供全面优质服务的重要策略。

3月27日 由《广州日报》、《成都商报》、《华商报》等19家区域主流平面媒体，以及新浪网和《自驾游》杂志等21家媒体单位共同发起的“中国自驾游主流媒体联盟”正式成立。

四月

4月9日 全国报纸自办发行协会2009年会在南宁举行，与会单位交流了各自的发行经验。

4月17日 太原日报报业集团正式成立，这是太原市文化体制改革的重大举措。

4月18日 南方报业传媒集团与上海世博会事务协调局在沪签署战略合作协议，正式成为“中国2010年上海世博会合作媒体”。根据协议，该集团将通过旗下报纸、期刊和出版社、网络三大平台的立体化组合，对上海世博会的筹办、举办提供全面、深入的宣传报道。

4月20日 《人民日报》海外版《希腊周刊》正式创刊。该周刊由《人民日报·海外版》与希腊《中希时报》合办，每周1期，每期4版。

4月29日 地铁报《北京娱乐信报》在北京全面启动了“信报百万发行日”活动，在全程123个地铁站中的近90个站点同时发报，发行量从日常30万份增至100万份，发行地点也从地铁站覆盖到地面重要商业区，创造了国内同类型报纸发行量的记录。

4月29日 由解放日报报业集团和上海阿耳法信息技术有限公司共同研发的“报业全媒体多通道数字出版系统”通过了新闻出版总署科技与数字出版司组织的项目验收。这标志着该系统正式成为总署“全媒体数字符合出版系统工程”的试点项目之一，并将获得国家的项目支持。

五月

5月8日 由中国报业协会报业经济研究工作委员会主办、杭州日报报业集团和中国政法大学传媒与文化产业研究中心承办的“2009年全国报业危机应对座谈会”在浙江杭州开幕，会上对2009年第一季度各报业单位的经营情况和体制改革进展进行了交流，并对各报业单位应对危机的策略进行了深入探讨。

5月11日 成都传媒集团充分发挥综合媒体的优势，内部不同形态媒体结对运行，形成了联动运作部分新闻的长效机制，加速了媒体融合进程。

5月20日 上海商报社正式改制成为上海商报传媒有限公司，《上海商报》成为经新闻出版总署正式批准的全国第一张改制成为企业的日报。

5月26日 辽沈晚报红马甲报刊发行有限公司、小红帽发行股份有限公司和德国邮政DHL三方代表在沈阳签署三方战略合作协议。在此次合作中，作为大陆首家受DHL委托完成溢价广告直投业务的发行公司的小红帽，承担着对沈阳业务进行规范指导、质量监控等功能。宜家广告直投业务在不同地区的开展，将为该联盟跨地域整合发行网络资源，开展实质性业务合作，探讨发行业务转型提供经验和借鉴。

六月

6月7日 浙江日报报业集团与阿里巴巴集团签订战略合作协议。两大集团将充分利用各自优势，实现网上网下资源的共享共赢。

6月8日 新闻出版总署新闻报刊司司长王国庆表示，我国报刊改革工作已经全面启动。

6月14日 经中央批准，人民日报社开始推进机构调整和筹备扩版增容工作。其中，原驻国内国外72个记者站将改为分社。

6月15日 由解放日报报业集团、上海联合产权交易所、上海精文投资公司联合投资创立的上海文化产权交易所暨上海版权交易中心正式揭牌。这是在中央有关部门支持下，由上海市政府批准成立的首家文化产权交易所。

6月18日 国内首份立足互联网的新闻周报《网络导报》创刊，该报由内蒙古日报集团与《中国电力报》合作创办，初期面向京津发行，并将逐步进入全国市场。.

6月26日 光明日报报业集团推出全球首家基于3G（TD-SCDMA）/GSM无线模块支持的移动报纸阅读终端。

七月

7月1日 《人民日报》由每天16版扩至20版，周六、周日仍为8个版。

7月4日 由中国政法大学新闻与传播学院主办、精品购物指南报社和京华日报社协办的“第一届传媒与文化产业发展论坛”在北京举行。

7月19日 人民日报社河南分社在郑州成立并挂牌，这是首个人民日报记者站改为的分社。记者站改为分社后，将由单一向《人民日报》供稿，变为向《人民日报》、《人民日报海外版》、人民网及其他社属报刊供稿。

7月16日 《湖北日报》全面进入武汉主城区的150个零售报摊。

八月

8月23日 首届“中国阳光传媒推选活动颁奖典礼”在北京人民大会堂举行。此次推选活动由《中国新闻出版报》主办，中国人民大学、北京大学、清华大学、中国传媒大学及中国政法大学等5所大学的新闻传播学院共同协办。

8月28日 在中国报业协会第四次会员代表大会上，国家新闻出版总署署长柳斌杰表示，将启动非时政类报刊出版单位的转制工作。

8 月 28 日《中国新闻出版报》发布了《中华新闻报》停刊清算公告，经新闻出版总署批准停办，这是迄今第一家倒闭的中央级新闻报纸。

九月

9 月 10 日《淘宝天下》创刊，该刊由浙江日报报业集团与淘宝网共同投资 5000 万元创办，是由浙报集团所属《城市假日》改刊而来，浙报集团占有 51%股份，淘宝网占 49%，双方均为现金出资。创刊号发行 200 万份，目标是使该刊成为国内生活时尚类周刊第一品牌。

9 月 17 日 河南日报报业集团、南阳日报社与乐凯集团第二胶片厂共同投资建设的南阳大河印务有限公司在河南南阳华光工业园区建设开工。

9 月 21 日 由杭州日报报业集团、杭州南广影视公司、杭州佳平文化策划有限公司联合投资的大型史诗电视连续剧《东方》，在杭州举行合作拍摄签约仪式。该剧是杭州日报报业集团在投资大型电视连续剧上的首次尝试。

9 月 24 日《精品购物指南》推出 60 周年盛典专刊，该期报纸总版数达 488 版，由 6 册组成，单期广告收入实收额达 1466 万，创精品单期收入历史新高，也刷新了中国报业史上新的记录。

9 月 27 日 云南省第二家传媒集团——昆明报业集团正式成立。

9 月 28 日 中国首家报纸购物连锁企业哈乐购正式推出网络版。

十月

10 月 16 日 为压缩成本，《竞报》在退出日报市场后与北京晨报社一起运作，共用一套编委，并对其中部分人员进行整合；北京第一张都市午报《劳动午报》不抵亏损，宣布退出都市报市场，重回北京市总工会机关报。由此，北京都市报市场形成“三早两晚”的格局。

10 月 16 日 云南日报报业集团与精品购物指南报社跨地区合作的报纸《精品消费报》在昆明试刊。

10 月 17 日 由中国政法大学传媒与文化产业研究中心、常州星期三报社共同主办的“第七届生活服务类报刊峰会论坛”在江苏常州举行。

10 月 23 日 遍布广州地铁沿线各站的“日阅堂”潮流资讯展正式开业，《北京青年报》全面进入其销售网络。

10 月 29 日 “全国党报高峰论坛”在广州举行，全国绝大多数省级领军人物和权威专家参加论坛，研究探讨在社会主义市场经济条件下党报的发展之路。

10 月 31 日 浙江日报报业集团与全新改版后的中央电视台财经频道签署战略合作协议，并举行了央视财经频道浙报集团特约记者站的揭幕仪式。

十一月

11 月 8 日 由全国城市报业发行网络联盟主办、广西日报社和中国政法大学传媒与文化产业研究中心承办的 2009 年全国城市报业发行网络联盟常务理事会在广西南宁举行，与会代表就目前行业的发展情况进行了广泛而深入的交流。

11 月 8 日《合肥日报》正式创刊，随后合肥日报报业传媒集团也将成立。

11 月 15 日 在黑龙江日报报业集团主办的《农村报》创刊 60 周年之际，作为黑龙江日报报业集团的子集团——黑龙江农村传媒集团宣布成立。

11 月 27 日 “中国报业协会报业经济研究工作委员会 2009 年年会”在广州召开，本次会议由广州日报报业集团和中国政法大学传媒与文化产业研究中心共同承办，全国三十余家报业集团、报社社长及总经理与会。会议以“报业的转机”为主题，就文化体制改革、金融危机、媒体融合等对报业发展的影响进行了深入的探讨。

十二月

12 月 9 日 山西明坤集团公司与太原日报报业集团签署战略合作协议，投入 1000 万元到太报集团旗下山西太报传媒有限公司，并共同联手开拓文化产业市场。

12 月 12 日 解放日报报业集团和网易举办的“互联网时代的传统媒体—2009 年度媒体高峰论坛”在上海举行。与会嘉宾就“网络能否为传统媒体提供新的发展机遇”进行了深入探讨。

12 月 20 日 贵州日报报业集团贵州金黔在线数字传媒有限公司、新报文化传媒有限责任公司挂牌成立。它注册资本 1000 万元，整合了贵州日报报业集团8报2刊数字报及所有数字媒体，业务范围涵盖新闻网站、手机报、新闻热线、数字报刊、数字出版等。

12 月 22 日 广西日报传媒集团正式成立，该集团是在广西日报社的基础上建立，按照采编与经营两分开改革的总体思路，成立广西日报传媒集团有限公司，实行公司化运作。广西日报社社长、总编辑李启瑞任广西日报传媒集团负责人。

12 月 28 日 烟台日报传媒集团与烟台蓝天投资控股有限工资合资成立华夏传媒集团有限公司。烟台日报社以所持4个公司的股权出资，蓝天控股以现金出资，双方股权比例为51:49。□

2009年中国报业重要政策法规

●中国政法大学传媒与文化产业研究中心整理

新闻出版总署关于进一步加强和改进报刊出版管理工作的通知

（新出报刊〔2009〕124号）

2009年2月6日

近年来，我国报刊出版单位坚持正确导向、弘扬主旋律，传播先进文化，呈现出良好的发展态势。各级各地报刊出版行政部门积极转变职能，创新管理方式，提高依法行政能力，为营造良好的思想文化舆论环境，促进经济发展和社会全面进步，做出了积极贡献。但也要看到，当前报刊业发展中存在一些不容忽视的问题。少数报刊主管单位不能很好履行管理职责，少数报刊出版单位内部管理松懈、出版内容时有差错，少数从业人员缺乏职业精神和职业道德。为推动报刊业更加繁荣健康有序发展，有必要进一步健全管理制度，改进管理方式，创新管理手段，提高管理水平，现就有关事项通知如下。

一、进一步加强和改进报刊出版管理工作的重点

1.提高依法行政的能力，增强服务大局的自觉性和主动性。做好报刊管理工作，事关党和国家工作全局，事关经济社会发展和国家稳定的大局。各报刊出版单位和新闻出版行政管理部门要进一步增强服务大局的责任意识，切实履行职责，做到敢于管理，创新管理，有效管理。要认真贯彻中央精神，熟悉报刊管理的法律法规，不断提高依法行政的能力，严格执法，不徇私情，通过有效的行政管理手段规范报刊出版秩序，保证报刊业健康有序发展。

2. 进一步解决报刊管理的薄弱环节和突出问题，严肃查处报刊出版违规行为。各新闻出版行政管理部门要重点审核报刊主管主办单位是否履行管理职责；报刊主要负责人是否符合任职条件、岗位资质；报刊记者和记者站是否存在违规问题；报刊刊发重大选题内容是否履行备案手续，以及内容质量是否符合规定；报刊是否存在转让出版权、一号多刊多报等违规问题；报刊刊载广告是否存在违法违规现象；报刊经营是否存在违规问题等。

3.构建有序开放、有效管理的报刊监管机制。各新闻出版行政管理部门要适应改革发展新形势，坚持一手抓发展、改革，一手抓服务、管理，按照符合宣传规律、传播规律的方式，形成一整套科学有效的管理方式、管理手段和管理制度，逐步建立一支敢于负责、严格执法的监管队伍，构建有序开放、有效管理的报刊监管机制。

二、进一步加强和改进报刊出版管理工作的措施

1.加强报刊年检工作，检查和规范报刊出版活

动。报刊年度核验是实施出版管理的重要制度。新闻出版总署近期将下发《关于做好2008年度报刊核验工作的通知》,各新闻出版行政管理部门根据中央的要求和报刊年度核验的有关法律规定,按照通知要求,结合报刊出版实际,严格把关。在报刊年度核验工作中认真审核报刊出版单位提交的年度自检报告,进一步明确工作重点和违规处理要求,着力解决出版的违规问题和管理的薄弱环节。对年度核验中发现的违规问题要依法严肃处理,对一号多报多刊、转让出版权的一经查实坚决处理,情节严重的依法停办或吊销刊号。对不符合年检要求的报刊要严格执行规定并视其情况予以缓验、不予通过,直至注销登记。对不具备继续出版条件的报刊应依据有关规定坚决退出。根据报刊年度核验的规定,凡是报纸超过180天、期刊一年以上不能正常出版的以及明确规定不予通过年检的报刊,要坚决予以停办。新闻出版总署3月初将派出检查组对报刊年检工作实施检查督导,针对存在的管理薄弱环节和突出问题,组织对重点省份和重点报刊的年检审核处理情况进行检查。各省在4月20日前向新闻出版总署书面报告报刊年度核验的情况。

2.健全完善审读机制,加强报刊舆情监测和分析。新闻出版总署将颁布《报纸期刊审读暂行办法》,请各新闻出版行政管理部门认真贯彻执行,使报刊审读工作规范化、制度化。新闻出版总署要加强对全国报刊审读工作的指导,进一步加强审读机制的建设,健全完善审读员队伍、审读制度和监测点工作,借助社会资源做好审读工作。各省要尽快完善审读工作制度,建立健全审读机构和审读队伍。加强对本区域内报刊的监测和分析,分类管理,突出重点。对重要内容进行监测审读,同时对重点报刊进行分类分析,掌握报刊出版动态。做好审读情况通报,重大出版情况及时上报,对新闻出版总署交办的审读事项及时反馈。新闻出版总署将与各省建立重大舆情动态及时通报制度,及时发现和处理倾向性问题。各地要建立重大新闻舆情动态通报机制,定期提供报刊舆情动态,特别是做好重大舆情和报刊管理动态分析、上报工作,逐步建立舆情和报刊出版动态的报告制度。

3.加强报刊管理基本制度建设,坚持依法行政。针对报刊发展中出现的新情况新问题,报刊出版管理部门要结合深化报刊业改革,加强制度建设,综合运用行政、法律、市场、技术等手段,建立有效管理机制,实现标本兼治。近期,新闻出版总署将修订颁布《新闻记者证管理办法》、《报刊记者站管理办法》,起草制止虚假报道等新闻采编从业人员的规范,重申有关报刊主要负责人任职资格规定,对查处一号多刊(报)、买卖刊(报)号、转让出版权等做出界定。各地也要加大新闻出版法律法规的清理、建立和完善工作,加强报刊管理基本制度建设。同时要认真贯彻落实好这些规定,坚持依法行政。

4.加强采编队伍建设,完善报刊采编人员的准入退出制度,进一步规范新闻采编活动。新闻出版总署近期将会同人力资源和社会保障部出台《新闻从业人员职业资格考试暂行规定》和《新闻从业人员职业资格考试实施办法》。今后从事新闻采编工作的人员必须通过国家统一考试才能获得从业资格。它将有利于规范从业资质和提高新闻采编从业人员素质。新闻出版总署将建立健全不良从业人员数据库,实现管理资源共享。对违规违法新闻从业人员要依法吊销其新闻记者证,列入不良记录人员名单,限制从事新闻采编工作;对触犯刑律的,终身禁止从事新闻采编工作。各新闻出版行政管理部门要加强对新闻采编活动中重大违规行为的监管,加强对报刊出版单位和新闻采编从业人员中的虚假报道、有偿新闻等违规问题的查处。依据职能和规定,对本区域内的新闻采访活动加强监督管理,规范新闻采编秩序,并对违规行为依法查处,对典型违规案例予以通报。各新闻出版行政管理部门要建立新闻从业人员的不良记录资料库,建立长效的规范机制。

5.加快建立报刊出版单位评估体系,实施退出机制。新闻出版总署将逐步建立健全报刊出版质量综合评估指标及出版单位评估标准。逐步完善报刊市场退出机制评估指标体系的建设和应用,建立健全报刊市场准入退出机制。今年上半年抓好辽宁、河北两省报刊总量、结构、布局的分类评估试点,逐步完善报刊退出的评估指标、退出流程及报刊退出后人员处置办法。同时各省结合年检对不具备出版条件的报刊试行退出。下半年在总结试点经验的基础上,在全国范围内正式实施报刊退出机制。各省要完善报刊出版经营情况的数据,为报刊评估工作做好准备。同时,有条件的省可在本省结构布局规划指导下,先行开展报刊出版单位的评估工作,进行结构优化,资源整合,让不具备出版条件的报刊退出市场。

6.整治报刊刊载虚假违法广告、净化报刊广告市场。要把广告管理纳入报刊出版内容管理的一部分，配合工商部门加大对虚假违法广告的查处力度，严格管理。上半年，新闻出版总署将与国家工商行政管理总局等有关部门联合开展一次集中检查整治报刊刊载虚假违法广告、净化报刊广告市场的行动，对刊载虚假违法广告情节严重、整改成效不明显的，新闻出版行政部门将主动配合工商行政管理部门予以处理。

7.继续严厉打击“四假”，净化报刊市场。与扫黄打非部门合作，继续加大力度，开展对假报刊、假记者站、假记者、假新闻的集中治理，加强对违法违规报刊的查处，严厉打击冒用出版单位刊号或擅自转让给其他单位和个人从事非法出版的活动。各省新闻出版行政管理部门和文化执法部门要与工商行政部门合作，加强固定形式印刷品广告的管理。固定形式印刷品广告中不得含新闻报道、社会评论、文学作品等非广告内容。被鉴定为非法出版物的广告印刷品，要依法取缔。各部门通力合作，净化报刊市场，让优秀报刊占领文化市场，丰富人民群众精神文化生活。

三、进一步加强和改进报刊出版管理工作的具体要求

各新闻出版行政管理部门要高度重视，周密部署，精心组织好加强和改进报刊出版管理工作，为大局服务，为报刊业发展服务。要充分认识新形势下加强和改进报刊出版管理工作的重要性和紧迫性，加强对所辖地区报刊和出版市场的日常管理力度，增强工作主动性，掌握管理主动权。对群众举报的报刊重大违法违规问题，要认真核查，及时妥善做出处理。要敢于负责，严格管理，依法行政，讲求方法。明确责任，做到各负其责，相互配合，把“属地管理”、“谁主管谁负责”真正落实到位。

各地要按照本通知的要求，对本省报刊出版现状和管理问题进行全面检查和梳理，分析查摆报刊管理工作的薄弱环节和突出问题，有针对性地提出加强报刊管理、规范报刊秩序的具体措施和长效机制，认真落实中央关于加强报刊管理的各项要求。各省局于4月底前向新闻出版总署递交贯彻落实情况。中宣部和新闻出版总署将派员对各地落实情况组织检查，对重点地区、重点报刊进行督查。具体检查：对所辖报刊出版和管理情况是否进行全面检查；针对薄弱环节和突出问题是否提出了切实措施；对违规报刊是否做出处理，特别是依法应予停刊、停办的是否停刊停办；是否有加强管理和创新管理的新举措、新机制等。

各地新闻出版行政管理部门要认真贯彻中央精神，以科学发展观统领，在党委宣传部门指导下，努力做好加强和改进报刊出版管理工作，以更加负责的精神、更加扎实的工作，不断开创报刊出版管理工作的新局面。

新闻出版总署关于规范报纸期刊主要负责人任职资格的通知

新闻出版署(国家版权局)

2009年02月24日

近年来，随着报纸期刊迅速发展，从业队伍不断扩大，建立和完善了新的劳动制度，规范了从业队伍，促进了报纸期刊业的繁荣发展。但也有一些主管、主办单位对所属报纸期刊主要负责人的任免存在不规范的问题，致使少数报纸期刊内部管理不到位，出版质量下降等。为了保证出版质量和从业秩序，现就进一步规范报纸期刊主要负责人任职条件和职责提出如下要求：

一、报纸期刊的主管主办单位要按照《出版管理条例》、《报纸出版管理规定》、《期刊出版管理规定》、《新闻出版行业领导岗位持证上岗实施办法》、《出版专业技术人员职业资格管理暂行规定》、《关于报刊社社长总编辑(主编)任职条件的暂行规定》等法规、规章的要求确定报纸期刊出版单位的领导班子，选派报纸期刊出版单位的主要负责人。

报纸期刊出版单位领导班子必须由政治坚定、作风正派、熟悉报纸期刊业务的在职人员组成。

报纸期刊出版单位的主要负责人，对报纸期刊内容质量和经营行为负有直接责任，应具有较高的马克思主义理论修养和政策水平，有强烈的事业心和高度的责任感，有积极的开拓精神和良好的职业道德，还应熟悉新闻出版工作方针政策、相关法律法规，熟悉报纸期刊编辑出版及经营管理业务，具有国家规定的新闻出版专业技术资格。报纸期刊出版单位主要负责人包括报纸期刊出版单位的法定代表人、社长、总编辑、主编、副社长、副总编辑、副主编等。

对于不具备任职资格的报纸期刊出版单位的主要负责人，报纸期刊的主管主办单位要及时更换。

二、按照中央及国家有关干部人事管理的政策法规，党政部门的离退休人员不得在报纸、期刊等出版单位担任主要负责人。

三、报纸期刊主管主办单位任命时政类报纸期刊负责人，除按干部任免程序履行审批，符合任职资格和岗位条件外，还应按照属地管理原则，向登记地省级以上新闻出版行政部门备案并填写任职资格备案表(附后)。中央单位报刊主管部门任命时政类报纸期刊主要负责人，除按干部任免程序履行审批外，还应向新闻出版总署备案，并填写任职资格备案表。

四、除政府所办用于发布政府信息、免费赠阅的公告、公报等期刊外，党政部门的公务员不得与报纸期刊出版单位从业人员混岗。

五、各地新闻出版行政部门在对报纸期刊实施日常管理工作中，要对属地报纸期刊的主要负责人的情况及时了解、掌握，对于主要负责人不具备任职资格的，要建议主管单位尽快更换任命新的负责人。

六、各地新闻出版教育培训机构对报纸期刊的主要负责人进行岗位培训时，要严格审核参加岗位培训人员的条件，不得接纳不符合岗位培训条件的人员参加培训。

七、报纸期刊主要负责人应在任职前或任职当年或任职后半年内参加岗位培训并取得新闻出版总署统一印制并用印的《岗位培训合格证书》，证书有效期5年，在证书有效期满的当年应再次参加岗位培训。

八、各报纸期刊的主管、主办单位要高度重视所管报纸期刊领导班子建设工作，精心选择政治可靠、业务精通，符合现行政策法规要求的报纸期刊的主要负责人，保证所属报纸期刊的质量不断提高，市场竞争力不断增强，为社会主义精神文明建设和物质文明建设作出应有的贡献。

各省、自治区、直辖市新闻出版局接此通知后，要结合报纸期刊年度核验工作认真检查所辖地区报纸期刊出版单位主要负责人的任职情况，对不符合《通知》精神的报纸期刊出版单位，要责成主管主办单位立即纠正整改，情节严重，已不具备办报、办刊条件的，按照《报纸出版管理规定》、《期刊出版管理规定》的有关规定，不予通过年度核验。请各地严格执行。

关于进一步推进新闻出版体制改革的指导意见

国家新闻出版总署

2009年3月25日

为深入贯彻党的十七大和十七届三中全会精神，全面贯彻落实科学发展观，落实党中央、国务院关于进一步扩大内需，妥善应对全球金融危机，全力保持经济平稳较快发展的决策部署，根据中央关于深化文化体制改革的要求，现就进一步推进新闻出版体制改革，推动新闻出版业大发展大繁荣，提出如下意见。

一、新闻出版体制改革的积极探索和成功经验

1.党的十一届三中全会以来，特别是党的十三届四中全会以来，党中央、国务院高度重视新闻出版工作，作出了一系列重大决策，为做好新闻出版工作指明了方向。党的十六大提出了深化文化体制改革、发展文化产业的战略任务，党的十七大进一步对深化文化体制改革、推动社会主义文化大发展大繁荣作出了战略部署。新闻出版系统认真贯彻落实中央关于文化体制改革的重大决策和部署，积极实践，大胆探索，开创了新闻出版体制改革的新局面。

2.2003年，党中央、国务院启动文化体制改革试点工作。新闻出版系统21家试点单位全面完成了改革试点任务，为新闻出版体制改革提供了有益经验。2006年以来，新闻出版系统切实贯彻全国

文化体制改革工作会议精神，进一步明确了新闻出版体制改革总体思路，创造性地解决了改革的一系列难题，取得了突破性进展。目前，新闻出版体制改革正处于全面推开的关键时期，进入破解深层次矛盾和问题的关键阶段，改革的任务仍然艰巨繁重。

3.新闻出版体制改革的实践证明，解放思想、转变观念是改革的前提，哪里的思想解放，那里就有改革的新思路、发展的新成效；体制创新是改革的重点，必须围绕重塑市场主体、完善市场体系、改善宏观管理、健全政策法规、转变政府职能等关键环节，革除体制性障碍，解决主要矛盾，破解难点问题；发展是第一要务，必须围绕发展制定改革的政策措施，以发展的成果检验改革的成效；政策是保障，必须充分考虑新闻出版行业的特殊性、复杂性，制定和落实相关配套政策，加强统筹协调，加强政策扶持，加强资金投入，加强督促检查，积极稳妥地推进改革。

二、进一步推进新闻出版体制改革的重要性和紧迫性

4.推进新闻出版体制改革，加快新闻出版事业和产业发展，是建设中国特色社会主义的重要组成部分，是贯彻落实科学发展观的必然要求，是构建社会主义和谐社会的重要内容，是提升我国综合国力和文化软实力的迫切需要。推进新闻出版体制改革，关乎文化产业整体实力和水平，关乎国家文化发展繁荣，关乎国家文化安全和意识形态安全，关乎中华文化的国际影响力和竞争力。

5. 当前，面对党和国家事业发展提出的新要求，人民群众对更加美好生活的新期待，新闻出版系统在思想观念、创新意识、体制机制、行政管理能力以及队伍素质等方面还存在着突出问题。特别是出版单位没有成为真正意义上的市场主体，计划经济体制下出版资源行政化配置造成的出版资源过于分散，结构趋同和地区封锁，出版产业集中度低、规模小、实力弱、竞争力不强等问题十分突出。上述问题导致新闻出版业发展与人民群众日益增长的精神文化需求不相适应，与日趋完善的社会主义市场经济体制不相适应，与对外开放不断扩大的新要求不相适应，与现代科学技术和传播手段迅猛发展和广泛应用的新形势不相适应。这就迫切要求我们进一步推动新闻出版体制改革，努力构建新闻出版业科学发展的体制机制，进一步解放和发展新闻出版生产力。

6.站在新的历史起点上，新闻出版业面临着历史性的发展机遇与挑战。当前，我国社会主义现代化建设事业正处于重要战略机遇期，新闻出版业发展的经济基础、体制环境、社会条件、传播技术都在发生深刻变化，尤其是面对全球金融危机和世界经济衰退给新闻出版业带来的挑战和机遇，加快新闻出版体制改革显得更为重要和紧迫。

三、新闻出版体制改革的指导思想、原则要求和目标任务

7.推进新闻出版体制改革的指导思想是：高举中国特色社会主义伟大旗帜，以邓小平理论和“三个代表”重要思想为指导，全面贯彻落实科学发展观，按照高举旗帜、围绕大局、服务人民、改革创新的总要求，围绕解放和发展新闻出版生产力，重塑市场主体，充分发挥市场在资源配置中的基础性作用，全面推进体制机制创新，调动广大新闻出版工作者的积极性和创造性，大力推动新闻出版业大发展大繁荣，不断满足人民群众日益增长的精神文化需求，提高全民族的文明素质，促进人的全面发展。

8.推进新闻出版体制改革的原则要求是：全面推进新闻出版体制改革，必须坚持解放思想，实事求是，与时俱进，牢牢把握先进文化的前进方向；必须坚持一手抓公益性新闻出版事业，一手抓经营性新闻出版产业，促进新闻出版业全面协调可持续发展；必须把握新闻出版工作的正确导向，坚持把社会效益放在首位，努力实现社会效益和经济效益的统一；必须坚持以体制机制创新为重点，在重塑市场主体、完善市场体系、改善宏观管理等方面实现新突破；必须坚持突出重点、区别对待、分类指导、稳步推开；必须坚持党对新闻出版工作的领导，加强干部队伍建设，确保改革的顺利推进。

9.推进新闻出版体制改革的目标任务是：全面完成经营性新闻出版单位转制任务，建立现代企业制度，在企业内形成有效率、有活力、有竞争力的微观运行机制；推动跨媒体、跨地区、跨行业、跨所有制的战略重组，开拓融资渠道，培育一批大型骨干出版传媒企业，打造新型市场主体和战略投资者；通过增加投入、转换机制、增强活力、改善服务，建立以政府为主导、以公益性单位为主体的新闻出版公共服务体系，使人民群众基本文化权益

得到更好保障；加快新闻出版传播渠道建设，推进连锁经营、物流配送、电子商务，规范出版产品物流基地建设，形成统一开放、竞争有序、健康繁荣的现代出版物市场体系；实现政府职能的根本转变，形成调控有力、监管到位、依法行政、服务人民的宏观管理体制。

四、进一步推进新闻出版体制改革的主要任务

10.推进公益性新闻出版单位体制改革，构建新闻出版公共服务体系。继续深化公益性新闻出版单位内部管理机制、人事制度、劳动制度、分配制度改革，健全激励和约束机制，增强活力，提高新闻出版公共服务能力和水平。研究制定公益性报刊基本标准，适时公布公益性报刊名单。推进民族语言文字出版单位的改革工作，实施民汉语言文字出版分开，确保少数民族语言文字出版优惠政策落到实处。

11.推动经营性新闻出版单位转制，重塑市场主体。除明确为公益性的图书、音像制品和电子出版物出版单位外，所有地方和高等院校经营性图书、音像制品和电子出版物出版单位2009年底前完成转制，所有中央各部门各单位经营性图书、音像制品和电子出版物出版单位2010年底前完成转制。制定经营性报刊转制方案，推动经营性报刊出版单位逐步实行转制。按照中央有关要求，党政机关所属新闻出版单位转制为企业后原则上逐步与原主办主管的党政机关脱钩。已经完成转制的新闻出版单位要按照《公司法》的要求，加快产权制度改革，完善法人治理结构，建立现代企业制度，尽快成为真正的市场主体。

12.推进联合重组，加快培育出版传媒骨干企业和战略投资者。鼓励和支持拥有多家新闻出版单位的地方、中央部门和单位整合出版资源，组建出版传媒集团公司。鼓励和支持业务相近、资源相通的新闻出版单位，按照优势互补、自愿结合的原则，跨地区、跨部门组建出版传媒集团公司。鼓励和支持中央部门和单位的新闻出版单位在财经、教育、科技、文化、卫生等领域牵头组建专业性出版传媒集团公司。鼓励和支持中央和地方国有出版企业对中央各部门各单位所属出版单位进行联合重组。鼓励和支持社会资本特别是国有大型企业参与出版传媒企业的股份制改造。同时大力培育一批走内涵式发展道路的“专、精、特、新”的现代出版传媒企业。积极支持条件成熟的出版传媒企业，特别是跨地区的出版传媒企业上市融资。在三到五年内，培育出六七家资产超过百亿、销售超过百亿的国内一流、国际知名的大型出版传媒企业，培育一批导向正确、主业突出、实力雄厚、影响力大、核心竞争力强的专业出版传媒企业。继续深化发行体制改革，推动发行渠道资源整合，使国有出版物发行企业真正成为出版物发行主渠道。巩固印刷复制业改革成果，大力提升印刷复制业的科技含量，促进珠三角、长三角和环渤海等特色印刷产业带建设，振兴东部印刷产业，扶持中西部印刷产业的开发与崛起。

13. 大力推进新闻出版产业升级和结构调整。高度重视用高新技术改造传统产业，制定和完善出版发行标准，推动新闻出版产业升级和结构调整。大力发展数字出版、网络出版、手机出版等新业态，努力占领新闻出版业发展的制高点。加快实现由传统媒体为主向传统媒体与新兴媒体融合发展的转变，打造主流媒体在新闻出版多元传播格局中的强势地位。积极鼓励和支持新闻出版单位运用高新技术和先进适用技术改造传统生产方式和基础设施，有计划有步骤地构建覆盖广泛、技术先进的新闻出版传播渠道。

14.引导非公有出版工作室健康发展，发展新兴出版生产力。按照《国务院关于非公有资本进入文化产业的若干决定》(国发[2005]10号)，鼓励和支持非公有资本以多种形式进入政策许可的领域。按照积极引导，择优整合，加强管理，规范运作的原则，将非公有出版工作室作为新闻出版产业的重要组成部分，纳入行业规划和管理，引导和规范非公有出版工作室的经营行为。积极探索非公有出版工作室参与出版的通道问题，开展国有民营联合运作的试点工作，逐步做到在特定的出版资源配置平台上，为非公有出版工作室在图书策划、组稿、编辑等方面提供服务。鼓励国有出版企业在确保导向正确和国有资本主导地位的前提下，与非公有出版工作室进行资本、项目等多种方式的合作，为非公有出版工作室搭建发展平台。

15.加快推进现代出版物市场体系建设。打破按部门、按行政区划和行政级次分配新闻出版资源和产品的传统体制，打破条块分割、地区封锁、城乡分离的市场格局，加强资本、产权、信息、技术、人才等新闻出版生产要素市场建设，实现生产要素合理流动和资源优化配置。在充分利用系统内国有资本的同时，开辟安全有效的新闻出版业融资渠道，有效地吸纳系统外社会资本和境外资本，实现以资本扩张带动业务扩张、规模扩张和效益扩张。加快建立信用监管制度和失信惩戒制度，运用行政的、经济的等多种手段，形成以道德为支撑、以产权为基础、以法律为保障的诚信体系。

16.扩大对外交流，积极实施“走出去”战略。充分利用国际国内两种资源、两个市场，努力推动新闻出版产品通过各种渠道进入国外主流市场、国际汉文化圈和港澳台地区。抓好“走出去”重大工程项目的组织实施工作，着力打造一批具有国际竞争力的外向型出版传媒企业，打造具有重要影响力的国际出版版权交易平台。加强出版物内容和形式的创新，采取多种措施鼓励版权输出和实物出口。鼓励以政府资助方式进行优秀作品和著作的相互翻译出版。鼓励有条件的出版传媒企业采取独资、合资、合作等形式，到境外兴办报纸、期刊、出版社、印刷厂等实体，拓展国外和港澳台地区市场，进一步扩大中华文化的国际影响力和传播力。

17.加大行政体制改革力度，转变政府职能。加快建立党委领导、政府管理、行业自律、企事业单位依法运营的新闻出版管理体制和富有活力的新闻出版产品生产经营机制。按照建设服务政府、责任政府、法治政府和廉洁政府的要求，继续推进政企分开、政事分开、政府与市场中介组织分开，使政府真正履行好政策调节、市场监管、社会管理、公共服务的职能。改革行政审批制度，减少审批事项，下放审批权限，简化审批程序，提高行政效能。推行政府信息公开，规范程序，减少环节，增强透明度，提高公信力。按照中央部署，继续推进文化综合执法改革，确保“扫黄打非”和知识产权保护工作落到实处。发展和完善新闻出版和版权经纪、代理、评估、鉴定、会展等中介机构，提高新闻出版产品和服务的市场化程度。加强行业组织建设，使其依照有关法规和章程履行市场协调、监督、服务和维权等职责。

五、进一步推进新闻出版体制改革的政策保障

18.落实新闻出版体制改革相关配套政策。落实《国务院办公厅关于印发文化体制改革中经营性文化事业单位转制为企业和支持文化企业发展两个规定的通知》(国办发[2008]114号)规定的优惠政策，会同有关部门制定支持新闻出版体制改革的相关配套政策。充分利用国家重点出版工程建设、设立专项出版资金等契机，采取政府采购、招投标、定向资助等手段，支持公益性出版单位出版优质公共文化产品，提高新闻出版公共服务能力和水平。

19.制定和实施出版资源向出版传媒企业倾斜的政策。对大型跨地区骨干出版传媒企业，在报纸、期刊、图书、音像制品、电子出版、数字出版等出版资源配置上予以倾斜，鼓励其做大做强。支持大型出版传媒企业在异地建立有出版权的分支机构，鼓励其实现跨地区经营。对真正转制到位的出版单位放开出版范围、书号、版号等，支持其发展。

20.保护合法的跨地区经营活动。各级新闻出版行政部门要严格执行《中华人民共和国反不正当竞争法》和《关于禁止在市场经济活动中实行地区封锁的规定》(国务院令第303号)等法律法规，积极支持出版传媒企业跨地区合法开展经营活动，为公平竞争创造良好环境，提供优质服务。对于出版传媒企业合法的跨地区经营活动，不得以任何形式进行地区封锁，不得滥用行政权力，限制其进入本地市场经营。

21.确保国有资产保值增值。经营性新闻出版单位数量多、分布广，资产情况复杂，在转制和改制过程中要注意学习和借鉴经济领域国有企业的成功经验，严格执行国家相关法律法规，防止国有资产流失，并在此基础上通过深化改革盘活存量，扩大增量，提升国有资产的质量。允许条件成熟的出版传媒企业经过批准，探索实行股权激励机制的试点。

22.坚持把推进新闻出版体制改革与建立健全惩治和预防腐败体系结合起来。紧紧围绕新闻出版体制改革中容易滋生腐败问题的重点部位和关键环节，建立健全监督制约机制，把反腐倡廉建设寓于改革的重大措施中，贯穿于改革的全过程。坚持一手抓新闻出版体制改革，一手抓反腐倡廉建设，特别是要严格执行国有企业领导人员廉洁自律的有关规定，大力营造风清气正的思想环境和氛围，确保新闻出版体制改革健康有序进行。

六、加强对新闻出版体制改革工作的组织领导

23.健全和完善新闻出版体制改革领导体制和工作机制。各级新闻出版行政部门要充分认识推进新闻出版体制改革的重要性和紧迫性，把推进新闻出版体制改革作为重要工作职责，纳入重要议事日程，按照中央要求，建立健全党委统一领导、政府大力支持、党委宣传部门协调指导、行政

主管部门具体实施、有关部门密切配合的新闻出版体制改革领导体制和工作机制。要成立新闻出版体制改革领导机构和工作班子，负责指导、协调、实施新闻出版体制改革工作，确保改革的各项任务、措施和政策落到实处。

24. 充分调动广大新闻出版工作者的积极性、主动性和创造性。新闻出版体制改革政治性、政策性强，涉及面广，是一项社会系统工程，既要大胆探索、勇于创新，又要细致稳妥、有序推进。要把深化改革与加快发展、维护稳定统一起来，把加强思想政治工作与解决实际问题结合起来，坚持以人为本，充分尊重人民群众的主体地位和首创精神，切实维护广大职工的切身利益，动员和激励广大新闻出版工作者积极支持改革，主动参与改革。

25.加强领导班子和人才队伍建设。要以领导班子建设、提高新闻出版队伍素质和整体能力为重点，在新闻出版领域培养一批既懂经营又懂业务的复合型人才，造就一批名编辑、名记者和出版家、企业家、技术专家，打造一支政治过硬、业务精通、作风优良、廉洁自律、文明和谐的新闻出版干部队伍，为进一步推进新闻出版体制改革提供组织和人才保障。

关于文化体制改革中经营性文化事业单位转制为企业的若干税收优惠政策的通知

财税[2009]34 号

2009 年 3 月 26 日

为了贯彻落实《国务院办公厅关于印发文化体制改革中经营性文化事业单位转制为企业和支持文化企业发展两个规定的通知》(国办发[2008]114 号)，进一步推动文化体制改革，促进文化企业发展，现就经营性文化事业单位转制为企业的税收政策问题通知如下：

一、经营性文化事业单位转制为企业，自转制注册之日起免征企业所得税。

二、由财政部门拨付事业经费的文化单位转制为企业，自转制注册之日起对其自用房产免征房产税。

三、党报、党刊将其发行、印刷业务及相应的经营性资产剥离组建的文化企业，自注册之日起所取得的党报、党刊发行收入和印刷收入免征增值税。

四、对经营性文化事业单位转制中资产评估增值涉及的企业所得税，以及资产划转或转让涉及的增值税、营业税、城建税等给予适当的优惠政策，具体优惠政策由财政部、国家税务总局根据转制方案确定。

五、本通知所称经营性文化事业单位是指从事新闻出版、广播影视和文化艺术的事业单位；转制包括文化事业单位整体转为企业和文化事业单位中经营部分剥离转为企业。

六、本通知适用于文化体制改革地区的所有转制文化单位和不在文化体制改革地区的转制企业。有关名单由中央文化体制改革工作领导小组办公室提供，财政部、国家税务总局发布。

本通知执行期限为 2009 年 1 月 1 日至 2013 年 12 月 31 日。

报刊记者站管理办法

中华人民共和国新闻出版总署令

第 43 号

2009 年 8 月 6 日

第一章 总则

第一条 为规范报刊记者站的管理，保障报刊出版单位依法开展新闻采编活动，根据有关法规和国务院决定，制定本办法。

第二条 本办法适用于报刊记者站的设立及其监督管理。

第三条 本办法所称报刊记者站，是指境内报刊出版单位根据新闻业务需要在其登记地以外地区设立的从事新闻采访、组稿等活动的派出机构。

报刊记者站不具有法人资格。

第四条 报刊记者站依照本办法设立，可以依法从事与其报刊业务范围相一致的有关新闻采访、组稿等活动。

报刊记者站名称由报刊名称和记者站所在行政区域或者单位名称组成。

第五条 除报刊记者站以外，报刊出版单位不得以办事处、通联站、工作站等名义设立从事新闻业务活动的其他派出机构。

报刊出版单位设立的从事出版物发行、广告等经营业务的其他机构不得从事新闻业务活动。

第六条 未经批准，任何机构和人员不得设立报刊记者站。

任何机构和人员不得假冒、盗用报刊记者站名义开展活动。

第二章 报刊记者站的设立

第七条 经新闻出版总署批准设立并获得报纸、期刊出版许可证，同时有新闻采访业务的报刊出版单位，根据其新闻业务需要，可以申请设立记者站。

期刊设立记者站仅限于新闻性期刊，其他期刊和教学辅导类报纸、文摘类报纸、高等学校校报等不得设立记者站。

第八条 中央和国家机关各部门、各直属机构，各民主党派，全国性社团组织及其直属单位，国有大型企业等单位主管的报刊出版单位可以在省会城市、计划单列城市设立记者站。

各省、自治区、直辖市党委机关报社和省级单位主管的报刊出版单位可以在本省、自治区所辖的地、市、州、盟或者本直辖市所辖的区、县设立记者站。

各地、市、州、盟党委机关报社，可以在本地、市、州、盟所辖的市、县设立记者站。

报刊出版单位在符合规定的各区域只得设立一家记者站。

第九条 报刊出版单位设立记者站应当具备以下条件：

(一)符合本办法第七条规定并确有新闻采访需要；

(二)报刊出版单位具备有效管理记者站的条件和能力，报刊出版单位及其已设立的记者站近两年内未出现违反新闻出版法规、规章的问题；

(三)记者站采编人员须为符合申领新闻记者证条件的报刊出版单位专职人员，记者站站长须具有中级以上职称并有 5 年以上新闻采编工作经历；

(四)记者站有固定的办公场所；

(五)记者站有报刊出版单位提供的维持日常工作的经费；

(六)法规、规章规定的其他条件。

除前款所列条件外，还须符合各省、自治区、直辖市新闻出版行政部门对报刊记者站总量、结构、布局的规划。

第十条 本办法第八条第一款所列报刊出版单位在省会城市、计划单列城市设立记者站，须经设站所在地省、自治区、直辖市新闻出版行政部门审批。

因特殊需要必须在规定范围以外设站的，须向设站所在地省、自治区、直辖市新闻出版行政部门特别申请，提出需要在设站地区进行长期采访的充分理由，经审核批准后，方可设立。

第十一条 本规定第八条第二款、第三款所列报刊出版单位在本省、自治区、直辖市范围内设立记者站，须经设站地的地、市、州、盟新闻出版行政部门审核同意，由省、自治区、直辖市新闻出版行政部门批准。

因特殊需要在规定范围以外跨省设立记者站的，须经报刊出版单位所在地省、自治区、直辖市新闻出版行政部门审核同意后，向设站地省、自治区、直辖市新闻出版行政部门特别申请，提出需要在设站地区进行长期采访的充分理由，经设站地省、自治区、直辖市新闻出版行政部门审核批准后，方可设立。

第十二条 报业集团、期刊集团或者拥有多家子报子刊的报刊出版单位可以该集团或者报刊出版单位名义设站，其属下报刊不再单独设站。

第十三条 报刊出版单位设立记者站，须依据本办法第十条、第十一条的规定向新闻出版行政部门提交申请书和有关材料。

申请书内容包括：

（一）设立记者站的理由；

（二）记者站的业务范围、活动方式；

（三）报刊出版单位对记者站的管理方式、管理制度和必要的保障条件及管理责任等。

有关材料包括：

（一）记者站人员基本情况及其从业资格证明；

（二）报刊出版单位出具的符合本办法规定的记者站人员编制或者劳动合同等证明文件；

（三）报刊主管单位同意设立记者站的文件；

（四）报刊出版单位出具的记者站经费来源证明；

（五）记者站办公场所的有关证明等。

第十四条 经批准设立的记者站应持省、自治区、直辖市新闻出版行政部门的批准文件，于15日内到设站所在地新闻出版行政部门办理登记注册手续，填写《记者站登记表》，领取《记者站登记证》。

第十五条《记者站登记证》的有效期及换发时间，由省、自治区、直辖市新闻出版行政部门规定。

第十六条 报刊出版单位负责记者站筹备工作的组织或者人员在新闻出版行政部门批准设立记者站前，不得以记者站或者记者站筹备组织的名义对外开展活动。

第十七条 报刊出版单位不得以派记者驻地方长期工作方式代替设立记者站。

第三章 报刊记者站的人员及活动

第十八条 报刊出版单位须在记者站登记后三个月内派遣记者到记者站开展工作，并在其到岗前为其申领新闻记者证。

报刊记者站的新闻记者证应注明报刊记者站名称。

第十九条 报刊记者站的驻站记者人数不超过5人，按照本规定第十二条设立的记者站驻站记者人数可以根据实际需要适当增加。

第二十条 报刊记者站工作人员须为报刊出版单位正式在编人员或者与报刊出版单位签有劳动合同的专职人员。

在报刊记者站从事新闻采访活动的人员必须是持有新闻记者证的新闻记者；未持有新闻记者证的人员不得在报刊记者站从事新闻采访活动。

报刊记者站不得自行聘用工作人员从事新闻采访活动。

第二十一条 报刊记者站不得设在党政机关，党政机关工作人员不得兼任报刊记者站工作。

第二十二条 报刊记者站不得从事与新闻采访无关的其他活动，不得以报刊记者站名义发布新闻，不得从事出版物发行、广告、开办经济实体及其他经营活动，不得利用行政权力摊派发行，不得设立分支机构。

第二十三条 报刊记者站及其工作人员不得以新闻机构、报刊记者站或者新闻记者名义谋取不正当利益，不得以新闻报道为名要求采访对象订报刊、做广告、提供赞助或者从事经营活动，不得搞有偿新闻、虚假报道，不得从事违反新闻职业道德的活动。

第二十四条 报刊记者站工作人员发生变更，报刊出版单位应在15日内持有关材料报所在地省、自治区、直辖市新闻出版行政部门备案。

第二十五条《记者站登记表》的登记地址、电话等项目发生变更，报刊记者站应在15日内持有关材料到登记机关办理变更登记手续。

第二十六条 报刊出版单位终止其记者站业务活动，应及时向省、自治区、直辖市新闻出版行政部门提交书面报告，并到登记机关办理注销登记手续，交回《记者站登记证》。

第四章 监督管理

第二十七条 新闻出版总署负责对全国报刊记者站进行监督管理，地方各级新闻出版行政部门负责对本行政区域内设立的报刊记者站进行监督管理。

下一级新闻出版行政部门应定期向上一级新闻出版行政部门报告报刊记者站设立、变更及其监督管理情况。

第二十八条 报刊出版单位应履行管理职责，监督记者站及其工作人员依法开展活动。对报刊记者站及其工作人员的违法行为，须及时向新闻出版总署和报刊记者站所在地新闻出版行政部门报告，并依法追究报刊记者站主要负责人和直接责任人的责任。

第二十九条 报刊记者站须接受新闻出版总署和所在地新闻出版行政部门的指导、监督和管理，并按时向所在地新闻出版行政部门缴送样报样刊。

第三十条 报刊记者站年度核验每年一次，年度核验工作每年2月开始，4月15日前结束，各省、自治区、直辖市新闻出版行政部门须在4月30日前，将本地报刊记者站年度核验情况报新闻出版总署。

第三十一条 报刊记者站年度核验由省、自治区、直辖市新闻出版行政部门统一组织。报刊记者站须按时参加年度核验。年度核验内容主要为：记者站工作情况、记者站登记项目变更情况、记者站及其工作人员有无违法情况、记者站记者持有记者证情况等。

年度核验材料包括：

(一)报刊出版单位提交的记者站工作评估报告；

(二)记者站本年度发表新闻报道的目录及其样报样刊；

(三)其他必需的有关材料。

第三十二条 登记机关在年度核验中发现报刊记者站存在违法行为，应责令其立即改正；违法情节严重的，其年度核验不予通过。

报刊记者站未通过年度核验的，由登记机关注销登记。

第三十三条 各省、自治区、直辖市新闻出版行政部门，可根据报刊记者站发表新闻报道的数量、质量等情况，对其新闻采编活动进行评估，并根据评估结果实行退出机制。

被确定退出的报刊记者站，由登记机关注销登记。

第三十四条 报刊记者站被新闻出版行政部门依法撤销的，须及时到登记机关办理注销登记手续，交回《记者站登记证》。

报刊记者站注销登记后，登记机关应于20日内在当地主要媒体上予以公告。

第五章 法律责任

第三十五条 报刊出版单位及其记者站、工作人员违反本办法的，新闻出版行政部门视其情节轻重，可采取下列行政措施：

(一)通报批评；

(二)责令公开检讨；

(三)责令改正；

(四)责成主管单位、主办单位监督整改。

本条所列行政措施可以并用。

第三十六条 报刊记者站出现以下情形之一的，由新闻出版行政部门责令报刊出版单位限期改正；报刊出版单位未按期改正的，由省、自治区、直辖市新闻出版行政部门注销该记者站：

(一)报刊记者站已不具备本办法第九条规定要求的；

(二)违反本办法第十八条，未按规定开展工作的；

(三)违反本办法第三十一条，未按规定参加年度核验的。

第三十七条 报刊出版单位有以下行为之一的，由新闻出版行政部门给予警告：

(一)违反本办法第十六条，以报刊记者站或者记者站筹备组织的名义对外开展活动的；

(二)违反本办法第十七条，以派记者驻地方长期工作方式代替设立记者站的；

(三)违反本办法第二十六条、第三十四条，未办理注销登记手续的。

第三十八条 报刊出版单位、报刊记者站有以下行为之一的，由新闻出版行政部门给予警告，并处3万元以下罚款，情节严重的，撤销该记者站：

(一)违反本办法第十九条、第二十条、第二十一条，违规设立报刊记者站或者派驻、使用人员的；

(二)违反本办法第二十二条、第二十三条，从事有关活动的；

(三)违反本办法第二十四条、第二十五条，未按规定办理备案、变更手续的；

(四)违反本办法第二十八条，未履行管理职责的；

(五)违反本办法第二十九条，不服从新闻出版行政部门管理或者未按时缴送样报样刊的。

第三十九条 报刊出版单位以及其他境内机构

和人员有以下行为之一的，由新闻出版行政部门予以取缔，并处3万元以下罚款，没收违法所得；构成犯罪的，依法追究刑事责任：

（一）违反本办法第五条，以办事处、通联站、工作站等名义设立从事新闻业务活动的其他派出机构；

（二）违反本办法第六条，擅自设立报刊记者站或者假冒、盗用报刊记者站名义开展活动的。

第六章 附 则

第四十条 境内报刊出版单位的分社从事新闻采访、组稿等活动，适用本办法。

第四十一条 本规定所称《记者站登记表》、《记者站登记证》由省、自治区、直辖市新闻出版行政部门统一印制。

第四十二条 本办法自2009年10月1日起施行。2005年1月10日新闻出版总署颁布的《报社记者站管理办法》同时废止，本办法生效前颁布的与本办法不一致的其他规定不再执行。

文化产业振兴规划

中华人民共和国国务院

2009年9月26日

党的十七大明确提出，要积极发展公益性文化事业，大力发展文化产业，激发全民族文化创造活力，更加自觉、更加主动地推动文化大发展大繁荣。为贯彻落实中央精神，在重视发展公益性文化事业的同时，加快振兴文化产业，充分发挥文化产业在调整结构、扩大内需、增加就业、推动发展中的重要作用，结合当前应对国际金融危机的新形势和文化领域改革发展的迫切需要，特制定本规划。

一、加快文化产业振兴的重要性紧迫性

文化产业是市场经济条件下繁荣发展社会主义文化的重要载体，是满足人民群众多样化、多层次、多方面精神文化需求的重要途径，也是推动经济结构调整、转变经济发展方式的重要着力点。党的十六大以来，党中央、国务院高度重视发展文化产业，采取了一系列政策措施，深入推进文化体制改革，加快推动文化产业发展。国有经营性文化单位转企改制取得重要进展，涌现出一批具有较强实力和竞争力的文化企业和企业集团，文化产业规模逐步壮大，以公有制为主体、多种所有制共同发展的文化产业格局初步形成。文化“走出去”步伐加快，文化进出口贸易逆差逐步缩小，我国文化产业的国际竞争力不断增强。总的看，我国文化产业呈现出健康向上、蓬勃发展的良好态势，正在成为推动社会主义文化大发展大繁荣的重要引擎和经济发展新的增长点。

同时要看到，我国文化产业的发展水平还不高、活力还不强，与人民群众日益增长的精神文化需求还不相适应，与日趋完善的社会主义市场经济体制还不相适应，与现代科学技术迅猛发展及广泛应用还不相适应，与我国对外开放不断扩大的新形势还不相适应。当前，国际金融危机仍未见底，并对文化产业发展产生诸多影响，但困难和挑战中蕴含着新的机遇和有利条件，文化具有反向调节功能，面对经济下滑，文化产业有逆势而上的特点，这为创新文化体制机制、做大做强文化产业带来了契机。要抓住机遇，大力振兴文化产业，为“保增长、扩内需、调结构、促改革、惠民生”作出贡献。

二、指导思想、基本原则和规划目标

（一）指导思想。全面贯彻党的十七大精神，坚持以邓小平理论和“三个代表”重要思想为指导，深入贯彻落实科学发展观，紧紧围绕《国家“十一五”时期文化发展规划纲要》确定的文化产业发展的各项目标任务和当前文化体制改革的重点，大力培育市场主体，加快转变文化产业发展方式，进一步解放和发展文化生产力，切实维护我国文化安全，推动文化产业又好又快发展，将文化产业培育成国民经济新的增长点。

（二）基本原则。坚持把社会效益放在首位，务

力实现社会效益和经济效益的统一；坚持以体制改革和科技进步为动力，增强文化产业发展活力，提升文化创新能力；坚持走中国特色文化产业发展道路，学习借鉴世界优秀文化，积极推动中华民族文化繁荣发展；坚持以结构调整为主线，加快推进重大工程项目，扩大产业规模，增强文化产业整体实力和竞争力；坚持内外并举，积极开拓国内国际文化市场，增强中华文化在国际上的影响力。

（三）规划目标。完成经营性文化单位转企改制，文化市场主体进一步完善，活力进一步增强，文化产业规模不断扩大，推动经济社会发展的功能和作用得到较好发挥。

1、文化市场主体进一步完善。按照创新体制、转换机制、面向市场、增强活力的原则，基本完成经营性文化单位转企改制，文化市场主体进一步完善，活力进一步增强。

2、文化产业结构进一步优化。重点行业和项目对文化的拉动作用明显增强，文化创意、影视制作、出版发行、印刷复制、广告、演艺娱乐、文化会展、数字内容和动漫等产业得到较快发展，以资本为纽带推进文化企业兼并重组取得重要进展，力争形成一批跨地区跨行业经营、有较强市场竞争力、产值超百亿的骨干文化企业和企业集团。

3、文化创新能力进一步提升。文化体制机制创新取得实质性进展，文化产业发展活力明显增强，以企业为主体、市场为导向、产学研相结合的文化创新体系初步形成，文化原创能力进一步提高，数字化、网络化技术广泛运用，文化企业装备水平和科技含量显著提高。

4、现代文化市场体系进一步完善。市场在文化资源配置中的基础性作用得到更好的发挥，文化产品和生产要素合理流动，城乡文化市场进一步发展，现代流通组织和流通形式逐步成为文化流通领域的主要力量，文化消费领域不断拓展，在城乡居民消费结构中的比重明显增加。

5、文化产品和服务出口进一步扩大。一批外向型骨干文化企业和国际知名品牌初步形成，对外文化贸易渠道和网络进一步拓展，文化产品和服务出口大幅增长，文化贸易逆差明显缩小，成为我国服务贸易出口的重要增长点。

三、重点任务

当前和今后一个时期，要着力做好以下八个方面工作：

（一）发展重点文化产业。以文化创意、影视制作、出版发行、印刷复制、广告、演艺娱乐、文化会展、数字内容和动漫等产业为重点，加大扶持力度，完善产业政策体系，实现跨越式发展。文化创意产业要着重发展文化科技、音乐制作、艺术创作、动漫游戏等企业，增强影响力和带动力，拉动相关服务业和制造业的发展。影视制作业要提升影片、电视剧和电视节目的生产能力，扩大影视制作、发行、播映和后产品开发，满足多种媒体、多种终端对影视数字内容的需求。出版业要推动产业结构调整和升级，加快从主要依赖传统纸介质出版物向多种介质形态出版物的数字出版产业转型。出版物发行业要积极开展跨地区、跨行业、跨所有制经营，形成若干大型发行集团，提高整体实力和竞争力。印刷复制业要发展高新技术印刷、特色印刷，建成若干各具特色、技术先进的印刷复制基地。演艺业要加快形成一批大型演艺集团，加强演出网络建设。动漫产业要着力打造深受观众喜爱的国际化动漫形象和品牌，成为文化产业的重要增长点。

（二）实施重大项目带动战略。以文化企业为主体，加大政策扶持力度，充分调动社会各方面的力量，加快建设一批具有重大示范效应和产业拉动作用的重大文化产业项目。继续推进国产动漫振兴工程、国家数字电影制作基地建设工程、多媒体数据库和经济信息平台、"中华字库"工程、国家"知识资源数据库"出版工程等重大文化建设项目。选择一批具备实施条件的重点项目给予支持。

（三）培育骨干文化企业。着力培育一批有实力、有竞争力的骨干文化企业，增强我国文化产业的整体实力和国际竞争力。坚持政府引导、市场运作，科学规划、合理布局，在重点文化产业中选择一批成长性好、竞争力强的文化企业或企业集团，加大政策扶持力度，推动跨地区、跨行业联合或重组，尽快壮大企业规模，提高集约化经营水平，促进文化领域资源整合和结构调整。鼓励和引导有条件的文化企业面向资本市场融资，培育一批文化领域战略投资者，实现低成本扩张，进一步做大做强。

（四）加快文化产业园区和基地建设。加强对文化产业园区和基地布局的统筹规划，坚持标准、突出特色、提高水平，促进各种资源合理配置和产业分工。对符合规划的产业园区和基地，在基础设施建设、土地使用、税收政策等方面给予支持。建设若干辐射全国的区域文化产品物流中心，建设一批文化创意、影视制作、出版发行、印刷复制、演艺娱乐和动漫等产业示范基地，支持和加快发展具有地域和民族特色的文化产业群。

（五）扩大文化消费。不断适应当前城乡居民消费结构的新变化和审美的新需求，创新文化产品和服务，提高文化消费意识，培育新的消费热点。加强原创性作品的创作，打造一批具有核心竞争力的知名文化品牌。努力降低成本，提供价格合理、丰富多样的精神文化产品和服务。加快建设具有自主知识产权、科技含量高、富有中国文化特色的主题公园。开发与文化结合的教育培训、健身、旅游、休闲等服务性消费，带动相关产业发展。

（六）建设现代文化市场体系。建立健全门类齐全的文化产品市场和文化要素市场，促进文化产品和生产要素的合理流动。重点建设传输快捷、覆盖广泛的文化传播渠道。发展文艺演出院线，推动主要城市演出场所连锁经营。支持全国文化票务网络建设。推进有线电视网络整合，鼓励通过并购、重组等方式，进行广电网络的区域整合和跨地区经营。推进电影院线、数字电影院线的跨地区整合以及数字影院的建设和改造。支持国有出版发行企业以资本为纽带实行跨地区兼并重组。鼓励非公有资本进入文化创意、影视制作、演艺娱乐、动漫等领域。支持优先选用拥有自主知识产权、产品质量水平高的文化设备及产品。

（七）发展新兴文化业态。采用数字、网络等高新技术，大力推动文化产业升级。支持发展移动多媒体广播电视、网络广播影视、数字多媒体广播、手机广播电视，开发移动文化信息服务、数字娱乐产品等增值业务，为各种便携显示终端提供内容服务。加快广播电视传播和电影放映数字化进程。积极推进下一代广播电视网建设，发挥第三代移动通信网络、宽带光纤接入网络等网络基础设施的作用，制定和完善网络标准，促进互联互通和资源共享，推进三网融合。积极发展纸质有声读物、电子书、手机报和网络出版物等新兴出版发行业态。发展高新技术印刷。运用高新技术改造传统娱乐设施和舞台技术，鼓励文化设备提供商研发新型电影院、数字电影娱乐设备、便携式音响系统、流动演出系统及多功能集成化音响产品。加强数字技术、数字内容、网络技术等核心技术的研发，加快关键技术设备改造更新。

（八）扩大对外文化贸易。落实国家鼓励和支持文化产品和服务出口的优惠政策，在市场开拓、技术创新、海关通关等方面给予支持。制定《2009－2010年度国家文化出口重点企业和项目目录》，形成鼓励、支持文化产品和服务出口的长效机制。重点扶持具有民族特色的文化艺术、展览、电影、电视剧、动画片、网络游戏、出版物、民族音乐舞蹈和杂技等产品和服务的出口，抓好国际营销网络建设。支持动漫、网络游戏、电子出版物等文化产品进入国际市场。鼓励文化企业通过独资、合资、控股、参股等多种形式，在国外兴办文化实体，建立文化产品营销网点，实现落地经营。办好国家重点支持的文化会展，通过中国（深圳）国际文化产业博览会、中国国际广播影视博览会、北京国际图书博览会等推动文化产品和服务出口。支持文化企业参加境外图书展、影视展、艺术节等国际大型展会和文化活动。

四、政策措施

（一）降低准入门槛。落实国家关于非公有资本、外资进入文化产业的有关规定，根据文化产业不同类别，通过独资、合资、合作等多种途径，积极吸收社会资本和外资进入政策允许的文化产业领域，参与国有文化企业的股份制改造，形成以公有制为主体、多种所有制共同发展的文化产业格局。

（二）加大政府投入。中央和地方各级人民政府要加大对文化产业的投入，通过贷款贴息、项目补贴、补充资本金等方式，支持国家级文化产业基地建设，支持文化产业重点项目及跨区域整合，支持国有控股文化企业股份制改造，支持文化领域新产品、新技术的研发。支持大宗文化产品和服务的出口。大幅增加中央财政“扶持文化产业发展专项资金”和文化体制改革专项资金规模，不断加大对文化产业发展和文化体制改革的支持力度。

（三）落实税收政策。贯彻落实《国务院办公厅关于印发文化体制改革中经营性文化事业单位转制为企业和支持文化企业发展两个规定的通知》中的相关税收优惠政策，研究确定文化产业支撑技术的具体范围，加大税收扶持力度，支持文化产业发展。

（四）加大金融支持。鼓励银行业金融机构加大对文化企业的金融支持力度。积极倡导鼓励担保和再担保机构大力开发支持文化产业发展、文化企业“走出去”的贷款担保业务品种。支持有条件的文化企业进入主板、创业板上市融资，鼓励已上市文化企业通过公开增发、定向增发等再融资方式进行并购和重组，迅速做大做强。支持符合条件的文化企业发行企业债券。

（五）设立中国文化产业投资基金。按照有关管理办法，由中央财政注资引导，吸收国有骨干文化企业、大型国有企业和金融机构认购。基金由专门机构进行管理，实行市场化运作，通过股权投资等方式，推动资源重组和结构调整，促进国家文化发展战略目标的实现。

五、保障条件

（一）加强组织领导。地方各级人民政府要按照科学发展观的要求，切实将《规划》的实施列入重要议事日程，把《规划》提出的目标任务纳入经济社会发展总体规划，建立相关的考核、评价和责任制度，作为评价地区发展水平、衡量发展质量和领导干部工作实绩的重要内容。文化行政主管部门在党委宣传部门协调指导下，具体组织实施，相关部门密切配合，确保《规划》提出的各项任务落到实处。

（二）深化文化体制改革。通过深化文化体制改革，进一步解放和发展文化生产力，激发全社会的文化创造活力。要紧紧抓住转企改制、重塑市场主体这个中心环节，加快推进出版发行单位转企改制和兼并重组，加快电影制片、发行、放映单位和文艺院团转企改制，抓好党报党刊发行体制和广播电视节目制播分离改革。大力推动行政管理体制改革和政府职能转变，建立统一高效的文化市场综合执法机构。

（三）培养文化产业人才。继续抓好全国宣传文化系统“四个一批”人才培养工程，着力加强领军人物和各类专门人才的培养。继续办好经营管理人才培训班，培养一批熟悉市场经济规律，懂经营、善管理的人才。吸引财经、金融、科技等领域的优秀人才进入文化产业领域。注重海外文化创意、研发、管理等高端人才的引进，为我国文化产业发展提供强有力的人才保障。

（四）加强立法工作。进一步完善法律体系，依法加强对文化产业发展的规范管理。完善国家知识产权保护体系，严厉打击各类盗版侵权行为，促进国家文化创新能力建设。

文化部关于加快文化产业发展的指导意见

中华人民共和国文化部

2009年9月29日

为深入贯彻落实科学发展观，根据《国家“十一五”时期文化发展规划纲要》和《文化产业振兴规划》，现就加快文化产业发展提出如下意见。

一、加快文化产业发展的重要性和紧迫性

党的十七大提出推动社会主义文化大发展大繁荣、兴起社会主义文化建设新高潮的重大战略任务，对加快文化产业发展提出了一系列新要求，极大提升了文化产业的作用和地位。文化产业是市场经济条件下繁荣发展社会主义文化的重要载体，是满足人民群众多样化、多层次、多方面精神文化需求的重要途径，是推动经济结构调整、转变经济发展方式、保持经济平稳较快发展的重要着力点，是实现经济、政治、文化、社会全面协调可持续发展的重要内容，是推动中华文化走出去的主导力量。加快文化产业发展是文化行业学习实践科学发展观的必然要求和内在需要，是文化行政部门顺应时代发展、转变自身职能、服务发展大局的必然要求和迫切需要。党的十六大以来，我国文化产业呈现出健康向上、蓬勃发展的良好态势，增势强劲、规模扩大、质量提升，新兴业态迅速崛起，正在成为推动社会主义文化大发展大繁荣的重要引擎和经济发展新的增长点。

同时要看到，我国文化产业发展水平还不高，活力还不强。对文化产业发展的思想认识不足，工作力度不够，与文化建设“两大一新”的战略任务要求还不相适应；产业总量和水平偏低，对国民经济贡献和影响偏小，与人民群众日益增长的精神文化需求还不相适应；合格的市场主体和骨干文

化企业偏少,产业集中度偏低,与社会主义市场经济体制还不相适应;文化产业领域科技应用和现代传播手段使用较少,与现代科学技术迅猛发展及广泛应用还不相适应;对外文化贸易中缺少具有国际影响力的文化产品,与对外开放不断扩大的新形势不相适应。切实加大力度,加快进度,促进文化产业的大发展,已经成为摆在文化行政部门和文化行业面前一项重要而紧迫的任务。

当前,文化产业正面临重要的发展机遇。综合国力不断提高,人民群众文化需求日益旺盛,文化消费快速增长,为文化产业发展提供了广阔前景;党和政府高度重视,文化产业政策不断完善,文化体制改革深入推进,为文化产业发展提供了有力保障;科技迅猛发展,为文化产业创新业态、扩大传播、转型升级提供了有利条件;文化传播渠道不断拓展,为以内容创作生产为核心的文化产业提供了新的发展机遇;全球性金融危机凸显了文化产业逆势而上的特点,为文化产业发展提供了良好契机;中华文化影响力不断扩大,为中国文化产业提供了全面提升国际竞争力的平台。文化行政部门必须抓住机遇,迎难而上,锐意进取,有所作为,推动文化产业又好又快发展。

二、加快文化产业发展的指导思想、基本原则和主要目标

(一)指导思想。以邓小平理论和“三个代表”重要思想为指导,深入贯彻落实科学发展观,按照《国家“十一五”时期文化发展规划纲要》和《文化产业振兴规划》的要求,进一步解放和发展文化生产力,深化文化体制改革,培育市场主体,转变发展方式,优化产业结构,推进产业创新,扩大文化消费,实现文化产业又好又快发展。

(二)基本原则。坚持以人为本,通过文化产业的发展满足人民群众日益增长的精神文化需求,实现好、维护好、发展好人民群众的文化权益;坚持以发展为主题,把发展文化产业作为市场经济条件下繁荣社会主义文化的重要途径,壮大产业规模,提高产业质量,提升产业效益;坚持以改革创新为动力,为文化产业发展创造良好体制机制和政策环境,创新文化生产、传播、流通、消费方式,提升产业核心竞争力;坚持社会效益优先,实现社会效益与经济效益的统一。

(三)主要目标。文化产业发展速度明显高于同期国内生产总值增长速度,在国民经济中所占比重逐步提高,力争到“十二五”期末实现主要文化产业增加值比2007年翻两番。文化产业结构更加合理,布局更加科学,文化产品和服务更加丰富多彩,文化产品市场和要素市场更加健全,文化市场秩序更加规范,文化产业发展保障体系更加完备,文化产业整体影响力和竞争力明显增强,涌现一批深受人民群众喜爱的文化精品,形成一批具有较强实力的文化企业和企业集团。演艺、动漫、游戏等行业的发展进入世界先进行列。基本扭转文化产品和服务的出口逆差状况,显著提高中国文化产品的国际影响力。完成经营性文化单位转企改制。培育一批文化上市企业。建设覆盖全国主要城市的文艺演出院线,培育一批跨地域的演艺集团公司,打造一批可供市场长年演出的剧目,建成2-3个国家级动漫游戏产业综合示范园区,推动建设具有国际影响力的中华文化主题公园,打造一批具有国际影响力的文化会展、节庆活动,培育一批具有国际竞争力的动漫和网络游戏企业。

三、文化产业的发展方向和发展重点

(一)演艺业。繁荣舞台艺术创作,鼓励和支持投资兴办演出团体、演出场所、演出经纪机构和举办演出活动。按照整合资源、调整布局、优化结构、提高效益的要求,大力推进资源重组,提高演艺产业整体发展质量和水平,提高演艺业的市场化程度。加强演出网络建设,促进演出院线与有关服务业的合作。推动演艺与旅游、会展、传媒、科技等结合,打造富有特色的演艺项目。大力推动演艺产品走向世界。

(二)动漫业。鼓励创造具有中国风格和国际影响的动漫形象和动漫品牌,占领国内主流市场,积极开拓国际市场,使我国动漫产业跻身世界动漫强国行列。实施国产动漫振兴工程,提高原创动漫产品质量,增强动漫艺术、技术创新能力和市场营销能力,形成创作、生产和销售环环相扣的产业链。积极发展网络动漫、手机动漫等新兴业态。鼓励发展面向国际市场的动漫服务外包。

(三)文化娱乐业。促进歌舞娱乐场所健康发展,扩大群众娱乐消费。积极开发具有民族特色、健康向上和技术先进的新兴娱乐方式,创新娱乐业态。调整优化娱乐场所结构,鼓励娱乐企业连锁经营。在大中城市积极发展集演艺、休闲、旅游、餐饮、购物、健身等为一体的综合性文化娱乐设施。重点扶持具有自主知识产权、科技含量高、富有中

国文化特色的主题公园，坚持科学规划、合理布局，有序发展，防止盲目建设。

（四）游戏业。增强游戏产业的核心竞争力，推动民族原创网络游戏的发展，提高游戏产品的文化内涵。鼓励研发具有自主知识产权的网络游戏技术、电子游戏软硬件设备，优化游戏产业结构，提升游戏产业素质，促进网络游戏、电子游戏、家用视频游戏的协调发展。鼓励游戏企业打造中国游戏品牌，积极开拓海外市场。

（五）文化会展业。发展各类综合和专业文化会展活动，重点支持覆盖全国并具有国际影响的文化会展活动，重点发展专业化、特色化文化会展活动。办好中国（深圳）国际文化产业博览交易会、中国北京文化创意产业博览会等重大文化会展，打造文化产品展示交易平台，推动文化消费和文化贸易。办好2010年上海世博会相关文化活动及会展。扩大会展、节庆的文化消费。促进文化会展、节庆与旅游、商贸合作。鼓励国内企业、个人参加国外文化会展活动，推动海外文化推广活动的产业化运作。加强对地方文化会展、节庆活动的引导和规范。

（六）文化旅游业。促进文化与旅游相结合，以文化提升旅游的内涵，以旅游扩大文化的传播和消费。打造文化旅游系列活动品牌，扶持具有地方、民族特色的文化旅游项目，建立《文化旅游节庆活动扶持名录》和《国家文化旅游重点项目名录》。鼓励对演艺与旅游资源整合，在知名旅游景区打造高品质、有特色的演艺精品。在有效保护的基础上，对历史文化名城、文物古迹进行科学开发利用，合理开发传统手工技艺类和表演类非物质文化遗产。深度开发文化旅游工艺品，提升品位，拓宽市场。

（七）艺术品和工艺美术。繁荣美术创作，促进当代艺术品产业健康发展，鼓励兴办艺术品经营机构，鼓励艺术品收藏，培育诚信画廊，推动中国当代艺术品的海外推广。支持传统工艺美术面向市场，鼓励工艺美术技艺创新。鼓励农民通过手工技艺增收致富。支持发展文物仿制产业，提高文物仿制技术和水准，开拓文物仿制品市场。

（八）艺术创意和设计。大力发展平面设计、外观设计、工艺美术设计、雕塑设计、服装设计及展览设计，提升设计创意能力和水平。支持具有民族传统文化特色的设计产品的国内外推广。推动艺术创意和设计业与其他产业合作，提高其他产业的文化内涵和审美效果。鼓励发展面向国际市场的艺术设计服务外包。

（九）网络文化。提高网络音乐、网络美术等网络文化产品的原创水平，提升文化品位，发挥网络文化产业在文化建设中的重要作用。促进网络文化产业链相关环节的融合与沟通，创新营销推广模式。鼓励和支持数字技术、网络技术，以及计算机硬件企业和通信企业参与网络文化内容产品的生产和经营。继续稳步推进网吧连锁化、规模化、专业化、品牌化经营。

（十）文化产品数字制作与相关服务。发展以数字化生产、网络化传播为主要特征的文化数字内容产业。鼓励扶持对舞台剧目、音乐、美术、文物、非物质文化遗产和文献资源进行数字化转化和开发。大力采用数字技术传播文化产品，为各种便携显示终端提供内容，丰富文化表现形式和传播渠道。

四、加快文化产业发展的主要任务

（一）深化文化体制改革。按照中央关于深化文化体制改革的要求，加快经营性文化事业单位转企改制步伐，建立现代企业制度，完善法人治理结构。鼓励成长性好、竞争力强的国有文化企业，开展跨行业、跨地区、跨所有制的兼并重组，迅速做强做大。

（二）鼓励非公有资本进入文化产业。认真落实《国务院关于非公有资本进入文化产业的若干决定》，制定《文化部文化产业投资指导目录》，引导、扶持、规范非公有资本进入文化产业。积极鼓励非公有资本参与文化事业单位转企改制。非公有制文化企业在资金扶持、项目审批、政府采购、职称评定、命名评比、表彰奖励等方面，与国有文化企业一视同仁。

（三）培育骨干文化企业。着力培育一批有实力和竞争力的骨干文化企业，在演艺、动漫、游戏、网络文化、数字节目制作等领域发挥龙头作用。以合资、合作等方式大力发展股份制企业，引进战略投资者，培育一批主业突出、核心竞争力强的上市公司。推动演艺业、动漫游戏业的资源整合，在全国形成一批有自主创新能力的演艺、动漫企业集团。在全国形成若干有聚集效应和强大辐射力的演艺院线。

（四）不断延伸文化产业链。利用资本力量，加强资源整合，打通创意设计、研发生产、营销推广、衍生产品等产业链。积极整合创作、院团、剧场、经纪等演艺资源,形成剧本创意、演出策划、剧场经营、市场营销、演艺产品开发等紧密衔接、相互协作的演艺产业链。以增强动漫游戏原创能力为核心,通过形象和作品授权等方式,大力开发图书、音像、服装、玩具、文具、主题公园等相关衍生产品,不断延伸产业链,提高产品附加值。

(五)建设现代文化产业基地和园区。建立一批高起点、规模化、代表国家水准和未来发展方向的文化产业示范基地和示范园区,积极争取在征地和税收等政策上给予支持。建立一批提供研发设计、信息咨询、生产制作、合作交流等便利的公共服务平台。加强对国家级和省级文化产业园区的规划、认定、调整和指导工作,明确认定标准,严格审批程序,开展定期考核,实施动态管理,坚决防止一哄而上、盲目建设和恶性竞争。通过科学规划、政策引导、合理规范,使基地和园区成为文化科技创新的孵化器、文化企业快速成长的助推器、文化产业集约发展的大平台。

(六)实施重大项目带动战略。以文化企业为主体,加大政策扶持力度,充分调动社会各方面的力量,加快建设一批具有重大示范作用和产业拉动作用的重大文化产业项目。切实抓好《文化产业振兴规划》中确定的重大文化产业项目的落实。同时,各地要根据实际情况,充分利用本地人才和技术优势,科学论证,认真策划一批先导性、基础性、战略性重大项目,并在项目立项、政策扶持、银行信贷、土地使用、配套服务等方面给予积极支持。

(七)建设现代文化市场体系。建立健全门类齐全的文化产品市场和文化要素市场。建立新型文化产品配送体系,大力发展连锁经营。积极推动全国文化票务网络建设,以大中城市为主,尽快建成遍布全国的演出票务销售终端。发展文化经纪代理、评估鉴定、版权交易、推介咨询等中介服务机构,引导其规范运作,向品牌化、专业化方向发展。

(八)建立健全文化产业投融资体系。协调金融监管机构,共同研究制定金融扶持文化产业发展的政策和办法。与银行等金融机构建立长期合作关系,不断扩大合作领域。支持组建文化信贷担保公司,争取建立文化企业贷款贴息机制。支持组建多种形式的文化产业创业、风险投资基金。通过改进无形资产评估和抵押办法,促进银行开展文化企业授信工作,为文化企业融资创造条件。鼓励具备条件的文化企业上市融资和发行企业债券、融资票据等。积极引进实力雄厚的战略投资者,开展多种形式的长期投资合作,增强文化企业资金实力。

(九)运用高新科技促进文化产业升级。加快文化与科技的结合,用现代科技创新传统文化行业,催生新的文化业态。积极推广舞台技术、网络技术、数字技术、虚拟技术、仿真技术、语言文字技术、声音技术、图形图像技术、动漫制作技术和新材料技术。推动有关部门对大量运用高新技术的文化企业实行税收优惠政策。制定"国家文化科技提升计划",加快演艺、动漫游戏等领域先进适用技术的推广应用。

(十)大力推动对外文化贸易。建立以政府为主导,以企业为主体,以市场化运作为主要方式的工作机制。加强文化行政部门与文化企业和商会(协会)之间开拓海外市场的沟通及协作。开展对外文化贸易统计和信息研究。积极搭建对外文化贸易平台,为企业进入国际市场铺设道路。加强知识产权保护和品牌意识,加强地区间协调合作,防止中国文化产品在海外市场恶性竞争。积极扶持和指导文化精品创作和生产,为进入海外主流市场,扩大中华文化的国际影响力创造条件。

五、完善文化产业发展的保障措施

(一)加强组织领导。各级文化行政部门要统一思想,提高认识,高度重视文化产业,将其列入重要工作日程。进一步强化对文化产业工作的组织领导,加强文化产业专门工作机构的建设,在人员、经费等方面给予必要保障。

(二)充分发挥政策的引导促进作用。各地要深入研究,全面、准确、系统地把握中央和地方制定的一系列文化产业政策,把优惠政策用好用足。鼓励各地结合实际,制定出台更具有针对性和可操作性的优惠政策。通过政策的引导、调控作用,促进文化产业又好又快发展。

(三)完善文化产业法制体系。把行之有效的产业政策,上升为国家或地方法律法规,使文化产业纳入法制化的发展轨道。加强文化市场法规建设,进一步修订完善相关法律法规,为文化产业发展营造良好环境。

(四)加强文化产业规划。做好《国家"十一五"时期文化发展规划纲要》和文化部《文化建设"十一五"规划》的评估检查工作,对照评估检查结果,有针对性地改进工作,加强贯彻实施力度,确保"十一五"时期文化产业发展各项目标和重大项目的完成。同时，积极开展“十二五”时期文化产业发展规划的研究工作，并将文化产业发展规划纳入本地“十二五”时期经济社会发展总体规划。

（五）完善文化市场准入机制。建立和完善以许可制度、备案制度、进口文化产品内容审查制度相结合的文化市场准入机制。加快文化产业各领域技术标准、服务标准和管理办法的制订、宣传和实施。根据文化产业各门类的特点，开展文化企业等级评估和资质认定工作，提高文化企业的管理和服务水平。制定国家重点扶持文化企业的有关认定管理办法，为落实国家对文化企业的财税金融优惠政策提供依据。认真贯彻《动漫企业认定管理办法（试行）》，做好动漫企业认定工作。

（六）加强文化市场监管。坚持分工负责与齐抓共管、日常巡查与技术监管、行业自律与社会监督相结合，建立健全统一、高效、便捷的全国文化市场监控管理体系。扎实推进文化市场综合执法改革，建立健全文化市场行政执法队伍。以打击盗版为重点，严厉查处和制裁破坏文化市场秩序的非法经营行为，净化文化市场环境，维护诚信、公平、竞争有序的市场秩序。

（七）指导组建全国性、区域性行业协会。发挥好行业协会在行业规划、行业协调、行业管理、行业自律、行业培训、制定行业标准、维护行业利益等方面的作用，使之成为联系文化产业界的桥梁和纽带，努力形成文化企业、行业协会与政府部门之间的良性互动，推动文化行政部门由办文化为主向管文化为主的转变。

（八）建立健全文化产业的激励约束机制。开展《国家文化出口重点企业目录》和《国家文化出口重点项目目录》评选认定工作，对出口业绩突出的文化企业给予奖励。研究制定完善文化产业基地、园区管理办法。建立文化企业信用档案和信用评级制度，提高诚信企业的知名度和贷款授信额度。

（九）加强文化产业的人才培训及使用。建立健全文化产业在职人员业务培训和继续教育制度。重点培养文化产业领域的领军人物、创意创新人才、专业技术人才和经营管理人才。完善文化产业人才职称评定制度。鼓励文化单位与高等学校合作举办研修班、培训班。鼓励在有条件的大型文化企业设立博士后科研工作站。鼓励政府部门、科研机构、企业与高校联合建立文化产业人才培养基地。完善公平竞争和分配激励机制，鼓励和支持优秀拔尖人才脱颖而出。比照科技人才引进政策和科技留学归国人才政策，加大引进文化产业人才的力度，促进高端文化产业人才就业和创业。

（十）充分发挥我驻外文化机构作用，构建通往国际市场的平台和渠道。驻外使（领）馆文化处（组）、文化中心要提高对对外文化贸易工作重要性的认识，将促进对外文化贸易工作纳入日常工作，积极协助文化企业开拓海外市场，帮助企业开展海外市场调研和建立海外贸易基地，利用国外大型文化活动扩大中国文化产品的国际影响，协助和指导企业做好海外市场权益维护工作。□

2009年中国报业重要会议

●中国政法大学传媒与文化产业研究中心整理

2009年全国报业危机应对座谈会

2009年5月8日，2009年全国报业危机应对座谈会在浙江杭州开幕。

此次会议在金融危机的背景下召开，在国内首次提出了“报业危机”的概念。会议以“媒体业自发应对危机，跨业寻找新赢利点”为议题，重点讨论了报业的跨界经营，以及可能面临的困难。最后以“把握政策，应对危机”为主题，研究了在媒体转企改制大背景下的机遇，以及应对的方法。

第六届全国城市报业发行网络联盟论坛

2009年5月26日，第六届全国城市报业发行网络联盟论坛在辽宁沈阳举行。本次论坛由全国城市报业发行网络联盟主办，辽沈晚报红马甲报刊发行物流配送有限公司和中国政法大学传媒与文化产业研究中心承办。来自全国各地近30家报业发行单位的40多名代表参加了此次论坛。

在报业经营危机的背景下，与会代表以“危机下的‘坚守’与‘突破’”为主题，就报纸自办发行行业的未来发展达成共识：应在坚守报纸发行主业稳步推进的前提下，积极寻求发行网络的价值挖掘，积极开拓新型业态，在报业整体日渐式微的形势下未雨绸缪，谋求转型，突破困境，并在联盟合作的基础上，实现自办发行企业的共同发展。

此外，本次论坛还颁发了2008年度中国报业发行网络经营创新案例和创新人物奖。经联盟专家委员会的严格评审，共有13个网络经营案例和13位报业发行人物获此荣誉。

第一届传媒与文化产业发展论坛

2009年7月4日，第一届传媒与文化产业发展论坛在北京举行。新闻出版总署新闻报刊司司长王国庆、中宣部新闻局三处处长张烨、国家广电总局法规司法律研究所所长许秀忠、国务院科评议组召集人、中国社会科学院新闻研究生所长尹韵公、及众多传媒界领袖、专家学者与会。

会议以媒体跨界为主题，分享了北京青年报社在体育产业、大众报业集团在教育产业、小红帽集团在直复营销、烟台日报传媒集团在全媒体运作以及文化产业投资等方面的成功经历，为其他媒体经营者提供了极其宝贵的经验和借鉴。

中国报业协会第四次会员代表大会

2009年8月28日，中国报业协会第四次会员代表大会在京举行。中国期刊协会、中国音像协会、中国书刊发行业协会等新闻出版总署主管的16家社团代表出席开幕式，新闻出版总署新闻报刊司副司长朱伟峰以及中国报业协会164家理事单位的代表参加了会议。

会议选举产生了中国报业协会新一届理事会领导机构。吴恒权当选第四届中国报业协会会长，李东东等27位同志当选副会长，赵连宏当选秘书长，会议还选举产生了58位常务理事。

会议修改并审议通过了《中国报业协会章程》，此次修改的重点是协会宗旨、组织机构、业务范围和会费等部分，并在业务范围部分增加了"推动报业技术进步，关注以互联网为代表的新兴媒体的发展，加快与新媒体的融合，促进报业向数字化转型，建设现代化报业"一项。

世界媒体峰会

2009年10月9日，由全球9大知名媒体共同发起、新华社承办的世界媒体峰会在北京人民大会堂开幕。来自境内外170多家传媒机构代表出席会议。中华人民共和国国家主席胡锦涛出席开幕式并发表重要讲话。

本次峰会以"合作、应对、共赢、发展"为主题。参会单位以世界媒体的挑战、合作、机遇；传统媒体与新兴媒体之间竞争、依赖、共存、发展；经济衰退与媒体的应对、传统媒体如何应对数字与网络技术的挑战；媒体并购；数字化多媒体时代的冲击与机遇；新技术对媒体发展的影响及作用；未来媒体编辑部及记者的发展模式等8个议题展开深入讨论。

会议对媒体数字化以及新媒体对传统媒体的冲击进行了深入的探讨和讨论。对于报业日后的发展，与会代表虽然意见各异，但大多仍持乐观态度，认为传统媒体与新媒体共存共荣的态度将持续下去，并实现共赢。

第七届全国生活服务类报刊峰会论坛

2009年10月17日，第七届全国生活服务类报刊峰会论坛在江苏常州召开。本次峰会由全国生活服务类报刊联谊会主办，中国政法大学传媒与文化产业研究中心、《上海星期三》报社、《常州星期三》报社承办，杜尔(Doer)传播协办。来自全国各地近30家生活服务类媒体的40多名代表参加了此次论坛。国家新闻出版总署新闻报刊司副司长朱伟峰出席。

在本次论坛上，与会嘉宾以"识风弄潮—消费文化与城市周报"为主题，就"消费潮流的产生机制"、"时尚讯息的传达和引导"、"城市周报与消费文化的价值链"等问题展开热烈讨论，通过宽视野、深层次的探讨，为我国城市周报的理论发展和实际操作提供了最宝贵的前沿观察和实践总结。

全国党报高峰论坛

2009年10月29日，全国党报高峰论坛在广州举行，全国绝大多数省级党报领军人物和权威专家参加论坛，研究探讨在社会主义市场经济条件下党报的发展之路。

会议就深化行政职能改革，实行市场准入机制；做大做强传统媒体，构建舆论引导新格局；把握党报复合特点，牢记责任和公信；制定相应法规，规范党报市场行为；把握历史方位，培养世界经济眼光等问题进行了讨论。

报业的转机论坛
暨中国报业协会报业经济研究工作委员会
2009年年会

2009年11月27日，由中国报业协会报业经济研究工作委员会主办、广州日报报业集团和中国政法大学传媒与文化产业研究中心承办的"报业的转机论坛暨中国报业协会报业经济研究工作委员会2009年年会"在广州召开。来自全国30余家报业单位的50余位代表参加了本次会议。

本次论坛以"如何用足文化体制改革政策促进报业发展"以及"报业如何实现平台转换和媒体融合"为主题，就报业集团改革及跨媒体发展大计进行了深入探讨。与会代表形成了以下共识：一是合理评估金融危机的后续影响，整合现有资源，变粗放式经营为集约化经营，寻找新的利润增长点，进一步推动精细化管理和整合营销战略战术，变传统的广告平台为专业的商业信息传播服务商和解决方案提供商。二是报业平台的转换是大势所趋，各个媒体集团都应该积极应对，在立足主业的同时，充分利用技术的推动向新媒体领域进军，实现传统媒体与新媒体的良性互动，化挑战为机遇。三是用好用足文化体制改革政策，制定合理的全媒体发展战略，应对角色转变。

中国县市区域报高层峰会

2009年12月16日，由中国新闻出版报社、中国报业杂志社、中国县市报研究会、杭州日报报业集团共同主办的“信核数据”中国县市区域报高层峰会在杭州萧山举行。来自国家新闻出版总署、中国记协、中国报协、中国新闻出版报、中国社会科学院新闻研究所、中国政法大学新闻与传播学院、北青传媒等国内新闻界领导和专家以及全国县市区域报的社长、总编出席会议，共同探讨新形势下县市区域报转型升级的新路子。

在传统报业面临转型之时，县市报作为一种地域性强的，有价值的媒体，在县域经济崛起的时期中，县市区域报经历了创刊创业、转型提速阶段后，在全球报业并不景气的背景下，县市区域报逆势发展，进入一个全新的跨越发展阶段，这是因为县市区域报更注重本土性和贴近性，对资源的整合也更容易，从而更具生命力和活力。

此次会议为县市报发展提供了不同的路径。转型为现代全媒体报纸；向社区报方向转型；回归报业本质，做内容的供应商等。

互联网时代的传统媒体·2009年媒体高峰论坛

2009年12月12日，2009媒体高峰论坛在上海举行。此次论坛由网易公司和解放日报报业集团联合举办，由英国、美国、中国香港和国内的资深媒体人士、学者专家和围绕互联网时代的传统媒体这一主题做精彩演讲。

此次会议讨论了包括报业在内的传统媒体如何在新媒体的环境中发展，尤其是报纸网站的未来将走向何处。会议以“谷歌模式”“《纽约时报》模式”“赫芬顿模式”“《经济学人》模式”“《基督教箴言报》模式”“日本模式”等6大海外模式为蓝本介绍和讨论了国内传统媒体究竟要如何发展，并就传统媒体怎么样从互联网盈利及互联网的方式对于传统媒体产生的内容生产方面的影响两大问题进行深入讨论。□

2009年中国报业重要书籍

●中国政法大学传媒与文化产业研究中心整理

1.《中国报业年鉴2009》

宋建武 主编 中华工商联合出版社

2009版《中国报业年鉴》由中国政法大学传媒与文化产业研究中心编辑出版，继承并完善历年年鉴中的特稿、概况、专题、资料四大部分，既吸纳了近年来我国报业发展的理论与实践精华，又对报业在数字技术方面的探索给予了充分的重视，同时增补收录了2007、2008年由于篇幅限制而未能收录的部分省市报业概况与报社信息，加强了对来自实践前沿的最新动态和最新数据的收集。

特稿部分，独家发布全国城市报业发行网络联盟发行网络资质调查报告和2008年度中国报业广告经营情况调查报告；概况部分，对2008年度我国各省、自治区、直辖市的报业发展状况做以综述；专题部分，设细分市场、发展战略、管理创新、资本运营、内容产品、发行管理、广告经营、奥运经济、印务管理和技术装备等10大专题，涵盖报业所有相关领域，每个专题均设一篇综述和多篇案例性文章，内容全面、精炼而实用；资料部分，补充收集了省、地市级报社及行业报社的名录和介绍，以及年度内的中国报业大事记、政策法规、重要会议和重要书籍。

2.《2009年:中国传媒产业发展报告》

崔保国 主编 社会科学文献出版社

《2009年:中国传媒产业发展报告》是由清华大学新闻传播学院媒介经营与管理研究中心牵头，联合国内学术界众多专家学者共同编撰的，系社会科学文献出版社"蓝皮书"系列中的一册。该书在对当年中国传媒各领域发展状况进行分析的同时，也对来年中国传媒产业的走势进行了科学分析。

《2009年:中国传媒产业发展报告》在结构上分为：总报告、报纸产业、图书产业、期刊产业、广播音像产业、电视产业、电影产业、互联网产业、移动媒体产业、广告产业、受众市场、国际及港台地区传媒产业12个部分，对各传媒细分产业进行了深入而透彻的分析。本书具有重要的理论探索意义。传媒产业是一个高速发展的新兴产业，规模和结构都在发生迅速变化。该书对传媒产业和传媒管理的理论探索，具有一定的理论创新价值。

3.《南方报业之路》

杨兴锋 主编 广东南方日报出版社

本书回顾了南方报业60年走过的历程，全面总结南方报业近30年来改革发展的经验，探讨南方报业传媒集团未来的发展趋向，并第一次呈现出数字化时代南方报业如何进行“聚合战略”。《南方报业之路》也是一本南方报人集体思考的书，凝聚着所有南方报人的智慧，其中记录了他们的光荣与梦想、艰辛与快乐、实干与思考。其中包括南方报业一线采编和经营人员的实战经验，也包括众多从南方报业走出去的优秀新闻人才的追忆和感受。

4.媒介公信论

江作苏 梁锋 王雪莲 等 编著 新华出版社

《媒介公信论》一书是基于当代中国新闻理论最前沿的问题之一，即媒介公信力问题而展开研究的理论成果。《媒介公信论》以理论与实际相结合的研究方法，努力从现象与理论两个源头上溯，对公信力问题产生的历史纵深作了深入的考察；对传媒界涉及公信力的各种理论，作了厘清与梳理；对确立中国特色的公信力理论，作了建构性的尝试；对业界运行中存在的公信力缺失问题，作了对策性研究。通过对媒介公信力进行历史考察、理论构建和实务探索，《媒介公信论》力图初步构建一个较为完整的媒介公信力理论体系。

该书为湖北省社科基金特别委托项目《新形势下媒介公信力研究》的最终成果，也是作者《责任造就公信力》(该论文获得2006年度中国新闻奖一等奖）一文的再次理论深化和突破。相关研究成果对于全国新闻出版界从业人员的专业精神和职业道德培养也有一定的指导价值和借鉴意义。

5.《新闻出版体制改革案例汇编》

国家新闻出版总署出版产业发展司 编 中国人民大学出版社

为落实中央领导关于文化体制改革“典型引路”的指示精神，全面推进新闻出版体制改革，加快新闻出版产业发展，本书选择了25个成效显著的改革案例汇编成册，分为出版篇、媒体篇、发行篇三个部分，对这些单位的改革成功经验进行了总结和梳理，对将要进行改革的新闻出版单位提供了积极的借鉴和指导作用。

6.《党报集团资本运营研究》

詹新惠 著 中国传媒大学出版社

《党报集团资本运营研究》是一本以党报集团的资本运营活动为研究对象的学术性书籍。

党报集团始终是我国传媒业一支举足轻重的力量，其生存和发展状况对于我国报业甚至是整个传媒业来说都具有重要影响。而资本运营作为全球经济一体化和全球传播环境下媒体对外扩张和自身发展的重要方式之一，也与传媒产业的发展息息相关。党报集团进行资本运营是必然趋势，但作为意识形态中最核心最敏感的部分，党报涉及资本市场有着自身及其特殊的模式和困难。

本书先从历史的角度对我国党报集团十三年的发展进行了回顾，再从经济学的角度对传媒业资本运营进行了探索以及对目前一些传媒单位的资本运营实践进行了分析，然后从目前我国党报集团存在的资本运营活动入手，分析了党报集团的外部环境、存在的问题，并思辨的阐释了党报集团的特殊性与资本运营的矛盾。最后通过对"党报集团资本运营的体制求解"、"党报集团资本运营的路径求解"和"党报集团无形资产的资本运营"等几个方面对党报集团资本运营的体制与路径进行了探索和求解。

7.《报业市场结构研究》

肖赞军 著 岳麓书社

该书基于报业的特有盈利模式，对报业的市场结构与盈利模式之间的关系、报业市场结构的演变和报业市场的效率（经济效率与社会效率）进行了深入探讨。西方经济文献对报业的关注几乎就是从报业的市场结构问题开始的。本书对市场结构理论进行了回顾，分析了报业的市场结构与盈利模式，并由西方报业市场结构的演变推及中国报业经营体制改革与报业市场结构的现状，最后对中国报业市场结构的优化目标和优化路径提出了建议和展望。

8.《传媒上市指引》

黄扬略 刘明 编著 深圳报业集团出版社

为了适应传媒发展的新形势，应对日趋激烈的市场竞争，近年来中国传媒集团资本运营风潮再起，报业、广电、出版发行等领域的许许多多传媒集团积极开展多种形式的资本运作，推动传媒跨地区、跨行业发展战略，谋求区域龙头地位，实现可持续发展。2007 年 9 月，深圳报业集团正式成立了股改办，力求推进集团的资本运作，推动集团的进一步发展。两年来，按照"积极探索、稳步推进"的战略部署，本书一方面是对国内传媒改制上市的政策研究；另一方面将目光瞄准中国传媒与资本市场交叉学科研究，加强国内上市传媒的实证分析，探寻兄弟传媒集团资本运营的经验与不足。本书希望通过政策研究和实际调研，能够理清中国传媒市场化发展的历史轨迹，探明传媒上市的一般办法，找寻解决传媒上市核心难题的一般策略。

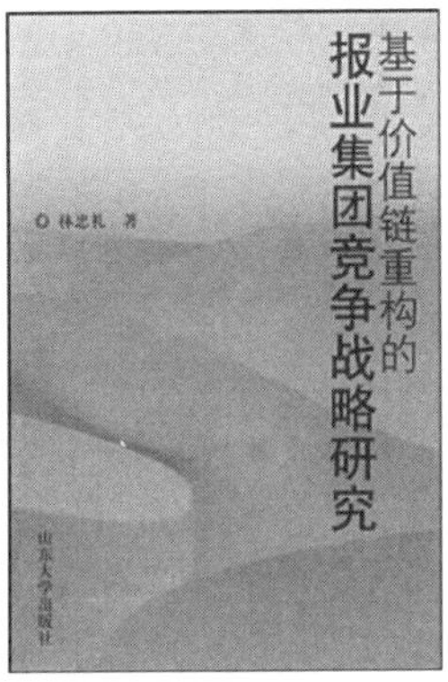

9.《基于价值链重构的报业集团竞争战略研究》

林忠礼 著　山东大学出版社

《基于价值链重构的报业集团竞争战略研究》运用经济学、企业管理学与媒介传播学的理论方法，首先研究报业集团价值创造的特殊性，并根据这一特殊性提出报业集团价值链的新分类，在此基础上提出了报业集团价值链管理的必要性，分析了重构的内生与外生决策要素，建立了报业集团价值链重构的新模式；其次，针对我国报业集团价值链的新分类以及重构思路，提出适合我国报业集团的不同竞争战略模式；最后，对《基于价值链重构的报业集团竞争战略研究》所提出的我国报业集团价值链管理及竞争战略新框架、新模式，通过实证研究和典型案例专题研究的方式，阐明、印证其理论、实践价值。

10.《转型期中国西部报业发展研究》

庹继光 著　四川出版集团巴蜀书社

《转型期中国西部报业发展研究》主要研究中国西部报业在新形势下的发展问题。从当前报业生态环境分析，现阶段对于报业的生存和发展产生直接或间接影响的主要因素大致有中国加入 WTO、国家全面实行文化体制改革、国内报业集团化趋势、国家实施西部大开发战略等；具体到最近几年，对于国内报业发展产生重大影响的因素则有学术界普遍预测报纸行将消失、国内报业集团化受到质疑、都市报生存状态普遍恶化、报纸数字化潮流风起云涌等。笔者认为以上诸多因素共同构成了报业转型期的宏观及微观概念，在此背景下研究和分析中国西部报业的发展问题，显得更加迫切，更具有现实意义。

全国各地报社信息统计索引

哈尔滨日报报业集团

报社名称	哈尔滨日报报业集团	成立年月日	1945 年 11 月 25 日	报社人数	1680 人
社长	程颖刚	总编	徐民彪	总经理（分管经营的副社长）	程颖刚
出版物情况	《哈尔滨日报》、《新晚报》、《都市资讯报》、《家报》、《科学发现报》五报；《地产》、《知识文库·熟男熟女》杂志；哈尔滨新闻网站。				
报纸名称	报纸一	报纸二	报纸三	报纸四	报纸五
	《哈尔滨日报》	《新晚报》	《家报》	《都市资讯报》	《科学发现报》
总编或负责人	徐民彪	叶鸿南	王冬鸣	姜砚君	朱义坤
目前平均期出刊版数	16 版	56 版	32 版	32 版	32 版
报纸的主要栏目	陈政协热线	特别报道	家庭教育	动态	名师名校大讲堂
报纸的内容定位	都市白领	市民化定位	家庭主妇	文摘	中小学生
出刊周期	日刊	日刊	每周一期	每周五期	每周两期
期总发行量	10 万份	35 万份	10 万份	10 万份	6 万份
期征订量	8 万份	17 万份	8 万份	4 万份	5 万份
期零售量	2 万份	18 万份	2 万份	6 万份	1 万份
发行覆盖的地理区域	全国	全国	全国	全国	本市区、县
报纸的发行运营模式	自发	自发	自发	自发	自发
报纸的广告额	3000 万元	28180 万元	600 万元	800 万元	200 万元
报纸的广告经营模式	双轨制	双轨制	双轨制	双轨制	双轨制
编辑部电话	0451-84890226	0451-84890300	0451-84890549	0451-84890686	0451-84890911
广告部电话	0451-84890124	0451-84890019	0451-84890577	0451-84891129	0451-84891168
发行部或呼叫中心电话	0451-87612345	0451-87612345	0451-87612345	0451-87612345	0451-84891151
报社特色介绍	民主化决策 科学化管理 法制化运行 人本化发展				
报社联络方式	地址：哈尔滨市道里区友谊路 399 号 电话总机：0451-84890888 邮箱：QHH0865@sina.com				

时尚生活导报

报社名称	生活导报社	成立年月日	2005年10月26日	报社人数	103人
社长	李峥嵘	总编	李峥嵘	总经理	李峥嵘
出版物情况	时尚《生活导报》、www.styleweekly.com.cn				
报纸名称	报纸一 时尚《生活导报》				
总编或负责人	李峥嵘				
目前平均期出刊版数	暂无资料				
报纸的主要栏目	时尚主张、精英志、乐透沈阳（热点导游、美食地图、新锐消费）、汽车科技、房产家居				
报纸的内容定位	辽沈地区时尚生活权威发布媒体，面向都市白领等主流人群，倡导时尚、积极、主流意识的生活方式，倡导以品味、品质、品牌为核心的城市新生活主义，并为其提供具有一定时效性的城市实用消费资讯与解读。				
出刊周期	周报				
期总发行量	22万份				
期征订量	8.5万份				
期零售量	13.5万份				
发行覆盖的地理区域	以沈阳为核心的辽沈地区				
报纸的发行运营模式	多渠道				
报纸的广告额	7000万				
报纸的广告经营模式	双轨制				
编辑部电话	024-62254236				
广告部电话	024-62254288				
发行部或呼叫中心电话	024-62254215				

报社 特色介绍	生活导报社成立于 2005 年 10 月 26 日，由东北最大的传媒集团——辽宁报业传媒集团与全国最具竞争力的城市周报——精品购物指南报社合力打造。 创办四年来经营业绩连年翻番，目前已经成为辽沈地区最为重要的时尚生活消费媒体。2007 年被评为全国城市周报十强，全国最具成长性城市周报。2009 年被评为 2008-2009 中国报刊广告投放价值百强，全国综合专业报 10 强。
报社 联络方式	地址：辽宁省沈阳市和平区北三经街 14 号 电话总机：024-62254246 网址：www.styleweekly.com.cn

长治日报

<table>
<tr><td>报社名称</td><td>长治日报社</td><td>成立年月日</td><td>1947 年 4 月</td><td>报社人数</td><td>296 人</td></tr>
<tr><td>社长</td><td>张晓里</td><td>总编</td><td>田兆伟</td><td>总经理
（分管经营的副社长）</td><td>暂无资料</td></tr>
<tr><td>出版物情况</td><td colspan="5">《长治日报》、《上党晚报》、《长治手机报》</td></tr>
<tr><td rowspan="2">报纸名称</td><td colspan="2">报纸一</td><td colspan="2">报纸二</td><td>报纸三</td></tr>
<tr><td colspan="2">《长治日报》</td><td colspan="2">《上党晚报》</td><td>《长治手机报》</td></tr>
<tr><td>总编或负责人</td><td colspan="2">田兆伟</td><td colspan="2">张晓里</td><td>张晓里</td></tr>
<tr><td>目前平均
期出刊版数</td><td colspan="2">对开 8 版</td><td colspan="2">四开 16 版</td><td>暂无资料</td></tr>
<tr><td>报纸的
主要栏目</td><td colspan="2">时政要闻、综合新闻、经济新闻、法治天地、文体综合、文学文摘、瞭望哨等</td><td colspan="2">今日要闻、新闻热线、社区新闻、专题报道、国内时政、国际新闻、晚会副刊等</td><td>天气预报、图片新闻、要闻简报、生活资讯、楼市车市、每日财经等</td></tr>
<tr><td>报纸的
内容定位</td><td colspan="2">强化政经大报主导地位，全力做大党报品牌，以高质量的主流新闻，铸造高品位的大报风范，塑造日报权威特性。</td><td colspan="2">办出地域特色，打造独家品牌，做大、做强、做精本土新闻，关注社会和民生民情，服务大众生活。</td><td>面向全市广大手机用户，服务长治市民，关注百姓生活，增强可读性、实用性、服务性、便利性。</td></tr>
<tr><td>出刊周期</td><td colspan="2">周七</td><td colspan="2">周七</td><td>周七</td></tr>
<tr><td>期总发行量</td><td colspan="2">3．2 万份</td><td colspan="2">3．7 万份</td><td>3．1 万份</td></tr>
<tr><td>期征订量</td><td colspan="2">3．2 万份</td><td colspan="2">3．7 万份</td><td>3．1 万份</td></tr>
<tr><td>期零售量</td><td colspan="2">暂无资料</td><td colspan="2">暂无资料</td><td>暂无资料</td></tr>
<tr><td>发行覆盖的
地理区域</td><td colspan="2">长治市区及各县市区</td><td colspan="2">长治市区及各县市区</td><td>长治市区及各县市区</td></tr>
<tr><td>报纸的发行
运营模式</td><td colspan="2">自发</td><td colspan="2">自发</td><td>自发</td></tr>
<tr><td>报纸的
广告额</td><td colspan="2">1000 万元</td><td colspan="2">1000 万元</td><td>暂无资料</td></tr>
<tr><td>报纸的广告
经营模式</td><td colspan="2">自营</td><td colspan="2">自营</td><td>暂无资料</td></tr>
</table>

编辑部电话	0355—2023141	0355—2023700	0355—2115665
广告部电话	0355—2038041	0355—2024167	暂无资料
发行部或呼叫中心电话	0355—2030345	0355—2030345	暂无资料
报社特色介绍	《长治日报》是中共长治市委机关报，长治地区主流媒体，创办于 1947 年 4 月 4 日，是山西省乃至华北地区创刊最早的一张党报。近年来，长治日报社连续 3 次被表彰为“全国地方报社管理先进单位”，《长治日报》和《上党晚报》分别获得全省一级报纸“八连冠”和“七连冠”， 日报《瞭望哨》和晚报《啄木鸟》成为全省乃至全国知名的栏目，在全省地市报中独领风骚；2007 年，被国家新闻出版总署表彰为“全国新闻出版行业服务社会主义新农村建设出版发行先进单位”；2008 年，被山西省委宣传部表彰为“全省重点新闻宣传突出贡献单位”；先后有近百件新闻作品荣获中国新闻奖、中国地市报新闻奖、山西新闻奖和赵超构新闻奖。		
报社联络方式	地址：山西省长治市长兴中路 116 号 电话总机：0355—2022013 网址：www.changzhinews.com		

陽泉日報

报社名称	阳泉日报社	成立年月日	1947年12月16日	报社人数	310人
社长	郭怀寿	总编	杨鸿龙	总经理（分管经营的副社长）	无

出版物情况	二报一网，即：对开4版的《阳泉日报》和4开16版的副刊《阳泉日报·晚报版》；4万用户日29帧的《阳泉手机报》；山西省委宣传部网络处直接指导的阳泉唯一新闻门户网站——阳泉新闻网。
报纸名称	报纸一
	《阳泉日报》
负责人	郭怀寿
目前平均期出刊版数	八版(对开)
报纸的主要栏目	《今日有感》、《读者热线》、《桃河论坛》、《时评》等
报纸的内容定位	1—4版政策性、权威性、重大新闻，其它版为副刊突出地方特色，民生民情。
出刊周期	日报
期总发行量	30472份
期征订量	29472份
期零售量	1000份
发行覆盖的地理区域	阳泉地区
报纸的发行运营模式	自发
报纸的广告额	1000万元
报纸的广告经营模式	自营
编辑部电话	0353-4043479
广告部电话	0353-4061120
发行部电话	0353-2023871
报社的特色介绍	暂无资料
报社的联络方式	地址：山西省阳泉市矿区桃北中路87号 电话：0353-4043658 网址：www.yqnews.com.cn

莲池周刊

报社名称	莲池周刊社	成立年月日	2001年1月10日	报社人数	21人
社长	陈永健	总编	夏红星	总经理（分管经营的副社长）	展宁
出版物情况	暂无资料				
报纸名称	报纸一				
	《莲池周刊》				
总编或负责人	夏红星				
目前平均期出刊版数	50版				
报纸的主要栏目	新闻关注、时尚休闲、消费资讯、生活宝典等				
报纸的内容定位	以挖掘时尚，跟踪市场，反映白领人士的生活状态为办刊宗旨，以具有一定经济基础和文化层次的城市主流青年消费群体为目标读者，定位于城市主体消费阶层，引领时尚，指导消费，力争办成保定市民生活必备手册。				
出刊周期	一周				
期总发行量	5万份				
期征订量	3万份				
期零售量	2万份				
发行覆盖的地理区域	全国				
报纸的发行运营模式	多渠道				
报纸的广告额	600万元				
报纸的广告经营模式	双轨制				
编辑部电话	0312-3092091				
广告部电话	0312-3024629				
发行部或呼叫中心电话	0312-3034519				

报社 特色介绍	《莲池周刊》创刊于 2001 年 1 月 10 日，以“具有一定经济基础和文化层次的城市主流青年消费群体”为目标读者，定位于城市主体消费阶层，引领时尚、指导消费，是保定人时尚休闲的实用生活手册。 《莲池周刊》是一个朝气蓬勃、昂扬奋进的年轻集体，现有编采人员 21 人。《莲池周刊》不但在保定市场站稳了脚跟，在河北省同类媒体中亦独树一帜。为此，先后荣获了“河北省优秀期刊”、“北方十省市优秀期刊”、“市直机关团委青年文明号”、“团市委青年文明号”、“河北省青年文明号”、“全国最佳社会服务城市周报”等诸多称号。
报社 联络方式	地址：河北省保定市东风中路 1835 号 电话总机：0312-3092091 网址：www.lczk.cn

安庆广播电视

报社名称	安庆广播电视报社	成立年月日	1992年8月	报社人数	16人
社长	暂无资料	总编	丁盛安	总经理（分管经营的副社长）	暂无资料
出版物情况	暂无资料				
报纸名称	报纸一 安徽地市广播电视报安庆广播电视				
总编或负责人	丁盛安				
目前平均期出刊版数	4开28版				
报纸的主要栏目	《关注》、《视窗》、《街谈》、《娱吧》、《实录安庆》、《政通人和》、《法制》、《侃古》、《财智》、《情感》、《博览》等				
报纸的内容定位	《安庆广播电视报》是安庆市仅有的三家经国家新闻出版署批准的平面媒体之一。该报立足于“权威发布生活资讯，引领都市时尚潮流，聚焦家庭文化热点，营造娱乐休闲空间”办报宗旨，倾力打造安庆家庭文化生活周报。				
出刊周期	周一刊				
期总发行量	4—5万份				
期征订量	2万份				
期零售量	2万份				
发行覆盖的地理区域	安庆市区及七县一县市				
报纸的发行运营模式	邮发				
报纸的广告额	暂无资料				
报纸的广告经营模式	自营				
编辑部电话	0556-5514674				
广告部电话	0556-5507138				
发行部或呼叫中心电话	13365750168				

<table>
<tr><td>报社
特色介绍</td><td>安庆市是皖、赣、鄂结合的商贸中心，人口610.38万。安庆是国家级历史文化名城、中国优秀旅游城市、国家园林城市、中国黄梅戏艺术发展基地。这里是汉乐府诗《孔雀东南飞》故事发生地，桐城派文化影响深远，京剧鼻祖程长庚的故乡。中国共产党创始人陈独秀诞生于此。植根在这片富庶土地上的《安庆广播电视报》创刊于1992年8月，现已成为安庆地区的强势媒体，目前期发行量已稳定在4万份以上，覆盖安庆三区八县（市），是安庆地区目前期发行量最大的平面媒体，也是皖西南发行量最大的城市广播电视报。
【报纸内容概述】
《安庆广播电视报》是一份家庭文化报。设计精美，定位大众，版块明朗，内容贴近实际、贴近生活、贴近读者。报纸“立足广播电视，服务百姓生活”，融新闻性、服务性、知识性、文化性、趣味性、娱乐性于一体，刊登一周精彩影视剧情，集合媒体资讯，实录本土文化资源，真正做到传播有效资讯，服务主流人群。
《安庆广播电视报》单期发行量大、发行渠道正规、可读性强、保存时间长，具有阅读实用价值和家庭收藏价值。
【精彩版面简介】
《安庆广播电视报》开设有《关注》、《视窗》、《街谈》、《实录》、《法制》、《娱乐》、《财富》、《情感》等读者喜闻乐见的品牌版面。
《街谈》：在资讯泛滥的时代，引导或提供评判资讯的言论尤为重要。《安庆广播电视报》“街谈”版面，自开辟以来，备受读者关注。该版面是一个优秀言论的集成读本，是一个面向大众的“声音广场”，所刊 “评论”积极稳健，有见地，实现“追求法治和人文”的价值观。
《实录》：该版面贴近安庆，充分挖掘安庆本土丰富的文化资源，记者用脚步丈量安庆及市辖八县（市）的美丽风光、风情。真正“走进”文化安庆，对安庆历史进行“实录”。
《娱吧》：铜版纸印刷的《娱乐》版面，为读者献上一份“声色欢娱”的大餐。版面兼具娱乐气质和时尚品味，刊登最新的娱乐资讯和明星动态、专业的娱乐作品评介、别具特色的娱乐深度报道。“美文+美图”的杂志操作模式，为读者带来全方位的阅读快感。
另外，《安庆广播电视报》还开设有《看点》、《茶坊》、《职场》、《美食》、《健康》、《成长》、《博闻》、《时尚》、《车市》、《互动》、《图话》、《旅游》、《剧搜》、《节目》等读者乐于阅读的版面。报社拥有一支非常年轻（平均年龄不超过30岁）的采编队伍，素质高且具开拓精神，每月固定一到两期的“特别策划”深受报业主管部门和广大读者好评。专业的广告设计人员，更为独具慧眼的广告客户搭建了展示自我的平台。
【品牌周刊，精品制作】
《安庆广播电视报》全面实行品牌化运作。版式上，更加新颖活泼，制作更精美、风格更张扬；内容上，突出服务的贴近性与实用性。
坐享娱乐节拍，透视社会经纬，呼吸时尚气息，畅游生活主流。
《安庆广播电视报》—— 安庆人自己的报纸。</td></tr>
<tr><td>报社
联络方式</td><td>地址：安徽省安庆市开发区广电中心大楼
电话总机：0556-5583141
邮箱：aqgdb2008@163.com QQ：739795138</td></tr>
</table>

杭州日報报业集团

HANGZHOU DAILY PRESS GROUP

报社名称	杭州日报 报业集团	成立年月日	2001年11月8日	报社人数	1500人
社长	李建国	总编	赵晴	总经理 （分管经营的副社长）	秦晓春

出版物情况	7报3刊3网站1出版社						
报纸名称	报纸一 《杭州日报》	报纸二 《都市快报》	报纸三 《每日商报》	报纸四 《都市周报》	报纸五 《萧山日报》	报纸六 《富阳日报》	报纸七 《城乡导报》
总编或负责人	赵晴	杨星	姚丽萍 莫士安	朱建	宣舒平	何亚达	李国平
目前平均期出刊版数	周出 140 版，日均20版	周出345版，日平均50版	周出 180 版，日均25版	周刊112版	日均10.29个版，每周出72个版	四开加长 16版	16版（周五24版）
报纸的主要栏目	政经要闻、城市新闻、文体副刊、专刊	杭州新闻、浙江新闻、中国新闻、世界新闻、财经新闻、文体新闻及各类生活专刊	18创富 18投资	分三册：第一册，白领时尚读本（国际时尚、国际报道、周报头条故事、城市报道、城市时尚和汽车）；第二册，城市享乐指南（靓妆、旅游、美食、健康、教育、亲子、数码、家居）；第三册，文艺小手册，就像迷你的口袋书，内容包含读书、音乐、电影、艺术、小说，专栏和活动等。	今日视点、百村行、城河街88号新闻时评、今日观察、新闻快讯、产经视野、今日帮办、热线互动、热线话题、热线博客、大家拍拍拍、今日关注、本周质量报告、天气播报、实用资讯、今日调查、农家故事、社区传真、一镇一品、镇街简讯、今日聚焦、今日看台、国内快递、环球连线等	“时政”、“民生”、“人文”、“天下”、“假日”	新闻·本地要闻、新闻·民生、热线600、新闻·社会、新闻·城乡、新闻·中国、新闻·关注、新闻·环球、新闻·体育、新闻·文娱，时尚、图文天下、经历、卫生与健康、走进校园等

报纸的内容定位	杭州市委机关报，综合性政经大报	以新闻创新为灵魂，报道城市生活、服务城市生活，满足现代城市的信息文化需求，生产社会主义市场经济条件下合格的精神文化产品。简言之就是：当好喉舌，服务大众，参与市场竞争，为构建和谐社会提供“一份正确、好看的报纸”。	财富消费类	优质生活读本	一张亲近的报纸；口号：因为本土，所以亲近；编辑方针：新闻贴近，服务贴心	富阳行政区域综合性报纸，服务富阳市委市政府中心工作、服务富阳三个文明建设、服务富阳读者；	以余杭为基础，面向杭州及周边地区；服务“三农”，关注城乡经济发展；发挥“贴近”优势，扩大报纸市场
出刊周期	日报	日报	日报	周二刊（现暂周一刊出版）新总署批准为周二刊	日报	周六报	日报
期总发行量	35万份	120万份	28万份	15万份	6万份	4万份	4万份
期征订量	30万份	77.5万份	25.5万份	10万份	5.9万份	3.9万份	3.9万份
期零售量	5万份	32.5万份	2.5万份	5万份	0.1万份	0.1万份	0.1万份
发行覆盖的地理区域	杭州及杭州湾地区	全国	杭州市及义乌周边地区	杭州市及周边地区	萧山区及周边县市	富阳市及周边地区	余杭区及周边地区
报纸的发行运营模式	自发	多渠道	多渠道	自发	自发	自发	多渠道
报纸的广告额	19800万元	77800万元	9200万元	1860万元	5530万元	2550万元	2900万元

报纸的广告经营模式	双轨制	双轨制	双轨制	双轨制	双轨制	自营	自营
编辑部电话	0571-85109999	0571-85100000	0571-85051890	0571-85052258	0571-82659326	0571-63320023	0571-86165280
广告部电话	0571-85052559	0571-85052501	0571-85052490	0571-85052230	0571-82659333	0571-63327854	0571-86165276
发行部或呼叫中心电话	0571-85170671	0571-85053333	0571-85170671	0571-85053333	0571-82729131	0571-63371611	0571-86165277
报社的特色介绍	杭报集团目前拥有：《杭州日报》、《都市快报》、《每日商报》、《萧山日报》、《富阳日报》、《城乡导报》、《都市周报》、《风景名胜》、《休闲》、《杭州通讯》、《杭州网》、《杭州日报网》、《都市快报网》、《19 楼空间》、《18 创富网》、《萧山网》、《余杭新闻网》、《富阳新闻网》和《13 泉创意印刷网》等多元媒体。 杭报集团推行“引导力就是竞争力、传播力决定影响力”的新闻理念，深度推进媒体融合，在全国率先完成内容产业战略布局，已形成以报刊为主业，兼具广播、电视、互联网、数字出版、移动媒体、户外媒体等“1+6”的现代传媒产业格局。 杭州日报报业集团有限公司旗下拥有杭州日报传媒有限公司、浙江都市快报传媒有限公司、杭州网络传媒有限公司等 30 余家全资（控股）、参股公司.已初步形成以广告、印刷、发行等报业主业为支柱，互联网、数字出版、户外媒体商务印刷、物流配送、会展艺术品、休闲旅游为辅的多元化产业链。 杭报集团的发展规模和创新实践成绩斐然，2009 年先后入选“中国数字出版示范企业”、“中国最具投资价值媒体（传媒机构）”、跻身“杭州市大企业大集团竞争力百强”和“杭州市最大规模服务业百强”双百强榜，荣获“2009 年度杭州市大企业大集团综合考核奖（文创产业）”，并作为“杭州市上规模大企业大集团”受到市委、市政府隆重表彰。 杭报集团努力以战略转型推进发展理念创新、新闻创新、体制创新和队伍转型，争取率先突围，实现走向现代传媒集团，成为文化产业战略投资者目标。 2009 年业绩： ——报刊日均发行量达 160 万份,报刊竞争力和市场占有率不断提高。 ——报刊品牌建设取得历史性突破，摘取第 52 届世界新闻摄影比赛（荷赛）金奖、第十九届中国新闻奖一等奖、“全国优秀新闻工作者”等三项国际国内重量级大奖。 ——主要经济指标逆势上扬再创历史新高,总收入同比增长 20%，利润同比增长 21%，增幅居全国和浙江报业前列。多元产业快速发展，同比增长 33%，占集团总收入比重达到 25%。 ——先后入选 “中国数字出版示范企业”、“中国最具投资价值媒体（传媒机构）”、“国家地方报业经营管理先进单位”，跻身“杭州市大企业大集团竞争力”和“杭州市最大规模服务业”双百强榜。						
报社的联络方式	地址：浙江省杭州市体育场路 218 号 电话总机：0571-85151588 网址：www.hangzhou.com.cn						

解放日报

报社名称	解放日报报业集团	成立年月日	2000 年 10 月 9 日	报社人数	暂无资料
社长	尹明华	总编	裘新	副社长	陈剑峰
出版物情况	解放日报、新闻晨报、新闻晚报、申江服务导报、报刊文摘、人才市场报、房地产时报、I 时代报、上海学生英文报、上海法治报、上海支部生活、倡廉文摘、新沪商、上海三联书店、上海沪剧院。 解放牛网（www.jfdaily.com）				

报纸名称	报纸一 《解放日报》	报纸二 《新闻晨报》	报纸三 《新闻晚报》	报纸四 《申江服务导报》	报纸五 《报刊文摘》
总编或负责人	裘新	总编辑：毛用雄、总经理：黄琼	总编辑：毛用雄、主编：寿光武、总经理：叶再长	徐锦江	吴永进
目前平均期出刊版数	对开 16 版	74 版	48 版	132 版	4 版
报纸的主要栏目	新世说、解放论坛、解放调查、解放分析、解放监督、新闻视点、申言、解放寄语等	要闻、晨报行动、晨报地球、民生新闻、实用新闻、热线新闻、社区新闻、赢家、互动新闻、旅游周刊、人才周刊、星期日新闻晨报等	看点、说法、沟通、民生、夜上海、国内、升学周刊、东方女性周刊、国际周刊、财经周刊、互动周刊、法制周刊、国际周刊等	A 叠文体娱乐：封面故事、一周星事、强档星闻、HOT 追踪、特别报道、赛场内外、艺人艺事、娱乐星闻、娱情速递、环球时报； B 叠深度新闻：一周视窗、第一现场、记者行动、口述实录、人与法、白领心事； C 叠生活服务：发现上海、申报博客、都市小品、纸上派对、另类阅读、挑战前程、拍客帝国、话本、钱途； D 叠人才资讯：大道消息、职场调查、留学在外、使馆连线、职场心结、HR 秘籍、职场荐书； E 叠 F 叠豪华版：封面故事、名流、IN·生活、悠游、饭局、动漫、数味、动静、时装报告、美容大王； 申江便利：旅游、健康、调查、美食、收藏	暂无资料

报纸的内容定位	遵循马克思主义新闻观和新闻宣传规律，为改革、发展、稳定提供思想保证和舆论支持。	综合性都市晨报，以独家新闻、事件新闻、热点新闻为主，追求最鲜活最实用的新闻，做负责任的新主流媒体。	新一代都市晚报。以最新的视角、最快的速度展现国际风云、都市万象。以更多的休闲娱乐资讯，为市民家庭提供精彩的夜上海生活指南。	新闻性与服务性相结合。新闻报道坚持正确的舆论导向和新闻真实性原则，体现周报新闻特点。服务版面以提供丰富多样的投资理财、生活服务等实用信息。	政治性、思想性、知识性、可读性。
出刊周期	日刊	每周7期	每周7期	每周一刊	每周三期（星期一、三、五出版）
期总发行量	37万份	60万份	56万份	30万份	90万份
期征订量	34.5万份	30万份	34万份	4.5万份	70万份
期零售量	2.5万份	30万份	22万份	25.5万份	20万份
发行覆盖的地理区域	全国	上海市	上海市	主要在上海，江浙一带及辐射全国	全国（除港澳台）
报纸的发行运营模式	多渠道	邮发、多渠道	自发、邮发、多渠道	多渠道	邮发
报纸的广告额	111336万元	7.5亿元	2.5亿元	13204万元	245万元
报纸的广告经营模式	代理	代理	代理	代理	代理
编辑部电话	021-63521111	021-63521111	021-63521111	021-63521111转各部门	021-63225894
广告部电话	021-63609610	021-63515724	021-63515724 021-63601019 021-63601021	021-63521111-1092	021-52133236
发行部或呼叫中心电话	021-63609610	8008190000	021-64745988 021-52722565 021-52725999	021-63510265	021-62866498

报社 特色介绍	解放日报是中共上海市委机关报，是了解上海政治、经济和社会发展的第一选择。	关注我们的生存环境，给主流读者更开阔的视野；关注老百姓的切身利益，给市民贴心的服务；关注那些需要帮助的人，给他们以人文关怀。	全方位打造新市井新闻，为新市民精心选择新闻内容及样式，及时、快捷地传递都会新闻及生活资讯。	暂无资料	暂无资料
报社 联络方式	地址：上海市汉口路300号　　邮编：200001 电话总机：021-63521111 网址：www.jfdaily.com				

永康日報

报社名称	永康日报社	成立年月日	1956 年 5 月 1 日	报社人数	75 人
社长	暂无资料	总编	吕子尚	总经理 （分管经营的副社长）	吕子尚
出版物情况	《永康日报》、《永康新闻网》				
报纸名称	报纸一 《永康日报》				
总编或负责人	吕子尚				
目前平均期出刊版数	四开十六版				
报纸的主要栏目	要闻、时政、都市、财经、乡村、天下、社会、深度、五峰				
报纸的内容定位	都市类综合报纸				
出刊周期	周六				
期总发行量	4 万份				
期征订量	暂无资料				
期零售量	暂无资料				
发行覆盖的地理区域	永康为主				
报纸的发行运营模式	自发/邮发				
报纸的广告额	2172 万元				
报纸的广告经营模式	自营				
编辑部电话	0579-87126416				
广告部电话	0579-87138766　　0579-87116533				
发行部或呼叫中心电话	0579-87138739				
报社特色介绍	具有都市报风格的区域性综合报纸				
报社联络方式	地址：浙江省永康市望春东路 88 号 电话总机：0579-87111855 网址：www.yknews.com.cn				

新民晚報

报社名称	新民晚报社	成立时间	1929年9月9日	报社人数	400人
社长	暂无资料	总编	陈保平	总经理 （分管经营的副社长）	暂无资料
出版物情况	形成新民晚报主报为龙头，新民网“报网互动”为机制，新民晚报海外版、新民晚报社区版两足拓展，新民周刊、新民BELLA、新民地铁为品牌延伸的报系格局。				
报纸名称	报纸一				
	《新民晚报》				
总编或负责人	陈保平				
目前平均期出刊版数	48版				
报纸的主要栏目	上午首发、新民随笔、焦点、目击、上海人家、来信来论、夜光杯、夏令热线等。				
报纸的内容定位	飞入寻常百姓家的办报方针，突出“主流、亲民、可读”的时代特点。				
出刊周期	日报				
期总发行量	110万份				
期征订量	暂无资料				
期零售量	20万份				
发行覆盖的地理区域	全国及海外华人社区				
报纸的发行运营模式	邮发				
报纸的广告额	7.5亿元				
报纸的广告经营模式	自营、代理				
编辑部电话	021-52921234				

报社 特色介绍	飞入寻常百姓家，宣传政策、传播知识、移风易俗、丰富生活是本报的编辑方针；共同兴趣，雅俗共赏，是本报的追求；既有烟火味，又有书卷气是本报不变的气质；关注民生、启迪民智、弘扬民德是新时代的目标。
报社 联络方式	地址：上海市威海路 755 号 电话总机：021-52921234 网址：http://www.xinmin.cn

宜春日報

<table>
<tr><td>报社名称</td><td>宜春日报社</td><td>成立年月日</td><td>1949年9月26日</td><td>报社人数</td><td>134人</td></tr>
<tr><td>社长</td><td>谢 菁</td><td>总编</td><td>胡蔚兰</td><td>总经理
(分管经营的副社长)</td><td>黄卫民</td></tr>
<tr><td>出版物情况</td><td colspan="5">《宜春日报》《赣西晚报》《宜春新闻网》《月亮之都网》</td></tr>
<tr><td rowspan="2">报纸名称</td><td colspan="3">报纸一</td><td colspan="2">报纸二</td></tr>
<tr><td colspan="3">《宜春日报》</td><td colspan="2">《赣西晚报》</td></tr>
<tr><td>总编或负责人</td><td colspan="3">胡蔚兰</td><td colspan="2">万里兵</td></tr>
<tr><td>目前平均期出刊版数</td><td colspan="3">4版</td><td colspan="2">16版</td></tr>
<tr><td>报纸的主要栏目</td><td colspan="3">今日快语、宜春透视
本期最新消息、留心世事</td><td colspan="2">街谈巷议、秀江评论
市民故事、袁山看台</td></tr>
<tr><td>报纸的内容定位</td><td colspan="3">党政喉舌、百姓向导
主流权威、好看实用</td><td colspan="2">关注社会、留心世事、弘扬正气、
鞭挞丑恶、传递信息、服务百姓</td></tr>
<tr><td>出刊周期</td><td colspan="3">周七刊</td><td colspan="2">周六刊</td></tr>
<tr><td>期总发行量</td><td colspan="3">陆万份</td><td colspan="2">肆万份</td></tr>
<tr><td>期征订量</td><td colspan="3">伍万捌仟份</td><td colspan="2">贰万伍仟份</td></tr>
<tr><td>期零售量</td><td colspan="3">贰仟份</td><td colspan="2">伍仟份</td></tr>
<tr><td>发行覆盖的地理区域</td><td colspan="3">宜春市及周边地区</td><td colspan="2">宜春市、萍乡市、新余市</td></tr>
<tr><td>报纸的发行运营模式</td><td colspan="3">邮发</td><td colspan="2">自发/邮发</td></tr>
<tr><td>报纸的广告额</td><td colspan="3">600万</td><td colspan="2">300万</td></tr>
<tr><td>报纸的广告经营模式</td><td colspan="3">自营</td><td colspan="2">自营</td></tr>
<tr><td>编辑部电话</td><td colspan="3">0795-3218061</td><td colspan="2">0795-3211989</td></tr>
<tr><td>广告部电话</td><td colspan="3">0795-3223764</td><td colspan="2">0795-3235189</td></tr>
<tr><td>发行部或呼叫中心电话</td><td colspan="3">0795-3216789</td><td colspan="2">0795-3216789</td></tr>
<tr><td>报社特色介绍</td><td colspan="5">两报两网，多种经营，报纸期期出彩，新闻宣传叫响大江南北。</td></tr>
<tr><td>报社联络方式</td><td colspan="5">地址：江西省宜春市中山中路530号
电话总机：0795-3224508
网址：www.newsyc.com</td></tr>
</table>

浙江日报报业集团

ZHEJIANG DAILY PRESS GROUP

报社名称	浙江日报报业集团	成立年月日	2000年6月25日	报社人数	4500人
社长	高海浩	总编	李丹	总经理	王一义
出版物情况	目前，浙江日报报业集团已拥有涵盖报纸、期刊、新媒体等28家媒体（浙江日报、钱江晚报、今日早报、淘宝天下、钱江视屏网、美术报、浙江老年报、浙江法制报、共产党员、新闻实践、浙商、浙江在线、东阳日报、海宁日报、瑞安日报、上虞日报、绍兴县报、温岭日报、永康日报、乐清日报、诸暨日报、浙江手机报、江南、宣传半月刊、财新网、新世纪周刊、中国改革月刊等），并正在兼购出版社，打造全媒体财经系列。				
报纸名称	报纸一	报纸二	报纸三	报纸四	报纸五	报纸六
	《浙江日报》	钱江报系	《浙商》杂志	《美术报》	《共产党员》杂志	《浙江老年报》
总编或负责人	李丹	冯卫民	朱仁华	蔡景富	吴建平	季新宏
目前平均期出刊版数	20版	日均197版	大16开，128页/期	40版	大16开，64页/期	10版
报纸的主要栏目	观天下、创富年代、人文世界、政治纵深、乐活人居、热风社会、汽车生活、新闻文摘等	杭州新闻、浙江新闻、中国新闻、国际新闻、体育、财富、人文、科技、时尚、《星周刊》、《财周刊》、《住周刊》、《车周刊》、《商周刊》等	特别策划、洞见、特稿、人物、商学院等	视点、评论	本期策划、封面人物、心理健康等	旅游、倾诉、晚霞、养生、人物、互动、往事、读书、法与社会等
报纸的内容定位	浙江第一政经大报	综合性都市主流报	引领中国民营商业力量	美术新闻评论	浙江省党建指导性刊物	以宣传党和国家老干部、老年人政策，着力服务中老年群体，积极引导老龄人健康生活为办报宗旨；为中老年人提供了各类学习、生活、健康、养生方面的知识和信息。

CHINA NEWSPAPER INDUSTRY YEARBOOK

出刊周期	日刊	日刊	半月刊	周报	月刊	周二报（周三、五）
期总发行量	455102份	日均210万份	14.3万份	38000份	32.8万份	12万份
期征订量	434602份	日均182.7万份	9.3万份	36000份	32.8万份	12万份
期零售量	20500份	日均 27.2 万份	5万份	1000份	暂无资料	暂无资料
发行覆盖的地理区域	全国范围，以浙江省为主。	全国范围，以浙江省为主。	全国20多个省（市、区）、香港等地区，海外二十多个华人社团	全国各省市区	全国，浙江省为主	全国
报纸的发行运营模式	邮发	自办发行与邮局发行相结合	自主多渠道	邮发	自主多渠道	邮发、自办发行
报纸的广告额	1.7亿元	11.8亿元	1888万元	800万元	150万元	250万元
报纸的广告经营模式	直营与代理相结合	自营	双轨制	自营	自营	自营
编辑部电话	0571-85310173	0571-85310214	0571-85310956	0571-85310158	0571-85310344	0571-85310802
广告部电话	0571-85310385	0571-85310574 85310575	0571-85311328	0571-85310367	0571-85097696	0571-85310859
发行部或呼叫中心电话	0571-85310585	96068	0571-85311284	0517-85310358	0571-85310362	0571-85310999
报社特色介绍	2002年，浙报集团出资创立浙江日报报业集团有限公司，在国内率先尝试以报业集团和强势传媒群体为依托，统筹运营报业经营资产，确立了报业经营的独立法人地位。浙报集团公司成为统筹运营传媒资产、拓展产业空间的全新市场主体。目前，浙江日报报业集团已拥有涵盖报纸、期刊、新媒体的28家媒体，并正在兼购出版社，打造全媒体财经系列。浙报集团秉承“传媒控制资本、资本壮大传媒”的发展理念，依托传媒主业，首创了“一媒体一公司”的运作模式，做强主业；“以报为本、多元发展”，培育了资本经营、房地产和高新技术三大重点多元业务，做大产业。集团公司现有独资、控股的一级子公司26家、二级子公司25家，经营业务涉及传媒、资本运营、房地产、印务、物流、贸易、高新技术、物业管理等领域，从业人员超过4500人，基本完成了集团化管理架构和以报为本、多元发展的产业格局。最近五年，浙报集团主要经济指标实现持续高速增长，2008年集团实现营业收入超过26亿元，总资产超过30亿元，利税超过3.5亿元。					
报社联络方式	地址：浙江省杭州市体育场路178号 电话总机：0571-85310114 网址：www.zjol.com.cn					

福建日报报业集团 FUJIAN DAILY GROUP

报社名称	福建日报社	成立年月日	1949年8月25日	报社人数	1900人
社长	蔡小伟	总编	梁建平	分管经营的副社长	薛中文
出版物情况	十报：福建日报、海峡都市报、海峡都市报闽南版、海峡导报、每周文摘、海峡教育报、海峡消费报、法制今报、石狮日报、晋江经济报； 九刊：海峡商业、晋江商人、东方收藏、市场瞭望、海峡茶道、新电视、寿山石、海峡儿童、海峡钓之乐； 五网站：东南网、海都资讯网、台海网、平安福建网、晋江新闻网；				

报纸名称	报纸一	报纸二	报纸三	报纸四	报纸五	报纸六	报纸七	报纸八	报纸九
	《福建日报》	《海峡都市报》及其闽南版	《海峡导报》	《每周文摘》	《海峡教育报》	《海峡消费报》	《法制今报》	《石狮日报》	《晋江经济报》
总编或负责人	蔡小伟	谢晶思	马振霖	陈冬青	李实	林永龙	潘炎	茅罗平	曾武华
目前平均期出刊版数	对开 12版	四开 50版	四开 40版	四开 16版	四开 8版	四开 24版	四开 16版	对开 8版	对开 12版
报纸的主要栏目	要闻、海峡新闻、国际新闻、国内新闻、三农报道、经济新闻、热线新闻、视点、综合资讯、体育新闻等	A1叠包括：头版要闻、今日要闻、今日关注、今日时评、直击现场、福州警法/时政/社会/社区/坊间/民情、国内时政、社会、焦点、台湾新闻、特别报道；A2叠：国际新闻、体育娱乐；A3叠：财经新闻及专刊、副刊等	说法、连线台湾名嘴、记者帮、现场、理财智囊团、焦点、社区新闻、台海新闻、厦门新闻、国际国内、楼市、车市、城市周刊等	时政要闻、精彩言论、新闻速递、数字、环球、集萃、海外趣闻、社会广角、新知、世界真奇妙、最新发现、发明、读史、世相、新语、军事、情感、书摘、视点、特别报道、文化、开心一刻、法治、以案释法、办案手记、教育园地、职场生涯、他山之石、健康、生活、理财能手等	青春对话、德育之窗、中考热线、各地传真	消费聚焦、权威发布、消费现场、消费调查、新闻315、特别报道以及楼市、车市、文娱、健康、旅游、收藏等专版	权威发布、法制要闻、法制经纬、新闻观察、社会新闻、平安建设、今报说法、经济与法、法律服务、时尚与法、普法之窗、警钟长鸣	人在旅途、综合新闻、社会新闻、村镇新闻、热线新闻、时政新闻、出海口、闽台缘、菁菁校园	要闻、民生、本地、天下、街区、文体、财经、产业周刊、车市、楼市、教育、休闲、天下晋江人、五里桥、地理、健康等

报纸的内容定位	省委机关报	架设党和政府与人民群众沟通的桥梁，及时、最大限度地贴近百姓生活实际，提供丰富的国内外新闻、资讯及生活、工作的实用信息，为市民排忧解难，提供帮助	立足海西，面向全国，以对台宣传为特色，深入发掘本土新闻，深入反映闽南金三角地区市民生活各个层面	荟萃全国报刊杂志精华，集政治、经济、文化、社会诸多内容于一身，融思想性、可读性、知识性、趣味性为一体，办报风格“格调高雅、新鲜活泼”	以中学生为读者对象，启迪思维，传授学习方式；倡导素质教育，促进学生身心健康	依法维权、引导消费、引领时尚	权威、贴近、互动	综合性报刊	坚持正确舆论导向，坚持三贴近原则，宣传晋江流域的经济发展和建设新貌，是一张区域性的政经日报
出刊周期	日刊	日刊	日刊	周二刊	周刊	周刊	日刊	日刊	日刊
期总发行量	25万份	55万份	18.5万份	62万份	13.1万份	5万份	5万份	5万份	8.8万份
期征订量	暂无资料	暂无资料	暂无资料	暂无资料	暂无资料	暂无资料	暂无资料	暂无资料	暂无资料
期零售量	暂无资料	暂无资料	暂无资料	暂无资料	暂无资料	暂无资料	暂无资料	暂无资料	暂无资料
发行覆盖的地理区域	全省	全省	以厦门为重点的闽南金三角	全国	全省	全省	全省	石狮	晋江流域
报纸的发行运营模式	邮发	自发	自发	邮发	多渠道	多渠道	多渠道	邮发	邮发
报纸的广告额	4476万元	45000万元	10000万元	2227万元	252万元	700万元	1000万元	1900万元	1800万元
报纸的广告经营模式	双轨制	代理	代理	代理	双轨制	双轨制	双轨制	自营	代理
编辑部电话	0591-87095215	0591-87095594	0592-2961305	0591-87095973	0591-87095193	0591-87522810	0591-87870381	0595-88727079	0595-82009801
广告部电话	0591-87095492	0591-87095562	0592-5353198	0591-87095907	0591-87095141	0591-87521816	0591-87870383	0595-88727012	0595-82005188
发行部或呼叫中心电话	0591-87095818	0591-87095582 968111	968801	0591-87095933	0591-87095998	0591-87525517	0591-87870370	0595-88722518	0595-82009828
报社特色介绍	福建日报报业集团系福建首家传媒集团，2002年8月25日挂牌成立，集团历经8年的奋斗发展，报业结构不断优化，经济实力不断增强。现有十报九刊五网站，报刊定位互有区隔、特色鲜明；旗下经营单位十余家，围绕主业发展核心，积极拓展多种经营，经济效益持续稳健增长。主要经营单位中，福建日报是省内发行面最广、影响力最大、权威性最高的综合性党报；海峡都市报及其闽南版以省内沿海中心城市为核心，辐射全省，发行量和广告收入均居全省综合性媒体第一位；海峡导报是全国唯一一家以台海新闻为主要特色的都市类报纸，发行量居闽南各报之首；每周文摘不断创新发展，持续位列全国文摘类报刊第一方阵；石狮日报、晋江经济报和海峡消费报、海峡教育报、法制今报也都在各自的区域或行业居于领先地位。集团相关子报创办的海峡商业、晋江商人、东方收藏等杂志在业界及海峡两岸有较大影响力；其他杂志为集团新近接收的系列刊物，为集团打造期刊方阵奠定了良好的基础。集团印务中心规模和设备先进程度均居省内前茅。东南网即将建成我省最大的新闻门户网站。集团多种经营涉及商业印刷、物流配送、网站经营、房地产等领域，收入占比稳步提高。								
报社联络方式	地址：福州市华林路84号福建日报大厦　邮政编码：350003 联系电话：0591-87095114 集团网址：http://www.fjdaily.com/								

贺州日报

报社名称	贺州日报社	成立年月日	1988年3月1日	报社人数	50人
社长	叶纪银	总编	翟伟	总经理（分管经营的副社长）	暂无资料
出版物情况	贺州日报·（含每周一期贺州日报·晚报版）　网站：中国贺州传媒网				
报纸名称	报纸一				
	《贺州日报》				
总编或负责人	叶纪银				
目前平均期出刊版数	周一、二、三、五对开彩色四版，周四四开彩色十六版				
报纸的主要栏目	时政要闻、综合新闻、文化、文学、理论、社会（民生、时尚）旅游、健康、广告				
报纸的内容定位	坚持党报性质、突出晚报风格				
出刊周期	周一至周六				
期总发行量	3万份				
期征订量	3万份				
期零售量	暂无资料				
发行覆盖的地理区域	贺州市辖三县二区及周边地区				
报纸的发行运营模式	自发				
报纸的广告额	300万元				
报纸的广告经营模式	双轨制				
编辑部电话	0774-5136376				
广告部电话	0774-5120179				
发行部或呼叫中心电话	0774-5120079				

报社 特色介绍	《贺州日报》是中共广西贺州市委机关报，对开四版，全国发行。《贺州日报》的前身是中共梧州地委机关报《桂东报》，创刊于1988年3月1日，1993年1月1日改出周四刊，并更名为《桂东日报》；1997年2月27日，国务院批准调整梧州地、市行政区划，梧州地区更名为贺州地区；2000年12月28日，经国家新闻出版署批准，《桂东日报》更名为《贺州日报》。2002年经国务院批准撤销贺州地区设立地级贺州市，2002年10月1日，贺州日报开始出版印刷彩报。2007年被评国家新闻出版总署评为报纸印刷质量一等奖。2008年1月16日，《贺州日报》被评为广西壮族自治区第六届优秀报纸，从此贺州日报步入了全区优秀报刊行列。
报社 联络方式	地址：广西贺州鞍山西路贺州日报社 电话总机：0774-5120079 网址：gxhzrb@163.com

珠江商报

报社名称	珠江商报社	成立年月日	2004年7月29日	报社人数	近200人
社长	暂无资料	总编	黄荻	副总编 （分管经营的副社长）	林德荣
出版物情况	《珠江商报》、《顺德时尚》、《顺德视角》、《顺德政务》、顺畅网				
报纸名称	报纸一 《珠江商报》				
总编或负责人	黄荻				
目前平均期出刊版数	16版/天				
报纸的主要栏目	要闻视点、都市民生、新闻透视、报网互动、理财证券、文体娱乐、万象闲情、城市镜头、顺德商道、城市周刊以及汽车、楼市、教育、健康、家具、休闲、消费等多个专刊				
报纸的内容定位	综合性日报				
总发行量	6万份				
征订量	暂无资料				
零售量	暂无资料				
发行覆盖的地理区域	立足顺德，面向佛山乃至珠三角				
报纸的发行运营模式	自办发行				
报纸的广告额	6000万元				
报纸的广告经营模式	自营				
编辑部电话	0757-22203902				
广告部电话	0757-22216378				
发行部电话	0757-2220055（发行）				
报社特色介绍	《珠江商报》于2004年7月29日由《顺德报》更名而来。更名后主动适应顺德、佛山乃至珠三角发展的新趋势，通过一报三刊一网站，积极为读者提供服务，不断拓展自身发展平台。作为顺德区发行量最大和佛山市有影响力的报纸，《珠江商报》结合本地经济发达的特点，突出本土特色、民生特色和经济特色，不断提升自身影响力，进一步巩固了区域主流媒体形象。2009年3月23日，《珠江商报》全新改版，提出“凭珠江通四海，立潮头观天下”的办报理念，成为读者了解顺德、佛山乃至珠三角的一个重要窗口。				
报社联络方式	地址：广东省佛山市顺德区大良沿江北路118号 电话总机：0757-22203902 网址：www.sc168.com				

楚天都市報

报社名称	楚天都市报	成立年月日	1997年1月1日	报社人数	365人
社长	暂无资料	总编	张勤耘	总经理 （分管经营的副社长）	暂无资料
出版物情况	《大武汉》				
报纸名称	报纸一 《楚天都市报》				
总编或负责人	张勤耘				
目前平均期出刊版数	56版				
报纸的主要栏目	今日重点、走进社区、为您跑腿、天天娱乐、市民之声等				
报纸的内容定位	都市类市民生活报				
出刊周期	日刊				
期总发行量	102万份				
期征订量	72万份				
期零售量	30万份				
发行覆盖的地理区域	全省				
报纸的发行运营模式	自发				
报纸的广告额	5亿元				
报纸的广告经营模式	自营				
编辑部电话	027-86777777				
广告部电话	027-88567842				
发行部或呼叫中心电话	027-965888				
报社特色介绍	湖北发行量最大的报纸，2000年日发行量就已突破百万大关，被省委省政府列为着力打造的“重要文化品牌”。创刊以来，秉持“责任媒体、百姓情怀”的办报理念，以丰富的信息量，贴心到位的服务，以及科学有序的舆论监督赢得了荆楚人民的喜爱和广泛的声誉。2007年开始实施“主流化转型”战略，强化责任意识，倡导深度思维，致力于公信力、引导力、影响力的全面塑造。				
报社联络方式	地址：湖北省武汉市武昌区东湖路181号 电话总机：027-86777777 网址：http://ctdsb.cnhubei.com				

湖南日報 报业集团

HUNAN DAILY PRESS GROUP

报社名称	湖南日报报业集团	成立年月日	1949年8月15日		报社人数	在岗 **1393** 人 退休 **351** 人
社长	覃晓光	总编辑	董岳林		总经理	皮林
出版物情况	6报2刊1网站					
报纸名称	报纸一	报纸二	报纸三	报纸四	报纸五	报纸六
	《湖南日报》	《三湘都市报》	《文萃报》	《家庭导报》	《大众卫生报》	《科教新报》
总编辑或负责人	董岳林	薛伯清	李梁宁	顾建国	王业武	庄宗伟
目前平均期出刊版数	对开16版	四开 40（或48）版	16开16版	四开16版	四开16版	四开16版
报纸的主要栏目	要闻、特别关注、市州新闻、国内、国际、体育	都市快评、一闻百见、法庭笔记、你帮我帮大家帮、热线新闻、财经观察	要闻、特别报道、环球点击、人生百味、养生之道、婚恋亲情	婚姻悟语、理财心得	和谐医患、曝光台、健康快车	连线、科技、论坛、要闻、关注
报纸的内容定位	党报	好看、好用、好玩	博采报刊精华、情系百万人家。追踪社会热点，传播最新信息，披露重大事件，再现世界风云，介绍百科知识，服务千家万户。	家庭生活	新闻立报、科普辅导、民生为本、健康至上	教育、科技
出刊周期	日报	日报	周二刊	周二刊	周二刊	周二刊
期总发行量	32万份	46万份	45万份	10万份	13万份	5万份
发行覆盖的地理区域	湖南省	湖南省	全国	全国	全国	湖南省
报纸的发行运营模式	多渠道	多渠道	邮发	邮发	多渠道	多渠道
报纸的广告额	8000万元	15000万元	1015万元	200万元	230万元	142万元
报纸的广告经营模式	自营、代理	自营、代理	自营	自营、代理	自营、代理	自营
编辑部电话	0731-84329999	0731-84329429	0731-84329004/84329002	0731-84329691	0731-84326251	0731-84326428

广告部电话	0731-84326025	0731-84329988	0731-84329417	0731-84326359	0731-84326448	0731-84326418
发行部电话	0731-84326381	0731-84329279	0731-84323862	0731-84329123	0731-84326226	0731-84326408
报社特色介绍	2001年10月31日，湖南日报报业集团成立。以《湖南日报》为龙头，辖有《三湘都市报》、《文萃报》、《家庭导报》、《大众卫生报》、《科教新报》、《文萃月刊》、《华声》杂志、《新闻天地》杂志，以及“湖南在线”、“华声在线”新闻网站、华声手机报、三湘手机报等媒介实体，集团刊发行总量达200万份以上。 湖南日报报业集团荣获“2009年中国十大创新传媒集团”称号，华声在线被评为“中国十大最具投资价值的网络媒体”。 为整合资源，发挥集团优势，2007年，集团成立发行公司，发行时效加快，发行量增长，覆盖面扩大，品牌效益提升。2008年，湖南日报报业集团大规模进军新媒体领地，开通网络电视，启动视音频内容资讯服务，启动以电子商务为核心的网络营销与服务，打造华声创意媒体集团。 集团拥有湖南日报发行有限公司、湖南华声传媒有限公司、湖南现代每天传播网有限公司、湖南日报实业总公司、湖南报业房地产有限责任公司、湘报文化发展有限公司等经营实体。彩印中心为湖南省一流的印务中心，除承印本集团报纸外，还代印《人民日报》等省内外40多种报刊。发行公司除经营发行业务外，正在积极筹划电子商务、物流配送等延伸业务。新闻大厦建筑面积近5万平方米，集新闻发布、会议、培训、商务、酒店于一体。2009年建成的湖南报业文化城，占地近千亩，是“十一五”期间湖南省重点工程。 2009年秋天，集团进一步深化文化体制改革，部分文化产业项目和媒体实行企业化管理，组建了湖南日报报业集团有限公司。					
报社联络方式	地址：湖南省长沙市开福区芙蓉中路一段442号 电话总机：0731-84312999 网址：http://huna.voc.com.cn					

报社名称	今日女报社	成立时间	1952 年	报社人数	120 人
社长	王伏虎	总编	王伏虎	总经理 （分管经营副社长）	黄垠大 张　英
出版物情况	《今日女报》、《今日女报 · 顶级 TOP》、凤网（www.fengone.com）				
报纸名称	报纸一 《今日女报》				
总编或负责人	王伏虎				
目前平均期出刊版数	24 版				
报纸的主要栏目	《今日女报》精心打造出娇点关注、拍案惊奇、情动潇湘、出轨/离婚、亲亲宝贝、倾诉、双面胶、面孔、连载、美容、健康等品牌栏目。 《今日女报•顶级 TOP》倾情策划了湖湘之子、顶级策划、顶级生活、美人、财智、顶级文化、顶级体育、顶级旅游等精品栏目。				
报纸的内容定位	《今日女报》坚持“女性视角”和“周报特点”两个标准，以女性视角关注社会、关注家庭、关注女性,形成差异化竞争优势，坚持舆论监督、干预生活，以女性视角引领一种“主流声音”。				
出刊周期	周二刊				
期总发行量	32 万份				
发行覆盖的地理区域	全面覆盖湖南 14 个市州，直达城乡；优势占有黄花机场候机厅、飞机航班的高端渠道；独家占有长沙开往北京、上海、广州等全国主要城市的列车软卧终端渠道；直线覆盖长株潭星级酒店、中西餐厅、超市卖场、银行楼盘、写字楼、美容休闲中心、高尔夫会所等高端地点和便民场所；一线覆盖长沙所有报刊亭，在长沙火车站及长沙东、西、南、北汽车站进行直接零售；专线直送政界、商界、文化界、教育界等高端人士。				
报纸的发行运营模式	邮局发行和自办发行相结合				
经营总收入	6000 万元				
报纸的广告经营模式	自营与代理相结合				
编辑部电话	0731-82333618				
广告部电话	0731-82333686				
发行部或呼叫中心电话	0731-82333700				

报社特色介绍	今日女报社坚持正确的舆论导向，坚持“凤眼看世界，见证她时代”的办报理念，坚持走“特色办报，特色经营，以强烈的女性特色形成今日女报核心竞争力”的差异化竞争之路，围绕女性“特色办报，特色经营”，全方面介入“她时代”，充分挖掘“她资源”，亲密接触“她市场”，与其他媒体进行差异化竞争。
报社联络方式	地址：湖南省长沙市韶山北路1号省委正门东侧湖南今日女报社 网址：www.fengone.com

三峡日報

<table>
<tr><td>报社名称</td><td>三峡日报
传媒集团</td><td>成立年月日</td><td>2009年11月30日</td><td>报社人数</td><td>329人</td></tr>
<tr><td>社长</td><td>罗春烺</td><td>总编</td><td>范长敏</td><td>副总经理
(分管经营副社长)</td><td>潘旺雄</td></tr>
<tr><td>出版物情况</td><td colspan="5">共有三报两刊两网一出版社：即《三峡日报》、《三峡商报》、《三峡手机报》、《新闻选刊》杂志、协办《中国地市报人》杂志、宜昌市政府门户网、中国宜昌三峡传媒网、三峡电子音像出版社。</td></tr>
<tr><td rowspan="2">报纸名称</td><td colspan="3">报纸一</td><td colspan="2">报纸二</td></tr>
<tr><td colspan="3">《三峡日报》</td><td colspan="2">《三峡商报》</td></tr>
<tr><td>总编或负责人</td><td colspan="3">范长敏</td><td colspan="2">唐和清</td></tr>
<tr><td>目前平均
期出刊版数</td><td colspan="3">8版</td><td colspan="2">32版</td></tr>
<tr><td>报纸的
主要栏目</td><td colspan="3">综合新闻、都市新闻、民生新闻、县市新闻、三峡视点</td><td colspan="2">宜昌要闻、商报视点、深度报道、都市新闻、黄金楼市、市民博客、视觉新闻</td></tr>
<tr><td>报纸的
内容定位</td><td colspan="3">宣传党的路线、方针、政策，报道国内外大事要事，同时兼有都市生活和科教宣传等内容。</td><td colspan="2">立足宜昌，面向三峡区域，传播经济信息，弘扬先进文化，服务百姓生活。</td></tr>
<tr><td>出刊周期</td><td colspan="3">周七刊</td><td colspan="2">周七刊</td></tr>
<tr><td>期总发行量</td><td colspan="3">10万份</td><td colspan="2">10万份</td></tr>
<tr><td>期征订量</td><td colspan="3">9.5万份</td><td colspan="2">8.5万份</td></tr>
<tr><td>期零售量</td><td colspan="3">5000份</td><td colspan="2">1.5万份</td></tr>
<tr><td>发行覆盖的
地理区域</td><td colspan="3">宜昌市各县市区</td><td colspan="2">宜昌城区及周边县市区</td></tr>
<tr><td>报纸的发行
运营模式</td><td colspan="3">自发/邮发</td><td colspan="2">自发/邮发</td></tr>
<tr><td>报纸的
广告额</td><td colspan="3">3500万元</td><td colspan="2">4000万元</td></tr>
<tr><td>报纸的广告
经营模式</td><td colspan="3">自营</td><td colspan="2">双轨制</td></tr>
<tr><td>编辑部电话</td><td colspan="3">0717-6446486</td><td colspan="2">0717-6461266</td></tr>
<tr><td>广告部电话</td><td colspan="3">0717-6449702</td><td colspan="2">0717-6460878</td></tr>
<tr><td>发行部或呼
叫中心电话</td><td colspan="3">8801890</td><td colspan="2">8801890</td></tr>
</table>

报社 特色介绍	《三峡日报》（前身为《宜昌日报》）是中共宜昌市委机关报，是三峡地区主流媒体，汉渝之间第一大报，创刊于1949年8月9日，是湖北省创立最早的市州报。三峡日报社报刊发行量、广告额、覆盖面、影响力雄居湖北省市州报社之首，名列中国地市报社前茅。经过60年的风雨历程，现拥有“三报两刊两网一社一厂”，即《三峡日报》、《三峡商报》、《三峡手机报》、《中国地市报人》杂志、《新闻选刊》杂志、中国·宜昌三峡传媒网、中国宜昌政府门户网、三峡电子音像出版社和印刷厂。先后有“两兰”报道、“农民进城打服务线路图”大型连续报道、抗洪报道、三峡报道、“市民点将”专栏、“抗非”报道等在全国引起极大反响，在全国和全省获奖。1983年至2007年，九次摘取中国新闻奖，多次获湖北新闻奖特别奖和湖北新闻奖一等奖，获全国、全省新闻奖数量在全国和全省市州报中名列前茅。多次获得全国地方报社管理先进单位、全国报纸出版管理先进单位、湖北省文明单位、湖北省新闻宣传先进集体等荣誉称号。有各系列副高以上专业人员54人，各系列初、中级专业技术人员100余人。目前，全社报刊年发行总量已超过20万份。2007年，报社资产总额和经营总收入双双突破1亿元。2008年10月，经湖北省新闻出版局批准同意组建宜昌三峡日报传媒集团。经过一年的筹备，2009年10月30日三峡日报传媒集团正式挂牌运行，成为湖北省首批组建传媒集团的报社之一。从此，作为全省市州文化体制改革的试点，三峡日报传媒集团将实现从传统报业向现代传媒业进军，从单一的媒体经营向多元经营媒体转变。传媒集团的成立，加快了理顺报社体制的步伐。集团是中共宜昌市委领导下的党报舆论机构。集团实行党委决策的领导体制，在党委领导下实行董事长（社长）负责制。由集团出资成立了三峡日报传媒集团有限责任公司，实行国有资产授权经营。在集团模式下，集团各媒体按事业体制运行，各产业经营单位实行企业管理体制，按照现代企业制度组建经营实体，实行市场化运作，自主经营，自负盈亏，自我发展。
报社 联络方式	地址：湖北省宜昌市东山大道119号 电话传真：0717-6445360 网址：www.cn3x.com.cn

阿坝日报社

报社名称	阿坝日报社	成立年月日	1953年1月1日	报社人数	115人
社长	周智泉	总编	周智泉	总经理（分管经营的副总编）	泽尔登
出版物情况	拥有《阿坝日报》汉文版、《阿坝日报》藏文版两份报纸				
报纸名称	报纸一			报纸二	
	《阿坝日报》汉文版			《阿坝日报》藏文版	
总编或负责人	周智泉			周智泉	
目前平均期出刊版数	每周6期24版			每周2期8版	
报纸的主要栏目	新闻、雪原评论、周末、国际国内、旅游、房产、交通、灾后重建、牧民定居、帐篷新生活等			新闻、维护稳定、卫生与健康、民主与法制、种植与养殖业、新农村建设等	
报纸的内容定位	党报性质 晚报风格 阿坝特色			立足藏区稳定 办出地方特色 服务牧区群众	
出刊周期	日报			周二刊	
期总发行量	20000份			4500份	
期征订量	15000份			3000份	
期零售量	5000份（赠阅）			1500份（赠阅）	
发行覆盖的地理区域	阿坝州13个县市及全国各地			阿坝州13县市及全国各地	
报纸的发行运营模式	邮发			邮发	
报纸的广告额	200万元			2万元	
报纸的广告经营模式	自营			自营	
编辑部电话	0837-2831180				
广告部电话	0837-2823773				
发行部或呼叫中心电话	0837-2826191				
报社特色介绍	立足阿坝、面向全国、放眼世界。 突出党报特色，凸显阿坝特色。				
报社联络方式	地址：四川省阿坝藏族羌族自治州马尔康县马尔康镇达尔玛街57号 电话总机：0837-2825761 网址：http://www.abadail.com				

迪庆日报

报社名称	迪庆日报社	成立年月日	1988年10月	报社人数	45人
社长	暂无资料	总编	钱　兴	分管经营的副总编	余富全 张国华
出版物情况	①《迪庆日报》汉文版；②《迪庆日报》藏文版； ③《香格里拉新闻网》；④《迪庆日报手机报》				

报纸名称	报纸一	报纸二	报纸三	报纸四
	《迪庆日报》汉文版	《迪庆日报》藏文版	香格里拉新闻网	《迪庆日报手机报》
总编或负责人	钱兴	钱兴	钱兴	钱兴
目前平均期出刊版数	对开4版　周六	4开4版，旬报	《香格里拉新闻网》25个频道，每天发布100多篇幅	《迪庆日报手机报》11个栏目，每天一期（周日除外）
报纸的主要栏目	时政要闻、经济、文艺副刊、本地新闻、国际国内等等。	时政要闻、经济、文艺副刊、毗邻藏区等等。	新闻中心、新闻图片、迪庆政务、本地新闻、国际国内、滚动新闻、旅游、文化、教育、摄影世界、健康生活、农牧等等。	迪庆新闻、关注财经、军事、国际国内文体世界、健康、奇闻趣事等等。
报纸的内容定位	党报性质，晚报风格	暂无资料	以发布新闻信息为主，从迪庆的政治、经济、文化、社会、生活等各方面进行对外宣传，让世人进一步了解香格里拉。	发挥第五媒体方便、快捷等优势，为读者提供新闻和有用资讯，强化信息服务功能。
出刊周期	周一至周六	旬报	无限时，24小时服务，365天服务	周日至周六，每周6期
期总发行量	1.4万份	4000份	每天100多篇幅，每年4万余篇幅	每期30多条信息资讯
期征订量	1.4万份	赠　阅	自由、自主点击，无地域限制	每月近4000户手机用户
期零售量	无	赠　阅	暂无资料	暂无资料

发行覆盖的地理区域	全　国	全国藏区及全州范围内	不受地域限制，国内外	中国移动手机用户
报纸的发行运营模式	邮　发	邮局发行，全部免费赠阅	暂无资料	暂无资料
报纸的广告额	100 万元	无收入	无收入	无收入
报纸的广告经营模式	自营/代理	无	无	无
编辑部电话	0887—8223550	0887—8881015	暂无资料	暂无资料
广告部电话	0887—8230970	0887—8230970	暂无资料	暂无资料
发行部或呼叫中心电话	0887—8224019	0887—8223640	暂无资料	暂无资料
报社特色介绍	（1）迪庆日报是中共迪庆州委机关报，以宣传本地新闻为主，同时转载国内国际重大新闻，特别是国内重大时政新闻。有汉文、藏文、手机报三种报纸，一网站。近年来，为适应报业发展形势需要，根据市场需求，在坚持党报性质不变的基础上，在走市场化方面作了一些有益的探索，《迪庆日报》提出了“党报性质、晚报风格”的办报方针，很好地实现了党性和人民性的统一，发挥了党报的桥梁窗口作用。 （2）《迪庆手机报》方便、快捷，以“好看的新闻，有用的资讯”为内容定位，重点突出信息化、服务化功能，可谓“一报在手，尽知天下大事”。 （3）香格里拉新闻网是迪庆州对外宣传的一个大型综合性信息服务的龙头门户网站，集新闻、旅游、美食、购物、摄影、娱乐、文化、教育、健康等多个频道于一体，充分体现新闻信息发布和公共文化服务平台的特点。			
报社联络方式	地址：云南省迪庆藏族自治州香格里拉县城长征路 146 号　邮编：674400 电话总机：0887—8224019 网址：www.daily.dq.yn.gov.cn			

南充日报

报社名称	南充日报社	成立年月日	1952年10月1日	报社人数	451人
社长	谭显维	总编	王 为	总经理（分管经营的副社长）	暂无资料
出版物情况	出版发行《南充日报》、《南充晚报》两张报纸，办有南充新闻网、《南充手机报》，承办新华网南充分频道。				

报纸名称	报纸一	报纸二
	《南充日报》	《南充晚报》
总编或负责人	王为	蔡荣中
目前平均期出刊版数	8版	20版
报纸的主要栏目	《学习实践科学发展观 加快建设川东北区域中心城市》、《大抓项目 抓大项目》、《今日关注》等	《学习实践科学发展观》、《晚报帮你办》、《分忧工作室》、《热线三人行》等
报纸的内容定位	党报	都市化
出刊周期	周六	周七
期总发行量	65000份	31000份
期征订量	60000份	21000份
期零售量	5000份	10000份
发行覆盖的地理区域	南充市	南充市
报纸的发行运营模式	邮发	多渠道
报纸的广告额	340万元	1450万元
报纸的广告经营模式	代理	代理
编辑部电话	0817-2222905	0817-2225123
广告部电话	0817-2222014	0817-2222014
发行部或呼叫中心电话	0817-2257608	0817-2257608

报社 特色介绍	近几年来，南充日报社坚持以科学发展观为指导，开拓进取，改革创新，走上又好又快发展之路，先后受到省、市的表彰奖励上百次。一是宣传工作有特色。《南充日报》、《南充晚报》、新华网南充分频道、南充新闻网、《南充手机报》坚持正确舆论导向，紧紧围绕南充市委、市政府中心工作和民生民情民意开展宣传报道，一些重要稿件，在全市、全省乃至全国产生了重大反响，多次受到省、市领导的高度赞扬和广大读者的好评。在全国、全省、全市的获奖作品每年都有 100 多件，名列全省市州报社前列。二是队伍建设有新意。三项制度改革效果显著，吸引了省内外 30 多家报社前来我社学习考察。采取多种方式培养锻炼编采人员，提升队伍整体素质。加强机关效能建设，健全“三项学习教育”长效机制，先进典型不断涌现。三是事业发展有成效。大力发展新兴媒体，南充新闻网迅速发展壮大，在川东北片区推出首家手机报——《南充手机报》。改革经营机制，实行广告代理，全社广告纯收入持续稳步增长。改革发行机制，实行订投分离，《南充日报》、《南充晚报》发行量稳中有升。投入资金进行技术改造，印刷的《南充日报》获全省报纸印刷质量市州级一等奖。成立日升职业技能培训学校，全力推进就业和再就业培训工作。
报社 联络方式	地址：四川省南充市顺庆区文化路 213 号 电话总机：0817-2225000 网址：http://www.cnncw.cn/ http://www.ncnews.gov.cn/

西藏商报社

报社名称	西藏商报社	成立年月日	2000年1月1日	报社人数	100人
社长	暂无资料	总编	陈军	总经理（分管经营的副社长）	暂无资料
出版物情况	《西藏商报》、中国西藏新闻网 www.chinatibetnews.com				
报纸名称	报纸一 《西藏商报》				
总编或负责人	陈军				
目前平均期出刊版数	32版				
报纸的主要栏目	重点、国内、国际、城市、民生、热线、专刊、体娱、副刊等				
报纸的内容定位	都市报				
出刊周期	日报				
期总发行量	1.5万份				
期征订量	1.1万份				
期零售量	4000份				
发行覆盖的地理区域	全国发行 主要拉萨				
报纸的发行运营模式	自发、邮发				
报纸的广告额	1500余万元				
报纸的广告经营模式	自营				
编辑部电话	0891-6345792				
广告部电话	0891-6349996				
发行部或呼叫中心电话	0891-6970000				

报社 特色介绍	《西藏商报》是《西藏日报》的子报，在边疆少数民族地区已走过10年风雨历程。作为西藏自治区唯一一份都市类报纸，从2000年创刊至今，十年磨砺，目前已成为当地发行量最大的报纸，在新闻成长的道路上实现西藏传媒史上多个“第一”：第一份号外、第一张厚报、第一时间与全国主流都市报新闻同步…… 十年成长，凝聚十年不懈探索。《西藏商报》办报口号“触摸阳光，高度悦读”，即全体员工对办报理念和媒体社会责任的梳理和重新审视。《西藏商报》始终坚持“新闻最前沿，角度最独到，广告最广泛，发行最优质”，立足于西藏经济社会发展实际，牢牢坚持正确的舆论导向，服务于西藏自治区党委、政府的中心工作大局，开拓主流新闻报道领域，为读者提供最及时的新闻报道，最权威的政策发布，最深入的事件解读、最广泛的生活资讯。 《西藏商报》现有职工100人，实行编委会负责制。下设新闻中心、专刊中心、文体中心三大业务采编部门。经营管理中心集广告、发行为一体，一线业务人员占70%。从2007年开始，《西藏日报》、《西藏商报》两报广告业务部门合并，负责两报广告资源的优势重组和深度开发，年广告收入达1500余万元。自2005年开始，《西藏商报》实行自办发行和邮发双线并举模式，建立了西藏报业市场上有史以来第一支专业发行队伍。四年来，发行量不断增加，目前已超过15000份。 《西藏商报》高度重视企业化管理和品牌传播。几年来，报社不断选派各方面的管理人员和业务骨干，与内地报业同行学习交流，以掌控先进的新闻操作手法、广告经营和发行管理模式经验，并充分利用自身优势和资源，努力向雪域高原一流都市报的目标迈进。
报社 联络方式	地址：西藏拉萨市朵森格路36号 电话总机：0891-6345791 网址：www.chinatibetnews.com

<table>
<tr><td>报社名称</td><td>雅安日报</td><td>成立
年月日</td><td>1959年5月1日创刊
1992年2月1日复刊</td><td>报社人数</td><td>180人</td></tr>
<tr><td>社　　长</td><td>杨建光</td><td>总　编</td><td>杨建光</td><td>总经理
（分管经营的副社长）</td><td>苟全品</td></tr>
<tr><td>出版物情况</td><td colspan="5">1、雅安日报：1959年5月1日创刊，1992年2月1日复刊。目前周一至周四为8版，周五为12版。周六、周日对开四版，每期单面彩印。
2、北纬网：2007年5月26日正式对外推出，是经省政府新闻办新闻发布资质核准、国务院新闻办备案的雅安新闻门户网站。目前日均点击量超过15万次，访问地域覆盖全国各省（区、市）、港、澳、台和190多个国家（地区）。被评为2009中国百强新闻网站（网址:http://www.beiww.com）。在2010年1月全国新闻网站排名中，北纬网位居第84位。
3、雅安周刊：2006年10月8日，由雅安电视台移交雅安日报社主管、主办，每周出版一期，每期四开24版。
4、北纬手机报：2007年12月6日正式对外推出，周五刊，是省内二级城市推出的第一家手机报。
5、华夏茶业网：2008年6月13日正式上线，办网宗旨为传播茶文化、塑造茶品牌，做强茶产业、推动茶经济，是专业发布茶行业信息资源的门户性网站。
6、兰花财富网：2008年3月20日对外推出，是专业发布兰花行业信息资源的门户性网站。
7、企业家网：2009年6月8日推出，是面向国内企业家和企业的门户性网站。</td></tr>
<tr><td rowspan="2">报纸名称</td><td colspan="5">报纸一</td></tr>
<tr><td colspan="5">《雅安日报》</td></tr>
<tr><td>总编或
负责人</td><td colspan="5">杨建光</td></tr>
<tr><td>目前平均
期出刊版数</td><td colspan="5">8版</td></tr>
<tr><td>报纸的
主要栏目</td><td colspan="5">《雅州茶座》、《特别关注》、《加强机关行政效能建设》、《深入开展学习实践科学发展观活动》、《鲜时评》、《以枢纽为纲 于极地奋起》、《快言快语》、《如此论调》、《走进社区》、《百姓纪事》、《民生关注》、《新农村·新气象》、《周末特稿》……</td></tr>
<tr><td>报纸的
内容定位</td><td colspan="5">宣传党的路线、方针和政策，传达党委、政府的工作思路和决策部署，反映全市人民的愿望、建议和呼声，为读者提供信息生活知识等服务</td></tr>
<tr><td>出刊周期</td><td colspan="5">7期52版</td></tr>
</table>

期总发行量	3.5万份
期征订量	3.2万份
期零售量	1500份
发行覆盖的地理区域	全国
报纸的发行运营模式	自办发行+邮发
编辑部电话	0835-2351000
广告部电话	0835-2243318
发行部或呼叫中心电话	0835-2352721
报社特色介绍	一、主要媒体情况 雅安日报社为差额拨款的全民所有制正县级事业单位，领导职数为一正四副，现有党组书记、社长、总编辑1人，副总编辑3人，机关党总支书记1人，编委2人，社长助理1人。报社共有人员180多人，平均年龄不到30岁。机关党总支下设3个党支部，共有党员43名。全社共有中层机构10个，拥有雅安日报、北纬网、雅安周刊、北纬手机报、华夏茶业网、兰花财富华和企业家网7种媒体。作为市文化体制改革试点单位，剥离报社经营业务组建的四川省雅安传媒有限责任公司（简称雅安传媒）为国有独资企业，这是全省市州党报社中成立的第一家公司，公司下设雅安传媒广告公司、报刊发行印务公司、网络公司、旅游公司、文化传播公司、商贸公司、策划咨询公司等7个子（分）公司。今年11月，发起组建了创新雅安（企业）联盟。 二、改革发展情况 1、顺应发展趋势，实现了从单一媒体向多媒体发展的转变。 一是以党报雅安日报为龙头，舞活西康周末等平面媒体，构建多品种纸媒体发展平台；二是以新闻网站北纬网为轴心，带动北纬手机报、华夏茶业网、兰花财富网、企业家网等网络媒体全面发展，建设复合型新媒体发展格局。初步形成了品种多元、结构合理、报网刊互动的多媒体发展格局。 2、宣传与经营分离，实现了从单一的事业法人治理结构向事业法人和企业法人双重治理结构的转变。 经市政府国资部门授权，将报社部分国有资产划拨出来进行独立经营，2007年5月28日正式组建了四川省雅安传媒有限责任公司，实现了宣传业务和经营业务的彻底分离。传媒公司对各媒体广告、发行等经营业务负责，为宣传业务提供经费支持，承担媒体的事业支出保障责任；采编部门对宣传业务负责，办好宣传主业，为经营业务提供支撑，创造优质经营载体。同时，党组对宣传业务和经营业务实行统一领导和管理，确保二者相互协调。 3、优化经营结构，实现了从单一经营模式向多元化经营模式的转变。 雅安传媒有限责任公司谋求多元化增收渠道，积极开拓市场，在抓好主业经营的同时，在网络、旅游、文化、商贸等领域进行了全力探索。报业经营收入呈逐年增长。

<table>
<tr><td rowspan="3">报社
联络方式</td><td>地址：四川省雅安市八一路 83 号</td></tr>
<tr><td>电话：0835-2223899</td></tr>
<tr><td>网址:http://www.beiww.com</td></tr>
</table>

昭通日報

ZHAO TONG RI BAO

报社名称	昭通日报社	成立年月日	1950年4月8日	报社人数	70人
社长	唐正鸿	总编	唐正鸿	总经理 （分管经营的副社长）	钟永宏
出版物情况	报纸：《昭通日报》、昭通日报【《教育特刊》、《经济特刊》、《枫叶特刊》、《三农特刊》】发行量均为30000份，《鹤都晚刊》发行量为5000份；昭通手机报：截至目前订阅户为10000人。 网站：昭通新闻网（http://www.ztnews.net）				

报纸名称	报纸一	报纸二	报纸三	报纸四
	《昭通日报》	《教育特刊》 《经济特刊》	《枫叶特刊》 《三农特刊》	《鹤都晚刊》
总编或负责人	秦勇	刘建忠	朱德华	钟永宏
目前平均期出刊版数	对开大报四版	对开大报四版	对开大报四版	小报八版
报纸的主要栏目	时政要闻、综合新闻、文化、文学、理论、社会、旅游、健康、广告	时政要闻、教学研讨、教育动态、教育试点	时政要闻、农业、农村、农民	时政要闻、深度报道、专题报道、市场（民生、时尚）、文化、法律、经济
报纸的内容定位	权威传播攻心新闻 深情反映大众心声	面向全市教师、家长、学生传播教育咨询，搭建互动、和谐、健康的教育空间	深入采访全市农业、农村、农民的生产动态和涉农政策及农业咨询等	民生、服务、时尚、新锐——永远站在老百姓背后。
出刊周期	周一至周五	周六	周日	周一至周五
期总发行量	三万份	三万份	三万份	五千份
期征订量	暂无资料	暂无资料	暂无资料	暂无资料
期零售量	暂无资料	暂无资料	暂无资料	暂无资料
发行覆盖的地理区域	昭通十一县（区）	昭通十一县（区）	昭通十一县（区）	昭通十一县（区）
报纸的发行运营模式	邮发	邮发	邮发	自发
报纸的广告额	100万元			
报纸的广告经营模式	自营/代理/双轨制			

编辑部电话	0870-2158272
广告部电话	0870-2158106
发行部或呼叫中心电话	0870-2158276
报社特色介绍	《昭通日报》是全国地市机关报中创刊较早的一家报纸。作为贫困地区的报纸，《昭通日报》在相对困难的办报环境中发展。2001年7月，《昭通日报》电子版问世；2002年1月1日，《昭通日报》从四开小报改为对开大报，实现了昭通报人多年的心愿；同年8月，报社通过职工集资、银行贷款购进上海高斯轮转胶印机，告别了平板印刷并实现了彩印；2005年改为日报；2007年，采编系统建设并投入使用，采编中心成立，告别手工办报，进入科学、信息化办报时代，同年，《昭通日报》电子版升级为《昭通新闻网》（http://www.ztnews.net），电子报投入使用，新闻网每日点击率超过两万人次，《鹤都晚刊》独立运营，报社传媒公司成立；2008年，《昭通手机报》及手机报编辑中心成立。
报社联络方式	地址：云南省昭通市昭阳区迎丰路84号昭通日报社 电话总机：0870-2158276、2158970、2158272、2158106 网址：http://www.ztnews.net

天水日報

<table>
<tr><td>报社名称</td><td>天水日报社</td><td>成立年月日</td><td>1985 年 3 月</td><td>报社人数</td><td>138 人</td></tr>
<tr><td>社长</td><td>王小熊</td><td>总编</td><td>倪元存</td><td>总经理
（分管经营的副社长）</td><td>暂无资料</td></tr>
<tr><td>出版物情况</td><td colspan="5">中共天水市委机关报《天水日报》，办有子报《天水晚报》和《天水手机报》，天水市首家取得新闻刊布资质的网站《华讯在线》。</td></tr>
<tr><td rowspan="2">报纸名称</td><td colspan="3">报纸一</td><td colspan="2">报纸二</td></tr>
<tr><td colspan="3">《天水日报》</td><td colspan="2">《天水晚报》</td></tr>
<tr><td>总编或负责人</td><td colspan="3">倪元存</td><td colspan="2">倪元存</td></tr>
<tr><td>目前平均
期出刊版数</td><td colspan="3">对开 4 版</td><td colspan="2">4 开 16 版</td></tr>
<tr><td>报纸的
主要栏目</td><td colspan="3">今日谈、工商企业、秦州屋檐下、每周时评、麦积论语、市民热线、农村报道</td><td colspan="2">读图新闻、一线新闻、深度经济、为您服务、市声灯影、百姓身边事、生活热线、新闻点对点、文化秦州</td></tr>
<tr><td>报纸的
内容定位</td><td colspan="3">地方综合性日报、地市党报，围绕市委、市政府中心工作做好舆论引导和新闻宣传，反映群众呼声。及时报道国内外重大新闻事件，为读者提供政治、经济、文化和社会生活等方面的资讯。</td><td colspan="2">都市类报纸，坚持“为您服务每一天的办报宗旨”，服务社会面向家庭，贴近生活，关注民生。</td></tr>
<tr><td>出刊周期</td><td colspan="3">日报</td><td colspan="2">周六刊</td></tr>
<tr><td>期总发行量</td><td colspan="3">4 万份</td><td colspan="2">4 万份</td></tr>
<tr><td>期征订量</td><td colspan="3">3.8 万份</td><td colspan="2">3.6 万份</td></tr>
<tr><td>期零售量</td><td colspan="3">0.2 万份</td><td colspan="2">0.4 万份</td></tr>
<tr><td>发行覆盖的
地理区域</td><td colspan="3">主要天水及周边地区</td><td colspan="2">主要天水及周边地区</td></tr>
<tr><td>报纸的发行
运营模式</td><td colspan="3">邮发</td><td colspan="2">多渠道</td></tr>
<tr><td>报纸的
广告额</td><td colspan="3">490 万元</td><td colspan="2">500 万元</td></tr>
<tr><td>报纸的广告
经营模式</td><td colspan="3">自营</td><td colspan="2">自营</td></tr>
<tr><td>编辑部电话</td><td colspan="5">0938-8212608、0938-8221587</td></tr>
<tr><td>广告部电话</td><td colspan="5">0938-8286868、0938-8212867</td></tr>
<tr><td>发行部或呼
叫中心电话</td><td colspan="5">0938-8272627</td></tr>
</table>

报社 特色介绍	一是报纸内容丰富，信息资讯量大、面宽，报道及时准确；二是地方新闻和地方文化报道挖掘充分，有浓厚的地方特色；三是版式大气，清秀，流畅。
报社 联络方式	地址：甘肃省天水市秦州区民主东路 86 号 电话总机：0938-8212249 网址：www.tsrb.com.cn

渭南日報

报社名称	渭南日报社	成立时间	1949 年 2 月	报社人数	159 人
社 长	陈永久	总编辑	陈永久	总经理（分管经营的副社长）	崔晓民
出版物情况	《渭南日报》平均期发行量为 5 万份； 渭南新闻网站周访问量为 26.8 万次				
报纸名称	报纸一				
	《渭南日报》				
总编辑或负责人	陈永久				
目前平均期出刊版数	八版				
报纸的主要栏目	“东秦百姓”、“党报热线”、“华山论坛”、“朝阳时评”、“新闻说法”、“话说渭南”、“小龙看经济”等				
报纸的内容定位	党报性质，流行加大气风格，地域加本报特色。				
出刊周期	周六刊				
期总发行量	5 万份				
期征订量	5 万份				
期零售量	30 份				
发行覆盖的地理区域	全国				
报纸的发行运营模式	邮发				
报纸的广告额	800 万元				
报纸的广告经营模式	自营				
编辑中心电话	0913-2187213 、0913-2168822				
广告中心电话	0913-2181985 、0913-2169922 、0913-2182200				
发行中心电话	0913-2169977				

报纸 特色介绍	渭南日报是中共渭南市委机关报，创刊于 1949 年 2 月。20 多年来，经历了铅与火，由小变大，由弱到强，一天天发展壮大。特别是 2005 年以来，树立经营报纸的新理念，创建渭南新闻网站和渭南日报数字报；改革编采运行机制，创新报道形式及内容，推行新的考核和薪酬分配办法，激发了活力，挖掘了潜能，报纸版面时尚大气，报纸内容丰富多彩，报纸发行任务超额完成，报社的经营跃上了一个新的台阶，报纸印刷质量稳居全省前三名。报纸改革的成功经验，被《中国新闻出版报》以“改革之光照亮党报品牌”为题在全国范围内推广；2007 年 5 月，报社获“陕西省报业发展突出贡献奖”；2008 年 1 月，获“2007 年度中国最具创新地市报 20 强”称号，是西北地区唯一获此殊荣的地市级媒体；2008 年 6 月，荣膺“中国传媒创新百强媒体”；2008 年 8 月，被省新闻出版主管部门命名为首批陕西大报名刊；2008 年 11 月，被评为“中国地市报经营管理十强”； 2009 年 10 月，渭南新闻网荣获“全国地方网站十佳活力品牌奖”，是西部地区唯一获此殊荣的地市级新闻网站；2009 年 12 月，渭南日报被评为“金长城传媒奖•2009 中国最具创新地市报”和 2009 中国最具企业投放价值地市报。
报社 联络方式	地址：陕西省渭南市朝阳大街东段 16 号 电话：0913-2187202、2168811 网址：www.wnrb.net

东南商报

活力“甬”动

东南商报是宁波日报报业集团主管主办的一张都市类早报，为四开32版，每周出七期，发行量28万份，同时拥有自己的网络版。

从2001年1月1日创刊起，《东南商报》就以“满腔真情，贴心服务”，努力实践“三贴近”，实现了新闻报道、社会活动、社区服务诸方面的品牌影响力，迅速打开了市场。2004年，作为浙江省首批文化体制改革试点单位，东南商报社大胆探索采编、经营分开，同时在全报社实行采编内设机构与行政编制脱钩、干部身份与行政职级脱钩、职工与事业身份脱钩、收入分配与岗位和业绩挂钩的“三脱钩一挂钩”内部机制改革。通过改革创新，《东南商报》的活力大为增强，广告与发行连续三年实现较大幅度增长，成为宁波报业市场一支具有强势竞争力的劲旅。

近几年，《东南商报》把坚持正确导向作为第一要务，把提高办报质量作为第一追求，把锻造品牌价值作为第一目标，与时俱进，健康发展，不仅以新闻报道反应迅速、新鲜贴近吸引读者，所开拓的大型主题新闻活动“外来务工者节”、“环保・故乡・山江海”等产生了广泛的社会影响，所开设的一些深具服务性和实用性的专版，还让读者在获取新闻资讯的同时，了解到消费、理财、投资方面的最新趋势，享受了养生、休闲、阅读的乐趣，同样赢得了市民的心。

在新一轮改革发展征程中，东南商报正以饱满的热情、务实的作风、创造性地开展工作，薪火相继，不辱使命。

社址:浙江省宁波市灵桥路768号　邮编:315000　新闻热线:0574-87270000
广告热线:0574-87682179　发行热线:0574-87685626　传真:0574-87682525

长治日报

长治日报社主办有《长治日报》、《上党晚报》、长治手机报及《经济周刊》、《人才周刊》、《社会导刊》、《新闻摄影周刊》、《晋周末》、《和谐长治》、《人文周刊》等多个周刊，下辖长治日报印务公司、新天地文化传媒创意有限公司、迅达报业物流有限公司、长报千色图文有限公司、闻欣广告公司等多个文化产业公司。

近年来，长治日报社坚持正确导向，突出地方特色，打造了高品位的品牌大报风范，被新华社原社长穆青誉为“太行明灯”，连续3次被表彰为“全国地方报社管理先进单位”，在全省报业独领风骚；2007年，被国家新闻出版总署表彰为“全国新闻出版行业服务社会主义新农村建设出版发行先进单位”；2008年，被山西省委宣传部表彰为“全省重点新闻宣传突出贡献单位”；主办的长治日报和上党晚报分别获得全省一级报纸“八连冠”和“七连冠”，先后有近百件（次）新闻作品荣获中国新闻奖、中国地市报新闻奖、山西新闻奖和赵超构新闻奖。

报社领导班子

新闻中心效果图

长治日报社党组书记、社长：张晓里　总编辑：田兆伟

联系电话：0355—2022013　网址：www.changzhinews.com

社址：山西省长治市长兴中路116号　邮编：046000

凭珠江通四海　立潮头观天下

珠江商报

ZHUJIANG BUSINESS

珠江商报
ZHUJIANG BUSINESS
2009年3月23日
顺德市民热议"幸福指数"
本报今起推出"寻找幸福之路"系列报道
A3\A4
报料热线:
22209999
总理辽宁考察关心裁员减薪
歼十空中停车勇敢成功迫降
广佛同城大热难推楼价大涨
AIG"大手笔"发奖金两亿多
抄袭论文被查投诵百尽了断
美国枪手袭警造成三人死亡
新版商报靓丽亮相
北滘筹得善款超3000万元
挖沙船"蚕食"均安大沙滩
1000顺德人5个搞美术
电梯如"摇篮"乘客心惊惊
本土就是主流　贴近就是力量
来了「小姚明」小学生篮球赛

《珠江商报》立足顺德，面向佛山，辐射珠三角，是佛山传媒集团鼎力打造的惟一经济类综合性日报。

《珠江商报》创刊5年，拥有《顺德报》十年发展的坚实基础，旗下拥有顺畅网、《顺德视角》、《顺德时尚》等网站和刊物。2009年3月23日，伴随着“凭珠江通四海，立潮头观天下”的全新办报理念，《珠江商报》再次“变脸”，从内容到形式都发生了深刻变化，视野更宽，资讯更全，经济特色更加明显。《珠江商报》已成为广大读者了解顺德、佛山经济动态、产业发展的首选媒体。2009年被中国传媒大会评为“中国十大商报”。

2009年3月23日，《珠江商报》全新改版，视野更宽、资讯更全。

连续举办九届“信合财经论坛”，名人荟萃，成为顺德本土最具影响力的品牌活动。

连续策划主办了顺德私房菜大赛，成为顺德市民参与面最广的文化活动。

荣誉证书
海南日报：
荣膺2008-2009中国报刊广告投放价值百强
全国日报10强
（省级日报排名第五）
中国广告协会报刊分会
二〇〇九年八月八日

海南日报报业集团简介

《海南日报》创办于1950年5月7日，是中共海南省委机关报。2004年7月4日成立海南日报报业集团，是海南省惟一的媒体集团。

目前集团旗下拥有《海南日报》、《南国都市报》、《法制时报》、《证券导报》、《特区文摘》、南海网等报网，以及海南报业发行有限公司、房地产公司、瑞恩堡印务公司、文化发展公司等一批经营企业。

《海南日报》是海南省具有权威、覆盖面大、读者多、实力雄厚的报纸，是2008~2009中国报刊广告投放价值百强全国日报广告十强之省级日报第五名。

阳光媒体 非常新闻

走闪光闪亮的道路 办有情有义的报纸

作为深圳报业集团中最年轻的主报，《晶报》创刊于2001年8月1日，主要读者对象定位为都市年轻主流人群。《晶报》奉行“阳光媒体，非常新闻”的办报理念，以“办华南地区最有影响力和实力的都市报”为愿景。现在日均出版60个版，零售发行量稳居深圳零售市场第一，同时在深圳都市类报纸中发行量最大。

近几年来，《晶报》多次在各类评比活动中获奖。被新闻出版总署《传媒》杂志评为“2006年度全国十大创新都市报”，2007年、2008年蝉联斯斯坦国际“中国最具投资价值媒体”。2005年被评为百度“娱乐状元媒”，2007年被评为百度“时政状元媒”，2008年再度获评百度“娱乐状元媒”。2009年8月，由中国新闻出版报主办的首届“中国阳光传媒”推选活动中，《晶报》荣获“中国阳光传媒单位”称号。

本报地址：广东省深圳市深南大道6008号深圳报业集团
总机：0755-83518888 传真：0755-83731848 邮编：518009
本报网址：http://jb.sznews.com
问工网：http://www.wingoon.com

半島晨報

《半岛晨报》是辽宁日报传媒集团在大连创办的综合性都市报，1998年1月1日在大连正式创刊发行。经历改革、创新，《半岛晨报》从最初的4开8版到现在的日均出版4开72版，发行范围覆盖大连地区（含大连周边市、区），日均发行量40万份，年广告收入超2亿元，已经成为大连地区具有影响力、经济运行质量好的平面媒体之一。

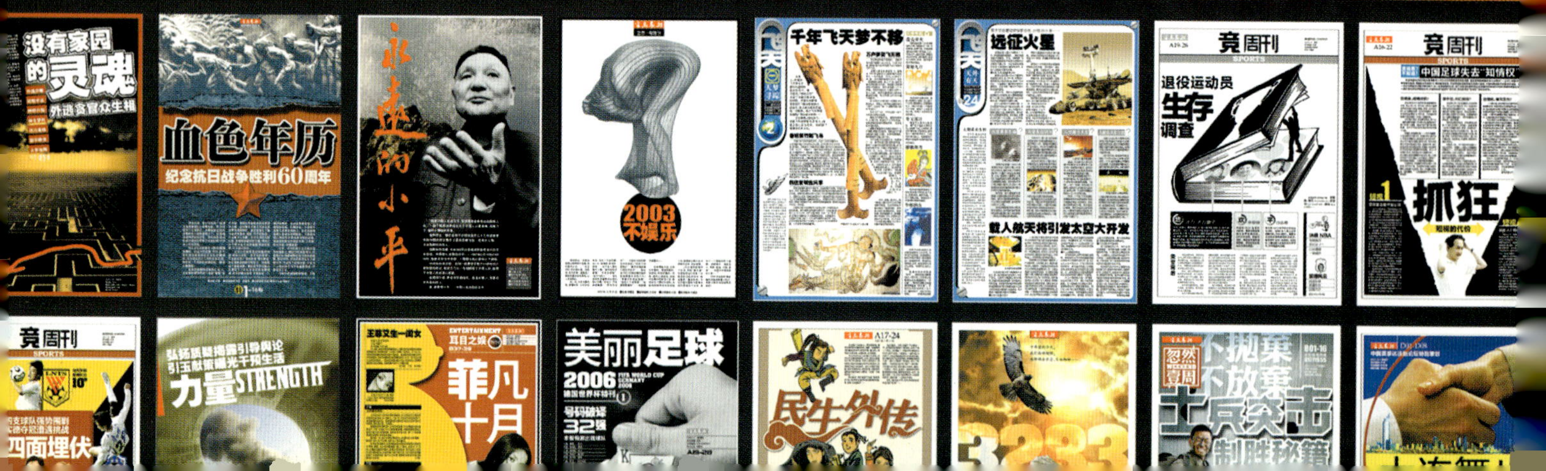

团结报

《团结报》基本情况

《团结报》创刊于1952年10月1日，系中共湘西自治州委机关报，迄今为止，已有57年的办报历史。2007年底，为了进一步扩大《团结报》的影响，于2008年初着手筹建综合性门户网站团结网（http://www.tjwang.net），并于同年4月正式投入运行。

《团结报》自创刊以来，经过历代报人的艰辛努力，从创刊初期的4开4版周六刊黑白报，发展到了现在的对开4版周七刊彩报，年出版发行量稳定在3万份以上。全社现有在编干部职工85人，本科（含本科）以上学历53人，大专学历16人，分别占总人数的62.4%和18.8%；高级职称12人，中级职称21人，初级职称16人，分别占总人数的14.1%、24.7%和18.8%。

社长、总编辑：刘世树

融入社会与时代

实践产、学、研结合

中国政法大学　传媒与文化产业研究中心

中心成立于2005年11月，是中国政法大学从事传媒经济与文化产业研究的专业研究机构。

研究中心的宗旨是，秉持全心全意探求科学真知的精神，组织和协调校内外力量，推动传媒经济与文化产业理论研究，并为相关专业的研究生培养提供科研和实习基地；面向政府，面向市场，面向社会各界，开展研究工作，提供多种形式的社会服务。研究中心提倡理论联系实际的学风，坚持实践第一性的原则，鼓励开展原创性研究。在学术研究中充分发扬学术民主，尊重任何人的学术观点并给予其发表的机会。

研究中心的主要工作是，综合传媒学、文化学、社会学、经济学、管理学、市场学等多个学科的力量，在以下三个领域开展科学研究和社会服务：

1．开展媒介经济和媒介管理领域的基础性及应用性研究；

2．开展在文化产业经济和管理方面的基础性及应用性研究；

3．开展文化与传播领域的制度、法规和产业政策、行业伦理等方面研究，为党和政府制定政策提供依据。

电 话：010—88598407

企業形象展示 索引

文前彩色插页

文中彩色插页

文后彩色插页